KB129694

내부감사학 I

이론편

김용범 지음

기업의 목표 달성과 가치의 증진을 위해
경영자, 감사자, 실무자 등 내부감시자와 주주, 채권자, 감독당국 등 외부감시자가

꼭 알아야 할 내부감사학 이론의 지침서

내부감사학 I

이론편

김용범 지음

머리말

자본주의 시장경제의 핵심에는 기업이라는 경제주체가 있으며, 기업의 활동이 주주, 경영진, 감사 간에 서로 협력하고 견제하는 공정한 게임의 룰에 따라 정직하고 자유롭게 이루어진다면 자본주의의 경제체제는 번영을 구가할 수 있을 것입니다. 그러나 기업의 활동이 외부의 인위적 규제로 자유롭지 못하거나 인간의 탐욕과 이에 대한 적정한 통제의 결여로 공정하고 투명한 활동이 이루어지지 않는다면, 시장경제체제의 붕괴는 물론 한 기업의 계속적인 발전은 기대하기 어려울 것입니다.

최근 대기업 및 재벌의 거액회계부정 사건과 저축은행 및 대기업의 거액자금횡령 사건, 은행 및 대기업의 거액투자실패 사건을 통해 우리가 절실하게 깨달은 사실은 최고경영진, 지배주주 등 기업의 경영을 지배하는 주체들의 상상하기 힘들 정도의 「道德的 解弛(Moral Hazard)」와 이에 대한 부적절한 통제 또는 견제 장치의 부재가 해당 기업의 沒落과 더불어 시장경제시스템의 崩壞를 초래할 수도 있다는 점이다.

미국 「공인부정감사인협회(ACFE)」의 2014년 보고서에 의하면 부정은 내부제보, 내부통제 및 내부감사 등 내부감사시스템에 의해 86.9%가 적발되고 있음에도, 최근 정부의 감사제도의 개혁은 경영주체들의 도덕적 해이를 효과적으로 견제하기 위한 기업지배구조 상 핵심적인 제도적 장치인 내부감사제도의 개혁 보다는 부정적발에 3.0% 정도 밖에 기여하지 못하는 외부감사인 제도의 선진화에 집중 노력하여 왔다.

이와 같은 비정상적인 현실이 하루빨리 打開되고, 내부감사의 중요성에 대한 새로운 인식이 사회 전체로 확산이 필요한 시점에 감독당국에서 다년간 근무하면서 지도 했던 지식과 상장회사의 감사 및 대학의 교수로서 경험하고, 고민하고, 연구했던 내용을 정밀하고 자세하게 풀이해 새로이 출간하고자 하는 「내부감사학 I (이론편)」, 「내부감사학 II (법무편)」 및 「내부감사학 III (실무편)」의 3권의 책에 수록하였습니다.

아울러 이번 출간하는 3권의 「내부감사학」에서는 모든 회사에 적용되는 「상법」의 회사편 부분뿐만 아니라 국제적으로 통용되고 있는 IIA의 「국제내부감사기준」, 금융회사에 적용되는 「금융지배구조법」과 「금융회사 감사업무를 위한 실무지침서」, 공공기관에 적용되는 「공공기관운영법」, 「공공감사법」, 「공공감사기준」, 그리고 주권상장법인 및 일정 규모 이상 회사에 적용되는 「신외감법」, 「회계감사기준」 등의 내부감사 관련 부분을 서로 融合시켜 내부감사의 새로운 기준을 제시하려고 노력하였다.

I. 내부감사학 I (이론편)에서는 다음 사항을 强化하였다.

첫째, 감사제도 부문

주요내용은 ① 한국감사제도의 연혁, ② 감사의 특징, ③ 감사의 필요성, ④ 내부감사와 유사용어, ⑤ 내부감사의 효율성 원칙, ⑥ 경영조언자로서의 내부감사인, ⑦ 재산수호자로서의 내부감사인, ⑧ 조직이 내부감사인에게 기대하는 역할 등이다.

둘째, 지배구조 부문

주요내용은 ① 지배구조에 대한 검증절차, ② 지배구조에 대한 검증방법, ③지배구조 책무에 대한 내부감사기능 ④ 지배구조 프로세스에 대한 내부감사기능 등이다.

셋째, 위험관리 부문

주요내용은 ① 리스크관리의 치명적 결함, ② ERM(전사적 리스크관리)의 실익, ③ ERM의 실패 이유, ④ ERM의 구성요소, ⑤ ERM의 구축, ⑥ ERM에 있어서 조직의 역할과 책무, ⑦ ERM에 있어서 내부감사 조직의 역할 등이다.

넷째, 내부통제, 감사조직 및 분식회계 부문

주요내용은 ① 내부통제의 세부 주요 수단, ②「신외감법」상 내부회계관리제도, ③ 공공기관의 내부통제제도, ④ 공공기관의 감사제도, ⑤ 공공기관의 감사보조조직, ⑥ 분식회계의 대책 및 근절 방안, ⑦ 회계감사인의 의무 등이다.

다섯째, 4차 산업혁명 위험성 부문

주요내용은 ① 4차 산업혁명의 일반적 특징, ② 4차 산업혁명의 주요 기술[스마트 팩토리, 사물인터넷, 3D 프린팅, 자율 주행차, 빅데이터, 인공지능(AI)], ③ 4차 산업혁명의 파급 효과, ④ 4차 산업혁명의 위험과 대응, ⑤ 4차 산업혁명과 내부감사의 역할 등이다.

여섯째, 기업의 사회적 책임성 부문

주요 내용은 ① 기업의 사회적 책임의 개요, ② 기업 사회적 책임의 종류, ③ 기업 사회적 책임의 찬반, ④ 기업 사회적 책임의 동향, ⑤ 기업 사회적 책임의 주요내용,⑥ 기업 사회적 책임의 상호관계, ⑦ 기업 사회적 책임의 내부통제, ⑧ 기업 사회적 책임에 대한 경영진 및 감사의 역할 등이다.

Ⅱ. 내부감사학Ⅱ(법무편)에서는 다음 사항을 強化하였다.

첫째, 감사의 일반적 사항 부문

주요내용은 ①「금융지배구조법」상 감사의 자격, ②「공공기관운영법」상 감사의 자격, ③ 최대주주와 의결권 제한, ④ 특별법규에 의한 감사의 선임 방법 및 절차, ⑤ 감사의 근무형태, ⑥ 감사 보수의 적정성 및 합리적 기준 등 이다.

둘째, 감사의 권한 부문

주요내용은 ① 이사에 대한 자료제출 요구권, ② 감사결과 처분요구 및 조치권, ③ 유지청구권의 방법과 절차, ④ 외부감사인의 선임 및 해임권, ⑤ 내부회계 관리 제도의 운영상황 감시권, ⑥ 외부감사인의 외부감사 운영상황 감시권, ⑦ 외부감사인의 부정 및 위법행위 통보에 대한 수령 및 조치권 등이다.

셋째, 감사의 의무 부문

주요내용은 ① 위법행위 이사회보고의무, ② 주주총회 출석 및 설명의무, ③ 감사보고서 주요내용 보고의무, ④ 외부감사인의 외부감사운영사항 감시의무, ⑤ 내부회계관리제도의 운영상황 감시의무, ⑥ 내부감시장치의 가동현황에 대한 감시의무 등이다.

넷째, 감사위원회 부문

주요내용은 ① 공공감사위원회 설치 근거, ② 감사위원의 임기제한 ③ 감사위원의 보수, ④ 감사위원의 의사결정 방식, ⑤ 감사위원의 그 밖의 의무, ⑥ 감사위원 선임 방법상 주의할 점, ⑦ 공공감사위원의 선임과 해임 등이다.

다섯째, 감사의 법적위험 부문

주요내용은 ① 감사관련 법적위험의 기본(일반범죄 성립요건, 근로자 프라이버시권), ② 사용자의 사용자경영권, ③ 상시모니터링 단계의 법적위험(개인정보 활용, 전자우편 감시, 영상정보처리기 감시), ④ 실제감사 단계의 법적위험(음성 녹음 및 청취, 봉함 및 비밀장치 문서감사, 소지품감사), ⑤ 감사결과 처리단계의 법적위험(징계, 해고), ⑥ 감사결과 사후관리단계의 법적위험(재심, 구제수단) 등이다.

여섯째, 감사와 기업공시제도 부문

주요 내용은 ① 공시제도의 개요, ② 정기공시(사업보고서, 분 · 반기보고서), ③ 주요사항보고서, ④ 수시공시(의무공시, 조회공시, 자율공시, 공정공시), ⑤ 공시서류의 확인·검토, ⑥ 공시위반에 대한 제재 등이다.

칠곱째, 경영진 등의 금지 및 제한 행위 부문

주요내용은 ① 이사의 경업금지, ② 회사기회의 유용금지, ③ 주주권 행사와 관련 이익공여 금지, ④주주 등 이해관계자와의 거래금지, ⑤ 경영진 등의 제한 행위, ⑥ 위반행위자의 책임 등이다.

Ⅲ. 내부감사학 Ⅲ(실무편)에서는 다음 사항을 强化하였다.

첫째, 내부감사 일반기준 부문

주요내용은 ① 내부감사의 독립성과 객관성, ② 내부감사의 숙달과 전문성, ③ 내부감사인의 복무수칙과 정당한 주의의무, ④ 내부감사에 대한 조정과 통제, ⑤ 내부감사의 보안과 공개 등이다.

둘째, 내부감사 조직 및 감사위험 부문

주요내용은 ① 내부감사 자원 관리, ② 내부감사 정책 및 절차, ③ 감사업무 조정 및 의존, ④ 감사위험(감사위험 구성요소, 감사위험과 감사계획) ⑤ 중요성(중요성의 기준, 중요성수준의 설정 및 적용), ⑥ 중요성과 감사위험과의 관계 등이다.

셋째, 내부감사 기초 업무 부문

주요내용은 ① 감사정보의 수집 방법, ② 정보의 분석 및 평가, ③ 내부감사의 성공요소, ④ 신뢰받는 내부감사인(신뢰받는 내부감사인의 요소, 신뢰받는 내부감사인의 특징, 내부감사인의 신뢰성을 추락시키는 행동, 신뢰받는 내부감사인이 되기 위한 방법, 신뢰받는 내부감사인의 성과 모델) 등이다.

넷째, 내부감사 업무 계획 부문

주요내용은 ① 리스크가 기업에 미치는 영향, ② 감사활동 관련한 리스크 평가, ③ 내부감사 계획의 반영할 주요 위험평가 요소, ④ 내부감사 업무계획의 고려사항, ⑤ 내부감사업무계획의 수립 등 이다.

다섯째, 내부감사 수행 업무 부문

주요내용은 ① 내부감사의 전략적 사고, ② 감사수행방법, ③ 표본감사 기법, ④ 위급상황 대응조치, ⑤ 회계감사의 종류(기중내부회계감사, 기말내부회계감사, 내부회계관리감사), ⑥ 외부감사인의 선임 및 관리 업무 등이다.

여섯째, 감사증거 확보 부문

주요내용은 ① 감사증거의 수집원칙, ② 감사증거의 수집방법, ③ 감사증거의 관리방법, ④ 감사증거의 증거능력 검증, ⑤ 감사 증거능력의 보강방법, ⑥ 감사 조서/문서, ⑦ 감사결과 강평 등 이다.

일곱째, 내부감사 결과 보고 부문

주요내용은 ① 감사결과보고서의 이론적 배경, ② 감사보고서의 작성 원칙, ③ 감사결과보고서의 종류, ④ 감사결과 보고서 작성 요령, ⑤ 내부통제제도의 평가 및 보고 업무, ⑥ 내부회계관리제도의 평가 및 보고, ⑦ 내부감시장치의 가동현황의 평가 및 보고 등이다.

여덟째, 내부감사 품질평가 부문

주요내용은 ① 내부감사 품질보증 및 개선프로그램에 대한 내부평가(상시점검, 주기적 자체평가), ② 내부감사 품질보증 및 개선프로그램에 대한 외부평가(외부평가의 일반 및 범위, 외부평가자의 자격), ③ 공공기관 감사에 대한 직무수행 실적 평가(직무수행실적평가의 대상, 조직 및 방법)와 ④ 동 직무수행실적평가의 활용 등이다.

아홉째, 내부회계감사 부문

주요내용은 ① 회계감사의 개요(회계감사의 대상, 감사의 회계기준), ② 회계감사의 기본(중요성수준 결정, 회계감사의 위험, 평가위험의 대응), ③ 회계감사 절차(회계감사의 자세, 회계감사의 계획, 회계감사 수행의 기본, 회계감사 수행의 절차), ④ 회계감사결과의 보고(회계감사보고의 종류, 회계감사보고서의 의견 형성, 회계감사 보고서의 내용과 형식, 회계감사보고서의 사례) 등이다.

열째, 내부진단감사 부문

주요내용은 ① 진단감사의 개요(진단감사의 절차 및 체제, 조사 및 준비단계의 절차), ② 일반부문 진단감사(마케팅부문 진단감사, 인사·조직부문 진단감사, 생산부문 진단감사), ③ 재무부문 진단감사(재무비율분석 진단감사, 경영지표분석 진단감사, 손익분기점분석 진단감사), ④ 전략 및 경영부문 진단감사, ⑤ 진단감사 결과 보고 (진단감사 체크리스트, 부문별 경영관리지표, 진단보고서 작성) 등이다.

아무쪼록 지난 저의 著書에서 부족한 부분과 監査現場에서 이슈가 된 사항을 이번 「내부감사학」 Ⅰ, Ⅱ, Ⅲ에서는 감사현장에서 바로 활용이 가능하도록 대폭 강화하였는바, 기업의 내부감사 종사자인 감사/감사위원, 감사보조자 등은 물론 내부감사의 정책 당국자 및 감독 당국자 그리고 이해관계자인 기업의 경영진, 지배주주, 채권자 등 내부감사 관계자 모두에게 많은 도움이 될 수 있기를 기대해 본다.

내부감사는 형식으로 하는 것이 아니다. 기업질서의 유지와 조직가치의 증진 및 개선에 있다. 잘못된 것을 찾아내서 구체적으로 제재하기 보다는 '이건 이렇게 하는 것 이다'고 지도 또는 기준을 제시 해줌으로써 모든 사람이 따라 하게하는 것이다. 그게 비용이 적게 든다. 누군가를 위반하게 해서 제재하는 것 보다, 모두 위반하지 않게 하는 것이 최선이다. 필자는 본 책자가 이 역할을 해줄 것으로 기대한다.

끝으로 우리나라와 같이 열악한 내부감사 환경에서 내부감사제도의 발전을 위해 노력하고 있는 내부감사 관련 당국자 및 유관기관 관계자 분들에 대해 이 자리를 비러 다시 한번 깊은 감사를 드린다. 또한 본 책자를 저술함에 있어서 감사 관련 학자·실무가 여러분의 훌륭한 연구업적에 힘입은 바 매우 크므로 모든 분들에게 진심으로 감사드린다.

아울러 항상 격려해주고 지원을 아끼지 아니하는 나의 한쪽 이금순여사와 和睦한 우리가족의 귀중한 구성원인 큰딸 잔디와 큰 사위 명원, 둘째딸 방울과 둘째 사위 승철 그리고 아들 관중과 며느리 다인에게도 항상 고맙고 감사한다. 아울러 우리 가족의 미래인 한결과 선호도 항상 건강하고 훌륭하게 자라줘서 고맙다.

또한 본 책이 나오기까지 많은 배려와 적극적인 협조를 해주신 행복에너지(주)의 사장님과 관계자 여러분께도 깊은 감사를 드린다.

2022년 2월

저자 **김 용 범**

추천사 1

오늘날 자본주의 시장경제체제 하에서 중추적 역할을 담당하는 경제주체 중의 하나인 기업은 그 생산 활동을 통하여 다양한 이해관계자의 부를 증진시키고 나아가 나라의 경제발전을 주도한다. 따라서 자본을 제공하는 주주는 물론 금융 기관, 거래기업, 경영진, 채권자, 종업원, 소비자 등 다양한 이해관계자로 구성된 기업의 건전한 성장은 국가경제의 발전 및 이해관계자의 부와 직결되어 있다하겠다.

하나의 자동차가 운송수단으로서의 본래의 기능을 충실히 수행하려면 강력한 성능을 가진 엔진이 있어야 할 뿐만 아니라 그 엔진을 유효적절하게 제어할 수 있는 제동장치가 완비되어 있어야 하듯이, 기업이 많은 이익을 창출하며 지속적으로 성장하기 위해서는 예리한 통찰력과 강력한 추진력을 가진 경영진이 필요할 뿐만 아니라 그의 업무집행 상황을 수시로 감시하며 적절히 제어할 수 있는 감시기관이 필요하다.

이러한 감시기관의 핵심의 위치에 있는 중요한 존재 즉 기관이 바로 내부감사기관이다. 따라서 시장경제체제의 발전을 위하여 내부감사의 역할과 중요성은 아무리 강조하여도 지나치지 아니하다. 즉, 소유와 경영의 분리를 전제로 한 자본단체인 주식회사에 있어 내부감사는 주주 등 이해관계자들을 위해 회사운영의 적법성과 건전성을 확보하고, 경영의 투명성을 제고하는데 매우 중요한 기능을 수행하기 때문이다.

최근 대기업 및 재벌의 거액회계부정 사건과 저축은행 및 대기업의 거액자금횡령 사건, 은행 및 대기업의 거액투자실패 사건을 통해 우리가 절실하게 깨달은 사실은 최고경영진, 지배주주 등 기업의 경영을 지배하는 주체들의 상상하기 힘들 정도의 「道德的 解弛(Moral Hazard)」와 이에 대한 부적절한 통제 또는 견제 장치의 부재가 해당 기업의 沒落과 더불어 시장경제시스템의 崩壞를 초래할 수 있다는 점이다.

그간 대형 회계부정 사건과 거액 자금횡령 사건 그리고 거액 투자실패 사건은 기업에서 내부감사의 중요성을 더욱 부각시키고 있으며, 급변하는 국·내외적인 경제여건에 보다 능동적이고, 진취적이며, 다양화된 감사활동이 요구되고 있다. 이러한 사회적·경제적인 요구에 부응하기 위해서는 먼저 감사의 역할에 대한 최고경영진 및 대주주들의 인식 전환과 취약한 각종 감사제도가 合理的으로 改善되어야 한다.

미국「공인부정감사인협회(ACFE)」의 2014년 보고서에 의하면 부정은 내부제보, 내부통제 및 내부감사 등 내부감사시스템에 의해 86.9%가 적발되고 있음에도, 최근 당국의 감사제도의 개혁은 경영주체들의 道德的 解弛를 효과적으로 牽制하기 위한 기업지배구조 상 핵심적인 제도적 장치인 內部監査制度의 改革 보다는 부정적발에 3.0% 정도 밖에 기여하지 못하는 外部監査人制度의 先進化에 集中努力해 왔다.

이와 같은 비정상적인 현실이 하루빨리 打開되고, 내부감사의 중요성에 대한 새로운 인식이 사회 전체로 확산이 필요한 시점에 감독당국에서 감사업무에 대한 정책을 담당하였고, 대형 코스피와 소형 코스탁 상장회사의 감사, 감사위원 및 감사위원장 으로서 실제 감사업무를 담당했던 고위 감사 책임자였던 저자가 그간 경험과 대학의 겸임교수 시절에 심혈을 쏟아 연구한 내부감사 관련부문 내용을 集大成하여 책으로 出刊한 것은 이 분야의 先驅者이며 시기적으로도 매우 適切한 것으로 評價 된다.

이러한 사회적 요청에도 불구하고 그 동안 기업의 내부감사에 대한 이론, 법무 및 실무를 연구하여 체계화하고 앞으로 나아갈 방향을 제시한 저술은 찾아보기 힘들다. 본 책자는 내부감사학을 「내부감사학이론」, 「내부감사학법무」, 「내부감사학실무」로 구분 하여 별도의 책자로 기술한 내부감사학의 精髓이자, 내부감사학의 指針書로서 우리나라의 내부감사제도 및 내부감사학문의 발전에 크게 寄與할 것으로 기대된다.

그 대상도 기존 일반회사와 상장회사 중심에서 금융회사, 공공기관을 총 망라하였으며, 내용면에서도 기존 저서들에서 부족했던 '내부감사의 자격과 역량', '4차 산업혁명의 위험성', '내부감사의 법적위험', '내부감사 증거확보의 적정성', '외부감사인 선정 및 감독권', '내부감사 위험과 중요성' '감사정보의 수집 및 관리' '내부감사인의 덕목과 신뢰성', '내부회계감사', '내부진단감사' 등의 주제를 모두 包括하고 있어 가히 내부감사학의 叢書이자 내부감사인들에게 제시하는 하나의 里程標라 하겠다.

본 책자는 감사업무수행에 필요한 이론, 법무와 실무를 3권의 책을 통해 상세하고 일목요연하게 정리함으로써 법률전문가, 회계전문가는 물론 비전문가에게도 쉽게 이해할 수 있도록 하였다. 그리고 제기된 문제점은 어느 한 쪽에 치우치지 아니하고 양당사자 입장에서 공평하게 비평하고 해결방안을 제시함으로써 이를 읽는 사람들에게 매우 유익하도록 하였다. 이는 저자의 오랜 감사 관련 분야에 대한 실무경험과 연구에서 우러나온 現場 感覺에 기인한바 매우 크다 하지 않을 수 없다.

아무쪼록 기존 저자의 저서 들 보다 내용면에서 대폭 강화된 이 책을 통해서 내부감사 종사자인 감사, 감사위원, 감사요원 등은 물론, 내부감사 정책 및 감독 당국자, 내부감사학 연구자 및 교수자 그리고 경영진, 지배주주, 소수주주, 채권자 등 기업의 이해관계자 등 내부감사 관련 모든 분들은 내부감사시스템 및 내부감사학문에 대해 再 點檢을 함으로써 우리나라의 내부감사제도와 자본시장체제 그리고 내부감사학문이 더 한층 發展하는 契機가 되었으면 한다.

아울러 최근 사회적으로 감사관련 문제가 되고 있는 대주주, 경영진 등의 배임·횡령 등 불법행위와 분식회계·부당배당 등 회계부정 그리고 주가조작·미공개정보 이용·부정거래·시장질서교란 등 불공정거래 등의 고질적인 우리사회의 병폐현상이 내부감사제도 및 내부감사학문의 발전으로 더 이상 발붙이지 못하고, 시장경제체제가 信賴性을 回復하여, 우리 기업들이 더 한층 發展하고 順航하기를 간절히 바란다.

2022년 2월

(전) 기획재정부 장관

(전) 금융감독위원회 위원장 겸 금융감독원장

(현) 윤경제연구소 소장

윤증현

추천사 2

최근 발생하고 있는 대규모 회계부정, 공금횡령, 투자실패 등을 통하여 우리가 절실히 깨달은 사실은 최고경영진, 지배주주 등 기업경영을 지배하는 주체들의 상상하기 힘들 정도의 「도덕적 해이(Moral Hazard)」와 이에 대한 부적절한 통제 또는 견제장치의 부재가 단순한 이해관계자의 손실을 넘어 해당 기업의 몰락은 물론, 나아가서 시장경제 체제의 붕괴도 초래할 수 있다는 점이다.

이와 같이 기업 경영 주체들의 도덕적 해이는 시장경제질서를 저해하는 큰 해악이므로 우리도 이를 효과적으로 예방, 대처하기 위한 다양한 제도적 장치를 도입해 왔다. 그간 기업회계의 투명성 제고를 위한 외부감사인제도의 선진화와 경영주체들의 도덕적 해이를 효과적으로 견제하기 위한 기업지배구조 상 핵심적인 제도적 장치인 내부감사제도의 선진화를 위해 끊임없이 노력하여 왔다.

그럼에도 불구하고, 아직도 뿌리 깊은 잘못된 기업경영 풍토 및 환경적 요인과 더불어 특히 지배주주 등 기업경영주체들의 내부감사 중요성에 대한 인식부족 등으로 인해 기업 내에 내부감사조직이 갖춰지지 못하거나 있더라도 본연의 기능을 다하지 못한 것이 엄연한 현실이고, 그 결과 감사제도의 形骸化 내지 無技能化가 우리나라 기업지배구조의 최대 문제점의 하나라고 지적되어 왔다.

이와 같은 비정상적인 기업 현실이 하루빨리 타개되고, 내부감사의 중요성에 대한 새로운 인식이 사회전체로 확산이 필요한 시점에 저자가 감독당국에서 기업을 지도한 경험과 대형 코스피와 소형 코스탁 상장회사의 감사 및 감사위원, 감사위원장으로서 경험하고 고민하였던 내용은 물론 그간 저자가 심혈을 기울여 연구한 내용을 집약 하여 내부감사학 책으로 출간한 것은 매우 시의 적절하다.

사실 내부감사제도의 중요성에도 불구하고 이를 체계적으로 정리하고 앞으로 나아갈 방향을 제시한 저술은 드물다. 본 책자는 저자의 「내부감사학 강의」를 더욱 보강하여 내부감사학을 「내부감사학이론」, 「내부감사학법무」, 「내부감사학실무」로 구분 하여 별도의 책자로 기술한 내부감사학의 총서이자, 내부감사학의 바이블로서 우리 나라의 내부감사학 발전에 크게 기여할 것으로 기대된다.

그 대상도 일반회사, 상장회사는 물론 금융회사, 공공기관을 총 망라하였으며, 내용면에서도 기존 「내부감사학 강의」에서 미흡하였던 '재산수호자로서의 내부감사인', '4차 산업혁명의 위험성', '감사의 법적위험(모니터링, 실재감사, 감사결과처리 단계)', '감사증거의 확보', '내부회계감사', '내부진단감사' 등의 주제를 모두 포괄하는 가히 내부감사학의 총서이자 내부감사인에게 제시하는 하나의 이정표라고 할 수 있다.

아무쪼록 이 내부감사학 관련 3권의 책자가 우리나라 기업들의 감사, 감사위원, 감사요원 등 내부감사인들은 물론, 내부감사 정책 및 감독 당국자에서 나아가 기업 경영진, 지배주주 등 기업의 이해관계자들에 이르기까지 내부감사 관련자 모두에게 유익한 길잡이 자 참고서가 될 뿐만 아니라 내부감사제도를 더 한층 발전시킬 촉매가 되리라 믿으며, 한국감사협회회원 모두를 대표하여 저자의 노고에 감사를 드린다.

2022년 2월

한국감사협회 회장

문 태 룡

추천사 3

최근 대기업 및 재벌의 거액회계부정 사건과 저축은행 및 대기업의 거액자금횡령 사건, 은행 및 대기업의 거액투자실패 사건을 통해 우리가 절실하게 깨달은 사실은 최고경영진, 지배주주 등 기업의 경영을 지배하는 주체들의 상상하기 힘들 정도의 「道德的 解弛(Moral Hazard)」와 이에 대한 부적절한 통제 또는 견제 장치의 부재가 해당 기업의 沒落과 더불어 시장경제 시스템의 崩壞를 초래할 수도 있다는 점이다.

이러한 「道德的 解弛(Moral Hazard)」 상태인 경영주체들에 대한 통제와 견제의 중심적인 위치에 있는 存在 즉 기관이 바로 내부감사이다. 따라서 시장경제의 발전을 위해 내부감사의 역할과 중요성은 아무리 강조하여도 지나치지 아니하다. 즉 소유와 경영의 분리를 전제로 한 주식회사에 있어서 내부감사는 주주, 채권자 등 이해관계자들을 위해 운영의 적법성 확보와 경영의 투명성 제고에 핵심적인 역할을 수행한다.

미국 「공인부정감사인협회(ACFE)」 의 2014년 보고서에 의하면 부정은 내부제보, 내부통제 및 내부감사 등 내부감사시스템에 의해 86.9%가 적발되고 있음에도, 최근 당국의 감사제도의 개혁은 경영주체들의 도덕적 해이를 효과적으로 견제하기 위한 기업지배구조 상 핵심적인 제도적 장치인 내부감사제도의 개혁 보다는 부정적발에 3.0% 정도 밖에 기여하지 못하는 외부감사인제도의 선진화에 집중 노력하여 왔다.

이와 같은 비정상적인 현실이 하루빨리 打開되고, 내부감사의 중요성에 대한 새로운 인식이 사회 전체로 확산이 필요한 시점에 감독당국에서 기업을 지도한 경험과 대형 코스피와 소형 코스탁 상장회사의 감사, 감사위원 및 감사위원장으로서 경험 하고 고민하였던 내용은 물론이고 그간 저자가 대학교 겸임교수 시절에 심혈을 쏟아 연구해 왔던 내용을 集約하여 내부감사학 책으로 출간한 것은 매우 시의 적절하다.

이러한 사회적 요청에도 불구하고 그 동안 기업의 내부감사에 대한 이론, 법무 및 실무를 연구하여 체계화하고 앞으로 나아갈 방향을 제시한 저술은 찾아보기 힘들다. 본 책자는 내부감사학을 「내부감사학이론」, 「내부감사학법무」, 「내부감사학실무」로 구분 하여 별도의 책자로 기술한 내부감사학의 定石이자, 내부감사학의 바이블로서 우리나라의 내부감사제도 및 내부감사학문의 발전에 크게 기여할 것으로 기대된다.

그 대상도 일반회사, 상장회사는 물론 금융회사, 공공기관을 총 망라하였으며, 내용면에서도 감사이론에서 내부감사의 대상 및 범위, 내부감사의 조직 및 보조조직, 내부감사와 회계제도, 감사법무에서 감사의 권한, 의무와 책임, 감사의 법적 위험, 감사 실무에서는 내부감사의 계획, 수행 및 보고, 내부감사의 특수업무 등을 모두 포괄하는 내부감사학의 叢書이자 내부감사인 들을 인도하는 하나의 案內書라고 할 수 있다.

아무쪼록 이 책을 통해서 내부감사 종사자인 감사, 감사위원, 감사요원 등은 물론, 내부감사 정책 및 감독 당국자 그리고 최고경영진, 지배주주, 채권자 등 기업의 이해관계자들에 이르기까지 모두에게 유익한 案內者가 될 뿐만 아니라 우리나라의 내부 감사제도 및 내부감사학문을 한층 발전시킬 促進劑가 되리라 믿으며, 상장회사감사회회원 모두를 대신하여 저자의 내부감사 발전에 대한 熱情에 깊은 감사를 드린다.

2022년 2월

상장회사감사회 회장

홍 휘 식

| 차례 |

제1편 | 감사 이론

| 제1편 |

감사 이론

제1장

감사제도 개관

제1절 감사제도의 沿革

Ⅰ. 감사제도의 起源

'監査'라는 개념은 그 시대의 정치·경제·사회 등 환경적 요소와 특성을 반영하고 있는 사회적 산물로서 시대와 장소에 따라 그 모습을 달리하고 있다. 그리고 인류문명이 시작되어 경제활동이 이루어지고 사회제도와 정부 조직이 형성된 이래 대리인이나 정부관리를 감시하는 어떤 형태로든 감사제도는 항상 존재하여 왔다.

사유재산제도와 정부 조직이 형성되면 개인이나 정부가 보유하고 있는 재산을 관리하는 대리인이나 정부 관리들은 자신이 관리하고 있는 재산에 대해 관리책임을 성실히 수행하였음을 증명할 필요가 있었다. 그렇기 때문에 감사의 개념과 감사의 관련제도는 아주 오래 전부터 형성되어 정치·경제·사회 등의 주변 환경적 요소의 변화에 발맞추면서 끊임없이 변화하여 왔다.

1. 외국 감사제도의 沿革

가. 古代 監査의 痕迹[1]

감사는 BC **5천 년경 고대 바빌로니아**에서 그 흔적을 찾아볼 수 있다. 이미 역사적으로 알려지다시피, 인류 최초로 조직화된 정부조직을 형성하여 바빌로니아 문자로 역사적 기록을 남겨 온 바빌로니아인은 티그리스와 유프라테스 양대강 유역에 비옥한 농지를 개발하고 바빌론과 니네브에 상업도시를 건설하여 농산물을 포함한 각종 상거래에 따른 회계기록, 즉 거래관련 서류와 장부 기장 등의 기록을 행한 바 있다.

바빌로니아인들이 모든 상거래에 대해서 계약서를 작성하고 그 내용을 계약당사자와 관련 증인들을 함께 기록하게 된 것은 그들이 만든 성문법인 『**함무라비법전**(The Code of Hammurabi)』에 의해 이루어진 것으로 알려졌다. 이와 함께 바빌로니아에서는 『**공적기록관제도**』를 두어 상업계약을 체결할 때 관련 법규를 준수하는지의 여부를 감시하는 역할도 수행토록 하였다.

1 김용범, 「내부감사학 강의」, 도서출판 어울림, 2017., 20면. 한국감사협회, 전문자료집.

또한 중요한 계약은 「공적기록관」에 의해 점토판에 계약당사자의 성명과 수입·지출의 내용을 새긴 후에 이를 건조시켜 보관해 왔으며, 신전이나 왕실에서는 십일조 등 현물로 징수되는 세금에 대해 현물이 창고에 도착하는 즉시 「**공적기록관**」이 입고 품목과 수량을 기록하고 재고는 매각·사용·저장 등으로 분류하여 관리하였다.

그리고 왕실에서는 재고내용에 대해 정기적으로 재고조사를 실시하고 수입 및 지출 상품에 대해 「**책임수탁·이행보고서**」 **또는** 「**수탁관리보고서**」(charge and discharge Statement)」의 계산서를 작성해 기록으로 남겨두었는데, 이는 **바빌로니아 왕실이 재산에 대해 검증과 감사를 실시**했다는 **감사와 관련된 가장 오래된 기록과 증거 중의 하나**로 알려지고 있다.

중국에서는 BC 1,050**년경**에 설립된 봉건국가인 **주(周) 왕조시대**에 이르러 **화폐가 사용**되고 정부의 재정관리 및 회계책임에 대한 개념이 이미 확립되었던 것으로 파악되고 있다. 특히 주 왕조시대에 형성되었던 **내부통제와 예산 그리고 감사의 개념과 제도는 고대사회를 통틀어 가장 발달**된 개념과 제도이었던 것으로 평가받고 있다.

주(周)왕조시대의 재정운용은 철저하게 분권과 견제의 원칙이 지켜지고 있었던 것으로 기록되어 있다. 역사적 기록을 살펴보면, 주(周) 왕조의 **재정활동과 관련된 주요 관직**으로는 **대총재**(大冢宰)**와 태부**(太府) **및 사회**(司會)가 있었다. 이들 세 관직 중 **대총재**(大冢宰, Prime Minister)는 국가 재정활동을 총괄하되, 그 구체적인 **예산편성과 감사업무는 사회**(司會, Comptroller General)**에 위임**하였다.

또한 **태부**(太府, Grand Treasury)는 직접 재정활동을 책임지고 있는 바, 정부 예산편성과 집행내역에 대한 업무를 총괄하는 권한을 행사했다. 특히 **사회**(司會)는 비록 태부의 하부 관직이었으나 독립적인 지위가 보장되어 있었을 뿐만 아니라 **재정과 관련된 모든 활동을 감사**하고 월차 및 연차 보고서를 작성하여 **대총재**(大冢宰)에게 보고하였다는 기록이 남아있다.

특히 관료의 규찰을 담당하는 **대관**(臺官)**제도**는 秦·漢代에 **제도**로서 **확립**되었고, 唐代에 이르러 **정비**되었다. 唐代의 **어사대**(御史臺) 조직에는 어사대부, 중승, 시어사 등을 두어 관리들의 비리를 감찰하였다. 또한 왕에 간언(諫言)하는 간관(諫官)으로서 **급간**(給諫)**제도**가 있었으며, **간의대부**(諫議大夫)를 두어 왕의 과실을 비판하였다. 이러한 **중국의 감사제도**는 후에 한반도에서 **대간**(臺諫)**제도**의 성립에 영향을 미쳤다.

나. 中世 監査의 形成[2]

현대의 감사개념 형성에 커다란 영향을 미친 것은 **중세 영국의 "장원회계감사**(莊園 會計監査)"라고 할 수 있다. 당시 봉건제도하에서 토지는 봉건 영주의 경제력 확보에 가장 중요한 요인이었는데, 소위 '장원'이라 부르는 귀족 소유의 토지는 봉건영주의 농장 이자 공장으로서 중세 영국의 경제력에 상당한 영향을 미쳤다.

중세 영국은 장원을 소유한 절대적 권한의 **봉건영주**가 자신이 직접 관리하기 어려운 관할 농장지역에 관리인을 지명하고 이를 관리인으로 하여금 자신을 대신해 부여받은 권한 내

---

2 김용범, 전게서, 2017., 31면. 한국감사협회, 전문자료집.

에서 관리업무를 수행하도록 하는 이른 바, **'주인-대리인**(principal-agent)**' 관계**의 사회였다. 따라서 봉건 영주로부터 일정한 지역에 대한 관리권한을 위임받은 대리인이 수탁 관리하는 농장에서의 수입과 지출을 기록하고, 이를 위탁자인 영주에게 보고하는 위·수탁 관계가 사회 계층구조로 굳어지게 되는 특징을 보이고 있었다.

그러나 위탁자인 봉건 영주는 자신에게 충성을 맹세한 대리인이라 하더라도 이를 전적으로 신뢰할 수는 없었다. 영주는 이들 대리인이 영주자신을 위해 「**책임수탁**(stewardship)」[3] 을 성실하게 이행하고 있는지 그리고 그들의 수탁책임 결과에 대한 보고를 신뢰할 수 있는지를 조사해 확인할 필요성을 느끼게 되었다. 또한 영주의 재산에 대한 발생 가능한 도난과 손실을 방지하기 위해서라도 조사 또는 감사 활동을 전문적으로 할 수 있는 인력이 필요하게 되었다.

이에 따라 이 시기의 **봉건 영주**는 대리인이 영주자신을 위해 수탁책임을 성실히 이행하고 있는지 여부와 대리인이 영주에게 보고하는 책임수탁이행보고서의 적정여부의 확인 및 영주의 재산에 대한 발생 가능한 도난과 손실을 방지하기 위해 영주자신이 지명한 '**전문회계인**(charted accountant)'을 통해 대리인이 보고하는 사항을 **조사**(調査) **또는 감사**(監査)하게 하였다. 이렇게 **중세 영국의 장원제도**에서 **監査業務를 전문적으로 수행하는 감사**(監事)**제도 또는 감사인**(監査人)**제도**가 태어나게 되었다.

이 당시의 수탁자는 자신의 위탁자로부터 위임받은 책임범위 내에 있는 모든 항목의 수입과 지출을 기록하고 이를 요약하여 제출하였다. 그리고 영주가 지명한 '**전문 회계인(감사인)**'은 그 내역에 대해 정기적으로 감사업무를 수행하며 감사가 종료되면 「**책임수탁·이행보고서**」 **또는** 「**수탁관리보고서**」(Charge and Discharge Statement)를 작성하여 **영주**에게 **보고**하고, 이를 **공청회** 등을 통하여 **외부에 공표**하였다.

이러한 형식의 「**책임수탁·이행보고서**」 **또는** 「**수탁관리보고서**」는 수입을 '지대수입'과 '기타수입'으로 분류하고, 수입의 종류에 따라 세분화된 계정과목 형식으로 세분하여 표시하였다. 그리고 각 계정과목별로는 기초재고를 표시한 다음 증가내역을 'Charge', 감소내역을 'Discharge'로 구분해 기입하였다. 감사인은 이들 계정내역서를 마감한 후 보고서 하단에 오늘날 감사보고 문단에 해당하는 'Heard by the Auditors Undersigned' 라고 기재하고 서명함으로써 **감사보고서의 형식**을 갖추었다. 즉, **감사**(Audit)라는 용어도 이 같이 '**청취하다**(to hear)'라는 의미로부터 유래되었다고 한다.

끝으로 **감사보고서**는 영주와 모든 대리인(수탁자)들이 참석하는 **정기공청회에서 공표**되어지는 것으로 알려지고 있다. 즉, 감사인은 정기적으로 공청회에 참석하여 영주와 대리인들 앞에서 감사보고서를 낭독함으로써 연차 감사에 대한 종료를 선언하는 것이다. 이러한 '**공청회 공표방식**'은 감사인이 발견한 수탁자에 의한 기록누락 이나 오류발생을 모두 참석자에게 알려줌으로써 이후 발생 가능한 부정을 사전에 예방할 수 있는 효과적인 방법이기도 하였다.

한편, 1,494년 Luca Pacioli가 저술한 「**대수, 기하, 비 및 비례총람**」이라는 책에서 처음 소

3 Stewardship is an ethic that embodies the responsible planning and management of resources.

개되어 이탈리아를 중심으로 급속하게 발달한 **복식부기***의 등장은 감사를 보다 체계적이고 전문적인 영역으로 발전시키는 계기가 되었다. 베네치아, 폴로렌스 등을 중심으로 복식부기 체제가 확산되면서 장부조직과 회계방법의 일대 혁명이 나타났고, 이에 따라 감사에 있어서도 체계적인 기법과 다양한 접근방법이 개발되어 적용되는 동기가 되었다. 복식부기체제는 재무상태와 경영성과를 이용목적에 부합되는 회계 보고서의 형태로 효율적이고 효과적으로 작성할 수 있도록 해주는 장점이 있다.

* **複式簿記**란 일정한 원칙에 따라 기업의 거래가 발생할 때마다 자산과 부채 및 자본의 증감변동과 비용, 수익의 발생원인의 내용을 계정과목을 통하여 대변과 차변으로 구분하여 적어도 상호대응 되는 두개의 기록 · 계산이 반드시 동시에 이루어지도록 하는 부기형식을 말하는 것으로 **單式簿記**와 상대되는 개념이다. 복식부기는 거래의 이중성 또는 대칭관계를 전제로 하였고, 한 거래를 계정기입 법칙(計定記入법칙)에 의거하여 대차 양변에 동시에 기입함으로써 대차변의 각 합계가 일치되어 **대차평균(貸借平均)의 원리**가 성립되며, 이 원리에 의하여 **복식부기**가 **자기통제기능 또는 자동검증기능을 수행**할 수 있는 것이 특징이다.

따라서 **복시부기 체제**는 경영계획과 그에 따른 의사결정의 질을 높이고 의사결정에 따른 불확실성을 감소시키는 등 경영자의 경제적 의사결정에 직접적인 효익을 제공한다. 이와 같은 효율성을 확보하는 데 중요한 것은 신뢰성의 문제이다. 아무리 진보되고 체계화된 시스템에 의해 생산되는 정보라고 하더라도 그 내용의 신뢰성이 결여되어 있다면 그러한 정보를 이용한 의사결정은 치명적인 결과를 가져올 수 있기 때문이다.

이러한 회계정보의 신뢰성 문제는 현대 사회에 들어서면서 매우 중요하게 인식되고 있는 회계의 질적 속성이지만, 14~15세기에 복식부기가 도입된 시대에도 역시 중요하게 인식되었던 문제이다. 그리고 당시 **Luca Pacioli의 복식부기 도입**은 그 이전보다 복잡해지는 상거래를 일목요연하게 정리할 수 있었을 뿐만 아니라 감사자로서도 보다 다양하고 과학적인 감사방법의 적용이 가능하게 되었던 것으로 추정되고 있다.

다. 近代 감사제도의 發達

1) 정부부문의 감사제도[4]

18세기 영국에서는 과세와 예산 지출에 대한 모든 권한과 통제는 모두 의회로 넘어 가게 되었고, 이를 계기로 영국 의회는 모든 공무원에 대하여 공공자금의 사용과 관련한 회계책임 제도를 법제화하기로 결정하였다. 그 결과 영국 의회는 1785년 공금회계에 대한 감사를 규정한 법률을 제정하여 의회의 재정통제권을 강화하였고, 이후 19세기에 이르기까지 재정통제권의 범위를 지속적으로 확대하는 노력을 기울여 궁극적으로는 정부에서 작성한 예산이 하원의 승인을 받아 집행하도록 하였다.

영국의회는 1866년 '**국고 및 회계감사부설치법(The Exchequer and Audit Departments Acts)**'을 제정하여 오늘날 영국 감사원(NAO : National Audit Office)의 모체인 '**회계 감사원**'을 설치하

4 김용범, 전게서, 2017., 33면. 한국감사협회, 전문자료집.

게 되었다. 이 법에서는 또한 회계감사원이 영국 내의 모든 정부기관에 대한 감사권을 행사할 수 있도록 했으며, 감사결과는 하원 의회에 보고하도록 함으로써 의회의 재정통제권을 강화하는 기틀을 마련하게 되었다.

한편 **미국**은 독립 과정에서 영국의 전제적(專制的) 과세에 대한 횡포를 경험한 바 있기 때문에 **「헌법」 제1조에** '어떠한 화폐도 법률에 의하여 승인된 것이 아니면 지출할 수 없으며, 모든 공공자금의 수입과 지출은 정기적으로 그 회계결과를 보고하고 수지 계산(收支計算)을 공표하여야 한다.' 라고 규정하여 **재정의 투명성 유지를 「헌법」에서 선언**으로 명시하고 있다.

이 시기에 미국 연방정부 각 기관이 작성한 예산서는 재무성의 검토를 거쳐 「하원세입위원회(House Way & Means Committee)」와 「하원세출위원회(House Committee on Appropriation)」에 제출되어 의회의 승인을 거쳐 집행되었다. 제1차 세계대전 이전까지 미국은 작은 정부를 지향하고 있었기 때문에 정부의 예산 규모는 그리 크지 않은 편이어서 이러한 의회의 예산통제가 현재 같이 커다란 의미를 가지고 있지는 않았다.

그러나 제1차 세계대전 이후 미국 행정부의 기능이 크게 강화되자 정부의 예산낭비와 공공부문의 부패에 대한 국민의 반감이 점점 고조되기 시작하였다. 이에 따라 미국 의회는 국가예산에 대한 재정 통제의 필요성을 심각하게 인식하고 1921년에 **「국가 예산 및 회계법(Budget and Accounting Act of 1921)」**을 제정하게 된다.

이 법에 의거하여 대통령은 매 회계연도 초에 연방정부의 수입 및 지출에 관한 예산을 제출하고 의회는 대통령이 서명하여 제출한 행정부 예산에 대하여 거부권을 행사하거나 예산수정을 할 수 있는 권한을 가지게 되었다. 또한 대통령 소속하에 독립된 지위를 갖는 **「회계감사원(GAO : General Accounting Office)」**을 설치하여 **국고의 사용 및 세입과 세출을 매 회계연도 마다 감사하고 그 결과를 의회에 보고하도록 하여 국가회계에 대한 감사제도의 기틀을 마련하였다.**

이와 함께 당시 의회가 통과시킨 법안에는 **「회계감사원(GAO)」**이 정부예산에 대한 회계감사와 정부 각 기관이 주도하는 정책사업과 활동을 평가하고 그 결과를 의회에 건의하는 임무도 포함했다. 그리고 1945년에 「정부재조직법(Reorganization Act of 1945)」을 제정하여 GAO를 하원 소속으로 변경하고, GAO의 독립성을 이전보다 더 강화하여 명실상부한 독립기관으로서의 위상을 부여하였다. 지금도 「회계감사원(GAO)」는 국가 회계에 대한 **「재무감사」**와 정부 정책사업에 대한 **「성과감사」**를 동시에 수행하고 있다.

2) 기업 부문의 감사제도[5]

오늘날의 기업부문 감사제도는 **1623년 네덜란드의 동인도회사**에서 회사경영에 관여하던 **「대주주회(Hauptpartizipanten)」**에 그 **기원**을 두고 있는데, 이것이 후에 이사의 업무집행에 대한 감독 및 승인을 주된 직무로 하는 **「관리위원회(Verwaltungsrat)」**로 진화하였고, 이 관리위

---

5 김용범, 「내부감사학 강의」, 2017., 34~35면. 및 「현대 내부감사」, 2012. 31 ~32면.

원회는 다시 **영미국가**에서는 집행임원의 업무를 감독하는 「**이사회(Board of Directors)**」로, 독일에서는 경영자(이사)를 선임·감독하는 「**감사회(Aufsichtsrat)**」로 발전 하였다.[6]

즉 감사제도는 크게 회사기관으로 감사기구를 따로 두지 않고 이사회 하부조직으로 감사기구를 운영하는 **영미식의** 「**일원적 시스템(one-tier board system)**」과 업무를 담당 하는 이사로 구성된 이사회와 그 이사를 선임·감독하는 감사회가 각각 독립기관으로 운영하는 **독일식의** 「**이원적 시스템(two-tier board system)**」을 중심으로 발전 하여 왔으며, 그 외 업무집행기관과 감사수행기관이 병립·대등적인 관계를 유지하는 한국·일본과 같은 「**병립적 시스템**」**(parallel-tier board system)**도 존재한다.

독일의 경우 1861년 「**독일보통상법전(ADHGB)**」에서 「**감사회(Aufsichtsrat)**」를 입법화하면서 감사제도를 도입하였다. 독일의 감사제도는 전 세계에서 가장 강력한 권한을 가지고 있다고 평가되고 있으며, 특히 이원적 구조를 가지고 있다는 점에서 그 특징이 있다. **독일 감사회[이하 '(독) 감사회'라 한다]는 감사회의 구성원인 감사위원이 3인 이상**이어야 하고 그중 **3분의 1은 근로자 대표로 구성**되며, **이사의 선출권**을 가지고 있어 이론적으로 **가장 완벽한 형태의 감사제도**를 갖추고 있다고 할 수 있다.

이에 비해 **미국**의 경우 **이사회**가 회사의 **중요한 경영정책이나 업무집행에 관한 기본 사항만 결정**하고 **업무집행은 이사회가 선임하는 집행임원이 담당**하며, 그 **집행 행위는 이사회 또는 이사회로부터 위임받은 감사위원회가 감독하는 체제**, 즉 회사기관으로서 감사기구는 따로 두지 않고 **이사회 하부조직으로서 감사위원회 제도**를 두고 있다. 미국의 감사위원회는 회사의 회계와 재무상황에 관한 보고절차를 감독하고 회사의 재무제표를 감사하는 기능을 수행하는 역할을 담당하고 있다.

또한, **병립적시스템**은 우리나라와 일본에서만 볼 수 있는 입법예로 **경영을 담당하는 이사와 경영을 감사하는 감사가 공히 주주총회에서 선임**된다는 의미에서 감사하는 기관과 감사를 받는 기관이 병립·대등적인 관계를 이루고 있는 감사제도를 말한다. 이런 병립적시스템의 경우 감사는 업무집행기관과는 조직 면에서 분리·독립된 기관이므로 객관적이고 독립적인 입장에서 감사가 가능하다는 장점과 경영진의 업무수행에 대해 감사에 의한 감사와 이사회에 의한 감독이 중첩적으로 이루어진다는 문제점이 있다.

다만, 이러한 병립적시스템을 가지고 있는 우리나라나 일본의 경우 기본적으로 병립구조가 안고 있는 실제 운영상의 문제점을 보완·해결하기 위하여 영미식 감사위원회 제도와 독일식 감사회제도를 적극 도입하여 왔다. 이에 따라 **일본의 경우 감사** 외에도 사외감사가 포함된 3인 이상의 복수 감사로 구성된 **감사회**[이하 **'(일)감사회'**라 한다]제도와 영미식의 **감사위원회 제도**를 **선택**할 수 있도록 하였으며, **우리나라의 경우**도 영미식의 **감사위원회제도**와 이사회와 병립·대등적인 관계인 **독임제감사제도**[7]를 **선택**할 수 있도록 하였다.[8]

---

6 김용범. 전게서. 2017. 34면, 정동윤, 「(7판)회사법」, 2001. 473면, 남상구, 「기업가치 제고를 위한 감사의 역할」, 상장협. 2008. 4면, 권종호, 「 감사와 감사위원회제도」, 상장협. 2004. 3면

7 독임제란 의사결정이나 집행기능을 한 사람의 자연인이 담당하는 제도이다.

8 김용범. 전게서. 2017. 35면, 김학원, 「주식회사 감사제도의 효율성 제고를 위한 개선방안 연구」, 2010.13~14면, 이준섭, 「상법상 감

2. 韓國 감사제도의 沿革[9]

가. 삼국시대

우리나라의 경우 문헌상 감사제도가 처음 등장한 것은 **신라 태종무열왕 6년(659년)** 으로, 중앙관부의 하나로 설치된 **사정부(司正府)**가 바로 그것이다. 이는 백관(百官)의 불법을 감찰하는 임무를 수행하였다.

삼국사기 기록에 의하면 당시 사정부에서는 내·외사정이 있었고, 외사정은 문무왕 때, 내사정은 경덕왕 때 설치하였으며, 外司正은 각주에 2인의 외관을 두어 지방관서를 감찰하고, 內司正은 의사(議事)·정찰(貞察)·사(史)를 두어 중앙관서를 糾察하였다.

그 외 **고구려와 백제**의 경우 관련기록이 없어 확인하기 어려우나 각기 신라보다 앞서 관제가 정비된 점과 후대 안정복의 동사강목(東史綱目)에 전하는 바에 의하면 단편적 이나마 중국의 수·당의 제도를 본받아 **대간제도(臺諫制度)의 형태**가 있었음을 짐작케 하고 있다.

나. 고려와 조선

고려시대는 **12세기경** 수도인 **송도를 중심**으로 사용했던 **「사개송도치부법」**이 있는데, 이는 **서양의 복식부기와 근본원리가 동일**하며, **장부는 오늘날 서양 부기의 분개장과 총계정원장에 해당되는 일기와 장책(帳冊)**이 있고, **기타 각종 보조부**가 있다. 이는 **서양의 복식부기법보다 200년 이상 앞서 개발된 점**에서 역사적 의의가 크다.

고려 후기와 조선 초기에 해당하는 중세의 감사제도는 **대간제도(臺諫制度)**인데, 이는 중국의 당제를 본받은 것으로 관료의 비행을 규찰하는 **대관(臺官)**과 왕의 잘못을 간쟁·봉박하는 **간관(諫官)**을 합쳐 부르는 말이다. **대관**은 어사대 또는 관찰사에 봉해 판사·대부·지사·중승·시어사·감찰어사 등이 있고, **간관**은 중서문하성에 속해 좌우상시(左右常侍), 간의대부(諫議大夫), 중사사인(中事舍人) 등이 있어 직급은 정삼품이하에 불과하나 임무와 권한은 매우 중하였다.

조선조에 와서는 **대간제도가** 더욱 체제를 갖추고 중요시되어 왕조 부패를 막는 근간이 되었다. 우선 대간의 임명부터 학식과 덕망이 뛰어난 강직한 인물을 선정하였다. 즉 대간의 임명은 대부분 문과에 장원급제한 자를 직접 임명하거나 홍문관·성균관 등에서 인격과 문명을 떨친 자로 충원하였다. 官制도 점차 정비되어 사헌부와 사간원을 각각 설치하여 사헌부에는 관료의 비위를 감찰하고 풍속을 숙정하기 위해 대사헌·집의·장령·지평·감찰 등을 두고 사간원에서는 군주의 과실을 논박하기 위해 대사간·사간·헌납·정언 등을 두었으나, 양자의 기능에는 상당한 중첩이 있었다.

그 이외에 **암행어사제도**와 **신문고제도**가 있어 **암행어사**는 왕으로부터 비밀리에 임명되어 목적지로 파견되고 주로 지방관리의 비리를 감찰하였고, **신문고**는 일반 서민이 억울한 일을

사 및 감사위원회의 내부감사기능의 효율적 정립방안」. 2006. 1~2면

9 한국감사협회, 전문자료집.

당하였을 때 직접 왕에게 이를 신원(伸寃)하는 수단이었다. 특히 국가재정과 관련해 **회계감사**는 **사헌부의 감찰**이 담당하였는데, 호조의 **회계사**는 중앙과 지방의 전곡 등 출납에 대한 회계를 담당하여 전곡아문과 지방수령의 교체 시에 **사헌부의 감찰**과 함께 창고의 세곡이나 공물의 수량을 임검하여 과부족이 없을 때 「**해유증명** (**解由證明**)」[10] 을 발급해 주었다. 또한 **주요 창고**는 매월 초에 **호조의 낭관과 사헌부의 감찰이 공동으로 현상을 조사·보고**하였다.

조선조 말에 이르러 정치·경제·사회 등 각 부문에 대한 모순을 극복하려는 근대화 운동이 전개되고 1894년 갑오경장을 맞아 종래 국왕직속의 사간원은 폐지되고 사헌부는 도찰원으로 명칭이 바뀌어 의정부 소속하에 두었다. **도찰원**은 내외백관의 공과를 감찰하여 정부에 고명하고, 상벌을 공평하게 하는 기관으로서 원장·사헌·주사 등을 두고 회계감사기관으로서 **회계심사국**을 별도로 두었으나, 1895년 칙령 제38호에 의거 국가 재정을 담당하는 **탁지부소속**의 **회계감사국**으로 변경하면서 감사기능을 축소시켰다.

다. 근대와 현대

1919년 대한민국 임시정부가 발족하면서 **대통령직속으로 회계검사원**을 두면서 국무원에 대해 독립된 지위에서 임시정부의 일체의 회계를 검사·확정하여 검사보고서를 작성 하여 의정원에 제출하게 되어 있었으며, 이를 위해 원장과 검사위원을 두되 타관직(他官職)을 겸임하지 못하게 하였다.

1948년 대한민국 「헌법」이 제정되고 헌법기관으로서 국가회계검사를 담당하는 **심계원**이 설치되었다. **심계원**은 대통령 직속으로 국무원에 대해 독립된 지위를 가졌다. 또한 같은 해 「정부조직법」으로 대통령 소속으로 **감찰위원회를 설치**하여 공무원에 대한 감찰업무를 담당케 하였다. 감찰위원회는 비록 짧은 기간(1948. 07. ~1955. 02.) 존속하였 으나 탄핵 또는 형벌에 의하지 아니하고는 5년 임기 동안 신분보장을 받고 국회의원과 법관을 제외한 모든 공무원에 대해 강력한 감찰활동을 전개하였다.

감사원은 1962년 제3공화국 「헌법」 제정 시에 과거 심계원과 감찰위원회의 **회계감사와 직무감찰의 양기능**이 실제 업무에 있어서 불가분의 관계로 중복되고 있음을 경험한 후 이들 양 기관을 합쳐 **감사원**으로 **일원화**한 것으로 오늘에 이르게 되었다.

민간기업에 대한 근대적 의미의 감사제도는 민족자본 형성이 늦고, 자본시장에 대한 법제와 인식이 부족하여 늦게나마 1960년대에 들어 형태를 갖추기 시작했다. 비록 정부수립 후 계리사법이 제정되고 1950년대는 기업회계원칙과 회계감사기준이 제정되었으나, **1960년대에 이르러서야 「증권거래법」이 제정**되어 증권거래소에 상장되는 기업에 대해 **계리사**(현, 공인회계사)에 의한 감사증명제도가 도입되었다.

이어 **1962년도에 「상법」이 제정**되어 기업 경영구조의 합리화 일환으로 이사회 제도와 더불어 **감사의 지위와 권한을 규정**하고, **1980년에는 「주식회사의 외부감사에 관한 법률」이 제정**되자 비상장기업이라 하더라도 일정금액 자본금 이상인 회사에 대하여도 **외부감사를 받**

10 해유(解由)란 벼슬아치가 물러날 때 후임자에게 사무를 넘기고 호조에 보고해 책임을 벗어나는 일.

도록 의무화하였다.

1984년에 「상법」개정은 내부감사기능 강화를 위해 감사에게 기존의 **회계감사권** 이외에 새로운 **업무감사권과 이사에 대한 영업보고요구권, 영업 및 재산상태에 대한 조사권, 이사회 출석과 의견진술권, 회사 관련 각종 訴의 회사대표권, 감사보고서 기재사항의 법정화 등** 이때 **현행 감사제도**가 확립되었다. 그리고 1995년에는 **감사에 대한 이사의 보고 수령권, 감사의 주주총회 소집권, 자회사 조사권** 등이 신설되었다.

그 후에도 외환위기를 겪고 IMF의 권고에 따라 **1999년**에는 「상법」등을 개정하여 **감사위원회제도, 사외이사제도, 준법감시인제도(금융기관 한정)도입**하였고, **2009년** 개정 「상법」에서는 **감사위원회의 결의에 대하여 이사회의 再決議 금지규정 신설**과 **감사위원의 선임 및 해임 권한은 주주총회에 있음을 명문화**하였고, **2018년** 「**신외감법**」에서는 **외부 감사인 선임 및 감독권을 회사에서 감사/감사위원회로 이전(移轉)**하였다.

II. 감사제도의 형태[11]

1. 영미식의 일원적 구조

영미식의 일원적 구조는 이사회가 회사의 중요한 경영정책이나 업무집행에 관한 기본사항만 결정하고 업무집행은 이사회가 선임하는 집행임원이 담당하며, 그 집행행위는 이사회 또는 이사회로부터 위임을 받은 감사위원회가 감독하는 체제, 즉 회사기관으로 감사기구는 따로 두지 않고 이사회의 하부조직으로서 감사기구를 운영하는 체제이다.

영미식의 일원적 구조하에서 **이사회**는 업무집행기관이라기보다는 **업무집행에 대한 감독기관**이며, 업무집행은 이사회의 책임과 감독하에 집행임원이 담당한다. 그리고 **감사위원회**는 **이사회의 하부조직**으로서 주로 재무제표 등 회계자료를 작성하는 과정에 참여하는 **집행임원**과 회계감사를 담당하는 **외부감사인**에 대한 **감시 · 감독**을 통해 기업회계의 정확성과 신뢰성을 제고하기 위한 활동을 한다.

아울러서 감사위원회는 내부감사조직과 외부감사인과의 협의 및 정보전달 창구로서의 역할과 법규준수 사항 등 내부통제시스템에 대한 평가를 통해 이사회와는 독립성을 유지하면서 한편으로는 이사회의 감독기능을 보완·지원하는 기능을 수행한다. 특히, 감사위원회의 감사위원은 회사 및 집행임원과의 관계에서 독립성이 강조되며, 그 결과 감사위원회는 사외이사 중심으로 구성되는 것이 일반적이다.

영미식의 일원적 구조에서는 또한 이사회 내부에 **각종 위원회**를 두는 것이 통상인데, 대표적인 것으로 통상업무에 관한 중요한 의사결정과 집행 권한이 부여된 「**경영위원회**(executive committee)」, 집행임원 등의 보수를 결정하는 「**보수위원회**(compensation committee)」, 이사후보 추천 등을 하는 「**지명위원회**(nomination committee)」 그리고 이사의 업무집행을 감독하는 「**감사위원회**(Audit Committee)」등이 있다.

---

11 김용범. 전게서. 2017.35~38면과 「바람직한 내부감사기관 형태」. 감사저널 2014.3~5월호. 6~18면

영미식의 일원적 구조의 장·단점은 다음과 같다.[12]

장점

① 업무집행기관과 감사수행기관이 일원화됨으로써 양 기관에 밀접한 상호 협력관계가 구축되어 필요한 정보의 교류의 용이 및 집중적인 감독이 가능.
② 이사회가 특정분야 전문가들로 사외이사를 구성함에 따라 의사결정 과정과 감독활동 시 전문성 발휘와 기존 경영진의 획일적이고 타성적인 사고로 인한 전략상의 오류나 손실 및 위험의 사전 방지가 가능.
③ 회사의 경영전략이나 장기계획의 수립단계에서 협의나 조언의 형태로 사전감독이 용이.

단점

① 업무집행에 관한 결정과 그것에 대한 감독이 동일한 기관에서 이루어지므로 감사기관의 자기감사에 따른 독립성과 객관성이 약화될 가능성.
② 사외이사들은 회사 경영정보의 접근이 제한적임에 따라 정확하고 합리적인 의사결정 한계성과 위원회 조직의 단점인 권한과 책임 소재가 불분명.
③ 사외이사들은 통상 외부의 법률, 금융, 회계, 감사전문가들로 충원되므로 외부로부터 보이지 않는 역학관계에 의한 특정인의 영향력 행사의 위험.

2. 독일식의 이원적 구조

독일식의 이원적 구조는 업무를 담당하는 이사로 구성된 「**이사회**(Vorstand)」와 그 이사를 선임·감독하는 「**(독)감사회**(Aufsichtsrat)」가 각각 독립된 기관으로서 이원적으로 운영되는 체제이다.

독일식의 이원적 구조에 있어서 이사회는 정관 또는 감사회의 결의로 일정한 중요 사항에 관해 결정할 수 있으나, 기본적으로 업무집행에 관한 의사결정기관이 아니며, 업무집행권과 회사대표권은 이사 개개인이 가지고 있음이 원칙이다. 감사회는 3인 이상으로 구성되고 감사에 대한 선임 및 해임 권한은 주주총회에 있으나, 이사의 경우에는 (독)감사회가 선임 및 해임 권한을 가지고 있다.

(독)감사회는 이사의 업무집행에 대한 감독권과 회계감사권을 가지며, 업무감독권은 이사의 직무집행의 적법성뿐만 아니라 합목적성 및 경제성에도 미치는 것으로 해석된다. 이러한 감독권의 실효성을 확보하기 위하여 **(독)감사회**에는 정관이나 (독)감사회 결의로 특정업무에 관한 이사회 결의 시 동의를 요구할 수 있는 **동의요구권,** 업무집행에 관한 이사회로부터의 **보고수령권**, 중요업무집행 사항에 관한 **의사표명권** 등이 인정되고 있다.

이처럼 독일식의 이원적 구조에서의 감사기구인 **(독)감사회**가 **이사에 대한 선임과 해임의 권한**을 갖는다는 점에서 **업무집행기관의 상위기관**으로서 지위를 가지며, 또한 (독)감사회는 동의요구권이나 의사표명권 등을 통해 회사의 정책결정단계에서부터 이사의 업무집행에 개입할 수 있다는 점에서는 **경영관리기관**의 **성격**도 아울러 갖고 있다.

---

12 김용범, 전게서, 2017., 36면. 권종호, 전게서, 24~25면, 남상구, 「기업가치 제고를 위한 감사(감사위원회)의 역할」, 한국상장회사협의회, 2008, 23~24면, 김용범, 전게서, 2012, 33면.

독일식의 이원적 구조의 장·단점으로는 다음과 같다.[13]

장점

① 업무집행기관과 감사수행기관이 제도적으로 분리되어 있기 때문에 각각의 권한과 책임의 소재가 분명.

② 국회가 행정부를 견제 및 감시하듯이 권력분립이 제도적으로 보장되어 있어 감사 수행기관의 업무집행기관에 대한 독립성 확보가 용이.

③ 감사수행기관은 외부로부터 또는 업무집행기관으로부터 영향을 받지 않고 적절하고 객관적인 감독의 수행이 용이.

단점

① 감사수행기관과 업무집행기관의 제도적 분리로 인하여 양 기관 간의 협력관계의 긴밀성이라는 측면에서 문제의 소지가 존재.

② 업무집행기관에 대한 감독은 감사수행기관과의 제도적 분리로 인해 아무래도 사전감독 보다는 사후 감독이 중심.

③ 회사의 경영전략이나 장기계획의 책정에 대한 사전 예방적인 감독에는 효율성이 상대적으로 저하.

3. 한일식의 병립적 구조[14]

한일식의 병립적 구조는 이사회를 구성하는 이사와 이사의 직무집행을 감사(監査)하는 감사(監事)가 공히 주주총회에서 선임된다는 의미에서 업무집행기관과 감사수행기관이 병립·대등적인 관계를 유지하면서, 업무집행에 대하여 이사회(理事會)에 의한 감독(監督)과 감사(監事)에 의한 감사(監査)가 중첩적으로 이루어지는 체제이다.

이 한일식의 병립적(竝立的) 구조는 한국·일본이 채택하고 있으며, 이사가 (독)감사회에서 선임되는 즉, 업무집행기관이 감사수행기관의 관할하에 있는 독일식과 차이가 있고, 독립된 감사수행기관을 두지 않고 이사회의 하부조직으로서 감사수행기관을 두는 영미식과도 다르다.

우리의 기존의 감사제도 역시 이 한일식의 병립적 구조를 취하고 있는데, 이 구조하에서 감사의 선임은 주주총회에서 이루어지며, 감사는 업무집행기관과는 조직면에서 분리·독립된 기관이므로, 이 제도는 **이사 등 집행기관으로부터 객관적이고 독립적인 입장에서 공정한 감사가 가능하다는 커다란 장점**을 가지고 있다.

그러나 그간 실제에 있어서는 **감사선임에 관한 의제 및 의안제안권의 이사회 독점**으로 인해 감사의 선임이 감사의 대상인 경영자에 의해 이루어짐으로 병립적 구조가 갖는 장점보다는 업무집행기관과 감사수행기관의 분리로 인해 단점인 업무집행결과에 대한 **사후의 형**

13 김용범, 전게서, 2017., 37~38면. 권종호, 전게서, 26~27면, 남상구, 전게서, 25~26면,

14 김용범, 전게서, 2017., 38면.

식적 감사나 감사의 이사회 종속화만 부각된 면이 적지 않았다.

따라서 일본이나 우리나라에서 지속적으로 단행된 감사제도의 개혁은 한일식의 병립적구조의 감사제도에 대한 본질적인 문제라기보다는 기본적으로 한일식의 병립적구조가 안고 있는 이러한 실제 운영상의 문제점을 보완·해결하기 위한 노력이라 해도 과언이 아니었다.[15]

Ⅲ. 감사제도의 변천[16]

1. 의용「상법」상 감사제도

우리나라 감사제도는 **1899년에 제정된 일본「신상법」을 토대로 하여 발전**하여 왔다. **일본「신상법」은 1912년「조선민사령」에 의하여 우리나라에「의용(依用)」**되기 시작하여 해방 후 **미군정시대에는 1945년 11월의 미군정법령**에 의하여, 그리고 **1948년 정부수립 이후 1962년까지「제헌헌법」제100조의 경과규정**에 따라 우리의 **「상법」으로서 역할**을 하였다.[17]

그 당시 **「의용상법」**은 의사결정기관인 **주주총회**와 업무집행기관인 **取締役**(이하 '이사'라 한다) 그리고 감사수행기관인 監査役(이하 '감사'라 한다)을 두고 있었다. 이 시기 감사는 주식회사의 필요적 상설기관으로서 업무감사권과 회계감사권을 가지는 회사의 유일한 감사수행기관이었다. 감사권의 범위는 **적법성감사**뿐만 아니라 **타당성감사**에도 미치는 것으로 해석되었다.[18]

아울러「의용상법」상의 감사는 이사 결원의 경우 **직무대행권**과 같은 회사의 업무를 집행할 수 있는 권한뿐만 아니라 **주주총회 소집권, 이사와 회사 간의 거래승인권, 이사와 회사 간의 소송에 있어서 회사대표권** 등과 같은 회사의 업무집행에 관여할 수 있는 권한을 가지고 있었기 때문에 이 시기 감사는 가장 강력한 권한을 보유한 회사 내 감사수행기관이었다.

2. 제정「상법」상 감사제도

1962년「상법」이 제정되면서 감사제도에 대한 내용도 많은 변화가 있었다. 가장 큰 변화는 종전의「의용상법」하에서는 감사에게 업무감사권과 회계감사권을 모두 부여하였던 것을 변경하여 감사의 권한을 **회계감사로 한정**하였다.[19]

이러한 변화는 날로 복잡해지는 경영현실을 고려할 때 경영에 직접 참여하지 않는 감사에게 경영진의 업무집행에 대한 합리적 감독을 기대하기 어려우며, 감사의 선임이 사실상 이사에 의해 추천되고, 그 권능 아래에 있는 구조에서 이사에 대한 감독이 현실적으로 어렵다는 점과 이사회제도 하에서 이사회가 대표이사 및 이사를 감독하는 것이 합리적 이라는

---

15 김용범, 전게서, 2017., 38면. 권종호, 전게서, 27면, 남상구, 전게서, 27면.

16 김용범, 전게서, 2017., 38~44면.

17 김용범, 전게서, 2017., 39면. 임중호, 「감사.감사위원회제도의 효율적 운용과 기능 제고 방안」, 상장 회사협의회, 2007.,59면, 김학원, 전게서, 15면.

18 김용범, 전게서, 2017., 39면. 田中誠仁, 「監査役制度 改正の現在の問題點」, 商事法研究 第2巻, 92면, 김학원, 전게서, 15면.

19 김용범, 전게서, 2017., 39면. 임중호, 전게서, 한국상사법학회, 2001. 160면. 이준섭, 전게서, 2006., 12면, 김학원, 전게서, 15면.

점 등을 고려하여 감사의 **업무감사권을 삭제**한 것이다.[20]

이에 따라 업무감사권을 전제로, 감사에게 부여하였던 **주주총회 소집권, 이사회 결원 시 직무대행권, 이사와 회사 간의 거래 승인권, 회사와 이사 간의 소송 시 회사 대표권, 주주총회 결의의 취소 소송제기권, 증자·감자·합병·설립무효의 소송제기권** 등의 **권한은 삭제**되었다.

3. 1984년 개정「상법」

감사제도에 관한 1962년 제정「상법」의 특징은 감사권한의 축소, 즉 '감사 권한 중 업무감사권의 이사회 위양(委讓)'으로 요약될 수 있으나, 이사회의 형해화(形骸化), 즉 업무집행기관인 대표이사와 대표이사의 지휘 하에서 업무집행을 담당하는 이른바 업무담당이사로 이사회가 구성됨으로써 **업무집행에 대한 이사회의 감독 자체가 '자기감독'으로서 형해화(形骸化)**하면서 결과적으로 감사권한의 축소를 위해 감사의 업무 감사권을 이사회로 위양(委讓)한 취지는 몰각(沒却)되게 되었다.

이처럼 감사의 권한이 약화되면서 회사들은 자유방임적인 무모한 경영에 의하여 도산하거나 부실화하는 현상이 빈발하였다. 이사회의 형해화(形骸化)는 아직까지도 우리나라의 많은 기업에서 볼 수 있는 현상이지만, 이에 대한 대처로서 1984년「상법」을 개정하여 **다시 감사에게 업무감사권을 부여**하게 되었다. 이로써 감사는「의용상법」시절과 마찬가지로 **회계감사권과 함께 업무감사권도 보유**하게 되었다.[21]

이와 동시에 감사의 권한을 대폭적으로 강화하는 조치도 아울러 취해지게 되는데 , ① **감사 임기의 연장(1년에서 2년으로)**, ② **이사에 대한 영업보고 요구권**, ③ **영업 및 재산 상태에 관한 조사권**, ④ **이사회 출석 및 의견 진술권**, ⑤ **회사 관련 각종 소의 회사대표권**, ⑥ **감사인의 감사기간 연장(1주에서 4주로)**, ⑦ **감사보고서 기재사항의 법정화**, ⑧ **감사록 작성의 의무화**, ⑨ **이사회 의사록의 날인권**, ⑩ **이사회 소집통지의 수령권 등**이 그것이다. 따라서 현행 **감사제도의 기본적인 틀**(실체)을 갖추게 되었다.

4. 1995년 개정「상법」

전술한 바와 같이「상법」개정 시마다 감사의 직무권한을 강화하기 위한 입법적 노력에도 불구하고 여전히 경영진에 대한 통제기능이 작동하지 않는 현실이 계속되자 감사기능의 활성화에 초점을 맞춰 개정이 이루어진 것이다.

이 개정에서는 ① **감사의 임기연장(2년 → 3년)**, ② **감사 해임 시 주주총회에서 의견 진술권 부여**, ③ **감사의 겸임 금지범위의 확대(감사는 자회사의 이사 · 지배인 · 기타 사용인의 겸임 금지)**, ④ **감사에 대한 이사의 보고 수령권**, ⑤ **감사의 주주총회 소집권**, ⑥ **자회사 조사권** 등을 **신설**하였다.[22]

---

20 김용범, 전게서, 2017.39면. 임중호, 전게논문, 163면, 이준섭, 전게서, 12면, 김학원, 전게서, 16면.

21 김용범, 전게서, 2017., 40면. 권종호, 전게서, 50면, 이준섭, 전게서, 13~14면, 김학원, 전게서, 16~17면, 최기원,「신회사법」, 박영사, 2009, 720면.

22 김용범, 전게서, 2017., 40면. 권종호, 전게서, 51면, 김학원, 전게서, 17면, 최기원, 전게서, 720면.

이러한 조치들은 감사의 독립성 확보 및 권한 강화를 위해 이루어졌다. 먼저 **감사 해임 시 의견진술권**을 부여한 것은 **감사지위의 강화**차원에서 이루어진 것이며, **감사의 임기를 연장**하고 **겸직금지의무를 확대**한 것은 **감사의 독립성을 확보**하기 위한 조치이다. 아울러 **이사의 감사에 대한 보고의무**를 신설한 것은 **감사의 업무감사권을 강화**하기 위한 법적 근거를 제공하였다는 점에서 중요한 의미를 가지고 있다.[23]

5. 1999년 개정「상법」

1999년 개정「상법」은 기업경영의 투명성 확보를 위한 기업지배구조 개선의 일환으로 **감사위원회제도를 도입**하였다. 1997년 외환위기 이후 IMF, IBRD 등 국제기구 및 외국 투자가들의 정부에 대한 강력한 요청과 당시 국내의 사회적·정치적 배경 등이 상승작용을 하면서 도입된 것이다.[24]

개정「상법」은 모든 주식회사는 감사 또는 감사위원회를 선택하여 운영할 수 있도록 하였다. 따라서 기존의 감사와 감사위원회 중 어느 쪽을 선택할 것인지는 회사의 재량이나 감사위원회를 설치할 경우에는 반드시「정관」에 규정을 두도록 하였으며, 이 경우 감사를 둘 수 없도록 하였다. 이는 전통적인「상법」상 **주식회사의 기관구성과 그 권한 분배 질서를 근본적으로 변환시킨 것**이었다.

감사위원회는 회사의 조직상으로는 이사회 내 위원회의 하나이므로 그 법적 지위는 이사회의 하부 기관이지만 회사 감사수행기관의 기능 약화를 방지하기 위해 **감사위원회의 기능은 종전의 감사에 갈음하는 권한을 행사**할 수 있도록 하였다. 또한 감사위원회의 독립성 확보를 위하여 이사나 자회사의 감사와 같이 기본적으로 **독립성에 문제가 있는 자는 감사위원의 3분의1을 넘을 수 없도록 제한**하였다.[25]

6.「(舊)증권거래법」상 감사 관련 제도

감사제도에 관해서「(舊)증권거래법」에서도 규정을 두고 있다.「(舊)증권거래법」의 '상장법인 등에 대한 특례 등에 관한 규정' 중 제191조의 11, 제191조의12, 제191조의17이 그것이다.

公法的 要素가 강한「(舊)증권거래법」은 전형적 私法인「상법」과는 그 성질을 달리하는 법률이지만,「(舊)증권거래법」 중 상장회사 등 특례에 관한 규정은「상법」의 특별법적 성격을 갖고 있었기 때문에「(舊)증권거래법」의 적용을 받는 상장회사는「(舊)증권거래 법」이「상법」이상으로 중요한 의미를 갖고 있었다.[26]

1) 1997년 개정「(舊)증권거래법」(감사제도 관련규정 신설)

---

23 김용범, 전게서, 2017., 40면. 김학원, 전게서, 17면, 이준섭, 전게서, 14면.

24 김용범, 전게서, 2017., 40면. 김건식,「상법개정요강안에 대한 발표의견(II)」, 상법개정공청회 자료, 1999. 28면. 최기원, 전게서, 740면, 김학원, 전게서, 19면.

25 김용범, 전게서, 2017., 41면. 김학원, 전게서, 19면, 권종호, 전게서, 52면.

26 김용범, 전게서, 2017., 41면. 권종호, 전게서, 52면.

1997년 「(구)증권거래법」에 감사제도 관련 규정의 신설은 1997년 외환위기와 밀접한 관련이 있는 입법이다. **외환위기는 재벌기업의 대주주 전횡과 이에 대한 견제의 부재**가 일조한 것으로 인식되면서 **상장법인 등의 대주주의 영향력 제한과 감사의 독립성 강화에 초점**을 맞추고 있다.[27]

개정내용으로는 ① **감사 선임 및 해임 시 최대주주는 특수관계인의 지분을 합산해 3% 범위내로 의결권 행사의 제한, ② 감사선임 의안과 이사 선임 의안의 주주총회 별도상정, ③ 감사보수 의안과 이사보수 의안의 주주총회 별도상정, ④ 자산 1,000억 원 이상 상장회사에 대해 상근감사 선임의 의무화 및 자격요건의 엄격화** 등이다.

2) 2000년 개정 「(구)증권거래법」

2000년 「(구)증권거래법」상 감사제도 관련 규정의 개정은 **감사위원회제도의 도입**을 위한 것이다. 1999년 새로 도입된 「상법」상 감사위원회제도와는 그 내용면에서 상당한 차이가 있다.

주요 차이점은 ① **자산 2조원 이상 상장회사에 대해 감사위원회 설치를 의무화, ② 감사위원회는 3분의 2이상을 사외이사로 구성하고, 위원장은 반드시 사외이사로 선임, ③ 사외이사가 아닌 감사위원의 자격 제한은 상근감사의 자격 제한을 준용, ④ 감사위원회를 설치한 경우에는 상근감사의 별도 설치 불허용**이다.

3) 2003년 개정 「(舊)증권거래법」

2003년도 「(舊)증권거래법」상 감사제도 관련 규정의 개정은 SK글로벌 분식회계를 계기로 **감사의 전문성과 기업 회계 및 경영의 투명성을 제고**하기 위하여 이루어진 것이다.

주요 내용은 ① **감사위원 중 1인 이상은 반드시 회계 또는 재무전문가로 선임의 의무화, ② 공시서류의 허위기재 및 중요사항의 누락을 묵인한 공인회계사에 대해 벌칙의 강화** 등이다.

7. IMF 이후 개정 「상법」[28]

IMF 이후 개정 내용을 살펴보면 그간 문제점으로 제기되었던 사항의 적극적인 수용과 기업 경영의 투명성 및 효율성을 높이기 위한 제도정비를 강화하였으며, 한 걸음 더 나아가서 감사기능의 실효성과 독립성을 확보하기 위한 제반 수단을 강구하기 위하여 노력하였다.

1) 2009년 개정 「상법」

1월 개정은 「자본시장과 금융투자업에 관한 법률」의 제정에 따라 폐지될 예정인 「(구)증권거래법」상 상장법인의 지배구조에 관한 특례규정을 「상법」의 회사 편에 포함시켜 법적용의 계속성을 유지하고 회사법체제의 완결성을 추구하려는 것이며, 5월개정은 소규모 회사에 대한 규제완화의 관점에서 이루어졌다.

주요 개정내용을 살펴보면 **상장회사에 관한 특례규정은 과거 「(舊)증권거래법」에 있는 내용들이 대부분 그대로 「상법」으로 移管**되었으나 몇 가지 중요한 변화가 있었다. 첫째, **감사**

27 김용범, 전게서, 2017., 42면. 권종호, 전게서, 53면.

28 김용범, 전게서, 2017., 43~44면. 김학원, 전게서, 건국대학교, 2010., 19면~26면, 국회, 상법 개정 법률 의안 , 2009. 1., 2009. 5., 2011. 4., 2014. 2. 2014 4. 의결.

위원회 결의에 대해 **이사회의 再決議를 禁止**하는 명문규정을 신설하였으며, 둘째, 자산규모가 2조원이상인 상장회사 **감사위원회위원**(이하 '감사위원'이라 함)의 **선임 및 해임 권한은 주주총회**에 있음을 명문화하였다.

아울러 그간 법적용에 많은 혼란이 있었던 사외이사의 개념 및 범위를 명확히 규정하였고, **자본금 총액이 10억 원 미만의 소규모 회사**에 대해서는 감사를 선임할 수도 있고, 또는 선임하지 않을 수도 있도록 하여 **감사를 임의기관화**하였다.

2) 2011년 개정 「상법」

2011년 개정은 **기업경영의 투명성과 효율성을 높이고 국제기준에 부합하는 회사법 체제로 개편**하는 한편 급변하는 경영환경에 기업이 적절히 대응할 수 있는 법적기반을 마련하는데 많은 노력을 기울였다. 따라서 2011년 개정은 회사법체제의 대대적인 변화가 모색되었다.

주요 개정내용은 ① 유한책임회사제도의 도입, ② 무액면주식제도의 도입, ③ 다양한 종류의 주식도입, ④ 주식과 사채의 전자등록제 도입, ⑤ 소수주주의 강제 매수제도 도입, ⑥ 사업기회 유용금지제도 신설, ⑦ 이사의 자기거래 승인대상 확대, ⑧ 이사의 책임감경, ⑨ **「상법」상 회계규정과 기업회계기준의 조화** 등이다.

아울러 **감사제도 관련 개정내용**은 ① **전문가 조력 받을 권리 신설**, ② **이사회 소집 청구권 신설**, ③ **감사의 책임 감경**, ④ **집행임원제도 도입**, ⑤ **준법지원인 제도의 도입 등**이다.

8. 「신외감법」상 감사 관련 제도[29]

2017. 10. 31. 상장주식회사 중심의 회계투명성 제고과정에서 나타난 유한회사의 주식회사 상장기피 등 부작용을 방지하기 위하여 유한회사를 외부감사 규율 대상에 포함하고, 외부감사인의 독립성과 책임성을 강화 및 외부감사업무의 질을 높이기 위해 회사의 외부감사인 선임 절차 등 기존의 「외감법」을 전면 개정하였다.

또한 회계법인의 감사품질관리에 관한 제도적 장치를 마련하는 한편, 회계감사기준 위반 등에 대한 행정조치를 정비하고, 회사의 회계 관련 내부통제를 강화하는 가운데, 회계감사의 독립성과 전문성을 확보할 수 있는 외부감사인 주기적 지정제를 도입하는 등 현행 제도의 운영과정에서 드러난 미비점을 전면 개선·보완하였다.

참고

「신외감법」상 주요 개선·보완 내용

① 유한회사에 대한 외부감사 도입(「신외감법」제2조 제1호 및 제4조).
② 외부감사 대상 선정기준에 매출액 기준 도입(「신외감법」제4조 제1항 제3호).
③ 회사의 감사 전 재무제표 제출 의무 강화(「신외감법」제6조 제2항, 제4항).

29 이번 개정은 법률 제목변경 및 내용의 전면정비이므로 이하「신외감법」이라 표시하기로 한다.

④ 회사의 재무제표 대리 작성 요구 등 금지(「신외감법」제6조 제6항).

⑤ 회사의 내부통제 실효성 강화(「신외감법」제8조 제4항 및 제6항).

- 내부회계관리제도 운영실태를 대표이사가 주주총회, 이사회 및 감사에게 보고.
- 상장법인에 한해 내부회계관리제도에 대한 인증 수준을 검토에서 감사로 상향.

⑥ 대형비상장주식회사 및 금융회사에 대한 회계규율 강화(「신외감법」제9조등).

⑦ 감사인 선임 기한 변경(「신외감법」제10조 제1항).

- 회사는 매 사업연도 개시일로부터 45일 이내 감사인 선임.
- 감사위원회 의무적 설치회사는 매 사업연도 개시일 이전까지 감사인 선임.

⑧ 감사인 선임절차 개선(「신외감법」제10조 제4항).

- 경영진이 감사 또는 감사위원회의 승인을 받아 외부감사인을 선임하던 것을 감사 또는 감사위원회가 선정한 자를 회사는 외부감사인으로 선임토록 변경.

⑨ 감사인 지정 사유 확대(「신외감법」제11조 제1항).

⑩ 상장법인 등에 대한 주기적 감사인 지정제 도입(「신외감법」제11조제2항 등).

⑪ 표준 감사시간 도입(「신외감법」제16조의2).

⑫ 회계부정에 대한 감사 또는 감사위원회 처리절차 강화(「신외감법」제22조).

- 내부감사는 회계부정 발견 시 외부전문가를 선임하여 조사·시정 조치.
- 이 경우 필요한 자료나 정보, 자금 등을 대표자에게 요청 → 불응 시 과태료.
- 외부전문가의 조사·시정조치 결과를 증권선물위원회 및 감사인에게 제출.

⑬ 회사 및 감사인에 대한 과징금 제도 도입(「신외감법」제35조 및 제36조).

⑭ 회계부정 관련 제재 강화(「신외감법」제29조 제1항, 제31조 제9항, 제39조, 제40조, 제45조 및 제48조).

⑮ 내부신고자 보호 강화(「신외감법」제41조 제5호, 제43조, 제47조 제1항) 등.

9. 2020년 개정「상법」

2020년 개정「상법」은 모회사의 대주주가 자회사를 설립하여 자회사의 자산 또는 사업기회를 유용하거나 감사위원의 선임에 영향력을 발휘하여 그 직무의 독립성을 해치는 등의 전횡을 방지하고 소수주주의 권익을 보호하기 위해 다중대표소송제와 감사위원 분리선출제를 도입함으로써 기업의 불투명한 의사결정 구조를 개선하였다.

또한 전자투표를 할 수 있도록 한 경우에는 감사 등 선임시 발행주식총수의 4분의 1 이상의 결의요건을 적용하지 않도록 주주총회 결의요건을 완화하였으며, 상장회사의 소수주주권의 행사요건에 대한 특례규정이 일반규정에 따른 소수주주권 행사에는 영향을 미치지 않도록 함으로써 운영상 나타난 일부 미비점을 개선·보완하였다.

〈주요 개선 · 보완 내용〉

1) **다중대표소송 도입** : 자회사 이사가 임무해태 등으로 자회사에 손해를 발생시킨 경우 모회사의 주주도 자회사 이사를 상대로 대표소송을 제기할 수 있도록 규정.

2) 감사위원 분리선출제 도입 및 의결권 제한규정 정비 :

가) 분리선출제 도입 : 감사위원 중 "1명 이상"을 이사선출단계에서부터 다른 이사와 분리하여 별도로 선출하도록 개정.

나) 의결권 제한규정 정비 : 상장회사 사외이사인 감사위원을 선임·해임할 경우에 발행주식총수의 3%를 초과하는 주식의 의결권을 제한하고, 감사 및 사외이사가 아닌 감사위원을 선임·해임하는 경우에 최대주주는 특수관계인 등을 합산하여 3%, 일반주주는 개별로 3%를 초과하는 주식에 대하여 의결권을 제한.'

3) 감사 등 선임 시 주주총회 결의요건 완화 : 현행 출석주주 의결권 과반수 + 발행주식총수의 1/4 이상의 수로 의결토록 되어 있는 규정을, 전자투표를 실시하는 경우 출석주주 의결권 과반수만으로 의결 가능토록 개정.

4) 배당기준일 관련 규정 개선 : 일정한 시점을 배당기준일로 전제한 규정을 삭제.

5) 소수주주권 관련규정 개선 : 일반규정에 의해 부여된 권리와 특례규정에 의한 권리를 선택적으로 적용할 수 있도록 개정.

제2절 감사제도의 本質

Ⅰ. 주식회사와 감사제도

회사는 독립된 사회적 실체로서 이론적으로는 의사와 행위 능력을 가지고 있지만, 현실적으로 자신의 의사를 가지고 행위하는 것이 불가능하다. 이에 따라 그 의사와 행위는 회사 조직상의 일정한 지위에 있는 자에 의해 결정되고 실천된다. 이와 같이 회사의 의사를 결정하고 행위를 실천하는 회사 조직상의 기구를 **'기관'**이라 한다.[30]

「상법」은 주식회사(물적회사[31])에 한해 기관으로서 감사의 선임을 의무화하고 감사의 자격이나 직무 및 권한 그리고 감사결과 보고 등을 규정하고 있다. 「상법」이 이처럼 주식회사에 국한해 감사의 선임을 강제하는 등 규제를 가하고 있는 이유는 「상법」이 관념하고 있는 주식회사는 소유와 경영이 분리되고 사원 즉 주주는 다수의 소액출자자로 구성되므로 주주가 직접 나서서 경영자의 직무집행을 일상적으로 감독·감시하는 것은 불가능하거나 비현실적이기 때문이다.

그런 점에서 소유와 경영이 일치하거나 사원이 소수인 경우, 예컨대 '합명회사나 합자회사'(인적회사[32])의 경우에는 경영자의 직무집행에 대한 제3자적 기관에 의한 감독·감시의 필

30 김용범, 전게서, 2017., 45면. 이철송. 「회사법강의」, 박영사. 2021. 493면, 김학원, 전게서, 5면, 神田秀樹, 「會社法入門」, 岩波新書, 2006, 50면

31 물적회사란 각 사원이 단순히 출자를 매개로 하여 결합한 기업의 법적 형태로서 회사의 실질은 사원의 결합체라기 보다는 자본의 집중체라고 할 수 있음. 김용범, 2017. 45면. 이철송. 전게서. 2021. 85면.

32 인적회사란 그 실질이 개인상인의 조합적 결합으로서 인적 신뢰관계에 있는 구성원만으로 이루어진 기업형태를 말함. 김용범, 전게

요성은 그다지 크지 않다. 이 경우에는 사원이 경영자로서 직접 회사경영에 관한 직무를 수행하는 경우가 대부분이고 설령 경영자(대표업무집행사원)에게 경영이 위임된 경우라도 사원이 소수이므로 사원이 직접 경영자의 직무집행을 감독하는 것이 가능하며, 오히려 그렇게 하는 것이 비용 면에서 효율적이기 때문이다.

전통적인 회사법이론에 의하면 **물적회사의 경우 감사는 주주를 대신하여 경영자의 직무집행을 감독·감사하는 것**이나 그 궁극적인 **목적**은 **회사경영의 적정성 확보**와 **회사재산의 건전성을 유지**하는 데 있다. 이는 기본적으로 **회사 주주의 이익보호**라는 측면에서 중요한 의미를 갖지만, 회사채권자의 이익과도 직결되는 문제이다. 따라서 **회사 채권자의 이익보호**라는 측면에서도 감사의 필요성이 요구된다.

그러나 합명회사나 합자회사와 같은 인적회사의 경우 사원은 회사채권자에 대해 직접 무한책임을 지기 때문에 채권자 보호라는 측면에서 감사의 필요성은 간접유한책임 사원만으로 구성되는 주식회사나 유한회사(물적 회사)에 비해 상대적으로 적다. 「상법」이 인적회사에 대해 감사와 관련한 규정을 두지 않은 것도 이 때문이다.

다만 유한회사의 경우에는 유한책임사원만으로 구성되므로 채권자 보호 측면에서는 감사의 필요성이 인정되지만 사원이 소수로 구성되며 폐쇄 회사로서 소유와 경영이 일치하는 경우가 많기 때문에 「상법」은 감사의 선임 등을 회사의 자율에 맡기고 있다.

따라서 **감사제도가 법·제도적으로 문제**가 된다면 그것은 **전형적인 물적회사로서 주주의 이익보호와 채권자의 이익보호를 위하여 감사제도가 매우 중요한 위치를 차지**하는 '**주식회사의 감사제도**'이다.[33]

II. 기관구조와 감사제도[34]

1. 기관구조의 의의

회사는 독립된 사회적 실재로서 이론적으로는 그 자체의 의사와 행위를 가지나, 실제의 자연적 의사를 결정하고 자연적 행위를 할 능력이 없으므로 그 의사와 행위는 회사 조직상의 일정한 지위에 있는 자에 의해 결정되고 실천된다. 이와 같이 회사의 의사를 결정하고 행위를 실천하는 회사 조직상의 기구를 **'기관'**이라 한다.

합명회사와 같은 **인적회사**는 원칙적으로 각 사원이 업무집행권과 대표권을 가지며, 업무집행자와 대표자를 별도로 둔다 하더라도 사원 중에서 선임되어야 하므로 **기관자격과 사원자격은 일치**(자기기관) 한다. 그러나 주식회사와 같은 **물적회사**는 기능별로 다음과 같이 **수개의 기관으로 분화**되어 있고, 그중 주주총회 이외의 기관의 구성에는 주주 자격을 전제로 하지 않는다는 점이 특색이다.

서, 2017. 45면. 이철송. 전게서. 2021. 85면.

33 김용범, 전게서, 2012. 42면. 및 2017., 46면. 권종호, 전게서, 1~2면, 최준선, 「(제6판) 회사법」, 삼영사, 2011, 513면

34 김용범, 전게서, 2017., 46~54면. 이철송. 전게서. 2021. 493~499면.

가. 주주총회

주주들로 구성되며 이사·감사의 선임, 정관 변경 등 법이 정한 소정의 주요 사항에 관해 **회사 내부의 최고의 의사결정을 하는 기관**이다.(「상법」 제361조)

나. 이사·대표이사·이사회

주주총회에서 수인의 이사를 선임하고 이들은 이사회를 구성한다. **이사회**는 **회사의 업무 집행에 관한 의사결정권**을 갖는다.(「상법」제393조 제1항) 하지만 이사회는 수인의 이사로 구성되는 **회의체기구**이므로 현실적인 업무집행행위를 실행하기에는 부적당하다.

그러므로 업무집행에 관한 **이사회의 권한**은 「**의사 결정**」에 그치고 현실적인 「**집행 행위**」는 이사회(또는 정관의 정함에 따라 주주총회)가 선임한 **대표이사**(또는 집행임원)**가 수행한다**. 또한 **대표이사는 대외적으로 회사를 대표**하여 조직법적 또는 거래법적 법률관계를 형성한다.(「상법」제389조 제3항→제209조, 제408조의5 제2항)

그러나 **대표이사** 업무집행의 결정은 궁극적으로 이사회의 권한이므로 **이사회**는 **대표이사**를 「**감독**」한다.(「상법」 제393조 제2항)

다. 감사기관

「상법」은 이사회 및 대표이사의 업무집행을 **감사하는 기관**으로서 **감사와 감사위원회**를 제시하고, 회사가 어느 하나를 선택하도록 하고 있다. **감사**는 주주총회가 선임하는 「**독임제 기관**」[35]이고(「상법」제409조), **감사위원회**는 이사회 내부에 두며, 이사들로서 구성하는 「**합의체 기관**」이다.(「상법」415조의2)

양자 모두 이사회 또는 대표이사를 감사한다는 동일한 권한을 가지고 있지만, **감사**는 이사회로부터 독립된 기관으로서 이사회나 대표이사의 입장으로서는 「**외부통제 장치**」가 된다고 할 수 있고, **감사위원회**는 이사회의 감독하에서 기능하는 「**자기통제 장치**」 **또는** 「**자기시정장치**」라고 할 수 있다.[36]

2. 기관구성의 논리

주식회사의 기간구조를 인적회사의 그것과 대비할 때 **최대의 특징은 출자자**(주주)**로 부터 독립된 지위를 갖는 자**(이사)**들이 회사의 경영기구를 구성**한다는 점이다.**(소유와 경영의 분리)** 주주총회와 감사의 존재도 인적회사에서 볼 수 없는 것이지만, 이는 이사가 경영을 담당하기 때문에 부수적으로 생겨난 기관에 불과하다.

가. 소유와 경영의 분리

1) 유한책임과 책임재산의 관리

---

35 독임제란 하나의 관청이나 기관에 그 권한을 일임하는 조직형태. 김용범, 전게서, 2017, 47면.

36 김용범, 전게서, 2017., 47면. 이철송, 전게서, 2021, 494면.

주식회사에서 소유와 경영의 분리되어야하는 제도적 동기는 주주들이 유한책임을 진다는 점이다. 주주는 회사 채무에 대해 유한책임을 지므로 회사에 현재하는 재산만이 회사 채권자에 대한 담보가 될 뿐이다. 이 사실은 기업경영에 따른 위험을 회사 채권자에게 전가시킴을 뜻한다.

채권자를 보호하기 위해 회사재산을 건전하게 유지해야 한다는 것은 「상법」이 주주의 유한책임을 허용하면서 동시에 부여한 부관적(附款的)*의미의 명제(命題)**이다. **회사재산의 건전한 유지는 주주들의 이기적인 행동경향에 영향을 받지 않고 회사경영의 객관성을 유지하고 재산을 독립적으로 관리함으로써 가능**하다. 이 점이 **주식회사에서 소유와 경영이 분리되어야 할 가장 중요한 이유**이다.

* 부관 : 법률행위의 효력 발생 또는 소멸을 제한하기 위하여 부과되는 약관.

**명제 : 어떤 문제에 대한 하나의 논리적 판단내용과 주장을 언어나 기호로 표시한 것.

한편 **회사의 경영이 이기적인 출자자의 손을 떠나 객관화**됨으로 해서 회사의 채권자나 주주는 회사 경영에 대한 「**감시비용(monitoring cost)**」*을 줄일 수 있고, 그 결과 회사는 주주와 채권자의 신뢰를 얻으므로 시장에서 **자금조달에 따르는 비용**을 줄일 수 있다.

* 감시비용 : 주체가 대리인을 감시하는 데에 부담하는 비용을 말하며, 이사 등 대리인(agency)의 행위가 주주나 채권자 등 주체(principals)의 이익에서 이탈하는 것을 제한 또는 방지하기 위해서 주체가 대리인을 감시하는 데에 들어가는 비용을 말한다.

2) 경영의 중립성 확보

주식회사는 대중으로부터 자본을 집중시키기 위해 만들어진 기업형태이므로 다수주주가 존재하는 것이 원칙적인 모습이다. 다수의 주주가 집단적으로 경영에 참여한다는 것은 비효율적이기도 하지만, 주주가 직접 업무의 집행에 임한다면 일상적인 경영이 항상 **자본다수결**로 결정되어 **대주주의 횡포**가 우려되고 때로는 **의사의 분열**로 **경영의 혼란 및 정체**가 생길 수도 있다.

이는 결국 다른 주주와 채권자의 감시비용을 높여 투자수익을 감소시키고, 나아가 회사는 자본시장(투자자)의 신뢰를 잃게 되어 자본조달 비용이 높아진다. 그러므로 **자본다수결의 영향을 받지 않는 제3의 독립적인 경영기구**를 두어 **경영의 중립성·객관성을 유지할 필요**에서 **소유와 경영을 분리**하게 된 것이다.

물론 이사는 주주총회의 다수결로 선임되므로 그 선임에는 대주주의 영향력이 미치지만, 일단 선임되면 회사의 수임인으로 자기의 책임하에 업무를 집행할 법적의무를 부담한다.(「상법」제382조제2항, 제399조제1항) 그리고 이사회에서의 의사 결정은 인적회사의 업무집행과 같이 **두수주의(頭數主義)***에 의해 결정된다.

* **두수주의** : 일반적으로 회의체의 의사결정은 머리수가 누가 많으냐에 의해 결정되는 것을 의미 한다. 다시 말하면 사람 1명이 1개의 의결권을 갖는 것을 말한다.

위 두 제도인 **회사의 所有와 經營의 分離**(자본다수결의 영향을 받지 않는 제3의 독립적인 경영기구)**와 이사회의 意思決定의 頭數主義**(수임인으로 자기책임 하에 업무집행)는 **대주주**의 **부당한 경영간섭을 차단**함으로써 회사 **경영의 합리성을 보장**하는 기능을 한다.

3) 경영의 전문화

주주들이 유한책임을 지므로 경영성과로 인한 주주의 위험부담은 제한적이고 예견가능하다. 그러므로 인적회사에서처럼 주주가 직접경영에 임해야 할 필연적인 이유는 없고, 주주의 이윤동기를 보다 만족스럽게 충족시켜 줄 경영기구가 있다면 더 바람직하다.

소유와 경영의 분리는 「상법」의 직접적인 입법동기와는 무관하지만 전문경영인 에게 회사경영을 위임함으로써 경영의 효율을 기하고 나아가 주주들의 이윤동기를 보다 잘 충족시킬 수 있다는 부수적인 효과(**경영의 전문화·효율화**)도 갖는다.

소유와 경영의 분리는 법경제학적으로 보면, 주주와 채권자의 이른바 **代理人 費用**(경영이나 재산을 타인에게 맡겼을 때, 그 관리자의 무능·부정직으로 인해 소유자가 부담하게 되는 위험을 관리하는데 들어가는 비용 : agency costs)**과 이로 인해 높아지는 資本調達 費用을 解決하는 手段** 이라 할 수 있다.

주주가 회사를 직접 경영한다면 회사채권자들은 주주에 의한 회사재산의 유출을 걱정해야 하고, 이를 감시하기 위한 비용(**대리인 비용 : agency cost**)을 지출해야 한다. 따라서 회사채권자는 이 비용을 회사에 전가하려 할 것이고, 그 결과 회사는 타인자본을 조달함에 있어 높은 비용을 부담해야 한다.

이 점은 주주 간에도 같다. 경영에 임하는 주주들 간에 의견불일치, 갈등이 생기고, 서로를 감시해야 하고, 회사재산을 늘 점검해야 하며, 이로 인한 경영의 비효율과 비용발생(**협력비용 : coordination costs**)을 감수해야 한다. 따라서 주주는 회사로부터 자신이 기대하는 수익과 이 비용을 보상할 만한 배당이 주어지지 않는 한 투자를 하려 하지 않을 것이다. 결과적으로 회사는 자기자본을 조달함에 있어서도 높은 비용을 부담해야 한다.

그러므로 **어느 주주에 대해서도 중립적이고 전문적인 제3의 경영인에게 경영을 위임함으로써 이론적으로는 채권자와 주주의 대리인비용을 해소하고 나아가 자본조달 비용을 줄일 수 있는 것**이다.

참고

대리인 비용(agency cost)

주주, 채권자(주체)와 경영자(대리인) 사이에 발생하는 대리인 문제를 적절하게 해결하는 데 소요되는 비용으로 다음과 같이 구분할 수 있다.

① **감시비용**(monitoring cost) : 주체가 대리인을 감시하는 데 들어가는 비용.

② **확증비용**(bonding cost) : 대리인이 주체의 이해에 상반되는 행동을 하지 않고 있음을 확증하는 과정에서 발생하는 대리인이 부담하는 비용으로 대리인이 기업의 재무상황을 보고하고, 제3자에게 기업 재무상황을 공인받는 데 소요되는 비용.

③ **잔여손실**(residual losses) : 확증비용과 감시비용이 지출되었음에도 대리인과 주체 간의 의사결정의 괴리로 말미암아 대리인 때문에 발생한 주체의 재산손실.

〈주식회사의 기관구조〉

① 감사를 두는 경우

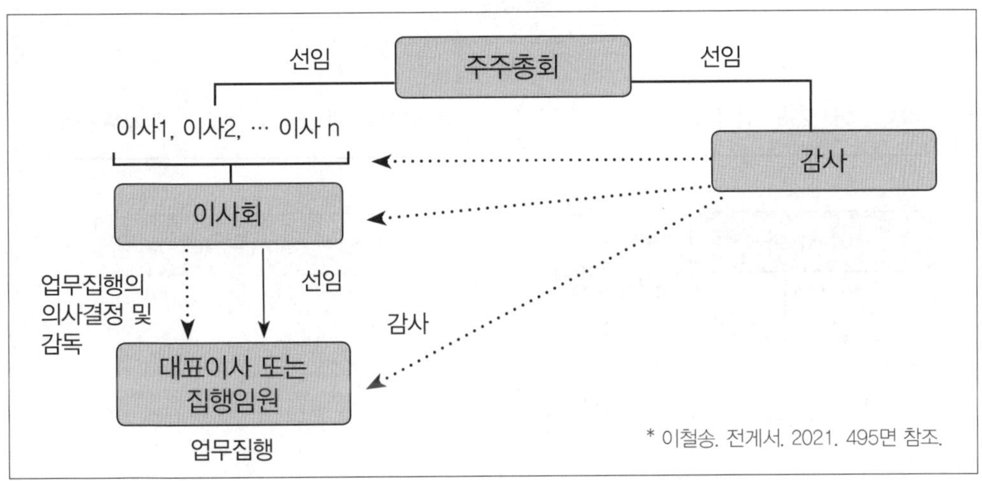

② 일반 감사위원회를 두는 경우

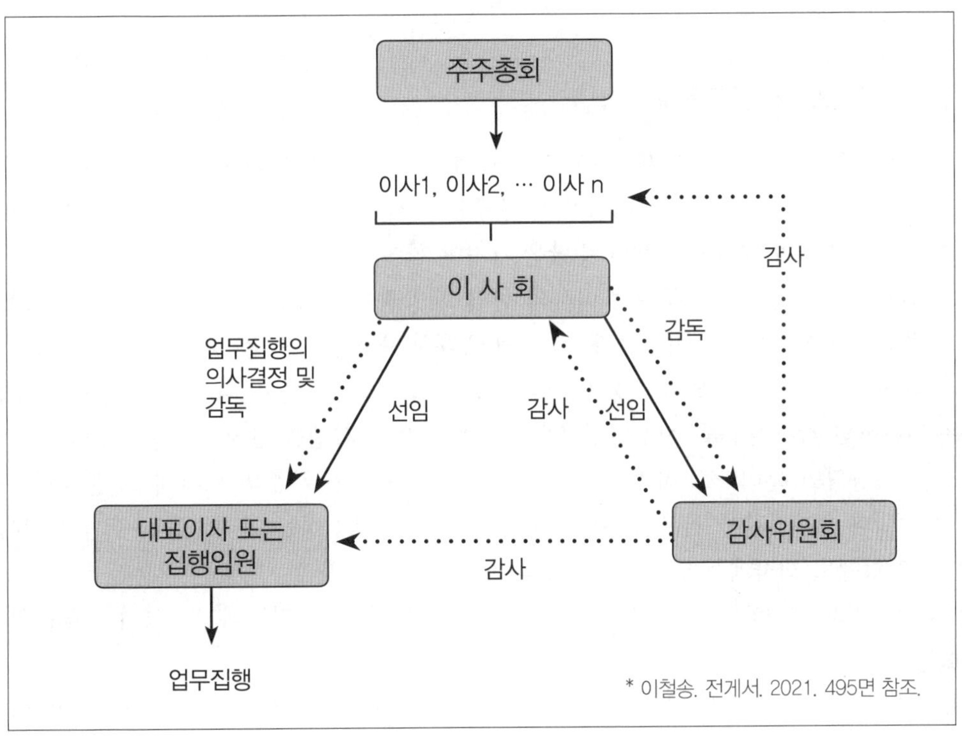

③ **특례 감사위원회를 두는 경우**

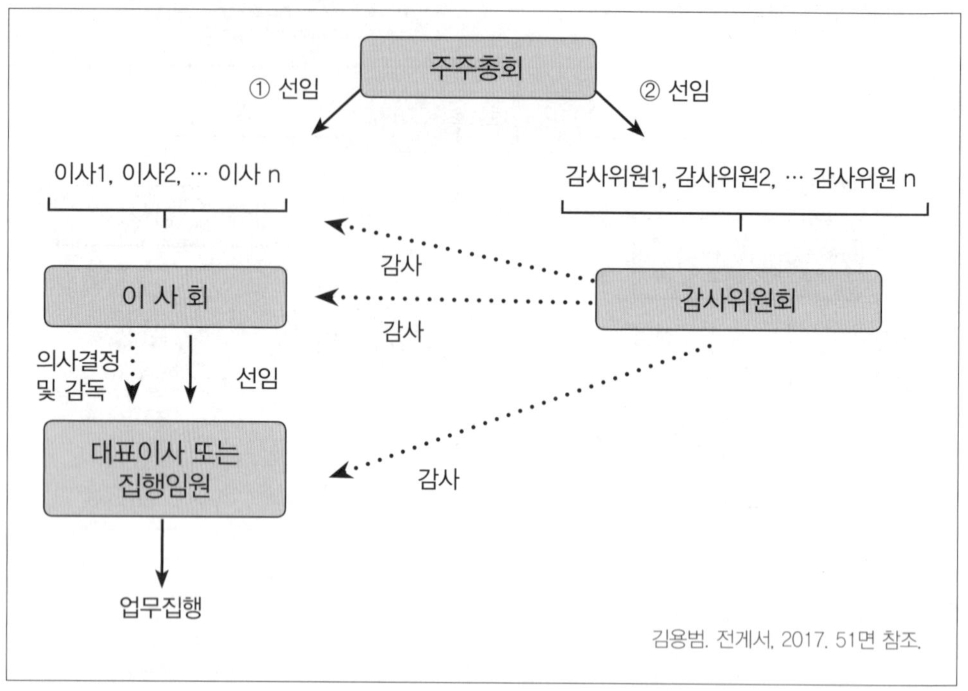

김용범. 전게서, 2017. 51면 참조.

나. 주주의 보호와 경영통제

유한책임제도의 논리적인 귀결로서 그리고 주주 간의 감시비용을 줄이기 위한 방법으로서 소유와 경영을 분리하지만, 이로 인해 주주는 회사의 경영에서 소외되므로 **주주는 스스로 보호하기 위하여 理事를 통제할 수단**을 가져야 한다.

그리하여 「상법」은 **첫째, 주주는 이사의 선임·해임권을 가지고 이사의 업무집행의 효율성과 적법성을 평가**하도록 하며, **둘째, 회사에 중대한 변화를 가져올 중요한 의사 결정은 이사의 독단에 흐르지 않도록 주주총회 결의의 요건**으로 하고, **셋째, 감사 또는 감사위원회와 같은 전문적인 감시기구를 두어 일상적으로 이사의 업무 집행을 견제**하도록 하였다.

소유와 경영의 분리라고 하지만 이사는 기업의 소유자인 주주의 의사에 그 존재의 근거를 둘 수밖에 없다. 감사 역시 주주의 감시기능을 일부 대신하는 자이므로 주주가 선임해야 한다. 그 밖에도 회사에는 일상적인 경영의 수임자인 이사가 할 수 없는 처분적 업무(예 : 정관변경, 자본감소, 영업양도, 회사해산, 합병 및 결산 승인 등)가 다수 있는데, 이 역시 주주들의 의사결정이 필요하다.

주식회사에서는 주주가 다수 존재하고, 소유주식수에 따라 각 주주의 의사의 영향력이 상이한 관계로 의사형성의 공정을 기하기 위해서는 **節次의 形式性·嚴格性이 요구된다.** 그리고 이사 · 감사와 같은 기관적 조직에 대응하여 주주도 역시 조직화된 방법으로 단체적 의사를 형성할 필요가 있다. 그리하여 **주주는 주주총회라는 기관**을 구성해 다수결의 방법으로 **주주들의 單一化된 의사를 표시**하는 것이다.

다. 기관운영의 이상(理想)

이상과 같은 **기관분화 및 권한배분의 법 논리**는 한 마디로 주주의 유한책임을 시발점으로 하여 제기되는 **회사재산의 객관적·중립적 운영의 필요성을 충족**시키고, 이를 보장하기 위해 **기관 간에 견제와 균형을 유지하는 것**이라 하겠다.

그리하여 **대·소주주 및 회사채권자 그리고 사회적 실재로서의 회사 자체 등 모든 이해관계자들의 이익을 균형 있게 실현하는 것**이 **법이 이상**으로 삼는 바이다. 회사의 실제 운영이 이러한 논리와 이상에 부합하도록 이루어져야 함은 물론이고, 회사 운영에 관한 법규범 역시 같은 방향으로 해석되어야 한다.

3. 의사결정의 논리

가. 의사결정의 개요

주식회사는 이상과 같이 복수의 기관으로 구성되는데, 어느 기관이든 자신의 권한과 의무를 수행하기 위해 의사결정을 해야 한다. 감사와 대표이사는(수인이 있다 하더라도) 각자 독임제적 집행 기구로서 자신의 독단으로 의사결정을 하고 그 공정성은 각자의 법적책임으로 담보한다. 그러나 주주 총회와 이사회는 복수의 인원으로 구성되어 합의적 방법으로 공동의 의사를 결정해야 한다.

나. 의사결정의 방법

오늘날의 민주사회에서는 **입장을 달리하는 다수인의 의사를 민주적으로 수렴(收斂), 단일화(單一化)하는 방법으로서 다수결원칙(多數決原則)을 채택**하고 있으며, 이것이 회사의 **意思決定**에도 **適用**된다. 다만 주주총회와 이사회는 법상 언제나 특정의 의제를 놓고 찬부(贊否)를 묻는 방식을 취한다.

그러므로 **주주총회와 이사회**의 **다수결**이란 **단순다수결이 아니고 원칙적으로 과반수 결의**의 형식을 취한다. 단 주주총회의 결의 시에 사안에 따라 결정의사의 대표성을 강화하기 위해 **특별결의**라는 형식으로 **과반수보다 큰 다수**(3분의2 이상)를 요구하는 경우도 있으며, 이사회도 의안에 따라 같은 요령으로 결의 요건을 강화할 수 있다.

다수결은 주주총회와 이사회에서 그 의미를 전혀 달리한다. **주주총회**는 **출자자의 의사를 결정하는 기구**이므로 **다수결을 인식하는 기준은 출자에 따라 부담하는 위험의 크기**에 두어야 한다. 그러므로 다수결의 전제로서 **의사결정력의 등가성은 주주총회를 구성하는 「사람」이 아니라 「출자액」(資本多數決)에 있으며**, 이것은 **'1주 1의결권의 원칙'으로 규격화**되어 있다.(「상법」제369조 제1항).[37]

그러나 **이사회**에는 자본다수결이 적용되지 않는다. **이사는 출자자와 무관한 자들로서 각자가 회사의 수임인으로서 등가의 법적지위**를 가지기 때문이다. 그러므로 이사회에서는 **이사 개개인이 하나의 의결권(頭數多數決)**을 가지고 결의에 임한다.(「상법」제391조제1항)

---

37 김용범, 전게서, 2017., 53면. 이철송. 전게서. 2021. 498면.

아울러 **감사위원회는 獨任制機關인 감사와 달리 會議體機關이므로 권한행사는 委員會의 決議**를 통해 한다. 감사위원회의 소집이나 결의방법 등 감사위원회의 운영은 감사위원회가 이사회 내 위원회이므로 「상법」 제393조의2(이사회 내 위원회)가 정하는 이사회 내 위원회의 운영방법에 따른다.(「상법」 제393조의2 제4항, 제5항)[38]

「상법」상 이사회 관련규정으로 위원회에 준용되는 제386조제1항(퇴임이사의 지위계속), 제390조(이사회의 소집), 제391조(이사회의 결의방법), 제391조의 3(이사회의 의사록), 제392조(이사회의 연기 · 속행)의 규정은 감사위원회에도 적용된다. 따라서 **감사위원회**도 이사회와 같이 **위원 개개인이 하나의 의결권을 가지고 결의를 행사**한다.

다. 다수결의 타당성과 예외[39]

주주총회의 다수결제도가 타당성을 갖는 근거는 회사의 이익은 바로 주주 전원의 이익이 되는 까닭에 주주들은 주어진 의안에 대해 회사의 이익이 되는 방향으로 결정을 할 것 이라는 假說이다.

이런 假說은 주주총회가 단독으로 지배적 영향력을 갖지 못하는 다수의 주주로 구성되고 의안에 따라 다수파가 가변적으로 형성된다는 점을 전제로 한 것이다. 이를 전제로 할 때 결의의 목적인 **이익의 동질적인 평준화**가 가능하기 때문이다.

그러나 실제는 대부분의 회사에 다수의 주식을 가지고 결의를 지배하는 대주주가 있어 지배력의 항구적 편재현상이 나타나고, 따라서 결의에 의해 성취된 이익의 편향적 귀속이 이루어지는 예도 많다. 이점은 이사들의 결의에서도 발견된다.

이사들은 법적으로는 회사의 수임인으로서 주주로부터 독립된 지위를 갖는다고 하지만, 이사들은 계속적인 지위의 보전을 위해 지배주주의 신임을 의식하지 않을 수 없어 대주주의 간접적 영향하에 편파적인 결의를 하는 예도 다수 있다.

이같이 다수결의 보편적 타당성이 깨어지는 일이 있으므로 다수결의 예외로서 소수자인 주주의 의사가 법적인 힘을 지원받아 보호되는 경우도 있다. 예컨대 결의취소나 무효 등의 소송을 제기하거나 소수주주권으로 행사하는 것이 대표적인 예이고(「상법」 제376조, 제380조, 제385조제2항), 때로는 소수자인 주주가 집단으로 그 의사를 형성하여 다수결의 효력에 대항할 수도 있다.(**종류 주주총회**, 「상법」제435조)

그러나 보편적 의사결정방법으로서 다수결이 갖는 한계는 이러한 단편적인 제도만으로는 극복되기가 어렵다고 본다. 그러므로 입법과 해석론적 노력에 의해 다수결의 원론적 타당성을 회복하도록 노력하여야 한다.

Ⅲ. 기업지배구조와 감사제도

1. 기업지배구조의 일반

38 김용범, 전게서, 2017., 53면. 이철송, 전게서, 2021, 887면.

39 김용범, 전게서, 2017., 53~54면. 이철송, 전게서, 2021, 498~499면.

가. 기업지배구조의 개념

일반적으로 「**기업지배구조(Corporate Governance)**」**는 "기업을 지휘하고 통제하는 체계 또는 메커니즘이다."**라고 정의하고 있다.[40]

그 이외에도 ① 기업이라는 경제활동의 단위를 둘러싼 여러 이해관계자들 간의 관계를 조정하는 메커니즘, ② 경영자원의 조달과 운용 및 수익의 분배 등에 대한 의사결정 과정과 이에 대한 감시기능의 총칭, ③ 기업가치의 극대화를 위해 기업의 이해 관계자 간 「대리인 비용」과 「거래비용」을 최소화하는 메커니즘, ④ 기업의 경영을 감시·규율하는 것 또는 이를 행하는 기구를 뜻하기도 한다.[41]

기업지배구조는 기업소유구조와는 구별되는 개념이다. **企業所有構造는 의결권을 갖는 주식의 분포상황을 나타내는 것**으로 **지배구조의 원천**이 되며, **반면에 企業支配構造**는 **주식의 소유구조에 근거하여 경영권을 행사하고 이를 감시·감독하는 제도적 장치와 그 운용체계**를 말한다. 따라서 **기업지배구조**는 **기업의 효율성과 경쟁력을 결정하는 가장 중요한 장치**이다.[42]

따라서 企業支配構造는 효과적이고 건전한 기업경영을 가능하게 하도록 경영관리 구조를 재편성하고 경영진에 맡겨진 경영권이 적절하게 행사되고 있는가를 감시하여 실질적으로 기업 소유자인 주주의 이익을 도모하면서 동시에 주식회사가 그 사회적 책임을 다할 수 있는가의 문제로 귀착(歸着)하게 된다.

지배구조 개념은 다양하게 사용되지만, 기업실무적인 과정에서 보면, **기업지배구조**는 **최고 경영진과 이사회 간의 관계, 주주와 이사회 간의 관계, 회사와 주주 및 임원들 간의 관계, 회사와 자본시장 간의 관계, 회사와 사회 및 국가 간의 관계 등과 같은 제반측면을 최적의 상태로 정비함으로써 기업경영의 효율성을 높이고 기업 가치를 제고하여 분쟁을 방지하게 하는 지식과 경험의 체계**라고 말할 수 있다.[43]

나. 기업지배구조의 범위

일반적으로 「기업지배구조 (Corporate Governance)」는 위에서 언급한 바와 같이 "기업을 지휘하고 통제하는 체계 또는 메커니즘이다."라고 정의하고 있다. 그러나 구체적으로 이것이 무엇을 의미하는가에 대해서는 다양한 논의가 있어 왔으며, 한마디로 기업지배구조의 정의를 내린다는 것은 매우 어려운 상황이다.

기업지배구조의 개념 및 그 범위에 대해서 가장 합리적으로 설명하고 있는 것은 기업지배구조를 (ⅰ) 광의의 기업지배구조론과 (ⅱ) 협의의 기업지배구조론으로 나누어 설명하는

---

40 김용범, 전게서, 2017. 54면. Florence Shu- Acquaye, 「Corporate Governance Issues : United States and the European Union」, 29 Hous. J. Int'l L . 583(1998), 김학원, 전게서, 7면, 최준선, 「효율적인 감사제도 운영을 위한 입법과제」, 2008. 32~33면, Cadbury 보고서」, 1992.

41 김용범, 전게서, 2017., 54면. Wikimedia Foundation, Inc., 「위키백과」, 2012.

42 김용범, 전게서, 2017. 54면. 최완진, 「기업지배구조법 강의」, 한국외국어대학교 출판부, 2011 4면.

43 김용범, 전게서, 2017. 55면. 최완진. 전게서. 2011. 4면.

견해이다.[44]

1) 광의의 기업지배구조론

먼저 **광의의 기업지배구조론** 이란 주로 **기업경영의 효율성**이라는 관점에서 금융·자본·노동·제품 및 회사지배권시장으로 대표되는 기업관련 시장과 이러한 시장에 참여하는 「**이해관계자**」의 다양한 이익까지 시야에 넣어 「**국제표준(global standard)**」 **또는** 「**최선의 기업행동지침(code of best practice)**」[45] (이하 「**모범규준**」이라함)이라는 기준에 따라 어떻게 **기업의 역할과 기능을 기관적형태 등으로 재구축하고 조정 하느냐의 문제에 관해 포괄적으로 논의하는 것**을 말한다.

2) 협의의 기업지배구조론

두 번째로 **협의의 기업지배구조론** 이란 주로 **경영기구에 대한 감시기구를 주된 대상으로 하여** 어떻게 **경영감시기구를 구축**하는 것이 이른바 「**경영자지배**」로부터 **파생하는 문제를 최소화하여 기업경영의 투명성을 제고하고 책임성을 확보할 수 있느냐에 관한 문제를 논의하는 것**을 말하며, 이러한 협의의 기업지배구조론이 **전통적으로 회사법 분야에서 관심의 대상이 되어온 主題**라고 할 수 있다.[46]

최근 기업지배구조와 관련한 논의는 후자인 협의의 기업지배구조측면에서 이루어지고 있다. 「**회사법**」**상 가장 기본적인 문제**의 하나가 **경영진을 효과적으로 통제하기 위한 방안을 마련하는 것**이며, 이에 관한 논의는 이런 통제시스템을 어떻게 구축해야 빈틈없는 통제가 가능할 것인가 하는 문제가 주로 논의되기 때문이다.[47]

주식회사의 감사 또는 감사위원회는 이러한 기업지배구조의 **중핵적(中核的) 역할을 담당하는 자**로서 중요한 의미를 가지고 있으며, 감사/감사위원회에 대한 제도 개선 문제도 결국은 기업 지배구조 개선의 문제로 귀착(歸着)되는 것이다.

다. 기업지배구조의 중요성[48]

1) 기업지배구조와 효율성

무한경쟁시대에서 기업이 생존하기 위해서는 훌륭한 경영성과를 달성하여야만 한다. 기업의 성과에 영향을 미치는 요소는 생산성, 기술개발, 조직구성, 전략개발 등 다양하며 이들 요소는 유기적으로 결합되어 있다. 기업지배구조 또한 기업의 효율성과 긴밀한 연관성을 가지면서 기업의 성과에 중요한 영향을 미친다.

---

44 김용범, 전게서, 2017. 55면. 권종호, 「일본의 기업지배구조 동향과 우리나라 감사제도의 개선」, 상장협 제39호, 1999., 45면이하, 김학원, 전게서, 7면.

45 대표적인 예로 「미국법률협회(ALI)」의 「Principles of Corporate Governance: Analysis of Recommendation」과 OECD의 「OECD Principles of Corporate Governance」를 들 수 있다.

46 김용범, 전게서, 2017. 55면. 渡辺智子, 「コーポレト. ガバナンスと企業倫理」, 慶應義塾大學出版會, 2006, 19면, 김건식, 「기업지배구조에 관한 최근의 논의에서 무엇을 배울것이가?」,기업지배구조 연구제1호, 2001, 8~9면, 김학원, 전게서, 8면.

47 김용범, 전게서, 2017. 56면. 최준선, 전게보고서, 33면, 김학원, 전게서, 8면.

48 김용범, 전게서, 2017.56~57면. 최완진, 「기업지배구조법 강의」, 한국외대출판부, 2011. 5면.

경제학계에서는 **기업지배구조가 기업의 성과에 미치는 영향**에 대한 **실증적 연구**를 통하여 이를 검증하여 왔고, 이러한 실증적 연구 들은 **기업지배구조 등급과 기업가치 간에 양(+)의 상관관계**가 있고, **지배구조등급과 자본비용 간에는 음(−)의 상관관계에 있다**는 결론을 도출하였다.

기업지배구조가 좋은 기업을 매수하고, 기업지배구조가 취약한 기업을 매도하는 투자전략은 초과수익을 발생시킨다. 즉, 주주권의 보호가 강한 기업의 주식을 매수하고, 주주권의 보호가 약한 기업의 주식을 매도하는 투자전략은 초과수익을 얻을 수 있는 반면에, 주주권의 보호가 약한 기업은 수익성과 매출의 성장률이 감소하고, 자본비용이 높아지며, 기업이 인수될 가능성이 상승하는 결과가 된다.

2) 기업지배구조와 경쟁력

기업이 지속적으로 경쟁력을 유지하기 위해서는 기술력과 설비투자의 활성화가 전제되어야 한다. 따라서 기업의 기술력과 설비투자의 활성화를 위해서는 원활한 자금조달이 필요한데, 은행은 그 특성상 위험 회피적인 수익구조를 가지고 있어 高위험·高수익의 특성을 지닌 기업에 자금을 공급하기를 꺼려하기 때문에, **기업의 원활한 자금조달을 위해서는 자본시장이 활성화**되어야만 한다.

그리고 원활한 자금 조달에 필요한 자본시장이 발달하기 위해서는 정보에 있어 상대적 열위에 있는 **투자자에 대한 보호가 확립되어야 한다. 투자자가 지배주주나 경영진의 사익추구로부터 보호받을 수 있어야 투자자는 안심하고 주식시장에 참여할 수 있고 건전한 자본시장이 발전**할 수 있다. 그러므로 **투자자 보호**는 **자본시장 발전의 핵심**이며, **기업지배구조의 개선**은 **투자자 보호를 위한 기본적인 메커니즘**이라고 할 수 있다.

라. 기업지배구조의 종류[49]

주식회사제도는 **기업에 자금을 제공하고 그것을 소유하고 있는 주주**와 **경영의 중요한 의사결정을 내리는 경영자**를 **분리**하여, **분업에 의한 전문성과 효율성을 극대화**하기 위하여 **운영되는 조직**이다.

주주와 경영진의 이해관계가 일치하는 경우 앞에서 언급한 대리인비용은 발생하지 않고 분업에 의한 효율성 증진을 통해 최선의 결과를 가져올 수 있다. 그러나 주주가 경영자에게 경영을 위임하고 경영자와 주주의 이해가 일치되지 않으면 정보의 비대칭이 존재하는 경우 대리인 문제가 발생한다.

기업의 지배구조는 소유와 경영의 분리로 인해 발생하는 대리인 비용을 효과적으로 통제하여 기업의 경영목표를 설정하고 그 경영목표가 이행되도록 규율하는 메커니즘으로 기업의 내부지배구조와 외부지배구조로 나눌 수 있다.

1) 기업의 내부지배구조

49 김용범, 전게서, 2017. 57~58면. 최완진, 전게서, 한국외국어대학교출판부, 2011., 6~7면.

기업의 내부지배구조는 **기업내부에 존재하여 경영자를 효과적으로 감시하고 규율하기 위해 이용되는 통제장치**를 말하고, **사외이사를 포함한 이사회, 경영진이 보유한 내부지분, 급여체계 등이 이에 해당되며, 외부통제장치**로는 **기업외부에 존재하는 기관투자자, 외부대주주 등 주식소유자에 의한 감독**과 **경영자노동시장, 기업 경영권시장, 상품시장 등이 존재한다.** 이외에도 기업의 재무구조나 배당 또한 대리인비용을 통제하고 기업가치를 극대화하는 도구로 사용된다.

대리인비용은 기업의 성과에 영향을 미칠 뿐만 아니라, 경제 전체의 생산성을 저하 시킬 가능성이 있으므로 효과적인 대리인 비용의 통제는 매우 중요한 문제이다. 특히 소유와 경영이 집중되어 있고, 반면에 소유와 통제는 상당히 분리되어 있는 우리나라 기업집단체제하에서는 소유경영자의 의사결정에 대한 감시와 규율이 실제적으로 이루어지기 어려운 현실이다. 이러한 관점에서 효과적인 대리인 비용의 통제를 개별 기업의 문제로만 다루기에는 어려운 것이 현실이다.

2) 기업의 외부지배구조

기업의 외부지배구조는 기업의 내부자가 아닌 외부 이해관계자에 의한 통제 장치로 자본시장에 의한 규율, 기업경영권시장, 기관투자자에 의한 감시 및 감독, 경영자 노동시장 등이 이에 해당된다. 기업지배구조는 다양한 통제장치가 시스템으로 작용하는 메커니즘이므로 지배구조를 구성하는 통제장치들 간의 상호관계를 이해하는 것이 매우 중요한 문제가 된다.

외환위기 이후 도입된 여러 통제장치와 기업성과 및 기업가치 간의 관계에 대한 선행연구들은 개별통제 장치만을 분석의 대상으로 고려하였지, 지배구조들 간의 상호관계와 지배구조 전체 시스템이 기업성과에 미치는 영향에 대한 연구는 거의 없었던 것이 현실이다.

개별 지배구조의 기업성과에 대한 영향은 다른 지배구조와 연관되어 나타나므로 기업지배구조 전체 시스템을 고려하지 않고 개별 기업통제장치의 효과를 분석하는 것은 부분적이거나 오도(誤導)된 결과로 나타날 가능성이 매우 높다.

따라서 개별 지배구조의 기업성과를 분석하는데 있어서는 기업의 외부구조와 관련된 요소를 정확히 이해하고, 각 통제장치 들이 직·간접적으로 연결되어 있다는 점에 착안하여 기업지배구조 전체 시스템을 고려하여 판단하여야 한다.

2. 기업지배구조의 이론과 유형

가. 기업지배구조의 이론

상술한 바와 같이 기업지배구조의 문제는 경영진에 대한 통제와 관련한 문제이다. 이러한 기업의 지배구조를 설명하기 위한 이론적 접근방법은 크게 「**대리인 이론**(agency theory)」과 「**계약적 지배이론**(contractual governance theory)」[50] 을 들 수 있는데, 대리인이론은 상술한 협의

---

50 김용범, 전게서, 2017, 58면. 이영기, 「한국 기업소유지배구조」, 한국개발연구원, 1996, 11~34면, 김학원, 전게서, 8면, 최준선, 전게보고서, 33면

의 기업지배구조이론에 해당하며, 계약적 지배이론은 광의의 기업지배구조이론을 설명하는 이론적 근거가 되고 있다.[51]

1) 대리인 이론

대리인 이론은 기업의 소유와 경영이 분리된 상태에서 「주인(principal)」인 주주가 직접 경영을 하지 아니하고 전문경영인인 대리인에게 권한을 위임하여 경영하게 할 수밖에 없음을 전제로 한다. 그러나 주인(principal)과 「대리인(agent)」인 경영자 사이에 정보의 비대칭성으로 인해 경영자가 주인인 주주를 위해 경영을 하는 것이 아니라 경영자 자신을 위해 경영을 하게 되는 「**도덕적 해이(道德的 解弛(moral hazard))**」에 빠지게 될 우려가 크다.

'기업지배구조'는 이와 같은 **"경영자의 도덕적 해이를 방지하기 위해 주인인 주주가 대리인인 경영자를 효율적이고 효과적으로 감시·감독하기 위한 체계"**라고 한다.[52] 이와 같은 접근 방법은 **미국과 영국을 비롯한 앵글로색슨 국가에서 채택 하고 있는 방식**으로 **시장을 통한 외부적 통제가 경영진에 대한 주요 통제 방식인 주주중심 기업지배구조 모델**이 된다.[53]

2) 계약적 지배이론

이에 대하여 **계약적 지배이론**은 대리인 이론의 주장처럼 주주만이 경영위험을 지고 독점적인 이해관계를 가지는 것으로 보는 것은 타당하지 않으며, 현실적으로 주주 외에도 채권자, 경영자, 종업원, 공급자, 지역사회 등 다양한 이해집단도 제한적이나마 해당 기업과 이해관계를 가진다고 보기 때문에, 이들 **다양한 이해관계자들이 각 이해집단 간의 이익을 극대화하기 위하여 경영진을 감시하고 통제하기 위한 체계**가 필요하다고한다.[54]

따라서 **계약적 지배이론**에 의할 때 **'기업지배구조'**란 **"다양한 이해관계자들이 각자의 이익을 극대화하며 계약비용을 최소화하기 위해 체결하는 장기적이고 안정적인 계약체계"**를 말한다. 이와 같은 접근방식을 취하는 나라는 **독일 등 유럽 대륙 등에서 채택하고 있는 방식**으로 이들 국가에서는 **채권자이자 주주인 은행에 의한 통제 또는 내부적 통제방식이 주로 사용되는 이해관계자중심 기업지배구조모델이** 된다.[55]

나. 기업지배구조의 유형

어떤 기업지배구조가 바람직한 형태의 지배구조인가를 판단함에 있어 위의 2가지 이론은 각기 다른 방향성을 제시하고 있다. 최근 기업지배구조의 모델은 크게 ① **주주중심 기업지배구조모델과** ② **이해관계자중심 기업지배구조모델**이 주로 논의되어 왔다.

---

51 김용범, 전게서, 2017. 58면. 김건식, 「우리기업지배구조의 전환」(강원법학 제16권), 강원대 비교법학연구소, 2003, 50면, 김학원, 전게서, 9면.

52 정재영, 「기업지배구조의 이론적 배경과 중요성」, Corporate Governance Service CG review, 2007.01/02 Vol. 30, 최준선, 전게보고서, 34면, 김학원, 전게서, 9면.

53 정재영, 전게기고문. 최준선, 전게보고서, 34면.

54 김용범, 전게서, 2017., 59면. 이영기, 전게서, 한국개발연구원, 1996, 11~34면, 김학원, 전게서, 8면.

55 김용범, 전게서, 2017., 59면. 정재영, 전게기고문. 최준선, 전게보고서, 35면, 김학원, 전게서, 9면.

기업지배구조의 문제가 경영자에 대한 통제의 문제라고 할 때, 누구의 이익을 위해 경영자를 통제하는가가 중요한 문제이다. 다시 말해서 기업이 누구를 위해서 경영되어야 하며, 누구의 관점에서 경영자를 감시·감독하는가가 중요한 문제가 된다.[56]

1) 주주중심 기업지배구조 모델

주주중심 기업지배구조 모델은 **대리인 이론에 바탕**을 둔 것으로, 동 이론에 따르면 **기업의 지배구조는 자금을 제공하는 주주들이 자신들의 투자에 대한 수익을 보장받기 위해 경영진의 자원 배분에 대한 의사결정을 감독하고 통제하는 것**으로 이해한다. **미국과 영국을 비롯한 앵글로 색슨 국가에서 채택**하고 있는 방식으로 **시장을 통한 외부적 통제**가 **경영진에 대한 주요 통제방식**이다.[57]

이 모델은 기업을 주주의 재산으로 파악하고 기업경영의 목적 역시 이해관계자의 단체적 이익보다는 **주주가치의 극대화**에 두는 것이 특징이다. 이 법제에서는 기업정보가 소수의 내부자에게 집중되는 것보다는 모든 증권시장 참여자에게 전달되어 주가가 투명하게 결정되는 것이 중요하다. 따라서 **소유가 광범위하게 분산되는 구조를 지향하고 경영자에 의한 회사지배가 형성됨에 따라 주주와 경영자와의 대리인 문제가 중심과제**가 된다.[58]

이 모델하에서는 기업의 경영자에 대한 통제가 기업지배구조의 핵심을 이루고, 그 통제도 기업의 외부와 내부의 양면적 지배구조에 의하여 이루어진다. 외부적으로는 자본 시장의 역할에 의존하는 비중이 매우 높다. 적대적 기업인수에 의한 무능한 경영진 퇴출, 소수주주의 적극적 행동주의가 절대적으로 중요시된다.

내부적으로는 업무집행기능과 감독기능을 갖는 단일한 이사회 시스템을 유지하며, 이사회의 감독기능을 강화하기 위해 사외이사가 과반수를 차지하는 것이 보통이다. 사외이사는 주주와 경영진 간에 발생하는 대리인 문제를 해소하는 역할을 수행할 수 있다고 믿고 있다.

이 모델 하에서 기업지배구조법제는 ① **경영감독의 핵심주체인 사외이사의 독립성 훼손, ② 기관투자자의 경영참여에 대한 무관심, ③ 과도한 적대적 기업인수에 의한 단기실적주의 등이 큰 문제점으로 지적**된다.[59]

2) 이해관계자중심 기업지배구조 모델

이해관계자중심 기업지배구조모델은 계약적 지배이론에 바탕을 둔 것으로서 지배구조를 주주, 경영자, 종업원, 채권자, 공급자, 지역사회 등 다양한 이해관계자들이 각 이해집단간의 이익을 극대화하기 위하여 경영진을 감시하고 통제하는 것으로 이해한다. **독일을 비롯한 유럽대륙에서 채택**하고 있는 방식으로 **채권자 겸 주주인 은행 등에 의한 통제 또는 내부적**

---

56 김용범, 전게서, 2017. 59면. 김학원, 전게서, 9~10면.

57 김용범, 전게서, 2017. 60면. 정재영, 전게기고문, 김학원, 전게서, 10면, 남상구, 「글로벌경쟁과 기업지배구조」, 상장협연구 제53호, 2006,. 6면.

58 김용범, 전게서, 2017. 60면 및 2012., 45면.

59 김용범, 전게서, 2017. 60면. 송종준, 「2010년도 기업지배구조법제의 동향」, 2010., 7면

통제방식이 주로 사용된다.[60]

이 모델이 지향하는 **기업지배구조법제**는 **기업에 공공적 성격 또는 사회적 성격을 부여하고 주주, 경영자, 채권자, 근로자, 공급자, 지역사회 등 다양한 이해관계자 집단의 이익**으로서 **기업가치의 극대화**를 **추구하는 데에 기본목적**이 있다. **독일 등 유럽 법제가 대표적이다.**

이 모델에서는 **주주의 단기적인 이익 극대화보다는 이해관계자와 기업과의 장기적인 관계로부터 얻을 수 있는 이익을 중시**한다. 따라서 소유분산보다는 집중이 이루어지고 안정적인 경영구조를 띠게 된다. 즉, 대주주와 경영진 사이에는 정보가 공유되지만, 외부의 소수주주에게는 정보의 비대칭성이 크다. 기업은 은행 등으로부터의 자금조달에 주로 의존하고 단기적인 주가 상승보다는 **장기적인 사업이익에 경영목적**을 두게 된다.[61]

지배구조도 이사회와 (독)감사회라는 이원적시스템, 이사회는 업무집행을 담당하고, (독)감사회는 이사회를 감독하는 역할을 수행한다. 주요 채권자이자 지배주주인 은행 등 금융기관들이 상호출자를 통해 기업의 지분을 갖고 있고 이들이 (독)감사회 및 이사회에 참여하여 기업경영에 강한 영향력을 행사하고 있다. 즉, **시장이나 소수주주보다는 은행 등 금융기관 및 기업내부자에 의한 경영감시가 중심을 이룬다.**

그러나 이 모델하의 기업지배구조법제는 ① 주주권익의 약화, ② 채권자인 금융기관의 과도한 경영간섭, ③ 기업 간 상호 출자, ④ 정보의 불투명성, ⑤ 기업 인수시장의 폐쇄성 등이 문제점으로 지적된다.[62]

3) 양 모델의 수렴화(收斂化) 현상

최근 들어 주주중심 기업지배구조 모델과 이해관계자 중심 기업지배구조 모델은 점차 서로 收斂하는 현상을 보이고 있다. 미국에서는 이사회의 기능을 세분화하여 업무집행에 대한 의사결정은 경영위원회에 맡기고, 이사회는 사외이사로 구성되어 업무집행 감독기능만을 수행하는 방향으로 변화되어 가는 추세이다.

아울러 주주 지상주의에 대한 반성으로 이사회가 기업의 구성원 모두의 이해관계를 고려할 수 있다는 이론이나 판례가 존중되는 추세이다. 특히 엔론사 등의 대형 회계부정 사건 이후로 2002년 「회계개혁법(Sarbanes - Oxley Act)」이 제정되어 감사위원회를 통한 기업의 회계관리와 준법감시인제도의 활용 등 내부통제시스템을 강화하였다.

한편, 독일을 중심으로 한 이해관계자중심 기업지배구조모델하에서도 주주중심 기업지배구조모델이 갖는 장점을 수용해 왔다. 독일의 경우 1998년 「기업경영과 투명성에 관한 법률」을 제정하여 기업경영의 투명성을 제고하고, (독)감사회의 경영감시 기능을 강화하였다. 또한 2002년에는 「투명성과 공시에 관한 법률」을 제정하여 (독)감사회의에 대한 영업정책 및 기타 기업계획의 기본적인 문제에 대한 이사의 정보보고의무를 강화하고, 회계감사 위탁권한을 이사회에서 감사위원회로 이관 등을 하였다.

---

60 김용범, 전게서, 2017. 61면. 정재영, 전게기고문, 김학원, 전게서, 10면, 남상구, 전게서, 6면.

61 김용범, 전게서, 도서출판 어울림, 2012., 46면 및 2017. 61면.

62 김용범, 전게서, 2017. 61면. 송종준, 전게논문, 7~8면.

아울러 「투명성 및 공시법」이 2002년 제정되어, 연방법무부의 규제위원회의 승인을 득한 「기업지배구조 모범규준」은 법적강제력은 없으나 이를 준수하는 기업의 시장 평판에 큰 영향력을 주고 있다. 이 규준은 상장회사의 이사회와 (독)감사회에 모범규준의 준수를 선언케 하고 그 준수 여부를 공표하도록 강제하고 있다. 2007년 개정에서 이사의 보수제한, 상장회사에 대한 감사위원회 설치 의무화, 감사위원회 구성원의 선임을 위한 지명위원회의 설치 의무 등을 추가하였다.

또한 2019년 8월, BRT에서 미국을 대표하는 대기업 180여 곳의 최고경영자들은 "주주가치가 기업이 추구하는 모든 목적이어서는 더 이상 안 된다"고 선언하였다. 또한 주주를 넘어 종업원·소비자·환경단체·지역공동체·거래납품업체 등 기업을 둘러싼 여러 이해관계자 등에 대한 "공정한 대우" 및 "지속 가능한 이윤 창출"을 새로운 기업 목적으로 표방하여야 한다는 Statement on the Purpose of a Corporation 발표하였다.[63]

아울러 이들은 "모든 이해관계자들을 위한 근본적 책무이행을 공유 하고, 납품업체와의 거래에서 공정하고 윤리적으로 대하고, 지역공동체를 존중하며, 지속가능한 비즈니스를 통해 환경을 보호하겠다"고 밝혔다. 그리고 **종업원**에 대해서는 **"공정하게 보상하고 다양성과 포용, 존엄과 존중을 추구할 것"**을 선언하였다. 또한 **주주**에게는 **대차대조표의 "단기이익" 보다 "장기적 이윤창출"**을 약속하였다.

이 모임의 회장인 JP모건의 다이먼회장은 **"지난 50년간 월스트리트와 대기업 이사회를 지배해 온 단기적인 주주가치 중시에서 벗어나 이해관계자를 배려하는 경영철학으로의 전환하는 것이 기업·지역·국가 등 모두에게 장기적으로 번영하고 성공하는 유일한 길"**이라고 말하였으며, 이는 'Shareholder Primacy'에서 'Include commitment to all stakeholders'로 중심 이동이며, '**持續可能한 富와 公正한 繁榮, 折衷的 資本主義(一名, 包容的 資本主義, 엄밀하게 말하면 互惠的 資本主義)**'로의 전환을 의미한다.

양 모델의 이러한 수렴추세는 세계적인 추세이며, 국제자본시장에서의 자금조달을 가능케 하고 투자자를 보호하기 위해서는 투자의 위험과 지배구조의 일치가 필요하다는 공통인식 속에서 나타나는 현상이다. OECD의 「회사지배구조원칙」(1999년 제정, 2004년 및 2015년 개정)도 주주중심 기업지배구조모델을 근간으로 하면서 근로자, 채권자 등 이해관계자의 역할을 강조하고 있는 것은 이러한 收斂 趨勢를 반영한 것이라 하겠다.[64]

다. 바람직한 기업지배구조의 형태

최근 자본시장의 글로벌화가 급속히 진전되고 기업의 자금조달 방식도 금융기관을 통한 간접조달 방식보다는 주식시장을 통한 직접조달 방식이 선호됨에 따라 투자자에 대한 권리 보호가 더욱 중요하게 되었다. 이에 따라 이해관계자중심 기업지배구조모델을 채택했던 많은 국가들도 점차 주주의 권리 보호 및 시장에 의한 경영통제를 강화하기 위한 제도를 단계

---

63 애플 · 펩시 · 월마트 · 제너럴모터스 등 미국 기업 최고 경영자들을 대변하는 비즈니스라운드테이블(BRT), 2019. 8. 19.

64 김용범, 전게서, 2017. 62면. 송종준, 전게논문, 8면.

적으로 도입하고 있다.

반면에 주주중심 기업지배구조모델을 채택하고 있는 영미에서도 주주 지상주의에 대한 반성으로 회사는 기업 구성원 모두의 이해관계를 고려해야 한다는 이론이나 판례가 존중되고 주요 경영진들도 이해관계자 모두에 대한 공정한 대우를 표방하는 추세이다. 특히 엔론사 등의 대형 회계 부정사건 이후 주주중심 기업지배구조모델을 근간으로 하면서 근로자, 채권자, 환경단체 등 이해 관계자의 역할을 강조하고 있다.

경영통제의 방식은 지배구조에 의한 내부적 통제와 시장기능에 의한 외부적 통제가 있다. **좋은 기업지배구조**를 갖추기 위해서는 **외부적 통제와 내부적 통제**가 **잘 조화**를 이루어야 한다. 주주중심 기업지배구조 모델을 채택한 국가에서도 이사회의 경영진 감독기능을 강화하는 등 내부적 통제방식을 활용하고 있고, 이해관계자중심 기업지배구조 모델을 채택한 국가에서도 외부적 통제를 강화하기 위하여 시장에 의한 경영진 감독과 주주의 권리보호를 위한 각종 제도를 도입하고 있다.[65]

내부적 통제수단으로는 이사회에 의한 경영진 견제, 경영진 보상체계 등 주로 사전적 견제수단이 많으며, 외부적 통제수단은 경영권시장, 주주의 경영감시, 경영자 노동시장, 공시제도, 회계의 투명성과 외부감사의 신뢰성 등이 있다. 특히 최근 관심을 끌고 있는 경영권시장은 사후적 견제수단으로서 외부적 통제에서 매우 중요한 역할을 담당한다.[66]

따라서 주주중심 기업지배구조모델과 이해관계자중심 기업지배구조모델 중 어느 것이 더 바람직하다고 이야기할 수는 없다. 내부적 통제와 외부적 통제 중 어떠한 통제방법이 더 효율적이라고도 하기 어렵다. 이러한 분류는 편의에 의한 분류일 뿐이며, 기업지배구조의 측면에서는 양자 모두를 고려할 필요가 있기 때문이다.

즉, 좋은 기업지배구조를 갖추기 위해서는 내부적 통제 방식과 외부적 통제방식이 적절히 조화를 이루는 것이 가장 중요하다고 할 수 있다.[67] 다시 말해서 주주를 비롯한 이해관계자 모두의 요구를 고려하며, 이를 위해서는 내부적이고 사전적인 통제뿐만 아니라 외부적이고 사후적인 측면에서의 통제도 효율적으로 이루어질 필요가 있다.

3. 그간 우리나라의 기업지배구조 개선[68]

가. 이사·이사회제도의 개혁

1) 총설

주식회사는 소유와 경영이 분리된 기업형태로서 기업의 경영은 전문적인 사업 수완과 경험을 가진 경영진에게 맡기고, 소유자인 주주는 경영진의 경영활동을 감시하는 구조로 되어 있다. 따라서 기업지배구조의 개선을 논의함에 있어서는 경영진인 이사·이사회의 활성화와

65 김용범, 전게서, 도서출판 어울림, 2012., 48면. 및 2017. 62면.

66 김용범, 전게서, 2017. 63면, 남상구, 전게서, 6~7면.

67 김용범, 전게서, 2017. 63면 및 2012. 48면. 정재영, 전게기고문, 김학원, 전게서, 10~11면, 최준선, 전게보고서, 35면.

68 김용범, 전게서, 2017. 63~68면. 정동윤, 「기업지배구조의 바람직한 개선방향」, 상장협 제42호, 2000., 4~8면.

이들에 대한 효율적인 감시·감독 및 주주와 회사에 대한 책임체제의 확립이 가장 중요한 내용을 이룬다.

2) 이사회 내 위원회제도의 도입

이사의 수가 많고 이사의 해외출장 등이 많은 상황에서 정식 이사회를 매번 개최하는 것은 곤란하므로, 이사회의 운영을 효율화하기 위하여 이사회로부터 일정한 범위를 정하여 위임을 받은 사항에 관하여는 이사의 일부로 구성되는 위원회에서 신속하게 의사결정을 하는 것이 바람직하다.

그리하여 미국식 제도인 이사회 내 위원회제도를 도입하였다.(「상법」 제393조의2 제1항) 다만 이사회가 형해화(形骸化)되는 것을 막기 위하여 ① 주주총회의 승인을 요하는 사항의 제한, ② 대표이사의 선임 및 해임, ③ 위원회의 설치와 그 위원의 선임 및 해임, ④ 정관에서 정하는 사항 등 중요한 사항은 위원회에 위임할 수 없도록 하였다.(「상법」 제393조의2 제2항)

3) 사외이사제도의 도입

사외이사제도는 기업지배구조의 문제점을 해결하는 만병통치약인 것처럼 주장되고 또한 기대를 모아왔다. 그 이유는 사외이사는 회사와 밀접한 관련이 없기 때문에 지배주주의 영향력을 벗어나서 독립적이고 객관적인 입장에서 회사의 정책 결정을 할 수 있을 것이라는 막연한 기대에 근거한 것이다.

그리하여 1998년 증권거래소의 「유가증권상장규정」을 통하여 모든 주권상장 법인에 일정수의 사외이사를 두도록 하였고, 2000년 개정 「(舊)증권거래법」에서 상장회사는 원칙적으로 사외이사를 이사 총수의 4분의1 이상이 되도록 하였으며, 예외적으로 대통령이 정하는 상장회사의 사외이사는 3인 이상으로 하되, 이사 총수의 2분의1 이상이 되도록 하여야 한다고 규정하기에 이르렀다.(「(舊)증권거래법」 제191조의 16, 「상법」 제542조의 8 제1항)

나아가 상장회사로서 대통령령이 정하는 법인은 감사위원회를 설치하여야 하고, 위 감사위원회는 총 위원의 3분의 2 이상을 사외이사로 구성하여야 한다고 강제하였다. (「(舊)증권거래법」제191조의 17 제1항, 제2항, 제54조의 6 제2항, 「상법」 제542조의11 제1항, 제2항) 상장회사가 아닌 일반회사의 경우에도 정관이 정하는 바에 따라 감사위원회를 설치한 경우에는 감사위원회의 위원 중 3분의 2 이상은 사외 이사로 구성하도록 규정하였다.(「상법」 제415조의2 제2항)

4) 이사 충실의무의 법률 규정화

이사는 법률과 정관의 규정에 따라 회사를 위하여 그 직무를 충실하게 수행하여야 한다고 규정하여 이른바 이사의 충실의무를 규정하고 있다.(「상법」 제382조의 3) 이것은 이사의 권한이 점차 확대됨에 따라 회사와 주주에 대한 공정한 처신의무를 밝힌 것이다.[69]

5) 사실상 이사의 표현책임 명시

공식적으로 이사로 선임되어 등기되지는 아니하였으나, 대주주가 회사의 배후에서 이사

---

69 김용범, 전게서, 2017, 64면. 및 2012., 137~138면.

회를 통하거나 또는 직접적으로 회사의 정책을 좌지우지하면서도 이사의 신분이 아니라는 이유로 경영에 대해 아무런 책임을 지지 않는 폐해를 없애기 위해 「상법」은 아래의 사람에 대하여 그 지시하거나 집행한 업무에 관하여 회사 및 제3자에 대한 책임의 적용에 있어서 이를 이사로 본다고 규정하였다.(「상법」 제401조의 2)

책임의 적용에 있어서 이사로 간주되는 자

① 회사에 대한 자신의 영향력을 이용하여 이사에게 업무집행을 지시한 자.
② 이사의 이름으로 직접 업무를 지시한 자.
③ 이사가 아니면서 명예회장, 회장, 사장, 부사장, 전무, 상무, 이사 기타업무를 집행 할 권한이 있는 것으로 인정할 만한 명칭을 사용해 회사의 업무를 집행한 자.

이는 영국의 사실상이사 내지 표현이사 제도를 본 따서 **실질상의 이사에게 重한 책임을 지움으로써 대주주의 자의적인 영향력 행사를 방지하기 위한 것**이다.

6) 영상회의 제도의 도입

현재 대기업에는 이사의 수가 많고 해외출장이나 지방출장 등으로 이들이 한 자리에 모여 회의를 개최하는 것이 어려운 경우가 적지 아니하므로, 「상법」은 이사회의 회의는 각 이사가 현실로 한 장소에 집결하여 회의를 개최하지 않고 전자통신 수단을 통하여 비록 지리적으로는 멀리 떨어져 있더라도 서로 목소리를 들을 수 있다면 한 장소에 모여 회의를 여는 것과 다를 바가 없으므로, 이러한 회의 방법을 유효한 것으로 규정하였다.

즉 정관에서 달리 정하는 경우를 제외하고 이사회는 이사의 전부 또는 일부가 직접 회의에 출석하지 아니하고, 모든 이사가 음성을 동시에 송·수신하는 원격통신 수단에 의하여 결의에 참가하는 것을 허용할 수 있으며, 이 경우 당해 이사는 이사회에 직접 출석한 것으로 본다.(「상법」 제391조 제2항)

나. 주주의 권익보호를 위한 제도 개선

1) 총설

주식회사는 기본적으로 그 주인인 주주의 이익을 극대화하기 위하여 존재한다. 회사가 주주 이외 집단의 이익을 고려한다고 하더라도 그것은 주주의 이익을 근본적으로 침해하지 않는 범위 내에서만 허용된다.

그런데 주주 중에서 지배주주는 자기를 대표할 수 있는 이사를 선임하고 그를 통하여 회사의 정책을 결정함으로써 자기의 이익을 충분히 보호할 수 있으므로, 그의 권익보호를 위하여 특히 배려할 필요는 없다. 그러므로 기업지배구조에서 주주의 권익보호라면 그것은 자

기 스스로 그 이익을 보호할 힘이 없는 소액주주의 이익 보호를 의미하는 것이다.[70]

소액주주를 보호하기 위한 방안으로서는 ① **소액주주로 하여금 그를 대표할 수 있는 이사를 선임할 수 있도록 하는 방법, ② 그들의 이익에 반하는 회사의 중요한 정책 결정을 저지할 수 있도록 소수주주의 권리를 강화하는 방법, ③ 이사회나 지배주주가 지배주주의 이익만을 위한 결정을 해 소액주주가 그 권익을 침해받을 때에 이를 시정하고 이사와 지배주주의 책임을 물을 수 있는 구제수단을 쉽게 하는 방법** 등이 있다.

2) 소수주주의 권익보호 강화[71]

주주의 권리는 단독주주권과 소수주주권으로 나뉜다. **단독주주권은 단 1주의 주식을 가진 주주도 행사할 수 있는 주주권**이므로 소액주주도 이를 마음대로 행사할 수 있고, 따라서 이 경우에는 소액주주라고 하여 특히 불리할 것이 없다. 이에 반하여 **소수주주권**은 **발행주식 총수의 일정한 비율에 해당하는 주식을 가진 주주만이 행사할 수 있는 주주권**이므로, 그 비율에 달하는 주식을 가지고 있지 못한 주주는 이를 행사할 수 없어 불리하다.

따라서 **소액주주의 권익보호를 강화하려면 소수주주권을 단독주주권(單獨株主權)으로 바꾸거나 소수주주의 지주비율(持株比率)[72]을 낮추어야만 한다.** 그런데 모든 주주권을 단독주주권으로 하거나 소수주주의 지주비율을 낮추는 것은 자칫 이들 주주권이 남용되기 쉽다는 문제점이 있다.

IMF사태 이후에 「상법」등의 개정을 통해 소수주주권의 지주요건과 지주기간을 크게 완화했다. 즉 종래 발행주식 총수의 100부의 5로 통일되어 있던 소수주주권의 지주요건을 대표소송과 위법행위유지청구권의 경우에는 발행주식 총수의 100분의 1로 인하하였다(「상법」 제403조, 제402조).

그 밖의 ① 이사·감사해임청구권, ② 청산인 해임청구권, ③ 회계장부 열람권, ④ 주주제안권, ⑤ 임시총회 소집 청구권, ⑥ 검사인 선임 청구권 등의 경우에는 100분의 3으로 인하하였다.(「상법」 제385조, 제415조, 제539조 제2항, 제466조, 제363조의2, 제366조 제1항, 제467조 제1항)

「상법」의 상장회사에 대한 특례규정은 6개월 전부터 계속하여 주식을 보유하고 아래 지주비율 요건으로 하여 다양한 소수주주권을 인정하고 있다.(「상법」제542조의6)

특례규정상 소수주주권의 지주비율

① 발행주식 총수의 1천분의 15 이상에 해당하는 주식을 보유한 자는 **임시총회 소집청구권**(「상법」 제366조) 및 **검사인 선임 청구권**(「상법」 제467조)

② 의결권 없는 주식을 제외한 발행주식 총수의 1천분의 10(대통령으로 정하는 상장회사의 경우에는 1천분의 5) 이상에 해당하는 주식을 보유한 자는 **주주제안권**(「상법」 제363조의2)

③ 발행주식 총수의 1만분의 50(대통령령으로 정하는 상장회사의 경우에는 1만분의 25) 이상에

---

70 김용범, 전게서, 도서출판 어울림, 2012., 139면 및 2017. 66면.

71 김용범, 전게서, 도서출판 어울림, 2012., 139~140면 및 2017. 66~67면.

72 지주비율(持株比率)이란 주식회사의 총발행주식수에 대해 각 주주의 주식소유비율을 말한다.

해당하는 주식을 보유한 자는 **이사·감사 해임 청구권**(「상법」 제385조, 제415조) 및 청산인 해임 청구권(「상법」 제539조)

④ 발행주식 총수의 1만분의 10(대통령령으로 정하는 상장회사의 경우는 1만분의 5)이상에 해당하는 주식을 보유한 자는 **회계장부 열람권**(「상법」 제466조)

⑤ 발행주식 총수의 10만분의 50(대통령령으로 정하는 상장회사의 경우 10만분의 25) 이상에 해당하는 주식을 보유한 자는 **유지청구권**(「상법」제402조)

⑥ 발행주식 총수의 1만분의 1 이상에 해당하는 주식을 보유한 자는 **대표 소송권**(「상법」 제403조) 등.

3) 집중투표제도의 채택

회사가 2인 이상의 이사의 선임을 목적으로 하는 총회 소집이 있는 때에는 의결권 없는 주식을 제외한 발행주식 총수의 100분의 3 이상에 해당하는 주식을 가진 주주는 정관에서 달리 정하는 경우를 제외하고는 회사에 대하여 집중투표의 방법으로 이사를 선임할 것을 청구할 수 있다.(「상법」 제382조의2 제1항)

위 청구가 있는 경우에는 이사의 선임결의에 관해 각 주주는 1주마다 선임할 이사의 수와 동일한 수의 의결권을 가지며, 그 의결권은 이사 후보자 1인 또는 수인에게 집중하여 투표하는 방법으로 행사할 수 있다. 이 경우에는 투표의 최다수를 얻은 자부터 순차적으로 이사에 선임된다.(「상법」제382조의2 제3항,제4항)

집중투표제는 소액주주로 하여금 자기를 대표할 수 있는 이사를 선임할 수 있게 하는 제도인데, 「상법」은 정관의 규정에 의하여 이를 배제할 수 있도록 하였고(「상법」 제382조의2 제1항), 상장회사의 다수는 이 규정에 의하여 정관으로 집중투표제를 배제하고 있는 것이 현실정이다.

다. 감사위원회제도의 도입

1) 총설

이사의 업무집행을 효과적으로 감시할 수 있는 감사제도를 확립하는 것은 기업지배구조의 개선에 있어서 중심 과제의 하나이다. IMF 사태 이후 감사의 실효성을 확보 하고 기업의 투명성을 제고하기 위하여 영미식의 감사위원회제도를 도입하였다. 그리하여 감사를 두는 것을 원칙으로 하되, 「정관」에 규정을 두어 종래의 독임제 감사기구인 감사에 갈음하여 합의제의 감사기구인 감사위원회를 둘 수 있으며, 감사위원회를 두는 경우 감사를 둘 수 없게 하였다.(「상법」 제415조의2 제1항)

상장회사의 특례규정에 의하면 사업연도 말 현재 자산총액이 2조 원 이상의 상장회사에 대하여는 감사위원회의 설치를 강제하고 있으며(「상법」 제542조의 11 및 제542조의12), 「금융지배구조법」에 의하면 은행, 금융투자업자 및 종합 금융회사, 보험회사, 상호저축은행, 여신전문금융회사, 금융지주회사, 대통령령으로 정하는 금융회사의 경우에는 감사위원회의 설치를 의무화 하고 있다.(「금융지배구조법」 제2조 제1호, 제16조 제1항 제2호)

2) 감사위원회 구성의 중립성 강화

감사위원회 위원은 적어도 3분의 2는 사외이사로 선임토록 규정하고 있어 위원 중 사내이사가 3분의1을 넘을 수 없게 함으로써, 감사위원회가 중립적인 입장에서 이사의 업무집행을 감독할 수 있도록 하였다.(「상법」415조의2 제2항)

3) 감사위원회 운영의 독립성 강화

감사위원회가 결의하여 이사에게 통지한 사항에 대하여 이사회가 다시 결의할 수 없도록 하였으며(「상법」 제415조의 2 제6항), 감사위원회 위원을 선임하거나 해임하는 권한을 주주총회의 권한으로 규정(「상법」제542조의 12 제1항)함으로써 감사위원회의 독립성을 강화하였다.

4. 기업지배구조 측면에서 본 감사제도[73]

세계적으로 금융위기, 경기침체를 겪으면서 기업은 물론 투자자와 정부기관 등 사회 전반에 걸쳐 투명한 기업지배구조의 중요성이 증대되고 있다. 2008년 미국발 금융위기 또한 금융기관의 불투명한 지배구조가 하나의 원인이 되기도 하였다. 우리나라의 외환 위기 또한 거대기업의 견제와 감시기능의 부재로 인하여 유발된 일이기도 하다. 즉, 경영자의 독단적인 결정에 의한 무분별한 과잉투자가 금융위기를 초래한 것이다.

기업지배구조와 기업 가치와의 관계에 대한 국내외 연구결과를 살펴보면, 좋은 기업 지배구조는 기업의 성과를 개선시키고 기업의 가치를 상승시킨다. 그리고 기업지배구조가 좋은 기업일수록 평균적으로 높은 배당수익률을 보이기도 하며, 투자자가 기업지분에 투자를 결정하는데 있어서도 기업의 지배구조 행태에 큰 비중을 두도록 시장이 움직이고 있다는 내용을 접할 수 있다.

기업지배구조의 투명성을 유지·개선하고 공시한다는 것은 임직원, 투자자 등 이해관계자의 권리 보호와 존중을 위한 것일 뿐만 아니라 기업에 대한 신뢰를 확보하는 것이며 궁극적으로 기업의 가치를 제고하여 유형자산으로 연결시킬 수 있다는 것이다. 세계적인 **컨설팅사인 Mckinsey**에 의하면 **투명성이 1% 향상되면 자산 수익률은 산업 평균 보다 6% 포인트 이상 상승**하는 것으로 나타났다고 한다.[74]

따라서 바람직한 지배구조의 확립은 적절한 통제를 통해 이루어질 수 있으며, 이러한 통제는 내부적 통제뿐만 아니라 외부적 통제가 적절하게 이루어져야 한다. 특히, 기업내부에서 이루어지는 적절한 내부통제가 중요하며,[75] 그 과정에서 감사의 중요성도 커지고 있는 상황이다. 原 意味에서 볼 때 주식회사의 경영에 대한 감독은 대리인인 감사를 통하는 것보다 주주들에 의해 직접 이루어지는 것이 타당할 것이다.

73 김용범, 전게서, 도서출판 어울림, 2012., 48~50면 및 2017. 68~70면.

74 한국감사협회, 전문자료 용어집, IBK투자증권, 「기업 소유, 지배구조 무료컨설팅 MOU 체결식」.

75 The Committee of Sponsoring Organizations of the Treadway Commission, 「Internal Control–Integrated Framework」, 1992. 3~13p. 김학원, 전게서, 11면. 김용범, 전게서, 2017. 69면.

그러나 기업의 규모가 커지고 소유와 경영의 분리에 따른 출자자인 주주와 경영자 간의 공간적 원격성 및 일반주주들의 기업경영에 대한 無知 등으로 주주들에 의한 직접적인 경영감독은 사실상 불가능 하다. 이처럼 **주주가 스스로 기업경영에 대한 감독을 하는 것이 불가능함에 따라 소유와 감독의 분리가 발생하게 되었으며,**[76] **감독기관으로서 감사의 역할이 중요**하게 되었다.

오늘날의 기업은 더욱 거대화되고 복잡해짐에 따라 외부에서 기업을 효율적으로 감시·감독하기 어려울 수밖에 없다. 실제로 기업의 대규모 부실행위 적발은 대부분 내부고발 또는 내부감사에 의하여 밝혀지고 있으며, 시장이나 외부감사인, 정부등과 같은 외부적 감시를 통해 밝혀지는 경우가 많지 않은 것이 현실이다.

따라서 기업내부에서의 통제가 필요하며 그 역할을 담당할 주체로서 주목받는 것이 바로 監事이다. 소유와 경영이 분리된 현대기업에 있어서 경영진의 법률위반행위나 부정행위를 막기 위해서는 내부적으로 권한을 가지고 경영진을 감시·감독하는 監事에게 중요한 역할을 기대하기 때문이다.[77]

그러므로 監事들은 기업지배구조에 대한 Global Standard 와 Global Trend를 보다 정확하게 이해하고 정부의 감사기능 강화를 통한 투명성 확보와 바람직하고 건전한 지배구조 확립을 위한 노력에 적극적으로 동참하여야 하며, 이사회 등 경영진에 대한 감시 및 견제자로서, 회사 재산의 수호자로서 또는 경영진의 전략적 파트너 및 컨설턴트로서 독립성과 객관성을 잃지 않고 소신과 용기를 가지고 감사업무에 적극적으로 임해야 할 것이다.[78]

Ⅳ. 이사회와 감사제도

1. 이사회의 기능 변화

기업구조에 관한 전통적 모델에서는 이사회가 회사의 사업을 관리한다. 우리 법과 실무에서도 이처럼 이해하고 있다. 그러나 주주 자본주의의 첨단을 달리는 미국의 경우는 전통적 관점에서 이사회가 경영관리 기능을 갖는다는 설명은 이제 더 이상 맞지 않는다는 인식이 널리 퍼지게 되었다.[79]

오히려 현대 회사 관행에서는 이사회가 아닌 집행임원들이 경영관리기능을 맡고 있기 때문이다. **이사회**가 경영을 관리하는 모델은 이제 더 이상 적합하지 않은 모델이 되었고, **이사회**의 **"경영을 감시 또는 감독하는 모델"**로 **변화**하였다. **경영관리기능**은 **이사회가 아닌** 「CEO(Chief Executive Officer)」**등 회사의 고위집행임원**들에 의해 이루어지고 있다.[80]

---

76 김용범, 전게서, 2017. 69면. 倉澤康一郎 ,「監査役制度强化の方向」, 月刊 監査役 制312号 , 2007, 5면 , 김학원 , 전게서 , 11면.

77 김용범, 전게서, 2017. 70면. 곽관훈,「기업규제의 패러다임 전환과 내부통제시스템」, 한국경제학회(경제법연구 제8권 제1호) , 2009 , 30면 , 김학원 , 전게서 , 12면.

78 김용범, 전게서, 2017. 70면 및 2012. 48~50면.

79 김용범, 전게서, 2017. 70면. Florence Shu-Acquaye, op. cit. 172 면., 최준선, 전게보고서, 37면.

80 김용범, 전게서, 2017. 70면. Melvin A. Eisenberg,「Corporations and Other Organizations Cases and Materials」, 2005., 198p, 최준선, 전게보고서, 38면.

전통적으로 이사회의 역할은 경영에 관한 의사결정과 감독에 있다. 종래 이사회는 이 두 가지 기능 중에서 회사의 중요정책을 결정하는 일에 비중을 더 둔 것이 사실이다. 그리고 감독기능이 있었지만, 그와 같은 감독기능은 일부에 불과하거나 매우 소극적이었다. 지금 우리 한국의 이사회가 그 같은 수준이다.

그러나 미국에서는 집행임원제도가 도입되고 이사회 내 감사위원회제도가 도입되면서, 이사회의 감독기능이 크게 강화되고 대신 의사결정기능은 상대적으로 약화되고 있다. **이사회의 역할**은 **집행임원들의 권한행사를 감시 및 감독하는 것**이고, **이사회는 주주에게 책임을 지는 구조**로 꾸준히 변모되어 왔다.

이사회가 감독기능에 치중할 때, 이사회 내의 여러 위원회 중 감사위원회가 이사회의 중심적 지위를 차지할 수밖에 없으며, 이사회로 하여금 감사기구의 기능을 하도록 함에 있어 주도적이고 핵심적인 역할을 하게 된다. 이사회의 감독기능은 점차 확대되어 갈 것이 분명하다. 그렇게 되기 위해서는 이사의 독립성이 절실하다.

즉, 집행임원과 같은 경영진으로부터 독립적인 인사들로 이사회가 구성될 때 이사회가 감독기능을 충실히 수행할 수 있음은 당연한 것이다. 그러나 이사회가 다음과 같은 상황이 될 경우 이사회의 감독기능은 위협을 받게 되며, 법이 기대했던 지배구조시스템이 적절히 작동되지 않을 수 있다.[81]

이사회의 감독기능이 위협받는 상황(예)

① 집행임원이 이사의 지위를 겸하는 경우.
② 이사회의 다수 구성원에 독립성이 결여된 경우 즉, 집행임원들에 의해 이사회가 장악된 경우.
③ 이사회에 대한 정보 공급이 경영진에 의해 통제되는 경우.
④ 충분한 권한을 위임 받거나 또는 적극적인 활동을 하는 이사회 내 위원회가 존재하지 않는 경우.
⑤ 컨설팅 계약이나 기타 사업상의 관계로 경영진과 연계됨으로써 사외이사들의 독립성이 상실된 경우 등.

2. 감사위원회제도의 출현

가. 감사위원회제도의 도입 배경

외환위기가 발생하고 IMF의 구제 금융을 받는 과정에서 외환위기의 발생의 원인을 회사지배구조의 투명성 부족 및 대주주의 전횡과 이에 대한 견제의 부재가 일조한 것으로 인식되면서 감사제도에 대한 대안으로 **대주주와 경영진의 영향력을 배제하기 위하여 1999년 개정 「상법」으로 감사위원회제도를 도입**하였다.

이 과정에서 IMF, IBRD 등 국제기구와 외국투자가들의 강력한 요구로 우리나라의 현실

81 김용범, 전게서, 2017, 71면 및 2012, 51면. 최준선, 전게보고서, 38~39면.

에 대한 충분한 사전 검토 없이 1인(독임제) 감사제도의 독립성과 전문성을 보완한다는 美名 아래 감사위원회 제도가 불가피하게 도입되었으나, 아직도 제도적기반이 매우 취약하다.[82]

감사위원회제도의 도입에 대한 자세한 내용은 제1편-제1장-제2절-Ⅲ-3-다. '감사위원회제도의 도입'의 항목을 참조하시기 바랍니다.

나. 선진국의 감사위원회제도

1) 미국의 감사위원회제도

미국에서는 우리나라의 감사와 같이 이사회와 동등한 위상을 가진 독립된 감사기관의 설치가 법제화되어 있지 않다. **회사법상의 제도는 아니나 회사내부에서 회계업무와 경영에 대한 감시업무를 총괄하고 내부통제시스템을 운영할 경우 이를 지휘·감독**하는 **「내부감사(Internal Auditor)」**(통상 사내이사로 선임)를 **선임·운영**한다.

그리고 회계 관련 장부(재무제표)에 대한 감사에 대해서는 회사내부의 기관이 아닌 회사 외부에서 회계전문가(예, 공인회계사)를 **「외부감사(External Auditor)」**로 선임하여 감사토록 하고 있다. 그러나 이러한 감사제도로는 효율적인 감사가 어렵다고 보고 이사회 내에 감사위원회를 두어 동 위원회가 경영진과 독립적으로 내부감사 및 외부감사를 통제하도록 하여 회사에 대한 監査의 투명성을 제고하고자 감사위원회 제도를 발전시켜 왔다.[83]

미국의 감사위원회는 "회사의 회계와 재무상황에 관한 보고절차를 감독하고 회사의 재무제표를 감사하는 기능을 갖는 위원회"[84]로 정의하고 있다. 그런데 이러한 감사위원회도 실제 엔론사태 등 수많은 회계부정사건에 영향을 받아 제정된 2002년의 「회계개혁법(Sarbanes-Oxley Act)」(이하 'SOX법'이라 한다)에서 강화된 바 있고, 그 이전에는 상장회사를 제외하고는 그 설치가 강제되지는 않았다.[85] 물론 지금도 各 州의 회사법에서 감사위원회를 규정하는 예는 거의 찾아보기 어렵다.[86]

2) 일본의 감사위원회제도

일본의 경우는 2005년에 제정된「(신)회사법」에서 위원회설치회사에 대해 주식회사의 기관구성을 유연화(柔軟化)하여 기업의 자율성을 대폭 강화하고 있는데, 이사회는 경영의 기본방침 등에 관한 업무집행을 결정하고 집행역(이하 "집행임원"이라 한다) 등의 직무집행에 대한 감독업무를 하도록 규정하고 있다. 또한 이사회는 결의로 회사의 업무집행의 결정을 집행임원에게 위임할 수 있도록 하였다.

공개대회사의 기관에는 특별한 변경은 없었지만 비공개중소회사와 비공개대회사에 있어

---

82 김용범, 전게서, 2017. 71면 및 2012. 51면. 정순현, 「주식회사의 감사 및 감사위원회제도의 연구」, 성균관대학교, 2008., 69면.

83 김용범, 전게서, 2017. 72면. 한국상장회사협의회, 「우리나라와 주요국의 감사제도」, 2007, 28면.

84 김순석, 「미국의 기업개혁법의 주요내용과 우리나라에 대한 시사점」, 상장협 제47호, 117면 이하, 김건식, 「법적 시각에서 본 감사위원회」, 서울대학교 금융법센타, 2005. 35면

85 NYSE가 1978년 7월 1일부터 전원 사외이사로 구성되는 감사위원회를, NASDAQ은 1989년 2월1일부터 다수가 사외이사인 감사위원회 설치를 요구하였다. 2002년 회계개혁법은 모든 상장회사에 대해 전원이 사외이사로 구성되는 감사위원회 설치를 의무화 하고 있다. 김용범, 전게서, 2017. 72면.

86 김용범, 전게서, 2017. 72면. 김화진, 「이사회 운영원리와 법률적 책임」, 박영사 , 2005., 84면.

서 감사는 임의기관화하였으나 감사의 역할이 중시되는 것에는 변함이 없다. 회계 감사인을 설치하는 회사는 그 지위의 독립성을 확보하기 위해 감사제도의 설치를 필요로 하고 이사회를 설치하는 회사에서는 소유와 경영의 분리로부터 주주를 대신 하여 경영진을 감시한다.

일본의 「회사법」에서 감사제도와 관련하여 이루어진 개정 중 중요한 것을 살펴보면, ① **회계참여제도의 도입**[87], ② **감사·(일)감사회·회계감사인제도에 대한 규제의 유연화**, ③ **회계감사인의 준임원화**, ④ **보결감사제도의 도입**[88], ⑤ **내부통제시스템의 강화**를 들 수 있다.[89]

일본의 위원회설치회사의 경우에는 감사위원회·지명위원회·보수위원회 등 3개의 위원회의 설치를 강제하고 있다. 그리고 감사위원회는 내부통제 시스템을 통해 감사를 하고 있다. 감사위원회는 내부통제시스템이 적절하게 구축·운영되는지의 여부를 감사하고, 필요한 경우에는 내부통제부서에 대하여 지시를 하는 것이 그의 직무이다.

이와 같이 감사위원회의 감사는 내부통제시스템을 통한 조직적 감사를 상정하므로 감사위원을 상근으로 하는 것을 요구하지 않았다. 조직적 감사를 할 수 있는 제도적 기반과 환경이 정비되어 있으므로 상근감사위원을 강제 할 필요는 없다는 이유다. 그럼에도 불구하고 일본에서는 상근감사위원을 두는 회사가 많이 존재하고 있다.[90]

다. 감사위원회제도의 내용

감사위원회제도에 대한 자세한 내용에 대하여는 제1편 제6-제2절-Ⅱ-2. '감사위원회제도'의 항목을 참조하시기를 바랍니다.

3. 집행임원제도의 도입

가. 집행임원제도의 의의

집행임원[91]은 이사회의 감독하에 회사의 업무집행을 하는 기관을 말한다. 실무계에서는 과거 회사의 정관이나 내규로 미국의 최고집행임원(Chief Executive Officer : CEO)과 같은 의미의 집행임원을 두는 회사가 많이 있었지만, 법률에서는 아무런 근거 규정이 없다가 2011년 개정 「상법」에서 이를 입법화하였다.

집행임원제도는 종래 이사회의 업무집행기능과 감독기능을 분리하여 업무집행기능은 집행임원에게 맡기고, 이사회는 감독기능에 충실하기 위한 조치로서 이는 미국의 집행임원제

---

87 회계참여는 재무제표 등을 이사(또는 집행임원제도를 채택하고 있는 회사에서는 집행임원)와 공동으로 작성하는 것을 주된 임무로 하는 자로서 정관에서 정함이 있으면 둘 수 있는 주식회사의 이른바 임의기관이다.

88 일본 「회사법」에서는 이사나 감사 등 임원에 결원이 발생 할 경우를 대비하여 사전에 보결임원을 선임 해 둘 수 있도록 하고 있다.

89 김용범, 전게서, 2017. 73면 이효경, 「일본의 감사제도에 대한 최근 동향-내부통제제도를 중심으로」, 상장회사 감사회보, 2008. 3., 2면, 정순현, 전게서, 71면.

90 김용범, 전게서, 2017. 73면. 江頭憲治郎, 「株式會社法」, 有斐閣, 2006. 507면, 정순현, 전게서, 71면.

91 임원이란 용어는 「상법」에서는 명문의 근거를 두고 있지 않고 ,「독점규제 및 공정거래에 관한 법률」 제2조 제5호에서 "임원" 이라 함은 이사, 대표이사, 업무집행을 하는 무한책임사원, 감사나 이에 준 하는 자 또는 지배인 등 본점이나 지점의 영업전반을 총괄적으로 처리할 수 있는 상업사용인을 말한다고 규정하고 있고, 「금융지배구조법」 제2조의 제2호에서는 "임원"이라 함은 이사, 감사, 집행임원 (「상법」에 따른 집행 임원을 둔 경우로 한정) 및 업무집행책임자를 말한다고 규정하고 있다

도를 도입한 것이라고 할 수 있다.[92] 그간 대규모 상장회사의 경우 정관이나 내규로 집행임원을 두었으나 이를 뒷받침할 법적 근거가 없다는 점에서 많은 문제점들이 지적되었다.[93]

집행임원제도의 도입을 주장하는 견해는 사외이사의 선임이 의무화되는 회사의 경우 이사회의 기능이 업무집행에 대한 감독기능에 초점을 맞추게 되므로 집행임원을 통한 업무집행이 필요하다고 주장하였다.[94] 이를 반영해 1990년대 후반 외환위기 이후 「증권거래법」은 상장회사의 경우 사외이사를 강제하였으며, 특히 자산총액 2조원 이상인 회사는 사외이사를 3인 이상 의무적으로 두도록 하여 이사회의 감독 기능을 강화하였다.

그러나 이처럼 이사회의 감독기능을 강화한 경우에는 업무집행기관을 감독기관과 분리하는 것이 필요하지만, 현행법은 이사회에 업무집행기능을 부여하고 있어 (「상법」 제393조 제1항) 많은 부작용이 있다는 지적들이 있다.[95] 또한 회사의 업무에 관하여 상근하지 않는 사외이사로 하여금 업무집행에 관여하도록 하여 업무집행의 효율성이 저하될 뿐만 아니라 업무집행에 관여한 이사가 다시 자신에 대한 업무감독기능을 수행한다는 점도 문제가 된다는 것이다.[96]

따라서 집행입원제도를 반대하는 견해는 사외이사 중심의 이사회는 전문성이 결여되어 합리적인 판단을 하기 어렵다는 점[97]과 집행임원에게 이사와 같은 책임을 부과하면 집행임원이 책임을 회피하기 위해 신속하고 과감한 의사결정 보다는 위험회피적인 의사결정을 하게 될 가능성이 존재하기 때문에 추가적으로 집행임원제도의 도입이 바람직하지 않다는 주장을 하고 있다.[98]

나. 집행임원제도의 내용

집행임원을 둘지 여부는 회사의 자율에 맡기고 있다. 집행임원제도의 채택을 단순히 이사회의 결의로 할 수 있다는 견해도 있을 수 있으나, 집행임원을 두고자 할 경우 「정관」에 규정이 있어야 한다고 본다.[99] 집행임원을 둔 회사(이하 '**집행임원설치 회사**'라 한다)는 대표이사를 두지 못한다.(「상법」제408조의2 제1항) 집행임원 설치 회사와 집행임원의 관계는 「민법」의 위임에 관한 규정을 준용한다.(「상법」제408조의 2 제1항) 이사와 집행임원은 겸직이 가능하다.

집행임원 설치회사의 이사회는 ① 집행임원과 대표집행임원의 선임·해임, ② 집행임원의 업무집행 감독, ③ 집행임원과 집행임원 설치회사의 소송에서 집행임원 설치 회사를 대표할

92 김용범, 전게서, 2017. 73면. 강희갑, 「집행임원제도 도입과 기업환경」, 상사법연구 제25권 제4호, 2007, 20면, 김학원, 전게서, 27면.

93 법무부, 「상법일부개정법률안」, 2008, 9면, 김학원, 전게서, 27면

94 김용범, 전게서, 2017. 74면. 김재범, 「회사지배구조 관련 회사법제의 나아갈 방향-2008년 상법 개정안 검토-」, 경영법률, 2008,9~10면, 김학원, 전게서, 27면.

95 김용범, 전게서, 2017. 74면. 정찬형, 「한국 주식회사에서의 집행임원에 관한 연구」, 고려법학 제43호, 2004, 51면 이하, 김학원, 전게서, 27면

96 김용범, 전게서, 2017. 74면. 법무부, 전게안, 5면, 김학원, 전게서, 27면.

97 김정호, 「집행임원제에 대한 연구」, 경영법률 제4권, 2008, 151면이하, 김학원, 전게서, 27면.

98 최완진, 「상법개정안에 관한 비판적 고찰」, 경영법률 제17집 제2호, 2007, 5면, 전경련, 「국회 계류상법개정안에 대한 검토」, 2007, 6~13면, 김학원, 전게서, 28면.

99 김용범, 전게서, 2017. 74면. 최준선, 전게서, 450면, 일본에서는 위원회설치회사에 대하여 집행임원 의 설치를 의무화하고 있으며, 위원회설치회사 채택여부는 정관의 정함에 따르도록 하고 있다.(「일본회사법」제326조 제2항).

자의 선임, ④ 집행임원에게 업무집행에 관한 의사결정의 위임(다만 「상법」에서 이사회 권한 사항으로 정한 경우는 제외), ⑤ 집행임원이 여러 명인 경우 집행임원의 직무 분담 및 지휘·명령 관계, 그 밖에 집행임원의 상호관계에 관한 사항의 결정, ⑥ 정관에 규정이 없거나 주주총회의 승인이 없는 경우 집행임원의 보수 결정 등의 권한을 갖는다.(「상법」 제408조의2 제2항)

집행임원 임기는 정관에 다른 규정이 없으면 2년을 초과하지 못하도록 하고 있다.(「상법」 제408조의3 제1항) 따라서 회사는 집행임원 선임 시 2년 내에서 임의로 그 임기를 정할 수 있다고 본다.[100] 그리고 집행임원의 임기는 정관에 그 임기 중의 최종 결산기에 관한 정기주주총회가 종결한 후 가장 먼저 소집하는 이사회의 終結 時까지로 정할 수 있다.(「상법」 제408조의3 제2항)

집행임원은 회사의 업무집행 및 정관이나 이사회 결의에 의해 위임받은 업무집행에 관해 의사 결정할 수 있는 권한을 갖는다.(「상법」 제408조의4) 집행임원이 복수인 경우 이사회 결의로 대표집행임원을 선임해야 하며(「상법」 제408조의5 제1항), 대표집행임원에 대해서는 주식회사 대표이사에 관한 규정을 준용한다.(「상법」제408조의5제2항)

또한 집행임원은 업무집행상황을 3개월에 1회 이상 이사회에 보고해야 할 의무가 있으며(「상법」 제408조의6 제1항), 이사회의 요구가 있으면 언제든지 이사회에 출석하여 요구한 사항을 보고하여야 한다.(「상법」 제408조의 6 제2항) 그리고 집행임원은 필요한 경우 이사회 소집을 청구할 수 있다.(「상법」 제408조의7 제1항)

집행임원의 경우 종전 이사에 준하는 법적책임을 부담하게 되는데, 집행임원이 고의 또는 과실로 법령이나 정관을 위반한 행위를 하거나 그 임무를 게을리 한 경우에는 그 집행임원은 집행임원 설치회사에 손해배상 책임을 부담한다.(「상법」 제408조의8 제1항) 또한 집행임원이 고의 또는 중대한 과실로 그 임무를 게을리 한 경우에는 그 집행임원은 제3자에게 손해를 배상할 책임이 있다.(「상법」 제408조의8 제2항)

집행임원이 회사 또는 제3자에게 손해배상책임을 부담하는 경우 다른 집행임원, 이사 또는 감사도 그 책임이 있으면 다른 집행임원, 이사 또는 감사와 연대하여 배상해야 할 책임을 부담한다.(「상법」 제408조의 8 제3항)

다. 집행임원제도의 영향

1) 집행임원제도의 도입 배경

집행임원제도 도입의 실질적 취지는 실제 이사와 동일한 업무를 수행하고 있음에도 법적인 근거가 없어 지위가 불분명한 비 등기임원을 입법적으로 규율하고자 하는 것이다.[101]

이에 대해 반대 의견도 존재하고 있지만, 우리의 「상법」이 사외 이사제도와 감사위원회제도가 도입되어 있는 상황에서는 집행임원제도의 도입 필요성이 더 설득력을 얻고 있는 상황이다.[102]

---

100 김용범, 전게서, 2017. 75면. 최준선, 전게서, 451면.

101 김용범, 전게서, 2017. 76면. 김재범, 전게논문, 19면, 김학원, 전게서, 30면.

102 김용범, 전게서, 2017. 76면. 심재한, 「상법개정안에서의 회사지배구조와 집행임원제도」, 한림법학포럼 제19권, 2008, 137~138면, 김학원, 전게서, 30면.

사외이사제도의 도입 이유이자 가장 큰 장점은 독립적이고 객관적인 위치에서 경영진의 업무집행을 평가하고 감독할 수 있다는 것이다. 사내이사의 경우 스스로 업무집행을 하기 때문에 최고 경영자에 대한 엄격한 평가가 이루어지기 어렵다. 사외이사는 경영진으로부터 독립적인 존재이며, 직접 업무를 담당하지 않는다는 점에서 이러한 문제를 해결할 수 있는 대안으로서 제시되었다고 할 수 있다.[103]

이처럼 사외이사는 효과적인 감독기능을 수행할 수 있는 존재이지만, 반면에 이사회 구성원으로서 업무에 관한 사항을 결정하고 집행하기에는 많은 한계를 가지고 있다. 현행「상법」은 일정규모 이상의 회사에 대해서는 이사회 구성원 중 사외 이사가 일정비율 이상 차지할 것을 요구하고 있다.

그런데 이 경우 사외이사도 회사의 주요업무 결정에 참여해야 하나, 외부인으로서 회사사정을 잘 알지 못할 뿐만 아니라 전문성이 결여되어 있어 효율적인 의사결정을 하지 못하는 문제가 있다.[104]

이러한 문제를 해결해 줄 수 있는 방안이 바로 집행임원제도의 도입이다. 사외이사는 합병이나 정관 변경과 같은 조직적 사항이나 중요한 경영정책에 관한 의사결정 만을 담당하고 업무집행에 관한 것은 집행임원에게 맡기는 것이다.[105]

우리「상법」은 기업지배구조의 개선을 위하여 많은 노력을 하여 왔고, 사외이사제도의 도입 및 감사위원회제도의 도입도 이러한 맥락에서 이루어져 왔다. 그러나 앞서 살펴본 바와 같이 동 제도들에 대한 면밀한 검토와 사전준비 없이 졸속으로 도입하여 그들이 갖는 장점만큼 많은 문제점들이 제기되고 있다.[106]

2) 집행임원제도와 기업지배구조

집행임원제도가 도입되는 경우 기업지배구조에 어떠한 영향을 미치는가에 대해서는 의견이 대립되고 있다. 집행임원제도는 본질적으로 독일식에 가까우며 감사위원회제도를 비롯한「상법」상 이사회에 대한 입법취지와 맞지 않는다는 견해가 있다.[107]

독일의 경우 (독)감사회가 이사를 선·해임하고 이사회가 업무를 담당하는 구조로서, 집행임원을 도입하는 경우와 유사한 지배구조의 형태라는 것이다.[108] 이 경우 지금 까지 기업지배구조의 기본방향과는 정반대의 결과가 나타난다는 점이다.

우리나라의 경우 이사회와 감사제도로 분화되었던 지배구조를 1998년 개정을 계기로 이사회가 업무집행을 하고도 이사회가 감독하는 일원적 지배구조로 전환하여 왔다. 즉 지금까

103 김용범, 전게서, 2012., 55~56면. 김용범, 전게서, 2017. 76면.

104 김용범, 전게서, 2017. 76면. 심재한, 전게논문, 144면, 김학원, 전게서, 30면.

105 김용범, 전게서, 2017. 76면. 심재한, 전게논문, 144면, 김학원, 전게서, 30면.

106 김용범, 전게서, 2017. 76면. 김학원, 전게논문, 31면.

107 전삼현,「지배구조관련 상법개정의 쟁점과 개선방안」, 기업소송연구, 2005, 416면 이하 참조

108 김용범, 전게서, 2017. 77면. 심재한, 전게논문, 140면 이하 참조

지 「상법」은 일원적 이사회를 지향하여 왔다고 할 수 있다.[109]

그러나 집행임원제도의 도입은 이원적 이사회시스템을 지향하는 것으로 지금까지의 방향성인 일원적 이사회시스템과는 완전히 다른 형태로의 전환이라는 것이다. 즉, 이러한 집행임원제도는 그 동안 법에서의 기업지배구조 관련 개정이 지향하여 온 방향성인 주주권의 강화와 완전히 상치(相馳)되는 면이 있다.

집행임원제도의 도입으로 이사회는 감독권한이 주된 기능이 되는데, 주주들이 직접 선임하는 것은 이사들이므로 주주는 회사의 업무집행에 대한 통제를 이사회를 통해서만 간접적으로 이루어지게 되므로 기존의 제도에 비해 오히려 통제가 더 어려워질 가능성이 높기 때문이다. 그리고 이런 이원적 이사회제도는 일원적 이사회 제도에 비해 감사의 기능과의 정합성 면에서도 의문이 있다.[110]

이에 반해 집행임원제도가 도입되어도 이사회의 지배구조는 변경되지 않는다고 하는 견해도 있다.[111] 집행임원제도가 도입된다고 하여도 이사회의 업무집행에 관한 의사결정권과 이사에 대한 감독권이 변경되지 않기 때문이라고 한다. 개정 「상법」에 따라 집행임원에게 업무집행에 관한 의사결정권을 위임하여도 「상법」상 이사회 권한 사항은 위임할 수 없다.

또한 집행임원을 두는 경우 대표이사를 둘 수 없으나, 대표집행임원을 두어야 하며 대표집행임원에게는 대표이사에 관한 규정이 준용되므로 명칭이 변경될 뿐 현행 대표이사와 동일한 권한을 가지게 된다. 따라서 대표집행임원이 이사자격을 겸임하면서 이사회의장이 될 수 있으므로, 이 경우 집행임원이 도입된다고 하여도 별다른 문제가 없을 것이라는 것이다.

그러나 집행임원제도가 도입되면 이사회와 집행임원 간의 권한 관계, 이사회와 감사위원회 간의 권한 관계 등 기업지배구조는 물론 감사제도 와 관련해서도 여러 가지 변화를 예상할 수 있다.[112]

3) 집행임원제도와 감사제도

감사는 이사의 직무집행을 감사하는 존재이다.(「상법」제412조 제1항) 직무의 집행을 감사한다고 함은 감사의 범위가 일상적인 업무집행에 국한하지 않고 이사의 직무에 속하는 일체의 사항에 미치는 것을 의미한다고 할 수 있다.[113] 따라서 감사는 이사 개개인의 직무집행뿐만 아니라 이사회의 권한 사항도 감사대상이 되며, 당연히 회계감사 권한 및 업무감사 권한을 갖게 된다.[114]

종래 문제가 되었던 것은 이사회의 감독권과 감사의 감사권의 범위와 관련된 것이다. 집행임원제도를 도입하는 경우 이사회는 집행임원에 대한 감독기능만을 갖게 되어 監事의 監

---

109 김용범, 전게서, 2017. 77면. 전경련, 전게자료, 9면

110 김용범, 전게서, 2017. 77면 및 2012., 57면. 최승재,「집행임원제도의 도입과 감사(감사위원회)의 기능활성화」, 상장회사감사회회보제121호, 2010. 12면.

111 김재범, 전게논문, 20면 이하 참조

112 김용범, 전게서, 2017. 78면. 김학원, 전게서, 32면.

113 김용범, 전게서, 2017. 78면. 이철송. 전게서. 2021. 872면, 권종호, 전게서, 59~60면.

114 김용범, 전게서, 2017. 78면. 이철송. 전게서. 2021. 872면, 김학원, 전게서, 32면.

査기능과 상당부분이 중첩될 가능성이 높아, 이럴 경우 감사의 기능이 위축될 가능성이 높다. 현재의 경우 이사회가 업무를 집행함과 동시에 업무감독권을 가지고 있기 때문에 **自己監査**의 위험이 높으며, 이러한 문제를 해결하기 위해 독립적인 존재인 감사의 기능강화에 주력하여 왔다.[115]

그러나 집행임원과 이사회로 구분되는 지배구조를 갖는 경우 이사회는 업무집행 기능을 집행임원에게 넘기고 감독기능을 주로 수행하게 되는 바, 감사의 기능을 업무감사와 회계감사로의 두 가지로 나누면 감사의 기능을 실질적으로 이사회가 수행하는 체제를 갖고 가게 될 것이므로 이사회 소속 위원회인 감사위원회가 수행하는 監査의 역할이 이사회의 주된 역할이 될 것이다.[116]

따라서 집행임원제도가 도입되면 이사회의 감독역할이 중요한 의미를 가지게 되므로, 감사 또는 감사위원회의 감사범위와 이사회의 감독범위와 상당 부분이 중복되므로 중복감사를 배제하기 위해서는 감사 또는 감사위원회의 기능이 약화되는 현상이 나타날 수 있다. 집행임원제도의 도입에 따라 감사 또는 감사위원회의 역할과 기능에 대해 재검토가 필요하다고 본다.[117]

4. 외국제도와의 차이점과 대응방안[118]

우리나라의 경우 이사회의 감독기능과 집행기능의 분리를 전제하지 않고 집행임원제도와 감사위원회제도를 도입한 반면, 일본의 경우는 위원회설치회사가 감사위원회제도와 집행임원제도를 「**일괄**(package)」로 도입하도록 의무화하였다.

즉, 일본의 경우 회사의 지배구조를 회사가 자율적으로 이사회의 감독기능과 업무집행기능의 분리를 전제로 하는 미국식의 감사위원회제도를 택하거나 일본의 전통적인 독임제감사제도(감사/감사회제도)를 택할 수 있도록 하고 있다. 이와 같이 일본 「회사법」은 미국의 감사위원회제도를 충실히 답습(踏襲)하기 위해 많은 노력을 하고 있다.

그리고 일본은 위원회설치회사의 경우 이사회에 감사위원회, 지명위원회와 보수위원회를 두어 이사들의 독립성을 보장한 연후에, 이사회 아래에 집행임원제도를 두어 이사회의 감독기능 강화와 동시에 이사회의 업무결정 및 경영관리기능을 집행임원에게 이관하는 미국식 이사회제도를 도입함으로써 감사위원회가 집행임원을 감독할 수 있도록 되어있다. 또한 위원회 설치회사의 경우 내부통제제도의 구축 및 운영에 관한 사항을 의무화해 감사위원회의 업무감사에 대한 효율성을 제고하고 있다.[119]

이에 비하여 우리나라의 경우 미국식의 감사위원회제도를 도입하면서 감사위원회는 「상법」상 감사를 代替하는 기관으로서의 역할을 기대하고 있으면서도, 집행임원 제도의 도입은

---

115 김용범, 전게서, 2012., 57~58면 및 2017. 78면.

116 김용범, 전게서, 2017. 78면 및 2012., 58면. 최승재, 전게논문, 12면.

117 김용범, 전게서, 2017. 78면 및 2012., 58면. 김학원, 전게서, 33면.

118 김용범, 전게서, 2017. 79면. 최준선, 전계보고서, 50~51면.

119 김용범, 전게서, 2017. 79면. 江頭憲治郎, 전게서, 509~510면.

의무화하지 아니하고 회사의 자율에 맡기고 있을 뿐만 아니라 내부통제제도는 법제화되지 않은 상태이므로 감사위원회의 제도적기반이 매우 취약한 상태다. 자연히 감사위원회와 이사회의 기능이 중복됨에 따라 감사위원회의 독립성과 감사기능의 실효성에 문제가 있다. 우리 「상법」은 **'무늬만' 감사위원회 제도**를 도입한 것이다.

집행임원제도는 위에서 살펴본 바와 같이 중복감사의 문제와 감사기능의 약화 등 기존 우리의 감사제도와는 조화를 이루기가 쉽지 않은 취약한 제도적 문제점을 태생적으로 내포하고 있는 제도이다. 따라서 우리도 집행임원제도의 문제점을 해결하기 위해서는 일본이 채택하고 있는 방식과 같이 **집행임원제도를 감사위원회제도, 내부통제제도와 함께 「일괄(package)」로 도입할 것**을 적극 검토할 필요가 있다.[120]

제3절 감사제도의 일반

Ⅰ. 감사의 의의

감사라는 용어는 앞서 '감사제도의 기원'에서 서술한 바와 같이 **중세영국의 장원제도하에서 영주가 지명한 감사인(전문회계인)이 정기적으로 감사업무를 수행하고 감사가가 종료되면 「책임수탁·이행보고서」 또는 「수탁관리보고서」를 작성해 영주에게 보고 및 공표하는 것을 '청취하다(to hear)'라는 의미에서 유래되었다는 설**이다.[121]

또 하나 **감사**라는 용어는 **"기왕에 타인의 업무나 행위를 비판적으로 관찰하여 그 適否·正否·當否를 비판하는 것"** 즉, **「감찰·심사」의 의미**로 로마시대에 장부기록을 검증하기 위한 청문절차에서 유래된 **라틴어의** 「Audire(청취하다)」 **와** 「Revisere(다시보다 : 확인하다)」 **또는** 「Revidere (다시살피다)」**에서 유래되었다는 설**이다.[122]

그러나 **회사의 경영 감독 및 감시 체제로서 감사**라는 용어는 **'경영진의 독단으로부터 회사의 재산을 객관적이고 독립적인 관점에서 보호하고 관리하고자 업무집행자의 직무수행을 감시하는 일련의 활동을 말하며, 감독하고 검사하는 것을 의미한다.'**라고 정의할 수 있다.(김용범. 상장회사 감사 및 감사위원을 위한 감사실무가이드).

따라서 **감사**란 각 시대의 요구와 보는 관점 및 논자에 따라서 다양한 의미로 사용 되나, 여기서는 감사의 일반적인 형태에 입각하여 설명하고자 한다.

1. 회계학적 감사의 의의[123]

---

120 김용범, 전게서, 2017. 79면. 김용범, 전게서, 2012., 59면.

121 한국감사협회, 전문자료집.

122 남영호, 「기업내부의 감사진단 실무」 2009.1,19~21면.

123 미국회계학회(AAA), 「A statement of Basic Auditing Concepts : ASOBAC」, 1973.

감사(監査)란 "특정 경제 실체의 경제적 행위와 사건에 대한 주장이 미리 설정되어 있는 기준과 합치하는지를 확인하기 위하여 그 주장에 관한 증거를 객관적인 방법으로 수집하고 평가하여 그 결과를 이해관계자들에게 전달하는 체계적인 과정이다"라고 정의하고 있다.

2. 법률학적 감사의 의의[124]

감사(監査)란 "제3자가 일정한 업무나 재산을 타인(수임자)에게 위탁한 자(위임자)의 요청을 받아 그 타인의 행동 내지는 성과를 조사·검토하고, 그리고 그 결과에 관해 의견을 표명하는 일련의 절차이다"라고 정의하고 있다.

감사는 통상 위임자가 수임자의 직무집행을 일상적으로 혹은 효과적으로 감독할 수 없을 경우에 행해지며, 감사업무를 수행하는 제3자는 수임자의 직무집행을 제3자적 입장에서 비판적으로 조사하고 그 결과를 위임자에게 보고하는 점에 특징이 있다.

이를 주식회사에 비유하여 설명하면 수임자의 행동 내지는 성과를 조사·검토 하는 **제3자는 감사(監事)**이고, 일정한 업무나 재산의 **위임자는 주주(株主)**이며, 일정한 업무나 재산의 **수임자는 경영자(經營者)**가 될 것이다.

3. 공공학적 감사의 의의[125]

감사(監査)란 "법령이나 계약 등에 의거 임명된 감사인이 어떤 조직체의 운영·활동이나 회계 등 부여된 감사범위에서 설정된 판단기준하에 독립적으로 제반 정보·자료·기록 등을 수집·평가·확인·분석하고, 증거에 의거 입증된 조사결과를 보고·처리하는 체계적인 처리 과정이다"라고 정의하고 있다.

따라서 상기 여러 가지 감사의 정의를 종합해보면 업무를 담당하는 담당자 자신이 업무관계 서류나 장부기록 및 증명서류를 조사하여서 그 정확성과 타당성을 입증하고 또한 감사절차와 동일한 절차를 실행(자기감사)했다고 해도 그것을 감사라고 볼 수는 없는 것이다. 그것은 엄밀히 말해 **내부통제의** 업무수행에 불과한 것이다.

업무를 담당하는 담당자 자신의 업무수행 결과에 대해 「자기증명은 증명이 아니다」라고 하는 것과 같이 자기행위의 적정성을 스스로 역설하는 것은 다른 사람이 그대로 인정할 수 없는 것이다. 이와 같이 **監査의 本質은 담당자 자신이 감사하는 것이 아니라 독립된 자격을 갖춘 제3자가 감사하여야 한다는 것**에 유의해야 한다.[126]

Ⅱ. 감사의 특성

감사는 단순한 해당 조직체(기관/부서)의 업무와 재산상태의 현황 및 문제점 파악과 그에 따른 사후조치에 그치지 아니하고, 감사결과 도출된 제반 정보가 조직체의 중요자료로서 각

124 권종호, 전게서, 1면

125 감사원, 「공공감사 용어집」

126 김용범, 전게서, 2017, 81면, 남영호, 전게서, 19~21면, 이효익 외 2인, 전게서, 2018, 18면, 이철송, 전게서, 2021, 751면.

종 조치나 정책 수립에 이용될 때 비로소 감사의 유효성이 제고될 수 있다고 하겠다. 일반적으로 감사의 특성은 다음과 같다.

첫째, 구체적인 자료를 바탕으로 하여 전반적으로 比較 및 檢證하는 과정이다.

업무의 현황(What is)과 당위(What should be)를 영업현장에서 구체적인 자료를 바탕으로 하여 전반적으로 比較 및 檢證이 가능하다.

둘째, 충분하고 적합한 증거자료를 바탕으로 하여 分析 및 評價하는 과정이다.

정확한 사실의 발견과 판단의 표현을 위해서는 양적인 측면에서의 충분한 증거자료와 질적인 측면에서의 적합한 증거자료가 필요하며, 이러한 충분·적합한 증거를 바탕으로 하여 分析 및 評價가 가능하다.

셋째, 다양하고 구체적이고 광범위한 現場 情報에의 接近이 容易한 手段이다.

감사수단을 통해 감사기관/부서는 수감기관/부서의 단순히 주어진 추상적인 정보뿐만 아니라 다양하고 구체적이고 광범위한 현장정보에 용이한 접근이 가능하다.

넷째, 새로운 業務技法의 傳播를 통해 業務의 質的水準 向上을 기할 수 있다.

감사기관/부서는 수감기관/부서를 수평적으로 비교, 분석할 수 있고 정보에의 접근이 용이하기 때문에 어느 한 기관/부서의 우수한 업무기법을 다른 기관/부서에 도입하도록 권장함으로써 업무의 질을 높일 수 있다.

다섯째, 구체적인 現場情報를 바탕으로 效率的인 政策樹立에 寄與하게 한다.

감사의 Feed-Back 기능을 통해 업무수행 결과의 분석·평가는 물론 영업 현장에서 지득한 구체적인 현장정보를 바탕으로 경영진 등에게 조언 또는 개선, 권고 등을 통하여 효율적인 정책 수립이 가능하도록 지원한다.

여섯째, 업무처리의 適正性 確保와 事故의 發生을 未然에 防止하도록 한다.

감사가 갖는 파생적인 효과로서 기관/부서 임직원으로 하여금 앞으로 있게 될 감사에 대비하여 업무처리의 적법성·타당성을 기하도록 함으로써 업무처리의 적정성 확보는 물론 사고의 발생을 미연에 방지하도록 한다.

Ⅲ. 감사의 필요성

하나의 자동차가 운송수단으로서의 본래의 기능을 충실히 수행하려면 강력한 성능을 가진 엔진이 있어야 할 뿐만 아니라 그 엔진을 유효적절하게 제어할 수 있는 제동장치가 완비되어 있어야 하듯이, 기업이 많은 이익을 창출하며 지속적으로 성장하기 위해서는 예리한 통찰력과 강력한 추진력을 가진 경영진이 필요할 뿐만 아니라 그의 업무집행 사항을 수시로 감시하며 적절히 제어할 수 있는 감독기관이 필요하다.

이러한 감독기관의 핵심의 위치에 있는 중요한 존재 즉 기관이 바로 감사기관이다. 따라서 시장경제체제의 발전을 위하여 감사의 역할과 중요성은 아무리 강조하여도 지나치지 아니하다. 즉, 소유와 경영의 분리를 전제로 한 자본단체인 주식회사에 있어 감사는 주주 등 이해관계자들의 이익을 위하여 회사운영의 적법성과 건전성을 확보하고, 경영의 투명성을 제고하는데 매우 중요한 기능을 수행하기 때문이다.

또한 일반적으로 경영진들은 회계연도 경영성과에 의해서 임기가 좌우되므로 단기이익 극대화에 집중하게 됨에 따라 ① 외형성장 매몰, ② 직원 역량 개발 소홀, ③ 장기성장 비전 투자 소홀, ④ 장기성장 동력확보 소홀 등으로 말미암아 미래의 기업성장 보다는 장기적으로 기업 전체를 파멸의 수렁에 빠트릴 우려가 많다.

기업의 파멸은 주주, 종업원, 채권자 등 이해관계자의 붕괴는 물론 시장경제 전체에도 적지 않은 영향을 미치게 되는바, 감사는 이런 이해관계자의 이익을 위하여 경영의 조언자로서 그리고 회사 재산의 수호자로서 감사를 통하여 경영진을 간섭하는 것이 아니라 相互 牽制와 均衡을 維持함으로써 기업의 장기적인 성장을 牽引케 하는 기능을 수행하기 때문이다.

아울러 감사는 경영진에 대한 감시비용의 증가를 수반하나, 정보생산자(경영진)와 정보이용자(이해관계자) 간의 정보위험(정보이용자가 왜곡된 정보에 근거해 잘못된 의사결정으로 손해를 입게 될 위험)을 완화시켜 도덕적 해이, 허위보고, 역선택 등의 문제를 예방함으로써 전체적으로 대리인 비용을 감소시켜 주는 역할을 하기 때문이다.

Ⅳ. 감사의 종류

1. 감사 주체에 따른 분류

가. 외부감사 (External Audit)

외부감사란 특정회사나 조직에 대해 외부인(예, 정부기관, 감독기관, 공인회계사 등)이 법령 또는 계약에 근거하여 실시하는 감사를 말한다. 외부감사 결과는 외부감사를 실시한 당사자(감독기관, 외부감사인 등)가 이해 관계자들에게 보고한다.

나. 내부감사 (Internal Audit)[127]

1) 협의의 내부감사

이사회 또는 대표이사 등 경영진의 지휘를 받아 회사 내 자체통제 기능을 수행하는 경영조직(예, 준법감시인, 내부회계관리자 등)에 의하여 수행하는 자체통제 또는 모니터링 활동을 **'협의의 내부감사'**라고 한다.

그러나 이런 '협의의 내부감사'라는 용어는 「주식회사 등의 외부감사에 관한 법률」(이하 '신외감법'이라 함)상의 '외부감사'에 대한 상대적 개념으로 파악될 가능성도 있어 이사회 등 경영진의 '자기시정기능' 또는 '자체통제기능'과 감사 또는 감사위원회의 '내부감사기능'이 혼동하여 사용 될 수 있으므로 바람직한 용어는 아니다.

따라서 **'협의의 내부감사'**는 경영진 등이 자기소속 조직(준법감시인, 준법지원인, 내부회계 관리자 등)을 통해 스스로 업무를 통제하거나 업무를 모니터링하는 활동, 즉 **자체통제활동**이므로 이는 **'내부통제'** 라고 부르는 것이 타당하다고 본다.[128]

127 김용범, 전게서, 2017. 82~83면 및 2012., 62면.

128 김용범, 전게서, 2017. 82면 및 2012., 62면. . 이준섭, 「상법상 감사와 감사위원회의 내부감사 기능의 효율적 정립 방안」, 상장회사협의회, 2006, 123~124면.

2) 법상의 내부감사

「상법」상의 법정 내부감사기관인 감사 또는 감사위원회가 법률상 주어진 권한에 의거하여 이사의 직무집행을 감사하고 회사의 업무와 재산 상태를 조사하는 직무수행 활동을 **'법상의 내부감사'**라 한다.

즉, 법정 내부감사기관에 의한 회사의 내부 직무수행이라는 점에서 회사기관이 아닌 외부로부터 회계감사를 담당하는 '외부감사'와 다르고, 법정감사기관이 아닌 회사의 경영진 등이 스스로 업무를 통제 및 모니터링하는 활동인 **'내부통제'**와 다르다.[129] 따라서 **'외부감사'**의 대칭 개념인 **'내부감사'**는 일반적으로 협의의 내부감사가 아닌 **'법상의 내부감사'**를 의미한다.

3) 광의의 내부감사

「상법」상 회사의 기관인 감사나 감사위원회가 주관하여 실시하는 **'법상의 내부감사'**와 경영진 등이 필요에 의해 자체적으로 운영하는 **'협의의 내부감사'** 즉 **'내부통제'**를 包括하여 **'광의의 내부감사'**라 한다.

따라서 **'광의의 내부감사'**는 경영진 등이 스스로 업무를 통제하는 **'협의의 내부감사'** 즉 **'內部統制'**와 회사의 기관인 감사나 감사위원회가 주관하여 실시하는 **'법상의 내부감사'** 즉 **'內部監査'**를 包括하는 의미이므로 이는 회사의 업무를 統制 내지는 監査한다는 의미인 **'內部監視'**라고 부르는 것이 타당하다고 본다.[130]

2. 감사 기능에 따른 분류[131]

가. 업무감사

업무감사란 이사의 직무집행이 법령 또는 정관에 위반하거나 현저하게 부당한지를 감사하는 것을 말하며, 이사의 직무는 회사의 경영 전반에 미치는 것이므로 통상적인 업무집행뿐만 아니라 신주발행이나 사채 발행과 같은 조직에 관한 사항, 주주총회나 이사회와 같은 기관에 관한사항, 재무제표 작성과 같은 회계에 관한사항 등 이사회의 직무와 관련된 모든 사항이 그 대상이 된다. 광의로 회계감사도 업무감사의 일부임에는 틀림이 없어, 회계감사를 업무감사 일부로 해석되기도 하나 기능상 감사를 분류할 때는 업무감사에서 회계와 관련된 사항에 대한 회계감사는 제외한다.

나. 회계감사

회계감사는 이사가 회계장부에 근거하여 매 결산기에 작성하여 정기총회에 제출하여야 하는 재무제표와 부속명세서, 영업보고서가 법령이나 정관에 위반하거나 현저하게 부당한 사항이 있는지를 조사하고, 이러한 회계 관련 서류가 일반적으로 공정·타당한 회계 관행에 준거하여 회사의 재산 및 손익상태를 진실하고 적정하게 표시하고 있는지를 확인·점검하는

---

129 김용범, 전게서, 2017. 82면. 이준섭, 전게서, 121면.

130 김용범, 전게서, 2017. 83면. 「자본시장과 금융투자업에 관한 법률 시행령」 제 168조 제6항.

131 김용범, 전게서, 2017. 83면. 권종호, 전게서, 4~5면, 남상구, 전게논문. 2008, 28~31면.

재무제표감사 뿐만 아니라 회계조직의 능률과 효율을 평가하기 위해 운영절차를 검토하는 **회계운영감사**와 회계 관련 법·규정을 제대로 따르고 있는지를 검토하는 **회계준법감사**를 포함한다.

3. 감사 목적에 따른 분류[132]

가. 적법성감사

적법성감사란 법령 또는 정관에 적합한지 그 여부를 감사하는 것을 의미하며, 감사자가 미리 정한 계약, 규제 정책, 법적요건을 회사나 조직이 제대로 지키는지 확인하기 위하여 구체적으로 회사 활동을 점검하는 행위를 말한다. 이에는 부정행위에 대한 적발감사, 준법감사가 일반적으로 이에 해당된다.

나. 타당성감사

타당성감사란 경제적 합목적성과 효율성 내지는 효과성을 갖는지를 감사하는 것을 의미하며, 감사자가 구체적으로 경영조직이나 제도 및 경제활동의 타당성 검토, 경제성 및 합목적성 지도, 경영정책이나 자금계획 등에 대한 비판 그리고 경영결함의 지적과 그 제거 또는 개선에 관한 조언과 권고를 행하는 행위를 말한다. 이에는 경영에 대한 지도감사, 진단감사가 일반적으로 이에 해당된다.

V. 감사기능의 수행기관

1. 업무감사기능의 수행기관[133]

업무감사는 실태감사로서 경영자인 이사의 직무집행 그 자체를 감사하는 것이므로 업무감사기능의 수행기관은 **이사회와 감사/감사위원회**가 있다. 그 대상은 회사에 따라 천차만별이며, 회계감사와 같이 관계 서류가 수량화·정형화된 것도 아니다.

업무감사에 관해 감사 또는 감사위원회는 고유 직무로서 일상적으로 업무감사를 수행하지만, 이사회의 경우는 업무집행에 관한 의사결정권과 대표이사의 선임 및 해임 권한 등을 통해 이사 및 대표이사의 직무집행을 감독한다.

2. 회계감사기능의 수행기관[134]

회계감사는 일종의 정보감사로서 복식부기와 '일반적으로 공정하고 타당한 회계관행' 또는 각종 회계기준에 의거해 작성된 재무제표 등 회계 관계 자료를 감사기준에 준거하여 감사하는 것이다. 따라서 회계감사의 대상은 감사기준에 준거하여 수량화되고 정형화된 재무제표 등 회계 관계 자료가 중심이며, 그런 점에서 회계감사의 대상은 업무감사와는 달리 어

132 김용범, 전게서, 2017. 83~84면.

133 김용범, 전게서, 2017. 84면. 권종호, 전게서, 8~10면.

134 김용범, 전게서, 2017. 84면, 권종호, 전게서, 10~11면.

느 정도는 확정적이다.

회계감사는 회사내부에서 선임되는 **감사/감사위원회**에 의해 수행되어 왔으나, 일정 규모 이상의 대규모회사 또는 상장회사의 경우에는 회계전문가인 **외부감사인**이 내부감사와는 별도로 **회계감사업무를 중첩적으로 수행**한다. 이러한 회사의 경우에는 기업회계에 다양한 이해관계자가 관련되어 있을 뿐만 아니라 회계기법이 고도로 복잡·전문화됨으로서 회사내부의 감사만으로는 기업회계의 적정성과 진실성을 담보할 수 없기 때문이다.

3. 공공감사기능의 수행기관[135]

공공감사란 국가나 공공기관이 법령이나 정부정책 등을 관련 회사 또는 조직이 당초 법령 또는 정부가 정한 목적대로 업무를 제대로 준수내지 수행 하고 있는지를 감사하는 것으로써, 이를 주로 수행하는 대표적인 기관으로는 **감사원, 금융감독원** 등이 있다.

공공감사는 관련 회사 또는 조직의 업무 및 재산 상황을 파악하는 것이다. 또한 그 회사 또는 조직의 업무활동 및 경영실태를 분석·평가하고 취급한 업무가 관계법규나 지시등에 위배되는지 여부를 확인·조사하는 일련의 활동 내지는 체계적인 처리과정이다.

Ⅵ. 경영감시의 수행기관[136]

1. 내부 경영감시의 수행기관

내부경영감시의 수행기관 및 조직으로는 감사 또는 감사위원회 이외에 ① 이사의 직무집행을 감시하는 「**이사회**」, ② 은행 등 금융기관에서 선임이 강제되고 내부통제부문을 감시하는 「**준법감시인**」, ③ 일정규모 이상의 상장회사에서 준법부문을 감시하는 「**준법지원인**」과 ④ 내부회계관리제도에 따라 회계의 적정성을 감시하는 「**내부회계 관리자**」등이 있다.

2. 외부 경영감시의 수행기관

외부경영감시의 수행기관 및 조직으로는 ① 「상법」 상의 전체 주주로 구성되는 「**주주총회**」, ② 개개의 주주로 구성되는 「**단독주주**」와 일정비율의 소액주주로 구성되는 「**소수주주**」, ③ 일정규모 이상 주식회사 등의 회계부문 감사를 위해서 그 선임이 의무화되는 「**외부감사인**」, ④ 일정한 법정사항을 조사하기 위하여 선임되는 「**검사인**」등이 있다.

3. 주변 경영감시의 수행기관[137]

주변경영감시의 수행기관 및 조직으로는 ① 소관업무 관련 회사 및 조직의 업무수행의 적정성을 감시하는 「**정부 및 감독기관**」, ② 회사 및 조직의 소재 지역사회에 끼치는 환경문제 등을 감시하는 「**지역사회 및 환경단체**」, ③ 회사 및 조직의 채권회수 가능성을 감시하는 「**금융기관 및 채권자**」, ④ 회사 및 조직의 건전경영 등을 감시하는 「**경영자 시장**」과 「**M&A 시장 및 자본시장**」 등이 있다.

---

135 김용범, 전게서, 2017. 85면.

136 김용범, 전게서, 2017. 85면. 김용범, 「바람직한 경영감시기관」, 내부감사저널 2014. 9. 60면.

137 김용범, 전게서,2017.85면. 남상구,「기업가치 제고를 위한 감사의역할」,상장협., 2008. 5. 20면.

제2장

내부감사의 개요

제1절 내부감사의 의의

Ⅰ. 내부감사(Internal Auditing)의 정의[138]

1. IIA의 내부감사 정의

내부감사의 정의는 여러 가지가 있을 수 있으나 일반적으로 인정되는 「국제내부 감사인 협회(IIA)」[139]이사회가 1999년에 발표한 내부감사의 정의는 다음과 같다.

"내부감사란 한 조직의 업무수행의 가치를 증대시키고 개선시키기 위해 설계된 독립적이고 객관적인 검증과 진단 활동이다. 내부감사는 체계적이고 훈련된 접근방법을 이용 하여 위험관리, 내부통제 그리고 지배구조 프로세스의 유효성을 평가하고 개선시켜 조직이 그 목표를 달성하는 데 도움을 준다."

"Internal auditing is an independent, objective assurance and consulting activity designed to add value and improve an organization's operations. It helps an organization accomplish its objectives by bringing a systematic, disciplined approach to evaluate and improve the effectiveness of risk management, control, and governance processes."

내부감사에 관한 상기 정의의 요점을 세부적으로 정리해 보면 ① 조직의 목표 달성에 기여, ② 위험관리, 내부통제 및 지배구조 프로세스의 유효성을 평가 및 개선, ③ 업무 수행의 가치를 증대 및 개선시키기 위해 설계된 검증과 진단 활동, ④ 독립성과 객관성, ⑤ 체계적이고 훈련된 접근 방법이다.

가. 조직의 목표 달성에 기여

조직의 목표는 조직이 달성하기 원하는 바를 구체화한 것으로, 조직의 계속적인 성공은 목표 달성에 달려 있다. 궁극적으로, 조직의 목표는 조직의 미션(mission) 및 비전(vision)에

---

138 The Institute of Internal Auditors Research Foundation, 「Internal Auditing : Assurance & Consulting Services」, 2009. 1-2~1-7 p. 김용범, 전게서, 2012.,73~78면 및 2017. 86~87면.

139 「국제내부감사인협회(IIA, The Institute of Internal Auditors)」는 미국 프로리다주 알타몬트 스프링스시에 본부를 두고 있으며, 내부감사에 관하여 국제적으로 공인된 규정 제정 및 증명 발급기관이다. IIA 본부에는 약 1백 명이 넘는 전문가가 근무하고 있으며, 165개 회원국에 내부감사 관련 서비스를 제공하고 있다.

반영 된다. **미션**은 조직이 현재 달성하기 원하는 바를 의미하고, **비전**은 조직이 미래에 달성하기 원하는 바를 의미한다.

조직 목표를 구분하는 방법에는 여러 가지가 있는데 여기서는 2004년에 「COSO」[140]가 발표한 다음 분류를 인용하고자 한다.

1) 전략 목표

전략 목표는 주주를 대신해서 경영진이 수행하는 가치 창출 활동과 관계된다. **목표**는 조직이 달성하기 원하는 바를 표현할 때 사용되는 용어이고, **전략**은 조직의 목표를 달성하기 위한 경영진의 계획을 표현할 때 사용되는 용어이다. 예를 들어 '시장점유율 증대'는 '목표'이고, '경쟁사 인수'는 목표를 달성하기 위한 '전략'이다.

2) 운영 목표

운영 목표는 성과 및 이익 목표 와 손실에 대한 안전장치를 포함한 조직 운영의 유효성 및 효율성과 관계된다.

3) 보고 목표

보고목표는 재무적 및 비재무적 정보의 내부 및 외부 보고의 신뢰성과 관계된다.

4) 준법 목표

준법 목표는 관련 법률 및 규정의 준수와 관계된다.

내부감사인의 관점에서 조직의 목표는 내부감사 목표의 기초가 된다. 조직 목표와 내부감사 목표의 직접적인 연결은 내부감사인으로 하여금 조직이 조직 목표를 달성하는 데 도움을 주는 역할을 할 수 있게끔 한다.

나. 위험관리, 내부통제 및 지배구조 프로세스의 유효성을 평가 및 개선

어떤 조직이든 효과적인 위험관리, 내부통제 및 지배구조 프로세스 없이는 조직의 목표 및 지속적인 성공을 이룰 수 없다. 이들 프로세스는 복잡하며 서로 밀접한 관련성이 있다.

1) 지배구조

지배구조는 위의 세 가지 프로세스 중 가장 광의의 개념이며 조직의 출발점이다. 기업지배구조에 대하여는 제1편 제1장 제2절 Ⅲ. '지배구조와 감사제도' 항목에서 말한 바와 같이 "**지배구조**는 기업을 지휘하고 통제하는 체계 또는 메커니즘이다."

2) 위험관리

위험관리는 조직의 목표 달성에 영향을 미칠 수 있는 「**불확실성**(위험 및 기회)」을 이해하고 다루는 것으로서 경영진에 의해 수행된다. 「**위험**(Risk)」은 조직의 목표를 달성하는 데 부정적

---

140 COSO(Committee of Sponsoring Organization of the Treadway Commission)는 1985년 미국에서 효과적인 내부통제 체계를 확립하기 위해 AICPA, AAA, FEI, IIA, IMA가 공동으로 설립한 단체이다. COSO의 내부통제 프레임워크는 ① 내부통제 환경 ② 목표 설정 ③ 사건 식별 ④ 리스크 사정 ⑤ 리스크 대응 ⑥ 통제 활동 ⑦ 정보와 의사소통 ⑧ 모니터링으로 구성되어 있다.

영향을 미치는 어떤 사건(예: 직원의 부정)이 일어날 가능성을 의미하며, 「**기회(Opportunity)**」는 조직 목표를 달성하는 데 긍정적 영향을 미치는 어떤 사건(예: 신제품 생산)이 일어날 가능성을 의미한다.

3) 내부통제

내부통제는 리스크를 조직이 견딜 수 있는 수준으로 완화시키는 경영진의 활동을 의미하며, 리스크 관리를 포함하는 개념이다.

이 세 가지 프로세스는 조직의 목표 달성에 초점을 맞추고 있다. 이사회는 지배구조를 지휘할 책임이 있는 반면, 경영진은 위험관리 및 내부통제 프로세스를 지휘할 책임이 있다. 따라서 이사회와 경영진은 각자가 지배구조, 위험관리 및 내부통제를 효과적으로 수행할 필요가 있다. 그러나 내부감사는 조직의 이러한 프로세스를 평가하고 개선시키는데 훌륭한 역할을 수행하여야 하지만, 지배구조, 위험관리 및 내부통제를 지휘할 책임은 없다.

다. 업무수행 가치를 증대 및 개선시키기 위해 설계된 검증과 진단 활동

「내부감사(Internal Auditing)」를 「검증과 진단활동(Assurance & Consulting Activity)」이라고 하는 것은 내부감사인이 업무수행의 가치를 증진시키고 개선시키기 위해 제공할 수 있는 두 가지 유형의 서비스를 명확히 표현하기 위해 사용한다. 검증과 진단 활동(Assurance & Consulting Activity)은 세 가지 관점에서 차이가 있다. 주된 목적은 무엇인지, 업무수행 범위의 결정 주체가 누구인지, 관련 당사자는 누구인지가 그것이다.

1) 검증활동

검증활동이란 조직의 위험관리, 내부통제 및 지배구조 프로세스에 관한 독립적인 평가를 제공할 목적으로 수행하는 증거의 객관적 조사를 말하며, 예로 재무감사, 수행성과 감사, 규정준수 감사, 시스템보안 감사, 정밀실사 등을 말한다.

검증활동의 주된 목적은 언급한 바와 같이 문제와 관련된 증거를 찾아내고 그 문제에 대한 결론을 제공하는 것이다. 검증활동의 업무수행 범위는 내부감사인 (감사/감사위원회 등)이 결정한다.

검증활동과 관련된 당사자는 문제와 직접 관련된 「감사수감인(auditee)」, 문제에 대한 결론을 제공하는 「내부감사인(internal auditor)」, 내부 감사인이 제공하는 결론의 「감사이용자(user)」로 구성된다.

2) 진단활동

진단활동이란 내부감사인이 경영진처럼 책임을 지지 않으면서 조직의 지배구조, 위험관리 그리고 내부통제 프로세스의 가치 증대 및 개선할 의도를 갖고 하는 자문 및 관련 서비스 활동. 즉, 카운슬링, 조언, 지도 그리고 훈련 등을 말하며, 그 주된 목적은 「고객」의 특수한 요구에 부합하는 조언을 제공하는 것이다. **진단활동**의 업무수행 범위는 내부감사인과 고객의 상호협의 하에 결정되는 것이 일반적이다. **진단활동**의 관련 당사자는 고객과 내부감사인으로 구성된다.

라. 독립성과 객관성

「국제내부감사인협회(IIA)」의 「윤리강령」 및 「내부감사 직무수행에 관한 국제표준」은 모두 내부감사 직무수행에 있어서의 독립성 및 객관성의 중요성을 강조하고 있다. **독립성**은 내부감사기능의 조직 내에서의 「**위상**(status)」을 말하고, **객관성**은 내부감사인 개인의 「**정신적 태도**(mental attitude)」를 말한다.

1) 독립성

독립성은 **"내부감사활동이 편향되지 않은 방식으로 내부감사 책임 수행을 위협하는 환경으로부터의 자유"**로 정의된다. 그런 환경은 종종 내부감사 부서의 조직 내 위상 및 위임 받은 내부감사 책임으로부터 발생한다.

내부감사기능이 **독립성**을 갖기 위해서는, 「내부감사최고책임자(CAE)」는 광범위한 업무에 대하여 감사를 수행할 자격 및 능력이 있고, 그 감사 수행 결과에 대하여 「**심사 숙고**(due consideration)」하여 판단을 할 수 있는 충분한 권한을 갖고 있어야 한다.

또한 감사수행 결과에 대해 적절한 반응을 보일 조직내의 특정위치에 보고할 수 있어야 한다. IIA는 **이상적인 보고체계**로 **내부감사최고책임자가 기능적으로는 이사회/감사위원회에 보고**하고, **행정적으로는 최고경영자에게 보고**하는 것을 권고한다.

2) 객관성

아울러 **객관성**은 내부감사인의 편향되지 않은 정신적 태도를 말한다. 즉, **객관성**은 **내부감사인이 「이해충돌**(conflicts of interest)」 **없이**, 「**공정**(impartial)」**하고**, 「**공평**(unbiased)」**한 판단을 내릴 수 있는 것**을 의미한다.

객관성을 갖기 위해서 내부감사인은 그들 자신이 일상적인 업무운영에 관여하지 않고, 경영상의 의사결정을 하지 않으며, 그 외에 본인을 실제적으로든 잠재적으로든 「**이해충돌**(conflicts of interest)」의 상태에 놓이게 해서는 안 된다.

마. 체계적이고 훈련된 접근방법

조직의 업무수행 가치를 증대 및 개선시키기 위해서 검증 및 진단 활동은 체계적이고 훈련된 방법으로 수행되어야 한다. 내부감사 수행과정의 3가지 기본단계는 「감사계획(Planning)」, 「감사수행(Performing)」, 「감사결과 의견교환(Communicating)」이다.

1) 감사계획단계

① 피감사인 및 고객 정보파악

내부감사인은 잘 알지 못하는 피감사인 혹은 고객에 대해서는 검증 혹은 진단 활동을 제대로 수행할 수 없다. 내부감사인은 피감사인 혹은 고객의 사업 목표와 목표달성을 위협하는 리스크를 잘 파악해야 한다.

② 내부감사업무 수행목표 설정

내부감사업무의 궁극적인 목표는 조직의 목표달성에 기여하는 것이기 때문에, 내부감사인은 감사 고객의 사업목표를 감사업무수행 목표에 대한 기초로 삼아야 한다.

③ **감사증거 결정 및 획득 설계**

내부감사인은 감사업무수행 목표를 달성하기 위하여 충분하고 적합한 증거를 결정하고, 이를 획득하기 위한 감사업무수행 과정을 설계하여야 한다.

④ **감사 성격, 시기, 범위 결정**

감사의 성격, 시기, 범위의 결정은 필수 증거를 수집하는 데 필요한 내부감사인의 감사 방법에 영향을 미칠 수 있다.

2) 감사수행단계

감사수행절차들은 예를 들면 질문 작성, 업무 관찰, 문서 검사, 정보 분석 등을 수행하는 것을 말한다. 감사증거 수집을 위한 두 번째 중요한 측면은 수행된 감사 절차와 동 절차수행의 결과를 문서화하는 것이다.

검증활동에서 수집된 증거를 평가하는 것은 증거에 기초한 논리적인 결론 도출을 가능하게 한다. 또한, 진단활동에서 수집된 증거를 평가하는 것은 증거에 기초한 실질적인 「**대안**(advice)」을 만드는 데 도움을 준다.

3) 감사결과의 의견교환 단계

감사수행결과에 대한 의견교환은 내용이나 형식에 불문하고, 「**정확**(accurate)」하고, 「**객관적**(objective)」이고, 「**명확**(clear)」하고, 「**간결**(concise)」하고, 「**건설적**(constructive)」이고, 「**완전**(complete)」하고, 그리고 「**시기적절**(timely)」해야 한다.

따라서 내부감사업무를 훌륭하게 수행하기 위해서는 내부감사인은 「**감사계획**」, 「**감사수행**」, 「**감사결과 의견교환**」의 **3가지 기본단계에 대한 철저한 훈련**을 통해 연마된 체계적인 접근방법으로 임하여야 한다.

2. 국내의 내부감사 정의

내부감사란 **조직 내부에 있는 감사기관이 한 조직의 목표를 달성하고, 가치를 증진 및 개선시키기 위하여 설계된 독립적이고 객관적인 검증과 진단 활동이다. 내부감사는 체계적이고 훈련된 접근방법을 이용하여 지배구조, 위험관리, 내부통제 그리고 부정관리 프로세스의 적정성 및 유효성을 검증 및 진단하여 그 결과를 경영진, 주주 등 이해관계자에게 전달하고 필요시 적절한 조치를 하거나, 하도록 하는 과정이다.**(저자 : 김용범)

참고

다른 내부감사의 정의

① **내부감사**란 특정 조직이나 감사 전문가가 실행하는 외부감사와는 달리 조직 내부에 있는 감사 담당자가 조직의 목표를 효율적으로 달성하기 위하여 내부통제 조직을 조사, 평가 하고 조직내부의 각 단위의 효율성을 측정하는 한편 회계기록 및 기타 경영에 관한 모든 기록을 점검하여 그 결과를 경영진, 주주 등 이해관계자에게 전달하고 필요시 적절한 조치를 하도록 하는 과정이

다.(금융감독원)[141]

② **내부감사/자체감사**란 감사기구의 장이 그 소속되어 있는 기관(그 소속기관 및 소관단체 포함) 및 그 기관에 속한자의 모든 업무와 활동 등을 조사·점검·확인·분석·검증하고 그 결과를 처리하는 것을 말한다.(「공공감사에 관한 법률」제2조 제1항)

「국제내부감사인협회(IIA)」의 내부감사의 정의는 미국의 내부감사제도를 기준으로 정의되어 있어 미국의 내부감사제도와 우리나라 내부감사제도는 서로 다르기 때문에 그대로 적용하기에는 한계가 있는 바, 앞으로 이 책에서는 저자의 내부감사의 정의와 우리나라의 내부감사제도를 기준으로 하되 필요할 경우 「국제내부감사인협회(IIA)」의 내부 감사 정의 및 내부감사제도를 活用하는 방식으로 설명하고자 한다.

II. 내부감사의 개념 혼란

내부감사라는 용어는 「상법」, 「신외감법」 등에서 감사 관련 법규가 변천을 거듭하면서 기존 「상법」상 전통적으로 회사의 내부에서 감사를 담당하는 주체인 감사 및 감사위원회 외에 여러 법률에서 다양한 새로운 형태의 유사 감시기구나 유사 감사 기능이 생겨 이를 호칭하는 다양한 유사용어들이 실무상 혹은 세간에서 자주 사용되기에 이르렀다.

1. 외국의 내부감사[142]

원래 미국 내부감사인협회의 내부감사에 관한 개념 정의에 따르면 "**내부감사**란 조직의 서비스 측면에서 조직의 업무를 검사 및 평가하기 위하여 조직 내에 구성된 독립적인 평가 기능이다. **내부감사의 목적**은 조직의 구성원들이 각자의 책임을 효과적으로 완수하는 것을 지원해 주는 데 있다. 내부감사는 검토대상 업무의 분석, 평가, 건의, 상담 및 정보를 제공함으로써 임무가 마무리된다. 내부감사의 목적은 합리적인 비용으로 효과적인 내부통제를 제고시키는 것을 포함한다."고 정의하고 있다.

이와 같은 내부감사의 용어와 개념은 다분히 미국적인 것이다. 왜냐하면 일원적 구조하에서 이사회 내의 감사위원회가 이사들의 업무집행을 감독하는 하나의 체계이기 때문이다. 말하자면 외부감사에 대응하는 개념으로서 회사내부에서 경영진의 지휘를 받아 수행되는 **내부통제시스템 전체를 총괄하는 개념**인 것이다.

즉 미국에서는 내부통제가 바로 내부감사와 같은 의미이거나 혹은 내부감사가 내부통제보다 좀 더 포괄적인 개념 정도다. 따라서 일원적 구조에서는 내부감사의 개념은 외부감사에 대응하는 개념으로 쓰더라도 무방하다. 그러나 우리의 법체계에서는 법정감사기관에 의한 내부감사를 규정하고 있어 미국의 내부감사 개념과는 다르다.

2. 우리의 내부감사[143]

---

141 금융감독원, 「금융회사의 감사업무를 위한 실무지침서」, 2003. 5면

142 김용범, 전게서, 2017. 91~92면 및 2012, 79면. 이준섭, 전게서, 51~54면.

143 김용범, 전게서, 2017. 92면 및 2012, 79면~80면. 이준섭, 전게서, 58면.

우리나라의 경우 **내부감사란** 용어는 법률상의 개념은 아니다. 원래 내부감사는 경영진의 지휘를 받거나 혹은 감사의 지휘를 받는 독립적인 내부조직이 내부통제 또는 내부감사 업무를 수행하는 것으로 혼용해 사용하여 왔다.

그간 우리 「상법」상 이사회도 스스로 소속 이사들의 업무집행에 대한 감시·감독권을 행사할 수 있는 체제를 갖고 있기 때문에 이들 이사회 또는 대표이사의 지휘를 받는 독립적인 내부통제조직(예: 내부통제팀, 준법감시실, 준법지원실 등)에 의하여 회사 경영 전반에 대한 통제기능을 수행하는 기능도 '내부감사'라는 용어에 포함하여 사용하더라도 무방한 것으로 받아들여져 왔기 때문이다.

실무에서는 내부감사를 경영진의 지휘를 받아 내부통제기능을 수행하는 업무를 지칭하기도 하고, 일부 회사에서는 내부통제부서가 내부감사업무를 겸무하는 경우도 있다. 또한 내부감사조직이 경영진의 지휘통제를 받는 회사도 있다. 이에 따라 "내부감사부서"를 경영조직의 일부로서 대표이사의 지휘아래 사용인의 업무집행이 적절하게 이루어지는지를 감사하는 조직으로 정의되기도 하였다.[144]

Ⅲ. 내부감사의 개념 정립[145]

위의 감사의 종류에서 상세히 언급하였다시피 이사회 또는 대표이사 등 경영진의 지휘를 받아 회사 내 자체통제기능을 수행하는 경영조직(예, 준법감시인, 준법지원인, 내부회계 관리자 등)에 의해 수행하는 자체통제 활동 또는 모니터링 활동을 **'협의의 내부감사'**라 한다.

그러나 이러한 **'협의의 내부감사'**라는 용어 사용은 기존 법정감사기관인 감사 또는 감사위원회가 회사내부의 감사기능을 수행하는 **'법상의 내부감사'**와 잘못 혼동하여 쓸 수도 있고, 「신외감법」상의 '외부감사'에 대한 상대적 개념으로 파악될 가능성이 있어 이사회 등 경영진의 **'자기시정기능'** 또는 **'자체통제기능'**과 감사 또는 감사위원회의 **'내부감사기능'**이 **혼동**될 수 있으므로 바람직한 용어 사용법은 아니라고 본다.

따라서 **'내부감사(內部監査)'**라는 용어는 감사 또는 감사위원회의 지휘를 받는 감사보조기구 또는 감사부설기구에 의하여 감사 또는 감사위원회의 기능과 업무를 보조하거나 실질적으로 집행을 하는 업무를 의미하는 것으로 한정하여 쓰는 것이 바람직하며, 법정감사기관이 아닌 회사의 이사회 및 경영진의 지휘를 받아 회사 내 자체통제기능 또는 모니터링기능을 수행하는 업무는 **'협의의 내부감사'**라는 용어 대신에 **'내부통제(內部統制)'**라는 용어로 구분하여 사용하는 것이 옳다고 본다.

그리고 앞의 설명과 같이 「상법」상 회사의 기관인 감사나 감사위원회의 지휘를 받아 실시하는 **'법상의 내부감사'** 즉 **'내부감사'**와 경영진 등이 필요에 의해 자체적으로 운영하는 **'협의의 내부감사'** 즉 **'내부통제'를 포괄**(包括)하여 **'광의의 내부감사'**라 부른다. 따라서 앞으로는 **'광의의 내부감사'**는 **'협의의 내부감사'** 즉 **'내부통제'**와 **'법상 내부감사'** 즉 **'내부감사'**를 포괄

144 김용범, 전게서, 2017. 92면. 권종호, 전게서, 198~199면. 이준섭, 전게서, 58면.

145 김용범, 전게서, 2017. 93면 및 2012. 80면. 이준섭, 전게서, 58~60면.

하는 의미로 **'내부감시'(內部監視)**라 부르기로 한다.

Ⅳ. 내부감사와 유사한 용어[146]

내부감사와 비슷한 의미로서 검사, 조사, 진단, 감정 등의 용어가 혼용되는데, 이러한 용어 사용의 혼란을 방지하고 감사의 본질을 명확하게 이해하는데 도움을 주기 위해서 내부감사와 유사한 용어의 개념을 살펴보고자 한다.

1. 검사(examination)

일반적으로 辭典的 意味로서 **監査(audit)**는 어떠한 행위 또는 그 행위의 결과 및 제도나 조직의 정당성이나 적정성 여부를 판단하기 위하여 그것들을 분석, 검토, 비판하는 절차를 말하고, **검사(examination)**는 사실이나 일의 상태 또는 물건의 구성 성분 따위를 조사하여 옳고 그름과 낫고 못함을 판단하는 절차를 말한다.

따라서 **監査**는 비판적 검증활동으로서 감사인이 비판적 의견을 표명하는데, **檢査**는 사실의 옳고 그름을 확인할 뿐 비판적 의견을 표명하지 않는다는 견해가 있지만, **감사와 가장 혼용되는 용어**이며, 감독권·강제성·범위·비판적 의사의 유무 등에 의해 검사와 감사를 구분하는 시도가 있으나 이 또한 양자 구분이 분명하지 않다.

미국도 **감사**를 뜻하는 영어의 **'Audit'**와 **검사**를 뜻하는 **'examination'**도 명확히 구분되지 않는다. 감사를 1920년대 초에는 'audit'이라고 표현했다. 1929년 미국회계사협회의 'examination of financial statements' 이후는 'examination'으로 표현하다가, 1988년 발표된 SAS NO. 58에서 다시 'Audit'이라는 표현으로 바뀌었다.

2. 조사(investigation)

일반적으로 辭典的 意味로서 **조사(investigation)**는 어떤 내용을 확실히 하기 위해 자세히 살펴보거나 찾아보는 절차를 말하며, 실무적으로는 어떤 사안에 대하여 현황 파악하는 절차로 이해하고 있어 그 범위가 감사나 검사보다 제한적이다. 따라서 **조사**는 특정 목적을 위하여 회계 및 기타 특별한 사항이나 특수문제에 관하여 그 사실 이나 불명확한 점을 밝히는 활동을 뜻한다.

3. 진단(consultation)

진단(consultation)은 조직의 지배구조, 위험관리, 부정관리 및 내부통제 프로세스의 가치를 증진시키고 개선할 의도를 갖고 하는 자문 및 관련 서비스 활동을 말하며, 예를 들면 카운슬링, 조언, 지도 그리고 훈련 등을 말한다.

따라서 **진단**은 특정 사항의 어려움을 타개하고 보다 나은 처리를 하기 위하여 다른 사람의 의견을 구하는 활동이다. 진단은 조사·분석의 결과에 대한 개선 권고가 필수적으로 수반

---

146 표준국어사전, 지식백과. 감사원. 「공공감사기준 주석서」2000. 12. 23~24면.

된다는 점에서 다른 활동과 구분된다.

4. 감정(appraisal)

감정(appraisal)은 전문적인 지식을 활용하여 사물의 품질, 성능, 가치 또는 법률적 사항에 관한 사실을 판단하는 것이다. 따라서 **감정**은 ① 반드시 그 분야의 전문가에 의해서만 가능하고, ② 경제외적인 사실과 관련된 사항이 많고, ③ 사실 판단과 관련되는 활동이라는 점에서 감사와 구별된다.

제2절 내부감사의 목적과 종류

Ⅰ. 내부감사의 목적

내부감사의 역할은 **원론적으로는 위법사항을 적발 또는 그 시정에 그치지 않고 회사의 건전한 운영을 담보하고 발전을 도모하여 회사의 목표를 달성하고, 가치를 증진 및 개선시켜 궁극적으로 주주, 경영진 등 이해관계자를 보호**하는 데 있다.

또한 내부감사의 역할은 위법 또는 위험 발생을 사전에 예방하는 것이며, 내부적인 권고·조정 등을 통해 회사 내부의 자정기능을 효율적으로 작동시키는 등의 방법으로 위법이나 위험의 발생을 미연에 방지하는 것이 **내부감사의 궁극적인 목적**이다.

따라서 **내부감사의 목적**은 **다음과 같은 사항에 대한 확인·평가 결과를 경영진, 주주 등 이해관계자에게 통보하여 필요한 조치를 취하도록 하거나 의사결정에 반영토록 함으로써 조직의 목표를 효율적으로 달성하고, 가치를 증진 및 개선시켜 궁극적으로 경영진, 주주 등 이해 관계자를 보호**하는 데 있다.[147]

내부감사의 확인·평가 사항

① 회사의 회계처리, 업무처리 및 경영정책의 신뢰성, 적정성 및 유효성을 확인·평가한다.
② 조직 내에서 지배구조의 설계 및 운영의 효과를 독립적인 입장에서 관찰하고, 그에 대한 적정성 및 유효성을 확인·평가한다.
③ 조직의 위험관리 절차와 위험 식별 및 측정 방법 그리고 위험 대응책에 대한 그 적정성 및 유효성을 확인·평가한다.
④ 조직의 부정관리 절차와 부정 식별 및 탐지 방법 그리고 부정 대응책에 대한 그 적정성 및 유효성을 확인·평가한다.
⑤ 조직 내에서 첫째 재무 및 일반 업무정보의 신뢰성과 무결성, 둘째 업무운영의 효과성과 효

---

147 김용범, 「내부감사의 역할과 행동원칙」, 전게저널 2014. 7. 38면. 김용범, 전게서, 2017. 83면.

율성, 셋째 자산의 보호, 넷째 법, 규정 그리고 계약의 준수 등에 대한 내부통제와 그 운영의 적정성 및 유효성을 확인·평가한다.

또한 최근의 내부감사는 이러한 목적 이외에도 경영진에 대해 아래와 같이 조언하고 진단하는 기능을 수행하는 방향으로 가고 있어 그 중요성이 크게 증대하고 있다.

① 경영진이 새로운 경영 정책 또는 절차를 개발하거나 기존의 경영정책이나 절차를 변경하고자 할 때나 신상품이나 서비스를 개발할 때 건설적인 조언을 한다.
② 이사회 또는 경영진이 전략적 경영의사 결정을 하거나 이를 추진하는 과정에서 회사의 자산보전 및 내부통제가 제대로 작동될 수 있도록 진단활동을 수행한다.

참고

「국제내부감사인협회(IIA)」의 감사의 목적[148]

회사 경영의 적정성 확보 및 회사 재산의 건전성 유지에 있다고 설명하면서, 내부감사의 목적을 다음과 같이 기술하고 있다.

① 사업 프로세스 운영의 효과성 및 효율성 확보.
② 정보시스템의 신뢰성 및 정보시스템이 제공하는 의사결정 정보의 우수성 확보.
③ 경영진 혹은 종업원의 부정 등으로 야기되는 손실에 대응하는 안전자산 유지.
④ 조직의 정책, 계약, 법규 및 규정 등의 준수다.

Ⅱ. 내부감사의 종류

1. 내부감사 수행기능에 따른 분류[149]

가. 재무감사(Financial Audit)

재무감사는 회계기준 및 회계시스템의 적정성을 평가하고 회계정보, 재무보고의 정확성, 신뢰성 및 유용성을 평가하는 일련의 과정을 의미하며, 업무감사와 대칭되는 개념으로 **회계감사**라고도 한다.

나. 준법감사(Compliance Audit)

준법감사는 관계법규 및 정관, 사규 등의 준수를 확인하고 이에 대한 상시적 감시를 위해 설치된 회사 내 준법감시체제의 작동여부를 점검하고 개선책을 제시하기 위해 실시하는 일련의 과정을 의미한다.

---

148 김용범, 전게서, 2017. 94면. 국제내부감사인협회, 전게서, 2009.,1-10면, 김용범, 전게서, 2012., 82면, 김용범, 「내부감사의 역할과 행동원칙」, 전게저널 2014. 7. 38면.

149 김용범, 전게서, 2017. 94~95면. 금융감독원, 전게서, 2003., 8면, 금융감독원, 「상근감사위원 직무규정 모범규준)」제6조 제1항, 한국 상장협, 「상장회사 표준 감사직무규정」제11조 등.

다. 운영감사(Operational Audit)

운영감사는 조직구조 분석이나 업무분배 방식 등을 평가하기 위해 재무 및 준법감사부문 이외의 조직 내 업무절차 및 체계를 점검·분석하는 일련의 과정을 의미한다.

라. 경영감사(Management Audit)

경영감사는 위험(Risk)관리, 부정(Fraud)관리 및 내부통제(Control)에 대한 경영진의 접근 방식·절차 등의 적정성 및 유용성을 평가하여 궁극적으로 회사의 경영목표 달성을 지원하기 위한 일련의 과정을 의미한다.

마. IT감사(Information Technology Audit)

IT감사는 IT부문의 안전성과 건전성을 평가하는 일련의 과정을 의미한다.

2. 내부감사 수행형태에 따른 분류[150]

가. 일상감사

일상감사는 경영진의 일상 업무집행에 대하여 감사 또는 감사위원회가 정한 일정범위의 업무와 중요한 서류에 대하여 최종 결재자의 결재 前·後에 그 내용을 검토(사전감사/사후감사)하고, 필요시 의견을 제시하는 방법으로 실시하는 감사를 말한다.

만약 일상감사 결과 위법·부당사항이나 문제점이 적출되었을 경우에는 감사인은 일반감사 처리절차에 준하여 징계조치, 시정조치 등 필요한 조치를 취해야 할 뿐만 아니라 同一 事案의 再發을 예방할 수 있는 개선방안을 마련할 것을 권고해야 한다.

나. 일반감사

일반감사는 본부, 지점, 공장 등 사업장 단위별로 업무전반에 대해 매년 정기적으로 실시하는 감사를 말한다. 특별감사의 대응개념으로 일반감사라고 해야 옳으나 일상감사와 혼동될 우려와 업무에 대한 전반적인 감사의 의미로 **종합감사**로 불리기도 한다.

일반감사는 정기적인 감사계획에 의거하여 경영, 운영, 재무, 준법, IT 등 기능별로 감사를 실시하고, 기능별 업무수행 체계와 과정의 유효성을 평가한 후에 문제점을 시정·개선토록 하는 보고서를 작성·제출한다는 의미로 **정기감사**라 불리기도 한다.

다. 특별감사

특별감사는 특정 부분에 대해 감사가 필요하다고 인정하거나 대표이사 또는 감독기관의 요청이 있는 경우, 특정 사안에 대하여 비정기적으로 실시하는 감사를 말한다. 또한 정기적으로 실시하는 정기감사의 대칭개념으로 **수시감사**라 불리기도 한다.

---

150 김용범, 전게서, 2017. 95면. 금융감독원, 「상근감사위원 직무규정」 제6조 제2항, 상장협 「상장회사 표준 감사직무규정」제12조 및 「상장회사 표준 감사위원회 직무 규정」 제19조.

3. 내부감사 수행방법에 따른 분류[151]

가. 검증감사(Assurance Services)

검증감사란 조직의 지배구조, 위험관리, 부정관리 및 내부통제 프로세스에 관한 독립적인 평가를 제공할 목적으로 수행하는 증거의 객관적 조사를 말하며, 재무회계감사, 수행성과감사, 규정준수감사, IT보안감사 그리고 자산정밀실사 등이 있다.

나. 진단감사(Consulting Services)

진단감사란 내부감사인이 경영진처럼 책임을 지지 않으면서 조직의 지배구조, 위험관리, 부정관리 그리고 내부통제 프로세스의 가치를 증진시키고 개선할 의도를 갖고 기업의 경영실태를 조사하여 문제점을 발견하고 합리적인 경영방법을 제시하는 자문 및 관련 서비스 활동을 말하며, 상담, 조언, 촉진 그리고 훈련 등이 있다.

4. 내부감사 수행형식에 따른 분류[152]

가. 임점검사

임점감사는 감사요원이 감사대상 기관/부서에 직접 임점(臨店 ; 감사대상 기관/부서에 실제로 가는 것)하여 일반감사 절차에 따라 실시하는 감사를 말한다.

나. 서면감사

서면감사는 감사요원이 감사대상 기관/부서에 직접 임점(臨店)하지 아니하고 감사에 필요한 자료를 제출받아 검토·확인하는 방법으로 실시하는 감사를 말한다.

다. 화상감사

화상감사는 사후감사의 일종으로 영상회의 시스템을 활용한 감사를 말한다. 영상회의 솔루션(소프트웨어)과 사용자장비(하드웨어)를 이용하여 감사대상기관 또는 부서 및 사업장과 '온택트(On-tact = untact + on)'* 방법으로 실시하는 감사를 말한다.

*온택트(on-tact)란 비대면을 일컫는 '언택트(Untact)'에 온라인을 통한 외부와의 '연결(On)'을 더한 개념으로 온라인을 통해 외부활동을 이어가는 방식을 말한다.

제3절 내부감사의 역할과 기능

---

151 김용범, 전게서, 2017. 96면. 국제내부감사인협회(IIA), 「Internal Auditing : Assurance & Consulting Services」, 2009, 12-13면, 김용범, 전게 게시문. 전게저널. 2014. 7., 36면.

152 김용범, 전게서, 2017. 96면.

Ⅰ. 내부감사의 역할[153]

회사의 내부감사는 독립적이고 객관적인 검증과 진단 활동을 통하여 한 조직의 목표를 달성하고, 가치를 증진 및 개선시키기 위해서 아래와 같은 역할을 수행한다.

1. 경영진에 대한 견제 역할

감사는 경영진의 경영활동에 대하여 객관적이고 독립적인 측면에서 검증 및 진단 활동을 함으로써 경영진의 「도덕적 해이(Moral Hazard)」 또는 「부정 위험(Fraud Risk)」을 사전에 예방 또는 견제한다.

2. 회사 운영의 적법성 확보

감사는 관계 법규 및 정관, 사규 등의 준수를 확인하고, 이에 대한 상시적 감시를 위해 설치된 회사 내 준법감시체제의 작동여부를 점검, 개선책을 제시함으로써 회사 운영의 적법성을 확보토록 한다.

3. 회사 경영의 투명성 제고

감사는 회사가 채택하고 있는 회계기준과 회계시스템 그리고 경영진이 수행하는 회계처리의 적정성을 확인하고, 회계정보 및 재무보고의 정확성, 신뢰성 및 유용성을 평가함으로써 회사 경영의 투명성을 제고한다.

4. 회사 자산의 건전성 확보

감사는 회사 보유 자산의 건전성을 평가하고, 불건전자산에 대하여는 채권회수, 자산매각 등 건전화 조치를 취하거나 대손충당금을 적립케 하여 미래 예상 손실에 대한 손실 흡수력을 확보토록 함으로써 회사 자산의 건전성을 확보토록 한다.

5. 위험 관리의 유효성 확보

감사는 회사의 주요 위험이 적정하게 관리되고 내부통제시스템이 효과적으로 운영되도록 조직 내 각종 위험관리 활동들의 유효성에 대해 객관적으로 평가하여 이사회 또는 경영진에게 보고 또는 통보함으로써, 위험을 적기에 관리가 가능하도록 한다.

6. 부정 관리의 유효성 확보

기업에 일어날 수 있는 부정 사건들의 유형을 정의하고, 그 발생 가능성과 영향의 크기를 결정하며, 이러한 위험을 관리하기 위한 통제와 연계활동의 유효성을 평가해 부정을 식별 및 탐지함으로써, 부정을 사전에 예방하거나 적발이 가능하도록 한다.

7. 회사 문화의 조정자 역할

---

153 김용범,「내부감사의 역할과 행동 원칙」, 전게저널 2014. 7. 40면. 김용범, 전게서, 2017. 97면.

급변하는 회사 경영환경에 따라 회사의 조직 문화 또한 과거와 달리 새롭게 변하고 있다. 감사는 상부경영자와 하부관리자 사이에서 회사의 하부문화를 상부경영자에게 전달·조정하고, 회사에 적합한 관리기법을 조직 전체에 확산되도록 전파하는 역할을 한다.

내부감사는 형식적으로 하는 것이 아니다. 기업질서의 유지와 조직가치의 증진 및 개선에 그 역할이 있다. 따라서 내부감사의 역할은 사후에 잘못된 것을 찾아내서 구체적으로 제재하기보다는 사전에 분석·평가를 통해 '이것은 이렇게 하는 것이다'라고 모범기준 제시 또는 지도를 해줌으로써 모든 사람이 따라하게 해야 한다. 그게 비용이 적게 든다. 누군가 위반하게 한 뒤에 다 잡는 것보다, 다 위반하지 않게 하는 것이 최선이다.

참고

감독기관 측면의 감사의 역할 (금융감독원)

1) 경영의 적정성 유지

회사의 경영목표 및 세부시책 등을 검토·평가하여 경영진의 경영활동이 적정하게 유지되도록 한다. 감독당국의 경영진에대한 객관적이고 독립적인 감사활동은 경영진의 「도덕적 해이(Moral Hazard)」 또는 「부정위험(Fraud Risk)」을 사전에 예방 또는 견제하는 역할을 한다.

2) 자산의 건전성 유지

회사 보유자산의 건전성을 검토·평가하고, 불건전자산에 대하여는 채권회수, 자산매각 등 보유자산의 건전화 조치를 취하거나 대손충당금을 적립케 하여 미래 예상손실에 대한 손실 흡수력을 확보토록 지도함으로써 회사 보유 자산의 건전성을 유지토록 한다.

3) 업무의 효율성 달성

회사 임직원들의 업무활동을 검토·평가하여 임직원들의 업무활동이 한층 합리적이고 효율적으로 이루어지도록 촉진하는 역할을 한다. 더 나아가서 다수의 부서나 다수의 회사에 관련되는 업무수행 상황과 유기적 협조여부를 검토·평가하여, 조직 전체의 원활한 업무운영과 효율화를 달성토록 한다.

4) 위험관리의 적정성 확보

회사가 직면하고 있는 각종 리스크를 측정하고, 동 리스크에 상응하여 리스크를 관리·통제하기 위한 시스템을 적정하게 구축하여 운영하고 있는지를 검토·평가하여 회사의 리스크 관리 활동이 적정하게 이루어지도록 역할을 한다. 감독당국의 회사에 대한 리스크 규모 및 관리수준 등을 감안한 감사계획과 감사자원을 차별적으로 배분하는 리스크 중심의 감사 제도 운영은 회사로 하여금 리스크 관리의 적정성을 적극 확보토록 촉진하는 역할을 한다.

5) 정보의 신뢰성 확보

회사의 회계기준 및 회계시스템의 적정성을 확인하고 회계정보 및 재무보고서의 정확성과 유용성을 검토·평가함으로써 경영정보의 신뢰성을 확보토록 촉진하는 역할을 한다.

또한 전산정보시스템과 동 시스템의 관리체계에 대한 적정성을 확인하고 전산정보의 정확성과 유용성을 검토·평가함으로써 전산정보의 신뢰성을 확보토록 촉진하는 역할을 한다.

6) 법규 및 정책 준수

회사의 모든 활동이 관련 법규나 지침을 준수하고 감독당국의 감독정책에 부합하게 이루어지고 있는지를 검토·평가함으로써 회사 임직원들로 하여금 관련 법규 및 감독정책을 철저히 준수토록 촉진하는 역할을 한다.

II. 내부감사의 기능[154]

기능이라 함은 사전적(辭典的) 의미로 '어떤 활동 분야에서 그 구성부분이 하는 구실(口實) 또는 작용(作用)'을 의미한다. 그런 의미에서 내부감사의 기능은 여러 가지 구실 또는 작용을 하고 있으나 그중 중요한 구실 또는 작용은 다음과 같다.

1. 회사의 원활한 목표달성을 촉진

내부감사는 회사의 모든 임직원들이 경영목표를 철저히 이해하고 있고, 목표에 부합하는 시책을 마련하여 효과적으로 시행하고 있는지 검토·평가하여 회사의 원활한 목표달성을 촉진한다.

2. 내부통제 시스템의 효율성 촉진

내부감사는 내부통제 시스템의 구축·운영상황을 검토·평가하여, 내부통제시스템이 충실하고 효율적·효과적으로 작동될 수 있도록 정비하고 촉진하는 작용을 한다.

3. 위험관리 시스템의 적정성 촉진

내부감사는 위험관리 시스템의 구축·운영상황을 검토·평가하여, 위험관리 시스템이 충실하고 적정하게 작동될 수 있도록 정비하고 촉진하는 작용을 한다.

4. 부정관리 시스템의 적정성 촉진

내부감사는 부정관리 시스템의 구축·운영상황을 검토·평가하여, 부정관리 시스템이 충실하고 적정하게 작동될 수 있도록 정비하고 촉진하는 작용을 한다.

5. 정보시스템 운영의 안전성 촉진

내부감사는 정보시스템을 검토·평가하여 신뢰성, 안전성, 효율성을 제고하는 방향으로 운영될 수 있도록 정비하고 촉진하는 작용을 한다.

6. 경영진 경영활동의 합리성 촉진

---

154 김용범, 「내부감사의 역할과 행동 원칙」, 전게저널 2014. 7. 40면. 김용범, 전게서, 2017. 99~100면.

내부감사는 경영진의 업무활동을 검토·평가하여 경영활동이 공정성, 건설성, 합리성을 제고하는 방향으로 운영될 수 있도록 촉진하는 작용을 한다.

7. 조직체 업무운영의 효율화 촉진

내부감사는 다수의 부서가 관련되는 업무수행 상황과 유기적 협조 여부를 검토·평가 하여, 조직 전체의 원활한 업무운영과 효율화를 촉진하는 작용을 한다.

제4절 내부감사의 운영 및 행동

Ⅰ. 내부감사의 운영원칙[155]

회사가 내부감사를 운영함에 있어 지켜야 할 운영원칙은 일반적으로 지속성원칙, 독립성원칙, 명료성원칙, 공정성의 원칙, 그리고 전문성원칙을 들고 있다. 내부감사의 운영원칙의 자세한 내용은 다음과 같다.

1. 지속성 원칙 (Permanent Function)

회사는 영속적인 내부감사 기능을 갖추어야 하며, 고위 경영진은 내부감사기능이 영업규모 및 영업특성 등에 따라 적정하게 계속 유지될 수 있도록 인적 및 물적 자원을 지원하는 등 필요한 조치를 취하여야 한다.

대형회사의 경우는 내부감사조직에 전담인력을 두어 내부감사업무를 수행토록 해야 하며, 소형회사의 경우는 내부감사기능을 외부전문기관에 아웃소싱하거나 핵심 내부통제에 대한 독립적인 시스템을 운영할 수도 있다.

2. 독립성 원칙 (Independent Function)

내부감사기능은 감사대상이 되는 영업활동 기능 및 일상적인 내부통제 과정상의 여러 기능과 독립적으로 운영되어야 한다. 이는 내부감사조직이 조직 내에서 독립적인 지위를 보장받아 객관적이고 공정하게 임무를 수행하여야 한다.

내부감사조직은 모든 부서, 설비 및 기능에 대해 독자적인 판단 아래 감사활동을 수행할 수 있어야 하고, 발견사항 및 평가결과를 회사 내에서 자유롭게 보고하고, 공개하며, 그리고 處理 내지 措置 할 수 있어야 한다. 이러한 보장을 위하여 내부감사조직은 감사위원회 또는 감사의 직접적인 통제하에서 감사활동을 수행하여야 한다.

---

155 김용범, 전게서, 2017. 100~103면. 김용범, 전게서, 2012.83~88면. 바젤위원회, 「Internal audit in banks and the supervisor's relationship with auditors」, 2001. 8, 금융감독원, 전게서, 10~14면

내부감사조직의 장은 자신이 원할 경우 내부감사규정에서 정하는 바에 따라 언제든지 직접 이사회, 이사회의장, 감사위원회, 감사위원회위원장 또는 외부감사인과 협의 또는 보고할 수 있어야 한다. 동 협의나 보고 내용에는 경영진의 관련 법규에 위배되는 의사결정 등도 포함해야 한다.

내부감사인('감사, 감사위원, 감사담당임직원' 이하 같다)은 독립성을 유지하기 위해 회사와 이해충돌 관계를 가져서는 안 되며, 내부감사인에 대한 보상계획은 내부감사의 목적과 일치하여야 한다. 한편, 회사는 내부감사 기능이 적절하게 운영되고 있는지를 독립적으로 검토·평가하는 시스템을 구축·운영해야 하며, 외부감사인과 같은 독립적인 제3자 또는 감사위원회가 이러한 업무를 수행할 수 있다.

3. 명료성 원칙(Clear Function)

내부감사기능이 조직 내에서 가지는 지위 및 권한과 역할을 명확히 하기 위해 내부 감사규정을 마련·시행하여야 한다. 내부감사규정에는 ① 내부감사기능의 목적 및 범위, ② 내부감사조직의 지위, ③ 내부감사조직의 권한 및 책임, ④ 내부감사조직과 여타 내부통제기능과의 관계, ⑤ 내부감사조직의 장의 책임 등이 포함되어야 한다.

내부감사조직은 내부감사규정을 작성하고 주기적으로 검토하여 수정·보완해야 하며, 이사회 또는 감사위원회의 승인을 받아야 한다. 내부 감사규정에는 내부감사조직이 감사업무를 수행하는 데 필요한 임·직원과의 의사소통, 모든 영업활동 및 의사 결정기구의 의사록 등 모든 기록 및 자료에 대한 접근 등의 권한을 명시해야 한다.

또한 내부감사규정에는 내부감사조직이 진단 및 조언기능을 수행하거나 기타 특별한 임무를 수행해야 하는 조건과 상황을 명시하여야 한다. 회사의 모든 임·직원은 내부 감사규정을 숙지하여 내부감사기능의 회사 내 지위 및 역할에 대해 명확히 이해하고 감사활동에 적극 협조하여야 한다.

4. 공정성 원칙 (Impartial Function)

내부감사기능은 편견이나 외부의 간섭 없이 객관적이고 공정하게 수행되어야 한다. 객관성과 공정성은 내부감사조직이 감사업무 수행과 관련하여 이해충돌 관계가 없어야 한다는 것을 의미한다.

이를 위해 내부감사조직 직원의 담당업무를 가능한 정기적으로 교대하고, 타 부서에서 내부감사조직으로 전입한 직원은 일정기간 내(예: 과거 1년 이내) 자신이 수행했던 업무나 기능에 대해 감사하지 못하도록 하여야 한다.

내부감사조직은 회사의 영업활동이나 내부통제 수단의 선택이나 시행에 관여하지 말아야 한다. 이는 영업 활동 등에 관여할 경우 이러한 활동에 대한 책임을 부담하게 되어 감사와 관련한 판단상의 독립성이 저해될 수 있기 때문이다.

5. 전문성 원칙 (Professional Competence Function)[156]

전문성이라 함은 내부감사 서비스 수행에 필요한 지식, 기술 그리고 경험을 보유하고 있는 것을 의미한다. 감사업무의 적절한 수행을 위해서는 각 내부감사인 및 내부감사 조직이 감사업무에 대한 전문성을 가져야 한다.

내부감사조직이 본연의 업무인 감사업무를 수행하기 위해서는 「상법」 및 감사 관련법에서 규정하고 있는 **형식적 자격요건**만으로는 감사업무를 효율적으로 수행하기는 곤란하므로, 내부감사인은 형식적 자격요건뿐만 아니라 내부감사 서비스 수행에 필요한 **실질적인 자격요건**도 갖추어야 한다.

내부감사는 업무감사뿐만 아니라 회계감사도 수행하여야 하며, 아울러 현대감사는 리스크와 내부통제 중심의 감사인 점, 감사대상 업무의 80~90%가 IT를 통해 이루어지고 있다는 점과 준법경영 및 경제예측 등이 필수 불가결한 점 그리고 감사의 수행방법으로 검증감사 외에 진단감사가 매우 중요한 점과 효과적인 감사를 위해서 회사 업무와 관련된 분야에 대한 경험이나 지식이 반드시 필요한 점을 인식하여야 한다.

따라서 내부감사인은 실질적인 자격요건으로 ① 회계·재정학, ② 전산·정보학, ③ 경제·산업학, ④ 위험 · 통제학과 ⑤ 법률·감사학, ⑥ 경영·진단학 등에 대한 상당한 수준의 기초학문 지식을 보유하여야 하며, 직무수행능력으로는 최소한 ① 분석력, ② 판단력, ③ 기획력, ④ 지도력을 갖추고 있어야 한다.

내부감사인이 자습과 지속적인 교육 등을 통해서 전문성을 갖춤과 동시에 회사는 내부감사 인력의 전문성을 유지를 위해 자체교육을 지속적으로 실시하여야 하며, 이들이 최신 감사기법과 회사업무에 대한 지식을 충분히 습득할 수 있도록 외부 전문기관 교육 그리고 협회 등 전문 감사인 들의 워크숍 참여를 적극 지원해야 한다.

또한 감사조직 전체 차원에서도 회사나 감사/감사위원회는 감사기능의 효율화를 위해 회사가 수행하는 모든 업무 분야를 충분히 감사할 수 있는 자질, 지식 및 경험을 구비한 내부감사인을 고르게 임명하거나 채용하여야 한다.

2020년 3월 및 6월 개정하여 2021년 1월부터 시행된 「공공기관운영법」 제30조에서는 "감사로서 업무수행에 필요한 학식과 경험이 풍부하고, 능력을 갖춘 사람"으로 다음의 감사추천기준을 제시하고 있는데, 이는 감사의 전문성 측면에서 매우 환영할 만하고 바람직한 방향인 바, 「상법」 등 관련법에서도 조속히 이를 채택할 필요가 있다.

공공기관 감사의 추천 기준

① 공인회계사 또는 변호사의 자격을 가진 사람으로서 그 자격과 관련된 업무에 3년 이상 종사한 경력이 있는 사람.

156 김용범, 「내부감사의 역할과 행동원칙」, 내부감사저널 2014. 7월호, 2014., 41~42면.

② 「고등교육법」 제2조 제1호부터 제5호까지의 규정에 따른 학교에서 감사·수사·법무, 예산·회계, 조사·기획·평가 등의 업무(이하 "감사관련 업무"라 한다)와 직접 관련이 있는 분야에서 조교수 이상으로 3년 이상 재직한 경력이 있는 사람.

③ 공공기관, 「자본시장법」제9조제15항제3호에 따른 주권상장법인 또는 연구기관에서 감사관련 업무를 3년 이상 담당한 사람으로서 대통령으로 정하는 경력이 있는 사람.

④ 국가 또는 지방자치단체에서 감사 관련 업무를 3년 이상 담당한 사람으로서 대통령령이 정하는 직급의 공무원으로 근무한 경력이 있는 사람.

⑤ 그 밖에 해당 기관의 관장사무에 따라 전문성을 갖춘 사람으로서 대통령이 정하는 자격을 가진 사람 등.

참고1

「국제내부감사인협회(IIA)」의 전문성 기준

「국제내부감사인협회(IIA)」에서 제정한 「내부감사인 적격성 프레임웍(Internal Auditor Competency Framework)」 의하면 내부감사업무를 성공적으로 수행하기 위해 최소한의 필요한 지식과 업무기술을 아래와 같이 네 분야로 나누어 기술하고 있다.

1) 대인관계 기술(Interpersonal Skills)

① 영향력, ② 의사소통능력, ③ 관리능력, ④ 지도력, ⑤ 변화 촉매제, ⑥ 갈등관리,
⑦ 협력과 공조, ⑧ 팀 역량 등.

2) 도구와 기법(Tools and Techniques)

① 운영 및 관리에 대한 조사 도구, ② 예측능력, ③ 기획·관리 능력,
④ 사업 프로세스 분석 능력, ⑤ 균형성과 평가능력, ⑥ 리스크 및 내부통제 평가 기법,
⑦ 지배구조, 리스크 및 내부통제 도구 및 기법, ⑧ 데이터 수집과 분석 도구 및 기법 등.

3) 내부감사 기준, 이론 및 방법

① 내부감사의 정의, ② 윤리강령, ③ 내부감사의 직무수행을 위한 국제기준 등.

4) 지식 분야

① 재무회계와 재정, ② 관리회계, ③ 규제, 법률 그리고 경제, ④ 품질, ⑤ 윤리와 사기,
⑥ 정보기술(IT), ⑦ 지배구조, 리스크 및 내부통제, ⑧ 조직 이론과 행동, ⑨ 산업 지식 등

참고2

미국 「통화감독청」(OCC)의 전문성 기준[157]

미국 「통화감독청(The Office of the Comptroller of the Currency)」(이하 "OCC"라 함)에서 발간한 「감사관핸드북(Comptroller's Handbook)」에 의하면 내부감사인이 감사업무를 효과적으로 수행하기 위해 갖추어야 하는 필수적인 자질로 아래 사항을 열거하고 있다.

① 적절한 교육수준 및 경력.
② 부여된 임무를 완수할 수 있는 조직관리 능력 및 기법 보유.
③ 구두 또는 서면에 의한 능숙한 의사소통 능력.
④ 회계기준 및 원칙, 감사기준 및 원칙, 감사기법 등에 대한 이해.
⑤ 건전한 업무처리 관행으로부터 벗어난 특정사항의 중요성을 인식하고 평가하는 능력.
⑥ 이미 드러났거나 내재되어있는 문제점을 발굴하여 해결방안을 강구하는 능력 등.

II. 내부감사의 행동원칙[158]

내부감사 서비스를 제공하는 개인 및 기관 모두에게 적용되는 내부감사의 행동원칙으로는 완전성 원칙, 객관성 원칙, 보안성 원칙, 적격성 원칙, 효율성 원칙 등이 있다. 따라서 내부감사인은 다음과 같은 행동원칙을 준수하여야 한다.

1. 완전성 원칙 (Integrity Principle : 무결점의 원칙)

내부감사인의 성실한 책임감은 신뢰감을 만들어 주며, 감사와 관련하여 그들의 판단에 대해서 신뢰할 수 있는 기반을 제공하여야 한다. 한마디로 말하면 결점이 없는 완전한 사람으로 행동하여야 한다.

내부감사인은

① 내부감사업무를 정직, 근면 그리고 책임감 있게 수행하여야 한다.
② 법을 준수하고, 법에서 요구하는 것과 전문직업인으로 요구되는 것을 찾아서 밝혀야 한다.
③ 고의로 불법행위의 당사자가 돼서는 안 되며, 내부감사업무 종사자로서 또는 조직원으로서 불명예스런 행동을 하여서는 안 된다.
④ 합법적이고 윤리적인 조직의 목표를 잘 이해하고 공헌해야 한다.

2. 객관성 원칙 (Objectivity Principle : 공정성의 원칙)

내부감사인은 검토되는 활동이나 프로세스에 관한 정보를 수집하고, 평가하고, 보고하는 데 있어서 최고수준의 전문직업인으로서의 객관성을 보여야 한다. 내부감사인은 감사업무

157 금융감독원, 전게서, 13~14면

158 김용범. 전게서. 2017. 104~106면 및 2012. 88~90면. 김용범, 「내부감사의 역할과 행동원칙」, 내부감사저널 2014. 7월호, 42~43면, 한국감사협회, 「International Professional Practices Framework」, 2017, 7~9면 및 2007. 13~15면. IIA Research Foundation. 전게서. 2-6~2-8면.

와 관련된 상황에 대하여 균형 잡힌 평가를 해야 하며, 판단을 함에 있어 자신 및 다른 사람의 이해에 따라 부적절하게 영향을 받아서는 안 된다.

내부감사인은

① 감사결과를 처리함에 있어 편견이나 외부의 간섭 없이 객관적이고 공정하게 수행하여야 한다.

② 감사업무와 관련된 사항에 대하여 균형 잡힌 평가를 하여야 하며, 이를 판단함에 있어 자신과 다른 사람의 이해에 따라 부적절하게 영향을 받아서는 안 된다.

③ 공정한 판단을 저해하거나, 저해할 것으로 간주되는 활동이나 관계에 참여하지 않아야 하며, 실제적으로든 잠재적으로든 이해충돌의 상태에 놓여서는 안 된다.

④ 그들이 조사하여 알게 된 모든 사실들을 밝혀야 한다. 만약 밝히지 않는다면 감사내용의 결과보고를 왜곡시킬 수 있다.

3. 보안성 원칙 (Confidentiality Principle : 기밀성의 원칙)

내부감사인은 그들이 입수한 정보의 가치와 소유권을 존중하고, 법률적 또는 직업인의 의무로서 그렇게 하도록 되어 있는 경우가 아니라면 적절한 승인절차 없이는 정보를 노출시키지 말아야 한다.

내부감사인은

① 그들이 입수한 정보의 가치와 소유권을 존중해야 한다.

② 법률적 또는 직업인의 의무로서 하도록 되어 있는 경우가 아니라면 적절한 승인 절차 없이 정보를 노출시켜서는 안 된다.

③ 그들의 업무수행 중에 취득한 정보의 사용과 보호에 있어 신중해야 한다.

④ 개인의 이익을 목적으로 정보를 사용해서는 결코 아니 되며, 어떠한 경우든지 법을 위반하거나, 합법적이고 윤리적으로 타당한 조직의 목표에 방해가 되는 형태로 정보를 이용해서는 안 된다.

4. 적격성 원칙 (Competency Principle : 전문성의 원칙)

내부감사인은 내부감사 서비스 수행에 필요한 지식, 기술, 그리고 경험을 가져야 한다.

내부감사인은

① 회사 감사업무 수행에 필요한 전문적인 지식과 기술 그리고 경험을 가져야 한다.

② 자신이 보유한 지식과 기술 그리고 경험이 있는 분야에 대해서 감사를 수행함을 원칙으로 한다.

③ 자습 또는 교육 등을 통하여 전문성을 갖춤과 동시에 지속적으로 자신의 업무 숙련도를 높여 감사서비스의 효과와 질적 수준을 향상시켜야 한다.

④ 조직 차원에서도 모든 분야를 감사할 수 있는 충분한 자질, 지식 및 경험을 가진 직원을 고르게 임명하거나 채용해 감사기능이 효율적으로 운영되도록 하여야 한다.

5. 효율성 원칙 (Efficiency Principle : 생산성의 원칙)

효율성이란 능률성과 효과성을 합한 복합 개념이다. 내부감사인은 감사자원의 투입에 대한 산출비율인 능률성과 투입과 산출의 비율을 따지지 않고 목표의 성취도만을 따지는 효과성을 함께 최대화하여야 한다. 즉, 효율성은 목표달성의 양적 개념인 능률성과 질적 개념인 효과성을 모두 최대화하는 개념이다.

내부감사인은

① 최적의 감사업무를 수행하기 위해서는 회사의 충분한 경영정보의 획득은 물론 경영정보에의 접근이 최대한 보장되어야 한다.

② 감사자원의 투입에 따른 산출비율인 능률성과 투입산출비율은 따지지 않고 목표의 성취도만 따지는 효과성을 함께 최대화하여야 한다.

③ 자신의 내부감사기능을 개선시키기 위하여 감사품질, 성과와 가치를 증진시키기 위하여 최선을 다하여야 한다.

④ 기업경영에 대한 판단은 허다한 변수 가운데서 현 상황에 가장 최적의 결론을 찾는 작업인 만큼 항상 충분한 정보 외에 현장의식을 가지고 있어야 한다.

Ⅲ. 내부감사의 복무수칙[159]

내부감사인은 감사업무를 수행함에 있어 명심해야 하는 감사인의 사명과 철저히 지켜야 하는 감사 자세 및 감사 예절 그리고 절대 위반해서는 아니 되는 금지사항을 준수하여야 한다. 내부감사최고책임자나 내부감사인이 준수해야 하는 복무수칙에는 아래 사항이 주로 포함되어야 한다.

1. 내부감사인의 사명

① 내부감사인은 투철한 사명감과 성실, 공정한 감사 자세를 확립함으로써 건전한 기업풍토 조성을 위해 노력하여야 한다.

② 내부감사인은 해당 산업 또는 기업 발전의 역군임을 명심하여 감사인 직무를 수행함에 있어 타의 모범이 되어야 한다.

③ 내부감사인은 창의, 책임, 봉사의 자세로 부조리 척결은 물론 기업가치 증진 및 개선에 앞장서야 한다.

④ 내부감사인은 인격도야 및 전문지식 습득과 감사기법의 연구개발등 감사 능력 향상을 위해 노력해야 한다.

2. 내부감사인의 자세

① 내부감사인은 회사 및 정부정책의 방향과 목표를 숙지하고 감사의 효율을 높일 수 있도록 적극적인 감사 자세를 확립한다.

---

159 김용범. 전게서. 2017. 106~108면. 김용범, 「내부감사의 역할과 행동원칙」, 내부감사저널 2014. 7월호, 2014., 43~45면.

② 내부감사인은 감사업무를 수행함에 있어 公과 私를 엄격히 구별하고 일체의 선입관이나 정실을 배제하고 공정하게 직무를 수행한다.
③ 내부감사인은 법령, 규정, 기타 복무에 관한 지시사항을 성실히 준수하여야 한다.
④ 내부감사인은 감사성과를 확보할 수 있도록 자료수집, 이해관계인의 의견청취 등 감사 사전준비에 만전을 기하여야 한다.
⑤ 내부감사인은 자의적 판단에 의하지 아니하고, 사실과 증거에 의하여 감사업무를 수행하여야 하며 감사지적사항에 대하여는 충분한 입증자료를 확보하여야 한다.
⑥ 내부감사인은 감사 실시기간 중 회사의 일상 업무에 지장을 초래하지 않도록 하고 감사 상 필요한 자료의 제출요구는 최소한에 그쳐야 한다.
⑦ 내부감사인은 감사결과를 경영정책 수립에 반영할 수 있도록 원인 및 문제점을 충분히 분석하여 개선방안을 제시하도록 한다.
⑧ 내부감사인은 직무와 관련하여 외부기관, 상급자 등의 부당한 업무지시나 감사 결과 발견된 위법·부당행위의 은폐 및 축소 등을 위한 제반 압력에 대하여는 이를 거부하여야 한다.

참고

중앙행정기관 및 지방자치단체 자체감사자세[160]

① 감사담당자 등은 법령을 준수하고 그 직무를 성실하게 수행하여야 하며, 정당한 사유가 없는 한 감사기간 중에 개인적인 일을 도모하거나 출장지를 이탈하지 말아야 한다.
② 감사담당자 등은 감사를 받는 사람에게 위압감이나 불쾌감을 주는 언행을 하지않도록 한다.
③ 감사담당자 등은 감사업무를 공정하게 수행하고, 정치적 중립을 유지해야 한다.
④ 감사담당자 등은 선입견을 가지고 감사업무를 수행하거나 자의적으로 판단하여서는 아니 되며, 관계기관 등의 의견을 충분히 듣고 공정한 절차와 객관적 증거자료에 따라 감사결과를 도출하여야 한다.
⑤ 감사담당자 등은 직무범위를 벗어나 자신의 지위나 권한을 이용하거나, 개인적인 일 또는 감사활동에 소요되는 비용을 감사대상기관의 직원 등 이해관계인에게 부담시켜서는 아니 된다.
⑥ 감사담당자 등은 직무의 해당 여부와 상관없이 감사담당자 등으로서의 품위를 손상하는 행위를 하여서는 아니 된다.

3. 내부감사인의 예절

① 내부감사인은 감사업무를 수행함에 있어 권위적이고 고압적인 감사를 삼가고, 피감사자의 인격을 존중하며 항시 경어를 사용하는 친절·겸손한 자세로 감사 업무를 수행하여야 한다.
② 내부감사인은 용모, 복장 등 몸가짐을 바르게 하여 감사인으로서 품위를 유지하 여야

160 「중앙행정기관 및 지방자치단체 자체감사기준」(감사원규칙 제222호) 제8조(감사자세).

하며, 일상 업무 및 사생활에 있어서도 타의 모범이 될 수 있도록 성실한 생활태도를 견지하여야 한다.

4. 내부감사인의 금지사항

① 내부감사인은 감사를 빌미 삼아 인사 청탁, 계약 강요, 사적인 민원해결 요청 등 직권을 남용하는 일체의 행위를 하여서는 아니 된다.

② 내부감사인은 직무와 관련하여 직접, 간접을 불문하고 사례·증여 또는 접대를 받아서는 아니 된다.

③ 내부감사인은 직무상 알게 된 기밀을 정당한 사유 없이 누설하거나 다른 목적에 이용해서는 아니 된다.

④ 내부감사인은 감사실시 기간 중 직무와 관련하여 감사인 이외의 자와 불필요한 접촉을 하거나 감사지역을 이탈해서는 아니 되며, 불건전한 오락 등의 행위를 하여서는 아니 된다.

⑤ 내부감사인은 직무 관련성이나 거래조건 등에 비추어 공정성이 의문시되는 일체의 거래를 하여서는 아니 된다.

⑥ 내부감사인은 변제능력을 벗어난 과다한 차입이나 무분별한 채무보증 행위로 인해 회사의 명예를 훼손시켜서는 아니 된다.

Ⅳ. 내부감사의 관리역량 [161]

내부감사역할이 고품질의 산출물과 결과를 전달하려면 의무적인 요구사항 준수를 넘어서 목적을 위해 존재해야 한다. 내부감사의 역할은 '공정한 관찰자', '조사자', '이웃경찰관', '내부검토자', '상담자', '중요한 친구', '경영조언자', '재산수호자' 등 다수가 존재한다.

내부감사역할에 대한 조직의 기대가 무엇인지 결정할 책임은 내부감사최고책임자에게 있다. 내부감사의 역할에 대하여 위의 어느 것을 선택하는가는 그의 자유이나 그중에서 가장 核心 役割인 '가치명제 설정', '경영조언자', '재산수호자'에 대해 설명코자 한다.

1. 내부감사의 10가지 가치 명제[162]

변화하는 비즈니스 환경에서 기업의 생존과 번영을 지속하기 위해서는 이사회, 경영진, 감사/감사위원의 독립적이고 객관적인 시각과 전사적인 관점 그리고 강력하고 냉철한 분석역량과 미래에 대한 통찰력이 필요할 때이다.

내부감사인은 이 같은 주변 이해관계자의 요구사항에 효과적으로 대응하기 위해서는 내부감사 전략을 재정립하고 혁신을 위한 역할의 진화가 필요하다. 따라서 내부감사인은 환경변화에 맞는 가치관이나 역할을 재정립하여야 한다.

---

161 김용범. 전게서. 2017. 108~109면.

162 가치명제란 어떤 제도나 사상의 좋고 나쁨을 따져서 제시하는 명제를 말한다. 즉, 인생관, 세계관 등에서 비롯된 가치관에 의한 판단(생각, 견해 등)을 말한다. Lawrence J. Harrington,「Internal audit leadership–delivering tangible value」,2016. , Richard Chambers,「Internal Auditors as Trusted Advisors」. 2017.

가. 내부감사인의 선도적인 역할

첫째, 항상 의사소통 기술을 통하여 이해관계자의 필요를 미리 고려하라.
둘째, 미래를 예측하는 리스크 관리기법을 개발하라.
셋째, 이사회 및 감사위원회에 지속적으로 다음의 정보를 제공하라.
① 경영목표에 따르는 각종 리스크.
② 리스크 통제환경이 향상되고 있는지 악화되고 있는지 여부.
넷째, 있는 그대로 이해관계자에게 이야기할 수 있는 용기를 가져라.

나. 내부감사인에 대한 기대 충족

다섯째, 경영전략에 대한 지원을 통하여 목표달성을 지원하라.
여섯째, 새로이 등장하는 기술(IT, 4차 산업 등)로부터 발생하는 리스크를 규명하고, 모니터링 하며, 그리고 대처하라.
일곱째, 데이터 분석기법을 최대한 활용하여 감사성과를 향상시켜라.
여덟째, 감사인의 활동을 정기적으로 감사위원회와 경영진에게 보고하는 등 IIA의 표준을 넘어서는 활동을 하라.

다. 내부감사 조직과 구성원에 대한 투자

아홉째, 감사인 자신에 대한 꾸준한 학습과 훈련을 하라.
열째, 가장 뛰어난 감사인력을 확보하고, 양성하고, 유지하라.

2. 경영조언자로서의 내부감사인

일반적으로 **신뢰받는 경영조언자**는 경영상의 문제를 함께 해결해 경영목표를 달성하는데 도움을 주는 사람을 의미한다. 내부감사인은 경영전반에 대해 잘 파악할 수 있고, 전사적 시각에서 회사를 바라볼 수 있기 때문에 경영조언자로써 최적격자이다.

따라서 내부감사인은 경영진의 업무수행이 경제적으로 합목적성과 효율성 내지는 효과성을 갖는지를 진단감사를 통해 확인하여 경영진의 의사결정에 도움을 주는 등 회사의 경영에 필요한 적극적인 경영조언자 겸 리더가 되어야 한다. 즉, 내부감사인이 신뢰받는 경영조언자가 되기 위해서는 다음의 덕목을 갖추어야 한다.

가. 개인적 덕목(Personal Attributes)

- **윤리적 기준 구비 :** 내부감사인은 진실성, 용맹성, 책임감, 신뢰성을 구비해야 하며, 감사지적 관련 압박에 의연하게 대처해야 한다.
- **결과 중심적 관심 :** 내부감사를 통해 변화된 것은 있었는지, 영향은 있었는지, 생산적인 또는 유익한 변화가 있었는지, 개선을 유도하였는지 여부 등에 관심을 가져야 한다.
- **지적 호기심 유지 :** 사실관계 파악, 근본원인 분석, 전문적이고 건강한 호기심, 학습효과 등을 발현해야 한다.

- □ **열린 마음의 보유 :** 과거에 집착하지 말고, 충고에 대해 근시안적인 견해를 지양하며, 흑백논리로 접근하지 않아야 한다. 또한 쟁점사항을 미시적으로 접근하지 말며, 열린 마음과 유연성, 합리성을 통해 신뢰적인 관계를 형성하여야 한다.

나. 관계적 덕목(Relational Attributes)

- □ **적극적인 소통 :** 소통기술은 필수적이고, 그 기술에 대한 훈련은 반드시 필요하다. 또한 품격 있는 어조를 구비하여야 하고, 부정적인 단어는 지양해야 한다.
- □ **호감있는 관계 :** 지속적인 신뢰는 관계형성에 기인하고, 인기 영합적이지 않아야 하며, 내부감사 업무 내에서 관계형성을 시작하여야 한다. 좋은 관계는 긍정적인 의도·배려하는 마음·통찰력 있는 식견을 통해 형성된다.
- □ **고무적인 지도 :** 동기 부여, 경험 공유, 적극적 인도, 칭찬 및 보상, 팀구성 및 팀워크 촉진, 도전정신 유발, 구체적이고 명확한 목표부여 등을 통해 실천(행동) 하도록 유도한다.

다. 전문적 덕목(Professional Attributes)

- □ **비판적인 사고 :** 정보는 감정적이 아닌 논리적(이성적)으로 접근하고, 비판적 사고 를 상호연결하며, 호기심을 통해 상호 이해한다, 의구심은 비판적 사고가 필수적이며, 편견·성급·애매모호(曖昧模糊)함은 비판적 사고의 방해요인이다.
- □ **전문적인 자격 :** 무엇이든 알아야 하고, 배움은 그 무엇보다 중요하며, 사업·산업·기술에 대한 경험·지식이 요구된다.

3. 재산수호자로서의 내부감사인

가. 경영자의 역할

1) 경영자의 정의

조직에서 경영을 담당하는 사람을 경영자라 한다. **경영자**는 조직의 목적을 효율적 이고, 효과적으로 달성하기 위해 여러 자원의 배분을 계획하고, 조직화하고, 지휘하고, 통제하여 목표가 달성되는지를 관리·감독하는 사람이다.

2) 경영자의 주요 역할

가) 대인관계역할

조직을 효율적으로 경영하기 위해서 많은 사람들과의 원활한 관계형성과 의사소통을 유지하는 역할로서 ① 조직의 대표자 역할, ② 주도적 지휘자 역할, ③ 대내적 연계자 역할 등이 있다.

나) 정보관련역할

목표 달성에 유의미한 정보를 수집하고 전달하는 역할로서 ① 정보의 탐색자 역할, ② 정보의 전파자 역할, ③ 조직의 대변인 역할 등이 있다.

다) 의사결정역할

수집된 정보에 기반하여 여러 가지 경영상의 문제를 해결하는 역할로서 ① 기업가 역할, ② 문제의 해결자 역할, ③ 자원의 배분자 역할, ④ 협상자 역할 등이 있다.

나. 감사인의 역할

1) 감사인의 정의

감사인이라 함은 감사를 집행하는 사람으로서 개인 또는 집단을 가리킨다. 따라서 법령에 다른 감사인만이 아니라 정부의 감사기관 또는 공적인 감사기관도 감사를 집행하면 감사인이다.

2) 감사인의 주요 역할

회사의 내부감사는 독립적이고 객관적인 검증과 진단활동을 통해 회사의 업무수행 가치를 증진시키고 개선시키기 위하여 ① 경영진에 대한 견제 역할, ② 회사운영의 적법성 확보, ③ 회사경영의 투명성 제고, ④ 회사자산의 건전성 확보, ⑤ 위험관리의 유효성 확보, ⑥ 부정관리의 유효성 확보, ⑦ 회사문화의 조정자 역할 등을 한다.

다. 소결

경영에서 가장 중요한 것은 매출 증식이므로 경영 목표는 매출 증식을 목표로 하여 이와 관련한 서비스개선 및 수익성 증가, 기업의 성장 등이라 하겠다. 즉, **경영자는 이윤 추구자 또는 재산 증식자**라 할 수 있다.

반면에 감사에서 가장 중요한 것은 업무의 적정화와 위험 및 부정의 최소화, 사고의 최소화를 통해 조직의 목표 달성과 이해관계자 보호 등이라 하겠다. 즉, **감사인**은 **재산 수호자 또는 손실 방지자**라 할 수 있다.

따라서 경영자와 감사인은 지배구조의 두 축으로서 서로 간섭하는 것이 아니라 상호 견제와 균형(check and balance)을 유지하면서 서로 보완 내지 지원함으로써 회사는 더욱더 발전하고 더욱더 건실해질 것이다.

4. 조직이 내부감사인에게 기대하는 역할[163]

가. 조직의 가치를 창출하는 내부감사활동

불확실성의 시대에 경영진 및 이사회를 포함한 이해관계자들이 내부감사인에게 기대하는 역할은 무엇일까? 불확실하고 복잡한 비즈니스 환경은 곧 내부감사가 조직에 가치를 부여할 기회가 늘어난다는 것을 의미한다.

전통적인 내부감사의 주요 업무영역은 비즈니스 영역에 대한 검증을 통해 신뢰성을 제공하는 것이지만, 미래에는 기업이 수행하는 비즈니스 활동에서 수익을 극대화할 수 있는 통

163 김용범, 전게서, 2017. 119~121면. 안종식. 「불확실의 시대 내부감사가 길을 제시하라」, Auditor Journal. Vol. 219. 2018. 3. 15~16면.

찰력을 제시해야 한다.

더 나아가서 의사결정자들에게 객관적인 시각을 제공해야 하는 역할을 담당해야 한다. 따라서 IIA(Institute of Internal Auditors)에서는 내부감사의 가치를 신뢰성, 통찰력, 객관성이라는 세 가지 요소가 결합된 제공 활동으로 정의한다.[164]

1) 신뢰성(Assurance) 제공 활동

조직의 전략, 운영, 재무, 준법감시 목적을 달성하기 위해 지배구조, 리스크 관리, 내부통제, 부정관리 프로세스에 대한 검증을 제공.

- 내부통제 시스템의 적절성 및 효과성에 대한 검증.
- 조직의 위험관리 및 부정관리 프로세스에 대한 검증.
- 지배구조 및 준법감시(컴플라이언스)에 대한 검증 등.

2) 통찰력(Insight) 제공 활동

데이터 및 업무 프로세스의 분석과 평가를 바탕으로 통찰력과 개선안을 제공하여 조직의 효과성 및 효율성을 향상시키는 촉진제 역할.

- 업무 개선을 위한 권고.
- 주변 환경 변화에 대한 대응.
- 신규 리스크(Emerging Risk)에 대한 식별 등.

3) 객관성(Objectivity) 제공 활동

정직함과 책임감의 약속을 바탕으로 독립적인 조언자로서 제3자적 입장에서 객관적으로 이사회 및 경영진에게 업무 수행 가치를 제공.

- 경영진에 조언 제공.
- 부정행위 조사 및 예방.
- 이사회에 조언 제공 등.

디지털화와 글로벌화라는 최근의 비즈니스 트렌드에 발맞춰 내부감사 또한 전사적이며 선제적이고 주도적인 역할을 담당해야 한다. 기업지배구조 측면에서 이사회의 역할이 강화되고 있으며, 내부감사는 이사회를 지원하기 위해 전략적인 조언자 역할을 담당해야 한다. 또한, 내부감사는 전사적인 리스크의 식별 및 평가를 감사계획에 반영함으로써 선제적인 위험관리 모델로의 이행 측면에서 핵심역할을 담당해야 한다.

내부감사는 이러한 활동에서 통찰력을 습득하며 경영진 및 이사회에 보고 또는 조언하는 역할을 담당하고, 이를 통해 내부감사는 적절하고 효과적인 위험감시 활동을 수행함으로써 조직의 탄력성을 높일 수 있다. 또한, 내부감사는 조직의 비전과 목적 달성에 저해되는 리스크를 경영진에게 적시에 전달함으로써 전략적인 조언자로 역할을 확대할 수 있을 것이다.

나. 내부감사의 조직에 대한 방향 제시

내부감사가 미래로 나아가기 위하여 어떻게 변화해야 하는가? 우선 내부감사는 내외부의

---

164 Value Proposition : Internal Auditing's Value to Stakeholders, IIA website.

이해관계자에게 내부감사가 제공하는 가치를 명확하게 전달하고, 경영진 및 이사회에 내부감사의 변화의 필요성에 대해 이해시켜야 한다.

내부감사가 전통적인 신뢰성 제공만을 가치로 삼는다면, 이해관계자들은 내부감사의 가치를 낮게 평가할지 모른다. 내부감사가 통찰력과 객관적인 조언의 제공으로 가치를 확대하면, 이해관계자들은 내부감사의 영향력에 대해 재인식하게 될 것이다.

내부감사는 끊임없이 진화해야 하며, 과거와는 다른 새로운 시각으로 글로벌 비즈니스 환경의 변화, Emerging Risk의 대두, 4차 산업혁명 출현 등 주변 산업 환경 변화에 따라 내부감사 영역을 변화시켜야 한다.

내부감사의 중점영역은 일반적으로 주요 이해관계자가 많은 관심을 보이고 잠재적인 위험이 크다고 판단되는 영역을 다루고 있다. 따라서 이런 불확실성의 세대에 내부감사는 새로운 환경 변화에 맞는 방향을 경영진 및 이사회에 적시에 제시하여야 한다.

다. 장기성과 중심의 감사역량 집중

강성훈 동국대 교수와 배영수 서울시립대 교수의 '한국경제의 분석'에 의하면 국내시중은행의 임원들의 평균임기가 2.4년에 불과하여 대부분 임원들은 단기적인 경영 성과에 집중하게 된다는 지적이 나왔다.

주주를 위한 단기이익 극대화를 위한 단기업적주의는 지나치게 단기성과에 치우 치다 보니 외형성장 埋沒, 직원역량 개발소홀, 장기성장 비전 투자 소홀, 장기성장 동력확보 소홀 등 많은 문제점을 내포하고 있다.

단기업적주의는 조직전체를 수렁에 빠뜨리는 함정이 되는 것이다. 이 함정에 빠지지 않기 위해서는 역동적인 시도를 하면서도 기본과 체제를 무너뜨리지 않게 하기 위한 장치나 장기적인 시도를 병행하는 지혜가 필요한 것이다.

이런 환경에서 내부감사인은 기업이 지속가능한 성장을 할 수 있도록 철저한 직업의식을 가지고 경영진들이 단기이익 극대화라는 단기업적주의에 빠지는 것을 막고 장기성과 중심의 경영을 할 수 있도록 감사역량을 집중하여야 한다.

라. 환경변화에 부응하는 감사의 변화

오늘날 디지털기술은 비즈니스 환경을 변화시키고 있다. 전 산업에 걸쳐서 디지털은 각 개인들이 어떻게 상호작용을 하고, 고객이 무엇을 기대하며, 업무프로세스가 어떻게 수행되는지를 근본적으로 변화시키고 있다. 유례없는 변화의 속도로 인해 기업들은 전에 없는 새로운 리스크에 직면하고, 전통적인 리스크 관리 방법은 한계에 봉착하고있다.

내부감사인으로서 미래의 감사업무는 어떻게 이루어질 것인가? 과거의 지난 모습보다는 향후 발달될 기술력을 바탕으로 감사업무의 혁신이 필요하다고 생각해야 한다. 미래에 예상되는 변화의 대비를 위해 내부적으로는 기업의 불안정성·노동문제, 외부적으로는 제4차 산업혁명, 기후 변화 등에 관심을 갖고 주변 환경변화를 항시 把握해야 한다.

내부감사인은 위험을 회피하는 것이 아니라, 위험이 통제 가능할 수 있도록 기술적인 접근을 통해서 시스템을 구축해야 하는 것이 내부감사인의 역할이며, 심각한 위험을 사전에 예방하기 위해서는 감사 툴 및 감사 기법의 활용과 데이터 분석 등을 통해 내부감사를 추진하여야 한다. 즉, 미래 환경변화에 부응하는 감사마인드의 변화가 필요하다.

제3장

내부감사의 환경

제1절 주변 감사 환경의 변화[165]

Ⅰ. 기업의 리스크 환경 변화

1. 위험 전파의 신속화

항상 새로운 위험이 발생하고, 그 파급 속도가 빠르다.

사례 1

KIKO[166] 거래

2008년 6월 현재 국내은행의 대고객 KIKO옵션 계약 잔액은 101억 달러이며 거래업체는 590개사이다. 그중 KIKO 계약 잔액이 수출액을 초과(Over-hedge)한 기업체는 71개사로 평균 헷지 비율은 166.7% 수준이었다.

KIKO 거래기업들은 대부분 2007년 하반기 환율이 930원~950원 대에서 계약을 체결하였으나, 2008년 5월부터 환율이 1,000원으로 넘어서면서 2008년 6월 말 현재 (환율 1,046원) KIKO 거래에 가입한 대다수의 중소기업이나 일부 대기업들은 막대한 환 손실이 발생하였다.

2008년 6월 말 시점을 기준으로 KIKO로 인한 수출기업들의 피해액은 환차익을 감안하지 않았을 때 1조 9,748억 원으로 상당히 큰 규모의 금액이었다. 특히 수출대금을 초과하여 KIKO 계약(Over - hedge)한 기업들이 큰 피해를 입었는데 이는 수출대금보다 훨씬 초과하여 계약을 함으로써 환율상승으로 인한 수출효과를 넘어서 손실이 발생한 것이다.

수출기업의 경우 상시 환율변동 위험에 직면하고 있으며, 이를 헷지하는 경우라 하더라도 한도를 초과하는 경우에는 새로운 위험이 발생할 수 있다.

2. 위험 크기의 거대화

165 김용범, 전게서. 2017. 110~118면. 문재우, 「감사의 역할과 비젼」, 2008.10, 17면~20면.

166 KIKO (Knock – in, Knock – out)는 환율이 제한적으로 변동되는 경우 이익이 발생하나 일정 barrier(예 : 900~960원/달러)를 벗어날 경우 손실이 확대되는 통화 옵션상품 이다. 박연희·박철원·배수일, 「환헤지 통화옵션 상품의 손실 현황 및 대응방안 : KIKO 거래를 중심으로」, 회계저널 제18권 제3호, 2009. 9월호, 400~402면. 김용범, 전게서. 2017. 110면.

한 번의 리스크 관리 실패나 실수는 손실 규모가 크기 때문에 종종 회사의 파산으로 이어지는 경우가 많다.

사례 2

베어링 사건

영국의 베어링 사는 아시아 선물시장에 진출하려는 목적으로 싱가포르에 자회사인 베어링 선물회사를 설립하였다. 닉 리슨(Nicholas Leeson)은 일본 오사카거래소(OSE)와 싱가포르거래소(SIMEX)간 Nikkei 225 지수선물의 차익거래[167]를 시작하였다.

닉 리슨은 차익거래에서 발생된 손실을 은폐하기 위하여 은익계좌를 사용하기 시작하였고, 이후 이를 만회하기 위하여 투기거래[168]를 시작하였다.

그 이후 기대와는 달리 주가하락으로 약 6억 파운드의 손실이 발생하여 베어링 사는 1995년 2월 네덜란드의 ING그룹에 단돈 1파운드에 구제합병되고, 닉 리슨은 6년 6개월의 징역형을 선고받았다.

사례 3

SG은행 사건

2008년1월 프랑스 내 은행 자산 규모 2위인 Societe General(SG)은행[169]에서 손실규모가 72억 달러에 달하는 세계 최대 규모의 금융사고가 발생하였다.

동 사고는 SG은행 직원인 J. Kerviel 이 유럽주가지수 선물 거래 관련 거액 투자 손실을 은폐하기 위해 동료의 계정·암호를 도용하여 가상의 거래 상대방과 헤지 포지션을 취한 것처럼 조작하면서 발생하였다. SG은행의 사기거래 발생 원인은 감독 부실 및 관리자의 무능, IT보안 부실, Front Office로부터 경고 무시, 부실대응 등 내부통제기능의 미비였다.

SG은행의 금융 사고를 계기로 파생상품의 위험성[170]이 세계금융시스템 안정에 큰 영향을 미칠 수 있어 국제금융시장 주요 관심사로 등장하였고, J. Trichet ECB 총재는 SG은행의 금융사고와 관련하여 은행규제 강화를 촉구하였으며, 특히 모든 금융기관들이 리스크에 대한 내부통제를 크게 강화하는 것이 절대적으로 필요하다는 것을 깨닫게 되었다.

사기사건 등은 영업을 영위하는 데 있어 필연적인 면이 없지 않으나 손실 사건으로부터 기관을 보호하기 위해서는 조직 자체의 시스템을 수시로 점검하고 개선·보완하여야 한다.

3. 잠재적 위험은 예측과 측정 곤란

167 차익거래란 두 거래소 중 지수가 싼 곳에서 매입하고 동시에 비싼 곳에 매도하여 위험 없이 차익을 얻고자 하는 거래전략이다.

168 여기에서 투기거래는 시장가격의 움직임에 베팅을 거는 거래로, 주가 급등, 급락 시 무한대의 손실이 발생하는 거래를 실행하였으며, 손익 구조는 주가가 변동이 없을 때 이익이 발생하고 급등 또는 급락할 경우 무한대의 손해가 나는 투기거래였다.

169 1864년 설립되어 파리에 본사를 두고 있으며 전 세계 77개국에서 은행. 투자. 자산관리 분야에서 영업 중이었으며, 자산규모(2007.6 현재)은 4,670억 유로, 종업원 수가 12만 명이다.

170 파생상품 거래에 따른 금융시장의 리스크 재평가 및 개별은행의 리스크 관리의 중요성이 크게 부각되었다.

각종 파생상품[171]에 내재된 위험은 예측과 측정이 어렵다.

사례 4

서브프라임 모기지

2007년 미국의 TOP 10에 드는 초대형 모기지론 대부업체가 파산하면서 미국만이 아닌 국제금융시장에 신용경색을 불러오고 연쇄적으로 경제위기를 초래한 사건이다.

〈 발생원인 〉

① 미국은 IT버블 붕괴와 9.11테러 등에 따라 경기침체가 본격화될 것이란 우려가 나오자, 경기부양을 위해 저금리 정책 사용(FRB는 2000년 5월 6.5%였던 기준금리를 2003년 6월 1.0%까지 인하).

② 초저금리로 주택시장에 돈이 몰리면서 주택가격 상승, 고수익을 노리던 금융회사들이 저신용자들을 상대로 높은 금리의 주택담보대출(시세의 100%) 시행.

③ 미국 금융회사뿐만 아니라 헤지펀드나 세계 여러 금융회사들이 고수익을 노리고 서브 프라임 모기지를 담보로 발행된 채권 등에 막대한 금액을 투자.

④ 저금리로 인해 주택가격 등 물가상승에 대한 우려가 본격화되자 FRB는 2006년 5.25%까지 기준금리를 급격히 인상.

⑤ 2007년 4월 미국 2위의 서브프라임 모기지 회사가 부도처리 되어 미국을 비롯한 세계 각국의 헤지펀드 및 금융회사들이 연쇄적으로 붕괴.

〈 사태의 파급효과 〉

① 2007년 4월 미국 2위의 서브프라임 모기지 대출회사 뉴센추리 파이낸셜 파산 신청.

② 2007년 8월 미국 10위권의 아메리칸 홈 모기지 인베스트먼트사 파산보호 신청.

③ 세계3위 HSBC는 미국주택시장에 뛰어들었다가 107억달러 (약 10조 1,000억 원) 손실.

④ AIG는 최악의 경우 23억 달러의 손실 가능성.

⑤ 2007년 8월 프랑스 최대은행 BNP파리바은행은 자사의 3개자산유동화증권(ABS)펀드에 대한 자산가치 평가 및 환매 일시중단 – 서브프라임 부실로 인한 신용경색이 주 이유.

〈 사태의 영향 〉

① 리먼브라더스 사태 유발 (FRB와 미 재무부의 구제금융 불가 통보).

② 미국 연방제도이사회(FRB) 2008년 9월 AIG에 850억 달러의 구제금융 제공.

③ 제2금융권의 거물 아메리칸익스프레스가 자본금확충코자 수십억달러의 구제금융 신청.

4. 다양한 위험의 모형화 통제 곤란

현실적으로 여러 가지 리스크를 모형화하여 통제관리 하는 것이 어려울 뿐만 아니라 여러 가지 위험을 관리하는 「전사적 위험관리체제(Enterprise Risk Management System :

171 파생상품(Financial Derivatives)란 외환, 채권 주식과 같은 기초자산으로부터 파생된 상품을 말한다.

ERMS)」[172]를 갖춘 기업이 많지 않다.

「국제내부감사인협회(IIA)」의 감사임원세터와 연구재단(IIARF)은 서로 협력하여 전 세계 166개국을 대상으로 2015년 「글로벌 내부감사 지식공동체(CBOK)」[173]실무자 설문조사를 실시하였는 바, 그 내용은 35%가 ERM 프로세스가 비공식적이거나 개발 중이며, 11%는 ERM 프로세스를 미 수립한 상태에 있었었다.[174]

II. 이해관계자의 이익보호 요구 증대

1. 감사의 역할도 최근에 수요자 중심의 고객만족으로 전환 추세

경영진(CEO)의 기업경영과 함께 감사의 역할도 최근에 주주, 채권자, 감독당국 등 감사 수요자 중심의 고객 만족 중심으로 점차 전환되는 추세이다.

2. 감사의 역할에 대한 다양한 이해관계자의 이익보호 요구 확대

기존 주주중심에서 최근 주주 이외에 이사회, 경영진, 내부직원, 감독당국, 협력 업체, 환경단체, 지역사회 등 다양한 이해관계자의 이익 보호 요구가 증대하고 있다.

III. 기업의 사회적 책임에 대한 요구 증가

1. 기업목표인 이윤추구와 윤리경영[175]을 동시에 중요시하는 시대

종전에는 기업의 유일한 책임은 경제적 이익을 내는 시대였으나 현재는 기업의 윤리경영과 장기이익이 동시에 추구되는 다양한 시대가 도래 했다.

사례 5

Johnson & Johnson 사례

1992년 J&J의 타이레놀을 복용한 환자들이 갑자기 사망하는 사고가 발생하였으나, 경영진은 「미국 식품의약청(FDA)」과 경찰 조사 결과 발표 전에 시중에 판매되는 모든 타이레놀 제품의 판매 중지 및 기 판매된 제품을 수거했다.

J&J의 타이레놀 판매중지 조치는 당장의 경제적 이익보다 공중의 안전을 우선하여 소비자의 신뢰를 얻은 윤리경영 실천의 모범사례이다. 타이레놀 사건시 J&J의 윤리 경영사례는 비용보다 신뢰를 선택하여 높은 브랜드 가치를 창출하였다.

---

172 전사위험관리체제(ERMS)는 조직의 이사회, 경영진, 그 밖의 사람들에 의해 영향을 받고, 전략 설정에 적용되고, 조직의 전 영역에 적용되고, 조직에 영향을 줄 수 있는 잠재적 사건을 파악하기 위해 설계되고, 조직의 리스크 성향(허용한도)에 따라 리스크를 다루기 위해 설계되고, 조직의 목표달성에 합리적 확신을 제공하기 위한 일련의 프로세스이다.

173 「CBOK(Common Body of Knowledge)」는 세계에서 가장 큰 상시적인 내부감사 전문연구조직이다. CBOK는 전 세계에 있는 IIA 협회의 지원을 받으며, 내부감사 실무자 및 관련 이해관계인들의 포괄적인 연구를 포함한다.

174 감사임원센터(AUDIT EXECUTIVE CENTER), 「역동적인 환경에서의 기회포착」(번역본), 2015. July. 10면

175 윤리경영이란 "기업의 이해관계자들의 권리와 이익을 존중함으로써 그 들로부터 신뢰와 존경을 얻는 경영 활동"이다. 정운오, 「윤리경영이란」, 서울대학교 Advanced Auditor Program, 2010, 12면

2. 기업의 비재무적 평가와 사회적 책임을 중요시하는 시대

기업이 지속가능 경영을 하기위해서는 재무적 책임인 이윤추구 경영은 말할 것도 없고 기업을 둘러쌓고 있는 환경보호, 사회공헌, 윤리경영 등의 문제, 즉 비재무적 · 사회적 문제에 대하여도 책임을 다하여야 하는 시대가 도래 했다.

사회적 책임의 주요 내용

1) 환경보호

① 기후의 변화, ② 자원의 고갈, ③ 물, ④ 공해, ⑤ 삼림의 파괴 등.

2) 사회공헌

① 인권, ② 현대적인 노예, ③ 아동 근로, ④ 근로조건, ⑤ 근로자 관계 등

3) 윤리경영

① 뇌물 및 부패, ② 경영진 보상, ③ 이사회의 다양성 및 구조,
④ 정치적 로비 및 기부, ⑤ 조세전략 등.

* 출처 : UN Principles for Responsible Investment

사례 6

○○연금의 ESG 평가지표

1) 환경보호

① 기후변화(탄소배출량, 에너지소비량), ② 청정생산(용수사용량, 화학물질사용량, 대기오염물질배출량, 폐기물배출량), ③ 친환경 제품개발 등.

2) 사회공헌

① 인적자원관리(급여, 복리후생비, 고용, 조직문화, 근속연수, 인권, 노동관행), ② 산업안전, ③ 하도급거래, ④ 제품안전, ⑤ 공정경쟁 등.

3) 윤리경영

① 주주의 권리(경영권 보호장치, 주주의견 수렴장치, 주주총회 공시시기), ②이사회 구성과 활동, ③ 감사제도, ④ 관계사 위험, ⑤ 배당 등.

Ⅳ. 최고위층의 감사측면 마인드의 증가[176]

기업의 이사회와 감사위원회로부터 최고 경영진과 내부감사인까지 최고위층(TOP)의 마음속에 자리 잡고 있는 주요이슈들을 살펴보면, 감사 관련 사항이 과반수이상을 차지하는

176 김용범, 전게서, 2017, 115~118면. Tone at the Top, 「2013년 주시해야 할 8가지 우선순위」, 2013. January/February., 번역자 양경남, 감사저널 2013 신년호, 50~53면.

등 최고위층의 監査 마인드가 증가하고 있다. 그 주요사항은 다음과 같다.

1. 위기관리와 대응계획

위기란 어떤 상태의 안정에 부정적으로 영향을 주는 상태의 급격한 변화 또는 어떤 사상의 결정적이고도 중대한 단계를 말한다. 위기는 개인의 육체적·정신적인 면에서 부터 한 국가의 정치·사회체제, 나아가서는 국가 간의 관계에서도 발생하며, 각각 다른 상황의 변화를 충격적으로 표현하는 말로 널리 쓰이고 있다. 예를 들면 쿠바위기·에너지위기·식량위기·부도위기·파산위기 등이다.

이러한 급격한 상태변화를 뜻하는 위기에 대응하기 위하여 최근 위기관리가 주창되고 있으며, **위기관리**는 어떤 상태에서 위기를 감지하였을 경우 위기를 효율적으로 대처 및 관리하여 그 영향을 최소한으로 막고 재빨리 평상 또는 그것에 가까운 상태로 회복시키려는 일련의 행위를 말한다.

일례로 허리케인 샌디가 미국 동북부를 강타하기 전부터, 업무연속성계획은 이사회와 경영진 모두에게 가장 중요한 관심사중 하나였다. 자연재해에서부터 데이터 누출, 제품 리콜, 공급망 붕괴까지, 조직의 우선순위에 획기적인 변화가 일어나지 않는다면 업무 기능 중단을 야기할 가능성이 충분한 가상 시나리오들과 직면할 수 있었다.

이를 효과적으로 대응하기 위해서는 기업은 평상시에 탄탄한 **위기대응계획**을 수립·관리하는 것이 필요하며, 최고위층은 이를 정기적으로 테스트하고 취약점이 발견될 경우 이를 업데이트하여 관리하는 것이 매우 중요하다.

2. 부정방지와 윤리의식

미국의 증권거래위원회(SEC)와 같은 정부기관이나 공인부정감사인협회(ACFE) 등의 민간 전문기관이 분석한 자료에 따르면 매년 부정행위로 인해 수십억 달러가 기업으로부터 유출된다고 한다,

부정행위와 부패는 수익의 감소뿐만 아니라 기업의 명성과 고객충성도, 자본조달 능력과 브랜드 파워, 시장 점유율, 경쟁우위, 기업 내 혁신활동과 혁신 인재 등에도 부정적인 영향을 미친다.

윤리와 청렴문화를 유지하는 것은 예전부터 전 세계기업 및 조직들의 우선순위가 되어오고 있다. 최고경영진이 윤리적 차원으로 접근하여 조직원들에게 회사의 윤리와 청렴문화를 강력 설파하면, 부정과 평판훼손 방지라는 두 가지 효과를 얻을 수 있다.

임원들이 “말한 것을 몸소 실천”함으로써 기업 윤리의 중요성을 강조할 수 있다. 즉, 윤리적 행동을 독려하는 정책을 시행하고, 내부고발자 핫라인을 가동하며, 조직의 부정위험관리의 효과성을 모니터링함으로써 이를 실현할 수 있다.

3. 각종규제 및 정책준수

미국의 「도드 플랭크 법(Dodd-Frank Wall Street Reform and Consumer Protection Act)」, 「해외부정거래방지법」, 「특허권과 건강보험 개혁법」과 영국의 「뇌물 수수법」 이후, 계속적으로

증가하고 있는 각종 규제와 정부 정책들이 전 세계의 기업들에게 엄청난 영향을 미치고 있다.

특히 의료서비스, 에너지, 금융서비스 분야에서 더욱 심각한 수준이다. 회사들은 이러한 현실을 인식하여 급격히 변화하고 있는 각종 규제환경 및 이에 따른 정책 준수에 적응하기 위해 많은 기업 및 조직들은 법적 리스크 즉, 컴플라이언스 관리에 보다 통합적이고 전사적인 접근을 시도하고 있다.

해당되는 모든 권한의 목록을 개발하고, 조직의 규제 노력을 관리하던 기존 프로세스를 모니터하기 위해 내부감사를 고용함으로써 이를 실천하고 있다. 이런 접근은 고위 경영진과 이사회에게 컴플라이언스와 관련이 없는 계획은 결국 수포로 돌아 가고 말 것이라는 객관적 검증을 해준다.

4. 소셜미디어 전략 및 정책

소셜미디어는 트위터(Twitter), 페이스 북(Face book)과 같은 소셜 네트워킹 서비스(social networking service : SNS)에 가입한 이용자들이 서로 정보와 의견을 공유 하면서 대인관계망을 넓일 수 있는 플랫폼을 말한다.

全 世界의 기업 및 조직들이 규모, 산업분야, 지리적 위치 등과 상관없이 페이스 북, 트위터, 링크드인과 같은 채널을 통해서 이해관계자들과 즉석에서 소통할 수 있는 장점을 지닌 그들만의 소셜미디어를 개발하고 강화하고 있다.

유혹적인 그러나 위험한 소셜미디어 기회를 모색하기 위해 기업 및 조직들은 반드시 기업문화와 조직의 전체적인 전략적 목표에 일치하는 명확한 소셜미디어 전략과 정책을 마련해야 한다.

기업 및 조직은 직원들에게 소셜미디어를 적절히 사용하고, 소셜미디어 활동을 모니터하고 혹여 기업 및 조직의 명성을 침해할 수 있는 의견에 신속히 대응할 수 있도록 잘 훈련시켜야 한다.

5. 전문인재 인사 및 관리

기업과 조직들은 여전히 실업률과 전문가들의 이직 요구가 만연한 기업풍토에도 불구하고, 빈자리에 충분한 재원을 채워 넣는 일에 꾸준히 애를 먹고 있다. 사실, 오늘날과 같은 치열한 경쟁시장에서 충분한 자격을 갖춘 직원을 얻고 그를 붙잡아 두는 것은, (특히, IT 관련 분야) 많은 경영자들이 아직도 골치를 앓고 있는 핵심 리스크 중 하나이다.

기업 및 조직들은 인재들의 실력격차를 줄이고 다음과 같은 선택사항을 고려하면서 전략적으로 사고해야만 한다. 즉 인턴을 고용하거나 일과 삶의 균형이라는 매력적인 혜택을 제공하거나, 효과적으로 새로운 직원을 채용하고, 능력 격차가 무엇인지를 확인하여 직업적인 전문성 제고를 지원하고, 직원들이 다른 사업체와 협력하면서 지식의 교류를 촉진할 수 있도록 장려한다.

6. 신생기술 이해 및 습득

IT는 전통적으로 기업 및 조직의 일상 업무를 지원하는 일종의 '후선 지원 업무(back

office)'의 도구로서 인식되어 왔으나, 지금의 선도 기업들은 IT가 기업 및 조직의 전체 전략에서 주요한 역할을 하는 것으로 인식하고 있다. 특히 IT를 기반 으로 발전하고 있는 제4차 산업혁명 기술은 더욱더 그러하다.

새로운 기술, 예를 들면 데이터분석, 클라우드컴퓨팅, 모바일장치 등과 같은 기술을 가짐으로써 증가되는 효율성과 경쟁적 우위는 위험을 감당할 가치가 충분하다. 데이터 보안과 사생활 침해위협 관련 우려가 여전히 늘고 있지만, 변화하는 IT 리스크 환경에 대한 최고 경영진의 확고한 이해가 매우 중요하다.

마찬가지로 IT 기반 새로운 기술, 예를 들면 데이터분석, 클라우드컴퓨팅, 모바일 장치, 빅데이터, 자율주행차, 인공지능 등과 같은 기술을 가짐으로써 기업 및 조직의 전략적 목표를 달성하는 데 충분히 협력하고 이를 실현시키기 위해, 경영진과 감사는 IT 기반 신생기술을 감독 및 평가하고 모니터링 하는 데 중요한 역할을 담당한다.

7. 내부통제 구축 및 운영

내부통제라 함은 업무운영의 효과성과 효율성, 재무정보의 신뢰성, 그리고 적용 법률 및 규정 준수라는 세 가지 범주에서 조직목표를 달성하는 데 대해 합리적 확신을 제공하기 위해 계획된 이사회, 경영진, 기타 구성원에 의해 실행되는 일련의 과정을 말한다.

최근 사법당국의 이사의 내부통제시스템 구축 및 운영 의무 판시, 「신외감법」상의 내부회계관리제도 운영책임 강화, 「금융지배구조법」상의 준법감시인 제도 및 「상법」상의 준법지원인 제도 도입, 「자본시장법」 상의 주요 보고서 및 신고서의 인증제도 도입 등으로 내부통제에 대한 최고 경영진의 관심이 크게 증가하였다.

8. 전사적 리스크 관리

리스크 관리란 것이 단지 기업 및 조직 전체에 걸친 보험리스크만을 의미하던 시대는 지났다. 오늘날처럼 서로가 연결된 사회에서는 전략적, 운영적, 재무적 리스크들을 전부 다루는 확장된 범위의 전사적 리스크 관리 접근이 요구된다. 또한 조직이 직면할 가능성이 있는 주요 장애물들에 대해 잘 아는 다른 전문가들이 포함되어야 한다.

조직의 리스크 관리부서와 내부감사부서는 사전에 리스크를 파악하고, 리스크를 사정하며, 지속적으로 리스크를 모니터링하기 위해 서로 긴밀히 협력해야 한다. 또한 내부감사는 이사회, 감사위원회, 최고경영진에게 조직 전체의 리스크 관리에 대한 평가와 검증을 제공하는 노력을 하여야 한다.

9. 글로벌 리스크 관리

기업들이 글로벌화 됨에 따라 기업은 스스로 영역을 확장하거나 어떤 특정 활동을 외부위탁하거나 혹은 거래처를 통하여 점점 글로벌한 경제, 정치 이슈로 다변화하는 데 용이해지고 있다. 기업 및 조직들은 반드시 그들의 거래관계에 대한 리스크 영향에 대해 민감하게 평가해야 한다. 하나의 단일과정에서뿐만 아니라 과정이 계속 진행되는 중간 중간에도 효과적으로 사업을 관리해야 한다.

기업과 조직이 성공적인 미래를 향해 차근차근 나아가고 있음을 확신하기 위해서 리더가 해야 할 일들이 산더미라는 것은 의심의 여지가 없다. 기업과 조직의 사업전략과 경영진의 최대 관심사가 무엇인지를 잘 이해하고 있는 노련한 내부감사인들은 기업 및 조직의 리스크가 제대로 규명되고 적절히 관리되고 있다는 검증을 제공하는 것뿐만 아니라, 이런 분야에서의 전략계획을 수립하는 동안 객관적인 통찰을 제공한다.

경영진에게는 기업이나 조직이 어떤 상태에서 위기를 감지하였을 경우 위기를 효율적으로 대처 및 관리하여 그 영향을 최소한으로 막고 재빨리 평상 또는 그것에 가까운 상태로 회복시키는 위기대응시스템인 리스크 관리체제의 구축과 그 관리·운영이 매우 중요하다.

따라서 감사나 내부감사부서는 경영진이 글로벌한 새로운 시도를 할 때 발생할 수도 있는 리스크를 줄이고, 진화하는 프로세스에 대한 통제를 강화함으로써, 기업 및 조직의 잠재적인 위험요소를 제거하여야 한다. 그렇게 함으로써 앞으로 다가올 기회를 경영진이 잘 활용할 수 있도록 경영진을 적극 지원하여야 한다.

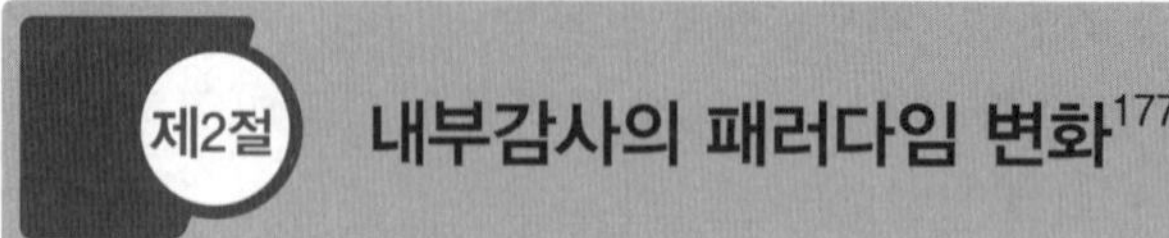

제2절 내부감사의 패러다임 변화[177]

Ⅰ. 글로벌 스탠더드에 맞는 감사제도 및 감사역할 요구

1. 외국자본의 국내지분 보유강화에 따른 감사 마인드와 역할의 국제화

자본시장의 외국인 지분율은 1997년 13.7%에서 2020. 1. 15. 39.0%(최고 2004년 41.9%)로 크게 확대됨에 따라 우리 감사 마인드와 역할의 글로벌 스탠더드화가 요구된다.

2. 기업의 글로벌화 및 시장개방 가속화에 따른 감사관련 제도의 국제화

세계 무역의 자유화 및 우리기업의 글로벌화(뉴욕, 런던 등 세계 금융시장에 상장)와 시장개방이 가속화함에 따라 이에 맞춰 우리 감사관련 제도 및 법규 등의 글로벌 스탠더드화가 강력하게 요구되고 있다.

Ⅱ. 감사인은 전사적인 시각의 통찰력과 전문성 요구

1. 감사는 경영진과 함께 기업 전체를 보는 시각 필요

기업지배구조 운영은 경영진의 「위험관리」, 「내부통제」 및 「부정관리」와 監事의 이에 대한 「검증(Assurance)」 및 「진단(Consulting)」으로 구성 되어 있다. 따라서 감사는 경영진과 함께 기업 전체를 보는 시각이 필요하다.

---

177 김용범, 전게서. 2017. 119~121면. 문재우, 「 감사의 역할과 비전」, 한국감사인대회 발표자료, 2008.10, 21~30면, 김용범, 전게서, 2012., 96~99면.

2. 경영환경 변화에 대한 폭 넓은 이해와 통찰력 보유

기업가치의 증진을 위해서는 監事도 경영진과 마찬가지로 비즈니스 트렌드, 새로운 경영기법, 새로운 규제 및 새로운 기술 등 주변 경영환경 변화 등에 대한 폭 넓은 이해와 통찰력이 요구된다.

3. 비즈니스 수행 역량과 전문 산업지식 보유 및 배양

감사는 경영 사안에 대한 진단, 전략적 의사결정 지원 등을 적기에 적정하게 하기 위해서는 비즈니스 역량과 해당 기업에 대한 전문 산업지식이 요구된다.

Ⅲ. 전사적 관점의 「리스크 중심 감사(Risk Based Audit)」로 전환

1. 경영진의 기업을 둘러싼 다양한 리스크 인식에 대한 검증 및 지원

감사는 경영진이 기업을 둘러싼 다양한 리스크를 인식하고 있는지 여부를 검증하고 필요한 지원을 하여야 한다.

2. 경영진의 전사적 통합 리스크 관리체제 구축에 대한 검증 및 개선

감사는 경영진의 전사적 통합리스크 관리체제의 구축 상태에 대하여 적정성을 검증 하고 필요한 개선을 요구하여야 한다.

사례 7

Dupont 사례

① 배경 : 화학, 농업 등 사업다각화로 다양한 리스크에 노출
② 문제점 : 사업부 단위별 독립적인 리스크 관리시스템 운영으로 문제점 노출
③ 개선안 : 전사적 위험관리에 기초한 통합내부감사시스템 도입
④ 기대효과 : 리스크 관리 및 내부감사의 유효성 제고

Ⅳ. 감사는 장기적으로 기업가치 증진에 기여

1. 업무프로세스 및 자가진단의 지원감사로 변화

전통적 거래 중심의 감사에서 업무프로세스 및 경영진의 자가진단에 대한 지원감사로 감사의 역할이 변화하여야 한다.

2. 위험관리 및 경영진단 중심의 경영감사로 전환

종래 적발·준법 위주의 감사에서 위험관리·경영진단 중심의 경영감사로 감사의 역할이 변화함에 따라 장기적 기업가치 증진에 기여하여야 한다.

V. 내부감사의 고객에 대한 서비스 강화

1. 내부감사인의 열린 생각과 자세 변화

감사대상자는 조직 목표 달성을 위해 노력하는 파트너이자 고객이다. 따라서 감사결과의 수용성(예, Cost/Benefit 적용)을 높여야 한다. 감사인은 감사 고객과 감사 대상에 대한 열린 생각과 자세를 가져야 한다.

2. 내부감사인의 고객 중심으로 사고 전환

적발은 감사의 기초이나 최종 목표는 아니다. 개선안이나 대안협의 등을 통한 고객에 도움을 주는 서비스 제공이 필수 생존 조건이다.

3. 감사의 다양한 이해관계자의 이익 보호

주요 고객인 경영진, 내부직원, 주주, 지역사회, 채권자, 정부 등 다양한 이해관계자의 이익보호를 위한 감사의 역할이 더욱더 요구되고 있다.

제3절 내부감사 업무의 진화[178]

Ⅰ. 내부감사 업무의 변화

내부감사업무는 현재에는 ① 회계감사, ② 준법감사, ③ 내부통제감사 중심의 감사에서 미래에는 ① 회계감사, ② 준법감사, ③ 내부통제감사, 리스크감사 이외에도 ④ 업무프로세스감사/경영감사로 확대될 것이다.

〈도표1〉 내부감사 업무의 변화

현재	미래
① 회계감사	① 회계감사
② 준법감사	② 준법감사
③ 내부통제감사	③ 내부통제감사/리스크감사
	④ 업무프로세스감사/경영감사

Ⅱ. 내부감사 방법의 변화

178 김용범, 전게서, 2017, 121~123면. 최원락, 「감사인의 과제와 변화관리 사고」, 2009.5, 4~6면.

내부감사 방법은 현재 ① 회계감사/준법감사, ② 문제발견형 감사, ③ 사후적감사, ④ 과거 중심적 감사, ⑤ 경찰역할 감사/견제적역할 감사에서, 미래에는 ① 리스크감사/업무프로세스감사/경영감사, ② 문제해결형 감사, ③ 예방적 감사, ④ 미래 지향적 감사, ⑤ 컨설턴트 역할 감사 / 전략적 파트너 역할 감사로 변화할 것이다.

〈도표2〉 내부감사 방법의 변화

현재	미래
① 회계감사 / 준법감사/ 내부통제 감사	① 리스크감사/업무프로세스감사/경영감사
② 문제 발견형 감사	② 문제 해결형 감사
③ 사후적 감사/과거 중심적 감사	③ 예방적 감사/미래 지향적 감사
④ 경찰 역할 감사	④ 컨설턴트 역할 감사
⑤ 견제적 역할 감사	⑤ 전략적 파트너 역할 감사

Ⅲ. 내부감사 비중의 변화[179]

내부감사 비중은 현재 ① 회계감사/준법감사 29%, ② 내부통제감사 29%, ③ 업무프로세스 감사 19%, ④ 경영감사 / 리스크 감사 23%에서, 미래에는 ① 회계 감사 / 준법감사 10%, ② 내부통제 감사 20%, ③ 업무 프로세스 감사 30%, ④ 경영감사 / 리스크 감사 40%로 변화할 것이다.

〈도표3〉 내부감사 비중의 변화

현재		미래	
① 회계감사 / 준법감사	29%	① 회계감사 / 준법감사	10%
② 내부통제감사	29%	② 내부통제감사	20%
③ 업무프로세스감사	19%	③ 업무프로세스감사	30%
④ 경영감사 / 리스크감사	23%	④ 경영감사 /리스크감사	40%

Ⅳ. 내부감사인 자격의 변화[180]

179 김용범, 전게서. 2017. 122면. 현재 비중은 한국상장협회의 "2009년도 감사 및 감사위원회와 감사실 운영 현황 설문 분석" 자료를 근거로 작성했으며, 미래자료는 Arthur Andersen의 「감사인의 역할」 조사 결과 자료를 참조.

180 김용범, 전게서. 2017. 123면. 국제내부감사인협회(IIA)의 「내부감사인 전문성 프레임웍」내용과 미국 통화감독청(OCC)의 「감사관 핸드북」내용을 취합하여 필요한 최소한의 자격을 제시했다.

현재 「상법」, 「자본시장법」, 「금융사지배구조법」, 「공공기관운영법」, 「공감법」 등 관련법에서 규정하고 있는 요건 즉 형식적 자격요건만 갖추면 내부감사인이 될 수 있으나, 미래에는 형식적 자격요건 뿐만 아니라 실질적 자격요건도 갖춘 자가 내부감사인이 되어야 한다.

내부감사인의 실질적 자격요건은 기초 학문지식으로서 ① 회계·재정학, ② 경제·산업학, ③ 전산·정보(IT)학, ④ 위험·통제학, ⑤ 법률·감사학, ⑥ 경영·진단학 에 대한 상당한 수준의 지식을 보유하여야 하며, 직무 수행능력으로서 최소한 ① 분석력, ② 판단력, ③ 기획력, ④ 지도력등을 갖추고 있어야 한다.

〈도표4〉 내부감사인의 자격의 변화

현재	미래
① 형식적 자격 • 관련법상 자격	① 형식적 자격 • 관련법상 자격
② 실질적 자격 • 해당없음	② 실질적 자격 〈 기초학문지식 〉 • 회계·재정학 • 전산·정보학 • 경제·산업학 • 위험·통제학 • 법률·감사학 • 경영·진단학 〈 직무수행능력 〉 • 분석력 • 판단력 • 기획력 • 지도력(의사소통 능력 및 조직 관리 능력 포함)

제4절 주요국의 감사제도

Ⅰ. 개요

주식회사의 지배구조에 있어서 감사제도는 우리나라 「상법」의 개정 역사에 있어 가장 중요한 논제 중에 하나였다고 생각한다. 기업경영의 불투명성과 기업지배구조의 후진성이 IMF 경제위기 사태를 초래한 중요한 단초가 되었다는 지적이 있은 지 벌써 20여년이 지났다. 현 시점에서 지난 수년에 걸쳐서 이루어졌던 기업경영 투명성과 지배구조 개선작업의 일환이었던 감사제도가 원래의 의도대로 제대로 작동하고 있는가를 점검해 보는 것은 꼭 필요한 작업이라고 생각한다.

우리나라는 독임제 감사제도와 함께 미국식 감사위원회제도를 도입하였고, 일정한 규모의 금융기관의 경우에는 미국식 준법감시인(compliance officer)의 설치가 의무화되기도 하였다. 또한 일정한 규모 이상의 상장회사에 대하여는 준법지원인의 설치를 의무화하였다. 현행 「상법」 체계상 기업경영에 대한 내부적 감독 및 감사기관은 두 가지로 되어있다. 즉 이사의 직무집행에 대한 **감독기관으로서의 이사회**와 이사의 직무집행에 대한 **감사기관으로서의 감사 및 감사위원회**가 그것이다.

감사제도에 대한 주요국의 입법례로는 ① 우리나라 법제와 달리 감사가 별도로 존재하지 않고, 이사회 내에 감사위원회를 두어 동 위원회가 경영진과 독립적으로 내부감사 및 외부감사를 통제하도록 하는 방식(**미국식 감사제도**), ② 미국과 달리 업무집행을 이사회가 담당하고, 감독 및 감사는 이사회의 상위 기관인 별개의 독립된 감사회가 담당하는 방식(**독일식 감사제도**), ③ 업무집행에 대하여 監事에 의한 監査와 理事會에 의한 監督이 竝立的·重疊的으로 행해지는 방식(**한일식 감사제도**) 등이 있다.

II. 미국의 감사제도

1. 미국 감사제도의 개요[181]

미국의 감사제도는 우리의 법제와는 달리 감사제도에 관하여 「회사법」의 규정이 별도로 존재하지 않고, 실무적으로 사내이사 중에서 「**내부감사**(Internal Auditor)」가 회계와 경영감시 관련부서를 총괄하며 내부통제시스템을 관리하는 식으로 운영된다. 그리고 우리같이 재무제표 기타 외부감사관련 보고서를 작성하는 업무는 외부감사 즉, 회사 외부의 회계전문가(예컨대 공인회계사)에게 의뢰하도록 하고 있다.

그러나 이런 감사제도는 효율적인 감시가 어렵다고 보고 이사회 내에 감사위원회를 두고 동 위원회가 경영진과 독립적으로 내부감사 및 외부감사를 통제하도록 하여 회사에 대한 감사의 투명성을 제고하고자 감사위원회제도를 발전시켰다. 이러한 제도는 「회사법」에서 발전된 것이 아니라 「증권거래법」(SEA of 1934)에서 1940년대부터 발전시켜 왔으며, NYSE, NASDAQ, AMEX 등의 자율규제기관도 1970년부터 각종 거래소의 운영규칙 등을 통해 발전시켰다.

Enron 사건[182] 이후 2002년의 「사베인옥슬리법(Sarbanes-Oxley Act : SOX법)」의 제정과 이로 인해 「증권거래법」 및 일련의 시행규칙 등의 개정 및 NASDAQ 등의 자율규제기관의 운영규칙의 변경으로 감사 및 회계제도에 많은 변혁을 가져왔으며, 아울러 감사제도와 관련한 법제로서 종래의 「증권거래법」상의 감시제도를 개혁하여 감사위원회의 독립성과 책임성 등의 측면에서 더욱더 감시 장치를 강화하였다.

SEA법 Rule 제10A-3의 규정에 따라 상장(등록)회사는 모두 감사위원회를 설치하여야

181 김용범. 전게서. 2017. 124~125면. 최완진, 「기업지배구조법 강의」, 한국외국어대학교출판부, 2011. 135~136면, 한국상장회사협의회, 「우리나라와 주요국의 감사제도」, 2007., 28~30면.

182 Enron 사건이란 2001년 발생한 사건으로 에너지회사로서 미국의 최대 지주회사 그룹인 Enron 회사의 분식회계사건을 말하며 이로 인하여 동 회사는 파산하였고 주주의 손실과 종업원의 실직으로 사회문제화되었던 사건이다. 경영진 또는 주식의 내부거래로 문제시 되었던 부실경영의 대표적인 사례이다.

하며, 「SOX법」의 제정에 따라, 이제는 「증권거래법」 및 「SOX법」의 적용을 받는 회사[183]도 모두 감사위원회의 규정을 적용받게 된다.(「SOX법」제2조). 감사위원회를 설치하지 아니한 경우는 이사 전원으로 구성되는 이사회가 감사위원회와 동일 하게 취급되어 감사위원회 규정을 적용받게 된다.

결국은 회사의 권한분배에 변화가 온 것이다. 종래에는 회사의 경영권이 경영진에게 있었다면, 「SOX법」(실질은 「증권거래법」의 감사부분에 대한 개정법 성격)의 제정과 이로 인해 개정된 「증권거래법」 및 일련의 시행규칙 등의 개정과 자율규제기관의 운영규칙의 변경 등으로 회사의 권한이 회사의 「임원진(Executive Officer)」으로부터 독립이사, 감사위원회 그리고 주주에게로 전환된 것이라고 할 수 있다.[184]

2. 미국 감사제도의 法源[185]

가. 「모범회사법」 및 각 주의 「회사법」상 감사위원회제도

1950년의 「모범회사법(MBCA)」제정이후 1982년의 ALI(미국법률가협회)의 「회사지배구조에 관한 ALI원칙」 권고안[186]이 기업의 지배구조와 관련해 연방모델규범으로서는 최근의 규범이다. 동 권고안에서는 감사위원회의 설치를 대규모공개회사(설치 강제)와 소규모공개회사(설치권고)로 구분·설치토록 하고 있다(「원칙」제3A.02조).

따라서 감사위원회제도는 「SEA법」 Rule 제10A-3의 규정과 2002년 「SOX법」의 제정으로 상장(등록)회사 및 「증권거래법」의 적용을 받는 회사는 모두 감사위원회가 설치되었든, 안되었든(이 경우는 이사전원으로 구성된 이사회가 감사위원회를 대체) 「SOX법」 및 「SEA법」상의 감사위원회 관련 규정의 적용을 받게 되었다.

그리고 각종의 증권거래소 회원사는 「SOX법」과 「증권거래법(SEA of 1934)」 그리고 「동 시행규칙」이나 각각의 당해 증권거래소의 「운영규칙」상의 감사위원회 규정을 적용받게 되었다. 현재는 각 주의 「회사법」에 감사위원회의 설치에 관한 의무규정을 두고 있지 않는 한, 동 제도는 일반회사의 경우에는 설치가 강제되지 않는다. 결국 상장회사 등 「증권거래법」이 적용받는 회사에 국한하여 적용되고 있다.

나. 「증권거래법(SEA법)」 및 「SOX법」상 감사위원회제도

「증권거래법(SEA of 1934)」에서는 제10A조항에서 감사에 관한 규정을 두고 이와 관련한 일련의 시행규칙(Final Rule)에서 이를 규정하고 있다. SEC는 감사위원회의 회계 관련 부서의 각종 보고서 작성과정, 내부통제시스템의 운영 및 독립감사에 대한 감사역할을 강조하고

183 미국의 SEA법은 정부기관, 시(지방자치단체)가 발행한 증권의 거래와 공무원, 자선단체, SROs, Church Plans 등의 경우에는 배제되며(SEA법 제3조(b)~(g), 증권거래소나 SEC에 등록된 증권과 그 회사 및 중개인 등이 적용대상이 된다.(SEA법 제12조 및 관련 Final Rule).

184 Corporate Governance, The View from NASDAQ, by Michael S. Emen, Senior Vice President NASDAQ Listing Qualifications, P.1.

185 김용범. 전게서. 2017. 126~128면. 한국상장회사협의회, 「우리나라와 주요국의 감사제도」, 2007., 30~42면.

186 American Law Institute, Principles of Corporate Governance : Analysis and Recommendations, 1994, ALI, Vol.1.

있다.[187]

「SOX법」은 우선 동법의 집행기관인 「공개회사회계감시위원회(PCAOB : Public Company Accounting Oversight Board)」를 신설하고, 동 감시위원회를 통해 회사의 내부통제시스템의 운영에 대한 기준의 제정과 특히 외부감사를 집중적으로 감시하도록 하고 있다. 동 감시위원회는 「증권거래법」의 집행기관인 「증권거래위원회 (SEC)」[188]의 감독 하에 업무를 수행토록 하고 있다(「동 법」 제106조).

동 법제는 또한 감사의 독립성(제2장), 회계기준(제1장, 제103조에서 제108조), 감사의 책임(제3장), 재정관계 공시제도(제4장), 각종의 위법 및 사기적 행위에 대한 제재(제8장 및 제11장) 등으로 구성되어 있으며 기업의 감시제도와 관련하여 가장 강력한 규제 장치를 갖고 있다고 할 것이다.

양 법제의 관계를 살펴보면 「SOX법」상의 대부분의 조항은 「SEA법」 제10A조 및 기타 조항에 추가하는 형식을 취하고 있고 일부 규정만 「SOX법」의 독립된 조항의 형식을 취하고 있다. 그러나 「SOX법」은 「SEA법」 제10A조항에서 규정한 감사위원회제도를 좀 더 체계적으로 재조정하고 감시제도를 강화하였다.

다. NYSE의 「상장운영규칙」과 「NASDAQ」의 「등록규칙」상 감사제도

뉴욕증권거래소(NYSE)의 「상장운영규칙」에 따르면 상장회사는 「증권거래법 시행규칙」 Rule10A-3에서 요구하는 감사위원회를 구성하여야 한다.(303A.06) 그리고 추가적으로 다음의 요건을 갖춰야 한다.(303A.07) 감사위원회는 최소한 3명 이상 으로 구성되어야 한다. 그리고 전원이 독립감사위원이어야 한다. 감사위원회는 독자의 「감사위원회운영규칙(written Chart)」을 제정하여 실행하여야 한다.

각 상장회사는 감사위원회 산하에 내부감사에 직접 참여할 수 있는 인원 및 제도적 장치를 마련하여 운영해야 한다. 이외에도 감사위원회의 위원은 이사에 대한 각종규칙의 적용을 받는다. 예컨대, 이사의 독립성에 관한 규정(303A. 01/02), 지배구조가이드라인(303A.09), 사업수행윤리강령(303A.10) 등이다.

나스닥(NASDAQ : National Association of Securities Dealers Automated Quotation) [189]의 등록규칙도 뉴욕증권거래소의 그것과 유사하다. 2002년 NYSE와 NASDAQ은 새로운 운용규칙 즉 지배구조에 관한 규칙 등을 만들어 SEC에 제출하였고, SEC는 이를 검토한 후 양 규칙이 가능하면 일치하도록 이를 조정하였다. 특히 감사의 독립성에 관한 규정은 NASDAQ이 제출한 안이 수용되었다.

NASDAQ 등록규칙은 이사회의 과반수를 독립이사로 구성토록 하고, 임원의 보수결정

---

187 김용범. 전게서. 2017. 126면. SEC File No. S7-02-03, April 9, 2003, Standards Relation to Listed Company Audit committees

188 SEC : Securities and Exchange Commission

189 NASDAQ은 전미증권협회(NASD)가 컴퓨터전산망을 통해 운영하고 있는 미국 장외시장의 시세 보도시스템 을 말한다. 1971년 개설된 NASDAQ은 뉴욕증권거래소와 같이 특정장소에서 거래가 이루어지는 증권시장이 아니라 컴퓨터 통신망을 통해 거래 당사자에게 장외시장의 호가를 자동적으로 제공, 거래가 이루어지도록 하는 일종의 자동시세통보 시스템이다.

및 이사회의 임면권 행사 시 독립이사의 승인을 받도록 하였다. 물론 구체적인 승인방법은 회사규모에 따라 다르게 정하도록 하고 있다. 또한 예외적으로 비독립 이사 1명을 2년 임기로 보수결정위원회, 임원임명위원회와 감사위원회에 반드시 포함하고 이를 투자자에게 알리도록 하고 있다.

이사의 독립성과 관련하여서는 임원의 가족, 이사의 가족, 이사의 급료 이외에 연 6만 불 이상 보수를 받는 이사, 거래가액이 20만 불 이상이거나 또는 상대방의 수입의 5% 이상인 경우 당해 상대방 법인과 특수한 관계가 있는 이사는 독립된 이사가 아니다. 이는 SEC Rule에 따른 것이며 뉴욕증권거래소의 경우도 이와 유사하나 수치가 약간씩 다르다.

나스탁은 뉴욕증권거래소와 동일하게 감사의 선임기간 3년의 「냉각기간제도」(three year "cooling off" period : 당해 회사에 고용되어 재직한 후 3년이 경과해야 사외감사로 채용될 수 있다는 냉각기간 제도)를 채용하고 있다.

감사위원회의 권한은 「SOX법」의 규정을 그 대로 반영하여 독립감사의 임면권, 감사행위의 사전승인제, 각종의 자문을 위한 자금사용결정권, 각종의 대외비 및 고발사건에 대한 내부절차규정 제정권, 자기거래 관련 조사 및 승인권 등을 갖는다.

감사위원의 자격으로는 회계업무에 대한 기초 지식을 갖고 있어야 하며, 감사위원 중 최소한 1명은 회계전문가여야 한다.[190] 공시사항의 개시제도와 관련하여서 나스닥은 SEC 규칙(Regulation FD)상의 규정을 그대로 나스탁 등록회사의 의무로 받아들이고 있다.

3. 미국 감사제도의 특징[191]

미국 기업의 감사제도의 구조는 기업내부에서 회계업무를 수행하고 이 회계업무와 경영에 관한 감시를 위하여 내부통제시스템을 운영하며, 이는 통상 사내이사(이를 통상 **"내부감사(Internal Auditor)"**라 칭하며, 우리의 상근감사위원과 유사)가 맡는다.

재무제표 등은 외부감사인인 회계전문가에 의해 수행되며, **감사위원회**는 **내부감사와 외부감사 양측 모두를 감시**한다. 그리고 「SOX법」은 동법의 집행기관인 공개회사감시위원회(PCAOB)로 하여금 외부감사의 회계업무에 대하여 집중적으로 감시(각종의 조사권 행사 가능)하도록 규정하고 있다.(「SOX법」 제104(a), 제105조)

가. 내부감사제도의 특징

1) 감사 관련자의 책임

「SOX법」제정으로 감사 관련자의 책임이 다음과 같이 가중되었다.

첫째, SEC는 각종의 감사보고서 등의 작성자(예컨대 수석임원, 회계담당 수석 또는 임원 등)의 실명제와 보고서에 대한 작성자의 직접적인 검토의무를 부과하고 작성자의 내부통제시스템의 설치와 운영에 대한 책임을 부과한다.(「SOX법」 제302조)

---

190 Corporate Governance, The View from Nasdaq, by Michael S. Emen, Senior Vice President NASDAQ Listing Qualifications, P.6.

191 김용범. 전게서. 2017. 128~131면. 최완진, 전게서, 한국외국어대학교출판부, 2011. 136면.

둘째, 회사의 임원이 회사의 회계장부 작성과정에서 회계전문가에 대하여 사기적 행위를 강요하거나 허위조작의 지시, 기타 회계업무를 방해하는 행위에 대하여 SEC가 제재조치를 취할 수 있다.(「SOX법」 제303조)

셋째, 경영진 등의 회계조작에 의해 지급된 상여금이나 각종의 보수는 변상하여야 한다.(「SOX법」 제304조)

2) 내부통제시스템의 운영

「SEA법」[제404조(b)]과 「SOX법」[제302조(a)(4)]에서는 회사의 내부감사로 하여금 내부통제시스템을 운영하도록 의무화하고 있다. 이와 관련해 공개회사회계감시위원회(PCAOB)는 기준을 제정해 내부감사의 권한 등 내부통제시스템에 대한 감시방법을 제도화하고 있다. 또한 「SEA법」[제404(b)조]은 회사 경영진으로 하여금 내부통제시스템의 운영에 대한 평가를 하도록 의무화하고 있다.

이를 위해 「SEA법」 [제103조 및 제404조(b)]은 「SOX법」상 집행기관인 「공개회사회계감시위원회(PCAOB)」로 하여금 내부감사가 서명하여 제출한 일련의 회계자료와 관련하여 내부통제시스템의 운영과 그 결과인 회계자료의 진실성 등을 판단할 세부적인 기준을 제정하도록 하고 있다.

「SOX법」상의 「공개회사회계감시위원회(PCAOB)」는 2006년 2월 내부통제시스템 운영에 대한 감사와 관련한 기준(standards)를 제정하였으며, SEC도 이미 2003년 8월 감사 관련 기준(Final Rule)을 제정하여 실시하고 있다.

나. 감사위원회제도의 특징

1) 감사위원회의 독립성

「SEA법」상 감사위원회의 독립성에 관한 규정은 「SOX법」의 제정으로 대폭 강화 되었다.

첫째, 외부감사(회계법인 등)는 직접의 감사업무서비스 이외의 비감사업무서비스의 수행을 원칙적으로 금지하고, 또한 이에 대한 보수의 지급도 금지토록 하였다.(「SOX 법」제201조(a), 「SEA법」 제10A(g))[192]

둘째, 모든 감사업무서비스 및 비감사업무서비스는 감사위원회의 사전승인을 받도록 하였다.(「SOX법」 제202조, 「SEA법」 제10A(i))

셋째, 외부감사(회계법인 등)는 동일 회사의 감사업무를 5년간 계속적으로 수행할 수 없다.(「SOX법」 제203조)

넷째, 외부감사(회계법인 등)의 감사위원회에의 보고를 의무화하였다.(「SOX법」 제204조)

다섯째, 회사의 임직원으로 있던 자(예컨대, 회장, 재무담당 상무, 경리부장 등)가 퇴직하고 외부감사(회계법인 등)의 조직에 취업한 지가 감사업무 개시시점에서 1년이 경과하지 아니한 경우 당해 회계법인등은 당 회사의 감사업무를 수임할 수 없다. (「SOX법」제206조)

---

192 회계법인인 Arthur Anderson은 Enron사로부터 감사업무에 대한 보수로 2천 5백만불을 받았고, 비감사 업무 보수로 2천 7백만 불을 받았다.

감사위원회의 독립성과 관련해서는 SEA규칙 10A-2에서 보다 상세하게 규정하고 있다. 각각의 증권거래소의 경우에는 위에서 설명한 바와 같이 감사위원회의 독립성에 대하여 기준을 설정하고 이를 회원사에 실천할 것을 요구하고 있다.

2) 감사위원회의 권한과 의무

ALI 지배구조 원칙상의 감사위원회의 권한으로는 ① 외부감사의 추천권과 해임 검토권, ② 외부감사의 보수, 독립성 등의 조사권, ③ 내부감사의 임면권, ④ 외부감사와 이사회 간의 연결, ⑤ 외부감사의 감사업무에 대한 조사권, ⑥ 회사의 재무제표 등의 조사권, ⑦ 회사의 내부통제시스템에 대하여 외부감사 및 내부감사와의 검토권, ⑧ 각종의 회계기준의 선택 및 이의 적정성 검토권 등이 있다.[193]

「SEA법」상 감사위원회의 권한과 의무도 「SOX법」의 제정으로 대폭 보강되었다. 먼저 감사위원회의 권한으로는 ① 모든 감사서비스 및 비감사업무서비스에 대한 감사위원회의 사전승인권(「SOX법」 제202조, 「SEA법」제10A(i)), ② 외부감사(회계법인 등)로부터 보고받을 권한(「SOX법」제204조) 등이 보강되었다.

그리고 감사위원회의 의무로는 ① 감사위원회는 외부감사인의 선임과 보수 그리고 업무에 대한 감시의무를 지며 회사에 대하여 이에 대한 직접적인 책임을 진다. (「SOX법」 제301(m)(2)), ② 감사위원회 위원은 회사로부터 자문료 등 기타의 보수를 받아서는 안 되며, 회사와 특수관계에 있어서도 안 된다.(「SOX법」 제301 (m) (3)), ③ 감사위원회는 회사에 감사관련 고발이 접수되었을 경우 이를 접수하고 처리하여야 한다. (「SOX법」 제301(m)(4)), ④ 감사위원회는 업무상 필요한 경우 자문에 응하여야 한다.(「SOX법」 제301(m)(5)) 등이다.

NASDAQ 운영규칙상 감사위원회의 권한은 「SOX법」의 규정을 그대로 반영하여 독립감사의 임면권, 감사행위의 사전승인제, 각종의 자문을 위한 자금사용결정권, 각종의 대외비 및 고발사건의 내부취급에 관한 절차규정 제정권, 자기거래 관련 조사 및 승인권 등을 갖는다.

또한 NYSE 운영규칙상 감사위원회는 독자의 「감사위원회 운영규칙」을 제정하여 실행 하여야 한다. 그리고 각 상장회사는 감사위원회 산하에 내부감사에 직접 참여할 수 있는 인원 및 제도적 장치(internal audit function, 감사위원회 보조기구 또는 감사위원회 부설기구)를 마련하여 운영하여야 한다.

4. 미국 감사제도의 주요 내용[194]

가. 기업의 기관구조 일반

「회사법」상 회사의 의사결정기관으로는 주주총회와 이사회가 있으며 업무집행기관으로는 **집행임원제도**(Officers : CEO, CFO 등)가 있다. 업무집행기관이 이사회와 분리된 것이 우

193 American Law Institute, Principles of Corporate Governance : Analysis and Recommendations, 1994, ALI, Vol. 1, p.115. 및 ALI의 지배구조의 원칙 제3A.03

194 김용범, 전게서, 2017, 131~133면, 한국상장회사협의회, 「우리 나라와 주요국의 감사제도」, 2007., 38~41면, 최완진, 「기업지배구조법 강의」, 한국외국어대학교출판부, 2011, 137~138면.

리나라와 다른 점이다. 우리나라「상법」은 이사회 구성원인 이사 중 에서 업무 집행자 즉 업무집행이사(예 : 대표이사)를 선임토록 하고 있다.

이에 반하여 미국의 법제는 이사가 아닌 이사와 전혀 별개의 기관인 집행임원제도를 두어 동 임원(이사회에서 선임)이 회사의 경영업무를 집행토록 한다. 최근에 도입된「상법」의 집행임원제도(종래제도와 둘 중 하나를 선택할 수 있는 임의제도)는 바로 미국의 집행임원제도를 모델로 한 것이다. 이사회의 의사결정기능과 업무집행 기능을 분리하고 나아가서 감시기능을 강화하자는 데 그 목적이 있다.

감사기관과 관련해서 각 주(State)의「회사법」상으로는 회사 내에 독립된 감사기관의 설치가 법제화되어 있지 않다. 다만 **이사회**가 **의사결정기관**이면서 동시에 실질적인 **감사기관의 역할**을 한다. 그리고 회사의 회계감시업무를 총괄하거나 회사가 내부 통제시스템을 운영할 경우에 그 총괄책임은 **내부감사**(Internal Auditor : **사내이사 중에서 감사위원회가 임명**)가 담당한다. 이는 우리나라의 **상근감사위원과 유사**하다.

또한 회사의 회계 관련 장부(재무제표 등)에 대한 감사 즉, 회계감사에 대해서는 회사 내부의 감사기관이 아닌 회사의 외부에서 회계전문가(회계법인, 공인회계사 등)를 **외부감사(External Auditor)**로 선임하여 회계감사를 실시토록 한다. 우리나라의 경우(외부)**감사인(회계법인, 공인회계사** 등)에 의한 회계감사제도에 해당한다.

우리나라의 경우를 살펴보면 이사회와 구분되는 감사제도이지만 우리의 이사회도 또한 의사결정기관이면서 동시에 업무집행이사에 대한 감독권한을 가진다. 그러나 미국의「회사법」은 우리나라와 달리 이사회와 구분되는 독립된 감사기관이 별도로 제도화 되어 있지 않다. 다만 위에서 설명한 바와 같이 회사의 회계업무에 대한 감시의 총괄과 내부통제시스템을 운영하는 경우 이를 총괄하는 총책임자를「**내부감사(Internal Auditor)**」라 하고, **이는 사내이사 중에서 감사위원회가 지명**한다.

미국「회사법」의 경우 이사회 외에「회사법」상 독립된 감사기관의 설치와 관련해서는 1982년 제정된 ALI의 [회사 지배구조에 관한 ALI 원칙]에서 각 주에 공개회사의 경우 회사규모를 구분하여 대규모 공개회사의 경우는 감사위원회의 설치를 강제하고 있고, 소규모 공개회사의 경우는 이의 설치를 권고하고 있을 뿐이다.

감사위원회란 이사회 내부에 한 위원회로서 설치되는 기관이지만 주된 목적이 감사에 있다는 점과 의사결정기관으로서의 이사회와 구분된다는 점에서 독립된 감사기관이라 할 수 있다. 우리나라의「상법」의 경우도 감사와 감사위원회 중 하나를 선택하도록 하고 있다. 감사위원회제도에 따르면「SEA법」Rule 제10A-3의 규정과 2002년의「SOX」법의 제정으로 상장회사 및「증권거래법」의 적용을 받는 회사는 모두 감사위원회가 설치되었든, 안되었든(전이사로 구성되는 이사회가 감사위원회를 대체)「SOX법」및「SEA법」상의 감사위원회 관련 규정의 적용을 받는다.

그리고 각종의 증권거래소 회원사는「SOX법」및「증권거래법」(SEA of 1934)과「동 시행규칙」이나 각각의 당해 증권거래소의 운영규칙상의 감사위원회의 규정의 적용을 받고 있다. 현재로는 각 주의「회사법」에 감사위원회의 설치에 관한 의무규정을 두지 않는 한, 동 제도는 일반회사의 경우에는 설치가 강제되지 않는다. 결국 상장 회사 등 「증권거래법」의 적용을 받는 회사에 국한해 설치 및 적용되고 있다.

나. 기업의 감사제도 구조

미국 기업의 감사제도의 구조는 다음과 같다.

첫째, 「회사법」상의 제도는 아니나 회사내부에서 회계업무와 경영에 관한 감시의 총괄과 내부통제시스템을 운영하는 경우 이를 총괄하는 총책임자를 「내부감사(Internal Auditor)」라 하고, 이는 감사위원회가 통상 사내이사 중에서 선임 한다.

둘째, 재무제표 등에 대한 회계감사는 외부감사인인 회계전문가에 의해 수행된다. 우리나라의 경우도 「상법」상의 제도는 아니나 「신외감법」에 의해 일정규모 이상의 회사에 대해서는 「상법」상의 감사 이외에 회계전문가인 외부감사인에 의한 회계감사를 받도록 하고 있다.

셋째, 감사위원회는 상장회사 및 「증권거래법」 적용회사는 반드시 설치·운영하여야 하며, 동위원회는 내부감사와 외부감사 양측 모두를 감시한다. 그리고 「SOX법」은 동법의 집행기관인 공개회사회계감시위원회(PCAOB)로 하여금 외부감사의 회계업무에 대해 집중적으로 감시(각종의 조사권 행사가능)하도록 규정하고 있다.(「SOX법」 제104(a), 제105조)

다. 기업 감사기관의 권한과 책임

「내부감사(internal auditor)」는 단순한 회계업무책임자인 경우는 법률상의 기관은 아니다. 그러나 내부통제시스템의 운영의 책임자일 경우에 내부통제시스템의 운영에 관한 법률상의 기관으로서 관련 법제상의 권한과 책임을 진다.

단, 내부통제시스템의 운영이 특별법에 의하여 강제되는 경우의 **「내부감사(Internal Auditor)」**(사내이사 중에서 감사위원회가 임명하며, 우리나라의 상근감사위원에 해당)는 이를 강제하는 관련 특별법상의 감사기관이 된다.

외부감사는 회사의 재무제표와 관련된 회계감사를 중심으로 관련 법제상의 권한과 책임을 진다. 미국의 경우 감사위원회는 위에서 언급한 바와 같이 내부 감사와 외부 감사 모두를 감시하며 관련법상의 권한과 책임을 진다.

Ⅲ. 독일의 감사제도

1. 독일 감사제도의 개요

1990년대 들어 전 세계적으로 불기 시작한 기업지배구조 개선 작업의 중심에는 감사제도가 있었다. 독일도 1996년 도이취 텔레콤의 수십억 달러 분식 스캔들 이후 사회적으로 감사회제도의 개선이 필요하다는 목소리들이 높았다.

이후 독일은 1998년 "기업경영에 대한 통제와 투명성에 관한 법률"(Gesetz zur Kontrolle und Transparenz im Unternehmensbereich : KonTraG)을 제정하여 감사회의 권한과 의무를 대폭 개선하는 등 기업지배구조 개선과 관련하여 감사제도를 가장 핵심에 두고 있다.

이런 독일의 **감사회(Aufsichtsrat)**는 주식회사를 비롯한 유한회사의 필요적 상설기관으로서 이사의 업무집행 감독을 주요업무로 하고 있다. 그리고 감독업무의 효율성 확보를 위해 감사회에게 이사의 선임 및 해임권을 부여하고 있을 뿐만 아니라 이사와 회사 간의 자기거래나 회사가 이사에 대하여 신용제공을 하는 경우 등에는 감사회가 회사를 대표할 수도 있다.

그 밖에도 독일의 경우 정관으로 감사회의 권한에 관한 특별규정을 둘 수 있도록 한 점이나(「주식법」 제111조 제4항 제2문), 감사회의 연도결산승인권(「주식법」 제172조) 등을 부여하고 있는 점들을 볼 때 독일주식회사의 **감사회**란 순수한 감사기관이라기보다는 오히려 경영 전반에 걸쳐 총괄적 기능을 하는 **최고의 기관**이라고 할 수 있다.

2. 독일 감사제도의 특징[195]

독일에서 감사회(Aufsichtsrat)라는 명칭이 처음 사용된 것은 1861년 「독일보통상법전」(Allgemeines Deutsches Handelsgesetzbuch, ADHGB)이었으며, 그 전신은 정관에 근거를 둔 임의기관인 경영위원회(Verwaltungsrat)였다. 당시 경영위원회는 대주주나 발기인에 의해서 선임된 자로 구성되었으며, 이사회는 이러한 경영위원회의 하부기구로서 동 위원회의 지시에 따라 회사의 업무를 집행하였다.

그 후 1937년 주식회사법을 商法典에서 분리하면서 감사회는 이사에 대한 인사권을 갖는 법적 기관으로 거듭나게 되었다. 그리고 1965년 「주식법」 개정 시에도 이러한 감사회의 지위는 그대로 유지되었다. 그러나 1994년 이후 독일 기업들의 부실경영 및 도산사태가 급증하면서 감사회에 대한 근본적인 개혁논의가 활발해졌고, 그 방법론으로 감사회제도 대신에 미국식의 이사회제도를 도입하자는 의견과 현행 감사회체제를 유지하면서 이를 수정·보완 하자는 의견들로 양분된 바 있다.

결론적으로 현 감사회제도의 근본체제는 유지하면서 이를 보완하는 방법으로 「주식 법」을 개정하기로 하고, 1994년 「소규모주식회사법」과 1998년 3월 5일 「기업영역에서의 통제와 투명성에 관한 법률」을 제정해 감사회제도를 개선하는 입법을 단행한 바 있다. 그러나 이런 감사제도 개혁에도 불구하고 **은행지배문제**나 **공동결정제**도 등과 관련하여 근본적인 개혁이 이루어지지 못했다는 비판들이 아직도 제기되고 있다.

이러한 **독일의 감사제도**는 이원적 구조를 구축하고 있으며, 감사기관 구성과 관련해서는 「경영조직법」 및 「공동결정법」이 적용되어 **근로자 2,000명 이하인 경우는 전체 감사가운데 1/3은 노동자 대표, 2/3는 주주대표로 구성되며, 근로자 2,000명 이상인 경우는 동수의 주주대표와 근로자대표로 구성된다.**[196] 그 사상적 기초는 「**이해 관계자 자본주의**」에 두고 있다는 특징을 갖는다.

우선, **첫 번째** 특징으로서 **이원적 감사제도**를 보면, 미국과는 달리 주식회사 경우 **업무집행은 이사회가** 하고, **감독은 별개의 독립된 감사회가 담당하는 이원적 감사제도를 운영**하고 있다. 이런 이원적 감사제도는 감독기관이 이사회보다 상위기관임과 동시에 감독기관이라

195 김용범. 전게서. 2017. 134~135면. 한국상장회사협의회, 「우리 나라와 주요국의 감사제도」, 2007., 53~455. 최완진, 「기업지배구조법 강의」, 한국외국어대학교출판부, 2011. 142~143면.

196 정순현.「독일 회사법 개설」. 2019. 도서출판 한아름. 248면.

는 점에서 볼 때 외견상으로는 일원적 감사제도보다 경영투명성을 확보하고, 이사회와 감독기관간의 이익충돌을 회피하는 데 효과적 제도로 인식될 수 있다.

그럼에도 불구하고 1990년대 들어 감사회의 효율성이 낮고, 실제로 독일 기업들의 부실화가 심해지면서, 이를 개선하기 위해 1998년 「주식법」을 개정하여 감사회 내에 미국식의 위원회제도를 도입한 바가 있다. 그 결과 현재 독일에서는 기업들의 대부분이 감사회 내에 감사위원회(Bilanzausschuss: Audit Committee), 인사위원회, 재정위원회, 투자위원회, 결산위원회, 인사위원회 등을 설치하고 있는 실정이다.

따라서 현재는 형식적으로는 이원적 감사제도를 운영하고 있는 것으로 보이지만, 실질적으로는 감사회가 미국의 이사회와 동일한 지위를 갖고 있다고 보인다. 이는 독일의 이사회를 집행임원회로 想定하여 본다면, 실질적으로는 미국식의 일원적 감사제도와 독일식 이원적 감사제도는 유사하다는 사실을 알 수 있다.[197]

두 번째 특징으로는 「**경영조직법**」 **및** 「**공동결정법**」**등의 특별법**에 따라 **감사기관의 구성에 근로자가 참여하도록 강제**되고 있다는 점이다. 즉, 독일의 감사회의 구성은 근로자 경영참여를 전제로 하는 특별법에 따라 이루어지며, 그 운영 및 권한 등에 대하여는 회사법인 「주식법」이나 「유한회사법」의 규정이 적용되고 있다.

이러한 공동결정제도는 근로자를 회사의 정책결정과정에 참여시킴으로써 자본과 노동의 상호협력을 제고하여 회사의 목적을 실현하는 데 목적을 두고 있다. 그러나 이러한 근로자 경영참여가 자본시장을 위축시키는 결과를 초래할 수도 있어 이에 대한 개선이 필요하다는 의견도 일부 있다.

세 번째 특징은 **주주만을 위한 경영감독기관으로서 존재하는 것이 아니라 근로자, 채권자, 공급자, 지역사회, 경영자 등 다양한 이해관계자들의 이익을 극대화하기 위하여 경영진을 감시하고 통제하는 것으로 이해**되고 있어, **이해관계자 중심 지배구조 모델 이며, 이해관계자 자본주의의 실현의 장**이 되고 있다는 점이다.

3. 독일 감사제도의 주요 내용[198]

가. 주식회사의 기관구조

독일 주식회사 기관으로는 주주총회와 감사회, 이사회로 구성되어 있으며, **이사회가 경영을 담당하고, 감사회는 이사회를 감독하는 이원적구조**를 가지고 있다. 그리고 **주주 및 근로자 대표로 구성되는 감사회가 이사와 경영진을 임면함으로써 이사회도 실질적으로 주주대표와 근로자 대표로 구성되는 특징**을 가지고 있다.

우선 주주총회의 경우 형식적으로 회사의 최고 의결기관이지만, 실질적으로는 주주총회가 법제도적인 측면이나 사실적인 측면에서 모두 유명무실한 기관으로 전락하였다고 볼 수

---

197 김용범, 전게서, 2017. 135면. 한국상장회사협의회, 전게서, 2007., 54면. 최완진, 전게서, 2011. 142면. 전삼현, 「주요국의 최근 감사제도 변화와 우리나라 감사제도의 개선 과제」, 2006. 12. 6.

198 김용범, 전게서, 2017. 135~139면. 상장협, 「우리 나라와 주요국의 감사제도」, 2007., 55~60면. 최완진, 「기업지배구조법 강의」 한국외국어대학교출판부, 2011. 143~144면.

있다. 즉, 주주총회의 최소한의 권리인 이사의 선임권과 해임권 마저도 보장되고 있지 않아 사실상 주주총회로서 기능을 상실한 지 오래되었다.

주식회사의 경우 회사의 정관으로 대주주의 의결권을 제한하는 규정을 둘 수 있도록 함으로써 1주 1의결권의 원칙을 배제할 수 있도록 하였다.[199] 1998년 「기업경영에 대한 감독 및 투명성을 위한 법률」 제정을 통해 상장회사에 한해 이런 의결권 제한 가능성을 배제하기는 하였지만, 독일은 상장회사 수가 800여 개 정도에 불과해 주식회사의 영역에 있어서 소유권절대원칙은 제한되어 있다고 보아야 할 것이다.

그리고 감사기관인 감사회의 구성과 관련해 근로자 수에 따라 근로자 대표의 참여여부와 구성비율을 정하고 있으며, 이에 관한 근거법이 「경영조직법」, 「공동결정법」, 「광산업공동결정법」등으로서 각기 다른 형태를 취하고 있다. 그리고 감사의 자격과 관련하여 근로자 대표 감사인 경우에는 「공동결정법」등에서 그 자격요건을 명백히 규정하고 있으나 주주대표 감사에 대하여는 그 자격에 대한 명백한 규정이 없다.

다만, 개별규정을 통해 감사는 행위능력이 있는 자연인에 한하고, 회사 및 자회사의 이사와 지배인 등은 감사가 될 수 없도록 하고 있을 뿐이다.(「주식법」 제100조 제1항, 제105조제1항) 그리고 주주대표 감사의 경우에는 정관에 전문성 등의 구체적인 자격 요건을 정할 수 있도록 규정하고 있을 뿐이며(「주식법」 제100조 제4항), 임기는 4년 이다. (「주식법」 제102조 제1항)

감사회는 자유로운 판단에 따라서 감사를 선임할 수 있도록 되어 있다. 이는 **주식회사의 감사회는 노사의 공동결정제도가 실시되는 기관**이라는 성격에 비추어 볼 때, **감사를 선임함에 있어 당사자의 전문성보다는 주주대표성 또는 근로자 대표성의 여부가 중요**하기 때문이다. 또한 감사는 동일인이 최고 10개 회사의 감사직을 겸직할 수 있도록 허용하고 있다.(「주식법」 제100조 제2항 제1호)

다만 2001년 제정된 「기업지배구조개선모범규준」을 보면 감사의 자격과 관련해 전임 이사회구성원은 감사회구성원 중 2인 이상을 차지할 수 없으며, 감사회구성원은 자사와 경쟁관계의 기업을 위해서는 일할 수 없도록 하고 있으나 이는 권고사항에 불과하다. 또한 본 규준에서는 경쟁관계가 없는 기업의 감사회의 구성원이 되는 경우에는 그 기업의 수를 종전의 10개사에서 5개사로 축소할 것을 요구하고 있다.

그리고 독일 주식회사의 이사회는 경영을 함에 있어 기업이익, 회사의 경영전략 원칙, 「콘체른(Konzern)」[200]상 경영지침 등에 따라 성실히 직무를 수행하여야 할 책임을 지고 있다.(「주식법」 제77조). 또한 이사회는 콘체른을 형성하고 있는 회사들 간의 관계에서도 법에서 정하는 규정에 따라 업무를 집행할 책임을 지며, 콘체른 관계에 있는 자회사 들이 당해 규정을 준수하도록 할 책임을 진다. 따라서 **이사회는 주주총회나 감사회의 하위기관으로서 경영상의 권한과 의무**를 가진다.

---

199 「주식법」§134 Abs. 1 AktG. 정순현.「독일 회사법 개설」. 2019. 도서출판 한아름. 322면.

200 기업결합이라고 하며, 법률상 독립되어 있으나 경영상 실질적으로 결합되어 있는 기업결합형태. ① 자본참가, ② 경영자파견 및 자본교환, ③ 이익공동체, ④ 위임경영과 경영임대차 등이 이루어진다.

나. 감사회의 권한과 책임

1) 감사회의 권한

독일의 **감사회**의는 「주식법」상 **업무집행 감독권과 이사 선·해임권, 회사대표권** 등을 갖는다.

우선 **첫째로 독일 「주식법」은 감사회의가 이사의 업무집행을 감독**할 수 있도록 구체적인 권한을 부여하고 있는데, 이에 앞서 논란이 되고 있는 것은 감사회의 감독 범위와 관련하여 그 범위가 「주식법」이 정하고 있는 이사의 감사회 보고사항 (「동법」 제90조 제1항)으로 한정되는지, 아니면 일상의 업무집행과 관련된 사항에 대하여도 감독권을 행사할 수 있는지 여부에 대하여는 논란이 있다.

그러나 이사의 업무보고사항에 한해 감독권을 행사할 수 있다고 보는 것이 지배적인 견해이다. 그 예로 생산, 판매, 투자, 재정, 고용 등과 관련된 장래의 기업정책의 수립 및 기타 업무집행과 관련된 중요한 문제와 회사의 현재의 영업상황 등을 들 수 있다. 또한 감사회는 이사의 업무집행의 적법성뿐만 아니라 합목적성, 경제성 여부까지도 감독할 수 있는 것으로 보는 것이 통설이다.

그리고 독일의 「주식법」은 구체적인 감사회의 감독권으로 영업보고 요구권(「주식법」 제90조), 회계장부 및 재산의 조사·열람권(「동법」 제111조제2항), 업무집행에 대한 동의권(「동법」 제111조 제4항), 재무제표 등의 결산승인권(「동법」 제172조), 외부감사인의 선임권(「동법」 제111조 제2항), 주주총회 소집권(「동법」 제111조 제3항), 각종의 소제기권(「동법」 제275조, 제246조) 등을 규정하고 있다.

그리고 **둘째로, 독일의 감사회는 이사를 선임하고 해임할 수 있는 권한**을 갖고 있다.(「주식법」 제84조) 이러한 이사 선·해임권은 1937년 독일 「주식법」이 商法典 에서 분리되기 前까지는 주주총회의 권한이었으나, 「주식법」을 제정하면서 감사회에게 이사의 인사권을 부여하여 감독의 기능을 강화하였을 뿐만 아니라 회사의 경영에 지대한 영향력을 행사할 수 있도록 하고 있다.

이러한 감사회의 이사 선·해임권은 전속권한이므로 이 권한을 하부기관인 인사위원회에 위임할 수 없도록 규정하고 있다.(「주식법」 제107조 제3항 제2문) 또한 감사회는 이사의 선임과 재선임뿐만 아니라 임기의 연장, 이사회 의장의 지명, 이사회 의장의 해임 등을 할 수 있는 권한을 갖고 있다.(「주식법」 제107조 제3항)

그 밖에 「광업공동결정법」제13조 와 「동법」제33조가 적용되는 **주식회사의 경우에는 1명의 노무이사**를 두도록 하고 있으며, 노무이사는 다른 이사와 동등한 권리를 갖는다. 이러한 노무이사는 감사회에 의하여 임명되며, 선임 시 근로자 대표 감사의 과반 수 찬성을 반드시 要하도록 되어 있다.

그리고 이들 노무이사의 업무에 대하여는 아무런 규정을 두고 있지 않지만, 이들의 지위가 근로자들의 신뢰관계에 기초를 하여야 한다는 점을 고려하여 볼 때 근로자들의 인사 및 복지에 관련된 사항을 그 업무로 한다고 해석하고 있다.

셋째로, **독일의 감사회는 이사와 회사 간의 법률관계에 대하여는 예외적으로 감사회가**

회사를 대표하도록 규정하고 있다.(「주식법」 제112조) 이 경우 감사회의 대표권은 회사와 이사 간의 모든 거래 행위와 소송행위에 미치므로 대표권의 범위는 포괄적이고 무제한적이라고 보는 견해가 지배적이다.

2) 감사회의 의무 및 책임

「주식법」상 감사의 주의의무와 책임에 대하여는 이사의 주의의무와 책임을 규정한 「주식법」 제93조(§93. AktG)를 준용한다.(§116. AktG. 감사의 주의의무 및 책임) 따라서 감사회 성원은 법률이 정해진 명령이나 금지에 따라 회사의 기업 활동에 적용되는 법률 규정을 준수하고 그 직무상 요구되는 주의를 기울일 의무, 특히 기업의 이익을 보호하고 그 재량 범위 안에서 행위 할 의무를 진다.

특히 감사회 구성원은 이사를 감독할 의무를 진다.(「주식법」제116조, 제93조) 그러나 책임 추궁을 하기는 어려운 구조여서 큰 의미를 가지지 않는다. 이사나 감사에 대한 책임 추궁은 주주총회에서 이에 대한 결의를 하거나 또는 10% 이상 또는 100만 유로의 주식을 소유하고 있는 주주만이 요구할 수 있기 때문이다.(「주식법」제147조)

가) 감사회 구성원의 의무

첫째, 모든 감사회 구성원은 그 감사회를 통해 알게 된 회사의 기밀사항 및 비밀에 대해 침묵할 의무를 진다.(「주식법」§116 S.2, §93 Abs.1 S.3) 감사회 구성원은 자신이 받은 기밀 보고 및 비밀의 권고에 대해 비밀유지의무를 위반한 경우 자유형(징역) 또는 벌금형의 처벌을 적용받는다.(「주식법」 제404조)

둘째, 감사회는 이사회에 대해 감독의무를 진다.(「주식법」§111Abs.1). 감사회가 이사의 위법행위를 승인하는 결의를 하고 해당 위법행위로 인해 회사에 손해가 발생한 경우, 승인결의에 찬성한 감사회 구성원은 주의의무 위반을 이유로 회사에 대해 손해배상 책임을 부담하며(「주식법」§116. §93), 이사가 위법행위를 하고 회사에 손해배상책임을 지는 경우 손해배상청구권을 행사할 의무를 진다.[201]

셋째, 감사회 구성원은 그 기관상의 지위를 바탕으로 회사에 대해 충실의무를 진다. (「주식법」§116) 충실의무는 감사회구성원에 대해 그 활동에 있어서 기업의 이익을 준수하고 이를 다른 이익에 우선시키는 것을 요구한다. 감사회 모든 구성원은 다른 이익을 추구할 수 없도록 회사의 이익에 대한 의무를 부담한다.

넷째, 그 밖에 감사회 구성원은 ① 회의체로서 공동으로 직무활동을 할 의무를 진다. ② 「법규에 따른 성실한 경영관리자의 주의의무」(「주식법」§93 Abs.1 S.1)**를 기울여 직무를 수행해야 할 주의의무를 진다. ③ 회사의 위기상황에서 감사회 의장은 감사회를 소집하고 위기극복을 위한 조치를 취할 의무를 진다.**[202]

나) 감사회 구성원의 책임

201 정순현.「독일 회사법 개설」2019. 도서출판 한아름. 281면.

202 정순현.「독일 회사법 개설」. 2019. 도서출판 한아름. 283면.

감사회 구성원의 회사에 대한 손해배상 책임에 대해 독일법은 과실과 주의의무 위반을 이론상 구분하는 이원설의 입장을 취한다. 즉, 감사회 구성원의 회사에 대한 손해배상 책임이 인정되기 위해서는 **주관적 책임요소로서의 과실과 객관적 행위규범인 주의의무 위반을 필요**로 한다.(「주식법」§116 S.1, §93 Abs. 2 S. 1)

감사의 의무와 책임에 관해서는 이사의 책임에 관한 규정(「주식법」제93조)을 준용 하도록 하고 있으므로 (「주식법」제116조) 감사는 그 직무를 수행함에 있어서 선량한 관리자의 주의의무를 다하여야 한다. 따라서 이러한 의무를 위반한 경우에는 감사는 회사에 대하여 손해배상을 하여야 한다.

그리고 감사회 구성원은 통상의 성실한 감사회 구성원으로서의 주의의무를 기울일 의무가 있으므로 감사에게 손해배상책임이 추궁되지 않는 경우에는 자본의 5% 이상 또는 50만 유로 이상의 자본에 대한 지분을 가지고 있는 주주는 법원에 대하여 감사의 책임을 추궁할 특별대표인을 선임을 청구할 수 있도록 하였다.

이때 법원은 당해 감사가 중대한 과실로 인하여 회사에 손해를 끼쳤다는 명백한 혐의사실이 있는 경우에는 당해 감사의 책임추궁을 위한 특별대리인을 선임해야 하며, 선임된 특별대리인은 권리실행의 승산이 충분하다고 판단되는 경우에는 이사와 감사에 대한 손해배상 책임을 추궁해야 한다.(「주식법」 제147조 제3항)

Ⅳ. 일본의 감사제도

1. 일본 감사제도의 개요

일본의 감사제도는 우리나라 감사제도의 입법모델이기도 하였던 沿革的 이유로 우리나라 감사제도와 유사한 점이 꽤 많다. 즉 감사는 이사와 함께 주주총회에서 선임되며, 주식회사의 필요적 상설기관이라는 점에서 동일하며, 또한 제도 운영면에서 形骸化·無技能化가 항상 문제되고 있고, 기업 관련 법제의 개정 시마다 감사제도에 관한 개정이 이루어져 왔다는 점에서도 역시 공통점을 가지고 있다.

그러나 법 개정이 거듭되면서 적지 않은 차이를 보이게 되는데 결정적인 계기는 1993년에 이르러 일본에서는 종래와 달리 감사의 실효성 제고라는 측면에서 "감사의 권한 행사의 容易化" 에 초점을 둔 개정이 이루어졌고, 그 결과로서 감사회와 사외이사제도가 도입되면서 우리나라와는 내용면에서 현저히 차이를 보이게 되었다.

그 후 2002년 「상법」개정을 통해 이른바 '위원회등 설치회사제도'가 창설되면서 동 제도를 선택한 회사는 반드시 감사위원회를 두게 함으로써 일본에서도 감사위원회제도가 도입되었으나, 도입자체가 회사의 선택에 맡겨져 있는 등 그 내용에 있어서는 우리나라와 상당히 다르다.

게다가 2005년 「(신)회사법」이 제정됨으로써 감사제도는 또 한 번의 대변혁을 맞이 하게 되는데, 「(신)회사법」에서는 감사체제의 구축에 기업의 자율성을 대폭적으로 강화하고, 새로운 제도로서 **'회계참여제도'**를 도입하는 등 제도의 다양성이나 내용면에서 종래와는 비교되지도 않을 정도로 많은 변화가 있었다.

2. 일본 감사제도의 특징[203]

가. 비교법적 측면

현행 감사제도에 관해서는 사람마다 여러 가지로 구분하여 분류할 수 있으나, 일반적으로 ① 「**영미식의 일원적 시스템**(one-tier board system)」과 ② 「**독일식의 이원적 시스템**(two-tier board system)」의 두 유형으로 분류한다.

①의 **일원적 시스템**은 이사회가 회사업무의 기본방침만 결정하고, 그 집행은 이사회가 선임하는 대표이사 내지는 집행임원이 담당하며, 그 집행행위는 이사회 또는 이사회로부터 위임을 받은 감사위원회가 감독하는 체제, 즉 감사는 따로 두지 않고 이사회 관할하에 위원회로서 감사기구인 감사위원회를 운영하는 체제이다.

이에 반해 ②의 **이원적 시스템**은 업무집행을 담당하는 이사로 구성된 이사회와 그 이사를 선임·감독하는 감사회가 이원적으로 운영되는 체제이며, 이 시스템의 특징은 업무의 집행을 담당하는 기관이 감사기관의 관할 하에 있다는 점이다.

그러나 한일의 전통적인 감사체제는 위의 어느 시스템에도 속하지 않는, 중간형태인 이른바 「**한일식의 병립적 시스템**」(parallel-tier board system)」이다. 즉 경영을 담당하는 이사와 경영을 감사하는 감사가 공히 주주총회에서 선임되므로 감사하는 기관과 감사를 받는 기관이 대등·병립적인 관계를 이루면서 기업경영에 대하여 감사에 의한 감사와 이사회에 의한 감독이 중첩적으로 이루어지는 체제이다.

이런 구조 하에서도 일본의 경우는 2002년 「상법」개정 전까지는 감사제도의 강화 쪽에 무게의 중심이 있었으나, 개정 이후에는 '위원회등 설치회사제도'의 창설과 함께 사외이사 중심의 감사위원회제도가 도입되면서 이사회의 감독기능의 충실화 쪽에도 비중을 두려는 경향이 나타나고 있다.

나. 기업규모에 의한 규제의 차별화

일본의 감사제도에 관한 법규제는 1974년 「주식회사의 감사 등에 관한 상법특례법」(이하 "상법특례법"이라 함)이 제정된 것을 계기로 기업규모를 기준으로 차별화가 이루어지기 시작하여, 그 후 일련의 법 개정을 통해 감사의 직무권한의 범위나 회계감사인의 감사, 감사회 설치에 있어서 규모별로 차별화된 법규제가 이루어져 왔다.

일본감사제도에 관해 우리나라의 감사제도 및 미국의 감사제도와 비교하여 간략히 설명하면 다음과 같다.

첫째, 감사의 권한은 우리나라의 경우 회사의 규모에 관계없이 업무감사와 회계감사 양면에 미치지만, 일본의 경우에는 이른바 **소회사**(자본금 1억엔 이하 주식회사)**의 감사는 회계감사권만** 갖는다.

둘째, 외부감사인에 의한 회계감사가 의무화되는 회사의 규모는 **우리나라**의 경우 **직전**

203 김용범. 전게서. 2017. 140~141면. 상장협. 전게서. 44~46면. 최완진. 전게서. 2011. 139면.

사업연도말의 자산총액이 500억원 또는 **직전 사업연도의 매출액이 500억원인 주식회사 등을 기준**으로 그 이상의 회사에 한해 의무화되지만, **일본의 경우는 주식회사 중 기업 규모가 가장 큰 대회사**(자본금이 5억엔 이상 또는 부채 합계액이 200억 엔 이상인 주식회사)**에 한하여 외부감사인의 감사가 의무화**된다.

셋째, 사외감사 및 감사회제도에 관해서는 우리나라는 어떠한 규정을 두고 있지 않지만, **일본은 대회사의 경우 3인 이상의 감사로 구성되는 감사회를 조직하고, 그중 1인은 반드시 사외감사**로 하여야 한다.

넷째, 우리나라는 1인 감사체제를 기본으로 일정규모 이상의 회사에 한해 감사를 상근으로 하는 이른바 **「단수상근감사체제」**인데 반해, 일본의 경우는 **소·중회사**[204] **에 있어서는 1인 감사체제, 대회사**에 있어서는 1993년 「상법특례법」의 제정을 계기로 그전에는 **1인 상근감사가 포함**된 **「복수상근감사체제」**이었다가 **그 후에는 사외감사 및 상근감사가 포함된 3인의 감사로 구성되는 「감사회체제」**로 바뀌었다.

다섯째, 2002년 **「상법」개정은 대회사나 간주대회사**[205]의 경우에는 **기존의 감사에 갈음하여 감사위원회제도를 도입**할 수 있게 됨으로써 이런 회사에서는 미국식의 감사 체제를 구축하는 것이 가능하게 되었다. 다만, **감사위원회를 도입하려면 반드시 집행임원제도와 함께 보수위원회 및 지명위원회제도를 동시에 도입**하여야 한다는 점에서는 미국식과는 차이가 있다.

3. 일본 감사제도의 주요 내용[206]

2005년 제정의 「(신)회사법」은 「상법」 제3편의 회사법을 「상법」에서 떼어 냈고, 여기다가 「유한회사법」과 「상법특례법」등을 합쳐서 하나의 단행법으로 한 것이다. 그런 만큼 감사제도에 관해서도 체제 면에서 대변혁이 있을 수밖에 없지만, 내용면에서도 획기적인 변화가 있었다.

「(신)회사법」에서는 감사체제의 구축에 기업의 자율성을 대폭적으로 강화하였다. 즉 감사제도와 관련된 일본의 **「(신)회사법」의 주요 내용**은 **① 회계참여제도의 신설, ② 감사 등에 대한 규제의 유연화, ③ 회계감사인의 준임원화, ④ 회계감사인의 선임에 대한 감사기관의 관여, ⑤ 보결감사제도** 등을 들 수 있다.

가. 회계참여제도의 신설

「(신)회사법」의 특징 중의 하나로, 기관의 구성에 있어서 기업의 선택과 자유를 상당히 존중하는 측면이 부각되는데, 그중 하나가 바로 **「회계참여제도」**이다. **회계참여는 재무제표 등을 이사와 공동으로 작성하는 것을 주된 임무로 하는 자**로서(「(신) 회사법」 제374조 제1항, 제5항), 정

204 자본금이 5억엔 미만 1억엔 이상인 회사

205 간주대회사란 대회사는 아니지만 정관을 통해 대회사에서 인정되는 지배구조를 선택한 회사

206 김용범. 전게서. 2017. 141~144면. 한국상장회사협의회. 「우리나라와 주요국의 감사제도」. 2007., 46~51면. 최완진. 「기업지배구조법강의」. 한국외국어대학교출판부. 2011. 139~141면.

관에 정함이 있으면 둘 수 있는 주식회사의 이른바 **임의기관**이다.(「(신)회사법」제326조 제2항)

공인회계사, 감사법인, 세무사, 세무사법인 만이 회계참여가 될 수 있다.(「(신)회사법」 제333조) 회계참여에 대한 선임과 해임, 회사와의 관계, 임기, 책임, 등기 등에 있어서는 이사 특히 **사외이사에 준하는 규제**가 이루어지고 있고(「동법」 제329조, 제330조, 제334조, 제341조 등), 겸임금지, 선임과 해임 등에 관한 의견진술, 회계 참여보고의 작성, 회계에 관한 조사권, 이사회 출석, 주주총회에서 의견 진술, 보수, 비용청구 등은 감사에 준하는 규제를 받는다.

책임 면에서는 사외이사에 준하지만 실질적 기능은 감사(회계감사를 전문으로 하는 감사)에 가깝고, 회계의 적정성을 확보하는 데, 그 역할이 기대되고 있다. **회계감사인**이 **외부회계감사기관**인데 반해 **회계참여는 내부회계감사기관**이다.

나. 감사 등에 대한 규제의 유연화

「(신)회사법」 에서는 종래 그 설치가 대회사에 한해 강제되고 있던 「감사회」나 「회계감사인」(우리의 "외부감사인"에 해당)에 대해서도 정관을 통해 임의로 설치할 수 있는 여지를 대폭적으로 확대하였다. 감사위원회제도의 경우도 마찬가지다. 그러나 대회사의 경우에는 감사회 설치의무를 완화하면서 그 대신에 「회계감사인과 감사」의 선임을 소폭이지만 강제하는 규정을 마련하였다.(「동법」 제326조 제2항, 제327조, 제328조)

중·소의 '주식양도제한회사'의 경우에는 감사를 의무적으로 선임하도록 하는 종래의 규제를 대폭적으로 완화하여 **定款自治에 의해 감사를 두지 않고 그 대신에 회계참여**를 둘 수 있도록 하였다.(「동법」 제327조 제2항) 「(신)회사법」은 또한 회사의 규모를 불문하고 **감사는 원칙적으로 직무감사**(업무감사+회계감사)**권한을 갖는 것**으로 하였으며(「동법」 제381조~제386조), 다만 **중소의 '주식양도제한회사'의 경우는 定款 으로 감사의 감사범위를 회계감사로 국한하는 것이 인정**된다.(「동법」 제389조)

다. 회계감사인의 준임원화(準任員化)

「(신)회사법」 은 **회계감사인의 책임**에 관해서는 **이사나 집행역 등 임원에 준하는 취급**을 하고 있다. **회계감사인의 책임**을 **주주대표소송의 대상으로 하는 한편**(「동법」 제847조), **회사에 대한 책임에 있어서는 사외이사와 같이 취급**하고 있다.

즉 회계감사인이 임무를 해태한 경우 그것이 선의·무중과실에 의한 때에는 회사는 "주주총회의 특별결의"(법제425조)나 "정관에 기한 이사회 결의"(이사회를 미설치 회사에서는 이사의 과반수 동의)(법 제426조) 혹은 "정관에 기한 책임제한 계약"(법 제427조)으로 배상해야 할 금액으로부터 2년간의 보수(스톡옵션을 받은 경우에는 스톡옵션에 상당하는 금액포함)를 공제한 금액을 한도로 책임을 면제할 수 있다.

참고로 "정관에 기한 책임제한 계약"의 대상은 「(신)회사법」 개정 전은 사외이사에 한정되어 있었지만 「회사법」개정 후에서는 회계감사인, 사외감사, 회계참여까지로 그 책임 제한 계약 범위를 확대하였다.

라. 회계감사인의 선임에 대한 감사기관의 관여

「(신)회사법」에서는 외부감사인을 선임할 수 있는 회사의 범위를 확대하고, 이와 함께 외부감사인의 선임·해임·부재임에 대한 동의 및 제안을 할 수 있는 감사기관의 범위도 확대하는 한편, 외부감사인의 보수결정에 대해서도 감사기관이 관여할 수 있도록 하였다.

종래에는 감사회나 감사위원회를 둘 수 있는 회사는 대회사나 간주대회사에 한정되고, 이러한 회사는 반드시 회계감사인을 두도록 하고 있었다.(「상법특례법」 제2조) 그 결과 **회계감사인은 「감사회 또는 감사위원회」와 세트**를 이루고 있었다.

그러나 **「(신)회사법」에서는 '회계감사인설치회사'는 감사를** 둘 수 있도록 함으로써(「(신)회사법」 제327조 제3항) **회계감사인의 선임·해임·부재임 의안에 대한 동의권 및 제안권은 종래 감사회의에만 부여하고 있던 것**(「상법특례법」 제3조 제2항, 제3항)**을 감사**(감사가 2인 이상은 과반수)**에게도 부여**할 수 있게 하였다.(「(신)회사법」 제344조).

물론 **'위원회설치회사'에서는 종래와 마찬가지로 감사위원회가 이러한 의안의 내용을 결정**한다.(「(신)회사법」 제404조 제2항 제2호) 그리고 「(신)회사법」에서는 회계감사인의 보수결정에도 감사, 감사회, 감사위원회의 동의를 얻도록 하고 있는데(법 제399조), 이는 보수결정 과정에서의 회계감사인의 독립성을 확보하기 위한 것이다.

마. 보결감사제도 및 기타 감사제도

「(신)회사법」에서는 이사나 감사 등 임원에 결원이 발생할 경우를 대비하여 사전에 보결임원을 선임해 둘 수 있도록 하였다. 이사나 감사에 결원이 발생하면 회사는 임시 주주총회를 개최하여 후임자를 선임하든지, 임시이사나 임시감사의 선임을 법원에 청구하여야 한다.(법 제346조 제2항)

그러나 주주수가 많은 회사의 경우 임시주주총회를 개최한다는 것은 쉬운 일이 아니며, 또한 임시이사나 임시감사의 선임의 경우에도 결원발생시 법원이 회사의 청구에 제때 응할 것인지도 확신할 수 없다. 이러한 우려에 대해 **「(신)회사법」은 임원의 결원에 대비해 사전에 주주총회에서 보결임원을 선임**해 둘 수 있도록 하였다.(법 제329조제2항)

따라서 이 보결임원을 선임해 두면 특정임원이 사임 등으로 결원이 발생할 경우 임시총회의 개최나 법원에 임시임원의 선임을 청구할 필요 없이 사전에 선임해 둔 보결임원이 퇴임한 임원의 후임이 되는 것이다.(「회사법시행규칙」 제96조 참조)

그 외에 감사제도 관련 「신회사법」의 주요 내용은 **감사의 임기는 원칙적으로 4년 이지만, 공개회사 이외의 회사에서는 이사와 마찬가지로 「정관」으로 10년까지 연장**할 수 있다.(「(신)회사법」제366조 제2항) 보결감사의 임기는 「정관」으로 퇴임한 감사의 임기가 만료하는 때까지로 할 수 있다.(법 제336조 제3항, 제4항)

그리고 이사의 해임은 특별결의가 아니라 보통결의로 할 수 있지만 **감사의 해임은 종래와 마찬가지로 특별결의가 필요**하다.(「(신)회사법」 제309조제2항제7호) 또한 이사회의 경우 定款의 授權, 3개월에 1회 이상 개최, 감사전원의 동의 등 일정한 조건의 충족을 조건으로 서면결의를 인정하였으나(법 제370조, 제372조 제2항), **감사회 및 감사위원회 경우에는 서면결의를 인정하지 않는다.**

바. 회사의 구분과 기관설계의 다양화[207]

일본의 감사제도는 2005년「신회사법」의 제정을 계기로 획기적인 변화가 있었다. 예컨대 ① 회계참여제도의 도입, ② 보결감사제도의 창설, ③ 감사제도에 관한 정관자치의 확대, ④ 회사별, 규모별 다양한 기관구성 등이 그것인데, 이러한 것들은 기업의 투명성을 획기적으로 개선하고, 기업의 실정에 맞는 감사제도의 확립을 가능하게 해 준다는 점에서 그 효과를 높게 평가하는 견해가 적지 않다고 한다.

1) 비공개 대회사 기관

비공개회사라도 대회사이면 회계감사인의 설치가 의무이다.(「신회사법」 제328조 제2항) 따라서 비공개대회사는 감사설치회사(감사인 1인으로 충분)이거나 감사회설치회사, 감사등위원회설치회사 또는 지명위원회등설치회사도 회계감사인을 설치하여야 한다.(법제327조 제3항 및 5항) 또한 비공개 대회사는 공개회사가 아니기 때문에 일반적으로 이사회의 설치는 의무가 아니지만, 감사등위원회설치회사 및 지명위원회등설치회사가 되는 것으로 선택한 경우에는 이사회를 설치해야 한다.(법 제327조 제1항 제3호 및 제4호)

비공개 대회사로서 채택할 수는 기관유형은 다음과 같다.

① 이사 + 감사 + 회계감사인.

② 이사회 + 감사 + 회계감사인.

③ 이사회 + 감사회 + 회계감사인. : 감사회설치회사.

④ 이사회 + 감사등위원회 + 회계감사인. : 감사등위원회설치회사.

⑤ 이사회 + 3위원회 + 회계감사인. : 지명위원회등설치회사(3위원회 등).

2) 비공개 중소회사의 기관

비공개 대회사가 아닌 경우(비공개중소회사), 공개회사가 아니기 때문에 이사회 설치는 의무가 아니며, 또한 대회사에 따른 규제도 없기 때문에 가장 확대된 定款 自治가 인정된다. 회사가 이사회를 설치하지 않을 것을 선택한 경우 감사설치도 임의이므로, 주주총회와 이사(1인 가능)만의 기관설계회사도 가능하다. 따라서 이사회를 설치하는 경우와 설치하지 않는 경우를 나누어 살펴보면 다음과 같다.

우선 비공개중소회사도 이사회를 설치할 수도 있지만, 이 경우 감사등위원회설치회사 및 지명위원회등설치회사가 되지 않은 이상 감사를 설치하거나 회계참여를 설치하지 않으면 안 된다.(법 제327조 제2항). 그리고 이사회를 설치한 경우에는 감사회설치회사나 지명위원회등설치회사가 될 수 있다.

이를 환언하면 비공개중소회사가 감사회설치회사나 지명위원회등설치회사를 선택 하려면 이사회의 설치가 요구된다.(법 제327조 제1항) 이때 감사등위원회설치회사 및 지명위원회등설치회사가 되는 경우에는, 또한 회계감사인의 설치도 의무가 된다.(법 제37조 제5항)

---

207 정순현 외1인.「일본회사법」. 2018. 312~316면. 神田秀樹.「회사법 제19판」. 182면.

다음으로 이사회를 설치하지 않은 경우 감사의 설치도 자유롭다. 다만, 회계감사인을 설치하면 이 경우 감사의 설치가 필요하다.(법 제327조3항) 또한 비공개중소 회사는 감사의 권한을 회계감사로 한정하는 것이 인정된다.(법 제389조) 그러나 감사회설치회사/회계감사인설치회사는 이런 제약을 인정하지 않으며, 결국「이사+감사」또는「이사회+감사」의 기관설계 경우만이 이러한 감사권한의 제한을 선택할 수 있다. 비공개중소회사로서 채택할 수는 기관유형은 다음과 같다.

① 이사
② 이사 + 감사 : 감사권한 회계감사로 제한 가능
③ 이사 + 감사 + 회계감사인
④ 이사회 + 회계참여
⑤ 이사회 + 감사 : 감사권한 회계감사로 제한 가능
⑥ 이사회 + 감사회
⑦ 이사회 + 감사 + 회계감사인
⑧ 이사회 + 감사회 + 회계감사인 : 감사회설치회사
⑨ 이사회 + 감사등위원회 + 회계감사인 : 감사등위원회설치회사
⑩ 이사회 + 3위원회 등 + 회계감사인 : 지명위원회설치회사(3위원회 등)

3) 공개 대회사의 기관

공개대회사는 감사회설치회사 또는 지명위원회등설치회사 밖에 선택사항이 없다.「회사법」은 공개대회사의 경우 기관에 대해 다음과 같은 규정을 두고 있다.

① 공개회사는 이사회를 두어야 한다.(법 제327조 제1항 제1호)
② 대회사(공개회사가 아니며 또한 감사등위원회설치회사 및 지명위원회등설치회사 제외)는 감사회 및 회계감사인을 두어야 한다.(법 제328조 제1항)
③ 감사등위원회설치회사 및 지명위원회등설치회사는 감사를 두지 못한다.(법 제327조 제4항)
④ 감사등위원회설치회사 및 지명위원회등설치회사는 회계감사인을 두어야 한다.(법 제327조 제5항)

따라서 공개 대회사로서 채택할 수는 기관유형은 다음과 같다.

① 이사회 + 감사회 + 회계감사인 : 감사회설치회사
② 이사회 + 감사등위원회 + 회계감사인 : 감사등위원회설치회사
③ 이사회 + 3위원회 등 + 회계감사인 : 지명위원회등설치회사(3위원회 등)

4) 공개 중소회사의 기관

공개 중소회사는 이사회를 두어야 하지만 감사회를 설치할 필요는 없다. 그리고 이사회가 설치되기 때문에 감사설치회사이거나 지명위원회등설치회사이어야 한다. 회사가 지명위원회등설치회사를 선택한 경우에는 회계감사인의 설치가 의무화된다. 회사가 지명위원회등설치회사를 선택하지 않은 경우 공개중소회사에서는 임의로 감사회를 설치할 수 있으며 또

한 회계감사인을 설치하는 것도 가능하다.

「회사법」은 공개 중소회사의 경우 기관에 대해 다음과 같은 규정을 두고 있다.

① 공개회사는 이사회를 두어야 한다.(법 제327조 제1항 제1호)

② 이사회설치회사(감사등위원회설치회사 및 지명위원회등설치회사 제외)는 감사를 두어야 한다.(법 제327조 제2항)

③ 회사는 정관의 정함에 따라 이사회, 회계참여, 감사, 감사회, 회계감사인 또는 위원회를 둘 수 있다.(법 제326조 제2항)

④ 회계감사인설치회사(지명위원회등설치회사 제외)는 감사를 두어야 한다.(법 제327조 제3항)

⑤ 감사등위원회설치회사 및 지명위원회등설치회사는 감사를 두지 못한다.(법 제327조 제4항)

⑥ 감사등위원회설치회사 및 지명위원회등설치회사는 회계감사인을 두어야 한다.(법 제327조 제5항)

공개 중소회사로서 채택할 수는 기관유형은 다음과 같다.

① 이사회 + 감사

② 이사회 + 감사회

③ 이사회 + 감사 + 회계감사인

④ 이사회 + 감사회 + 회계감사인 : 감사회설치회사

⑤ 이사회 + 감사등위원회 + 회계감사인 : 감사등위원회설치회사

⑥ 이사회 + 3위원회 등 + 회계감사인 : 지명위원회등설치회사(3위원회 등)

참고

일본의 감사기관 관련 용어

① 감사회설치회사 : 감사회설치회사는 3인 이상의 감사로 구성되며, 주주총회의 보통결의로 선임한다. 감사 3인 이상 중 사외감사가 2분의 1 이상이어야 한다. 그리고 상근감사가 필요하다.

② 감사등위원회설치회사 : 감사등위원회설치회사는 감사등위원 3인 이상으로 구성되며, 감사등위원은 이사이고 그 과반수는 사외이사이어야 한다. 다만, 상근자를 둘 의무는 없다. 주주총회의 보통결의에 따라 감사등위원으로 선임한다.

③ 지명위원회등설치회사 : 지명위원회등설치회사는 필수적으로 지명위원회, 감사위원회 및 보수위원회의 3위원회를 설치하여야 한다. 이사 3인 이상 중 사외이사가 과반수 이상이어야 한다. 다만, 상근자를 둘 의무는 없다. 주주총회 보통결의에 따라 이사로 선임하고, 그 후 이사회 결의로 감사위원으로 선임한다.

제4장

내부감사의 대상

제1절 내부감사 대상의 개요[208]

내부감사의 수행대상은 체계적이고 훈련된 접근방법으로 지배구조, 위험관리, 내부통제 및 부정관리 프로세스의 적절성 및 효과성과 부과된 책임에 대한 수행성과의 질을 평가하고 개선하는 것을 포괄한다.

조직 내에 존재하는 지배구조, 위험관리, 내부통제 및 부정관리 프로세스의 적절성을 평가하는 목적은 ① 그런 과정들이 의도한 대로 작동될 수 있도록 하고, ② 조직의 전략과 목표를 완수하게 할 것인지에 대한 **합리적인 확신을 제공**하고, ③ 효율적, 효과적 수행 측면에서 조직업무를 개선시키는 **권고사항/개선사항을 제공**하는 데 있다.

지배구조, 위험관리, 내부통제 및 부정관리 프로세스의 적절성이란 경영진이 **조직의 목표가 효율적**이고 **경제적으로 완수될 것**이라는 **합리적인 확신을 제공**하는 방식으로 그것들을 계획하여 설계했을 때 시현된다. **효율적인 수행**은 **목표를 정확하게, 시간에 늦지 않고, 경제적으로 완수함**을 말한다. 아울러 **경제적인 수행**이라 함은 **리스크에 상응하는 최소의 지원**(비용 등)을 가지고 **조직의 목표를 완수함**을 말한다.

합리적인 확신이라 함은 감사인이 비정상 또는 왜곡표시가 전혀 존재하지 않는다는 **절대적인 확신**을 제공하는 것이 아니라 중대한 비정상 또는 왜곡표시가 포함되어 있지 않다는 높은 수준의 확신을 제공하는 것을 말한다. 즉, 합리적 확신은 중요한 부분까지만 감사인이 주의를 기울이는 '중요성'의 개념을 적용하지만, 절대적 확신은 중요성을 따지지 않을 정도의 완벽을 추구하여야만 획득 가능한 이론적인 개념이다.

이의 **효과성**은 경영자가 조직의 목표가 완수될 것이라는 **합리적인 확신을 제공하는 방식으로 업무처리를 관리할 때 시현**된다. 따라서 이것은 목표와 계획된 활동에 대한 달성의 정도 외에 경영진은 활동과 거래에 대한 권한을 부여하고, 실현된 구체적 수행 결과를 검토하고, 조직의 업무처리가 설계된 대로 작동되는지를 확인하고, 또한 그 결과를 초래한 제 요인 및 조건에 관해 분석하는 방식으로 관리한다.

넓은 의미로, 경영진은 소유자, 다른 이해관계자, 규제당국 그리고 일반대중에 대해 조직의 영속성에 대한 책임을 지고, 조직의 활동과 수행결과에 대한 보고책임을 갖는다. 특히

---

208 김용범, 전게서, 2017. 145~147면 및 2012.,103~105면, 한국감사협회(IIAKorea), 전 번역서, 204~206면, IIA Research Foundation, 「Internal Auditing」, 3-17면., 선영규, 「회계감사 써포트」, 2017. 1-16면.

전체 관리 프로세스의 주된 목표는 다음과 같은 것을 성취하는 것이다.

전체 관리 프로세스의 주된 목표

① 연관성 있고, 믿을 수 있고, 신뢰할 만한 재무 및 업무정보.
② 조직의 자원을 효과적이고 효율적으로 사용.
③ 조직의 자산 보호.
④ 법, 규정, 윤리와 사업 규범, 계약 등의 준수.
⑤ 위험 및 부정에 대한 노출 확인 및 그것들을 통제하는 효과적인 전략 사용.
⑥ 업무처리나 프로그램을 위해 목표 설정 등.

경영진은 목표가 성취될 것이라는 합리적인 확신을 제공하기에 충분한 행위의 수행을 계획하고 조직하고 지시한다. 경영진은 주기적으로 그 목표를 검토하여 내·외부 상황 변화에 맞게 프로세스를 수정한다. 경영진은 또한 잠재된 위험 및 부정에의 노출을 조기에 파악하고 관리할 수 있는 효과적인 위험 및 부정관리 전략을 실행할 수 있는 조직 문화를 개발·유지한다.

내부감사인은 목표가 성취될 것이라는 합리적인 확신이 존재하는지 판단하기 위해 계획하고 조직하고 지시하는 전체적인 관리프로세스를 평가한다. 내부감사인은 미래지향적 관점에서 내·외부 환경의 실제적·잠재적 변화에 주의해야 한다. 그런 경우에 내부감사인은 실현된 구체적인 수행결과가 악화될지도 모르는 잠재된 위험 및 부정에 더욱더 관심을 가져야 한다.

이런 내부감사활동의 평가는 총체적으로 전체 관리프로세스의 검증을 위한 정보를 제공해 준다. 조직 내의 모든 사업시스템, 업무처리, 업무운영, 업무기능 및 활동은 내부 감사인의 평가대상이다. 내부감사활동의 광범위한 업무범위는 경영진의 활동이 다음과 같다는 사실에 대해 합리적인 확신을 제공하기 위해서다.

합리적인 경영진의 활동

① 위험관리 시스템이 적절하며, 효과적이고, 효율적이다.
② 내부통제 시스템이 적절하며, 효과적이고, 효율적이다.
③ 부정관리 시스템이 적절하며, 효과적이고, 효율적이다.
④ 지배구조 프로세스는 가치관의 설정 및 보존, 목표설정, 활동과 수행성과의 점검, 그리고 책임지는 행동을 규정하는데 효과적이다.

제2절 지배구조 (Governance)

Ⅰ. 지배구조의 역사

기업지배구조라는 개념은 1960년대의 미국에서, 기업의 비윤리적, 비인도적인 행동을 억제한다는 의미의 문맥으로 사용되기 시작하여, 그 후 분식결산 등 투자자의 관점에서 본 기업 스캔들의 방지 등을 뜻하는 것으로도 사용되었다. 그러하다가 기업가치, 주주가치를 증대시키기 위해 어떻게 기업조직을 구축할 것인가 하는 의미도 첨가되었다.

1980년대~1990년대의 미국에서는 기업매수가 진행된 것과 기관투자가의 발언권이 강화됨에 따라 지배구조에 대한 관심이 높아졌고, 1990년대 이후에는 유럽 여러 나라와 일본에서 다수의 기업 스캔들이 발각되면서 지배구조가 주목되기 시작하였다. 그에 따라 1980년대 이후 시장과 경제상황의 변화에 따라 최고 경영자의 독단적인 지위에 제한이 가해지고 이사회의 기능이 강화되는 지배구조의 획기적인 변화가 진행되고 있다.

즉, 무한경쟁과 급속한 기술발전으로 대표되는 환경 속에서 경영자의 독단적인 의사결정의 한계, 소액투자자를 비롯한 투자자 보호와 경영의 투명성 확보 요구, 기관투자가의 지분 확대로 대표되는 소유구조의 변화, 경영자 인력시장이나 공개매수와 같은 시장 제도의 변화 등 최근 전개되고 있는 시장여건의 변화는 최고 경영자의 독단적인 의사 결정체제의 한계를 인식하고 더욱 강화된 이사회 등의 견제기능을 요구하는 계기가 되었다.[209]

이하 기업지배구조에 대하여는 제1편 – 제1장 – 제2절 – Ⅲ. '지배구조와 감사제도' 항목에서 자세히 설명하였으므로, 이곳에서는 서로 중복되지 않은 범위 내에서 내부감사 대상의 관점에서 지배구조 관련 부문을 설명하고자 한다.

Ⅱ. 지배구조의 정의[210]

기업지배구조의 정의에 대하여는 제1편–제1장–제2절–Ⅲ. '지배구조와 감사제도' 항목에서 자세히 설명한 바와 같이 "**지배구조**는 **기업을 지휘하고 통제하는 체계 또는 메커니즘이다.**" 라고 언급한 바 있다.

그 이외에도 자주 사용되는 지배구조의 정의는 OECD 파리 포럼에서 도출되었으며, 그 정의의 내용은 다음과 같다.

"기업지배구조[211]는 이사회가 조직의 목표를 달성하기 위해 경영진을 지휘하고, 지시하고, 감독하기 위하여 수행하는 프로세스이다.

209 김용범. 전게서. 2017. 147면 및 2012., 105면 . Wikimedia Foundation, Inc., 「위키백과」,2012.

210 김용범. 전게서. 2017. 148~149면. 국제내부감사인협회(IIA), 전게서, 3-1~3-5p.

211 기업지배구조란 "corporate governance"라는 말을 번역한 것인데 corporate governance의 본래의 뜻이 정확하게 반영된 역어는 아니다. governance라는 말의 사전적 의미를 보면 통치, 통할, 관리, 지배, 제어 등이다. 따라서 corporate governance라는 말은 나라에 따라 여러 가지로 번역되고 있으며, 일본은 이를 기업통치(企業統治)라고 번역하고 있다. 「기업지배구조 모범규준」을 제정할 때 이것을 무엇으로 번역할 것인가를 둘러싸고 논의가 있었으나, 이미 기업지배구조란 말이 상당히 보편화되어 있으므로 이를 그대로 사용하기로 하였던 것이다. 그러나 그 말의 본래의 뜻에 가까운 역어를 찾는 다면 "기업통할(企業統轄)내지 기업관리(企業管理)"라고 하는 것이 좋을 것이라고 생각한다. 기업은 어느 누구의 지배대상이나 통치대상은 아니기 때문이다. 김용범. 전게서. 2017. 148면. 정동윤, 「기업지배구조의 바람직한 개선방향」, 상장협 제42호, 2000. 3면.

Governance is the process conducted by the board of directors to authorize, direct, and oversee management toward the achievement of the organization's objectives."

지배구조에 대한 정의는 다양하지만, 이 다양한 정의들 중에 공통된 요소가 있다. 「국제내부감사인협회(IIA)」의 「내부감사 직무수행에 관한 국제표준(International Standards for the Professional Practice of Internal Auditing)」 용어집은 지배구조 정의와 관련된 공통요소를 발췌하여 지배구조의 정의를 다음과 같이 소개하고 있다.

"**지배구조**는 조직의 목표를 달성하기 위해 수행되는 조직의 활동을 보고하고, 지시하고, 관리 및 감시할 수 있도록 **이사회가 설치한 프로세스와 조직구조의 조합이다.**"

The Standards describes governance as "The combination of processes and structures implemented by the board to inform, direct, manage, and monitor the activities of the organization toward the achievement of its objectives."

지배구조에 대한 위의 여러 기관의 다양한 정의를 종합해 보면 그의 요점은 다음과 같다.

1) 지배구조는 이사회 및 하부위원회에서 출발.

이사회는 전체 조직에 대한 지배구조 감독에 있어 '우산(umbrella)'으로서의 기능을 한다. 이사회는 경영진에게 경영 방향을 제시하고 그런 방향을 달성하기 위해 필요한 조치를 취할 수 있는 권한을 부여하며, 그리고 모든 운영결과를 감독한다.

2) 이사회는 주요 이해관계자에 대해 수탁책임의 부담.

이사회는 주요 이해관계자의 필요사항을 이해하고 초점을 맞춰야 한다. 궁극적으로, 이사회는 이해관계자에 대해 「수탁책임(Fiduciary Responsibility)」[212] 을 가진다. 수탁책임에는 일반인 즉, 평균인에게 요구되는 정도의 주의의무인 선량한 관리자의 주의의무가 따른다.

3) 일상적으로 지배구조는 조직의 경영진에 의해 수행.

최고 경영자이든 중간 관리자이든 다소 차이는 있지만 지배구조에서 조직의 경영진은 중요한 역할을 수행한다. 이러한 역할은 리스크 관리 활동을 통하여 수행된다.

4) 지배구조 활동의 유효성에 관한 확신을 경영진 및 이사회에 제공.

내부 및 외부의 감사 활동은 지배구조 활동의 유효성에 대해 확신을 이사회 및 경영진에게 제공한다. 이들 당사자는 제한 없이 내부감사인과 독립적인 외부감사인을 포함한다.

---

212 경영자의 수탁이란 기업의 주인은 주주이다. 하지만 기업의 주주가 모두 경영에 참여할 수 없기 때문에 주주총회에서 이사를 선임하게 되는데 여기서 선임된 이사들은 이사회에서 경영자를 선임하여 기업의 경영을 맡기게 된다. 이것이 경영자의 수탁책임이다. 바로 주주대신에 회사를 맡아 경영한다는 것이다. 수탁책임에는 일반인 즉, 평균인에게 요구되는 정도의 주의의무인 선량한 관리자의 주의 의무가 따른다. 김용범. 전게서. 2017. 149면.

Ⅲ. 지배구조의 역할과 책무[213]

1. 이사회

감사위원회 같은 여러 하부위원회에서 이와 같은 책무를 수행한다 하더라도 **지배구조는 궁극적으로 이사회 책무**이다. 이사회의 첫 번째 책무는 조직의 주요 이해관계자를 구체적으로 확정하는 것이다. 이해관계자는 조직의 활동 및 결과에 직접적 혹은 간접적으로 영향을 받는 모든 사람들이다. **이해관계자**는 다음과 같이 **직접관여자, 단순관계자, 영향전파자 등으로 구분**할 수 있다.

<u>이해관계자의 일반적 특징</u>

① 일부 이해관계자는 조직업무의 운영에 **'직접관여(directly involved)'**한다.
② 다른 이해관계자는 조직 업무의 운영에 직접적으로 관여하진 않더라도, **'이해관계(interested)'**가 있다. 이 말은 그들이 조직 업무의 운영성과나 다른 결과에 영향을 받는 것을 의미한다.
③ 또 다른 이해관계자는 조직 업무의 운영 성과에 직접적으로 관여하지 않고 이해관계도 없지만 그럼에도 불구하고 이러한 이해관계자는 조직업무의 운영 측면에 영향을 미치고 결과적으로 조직의 성과에 **'영향전파(influence)'**를 한다.

가. 주요 이해관계자

1) 종업원 (Employees)

종업원은 조직을 위해 일하고, 조직 업무의 활동에 직접적으로 관여한다. 종업원은 조직의 생존력과 성과에 밀접한 이해관계를 가진다. 만약 그 조직이 망하거나 시장에서 성과부족으로 규모가 작아지면 종업원은 생계근원을 잃을 수도 있다. 따라서 이사회는 조직이 종업원에게 최선의 이득을 보장하는 방향으로 운영된다는 확신을 주어야 한다.

2) 고객 (Customers)

고객은 조직의 성과에 있어 필수요소이며, 조직의 성과에 직접적인 관계가 있다. 조직이 망하게 되면 고객이 얻을 수 있는 필요한 재화나 서비스의 가짓수가 줄어들기 때문에 고객은 조직의 성과에 관심을 가진다. 고객은 조직이 안전하고 믿을 만한 제품을 만들고 만족스런 서비스를 제공하기를 원한다. 조직은 고객에 대해 이러한 의무가 있기 때문에 이사회는 고객이 정당한 혜택을 누릴 수 있음을 확인시켜 줄 책무가 있다.

3) 거래처 (Vendors)

거래처는 조직이 사업을 운영하는 데 필요한 재화 및 서비스를 제공하며, 조직의 운영에 직접적으로 관여한다. 고객의 경우처럼 거래처도 자신들의 주요한 고객인 조직의 생존능력

---

213 김용범. 전게서. 2017. 149~156면. 김용범, 전게서, 도서출판 어울림, 2012., 107~113면. 국제내부 감사인협회(IIA), 전게서, 3-5 ~ 3-14p.

에 관심을 갖고 있다. 조직은 거래처로부터 제공받은 재화 및 서비스에 대해 대가를 지불할 의무를 가진다. 따라서 이사회는 조직이 거래처와의 계약관계에 따라 그들의 책무를 준수하고 있는지 감독할 책임이 있다.

4) 주주/투자자 (Shareholders/Investors)

주주 및 투자자는 사업을 운영하는 데 직접적으로 관여하지는 않지만 조직의 성과에 지대한 관심을 가지고 있다. 이들은 주식 혹은 경영권을 취득하거나 그 외 다른 방식으로 조직에 투자한다. 주주는 개인, 조합, 혹은 펀드의 형태를 가진다. 주주는 자신들의 이해관계를 가장 잘 대변할 사람을 이사로 선출할 권리를 가진다. 이사회에 영향을 미치기 때문에 주주는 종종 가장 중요하고 힘이 있는 이해관계자로 간주한다.

5) 감독기관 (Regulatory Agencies)

감독기관은 조직의 성과에 관심을 가지고 있거나 조직의 성과에 영향을 줄 수 있는 정부기관이다. 감독기관이 공포한 법규는 조직에게 특정한 운영 및 보고에 필요한 사항을 요구하거나 조직의 경영진에 의해 행해지는 의사결정에 영향을 준다. 예를 들면, 「미국증권거래위원회(SEC)」는 미국 내 모든 상장회사에 영향을 미친다. 따라서 이사회는 감독책무를 수행하기 위하여 감독기관의 요구사항을 잘 이해하여야 한다.

6) 금융기관 (Financial Institutions)

금융기관은 조직의 자본구조에 영향을 미친다. 자본구조는 전형적으로 부채와 자기 자본으로 구성되어 있다. 자기자본 구성은 주주와 관련이 있다. 부채의 이해 관계자는 통상 은행 등 금융기관이다. 금융기관은 이자라는 반대급부를 위해 자금을 기꺼이 제공하며, 종종 조직에게 약정을 요구한다.

이런 약정은 통상 조직의 전체적인 재무건전성 및 유동성과 관계가 있고, 조직의 채무상환능력에 대해 금융기관으로 하여금 신뢰를 갖게 한다. 그러므로 이사회는 경영진이 모든 재무적 약정을 충실히 이행하는지 감독할 책무가 있다.

나. 이해관계자들의 기대와 요구 이해

이해관계자가 파악되었으면 두 번째 책무로 이사회는 이해관계자들의 기대와 요구를 이해해야 한다. 어떤 기대와 요구는 쉽게 파악되지만, 충분한 이해를 위해서는 연구 분석을 필요로 하는 것들도 있다. 이사회는 내부회의를 통해 이러한 요구를 파악할 수 있지만, 이해관계자들과 직접대화를 통해서 파악할 수도 있다. 결과적으로 이사회는 주요 이해관계자들의 기대가 어긋남에 따르는 잠재적인 결과를 예상해야 한다.

다양한 이해관계자들은 서로 다른 기대를 갖고 있으므로, 기대에 부응하지 못함에 따른 결과 또한 다양하다. 따라서 이사회는 다음 형태의 결과들을 고려할 필요가 있다.

<u>이사회의 고려사항</u>

① **재무**(Financial) : 주당이익, 현금유동성, 신용등급, ROI, 투자수익, 자본가용성, 세금노출, 재무취약점, 그리고 공시투명성 등.

② **준법**(Compliance) : 소송, 행동강령 위반, 안전과 환경 위반, 금지명령, 정부 수사, 기소, 그리고 구속 등.

③ **운영**(Operations) : 목표달성, 자산의 효율적 사용, 자산의 보호(보험가입, 자산 손상과 파괴), 사람의 보호(건강과 안전), 정보의 보호(데이터 완결성, 데이터 보안성), 지역사회 보호(환경 배출, 공장폐쇄) 등.

④ **전략**(Strategic) : 명성, 지속가능성, 종업원 자긍심, 고객 만족 등.

이사회는 이해관계자들의 의견을 종합하여 회사가 감내할 수 있는 범위 내에서 회사의 **리스크「허용수준(Tolerance levels)」**을 수립한다. 그 허용수준은 조직의 종합적인 리스크 성향과 관련이 있으며, **경영진이 조직을 운영함에 있어 경계선으로 사용**한다.

다. 조직 지배구조 책무의 최대한 완수

마지막으로 이사회는 다음사항을 통해 조직의 지배구조 책무를 최대한으로 잘 완수 할 수 있다.

1) 지배구조위원회 구성

- ㅁ 이 위원회는 새로 구성하거나 기존 위원회의 기능을 확대.
- ㅁ 이 위원회는 독립적인 이사로 구성.
- ㅁ 그 위원회에 필요한 역할을 부여.

2) 이사회 보고에 대한 분명한 요구

- ㅁ 이사회는 이사회의 허용수준 범위 내에서 사업 운영 권한을 경영진에게 위임.
- ㅁ 이사회는 경영진이 보고에 필요한「최소한의 필수사항」을 제정.

즉, 경영성과는 이사회에 직접 보고하거나 분기에 요약 보고하여 이사회 승인 취득.

3) 지배구조 방향에 대한 주기적 재평가

- ㅁ 주요 이해관계자의 기대감은 진화 및 변화.
  따라서 이사회는 이런 변화를 감지하여 지배구조의 방향을 재평가.
- ㅁ 이러한 변화에 따라 이사회 허용수준을 재평가.

요약하면, 이사회는 지배구조에 있어 매우 중요하고 종합적인 역할을 수행한다. **「권한(authority)」**, **「방침/지시(direction)」**, **「감독(oversight)」**이라는 우산이 없다면, 지배 구조는 장기적인 관점에서 충분히 효과적으로 운용될 수 없다.

2. 경영진

경영진은 효과적인 지배구조가 달성되고 있다는 확신을 주도록 일상적인 활동을 수행한다. 이사회가 업무운영 경계와 관련된 허용수준을 결정하면, 경영진에게 그 허용수준에서 경영할 수 있도록 권한을 위임한다. 경영진은 조직의 목표를 달성하기 위해 이사회가 설정한 방향대로 그리고 정한 허용한도 내에서 업무를 운영할 책무가 있다.

가. 지배구조 책무를 수행하기 위한 경영진의 책임

1) 위임받은 지시와 권한의 범위에 대한 충분한 이해

경영진은 이사회의 지배구조 방향, 이사회로부터 위임받은 권한 크기, 리스크 허용 수준, 이사회 보고를 위한 요구사항 등을 충분히 이해해야 한다.

2) 지배구조 방향을 실행하기 위해 필수적인 조직 내 프로세스와 활동의 결정

- ㅁ 어느 부서가 허용할 수 없는 성과를 초래할 수 있는 특정 리스크를 다룰 것인지?
- ㅁ 누가 이러한 리스크를 관리할 책임이 있는지(예: 리스크 오너)?
- ㅁ 이러한 리스크를 어떻게 다룰 것인지?

3) 이사회에서 위임된 것보다 더 낮은 허용수준을 리스크 오너에게 위임.

4) 리스크 오너로부터 이사회에 보고할 필수사항에 대한 충분한 정보를 수집.

나. 경영진의 리스크 관리를 통한 지배구조 책무 완수

1) 리스크 관리위원회 구성

- ㅁ 리스크 관리위원회는 일반적으로 광범위하게 리스크를 감시할 책임이 있는 「최고 리스크책임자(Chief Risk Officer : CRO)」같은 최상위 경영자가 이끈다.
- ㅁ 리스크 관리위원회는 모든 주요 리스크가 정의되어 있고, 리스크 관리 활동과 연계되어 있으며, 리스크 오너에게 맡겼다는 것을 규정화할 책임이 있다.
- ㅁ 리스크 관리위원회는 조직의 현재 리스크 성향을 평가하고, 리스크 오너에게 위임된 허용수준이 리스크 성향과 일치한다는 것을 확신시켜 줘야 한다.

2) 필수 보고 사항에 대한 명확화

- ㅁ 리스크 오너는 리스크 관리 활동의 효과성에 대한 커뮤니케이션의 성격(nature), 형식(format), 시기(timing)에 대하여 이해하여야 하며, 이런 커뮤니케이션은 일반적으로 리스크 오너에게 위임된 허용수준과 일치하여야 한다.
- ㅁ 이러한 보고는 정기적으로 리스크 관리위원회 회의를 통해 수행된다.

3) 지배구조 방향에 대한 주기적인 재평가

- ㅁ 조직은 항상 진화하고 변화하기 때문에 경영진은 리스크 오너에게 위임한 지배구조 방향과 허용수준을 재평가하여야 한다.
- ㅁ 또한, 이러한 변화의 결과로 경영진의 허용수준도 재평가돼야 한다.
- ㅁ 경영진은 지배구조의 재평가를 통해 조직의 리스크 관리 프로그램에 대한 전반적인 효과성에 대해서도 재평가할 기회를 가진다.

경영진은 지배구조의 중요 요소인 리스크 관리에 있어서 필수적인 역할을 담당한다.

3. 리스크 오너

리스크 관리 활동이 조직의 리스크 성향 범위 내에서 리스크를 효과적으로 관리하고 있다는 확신을 주기 위해 일상적인 책임을 지고 있는 사람이 **리스크 오너**이다. 보통은 최고경영자 및 다른 경영자들이 궁극적으로 조직 내에서 **리스크 오너**라고 한다.

리스크 오너는 경영진에 대하여 리스크를 파악하고, 측정하고, 관리하고, 모니터링할 책임이 있다. 리스크 오너는 때로는 조직체계에서 하위직급인 경우도 있다. 하지만, 조직에서 리스크 관리 활동을 수행하기 위해 일반적으로 경영진과 함께 일을 한다.

가. 리스크 오너의 책무

1) 리스크 관리 활동이 관련 리스크를 정확히 관리하도록 설계되었는지에 대한 평가

리스크 관리 활동은 경영진에 의해 특정된 허용수준 범위 내에서 이루어져야 하며, 또한 경영진이 리스크 관리 활동에 대한 방향을 제공한다 하더라도, 리스크 오너는 리스크 관리 활동을 수행하는 데 필요한 특정과업을 결정해야 한다.

2) 조직의 리스크 관리 활동 수행능력에 대한 평가[214]

이러한 사정에 따라 리스크 관리 절차의 성숙도, 절차를 수행할 사람의 경쟁력 및 경험, 사용가능한 기술(전산시스템 등)의 충분성, 그리고 의사결정을 지원하는 내·외부 정보의 이용가능성 등을 평가하여야 한다.

3) 리스크 관리 활동이 설계된 대로 수행되는지에 대한 파악

사람과 시스템이 의도된 목적과 일치되게 프로세스가 수행되는지 파악해야 한다.

4) 일상적인 모니터링 활동 수행

기대했던 성과로부터 편차 및 불일치가 나타나는지 여부를 시의 적절하게 발견하기 위하여 일상적인 모니터링 활동을 수행하여야 한다.

5) 필요한 정보를 정확하고, 쉽게, 그리고 적시에 제공

경영진 및 이사회가 필요로 하는 정보를 정확하고 쉽게 이용할 수 있어야 하며, 그리고 경영진에게 적시에 제공된다는 것을 확신시켜야 한다.

나. 리스크 오너의 지배구조 책무 완수

1) 리스크 관리위원회에 서약서 제출

한 개인이 새로운 리스크 관리 오너가 되거나 또는 이전에 정식으로 리스크 관리 및 보고를 해보지 않았던 사람이 리스크에 대해 책임을 맡게 되면, 리스크 오너는 리스크 관리위원회에 서약서를 제출하여야 한다. 이 서약서에는 리스크의 내재된 성격 및 원천, 잠재적 충

---

214 評價(evaluation)와 査定(assessment)은 일반적으로 동일한 개념으로 활용되기도 하나, 평가가 타당성과 신뢰성을 중시한 근거자료에 입각한 체계적인 가치판단을 강조하는 한편, 사정은 검사를 실시하거나 조사활동을 통하여 자료를 수집하고 그를 수량화하거나 지표화하는 데 중점을 두고 수집 된 자료를 종합적으로 활용하는 데 보다 많은 관심을 둔다. 배호순,「교육평가용어사전」

격, 허용수준, 리스크 관리 활동 등이 담겨 있다.

2) 리스크 관리 활동에 대한 주기적 재평가

- □ 리스크 관리 활동의 설계는 조직의 리스크 전략과 일맥상통해야 하고 위임된 허용수준 범위 내에서 관리됨을 보장해야 한다.
- □ 리스크 관리 능력은 인사교체율, 시스템 변경, 그리고 동 능력의 성숙도와 유효성에 영향을 줄 수 있는 다른 사건을 고려하여 재사정되어야 한다.
- □ 리스크 관리 모니터링 활동은 리스크 오너에게 리스크 관리 활동의 유효성에 대한 적시성 있는 정보를 제공해야 한다.
- □ 경영진에 대한 리스크 관리 결과 보고는 그 보고가 경영진의 기대에 부응하는지 보장하기 위하여 주기적으로 재사정하여야 한다.

리스크 오너는 리스크 관리의 「**최전선(Front Line)**」이자, 성공적인 **지배구조의 주요 공헌자**이다. 리스크 관리 활동을 수행하고 모니터링함에 있어 그들의 역할은 동 활동의 유효성에 대한 보고와 함께 조직이 받아들일 수 없는 성과를 피하거나 줄이는 데 큰 영향을 미친다.

Ⅳ. 지배구조에 대한 검증 활동[215]

1. 개요

지배구조의 마지막 구성요소는 「독립적인 검증활동(Independent Assurance Activities)」이며, 그것은 지배구조의 유효성에 관해 객관적인 평가로 이사회와 경영진에게 도움을 준다. 이런 독립적인 검증활동은 조직의 내·외부를 불문하고 다양한 부문에서 수행할 수 있다. 그러한 검증을 제공하는 가장 일반적인 내부 그룹은 내부감사 기능이다.

IIA Standard 2110 : 지배구조에서는 지배구조 활동에 있어 내부감사의 역할에 관해 다음과 같이 말하고 있다. "내부감사활동은 다음 사항에 대한 조직의 지배구조 프로세스를 향상시키기 위해 평가 및 적절한 권고를 해야 한다."

지배구조 프로세스 향상을 위해 평가할 사항

① 전략 및 운용 의사결정.
② 위험관리, 내부통제 및 부정관리에 대한 감독.
③ 조직 내에서 적절한 윤리 및 가치관의 증진.
④ 효과적인 조직의 성과 관리 및 책무성 확보.
⑤ 위험관리, 내부통제 및 부정관리 정보를 조직 내 적절한 영역까지 전파.
⑥ 이사회, 외부 및 내부 감사인, 기타 검증제공자, 그리고 경영진의 활동 조정 및 그들 간의 정보 공유 등.

215 김용범. 전게서. 2017. 156~158면 및 2012., 113~115면. 국제내부감사인협회. 전게서. 3 -12 ~ 3-14p. 한국감사협회. 「직무수행방안-번역서」. 2017. 160~164면.

2. 지배구조에 대한 검증 절차

「국제내부감사기준」을 준수하기 위해, 최고감사책임자 및 내부감사인은 지배구조 개념과 통상적인 지배구조 프로세스의 특성을 명확히 이해하는 것부터 시작해야 한다. 그들은 또한 본 기준의 지배구조의 정의를 고려해야 하고, 글로벌하게 수용되는 지배구조 체계 및 모델(예, COSO 프레임워크, ISO 31000)에 익숙해야 한다.

지배구조 체계, 모델 및 요건은 조직의 유형 및 법률 관할 구역에 따라 다르다. 조직이 어떻게 효과적인 지배구조의 원칙을 설계하고 실행하는지는 그 조직의 규모, 복잡성, 라이프사이클, 성숙도, 이해관계인 구조 및 그 조직이 종속된 법적 요건과 같은 요소에 좌우된다. 내부감사최고책임자가 지배구조를 평가하고 경영진에게 권고사항을 제시하는 접근법은 조직이 사용하는 체계나 모델에 따라 달라질 수 있다.

다음으로, 내부감사최고책임자는 현 내부감사계획이 조직의 지배구조 프로세스를 망라하고, 관련된 위험을 다루고 있는지 숙고한다. 지배구조는 독립적인 프로세스 및 구조의 세트로 존재하지 않는다. 예를 들어, 효과적인 지배구조 활동은 전략을 수립할 때 리스크를 고려한다. 그와 동일하게 리스크 관리는 효과적인 지배구조에 의존한다. 유사하게, 효과적인 지배구조는 내부통제 및 그런 통제의 효과성에 대한 이사회 보고에 의존한다.

내부감사최고책임자는 조직의 지배구조에 있어서, 특히 전략 및 운영 관련 결정에 관해, 이사회 역할에 대한 통찰력을 얻기 위해 이사회 및 위원회 헌장(규정 포함) 뿐만 아니라 회의 안건 및 회의록을 검토할 수 있다. 내부감사최고책임자는 또한 그 조직에 특화된 프로세스 및 이미 설치된 검증활동에 대한 명확한 이해를 얻기 위하여, 핵심 지배구조 역할을 하는 사람들(예, 이사회 의장, 최고윤리책임자, 인사책임자, 독립적인 외부감사인, 최고법규준수책임자, 최고위험관리책임자 등)등과 대화할 수 있다.

만약, 그 조직이 규제를 받고 있다면, 내부감사최고책임자는 규제기관에 의해 파악된 모든 지배구조 관심사항을 검토하고자 할 수 있다. 지배구조에 대한 이해는 이사회 및 최고 경영진과 다음 사항의 논의를 위한 기초가 된다.

이사회 및 최고경영진과 논의할 사항

① 지배구조의 정의 및 조직 내 지배구조 프로세스의 성격.
② 지배구조의 요건(기준 2110)
③ 내부감사부서의 역할.
④ 기준준수를 향상시킬 수 있는 내부감사부서 접근법 및 계획에 대한 모든 변경 등.

3. 지배구조에 대한 검증 방법

지배구조 프로세스는 내부감사부서의 위험 평가 및 감사계획 개발 중에 고려된다. 내부감사최고책임자는 보통 조직의 고위험 지배구조 프로세스를 파악하고, 최종 감사계획에 기술되는 검증 및 진단 프로젝트를 통하여 해결한다. 추가로 기준 2110(지배구조)은 다음 사항과 관련된 조직의 지배구조 프로세스 향상을 위해 내부감사부서의 검증 및 적절한 권고 책임에 대해 구체적으로 기술한다.

가. 전략 및 운영 의사결정

전략 및 운영 의사결정을 하는 지배구조 프로세스를 평가하기 위해, 내부감사부서는 지난번 감사보고서뿐만 아니라 이사회 의사록, 이사회 정책 매뉴얼, 또는 관련된 지배구조 문서를 검토할 수 있고, 이런 검토는 그런 결정이 어떻게 논의되고 최종적으로 결정되었는지에 대한 이해를 하는 데 도움을 줄 수 있다.

이런 검토는 보통 확실하고 일관된 의사결정 프로세스가 개발되었는지 보여준다. 추가로, 부서 수장들과 인터뷰는 전략 및 운영 의사결정을 하는 데 어떤 프로세스가 사용되었는지 보여 줄 수 있다.

나. 위험관리, 내부통제 및 부정관리에 대한 감독

조직이 위험관리, 내부통제 및 부정관리 활동에 대한 감독을 어떻게 하는지 판단하기위해, 내부감사부서는 보통 연간 리스크 평가 프로세스를 검토한다. 내부감사부서는 또한 리스크 관리전략이 논의된 회의 의사록과 전에 수행했던 리스크 평가도 검토할 수 있고, 법규준수, 부정관리, 위험관리 및 재무책임자와 같은 핵심 리스크 관리 인사들을 면담할 수 있다. 이런 정보를 통해 벤치마킹 및 산업의 동향과 비교하여 관련된 모든 위험이 고려되었는지 확인할 수 있다.

다. 조직 내 적절한 윤리 및 가치관의 증진

조직이 어떻게 윤리 및 가치관을 장려하는지 평가하기 위해, 내부감사부서는 모든 내부 및 외부 사업 파트너들을 조사하여 조직의 관련된 목표, 프로그램 및 활동을 검토한다. 이런 것들은 임무 및 가치 성명서, 행동강령, 채용 및 훈련 프로세스, 부정방지 및 내부고발 정책, 그리고 핫라인 및 조사 프로세스를 포함할 수 있다. 설문조사 및 인터뷰는 조직의 노력이 그들의 윤리기준 및 가치관을 충분히 인식하게 하는 결과를 가져왔는지 판단하는 데 사용할 수 있다.

라. 효과적인 조직 성과관리 및 책무성 확보

조직이 어떻게 효과적인 성과관리 및 책무성 확보를 하는지 평가하기 위해, 내부감사부서는 직원 보상, 목표 수립 그리고 성과평가와 관련된 조직의 정책 및 절차를 검토할 수 있다. 내부감사부서는 또한 관련된 측정 기준 및 인센티브 계획을 검토하여 그것들이 적절히 설계되고 실행되어, 수용할 수 없는 행동 또는 과도한 리스크 수용을 방지하는지 또 조직의 전략 목표와 일관된 행동을 지원하는지 판단할 수 있다.

마. 위험관리, 내부통제 및 부정관리 정보를 조직 내 적절한 영역까지 전파

조직이 위험관리, 내부통제 및 부정관리 정보를 얼마나 잘 전파하는가를 평가하기 위해, 내부감사부서는 내부보고서, 뉴스레터, 관련 메모 및 이메일, 직원 회의록에 접근하여 위험관리, 내부통제 및 부정관리에 관한 정보가 완전하고, 정확하게 그리고 적시에 배포되었는지를 확인할 수 있다.

설문조사 및 인터뷰는 직원들이 위험관리, 내부통제 및 부정관리 프로세스에 대한 그들의 책임을 검토하고, 만약 그들이 책임을 다하지 못한 경우 조직에 미치는 영향을 이해하는지 판단하기 위하여 사용될 수 있다. 또한 일반적으로 검증 및 자문업무 중에 내부감사부서는 위험관리, 내부통제 및 부정관리 정보를 어떻게 전파하는지 평가한다.

바. 이사회, 감사인, 경영진 등 다양한 당사자들의 활동 조정 및 정보공유

다양한 당사자들의 활동을 조정하고, 그들 간의 정보를 소통하는 조직능력을 평가하기 위해 내부감사부서는 이런 그룹을 포함하는 회의(예, 이사회, 감사위원회 및 재무위원회)를 파악하고, 얼마나 자주 회의를 하는지 판단할 수 있다.

내부감사부서의 직원은 그 회의에 참석자 또는 관찰자로 참여할 수 있다. 그리고 그들의 회의록, 업무 계획 및 그룹 간에 배포된 보고서를 검토하여 당사자들이 서로 어떻게 활동을 조정하고 소통하는지 알 수 있다.

내부감사인들은 지배구조 실무를 평가하고 개선을 위한 방법을 권고하기 위해 다수의 다른 역할로 행동할 수 있다. 그들은 조직 내 지배구조 프로세스의 설계 및 효과성에 대해 독립적이고 객관적인 평가를 제공할 수 있다.

내부감사인은 회사의 업무운영에 대하여 검증을 제공하는 것에 추가하여 또 대신에 진단서비스 제공을 선택할 수 있다. 만약 전반적인 지배구조 평가가 적절한 경우 다음 사항을 고려할 수 있다.

지배구조 평가에 고려할 사항

① 위에 파악된 특정 지배구조 프로세스에 대한 감사결과.

② 특별히 지배구조에 집중하지 않은 감사에서 나타난 다음과 같은 지배구조 쟁점.
- 전략계획 수립.
- 운영상의 효율성 및 효과성.
- IT, 부정 및 기타 영역과 관련된 리스크.
- 위험관리, 부정관리 프로세스.
- 재무보고에 대한 내부통제.
- 적절한 법·규정 준수 등.

③ 경영진 평가결과(예: 법규준수 조사, 품질 감사, 내부통제 자체평가 등).

④ 외부 검증 제공자 및 규제기관의 업무(예: 법률 조사관, 규제기관 감사인, 공인회계 법인 등).

⑤ 내부 검증 제공자, 또는 2선 방어 기능(예: 보건 및 안전, 법규준수 및 품질 등).

⑥ 지배구조 프로세스 개선 기회를 암시하는 부정적인 사건과 같은 지배구조 쟁점에 대한 기타 정보 등.

4. 지배구조 책무에 대한 내부감사 기능

내부감사기능에 의해 수행되는 검증활동의 범위는 ① 지배구조의 검증에서 내부감사기능의 역할을 규정하고 있는 내부감사헌장(규정), 그리고 ② 그러한 활동을 수행할 것으로 현재 또는 미래의 기대에 관해 이사회로부터의 특정한 지시에 따른다.

이러한 두 가지 요소에 따라서 지배구조 책무에 대한 내부감사의 기능은 다음의 사항 중에서 어느 하나의 사항 또는 전부를 포함한다.

지배구조 책무에 대한 내부감사기능

① 여러 리스크 관리 활동이 회사의 리스크 허용 수준을 관리하기 위해 적절하게 설계되었는지 평가.
② 여러 리스크 관리 활동이 설계된 대로 운영되고 있는지 평가.
③ 리스크 관리 활동의 유효성에 관하여 경영진에 대한 리스크 오너의 주장이 현재의 리스크 관리 유효성 상태를 정확하게 반영하고 있는지 평가.
④ 리스크 관리 활동의 유효성에 관해 이사회에 대한 경영진의 주장이 현재 리스크 관리 유효성 상태에 관한 원하는 정보를 이사회에게 제공하고 있는지 평가.
⑤ 리스크 허용 정보가 이사회가 경영진에게, 경영진이 리스크 오너에게 적시에 효과적으로 공유되는지 평가.
⑥ 현재 지배구조 프로세스에 포함 안 된 어떤 다른 리스크 부문이 존재하는지 평가 등.

5. 지배구조 프로세스에 대한 내부감사 기능

지배구조의 프로세스에 대한 효과적인 내부감사의 기능은 다음과 같다.

지배구조 프로세스에 대한 내부감사 기능

1) 내부감사기능이 이사회의 지배구조 방향과 기대를 충분히 이해

- 내부감사기능이 허용수준과 보고 기대치를 포함한 경영진에게 제공된 방향을 이해.
- 더 나가서, 내부감사기능이 지배구조 검증에 관련하여 수행하는 역할에 대한 이사회의 기대치를 이해하는 것이 중요.

2) 경영진의 위험관리 및 부정관리 프로그램 지원

- 내부감사기능은 내부감사 활동을 관리하는 것과 비슷한 방식으로 관리하는 위험관리 및 부정관리 프로그램에 대해 관리구조와 원리를 제공하는 데 지원.
- 내부감사기능은 위험관리, 부정관리와 내부통제 주제로 경영진과 종업원에게 교육을 시키는 데 지원.
- 조직적 그리고 부분적 위험 및 부정 사정은 내부감사기능에 의해서 촉진되거나 모니터링 지원.

□ 지속적인 감독과 조언을 공식적(예: 위험관리위원회 설치, 부정관리위원회 설치 등)으로 또는 비공식적(예: 정기적으로 경영진과 토론)으로 지원.

3) 위험관리 및 부정관리 유효성에 대해 경영진 및 이사회에 주기적으로 정보공유

외부기관의 검증활동은 통상적이지는 않으나 이사회에게는 중요할 수 있다. 독립된 외부감사인이 제공하는 증명의견은 법적 의무사항 또는 계약적 요구에 불과하더라도, 그러한 의견은 역시 재무적 보고 위험 및 부정을 완화시키기 위해 설계된 활동들의 유효성에 관한 검증을 이사회 그리고 경영진에게 제공할 수 있다.

비슷하게, 제3자 컨설턴트는 특정된 위험관리 및 부정관리 활동에 관한 검증을 경영진 그리고 이사회에게 제공하기 위해 고용될 수도 있다. 마지막으로 후원기관의 이익을 위해 법규준수를 평가하는 법적인 감사인들은 역시 경영진에게 여러 검증유형을 제공할 수 있다.

내부감사인이 수행하는 독립적인 검증활동 및 진단활동은 경영진과 이사회가 지배구조와 위험관리 그리고 부정관리 활동의 유효성을 모니터링하는 데 도움이 되는 유용한 정보를 제공한다.

Ⅴ. 주요 국제기구의 기업지배구조 원칙

1. 「국제내부감사인협회(IIA)」의 지배구조 원칙[216]

세계 각국에는 그 나라마다, 각 기관마다, 각각의 지배구조 원칙이 있으나, 국제 내부감사계에서 통용되고 있는 「국제내부감사인협회(IIA)」에서 일반적으로 정의하는 지배구조 원칙은 다음과 같다.

「국제내부감사인협회(IIA)」의 지배구조 원칙

① 적정하게 조직되고 제대로 기능하는 이사회를 보장.
② 이사회 구성원들이 적절한 자격과 경험 보유를 보장.
③ 이사회가 독립적인 조사를 수행할 충분한 권한, 자금 및 자원보유를 보장.
④ 최고 경영진 및 이사회는 조직운영 구조에 대한 숙지 유지.
⑤ 회사전체 성공과 개개인 공헌도 측정과 관련해 조직전략을 명확하게 수립.
⑥ 전략을 달성하기 위해 회사가 지원하는 조직구조 구성(create).
⑦ 조직의 주요 활동 운영에 대한 감독 방침 수립.
⑧ 조직 전체에 대한 분명한 의무와 책임 라인 설정 및 집행.
⑨ 이사회, 경영진, 내부감사인, 외부감사인 간의 효과적인 상호작용 보장.
⑩ 강력한 내부통제 확립, 유지 등 경영진의 안전하고 적절한 감독.
⑪ 보상정책과 관행이 조직의 윤리가치, 목표, 전략, 통제환경 등과 일치하도록 명확화.

---

216 김용범. 전게서. 2017. 158~159면. 국제내부감사인협회, 전게서, 3-15 ~ 3-16p, 김용범, 전게서, 2012., 115~116면.

⑫ 조직 전체를 통한 윤리문화 및 조직가치 강화.
⑬ 내부감사인의 효과적 활용.
⑭ 리스크 관리 방침, 프로세스, 책임의 분명한 정의 및 실행.
⑮ 독립적인 외부감사인의 효과적 활용.
⑯ 이해관계자들에게 주요 정보의 적절한 공시(정보의 투명성).
⑰ 표준 혹은 베스트 프랙티스와 비교하여 조직의 지배구조 프로세스 공시.
⑱ 이해관계가 충돌하는 특수관계인과의 거래상황에 대한 적절한 감독보장 등.

2. 「경제협력개발기구(OECD)」의 기업지배구조 원칙[217]

1990년대 이후, 미국뿐만 아니라 영국, 독일, 프랑스 등 유럽 여러 나라, 또한 일본 등에서도 기업지배구조의 문제가 주목되기 시작하였다. 이런 도중에, 「경제협력개발기구(OECD)」는 1996년 각료이사회의 요청에 의해, 지배구조에 관한 경제자문그룹을 설치하고, 국제적인 지배구조 문제에 개입하게 되었다. 미국·일본·유럽의 6명의 멤버로 구성된 경제자문그룹은 경영실무가에 의한 토론집회 등을 거쳐, OECD에 대한 '지배구조 : 글로벌 시장에 있어서 경쟁력 향상과 자본참여'를 주제로 한 보고서를 제출하였다.

이와 같은 절차를 거쳐, OECD는 1998년 4월, 특별프로젝트 팀을 설치하여 '지배구조 원칙'을 작성하는 임무를 맡고 1999년 5월 각료이사회에서 이것을 승인하였다. 이 원칙은 회원국을 구속하는 규범은 아니지만 국제적으로 통용될 수 있는 내용들을 담고 있기 때문에 상당한 영향력을 갖고 있으며, 특히 IMF와 세계은행이 OECD 기업지배구조 원칙을 회원국에 대한 정책권고의 준거로 활용하므로 OECD의 기업지배구조원칙은 사실상의 구속성을 가진다.[218]

OECD의 기업지배구조원칙은 기업경영의 효율성 제고 및 건전성 확보를 위해 여하히 지배구조를 구축하는 것이 바람직한가에 관한 모델 내지는 점검항목을 제시하고 있고, 특히 기업 이해관계집단의 권한과 책임의 공정 배분과 이에 대한 적정한 감시·견제의 확보를 주된 내용으로 하고 있다. OECD의 기업지배원칙은 주로 대규모의 공개회사를 적용대상으로 하고 있고, 소유와 경영의 분리를 전제로 하고 있으며, 회원국들에 공통적으로 적용할 수 있는 사항들을 모아 놓고 있다는 한계를 가지고 있다.

그렇더라도 OECD의 기업지배원칙은 각국 정부, 민간단체, 국제기구 등의 의견을 수렴하여 바람직한 기업지배구조의 형성을 위하여 필요한 요소들을 정리하였고, 회원국들의 지배구조에 관한 최근의 경향을 반영하고 있으며, 그리고 기업지배구조에 관한 유일한 국제규준인 점에서 우리 기업들의 지배구조구축에 많은 참고가 될 것이다.[219]

---

217 김용범, 전게서, 2012., 116~122면 및 2017. 159~174면.

218 김용범, 전게서, 2017. 159면 및 2012., 117면. 이성봉 · 이형근, 「OECD 기업지배구조 원칙의 제정과 한국경제에 대한 시사점」, 대외경제정책연구원 보도자료, 1999.

219 김용범, 전게서, 2017. 160면 및 2012. 117면. 최성근, 「이사의 의무와 이사회의 책무에 관한 OECD 기업지배구조 원칙과 상법관련규정 비교연구」, 증권법연구 제8권 제2호, 2007., 449면.

가. OECD의 최초 기업지배구조원칙

OECD는 1995년 5월 OECD 각료이사회의 승인을 얻은 '기업지배구조원칙'을 각국 정부와 민간 부분이 기준(벤치마킹)으로서 사용할 것을 기대하였다.[220]

이 원칙이 바람직스러운 지배구조의 유일한 모델은 아니나, 바람직한 지배구조가 되기 위해 공통적으로 요구하는 것은 주주의 이익을 최우선으로 한다는 전제에서, **OECD는 ① 주주의 권리보호, ② 모든 주주의 공정한 대우, ③ 이해관계자의 권리 인식과 지배구조에의 참가, ④ 정보공개와 투명성의 확보, ⑤ 이사회의 책임이라고 하는 5개 원칙과 이것을 구체화하는 권고 내용을 공시**[221]하고 있다.

첫째, 주주의 권리보호원칙의 세부 내용은 ① 주주의 기본적 권리의 내용, ② 주주의 기업변화와 관련된 의사결정 내용, ③ 주주의 의결권 행사 원활화(대리의결권 인정), ④ 지분율을 초과하는 지배권의 원천에 관한 공시, ⑤ 기업지배권 시장의 투명하고 효율적 운영, ⑥ 의결권 행사의 비용·편익 고려 등이다.

둘째, 모든 주주의 공정한 대우의 원칙의 세부 내용은 ① 동등한 부류의 주주에 대한 동등대우, ② 내부거래 및 남용적인 자기거래의 금지, ③ 이사, 경영진의 사적 이해와 기업이해 관련 시 이의 공시 등이다.

셋째, 이해관계자의 권리 인식과 지배구조에의 참가원칙의 세부내용은 ① 이해 관계자의 법적 권리 존중, ② 이해관계자의 권리침해에 대한 적절한 보상, ③ 이해 관계자의 참여형태 제고, ④ 이해관계자의 참여 시 정보접근 허용 등이다.

넷째, 정보공개와 투명성의 확보원칙의 세부내용은 ① 공시정보의 구체적 내용, ② 공시정보의 작성과 공시과정에서 국제적 회계 및 감사기준 적용, ③ 독립적 외부 감사인에 의한 연차감사의 수행, ④ 정보접근 통로의 적절성 등이다.

다섯째, 이사회의 책임원칙의 세부내용은 ① 이사회 구성원의 충실원칙, ② 이사회 구성원의 공정성(주주에 대한 동등대우), ③ 이사회의 준법성, ④ 이사회의 주요 감독기능, ⑤ 이사회의 경영진에 대한 독립성(사외이사 선임), ⑥ 이사회 구성원의 정보접근 확보 등이다.

나. OECD의 제1차 수정 기업지배구조원칙[222]

OECD 기업지배구조원칙은 1999년 제정된 이후로 OECD 회원국가뿐만 아니라 非OECD국가의 기업지배구조 체계의 기초가 되었으며, 한편으로는 국제적인 기업지배 구조의 표준원칙규범으로서 역할을 해왔다. 그러던 중 세계경제 환경의 변화와 더불어 미국의 엔론사건을 위시하여 여러 회계부정사건의 발생 등으로 기업지배구조와 관련한 새로운 문

---

220 Wikimedia Foundation, Inc., 「위키백과」, 2012. 기업지배구조 용어.

221 김용범. 전게서. 2017. 160면 및 2012. 117면. 이성봉 · 이형근, 전게자료, 1면.

222 김용범. 전게서. 2017. 161~165면 및 2012., 118~122면. 정재규, 「OECD 기업지배구조원칙의 개정」, BPL 제5호, 2004. 141~145면, 최성근, 「이사의 의무와 이사회의 책무에 관한 OECD 기업 지배구조원칙과 상법관련 규정 비교 연구」, 증권법연구 제8권 제2호, 2007., 425~434면.

제점들이 다수 노출됨에 따라 기업지배구조의 개선 필요성이 국제적으로 대두되었다.[223]

기존 OECD 기업지배원칙을 더욱 발전시키고 세계 각국에 전파시키기 위하여 2002년 OECD 각료이사회에서는 OECD 회원국가의 기업지배구조 발전 현황을 조사하는 한편 非회원국을 중심으로 하는 지역단위 라운드테이블을 개최하여 현황 조사결과와 경험들을 공유하고, 이를 바탕으로 기존의 OECD 기업지배원칙을 재검토하기로 결정하였다. 여기에는 세계은행(World Bank), 국제결제은행(BIS), 국제통화기금(IMF)등이 참여 하였고, 바젤 위원회(Basel Committee) 및 국제증권감독기구(IOSCO) 등이 옵서버로 동참하였다.

각료이사회의 결정에 따라 OECD는 기업지배구조원칙의 개정을 위하여 각국의 기업 지배구조 전문가와 정책관련기관의 담당자들이 각각 소속국가를 대표하여 참여하는 기업지배구조조정위원회를 2002년에 소집하고, 이후 여러 차례 회의를 개최하여 원칙의 개정과 관련한 사항에 관하여 논의하고 합의점을 찾아가는 작업을 진행하였다. 최종적으로 2004년 1월 OECD의 개정원칙의 초안이 마련되었고, 각국의 유관기관과 전문가의 코멘트를 받아 2004년 5월 OECD 각료이사회에서 개정원칙이 채택되었다.

2004년 OECD 기업지배구조원칙 개정의 주요골자는 주주의 권리보호와 주주권의 기능 확대, 소수주주와 외국인 주주에 대한 평등대우 강화. 근로자의 감시기능 강화, 기업의 투명성 제고 및 이사회의 책임 강화였다. 그리고 2004년 OECD 기업지배구조 원칙은 기존의 5개 항목에다 "효과적인 기업지배구조의 기본 틀을 마련하기 위한 기초의 확보" 항목이 추가되어 모두 6개의 항목으로 되어있다.[224]

1) 효과적인 기업지배구조의 기본 틀을 마련하기 위한 기초의 확보

기업지배구조의 기본 틀은 투명하고, 효율적인 시장을 촉진하며, 법원칙과 일치하고, 상이한 감독·규제 및 집행기관 간의 책임 분담을 명확하게 정하여야 한다.

효과적인 기업지배구조의 기본 틀

① 기업지배구조의 기본 틀은 전체 경제성과, 시장참여자들을 위한 시장의 완결성과 인센티브 및 투명하고 효율적인 시장의 촉진을 위하여 구축되어야 한다.

② 기업지배구조 관행에 영향을 미치는 법적·규제적 요건은 법원칙과 일치하고 투명하며 실행 가능한 것이어야 한다.

③ 상이한 정부기관 간의 책임 분담을 명확하게 규정하고 공공의 이익추구를 보장하여야 한다.

④ 감독, 규제 및 집행기관은 전문적이고 객관적인 방식으로 자신들의 책무를 수행하기 위하여 권위와 완결성 및 자원을 가져야 한다. 나아가 이들 정부기관의 결정은 적기에 투명하고 충분하게 설명되어야 한다.

223 김용범. 전게서. 2017. 161면. 정재규, 전게논문, 141면, 최성근, 전게논문, 430면.

224 김용범. 전게서. 2017. 162면. 최성근, 전게논문, 430면, 정재규, 전게논문, 142면.

2) 주주의 권리와 소유권의 주요기능

기업지배구조의 기본 틀은 주주들의 권리를 보호하고 주주권의 행사를 용이하게 하여야 한다.

주주의 권리 보호 및 소유권의 주요 기능

① 주주의 기본적인 권리에는 소유권 등록 보장, 주권의 양도 또는 이전, 회사에 관한 중요한 정보의 입수, 주주총회 참석. 의결권 행사, 이사회의 선임·해임, 이익 분배권 등이 포함되어야 한다.
② 주주는 회사의 정관 등 변경, 신주발행의 수권 및 사실상 회사의 양도 등과 같은 회사에 관한 근본적인 사항을 변경하는 결정에 참여하고 정보를 충분하게 제공받을 권리를 가져야 한다.
③ 주주는 주주총회에 유효하게 참석하고 의결권을 행사할 수 있는 기회를 가져야 하며, 의결절차를 포함하여 주주총회에 관한 규칙에 대하여 정보를 제공받아야 한다.
④ 특정한 주주가 소유주식에 상응하지 아니하는 지배권을 보유하도록 하는 자본구조와 약정은 공시되어야 한다.
⑤ 기업지배권시장은 효율적이고 투명하게 작동되어야 한다.
⑥ 기관투자자를 포함한 모든 주주의 소유권 행사는 용이하여야 한다.
⑦ 기관투자자를 포함한 주주는 남용되지 아니하는 범위 내에서 기업지배구조 원칙에서 정하고 있는 주주의 기본적인 권리에 관한 사항들에 대하여 상호 협의할 수 있어야 한다.

3) 주주에 대한 평등한 대우

기업지배구조는 소수주주와 외국인 주주를 포함하여 모든 주주의 평등한 대우를 보장하여야 하며, 모든 주주에게 권리침해에 대한 효과적인 구제를 받을 기회를 가져야 한다.

주주에 대한 평등대우 및 이해상충 방지

① 동일한 종류의 주식을 소유한 주주는 모두 평등한 대우를 받아야 한다.
② 내부자 거래와 자기거래의 남용은 금지되어야 한다.
③ 이사와 주요 임원은 회사에 직접 영향을 미치는 거래 또는 사안에 직·간접으로 또는 제3자를 위하여 중대한 이해관계를 가지는 경우에는 이들을 이사회에 보고 하여야 한다.

4) 기업지배구조에서의 이해관계자의 역할

기업지배구조의 기본 틀은 법률에 의하거나 상호약정을 통해 확립된 이해관계자의 권리가 존중되어야 하며, 부와 고용창출 및 재무적으로 건전한 기업의 유지를 위해 회사와 이해관계자 간의 적극적인 협력을 장려하여야 한다.

기업지배구조에서의 주요 이해관계자 역할

① 법률에 의하거나 상호약정을 통하여 확립된 이해관계자의 권리는 존중되어야 한다.
② 이해관계자의 이익이 법률에 의하여 보호되는 경우, 이해관계자의 권리는 존중되어야 한다.
③ 근로자의 참여를 통한 성과제고체제가 발전될 수 있도록 하여야 한다.
④ 이해관계자가 기업지배구조 관련 의사결정에 참여하는 경우 신뢰성 있는 관련 정보를 수시 또는 정기적으로 충분히 제공해야 한다.
⑤ 개개의 근로자와 그 대표기구를 포함한 이해관계자는 불법적이거나 비윤리 적인 관행에 대한 우려를 이사회에 자유롭게 전달할 수 있어야 하고, 이로 인하여 불이익을 받아서는 안 된다.
⑥ 기업지배구조의 기본 틀은 효율적인 도산제도와 효과적인 채권자의 권리 실행에 의하여 보완되어야 한다.

5) 공시와 투명성

기업지배구조의 기본 틀은 기업의 재무상태, 영업성과, 소유 및 지배권 등에 관한 모든 중요정보를 적시에 정확하게 공시하는 체제를 갖추어야 한다.

기업의 중요 정보에 대한 적시 공시 및 투명성

① 공시는 최소한의 회사의 재무와 영업의 성과, 주요 주주의 소유권과 의결권, 이사와 주요 임원에 대한 보수 정책과 자격. 선임 절차, 특수 관계인과의 거래, 기업지배구조의 체계와 정책 등과 같은 중요한 정보를 포함하여야 한다.
② 정보는 높은 수준의 회계, 재무 및 비재무 공시기준에 따라 작성, 공시되어야 한다.
③ 연차회계감사는 재무제표가 회사의 재무상태와 업무성과를 공정하게 반영하고 있다는 외부의 개관적인 보증이 이사회와 주주에게 제공되도록 하기 위해 독립적이고 유능하며 자격 있는 외부감사인에 의해 수행되어야 한다.
④ 외부감사인은 주주에게 보고할 의무가 있고 감사업무를 수행함에 있어 회사에 대하여 적정한 직업상의 주의를 기울일 의무가 있다.
⑤ 정보전달경로는 이용자가 평등하게 적기에 적은 비용으로 관련 정보에 접근 할 수 있도록 하여야 한다.
⑥ 기업지배구조의 기본 틀은 투자자의 의사결정에 적절하고, 분석 또는 조언의 성실도를 낮출 우려가 없으며 그리고 중대한 이해관계의 충돌이 없는 분석가, 중개인, 평가기관 등에 의한 분석 또는 조언에 관한 규정이 도입되어야 한다.

6) 이사회의 책임

기업지배구조의 기본 틀은 회사의 전략지침, 이사회의 효과적인 경영감독 및 회사와 주주에 대한 이사회의 책무를 정립하여야 한다.

이사회의 주요 책임

① 이사는 충분한 정보를 가지고 신의칙과 성실의무를 바탕으로 하여 회사와 주주에게 최선의 이익이 되도록 행동하여야 한다.

② 이사회의 결정이 주주집단에 따라 다른 영향을 미치게 되는 경우 이사회는 모든 주주를 공정하게 대우하여야 한다.

③ 이사회는 고도의 윤리기준을 준수하여야 한다. 그리고 이사회는 이해 관계자의 이익을 고려하여야 한다.

④ 이사회는 기업전략 및 주요 활동계획 등 수립, 기업지배구조의 감시 및 개선, 주요임원의 선임·보상 및 감시, 회사 및 주주의 이익과 보수의 연계, 공정한 이사의 지명 및 선임 절차의 보장, 경영진·이사와 주주간의 이해상충 조정, 회계·재무의 보고 및 관리시스템의 신뢰성 보장, 투명한 공시 및 정보 전달 과정 보장 등의 기능을 수행한다.

⑤ 이사회는 회사의 업무에 대해 객관적이고 독립적인 판단을 내릴 수 있어야 한다.

⑥ 이사는 책임을 완수하기 위해 정확한 관련정보에 적기에 접근할 수 있어야 한다.

다. OECD의 제2차 수정 기업지배구조원칙[225]

OECD 기업지배구조위원회(Corporate Governance Committee, 이하 '위원회'라한다)는 지배구조 실태 및 법제적 추세를 반영하여 2014년 3월부터 OECD 원칙의 2차 개정안에 대해 논의를 시작하였다.

2014년 3월부터 2015년 3월까지 OECD 회원국 대표를 중심으로 총 4차에 걸쳐 회의를 진행하면서 의견수렴 및 문언조정 과정을 거쳐 2015년 9월 중순 원칙 개정안을 확정하여 발표하였다. 이번 지배구조원칙 개정안의 가장 큰 특징은 2015년 9월 G20와 공동으로 원칙 개정안을 추인하여 발표하였다.

OECD 기업지배구조 원칙은 전문(About the principle), 본문(Principle), 주석(Annotation)으로 구성되며, 본문에서는 기업지배구조 프레임워크, 주주의 권리, 기관투자자, 이해 관계자의 역할, 공시 및 투명성, 이사회의 책임 등 6가지 핵심사항을 규정하였다. 특히 기관투자자의 역할을 중시하여 기관투자자의 관련된 장을 새로이 신설하였다.

그 외에도 2015년 개정에서는 회사의 주요 공시사항을 확인하면서 특히 비재무정보의 공시에 관해 강조하고 있는데, 즉, ① 기업의 재무 및 경영성적, 기업목표, 非재무 정보, 이사회 및 경영진의 보수 및 특수관계자와의 거래 등의 중요사항에 대하여 공시할 것과 ② 그 밖의 비재무정보의 공시도 권고 하고 있음이 특색으로 볼 수 있다.

또한 이사회의 역할과 책임에 대해서도 추가적인 가이드를 제공하고 있는데, 이번 개정에서는 위험관리, 세무계획, 내부감사와 관련한 이사회의 역할을 추가하면서 동시에 새로 이사회 구성원에 대한 교육 및 적격성 평가와 추천후보의 검증 책임 그리고 보상, 감사, 위험관리 등에 관한 특별 위원회를 설치할 것을 권고하고 있다.

즉, 이사회의 기본적인 기능은 회사의 경영전략, 주요한 행동계획, 위험관리방침의 책정,

225 김용범. 전게서. 2017. 165~173면. 윤승영·정재규, 「G20/OECD 기업지배구조원칙 개정의 특징」, ESG Focus 2016-01. 1~12면.

업적목표 등의 설정 등이 되며, 이외에 새로운 역할로서 위험관리와 보수에 관한 감사기능의 강화를 위하여 특별위원회의 설치와 위험관리에 대한 보고체계의 강화 및 세무계획의 감독 등도 권고하고 있는 것이다.[226]

OECD 원칙은 국제적 기준으로 그 유효성이 입증되었고, 각종 권고와 주석을 통해 효과적인 지도기준(guidance)을 제공함으로써 많은 국가에서 지배구조 개혁을 위한 기본 자료로 활용하고 있다. 세계은행(World Bank)은 기업지배구조에 관한 국가별 검토보고서 작성 시 OECD 원칙을 사용하고 있다.

OECD 원칙은 ① FSB의 「건전한 금융시스템을 위한 주요 기준(Key Standards for Sound Financial Systems)」의 하나로 채택되었고, ② BCBS의 「은행 기업지배구조 지도기준」, OECD의 「보험회사 및 연기금 지배구조 지도기준」의 기초 등으로 활용되고 있다.

OECD의 제2차 수정 기업지배구조 원칙[227]

Ⅰ. 효과적인 기업지배구조체계 구축을 위한 기초 강화

기업지배구조체계(corporate governance framework)는 시장의 투명성과 공정성을 제고하고 자원의 효율적 배분에 기여해야 한다. 기업지배구조체계는 법의 지배(rule of law) 원칙에 부합하여야 하고, 효과적인 감독(supervision)과 집행(enforcement)을 지원해야 한다.

A. 기업지배구조체계는 전반적인 경제적 성과, 시장의 완결성, 시장참가자에 대한 인센티브에 미치는 영향과 시장의 투명성과 기능성 제고를 염두에 두고 발전되어야 한다.
B. 기업지배구조 관행에 영향을 미치는 법적, 규제적 사항은 법의 지배(rule of law) 원칙에 부합하고, 투명성과 강제력을 갖추고 있어야 한다.
C. 여러 기관에 책임을 분배하는 경우 관할을 명확하게 설정해야 하며 공익(public interest)에 기여할 수 있도록 설계되어야 한다.
D. 주식시장에 대한 규제는 효과적인 기업지배구조의 형성에 기여할 수 있어야 한다.
E. 감독당국·규제당국·집행당국이 전문적이고 객관적으로 자신의 임무를 수행하기 위해서는 그에 걸 맞는 권한과 청렴성은 물론 인적·물적 자원을 보유하고 있어야 한다. 감독당국·규제당국·집행당국이 내리는 결정은 시의적절하고, 투명하며, 완전히 설명가능한 것이어야 한다.
F. 양자 간 또는 다자 간 정보교환 협정 등을 포함한 국제적 협력(cross-border co-operation)을 강화해야 한다.

Ⅱ. 주주 권리와 주주 평등대우 및 주요 지분 기능

226 김용범. 전게서. 2017. 165면. 안수현, 「시장규율 강화를 통한 지배구조 개선」, 「기업지배구조 모범 규준」 개정을 위한 공청회 및 정책 토론회, 2016. 4. 18. 35면.

227 한국은행. 「G20/OECD 기업지배구조 원칙」. 2018. 12.면.

기업지배구조체계는 주주의 권리행사를 보호하고 이를 활성화할 수 있어야 하며, 소수주주와 외국주주를 포함한 모든 주주의 평등대우를 보장할 수 있어야 한다. 주주권이 침해된 경우 모든 주주에게 효과적인 구제수단이 보장되어야 한다.

A. 주주의 기본적인 권리는 1) 주주권의 등록(ownership registration)수단 확보, 2) 주식의 양도, 3) 회사와 관련된 중요 정보의 시의적절하고 정기적인 취득, 4) 주주총회 출석 및 의결, 5) 이사의 선임과 해임, 6) 기업 이익의 공유 등이 포함되어야 한다.

B. 주주는 1) 회사의 정관(statutes or articles of incorporation) 또는 유사한 문서 의 변경, 2) 신주 발행 승인, 3) 영업양도 등 기업의 본질적 변화를 초래하는 결정에 대해 충분한 정보를 제공받고 이러한 결정을 승인하거나 결정에 참여할 권리를 가져야 한다.

C. 주주는 주주총회에 효과적으로 참여하여 의결권을 행사할 수 있는 기회를 보유하고, 의결절차를 포함하여 일반주주총회를 규율하는 규정에 대한 정보를 제공받아야 한다.

1. 주주는 총회의 일시, 장소, 의안에 대한 정보를 시의적절한 시점에 충분히 제공받아야 하며, 총회에서 의결된 사항에 대한 완전한 정보를 시의적절 하게 제공받아야 한다.
2. 일반주주총회의 과정과 절차는 모든 주주에게 평등한 대우를 보장할 수 있어야 한다. 부적절하게 의결권 행사를 곤란하게 하거나 의결권 행사에 과도한 비용이 소요되어서는 안 된다.
3. 주주는, 합리적인 범위 내에서, 연간 외부감사 관련 사항을 포함한 이사회에 대한 질문권, 주주총회 의안(agenda) 제출권, 주주총회 결의안(resolution) 제안권을 보유하여야 한다.
4. 주주는 이사의 추천, 선출 등 기업지배구조와 관련된 주요한 의사결정에 효과적으로 참여할 수 있어야 한다. 주주는 주주총회 결의 등을 통해 이사 및 (또는) 주요 집행간부의 보수(remuneration)에 관한 견해를 밝힐 수 있어야 한다. 이사와 직원에 대한 보수지급계획 중 주식배분에 관한사항은 주주의 승인을 거쳐야 한다
5. 주주는 현장투표(in person) 또는 부재자투표(in absentia)를 할 수 있어야 한다. 투표의 효과는 현장투표 또는 부재자투표 여부에 관계없이 두 방법 모두 동일하여야 한다.
6. 역외투표(cross border voting)에 대한 방해물은 제거되어야 한다.

D. 기관투자자를 포함한 주주는, OECD원칙에서 정의하고 있는 주주의 기본적 권리에 관한 사항에 대하여 상호 협의할 수 있어야 한다. 다만, 이러한 권리의 남용 방지를 위한 예외사항이 있다.

E. 동종 계열의 주식(the same series of a class ; 종류주식)을 보유한 모든 주주는 평등하게 취급되어야 한다. 특정주주가 자신의 지분과 비례하지 않는 영향력 또는 지배력을 획득할 수 있는 자본구조(capital structure) 또는 자본계약(capital arrangements)은 공시되어야 한다.

1. 동종 계열에 속한 모든 주식(종류주식)은 동일한 권리를 갖는다. 모든 투자자들은 주식취득 이전단계에서 당해 회사가 발행한 모든 종류의 주식과 이에 부여된 권리에 대한

정보를 제공받을 수 있어야 한다. 주주의 경제적 권리와 의결권에 변경이 생기는 경우, 이로 인해 불리한 영향을 받게 되는 종류의 주식을 보유한 주주의 승인을 얻어야 한다.

2. 자본구조와 지배권 약정에 관한 사항은 공시되어야 한다.

F. 관계자거래(Related - party transactions)는 이해상충 문제가 적절하게 통제되고, 회사와 주주들의 이익이 보호되는 경우에만 승인·이행되어야 한다.

1. 관계자거래에 내재된 이해상충문제는 반드시 해결되어야 한다.
2. 이사와 주요 집행간부는, 회사에 직접 영향을 미칠 수 있는 거래 및 사안과 관련하여 자신이 직접적으로, 간접적으로 또는 제3자를 대신하여, 중요한 이해관계가 있는지 여부를 이사회에 고지하여야 한다.

G. 소수주주(Minority shareholder)는, 지배주주(controlling shareholder)의 권한 남용 또는 이익추구행위로부터 보호 받아야 한다. 이러한 지배주주의 행위에는 직접적 행위와 간접적 행위가 모두 포함된다. 소수주주는 효과적인 권리구제 수단을 보유하고 있어야 한다. 지위를 남용한 자기거래(abusive self-dealing)는 금지되어야 한다.

H. 기업지배권 시장(markets for corporate control)은 효율적이고 투명한 방식으로 운영되어야 한다.

1. 자본시장을 통한 기업지배권의 인수, 기업합병이나 영업양도 등과 같은 예외적인 거래를 규율하는 규정과 절차는, 투자자들이 자신의 권리와 구제절차를 이해할 수 있도록 명확하게 표현되고 공시되어야 한다. 이러한 거래는 주식 종류에 따라 모든 주주의 권리를 보호하기 위해, 투명한 가격과 공정한 조건 하에 이루어 져야 한다.
2. 경영권 방어수단(anti-take-over devices)이 경영진과 이사회의 책임을 회피하기 위한 수단으로 이용되어서는 안 된다.

Ⅲ. 기관투자자, 주식시장 및 기타 중개기관

기업지배구조체계는 투자체인(investment chain)을 통해 건전한 인센티브를 제공 하고, 주식시장이 좋은 기업지배구조를 형성하는데 기여할 수 있어야 한다.

A. 수탁자(fiduciary capacity)의 지위에 있는 기관투자자들은 자신의 기업지배구조와 보유주식에 대한 의결권 행사정책(voting policy)을 공시하여야 한다. 이러한 공시대상에는 의결권 행사를 위한 내부결정절차가 포함된다.

B. 예탁기관(custodian) 또는 수임기관(nominee)은 주식의 실질적 소유자(beneficial owner)의 지시에 따라 의결권을 행사해야 한다.

C. 수탁자의 지위에 있는 기관투자자는 중요한 이해상충(material conflicts of interest) 문제에 대한 관리방안을 공시하여야 한다. 여기서 중요한 이해상충이란, 기관투자자가 자신의 투자활동과 관련하여 주요 지분권 행사에 영향을 미칠 수 있는 문제를 의미한다.

D. 의결권 자문기관(proxy adviser), 분석기관(analyst), 중개기관(broker), 신용평가기관(rating agency) 등이 투자자의 의사결정과 관련된 분석 또는 자문 업무를 제공하는 경

우, 기업지배구조체계는 이들의 분석 또는 자문업무의 완결성을 저해할 수 있는 이해상충문제를 공시하고 이를 최소화하여야 한다.

E. 내부자거래(insider trading)와 시장조작(market manipulation)은 금지되어야 하고, 이를 규율하는 법령이 시행되어야 한다.

F. 설립국(jurisdiction of incorporation) 이외의 국가에 상장되어 있는 회사는 자신에게 적용되는 기업지배구조 관련 법령을 명확하게 공시하여야 한다. 중복상장(cross listing)의 경우, 주상장(primary listing) 요건을 인식하기 위한 기준과 절차는 투명하고, 문서화되어야 한다.

G. 주식시장은 기업지배구조 개선에 기여하기 위해 공정하고 효율적인 가격발견(price discovery) 기능을 제공해야 한다.

Ⅳ. 기업지배구조 내에서 이해관계자의 역할

기업지배구조체계는 법률 또는 상호합의에 의해 형성된 이해관계자들의 권리를 인식하고, 기업과 이해관계자 간의 적극적 협력을 유도함으로써 富와 고용을 창출하고 재무적으로 건전한 기업의 지속가능성을 제고하여야 한다.

A. 법률 또는 계약에 의해 형성된 이해관계자들의 권리는 존중받아야 한다.

B. 법률에서 이해관계자들의 이익을 보호하는 경우, 이해관계자들에게 권리침해에 대한 효과적 구제수단이 함께 보장되어야 한다.

C. 종업원 참여제도(employee participation)를 위한 메카니즘 개발은 허용되어야 한다.

D. 이해관계자들이 기업지배구조절차(corporate governance process)에 참여하는 경우, 이해관계자들은 적절하고(relevant), 충분하고(sufficient), 신뢰할 수 있는(reliable) 정보에 적시에(timely), 정기적으로(regular base) 접근할 수 있어야 한다.

E. 종업원 개인과 그 대표기구를 포함한 이해관계자들은, 불법적이거나 부도덕한 관행에 대한 우려를 이사회 및 관련된 정부당국과 자유롭게 소통할 수 있어야 하며, 이러한 행동을 이유로 이해관계자들의 권리가 침해 되서는 아니 된다.

F. 기업지배구조체계는 효과적이고 효율적인 도산제도와 채권자권리의 효과적인 집행제도에 의해 보완되어야 한다.

Ⅴ. 공시와 투명성

기업지배구조체계는 기업의 재무상태, 경영성과, 주주구성, 지배구조를 포함한 모든 중요사항(all material matters)에 대해 시의적절하고 정확한 공시를 보장해야 한다.

A. 공시는 최소한 다음 각 항에 대한 중요 정보를 제공할 수 있어야 한다.

1. 기업의 재무성과와 영업성과.
2. 기업의 목적과 비재무적 정보.
3. 실질주주를 포함한 주요주주 및 의결권
4. 이사회와 주요 집행간부의 보수

5. 자격요건, 선임절차, 타회사 이사 경력, 독립성 보유 여부에 대한 이사회의 평가 등 이사에 대한 정보
6. 관계자 거래
7. 예측 가능한 리스크 요소(risk factor)
8. 종업원 및 기타 이해관계자 관련 사항
9. 기업지배구조 내규 또는 정책(corporate governance code or policy)의 내용, 이를 실행하는 과정(process) 등을 포함한 지배구조 체계 및 정책(governance structures and policies)

B. 정보는 고품질의 회계기준과 재무·비재무 보고기준에 따라 작성되고 공시되어야 한다.
C. 기업재무제표가 기업의 재무상태와 경영성과를 모든 중요 측면에서 공정하게 반영하고 있다는 외부기관의 객관적인 검증(external and objective assurance)을 이사회와 주주에게 제공하기 위해서, 연간 감사(annual audit)는 독립적이고 유능하며 자격을 갖춘 감사(auditor)가 고품질의 감사기준(high-quality auditing standards)에 따라 실시해야 한다.
D. 외부감사는 주주에 대해 책임을 진다. 외부감사가 감사업무를 수행함에 있어서 회사에게 적절한 직무상의 주의의무를 이행할 책임이 있다.
E. 정보전달 채널은 정보이용자가 관련성이 높은 정보에 적은 비용으로 신속하고 평등하게 접근할 수 있어야 한다.

Ⅵ. 이사회의 책임

기업지배구조체계는 회사의 전략적 지도(strategic guidance), 이사회의 경영진에 대한 효과적인 모니터링, 이사회의 회사와 주주에 대한 책임성을 보장해야 한다.

A. 이사는 완전한 정보(on a fully informed basis), 선의(in good faith), 상당한 주의(with due diligence and care)를 바탕으로 회사와 주주에게 최선의 이익이 되도록 행동해야 한다.
B. 이사회의 결정이 다른 주주 그룹들에게 각기 다른 영향을 미칠 수 있는 경우, 이사회는 모든 주주들을 공평하게 취급해야 한다.
C. 이사회에는 높은 윤리적 기준을 적용하여야 한다. 또한 이사회는 이해관계자들의 이익을 고려해야 한다.
D. 이사회는 다음과 같은 주요 기능을 수행해야 한다.

1. 기업전략, 중요 행동계획, 리스크 관리 정책 및 관리절차, 연간예산, 사업계획에 대한 검토 및 지도(성과목표 설정, 이행상황과 기업성과에 대한 모니터링), 중요한 자본적 지출, 기업인수, 기업처분에 대한 감시
2. 기업지배구조 관행(governance practice)의 유효성 모니터링과 필요 시 그 관행의 변경
3. 집행간부의 임명, 보수, 모니터링과 필요한 경우 집행간부의 교체와 승계 계획(succession planning) 감시
4. 기업과 주주의 장기적 이익에 부합하도록 주요 집행간부와 이사의 보수기준 정비
5. 공식적이고 투명한 이사후보 추천 및 이사 선임절차의 마련

6. 회사 자산의 유용, 관계자 거래의 남용 등 경영진·이사·주주의 잠재적 이해 상충 문제에 대한 모니터링과 관리
7. 감사의 독립성을 포함한 회계·재무보고시스템의 완결성과 리스크 관리, 재무·운영 통제, 법규·기준 준수 등을 위한 적절한 통제시스템의 완비
8. 공시 및 커뮤니케이션 절차에 대한 감시

E. 이사회는 회사 업무에 대해 객관적이고 독립적인 판단을 내릴 수 있어야 한다.

1. 이사회는 잠재적 이해상충이 발생할 수 있는 과업에 대해 독립적 판단을 내릴 수 있는 충분한 수의 비집행이사를 임명하는 것을 고려해야 한다. 비집행이사의 책임과 관련된 주요 업무로는 재무보고 및 비재무보고의 완결성 보장, 관계자 거래의 검토, 이사 및 주요 집행간부의 후보 추천, 이사회 보수에 대한 검토 등을 들 수 있다.
2. 이사회는 전원이사회(full board)의 기능수행을 지원하기 위해 특별위원회(speci-alised committees)를 설립하는 것을 고려해야 한다. 특별위원회 중에서는 감사위원회가 특히 중요하며, 기업의 규모 및 리스크 특성을 감안해 리스크관리 위원회, 보수위원회를 두는 것이 바람직하다. 이사회가 위원회를 설립하는 경우 해당 위원회의 권한, 구성, 업무절차 등을 자세히 정의하고 이를 공시해야 한다.
3. 이사는 자신의 책임을 스스로, 효과적으로 이행할 수 있어야 한다.
4. 이사회는 이사회의 성과 및 이사회 구성원의 경력과 역량이 적절히 조합되어 있는지 여부를 정기적으로 평가하여야 한다.

F. 이사가 자기의 책임을 완수하기 위해서는 정확하고 관련성이 높은 정보에 적시에 접근할 수 있어야 한다.

G. 이사회에 종업원대표를 의무적으로 두어야 하는 경우에는 종업원대표가 효과적으로 권한을 행사하고 이사회의 기술·정보·독립성을 향상시키는데 최대한 기여할 수 있도록, 종업원대표에게도 정보와 훈련에 대해 쉽게 접근할 수 있는 메카니즘을 개발해야 한다.

Ⅵ. 주요 선진국의 기업지배구조[228]

기업지배구조에 관한 논의는 사실상 주식회사가 등장하면서부터 시작되었다고 보아도 과언이 아니다. 다수의 사람들로부터 자금을 조달하여 대규모 기업을 설립함에 따라 소유와 경영의 분리문제가 제기되면서 기업지배구조 문제의 발생은 필연적이었다고 할 수 있다.

주요국들의 기업지배구조는 소유구조와 자본시장의 발달정도에 따라 많은 차이를 보이고 있다. 미국과 영국의 경우 자본시장이 고도로 발달되어 있고 이를 바탕으로 광범위하게 주식의 소유분산이 이루어진 가운데 소유와 경영이 분리된 전문경영인 체제가 형성되어왔다.

한편, 일본, 독일의 경우 자본시장의 발달은 상대적으로 취약하고, 기업 간 상호출자와 장기의 안정적 주주들이 많은 가운데, 소유와 경영이 분리된 전문경영인체제를 형성하고 있

228 김용범. 전게서. 2017. 174~180면. 최완진, 「기업지배구조법 강의」, 한국외대, 2011., 8~15면.

다. 아래에서는 주요 선진국의 기업지배구조에 대하여 살펴보고자 한다.

1. 미국

20세기 초반까지 미국의 기업소유구조는 다른 나라들과 별다른 차이가 없었다. 거대한 금융기관과 재벌가문이 미국의 거대 성장기업의 지분 중 큰 부분을 차지하고 있었다. 이들은 이것을 기반으로 기업의 경영진을 모니터링하고 선택하고 교체하면서 기업의 방향을 결정하고 있었다.

미국에서 지배구조에 관한 관심은 1912년에 시작된 연방의회의 푸조위원회 조사에서 출발한다. 당시 막강한 금융자본의 산업지배와 그로 인한 폐해가 제기되어 모간(J.P. Morgan) 일가가 의회의 청문회에 출석하기에 이르렀는데, 기업지배구조를 연구하는 전문가들은 모건 부자의 의회 출석이 기업지배구조 연구의 효시라고 꼽고 있다.

푸조위원회 조사는 그간 독점금지법의 선구자적 역할을 한 「셔먼 반독점법(Sherman Antitrust Act)」으로는 기업 활동 및 지주회사 등 새로운 형태의 독점을 방지할 수 없어 차별가격, 배타조건부 거래, 지주회사 조직에 의한 실질적 기업 활동, 임원 겸임을 금지하는 1914년 크레이튼법(Clayton Act)을 제정하기에 이르렀다.

1930년대에 들어서 미국 주요 기업들의 지분은 광범위하게 분산되고, 이들 기업은 전문경영인에 의해 지배되었다. 즉, 20세기 초의 기업은 오너의 수단이었고, 그들 인격의 표현이었다. 2004년 미국의 200대 상장기업 중에서 포드자동차를 제외하고는 오너 가족이 대기업을 지배하고 있는 경우는 찾을 수 없다.

한편, 2001년 12월 2일 미국에서는 이른바 신경제의 총아로 각광받던 시가총액 기준 미국 7대 기업 엔론(Enron)이 우리 돈으로 약 48조 원의 부채를 지고 파산신청을 하게 되어 기업지배구조는 다시 한번 전 세계적인 관심을 끌게 되었다.

엔론사태는 미국 역사상 최대 규모의 기업파산 사건으로서 소유와 경영이 분리된 미국 대기업들이 안고 있는 경영자통제 문제의 전형을 적나라하게 보여주었고 각종 불법 내부 거래가 낱낱이 밝혀졌다. 3천개가 넘는 조세피난처의 페이퍼 컴퍼니들을 통해 이루어진 복잡한 외부거래들이 그를 상징한다. 수많은 투자자들이 손실을 입었으며 엔론 사건과 거의 동시에 발생한 일련의 회계부정, 기업 내부거래 사건들로 인해 미국의 자본주의를 지탱해 온 시장 시스템은 전반적으로 신뢰를 상실하게 되었다.

월드컴(worldcom)도 2002년 사상 최대 규모 회계부정 사건에 연루되었는데 이 회사의 CEO는 이사회를 명목상의 기구로 전락시키고 황제적 지위에 올라 회사의 재산을 거의 개인 재산과 같이 운영하고 회계분식으로 그를 은폐하였다. 이 회사의 CEO는 회사로부터 약 4억 불의 차입을 하였고, 회사가 그 이자비용을 지불하였으며 이 자금은 그들의 심복들을 위해 임의로 사용되었다. 「회계개혁법(Sarbanes-Oxley Act of 2002)」은 이러한 배경에서 등장하였다.

미국에서는 각주의 「회사법」에 준거하여 주식회사가 설립되기 때문에 그 경영관리기구도 당연히 州의 「회사법」에 의해 규제되고 있다. 다수의 州會社法은 「미국변호사 협회(ABA :

American Bar Association)」가 작성한 「모범회사법」에 의거하여 제정되고 있으므로 미국의 회사업무 집행체제는 공통된 특징이 있는데, 그것은 이사회가 회사의 업무집행에 관한 일반적인 권한을 가지는 것이다.

그러나 실제의 업무집행 행위는 이사회가 임명한 사장, 부사장, 재무이사 등의 집행임원에게 위임되고 이러한 이사회제도는 각주의 회사법이 규정하는 것이지만 「회사법」상 이사의 권한과 의무에 관하여는 전혀 규정하고 있지 않다. 그것은 통상 회사의 부속정관과 이사회의 결의로 규정되고 있으며 원칙적으로는 사장이 최고집행임원으로서 업무집행임원들의 업무집행활동을 총괄한다.

경영관리기구는 이사와 임원이 분리되어 있으며, 이사회와 별개로 독립된 감사제도는 두지 않고 이사회에서 업무집행기능과 감독기능을 통합하여 운영하는 일원적 경영관리구조를 가지고 있다. 최근에는 이사회 기능이 세분화되어 업무집행 등에 대한 의사결정은 집행위원회에 맡기고, 이사회는 업무집행 감독기능만을 하는 것으로 변화하고 있다.

미국의 경영기구는 경영자인 CEO를 중심으로 한 경영진과 경영 집행자를 보좌하고 감독하는 외부인들로 구성된 이사회가 분리되는 체제를 지니고 있다. 이사는 Advisor에 불과하고 당해사무 전문가도 아니다. 즉, 제3자적 입장에서 경영진이 제시한 사업계획서에 대해 일반적이고 상식적인 질문을 하여 필요한 정보를 입수하고 오류나 모순은 없는지, 절차가 제대로 진행되었는지를 검토하는 것이 그의 임무이다.

그간 미국에서는 2000년 대 초반 엔론, 월드컴 등의 대규모 회계부정 사건 이후 투자자들로부터 자본시장의 신뢰를 회복하기 위해 제정된 「회계개혁법(Sarbanes -Oxley Act of 2002)」을 통하여 이사회의 독립성을 강화하고 기업의 통제기능을 강화하는 방향으로 지배구조 개편을 추진하였다.

최근에는 기업지배구조 모범규준의 제정과 적용이 보편화되고 있는 세계적 추세를 수용하여, 다양한 이해관계자 들이 자발적으로 모범규준을 제시하고 있다. 특히 2016년 대규모 기업과 기관투자자들이 모여 발표한 「기업지배구조원칙」을 시작으로 기관투자자들이 활동이 두드러졌다. 미국은 이미 주주행동주의가 활발하므로 기관 투자자가 중심이 된 이러한 움직임은 영향력이 클 것으로 예상된다.

2. 독일

미국과 비교하여 독일의 지배구조의 특징은 주주뿐만 아니라 종업원과 채권자 등 여타 이해관계자를 중시하고 있고, 이러한 이해관계자 지배구조의 특징은 공동결정으로 집약되는 노동자의 경영참여를 통해 잘 나타난다. 독일 기업들은 二重理事會[경영이사회(이사회)와 감독 이사회(감사회)] 제도를 시행하고 있다.

이해관계자 중에서도 채권자이자 지배주주인 은행과 보험사 등 금융기관들이 상호 출자를 통해 기업의 지분을 갖고 있고, 이들이 이사회에 참여하여 기업경영에 강한 영향력을 행사하고 있다. 때문에 이들의 뜻을 거스르는 적대적 인수합병은 실질적으로 가능하지 않으며, 따라서 장기적 투자자 중심으로 운영되는 것이 특징이다.

이러한 독일식 기업지배구조는 역사적·정치적 산물이다. 독일 기업지배구조는 복지국가의 건설을 위해 노·사·정 대타협의 이론적 기반이 되는 조합주의(Corporatism)의 영향을 많이 받았다. 조합주의의 기업지배구조의 특징은 주주보다는 이해관계자를 중시하고, 이해관계자 중에서도 특히 노동조합의 역할을 인정하는 것이다.

이러한 노동자 중심주의는 二重理事會制度(경영이사회와 감독이사회)에 반영되어 있다. 1976년 도입된 「공동결정제」에 의하면 2,000명 이상을 고용하는 대규모기업은 의무적으로 감사회에 노동자대표가 절반을 차지하도록 되어있다. 그중에서 두 자리는 반드시 노조 대표자들에게 할당되어야 한다. 또한 대부분 대기업 감사회는 은행 대표자들이 포함되어 있다. 독일 기업이 보유한 장기채무 중 80%는 은행 대출로 이루어져 있다.

독일식 지배구조의 또 다른 특징은 상호주식보유(Cross-Ownership)이다. 독일에서는 차등의결권이나 의결권 상한제와 같은 유럽 내 다른 국가에서 흔히 나타나는 제도는 보이지 않는다. 독일 최대 보험회사인 알리안츠 AG와 독일 최대은행인 도이체방크는 독일주식회사 지배주주이다. 도이체방크는 27개 상장기업들의 25% 이상의 주식을 보유한 거대 기업집단의 핵심 회사이다. 알리안츠는 25개, 그리고 VIAG AG와 Dresdner Bank, 뮌헨 재보험은 각각 14개 상장기업의 최대 지배주주이다.

이에 따라 도이체방크와 알리안츠 등을 중심으로 하여 독일 상장기업들 간에 일종의 거미줄 같은 상호주식보유현상이 나타나고 있다. 이 현상은 최근 들어 다소 엷어지기는 했지만 여전히 견고하게 유지되고 있다.

독일의 이해관계자 중심의 지배구조는 중립적이고 보편적인 가치로 받아들여지는 기업회계의 투명성과 관련해서도 미국과 확연히 차이를 보여주고 있다. 미국의 경우 주주에 대한 배당은 실현이익뿐만 아니라 납입자본을 재원으로 하는 것이 가능하다. 말하자면 배당에 관한 한 규제가 엄격하지 않은 주주 중심적 특성을 보여주고 있다.

반면, 독일의 경우 「상법」에 의해 채권자 및 종업원을 포함한 이해관계자를 보호하기 위해 보수적인 회계원칙을 채택하고 있다. 가령 납입자본을 배당의 재원으로 사용하는 경우에는 주주배당에 앞서 모든 채권자에 대해 채무가 완전히 변제되었는지 또는 충분한 담보가 선제적으로 제공되었는지의 전제를 충족해야 한다.

또 투자자산은 일반적으로 저평가하여 취득원가를 기준으로 한다. 다만 시가가 취득 원가를 하회하는 경우에는 시가로 평가한다. 다시 말해 미실현양도손실은 반영하지만 미실현양도이익은 반영하지 않음으로써 "부풀리지 않는다."는 것이다.

1998년 「기업의 통제와 투명성에 관한 법」 과 「자본조달 容易化 법」이 제정되었고, 「주식법」은 이사회의 정보제공의무를 규정하고, 감사회제도와 결산감사인제도의 개선, 주주의결권 조항의 개선, 자기주식취득의 완화, 스톡옵션제의 채택 등의 개정이 있었다. 독일 지배구조기준 정부위원회는 2002년 2월 26일 독일 기업지배구조기준을 제정하였는데, 이는 기업투명성을 제고하기 위해 감사의 기능을 강화하려는 것이다.

3. 일본

도쿠가와막부가 지배하던 시기에 미츠이나 스미토모와 같은 상인 가문들이 있기는 하였지만, 일본의 근대적 기업소유 및 지배구조는 산업화가 본격적으로 추진된 메이지유신 이후에 발전하였다. 당시 유신 주도세력은 서구 산업국가 들을 따라 잡기 위해 국영기업들을 설립하고, 서구식제도를 수용하였다.

그 규모가 커지게 되면서 정부는 이 기업들의 대부분을 민영화하였는데, 미츠이나 스미토모와 같은 전통적인 상인 가문들과 미츠비시와 같은 신흥가문들이 이 기업을 인수하였다. 재벌(財閥)이라는 명칭이 의미하듯이, 이 기업들의 소유구조는 가문이 계열사들을 지배하는 피라미드 형태를 갖고 있었다.

1920년대 말 세계를 휩쓴 대공항의 여파로 인해 많은 재벌기업들도 존망의 위기에 놓였다. 이때 미츠이, 스미토모, 미츠비시와 같은 은행을 소유하고 있는 재벌은 생존한 반면, 그렇지 못한 스즈키 가문은 도산하였다. 1930년대 군국주의가 득세하면서 군부는 소비에트식 경제정책을 도입하였다. 즉 기업들이 군국주의 목적달성을 위해 이사회에 군부 대표자를 파견하고 생산량을 지시·감독하는 등의 조치를 취하였다. 그 결과 주주의 권리는 완전히 무시되었으며 배당도 금지되었다.

1945년 이후 미국 군정체제하에서 일본기업의 지배구조는 미국의 영향을 강하게 받았다. 당시 군정관리들은 대기업에 대한 통제를 강조하는 뉴딜정책에 많은 영향을 받고 있었기 때문에, 그들은 군국주의하에서 성장했던 재벌들을 해체시키고 지분을 민간에 매각하였다. 그 결과 재벌 기업들은 소유가 분산되는 지배구조를 갖게 되었다.

이후 기업들은 적대적M&A의 위협에 처하게 되었다. 전문경영인들이 적대적 매수를 노리는 기업 사냥꾼들에 대해 그린메일(Greenmail)[229]을 제공했기 때문에 이러한 위협에 대한 기업들의 대응은 지배구조의 개선이 아니라 악화로 귀결되었다.

궁극적으로 그들은 계열제도(系列制度)를 도입하였다. 이 제도의 핵심은 우호적인 경영진들이 상호협정을 통해 적대적 매수를 막을 수 있을 정도의 블록을 형성하는 것 이다. 1950~60년대 이 제도가 확산됨으로써, 군정체제하에 등장했던 영미식 지배 구조는 일본에 착근하는 데 실패하였다.

따라서 일본의 경우 미국식의 자본시장을 통한 경영감독기능은 오랜 기간 일본경제의 주요 관심사에서 벗어나 있었다. **일본 지배구조의 특징**은 **사내이사들의 비중**이 **압도적으로 높다**는 데 있다. 이는 사외이사들이 대부분인 미국기업들의 이사회와 확연히 대비된다. 마크로에 따르면 이러한 구조는 **평생 고용**과 **은행 중심의 자본 시장**에 **기인**한다고 설명하고 있다.

일본 기업의 특징 중의 하나인 평생고용제도는 제2차 세계대전 이후 빈번하게 발생한 과

229 그린 메일(Green mail)이란 경영권을 담보로 보유주식을 시가보다 비싸게 되파는 행위를 말한다. 경영권 이 취약한 대주주에게 보유주식을 높은 가격에 되팔아 프리미엄을 챙기는 투자자를 그린 메일러(Green mailer)라 하고, 이때 보유주식을 팔기위한 목적으로 대주주에게 편지를 보내는데 달러가 초록색이어서 그린 메일이라는 이름이 붙여졌다. 공갈·갈취를 뜻하는 블랙 메일(Black mail)의 메일(mail)과 미국달러지폐의 색깔인 그린(green)의 합성어로 미국 증권시장에서 널리 사용한다. 그린 메일러들은 대부분 기업사냥꾼들이다. 이들은 자산가치가 높거나 첨단기술을 보유하고 있으면서 대지주의 지분이 낮은 기업을 대상으로 활동한다. 상장기업의 주식을 대량으로 매입한 뒤 경영진을 위협하여 적대적 인수·합병을 포기하는 대가로 자신들이 확보한 주식을 시가보다 높은 값에 되사도록 강요한다.

격한 노동쟁의를 줄이기 위한 방법이었다. 정부와 자본가들은 노동쟁의를 하는 노동자들을 해고하는 대신, 남아 있는 노동자들에게 애사심을 고양시키고 생산성을 높이기 위해 고용안정을 보장하였다.

일본정부는 기업지배구조의 개혁과정에서 미국 기관투자자들의 압력에도 불구하고 인위적인 기업지배구조 개혁에 대해 반대해 왔다. 자금조달과 배분의 측면에서 국제화가 필수적인 기업들은 영미형으로, 경쟁력의 원천을 여전히 근로자와 거래기업 간의 이해 관계조정에 기반을 두고 있는 전통 제조 산업에 속한 기업들은 기존의 경영구조를 부분적으로 수정하면서 변화된 환경에 적응하여 왔다.

그러나 최근 몇 년간 잇따라 회사지배구조에 관한 정책들이 발표되고 있는데, 대표적으로 2014년 8월「회사지배구조 모범규준」책정에 관한 전문가회의를 거쳐 2015년 3월 5일「회사지배구조 모범규준」관련 보고서가 발표되었으며, 이후 이를 반영한 동경증권 거래소의 "회사지배구조 모범규준 – 회사의 지속적인 성장과 중장기적인 기업가치 향상을 위하여"라는 보고서가 발표되었다.

이러한 배경은 무엇보다 이러한 시도가 모두 아베정권의 성장전략의 일환이라는 것이다. 즉 일본의 부활 및 그 핵심인 성장전략으로서 회사 지배구조 개선이 핵심분야로 설정된 점이다. 이를 위해 거래소의「회사지배구조 모범규준」제정과 2014년 2월 발표된 일본판 스튜어드십 코드(stewardship code) 및 2014년 6월 감사위원회설치 회사의 신설 등을 포함한「회사법」개정 등이 일본 부활 전략으로 추진되고 있다.

「회사지배구조모범규준」은 5원칙으로 구성되어 있으며, 각 기본원칙(5개 원칙), 하부원칙(30개 원칙) 그리고 보충원칙(38개 원칙)으로 체계를 구성하고 있다. 기본원칙은 5개 원칙으로 구성되어 있으며, 구체적으로 제1원칙 주주의 권리, 평등성의 확보, 제2원칙 주주이외의 이해관계자와의 적절한 협동, 제3원칙 적절한 정보공시의 투명성 확보, 제4원칙 이사회 등의 책무 그리고 제5원칙 주주와의 대화 등으로 이루어져 있다.[230]

이러한 모범규준은 2015년 6월부터 상장회사에 적용되고 있다. 다만 이 규준에 따르지 않는 경우 그 이유를 설명하여야 하며, 이에 관한 근거 규정이 거래소 상장 규정에 마련되어 있다.

4. 프랑스

유럽 국가 중 프랑스는 시장에 대한 불신과 국가에 대한 의존 심리를 바탕으로 국가주도형 시장경제의 전통을 이어 왔고, 영국과 미국이 주식시장과 경영권 시장을 통해 경영진을 감시·통제하는 외부통제시스템이 발달한 것과 달리 대주주인 정부에 의해 경영진을 감시·통제하는 내부통제시스템이 발달하였다.

최근 프랑스에서는 공기업의 민영화와 기관투자자의 영향력 증대 등으로 인하여 정부에

---

230 김용범. 전게서. 2017. 179면. 안수현,「시장규율 강화를 통한 지배구조 개선」,「기업지배구조 모범 규준」개정을 위한 공청회 및 정책 토론회, 2016. 4. 18. 36면.

의한 직접적 영향력 행사가 점차 줄어들고 있으며 시장에 의한 감시·통제가 중요한 역할을 담당하고 있다. 근로자는 이사회의 관찰자로 참여하는 점이 특색이다.

프랑스는 영미제도의 이사회와 독일제도의 이사회의 선택적구조로서 전통적으로 주주 간의 주식의 상호 보유에 대한 간섭이 행하여지고 관료들이 끊임없는 반복적 개입을 하는 것이 특징이다.

회계검사인제도의 개선과 업무감독이사회, 경영감독인, 기업운영위원회, 결합기업 운영위원회, 증권거래위원회 등을 통한 회사경영에 대한 감독이 계속 이루어지고 있으며 이사와 회계검사인의 책임을 강화하고 있다.

Ⅶ. 한국의 기업지배구조 모범규준

1. 한국기업지배구조원[231]의 기업지배구조 모범규준[232]

기업은 새로운 경제적 가치를 창조하는 주체이며, 기업의 경쟁력이 국가의 경쟁력을 결정하는 핵심요체이다. 세계 각국은 자국기업의 경영효율성을 높여 경쟁력을 제고하기 위하여 국제적 자본이동을 자유화하고, 국가 간의 교류를 증대하는 등 국제정합성에 입각한 경쟁력 있는 제도와 관행의 도입을 추구하고 있다.

우리 기업도 국제경쟁에서 살아남기 위해 세계적 흐름에 적극적이고 능동적으로 대처해야 한다. 세계화된 자본시장에서 모범적인 기업지배구조는 투자결정에 매우 중요한 요소이다. 우리 기업이 장기자금을 안정적으로 조달하기 위해서는 신뢰할 수 있고 국제적으로 통용될 수 있는 지배구조를 갖추어야 한다.

이러한 시대적 요청에 부응하여 우리 기업이 대내외적으로 신뢰받고 경영의 투명성과 효율성을 높일 수 있는 바람직한 기업지배구조의 방향을 제시하기 위하여 「기업 지배구조 모범규준」을 1999년 9월 제정하여 운용해 오다가, 기업지배구조 환경의 변화와 미국에서 발생한 대규모의 회계부정사건을 계기로 기업의 투명성에 대한 중요성이 새롭게 부각됨에 따라 이를 반영하여 2003년 2월 제1차 개정하였다.

제1차 개정이후 현재까지 국내외 다양한 법제적 환경 변화와 아직도 우리나라의 기업지배구조 수준은 여전히 열악한 상황이고, 아시아 주요국가 중 우리나라 기업 지배구조 수준은 평균이하이므로 「기업지배구조 모범규준」 개정을 통해 상장기업이 지속적으로 지배구조를 개선할 수 있도록 지배구조 개선 Framework의 마련 필요성이 대두되었다.

참고

지배구조 관련 국·내외 법제 환경의 변화

---

231 사단법인 한국기업지배구조원(Korea Corporate Governance Service, KCGS)은 기업지배구조 및 사회적 책임(Corporate Social Responsibility, CSR)에 대한 평가, 연구, 조사를 수행하는 단체이다.

232 한국기업지배구조원, 「기업지배구조 모범규준」, 2003. 2. 2~42면. 김용범, 전게서, 도서출판 어울림, 2012., 122~132면 및 2017. 180~190면. 정재규, 「기업지배구조 모범규준 개정안 주요 내용」, 「기업지배 구조 모범규준」, 2016. 4. 18. 3~13면.

① 1999년 「기업지배구조 모범규준」제정.
② 2003년 「기업지배구조 모범규준」제1차 개정.
③ 2011년 지배구조 소관 법인 「상법」 개정.
④ 2014년 ICGN 글로벌 지배구조 원칙 개정.
⑤ 2014년 일본 「기업지배구조 모범규준」 마련.
⑥ 2015년 G20/OECD 기업지배구조 원칙 개정.
⑦ 2015년 「금융회사 지배구조법」 제정.
⑧ 2016년「기업지배구조 모범규준」제2차 개정 등.

따라서 국내외 법제 변화 및 해외 지배구조의 변화 추이 등을 반영하고, 글로벌 스탠더드를 지향하되 우리의 기업 현실 및 경제 환경에 맞는 지배구조 개선 방향을 모색하고자 제2차 「기업지배구조 모범규준」을 2016. 7. 26. 개정하였다. 제2차 개정안은 지속적인 지배구조 개선의 지향점을 제시하되 구체적 실천방안 마련 차원에서는 단계적이고 실천 가능한 개선지침에 대한 요청에 부응하도록 노력하였다.

「기업지배구조 모범규준」의 주요 개정 방향과 부문별 주요 개정사항[233]은 다음과 같다.

1. 주요 개정 방향

□ **국내 기업 환경 및 자본시장의 변화와 국내외 지배구조 관련 제도 개선 동향 반영.**
• 「자본시장법」, 「상법」, 「금융회사지배구조법」등의 제·개정사항을 검토.
• 「임원 보수정책의 마련 및 공시」에 대한 원칙 신설.

□ **지배구조 관련 해외 동향의 반영**
• 2014년 ICGN 글로벌 지배구조 원칙 개정.
• 2015년 G20/OECD 기업지배구조 원칙 개정 등.

□ **「기관투자자」 중항목 신설**
• 기존 모범규준의 「정부 및 관련 기관에 대한 권고사항」에 있던 내용을 일부 수정하여 「Ⅴ. 시장에 의한 경영감시」에 「기관투자자」 중항목 신설.

2. 부문별 주요 개정 사항

□ **주주**
• 내부거래 및 자기거래에 관한 내부통제장치의 마련 및 거래내역의 공시 권고.
• 주총 안건별 찬반 비율 및 표결결과의 공개 권고.
• 전자투표제에 대한 설명 추가.
· 기업은 서면 또는 전자투표를 통해 주주가 의결권을 용이하게 행사할 수 있도록 노력할 것을 권고 등.

□ **이사회**
• 신규 원칙 및 주석의 마련

---

233 한국지배구조원, 「기업지배구조 모범규준」개정, 보도자료, 2016. 8. 9. 2~3면. 김용범. 전게서. 2017. 181~182면.

· 주요 경영진에 대한 보수정책과 보수의 공시.
· 최고 경영자 승계 정책의 마련 및 공개 권고.
· 리스크 관리정책의 마련 및 운영 권고.
·「상법」에 도입된 집행임원제 반영.
• 이사회 기능에 '기타 지배구조 개선을 위한 정책의 수립' 추가 등.

□ **감사기구**

• 감사기구 산하에 감사기구를 보좌하고 실무를 담당하는 내부감사부서의 설치 권고.
• 외부감사 관련 법제적 변화 반영 등.

□ **이해관계자**

• 공정거래 관련 사항 추가 : 공정거래 관련 정책의 마련 및 공시.
• 근로자의 삶의 질 제고를 위한 기업의 노력 촉구 등.

□ **시장에 의한 경영감시**

• 기존「정부 및 관련기관에 대한 권고사항」에 기관투자자에 대한 내용이 있었으나, 기관투자자 역할의 중요성이 부각되고 있어 모범규준에 중 항목 신설.
• 기관투자자의 투자기업 지배구조개선을 통한 기업가치 제고 노력 촉구 측면에서 신설.

〈 한국기업지배구조원의 기업지배구조 모범규준 〉[234]

Ⅰ. 주주

1. 주주의 권리

1.1 주주는 기업의 소유자로서 기본적인 권리를 가진다.

• 이익배당 및 잔여재산 분배 참여. • 주주총회의 참석권 및 의결권
• 충분한 정보를 시의 적절하게 정보를 제공받을 권리 등.

1.2 기업의 존립 및 주주권에 중대한 변화를 가져오는 사항은 주주총회에서 주주의 권리를 최대한 보장하는 방향으로 결정되어야 한다.

• 정관의 변경·합병, 영업의 양수도 및 기업의 분할·해산·자본의 감소·주식의 포괄적 교환 및 이전·소유구조 변경을 초래하는 자본의 증가 등.

1.3 기업은 주주에게 주주총회의 일시, 장소 및 의안 에 관하여 충분한 정보를 충분한 기간 전에 제공하여야 하고, 주주총회의 일시와 장소는 주주가 최대한 참가할 수 있도록 결정하여야 한다.

1.4 주주는 이사회에 주주총회의 의안을 제안할 수 있고, 주주총회에서 의안에 대하여 질의하고 설명을 요구할 수 있어야 한다.

1.5 주주총회의 결의는 투명하고 공정하게 이루어져야 하며, 주주는 자신의 의결권

---

234 한국기업지배구조원,「기업지배구조 모범규준」, 2016. 7.26. 개정분 인용.

을 직접 또는 간접적인 방법으로 최대한 용이하게 행사할 수 있어야 한다.

2. 주주의 공평한 대우

2.1 주주는 1주마다 1의결권을 가지며, 주주의 본질적인 권리는 침해되어서는 안 된다. 다만, 특정 주주에 대한 의결권 제한은 법률이 정하는 바에 따라 제한적으로 이루어 져야 한다.

2.2 주주는 기업으로부터 필요한 정보를 적시에 충분히 그리고 공평하게 제공받을 수 있어야 하며, 기업은 공시의무가 없는 정보를 공개할 경우에도 모든 주주에게 공평하게 제공하여야 한다.

2.3 주주는 지배주주 등 다른 주주의 부당한 내부거래 및 자기거래로부터 보호되어야 한다.

3. 주주의 책임

3.1 주주는 자신의 의결권 행사가 기업 경영에 영향을 미칠 수 있음을 인식하고 기업발전을 위하여 적극적으로 의결권을 행사하도록 노력하여야 한다.

3.2 기업의 경영에 영향력을 행사하는 지배주주는 기업과 모든 주주의 이익을 위해 행동하여야 하며, 이에 반하는 행동으로 기업과 다른 주주에게 손해를 끼친 경우에는 그에 상응하는 책임을 져야 한다.

Ⅱ. 이사회

1. 이사회의 기능

1.1 이사회는 기업경영에 관한 포괄적인 권한을 가지며, 다음과 같은 기업의 경영의사결정 기능과 경영감독기능을 수행하여야 한다.

〈주요기능〉

- 경영목표와 전략의 설정
- 경영진의 임면 및 경영진에 대한 감독
- 경영성과의 평가 와 보상수준의 결의
- 기타 지배구조개선을 위한 정책의 수립 등.

〈세부기능〉

- 사업계획 및 예산의 결의
- 대규모 자본지출의 결의
- 대규모 차입 및 지급보증의 결의
- 대규모 담보제공 및 대여의 결의
- 중요자산의 처분 및 양도
- 기업의 인수 · 합병 관련 주요 사항의 결의
- 영업소 설치, 이전 또는 폐지의 결의

- 법령 및 윤리규정 준수의 감독
- 회계 및 재무보고체계의 감독
- 위험관리 및 재무통제의 감독
- 정보공시의 감독. 기타 기업지배구조의 유효성 평가 및 개선 등.

1.2 이사회는 대표이사, 대표집행임원 또는 이사회 내 위원회에 권한을 위임할 수 있다. 다만 법령·정관이나 이사회운영규정에서 정하는 주요한 사항은 제외한다.

1.3 이사회는 경영승계에 관한 정책을 마련하여 운영할 것을 권고한다. 특히, 비상시 최고 경영자 승계와 관련한 내용을 반드시 포함하여야 한다.

1.4 이사회는 체계적인 리스크 관리를 위하여 리스크 관리정책을 마련하여 운영할 것을 권고한다.

2. 이사회의 구성 및 이사 선임

2.1 이사회는 효과적이고 신중한 토의 및 의사결정이 가능한 규모이어야 하며, 이사회 내에 설치된 위원회가 활성화 될 수 있는 충분한 수의 이사로 이사회를 구성되어야 한다.

2.2 이사회에는 경영진과 지배주주로부터 독립적으로 기능을 수행할 수 있는 사외이사를 두어야 하며, 그 수는 최소한 이사회가 실질적으로 독립성을 유지할 수 있는 규모이어야 한다. 특히 대규모 공개기업[235]의 경우에는 전체 이사의 과반수(최소 3인 이상)를 사외이사로 구성하여야 한다.

2.3 기업은 기업가치의 훼손 또는 주주의 권익 침해에 책임이 있는 임원을 선임하지 않을 것을 권고한다.

2.4 이사회는 기업경영에 실질적인 기여를 할 수 있도록 전문성을 지닌 유능한 자로 구성되어야 하고, 선임된 이사의 임기는 존중되어야 한다.

2.5 다양한 배경을 지닌 이사들로 이사회를 구성할 것을 권고한다.

2.6 대규모 공개기업의 경우, 이사회를 대표하는 이사회 의장은 경영진을 대표하는 대표 이사와 분리하여 선임하거나 그렇지 않을 경우에는 사외이사를 대표하는 선임사외 이사를 선임할 것을 권고한다.

2.7 기업은 필요에 따라 집행임원제도를 도입할 수 있다.

2.8 이사후보를 공정하게 추천하기 위하여 이사후보추천위원회를 운영할 것을 권고한다. 동 위원회는 이사후보 추천과정의 공정성과 독립성을 확보할 수 있도록 구성되어야 한다.

2.9 이사의 선임에 있어서는 지배주주가 아닌 주주의 의견도 반영될 수 있어야 한다. 이를 위하여 집중투표제를 채택하도록 권고한다.

---

235 대규모 공게기업이란 자산총액이 1조원 이상인 공개기업을 의미한다.

2.10 기업은 주주가 이사후보에 대한 충분한 정보와 판단시간을 가지고 의결권을 행사할 수 있도록 하여야 한다.

3. 사외이사

3.1 사외이사는 해당 기업과 중대한 관계[236]가 없어야 하며, 경영진과 지배주주[237]로부터 독립적인 의사결정을 할 수 있는 자이어야 한다.

3.2 기업은 사외이사 후보가 해당 기업과 중대한 관계가 없음을 확인하고 공시해야 한다. 사외이사는 취임승낙 시 해당기업과 중대한 관계가 없다는 확인서를 기업에 제출하여야 한다.

3.3 사외이사는 충실한 직무수행을 위하여 과도한 겸직을 하여서는 안 된다.

3.4 기업은 사외이사가 직무수행에 필요한 정보를 충분히 제공하여야 하며, 사외이사는 직무수행에 필요한 정보를 신속하게 제공하도록 요청할 수 있다.

3.5 사외이사는 직무수행을 위하여 충분한 시간을 투여하여야 하며, 이사회가 개최될 때 에는 사전에 관련 자료를 검토한 후 참석하여야 한다.

3.6 사외이사는 필요한 경우 적절한 절차에 의하여 임·직원이나 외부 전문가 등의 지원을 받을 수 있으며, 기업은 이에 소요되는 비용을 지원하여야 한다.

3.7 사외이사의 경영 감독·지원기능을 제고하기 위하여 사외이사만이 참여하는 회의를 이사회와는 별도로 개최할 것을 권고한다.

4. 이사회의 운영

4.1 이사회는 원칙적으로 정기적으로 개최되어야 하며, 최소한 분기별로 1회 이상 개최하도록 권고한다.

4.2 원활한 이사회운영을 위하여 이사회의 권한과 책임, 운영절차 등을 구체적으로 규정한 이사회운영규정을 마련하여야 한다.

4.3 이사회는 매 회의마다 의사록을 상세하게 작성하고 회의 내용을 녹취하여 이를 유지·보존하여야 한다. 특히 중요한 토의내용과 결의사항은 이사별로 기록하여야 한다.

4.4 개별 이사의 이사회 출석률과 주요 공시대상 안건에 대한 개별 이사의 찬반여부 등의 활동 내역을 공시할 것을 권고한다.

4.5 필요시 원격통신수단을 활용하여 이사회 구성원이 이사회 회의에 최대한 참여할 수 있도록 하여야 한다.

5. 이사회 내 위원회

5.1 이사회 내부에 특정 기능과 역할을 수행하는 적정수의 인원으로 구성된 위원회

236 중대한 관계에 있는 자란 해당 기업과 직접적인 계약 및 거래관계에 있는 자를 말한다.

237 지배주주란 이사 · 집행임원 · 감사의 선임과 해임 등 회사의 주요 경영사항에 대하여 사실상 영향력을 행사 하는 주주를 말한다.

를 설치할 것을 권고한다. 특히 대규모 공개기업의 경우에는 감사위원회, 추천위원회, 보상위원회의 설치를 권고한다.

5.2 이사회 내 위원회는 과반수를 사외이사로 구성하여야 한다. 단, 감사위원회와 보상위원회는 전원을 사외이사로 구성할 것을 권고한다.

5.3 모든 위원회의 조직, 운영 및 권한에 대하여는 명문으로 규정하여야 한다. 이사회로 부터 위임된 사항에 대한 위원회의 결의는 이사회의 결의와 동일한 효력을 가지며, 위원회는 결의된 사항을 이사회에 보고하여야 한다.

6. 이사의 의무

6.1 이사는 선량한 관리자의 주의의무를 다하여 직무를 수행하여야 한다. 이사는 충분한 정보를 바탕으로 충분한 시간 및 노력을 투입하여 합리적인 의사결정을 하여야 한다.

6.2 이사는 자기 또는 제3자의 이익을 위하여 그 권한을 행사하여서는 안 되고, 항상 기업과 주주에게 최선의 이익이 되는 결과를 추구하여야 한다.

6.3 이사는 직무수행과 관련하여 지득한 기업의 비밀을 외부에 누설하거나, 자기 또는 제3자의 이익을 위하여 이용해서는 안 된다.

7. 이사의 책임

7.1 이사가 법령이나 정관을 위반하거나 그 임무를 소홀히 한 때에는 기업에 대하여 손해배상책임을 진다. 이사에게 악의나 중과실이 있는 때에는 제3자에 대하여도 손해배상책임을 진다.

7.2 이사가 경영판단을 하는 과정에 있어 합리적으로 신뢰할 수 있는 상당한 자료와 정보를 수집하고 이를 신중하고 충분히 검토한 후, 성실하고 합리적인 판단에 의하여 기업에 최선의 이익이라고 생각되는 방법으로 직무를 수행하였다면, 그러한 이사의 경영 판단은 존중되어야 한다.

7.3 기업은 이사에 대한 책임추궁의 실효성을 확보하고, 유능한 인사를 이사로 유치하기 위하여, 기업의 비용으로 이사를 위한 손해배상책임보험에 가입할 수 있다.

7.4 이사는 주기적으로 효율적인 역할 수행을 위한 사내외 교육에 임하여야 한다. 특히 신규 선임 이사는 직무 및 지배구조 관련 교육에 참가하여야 한다.

8. 평가 및 보상

8.1 사외이사의 활동내용은 공정하게 평가되어야 하고, 평가결과는 보수 및 재선임 결정 등에 반영되어야 한다.

8.2 이사회는 주요 경영진에 대한 보수정책을 주주와 장기적인 이해가 일치하도록 설계하여야 하며, 그 주요사항을 공시할 것을 권고한다. 또한 주요 경영진의 보수는 공시되어야 한다.

8.3 이사회는 경영진의 경영활동 내용을 공정하게 평가하여 그 평가결과를 보수에 적정 하게 반영하여야 한다.

III. 감사기구

1. 내부감사기구

1.1 대규모 공개기업은 내부감사기구로 이사회 내에 감사위원회를 설치할 것을 권고한다.

1.2 독립성과 전문성을 유지하기 위하여, 감사위원회를 전원 사외이사로 구성할 것을 권고하고, 위원 중 1인은 감사업무에 관한 전문적인 식견을 가진 자[238]이어야 한다.

1.3 감사위원회 또는 감사는 감사업무를 충실히 수행하여야 한다.

- 이사와 경영진의 업무집행에 대한 적법성 감사.
- 기업의 재무활동의 건전성과 타당성 감사.
- 재무보고 과정의 적절성과 재무보고의 정확성 검토.
- 중요한 회계처리기준이나 회계추정 변경의 타당성 검토.
- 내부통제시스템의 평가.
- 내부 감사부서 책임자의 임면에 대한 동의.
- 내부 감사부서의 역할, 조직, 예산의 적절성 평가.
- 내부 감사부서의 활동에 대한 평가.
- 외부감사인의 선임 및 해임에 대한 승인과 주주총회에의 사후보고.
- 외부감사인의 감사활동에 대한 평가.
- 외부감사인의 독립성과 비감사활동의 적절성 평가.
- 내부 및 외부 감사결과 시정사항에 대한 조치 확인.
- 감사위원회규정 또는 감사규정 명문화 및 그 내용의 공시.
- 감사위원회 또는 감사의 활동과 독립성에 대한 내용의 주기적 공시.

1.4 이사회는 감사위원회 또는 감사의 목표, 조직, 권한과 책임 그리고 업무 등에 관한 규정을 명문화하여야 한다. 또한 감사위원회 또는 감사는 동 규정의 타당성을 매년 평가하고 그 내용을 공시하여야 한다.

1.5 감사위원회는 분기별로 1회 이상 개최하여야 하며, 필요한 경우 경영진, 재무담당임원, 내부감사부서의 장 및 외부감사인이 참석하도록 할 수 있다.

1.6 감사위원회는 매 회의마다 회의록을 작성하여야 하며, 회의록에는 주요 토의사항과 결의내용을 상세하고 명확하게 기재하여야 한다. 감사위원회 또는 감사는

238 감사업무에 전문적인 식견을 가진 자라 함은 감사업무를 수행하는 자가 반드시 전문적인 자격을 갖출 필요는 없으나 회계기준, 재무보고 및 내부통제 구조를 이해하고 이에 관한 판단을 할 정도의 경험과 지식을 구비한 자를 말한다.

감사내용을 구체적으로 기록한 감사록을 작성하여야 한다.

1.7 감사위원회 위원 또는 감사는 감사업무에 필요한 정보에 자유롭게 접근할 수 있어야 하고, 필요한 경우 외부 전문가의 자문을 받을 수 있어야 한다.

1.8 감사위원회는 감사위원회 자신의 독립성에 대한 평가내용과 주요 활동내용을 주주총회에 보고하여야 하며, 대표이사는 사업보고서를 통해 이를 공시하여야 한다. 감사위원회를 설치하지 않은 기업은 감사의 독립성에 대한 평가내용과 주요 활동내용을 주주총회에 보고하고 대표이사는 사업보고서를 통해 이를 공시하여야 한다.

1.9 감사위원회 위원은 경영진과 지배주주로부터 독립적이어야 한다. 따라서 감사위원회 위원은 이사로서의 보수만 받을 수 있으며 그 외의 다른 보상은 받을 수 없다.

2. 외부감사인

2.1 외부감사인은 감사대상기업과 그 경영진 및 지배주주 등으로부터 법적·실질적 독립성을 유지하여야 한다.

2.2 외부감사인은 주주총회에 참석하여 감사보고서에 관한 주주의 질문이 있는 경우에 설명하여야 한다.

2.3 외부감사인은 부주의한 회계감사로 인해 감사대상기업 및 기타 정보이용자에게 발생한 손해를 배상할 책임이 있다. 외부감사인은 감사받은 재무제표와 함께 정기적으로 공시 되는 정보 중에서 감사결과와 배치되는 정보가 있는지 확인하여야 한다.

2.4 외부감사인은 감사 시 감사대상기업의 부정 또는 위법행위의 여부를 확인하기 위하여 노력하여야 한다.

2.5 외부감사인은 외부감사와 관련된 법률 등 관련 법규에서 요구하는 바에 따라 감사 대상기업의 존속 가능성에 대해 고려하여야 한다.

2.6 외부감사인은 외부감사 활동 중에 확인한 중요사항을 감사위원회 또는 감사에게 보고하여야 한다.

Ⅳ. 이해관계자

1. 이해관계자의 권리보호

1.1 기업은 다양한 이해관계자의 권리를 침해하지 않도록 노력하여야 한다.

1.2 기업은 소비자 보호, 환경 보호 등의 사회 책임을 소홀히 하여서는 안 된다.

1.3 기업은 근로자의 권리를 존중하고, 근로자의 삶의 질을 제고하도록 노력하여야 한다.

1.4 기업은 공정거래 관련 법률의 준수를 통해 공정한 시장질서의 확립을 촉진하며 국민 경제의 균형 있는 발전을 도모하여야 한다.

1.5 기업은 채권자의 지위에 중대한 영향을 미치는 합병, 감자, 분할합병 등의 사정에 대해서는 채권자보호절차를 준수하여야 한다.

1.6 이해관계자가 주주의 지위를 겸하는 경우에 이해관계자 및 주주로서의 각각의 권리는 보호되고 행사될 수 있어야 한다.

2. 이해관계자의 경영감시 참여

2.1 채권자의 경영감시 형태와 수준은 기업의 특성에 따라 관련 당사자 간의 협의에 의해 결정되어야 한다.

2.2 근로자의 경영참가 형태와 수준은 기업의 건전한 발전을 도모할 수 있도록 결정되어야 한다.

2.3 기업은 법령이 허용하는 범위 내에서 이해관계자의 권리보호에 필요한 정보를 이해관계자에게 제공하여야 하며, 이해관계자는 관련 정보에 접근할 수 있어야 한다.

V. 시장에 의한 경영감시

1. 공시

1.1 기업은 법령에 의해 요구되는 공시사항 외에도 주주 및 이해관계자의 의사결정에 중대한 영향을 미치거나 미칠 수 있는 사항은 공시하여야 한다.

1.2 기업은 사업보고서 또는 전자공시시스템 등을 통해 자신의 기업지배구조와 본 모범 규준과의 차이 및 그 이유, 향후 변경 계획 등을 설명하여야 한다.

1.3 기업은 정기공시 이외에 중요사항을 결정한 때에는 지체 없이 그 내용을 상세하고 정확하게 공시하여야 한다. 그리고 그 결정이 이사회 결의에 의해 이루어진 경우에는 결의내용 외에 참석이사와 표결결과에 관한 사항도 함께 공시하는 것이 바람직하다.

- 기업의 재무구조나 영업에 중대한 영향을 미칠 수 있는 사항.
- 주식의 발행에 관한 사항.
- 기업의 재산, 영업, 경영환경에 중대한 변화를 초래하는 사항.
- 채권, 채무관계에 중대한 변동을 초래하는 사항.
- 중요한 투자 및 출자에 관한 사항.
- 손익구조에 중대한 변화를 초래하는 사항.
- 기업의 경영권 및 관리구조의 변경을 초래하는 사항.
- 배당의 규모와 방법에 관한 사항.
- 투자판단에 중대한 영향을 미칠 회계처리기준 또는 회계추정변경에 관한 사항.
- 사내이사 및 사외이사 선임 또는 해임에 관한 사항.
- 주식매수선택권의 부여 및 취소에 관한 사항.

1.4 기업은 미래의 경영성과와 재무상황에 대한 예측정보를 적절하게 공시하여야

한다.

1.5 기업은 공시내용을 이해하기 쉽게 작성하고, 이해관계자가 이용하기 용이하도록 노력하여야 한다.

1.6 외국인이 상당한 주식을 보유하고 있는 기업은 감사보고서 및 중요한 수시공사 사항을 한글 및 영문으로 작성하여 공시하는 것이 바람직하다.

1.7 기업은 공시책임자를 지정하여야 하며, 기업의 중요한 정보가 공시책임자에게 신속하게 전달될 수 있도록 내부 정보전달체계를 갖추어야 한다.

1.8 기업은 실질적 지배주주 및 그 특수관계인의 주식소유 현황을 구체적으로 공시하여야 한다.

1.9 상장법인의 대표이사와 재무담당책임자(Chief Financial Officer)는 재무보고의 정확성과 완전성을 인증하여야 한다.

1.10 기업은 기업윤리규정을 제정하고 이를 공시하여야 한다.

2. 기업경영권 시장

2.1 기업의 인수, 합병, 분할, 영업의 양수도 등 기업경영권의 변동을 초래하는 행위는 투명하고 공정한 절차에 의해 이루어져야 한다.

2.2 기업의 경영권 방어행위는 일부 주주 또는 경영진의 경영권을 유지하기 위하여 기업과 주주의 이익을 희생시키는 방법으로 행해져서는 안 된다.

2.3 기업은 합병, 영업의 양수도 등 중요한 구조변경에 반대하는 주주가 법령이 정하는 바에 따라 그 지분의 실질가치를 반영하는 공정한 가액에 의한 주식매수 청구권을 행사할 수 있도록 하여야 한다.

3. 기관투자자

3.1 기관투자자는 투자기업에 대한 주주권 행사의 내부규정을 제정하여 공포하고, 신의 성실의 원칙에 따라 주주권을 적극적으로 행사하고 그 내역을 공시하여야 한다.

3.2 기관투자자는 기업과의 거래 등 일체의 행위를 함에 있어 그 지위를 악용하거나 중요한 미공개 정보를 이용하는 내부자거래를 하여서는 안 된다.

3.3 이해관계가 있는 기업에 대한 기관투자자의 주주권행사와 자산운용에 대하여는 이해관계의 내용과 주주권 행사 내용을 공시하여야 한다.

3.4 기관투자자는 내부규정에 따라 주주권 행사가 기업가치 제고를 위하여 공정하게 이루어지도록 내부통제체제를 갖추어야 한다.

3.5 기관투자자의 영향력을 고려할 때, 기관투자자는 자신의 지배구조를 효율화하기 위한 제도적 장치를 마련하여야 한다.

한편 한국거래소는 2017년 3월 '기업지배구조와 관련된 주주, 이사회, 감사기구 등의 운영 현황'을 유가증권시장 증권상장기업의 자율공시항목으로 추가하고, 기업지배구조 관련 핵심원칙의 준수여부와 미준수 시 그 구체적인 사유를 설명하도록 하는 **기업지배구조 공시제도를 도입**하였다.

동 제도는 자율공시 방식으로 도입되어 未이행에 따른 별도의 제재조치는 없으나, 시장 전체에 기업지배구조의 중요성을 확신시키고 참여하는 기업들의 평판을 높이는 효과가 기대된다. 한국거래소가 선정한 기업지배구조 관련 핵심원칙은 한국지배구조원의 "기업지배구조 모범규준"과 직접 관련되며, 세부내용은 다음과 같다.

〈 기업지배구조 주요 현황 공표 핵심원칙 〉[239]

Ⅰ. 주주

1. 주주의 권리

주주는 권리행사에 필요한 충분한 정보를 시의적절하게 제공받고, 적절한 절차에 의해 자신의 권리를 행사할 수 있어야 한다.

2. 주주의 공평한 대우

주주는 보유주식 종류 및 수에 따라 공평한 의결권을 부여 받아야 하고, 주주에게 기업정보를 공평하게 시스템을 갖추는 노력을 해야 한다.

Ⅱ. 이사회

3. 이사회의 기능

이사회는 기업과 주주의 이익을 위하여 기업의 목표와 전략을 결정하고, 경영진을 효과적으로 감독하여야 한다.

4. 이사회의 구성 및 이사 선임

이사회는 효율적으로 의사를 결정하고 경영진을 감독할 수 있도록 구성하여야 하며, 이사는 다양한 주주의견을 폭넓게 반영할 수 있는 투명한 절차를 통하여 선임되어야 한다.

5. 사외이사

사외이사는 독립적으로 중요한 기업경영정책의 결정에 참여하고 이사회의 구성원으로서 경영진을 감독·지원할 수 있어야 한다.

6. 이사회 운영

---

239 한국거래소., 「유가증권시장 공시규정 시행세칙」별표4. 기업지배구조 주요 현황 공표 핵심원칙.

이사회는 기업과 주주의 이익을 위한 최선의 경영의사를 결정할 수 있도록 효율적이고 합리적으로 운영되어야 한다.

7. 이사회 내 위원회

이사회는 효율적인 운영을 위하여 그 내부에 특정 기능과 역할을 수행하는 위원회를 설치하여야 한다.

8. 평가 및 보상

사외이사의 적극적인 직무수행을 유도하기 위하여 이들의 활동 내용은 공정하게 평가되어야 하고, 그 결과에 따라 보수지급 및 재선임 여부가 결정되어야 한다.

Ⅲ. 감사 기구

9. 내부감사기구

감사위원회, 감사 등 내부감사기구는 경영진 및 지배주주로부터 독립적인 입장에서 성실하게 감사업무를 수행하여야 하며, 내부감사 기구의 주요 활동 내역은 공시되어야 한다.

10. 외부감사인

기업의 회계정보가 주주 등 그 이용자들로부터 신뢰를 받을 수 있도록 외부감사인은 감사 대상기업과 그 경영진 및 지배주 등으로부터 독립적인 입장에서 공정하게 감사업무를 수행하여야 한다.

따라서 위 모범규준 및 핵심원칙은 우리 기업들이 자발적으로 자신의 기업지배구조를 개선하는 데 참고가 되고, 나아가 우리 기업들이 바람직한 지배구조를 정착시키는 데 도움이 될 수 있기를 기대한다. 아울러 위 모범규준 및 핵심원칙은 상장기업을 비롯한 공개 기업을 대상으로 하고 있지만, 비공개기업도 여건이 허락하는 한 본 모범 규준 및 핵심원칙을 준수하는 것이 바람직하다.

2. 「금융지배구조법」의 주요 내용[240]

「금융회사의 지배구조에 관한 법률」(이하 "금융지배구조법"이라 한다)은 개별 금융법에 규정되어 있는 금융회사의 지배구조에 관한 사항을 개선하여 금융회사의 투명성과 책임성을 제고하고 건전한 경영을 유도하여 금융이용자 등 금융회사 이해관계자를 보호하고 금융시장의 안전성을 유지하기 위하여 제정하였다.

따라서 금융회사가 아닌 일반회사에서도 주주와 이해관계자 등의 이익을 보호하기 위하여 그 회사의 이사회 운영 등에 관하여 지켜야 할 구체적인 원칙과 절차(이하 "지배 구조내부규

---

240 2015. 6. 국회를 통과한 「금융회사의 지배구조에 관한 법률」과 2020. 6. 29. 국회에 제출한 「금융 회사의 지배구조에 관한 법률 일부개정 법률안」 (사선으로 표시)을 바탕으로 정리한 것임.

범"이라 한다)를 정함에 있어서 많은 참고가 될 것으로 본다.

참고 1

「금융지배구조법」 주요 내용

1) 이사회의 경영진 감시 강화

가) 이사회의 독립성 강화

- 이사회는 사외이사 과반수, 3인 이상으로 구성

나) 이사의 권한 강화

① 이사회 심의·의결 사항 명시, 정관 반영 의무화

- 경영 목표 및 평가, 정관 변경.
- 임직원 보수를 포함한 예산·결산.
- 해산·영업양도·합병 등 조직의 중요한 변경.
- 내부통제기준.
- 위험관리기준 등.

② 주요 업무집행 책임자 임면 시 이사회 의결

- 전략기획·재무관리, 위험관리 및 그 밖에 이에 준하는 업무로서 대통령령이 정하는 주요업무를 집행하는 업무집행 책임자[241]는 임면 시 이사회 의결.

다) 이사회 내 위원회

- 이사회 내 위원회로 임원후보추천위원회, 감사위원회, 위험관리위원회, 보수위원회를 설치.

2) 사외이사의 독립성 및 전문성 강화

가) 이사회의 독립성 강화

① 사외이사 결격요건 강화

- 최대주주 및 그 특수 관계인.
- 주요주주 및 그의 배우자와 직계존속·비속.
- 해당 금융회사 또는 그 계열회사 상근임직원 또는 비상임이사이거나 최근 3년 이내에 상근임직원 또는 비상임이사이었던 사람.
- *해당 금융회사에서 사외이사로 재직한 기간이 6년을 초과하거나 계열사와 합산하여 9년을 초과하는 사람 등.*

② 사외이사 후보추천절차 개선

- 위원수를 3인 이상으로 확대하고, 위원회의 사외이사 비중을 1/2 이상에서 과반수로 확대.
- 주주제안권을 행사할 수 있는 소수주주(지분 1만분의 10이상 보유자)가 추천하는 자를 사외이사 후보에 포함.

---

241 업무집행책임자란 이사가 아니면서 명예회장·회장·부회장·사장·부사장·행장·부행장·부행장보·전무·상무·이사 등 업무를 집행할 권한이 있는 것으로 인정할 만한 명칭을 사용하여 회사의 업무를 집행하는 자를 말한다.

- 사외이사후보추천위원회 위원은 본인을 사외이사 후보로 추천하는 결의에 관하여 의결권 행사 금지 즉 자기투표 금지.

나) 사외이사의 전문성 강화

① 이사회를 다양한 분야의 전문성을 갖춘 이사로 구성

- *이사회가 금융회사 경영에 필요한 다양한 분야의 전문성(금융, 경제, 법률, 회계, 전략기획, 소비자보호, 정보기술 등)을 갖춘 이사들로 구성.*

② 사외이사의 순차적 교체 원칙화

- *이사회 운영의 연속성을 보장하기 위한 순차적 교체를 원칙화.*
- *건전한 경영, 금융시장의 안정성 유지 등을 위해 불가피한 경우에는 일괄교체 가능.*

다) 사외이사에 대한 정보 제공

- 금융회사는 사외이사에 대하여 충분한 자료나 정보 제공.
- 사외이사는 금융회사에 대하여 필요한 자료 및 정보 제공 요청.

3) 감사위원회 또는 감사의 경영진 감시기능 강화

가) 감사위원 등의 독립성·전문성 제고

① 사외이사 아닌 감사위원의 독립성 강화

- 사외이사 아닌 감사위원(상근감사위원)에게 사외이사 자격(결격) 요건 준용.[242]

② 감사위원 선임 시 의결권 3%로 제한

- 모든 감사위원 선임 시 3% 초과 의결권 제한.
- 최대주주의 경우 특수관계인 지분 포함.

③ 감사위원의 분리선출 방식 도입

- 감사위원이 되는 사외이사 1인 이상에 대해서는 다른 이사와 분리하여 선출.[243]

④ 감사위원 후보 추천

- 감사위원 후보는 위원 3인 이상으로 구성된 임원추천위원회에서 추천.

⑤ 감사위원 등의 독립성·전문성 제고

- *감사위원의 최소 임기(2년)를 보장하되, 감사위원 및 상근감사는 6년을 초과하여 재임할 수 없도록 제한.*
- *감사위원의 직무전념성 강화를 위하여 업무연관성이 큰 보수위, 임원후보추천위를 제외하고는 이사회 내 타위원회 겸직을 제한.*

나) 감사위원회(감사)의 기능 및 책임성 강화

① 감사보좌기구 설치 및 경영정보 제공 의무화

- 감사위원회(감사) 업무를 지원하는 부서 설치를 의무화.

---

242 결격사유는 최대주주 및 그 특수관계인, 주요주주 및 그 배우자·직계존비속, 금융회사 및 계열회사의 상임임직원·비상임이사(냉각기간 3년), 금융회사 상임·비상임임원의 배우자 및 직계존비속, 임직원이 비상임이사로 있는 회사의 상임임직원, 대통령령으로 정하는 중요 거래·협력관계 법인의 상근임직원, 기타 대통령령으로 정하는 직무 충실 곤란자 등.

243 분리선출방식이란 이사 중 감사위원이 되는 이사 선임 안건(3% 의결권 제한)과 나머지 이사 선임안건(의결권 제한 없음)을 분리하여 선임하는 방식임.

- 감사위원회(감사)의 원활한 직무수행을 위한 금융회사의 충분한 자료·정보제공 의무 및 감사위원(감사)의 자료·정보제공 요청권.
- 회사 비용으로 전문가의 조력을 받을 권리.

② 감사활동보고서의 주기적 제출 의무화

- 회사가 감사위원회(감사)의 주기적인 감사활동 보고서를 금융위원회에 제출토록 의무화.

③ 내부감사조직 운영의 내실화

- *사외이사만으로 감사위원회를 구성하는 금융회사는 감사업무 담당 부서의 장("내부감사책임자")을 업무집행책임자(「금융지배구조법」상 임원)로 선임토록 의무화.*

다) 감사의 경영진 감시기능 효율성 강화

- 대통령령이 정하는 회사는 상근감사 선임 의무화.
- 다만, 감사위원회 설치회사는 상근감사 선임 금지.

4) 임원 선임의 투명성·독립성 제고

가) CEO의 적극적 자격요건 신설

- *CEO의 금융전문성, 공정성, 도덕성, 직무 전념성 등 적극적 자격요건 신설.*

나) 임원후보추천위원회의 독립성 강화

- *CEO를 포함한 임취위위원은 본인을 임원 후보로 추천하는 임추위결의 참석금지.*
- *CEO는 사외이사 및 감사위원을 추천하는 임추위 참석 금지.*
- *임추위는 2/3 이상을 사외이사로 구성.*

5) 업무집행책임자 규율

- 이사가 아니면서 사실상 이사와 동등한 지위에 있는 자를 업무집행 책임자로 정의.
- 전략기획·재무관리, 위험관리 등 회사의 주요 업무를 집행하는 주요 업무집행 책임자는 이사회의 의결을 거쳐 임면.

6) 임원자격제한의 명시적 근거 마련

- 임직원 제재조치에 대한 임원자격제한의 명시적 근거를 법률에 마련.
- 제재 조치일로부터 5년 이내에서 제재 종류별로 대통령령으로 제한.

7) 지배구조 내부규범 마련 의무화

가) 지배구조 내부규범[244]의 제정 의무화

- 회사는 이사회의 구성 및 운영, 이사회 내 위원회 설치, 임원의 성과 평가 등에 관하여 지켜야 할 구체적인 원칙과 절차(이하 "지배구조 내부규범")를 마련.

나) 지배구조 내부규범의 공시 의무화

- 회사는 ① 지배구조내부규범을 제정하거나 변경한 경우 그 내용, ② 회사가 매년 지배구조내부규범에 따라 이사회 등을 운영한 현황을 인터넷 홈페이지 등에 공시.

---

244 지배구조 내부규범이란 CEO를 포함한 임원선임, 이사회 운영 등 지배구조에 관한 원칙과 절차를 말한다.

8) 내부통제 및 위험관리 제도 개선

가) 내부통제기준[245]의 마련 의무화

나) 준법감시인 지위 향상

- 준법감시인을 이사회에서 임면하고 임기(2년)을 보장.
- 사내이사 또는 업무집행책임자 중에서 선임.
- 준법감시인의 보수와 평가기준을 회사 재무적 경영성과와 별도로 운영.

다) 위험관리체계 개선

- 회사의 위험관리기준[246]마련 의무.
- 리스크 관리를 위한 기준·절차를 마련하고 관련사항을 심의·의결하는 이사회 내 위원회 즉 위험관리위원회 도입.
- 준법감시인에 준하는 지위와 자격을 가지는 위험관리책임자 도입.

라) 내부통제 및 위험관리기준 준수를 위한 관리의무 부과

- *내부통제기준 및 위험관리기준 관리에 책임이 있는 대표이사, 준법 감시인 등에게 기준 준수를 위한 관리의무를 부과.*

9) 임직원 보수통제 강화 및 내실화

가) 보수체계 개선

- 금융회사는 보수의 결정 및 지급방식 등을 심의·의결하는 이사회 내 위원회인 보수위원회를 설치(감사위원회가 대체 가능).
- 회사는 임직원이 과도한 위험을 부담하지 않도록 보수 체계를 마련–보수의 일정비율 이상을 성과와 연동시키되, 동 성과보수를 일정기간 이연하여 지급.

나) 고액연봉자 개별보수 공시

- *보수총액 또는 성과보수가 일정액 이상인 임원의 개별 보수총액, 성과보수 총액 등을 보수체계연차보고서에 공시 의무화.*

다) 임원 보수지급계획의 설명의무 부과

- *자산규모가 일정규모 이상인 상장금융회사의 경우 임원(업무집행자 제외) 보수지급계획(보수체계의 설계·운영, 보수총액의 산출기준, 보수의 지급방식 등)을 임기 중 1회 이상 주주총회에 설명토록 의무화.*

10) 최대주주 자격심사 제도 합리화

가) 최대주주 자격심사 요건 강화

- *적격성 유지요건에 「특경가법」 위반을 추가.*

나) 주식처분명령 부과근거 신설

---

245 내부통제기준이란 금융회사가 법령을 준수하고, 경영을 건전하게 하며, 주주 및 이해관계자 등을 보호하기 위하여 금융회사의 임직원이 직무를 수행할 때 준수하여야 할 기준 및 절차를 말한다.

246 위험관리기준이란 회사가 자산의 운용이나 업무의 수행 그 밖의 각종 거래에서 발생하는 위험을 제때에 인식·평가·감시·통제하는 방법 및 절차를 말한다.

- *최대주주가 적격성 유지요건 미충족에 따른 금융위의 의결권 제한 명령을 이행하지 않은 경우 "주식처분명령"을 부과할 수 있도록 근거 마련.*

참고 2

「금융회사의 지배구조 내부규범의 세부항목」의 주요 내용

1) 이사회 구성 현황

- 상임이사·비상임이사·사외이사의 최소 숫자·비율.
- 의장 선임 절차·임기·자격요건·권한.

2) 이사의 자격 요건

- 상임이사·비상임이사·사외이사 각각의 결격사유 및 적극적 자격요건.

3) 이사회 및 이사의 권한 · 책임

- 이사회의 심의·의결사항, 보고사항, 권한 및 권한의 위임에 관한 사항.
- 상임이사·비상임이사·사외이사의 권한과 책임.

4) 이사의 선임 · 퇴임에 관한 기준 및 절차

- 상임이사·비상임이사·사외이사 각각의 선임절차(추천절차 포함)·임기 및 사외이사 연임 기준.
- 이사의 퇴임사유 및 퇴임절차.

5) 이사회의 소집절차 및 의결권 행사 방법

- 소집권자, 소집절차, 최소 소집 횟수, 의결요건 및 의결권 제한 사유.

6) 이사회 운영실적 등의 평가에 관한 사항

- 이사회 운영실적에 대한 평가주체·방법·절차·지표 등.

7) 위원회의 종류 · 구성 · 기능

- 위원회의 종류, 위원회별 구성기준(위원 비율, 위원장 선임기준 등)·권한 및 소집에 관한 사항 등.

8) 위원회 운영실적 등의 평가에 관한 사항

- 위원회 운영실적에 대한 평가주체·방법·절차·지표 및 평가결과 활용방안 등.

9) 임원의 자격요건

- 임원의 결격사유 및 적극적 자격요건.

10) 임원의 권한·책임

- 임원별 권한(업무범위 등) 및 책임에 관한 기본 사항.

11) 임원의 선임·퇴임에 관한 기준 및 절차

- 임원후보자 선정기준, 임원별 선임절차(추천절차 포함)·임기·연임기준.

• 임원별 퇴임사유 및 퇴임절차, 유고시 업무대행자 및 후임자 선출방법.

12) 임원 및 그 후보자에 대한 교육제도

• 임원에 대한 교육 및 연수제도
• 임원 후보자에 대한 교육·연수·평가제도 및 평가결과 활용방안 등.

13) 임원에 대한 성과평가 및 보수지급의 방법

• 임원 성과에 대한 평가주체·방법·절차·지표 및 평가결과 활용방안 등.
• 임원 보수의 구성내역·지급방법 등.

14) 최고경영자의 경영승계 원칙

• 최고경영자 경영승계 절차, 경영승계 계획의 수립 및 변경.
• 경영승계 절차의 개시사유 및 개시결정 시기.
• 최고경영자 사고 등 비상상황 발생 시 대행자 선정, 신임 후보 선임 등.

15) 최고경영자의 경영승계 지원

• 최고경영자 경영승계 관련업무 담당 지원부서 지정 및 운영현황.

16) 최고경영자의 자격

• 최고경영자 최소 자격요건.

17) 최고경영자의 후보자 선출절차

• 최고경영자 후보자 추천절차, 후보군 선발 및 자격검증 등 관리 방법.
• 주주, 이해관계자 및 외부 자문기관 등 금융회사 외부로부터의 추천, 활용의 방법.

18) 최고경영자 추천 관련 공시

• 다음 각 호의 사항에 대한 공시 여부, 주주총회 소집 통지서 공시사실 및 공시확인 방법 고지 여부.

① 최고경영자후보추천절차 개요.
② 임원후보추천위원회 위원의 명단 및 약력.
③ 임원후보추천위원회 후보 제안자 및 후보자와의 관계.
④ 관련 법령에 따른 자격요건 충족 여부 및 근거.
⑤ 최고경영자 후보자 추천이유.
⑥ 최고경영자 후보자의 경력.

19) 책임경영체제 확립

• 최고경영자의 임기, 선임 및 해임의 이사회 결의·보고 내역.
• 최고경영자의 역할, 권한 위임 사항.
• 최고경영자의 임면을 위한 평가기준 및 절차, 해임 및 퇴임 사유 등.

Ⅷ. 기업지배구조법제와 향후 과제[247]

1. 서설

지난 '90년대부터 각국에서는 기업지배구조의 개혁을 위한 법제도적인 경쟁이 지속되어 왔다. 이러한 시도는 기업지배구조가 기업, 나아가 국가의 경쟁력을 좌우할 수 있는 중요한 요소라고 인식하였기 때문이다. 우리나라도 그 예외는 아니다.

일반적으로 **기업지배구조**란 **기업을 지휘하고 통제하는 체계 또는 메커니즘**이라고 정의하지만, 그 본질은 주주의 희생으로 경영자가 자신의 私的利益을 追求하는 利害相衝 관계로부터 주주에게 정당한 이익이 보장되도록 하는 데 있다.

그러나 이러한 목적을 실현할 수 있는 가장 이상적인 지배구조의 틀에 대한 보편타당한 해답을 찾기는 쉽지 않다. 기업지배구조는 국가마다 고유한 경제 환경이 있고, 기업 조직내부의 특성도 다르며, 시장에서의 경쟁 압력이나 국가의 법과 규제, 사회 환경 등이 다양하기 때문이다.

2. 우리나라 기업지배구조법제의 현주소

가. 「상법」의 기본 입장

우리나라 주식회사는 연혁적으로는 대륙법의 영향을 받아 이해관계자 중심 모델이 지향하는 소유지배구조를 취하게 되었다고 본다. 따라서 「상법」상의 지배구조법제도는 소유가 집중되는 지배구조 즉 지배주주에 의한 기업경영과 감시통제시스템이 정착되어 결과적으로 독립적인 감독기관에 의한 경영통제력은 미약할 수밖에 없는 구조적 특성을 가진다고 평가할 수 있다.

그러나 기업규모의 확대에 따른 소유의 분산이 가속화되는 단계에서는 더 이상 전통적인 지배구조만으로는 주주와 경영자와의 이해상충 문제를 해소하기가 어렵고, 더욱이 국제적인 자본이동이 자유로운 법적 환경에서는 국제적인 보편기준에 따르지 않을 수 없었다.

그리하여 '90년대부터는 「상법」도 경영에 대한 감시·통제를 기반으로 하는 주주중심 기업지배구조모델의 지배구조법제를 도입하는 추세에 접어들게 된 것이다. 2009년 개정 「상법」은 종전의 「증권거래법」상 사외이사 중심의 이사회, 감사위원회 등의 지배구조법제를 편입하였으며, 2011년 「상법」개정에서도 집행임원제도의 도입 등 업무집행 기관과 감독기관의 철저한 분리를 꾀하고 있다.

세계적으로 수렴되는 지배구조법제의 핵심은 업무집행기관으로부터 업무감독기능을 분리하여 엄격한 경영통제, 또는 감독시스템을 구축하는 것이라고 할 수 있다. 우리 「상법」상의 지배구조법제도 오늘날에는 이러한 국제적인 수렴화(收斂化) 현상을 수용 하는 단계에 있다고 할 수 있다.

---

247 김용범. 전게서. 2017. 194~199면. 및 2012., 141~146면. 송종준, 「2010년도 기업지배구조법제의 동향」, 상장회사감사회회보 제121호, 2010. 7~10면.

나. 최근 지배구조 재편

2009년 개정 「상법」은 경영에 대한 감독강화라는 취지를 실현하기 위하여 종전 「증권거래법」상 상장회사에 적용되는 지배구조법제를 편입하고, 지배구조의 형태를 회사의 규모와 주권의 상장여부에 따라 다양하게 재편하였다.

1) 소규모회사

자본금이 10억 원 미만인 소규모 주식회사의 경우 업무집행기관이 1인 또는 2인의 이사, 또는 대표이사로 구성할 수 있게 하였으며, 업무감독기관은 주주총회로, 감사기관은 감사 또는 주주 총회로 규정하고 있다. 소규모회사의 경우에는 종전과 같이 대표이사, 이사회, 감사의 제도를 강제하지 않고 자율적으로 지배구조를 구성할 수 있도록 한 것이다.

2) 중규모회사

최근 사업연도 말 현재의 자산총액이 2조 원 미만인 중규모회사의 경우 업무집행 기관은 이사회와 대표이사, 업무감독기관은 이사회, 감사기관은 감사 또는 감사위원회로 정하고 있다. 특히 중규모회사가 상장회사인 경우에는 자산총액이 1,000억 원 미만인 벤처기업 등 대통령령이 정하는 경우를 제외하고는 이사 총수의 4분의 1 이상을 사외이사로 선임하여 이사회를 구성하여야 한다.

그리고 자산총액이 1,000억 원 이상인 상장회사는 감사기관으로 상근감사 1명을 두어야 하고, 감사위원회를 설치한 경우에는 상근감사를 두지 않아도 된다. 감사위원은 3명 이상으로 구성하되, 사외이사가 위원의 3분의2 이상이어야 한다.

3) 대규모회사

최근 사업연도 말 현재의 자산총액이 2조 원 이상인 대규모상장회사의 경우에 업무집행기관은 이사회/대표이사, 업무감독기관은 이사회, 감사기관은 감사위원회가 맡는다. 이사회는 사외이사를 3인 이상으로 하고 또한 사외이사가 이사총수의 과반수가 되도록 해야 하며, 사외이사는 사외이사가 총 위원의 2분의1 이상으로 구성된 사외이사후보추천위원회를 설치하여 후보를 추천하여야 한다.

감사위원회는 이사회 내 위원회의 하나이고, 회계 또는 재무 전문가는 1명 이상이어야 한다. 감사위원은 주주총회에서 선임한 이사 중에서 다시 주주총회에서 선임하고 그리고 해임도 주주총회에서 한다. 단, 감사위원 중 1명(정관으로 증원 가능)은 주주총회 결의로 다른 이사들과 분리하여 감사위원이 되는 이사로 선임토록 하였다. 감사위원은 3명 이상의 이사로 구성하되, 사외이사가 위원의 3분의 2이상이어야 한다.

사외이사가 아닌 감사위원의 선임에는 최대주주와 특수관계인을 포함하여 발행 주식 총수의 100분의 3을 초과하여 의결권을 행사할 수 없도록 제한하고 있다. 특히 감사위원회는 이사회 내 위원회이지만 이 위원회의 결의사항에 대하여는 이사회가 변경할 수 없다.

다. 집행임원제도 도입

2011년 개정 「상법」에서는 **집행임원제도**를 채택할 수 있도록 한 점이 특징이다. 집행임원은 현행 「상법」상 이사회기능 중에서 업무집행기능만을 담당하는 업무집행기관으로 하고, 이사회는 업무감독기능만을 가지도록 한 제도이다. 집행임원제도는 업무집행기능과 감독기능을 가진 일원적 이사회제도를 개편하여 업무집행은 경영위원회에 부여 하고 이사회는 사외이사를 중심으로 업무감독기능만을 담당케 하는 미국추세와 대동 소이하다.

또한 업무집행기능과 감독기능이 분리는 되었지만 감독기능이 약화된 채 운영되어 온 이원적 이사회제도를 개혁하여 감사회에 이사회의 업무집행감독을 강화하는 최근의 독일 추세와도 유사한 것이다. 또한 일본이 위원회설치회사의 경우 집행임원과 감사위원회 제도를 도입하여 업무집행기능과 감독기능을 분리한 것과도 다르지 않다. 요컨대 집행 임원제도는 업무집행과 감독기능을 철저히 분리하는 지배구조법제의 국제적인 수렴화(收斂化) 현상을 수용 하는 대표적인 예라고 할 수 있다.

개정 「상법」에서 집행임원은 자본금이 10억 원 이상인 주식회사가 자율적으로 선택할 수 있는 제도이다. 집행임원은 이사회가 선임하고 해임할 수 있는 권한을 가지며, 보수도 결정할 권한을 가진다. 집행임원의 임기는 원칙적으로 2년을 초과할 수 없다. 그리고 2인 이상의 집행임원을 둔 회사는 대표집행임원을 선임하여야 한다.

대표집행임원을 둔 경우에는 따로 대표이사를 둘 수 없다. 그리고 (대표)집행임원은 이사회 의장을 겸직할 수 있다. 그 밖에 집행임원은 대표 이사와 같이 이사회의 소집 청구권을 가지고, 업무집행사항의 이사회 보고의무와 이사회 출석 보고의무를 지며, 회사와 제3자에 대하여 손해배상 책임을 질 수 있다.

집행임원을 둔 회사에서는 집행임원은 업무집행기능만을 담당하며, 집행임원의 업무 감독기능은 이사회가 가지게 되고, 집행임원의 업무감사는 이사회 내 위원회인 감사위원회가 담당하게 된다. 규정상으로는 자본금이 10억 원 이상인 모든 주식회사가 선택할 수 있지만, 실제로는 자산총액이 2조 원 이상인 대규모 상장회사에 적합하다.

3. 우리나라 지배구조법제의 평가와 향후 과제

개정 「상법」이 자본금이 10억 원 미만인 소규모회사의 지배구조에 대하여 자율적인 지배구조를 허용한 것은 바람직한 입법태도라고 본다. 소유가 집중된 지배구조에서는 형식상의 대표이사나 이사회의 설치를 강제하는 방법보다는 이사의 업무집행감독을 주주총회에 맡겨도 실효성을 제고할 수 있기 때문이다.

그러나 자본금이 10억 원을 초과하는 회사의 경우에는 소유와 경영이 분리되는 현상이 나타나고, 상장회사의 경우에는 그 정도가 매우 커지게 되어, 주주와 경영자 사이에 항상 이해상충문제가 발생하게 된다. 따라서 이 경우에는 경영자의 업무집행에 대한 감독권의 강화 필요성이 크다. 개정 「상법」이 사외이사제도를 도입해, 상장회사의 경우 이사회의 4분의 1 이상을 사외이사로 선임해야 하고, 업무감사도 전통적인 감사 외에 감사위원회를 추가한 것은 이 같은 업무감독권 강화의 요청에 따른 것이다.

그런데 문제는 사외이사 중심의 업무감사기능 강화를 위한 법제도의 취지가 감사의 실효성을 확보할 수 있을 것인지에 있다. 법규상으로는 사외이사의 독립성을 확보하기 위하여 엄격한 자격요건을 제한하고 있지만, 그것이 형식에 그치고 진정한 독립성을 확보하지 못하는 경우가 많다. 이 문제에 대한 명백한 해답을 찾는 것은 불가능에 가까울 수도 있고, 이것이 사외 이사제도의 한계이기도 하다.

또한 자산규모가 2조 원 이상인 대규모 상장회사가 집행임원제도를 도입하는 경우에도 마찬가지의 문제가 있다. 이론상으로는 사외이사가 중심이 되는 이사회가 집행임원의 업무집행에 대한 감독권을 행사하면 주주와 경영자 간의 이해상충 문제를 충분히 해소할 것처럼 보인다. 그러나 이 역시 사외 이사의 역할문제로 귀착되어 똑같은 딜레마에 빠질 수도 있을 것이다.

그렇다면 이러한 문제를 실효성 있게 해결할 수 있는 합리적인 방법은 있을까? 우선 지배구조 형태의 구축 문제에 대한 또 다른 접근방법을 고려할 수 있다. 상장 회사의 경우에도 획일적인 지배구조를 강제하는 것보다는 일본의「신회사법」에서와 같이 소유와 경영의 분리 정도, 회사의 규모 등에 따라 회사가 자발적으로 선택할 수 있는 다양한 지배구조를 제공하는 것이 바람직하다고 본다.

집행임원제는 소유가 철저히 분리되어 지배주주는 없고, 경영자가 회사를 지배하는 경영자지배형 회사에 매우 적합한 제도이다. 회사의 규모가 초대형인 국제적기업의 경우에 소유지배구조는 이러한 형태를 띠는 것이 일반적이다. 그러나 이보다 작은 상장회사의 경우 「상법」에서는 업무집행과 감독기능을 분리하거나 양 기능을 모두 갖는 이사회 형태를 제공하고 회사가 이를 선택할 수 있도록 하는 것이 필요하다.

아울러 지배구조의 자율적인 선택제도를 시행하는 경우에도 문제는 있다. 실제로 업무집행과 감독기능이 분리 작동되지 않는 경우에는 주주와 경영자와의 이해상충 문제를 해소할 수 없기 때문이다. 이 문제의 해결을 위해서는 다양한 방안이 검토될 수 있겠지만, 우선적으로 법원의 사법정책이 중요한 역할을 수행하여야 한다.

司法政策上으로는 **업무를 집행하는 경영자와 이를 감독 또는 감시하는 이사, 감사, 감사위원의 주주와 회사에 대한 손해배상책임을 결정함에 있어서 그 책임의 감면여부를 감독기능의 충실성 또는 진정성 정도와 연관 지어 판단하는 것**이 바람직할 것이다. 외국의 경우에는 내부통제제도의 충실한 이행이 있으면 「**경영판단 원칙**」을 적용하여 경영자와 감독자의 책임 감면을 하는 것이 보편화되어 있다.[248]

248 경영판단의 원칙이란 회사의 이사나 임원이 경영적인 판단에 따라 임무를 수행한 경우 비록 그 판단이 후일 잘못된 것으로 밝혀지고 결과적으로 회사에 손해를 가져오게 되었다고 하더라도, 그 판단이 어느 정도 성실하고 합리적으로 또 그 권한 내에서 이루어졌다고 할 만한 일정한 조건이 충족된 때에는 법원이 그 경영적인 판단의 당부에 대해 사후적으로 개입하여 이사의 성실의무 위반에 대한 책임문제를 따지지 않는다는 법리이다. 즉, 경영판단 불간섭의 원칙 또는 경영판단 존중의 원칙이라 할 수 있다. 법원은 경영판단이 적용되기 위해서는 ① 합리적으로 이용 가능한 범위 내에서 필요한 정보의 충분한 수집 · 조사 및 검토하는 절차를 거친 다음, ② 이를 근거로 회사의 최대이익에 부합한다고 합리적으로 신뢰하고 신의성실에 따라 경영상의 판단을 내렸고, ③ 그 내용이 현저히 불합리하지 않은 것으로서 통상의 이사를 기준으로 할 때 합리적으로 선택할 수 있는 범위 안에 있을 것을 요건으로 한다. 대법원, 2007. 10. 11. 판결. 2006 다 33333, 다만 위법행위(법령 위반 행위)를 한 경우에는 경영판단의 원칙이 적용되지 않는다. 대법원, 2008. 4. 10. 판결. 2004 다 68519

Ⅰ. 리스크의 역사[249]

리스크의 개념은 최근 현상이나 사업경영의 새로운 방법은 아니다. Peter L. Bernstein은「Against the God : The Remarkable Story of Risk」**라는 책에서 리스크의 역사를 심도 있게 기술**하고 있다. 다음은 이 책의 주요 내용이다.

도박은 고대 그리스시대나 이집트시대까지 수세기 거슬러 올라가 기록되어 있으며, 심지어 성경에도 기록되어 있다. **중국과 바빌로니아 무역 상인들**은 놀랍게도 **B.C. 2~3세기**에 벌써「**危險轉嫁**(Risk Transfer)」와「**分散技法**(Distribution Practices)」을 보여준다. **그리스와 로마인**들은「**健康 및 生命保險의 形態**」를 A.D. 600년경에 보여준다.

위에서 보는 바와 같이 **運으로 하는 게임은 역사 대대로 존재하여 왔지만, 確率理論은 17세기 중반 르네상스시대**에 이르러서야 **출현**하였다. 그 이후로 확률이론은 운으로 하는 게임의 결과를 설명하는 수학적 연습에서부터 비즈니스 세계에서 **의사 결정의 주요 도구**에 이르기까지 점차 발전하였다.

17세기 말경, 런던이 무역의 중심으로 부상하자 **해상보험의 필요성이 대두**되었다. 1680년대 후반, **Edward Lloyd는 커피하우스**를 열었는데, 여기는 선주, 상인, 선장들이 인기리 자주 찾는 곳이 되었고, 최신 해상 뉴스의 통로가 되었다. 이곳은 위험으로부터 배와 화물에 대해 보험을 들고 싶어 하는 사람과 그러한 위험을 기꺼이 인수하고자 하는 사람의 만남의 장소였으며, 오늘날, **Lloyd's of London의 기원이** 되었다.

보험회사와 마찬가지로, 은행 및 그 밖의 금융기관들도 일 년 내내 그들 업무의 모든 부문에서 리스크를 다루어 왔다. **최초의 은행**은 **아마도 고대의 종교사원**일 것이다. **B.C. 18세기 바빌론에서 종교사원의 성직자가 상인들에게 대부를 하였다는 기록**이 있다.

그리스와 로마제국은 대출, 예금, 환을 아우르는 은행업무의 발전을 이루었다. 은행들은 그들의 자금 조달비용과 불이행 가능성을 기초로 하여 대출 이자율 결정하는 데 리스크의 개념을 사용하였다. 금융기관은 또한 옵션, 스와프, 파생상품 같이 미래의 불확실성을 기반으로 하여 가치를 창출해내는 금융상품을 발달시켜 왔다.

Ⅱ. 리스크의 정의 및 특징

1. 리스크의 정의[250]

영어단어 **리스크**는 **"모험하다 또는 시험 삼아 하다**(to dare) **: 불확실한 상황에서의 선택"**

---

249 김용범. 전게서. 2017. 199~200면. 국제내부감사인협회. 전게서. 4-2~4-3p.

250 김용범. 전게서. 2017. 200~201면. 국제내부감사인협회. 전게서. 4-3~4-4p.

이란 뜻의 **이탈리아어 'risicare'**(위험을 무릅쓰다)**에서 유래**되었다. 여기서 중요한 단어는 **불확실성**이다. 「**코소**(COSO)」는 **리스크**를 다음과 같이 정의하고 있다.

"어떤 사건이 발생해서 목표달성에 부정적인 영향을 줄 가능성
(....the possibility that an event will occur and adversely affect the achievement of an objective.)"

「코소(COSO)」의 리스크의 정의를 이해하기 위한 주요 포인트는 다음과 같다.

① 리스크는 전략 수립 및 목표 설정에서 시작된다.
조직은 특별한 전략과 목표를 달성하기 위하여 사업을 수행하고, 리스크는 그러한 목표를 성공적으로 달성하는 데 있어 장애물을 의미한다. 각 조직마다 전략과 목표가 상이하기 때문에 그들이 직면하는 리스크 또한 상이하다.

② 리스크는 단 한 가지 중요한 결과만을 의미하지 않는다.
리스크는 일정 범위의 결과를 의미한다. 많은 다양한 결과가 가능하므로, 일정 범위의 개념은 리스크를 이해하고 평가할 때의 불확실성에 의해서 만들어진다.

③ 리스크는 일어나는 나쁜 일들을 방지(리스크 완화)하거나, 일어나는 좋은 일을 보장(기회 이용 또는 기회 추구)하는 데 실패하는 것과 관련된다.
대부분의 사람들은 나쁜 결과(완화 또는 제거해야 할 위험)를 방지하는 데 초점을 맞춘다. 사실, 많은 리스크가 조직에 위협을 가할 때, 긍정적인 결과를 달성하는 데 실패는 목표달성에 障碍物이 될 수 있으며, 그것이 바로 리스크이다.

④ 리스크는 우리 인생의 모든 부분에 내재되어 있다.
불확실성이 존재하는 어느 곳이든 한 가지 또는 그 이상의 리스크가 존재한다.

2. 리스크의 특징[251]

과거의 리스크와 달리 최근 발생하는 **리스크의 특징**은 「**글로벌 동조화**(Global Synchronization)」, 「**광속 확산**(Rapid Spread)」, 「**상호 연계성**(Inter-connectivity)」이다.

가. 글로벌 동조화(Global Synchronization)

글로벌 경영이 보편화되면서 한 국가에서 발생한 리스크가 다른 지역 또는 국가에 있는 기업에 직접적인 영향을 미친다. 또한 글로벌 공급망 확대와 국경과 사업영역을 건너뛰는 기업 인수·합병 등으로 글로벌 동조화 추세가 심화되고 있다.

그 사례로는 2011년 일본 대지진으로 일본 부품을 공급받던 완성차 자동차회사들(예, GM, 포드, Volvo, VW, 도요타, 르노 삼성 등)이 일본 부품을 공급받지 못함에 따라 부품 조달에 차질을 빚어 일부 가동 중단 또는 생산 차질을 초래했었다.

251 김용범. 전게서. 2017. 201~202면. 류종기, 「리질리언스와 기업리스크」, 2016.4.22., 4~8면.

나. 광속 확산(Rapid Spread)

인터넷과 통신수단의 발달로 사이버 테러, 소셜 미디어를 통한 기업 부정 이미지의 확산 등 리스크 충격이 광속으로 확산되고 있다. 그리고 위기가 현실화되는 속도와 모멘텀이 함께 작용하여 위기에 따르는 파급효과는 다양한 속도로 전개된다.

Nestle의 사례는 국제환경보호단체가 네슬레의 제품이 오랑우탄의 생존을 위협하고 있다고 소셜미디어를 통해 고발하였고, 고발 동영상이 배포 이후 약 1주일 만에 100만 건 이상의 항의성 메시지 및 페이스북 팬페이지의 악성 댓글이 올라왔으며, 빠른 속도로 네슬레 제품의 불매운동으로 확산되었다.

자스민 혁명사례는 경찰의 단속에 맞서 분신자살을 시도한 청년의 소식이 트위터와 페이스북을 통해 빠른 속도로 확산되자, SNS를 통해 이 소식을 접하고 뜻을 모은 젊은 층이 반정부 시위를 벌이면서 자스민 혁명이 본격적으로 시작되었다.

다. 상호 연계성(Inter connectivity)

산업의 융/복합화 및 기업 간 협력 강화 등으로 기업 생태계 범위가 확대되고 생태계 내 이해관계자가 증가하면서, 기업 생태계 내 Risk 및 생태계의 경쟁력 약화가 개별기업의 Risk로 轉移되어 기업의 리스크 관리요소 및 복잡성이 증가하고 있다.

Apple과 Foxconn의 경우, Apple의 아이폰과 아이패드 등의 OEM을 담당하는 중국 팍스콘의 열악한 근무환경 및 비인간적 대우가 이슈화되었다. 그 이후 Apple은 노동착취 논란에 시달렸으며, 그 결과 기업은 부정적 이미지를 얻게 되었다.

Nestle의 경우 중국의 한 공급업체가 식품첨가 금지물질인 멜라민을 유제품에 첨가하여 적발되었다. 그 결과 Nestle를 포함하여 이를 공급받던 전 세계 분유 및 제과업체가 엄청난 타격을 받았다.

Ⅲ. 리스크의 종류와 관리원칙

1. 리스크의 종류[252]

회사가 본질적으로 지니고 있는 리스크의 유형과 그 분류방식은 매우 다양하다. 그리고 영유하는 사업 형태에 따라 리스크의 종류도 다르다. 따라서 여기서는 리스크를 가장 잘 관리하고 있는 은행의 기초적인 리스크 분류 방법에 따라 분류하고자 한다.

가. 신용리스크

회사의 기본업무인 신용공여에서 야기되는 리스크로서 거래상대방이 「채무불이행(Default)」 또는 「신용등급의 악화」 등으로 대출, 유가증권, 파생상품 등의 계약에 명시된 의무를 이행하지 못하게 되어 경제적 손실을 입게 될 위험.

---

252 김용범. 전게서. 2017. 202~203면. 금융감독원. 전게서. 218~220면.

나. 시장리스크

금리, 주가, 환율과 같은 시장리스크 요인의 변동이 회사의 부내 및 부외계정에 영향을 주어 손실이 발생할 수 있는 위험.

① 금리리스크

회사의 자금 조달 및 운용 구조가 복잡하고 다양화되어 있는 상태에서 이자율의 변동으로 인해 비트레이드 계정의 순이자 소득이 하락할 가능성 또는 경제적 가치가 감소할 가능성이 있는 위험.

② 가격변동리스크

금리, 주가 등의 변동으로 인해 주식, 채권 등의 보유유가증권 가격이 변화하여 자산 가치가 감소하는 위험.

③ 환리스크

환율의 불리한 변동으로 인하여 외화표시 자산 및 부채의 순포지션에서 손실이 발생하는 위험.

다. 유동성리스크

자금 조달 및 운용상 만기 불일치 또는 예기치 않은 자금의 유출 등으로 대외 지급 능력 (예금유동성)이 부족하게 되거나 자금부족으로 인한 대출수요(대출유동성)에 부응하지 못하는 위험.

라. 경영리스크

경영에 대한 판단 오류, 경영전략의 시행착오, 환경변화에 따른 대응실패 등으로 인하여 발생하는 위험.

마. 운영리스크

정보시스템 또는 내부통제시스템의 결함으로 예상치 못한 손실이 발생하는 위험으로, 이러한 운영리스크는 일반적으로 인적오류(human error), 사기(fraud), 전산 시스템 고장, 부적절한 업무처리 절차와 통제과정 등으로 인해 발생하는 위험.

바. 평판리스크

경영부진, 사고, 사회적 물의 야기 등으로 회사에 대한 고객, 주주 등 외부 여론이 악화됨으로 인해 회사에게 경제적 손실을 발생시키는 위험.

사. 법규리스크

법률, 감독규정 및 윤리적 기준 등을 위반하거나 충족하지 못함으로써 벌금, 과태료 또는 계약의 불리한 파기 등을 초래하게 되는 위험.

2. 리스크 변화의 대응력[253]

지구상에 존재하였던 모든 종의 96%는 이미 멸종되었다. 마찬가지로 영원히 해가 지지 않을 것만 같았던 많은 기업들이 리스크변화에 대응하지 못하고 순식간에 몰락해 버리는 경우가 빈번히 발생하고 있다.

참고

몰락한 기업들의 사례

- SMITH CORONA : 세계 최초 휴대용 타자기 개발. 기존 사업에 안주, 완전 몰락.
- NOKIA : 13년간 휴대폰 업계에서 1위. 스마트폰 중심으로 재편되는 모바일 시장의 흐름에 빠르게 대응하지 못한 데다 스마트폰 운영체제의 개발 실패로 타사에 매각.
- KodaK : 약 1세기 동안 필름카메라 업계독점. 디지털 카메라 등장 이후 급격한 몰락.

찰스 다윈은 "살아남은 것은 가장 강한 種도, 가장 영리한 種도 아니고 변화에 가장 잘 적응하는 種"이라고 하였다. 한때 번성했던 것은 현재 시점에서 아무런 의미가 없다. 進化의 眞正한 意味는 變化하는 環境에 맞춰 生存에 成功하는 것이다.

가. 복원력(Resilience)

역경 속에서 스스로 역량을 재창조함으로써 재도약을 이루어내는 능력인 「복원력(Resilience)」은 불확실성이 높고 리스크가 일상화된 현대 경영환경에서 기업 생존을 좌우할 정도의 중요한 핵심 경쟁력으로 부상하고 있다.

복원력이란 **충격으로부터 회복하는 능력. 즉, 위기 이전의 형태로 보다 빨리 복귀하고 그 기능을 회복하는 능력**을 말한다. 복원력은 부정적인 사건이 야기한 역경과 충격을 딛고 기업이 지속적으로 생존할 수 있도록 한다.

방데 글로브 레이스(Vendee Globe Race)의 예를 보면 이 경기는 남극 부근을 통과해 전 세계를 항해하는 경주이다. 이 경주에 참여하는 배들은 돛대가 45도까지 잠기더라도 원위치로 돌아갈 수 있도록 설계되어 있다.

나. 민첩성(Agility)

21세기 초 경쟁사회에서 사업 환경의 변화를 적시에 탐지하고 적절한 시기에 신속하게 대응함으로써 위협을 위기로 전환하는 민첩성이 기업의 생존과 번영을 결정하는 핵심경쟁력으로 부상하고 있다.

민첩성이란 **영향을 주는 효과를 회피하거나 줄일 수 있도록 재빨리 위치를 바꾸는 능력**을 의미한다. 또한 민첩성은 재난을 회피하고, 기회를 포착하는 적응력을 제공한다. 따라서

253 김용범. 전게서. 2017. 203~205면. 유종기. 「리질리언스와 기업리스크」. 2016.4.22., 10~13면.

경쟁업체 동향이나 신 기술을 예상함으로써 부정적인 영향을 회피할 수 있다.

Kodak은 1980년대 디지털 카메라를 최초로 개발하였으나, 디지털화를 위협으로만 생각, 디지털 시장에 대응할 수 있었던 시기를 놓쳐 몰락하였다. 그러나 FUJIFILM은 기존 필름사업을 포기하고 과감한 구조조정과 신 사업개척 등 다가올 시장변화에 선제적으로 대응하여 생존하였다.

다. 균형감(Perspective)

균형감이란 **복원력과 민첩성은 일반적으로 상충관계에 있지만 부정적인 영향을 견뎌 내면서도 기회를 민첩하게 포착할 수 있도록 양자를 적절한 수준에서 균형 있게 선택할 수 있도록 의사결정을 하는 감각**을 말한다.

중세시대 기사 갑옷은 전신을 완벽하게 감싸 수비에 최적화됨으로써 복원력은 뛰어나나 무게로 걷기조차 힘들어 민첩성이 떨어졌다. 반면에 로마시대 군단병의 경량 갑옷을 보면 가벼운 무게로 민첩성은 뛰어나나 적의 공격에 노출되어 복원력이 떨어졌다.

Esther Colwill의 에베레스트 산 등정 시 의사결정 사례를 보자. 에베레스트 산을 등정하려면 얼마나 많은 장비를 가져갈 것인지에 대한 결정을 내려야 하는데, 이때에는 복원력이나 민첩성 어느 한 쪽으로 기울거나 치우치지 아니하고 고른 감각으로 균형감(Perspective) 있게 의사결정을 내려야 한다.

복원력만 생각하면 필요한 장비를 최대한 가져가 갑작스런 상황 변화에 대응하여야 하나 장비 무게의 문제가 발생하고, 반면에 민첩성만을 생각하면 적은 장비로 신속하게 등반하는 이점이 있으나 상황변화에 대응할 수 없어 생존에 큰 위협을 받게 될 것이다.

3. 리스크 관리의 치명적 결함[254]

전통적 리스크 관리방식은 많은 이유로 기대에 미치지 못한다. 경제 위기와 경영 실패의 주요 요인으로 파악된 10가지 리스크 관리의 치명적인 결함은 다음과 같다.

전통적 리스크 관리의 치명적 결함(예시)

① 잘못된 假定에 의존.

② 지속적 관심 부족.

③ 속도와 모멘텀 요소의 看過.

④ 중요한 연관성과 복잡성 관리의 부족.

⑤ 실패를 미예상.

⑥ 검증되지 않은 정보 의존.

⑦ 안정마진을 적절하게 미유지.

254 류종기, 「바르고 강력하면서도 창의적인 조직을 고민하라」, 2018.2. 9면.

⑧ 지나치게 성과에 집중.

⑨ 적합한 리스크를 충분히 미수용.

⑩ 운영을 위한 기본원칙의 부재 등.

성공한 기업도 어느 시점에서는 실패했고, 실패의 원인은 위에서 언급한 10가지 중에서 대부분 발견된다. 특정 상황에서 이런 결함들은 개별적으로 또는 다른 결함과 결합하여 기업을 몰락시킬 수 있다.

전통적으로 리스크 관리에서 가치와 리스크를 구분한다. 하지만 리스크 관리를 기업 생존과 성공의 가능성을 증가시키는 방안으로 본다면, 향후 기업의 리스크관리는 **리스크를 손실발생과 기회상실 양쪽 관점**(위험 발생)**을 모두** 다루는 쪽으로 가야 한다.

이 부분이 전통적방식과는 차별화되는 점이다. 따라서 불확실하고 불안정한 시기에 새로운 리스크 관리 사고방식과 실무기법, 행동을 통해 기업가치의 보호와 최적화 모드를 달성할 수 있는 방향으로 의사를 결정하고 적절한 조치를 취하여야 할 것이다.

4. 리스크 관리의 10원칙[255]

재해 등 큰 위험이 발생하면 인간의 몸은 즉각 반응한다. 몸에 선천적으로 저장된 '방어기제'가 작용하기 때문이다. 여기에다 경험과 훈련을 통해 배우는 후천적으로 만들어진 뛰어난 방어기제가 가세한다.

경찰, 군인, 우주비행사를 훈련시키는 전문가들은 **"실제 위협은 준비 수준에 미치지 못한다"**고 입을 모은다. 그만큼 미리 준비하고 대처하는 게 매우 중요하다. 더 많이 준비할수록 비상상황에서 공포심을 덜 발생하게 한다. 9·11 테러 당시 미국 뉴욕의 세계무역센터에서 비상계단의 위치를 알았거나 대피훈련에 한 번이라도 참여한 사람이 그렇지 않았던 사람보다 부상을 덜 당했다. 이러한 상황을 기업에 적용할 수 있다.

기업의 **'복원력'**은 **갑작스런 충격에서 벗어나 일상적인 활동으로 돌아갈 수 있는 능력과 속도를 의미**한다. **복원력은 기업에 경험, 훈련, 준비 등을 통해 만들어진 '제2의 방어기제(機制)*'**라고 할 수 있다. 회복력이 강한 기업은 예측이 가능한 사건, 사고뿐 아니라 불확실한 상황에서도 업무재개와 정상화가 빠르게 이루어진다. 따라서 기업의 생존을 위한 10가지의 위기관리 원칙을 주요 사례와 함께 알아보고자 한다.

*기제란 기계적으로 구성되어 있는 조직이나 공식 따위의 내부구성. 같은말은 기구.

1) 가정을 다시 한번 확인하라.(Check your assumptions at the door)

경영 환경과 현재 비즈니스 모델에 대한 기존 가정을 잘 이해하고 이에 대립되는 반대명제(anti-theses)를 제시함으로써 기업은 앞으로 일어날 주요 변화를 예측하고 이것이 기업에 도움이 될지 악영향을 미칠지 파악할 수 있다.

리스크는 잘못된 가정에서 시작된다. 자신의 기업이 추구하는 전략이나 목표가 잘못될

---

255 김용범. 전게서. 2017. 205~215면. 류종기, 「리질리언스와 기업리스크」, 2016.4., 15~46면.

수 있다는 점을 깨닫고 확인해야 한다. 즉, 正(기본명제)으로 근본적인 가정에 대한 의문을 제기하고 反(반대명제)으로 각각의 가정에 의문을 제기하라.

그러면 合(종합명제)으로 正 과 反의 조화를 이루어 종합결론을 도출해 낼 수 있다. 사우스웨스트항공은 전통적인 항공산업에 대한 반대명제에서 만들어 낸 사업모델 덕분으로 39년간 연속하여 이익을 낼 수 있었다.

사례 1

사우스웨스트항공의 정반합 사례

구분	중요고객	인력	프로세스	비고
〈正〉 기본 명제 항공사 들의 사회적 통념	• 국내선/국제선 기반 • 주류시장 기반 • 지정좌석 • 프리미엄서비스 • 예약변경시 수수료 부과	• 조직적인 계층구조 (지휘와 통제) • 공식적 /경직적 분위기 • 급여와 임금	• 연료가격의 非헤지 • 긴 적재시간 • 주요 공항(고비용 / 높은 혼잡도) • 허브 To 허브 • 다양한티켓발행처	〈합〉 • 기본 명제와 반대 명제의 장점을 종합 최적의 결정 및 사업 모델 창출
〈反〉 기본 명제 사우스웨스트 非일반적 통념	• 지방도시 기반 • 非주류시장기반 • 非지정좌석 • 저가서비스 • 예약변경시 수수료 미부과	• 역피라미드 • 비공식적/신나는직장 • 이윤분배를 최초로 도입	• 연료가격을 헤지 • 웹사이트최초개설 • 짧은 적재시간 • 포인트 To 포인트 • 소규모 지방공항 • 티켓 직접발행	

2) 항상 注意와 警戒를 유지하라.(Maintain constant vigilance)

변화 신호에 대한 인지와 조기 발견을 통해 리스크에 대한 사전준비와 신속한 대응을 가능케 하자는 의미로 현 상황과 관점에 반하는 여러 경고와 신호들에 주의를 더 기울이면 효과적으로 새로운 기회를 포착하고, 위기를 대처할 수 있다.

대부분의 큰 사고는 임직원의 경계심 부족과 상황인지 부족으로 인한 실수에서 비롯됨으로 지속적인 주의와 경계를 통해 위기에 대한 인지 및 조기 발견, 사전준비와 신속한 대응을 가능토록 해야 한다.

사례 2

Wayne Gretzky 사례

웨인 그레츠키는 퍽의 움직임을 예상하고 게임의 흐름을 읽는 능력이 탁월했다. 그는 퍽의 움직임이라는 신호를 감지하고 즉시 해석하여 추후 움직임을 예측하는 능력이 매우 발달하였다. 그 이유는 그의 아버지가 어릴 때부터 게임을 꾸준히 관찰하여 퍽의 움직임을 파악하도록 가르쳤기 때문이라고 한다.

사례 3

Shell의 사례

1973년 이전 셀의 기획 입안자는 석유생산국 내 군국주의 확대에 따른 위기의 신호 감지를 주시하였다. 셀은 실제 사건 발생 시, 이를 빠르게 인지해 투자의 우선순위를 조정하였다. 그 결과 셀은 1973년 석유파동을 극복하고 7대 메이저 기업의 끝에서 2번째 기업으로 도약하게 되었다.

3) 속도와 모멘텀 요소를 고려하라.(Factor in velocity and momentum)

"(좋든 나쁘든) 해당 사건이 일어날 가능성은 어느 정도인가?"라고 묻는 대신 "얼마나 긍정적으로 또는 부정적으로 전개될 수 있으며, 얼마나 빨리 진행될 수 있는가?"라고 질문하는 것이다. 이런 질문들은 리스크 요인들의 크기와는 상관없이, 기업이 위기상황에서 민첩하게 정상으로 복귀할 수 있는 역량을 향상시키기 위해 무엇을 해야 하는지에 대한 체계를 잡을 수 있게 해준다.

잠재적이거나 전개 중인 사건이 리스크인지 단순한 사건인지는 속도와 모멘텀에 의해 결정되므로 이사회, 경영진 및 리스크 관리책임자는 리스크 자체의 속도, 크기, 모멘텀 및 결과를 適時에 捕捉하여, **리스크 발생** 이후의 후속 파장을 측정하고, 현실화되기 전에 또는 현실화되는 즉시 이를 대응·관리하여야 한다.

리스크의 대응방안은 ① 리스크 대응 시점의 適時 捕捉 → ② 리스크 진행속도에 맞춰 대응속도를 결정 → ③ 모멘텀 요소에 맞춰 대응수위와 정도를 결정 → ④ 리스크 발생 전에 프로세스를 개발 → ⑤ 사전에 지켜야 할 규칙을 정의, 대응 방안을 반복적으로 훈련 → ⑥ 사전에 정의한 규칙과 수행한 훈련에 따라 대응팀을 가동한다.

사례 4

존스&존스의 타이레놀 사건(성공 사례)

① 리스크 발생

- ㅁ 타이레놀 사망 사건 발생 : 타이레놀 청산가리 투여사건 발생.
- ㅁ 고객 신뢰 추락 : 존스&존스 제품의 안전성에 대한 의문.

② 리스크 대응

- ㅁ 즉각적 조치 : 해당제품 리콜 즉시 판매 중지.
- ㅁ 구조적 대응 : 재발방지를 위해 케이스를 3중 밀봉 처리.

③ 대응 후 영향

- ㅁ 고객 신뢰 회복 : 즉각적이고 과감한 조치로 고객신뢰 회복.
- ㅁ 성공적 영업 재개 : 효과적인 판촉 활동 재개 및 안전장치의 추가.

사례 5

Qantas 항공 사례(실패 사례)

① 리스크 발생

- ㅁ 소속 항공기 긴급 착륙 : Qantas 항공 소속 비행기가 비행 도중 엔진결함으로 긴급 착륙.
- ㅁ 고객 신뢰 추락 : 고객들 소셜미디어를 통해 긴급 착륙에 대해 의문 제기.

② 리스크 대응

- ㅁ 임시방편적 대응 : 심각한 사항으로 인식하지 않고 의문에 대해 아무 언급도 하지 않은 채 안일하게 대응.

③ 대응 후 영향

- ㅁ 고객 신뢰 추락 : Qantas사에 항의 서한을 보내고 책임자의 해명을 요구. 고객의 안전성과 직결된 만큼 비난 항의 지속 전개.

4) 핵심 연결망을 관리하라.(Management the key connections)

글로벌 비즈니스가 복잡해지고 기업의 상호 의존도가 높아지면서 한 사건이 다른 사건에 영향을 끼칠 때가 빈번하다. 그래서 각종 위기에 영향을 끼칠 수 있는 주요 요소를 면밀하게 분석하는 노력이 중요하다.

기업에서 위기에 영향을 끼칠 수 있는 주요 요소는 공급자(Supplier), 투입자원(Input), 프로세스(Process), 산출물(Output), 고객(Customer) 등이다. 주요 요소의 영문 머리글자를 딴 **SIPOC 분석**은 공급자와 투입자원 등을 분석하는 방법이다.

이 방법은 특정 프로세스, 산출물 등이 다른 프로세스, 산출물과 어떻게 연관되는지 파악하고 한 부문에서 발생한 문제가 전체시스템에 어떻게 확산되는지 분석한다. 또 기업은 위기에서 살아남기 위한 기본요소를 미리 정의해야 한다.

구체적으로 생존을 위한 필수요소, 필수요소 없이 생존할 수 있는 기간, 회사가 감내할 수 있는 손실, 피해 수준, 비상상황 대비 수준 등에 대한 내용을 미리 살펴야 한다. 전체를 아우르는 시스템에 대한 해법이 필요하다.

글로벌 사업 환경의 복잡성, 동조화, 상호연관성으로 인해 기업 생존에 영향을 미치는 요소들이 증가하고 있다. 결국 공급자, 투입자원 등에서 어떤 문제가 발생했을 때 회사에 어떤 피해나 손실이 발생할지를 따져서 시나리오를 만들어야 한다.

사례 6

핵심 연결망 관리에 성공한 Honeywell 사례

항공우주산업은 복잡하고 상호 연결되어 있다. Honeywell은 핵심적인 공급업체를 선정하는 절차를 개발하여 활용하고 있어, 안정적인 공급망을 바탕으로 세계 3위의 항공전자기기 제조업체로 등극하였다.

사례 7

핵심 연결망 관리에 실패한 북미 大停電 사례

강력하게 동조화된 전력공급 시스템은 사업운영을 편리하게 해주지만 이는 개별지역의 전력공급을 유연하게 처리하지 못하게 하는 단점을 노출. 2003년 8월 소규모 정전을 억제하는 과정에서 전역이 停電되어 버리는 大停電 사태가 발생했다.

5) 실패의 원인을 예측하라.(Anticipate causes of failure)

타이타닉호의 선장 에드워드 스미스는 출항하기 직전 "타이타닉호를 침몰시키는 상황은 그 어떤 것도 상상할 수 없다. 인류 역사상 이렇게 훌륭한 기술이 사용된 적이 없다. 제어장치는 완벽하다. 문제가 발생할 소지가 전무하다"고 말했다.

하지만 타이타닉호는 침몰했고 큰 사상자가 발생했으며 기업도 마찬가지다. 실패 또는 잠재적인 실패 가능성을 적극적으로 식별하고, 適時에 의사소통하여 사업실패를 막고 잠재적 실패에 대한 필요한 조치와 대응책을 마련하는 것이 매우 중요하다.

사례 8

레드팀(Red Team)을 활용한 사례(성공사례)

미군은 특정 부대의 취약점을 적보다 먼저 발견하기 위해 대항군인 레드팀(Red Team)을 활용하였다. 신생부대인 스트라이커 여단을 이라크에 파병하기 전에 여단의 취약점을 미리 파악하고 보완하기 위해 대항군을 활용하여 이라크 전에서 굉장한 성과를 획득하였다.(실전에서의 실수를 방지하기 위해 사전에 실패의 원인을 예측하고 예방한 미군은 리스크 관리에 성공)

사례 9

신시장의 실패가능성을 배제한 리스크 관리 사례(실패사례)

1993년 초 미니밀이 미국의 열연강판 시장에서 성공을 거둔 것만 믿고 산업 연구원, 현대그룹, 포스코의 연구보고서가 한결같이 미니밀의 성공가능성에 회의적이었음에도 한보철강은 현재의 성공을 맹신하고 새로운 시장에서의 실패 가능성을 배제한 채 미니밀의 국내시장 도입을 추진해 1997년 부도가 발생하였다.

6) 정보원천과 수집정보를 再確認하라.(Verify sources and corroborate information)

리스크 관리가 경영의사 결정을 지원하기 위해 입수 가능한 최고의 지식과 정보를 개발하는 것이라고 한다면, 어떤 상황에서도 최선의 판단을 하기 위해 신뢰할 만한 정보 원천과 입증된 정보를 검증하고 확인하는 것이 매우 중요하다.

정보에 대한 치명적인 결함은 ① 잘못된 정보의 수집, ② 정보의 원천에 대한 검증 부재, ③ 정보에 대한 보안의식 부재이다. 따라서 경영 의사결정의 지원을 위해 신뢰할 수 있는 리스크 정보의 원천과 정확한 정보를 확보하여야 한다.

정보원천의 신뢰성 평가는 ① 내부원천에서 나온 정보와 리스크가 높은 영역과 관련된 정보는 반드시 검증되어야 한다. ② 리스크통제자가진단[256]을 활용하여 정보원천을 평가한다. ③ 리스크통제자가진단은 모든 기업에서 유용한 역할을 할 수 있지만, 검증이나 실제 증거가 없다면 그 결과를 조심스럽게 해석해야 한다.

정보의 원천을 검증하는 도구들로는 ① 좋은 정보의 원천을 확보하되 객관성을 유지, ② 신뢰성 있는 정보의 원천을 개발, ③ 정보 전달의 의도와 잠재적인 이해 상충을 고려하고 의구심을 유지하는 것이 있다.

또한 정보를 확인하는 도구들로는 ① 다양한 정보원천의 확보 및 중요정보는 단일 정보원천에 의존하지 말 것, ② 직접적인 경험이나 신뢰할 만한 경력을 가진 전문가의 의견을 참고할 것, ③ 통계나 수치로 나타난 증거들을 활용하되 단정 짓지 말 것이 있다.

사례 10

버나드 매도프의 사상 최대의 금융사기 사건 사례

죄목은 증권사기, 돈세탁, 위증, 문서조작 등이며 피해자가 72만 명이고 피해액이 500억 달러이다. 본 사례가 우리에게 주는 시사점이 있다. 경영 의사결정을 함에 있어 첫째, 정보의 원천에 대한 다양한 검증과, 둘째 선입견을 배제한 채 재확인 작업이 반드시 필요함을 가르쳐 주고 있다.

즉, 투자자들은 그의 성취와 행적의 신뢰성에 대한 검증 및 확인 없이 나스탁 설립에 기여했고, 전 나스탁 외부이사였으며, 저명한 자선사업가인 동시에 비영리 단체 활동에 참여하는 등의 그의 신상정보에만 의존하였을 뿐, 투자자산 보유내역을 공개하지 않거나 의심기사의 잡지 보도 등 이상 징후를 선입견을 갖고 무시했기 때문에 큰 피해를 보았다.

7) 안전 마진을 유지하라.(Maintain a margin of safety)

초대형 글로벌 기업이나 리스크를 매우 효과적으로 운영하는 기업이더라도 잘못된 리스크를 수용하거나 과도한 차입, 부채로 도산할 수 있다. 이는 결국 기업 운영 시 실수나 오류에 대한 여유가 거의 없다는 것을 의미하고 적절한 안전 마진을 확보하고 유지하는 것에 특별히 주의를 기울여야 한다.

가) 안전 마진[257]의 예시

① 산악 등반시의 안전 마진 : 등반가의 능력과 산의 높이, 등반 환경 등 고려.
② 투자 관점 : 주식의 내재가치와 시장가격과의 차이.
③ 의학적 관점 : 의약품의 적정 복용량과 치사량과의 차이 등.

나) 안전 마진을 유지하는 기법

---

256 리스크통제자가진단이란 직원들 스스로 기업리스크와 통제활동에 대한 접근방식의 강점과 약점을 식별하는 방법이다.

257 안전마진이란 벤자민 그레이엄은 「현명한 투자자」란 책에서 "투자를 예측할 수 없는 상황에서도 투자원금을 지켜낼 수 있는 최소한의 마진을 말한다"라고 설명하고 있다. 이러한 안전마진을 재해석하면 투자해서 절대로 손해를 보지 않을 시점이 언제인가 하는 것으로 자동차의 안전거리와 같은 개념.

① 복원력과 민첩성을 고려하여 안전마진을 수립.

② 핵심적인 리스크에도 높은 안전마진이 필요하며, 리스크 보상, 기회비용을 고려하여 안전마진의 수준을 결정.

③ 안전마진을 지속적으로 평가하고 조정.

다) 안전 마진을 유지를 위한 도구

① 당장 필요한 수준보다 더 많은 여유자원 확보.

② 사업 중단 상태에 직면하지 않도록 유보 역량 확보.

③ 안전 마진 달성의 전통적 수단인 보험 고려.

④ (신용 부도스와프 등) 리스크에 대한 헤지 전략 등.

사례 11

일본 완성차업체의 적시생산방식 사례

① 태국 홍수로 생산 중단 피해

- 적시생산방식(JIT)[258]의 일본완성차업체들 부품 공급망이 태국에 집약.
- 혼다자동차 공장 침수, 도요타는 부품부족으로 생산 중단 및 감산.
- 적시생산방식은 안전재고를 보유하지 않음으로써 폐쇄적인 Supply Chain의 단점을 부각.

② 적시생산방식의 취약점

- 시스템 내 한부분에서 발생한 문제가 전체시스템에 치명적인 영향.
- 여유자원을 적게 가져 갈수록 파괴적 충격에 대한 복원력은 약화 등.

③ 안전마진 수립을 위한 대응방안

- 적정재고 수준을 높이고 자동차 종류와 생산지역에 따라 부품설계를 통일, 부품 공급처 확대.
- 한쪽 공장이 중단되더라도 다른 쪽에서 곧바로 동일제품을 공급할 수 있는 시스템의 구축 등.

8) 시계(視界, 목표기간)를 설정하라(Set your enterprise time horizons)

장기적인 성과보다 단기수익을 선호하는 기업은 궁극적으로 성장과 생존이 불가능하다. 장기적인 관점에서의 시각이 필요한 영역에서 지속적으로 성공하기 위해 사업 목표기간을 설정해야 한다. 물론 단기적인 생존이 중요하지 않다는 것이 아니라 단기성과와 장기적인 비즈니스 관점과 방향을 함께 바라보아야 지속가능한 기업이 된다는 의미이다.

위기를 대처할 때도 마찬가지다. 경영진들이 눈앞에 보이는 사안에만 매달리어 임기웅변으로 위기를 덮기에 급급한 나머지 무사안일하게 처리하고, 단기적 땜방식 처방으로 일관한다면 근본적인 대안을 찾기 어렵고 결국 위기에 노출되기 마련이다.

---

258 적시생상방식(Just in Time)이란 소요시간을 단축하고 표준생산을 도모하기 위해 필요한 제품을 필요할 때 필요한 양만큼 만들어 공급한다. 그러나 이 방식은 부품조달에 차질이 생기면 생산라인 전체가 서 버리는 문제점을 갖고 있다.

가치투자의 귀재인 워런 버핏이 "주식은 장기적으로 보유하는 것이 좋다(Our favorite holding period is forever)"라는 말을 한 적이 있다. 이는 지속 가능한 성장보다 당장의 수익을 추구하는 최근 기업들의 '단기 성과주의'를 꼬집은 말이기도 하다. 경영진들이 단기적인 수익 극대화에 집착하다 보면, 기업은 장기적인 생존이 위태로울 수도 있다.

사례 12

단기성과주의 결함 및 리스크 인텔리젠트 기법

① 단기성과주의의 결함
- 단기 실적추정치 달성에 대한 부당한 압력.
- 잘못 설계된 경영진 보상체계.
- 장기 리스크에 대한 안일한 대응.

② 리스크 인텔리젠트 기법

ㅁ 필요한 목표기간 설정
- 장기적이고 전략적인 리스크, 전략 자체의 리스크에 집중.
- 다양한 직급에서 유념해야 할 기간 단위를 측정.
- 잠재적인 전략적 중요성을 가지는 이슈들에 대해 전달 및 보고체계 수립.

ㅁ 장기적인 관점에 대한 합의와 동의
- 성공과 실패에 대한 판단기준을 단기와 장기를 함께 고려.
- 가치가 어떻게 창출되고 파괴될 수 있는지를 정의.
- 가치창출 전략, 자산 및 자본의 보전 전략을 기술.
- 재무적 성과와 비재무적 성과의 평가 및 보상기준 수립.
- 다양한 유형의 의사결정에 대한 필수기간 범위 설정.
- 단기적 의사결정의 의도하지 않은 잠재적 결과 식별.
- 재무적 성과측정지표 및 비재무적 성과측정지표의 정의.
- 활동, 무대응, 실패 및 리스관리의 상대적인 비용 설정 등.

사례 13

단기적 성과에 초점을 맞춘 시카고컵스의 사례

베이커 감독은 두 명의 슈퍼루키 투수를 앞세워 우승을 노렸다. 두 명의 투수는 많은 이닝을 소화하며 시카고 컵스의 지부 1위라는 결과에 기여하였다. 하지만 당시 어린 나이였던 둘은 어깨가 손상되어 2004년부터 점점 성적이 추락하였다.

사례 14

장기적 성과에 초점을 맞춘 월마트의 사례

월마트는 대량의 쓰레기와 온실가스 배출량으로 비난을 받았다. 2005년 쓰레기와 온실가스를 줄여 환경을 위한 선량한 관리자가 될 것을 선언하였다. 목표기간 : 2013년까지 포장비용을 5% 감축키로 하였다. 2007년 이후 월마트는 시장 점유율이 급등하였다.

9) 적절한 리스크는 충분히 감수하라(Take enough of the right risks)

기업은 수용할 리스크가 무엇인지 이해하고, 수용한 리스크를 적절하게 보상받을 수 있을지를 결정하고 리스크가 현재의 역량에서 수용할 수 있는지 여부를 판단해야 한다. 현실적으로 모든 리스크를 제거할 수 없기 때문에 치밀하게 계산된 리스크 수용전략이 필요하다. 현재 안주하지 않고 과거에 성공했던 방식을 답습하지 않아야 한다는 의미이다.

사례 15

리스크 수용가치 평가방법

① 보상 없는 리스크

ㅁ 의미

- 윤리적인 보상이 없는 리스크. • 평판의 훼손을 받을 수 있는 리스크.
- 운영의 효율성을 떨어뜨리는 리스크.

ㅁ 운용

- 보상은 전혀 없고 부정적 측면만 존재. 수용가치 무.
- 손실이나 손해를 방지하기 위하여 반드시 회피.
- 전문성을 가진 사람이 관리하는 것이 중요.

② 보상 있는 리스크

ㅁ 의미

- 혁신적 신규 프로세스 및 제품 추구 간의 리스크.
- 새로운 시장 개척할 때의 리스크. • 매출성장은 보상 있는 리스크를 통해서만 가능.

ㅁ 운용

- 리스크 노출 정도와 관리방법. • 노출된 리스크의 수용 가능성.
- 기업 전략의 성공가능성 측정. • 허용 가능한 최대 손실 고려.

사례 16

리스크 관리에 성공한 Pepsi 사례

1990년대부터 펩시는 코카콜라에 뒤진 만년 2등 기업이었다. 펩시는 향후 시장 흐름을 예상하여 주력품목을 탄산음료에서 생수·주스로 전환하였다. 당시 음료시장의 상품군별 점유율을 고려하면 상당한 리스크를 감수한 것이었다. 그 결과 2006년 처음으로 펩시는 미국 음료시장에서 1위로 등극하였다.

사례 17

리스크감수에 성공한 타이거 우즈의 사례

1997년 20세의 타이거 우즈는 다른 선수들을 압도하며 15개 대회에 참가하여 4번을 우승하였다. 하지만 그는 자신의 스윙 폼에 문제가 있다고 생각해 스윙 폼을 근본적으로 바꾸기로 결심하였다. 자칫 하면 스윙 폼이 무너질 수 있어 상당한 리스크가 뒤따랐다. 그 결과 1999년 타이거 우즈는 무려 15번의 우승을 했다.

따라서 기업의 생존과 번영을 위해선 적절한 리스크의 수용과 관리는 필수적이다. 이를 위해서는 첫째, 리스크와 보상 간의 최적의 균형을 추구하고, 둘째, 어떠한 리스크도 수용하지 않는 것이 가장 큰 리스크임을 알며, 셋째, 보상을 기대하면서 리스크를 수용할 때, 의도한 결과와 보상을 얻을 수 있도록 관리하는 것이다.

10) 운영의 기본원칙을 반드시 지켜라.(Sustain operational discipline)

지속적인 기업의 성공은 엄격한 원칙과 규율을 필요로 한다. 이런 원칙이 없다면 기존 가정은 확인되지 않을 것이고, 경고신호가 탐지되거나 보고되어도 주의를 기울일 수 없으며, 잠재적인 실패의 원인들에 대한 논의가 다루어지지 않을 것이고, 정보 원천도 검증되지 않을 것이기 때문이다.

경영진이 제시한 리스크 관리 계획과 프로그램을 이행할 수 있도록 하기 위해 운영의 기본원칙을 지켜야 한다. 운영의 기본원칙이 없는 기업은 불확실한 환경하에서 지속적인 생존과 성장을 보장할 수 없다. 사고의 예방은 대부분 당연한 사안을 지키는 것에서부터 출발한다.

사례 18

로마인들의 신축교량 안전성 확인 작업 사례

로마인들은 신축교량의 안전성의 확보를 위해 교량 나무 지지대 제거 시 해당 설계 기술자를 교량 아래에 서 있게 하였다. 이는 교량의 부실공사로 인해 추후 발생할 수 있는 사고를 미연에 방지하기 위한 사전확인 작업이었다.

사례 19

미군들의 낙하산 안전성 확인 작업의 사례

미군에서는 낙하산의 안전성 확인을 위해 낙하산 포장 인원을 무작위로 선정하여 직접 낙하산을 시험 사용하게 하였다. 이는 담당자들로 하여금 주의를 갖게 하기 위함이고, 사후평가를 통해 추후의 리스크를 사전에 방지하기 위함이다.

위기는 더 이상 한시적이거나 특별한 현상이 아니다. 영속성을 추구하는 기업이라면 항상 잊지 말아야 할 시장의 기본요소이다. 위기의 극복능력은 평소 기업의 경쟁력만큼이나 중요한 요소이다. 외부 시장 변화와 조직 내부에서 발생한 위기를 모두 이겨내는 기업의 복원력이 결국 기업의 미래를 좌우한다.

사례 20

운영원칙의 결함 및 리스크 인텔리젠트 기법

운영원칙 결함 종류	지켜지지 않은 이유	리스크인텔리전스 기법	기대효과
리더쉽의 부족 공유된 가치의 부족 비효율적 소통체계	개별적 관점의 리스크 관리	리스크 관리의 전사차원 확대	복원력 향상
수많은 제약에의 노출 불확실성 증가 대형기업의 복잡성	복잡성의 증가	복잡성에 대한 체계적 관리	민첩성 향상
지식내재화시스템부재 현실을 반영하지 못한 문서화된 정책과 규정	비효율적인지식경영	지식경영 시스템을 활용	지속가능성의 내재화

Ⅳ. 「전사적 리스크 관리(ERM)」의 일반[259]

1. 「전사적 리스크 관리(ERM)」의 연혁

위의 리스크의 정의 및 종류에서 알 수 있듯이, 조직은 그들의 전략을 실행하거나 목표를 달성하려고 할 때 수많은 리스크에 직면한다. 이 때문에 조직 전체의 리스크를 보다 효과적으로 이해하고 관리하기 위한 프로세스의 필요성이 증가하였으며, 이런 필요성으로 인하여 **「전사적 리스크 관리(Enterprise Risk Management)」**가 생겼다.

2004년 9월말 COSO는 내부통제기준을 포괄하면서 기업이 직면한 리스크를 효과적으로 다룰 수 있는 「Enterprise Risk Management – Integrated Framework」을 발표 하였다. 당 프레임웍은 전략의 수립단계로부터 세부실행단계에 이르기까지 기업 활동의 모든 부분에서 이루어지는 의사결정을 지원토록 설계되었다.

즉, 전사적 리스크 관리 통합-프레임웍은 의사결정자가 대내외 환경변화를 고려하여 전략을 수립하고 유한한 자원을 배치하여 전략을 수행해 나가는 과정에서 회사가 직면할 수 있는 리스크를 식별하고 이를 평가하여 리스크 대응계획을 실행함으로써 회사에 큰 영향을 미치는 리스크를 회사의 리스크 선호도 안으로 줄이기 위한 다양한 기법을 제공한다.

따라서 내부통제(내부회계관리제도 포함)를 통해 경영진은 신뢰할 수 있는 재무보고가 이루

259 김용범. 전게서. 2017. 215~223면. 국제내부감사인협회. 전게서. 4-4~4-6p.

어지고, 법규이행이 제대로 되고 있다는 것에 대한 합리적인 확신을 얻을 수 있으며, 전사적 리스크 관리를 통해서는 기업의 목표가 허용된 리스크 하에서 잘 달성되어 가고 있다는 것에 대해 합리적인 확신을 가지게 된다.

2. 「전사적 리스크 관리(ERM)」의 정의

COSO는 2004년에 「전사적 리스크 관리-통합 프레임웍(Enterprise Risk Management-Integrated Framework)」을 발간하였다. COSO는 회사들이 리스크를 효과적으로 파악하고, 평가하고, 관리하는 데 도움을 주는 프레임웍이 필요하다고 판단했다. COSO는 **「전사적 리스크 관리(ERM)」**를 다음과 같이 정의하고 있다.

"**전사적 리스크 관리**는 회사의 목표 달성에 대한 합리적 확신을 제공하기 위하여 이사회, 경영진 및 모든 직원에 의해 관리되고, 전략 수립과 회사 업무 전반에 적용되며, 그리고 회사에 영향을 주는 잠재적 리스크를 식별하고 해당 리스크를 리스크 성향 내에서 관리하기 위해 설계된 프로세스이다."

COSO defines ERM as :

"A process, effected by an entity's board of directors, management and other personnel, applied in strategy setting and across the enterprise, designed to identify potential events that may affect the entity, and manage risk to be within its risk appetite, to provide reasonable assurance regarding the achievement of entity objectives."

상기 정의는 다음과 같은 기본 개념을 담고 있다.

전사적 리스크 관리의 기본 개념

① 계속 진행되고 조직 전체를 통하는 프로세스.
② 조직의 모든 직급사람들(예: 노동자)의해 관리.
③ 조직의 전략을 설정 할 때 적용.
④ 조직의 모든 수준 및 단위에서 전 영역에 적용.
⑤ 조직 전체차원의 리스크 포트폴리오 관점에 초점.
⑥ 조직에 영향을 줄 수 있는 잠재적 사건을 파악하기 위해 설계.
⑦ 조직의 리스크 성향에 따라 리스크를 관리할 수 있게 하는 방법.
⑧ 조직의 경영진 과 이사회에게 합리적인 확신을 제공.
⑨ 상호 연관성 있는 다양한 범주에서 목표달성이 가능토록 설계 등.

3. 「전사적 리스크 관리(ERM)」의 實益[260]

260 John Fraser, 「Implementing Enterprise Risk Management : A Practical Guide」, 감사저널 가을호, 2016., 31면.

기업이 「전사적 리스크 관리(ERM)」를 수행함으로써 얻어지는 일반적인 실익은 다음과 같다.

「전사적 리스크 관리(ERM)」의 實益

① 목표 달성 가능성의 증가.
② 예기치 못한 부정적 이벤트(Surprises and landmines)의 회피.
③ 이해관계자들에게 비즈니스가 잘 관리되고 있다는 확신을 제공.
④ 고위험 분야에 대한 자원을 할당.
⑤ 기업 지배구조의 향상.
⑥ 자본 비용의 감축.
⑦ 리스크 관리에 대하여 구조화된 접근이 가능.
⑧ 경쟁자를 분석하여 리스크 관리방법을 취득 등.

4. 「전사적 리스크 관리(ERM)」의 목표

조직이 미션과 비전을 세울 때 경영진은 미션을 지원할 다양한 목표도 함께 설정한다. 제1편-제2장-제1절-Ⅰ-1-가. '조직의 목표달성에 기여' 항목에서처럼, 「전사적 리스크 관리 프레임워크(ERM Framework)」는 다음 4가지 항목의 조직 목표 달성을 지향한다.

① 전략 목표
주주를 대신해서 경영진이 수행하는 가치 창출활동을 포함한 조직의 미션을 달성하기 위한 상위 수준의 목표.

② 운영 목표
자원의 효과적이고 효율적인 사용을 포함한 조직 운영의 유효성과 효율성을 촉진하는 광범위한 목표.

③ 보고 목표
재무적 및 비재무적 정보의 내부 및 외부 보고의 신뢰성에 대해 초점을 맞춘 목표.

④ 준법 목표
관련 법률 및 규정의 준수에 대한 목표.

상기 네 가지 유형의 목표는 서로 다르지만 똑같이 중요한 「전사적 리스크 관리(ERM)」의 양상에 초점을 맞추고 있다. 이들은 뚜렷이 구분되지만 서로 겹치는 목표는 각기 다른 요구를 표현하고 있으며, 각기 다른 경영진의 책임 아래 있다.

「코소(COSO)」는 목표 달성에 대해 다음과 같이 주장한다. "보고목표 및 준법목표"는 조직의 통제하에 있기 때문에, 「전사적 리스크 관리(ERM)」는 보고목표 및 준법 목표의 달성에 대한 합리적인 확신을 제공할 수 있다.

하지만, 전략목표와 운영목표의 달성은 항상 조직의 통제하에 있는 것이 아니라 외부 사건과 연관되어 있다. 따라서, 이들 목표 달성을 위해서 "「전사적 리스크 관리(ERM)」는 조직의 동 목표 달성 정도를 인식하고, 적절한 시기에 경영진 및 그들을 감독하는 이사회에게 합리적인 확신을 제공할 수 있어야 한다."

5. 「전사적 리스크 관리(ERM)」의 失敗[261]

가. 리스크 관리 실패이유

일반적으로 기업의 「전사적 리스크 관리(ERM)」를 실패하게 하는 이유는 여러 가지가 있을 수 있으나 그 대표적인 이유는 아래와 같다.

「전사적 리스크 관리(ERM)」를 실패하게 하는 대표적인 이유

① 경영진의 지원 부족. ② 충분하거나 적합하지 않은 자원 배분.
③ 舊態依然한 접근, 부적절한 기술과 시행 계획.
④ 적절한 기술 미확보. ⑤ 수정 보완 계획 미수립.
⑥ 리스크 관리 용어 부정적 사용. ⑦ 잘못된 프레임워크 사용.
⑧ 리스크가 무엇인지에 대한 혼동. ⑨ 너무 복잡하게 설계된 리스크 관리 체계.
⑩ 컴플라이언스 기능(예: 무조건 금지)처럼 관리.
⑪ 부적절한 운영 요원. ⑫ 잘못된 운영기술과 정의.
⑬ 시험 운영 없이 바로 전사적 사용. ⑭ 관련자들에 대한 교육 부족.
⑮ 경영진들의 이해 부족 등.

나. 리스크 관리 실패사례

일반적으로 기업의 「전사적 리스크 관리(ERM)」를 실패한 사례는 여러 가지가 있을 수 있으나 그 대표적인 사례는 다음과 같다.

사례 1

Mitsubishi Motors(1996~)

① 리스크 내용
- 여직원 성희롱(1995)
- 폭력단 이익공여(2000)
- 차량 결함 은폐 및 recall 늑장 대응(2000)
- 제동장치 결함 은폐(2004)

② 리스크 피해
- 배상금 $3,400만 지급
- 차량 60만 대 이상 recall

261 John Fraser, 「Implementing Enterprise Risk Management : A Practical Guide」, 감사저널 가을호, 2016., 31면.

• 2004년 – 전년대비 판매량 40% 감소 • 3년간 3회의 사장 교체
• 막대한 벌금 • 주가 하락. • 다임러크라이슬러사의 투자결정 철회

사례 2

다이아몬드펀드(1999)

① 리스크 내용

• ○○증권 등은 자신들의 출자금 3,4440만 달러와 제이피모건으로부터 차입금 5,300만 달러중 거래 비용 90만 달러를 제외한 8,650만 달러를 인도네시아의 루비화에 투자
• 차입금의 상환조건은 일본 엔화와 태국 바트화 환률에 연계
• 그러나 1997년 동남아 경제위기가 발발하면서 태국의 바트화의 가치 폭락

② 리스크 피해

• 총손실 1억 8,600만 달러
• 그 후 중재과정에서 ○○증권이 제이피모건에 1억 달러 상당의 화해금을 물어주고 그대가로 8,500만 달러의 출자를 받기로 타결

사례 3

메탈게젤샤프트(1993)

① 리스크 내용

• MGRM은 마케팅 목적으로 고객과 석유제품 장기공급계약을 체결
• 1993년 9월에 향후 10년에 걸쳐 1억 5천만 바렐의 석유제품을 고정가격으로 공급하는 선도계약 잔고를 보유
• 그리고 이 선도거래 포지션에 대해 단기 선물의 매입포지션으로 롤링헤지를 체결

② 리스크 피해

• 1993년 유가가 예상과는 달리 20달러에서 15달러로 하락하면서 약 10억 달러의 마진 콜 발생
• 마진 콜에 따른 거액 현금 감당 불가능 • 경영진 교체
• 선물 청산 결과 13억 달러 손실 발생 • 주가 64마르크에서 24마르크로 폭락

사례 4

Morgan Stanley(2004, 2006)

〈 2004 쉬펠린 Case 〉

① 리스크 내용

• 앨리슨 슈펠린이 300여 명의 여성직원들과 회사의 여성진급 차별 및 남자 직원들에 의한 고객 향응 제공으로 집단 소송

② **리스크 피해**

- 2004. 7월 5,400만 불 배상

〈 2006 사이러스 메흐리 Case 〉

① **리스크 내용**

- 사이러스 메흐리가 전직 주식 중개부문 여직원 2,700여 명과 함께 성차별 집단 소송 제기

② **리스크 피해**

- 4,600만 불 배상 • 향후 5년간 여성 브로커 교육을 위해 750만 불 지불
- 연봉 인상을 위해 1,600만 불 지급

사례 5

○○○○○○항공(2008)

① **리스크 내용**

- 2006년 대우건설 인수 당시 지금유치 위해 과도한 풋백옵션 조건 제시
- 풋옵션 조건 – 2009년 12월말 현재 대우건설 주가가 3만4천 원을 밑돌 경우 투자자 보유 주식 되사주기
- 대우건설 주가가 그해 11월 8천원대까지 추락

② **리스크 피해**

- 풋옵션에 의한 ○○○○○○그룹이 부담해야할 추정금액은 무려 4조 원 이상으로 추정(부채) ○○○○○○ 그룹 유동성 위기설의 진앙
- 유동성 해결방안의 일환으로 ○○생명 등 매각 작업 등

사례 6

Ford, Fire Stone(2000)

① **리스크 내용**

- 파이어스톤 타이어를 탑재한 포드의 익스플로러 파열로 다수 전복사고 발생
- 양사 모두 타이어의 결함을 알고도 은폐 시도
- 베네수엘라 포드정비소 직원이 미국 자동차 전략 연구소 직원에게 이메일을 보내고 전략연구소 직원이 연구소 홈페이지에 게재
- 전세계에 Web을 통해 공개. • 파이어스톤 파이어 recall

② **리스크 피해**

- 파이어 650만 개 – 약 3억 5천만 불 손실 발생
- 모기업인 일본 브릿지스톤 당일 주가 38% 하락

사례 7

오렌지 카운티(1995)

① 리스크 내용

- 당시 기금담당자 밥 시트런은 카운티는 물론 학교, 시 등으로부터 총 75억 달러를 수탁받아 평균 만기 4년의 지방정부 채권에 투자
- 보유채권을 담보하여 추가로 125억 달러의 단기자금을 차입하여 총 200억 달러 규모의 중기 채권포토폴리오를 운용
- 1994년 2월부터 금리가 급등하자 그의 채권포토폴리오의 가치가 하락하였고, 이를 담보로 단기자금을 제공한 금융기관 들은 추가담보를 요청
- 11월에 들어 상황이 악화되자 밥 시트런에게 투자한 투자자들은 자금을 인출 시작

② 리스크 피해

- 1994년 12월 밥 시트런은 기금의 20%인 15억 달러의 손실을 인정하고 사임
- 금융기관들이 담보로 보유하고 있던 채권들을 매각하기 시작하자 오렌지 카운티는 그해 12월 파산 선언.
- 1995년 구조조정을 마무리했을 때 16.9억 달러의 손실 발생

V. 「전사적 리스크 관리(ERM)」의 구성요소[262]

「코소(COSO)」의 「전사적 리스크 관리(ERM)」는 8가지의 서로 밀접하게 관련된 요소로 구성되어 있다. 이 8가지 요소는 경영진이 기업을 경영하는 방법으로부터 파생되고, 경영관리 프로세스와 통합되어 있다. 이 8가지 요소는 다음과 같다.

1. 내부 환경(Internal Environment)

경영진은 리스크에 대한 철학을 설정하고 리스크 수용한도를 결정한다. 내부환경은 조직의 분위기를 만들고, 조직 구성원들이 리스크와 내부통제를 관찰하고 해결하는 방법에 대한 기초를 제공한다. 어떤 사업이든지 핵심요소는 사람이다. 즉 신뢰성, 윤리적 가치, 적격성을 포괄하는 개개인의 자질을 갖춘 사람과 그 사람들이 일하는 환경이다.

내부 환경은 원리와 구조를 제공하는 「전사적 리스크 관리(ERM)」의 모든 요소의 기본이다. 내부 환경은 전략과 목표를 설정하는 방법, 비즈니스 활동을 구성하는 방법, 리스크를 파악하고, 사정하고, 조치를 취하는 방법에 영향을 미친다. 내부 환경은 또한 내부통제 활동, 정보 및 소통 시스템, 모니터링 활동의 설계 및 작동에 영향을 준다.

내부 환경은 조직의 역사와 문화에 영향을 받는다. 내부 환경은 다음의 항목들이 포함된 여러 요소들로 구성된다.

내부 환경에 포함되는 요소

---

262 김용범. 전게서. 2017. 217~223면. 국제내부감산인협회, 전게서, 4-6~4-11p.

① 리스크 관리 철학 : 조직이 리스크를 고려하는 방법을 특징짓는 일련의 공통된 믿음과 태도

② 리스크 성향[263] : 조직이 기꺼이 받아드리고자 하는 리스크의 양과 행태

③ 이사회 : 구조, 경험, 독립성, 감독역할을 제공하는 조직의 최상위 지배집단

④ 신뢰성과 윤리가치 : 수용수준, 행동기준 그리고 스타일

⑤ 적격성 보장 : 과업을 수행하는 데 필요한 지식과 기술

⑥ 조직의 구조 : 계획, 실행, 통제 및 모니터링 활동에 대한 프레임워크

⑦ 권한과 책임 배분 : 문제를 해결하기 위해 권한을 부여받은 정도.

⑧ 인적자원 관리 : 채용, 오리엔테이션, 트레이닝, 평가, 카운슬링, 진급, 보상 등.

2. 목표 설정(Objective Setting)

목표는 운영, 보고 그리고 준법 목표를 위한 기반에서 수립된 전략적 수준에서 결정 된다. 모든 조직은 내·외부로부터 다양한 리스크에 직면하고, 효과적인 사건 파악, 리스크 사정, 리스크 대응의 전제 조건은 목표 설정이다.

목표는 조직의 리스크 수용수준 또는 수용한도를 결정하는 리스크 성향[264]과 밀접한 관련이 있으며, 리스크 수용수준 또는 수용한도는 조직의 목표달성과 관련하여 감내할 수 있는 리스크의 크기와 다양성이다. 목표설정에 대한 자세한 내용은 제1편-제4장-제3절-Ⅳ-4. "「전사적 리스크 관리(ERM)」의 목표" 항목을 참고하시기 바랍니다.

3. 사건 파악(Event Identification)

경영진은 발생 시 조직에 영향을 미칠 수 있는 잠재적 사건을 파악하고, 이러한 사건이 기회인지, 조직이 전략을 실행하고 목표를 달성하는 데 있어 부정적 영향을 미치는 것인지 판단해야 한다.

부정적 영향을 미치는 사건은 **위험**을 의미하는데 경영진은 리스크를 사정하고, 이에 대응해야 한다. 반면에 **긍정적인 영향을 미치는 사건**은 **기회**를 의미하는데, 경영진은 기회를 전략 또는 목표 수립 프로세스로 돌려보낸다.

사건을 파악할 때 경영진은 조직 전체의 리스크 범위 내에서 리스크와 기회가 일어날 수 있는 다양한 내부 및 외부 요소들을 고려해야 한다.

사건 파악 시 고려할 외부적 요소는 다음과 같다.

---

263 Risk Appetite에 대해서 The ISO 31000 risk management standard refers to risk appetite as the "Amount and type of risk that an organization is prepared to pursue, retain or take"로 기술하고 있는 바, 논자에 따라서는 '리스크 선호도', 리스크 수용 범위, 리스크 수용 한계, 리스크 수용 수준(정도) 등으로 표기하고 있으나, Risk tolerance가 별도로 존재하고 있어, 다른 용어와 혼란을 피하기 위해 '리스크 성향'으로 사용하는 것이 좋다고 본다. 금융감독원. 금융지주회사 통합리스크 관리모범규준.

264 리스크 성향이란 한 회사의 리스크 부담수준 및 리스크 감내수준에 대한 의사결정 등 리스크 수용 정도에 대한 경영진, 이사회, 주주 등의 판단행태를 의미한다.

사건 파악 시 고려해야 할 외부적 요소

① 경제적 사건 : 가격 변동, 자본의 이용 가능성, 낮은 시장 진입 장벽.
② 자연적 사건 : 홍수, 화재, 지진, 날씨변화 등.
③ 정치적 사건 : 선거, 새로운 법률 제정.
④ 사회적 사건 : 인구통계, 사회관습, 가족구조, 생활방식의 변화.
⑤ 기술적 사건 : 전자 상거래 등 새로운 기술 등.

사건 파악 시 고려 할 내부적 요소는 다음과 같다.

사건 파악 시 고려해야 할 내부적 요소

① 기반 요소 : 예방 유지 또는 콜 센타 유지에 자원 할당.
② 인적 요소 : 작업장 사고, 부정 행동, 노동계약 종결 등.
③ 처리 요소 : 프로세스 수정, 프로세스 실행 오류, 아웃소싱 결정 등.
④ 기술 요소 : 안전 위반, 시스템다운 시간 을 다루는 자원의 증가.

기업의 사건파악 방법은 다양한 기법과 툴을 사용한다. 사건 파악 기법은 과거와 미래를 모두 고려한다. 과거의 기록들과 추세에 초점을 맞추는 기법은 지불불능 사실이나 상품 가격 변화, 생산 중단과 같은 사건을 고려하며, 미래위험에 초점을 맞추는 기술은 변화하는 인구통계, 신시장조건 및 경쟁자의 활동과 같은 사건을 고려한다.

사건파악 기법은 기업 내에서 사용 목적과 장소에 따라서 다양하다. 어떤 기법은 상세한 데이터 분석에 초점을 맞추고 사건에 대한 상향식의 관점을 만들어 낸다. 반면에 다른 기법은 하양식의 관점을 만들어 낸다. 다음은 사건 파악 기술에 대한 주요 예시이다.

사건 파악 주요 기법

① **사건 목록 :** 특정 산업에 속한 회사나 특정 프로세스 또는 기업 전반에서 일어나는 활동에 공통되는 잠재적인 사건을 구체적으로 제시해 놓은 리스트.
② **내부 분석 :** 일반적으로 사업부 단위의 스텝 회의를 통해 수행. 때때로 다른 투자자 (고객, 공급자, 다른 사업부 단위)나 조직 외부의 중요 사건에 대한 전문적 기술자(내·외부의 기능적인 전문가 또는 내부감사인)로부터 얻은 정보를 이용하여 수행.
③ **임계치 :** 어떠한 물리 현상이 갈라져서 다르게 나타나기 시작하는 경계의 수치(값). 이러한 유인들은 미리 정의되어 있는 기준과 현재의 사건을 비교해 경영자가 고려해 야 될 영역에 주의를 쏟도록 유도.
④ **워크샵과 인터뷰 :** 축적된 지식 및 관련자들의 토의를 통해 얻은 경험을 기반으로 사건을 파악.
⑤ **프로세스 흐름 분석 :** 프로세스를 정형화하기 위해 투입물·과업·책임·산출물의 흐름을 고려.

투입물에 영향을 주는 내부나 외부의 요소와 프로세스 내에 있는 활동을 고려, 회사의 목표 달성에 영향을 줄 수 있는 사건을 파악.

⑥ **선행 사건 지표 :** 기업은 사건과 관련된 데이터를 모니터링하여 사건을 발생하도록 하는 조건의 존재여부를 파악.

⑦ **손실 사건 자료 방법론 :** 과거의 개별적인 손실 사건에 대한 누적자료는 그 추세와 근본적인 원인을 식별하기 위한 유용한 원천. 일단 근본적인 원인이 파악되면 경영자는 개별적인 사건들로 접근하는 것보다 더 효과적으로 평가 및 관리가 가능.

4. 리스크 사정(Risk Assessment)

리스크 사정은 잠재적인 사건이 조직의 목표달성에 어느 정도 영향을 미칠 것인가를 파악하는 것이다. 경영진은 사건을 두 가지 관점-발생 가능성 및 영향 - 에서 사정하고, 통상 질적 및 양적 방법을 혼합해서 사용한다. 잠재적 사건의 긍정적 또는 부정적 영향은 개별적, 항목별, 혹은 조직 전체적으로 파악되어야 한다. **리스크**는 **내재(inherent)리스크** 와 **잔여(residual)리스크**로 **사정**한다.

'내재리스크'는 '총(gross) 리스크'를 말하고, '잔여리스크'는 '순(net)리스크'를 말한다. **내재리스크**는 경영진이 그 발생 가능성 및 영향을 제어하는 어떠한 행동을 하지 아니 했을 경우에 조직에 발생하는 리스크이다. 이 리스크는 조직의 사업 모델에 내재되어 있으며, 경영진이 그 사업 모델을 운영하고 수행하는 방법에 관해 만드는 결정과 관련된다. **잔여리스크**는 리스크에 대한 대응 후에도 여전히 남아있는 리스크이다. 경영진은 우선 내재리스크에 대해 리스크 사정을 수행한다. 그리고 리스크 대응이 이루어진 후에 잔여리스크를 고려한다.

미래사건의 **불확실성**은 **발생가능성과 영향**도의 두 가지 관점에서 평가된다. **영향도**는 사건이 미치는 효과를 의미하는 반면, **발생가능성**은 어떤 사건이 발생할 수 있는 확률을 의미한다. 비록 어떤 회사들은 확률 그리고 중대성, 심각성, 결과 등과 같은 용어를 사용하기도 하지만 **"발생가능성"**과 **"영향도"**라는 용어가 **일반적으로 사용**된다. **"발생가능성"**은 어떤 사건이 "높음, 보통, 낮음" 같은 정성적인 용어로 사용되며, 확률은 "퍼센트, 발생빈도, 수치" 같은 정량적인 측정치로 표기할 수 있음을 의미한다. 측정단위로서 미래 사건의 발생 가능성 및 영향도를 분석하기 위해서는 일정한 기준을 적용하는데, 그 기준은 통상 **정성적기법**으로 **명목분석, 순위분석**이 있고, **정량적기법**으로 **구간분석, 비율분석** 등이 있다.

회사의 리스크 사정 기술은 정성적 또는 정량적인 방법으로 이루어진다. 경영자는 종종 리스크가 정량적으로 표현되지 못할 때, 정량적인 평가로 사용하기에는 정보가 충분하지 않을 때, 또는 정보를 얻거나 분석하는 것이 경제적이지 못할 때에 **정성적인 사정방법**을 사용한다. 정성적 기법에 의한 리스크 평가결과는 주관적 또는 객관적 양상을 나타내며, 평가주체의 지식-미래사건과 관련 환경 및 변화에 대한 이해 등- 및 판단력이 평가결과의 질을 결정한다.

정량적인 사정방법은 대개 보다 높은 정확성을 수반하며, 보다 복잡하고 정교한 문제에 있어서 정성적인 방법을 보충해 주는 역할로 사용한다. 정량적인 사정방법은 고도의 노력과 정확성을 요구하며 때때로 수학적인 모델을 사용한다. 따라서 정량적인 사정방법은 보조 정보 및 가정의 질적인 면에 깊이 의존한 채로 과거의 변동 내역 및 변동 빈도와 긴밀하게 연관되어 신뢰성이 있는 예측을 가능하게 한다. 다음은 정량적인 리스크 사정방법의 예시이다.

정량적인 리스크 사정방법(예시)

① **벤치마킹 :** 벤치마킹은 특정한 사건이나 과정에 중점을 두고 측정과 결과를 비교해 보면서 개선의 기회를 찾는 것. 사건, 과정, 측정에 관한 정보는 성과를 비교/평가하는 데 이용. 어떤 회사는 벤치마킹 방법으로 산업 전반적인 사건 발생 가능성과 영향을 평가.

② **확률모형 :** 확률모형은 특정 가정을 바탕으로 사건의 범위 및 영향을 연관시켜 사건의 발생 가능성을 추측하는 것. 발생가능성과 영향도는 앞으로 발생할 사건에 대한 가정을 현재에서 기준 삼아 시간적 흐름에 따른 과거 정보들을 수집하고 模擬評價의 결과를 통해 도출. 확률모형의 예로는 ⓐ value at risk, ⓑ cash flow at risk, ⓒ earnings at risk, ⓓ development of credit, ⓔ operational loss distribution이 있다. 확률모형은 재무 툴(tool)을 이용하여 시간대별로 측정 가능. 또한 확률모형은 기댓값(평균치) 대비 특수상황에의 영향도를 평가하는 데 사용도 가능.

③ **비확률모형 :** 비확률모형은 사건들의 영향을 추정하는 데 사건의 발생 가능성을 계량화하지 않고 주관적인 가정을 사용. 한편, 사건의 영향을 평가할 때 과거 자료의 분석·모의평가·가정에 바탕. 비확률모형의 예로는 ⓐ 민감도 분석, ⓑ 스트레스 테스트, ⓒ 시나리오 분석 등.

정성적 사정 방법은 정량적 사정과 같이 계수, 계량화하기 어려운 부문의 사정을 하는 경우에 사용하는 방법이다. 인사평가의 경우에는 업무성실도, 적극성, 타부서 업무협조 등 수치상으로 나타내지 못하지만, 말로서 평가가 가능한 이런 기준으로 인사평가 할 경우, 이는 정성적 평가로 볼 수 있다.

리스크를 사정할 경우 정성적 사정기법으로는 전산운영에 영향을 주는 사건을 발생 가능성별로 분류(예, 5등급)하였고, 위험물질 유출에 의한 영향을 영향도별로 표시(예, 3등급)하였다. 그리고 산업규정에 의거 도입하는 신정보시스템 구축 시 야기되는 리스크를 사정하며, 범주설정 및 리스크 등급을 저, 중, 고로 표시한다.

리스크의 발생가능성 및 영향을 사정하는 방법에는 자체적인 종합판단 및 전망에서 부터, 타 회사 벤치마킹, 복잡한 확률 모델에 이르기까지, 매우 다양한 방법이 있다. 미래 사건들이 독자적으로 발생한다면 경영진은 개별적으로 그것들을 사정해야 한다. 예를 들어, 펄프나 외화 같은 가격변동에 노출되어 있는 사업부를 가진 회사는 시장의 움직임에 맞추어 개별적으로 리스크를 사정해야 한다.

그러나 사건들 사이에 상관관계가 존재한다거나 사건들이 복합적으로 상호 작용한다면,

경영진은 그 사건들을 함께 사정해야 한다. 사정의 방법이 무엇이든지 간에 리스크사정 시에는 리스크 간의 상관관계를 고려해야 한다. 최악의 상황은 리스크 간에 밀접한 상관관계가 있는 것이다. 리스크를 개별적으로만 사정하는 것은 최악의 상황을 간과할 수 있다.

5. 리스크 대응(Risk Response)

리스크를 사정한 후에, 경영진은 어떻게 대응할지 결정해야 한다. **대응 방법**은 「**리스크 회피**(Risk Avoidance)」, 「**리스크 감축**(Risk Reduction)」, 「**리스크 전가**(Risk Sharing)」, 「**리스크 수용**(Risk Acceptance)」이 있다. 대응 방법을 결정하기 위해서는 비용/효익뿐만 아니라 리스크 발생 가능성 및 영향에 대한 효과를 사정해야 한다.

그리고 요구하는 리스크 허용 수준 범위 내에서 잔여리스크가 발생하는 대응방법을 선택한다. 경영진은 이용 가능한 기회를 파악하고, 리스크 관점에서 조직 전체적으로 할 것인지, 또는 분산적으로 할 것인지 선택하며, 전체 잔여리스크가 리스크 성향 범위 내에서 리스크 대응 방법을 결정한다.

「코소(COSO)」가 정의하는 리스크 대응의 네 가지 항목[265]은 다음과 같다.

리스크 대응의 4가지 항목

① **회피**(Avoidance) : 리스크를 발생시키는 활동에 대한 원인을 원천적으로 제거 (생산 라인 퇴장, 신규 시장에 진출 축소 또는 분할 판매).

② **감축**(Reduction) : 리스크의 발생 가능성 또는 영향을 수용할 수 있는 수준까지 감소시키는 활동(일반적인 통제 활동).

③ **전가**(Sharing) : 리스크의 일정부분을 전가 또는 공유함으로써 리스크의 발생가능성 및 영향 감소(보험가입, 헤지거래, 아웃소싱).

④ **수용**(Acceptance) : 리스크 발생 가능성 및 영향을 끼치는 어떠한 행동도 수용 하고 그 이상의 효익을 얻고자 하는 전략(사업확장, 신사업진출).

리스크 대응방안 중 회피 대응은 영향 및 발생가능성을 수용 가능한 수준으로 줄일 수 있는 대응 방안이 없을 때 선택된다. 한편, 감축과 전가 대응은 잔여리스크를 리스크 허용한도와 일치하는 수준으로 조정한다. 수용대응은 고유리스크가 이미 리스크 허용한도 내에 있다는 것을 의미한다. 리스크에 대한 적절한 대응은 명확하고 수용 가능한 것이어야 한다.

리스크 대응을 결정하는 과정에서 경영자는 다음과 같은 사항을 고려해야 한다. 다만, 중대한 리스크의 경우 회사는 일반적으로 가능한 모든 범위 내에서 대응방안을 고려한다. 이를 통해 보다 신중하게 리스크에 대한 대응 방안을 선택할 수 있다.

---

265 김용범. 전게서. 2017. 220면. 김영삼, 「리스크 와 내부통제」, 한국상장회사협의회. 2010, 68면

리스크 대응을 결정하는 과정에서 경영자의 고려사항

① 리스크 발생가능성과 영향에 대한 잠재적 대응(리스크 허용한도와 일치)의 효과.
② 잠재적 대응에 소요되는 비용과 발생하는 효익.
③ 특정 리스크를 다루는 것에서 더 나아가 회사의 목표 달성을 위한 가능한 기회.

위의 리스크 대응방안들의 영향이 평가되면, 경영자는 리스크의 발생가능성 및 영향도가 리스크의 허용한도 내에서 유지될 수 있도록 설계된 대응 방안이나 대응의 조합을 선택하며, 리스크를 관리할 방법을 결정한다. 대응은 리스크가 최소가 되도록 하지는 않는다.

그러나 리스크 대응이 잔여리스크가 리스크 허용한도를 초과하는 결과를 가져오면, 경영자는 해당 대응 방안을 재검토하고 수정한다. 경우에 따라서는 수립된 리스크 허용한도를 조정하기도 한다. 따라서 리스크와 리스크 허용한도 사이의 균형을 잡는 것은 반복 순환적인 프로세스이다.

고유리스크에 관한 대응의 대안들을 평가하는 것은 대응으로부터 얻어지는 추가적인 리스크를 고려하는 것까지 포함한다. 따라서 이것은 경영자가 의사 결정을 내리기 전에 현재 표면화되지 않은 리스크뿐만 아니라 추가발생 가능한 리스크까지도 고려하는 반복 순환적인 프로세스를 거처야 한다.

경영자가 대응을 선택하면, 대응의 수행을 위한 실행계획을 개발하여야 한다. 실행계획의 중요한 요소는 리스크 대응이 실행되고 있다는 것을 확증하기 위한 통제활동을 수립하는 것이다. 경영자는 자원이 제한적일 뿐만 아니라, 모든 활동에서 어느 정도의 불확실성과 한계가 존재하기 때문에 어느 정도의 잔여리스크가 존재한다는 사실을 인식해야 한다.

리스크 대응은 종합적인 포트폴리오 효과를 고려하는 것이 중요하다. 어떤 리스크 대응은 주어진 리스크에 대한 최선 또는 최고의 비용/효과 대응은 아닐 수 있다. 그 리스크가 다른 리스크를 관리하는 데 도움이 된다면, 조직에 대한 이익이 그 특별한 옵션의 선택을 정당화할 수 있다. 포트폴리오 관점으로 리스크를 바라봄으로써, 경영진은 조직의 리스크 수용수준에 맞게 리스크를 관리할 수 있게 된다.

포트폴리오 관점은 리스크 조정자본 또는 리스크 자본과 같은 척도를 사용하여 회사 전체에 대한 리스크 초점을 맞추거나 회사 전반에 걸친 중대한 리스크 및 사건범주에 초점을 맞춤으로써 얻어질 수 있다. 이러한 복합적인 척도는 수익, 성장, 기타 성과 측정으로 표현된 목표에 부정적인 리스크를 측정할 때 또는 전략 방향을 수정할 때 유용한 정보를 제공한다.

6. 통제 활동(Control Activities)

통제활동은 경영진으로 하여금 리스크 대응이 실행되고 있다고 확신하게 해주는 정책 또는 절차로서 조직 전반에 걸쳐 수행된다. 통제활동에는 승인·업무권한·검증·대사·업무수행 결과에 대한 검토·자산의 보호·업무의 분장 등과 같이 다양한 활동이 포함된다.

통제활동은 조직의 모든 직급과 부서에서 수행된다. 통제활동은 직접적으로 또는 기술을 융합함으로써 정책을 수행하기 위한 사람의 활동으로 경영진에게 리스크 대응이 원활히 수행되고 있다는 확신을 준다. 이러한 통제활동은 기업의 목표 즉, 전략·운영·보고·법규준수를 기준으로 나누어 볼 수 있다.

어떤 통제활동은 오직 하나의 범주와 관련이 있을 수 있지만, 때때로 중첩되는 부분도 있다. 상황에 따라 어떤 특정 통제활동은 여러 범주의 기업 목표를 충족시키도록 도와준다. 예를 들면 특정 운영통제는 재무보고가 믿을 수 있다고 확신하게 함과 동시에 법규를 준수하게 하는 것이다.

경영자는 통제활동을 선택할 때 통제활동이 서로 어떤 관계를 가지고 있는지를 고려한다. 특정 상황에서는 하나의 통제활동이 다양한 리스크 대응에 사용될 수 있다. 다른 경우에는 하나의 리스크 대응을 위해 다양한 통제활동이 필요한 경우도 있다. 그리고 현재의 통제활동이 경영자에게 새로운 리스크 대응이 효과적으로 작동되고 있다는 확신을 줄 수도 있다.

통제활동은 일반적으로 리스크 대응이 적절히 수행되고 있다고 확신하기 위해 수립되나, 통제활동 그 자체가 리스크 대응이 될 수도 있다. 예를 들어, 특정거래가 타당한 승인을 받았는지 확신하는 것이 목표라면 업무분장 혹은 상급자에 의한 승인과 같은 것이 통제활동이 될 것이다.

리스크 대응 선택 시 적절성과 잔여 리스크를 고려하는 것처럼, 통제활동을 선택하거나 검토할 때는 리스크 대응 및 관련 목표와의 연관성과 적절성까지 고려한다. 이는 통제활동의 적절성만 분리하여 고려하거나, 리스크 대응 및 해당 통제 활동과 관련된 잔여 리스크를 고려함으로써 수행될 수 있다.

회사들에는 수많은 다양한 유형의 통제활동이 수립되어 있으며 이에는 예방·적발·교정·컴퓨터·관리 통제활동 등이 포함된다. 통제활동은 또한 데이터 처리의 안전성과 정확성 확보 같은 특정 목표에 따라 분류 될 수 있다. 다음은 일반적으로 적용되고 있는 통제활동이다. 이것은 회사의 실행계획을 수행하고 조직 목표를 달성하기 위하여 다양한 계층의 직원들에 의해 수행되는 절차 중 극히 일부분이라 할 수 있다.

「코소(COSO)」가 제시하는 일반적인 통제활동은 다음과 같다.

일반적인 통제활동

① **고위경영자 수준 검토 :** 예산 검토, 최신 예측, 경쟁사 활동 모니터링, 비용방지 계획 등의 수행과 같이 조직 수준에서 수행하는 통제.

② **직접기능 또는 활동관리 :** 특정 기능 또는 활동을 수행 하거나 상세 수준 통제의 수행을 감독하는 중간관리자에 의해 수행되는 통제.

③ **정보 프로세스 통제 :** 거래의 정확성, 완전성, 승인사항을 체크하도록 설계된 통제, 물리적 및 논리적 보안통제-시스템 수행, 업그레이드, 수정, 재해 복구, 시스템 운영 통제와 같은 인프라 통제.

④ **물리적 통제 :** (ⅰ) 현금, 유가증권, 재고자산, 유형자산등을 실사하고 장부와 대조. (ⅱ) 울타리나 잠금장치 같은 물리적 장벽 및 제한.

⑤ **성과 지표 :** 예상 또는 목표 수행 기준과의 차이에 대한 분석 및 보완.

⑥ **업무 분장 :** 에러 혹은 부정의 리스크를 줄이기 위해 서로 양립할 수 없는 두 업무를 다른 사람이 수행. 예를 들어, 신규 거래처를 시스템에 등록하는 사람은 그 거래처에 대한 지불거래 승인 금지.

통제활동에는 특정거래가 수행되기 전에 중지시키는 **예방 차원의 통제**와 적시에 어떤 거래를 식별하는 **적발차원의 통제**가 있다. 또한 통제활동은 컴퓨터와 수작업이 결합된 활동인데, 여기에는 모든 정보가 정확하게 기록되는 자동화된 통제와 책임자가 투자결정을 승인할 수 있도록 해당 문건이 전달되는 과정이 포함된다.

또한 회사의 운영, 재무보고 및 준수 목표를 달성하기 위해 구축된 정보시스템에 대한 신뢰성을 확보하려면 주요 시스템에 대한 통제가 필요하다. **정보시스템 통제** 활동에는 두 가지가 있다. 첫째는 **일반통제**로서 운영활동에 적용된다. 둘째는 **응용통제**인데 프로세스를 통제하는 자동화된 단계이다.

정보시스템에 대한 **일반통제**는 정보기술 관리, 정보 기술 하부구조, 보안 관리 및 소프트웨어 구매·개발·유지보수에 관한 통제이다. 정보시스템에 대한 일반통제는 모든 시스템–메인프레임에서부터 개인 컴퓨터의 클라이언트 서버에 이르기까지 – 에 적용된다.

정보시스템에 대한 일반통제(예시)

① **정보기술 관리 :** 운영위원회는 감독, 모니터링 그리고 정보기술 활동과 개선활동을 보고.

② **정보기술 하부구조 :** 통제는 시스템의 정의·구매·설치·통합·유지에 적용.통제에는 시스템 성과를 강화하는 서비스수준 협약과 시스템 이용가능성을 유지시켜 주고 운영 실패에 대비한 네트워크 성능 추적 그리고 컴퓨터 운영일정을 계획하는 사업 영속성 계획이 존재. 정보 기술 하부 구조의 시스템 소프트웨어 구성요소는 중요 신규구매에 대한 운영위원회의 검토와 승인, 운영시스템 소프트웨어의 접근제한, 미들웨어를 통해 접근 가능한 데이터의 자동화된 대사, 그리고 패러티 비트체크를 통한 커뮤니케이션 오류의 감지로 구분. 또한 시스템 소프트웨어 통제에는 오류 추적, 시스템 로킹 및 데이터 변경 유틸리티 사용내역 검토.

③ **보안 관리 :** 보안관리는 네트워크, 데이터베이스 및 어플리케이션 단계에의 접근을 제한하는 보안 패스워드와 같은 접근통제. 사용자 계정과 접근통제는 직원들이 자신들의 업무와 관련된 기능에만 접근 가능. 또한 인터넷 방화벽과 VPN(virtual private networks)은 승인되지 않은 외부의 접근으로부터 데이터 보호.

④ **소프트웨어의 구매·개발·유지보수 :** 소프트웨어 구매와 적요에 관한 통제는 변화 – 문서화, 사용자 승인 테스트, 스트레스 테스트와 프로젝트 리스크 평가를 포함–를 관리하는 프로세스로 통합. 원시코드 접근하는 것은 코드 라이브러리를 통해 통제. 소프트웨어 개발자는 분리된 개발/테스트 환경에서 일하며 실제 운영 환경에는 접근금지. 시스템 변경에 관한 통제에는 변경 요구의 승인·변경의 재검토·승인·문서화·테스트·다른정보기술 구성요소에 대한 변경 적용·스트레스 테스트 결과와 구현 프로토콜 등.

정보시스템에 대한 응용통제는 데이터 처리와 저장에 대한 완전성·정확성·타당성 및 접근제한에 직접적으로 적용된다. 전산시스템에 대한 응용통제는 데이터가 필요할 때 수집/생성되고, 응용프로그램은 항상 가용하며, 인터페이스 에러가 발생 즉시 발견된다는 확신을 준다.

정보시스템에 대한 응용통제의 중요한 목표는 에러를 감지하거나 수정하는 것뿐만 아니라 에러가 시스템에 입력되는 것을 막는 것이다. 이를 수행하기 위해, 응용통제는 종종 개발과정에서 구축된 데이터 포맷·존재성·타당성·기타 데이터 체크로 구성되어 있는 전산화된 에디트 체크(edit check)를 포함한다.

따라서 응용통제가 적절하게 고안된다면 시스템에 입력되는 데이터의 에러나 오류를 통제할 수 있도록 해준다. 정보시스템에 대한 응용통제는 다음과 같다. 이것은 매일 계산과 대사를 통해 수행되는 많은 통제 중의 일부분이다. 이 통제들은 부정확, 불완전, 부적절한 데이터와 프로세스를 감지하여 예방하는 역할을 한다.

정보시스템에 관한 응용통제(예시)

① **통제활동 간의 균형 :** 수동이나 자동으로 입력된 금액을 통제계정의 총합과 맞추어 봄으로써 에러를 파악. 회사는 온라인상의 수주시스템에서부터 결제시스템까지 수많은 거래에서 입력된 거래의 합계를 자동적으로 대사(對査) 또는 대조확인.

② **체크디지트 검증 :** 체크를 통해 데이터를 확인. 회사의 부품 번호에는 공급자로부터 받은 주문 가운데 부정확한 것을 발견하고 수정할 수 있게 해주는 체크디지트(check digit)가 포함.

③ **데이터 리스트 사전 정의 :** 미리 정의된 데이터 리스트를 사용자에게 제공. 예를들어 회사내부의 인트라넷 사이트에는 구매 가능한 제품의 리스트가 수록.

④ **데이터 정당성 테스트 :** 입수된 데이터를 합리적인 현재 또는 특정 패턴을 사용하여 비교. 만약 집수리 소매점에게 갑자기 많은 양의 목재를 주문하였다면 주문한 문서는 재검토되어, 해당 주문이 타당한지, 입력오류(수량입력 오류)인지 검토한 후 처리.

⑤ **논리 테스트 :** 범위, 숫자 또는 문자 테스트를 포함, 공공기관은 입력된 모든 숫자가 ㅇㅇ자리 숫자를 포함하고 있는지 체크해 봄으로써 ㅇㅇㅇㅇ번호에 포함 된 잠재적인 실수를 적출.

모든 회사는 자신만의 목표 및 적용 방법을 가지고 있기 때문에 리스크 대응과 해당 통제 활동은 회사마다 차이가 있을 수 있다. 두 개의 회사가 같은 목표를 가지고 있고, 이를 달성하기 위한 방법을 비슷하게 결정한다 할지라도, 통제 활동은 다를 수 있다. 각각의 회사는 통제에 관해 개인적인 판단을 가지고 있는 각각의 사람들이 운영하기 때문이다. 더욱이, 통제는 조직의 규모나 복잡성, 활동의 본질과 범위, 역사, 문화뿐만 아니라 기업이 운영하는 환경과 산업을 반영한다.

7. 정보 및 의사소통(Information and Communication)

정보는 조직 구성원이 적절하게 자신의 책임을 수행할 수 있도록 정해진 시간 내에, 적절한 형태로 인식, 파악되어 의사소통되어야 한다. 정보시스템은 내부에서 생성된 데이터와 외부에서 획득한 정보를 이용하는데 이러한 정보는 리스크 관리 및 목표 달성과 관련된 의사결정을 뒷받침한다. 효과적인 의사소통은 발생하여 조직의 상하 좌우로 순환한다. 이를 통해 모든 조직 구성원들은 최고경영자로부터 전사적 리스크 관리 책임을 진지하게 받아들여야 한다는 분명한 메시지를 전달받는다.

따라서 조직 구성원들은 개별적 활동이 타구성원의 활동과 어떻게 연관되는지는 물론, 전사적 리스크 관리에 있어서 자신의 역할이 무엇인지를 이해한다. 그들은 중요한 정보를 상향 전달할 수 있는 수단을 가져야 한다. 그리고 고객, 공급자, 규제기관, 주주 등 외부와의 효과적인 의사소통이 이루어져야 한다. 모든 기업은 회사 관리에 관한 내부 및 외부 사건과 활동에 대하여 광범위한 정보를 파악·획득한다. 획득한 정보는 전사적 리스크 관리 및 조직 구성원이 책임을 수행할 수 있는 형태로 바뀌어 적절한 기간 내에 구성원들에게 전달된다.

가. 정보(Information)

정보는 조직의 모든 단계에서 리스크를 파악·사정하고 리스크에 대응하기 위해서 필요하며, 다른 한편으로는 회사를 운영하고 목표를 달성하기 위해 필요하다. 다만 일련의 정보는 하나 또는 그 이상의 목표 범주에 사용된다. 내부나 외부로부터 획득되는 재무적, 비재무적 운영 정보는 여러 가지 사업 목적에 관련이 있다.

정보는 다양한 출처를 통해 내부 및 외부로부터 또는 정량적 및 정성적인 형태를 통해 획득된다. 또한 정보는 변화하는 환경에 대한 대응을 용이하도록 한다. 이때 경영진이 직면한 과제는 거대한 양의 자료를 가공하여 행동으로 옮길 수 있도록 정보화하는 일이다. 이러한 과제는 관련정보를 획득, 가공, 분석, 보고하는 정보시스템 인프라를 구축함으로써 해결될 수 있다.

정보시스템(대개 자동화이지만 수동 입력 및 인터페이스들도 포함)은 종종 내부에서 생성된 자료를 처리하는 측면이 부각되는 경향이 있으나, 실제 정보시스템은 이보다 더 광범위한 응용력을 지니고 있어 회사의 제품, 서비스 및 생산 과정 정보, 변화하는 시장에 관한 정보, 경쟁업체의 동향 정보, 법률이나 규제 같은 시장 혹은 산업의 구체적인 경제적 정보를 제공한다.

또한 회사가 산업변화를 겪는다거나 창의적이고 민첩한 경쟁업체의 등장 또는 중대한 고객의 기호변화에 직면할 때, 정보시스템을 통해 이에 대한 요구에 대응하는 것이 매우 중요하다. 정보시스템은 이러한 새로운 목적을 지원하기 위해 변경된다. 그리고 재무적 혹은 비재무적 정보를 적절한 기간 내에 파악·획득하여 회사 활동을 효과적으로 통제할 수 있도록 처리 및 보고한다.

사업체들이 고객, 공급자, 그리고 사업 파트너와 보다 협력하고 통합되어 감에 따라 회사의 정보시스템 구조와 외부 정보시스템 구조와의 구분이 갈수록 불분명해지고 있다. 따라서 자료 처리와 자료 관리 책임은 대개 다수에 의해 공유된다. 그러한 경우 한 조직의 정보시스템 구조는 관련 외부자료와 효과적으로 통합될 수 있도록 충분한 유연성과 기민함을 갖추고 있어야 한다.

한 정보시스템의 구조 설계 및 기술 획득은 회사 전략의 측면에서 매우 중요하고, 어떤 기술을 선택하느냐는 목적을 달성하는 데 매우 중요하다. 기술 선택과 수행에 관한 결정은 조직 목적, 시장 위치, 경쟁력을 포함한 많은 요소들에 달려있다. 정보시스템은 효과적인 전사적 리스크 관리의 근본이 되는 동시에, 리스크 관리 기법은 기술 관련 선택을 하는 데 도움을 준다.

현대 사회에서 복잡한 정보시스템과 엄청난 양의 데이터로부터 구현되는 자동의사 결정 시스템 및 프로세스에 대한 의존가 높아지면서, 적절한 정보는 구성원들이 각자의 책무를 수행할 수 있는 형식과 시간의 틀에서 파악되고, 수집되고, 공유된다. 정보는 리스크를 파악하고, 사정하고, 대응하기에 충분해야 한다. 정보시스템은 내·외부적으로 발생하는 데이터를 리스크를 관리하기에 유용한 정보로 변환한다. 결국, 정보는 의사 결정을 지원하기에 충분해야 한다.

「코소(COSO)」는 정보의 요건을 다음과 같이 설명한다.

정보 요건

① 내용의 적절성 및 적합성
② 적시성 및 이용 가능성
③ 현재성 및 최신성
④ 정확성과 신뢰성.
⑤ 접근 가능성

나. 의사소통(Communication)

의사소통은 정보시스템 고유의 요소이다. 정보시스템은 적절한 구성원들이 함께 운영하고 보고하며 책임을 준수하도록 정보를 제공해야 한다. 더욱 넓은 의미에서의 의사소통은 개인 및 그룹별 책임들, 그리고 기타 중요한 문제(구성원의 기대 등)들을 다루기 위해 필요하다.

1) 내부(Internal)

경영자는 구체적이고 직접적인 의사소통을 통해 종업원이 수행해야 할 업무와 각자의 책임을 전달한다. 이러한 의사소통에는 회사의 리스크 관리 철학 및 접근 방법, 그리고 분명한 권한의 위임을 명시하는 일이 포함된다. 프로세스 및 절차에 대한 의사소통은 지향하는 조직 문화와 발맞추어야 하며 버팀목이 되어야 한다.

의사소통을 통한 효과적인 전달사항

① 효과적인 전사적 리스크 관리의 중요성 및 연관성
② 회사의 목표

③ 회사의 리스크 수용 수준 및 리스크 허용 한도

④ 공통된 리스크 용어

⑤ 전사적 리스크 관리 요소들에 영향을 끼치는 구성원들의 역할과 책임

구성원들 중에서도 특히 중요한 운영이나 재무 관리 책임을 지는 구성원들은 전사적 리스크 관리가 엄격히 수행되어야 한다는 분명한 메시지를 최고 경영자로부터 전달받을 필요가 있다. 이때 메시지의 명확성, 그리고 상대방에 대한 메시지의 효력은 모두 중요한 문제들이다.

또한 구성원들은 그들의 활동이 타 구성원의 업무와 어떻게 연관되는지를 알 필요가 있다. 이러한 정보는 해당 직원이 어떤 문제를 인식했을 때 그것의 원인 및 교정 행동을 결정하기 위하여 필요하다. 또한 조직의 구성원은 수용 가능한 행동과 수용할 수 없는 행동의 차이를 파악해야 한다.

매일 중요한 업무를 처리하는 영업 최전선의 직원들은 문제가 발생하였을 때 이를 인식할 수 있는 가장 좋은 위치에 있다. 따라서 경영진은 직원들이 상위보고 뿐만 아니라 사업본부, 프로세스, 기능 간에 리스크와 관련된 정보를 의사소통할 수 있는지를 확인해야 한다. 한편 의사소통의 실패는 개개인 또는 각 부서들이 다른 구성원들에게 정보를 제공해 주지 않을 때나 전달해 줄 방법이 없을 때 발생한다. 또한 구성원들이 그것을 보고할 의지가 없거나 보고가 불가능할 때 발생할 수도 있다.

경영진은 보고되어야 할 정보를 위한 열린 의사소통 채널을 구축하고 각종 정보에 귀를 기울일 확실한 의지가 있어야 한다. 또한 구성원들은 관리자가 진정으로 문제가 무엇인지 알고 싶어 하고 그것들을 효과적으로 해결할 것이라는 사실을 믿어야 한다. 대부분의 관리자들은 보고자를 질책하는 일은 가급적 피해야 함을 인식하고 있음에도 불구하고 업무 압력에 시달릴 경우 정당한 문제들을 가져오는 이들에 대해서도 수용적 자세를 취하지 못하기도 한다.

그중에서도 최고 경영자와 이사회 사이의 의사소통 채널이 가장 중요하다. 경영자는 경영성과, 리스크 수준, 전사적 리스크 관리의 기능, 다른 관련 사건이나 주제에 대해서 이사회가 최신의 정보를 확보할 수 있도록 해야 한다. 의사소통이 향상되면 될수록 이사회는 더욱 효과적으로 감독기능−주요 이슈에 대한 관리역할, 경영진 활동 감독, 충고, 자문, 방향 설정−을 수행할 것이다. 이와 마찬가지로 이사회는 경영진에게 필요한 정보를 요청해야 하며, 피드백을 받아 방향 설정 시에 고려해야 한다.

2) 외부(External)

회사 내에서 뿐만 아니라 외부와도 적절한 의사소통이 필요하다. 개방된 외부 의사소통 채널을 통하여 소비자와 공급자는 회사제품의 디자인 및 품질, 그리고 서비스에 대해 중요한 정보를 제공할 수 있으며, 이를 통해 회사는 변화하는 소비자의 요구 및 선호에 부응할 수 있다.

회사의 리스크 수용수준과 리스크 허용한도에 관해 개방된 의사소통은 중요하며, 특히

공급사슬 관리나 E-biz에 연관된 회사들에게는 더욱 중요하다. 경영자는 회사의 리스크 수용수준과 허용한도가 사업 파트너들의 리스크 수용수준 및 허용한도와 어떻게 정립되고 있는지를 고려하고, 파트너가 불합리하게 많은 위험을 떠안고 있지는 않은지에 대해 확인 작업을 해야 한다.

주주, 감독 기관, 재무 분석가, 그리고 기타 외부 관계자의 의사소통은 그들에게 필요한 정보를 제공하며 회사가 직면한 환경 및 리스크를 보다 잘 이해할 기회를 준다. 그러한 의사소통은 상당히 의미가 있고 적절한 것이며, 법률이나 규제에 따르는 것과도 일맥상통한 것이다. 결국 경영진이 외부와 의사소통하는 것은 조직 전체의 의사소통의 중요성을 부각시켜 준다.

3) 의사소통 수단

효과적인 의사소통은 조직의 상부에서 하부로, 동일직급 상호간, 하부에서 상부로 이루어진다. 모든 구성원은 경영진으로부터 「전사적 리스크 관리(ERM)」책무에 대한 명확한 메시지를 받는다. 그들은 각자의 활동이 다른 사람의 활동에 어떠한 영향을 미치는지에 대한 것뿐만 아니라 ERM에 있어서 그들 자신의 역할을 이해하고 있다.

아울러 그들은 중요한 정보를 상부에 보고하는 수단을 가지고 있어야 한다. 또한 고객, 공급자, 감독기관, 주주 등 외부이해관계자들과도 효과적인 의사소통을 한다. 매뉴얼, 메모, 이메일, 인터넷, 게시판, 비디오 등 다양한 형태의 의사소통 수단이 있다. 메시지가 구두로 전달될 때, 목소리 톤과 몸짓은 메시지 전달에 영향을 줄 수 있다.

경영자들은 구성원들을 대하는 방식을 통해서도 간한 메시지를 전달할 수 있다. 따라서 경영자는 행동이 말보다 강한 메시지를 전달한다는 사실을 항시 명심해야 한다. 역으로 경영자의 행동은 회사의 역사와 문화에 의하여 영향을 받는데, 이러한 행동은 과거의 비슷한 상황에서 그들의 선임자가 행한 방식에 의해 영향을 받는다

8. 모니터링(Monitoring)

전사적 리스크 관리는 내부통제 구성요소의 구축과 기능을 지속적으로 사정하면서 모니터링하는 과정이다. 전사적 리스크 관리는 상시 모니터링 활동 및 독립적인 사정, 또는 두 가지의 조합을 통해서 완성된다. 경영자의 일반적 경영활동에서 발생한다. 독립사정의 범위와 빈도는 주로 리스크 사정 및 상시 모니터링의 절차의 효과성에 의해 좌우된다.

회사의 전사적 리스크 관리는 계속적으로 변화한다. 따라서 한때는 효과적이었던 리스크 대응이 시간 경과에 따라 부적합하게 될 수도 있고 통제활동의 효과가 감소하거나 더 이상 수행되지 않을 수 있으며 회사의 목표가 변화할 수도 있다. 이러한 변화는 새로운 구성원의 출현, 회사 구조 또는 지침의 변화, 새로운 프로세스의 등장에 의해 발생하게 된다. 이때 경영자는 전사적 리스크 관리의 기능이 계속 효과적인지 여부를 확인할 필요가 있다.

모니터링은 상시적 활동 또는 독립평가라는 두 가지 방법으로 이루어질 수 있다. 전사적 리스크 관리의 메커니즘은 대개 상시 방식(ongoing basis)으로 자기 자신을 모니터하도록 구조화되어 있다. 상시모니터링의 수준과 효과가 높을수록, 독립 평가의 필요성은 줄어든다. 경영자에게 전사적 리스크 관리의 효과에 대해서 합리적 확신을 주기 위한 독립평가의

빈도는 경영자의 중요한 판단 사항이다.

가. 상시 모니터링

상시모니터링은 회사의 일반적이고 반복적인 운영활동으로 구현된다. 상시모니터링은 실시간의 원칙으로 수행되고 변화된 조건에 동작으로 반응하며 회사 전반에 적용된다. 결과적으로 상시모니터링은 독립평가보다 더 효과적이다. 독립평가는 사건 발생 후에 이루어지기 때문에 종종 상시모니터링 절차에 의해 문제들이 먼저 식별된다. 그럼에도 불구하고 적절한 상시모니터링 활동을 수행하는 많은 회사들은 전사적 리스크 관리에 대한 독립적 평가를 주기적으로 수행한다.

상시모니터링은 일반적으로 라인 운영 및 직무 지원 관리자에 의해 수행된다. 이 관리자들은 자신들이 제공받는 정보의 의미가 무엇인지 깊이 고려한다. 관리자들은 상호관련성, 불일치한 부분 또는 기타 관련 의미에 집중함으로써 이슈를 제기하고, 이것이 적절한지 또는 다른 조치가 필요한지에 대해 결정한다. 상시모니터링 활동은 경영프로세스 정책에 의해 요구되어 수행된 활동들과는 차별화된다.

일상 모니터링 활동(예시)

① 지속적 운영활동을 관리하기 위해 보고서를 검토하는 관리자는 예상된 결과와 반하는 예외사항을 보고할 수 있다.
② 시장의 잠재적 변동이 회사의 재무구조에 미치는 영향도를 평가하는 데 사용되는 VaR모델은 재무 거래와 관련되어 보고된다.
③ 외부와의 의사소통을 통해 내부적으로 생산된 정보를 확인하거나 문제를 제시한다.
④ 규제기관은 규정 준수 또는 전사적 리스크 관리의 기능을 반영하는 기타 문제에 관해서 경영자와 의사소통한다.
⑤ 내부·외부 감사인과 고문은 정기적으로 리스크 관리 강화를 권고한다.
⑥ 세미나, 회의 등은 전사적 리스크 관리가 효과적인지 여부에 대해서 경영자에게 중요한 피드백을 제공한다.
⑦ 경영자는 회사의 행동 규범에 대한 구성원들의 이해·리스크를 식별하는 방법·통제 활동의 운영과 관련된 문제들을 구성원들과 논의한다.

나. 독립적 평가

상시 모니터링 절차는 일반적으로 다른 전사적 리스크 관리 구성요소의 효과에 대한 피드백을 제공하는 반면, 독립 평가는 전사적 리스크 관리의 효과성에 직접적으로 초점을 맞추면서 때때로 새로운 시각을 얻는 데 유용하다. 이것은 또한 상시 모니터링 절차의 효과가 지속되고 있는지 점검할 수 있는 기회를 제공한다.

전사적 리스크 관리의 독립 평가는 정기적으로 수행한다. 어떤 경우에는 전략, 핵심프로세스, 회사 구조의 변화에 의해서 수행된다. 독립 평가는 경영자, 내부 감사인, 외부 전문가들에 의해서 이루어진다. 또한 독립 평가는 회사의 모든 부분에서 전사적 리스크 관리의 모든 요소를 포함한 넓은 시각으로 수행된다. 어떤 경우에는 평가가 특정 사업단위 및 부서에 한정되기도 한다.

1) 감사 검토

내부감사 기능은 사업본부, 프로세스, 부서의 리스크 및 통제활동에 대한 평가결과를 제공한다. 이러한 평가는 회사의 내부감사 환경으로부터 모니터링까지 회사의 모든 리스크 관리의 요소에 대한 객관적인 시각을 준다.

어떤 경우에는 내부감사 시 리스크의 식별, 발생 가능성 및 영향의 분석, 리스크 대응, 통제활동, 정보 및 의사소통에 각별히 주의를 기울인다. 또한 내부감사는 사업에 대한 지식을 바탕으로 새로운 환경이 전사적 리스크 관리에 영향을 미치는지 고려하고 관련된 정보를 검토하며 테스트한다.

2) 평가 과정

전사적 리스관리 평가는 그 안에 내재된 프로세스이다. 접근방법 또는 기법은 변화할 수 있는 반면, 프로세스에는 고유의 기본사항이 내재된 확고한 원칙이 있어야 한다. 평가가 이루어지기 위해서는 평가 과정이 중요하다. 회사의 환경과 수행되는 평가의 성격, 범위에 따라 다양한 접근방법과 기법을 사용할 수 있다.

독립 평가에서의 과정(예시)

1) 계획

① 평가목적과 범위를 정의

② 평가를 관리할 수 있는 권한을 가진 임원 선정

③ 평가 팀, 보조 요원, 주요 사업단위의 연락처 식별

④ 평가 방법, 시간, 수행 방법을 정의

⑤ 평가 계획에 대한 동의

2) 수행

① 사업본부 및 프로세스에 대한 이해

② 사업본부 및 프로세스의 리스크 관리 과정의 설계에 대한 이해

③ 리스크 관리 과정을 평가하기 위한 합의된 방법론의 적용

④ 필요시 회사의 내부감사 규범 및 절차에 대한 비교를 통한 결과 분석

⑤ 가능하다면 취약점 및 개선책을 문서화

⑥ 적절한 담당자와 조사 결과에 대한 검토 및 검증

3) 보고 및 수정 사항

① 사업본부 및 프로세스 담당임원 그리고 적절한 다른 경영진과 함께 결과검토

② 사업본부 및 프로세스 담당 경영진으로부터 의견 및 해결책 청취

③ 최종 평가보고서에 대한 회사 경영진의 대응

3) 평가 기법

평가기법으로는 다양한 평가 방법과 툴(tool)로써 체크리스트, 질문서, 플로우차트 기법 등이 있다. 일부 회사는 평가방법론의 일부로써 다른 회사의 방법론과 비교하여 그들의 전사적 리스크 관리 프로세스를 평가하거나 벤치마킹한다.

평가자는 평가를 용이하게 하는 기법과 툴을 가지고 있어야 한다. 전사적 리스크 관리의 특정 측면을 문서화하고 평가하기 위한 기법과 툴이 이미 다양화되어 있고 또 구조화되어 있다. 평가방법 및 기술은 즉각적으로 이용 가능한지, 현재의 업무 범위와 관련 있는지, 그리고 평가의 상태 및 주기에 적합한지에 따라 결정된다.

이를 이해하고 문서화하는 작업을 포함할 경우, 평가팀은 각 과정에 대한 플로우차트 및 통제매트릭스를 검토하고 작성한다. 반면에 범위가 특정한 통제활동이 존재하는지를 설명하는 제한적인 것이라면 사전에 설정된 설문지를 사용하는 것이 좋다.

방법 및 도구

① 프로세스 플로우차트
② 리스크 및 통제메트릭스
③ 리스크 및 통제 참조 매뉴얼
④ 내부, 산업, 동종기업 정보를 이용한 벤치마킹
⑤ 컴퓨터를 이용한 감사 기술
⑥ 리스크 및 통제 자가평가 워크샵
⑦ 질문지
⑧ 내부통제 전담 퍼실리테이터가 진행하는 회의 등

다. 문서화

전사적 리스크 관리의 바람직한 문서화 정도는 대개 회사의 크기, 복잡성, 관리방법에 따라 다르다. 문서화의 고려사항은 범위와 깊이뿐만 아니라 서면인지, 전산기반인지, 중앙집중형인지, 분산형인지 등 다양한 사항을 고려한다.

전사적 리스크 관리를 평가할 때, 평가팀이 사업본부, 프로세스, 부서의 리스크 및 리스크 대응을 이해할 수 있도록 현존하는 프로세스와 활동에 관한 문서가 검토되고 정리되어야 한다.

평가 시에 고려되는 문서

① 조직 차트
② 주요 역할, 권한, 책임 기술서
③ 정책 매뉴얼
④ 운영 절차서
⑤ 프로세스 플로우차트
⑥ 적절한 통제 및 관련된 책임
⑦ 주요 성과 지표
⑧ 식별된 주요 리스크
⑨ 주요 리스크 측정단위 등

문서화는 수립된 프로세스와 관련 정책과 절차들이 회사의 현재와 미래의 리스크를 다루는데, 적절한지 여부를 판단하기 위한 프로세스를 개발하는 기초가 된다. 평가 과정 중 어떤 과정을 문서화 할지 결정하기 위해서 평가팀은 다음과 같은 목표 달성을 고려해야 한다.

평가팀이 목표달성을 위해 고려해야 할 사항

① 평가팀의 평가 및 테스트의 감사 증거자료 제공
② 평가 결과 전달 – 산출물, 결론, 권고사항
③ 상급자의 원활한 검토
④ 후속 기간 동안의 원활한 평가활동
⑤ 광범위한 이슈 식별 및 보고
⑥ 평가과정에서의 역할과 책임 식별
⑦ 전사적 리스크 관리 문서화 보충 등

라. 취약점 보고

취약점이란 전사적 리스크 관리 내에서 인지되는 잠재적·실제적 예외사항 등으로 기업이 주목해야 할 만한 상황을 뜻한다. 회사의 전사적 리스크 관리의 취약점은 회사의 상시 모니터링 절차, 독립 평가 또는 외부기관 등 많은 부문에서 드러난다.

회사의 능력–전략을 향상시키고 수행하며, 목표를 수립하고 달성할 수 있는–에 영향을 미치는 모든 식별된 전사적 리스크 관리의 취약점은 이를 해결할 수 있는 책임자에게 보고되어야 한다. 회사들은 취약점이 누구에게 보고되어야 하는지에 대한 규정들을 개발하여야 한다.

취약점 보고 규정(예시)

① 취약점은 그것에 의해 영향을 받는 목표를 책임지고 있는 관리자에게 보고되어야 한다.
② 취약점은 최소한 한 단계 이상 상위의 직원과 그 활동을 책임지고 있는 관리자에게 직접 보고되어야 한다.
③ 불법행위와 같은 민감한 정보를 보고하기 위한 대체적인 보고채널이 존재하여야 한다.
④ 취약점의 특정 유형들은 상위 경영진에게 보고되어야 한다.
⑤ 이사회 또는 특별 위원회에 무엇이 보고되어야 하는지에 대한 지침이 수립되어야 한다.
⑥ 취해진 적절한 조치는 보고 과정 중에 관련된 모든 이들에게 다시 알려져야 한다.

또한 회사가 어떤 취약점을 상위 경영진에게 보고해야 할지에 대한 기준을 수립하여야 한다. 예를 들면 이사회 또는 감사위원회는 경영자·내부 및 외부 감사인에게 일정 수준의 중요도를 충족시키는 취약점만을 보고하도록 한다.

상위 경영진에 대한 보고 기준(예시)

① 임직원의 안전에 대한 악영향

② 불법적인 행동

③ 자산의 중요한 손실

④ 주요 목표 달성의 실패

⑤ 회사 명성에 부정적인 영향

⑥ 부적절한 외부 보고 등

지금껏 살펴본 「전사적 리스크 관리(ERM)」의 구성 8요소는 리스크 관리와 관련된 다음질문에 대한 해답을 제공한다. 다음 5가지 질문은 단지 리스크 관리 활동에만 적용되는 것이 아니라, 인생의 거의 모든 목표 및 의사 결정에 적용될 수 있다. 이 질문들에 답변하는 것은 리스크 관리에 기초한 사고방식을 심어 준다.

「전사적 리스크 관리」의 구성요소에 해답을 주는 주요 질문

① 무엇을 성취하고자 하는가? (목표는 무엇인가?)

② 무엇이 우리의 목표달성을 방해하는가? (리스크는 무엇이고, 얼마나 나쁜 영향을미 칠 수 있고, 발생 가능성은 어느 정도인가?)

③ 리스크 발생을 억제하기 위한 선택은 무엇인가? (리스크 관리 전략은 무엇인가?)

④ 리스크 관리 전략을 수행할 능력을 갖추고 있는가? (리스크 관리 전략을 수행할 통제활동이 설계 및 운용되고 있는가?)

⑤ 성취하길 원하는 바가 성취되었는지 어떻게 알 수 있는가? (성공을 입증 하기 위한 활동을 모니터링할 수 있는가?)

Ⅵ. 「전사적 리스크 관리체제(ERMS)」의 주요내용

1. 개요

리스크 관리의 범위에 못지않게 중요한 것이 리스크 관리의 구조이다. 효과적인 리스크 관리가 되기 위해서는 하향식 구조가 필요하다. 즉, 리스크 관리의 중요성이 이사회 및 최고 경영자에 의하여 충분히 인식되고, 전사적으로 통합관리되어야 한다.

이사회는 리스크 관련 지침을 설정하고, 조직상 리스크의 통제 및 관리 책임을 집행 임원에게 부여하여야 한다. 또한 이사회는 주기적으로 리스크 관리지침 또는 리스크 관리 정책 및 리스크 허용한도를 승인 및 검토하여야 한다.

이사회에 의하여 리스크 관리지침이 정해지면 경영자는 일상 기업 활동에서 이들 지침을 잘 수행하여야 한다. 다시 말해 경영진이 정기적으로 리스크 관리 문제를 다룰 수 있도록 리스크 관리에 대한 적절한 권한을 부여하고, 리스크 관리위원회 및 리스크 보고서 등을 통하여 경영자가 주기적으로 리스크 관리를 실행하는 구조가 필요하다.

하향식 관리와 리스크 관리기능을 수행하는 부서는 통제 및 모니터링 기능을 가지고 독립적으로 운영되어야 한다. 즉, 리스크를 효과적으로 평가하고 리스크수준이 설정한 리스크 관리기준에 맞는지 확인하는 독립적인 시스템을 갖추어야 한다. 따라서 리스크 관리 부서는 경영진에 대해 직접 보고하는 독립적인 보고체계를 갖추고 있어야 한다.

2. 구축의 고려요소[266]

「전사적 리스크 관리(ERM)」를 성공적으로 수행하기 위해 「전사적 리스크 관리체제(ERMS)」을 구축하는 데 고려하여야 할 요소는 여러 가지가 있을 수 있으나, 그 주요한 요소는 아래와 같다.

「전사적 리스크 관리체제」의 구축을 위한 주요 고려 요소

① 리스크 관리 프레임워크를 수립하고, 전사적 이해와 조직내부 공감대 확보.
② 「전사적 리스크 관리(ERM)」체제 도입에 대한 경영진의 확고한 의지와 노력.
③ 리스크 속성에 따른 대응 전략의 수립 및 제도 마련.
④ 리스크 관리 체제로 전환을 위한 조직 내 권한과 책임 부여.
⑤ 리스크 관리 체제 도입 및 운영을 위한 인적, 물적 자원 투입.
⑥ 체제 도입 과정에 있어 전사적인 의사소통의 원활화 도모 및 교육/훈련을 통한 내부 역량 배양.
⑦ 역할 구분 및 권한, 성과평가 등 인사정책에 반영을 통한 리스크 관리 문화정책.
⑧ 리스크 관리 프로세스의 지속적 검증 및 개선작업 추진 등.

3. 리스크 관리위원회[267]

가. 목적

이사회는 급변하는 환경 속에서 고위 경영자들을 지원하기에 적합한 − 리스크 식별, 평가, 관리를 위한 정책들, 프로그램들, 수단·방안 등을 포함하는 − 포괄적인 리스크 관리 시스템을 선별할 책임이 있다.

이에 반해서, 리스크 관리위원회의 목적은 다음 사항을 보증하는 것이다.

리스크 관리위원회의 목적

① 경영진은 리스크를 식별, 평가하고 관리하는 책임을 이해하고 동의한다.
② 고위 경영자와 사업부서 관리자는 전략적으로 전사적 리스크 전략에 초점을 맞춘다.
③ 리스크 관리 책임을 달성하기 위하여 선진화된 틀과 프로세스를 제공한다.
④ 리스크 평가는 주기적으로 완벽하게 수행한다.
⑤ 사업부서의 리스크 완화 활동은 다음 사항을 포함하여야 한다.

---

266 김용범. 전게서. 2017. 223면. 박소영. 「IT를 활용한 감사 기법 사례와 활용」. 한국상장회사협의회. 2008. 129면.

267 삼일회계법인. 「전사적 리스크 관리–통합 프레임웍」(번역서). 26. 6. 30. 233~234면.

- 자산 보호
- 법적, 규범적 의무 준수
- 환경과 보건 및 안전 문제와 관련된 적합한 표준 유지
- 이해관계자의 요구사항에 초점을 맞춤으로써 조직의 가치를 증시

⑥ 올바른 회계 기록이 유지되고, 적절한 회계정책이 채택되며, 재무정보가 완전하고 정확하다.
⑦ 효과적인 리스크 완화/통제에 대한 테스트 프로그램들이 존재하고, 테스트 결과가 평가되며, 적합한 사후조치가 취해진다.

나. 권한

리스크 관리위원회는 회사 경영상 발생할 수 있는 각종 리스크에 관한 효율적 관리 및 정책수립 등에 대한 의사결정기구로서 역할을 수행하며, 다음사항을 심의·의결한다.

리스크 관리위원회의 권한(예시)[268]

① 리스크 관리의 기본 방침 및 전략 수립
② 회사가 부담 가능한 리스크 허용수준 결정
③ 적정투자한도 및 손실허용한도 승인
④ 위험관리기준의 제정 및 개정
⑤ 리스크 관리위원회가 필요하다고 인정하는 사항 등

다. 책임

리스크 관리위원회의 책임은 다음과 같다.

리스크 관리위원회의 책임(예시)

① 연간 전사적 리스크 관리 전략분석의 개발과 참여를 감독한다.
② 리스크에 대한 전사적 수용수준·허용한도를 수립하고 상세지침을 마련한다.
③ 최고 리스크 책임자에게 감독 방안과 방침을 제공한다.
④ 중요한 리스크 노출을 평가하고 이사회에 보고한다.
⑤ 전사적 리스크 노출 보고서를 평가한다.
⑥ 전사적 리스크 동향보고서를 평가하고, 수립한 전략이 제기된 문제에 적합한가를 검토한다.
⑦ 내부감사팀의 역할과 책임을 감독한다.
⑧ 분기/연간 연결 재무제표를 검토한다.

라. 초점(焦點)

268 「금융사지배구조법」제21조

리스크 관리위원회는 조직의 리스크허용수준이 증가함에 따라 리스크를 식별하고 평가하고 관리하는 능력을 발전시킬 책임이 있다. 이는 결국 전사적 리스크 관리의 효과성에 중점을 둔다.

리스크 관리위원회는 리스크 관리위원회와 최고리스크 관리책임자 간의 합의를 통해 중요하다고 여겨지는 리스크를 검토해야 한다. 여기서 중요성 기준의 고려는 주주에 대한 즉각적인 재무적 위험 노출뿐만 아니라 장기적, 재무적 위험노출에 기반해야 한다는 것이다.

리스크 관리위원회의 목표는 리스크 관리를 위한 조직의 능력이 지속적으로 발전하도록 리스크 관련 관리자들로 하여금 폭넓게 사고하도록 장려하는 것이다.

마. 구조

리스크 관리위원회는 2인 이상의 이사로 구성해야 하며(「상법」재393조의 2 제3항), 통상 3명 이상의 위원으로 구성된다. 리스크 위원회의 구성은 이사회 결의에 의하여 임명된다.(「상법」재393조의 2 제2항 제3호)

리스크 관리 위원회의 위원의 과반수 이상은 사외이사로 구성하며, 위원회의 대표 또한 사외이사로 하는 것이 바람직하다.(「금융지배구조법」제16조 제3항 및 제4항, 「상법」제393조의 2 제1항)

바. 회의

리스크 관리위원회의 정기회의는 이사회 회의에 앞서 분기별로 개최한다. CRO와 CFO는 모든 리스크 관리위원회의 회의에 참석한다. 위원회는 위원회의 결의사항을 각 이사에게 통지 또는 이사회에 보고하여야 한다. 이사회는 위원회가 결의한 사항에 대하여 다시 결의할 수 있다.(「상법」제393조의 2 제4항)

4. 리스크 관리책임자

가. 개요

회사는 자산의 운용이나 업무의 수행, 그 밖의 각종 거래에서 발생하는 리스크를 점검하고 관리하는 리스크 관리 최고책임자를 1명 이상 두어야 한다. 회사는 사내이사 또는 업무집행책임자 중에서 이사회의 의결을 거쳐 리스크 관리 최고책임자를 선임하여야 한다.(「금융사지배구조법」제28조 제1항)

현행 「상법」에는 리스크 관리위원회에 대하여는 어떠한 규정도 존재하지 않지만, 「금융지배구조법」에는 자세하게 규정하고 있는 바, 일반회사 들은 이를 참고하여 회사의 리스크 관리위원회규정을 구비하는 것이 바람직하다. 이하 설명 시 「금융지배구조법」을 참고 내지 활용하여 설명코자 한다.

나. 자격 요건

리스크 관리 최고책임자는 리스크 관리에 대한 전문적 지식과 실무경험을 갖춘 사람으로서 다음 각 호의 모든 사항을 충족한 사람이어야 한다.(「금융지배구조법」 제28조 제3항 제1호 및 제2호)

리스크 관리 최고책임자 자격요건(예시)

1) 최근 5년간 관계 법령을 위반하여 감독당국 등으로부터 문책경고 또는 감봉 요구 이상에 해당하는 조치를 받은 사실이 없을 것.
2) 다음 각 목의 어느 하나에 해당 사람일 것.
① 금융기관에서 10년 이상 근무한 사람.
② 금융 관련 분야의 석사학위 이상의 학위소지자로서 연구기관 또는 대학에서 리스크 관리 관련하여 연구원 또는 조교수이상의 직에 5년 이상 종사한 사람.
③ 금융감독당국, 금융관련기관에서 리스크 관리 관련 업무에 7년 이상 종사한 사람.
④ 기타 이에 준하는 자격이 있다고 인정되는 사람 등.

다. 겸직 금지

리스크 관리 최고책임자는 선량한 관리자의 주의로 직무를 수행하여야 하며, 리스크 관리업무의 독립성 및 객관성을 유지하기 위하여 다음 각 호의 업무를 수행하는 직무를 담당해서는 아니 된다.(「금융지배구조법」제29조)

최고감사책임자의 겸직금지 업무(예시)

① 자산 운용에 관한 업무
② 해당 회사의 본질적 업무 및 부수업무
③ 해당 회사의 겸영업무
④ 지주회사의 경우에는 자회사 등의 업무
⑤ 그 밖에 이해가 상충할 우려가 있거나 내부통제 및 위험관리업무에 전념하기 어려운 업무

5. 회사의 의무

회사는 리스크 관리 최고책임자가 그 직무를 독립적으로 수행할 수 있도록 하여야 한다. 회사 및 그 임직원은 리스크 관리 최고책임자가 그 직무를 수행할 때 필요한 자료나 정보의 제출을 요구하는 경우에는 이에 성실히 응하여야 한다.

회사는 리스크 관리 최고책임자였던 사람에 대하여 그 직무수행과 관련된 사유로 부당한 인사상의 불이익을 주어서는 아니 된다. 또한 회사는 리스크 관리를 전담하는 조직을 마련하여야 한다.(「금융지배구조법」제30조 제1항, 제3항 및 제4항, 「동법시행령」 제22조 제2항)

6. 리스크 관리 기준

회사는 자산의 운용이나 업무의 수행, 그 밖의 각종 거래에서 발생하는 리스크를 제때에 인식·평가·감시·통제하는 등 리스크 관리를 위한 기준 및 절차(이하 "리스관리 기준"이라 함)을 마련하여야 한다. 리스크 관리기준에서 정할 세부적인 사항은 다음과 같다.(「금융지배구조법」제27조 제1항 및 제3항, 「동시행령」제22조)

리스크 관리기준(예시)

① 리스크 관리의 기본방침
② 회사의 자산운용 등과 관련해 발생할 수 있는 리스크의 종류, 인식, 측정 및 관리
③ 회사가 부담 가능한 리스크수준 결정 ④ 적정투자한도 및 손실허용한도의 승인
⑤ 리스크 관리를 전담하는 조직의 구조 및 업무 분장
⑥ 임직원이 업무를 수행할 때 준수하여야 하는 리스크 관리 절차
⑦ 임직원의 리스크 관리기준 준수 여부를 확인하는 절차·방법과 리스크 관리기준을 위반한 임직원의 처리.
⑧ 리스크 관리기준의 제정이나 변경 ⑨ 리스크 관리 최고책임자의 임면 등

회사의 대표이사·대표집행임원·외국회사의 국내지점 대표자·리스크 관리위원회의 위원 및 리스크 관리책임자는 리스크 관리기준의 준수를 위하여 다음 각 호 업무를 하여야 한다.(「금융지배구조법(개정안)」 제27조 제4항)

리스크 관리기준 준수를 위해 해야 할 사항

① 리스크 관리기준 위반을 방지하기 위한 실효성 있는 예방대책의 마련
② 리스크 관리기준의 준수여부에 대한 충실한 점검
③ 리스크 관리기준을 위반한 경우 그 위반내용에 상응하는 내부징계 등 조치방안 및 기준 마련

7. 리스크 관리 과정[269]

가. 리스크의 확인

리스크 관리의 과정의 첫 번째 단계는 리스크의 확인이다. 리스크의 확인이라 함은 회사가 당면한 리스크의 본질을 정의하고 이해하는 것을 말한다. 리스크 관리의 매우 중요한 과정으로 다이내믹한 리스크의 과정에 대한 이해를 높이기 위한 많은 연구가 이루어지고 있다.

나. 리스크의 측정

회사는 당면한 리스크를 일관성 있는 기준으로 측정할 수 있어야 한다. 이를 위하여 회사는 측정 방법론을 개발하여 서로 다른 리스크들의 비교가 가능하도록 하여야 하며, 리스크가 성과 측정이나 자본 배분 의사결정에 사용될 수 있도록 **위험의 측정치**를 개발하여야 한다.

시장리스크, 운영리스크, 법적리스크 등 다양한 리스크의 분석을 위하여 일관성 있는 측정 방법이 필요하며 전사적 리스크 관리 관점에서 일관성 있는 위험의 비교가 이루어져야 한다.

269 권재중 외9명. 「금융기관론」. 율곡출판사. 2013. 8. 30. 522~524면.

다. 리스크에 관한 지침과 절차

효과적인 리스크 관리를 위해서는 이사회에 의하여 승인되고 경영진에 의하여 시행되는 **리스크 관리에 관한 지침과 절차**가 문서화되어 있어야 한다. 즉, 회사는 리스크 관리에 관한 지침을 설정하고, 모든 종업원들에게 그 내용이 잘 전달되고 이해되도록 하여야 한다.

감독당국이나 감사도 회사에 리스크 관리 지침이 문서화되어 있는지, 그리고 그 내용이 잘 구성되어 있는지 등을 살펴봄으로써 그 회사의 리스크 관리 및 내부통제 시스템을 평가하여야 한다. 직원들의 이동이 잦은 회사의 경영진은 새로운 직원이 리스크 관리에 관한 지침을 숙지하고 업무에 임하도록 주의를 기울여야 한다.

라. 리스크의 분석 및 모니터링

리스크의 모니터링이란 회사가 스스로 설정한 지침과 절차 내에서 운영되고 있는지를 확인하는 과정이다. 예를 들면 지침의 해석에 대한 조언, 한도 초과의 모니터링, 지침 위반 조사 등을 하고, 이러한 지침과 절차가 적절하고 최근의 동향을 반영하고 있는지 등을 검토하는 것이다. 리스크의 분석 및 모니터링은 리스크 관리부서의 일상 업무이다.

마. 리스크의 보고

리스크의 보고는 회사가 리스크에 관한 보고서를 내부 경영정보시스템을 통해 경영진은 물론 감독기관 및 주주 등에게 보고하는 과정이다. 회사들이 성과를 리스크조정기준으로 측정하고자 함에 따라 리스크 보고의 중요성이 더욱 커지고 있다. 전통적 회계정보가 회사의 리스크에 관한 정보를 투명하게 제공하지 못한다는 관점에서도 그 중요성이 증대되고 있다.

바. 리스크 관리시스템의 검증 및 감사

리스크 관리의 과정의 마지막 단계는 회사가 사용하는 리스크 관리시스템 및 기법이 효과적인지를 확인하는 것이다. 내부감사인뿐만 아니라 외부감사인에 의한 **리스크 관리시스템의 검증과 감사**도 필요하다.

외부감사인은 재무정보의 진실성뿐만 아니라 리스크에 관한 정보의 진실성도 감사하여야 한다. 내부감사는 리스크 관리 과정이 잘 운영되는지를 검토하는 데에 초점을 맞추어야 한다.

Ⅶ. 「전사적 리스크 관리(ERM)」에 있어 조직의 역할과 책무[270]

회사의 모든 구성원은 전사적 리스크 관리에 대해 어느 정도 책임을 가지고 있다. 최고경영자는 전사적 리스크 관리에 대해 궁극적으로 책임을 지고 "소유권"을 유지해야 한다. 한편, 관리자들은 리스크 관리 철학을 지지하고, 리스크 허용한도 준수를 장려하며, 그들의 책임 범위 내에서 리스크를 관리한다.

또한 구성원들은 수립된 지침·프로토콜과 일치하도록 전사적 리스크 관리를 실행할 책

270 김용범. 전게서. 2017. 224~227면. 국제내부감사인협회. 전게서. 4-11~4-16p.

임이 있다. 이사회는 전사적 리스크 관리에 대한 중요한 감독역할을 한다. 많은 외부 조직들은 종종 전사적 리스크 관리에 대한 중요한 감독역할을 한다. 그들은 종종 전사적 리스크 관리에 영향을 미치는 유용한 정보를 제공하지만 회사의 전사적 리스크 관리에 대한 책임을 지지 않는다.

전사적 리스크 관리는 각각 중요한 책임을 지니고 있는 많은 관계자의 영향을 받는다. 이사회(직접 또는 위원회를 통해서), 경영자, 내부감사인, 다른 구성원들 모두는 리스크 관리를 위해 중요한 역할을 수행한다. 외부감사인·규제기관과 같은 기타 조직들도 때때로 리스크 평가 및 내부통제와 깊은 관련을 맺는다.

그러나 전사적 리스크 관리 프로세스의 일부에 속한 경우와 프로세스의 일부는 아니지만 영향력을 갖고 회사의 목표달성을 돕는 경우 사이에는 차이점이 존재한다. 즉, 회사의 목표달성에 직접 또는 간접적으로 영향을 주는 외부기관은 회사의 전사적 리스크 관리의 일부분이 될 수 없고 책임을 질 수 없다.

1. 이사회

이사회는 조직의 경영진에게 방향 설정을 해주고, 감독업무를 수행한다. 이사회는 전략 설정, 고차원 목표 설정, 자원 배분, 윤리적인 환경 조성 등의 역할을 수행한다. 「코소(COSO)」는 이사회가 다음 활동을 통해 「전사적 리스크 관리(ERM)」에 대한 감독 역할을 수행한다고 강조한다.

「전사적 리스크 관리」에 대한 감독 역할

① 경영진이 조직 내에서 수립한 효과적인 「전사적 리스크 관리(ERM)」의 범위를 파악
② 조직의 리스크 수용수준에 대한 파악 및 이의 동의
③ 조직의 리스크 수용수준과 리스크 포트폴리오 검토
④ 가장 중요한 리스크를 파악하고, 이에 대해 경영진이 적절하게 대응하고 있는지 파악

이사회는 「전사적 리스크 관리」의 내부 환경 요소 중 하나로서 전사적 리스크 관리가 효과적으로 운영되는지를 관찰해야 한다. 이사회 구성원은 객관적이고 능력이 있어야 하며 탐구적인 자세를 가져야 한다. 그들은 회사활동과 환경에 대한 업무지식을 가지고 있고, 이사회책임을 완수하기 위해 시간을 투입한다. 일반적으로 감사위원회, 지명위원회, 경영위원회 같은 하부위원회를 통해서 책무를 수행한다.

2. 리스크 관리위원회

리스크 관리위원회의 자세한 내용은 제1절-제4장-제3절-Ⅵ-3. "리스크 관리위원회" 항목을 참조하시기 바랍니다.

3. 경영진

경영진은 「전사적 리스크 관리(ERM)」를 포함한 조직의 모든 활동에 대하여 책임이 있다. 이 책무는 조직에서의 지위, 조직의 특성에 따라 다양하다. 최고경영자(CEO)는 「전사적 리스크 관리(ERM)」의 효과성 및 성공에 대하여 궁극적인 책임을 진다.

최고경영자의 의무에는 모든 전사적 리스크 관리의 구성요소가 제대로 자리 잡고 있는지 확인하는 일도 포함된다. 최고 경영자는 일반적으로 다음과 같은 방법을 통해 이러한 의무를 완수한다.

최고경영자의 리스크 관리에 대한 의무

1) 고위 관리자에게 리더십과 지침을 제공한다.

① 고위 관리자와 함께 최고 경영자는 전사적 리스크 관리의 기초를 형성하는 가치, 원칙, 기본 운영 정책을 구성한다.

② 최고경영자와 핵심 고위관리자는 전략적 목표, 전략 및 전략과 관련된 고차원적 목표를 설정한다.

③ 그들은 또한 광범위한 기반을 둔 정책을 수립하고, 회사의 전사적 리스크 관리 철학, 리스크 수용 수준, 조직문화를 개발한다.

④ 추가적으로 그들은 회사의 조직 구조, 주요 정책의 내용과 의사소통, 계획 및 보고 형식과 관련된 활동들도 규정한다.

2) 주요 기능(영업, 마케팅, 생산, 구매, 인사 등)**을 담당하는 고위 관리자들과의 주기적인 회의를 통해 그들의 책임 및 리스크 관리 방법에 대해 검토한다.**

① 최고 경영자는 운영의 고유 리스크, 리스크 대응, 요구된 통제 개선, 진행 중인 작업의 상태를 파악한다.

② 이러한 의무를 완수하기 위해서 최고 경영자는 자신이 필요로 하는 정보를 분명히 정의해야 한다.

최고 경영자는 이러한 지식을 통해 회사의 리스크 수용수준과 연관 지어 통제활동 및 리스크를 모니터링하는 위치에 있다. 또한 최고경영자는 변화하는 환경, 증가하는 리스크, 전략 수정, 혹은 회사의 리스크 수용수준과의 잠재적 불일치를 야기하는 활동이 발생할 때 필요한 조치를 취하거나 이사회와 추가적인 조치 또는 회사의 리스크 수용수준의 수정여부에 대하여 논의해야 한다.

조직을 관리하는 고위관리자는 그들의 조직 목표와 관련된 리스크를 관리할 책임이 있다. 그들은 전략을 계획으로 바꾸어 실행하고, 사건을 식별하여 리스크를 평가하고, 리스크 대응에 영향을 준다. 관리자는 그들의 책임범위 안에서 전사적 리스크 관리 구성요소가 적용되도록 이끈다. 또한 이러한 적용이 회사의 리스크 허용한도와 일치하도록 한다. 이러한 의미에서 층화된 책임이 존재한다. 각 관리자들이 자신들의 책임 범위 내에서 효과적인 최고경영자 역할을 수행한다.

고위 관리자는 일반적으로 특정한 전사적 리스크 관리절차의 책임을 특정 프로세스, 기능, 부서의 관리자에게 위임한다. 그리고 관리자들은 조직 목표를 달성하기 위한 특정 리스크 절차–사건 식별·리스크 평가를 위한 기술 들–를 계획하고 실행할 때, 혹은 대응–원자재 구매를 위한 표준화된 절차 개발·새로운 고객 유치 등—을 결정할 때 더 많은 역할을 수행한다. 또한 그들은 관련 통제 활동을 추천하고, 그들이 어떻게 적용되는지 모니터링하며, 통제활동의 기능을 상위 관리자에게 보고한다.

각 부문의 중간관리자는 해당 부문만의 특정한 목표에 관련된 리스크를 관리할 책임을 진다. 중간관리자는 조직 전체의 전략을 일상 업무활동으로 전환시키고, 잠재적 리스크 이벤트를 파악하고, 관련 리스크를 사정하고, 리스크를 관리하기 위해 대응한다. 중간관리자는 해당 부문의 책임과 관련된 조직의·전사직 리스크 관리·요소의 적용을 지도하고, 관련된 리스크 허용 수준과 일치하도록 해야 한다.

중간관리자는 하위관리자들에게 특정「전사적 리스크 관리」절차에 대한 책임을 배분한다. 그리하여, 하위관리자는 해당 부문의 목표를 달성하기 위한 리스크 관리 활동을 보다 적극적으로 수행할 수 있다. 그리고 회계, 인사, 준법감시, 법무 등 지원부서도 효과적인「전사적 리스크 관리」의 구성요소를 설계하거나 운영하는 데 있어 중요한 역할을 수행한다.

관리자의 책임은 반드시 권한과 의무를 수반한다. 개별 관리자는 그 위치보다 상위에 있는 관리자에게 전사적 리스크 관리에 대하여 보고할 의무가 있다. 최고 경영자는 궁극적으로 이사회에 보고할 책임이 있다. 각 레벨의 경영자들은 차별된 전사적 리스크 관리 책임과 기능을 가지고 있음에도 불구하고, 그들의 활동은 결국 회사의 전사적 리스크 관리로 집결된다.

4. 리스크 관리 책임자

일부회사들은 전사적 리스크 관리의 유지를 위해 중앙집중식 관리를 하고 있다. 최고 리스크 책임자 또는 리스크 관리자는 그들의 책임 범위 안에서 효과적인 리스크 관리의 수립을 위해 다른 관리자들과 협조한다. 최고 경영자에 의해 임명되고 직접적인 후원을 받는 리스크 책임자는 하부 조직·사업단위·부서·기능·활동 전반에 걸쳐서 효과적인 전사적 리스크 관리를 할 수 있는 권한을 가지고 있다.

한편, 리스크 관리 책임자는 전 조직에 걸친 리스크 정보를 보고하는 프로세스를 모니터링하고 다른 관리자가 보고하는 것을 돕는다. 리스크 관리 책임자는 보완적인 형태의 보고채널로서 그 역할을 수행하기도 한다. 일부회사는 최고 재무관리자·고문·내부감사·준법감시인[271]과 같은 또 다른 고위 경영진에게 최고 리스크 관리자의 역할을 부여하기도 한다. 그리고 또 다른 회사들은 기능의 중요성과 범위에 따라 독립된 별도의 책임자를 임명하기도 한다.

회사는 리스크 관리역할이 라인의 경영자에게 도움을 주는, 스태프 기능으로써 책임을 명확히 할 때 가장 성공적이라는 것을 깨달았다. 전사적 리스크 관리가 효과적이기 위해서, 라인 관리자는 중요한 책임을 반드시 맡아야 하고 그들의 각각의 영역 내에서 리스크를 관리할 의무를 가져야 한다.

「코소(COSO)」는 회사의「최고 리스크 관리 책임자(CRO)」의 임무를 다음과 같이 나열하고 있다.

---

271 「금융사지배구조법」제28조 제2항

최고 리스크 관리 책임자의 임무

① 「전사적 리스크 관리」 정책의 수립 : 역할과 책임 정의, 실행 목표 설정 등
② 「전사적 리스크 관리」를 위한 사업 단위별 권한과 책임 설정
③ 「전사적 리스크 관리」 능력의 고양 : 기술적 전문성 개발, 전사적 리스크 관리능력 보유, 리스크 허용한도에 맞는 리스크 대응방안 강구, 적절한 통제 활동 개발
④ 다른 사업계획 및 경영 활동과 「전사적 리스크 관리(ERM)」의 통합유도
⑤ 일반 리스크 관리 용어 제정 : 발생가능성 및 영향도와 같은 측정기준, 공통 리스크 범주 및 공통 리스크 관리 용어 등
⑥ 양적·질적인 기준점을 포함한 보고 지침(프로토콜)을 개발하고 보고 프로세스를 모니터링
⑦ 진척사항과 예외사항을 최고경영자에게 보고하고 필요한 대응활동의 제시 등

5. 재무임원

재무책임자 및 해당 부서의 직원들은 회사의 모든 생산 및 사업단위 전반에 걸쳐서 영향력을 행사하기 때문에 전사적 리스크 관리 활동에서 특별히 중요하다. 재무책임자들은 회사 전반의 예산과 계획 수립에 참여하고 이를 바탕으로 성과를 추적·분석한다. 이러한 활동은 "법인" 조직의 일부분이지만 또한 통상적으로 사업부, 자회사 및 다른 조직 단위의 활동을 전반적으로 모니터링하는 책임을 가지고 있다.

따라서 최고재무책임자(CFO), 최고회계책임자(CAO), 경리부장 및 재무기능 조직의 다른 구성원들은 경영자가 전사적 리스크 관리를 실행하는 과정의 중심에 있다. 그들은 부정보고의 예방과 발견에 있어서 중요한 역할을 하는 한편 고위 경영진의 멤버로서 최고재무관리자는 조직 윤리 행위의 전체적 분위기를 조성한다. 또한 그들은 재무보고서에 대한 중요한 책임을 지고, 회사 보고시스템의 설계, 실행, 모니터링에 영향력을 갖는다.

전사적 리스크 관리의 구성요소를 바라볼 때, 최고재무관리자와 재무부서 지원이 중요한 역할을 한다는 것은 분명하다. 이들은 목표를 수립하고 전략을 결정하며, 리스크를 분석하여 회사에 영향을 미치는 어떠한 변화에 대한 결정을 내릴 때 핵심 역할을 수행한다. 그들은 가치 있는 정보와 지침을 제공하고, 결정된 행동에 대한 모니터링을 수행하기 때문이다.

이와 같이 최고 재무 관리자는 다른 기능 조직의 책임자와 동등한 파트너로서 회의에 참석해야 한다. 따라서 최고경영자가 재무 책임자로 하여금 오직 재무보고와 자금의 핵심 영역에만 제한적으로 관심을 가지도록 한다면 회사는 스스로의 역량에 심각한 제약을 가하는 꼴이 된다. 그들은 사기적인 보고를 예방하고 적발하는 데 중요한 역할을 하며, 조직의 내부회계관리제도의 설계·운영 및 모니터링에 영향을 미친다.

6. 내부감사인

내부감사인은 전사적 리스크 관리의 적용과 효과성에 대한 객관적인 모니터링을 제공함으로써 전사적 리스크 관리가 지속적으로 운영되도록 하는 데 중요한 역할을 수행한다. 내

부감사인은 전사적 리스크 관리의 프로세스의 객관적인 평가를 수행하기 위하여 전반적인 내부 조사를 할 수 있다.

이러한 역할을 통해서 내부감사인은 경영자에게 다음사항 들에 대한 확신을 제공하여야 한다.

내부감사인이 경영진에게 확신을 제공할 사항

① 전사적 리스크 관리 프로세스 – 설계와 운영
② 리스크 대응과 관련된 통제활동들에 대한 효과성과 효율성
③ 전사적 리스크 관리 보고의 완전성과 정확성 등

내부감사인은 때때로 기업의 전사적 리스크 관리 프로세스를 향상시키기 위한 자문 역할을 수행한다. 이러한 자문 역할을 통해서 내부감사인은 조직의 리스크 관리에 대한 일반적인 이해도를 향상시키고, 경영진에게 전사적인 리스크 관리 개념을 지도하며, 리스크 기반 워크샵을 장려하는 한편, 관리자가 리스크를 분석하고 통제활동을 설계할 수 있도록 특정 툴(Tools)이나 기법들을 제공한다.

내부감사인은 전사적 리스크 관리의 효과성에 대한 평가와 개선방안을 조언하는 중요한 역할을 수행한다. 국제 내부감사인 협회(IIA)의해 수립된 「국제내부감사직무수행기준」은 내부감사 범위에 지배구조, 리스크 관리 및 통제시스템을 반드시 포함하도록 규정하고 있다.

이는 또한 보고서의 신뢰성, 운영의 효과 및 효율성 그리고 법과 규제 준수에 대한 평가를 포함한다. 따라서 내부감사인은 회사 전사적 리스크 관리의 적절성과 효과성에 대한 검토·평가·보고·조언을 통해서 경영자와 이사회 또는 감사위원회를 보조한다.

7. 외부감사인

조직의 독립된 외부감사인은 이사회 및 경영진에게 외부 재무보고 및 다른 목표를 달성하는데 기여할 수 있는 정통하고, 독립적이고, 객관적인 리스크 관리 전망 및 관점을 제공 또는 제시한다.

재무제표 등 회계감사 그 자체는 전사적 리스크 관리에 중점을 두고 있지 않지만, 외부감사인은 「일반기업회계기준(GAAP)」하에서 작성된 재무제표의 적정성에 대해 의견을 표명하여, 기업의 외부 재무보고 목표 달성에 기여한다.

한편, 재무제표 등 회계감사를 수행하는 외부감사인은 리스크 관리에 대한 책임을 맡고 있는 경영자에게 유용한 정보를 제공함으로써 목표달성에 좀 더 기여할 수 있다. 여기서 유용한 정보에는 다음과 같은 사항이 포함된다.

경영진에게 제공할 유용한 정보

① 외부감사에서 밝혀진 사실들, 분석적인 정보, 회사 목표달성을 위해 필요한 권고사항
② 외부 감사인의 주목을 받는 리스크 관리 및 통제의 취약점, 그리고 개선을 위한 권고 사항

이 정보는 보고뿐만 아니라 전략, 운영, 준수 활동에도 관련되며 각각의 영역을 통해 기업의 목표달성에 중요한 역할을 한다. 정보는 중요도에 따라 경영자와 이사회 또는 감사위원회에 보고된다.

8. 입법기관 및 감독기관

입법기관 및 감독기관은 조직에게 리스크 관리 메커니즘 혹은 내부통제 시스템 수립을 요구하거나(eg, 2002년 미국의 사베인즈 – 옥슬리법), 특정 조직에 대한 검사를 통해(예: 감독기관 검사) 조직의·전사적 리스크 관리·접근방식에 영향을 줄 수 있다.

입법기관 및 감독기관은 최소한의 법적요구 사항을 충족시킬 수 있는 리스크 관리/내부통제 시스템 구축을 촉진하는 규정을 제정한다. 또한, 「전사적 리스크 관리(ERM)」 적용 시에 조직에게 유용한 정보와 경영진에게 개선이 필요한 권고사항을 제공하기도 하고 강제조치를 취하기도 한다.

따라서 입법기관 및 감독기관은 기업의 전사적 리스크 관리에 두 가지 측면에서 영향을 준다. **첫째**는, 그들이 경영자로 하여금 최소한의 법적 조건 및 규제 조건을 충족시킬 수 있는 리스크 관리 및 통제시스템을 갖추도록 규칙을 제정하는 것이다. **둘째**는 특정 기업 검토 결과를 바탕으로 회사의 전사적 리스크 관리 적용에 있어서 유용한 정보나 권고사항, 때로는 개선에 필요한 지침을 경영자에게 제시하는 것이다.

Ⅷ. 「전사적 리스크 관리(ERM)」에 있어 내부감사 조직의 역할[272]

IIA Standard 2120 : 리스크 관리에서는 "내부감사 활동은 리스크 관리 프로세스의 효과성을 평가하고, 동 프로세스의 발전에 공헌해야 한다."고 되어있다. 내부감사인이 가지고 있는 다양한 기술과 경험은 「전사적 리스크 관리」에서 중요한 역할을 수행한다.

전체적인 모니터링 프로세스에 있어서 내부감사기능의 역할뿐만 아니라 대부분의 내부감사 기능의 광범위한 권한을 고려할 때, 어떤 면에서 내부감사 기능의 실패는 「전사적 리스크 관리」계획에 있어서 기대에 못 미치는 결과를 가져올 수도 있다.

1. 「전사적 리스크 관리(ERM)」하에서 내부감사 역할

「국제내부감사인협회(IIA)」의 「직무수행방안(International Professional Practice Framework)」은 「전사적 리스크 관리에 있어서 내부감사의 역할(The Role of Internal Auditing in Enterprise - wide Risk Management)」이라는 제목의 의견서를 제시하고 있는데, 이 의견서에는 다음과 같은 내용을 적시하고 있다.

272 김용범. 전게서. 2017. 227~230면. 국제내부감사인협회. 전게서. 4-16~4-19p.

「전사적 리스크 관리(ERM)」에 있어서 내부감사의 핵심역할은, 주요 리스크는 적절히 관리되고 있고, 내부통제 시스템은 효과적으로 운영되고 있다는 것을 확신하기 위해, 「전사적 리스크 관리(ERM)」의 효과성에 대한 객관적인 검증을 이사회에 제공하는 것이다. 이 의견서는 내부감사기능이 해야 할 혹은 하지 말아야 할 다양한 역할을 아래와 같이 잘 적시하고 있다.

가. 핵심 내부감사의 역할

이 역할은 리스크 관리 활동에 대한 검증을 제공함에 있어 내부감사 역할의 다양한 목표 중에서 핵심적인 부분이다.

핵심적인 내부감사의 역할

① 리스크 관리 프로세스에 확신을 제공
② 리스크가 제대로 평가되고 있다는 확신을 제공
③ 리스크 관리 프로세스를 평가
④ 주요 리스크 보고에 대해 평가
⑤ 주요 리스크 관리에 대한 검토 등

나. 보호 장치로서 적절한 내부감사의 역할

이 역할은 조직의 지배구조, 위험관리, 부정관리, 내부통제 프로세스를 발전시킬 수 있는 진단 서비스를 말한다. 이러한 서비스의 범위는 이사회에게 이용 가능한 자원 및 조직의 리스크 성숙도와 관련이 있다. 일반적으로 아래로 내려갈수록 독립성과 객관성을 확보하기 위한 보호 장치는 더 커진다. 이러한 활동에는 다음이 있다.

보호 장치로서 적절한 내부감사의 역할

① 리스크 식별 및 평가의 활성화
② 리스크에 대응하는 방법에 대해 경영진을 지도
③ 「전사적 리스크 관리(ERM)」 활동을 조정
④ 리스크에 대한 보고를 통합
⑤ 「전사적 리스크 관리(ERM)」프레임워크를 유지/발전
⑥ 「전사적 리스크 관리(ERM)」수립을 최적화
⑦ 이사회 승인을 위한 「전사적 리스크 관리(ERM)」 전략을 개발 등

다. 내부감사에게 금지된 역할

이 역할은 내부감사인의 독립성 및 객관성을 크게 훼손할 수 있는 역할로서, 이러한 역할에는 다음이 있다.

내부감사에게 금지된 역할

① 리스크 수용기준의 설정
② 리스크 관리 프로세스 도입
③ 리스크에 대한 관리 확약
④ 리스크 대응에 대한 의사 결정
⑤ 경영진 대신한 리스크 대응 수행
⑥ 리스크 관리에 대한 책임 등

「전사적 리스크 관리(ERM)」에 있어 내부감사 기능의 역할을 결정할 때, 「내부감사최고책임자(CAE)」는 각 활동이 내부감사 기능의 독립성 또는 객관성을 훼손시키지는 않는지 평가해야 한다. 리스크 관리 책임은 항상 경영진에게 있다는 것을 조직이 충분히 이해하는 것이 중요하다.

내부감사 기능의 역할이 아래로 내려 갈수록, 다음의 보호 장치가 마련되어야 한다.

내부감사기능에 대한 기초 보호 장치

① 리스크 관리 책임은 경영진에게 있다는 것을 명확히 하여야 한다.
② 내부감사 기능 책무의 성격이 내부감사 헌장에 명시되고, 감사위원회에 의해 승인되어야 한다.
③ 내부감사 기능은 경영진을 대신하여 어떠한 리스크도 관리하지 않는다.
④ 내부감사 기능은 리스크 관리 의사결정 그 자체가 아닌, 경영진의 의사결정에 대하여 조언, 그리고 지원 역할을 해야 한다.
⑤ 내부감사 기능은 「전사적 리스크 관리 프레임워크」중에서 내부감사 기능이 책임을 담당하고 있는 부문은 객관적인 검증활동을 수행할 수 없다.
⑥ 검증활동 이상의 활동은 진단 활동이어야 하고, 그러한 활동에 관한 수행기준에 따라야 한다.

2. 리스크 관리 프로세스에 있어서 내부감사의 역할[273]

리스크 관리는 경영진의 주요 책무이다. 조직의 사업목표를 달성하기 위해서 경영진은 건전한 리스크 관리 프로세스가 구축되어 작동되도록 하여야 한다. 이사회와 감사위원회는 필요한 리스크 관리 프로세스가 구축되었고, 그 프로세스가 적절하고 효과적인지 결정하는 감독자 역할을 한다.

내부감사인은 경영진의 리스크 관리 프로세스의 적절성과 효과성에 대한 조사, 평가, 보고 그리고 개선권고를 통해 경영진과 감사위원회를 지원한다. 경영진과 이사회는 그들 조직의 리스크 관리와 통제프로세스에 대해 책임을 갖는다. 그러나 진단역할을 수행하는 내부감사인은 그러한 리스크를 다루는 리스크 관리 방법과 통제를 확인, 평가, 그리고 적용하는

273 국제내부감사직무수행기준 중 수행권고(Practice Advisory : PA) 즉, PA2100-3. '리스크 관리 프로세스에서 내부감사의 역할' 항목 참조.

데 있어서 조직을 지원할 수 있다.

조직의 리스크 관리 프로세스에 대한 평가 및 보고는 보통 감사상 높은 순위를 가진다. 경영진의 리스크 관리 프로세스에 대한 평가는 내무감사인이 감사계획을 세우기 위해 리스크를 분석하라는 요구조건과는 다르다. 그러나 경영진과 이사회의 관심사항을 포함해서 광범위한 리스크 관리 프로세스에서 얻은 정보는 감사활동을 계획하는 데 있어 내부감사인에게 도움이 될 수 있다.

최고감사책임자는 조직의 리스크 관리 프로세스에 있어서 내부감사부서에 대한 경영진과 이사회의 기대를 이해하여야 한다. 이러한 이해는 내부감사부서 및 감사위원회 헌장(규정)에 명문화되어야 한다.

조직의 모든 리스크 관리 추진에 따른 역할에 있어서 책임과 활동이 모든 그룹 및 개인 간에 조정되어야 한다. 이러한 책임과 활동은 조직의 전략계획, 이사회 정책, 경영목표, 업무방법서 그리고 지배구조 관련문서에 적절히 명문화되어야 한다. 몇 가지 명문화되어야 할 활동과 책임의 사례는 다음과 같다.

명문화되어야 할 활동과 책임의 사례

① 전략적 방향 설정은 이사회 또는 감사위원회(감사 포함)의 몫
② 각종 리스크를 담당하는 것은 최고경영진 수준의 직급에 부과
③ 잔여리스크의 수용은 집행임원 수준의 몫
④ 지속적으로 업무활동을 확인하고 평가하고 완화시키고 감시하는 것은 실무자의 직급에 할당
⑤ 다른 사람들에게 주기적인 평가와 검증을 제공하는 것은 내부감사의 몫.

내부감사인은 그들의 정상적인 업무처리 과정에서 중요한 리스크에 대한 노출을 확인하고 평가하도록 요구된다. 조직의 리스크 관리 프로세스에 있어서 내부감사의 역할은 시간이 지남에 따라 변할 수 있고 다음과 같은 활동범위의 연속선상의 어떤 곳에 위치하게 될 것이다.

조직의 리스크 관리 프로세스에서 내부감사부서의 위치

① 리스크 관리측면에서 역할 부존재.
② 내부감사계획의 일부분으로 리스크 관리 프로세스 감사
③ 감사위원회 참여, 상시감시활동 그리고 진행보고서 작성 등과 같이 리스크 관리 프로세스에 적극적이고 지속적으로 지원 및 개입
④ 리스크 관리 프로세스의 관리와 조정

결국 리스크 관리 프로세스에 있어서 내부감사의 역할 결정은 이사회 및 감사위원회의 몫이 될 것이다. 내부감사의 역할에 대한 이사회 및 감사위원회 등의 견해는 조직문화, 내부감사

활동 직원의 역량, 그리고 지역적 특색 및 국가의 관습 등과 같은 요소에 따라 결정된다.

3. 리스크 관리 프로세스가 없는 조직에서 내부감사의 역할[274]

리스크 관리 프로세스에 있어서 내부감사의 역할에 대하여는 앞에서 설명한 바와 같이 내부감사인은 직무수행기준에 따라 내부감사활동을 위해 조직의 리스크 관리 프로세스에서 핵심역할을 갖는다. 만약 어떤 조직이 리스크 관리 프로세스가 없다면, 내부 감사인은 이 사실에 대한 경영진의 주의를 이끌어 내도록 하고 그런 프로세스를 구축하도록 제안하여야 한다.

내부감사인은 리스크관리 프로세스에 대한 내부감사부서의 역할에 관한 의견을 경영진과 이사회로부터 구해야 한다. 내부감사부서와 감사위원회의 규정에는 리스크관리 프로세스상 각자의 역할을 명문화하고 있어야 한다. 내부감사인은 조직의 리스크관리 프로세스의 초기 구축을 지원함에 있어 사전적 역할(Proactive role)[275] 을 할 수 있다.

좀 더 사전적 역할은 기본적인 처리과정을 개선시키는 진단적인 접근으로 전통적인 검증활동을 보완한다. 만약 그런 지원이 내부감사인이 행하는 정상적인 검증과 진단 활동을 넘어서는 것이라면, 독립성이 저해될 수 있다. 이런 상황에서 내부감사인은 「직무수행기준」의 공표규정을 준수해야 한다.

리스크 관리 프로세스를 개발하고 관리함에 있어 사전적 역할이란 리스크를 담당하는 것과 같은 역할은 아니다. '리스크 담당'의 역할을 피하기 위해서 내부감사인은 리스크의 식별, 완화, 감시 및 담당하는 것에 대한 책임에 관하여 경영자의 확인을 받아야 한다. 요약하면 내부감사인은 리스크 관리 프로세스를 촉진하거나 가능하게 할 수는 있지만, 이미 식별된 리스크의 관리업무를 담당하거나 책임을 맡아서는 안 된다.

4. 내부감사부서의 리스크 관리[276]

내부감사부서 직무의 역할과 중요성은 무섭게 성장해 왔으며 핵심이해관계인(예: 이사회, 최고경영진)의 기대도 지속적으로 확장되고 있다. 내부감사활동은 재무적인, 업무적인 정보기술 및 법·규정과 관련된, 그리고 전략적인 리스크를 커버할 광범위한 권한을 위임받고 있다.

동시에 많은 내부감사부서는 세계적인 노동시장에서 자격 있는 인적자원의 가용성, 증가하는 보상비용, 특정한 자원에 대한 높은 수요(예, 정보기술, 부정, 파생상품, 세무)와 관련된 문제에 직면하고 있다. 이러한 요소들의 조합은 내부감사부서의 리스크를 높이게 된다. 결국 내부감사최고책임자는 내부감사부서와 관련된 목표달성과 리스크를 고려해야 한다.

내부감사부서는 리스크로부터 면제되지 않는다. 그들은 스스로의 리스크를 관리한다는 검증을 하기 위한 절차를 필요로 한다. 내부감사 관련 리스크는 다음 3가지로 압축된다. 즉, 감사실패 리스크, 허위검증 리스크, 평판 리스크이다. 이어지는 논의는 이러한 리스크와 관

---

274 국제내부감사직무수행기준 중 수행권고(Practice Advisory : PA) 즉, PA2100-4. '리스크 관리 프로세스가 없는 조직에서 내부감사의 역할' 항목 참조.

275 사전적인 역할이란 어떤 프로세스 개발시행 전에 문제점에 대한 검토를 수행하여 보완토록 하는 감사인의 역할을 의미한다.

276 PA2120-2. '내부감사부서의 리스크 관리' 항목 참조.

련된 핵심 속성들과 내부감사부서가 그것들을 더 잘 관리하기 위해 고려할 몇 가지 단계를 강조한다.

모든 조직은 통제실패를 경험할 것이다. 종종 통제가 실패할 때, 사람들은 묻는다. "내부감사인들은 어디 있었는가?" 내부감사부서는 다음과 같은 요소들로 인해 그 원인을 제공하게 될 것이다.

조직의 통제실패 원인 제공 요소

① 국제내부감사직무수행기준의 未遵守
② 감사인의 독립성과 객관성을 감시하기 위한 절차를 포함하여 부적절한 품질 검증 및 개선프로그램(국제내부감사기준 1300)
③ 전략적 리스크 관리에 대한 평가 중에 핵심 감사영역을 식별하고, 개별 감사 계획 중에 리스크가 높은 영역을 식별하는 효과적인 리스크 평가 프로세스의 부족
④ 실질적인 리스크 및 올바른 통제를 테스트하기 위한 효과적인 내부감사 절차 설계의 실패
⑤ 내부감사절차의 일부로서 설계의 적절성과 통제의 효과성 모두에 대한 평가의 실패
⑥ 리스크가 높은 영역에 대한 경험 또는 지식에 근거하는 적절한 수준의 역량 없는 감사팀의 운용
⑦ 엄격한 전문가적 비평 실행의 실패 및 발견사항 또는 통제취약점과 관련되어 확대된 내부감사 절차 실행의 실패
⑧ 적절한 내부감사·감독의 실패
⑨ 어떤 부정 징후가 있는 경우의 잘못된 판단 (예: "아마도 중대하지는 않을 거야." 또는 "이런 사안을 다루기에는 시간 또는 자원이 부족해.")
⑩ 혐의를 적절한 사람에게 보고하는 것의 실패 ⑪ 적절하게 보고하지 못하는 실패 등

내부감사의 실패는 내부감사부서에만 영향을 미치는 것이 아니고 조직을 중대한 리스크에 노출시킬 수 있다. 감사실패가 발생하지 않게 할 절대적인 검증을 할 수는 없지만 내부감사부서는 그러한 리스크를 완화하기 위해 다음과 같은 실무를 실행하여야 한다.

내부감사 실패 리스크를 완화하기 위한 필수실무

① 품질보증 및 개선 프로그램 실행

모든 내부감사부서가 품질보증 및 개선프로그램을 실행하는 것은 매우 중요하다.

② 감사대상 영역에 대한 주기적인 검토

조직의 역동적인 리스크 프로파일을 주기적으로 검토하여 감사대상 영역의 완전성을 평가하는 방법론을 검토한다.

③ 감사계획에 대한 주기적인 검토

현재의 감사계획을 검토하여 어느 영역이 리스크가 더 높은 영역일지 평가한다. 리스크가 더 높은 업무에 "표식(Flag)"를 부여해, 내부감사부서의 관리자는 더 나은 가시성을 갖게 되고, 중요

한 업무에 대한 접근을 이해하는데 더 많은 시간을 할애할 수 있다.

④ **효과적인 감사계획**

효과적인 감사계획을 대체할 수 있는 것은 없다. 고객과 관련된 사실을 업데이트하는 것을 포함하여 완벽한 감사계획 프로세스와 효과적인 리스크 평가 수행은 감사실패 리스크를 아주 많이 감소시킬 수 있다. 또한 업무범위 및 수행될 내부감사 절차에 대해 이해하는 것은 감사계획 프로세스의 중요한 요소로서 감사실패의 리스크를 감소시킬 것이다. 내부감사 부서의 관리의 체크포인트를 프로세스에 설치하고 합의된 계획에 대한 변경은 승인을 요한다는 것 또한 핵심적 사항이다.

⑤ **효과적인 감사설계**

대부분의 경우 내부통제시스템이 효과적인지를 테스트하기 전에 먼저 적절한 통제를 제공하고 있는지를 판단하기 위해 그 시스템을 이해하고 분석하는 데 상당히 많은 시간이 소요된다. 이것은 사건의 징후를 다루기보다는 가끔 부실한 통제설계의 결과가 될 수도 있는 근본적인 원인을 다루게 되어 내부감사 견해를 뒷받침하는 확실한 근거가 된다. 그것은 누락된 통제를 파악하게 하여 감사실패의 기회를 줄일 수 있다.

⑥ **효과적인 관리자 검토 및 단계적 확대 절차**

내부감사 프로세스(보고서 초안 작성 전에)에 대한 내부감사 관리자의 개입은 감사실패의 리스크를 감소시키는 중요한 역할을 한다. 이러한 개입은 감사 조서의 검토, 발견사항 또는 종료회의에 대한 실시간 토의를 포함한다. 내부감사 프로세스에 내부감사 관리자를 개입시킴으로써 잠재적인 쟁점이 감사업무 초기에 파악하고 평가될 수 있다. 또한 내부감사부서는 언제 그리고 어떤 유형의 쟁점이 어느 수준의 내부감사 관리자로 확대되어야 하는지를 결정하기 위한 지침이 되는 절차를 유지할 수 있다.

⑦ **적절한 자원배분**

각각의 감사업무에 맞는 직원을 배정하는 것은 매우 중요하다. 그것은 리스크가 높은 또는 매우 기술적인 업무에 대한 감사계획을 할 때 특히 중요하다. 팀 전체로서 적절한 능력의 가용에 대한 확신을 갖는 것은 감사실패를 감소시키는 중요한 역할을 한다. 적절한 능력 외에 내부감사업무를 선도하는 직원들의 강력한 프로젝트 관리 기술을 포함하여 적절한 수준의 경험이 팀에 존재한다는 확신을 갖는 것은 매우 중요하다.

내부감사부서는 모르는 사이에 잘못된 확신을 제공할 수도 있다. "잘못된 확신"은 사실보다 관념이나 가정에 근거한 믿음 또는 확신 수준을 말한다. 많은 경우에 내부감사부서가 어떤 일에 개입되었다는 단순한 사실이 잘못된 수준의 확신을 만들어 낼 수 있다. 잘못된 확신을 갖게 하는 리스크를 모두 없앨 방법은 없겠지만, 내부감사부서는 이런 영역의 리스크를 全方位的으로 관리할 수 있다. 빈번하고 명확한 의사소통은 잘못된 확신을 관리하는 핵심 전략이다. 그 외의 선진 실무방안은 다음과 같다.

잘못된 확신을 관리하는 핵심 전략

① 내부감사부서의 임무와 감사위원회, 최고경영진, 그리고 기타 핵심 이해관계자의 지시사항을 사전에 전파한다.

② 리스크평가, 내부감사계획, 그리고 내부감사업무에서 커버되는 것을 명확하게 알린다. 또한 리스크평가 및 내부감사계획의 범위에 포함되지 않는 것을 명확하게 알린다.

③ 각각의 프로젝트에 관련된 리스크 수준 및 내부감사부서의 역할을 평가하는 "프로젝트 수용" 프로세스를 구축한다. 이러한 평가는 ⓐ 프로젝트의 범위, ⓑ 내부감사부서의 역할, ⓒ 보고서에 기대하는 사항, ⓓ 요구되는 역량, ⓔ 그리고 내부감사인의 독립성을 포함한다.

내부감사부서에 대한 신뢰할 만한 평판은 효과적인 내부감사부서를 이루는 필수요소가 된다. 또 강력한 "브랜드"를 유지하는 것은 내부감사부서의 성공과 조직에 기여하는 능력을 위해 무엇보다 중요하다. 내부감사부서의 평판과 브랜드를 보호하는 것은 내부 감사부서에게 뿐만 아니라 조직 전체에도 중요하다. 내부감사부서는 직면하고 있는 어떤 유형의 리스크 평판에 영향을 주는지 고려하고, 이러한 리스크를 관리하기 위한 완화 전략을 개발하는 것이 중요하다.

내부감사부서의 평판리스크를 완화하기 위한 전략

① 인적자원 및 고용을 포함하여 내부감사부서의 모든 프로세스에 대해 강력한 품질 보증과 개선 프로그램을 설치한다.

② 내부감사부서에 대한 리스크평가를 주기적으로 실시하여 "브랜드"에 영향을 미칠 잠재적인 리스크를 식별한다.

③ 내부감사인에 대한 IIA의 윤리강령을 포함하여 행동강령 및 윤리적 행동기준을 강화한다.

④ 내부감사부서가 적용해야 하는 모든 회사 정책 및 실무관행을 준수하는지 확인한다.

내부감사부서가 어떤 사건을 겪게 되는 경우 최고감사책임자는 그 사건의 성격을 검토하고 근본 원인을 이해하여야 한다. 이러한 분석은 내부감사 프로세스 또는 통제환경에서 고려해야 할 잠재적인 변화를 간파하여 미래의 발생을 완화하게 한다.

5. 리스크 관리 프로세스의 적절성 평가[277]

내부감사부서는 리스크 관리 프로세스의 효과성을 평가하고 개선하는 데 기여해야 한다.(「국제내부감사기준」제2120. 위험관리) 내부감사인은 리스크 관리 프로세스가 효과적인지를 결정하기 위하여 다음과 같은 평가를 수행한다.

리스크 관리 프로세스의 적절성 평가 사항

277 PA2120-1. '내부감사부서의 리스크 관리' 항목 참조.

① 조직의 목표가 조직의 임무 지원 및 일관성 유지 여부
② 중대한 위험의 식별 및 측정 가능 여부
③ 적절한 위험 대응책이 위험선호에 맞게 선택되었는지 여부
④ 직원, 경영진 및 이사회가 그들의 책임을 수행할 수 있도록 관련 위험정보가 수집되고 전사적으로 시의 적절하게 전달되었는지 여부 등

리스크 관리는 최고 경영진 및 이사회에 핵심적인 책임이 있다. 경영목표를 달성하기 위해 경영진은 건전한 리스크 관리 프로세스가 구축되고 기능한다는 확신을 해야 한다. 이사회는 적절한 리스크 관리 프로세스가 구축되고 이러한 프로세스는 효과적인지 결정하는 감독책임이 있다. 그리고 경영진 및 이사회는 조직의 리스크 관리 및 통제 프로세스에 대해 책임을 진다.

내부감사최고책임자는 최고 경영진 및 이사회의 요청이 있거나 감사 또는 감사위원회의의 지시에 따라 경영진의 리스크 관리 프로세스의 적절성 및 효과성에 대해 조사·평가·보고 그리고/또는 개선사항을 권고한다. 그리고 컨설팅 역할을 하는 내부감사인은 조직이 그 리스크를 관리하는 리스크 관리 방법론 및 통제를 식별하고 평가하며, 실행하도록 지원한다.

6. 감사업무 계획과 리스크 노출과의 연계

가. 감사업무계획에 있어서 리스크의 사전 평가

감사업무를 계획할 때 내부감사인은 검토대상 활동과 연관되는 리스크를 사전 평가해야 한다. 감사업무의 목표는 이러한 평가결과를 반영하여야 한다.(수행권고 2210. A1-1. '감사업무 계획에 있어서의 리스크 평가')

내부감사인은 검토대상 활동과 관련된 경영진의 평가를 고려해야 한다. 내부감사인은 다음 사항을 고려하기를 원할 것이다.

내부감사인이 고려하기를 원하는 사항

① 경영진의 리스크 평가에 대한 신뢰성
② 리스크 사안에 대한 경영진의 모니터링과 보고
③ 리스크 수요에 대한 약정한계를 초과하는 사건에 대한 경영진의 보고서
④ 검토대상 활동과 관련되는 조직 내 다른 분야에 경영진이 식별한 리스크가 있는지 여부
⑤ 리스크 관련 통제에 대한 경영진의 자체 평가

검토대상 활동에 관한 주변 정보를 취득하여야 한다. 주변 정보의 검토는 감사업무에 미치는 영향을 알아보기 위해 수행되어야 한다. 그런 정보로 다음과 같은 것이 있다.

감사업무에 영향을 미치는 정보

① 목표
② 업무나 보고서에 중대한 영향을 줄 수 있는 정책, 계획, 절차, 법규, 규정 및 계약
③ 조직 관련 정보, 예를 들면 직원 수와 명단, 핵심 직원, 직무기술서 그리고 주요 시스템의 변경을 포함해서 조직에서의 최근 변화된 세부 내용
④ 예산정보, 업무성과 그리고 검토대상 활동부서의 재부정보
⑤ 지난 번 감사의 조서
⑥ 완성되었거나 진행 중인 외부감사인의 작업을 포함해서 다른 감사업무의 결과
⑦ 잠재적인 중요한 감사업무상 문제를 알아보기 위한 書信綴
⑧ 해당 활동 분야에 적절한 업무상 권위가 있는 전문적인 문헌 등

필요한 경우 활동, 리스크 그리고 통제에 익숙해지고, 감사업무 수행에 있어 중점적으로 점검해야 할 부분을 파악하고 수감자의 의견과 제안을 끌어내기 위해 설문조사가 수행되어야 한다. 설문조사는 세세한 검증을 함이 없이 조사될 활동에 관한 정보를 수집하는 과정이다. 그것의 주요한 목적은 다음과 같다.

정보를 수집하는 주요 목적

① 검토대상 활동의 이해
② 특별히 중점을 두어야 하는 감사영역의 확인
③ 감사업무 수행에 사용하기 위한 정보의 취득
④ 추가적인 감사가 필요한지 결정

설문조사는 감사업무를 계획하고 수행하는 데 있어 많은 정보를 가지고 접근하는 것을 가능하게 하며, 가장 효과적으로 수행되어야 할 곳에 내부감사부서의 자원을 배분하게 하는 효과적인 수단이다. 설문조사의 초점은 감사업무의 성격에 따라 다양할 것이다. 설문조사의 범위와 요구되는 시간도 다양할 것이다.

설문조사에 영향을 주는 요소로는 내부감사인의 훈련과 경험, 조사되는 활동에 대한 지식, 수행되는 감사업무의 형태 그리고 그 설문조사가 일상 반복적인 것 혹은 사후관리업무의 일부분인지 여부 등이 포함된다. 필요시간도 조사되는 활동의 크기와 복잡성 그리고 그 조사활동이 지리적으로 얼마나 흩어졌는지에 따라 영향을 받을 것이다. 설문조사에는 다음과 같은 절차의 이용이 포함된다.

설문조사에 포함되어야 할 절차

① 감사고객과의 토의

② 그 활동부서 업무결과 이용자 등 활동에 영향을 받은 개인들과 면담
③ 현장 관찰
④ 관리자의 보고서와 연구에 대한 검토
⑤ 분석적인 감사 절차
⑥ 흐름도 작성
⑦ 기능별 추적 조사(특정 업무활동에 대해 시작부터 끝까지 검증하는 것)
⑧ 주요한 통제활동 문서 작성

내부감사인은 경영진의 리스크 평가, 배경정보 및 설문조사에서 얻은 발견 사항 등을 검토한 결과를 요약한다. 그러한 요약에는 다음사항이 식별 또는 파악되어야 한다.

발견사항의 검토결과 파악되어야 할 사항

① 중대한 감사대상 사안 및 그것들을 세세히 조사해야 하는 사유
② 모든 자료로부터 획득한 관련 정보
③ 감사의 목표와 절차 그리고 컴퓨터 지원감사기법과 같은 특별한 접근법
④ 잠재적 주요 통제점, 통제취약점, 과도한 통제
⑤ 감사시간 및 필요자원의 예비적 추정
⑥ 보고단계와 업무완수에 있어서 변경일자
⑦ 필요하다면 감사업무를 중단한 사유 등

나. 감사계획을 리스크 및 리스크 노출과 연계

내부감사최고책임자는 내부감사부서의 업무 우선순위를 정하기 위해 조직 목표와 일관되는 리스크에 기초를 둔 감사계획을 세워야 한다.(Practice Advisory 2010 감사계획의 수립, 2010-2 감사계획을 리스크와 리스크 노출에 연결)

어떤 조직이라도 조직에 건설적으로 또는 부정적으로 영향을 미칠 수 있는 수많은 불확실성 및 리스크를 직면한다. 리스크는 수용, 회피, 전가, 통제 같은 방법을 포함하여 여러 가지 방법으로 관리할 수 있다. 내부통제는 리스크와 불확실성의 부정적인 영향을 완화하는 일반적인 방법이다.

내부감사부서의 감사계획은 조직에 영향을 미치는 리스크와 리스크 노출의 평가에 기초를 두고 작성되어야 한다. 궁극적으로 핵심 감사목표는 조직의 목표달성과 관련하여 부정적인 결과를 줄이기 위한 정보뿐 아니라 경영진의 리스크 관리 활동의 효과성을 경영진에게 제공하는 데 있다. 리스크 노출의 크기나 중요성은 통제장치 설정에 의해 줄어드는 리스크로서 고찰될 수 있다.

감사영역에는 조직의 전략 계획의 구성요소가 포함될 수 있다. 조직의 전략 계획의 요소를 취합하여 감사영역에 전체 사업계획 목표를 고려하고 반영할 것이다. 전략 계획에는 또

한 조직의 리스크에 대한 태도와 계획된 목표를 완수하는 데 있어 難易度 정도가 반영될 것이다. 감사영역은 리스크 관리 활동의 결과에 영향을 받을 수 있다. 조직의 전략계획은 조직이 사업하고 있는 환경을 고려하여 수립되었어야 한다. 이러한 동일한 환경적 요소가 감사영역과 상대적 리스크 평가에 영향을 줄 것이다.

경영자의 전략, 목표, 강조사항 그리고 초점 등에 있어서 최근 변화내용은 감사영역 및 관련 감사계획에 반영되어야 한다. 감사대상 영역설정에 있어 최소한 1년에 한 번씩 가장 최근의 전략과 조직의 방향을 반영하고 있는지 심사해 보는 것이 바람직하다. 어떤 경우에는 감사계획은 조직의 경영활동에 대한 환경변화에 대응하여 자주(예; 분기별) 갱신되어야 할 필요가 있다.

감사 수행 일정계획은 무엇보다도 리스크 우선순위와 노출의 평가에 기초를 두어야 한다. 리스크와 리스크 노출의 중요도에 기초하여 관련 자원의 사용을 결정하기 위해 우선순위를 정하는 것이 필요하다. 다양한 리스크 모델은 잠재적 감사대상 영역의 우선순위를 결정함에 있어 내부감사최고책임자를 지원한다.

대부분 리스크 모델은 감사업무의 우선순위를 설정하기 위해 금액규모, 자산유동성, 관리자의 능력, 내부통제의 품질, 변화와 안정의 정도, 지난번 감사 시기, 복잡성, 종업원과 관계당국과의 관계 등 리스크 요소를 활용한다. 감사임무를 수행함에 있어 리스크 노출을 테스트하고 검증하는 방법과 기술은 리스크의 중요성과 발생가능성을 반영하고 있어야 한다.

경영진을 위한 보고서에는 리스크 관리에 대한 결론 및 리스크 노출을 줄여 주는 권고사항을 담아 전달되어야 한다. 경영진이 리스크가 노출된 정도에 대해서 충분히 이해하도록 하기 위해서는 목표달성에 반하여 리스크가 가져올 심각성과 그 결과에 대해서 감사보고서를 통해 알려주는 것이 중요하다.

7. 내부감사 지향 「전사적 리스크 관리체제(ERMS)」

Practice Advisory 2120-1 : 이사회와 경영진은 조직의 리스크 관리와 내부통제 프로세스에 대한 책임을 진다. 그렇지만, 컨설팅 역할을 하는 내부감사인은 리스크 관리 및 내부통제 활동을 식별하고, 평가하고, 수행하는 데 있어 조직을 도울 수 있다. 조직이 리스크 관리 프로세스를 갖추고 있지 않으면, Practice Advisory 는 다음 Guidance를 제공한다.

조직이 공식적인 리스크 관리 프로세스를 갖추고 있지 않다면, 「내부감사최고책임자(CAE)」는 공식적으로 조직 내에서 리스크를 이해하고, 평가하고, 모니터링할 경영진 및 감사위원회와 그들의 책무에 대하여 의견을 나누어야 한다. 아울러, 비공식적이라도 주요 리스크에 있어서 가시성의 적정 수준과 그 주요 리스크를 관리하고 모니터링하는 방법을 제공하는 조직 내 운영 프로세스의 필요성에 대해서 의견을 나누어야 한다.

「내부감사최고책임자(CAE)」는 조직의 리스크 관리 프로세스에서 내부감사활동에 대한 경영진 및 이사회의 기대사항을 파악해야 한다. 이러한 기대사항은 내부감사헌장에 명시화되어야 한다. 내부감사의 책무는 조직 전체 리스크 관리 프로세스에 있어 모든 그룹과 개인 사이에서 조정 역할을 수행하는 것이다.

궁극적으로, 리스크 관리 프로세스에 있어 내부감사의 역할을 결정하는 것은 이사회와 경영진의 역할이다. 내무감사에 대한 이사회와 경영진의 관점은 주로 조직문화, 내부감사 스탭의 능력, 해당 국가의 상황 및 관습에 따라 결정된다. 그러나, 리스크 관리 프로세스에 대한 경영진의 책임과 내부감사 활동의 독립성에 대한 잠재적 위험을 책임지는 것은 전체적인 토의와 이사회의 승인을 필요로 한다.

필요하다면, 내부감사인은 조직을 위해 리스크 관리 프로세스의 초기 수립을 돕는 데 적극적인 역할을 할 수도 있다. 더욱더 그 역할은 기본적인 프로세스 향상을 위해 자문방법을 통해 전통적인 검증활동을 보완한다. 이러한 내부감사인의 도움 활동이 내부감사인의 통상적인 검증 및 컨설팅 활동의 범위를 벗어날 경우, 독립성이 훼손될 수 있다.

이런 경우에, 내부감사인은 「국제내부감사직무수행기준(International Standards for the Professional Practice of Internal Auditing)」(이하 "Standards"라 한다)의 공시 요구사항을 충실히 이행하여야 한다.

Ⅸ. 「전사적 리스크 관리」의 영향과 한계

1. 「전사적 리스크 관리(ERM)」의 영향[278]

IIA Standard 2010 : 계획 편에서는 "내부감사최고책임자는 내부감사활동의 우선순위를 정할 때 조직의 목표와 함께 「리스크 중심 계획(Risk- Based Plan)」을 수립해야만 한다."라고 언급하고 있다.

이와 같은 맥락의 Practice Advisory 2010-1 : 리스크 및 익스포져와 검사계획의 연결에서는 매년 감사계획 수립과 관련한 가이던스를 「내부감사최고책임자(CAE)」에게 다음과 같이 제공한다.

감사계획 수립과 관련한 가이던스

① 내부감사 활동의 감사계획을 수립할 때, 「내부감사최고책임자(CAE)」들은 첫 번째로 감사환경을 개선하고 업데이트하는 것이 유용하다는 것을 알게 된다. 「내부감사최고책임자」는 이사회와 경영진으로부터 감사환경에 투입될 요소를 얻게 된다.

② 감사환경은 조직 전략계획의 구성요소를 포함할 수도 있다. 조직 전략 계획 구성 요소를 포함할 경우, 감사환경은 조직 전체의 사업목표를 고려하거나 반영할 수도 있다. 전략계획은 리스크 및 목표달성의 난이도에 대한 조직의 태도를 반영한다. 감사환경은 일반적으로 리스크 관리 프로세스 결과에 영향을 받는다. 조직의 전략계획은 조직을 둘러싼 환경을 고려해야 한다. 이런 환경적 요소는 동시에 감사환경과 관련 리스크의 사정에 영향을 줄 수 있다.

③ 「내부감사최고책임자(CAE)」는 감사환경, 이사회와 경영진으로부터의 투입 요소, 리스크와 익스포져의 사정, 경영진의 리스크 관리 활동의 효과성 사정을 포함한 조직의 목표달성에 도움을

278 김용범. 전게서. 2017. 230~231면. 국제내부감사인협회. 전게서. 4-19~4-20p.

주는 정보 등에 기반을 둔 내부감사활동계획을 수립해야 한다.
④ 감사환경 및 관련 감사계획은 변화를 반영하여 업데이트되어야 한다.
⑤ 감사 일정은 리스크 및 익스포져의 사정에 기초해야 한다.

다양한 리스크 모델은 「내부감사최고책임자(CAE)」를 돕기 위해 존재한다. 대부분의 리스크 모델은 리스크 요소를 사용하는데, 리스크 요소에는 영향, 발생 가능성, 중요성, 자산 유동성, 경영진 능력, 내부통제의 질, 내부통제의 엄수, 변화 혹은 정체성의 정도, 최근 감사업무 수행의 시기 및 결과, 복잡성, 노사관계 등이 있다.

매년 내부감사 계획 수립에 적용한 상기 내용의 요점은 업무수행 시에도 적용될 수 있다. 예를 들어, 감사업무의 범위와 접근방법은 다음에 영향을 받는다.

감사업무의 범위와 접근방법에 영향을 주는 요소

① 전략계획 및 조직 목표와의 관련성이 있는 프로세스 수준의 리스크
② 지난해 혹은 최근 프로세스 감사 이후에 일어난 프로세스(예: 목표, 절차, 인사 관리, 수행방법)의 변화
③ 관련된 리스크 모델 요소(예: 재무 영향 및 자산 유동성)
④ 프로세스 수준 리스크의 영향 및 발생 가능성

요약하면, 조직이 「전사적 리스크 관리(ERM)」를 수행하고 있는지 여부를 불문하고, 경영진의 리스크 관리에 대한 접근은 내부감사 헌장 및 연간 내부감사계획에 중요한 영향을 미친다.

2. 「전사적 리스크 관리(ERM)」의 한계[279]

가. 개요

「전사적 리스크 관리」가 아무리 잘 설계되고, 운영되고 있다 할지라도 이러한 사실은 회사의 목표 달성에 관해 경영진과 이사회에게 합리적인 확신을 제공할 뿐, 목표 달성은 모든 경영관리과정에 내재된 한계에 의해 영향을 받는다. 이러한 한계는 의사결정에 있어 발생할 수 있는 실수나 사람의 실수로 인하여 작동되지 않는 것을 포함한다.

두 명 이상의 공모에 의해서 통제가 무력화되거나, 리스크 대응과 통제 활동의 전사적 리스크 관리과정을 경영진이 무시할 수도 있다. 또한 리스크 대응 전략에 대한 상대적 효익과 비용을 비교하는 과정에서 한계에 부딪히기도 한다. 어떤 사람들은 구체화된 내부통제를 갖춘 「전사적 리스크 관리」가 항상 회사의 성공, 즉 목적달성을 보장할 수 있을 것이라 확신한다. 그러나 이러한 관점은 잘못이다.

---

279 삼일회계법인. 「전사적 리스크 관리–통합 프레임웍(번역서). 2006. 6. 22. 103~105면.

나. 「전사적 리스크 관리」의 기본적인 한계

「전사적 리스크 관리」의 한계를 고려하는 데 있어서 3가지의 분명한 개념이 인식되어야 한다.

<u>「전사적 리스크 관리」의 3가지 기본적인 한계</u>

첫째, 리스크는 미래와 관련이 있으며, 미래란 본질적으로 불확실하다.

둘째, 효과적인 「전사적 리스크관리」도 목표와 다른 수준으로 운영될 수도 있다.

전략적, 운영적 목표에 있어서 「전사적 리스크 관리」는 경영진 및 이사회로 하여금 회사가 목표달성을 위해 나아가고 있는 정도만 확신시켜 줄 뿐 목표 자체가 달성될지 여부에 대해서는 합리적인 확신조차 제공할 수 없다.

셋째, 「전사적 리스크 관리」는 어떠한 목표 범주와 관련해서도 절대적인 확신을 제공할 수 없다.

즉, 첫 번째 한계는 아무도 미래를 정확하게 예측할 수 없다는 것을 의미한다. 두 번째 한계는 특정사건이 관리자의 통제를 벗어날 수 있다는 것을 말한다. 세 번째는 어떠한 (리스크 관리) 과정도 항상 그것이 의도되었던 대로 진행되지 않을 것이라는 현실을 의미한다.

합리적인 확신은 「전사적 리스크 관리」가 자주 실패할 수 있다는 것을 의미하는 용어는 아니다. **많은 요인들이 개별적 또는 총체적으로 결합되어 합리적 확신의 개념을 강화한다. 리스크 대응의 누적효과는 복수의 목표와 내부통제의 다목적 속성을 만족시킴으로써 회사가 목표를 달성하지 못할 리스크를 감소시킨다.** 조직의 각 부문에서 조직원들이 매일 활동과 책임을 수행하는 것이 조직의 목표를 달성케 하는 것이다.

사실상 잘 통제되는 조직을 살펴보면, 대부분이 주기적으로 전략과 영업목표에 대한 활동이 보고되고, 정기적으로 준수목표를 달성하며 일관성 있고 신뢰할 수 있는 보고를 정기적으로 하고 있다. 그러나 그러한 조직에도 통제되지 못하는 사건, 실수 또는 부적절한 보고가 발생할 수 있다. 즉, 효과적인 「전사적 리스크 관리」라 할지라도 실패할 수 있는 것이다. 결국 **합리적 확신은 절대적 확신을 의미하지 않는다.**

다. 「전사적 리스크 관리」의 구체적인 한계

1) 판단 착오

「전사적 리스크 관리」가 얼마나 효과적인지 여부는 의사 결정에 있어서 인간의 판단착오 가능성으로 인해 한계를 갖는다. 의사 결정은 현재의 정보를 바탕으로 제한된 시간 내에서 효율성을 고려한 인간의 판단하에 이루어진다. 따라서 추후에 통찰력을 가지고 보면 어떤 의사결정은 판단을 잘못하여 만족스럽지 못한 결과를 가져와 기존 의사결정의 변경이 필요한 경우도 있다.

2) 작동 불능

잘 설계된 「전사적 리스크 관리」도 작동되지 않을 수 있다. 구성원들이 지침을 잘못 이해할 수 있고, 부주의, 산만, 피로 등의 요인으로 판단착오를 할 수도 있다. 예외사항을 조사하는 회계부서의 관리자가 보고의 정확도를 높일 만큼 충분한 조사를 하지 않거나 단순히 추가조사를 잊어버릴 수 있다.

한편, 휴가나 병가를 신청한 구성원을 대신해 통제활동을 수행하는 임시 수행원들이 관련 활동을 올바르게 수행하지 못할 수 있다. 또한, 구성원들이 시스템 오류 발생 시 적절히 대응하는 훈련을 충분히 받지 못한 채 시스템 변경이 일어날 수도 있다.

3) 공모(共謀, Collusion)

두 명 이상의 공모는「전사적 리스크 관리」를 실패로 이끌 수 있다. 자신의 행동을 들키지 않기 위해 개개인은 집단적으로 행동하거나 재무자료나 기타 경영정보를 造作하여「전사적 리스크 관리시스템」을 통해 포착될 수 없도록 한다.

중요한 통제 활동을 수행하는 직원이 소비자, 공급자 또는 다른 직원과 共謀할 수 있다. 그리고 판매부서 내의 몇 개 계층의 관리자는 통제활동을 피해서 예산 및 인센티브 목표를 달성한 것으로 실적보고하기 위해 共謀를 시도할 수도 있다.

4) 비용 대 효익

'리스크 평가'의 장에서 논의한 바와 같이 회사는 항상 자원의 한계가 있기 때문에 리스크 대응과 통제 활동을 포함한 의사 결정에 있어서 상대적인 비용과 효익을 고려하여야 한다.

회사는 특정 행동을 취하거나 통제절차를 수립해야 하는지의 여부를 결정할 때 실패의 리스크 및 잠재된 파급효과와 관련 비용을 함께 고려한다. 예를 들어, 특정 생산 공장에 사용되는 원재료의 비용이 낮고, 원자재의 부패 우려가 없으며, 충분한 원자재가 존재한 상황에서 원재료 수준을 감시하기 위해 복잡한 재고 통제 시스템을 설치할 필요는 없다.

사건의 식별, 리스크의 평가 능력, 관련된 대응과 통제활동을 이행하는 비용과 효익은 서로 다른 수준의 정도로 측정되며, 이는 종종 회사의 성격에 따라 달라진다. 문제는 적절한 균형을 찾는 것이다. 회사의 희소 자원이 중요하지 않은 리스크에 할당되면 안 되는 것처럼, 지나친 통제는 비용이 높고 비생산적이다.

전화 주문하는 고객은 너무 번거롭거나 장시간 소모되는 주문과정을 참지 못할 것 이다. 신용 있는 고객에 대해 은행이 번거로운 절차를 만든다면, 해당 고객은 이 은행으로부터 서비스를 받고자 하지 않을 것이다. 반면, 느슨한 통제는 불량채권 등 지나친 리스크를 유발할 수 있다. 매우 경쟁적인 환경하에서는 적절한 균형이 필요하다. 그리고 비용과 효익에 관한 의사결정은 매우 어렵지만 계속 검토되어야 한다.

5) 경영자의 규정무시(Override)

「전사적 리스크 관리」는 해당 임무에 책임을 지는 사람에 따라 그 효과성이 좌우된다. 높은 도덕성, 리스크 및 통제에 대한 의식, 대체 의사소통 채널, 능동적이고 적절한 지배구조를 갖춘 이사회가 존재하며 효과적인 관리 및 통제를 받은 회사에서조차 경영자는 여전히「전사적 리스크 관리」를 유린할 수 있다.

관리나 통제시스템이 항상 성공적일 수 없다. 분명 시스템을 깨트리려고 노력하는 범죄

의도를 가진 사람들이 존재할 수 있다. 그러나 효과적인「전사적 리스크 관리」라면 이러한 규정 무시 행동을 방지하고 적발할 수 있는 능력을 배양해야 할 것이다.

여기서 **"경영자의 규정무시"**란 용어는 불법적 목적 -개인적 이득 또는 회사의 재무 상태, 준수상태를 부풀려서 발표하는 것-을 위하여 규정된 정책 또는 절차를 무시하는 것을 의미한다. 한 부서나 사업단위의 관리자 또는 최고경영진은 몇 가지 이유로「전사적 리스크 관리」에 있어 규정무시를 행할 수 있다.

경영자의 규정무시 이유(예시)

① 시장 점유율에서 예상하지 못한 실적 부진을 감추기 위해 수익을 부풀리는 경우
② 비현실적인 예산을 맞추려고 이익을 조작하는 경우
③ 성과나 스톡옵션에 따른 보너스를 목적으로 판매금액이나 이익을 높이는 경우
④ 채무계약 사항을 위반하는 것을 감추는 경우
⑤ 법규 미준수 사항을 감추는 경우
⑥ 은행, 변호사, 감사인, 공급자 등에게 의도적으로 잘못된 보고를 하는 행위
⑦ 구매 주문서, 판매 송장과 같은 문서를 위조하는 경우 등

경영자 규정무시를 경영자 개입과 혼동해서는 안 된다. **경영자 개입**은 정당한 목적 하에서 회사의 정책이나 절차를 시행하기 위한 경영진의 행동을 말한다. 경영자 개입은 반복적이지 않고 표준적이지도 않은 거래 또는 적절히 처리되지도 않을 수 있는 사건을 다룰 때에는 반드시 필요하다.

어떤 과정이든 간에 모든 리스크와 상태를 예측할 수는 없으므로 경영진 개입이 필요하다. 경영진 개입행위는 일반적으로 명백하고 보통 문서화되며, 경우에 따라서는 관련 구성원들에게 공개된다. 반면, 규정무시행위는 대개 행동을 감추려는 의도로 문서화되지도, 공개되지도 않는다.

X. 효과적인 리스크관리체제 구축 방안[280]

1. 서 설

2007년 미국의 Sub Prime Mortgage의 부실에서 시작된 금융위기로 리먼브라더스가 파산한 이후 세계적 금융시장의 위기상황은 실물경제로 급속하게 확산되었으며, 국내 경제 상황 역시 심각한 우려 국면으로 치닫고 있었다.

기업들은 사상 유례를 찾기 어려운 전 세계적 경기침체에 맞서 기업가치 극대화가 아닌 생존 그 자체를 위한 비상계획을 수립해야 하는 절체절명의 상황에 직면해 있었으며 주력제품의 시장가격, 환율, 핵심 원자재가격 등 경영의 모든 요소에 걸친 극도의 불확실성은 대

280 김용범. 전게서. 2017. 231~238면. 김교태.「전사적 리스크 관리」. 상장감사회회보, 2009, 16~19면.

부분의 기업들이 사업 계획조차 수립하지 못하는 현실로 나타났다.

이처럼 불확실성이 지배하는 상황에서 기업은 앞으로의 방향성을 제시해 줄 수 있는 미래에 대한 통찰력과 혜안을 절실히 필요로 하고 있었으며, 이를 위해 그 어느 때보다 리스크 관리의 중요성과 필요성을 절감했다.

KPMG의 미국상장회사 감사위원들을 대상으로 한, 2008년 조사에서 감사위원회 활동의 최우선 순위로 "전사적 리스크 관리 활동의 조정 및 감독 기능"이 선정되었다. 이는 전통적으로 우선순위 분야인 "재무제표에 대한 확신" 및 "이와 관련된 내부통제의 유효성에 대한 확신"에서 **"전사적 리스크 관리의 유효성에 대한 확신"으로 감사/감사위원회의 역할과 기능이 「變化(Transformation)」** 되고 있음을 보여주고 있다.

이에 국내기업의 리스크 관리상의 문제점과 전사적 리스크 관리의 도입 필요성 및 리스크 관리절차에 대해 알아보고, 이 과정에서 감사의 역할을 살펴보도록 하겠다.

2. 국내기업 리스크 관리의 현주소

국내에서 많은 문제가 된 KIKO(Knock-In, Knock-Out)사태, DLF(Derivative Linked Fund) 사태, 라임자산운용펀드 사태는 전사적 리스크 관리 체계의 부재를 나타내는 대표적 사례라 할 수 있으며, 그들 사태의 발생원인을 분석해 보면 우리나라 기업의 리스크 관리 현주소를 잘 보여 주고 있다.

첫째, 리스크 식별과 평가체계의 부재이다.

금융공학이 발전하고 이로 인해 파생상품을 통한 헤지(Hedge)가 시작되면서 이전에 없던 "파생상품으로 인한 리스크"가 새롭게 대두 되었지만 대부분의 기업들은 새롭게 발생하는 리스크를 식별하는 방법 및 절차를 가지고 있지 못했으며, KIKO 상품 등에 내재된 발생 가능한 리스크 및 그로 인해 기업에 영향을 미칠 수 있는 정도에 대한 분석이 이루어지지 않은 채 가입한 경우가 상당수에 달하였다.

둘째, 리스크 관리 정책 및 절차의 부재이다.

금융업을 제외한 기업들의 경우 외환 및 파생상품을 헤지 목적으로만 사용하는 경우가 대부분이지만 이에 대한 기업 내부의 리스크 관리 정책 및 가이드라인이 구체화되지 못했던 것도 KIKO 등 사태가 확산된 원인 중 하나라고 볼 수 있다.

즉 자금 담당자의 경우 KIKO가 일정 수준의 환율을 벗어나게 되면 투기적 성향이 나타나게 된다는 사실을 알고 있었을 수 있으나 헤지 성격과 투기적 성격이 혼합된 경우 어느 쪽으로 봐야 할지에 대한 명확한 준거 기준이 없었다는 것이다.

셋째, 리스크에 대한 모니터링 프로세스의 부재이다.

이미 가입된 KIKO의 경우라도 환율의 변동성에 따라 지속적으로 발생 가능한 손실의 정도를 예측하고 모니터링 하는 시스템이 존재했었더라면 좀 더 빨리, 그리고 좀 더 적은 손실의 범위에서 관리가 가능했을 것이다.

넷째, 리스크를 식별할 수 있는 시스템이 비효율적이다.

또한 리스크를 식별할 수 있는 시스템이 비효율적으로 존재하고 있고, 새로 발생될 리스크를 식별할 수 있는 도구조차 제한적이기 때문에 조직의 기능 간, 직급 간 이해 상충의 간격이 해소되지 못하고 있는 것으로 나타났다.

다섯째, 취약한 리스크 관리 지배구조와 기업문화이다.

전사적으로 리스크를 관리하는 전담기능을 가진 상설 조직이나 기구가 존재하지 않거나 활동의 범위가 제한적이며, 리스크에 대한 문화가 성숙하지 못하여 극단적인 환율의 변화를 가정하는 것은 공론화될 여지조차 없었던 것이 사실이다.

리스크 관리에 실패한 기업이나 조직은 능동적인 리스크 관리를 수행하지 않으며, 리스크 관리 프로세스에 대한 이해 측면에서도 기업을 운영하는 경영진과 실무진 간의 상당한 이해차이가 있는 것으로 나타났다.

3.「전사적 리스크 관리(ERM)」도입의 필요성

리스크 관리에 대하여는 다양한 정의가 가능하지만 이곳에서는 리스크를 COSO의 정의대로 **"어떤 사건이 발생해서 목표 달성에 부정적인 영향을 줄 가능성"**으로 정의하며, **리스크는 "리스크의 발생원인, 리스크의 사건, 리스크의 사건이 기업에 미치는 영향"의 세 가지 요소로 구성**되어 있다.

글로벌 리서치 기관인 Corporate Executive Board가 1988년부터 20년간 Fortune 1,000개 기업을 대상으로 시가 총액이 경쟁사 대비 30% 이상 하락한 경우가 발생한 원인에 대해 조사하였는데, 이러한 원인들 중 상위 20%를 정리한 결과를 보면 전사적 리스크 관리를 위해 관심을 기울여야 할 영역을 알 수 있다.

기업가치에 영향을 준 큰 리스크는 주요 상품의 수요 감소, 인수합병 후 통합 실패 등을 포함하는 전략적 리스크(비즈니스 리스크와 동일)가 65%를 차지하고, 재무제표와 연관된 리스크의 비중은 높지 않아 기업의 리스크 관리대상 영역을 전통적인 재무제표에 대한 리스크에서 전략적 리스크로 확장하는 것이 필요함을 나타내고 있다.

전사적 리스크 관리(ERM)에서는 비즈니스 리스크 및 평판리스크 등을 포함한 모든 종류의 리스크를 고려한다. 각 부분에 묵시적으로 할당되었던 관리대상 리스크 및 관리 활동을 전사적 관점에서 모두 취합하여 펼쳐 놓고 경영진의 일관된 기준에 의해 필터링하고 조정하여 리스크 관리의 체계화를 추구한다.

또한 리스크들의 연관성을 체계적으로 정립하고 통합관리를 통해 비체계적 리스크를 제거하여 포트폴리오 효과를 추구한다. 즉 리스크 간의 인과관계 및 상관관계를 고려하여 기업 전체 측면에서의 영향을 분석한다. 즉 단위부서 차원에서는 중요성이 높지 않은 리스크가 다른 부서의 리스크와 결합되면 매우 중요한 리스크가 될 수 있고, 반대의 경우도 가능하며 전사적 리스크 관리에서는 이러한 효과를 체계적으로 분석한다.

마지막으로 전사적 리스크 관리는 정규적이고 지속적인 리스크 관리체계이다. 조직의 전 구성원의 참여를 통해 변화하는 리스크 및 새롭게 발생하는 중요한 리스크를 식별하고, 선택과 집중을 통해 관리자원을 배분하며 리스크 관리 활동을 모니터링한다. 그리고 이는 정규적인 프로세스의 형태로 지속적으로 수행되며, 조직 내 리스크 관리와 관련된 지배구조, 기업문화, 리더십 및 조직 내 계층 간 커뮤니케이션을 총괄한다.

4. 「전사적 리스크 관리체제(ERMS)」의 구축

가. 기업 내 다양한 리스크의 정확한 식별

효과적인 리스크 관리를 위한 첫 단추는 리스크 관리 목적에 부합하는 기업 내에 존재하는 다양한 리스크를 빠짐없이 식별하는 것이며 효과적인 리스크 식별을 위해서 전사적 리스크 관리 목적을 명확하게 정의하고 이에 따른 리스크 관리 정책과 절차를 수립하는 것이 필요하다.

일반적으로 기업이 리스크 관리를 통해 얻고자 하는 목적은 전략의 효과적·효율적 실행, 규제 준수, 이해관계자 관리, 기업의 핵심 프로세스(R&D, 구매, 생산, 물류 등)의 효율성 달성 등 다양하게 구분될 수 있으며, 이러한 다양한 리스크 관리 목적을 충족할 수 있는 종합적인 리스크의 도출 및 식별이 필요하다.

주의해야 할 것은 익숙한 특정 분야의 세부적인 리스크에만 집중하여 중요한 리스크가 희석되거나 누락되지 않도록 리스크를 식별하는 것이다. 예를 들어 지구 온난화로 인한 탄소 배출과 관련된 리스크는 과거에는 중요하지 않았지만 앞으로는 매우 중요한 리스크로 다루어질 수 있다.

리스크 식별의 방법은 프로세스/시스템 분석, 경영진 및 실무자 간의 워크샵, 외부 전문가와의 인터뷰, 과거의 실패사례에 대한 체계적 분석 등 다양한 방법이 있을 수 있으며 리스크 간 속성에 차이가 있을 수 있으므로 다양한 리스크 식별의 방법을 혼용하는 것이 필요하다.

나. 리스크 사정을 통한 자원의 적정 배분

식별된 모든 리스크를 관리한다면 최선이겠으나 주어진 시간, 인력 및 예산 등의 자원은 제한적일 수밖에 없으므로 관리 우선순위를 결정하는 리스크사정(Risk Assessment) 의 과정이 필요하다.

리스크 식별과정을 통해 도출된 리스크는 발생가능성인 '빈도와 영향도'의 측면에서 사정이 이루어지고, 이러한 리스크의 사정결과와 리스크에 대한 경영진의 「리스크 허용수준(Risk Tolerance)」의 비교를 통해 관리대상 리스크를 선정하게 되며, 관리대상 리스크는 사정결과의 속성에 따라 차별화된 리스크 관리정책을 적용하여야 한다.

예를 들어 상대적으로 발생 가능성은 높지만 영향이 작을 경우는 전산시스템에 의한 상시모니터링으로 리스크를 방지 또는 적시에 발견하는 것에 중점을 두고, 발생 가능성은 낮지만 영향이 큰 리스크(화재, 천재지변 등)의 경우에는 사건의 예방계획 및 발생 시 대응이나 복구계획의 수립을 통해 손실을 최소화하는 것으로 관리를 차별화하는 것이 필요하다.

리스크 사정 시 주의할 점은 전사 통합적인 관점에서 리스크를 사정하여야 한다는 것이다. 하나의 원인이 여러 가지의 리스크에 영향을 주는 경우도 있으며, 리스크 사건 사이에도 서로 인과관계가 존재하므로 이를 고려한 통합적인 관점에서의 사정이 필요하며 「전사적 리스크 관리(ERM)」에서는 특히 리스크 간 상호 연관관계에 따른 「중첩 효과(Compounding Effect)」를 고려하는 것이 중요하다.

다. 관리능력 강화를 통한 適期 리스크 대응

리스크 사정결과가 허용 수준 이상인 경우 리스크의 수준을 관리하고 경감하는 방안(Mitigation Plan)이 필요하다. 해당 리스크가 통제 가능한 경우 리스크 관리 방안을 재설계하거나 교육이나 훈련, 성과지표와의 연계, 사후관리 활동의 강화 등의 방법을 통해 기존의 관리활동을 강화함으로써 관리효과를 제고할 수 있다.

그리고 통제 불가능한 리스크의 경우 해당 리스크에 대한 직접적인 관리활동의 수행이 불가능하므로 「핵심위험지표(KRI : Key Risk Indicator)」[281] 를 통해 해당 리스크의 발생 가능성을 적시에 인지하여 신속히 대처할 수 있도록 하는 것과 각 리스크가 발생할 경우 몇 가지로 상정하고 이에 대한 시나리오 및 대응이나 「재해/재난복구계획」을 수립하여 관리하는 것이 유효하다.

시나리오 및 대응, 복구계획은 이처럼 리스크의 원인이 외부에 있어 내부적인 통제가 불가능한 경우 및 발생 가능성은 매우 낮지만 한 번 발생할 경우 기업의 존폐를 결정할 수 있는 큰 영향을 미치는 리스크(화재, 전산시스템 마비 등)의 경우에 사전에 수립되어 있어야 리스크에 대한 대응력을 강화할 수 있으며, 그 계획에는 평상시 대비, 발생시 대응, 발생 후 복구에 대한 절차 및 조직 내의 역할 등의 내용이 포함되어야 한다.

사례 1

필립스 공장의 화재사고에 대한 노키아와 에릭슨의 대응

필립스 공장의 화재로 인해 노키아와 에릭슨에 공급하던 휴대전화 칩의 공급이 전면 중단되었는데, 노키아는 주요 공급업체의 공급 부족사태에 대한 리스크 시나리오를 정의하고 공급선을 사전에 다변화하는 대응 계획을 수립한 반면, 에릭슨은 리스크에 대한시나리오 및 대응계획이 수립되지 못했다. 그 결과 당시 노키아와 함께 유럽 휴대전화 시장을 양분하던 에릭슨은 지속적인 내리막길을 걷게 되었다.

라. 리스크 발생에 대한 週期的 모니터링

기업 성과에 영향을 주는 리스크의 종류 및 수준은 지속적으로 변화하므로 이에 대한 지속적인 모니터링이 필요하며 또한 각 부서에서 수행되는 리스크 관리 활동의 적정성에 대한 주기적인 모니터링이 필요하다.

281 핵심위험지표란 회사의 리스크 특성을 객관적으로 수치화하고 이를 통해 리스크의 변화량을 모니 터링하며 손실사건징후를 조기에 포착 예방하기 위한 지표를 말한다. 손실사건과 리스지표간의 인간관계를 정확하게 설명하지 못하면 핵심리스크지표는 의미가 없게 된다.

「핵심 위험지표(KRI)」를 통해 리스크 사정기간 이후 "변동된 리스크 수준(리스크 사정 기간 사이의 리스크 변화)" 및 리스크 수준의 변동 추이를 파악할 수 있으며, 리스크의 발생 가능성에 영향을 주는 내·외부 요소의 변화를 「핵심 위험지표(KRI)」를 통해 측정하고 조기경보신호를 제공하여 조기경보 시스템을 구축할 수 있다. 또한 「핵심 위험 지표(KRI)」를 통해 현재 조직의 리스크 대응 활동 수준의 효과성과 충분성에 대한 모니터링 정보를 획득할 수 있다.

사례 2

독일의 BASF사의 조기경보시스템

독일의 BASF사는 BASIKS 라는 조기경보시스템을 통해 「핵심위험지표(KRI)」의 변동 내역을 적시에 모니터링하며, 리스크 수준이 높아질 경우 즉시 관리 활동을 수행한다. 또한 우려하던 리스크가 실제로 발생할 경우 사전에 준비된 대응 및 복구 계획에 따라 관련 부서가 손실을 최소화하기 위한 대응활동을 실시하며, 사후적으로 내부감사팀에 의한 모니터링을 실시하여 리스크 관리 활동의 적시성과 효과성 등을 확인한다고 한다.

사례 3

미국의 GE사의 모니터링 시스템

미국의 GE 사는 Digital Cockpit 이라는 모니터링 시스템을 통해 전 세계 GE의 주요 비즈니스 활동을 매 15분마다 모니터링하여 실시간으로 리스크 상황을 관리하고 리스크 사건 발생 시 각 담당자 및 임원에게 E-Mail 등으로 자동 통보하고 있다.

마. 리스크 관리에 대한 감사의 역할

성공적 리스크 관리를 위해서는 올바른 리스크 관리 지배구조를 결코 간과해서는 안 된다. 지배구조가 중요한 이유는 리스크가 본질적으로 위기와 기회의 양면적 의미를 내포하고 있으며, 또한 기업의 명운을 좌우하는 주요한 리스크는 상당 부분 명확한 정답이 있는 것이 아니라 경영진의 의사 결정 사항인 경우가 많기 때문이다.

경영진의 독단적인 의사결정을 제어하고, 성장과 안정의 균형을 조화롭게 유지하게 하는 것은 감사의 책임이자 권한이기 때문에 감사는 전사적 리스크 관리에 있어 주도적 역할을 수행해야 한다. 이러한 리스크 관리에 대한 감사의 역할과 책임에 대해 IIA에서도 명시하고 있으며, COSO에서도 ERM의 운영에 감사의 책임을 언급하고 있다.

감사는 이미 재무보고 관련 내부통제 혹은 보다 광범위한 내부통제를 담당하고 있어 전사적 리스크 관리를 감독하는 책임을 담당하기에 매우 적합한 위치에 있기 때문에 회사 내에 독립적인 리스크 관리임원(CRO)이 없는 기업의 경우 CRO의 역할을 감사/감사위원회가 수행하여야 할 것을 주장하는 의견도 상당수 존재하고 있다.

그러나 만약 CRO의 역할을 감사가 수행할 경우에는 자기가 리스크를 관리한 역할을 자기가 리스크를 평가하고 감독하는 이해상충의 문제가 발생하므로 이는 적극 피하는 것이 바람직하다. 따라서 회사 내에 독립적인 CRO가 없는 기업의 경우 준법감시인이나 내부통제 담당임원이 CRO의 역할을 담당하는 것이 적합하다고 본다.

또한 감사는 일반적으로 전사적 리스크 관리에 대한 감독책임을 가지고 있다. 따라서 감사는 경영진이 식별하고 평가한 리스크에 대해 검토하고, 기업의 주요 리스크를 파악해야 하며, 각 부서에서 수행되고 있는 리스크 대응활동의 적정성과 충분성을 주기적으로 모니터링함으로써 기업의 리스크 관리현황을 적기에 파악 및 통제토록 하여야 한다.

감사가 리스크 평가 관리에 대하여 모든 책임을 지도록 요구되지는 않으며, 리스크 평가와 관리를 수행하는 프로세스를 관리하는 안내지침들과 정책들에 대해 논의할 것을 기대한다. 많은 기업들이 감사 이외의 메커니즘을 통해 리스크를 관리하고 평가한다. 감사는 그 회사들이 보유하고 있는 리스크 관리 및 평가 프로세스들을 검토하여야 한다.

아울러 제한된 자본을 리스크를 고려하여 적절히 배분되도록 경영진을 견제하고 필요한 조언을 수행하여 경영진으로 하여금 합리적인 의사결정을 하도록 해야 한다. 리스크 관리를 위한 조직 내의 커뮤니케이션 및 리스크에 대해 자유롭게 논의할 수 있는 기업문화를 만드는 것 역시 감사가 관심을 갖고 중요하게 관리해야 할 사항이다.

사례4

Microsoft사의 리스크 관리

Microsoft사는 리스크 관리 그룹을 통해 ERM의 핵심적인 역할을 수행하고 있으며, 리스크 관리 그룹은 리스크를 사전에 인지하여 위로는 경영진에게 사전 경보를 하고, 아래로는 부문 관리자들이 리스크 관리를 체계적으로 수행할 수 있도록 지원하고 독려하는 기능을 수행한다.

바. 결어

최근 국제 신용평가기관에서는 기업의 신용평가 시 ERM을 주요한 평가요소로 삼고 있으며, S&P의 경우 기업의 신용평가 시 4가지 영역 즉, ① 전사적 리스크 관리 문화 및 지배구조, ② 리스크 식별 및 관리체계, ③ 재난수준의 위기발생 시의 대처방안, ④ 전략적 리스크의 관리방안에 대해 확인하고 있다.

또한 미국 및 유럽의 경우 공시하는 사업보고서에 회사의 리스크 및 이에 대한 관리 활동을 공시할 것을 요구하고 있으며, 국내의 경우에도 리스크 관리 정보에 대한 투자자들의 요구가 지속적으로 증가하고 있는 상황이다. 일부 국내기업의 경우에는 지속가능성 보고서에 리스크 관리 활동에 대해 기술하고 있다.

전사적 리스크 관리가 만병통치약이 될 수는 없다. 즉「전사적 리스크 관리 (ERM)」를 도입한다고 해서 단기간 내에 모든 리스크가 발생하지 않거나, 리스크 발생 시 손실이 없어지는 것도 아니다. 그리고「전사적 리스크 관리(ERM)」의 예방적 효과를 금액으로 측정하거나 검증하기도 어렵다.

톨스토이는 미래를 정확하게 예측하고 대비하는 것은 인간의 역량을 넘어선 신의 영역이라고 말했지만, "큰 사건이 발생하기 전에 평균적으로 29번의 작은 사고가 있고 이와 관련된 징후가 300건 있다." 는 「하인리히법칙」을 생각해 본다면 보다 체계적인 노력을 통해 리스크를 관리하는 활동은 분명히 큰 의미를 가질 수 있다.[282]

제4절 내부통제

Ⅰ. 내부통제제도의 일반

1. 내부통제제도의 정의[283]

오늘날 내부통제의 정의로서 국제적으로 가장 일반적으로 인정되는 것은 「코소(COSO)」가 1992년 「내부통제-통합프레임웍 (Internal Control-Intergrated Framework)」라는 보고서에서 채택한 것이다

"내부통제라 함은 **업무운영의 효과성과 효율성**(effectiveness and efficiency of operations), **재무정보의 신뢰성**(reliability of financial reporting), **그리고 적용 법률 및 규정의 준수**(compliance with applicable laws and regulations)**라는 세 가지 범주에서 목표를 달성하는 데 대해 합리적 확신**(reasonable assurance)**을 제공하기 위하여 계획된, 이사회, 경영진, 기타 구성원에 의해 실행되는 일련의 과**정을 말한다."

"COSO broadly defines internal control as :

… a process, effected by an entity's board of directors, management, and other personnel, designed to provide reasonable assurance regarding the achievement of objectives in the following categories :

Effectiveness and efficiency of operations.

Reliability of financial reporting.

Compliance with applicable laws and regulations."

282 1931년 허버트 윌리엄 하인리히(Herbert William Heinrich)가 펴낸 〈산업재해 예방 : 과학적 접근(Industrial Accident Prevention : A Scientific Approach)〉 이라는 책에서 소개된 법칙이다. 당시 하인리히는 미국의 트래블러스 보험사라는 회사의 엔지니어링 및 손실통제 부서에 근무하고 있었다. 업무 성격상 수많은 사고 통계를 접했던 하인리히는 산업재해 사례분석을 통해 하나의 통계적 법칙을 발견하였다. 그것은 바로 산업재해가 발생하여 중상자가 1명 나오면 그 전에 같은 원인으로 발생한 경상자가 29명, 같은 원인으로 부상을 당할 뻔한 잠재적 부상자가 300명 있었다는 사실이었다. 하인리히 법칙은 1:29:300 법칙이라고도 부른다. 즉 큰 사고는 우연히 또는 어느 순간 갑작스럽게 발생하는 것이 아니라 그 이전에 반드시 경미한 사고들이 반복되는 과정 속에서 발생하다는 것을 실증적으로 밝힌 것으로, 큰 사고가 일어나기 전 일정기간 동안 여러 번의 경고성 징후와 전조들이 있다는 사실을 입증하였다. 다시 말하면 큰 재해는 항상 사소한 것들을 방치할 때 발생한다는 것이다.

285 김용범. 전게서. 2017. 239면 COSO, 「Internal Control-Integrated Framework」, 1992, p13, 국제내부감사인협회(IIA), 전게서, 6~9면, 정창모., 「금융사고 사례와 대책」, 매일경제신문사. 2006, 109~110면, 김순석, 전게서, 117면.

내부통제의 정의의 요점은 다음과 같다.

① 내부통제는 회사가 추구하는 최종 목표가 아니라 이러한 최종 목표를 달성하기 위한 과정 내지 수단

② 내부통제는 회사의 경영정책이나 매뉴얼이 아니라 회사 내의 모든 구성원에 의해 수행되는 일련의 통제활동

③ 내부통제는 특정 목표를 달성하는 데 절대적 확신이 아니라 합리적 확신을 주는 것

2. 내부통제제도의 목적[284]

가. 업무운영의 효과성 및 효율성(Effectiveness and efficiency of operations)

회사의 자산과 자원을 효율적으로 사용하고 회사의 손실 발생으로부터 보호하는 등 영업활동과 관련한 효율성을 달성한다. 또한 내부통제는 과도한 비용을 유발하지 않고 회사의 이익을 최우선적으로 고려하면서 모든 구성원들이 효율성을 가지고 회사의 목표달성을 위해 노력하도록 보장하는 과정이다.

나. 재무정보의 신뢰성(Reliability of Financial Reporting)

조직에서 경영의사결정을 위한 시의적절하고, 신뢰성 있고, 합목적적인 각종 보고서를 마련하여 주주, 감독당국, 기타 외부 이해관계자에게 신뢰성 있는 재무제표 및 기타 재무 관련사항을 공시하도록 하기 위한 목적이다.

이와 같이 경영진, 감독당국, 기타 이해관계자등의 정보이용자에게 전달된 정보는 이들이 의사결정에 유용하게 이용될 수 있는 질적 수준을 갖추어야 한다.

다. 적용 법률 및 규정의 준수(Compliance with Applicable Laws and Regulations)

회사의 모든 활동이 관련 법규, 감독기준, 당해 회사의 제반정책 및 절차를 준수하면서 이루어지도록 하기 위한 목적으로 회사의 영업권과 지명도를 보호할 수 있어야 한다.

3. 내부통제제도의 필요성[285]

회사는 내부통제제도의 운영을 통하여 다음과 같은 사항을 달성하거나 사전에 예방 내지는 최소화할 수 있으므로, 적절한 내부통제제도의 구축은 반드시 필요하다.

적절한 내부통제제도의 구축 필요성

① 회사는 내부통제제도의 운영을 통해 회사 자산의 보전, 신뢰성 있는 재무보고 체제의 유지, 법규준수 등을 효과적으로 이루면서 회사의 설립 목표 달성.

284 김용범. 전게서. 2017. 240면 금융감독원, 전게서, 211~212면, 정창모, 전게서, 11면, 상장회사 협의회, 「내부통제의 통합체계」, 상장 2002.1월호, 2002, 38면.

285 김용범. 전게서. 2017. 240~241면. 금융감독원, 전게서, 212면.

② 영업활동 등과 관련한 중요한 오류 및 일탈행위의 가능성을 감소시키고, 오류 등이 실제로 발생하는 경우, 시의 적절하게 감지하여 시정 및 개선조치 가능.

③ 부적절한 내부통제환경이나 정보시스템과 같이 취약하고 비효율적인 내부통제 시스템은 회사의 영업 손실을 야기시킬 뿐만 아니라 재무의 안전성 위협.

④ 특정 회사의 내부통제제도 운영실패에 따른 경영불안정은 전염효과를 통하여 여타회사의 경영불안정을 발생시키고 때에 따라서는 산업시스템 전반의 실패 초래.

⑤ 내부통제기능은 내·외부 감사기능과 함께 회사의 안전하고 건전한 경영을 유도하는 것을 주요 목적으로 하는 감독당국 및 이해관계자의 감독 및 감시 업무를 보완하는 역할을 수행.

⑥ 궁극적으로 회사는 내부통제제도의 운영을 통해 제반 리스크를 효과적으로 관리함으로써 회사의 목표를 달성하고, 재무적 안정성과 생존능력을 유지.

⑦ 경영자가 주체적으로, 열의를 가지고, 그 회사에 적합한 내부통제시스템을 구축·운용하면, 그것은 경영자에게 법적책임이 없다는 것을 보증하면서 경영자에게 안전과 안심을 가져오는 보험 내지 변호기능을 수행.

II. 내부통제제도의 구성 요소[286]

회사가 어떠한 형식으로 내부통제시스템을 구성할 것인가에 대해서는 모범답안이 있는 것은 아니다. 회사의 규모, 영업활동의 다양성 및 리스크 종류나 수준 등에 따라 결정되어지는 것이다.

COSO는 1992년부터 사용해 오던 기존 「Internal Control – Integrated Framework, ICIF)」(이하 'Framework'이라 한다)의 적용 및 사용을 용이하게 하고, 그동안 제반 환경변화[287]를 반영하여 개정된 「내부통제 Framework」를 2013년 5월 14일 발표하였다.

COSO는 개정된 Framework 적용을 위한 과도기를 2014년 12월 15일까지로 지정하고 있으므로, 2014년 12월 15일 이후에 Original Framework은 효력은 상실한다. 따라서 2014년 12월 31일자 재무보고 내부통제에 대한 보고 시부터 기존 ICIF는 효력을 상실하게 되고, 개정된 COSO 만이 유효하다.

1992년 최초로 발표된 이후 20여 년 만에 ICIF에 대한 개정 작업이 이루어졌지만 내부통제의 근간이 되는 기본개념 자체가 변경되지는 않았다. 개정 내용과 상관없이 변하지 않은 내용은 다음과 같다.

---

286 김용범. 전게서. 2017. 241~255면. 금융감독원, 전게서, 217~224면, 정창모, 전게서, 123~129면, 국제내부감사인협회, 전게서, 6-10~6-16p, 내부회계관리제도운영위원회, 「COSO Framework 개정 내용과 시사점」, 2013. 12. 6~40면, 김용범, 「내부통제제도와 감사기법」, 금융연수원, 2014.

287 그간 내부통제의 주요 환경변화로는 ① 지배구조 감독의 강화, ② 시장과 사업운영의 글로벌화, ③ 사업 환경의 변화와 증대된 복잡성, ④ 법률, 규정, 표준의 요구사항과 복잡성, ⑤ 적격성과 책임에 대한 기대, ⑥ 진화하는 기술에 대한 사용 및 의존, ⑦ 부정의 예방 및 적발과 관련된 기대 등임.

Original Framework의 불변경 내용

① 내부통제의 핵심 정의
② 내부통제의 5가지 구성요소 및 3가지 목적의 범주
③ 효과적인 내부통제를 위하여 5가지 내부통제 구성요소 각각이 필수요건이라는 사실
④ 내부통제의 설계·구축·실행 및 효과성 평가에 있어서 의사판단의 중요성.

COSO의 새로 개정된 Framework는 각각의 내부통제 구성요소와 관련된 기본적인 개념을 반영하는 17가지 원칙(Principles)을 명시적으로 제시함으로써 효과적인 내부통제의 설계 및 평가 시 고려해야할 사항을 명확히 하였을 뿐만 아니라 각 원칙별로 Points of Focus를 제시해 경영진의 내부통제시스템 설계, 구축 및 운영을 지원하였다.

개정된 Framework의 주요 내용

① 각각의 내부통제 구성요소와 관련된 기본적인 개념을 반영하는 17가지 원칙(Principles)을 명시적으로 제시함으로써, 효과적인 내부통제의 설계 및 평가 시 고려해야 할 사항을 명확히 하다.
② 17가지 원칙은 목적의 종류 및 실체의 유형(영리기업, 비영리단체, 정부기관 등)에 관계없이 적합하고 관련성이 있다고 가정한다. 따라서 모든 조직에 있어 내부통제 시스템이 효과적이라는 결론을 내리기 위해서는 17가지 모두가 효과적이어야 한다.
③ 17가지 원칙은 기업별로 변경 가능한 사항이 아닌 필수 고려 항목이다.
④ 각 원칙별로 해당 원칙의 중요한 특성을 반영하는 Points of Focus를 제시하여 경영진의 내부통제 시스템 설계, 구축 및 운영을 지원한다.
⑤ 각각의 Points of Focus는 경영진의 판단에 의해 조정가능하나 합리적인 이유가 존재해야 하며, 각 원칙을 위한 세부적인 기준으로 제시하고 있다.
⑥ 각 Points of Focus가 적절한지에 대하여 개별적인 평가를 요구하고 있지는 않다.

새로 개정된 Framework의 내부통제 구성요소 별 17가지 원칙과 핵심적인 요점의 구체적인 내용은 다음과 같다.

1. 통제환경(Control environment)

통제환경은 회사의 내부통제시스템의 기초를 이루는 경영철학, 지배구조, 기업문화 및 윤리의식, 종업원의 자질 등을 광범위하게 포괄하는 개념으로 이해할 수 있다. 통제환경은 내부통제시스템의 기본적인 기준과 틀을 제공함으로써 내부통제 구성요소들이 적절히 작동될 수 있도록 여건을 조성하는 것이다.

효율적이고 강렬한 통제환경을 조성하기 위해서는 조직의 모든 구성원이 내부통제시스템의 중요성을 인식하고, 제반정책 및 절차를 준수하겠다는 실천의지를 공유하는 것이 중요하다. 적절한 통제문화를 형성하기 위해 이사회 및 경영진은 모든 직원에게 올바른 업무수행

자세와 윤리기준을 장려하고 이를 적극적으로 실천할 수 있는 조직문화의 활성화를 도모하여야 한다.

통제환경과 관련된 주요 원칙과 핵심적인 요점은 다음과 같다.

1) 도덕성과 윤리적 가치에 대한 원칙 설정

① 최고위층의 의지

이사회 및 회사의 모든 레벨의 경영진은 지침, 조치, 행동을 통하여 내부 통제 시스템의 기능을 지원함에 있어 도덕성과 윤리적 가치의 중요성을 강조한다.

② 행동규범의 제정

도덕성과 윤리적 가치에 대한 이사회와 고위경영진의 기대사항은 조직의 행동규범에 정의되어 있으며, 모든 직원 및 아웃소싱 업체들과 비즈니스 파트너들이 이를 숙지하고 있다.

③ 행동규범의 준수여부 평가

회사가 기대하는 행동규범을 반영하여 개인과 팀의 성과를 평가하는 프로세스가 마련되어 있다.

④ 위반사항의 적시 해결

회사가 기대하는 행동규범의 위반사항은 적시에, 일관된 방식으로 해결한다.

2) 이사회의 감독 책임 수행

① 감독 책임 수립

이사회는 수립된 요구사항 및 기대사항과 관련된 감독책임을 식별하고 수락한다.

② 관련된 전문지식 적용

이사회는 고위 경영진에게 면밀한 질문을 하고 상응하는 조치를 취하기 위해 이사회 구성원들에게 필요한 기술과 전문지식을 정의하고, 유지하고, 주기적으로 평가한다.

③ 독립적 운영

이사회는 평가 및 의사결정에 있어서 경영진과 독립되고 개관적인 충분한 인원을 보유한다.

④ 내부통제시스템의 감독 역할 수행

이사회는 경영진의 내부통제 설계, 구축, 운영에 대한 감독책임을 보유한다.

3) 조직구조, 권한 및 책임의 수립

① 조직의 모든 구조 고려

경영진과 이사회는 조직의 목표달성을 지원하는 데 이용된 복합적인 조직 구조 (운영단위, 법적주체, 지역적 분배, 아웃소싱업체 포함)를 고려한다.

② 보고라인 정의

경영진은 조직의 활동을 관리하기 위하여 권한과 책임의 실행, 정보 교류를 가능하게 하는 각 조직구조의 보고라인을 설계하고 평가한다.

③ 권한과 책임의 정의, 배분 및 제한

경영진과 이사회는 권한을 위임하고 책임을 정의하며, 조직의 다양한 계층에서 필요한 책임 분담과 직무 분리를 위해 적절한 프로세스와 기술적인 수단을 이용한다.

4) 적격성에 대한 원칙 설정

① 정책 및 절차 수립

정책 및 절차는 조직 목표달성에 필요한 적격성의 기대사항을 반영한다.

② 적격성 평가 및 결점 보완

이사회와 경영진은 회사가 수립한 정책 및 절차와 관련하여 조직 전반과 아웃소 싱업체의 적격성을 평가하고, 부족한 점이 있으면 이를 보완한다.

③ 인력 선발, 육성 및 조직 내 유지

조직은 목적달성을 지원하기 위하여 유능한 인력 및 아웃소싱업체를 선발하고, 육성하며, 유지할 수 있도록 필요한 멘토링과 교육을 제공한다.

④ 업무의 승계에 대한 계획과 준비

고위 경영진과 이사회는 내부통제의 중요한 책임을 부여하기 위하여 필요한 「비상계획(contingency plane)」을 수립한다.

5) 내부통제 책임 강화

① 조직 구조, 권한, 책임을 통한 책임성 강화

영진 및 이사회는 조직 전반의 내부통제 책임에 대해 의사소통하고 구성원들이 책임감을 갖게 하는 메커니즘을 수립하고, 필요한 경우에는 수정조치를 취한다.

② 성과측정, 인센티브, 보상체계 수립

경영진과 이사회는 업무성과, 기대되는 행동규범, 장단기 목표 달성을 고려하는 조직 내 모든 직급의 직무수행에 적절히 적응할 수 있는 성과측정, 인센티브 및 기타 보상에 대한 체계를 수립한다.

③ 관련성을 지속시키기 위한 성과지표, 인센티브, 보상체계 평가

경영진과 이사회는 인센티브와 보상체계를 조직 목표달성 과정에서 내부 통제 책임의 이행과 연계시킨다.

④ 과도한 압박 고려

경영진과 이사회는 목표달성과 관련된 책임 부여, 성과지표 개발, 성과평가 과정에서의 압박을 평가하고 조정한다.

⑤ 성과를 평가하고 보상 또는 징계 수행

경영진과 이사회는 행동규범 및 적격성에 대한 기대치 등 내부통제 책임의 성과를 평가하고, 그 결과에 따라 적절한 보상 또는 징계를 수행한다.

2. 리스크 사정(Risk Assessment)

리스크 사정은 회사가 직면하고 있거나 직면하게 될 각종 리스크를 인식, 측정, 분석하는 것을 의미한다. 내부통제시스템이 효과적으로 작동되기 위해서는 회사의 목표달성에 부정적인 영향을 미칠 수 있는 리스크 요인을 사전에 인식하고 평가하는 것이 중요하다.

통제되지 않은 리스크는 회사의 목적 달성을 방해하고 영업성과를 악화시킬 수 있기 때문에 경영진은 회사에 내재하고 있는 각종 리스크[신용리스크, 시장리스크(금리리스크, 가격변동리스크, 환리스크), 유동성리스크, 경영리스크, 운영리스크, 법규리스크, 평판 리스크 등]를 적절히 인식하고 평가하여야 한다. 각종 리스크 종류에 대하여는 제1편- 제4장-제3절 -Ⅲ. -1. '리스크의 종류' 항목에서 자세히 설명하였으므로 이곳에서는 설명을 생략한다.

리스크 사정과정에서 새로운 유형의 리스크나 그 동안 무시되었던 리스크가 발견된 경우에는 이들 리스크를 적절히 통제할 수 있는 방향으로 내부통제시스템을 보완 · 수정하여야 한다.

리스크 사정과 관련된 주요 원칙과 핵심적인 요점은 다음과 같다.

6) 적절한 목적의 구체화

[운영 목적]

① 경영진의 선택 반영

운영 목적은 구조, 산업의 고려사항, 조직의 성과에 대한 경영진의 선택을 반영 한다.

② 위험에 대한 허용수준 고려

경영진은 운영 목적의 달성과 관련된 변화의 허용 가능한 수준을 고려한다.

③ 운영 및 재무성과 목표 반영

조직은 운영 목적 내에서 요구되는 운영 및 재무성과의 수준을 반영한다.

④ 자원 활용을 위한 기준 형성

경영진은 요구되는 운영 및 재무성과의 수준을 달성하는 데 필요한 자원을 할당 하는 기준으로써 운영 목적을 활용한다.

[외부 재무보고 목적]

① 적용 가능한 회계기준 준수

재무보고 목표는 회사에 적절하고, 유효한 회계원칙과 일관되어야 한다. 선택된 회계 원칙은 현재의 환경에서 적절한 것이다.

② 중요성 금액 고려

경영진은 재무제표상의 중요성 금액을 고려해야 한다.

③ 회사활동 반영

외부보고는 질적인 특성과 경영진의 주장을 보여주는 근본적인 거래 및 사건을 반영한다.

[외부 비재무보고 목적]

① 외부에서 수립된 표준 및 Framework 준수

경영진은 법률 및 규정, 공인된 외부기관의 표준 및 Framework와 일치하는 목적을 수행한다.

② 요구되는 정확도 수준 고려

경영진은 사용자의 요구에 대한 적합성 및 비재무보고와 관련된 외부 조직에 의하여 수립된 기준을 근거로 하여 요구되는 정확도 및 정확성의 수준을 반영한다.

③ 회사 활동 반영

외부보고는 수용 가능한 한계의 범위 내에서 잠재적인 거래와 사건을 반영한다.

[내부보고 목적]

① 경영진의 선택 반영

내부보고는 경영진의 선택 및 회사를 관리하는 데 필요한 정보를 완전하고 정확하게 경영진에게 제공한다.

② 요구되는 정확도의 수준 고려

경영진은 비재무보고 목적의 사용자의 요구에 대한 적합성 및 재무보고 목적의 중요성 관점에서 요구되는 정확도 및 정확성의 수준을 반영한다.

③ 회사 활동 반영

내부보고는 수용 가능한 한계 범위 내에서 잠재적인 거래와 사건들을 반영한다.

[준법 목적]

① 외부 법률 및 규정 반영

법률 및 규정은 회사를 준법 목적과 통합함에 있어 최소한의 행동규범을 수립한다.

② 위험에 대한 허용치 고려

경영진은 준법 목적의 달성과 관련된 변화의 허용 가능한 수준을 고려한다.

7) 위험 식별 및 분석

① 회사, 자회사, 부서, 운영조직 그리고 기능별 조직 포함

조직은 목적 달성과 관련하여 회사, 자회사, 부서, 운영조직, 그리고 기능별 조직 내의 위험을 식별하고 평가해야 한다.

② 내 · 외부적인 요인 분석

위험 식별 시 내부적인인 요인과 외부적인 요인을 동시에 고려해야 하며, 이러한 요소 들이 목표달성에 어떻게 미치는가를 고려해야 한다.

③ 적절한 수준의 경영진 참여

조직은 적절한 수준의 경영진이 참여하는 효과적인 위험 평가 메커니즘을 구성 해야 한다.

④ 식별된 위험의 중요도 평가

식별된 위험은 위험의 잠재적인 중요도를 평가하는 절차를 포함한 프로세스를 통하여 분석한다.

⑤ 위험에 대한 대처방안 결정

위험 평가 절차에는 해당 위험을 수용할지, 회피할지, 감축할 것인지 또는 전가 할 것인지에 대한 위험관리 방안의 고려가 포함된다.

8) 부정 위험의 평가

① 다양한 부정의 유형 고려

부정에 대한 평가는 부정 및 잘못된 행동의 발생으로 인한 부정한 재무 보고, 자산의 손실 가능성, 부패 등을 고려한다.

② 유인과 압력의 평가

부정 위험 평가 시 유인과 압력을 평가한다.

③ 기회 평가

부정위험의 평가 시 승인되지 않은 자산 취득, 사용, 또는 처분, 회사 보고 기록 의 변경, 또는 다른 부적합한 행동의 실행 등의 기회를 고려한다.

④ 태도와 합리화에 대한 평가

부정위험 평가 시 경영진과 다른 인원이 어떻게 부적합한 행동에 연관되거나 정 당화할 수 있는지 고려한다.

9) 중요한 변화사항에 대한 식별 및 평가

① 외부 환경변화의 평가

위험을 식별하는 프로세스는 회사를 운영함에 있어 규제의 변화, 경제적인 변화, 그리고 물리적인 환경의 변화를 고려한다.

② 사업 변화의 평가

회사는 새로운 사업의 잠재적인 영향도, 현재 사업라인 구성의 중요한 변경, 내부통제 시스템 상 사업운영의 인수 및 매각, 급속한 성장, 해외 의존도의 변화, 새로운 기술 등을 고려한다.

③ 리더십 교체의 평가

회사는 경영진의 교체와 그들의 내부통제시스템에 대한 태도 및 철학을 고려한다.

3. 통제활동(Control Activities)

통제활동은 회사의 모든 직원이 이사회와 경영진이 제시한 정책 및 절차에 따라 일상 업무를 수행하고 있는지 여부를 확인하는 제반 활동을 의미한다. 이는 리스크 사정과정에서 회사의 목표달성에 부정적인 영향을 미칠 수 있는 리스크를 효율적으로 통제할 수 있도록 유도하는 과정이다.

통제활동과 관련된 주요 원칙과 핵심적인 요점은 다음과 같다.

10) 통제활동의 선택 및 구축

① 위험 평가와 통합

통제활동은 위험을 해결하고 감소시키는 위험 대응이 실현될 수 있도록 도와준다.

② 조직의 특수 요소 고려

경영진은 조직의 특성뿐만 아니라 조직 환경, 복잡성, 속성 및 업무 범위에 따라 통제 활동을 어떻게 선택하고 구축할지에 대하여 고려한다.

③ 관련된 비즈니스 프로세스 결정

경영진은 어떤 비즈니스 프로세스에 통제활동이 필요한지 판단한다.

④ 통제활동 유형의 조합 평가

통제활동은 여러 가지 다양한 통제들을 포함하며, 수동통제와 자동통제, 예방통제와 적발통제 등 위험을 감소시키는 데 필요한 접근방식이 포함될 수 있다.

⑤ 적용할 통제활동 수준 고려

경영진은 조직 내 다양한 수준의 통제활동을 고려한다.

⑥ 업무분장 고려

경영진은 양립할 수 없는 업무를 분리하고, 업무분장이 유용하지 않을 경우 대체적인 통제활동을 선택하고 구축한다.

11) 정보기술 일반통제의 선택 및 구축

① 비즈니스 프로세스상 정보기술의 사용과 정보기술 일반통제 간 의존도 판단

경영진은 비즈니스 프로세스, 자동 통제활동 및 정보기술 일반통제 간 의존성과 연관 관계를 이해하고 판단한다.

② 관련된 정보기술 인프라 통제활동의 수립

경영진은 정보기술 처리의 완전성, 정확성 및 이용가능성을 확보하기 위해 설계되고 실행되는 정보기술 인프라 구조에 대한 통제활동을 선택하고 구축한다.

③ 관련된 보안 관리 프로세스 통제활동의 수립

경영진은 업무책임에 비례하여 정보기술접근권한을 인가된 담당자에게 제한하고, 외부 위협으로부터 회사의 자산을 보호하기 위한 통제활동을 선택하고 구축한다.

④ 관련된 정보기술 취득, 개발 및 유지 프로세스 통제활동의 수립

경영진은 정보기술의 취득, 개발, 유지와 경영진의 목적달성을 위한 인프라에 대한 통제활동을 선택하고 구축한다.

12) 정책 및 절차를 통한 통제활동의 설계

① 경영지침의 실행을 지원하기 위한 정책 및 절차 수립

경영진은 기대사항을 수립한 정책과 이를 구체화한 관련된 절차를 통해 비즈니스 프로세스 및 임직원의 일상 활동에 내재되도록 통제활동을 구축한다.

② 정책과 절차를 실행하기 위한 의무 및 책임 수립

경영진은 관련 위험이 존재하는 사업단위 또는 기능조직의 경영진(또는 지정된 인원)과 함께 통제활동에 대한 의무 및 책임을 수행한다.

③ 적절한 시기에 수행

책임 있는 담당자가 정책과 절차에 규정된 적절한 시기에 통제활동을 수행한다.

④ 수정 조치 수행

통제활동의 실행결과 파악된 문제에 대하여 책임 있는 담당자가 조사하고 필요시 수정조치를 취한다.

⑤ 적격성 있는 담당자가 수행

충분한 권한을 가진 적격성을 갖춘 담당자가 성실하고 지속적인 관심을 가지고 통제 활동을 수행한다.

⑥ 정책과 절차의 재평가

경영진은 주기적으로 통제활동을 검토하여, 지속적인 적정성을 판단하고 필요시 정책과 절차를 갱신한다.

4. 정보와 의사소통(Information & Communication)

이사회, 경영진 및 직원들이 그들의 책임을 적절하게 수행할 수 있도록 시의 적절한 정보를 수집·제공하는 역할을 하는데, 적절한 정보의 생산 및 의사소통은 내부 통제시스템의 원활한 작동을 위해서 필수적이다.

회계시스템은 회사의 모든거래를 인식, 수집, 분석, 분류, 기록, 보고하는 방법에 관한 것이며, 정보시스템은 이사회 및 경영진이 의사결정에 필요한 영업활동, 재무, 법규준수 등에 관한 정보와 보고서를 생산 관리하는 것이다. 그리고 의사소통시스템은 정보시스템에 의해 생성된 정보를 내부관계자, 주주, 고객, 감독당국 등에 제공하는 역할을 한다.

내부통제시스템이 효율적으로 작동되기 위해서는 회사의 중요한 활동을 포괄하는 정보시스템 구축이 전제되어야 하며, 이 같은 시스템은 보안 유지와 함께 장애발생에 대비한 비상대책을 갖추고 있어야 한다. 또한 전산정보시스템의 운용 및 정보기술의 사용과 관련한 리스크를 적절히 통제하기 위해서는 다음 2가지의 통제를 모두 포함하여야 한다.

<u>전산정보시스템의 통제방법</u>

① 일반통제(General Control)

메인프레임, client/server시스템 등과 같은 컴퓨터시스템 자체에 대한 통제로서, 시스템이 지속적으로 적절히 작동되도록 하기 위해 자체 백업 및 복구절차, 소프트웨어 개발 및 구입 정책, 시스템 유지 절차, 물리적/논리적 보안 통제 등을 갖추는 것이 이에 해당된다.

② **응용통제(Application Control)**

매 거래 및 영업활동의 이행과정을 통제하는 응용소프트웨어 내의 전산화된 절차 및 여타 매뉴얼화된 절차이다.

그리고 회사의 제반정보나 자료가 조직내부의 필요한 곳에 원활하게 전달되기 위해서는 커뮤니케이션 활성화가 중요하다. 정보의 소통경로(하부에서 위로, 상부에서 하부로, 또는 수평적으로 전달하는 체제)를 유지하여 소통장애가 발생되지 않도록 하여야 한다.

정보의 소통방법

① **상향 전달:**이사회 및 경영진은 회사의 제반 리스크와 영업성과 등을 이해하게 된다.

② **하향 전달:**이사회 및 경영진이 수립한 회사의 경영목표, 전략, 제반정책 및 절차 등이 효과적으로 일반 직원에게 전달된다.

③ **수평 전달:** 특정부서가 취득. 보유한 정보가 여타 관련부서에 전달되어 공유된다.

예컨대 특정부서나 특정인이 수집·생산한 정보가 경영진(또는 특정인)에게만 전달되거나 독점됨으로써 정작 정보가 필요한 영역에 공유되지 않는다면 오히려 문제의 소지를 키우는 결과를 초래할 수 있다는 점에 유의하여야 한다.

정보 및 의사소통과 관련된 주요 원칙과 핵심적인 요점은 다음과 같다.

13) 연관성 있는 정보의 취득, 생성 및 사용

① 필요한 정보의 식별

내부통제의 다른 구성요소들과 조직의 목표를 달성하는 데 필요한 정보들을 식별할 수 있는 절차가 마련되어 있다.

② 회사 내 · 외부의 데이터 원천 파악

정보시스템은 회사 내/외부에서 데이터 원천을 파악한다.

③ 연관성 있는 데이터 정보를 변환

정보시스템은 관련성 있는 데이터를 처리하여 정보로 변환한다.

④ 처리과정에서 품질의 유지/관리

정보시스템에서 만들어 내는 정보는 적시성, 정확성, 완전성, 접근가능성을 갖춘 최신의 정보이다. 또한 이 정보는 보호되고, 검증 가능하며, 계속해서 유지되는 정보이다. 내부통제구성요소의 지원과 관련성을 평가하기 위해 정보를 검토한다.

⑤ 비용과 효익을 고려

의사소통 대상이 되는 정보의 본질, 수량, 정확성은 조직의 목표와 부합하고 목표달성에 도움이 된다.

14) 내부와의 의사소통 수행

① 내부통제 정보에 대한 의사소통

모든 직원이 내부통제 책임을 이해하고 이행할 수 있도록 필요한 정보를 소통하는 프로세스가 존재한다.

② 경영진과 이사회 간의 의사소통

양쪽 모두 조직의 목표를 위해 각자의 역할을 수행하는 데 필요한 정보를 얻기위한 의사소통이 이루어진다.

③ 분리된 의사소통 라인을 제공

일반적인 채널이 적절하지 못한 경우에 대비하여 분리된 의사소통 채널이 존재하며, 이는 내부고발자와 같은 익명 또는 기말에 대한 의사소통이 필요한 경우 안전 보장 장치 역할을 한다.

④ 적절한 의사소통 방법을 선택

타이밍, 대상자, 정보의 속성을 고려하여 선택한다.

15) 외부와의 의사소통 수행

① 외부 조직과의 의사소통

주주, 파트너, 기업 소유주, 규제기관, 고객, 애널리스트 등 조직 외부의 주체와 적절하고 적시성 있는 정보를 의사소통할 수 있는 프로세스가 마련되어 있다.

② 조직 내부로의 의사소통

개방된 의사소통 채널을 통해 고객, 소비자, 공급자, 외부감사인, 규제기관, 애널리스트 등 회사 외부 주체의 의견을 받을 수 있으며, 경영진과 이사회에게 적절한 정보를 제공한다.

③ 이사회와의 의사소통

외부 조직이 수행한 평가를 통한 관련성 있는 정보는 이사회와 협의한다.

④ 분리된 의사소통 라인의 제공

일반적인 채널이 적절하지 못한 경우에 대비하여 분리된 의사소통 라인이 존재하며, 이는 내부고발자와 같은 익명 또는 기밀에 대한 의사소통이 필요한 경우 안전보장장치 역할을 한다.

⑤ 적절한 의사소통 방식을 선택

의사소통방식은 적시성, 대상자, 의사소통 성격, 법률/규제/신탁(fiduciary) 관련 요건을 고려하여 선택한다.

5. 감시활동(Monitoring)

자기진단 또는 모니터링은 내부통제시스템 운영 실태와 유효성을 평가·검증하는 프로세스이다. 그동안 컨설팅이나 평가업무는 주로 외부기관에 의존해 왔다. 그러나 오늘날 회사의 리스크 관리와 내부통제 운영에 있어서 구성원은 스스로 자신을 진단하고 중요한 문제점을 발견해 나가는 「전사적위험관리」와 「자기진단」 문화를 강조하고 있다.

회사는 이에 관한 국제적인 Best Practice를 참고하여 자가진단 기능을 강화해 나가야 할 것이다. 내부통제운영에 대한 진단 및 모니터링은 경영진의 주도하에 내부통제조직이 수행하거나 외부의 독립적 기관에 의해서 수행될 수 있다.

내부통제 운영기준상의 자기진단 및 모니터링 관련 내용(예시)

① 내부통제시스템의 유효성을 지속적으로 모니터링하여야 하며, 특히 중요 리스크에 대한 모니터링은 해당 부서 및 내부감사 조직에 의해 정기적으로 평가되어야 할 뿐만 아니라 일상적인 활동의 일부가 되어야 한다.
② 모니터링은 일상적인 영업활동의 일부로서 수행되는 상시 모니터링과 내부 통제 과정 전반에 대한 개별적인 정기평가로 구분된다.
③ 유능하고 잘 훈련받은 감사조직을 일상 영업활동과는 독립적으로 운영하면서 내부통제 시스템에 대한 효과적이고 포괄적인 감사업무를 수행토록 하여야 하며, 내부감사는 이사회 또는 감사위원회 및 경영진에게 감사 결과, 평가내용 등을 직접 보고하여야 한다.
④ 발견된 내부통제제도의 취약점은 상위관리자에게 보고되어 즉각 시정조치가 취해져야 하며, 내부통제 운영상의 주요 문제점은 이사회 및 경영진에 보고하여야 한다.

이러한 모니터링 활동은 회사시스템 전반을 대상으로 할 수도 있고 이와 병행하여 사업부문별 또는 부서별(영업점)로 수행할 수 있다.

16) 지속적 그리고/또는 개별적 평가 수행

① 지속적/개별적 평가를 조합하는 것을 고려

경영진은 지속적/개별적 평가의 균형을 포함한다.

② 변화율을 고려

경영진은 지속적/개별적 평가를 선택하고 구축할 때, 비즈니스와 비즈니스 프로세스의 변화율을 고려한다.

③ 기초이해 정도를 확립

내부통제시스템의 설계와 현재 상태는 지속적/개별적 평가를 위한 기초 이해정도를 확립하는 데 사용된다.

④ 전문가를 사용

지속적/개별적 평가를 수행하는 평가자들은 평가대상에 대한 충분한 지식을 가지고 있어야 한다.

⑤ 비즈니스 프로세스와 통합

지속적 평가는 비즈니스프로세스 내에 생성되고 변화하는 상황에 따라 조정된다.

⑥ 범위와 빈도를 조정

경영진은 위험의 정도에 따라 개별적 평가의 범위와 빈도를 달리한다.

⑦ 객관적으로 평가

객관적인 피드백을 제공하기 위해 주기적으로 개별적 평가가 수행된다.

17) 미비점에 대한 평가 및 의사소통

① 결과 평가

경영진과 이사회는 지속적 평가, 개별적 평가의 결과에 대해 적절히 평가한다.

② 미비점 의사소통

내부통제의 미비점은 개선활동을 수행할 책임 있는 당사자와 고위 경영진, 이사회와 적절하게 의사소통한다.

③ 개선활동에 대한 모니터링

경영진은 미비점들이 적시에 치유되는지 확인한다.

이상에서 말한 5가지 내부통제의 구성요소 사이에는 상승작용과 연쇄관계가 있어 전체로서 환경변화에 유연하게 대응하는 하나의 통합된 시스템을 형성하게 된다. 내부통제가 유효하게 기능하는 경우란 통제절차가 사업체의 하부구조에 구축되어 사업체에 없어서는 안 될 것의 일부로 되는 경우이다. 구축된 통제절차는 업무의 질적 향상과 권한의 발휘를 지원하고 비용의 발생을 억제한다. 그리하여 환경변화에 즉시 대응을 가능하게 한다.

위에서 말한 3가지 통제 목적의 범주(이것은 사업체가 달성하려고 노력하는 것으로)와 내부통제의 구성요소는 직접적으로 관계가 있다. 모든 내부통제의 구성 요소는 각 통제목적의 범주와 관련성을 가지고 있다. 어떤 하나의 통제 목적(예를 들어 업무의 효율성과 효과성)을 대상으로 하는 경우 업무에 대한 내부통제가 유효하다고 결론을 내리기 위해서는 다섯 가지의 구성요소가 모두 존재하고 또한 그것이 유효하게 기능하고 있지 않으면 안 된다.

Ⅲ. 내부통제제도의 조직과 역할

회사의 내부통제는 이사회, 경영진, 감사위원회(감사), 준법감시인 또는 준법지원인, 중간관리자, 일반 직원에 이르기까지 모든 구성원들에 의해 운영되어야 한다. 특히, 이사회와 경영진은 직원들로 하여금 내부통제의 중요성과 각자의 역할을 이해하고 구성원들이 내부통제 활동에 적극참여할 수 있도록 건전한 통제문화를 형성하는 데 노력해야 한다.

1. 내부통제 운영주체[288]

회사의 내부통제를 운영하는 주체에 대해서는 근본적인 인식전환이 필요하다. 다수의 회사 임직원들은 내부통제는 감사위원회, 감사, 감사부서, 준법감시인, 준법지원인 등 내부통제 관련부서의 고유 업무라고 이해하고 있는데 이는 매우 그릇된 인식이 아닐 수 없다.

288 김용범. 전게서. 2017. 255~259면 정창모, 전게서, 111~118면, 금융감독원, 전게서, 213~214면, 국제내부감사인협회(IIA), 전게서,6-16~6-18p, 김용범, 전게서, 2012, 179~183면.

오늘날 회사업무는 업무영역별로 분화되고 있기 때문에 과거처럼 내부통제부서가 모든 업무를 관장할 수는 없다. 예컨대 각 사업부문은 사업부문대로, 각 부서는 부서 대로, 각 팀별로, 각 개인별로 내부통제운영에 관한 필요한 절차가 무엇인지를 깨닫고 이를 실천하는 것이 내부통제 성공여부의 관건이 되고 있음을 유의할 필요가 있다.

가. 이사회

이사회는 회사의 대표기구로서 효율적인 내부통제시스템을 구축하고 적절하게 유지될 수 있도록 총괄적인 책임을 지며 내부통제시스템의 운영에 관한 전반적인 사항을 지휘·통솔하여야 한다.

이사회는 경영진과 내부통제시스템의 유효성을 주기적으로 협의하고 경영진, 내·외부감사인 및 감독 당국에 의해 행해지는 내부통제 운영에 대한 평가결과를 점검하여야 한다. 또한, 감사인 및 감독당국의 권고사항 또는 관심사항이 경영진에 의해 적절하게 조치되고 있는지를 모니터링하고, 회사의 경영전략과 리스크 한도를 주기적으로 점검하여야 한다.

내부통제시스템의 적절한 운영을 위한 이사회의 임무

① 전반적인 사업전략과 주요 정책을 주기적으로 검토·승인
② 제반 리스크 및 한도를 이해하고 이에 대한 수용가능 한도를 설정, 경영진이 리스크를 인식·측정·통제할 수 있는 시스템을 구축·운영하도록 감독
③ 내부통제시스템의 효율적 운영에 필요한 조직구조 승인
④ 경영진이 내부통제시스템의 유효성을 적절히 모니터링하도록 감독

나. 경영진

경영진은 이사회가 승인한 사업전략 및 정책을 집행하면서 회사의 최종 목표를 효율적으로 달성하기 위해 내부통제시스템을 적절하게 구축·운영할 책임이 있다. 그리고 내부 통제의 적정성, 유효성 등에 대한 상시점검을 실시한다.

각 사업부문에서 내부통제와 관련된 제반정책 및 절차가 지켜질 수 있도록 조치단위별로 통제이행 의무와 책임을 부여하고, 중간관리자를 비롯한 모든 직원들이 내부통제운용과 관련한 스스로의 책임을 이해하고 그 역할을 적절하게 수행하도록 감독해야 한다.

내부통제시스템의 적절한 운영을 위한 경영진의 임무

① 이사회가 승인한 사업전략 및 정책을 집행
② 회사가 직면하고 있는 제반 리스크 인식·측정·모니터링·통제하기 위한 시스템 개발 및 운영
③ 의무, 권한 및 보고관계가 명확한 조직구조 유지
④ 하부 위임된 책임이 효율적으로 수행되는지 여부를 감독

⑤ 적절한 내부통제정책 수립 운영

⑥ 내부통제시스템의 적정성, 유효성 등에 대한 점검 및 모니터링

다. 감사위원회 또는 감사

감사위원회 또는 감사는 경영진이 내부통제시스템을 적절하게 운영하고 있는지 여부를 평가하고 평가결과 및 미비사항을 적기에 이사회에 보고하여야 한다. 이사회 소속의 위원회로서 감사위원회를 두거나 감사를 임명하는 두 가지 형태가 있다.

감사위원회 또는 감사는 독립적인 활동을 통하여 이사회를 거치지 아니하고 회사의 내부통제시스템의 운영에 관한 제반 정보 및 보고서에 대한 세부점검을 실시하고 필요한 조치를 취할 책임이 있다.

감사위원회 또는 감사를 보조하기 위하여 내부감사부서를 두는 방법으로 내부통제 운영상황을 평가하고 감사하며 회사의 모든 재무정보, 자료 및 기록에 접근할 수 있어야 한다. 또한 감사위원회 또는 감사는 이사회, 경영진, 외부감사인 및 감독당국과의 의사소통 역할을 수행하여야 한다.

라. 준법감시인 또는 준법지원인

준법감시인(일반기업의 경우 내부통제책임자)은 임직원이 법령을 준수하고 경영을 건전하게 하며 주주 및 고객 등을 보호하기 위해 그 회사의 임직원이 직무를 수행할 때 따라야 할 기본적인 절차와 기준을 정한 내부통제기준을 회사의 각 사업부문과 구성원들이 직무를 수행함에 있어 철저히 준수하도록 하고, 내부통제에 대한 기본적인 규범이나 절차, 기준 등을 제시해야 할 책임이 있다.

그 주된 역할로서 내부통제기준 준수 여부를 점검하고 내부통제기준을 위반하는 경우 이를 조사하는 등 내부통제 관련 업무를 총괄하고, 필요하다고 판단되는 겨우 조사결과를 감사위원회 또는 감사에게 보고하고 그 대응책을 마련하는 것이며, 2000년부터 대형금융회사를 중심으로 준법감시인을 두도록 제도화하고 있다. 이는 금융회사로 하여금 내부통제 강화 및 법규 준수 의식을 한층 더 높게 요구할 필요성이 있기 때문이다.

또한 준법지원인은 상장회사의 임직원이 법령을 준수하고 회사경영을 적정하게 하기 위하여 임직원이 그 직무를 수행할 때 따라야 할 준법통제에 관한 기준 및 절차를 정한 준법통제기준을 회사의 각 사업부문과 구성원들이 철저히 준수하도록 하고 또는 준법통제에 대한 기본적인 규범이나 절차, 기준 등을 제시할 책임이 있다.

그 주된 역할로서 준법지원인은 임직원들의 준법통제기준의 준수여부를 점검하고 그 점검결과를 이사회에 보고하는 업무를 담당한다. 우리나라에서는 2011. 4. 14.「상법」개정 시 도입된 제도로서 최근 사업연도 말 기준으로 자산총액이 5천억 원 이상인 상장 회사에 준법지원인 1명 이상을 두도록 의무화하였다.

마. 내부회계관리자

회사의 내부통제 주체로서 내부회계관리자는 국내외의 대형회계 스캔들에 따른 회사정보의 투명성 강화 차원에서 도입되었다. 회사의 회계정보의 정확성 및 완전성을 도모하기 위하여 미국 등 선진국의 사례를 참고하여 회계측면에서의 내부통제장치를 보강할 필요가 있었다. 이에 따라 일정규모 이상(직전 사업연도 말의 자산 총액이 1,000억 원 이상)의 외부감사대상 법인에 대해 내부회계관리제도를 구축토록 요구하게 되었다.

회사의 대표자는 내부회계관리제도의 관리 및 운영에 책임을 지며 이를 담당할 상근이사 1인을 내부회계관리자로 지정해야 한다. 일반적으로 금융회사의 경우 재무담당임원이 내부회계관리자로 임명되고 있다. 회사의 대표자는 사업연도마다 주주총회, 이사회 및 감사 또는 감사위원회에게 회사의 내부회계관리제도의 운영실태를 보고하여야 한다.

이를 위해 내부회계관리자는 내부회계관리제도에 대한 일상적 업무의 일부로서 상시모니터링을 수행함과 동시에 내부관리회계제도의 전반적인 유효성에 대한 평가를 정기적으로 실시하여야 한다. 요컨대, 내부회계관리자는 재무보고 및 공시통제 운영 실태 등 협소한 의미의 내부통제를 수행하는 것으로 볼 수 있다.

내부회계관리자의 주요업무

① 내부회계관리제도 운용·관리 ② 재무보고 내부통제시스템 구축 및 운영
③ 재무보고 내부통제 유효성 평가, 보고 및 사후관리
④ 재무보고 내부통제 교육 및 지도 등

바. 사업부문(영업점) 감사담당 및 일반직원

회사의 조직은 개인을 시작으로 소그룹, 중대조직, 경영층으로 이어지면서 부서별 또는 사업부문별로 구분된다. 회사의 구성원과 각 조직은 회사의 기본정책과 사업지침을 따르고, 각기 소속된 사업부문별 업무수행에 있어서 절차의 정당성을 요구받고 있다.

그런 점에서 회사의 모든 구성원은 내부통제 운영의 주체임을 인식하여야 한다. 각자의 직무를 수행함에 있어 자신의 역할을 잘 이해하고 관계 법규, 내부통제기준 등을 충실히 따라야 한다. 개인이야말로 내부통제 운영의 출발점이며, 내부통제 운영의 허점이나 오류, 사기, 도덕적 해이 등은 모두 개인에서 발단이 되고 있으므로 구성원 모두가 조직의 내부통제에 대해 철저히 이해하고 실천하는 것이 바로 내부통제운영의 핵심이다.

2. 내·외부 감사인[289]

가. 내부감사인

내부감사인은 내부감사제도 운영에 있어서 핵심적인 역할을 담당해 위험관리, 부정관리,

---

289 김용범. 전게서. 2017. 259~260면. 정창모, 전게서, 118~120면, 김용범, 전게서. 2012.183~184면.

내부통제시스템 운영, 지배구조의 효율성을 객관적이고 독립적인 입장에서 검토하고 평가하는 기능을 수행한다. 이를 위해 내부감사인은 회사의 사업전략, 경영목표, 판매 상품 및 서비스의 내용, 업무프로세스 전반에 대한 폭넓은 이해를 가져야 하며, 내부감사업무 수행과정에서 발견한 중요사항을 이사회, 감사위원회 또는 감사 및 고위 경영진에게 전달할 수 있는 조직 내 지위를 확보하여야 한다.

한편, 내부감사인은 기본적인 내부통제시스템 운영의 적정성에 대한 평가에 부수하여 내부통세시스템 운영에 대한 조언 및 컨설팅 기능도 수행한다. 즉, 고위 경영진이 각 업무분야에 대한 내부통제시스템을 개발할 때 조언 및 컨설팅을 수행함으로써 경영진이 내부통제시스템과 관련한 리스크를 적절히 고려하여 올바른 내부통제 시스템을 설계 하여 운영할 수 있도록 보조하여야 한다.

또한 경영진이 구축·운영 중인 내부통제시스템이 적정하게 작동하고 있는지를 독립적인 입장에서 분석·평가하고 문제점을 도출해 시정토록 하는 역할을 수행한다.

나. 외부감사인

회사 내부통제 운영의 실질적인 주체는 아니지만 외부감사인도 중요한 역할을 담당하고 있다. 외부감사인은 재무보고에 관한 내부통제 효과성, 거래기록의 정확성 및 신속성, 재무보고 및 감독당국 보고서의 정확성 등에 관한 합리적인 확신을 제공함으로써 이사회 와 경영진에게 회사 운영과 관련한 유용한 정보를 제공하고 있다.

외부감사인은 재무보고와 관련된 내부통제의 유효성을 평가하고 그 결과에 따라 외부감사 절차의 성격, 시기 및 범위 등을 결정하므로 회사의 영업활동 및 내부통제 전반에 대한 사항을 명확하게 이해하고 있어야 한다. 한편, 주로 재무보고를 위한 내부통제 시스템의 적정성에 대한 감사를 하지만 회사의 요구에 따라 특정부문, 경영정보시스템 등 회사의 영업 및 경영 활동에 대한 적정성을 평가하거나 자문하기도 한다.

그리고 외부감사인은 외부감사과정에서 경영진면담이나 시스템 개선방안 권고 등을 통해 내부통제시스템의 유효성에 대하여 중요한 피드백기능을 수행하고 있다. 이러한 외부감사인의 활동은 내부감사기능을 보완하고, 내부통제시스템의 원활한 작동을 지원하고있다.

〈 내부통제 운영체제 〉

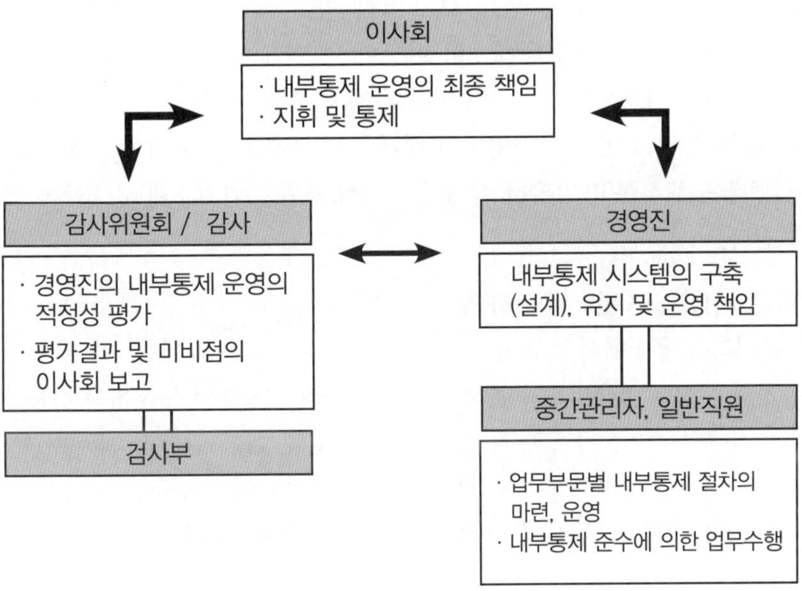

Ⅳ. 내부통제제도의 주요 수단[290]

내부통제 수단은 각종 사고나 사기로부터 회사의 자산을 지키는 방어 장치(Safeguard of asset)이다. 즉, 회계상 실수를 저질러도 금방 발견하거나, 실수자체를 줄이는 방법일 뿐만 아니라, 욕심이 생겨 부정을 저질러 보고 싶어도 저질러 버리기 어려워서 포기하게 만들거나, 간 크게 사고를 치더라도 적발이 빠르고 쉽게 만드는 방법이다.

1. 내부통제수단의 일반 유형

① 업무의 분장
② 거래의 승인
③ 정보의 통제
④ 물리적 통제
⑤ 성과의 검토

2. 내부통제의 세부 주요수단

가. 명확한 권한과 책임

명확한 권한과 책임의 부여는 개인의 주의를 환기시키고 개인의 업무를 효율적으로 이루어지게 하여, 문제점이 노출될 경우 경영진에 의한 적절한 시정조치를 가능토록 한다.

290 김용범. 전게서. 2017. 260~262면. 금융감독원, 전게시, 215~216면 , 이창우, 「내부회계관리제도」, 9~10면, 김용범, 전게서, 2012., 184~185면, 김용범, 「내부통제제도와 감사기법」, 금융연수원, 감사업무연수교재, 2014.

나. 적절한 직무분리

직무분리란 거래의 개시, 실행, 종결, 보고 등에 있어 어느 한 개인이 도맡아 처리해서는 안 된다는 개념이다. 직무분리를 통해 2인 이상이 한 거래에 관여하게 되면 부정행위가 일어날 가능성이 현저히 감소한다. 또, 2인 이상의 직원 혹은 부서가 하나의 거래에 관여할 경우 한 사람이 다른 사람의 업무의 정확성에 대해 검증하게 되는 효과를 가져다준다. 직무분리에 대하여 보다 구체적이고 명확히 설명하기 위해 직무분리의 3대 요소를 중심으로 설명하면 다음과 같다.

1) 직무분리의 제1요소는 분리된 조직구조

이는 직무분리라는 용어에서 짐작되는 대로 직무를 분리하는 것이다. 이 분류 기준은 여수신, 파생상품거래 등 업무종류별로 구분하는 것이 아니라 기능별로 구분하는 것을 의미한다.

직무분리는 거래의 승인, 거래의 기록, 자산의 보호에 대한 권한과 책임을 서로 다른 인원에게 할당하여 업무를 수행토록 하는 것을 말한다. 또한 이는 누구든지 일상적인 업무 수행 중 오류나 부정을 범하고 동시에 이를 은폐시킬 수 있는 위치에 있을 수 있는 기회를 감소시키기 위한 것이다.

① 영업책임과 기록책임의 분리

각 영업부서가 자신의 영업활동 결과를 기록하고, 결과에 대한 보고서를 작성할 경우 나타날 수 있는 편향된 정보의 생산 가능성을 완화하기 위한 직무분리.

② 자산관리와 회계관리의 분리

개인적인 이득을 위해 자산을 처분하고, 회계기록을 조작하는 등의 사기행위를 막기 위한 직무분리.

③ 거래승인과 자산통제의 분리

거래 승인권자가 자산에 대한 통제권을 가질 경우 발생할 수 있는 사기행위를 방지하기 위한 직무분리.

④ 회계기능의 단계별 직무분리

한 사람에게 거래 체결부터 총계정 원장의 전기하기까지 모든 권한을 부여함으로써 발생할 수 있는 비의도적인 오류나 부적절한 업무수행을 방지하기 위한 직무분리.

2) 직무분리의 제2요소는 전산권한의 통제

전산권한의 통제는 응용통제, 일반통제, 현장통제 등으로 구분한다.

① 응용통제

응용통제는 개별 응용프로그램의 처리과정에서 적용하는 통제활동이며, 그 예로는 계산의 정확성 점검, 장부와 시산표의 유지와 검토, 입력데이터의 편집 점검, 일련번호 점검과 같은 자동화된 통제 그리고 예외보고서에 대한 수작업 후속조치 등이 있다.

② 일반통제

일반통제는 여러 응용프로그램과 관련되어 있는 정책과 절차로서 정보시스템이 계속하여 적절히 운영되게 함으로써 응용통제의 효과적인 작동을 지원한다. 그 예로는 프로그램 **변경통제,** 프로그램이나 데이터의 **접근통제,** 새로 출시된 패키지 형태 응용프로그램의 **실행통제** 등이 있다.

③ 현장통제

현장통제는 일반적으로 영업점에서 Sales **담당**과 Operation **담당의** 전산에 의한 **업무처리 권한을 명확히 분리**하여 수행하도록 전산에 의한 업무처리 권한에 대해서통제를 실시하는 것을 말한다.

예를 들면, 대출Sales 책임자가 고객의 예금인출에 대해 승인자로 전산권한을 행사할 수 없게 한 것이다. 이러한 전산권한의 통제는 본점의 Operation 본부에서 주관하며, 조직 또는 직원 변동 등으로 인한 신규, 변경, 개편 등의 경우에는 준법감시부서의 합의를 거쳐 시행토록 하고 있다.

3) 직무분리의 제3요소는 별도의 성과평가기준

조직의 목표와 개인의 목표를 일치 또는 조화시키기 위한 수단은 각 개인들에게 합리적인 성과평가기준을 적용하는 것이다. 예를 들면 **영업점의 Sales 담당 직원**들은 **판매실적과 관련된 성과지표를 기준으로 평가**를 받으며, Operation **담당 직원**들은 **업무처리의 정확성, 에러 발생건수, 고객대기열의 정도 등 성과지표를 기준으로 평가**를 받는다.

여기서 중요한 점은 Operation 담당직원들의 경우 영업점장에게 평가받는 것이 아니라 본점의 Operation 본부관리자에 의해 평가를 받는다는 점이다. 영업점의 Operation 직원들이 영업실적에 좌우되지 않고 업무처리의 정확성 등에 의해 평가받는 것은 부정행위와 대형 사고를 예방할 수 있는 중요한 요소라 하겠다.

다. 인사관리의 적정화

1) 부적격 직원의 배제

미국과 영국 등 주요 선진국은 내부통제 및 위험관리, 부정관리 관점에서 회사로 하여금 내부통제 취지에 부합하는 직원 고용절차를 유지할 것을 요구하는 경우가 있다. 이는 구체적으로 범죄, 신용불량 등 여부를 조회함에 의해 부적격직원을 채용과정에서 배제할 수 있는 절차이다.

이에 따라 미국의 회사 들은 신용조회, 직장조회, 범죄경력조회 등을 통하여 범죄전과, 신용불량, 감독기관 제재 등이 있는 부적격 인력을 채용에서 배제하고 있다. 반면, 영국은 신용불량 등 부적격 요소 외에 당해 직위수행에 필요한 품성 및 자격요건을 갖추고 있는지를 검증하여 직원을 고용토록 하고 있다.

2) 명령휴가제도 운영

명령휴가는 모든 임직원에 대해 매년 일정기간을 정하여 연속기간 휴가를 부여하는 정책을 시행토록 하는 것으로 중요한 내부통제수단이 되고 있다. 우리나라 명령휴가제도와의 중요한 차이점은 비교적 장기간의 명령휴가를 요구하는 점이다.

즉, 미국 FDIC 감독기준에 의하면 2주일 이상으로 규정되어 있다. 명령휴가를 받은 직원의 업무는 다른 직원이 수행토록 해야 한다. 만일 2주간의 명령휴가 실행이 곤란하다면 동 예외 내용에 대해 이사회 등에 보고하여 승인을 받도록 하고 있다.

3) 직무순환제도 운영

직무순환제도는 배치전환을 통해 종업원의 동기부여, 조직의 효율성 증대 및 생산성 향상을 높이기 위한 방법의 하나로 종업원의 직무영역을 변경시켜 다방면의 경험·지식 등을 습득하게 하는 인재양성제도이다.

그러나 조직에서 종업원의 장기보직으로 인한 외부거래선과의 불필요한 유대 및 조직의 허점을 이용한 부정을 예방하기 위하여 내부통제의 일환으로 특정업무에 일정기간 이상 근무한 자에 대하여 직무순환제도를 운영하고 있다.

라. 공동관리와 이중통제

1) 공동 관리

공동관리는 2명 이상의 직원이 기록·관리·처분 등의 아이템에 대한 물리적 보호와 관련하여 동일한 책임을 부담하도록 하는 절차이다. 예로는 두 사람이 독자적으로 통제하는 2개의 열쇄나 짝 맞추기를 들 수 있는데, 이들을 사용해야 금고나 파일, 기타 보관 장치에 접근할 수 있다.

이렇게 하는 것은 2인이 공모하지 않는 한 통제가 완벽하게 작동하기 때문이다. 이러한 공동관리가 적용되어야 하는 아이템으로는 보관 현금, 투자유가증권, 금고 보관물, 중요증서, 텔러의 이동금고에 대한 여분의 열쇠 등이 있다.

2) 이중 통제

이중통제는 개인의 업무를 다른 사람이 확인 또는 승인하는 개념이다. 다른 사람을 개입시키는 목적은 거래나 활동을 하게 될 때 또는 다른 사람으로 하여금 추가 확인을 하게 하려는 것이다.

또, 거래나 활동이 적절히 기록되도록 하고, 적절한 견제가 이루어지도록 하기 위한 것이다. 자동화 시스템 내에서의 이중통제도 수작업 시스템과 같은 방식으로 이루어져야 한다.

예를 들면, 휴면예금, 담보설정예금, 거액의 미결제자금이 입금된 계좌 등은 출금 시에 2인의 행위가 필요하다는 내용의 통제가 있다. 또한 마스터 파일 변경 등 특정 유형의 거래에는 2인이 제공하는 특별한 코드나 터미널 키 등이 필요하다.

마. 적절한 승인 절차

1) 일반 승인

일반승인이란 일상적이고 반복적인 업무에 대하여 사전에 업무집행기준을 설정하고 이

요건을 충족하면 별도 승인 없이 집행할 수 있도록 하는 것이다. 그 예로는 전결규정에 의한 직급별 전결한도, 부점별 전결한도 등이 있다.

2) 특별 승인

특별승인이란 회사의 특별한 거래나 의사결정 시 거래 건별로 승인을 받아 거래가 이루어지도록 하는 것이다. 그 예로는 전결규정에 의한 직원 및 해당 팀·점(부서)의 전결한도 초과, 전결규정 외의 사항 등이 있다.

바. 문서화 통제

문서화 통제는 내부통제 활동을 문서형식으로 꾸미어 적도록 하는 것으로 기초 내부통제는 물론 제반 내부통제 수단이 결국 문서화와 기록으로 남게 함으로써 내부통제 활동의 실행 여부 및 정상적 수행 등을 입증하기 위한 통제활동이다.

① 규정, 중요 의사결정, 이사회·위원회 토의내용 등 주요사항의 문서화.
② 거래 내용을 충분히 이해할 수 있도록 함과 동시에 기록은 간단 명료화.
③ 자료 분실 방지 및 이용 편의를 위하여 사전에 문서의 일련번호를 부여.
④ 주요사항의 신뢰성 증진 및 오류 가능성의 감소를 위해 신속 기록 유지 등.

사. 문리적 통제

물리적 통제는 자산, 중요한 기록, 서류 등에 대하여 승인된 인원만이 접근이 가능하도록 하는 것으로 도난, 손상, 소실 등을 방지하기 위한 통제활동이다.

① 자산과 기록의 접근에 대한 안전설비와 같은 적절한 안전장치 등 자산의 물리적 안전장치(예 : 자물쇠, CCTV 등 화재의 안전장치 및 도난방지 장치).
② 컴퓨터 하드웨어와 프로그램 및 데이터 파일 같은 소프트웨어 등에 대한 물리적 접근 통제장치.
③ (비)주기적으로 현금, 유가증권 및 현물자산의 금액, 수량 등을 실사(實査). [이를 통제 기록상 금액, 수량 등과 비교(예: 현금, 증권, 재고자산의 실사 등)].

아. 독립적인 실제성과 검증통제 : 제3자에 의한 별도 확인

실제성과를 독립적인 자료나 방법으로 제3자가 조사하거나 비교·검토하고, 필요하면 수정조치를 수행하는 통제활동이다.

① 운영데이터 또는 재무데이터와 같이 상이한 데이터 군을 서로 연결시키고 그 관계를 분석하여 조사하거나 수정조치를 취하는 것.
② 내부 데이터를 외부원천의 정보와 비교하는 것.
③ 직능성과나 활동성과를 검토하는 것 등.

3. 내부통제수단에 대한 점검

위 내부통제수단들이 제대로 작동되고 있는지에 대한 주의 깊고 지속적인 점검이 행해져야 하며, 이 인력은 검증대상이 되는 업무와는 독립적인 위치에 있어야 한다. 검증의 수단에는 직무분리, 이중통제 등과 같이 업무프로세스에 내장된 방법과 독립적인 내부감사 또는 외부감사에 의한 방법이 있다.

V. 내부통제제도의 유효성과 한계성[291]

1. 내부통제시스템의 유효성

내부통제는 경영진이 업무성과를 측정하고, 경영 의사결정을 수행하고, 업무프로세스를 평가하며, 위험 및 부정을 관리하는 데 기여함으로써 회사의 목표를 효율적으로 달성하고 위험 및 부정을 회피 또는 관리하는 데 유용한 것이다.

그리고 임·직원의 위법 및 부당행위(횡령, 배임 등) 또는 내부정책 및 절차의 고의적인 위반행위뿐만 아니라 개인적인 부주의, 태만, 판단착오 또는 불분명한 지시에 의해 야기된 문제점들을 신속하게 포착함으로써 회사가 시의적절한 대응조치를 취할 수 있게 해 준다. 또한, 효과적인 내부통제제도는 정보의 신뢰성을 향상시킨다.

요약하여 **내부통제는 회사가 지향하는 목적을 달성하는 데 유용함과 동시에 이에 도달하는 과정 중에 숨겨진 함정과 예측 못한 불행한 사태를 피할 수 있게 한다.**

2. 내부통제시스템의 한계성

우리가 내부통제시스템이라고 일컬을 때 시스템은 어떤 의미를 갖고 있는 것일까? 공학도의 말을 빌리면, 시스템은 일종의 확률과 같은 구조라고 설명하고 있다. 이는 어떠한 사실 혹은 사건이 일어날 수 있는 가능성을 전제하여 사건 발생 자체를 확률적으로 최소화하려는 것이지 사건 발생 자체를 제로로 만들기는 어렵다는 것이다.

일부이기는 하지만 불행히도 내부통제에 대하여 과대하게 그리고 비현실적으로 기대를 갖는 경우가 있다. 이들은 내부통제에 대하여 절대적인 것을 요구하기도 한다. 이들은 내부통제가 사업의 성공을 보증한다(즉 내부통제는 경영상의 기본적인 여러 목적을 달성 하도록 보증하는 것으로 때로는 적지 않게 회사의 존속을 보증한다)고 믿고 있기도 한다.

그러나 아무리 잘 설계된 내부통제제도라고 할지라도 제도를 운영하는 과정에서 발생하는 집행위험은 피할 수 없다. 즉, 최상의 자질과 경험을 지닌 사람도 부주의, 피로, 판단착오 등에 노출될 수 있으며, 내부통제제도도 이러한 사람들에 의해 운영되므로 내부통제제도가 모든 위험을 완벽하게 통제할 수는 없다.

따라서 "내부통제는 재무보고의 신뢰성과 법규준수를 보증할 수 있다."라는 생각도 또한 정확하다고 할 수 없다. 아무리 적절하게 설계·운영되는 내부통제시스템이라 하더라도 회

---

291 김용범. 전게서. 2017. 262~263면. 상장회사협의회, 「내부통제의 통합체계」, 상장2002,1월호, 2002, 40~41면, 이창우, 「내부회계관리 제도」,2010, 6면, 유인상, 「내부통제의 취약점 해소 방안과 감사기능의 확충」, 상장회사감사회회보 제130호, 2010. 2~3면. 김용범, 전게서, 2012., 186~188면

사의 목적 달성에 관하여 이사회와 경영자에게 제공하는 것은 **합리적인 확신**인 것이다. **절대적인 보증**은 아니다.

또한 회사의 목적이 어느 정도 달성되고 있는가는 모든 내부통제시스템의 고유한 한계에 의하여 영향을 받는다. 내부통제의 한계 중에는 부주의, 피로 등으로 의사결정상의 판단이 잘못되는 경우가 있고 또한 내부통제가 단순한 오류나 오해로 일시적으로 정확히 기능하지 못하는 경우도 있다는 현실이 내포된다.

더욱이 통제절차는 사람들의 공모에 의하여 부정을 일으키는 경우도 있고 경영자는 내부통제시스템을 무시할 수도 있다. 또한 내부통제의 유효성에 제약을 주는 또 다른 요인으로 내부통제시스템을 설계하고 운용하는데 회사의 자원에는 제약이 있다는 전제하에 이루어질 수밖에 없다. 통제절차의 효과는 통제실시에 수반되는 비용과 비교·평가 되어야 한다. 따라서 **내부통제**는 회사가 **그의 목적을 달성하기 위한 수단**은 될 수 있지만 **만능 약은 아니라는 것**을 명심해야 한다.

Ⅵ. 주요 선진국의 내부통제제도[292]

1. 개요[293]

가. COSO 보고서

내부통제란 개념의 발생지는 미국이지만 정작 미국에서도 개념을 둘러싸고 장기간 혼란이 있었다. 이후 1970~1980년대 대규모 분식결산과 회사파산을 경험한 후 1985년 「미국공인회계사협회(AICPA)」를 포함한 5개 단체는 「부정한 재무보고에 관한 전국위원회(The National Commission on Fraudulent Financial Reporting)」(위원장 명칭을 따서 "Treadway 위원회"라고 칭함)를 조직, 내부통제에 관한 다양한 개념들과 정의를 검토하여 1992년 COSO를 통해 내부통제에 관한 통일개념을 정립한 "COSO 보고서"를 발표하였다.

COSO보고서에서는 **"내부통제**란 **업무운영의 효과성과 효율성(effectiveness and efficiency of operations), 재무정보의 신뢰성(reliability of financial reporting)**, 그리고 **적용법률 및 규정의 준수(compliance with applicable laws and regulations)** 라는 **세 가지 범주에서 목표를 달성**하는데 대해 **합리적 확신(reasonable assurance)을 제공하기 위하여 계획되고, 이사회, 경영진, 기타 구성원에 의해 실행되는 일련의 과정"** 이라고 정의하고 있다.

또한 동 보고서에 의하면 내부통제시스템의 구성 프레임으로서 **다섯 가지의 기본요소**를 제시하고 있다. 즉, **통제환경, 위험사정, 통제활동, 정보와 의사소통, 모니터링 등 5가지 요소로 구성**되어 있는데 이러한 구성요소는 내부통제가 지향하는 목적을 성공적으로 도달하기 위한 활동방향을 제시한 것으로 풀이할 수 있으며, 유효한 내부통제가 되기 위해서는 다섯

---

292 김용범. 전게서. 2017. 264~277면 및 2012., 189~199면. 김순석, 전게서, 118~122면, 이준섭, 전게서, 51~57면, 김학원, 전게서, 126~127 및 142~150면 , 권종호, 「미국 및 일본의 내부통제 제도 운영 현황과 시사점」, 상장회사 감사회 회보 제98호, 2008, 3면,, 안수현, 「내부통제와 위험 관리 : 미국과 일본의 도입과정과 활용실태」, 상장회사감사회회보, 2009, 8~12면.

293 김용범, 전게서, 2012., 189~190면 및 2017. 264~266면. 김용범, 「내부통제제도와 감사기법」, 금융연수원 감사업무 연수교재. 2014.

가지의 구성요소가 모두 존재하고 이들 요소 모두 유효하게 기능하여야 한다고 제시하였다.

이처럼 COSO보고서는 내부통제의 개념을 명확히 정의하고 내부통제시스템의 효율적 운영을 위한 체계를 제시한 점에서 큰 의미가 있다. 특히 종래의 패러다임을 전환하여 기업지배구조와 연동하여 내부통제모델을 제시하고 실무에서 이용할 수 있는 통제모델을 제시한 점에서 실무에서의 의미는 매우 크다.

나. COSO의 새로운 통제모델인「전사적 리스크 관리(ERM)」

이후 2004년 9월 COSO는 새로운 보고서를 발표하였는데 그 보고서에는 내부통제와 위험관리와의 상관성에 기초한 통합적인 모델이 새로 제시되었다.「전사적 리스크 관리 통합체제(Enterprise Risk Management-Integrated Framework)」라는 모델이 그것이다. 이 모델은 종전의 내부통제체제를 수정·보완한 것으로 위험관리체제와 내부통제 체계를 합친 전사적 위험관리모델을 제시하고 있는 점이 특징이다.

이 보고서와 1992년 보고서와의 차이점으로는 ① 내부통제를 전사적 리스크 관리로 확대 발전, ② 효과적인 리스크 관리를 위해서는 효과적인 내부통제가 필수적임을 제시, ③ 3가지 통제목적에 '전략목표'를 추가하고 이전 '재무보고 목표'를 '보고 목표'로 수정하여 조직목표를 4가지 범주로 재정의, ④ 내부통제의 구성요소로 '목표수립'을 추가하고 리스크 관리를 위해 '리스크 사정'을 '사건의 식별', '리스크 사정', '리스크 대응'으로 세분하여 3개요소를 추가함으로써 **8개의 상호 유기적인 구성요소**로 확대한 것이다.

다. COSO의 2013년「개정 내부통제의 통합구조」

COSO는 2013년 5월 기존 Framework의 적용 및 사용을 용이하게 하고, 그동안의 제반 환경 변화를 반영하여 개정된 내부통제 Framework을 발표하였다.

개정의 주요방향은 ① Business 및 Operation 환경 변화사항을 고려하여 제반 환경 변화에 따른 내용을 업데이트, ② Operation 및 Reporting 목적의 범위를 확대하여 Framework 적용 분야를 확장, ③ 효과적인 내부통제의 설계 및 운영을 위한 원칙을 제시함으로써 요구사항을 명확히 하였다.

개정 ICIF는 전반적인 구조를 원칙기반접근법을 적용하여 기술하고 있으며, 내부 통제 구성요소별로 중요한 항목별로 나열 기술하는 대신 구성요소별로 달성해야 하는 **17가지 원칙(Principles)**을 정의하고 있다. 또한 개정 ICIF는 경영진의 내부통제 시스템 설계, 구축 및 운영을 지원하기 위하여 각 원칙별로 해당원칙의 중요한 특성을 반영하는 Points of Focus를 제시하였다. Points of Focus는 원칙과 달리 절대적인 기준은 아니며, 경영진의 판단에 따라 조정이 가능하도록 하였다.

그리고 보충자료를 통하여 재무보고 목적을 달성하기 위하여 내부통제 구성요소별로 정의된 원칙 및 Point of Focus 들이 실무적으로 어떻게 적용될 수 있는지 접근 방법 및 예시를 통하여 설명하고 있다. 개정 ICIF는 각 접근방법별로 상세 접근방법을 제공 하여 구체적인 guide를 제공하고 있다.

개정 ICIF 주요 내용은 아래와 같다.

개정 ICIF 주요 내용

① 내부통제의 정의
② 목적의 범주
③ 내부통제 구성요소(Components) 및 원칙(Principles), Points of Focus
④ 효과적인 내부통제를 위한 조건
⑤ 내부통제의 역할과 책임
⑥ 소규모회사에 대한 고려사항 등

2. 미국[294]

가. 발전 과정

1) 초기의 내부통제

1936년 「미국회계사협회(AIA)」가 처음으로 감사절차서에서 "내부통제는 회계기록의 정확성과 자산을 보전하기 위한 수단 또는 방법"이라고 정의 및 내부통제 평가를 요구하였다.

1948년 「감사기준」이 설정되었고, 그 실시기준에서는 "감사인은 감사범위를 결정하기 위한 기초로서 내부통제를 적절하게 조사하고 평가하여야 한다"라고 규정하였다. 1949년 「내부통제 특별보고서」에서 "내부통제는 자산을 보전하고 회계자료의 정확성과 신뢰성을 확인하며, 경영능률의 증진과 경영방침 준수의 촉진을 위해 기업이 채택하는 조직, 계획 및 조정을 위한 모든 방법과 수단"으로 규정하였다.

2) 중기의 내부통제

1973년 Equity funding의 大詐欺 事件을 계기로 의회 및 연방정부는 기업회계 및 외부감사에 적극 개입할 것을 주장하면서 1974년 AICPA에 「감사인의 책임에 관한 위원회」를 설치하였다.

「감사인 책임에 관한 위원회」는 경영자가 회계통제에 관해 평가하고, 그 평가를 주주에 대한 연차보고서에 게재 의무와 외부 감사인은 경영자의 기술에 대한 동의 여부를 명확히 할 것을 제안하였다.

또한 1973년 워터게이트 사건의 조사과정에서 기업의 부패가 명백해져서 경영자가 규탄받음과 동시에 감사인에 대한 비판이 증가하였다. 따라서 1977년 「해외 부정 지불 방지법」을 제정하였다. 동 법은 공개회사의 경영자에 대하여 회계시스템을 중심으로 하는 내부통제를 구축할 책임을 처음으로 부과하였다.

---

294 김용범. 전게서. 2017. 266~271면 및 2012.189~193면. 안수현, 전게연재서, 8~12면.

3) 근대의 내부통제

1980년부터 1985년 후반에 걸쳐 줄 이은 은행들의 도산과 회계사 상대 소송 등의 위기 상황을 타개하기 위해 AICPA에 「부정재무보고에 관한 전국위원회」를 설치했다.

「부정재무보고에 관한 전국위원회」는 1987년 부정 재무보고의 방지 및 조기 적발을 위하여 공개회사의 경영자에 대하여는 ① 종합적인 통제환경 확립, ② 내부회계 통제나 내부감사기능 확립, ③ 내부통제의 유효성에 관한 경영자의 의견 등을 기재하는 경영자보고서를 주주에 대한 연차보고서에 포함토록 하였다.

그리고 외부감사인에 대하여 동 위원회는 ① 감사인의 책임을 감사기준에 명확하게 명시, ② 감사인은 회사의 통제환경을 평가, ③ 내부통제시스템을 평가한 결과를 보고할 것을 권고하였다.

아울러 1988년 부정적발에 대한 감사인의 적극적인 책임 부과와 부정 재무 보고에 대한 경영자와 감사인의 양자에게 책임을 부과하는 「감사기준서 SAS NO. 53 과 SAS NO. 55」를 발표하였는데, 이것은 「내부통제의 신뢰성의 평가」로부터 「내부통제 리스크의 평가」로의 대전환을 의미한다.

또한 저축금융기관의 줄도산과 회계사 소송 등을 타개하기 위하여 자산 1억 5천만 달러 이상 은행과 저축금융기관에 적용되는 「연방예금보험공사개혁법」을 1991년 제정 하여 1993년 1월부터 적용하였다.

「연방예금보험공사개혁법」의 주요 내용

① 재무보고에 필요한 내부통제체제를 구축 및 유지할 것.
② 특정의 안정성과 건전성 부문의 법규준수에 대한 경영자의 책임을 명시하는 성명서.
③ 내부통제의 유효성과 법규의 준수에 관한 경영자의 평가를 경영보고서에 포함할 것.
④ 감사인에게 그 유효성과 준수성에 관하여 평가하고 증명하는 「내부통제 감사」 요구.

나. 현재의 내부통제

1) Sarbanes-Oxley Act

2000년대 들어 엔론, 월드컴 등 미국의 자존심인 유력 주식회사들이 분식결산으로 연쇄파산을 함에 따라 추락한 미국기업의 신뢰성 회복을 위한 제도정비 차원에서 2002년 Sarbanes-Oxley법(이하"SOX법"이라 한다)이 제정되었다.

이 법은 미국회사의 지배구조에 심각한 문제가 있다고 보고 상장기업들에 대해 다음과 같이 「증권거래위원회(SEC)」에 등록서류의 제출 시 내부통제의 유효성에 관한 인증 및 재무보고의 신뢰성을 확보하기 위한 내부통제 보고서를 작성 · 제출할 것을 의무화하였다.

가) 최고경영자 · 재무책임자 인증제도

SOX법은 최고경영자와 재무책임자에게 두 가지 인증을 요구하고 있다.

첫 번째 인증은 「동법」제906조의 인증으로 ① 법상 요구되는 보고서가 1934년 「증권거래법」에 완전히 일치된다는 사실과 ② 기재내용이 재무상태 및 경영성과를 중요성의 관점에서 적정하게 표시하고 있다는 사실을 인증하도록 하고 있다.

최고경영자 및 재무책임자가 허위임을 알면서 수동적으로 인증한 경우 100만 달러 이하의 벌금 내지 10년 이하의 징역에, 고의로 허위 인증한 경우에는 500만 달러 이하의 벌금내지 20년 이하의 징역에 처한다.

두 번째의 인증은 「동법」 제302조에 근거한 것으로 사업·분기 보고서 제출 기업의 최고경영자와 재무책임자의 경우, 동 보고서 제출 시에 다음 사항을 기재토록 하였다.

사업·분기보고서 제출 시 기재사항

① 당해 보고서를 검토하였다는 사실.
② 제출된 보고서 또는 재무제표의 중요한 사실의 표시 누락이 없다는 사실.
③ 재무제표 및 보고서에 포함된 재무정보와 경영성과를 중요성의 관점에서 적정하게 표시하고 있다는 사실.
④ 서명하는 자가 공시통제 및 절차를 확립하고 유지하는 데 책임을 지고 있다는 사실, 중요한 정보가 인증한 자에게 확실히 보고되도록 공시통제 및 절차를 설계하였으며, 보고서 제출일로부터 소급하여 90일 이내에 공시 통제 및 절차의 실효성을 평가하였다는 사실 및 그 평가에 근거한 결론을 보고서에 표시.
⑤ 감사인과 감사위원회에 내부통제 상의 중대한 결함과 경영진 또는 내부통제에 중요역할을 담당한 종업원이 개입된 모든 사기사건이 보고되었다는 사실.
⑥ 내부통제상 중요한 결함이나 약점에 대한 시정 등 평가일 이후 내부통제에 중대한 영향을 줄 수 있는 요인이 있었는지 여부와 있다면 그러한 요인의 유형과 중요도 등.

나) 경영진의 재무보고에 관한 내부통제보고서 작성·제출

한편, 「동법」제404조에서는 재무보고에 관한 내부통제에 대한 경영진의 검토보고서를 사업보고서에 포함하도록 의무화하였다. 이에 따라 내부통제보고서에는 ① 재무보고를 위한 적절한 내부통제구조와 절차를 설계 및 유지하는데 대한 경영진의 책임, ② 최근 회계연도 말 현재 재무보고를 위한 내부통제구조와 절차의 유효성에 대한 평가를 기재하여야 한다.

아울러 「동법」제406조 와 제407조에 의해 내부통제, 윤리규정, 재무정보 작성과 관련하여 재무전문가의 참여가 있는지 여부를 공시하여야 하며, 재무책임자에게는 SEC가 정한 윤리규정을 준수할 의무가 부과되며, 발행인이 윤리절차를 변경·포기한 경우 이러한 사실을 즉각 공시하도록 하였다. 또한 발행인은 재무 책임자의 윤리규정의 존재 여부 및 감사위원회에게 재무 전문가를 포함하고 있는지 여부도 공시하여야 한다.

다) 회계법인의 평가·인증 및 보고

「동법」제404조 (b)항에서는 **회계법인, 즉 외부감사인이 회사의 경영진에 의해 행해진 내부통제평가를 인증(attestation) · 보고하도록 하는 의무를 부과**하였다. 즉, 경영진은 사업보고서에 내부통제보고서를 포함하여야 하며 회계법인은 경영진이 제출한 내부통제보고서를 심사·보고하여야 한다.(「동법」 동조 (b)항)

이에 따라 제103조에서는 회계법인의 의무를 규정하고 있는데, 회계법인은 모든 감사보고서에 제404조 (b)항에 의한 발행인의 내부통제 구조와 절차에 대한 감사인의 테스트의 범위를 설명하고 감사보고서(내지 별도 보고서)에 감사인이 테스트에서 발견한 사항, 발행인의 내부통제구조와 절차에 대한 평가, 내부통제의 중대한 취약점 및 테스트 결과 중대한 해태로 판단되는 사항을 포함하여 보고서를 작성 하지 않으면 안 된다.

2) 미국의 「모범회사법(Model Business Corporation Act, MBCA」

「모범회사법」은 공개회사의 이사회에 내부통제제도의 효과성에 대한 감독책임이 있음을 명문화하였다.(「모범회사법」 제8조 제1항)

3) 미국의 「증권거래위원회(SEC)」의 「경영자 평가 가이드라인」

2007년 6월 SEC는 기업의 부담완화를 위하여 제404조에 의한 '재무보고와 관련한 「경영자평가 가이드라인」을 발표하였다. 그 내용은 평가 시 각 단계별로 경영자가 고려해야할 사항들을 열거하여 기재하도록 하였다.[295]

「경영자 평가 가이드라인」의 주요 내용

1) 평가 절차 :
① 재무보고 위험과 통제 식별.
② 재무보고목적 내부통제의 유효성 평가의 증거 검토 등.
2) 보고 절차 :
① 문제점의 검토.
② 경영자 및 외부감사인에 의한 재무보고목적 내부통제결과의 의견표명.
③ 중요한 흠결의 공시.
④ 재무보고의 지난 연도 수정사항이 경영자의 내부통제보고서에 미치는 영향.
⑤ 재무보고 목적 내부통제의 일부분을 평가하지 않은 경우 등.

4) 미국의 「공개회사회계감시위원회(PCAOB)」의 「감사기준」

「공개회사회계감시위원회(Public Company Accounting Oversight Board)」(이하 "PCAOB"라 한

295 김용범. 전게서. 2017. 269면. 안수현, 전게연재서, 10면

다)는 재무보고에 관한 내부통제의 경영자에 의한 유효성 평가 시 감사인의 의견표명의 기준이 되는 PCAOB 감사기준 AS2을 개정하여 AS5[296]를 새로 제정하였다.

감사기준의 주요 내용

① 내부통제 감사를 실시할 것.
② 소기의 이점을 얻기 위하여 불필요한 절차를 배제할 것.
③ 회사의 규모와 복잡성에 상응하여 감사의 규모를 조정하는 것에 대해 명시적이고 실제적인 지침을 제공할 것.
④ 기준을 간소화 할 것 등.

5)「미국법률가협회(ALI)」의「기업지배구조의 원칙」

「미국법률가협회(ALI)」의「기업지배구조의 원칙」에 의하면 모든 대규모 공개 회사는 감사위원회를 설치, 회사의 재무제표 작성하는 과정, 그 내부통제와 외부 감사인의 독립성을 정기적으로 심사토록 하여 이사회 감독기능을 보충 및 보좌토록 하였다.

다. 활용 실태

「SOX법」에 따라 경영자들은 내부통제시스템을 구축하고 통제활동을 하며, 평가과정 중에 발견한 중대한 결함들에 대해 적절히 대응·보고하여야 하며, 아울러 이러한 모든 노력들은 문서로서 기록되어야 한다.

이 과정에서 내부통제시스템을 구축하고 그의 유효성을 평가하는 데 있어 사용되는 방법은 여러 가지가 있을 수 있으나 중요한 것은 내부통제시스템의 구축 의무와 그 유효성 평가 의무는 법상 경영자에게 요구되는 책임과 의무라는 것이다.[297]

최근 들어「SOX법」에 대한 긍정적인 효과들이 연이어 발표되고 있는 점은 특히 주목할 만하다. 더욱이 제404조의 경영자의 내부통제보고서가 다른 법률의 준수 시에 큰 도움이 된다는 평가도 있으며,[298] 많은 국가들이 미국과 유사한 내용으로 입법한 바 있다.[299] 이는 경영자의 내부통제보고서의 효과가 긍정적임을 반증하고 있다.

한편, 시장의 반응도 우호적인 편인데, 예컨대 분식결산으로 하락했던 주가지수는 동법

---

296 AS5는 2007년 11월 15일 이후 종료되는 사업연도부터 모든 회사에 적용되며 주요 내용은 다음과 같다. 즉, ① 내부통제의 감사를 실시 할 것, ② 소기의 이점을 얻기 위하여 불필요한 절차를 배제할 것, ③ 회사의 규모와 복잡성에 상응하여 감사의 규모를 조정하는 것에 대해 명시적이고 실제적인 지침을 제공할 것, ④ 기준을 간소화할 것 등이 그것이다. PCAOB 홈페이지 참조

297 김용범, 전게서, 2017, 271면. 안수현, 전게연재서, 10면.

298 김용범, 전게서, 2017, 271면. 안수현, 전게연재서, 10면, Robert Prentice,「Sarbanes-Oxley : The Evidence Regarding the Impact of SOX 404」, 2007, 703p 및 757p

299 강제규정화한 나라로는 일본, 프랑스, 캐나다 등이며, comply or explain 방식으로 도입한 국가로는 영국, 오스트레일리아, 홍콩 등. 김용범, 전게서, 2017, 271면.. 안수현, 전게연재서, 10면

제정 후 극적으로 반등하여 회복세를 보였고[300] 회사지배구조[301]와 시장유동성[302]의 개선 및 재무보고의 신뢰성도 높아졌다는 평가가 있다.[303] 그러나 실무현장에서는 회사대표자들이 제302조에 의한 인증을 하기보다는 대표자의 지위를 사임하는 모습도 나타났다.[304]

3. 일본[305]

가. 발전 과정

1) 「상법특례법」상의 내부통제기준

일본에서 내부통제제도에 관해 사회적으로 관심을 갖게 된 결정적인 계기는 유명한 大和銀行 사건이다. 동 사건에서 오사카 지방법원은 2000년 9월 선관주의의무 위반을 이유로 이사, 감사 등 총11명에 대해 7억 7천 5백만 달러의 손해배상책임을 인정하면서 내부통제시스템의 구축은 경영자의 선관주의의무라는 것을 분명히 하였다.[306] 이 판결에 이어 2002년도에 선고된 일련의 판결들이 시발점이 되었는데, 이들 판결에서는 내부통제가 단순히 회계차원의 문제가 아닌 경영전반의 문제임을 확인하였다.[307]

내부통제 관련 판결이 잇따르면서 내부통제제도는 법률로서 강제되게 되는데, 일본에서 최초로 내부통제시스템이 도입된 것은 위원회설치회사가 도입된 2002년 「상법」개정을 통해서이다. 위원회설치회사의 경우 감사에 갈음하여 감사위원회를 도입하여야 하는데, 감사위원회의 경우 회사의 업무나 재산상태 등에 대해 직접 조사하는 감사와 달리 이사회에서 구축한 내부통제시스템이 제대로 구성되고 운영되는지를 감사하도록 하였다.[308]

이에 따라 위원회 설치회사의 경우 이사회의 의무사항 중 하나가 내부통제시스템의 구축이었다. 2002년 「상법특례법」상 '위원회설치회사'가 신설되었으며, "감사위원회의 직무수행을 위하여 필요한 것으로 법무성령이 정한 사항"을 '위원회설치회사' 이사회의 전결사항으로 정하였다.(「상법특례법」 제21조의 7). 구체적으로 이사회가 결의해야 할 사항은 다음과 같다(「상법시행규칙」 제193조).

---

300 김용범. 전게서. 2017. 271면. 안수현, 전게연재서, 10면, Floyd Norris,「Board Proposes Lighter Auditing of Internal Controls」, N.Y. Times, Dec. 20. 2006, at C1 참조

301 김용범. 전게서. 2017. 271면.안수현, 전게연재서, 10면, Thomas Healey & Robert Steel, 「Sarbanes –Oxley Has Let Fresh Air Into Boardooms」, Fin. Times(London), July 20, 2005, at17

302 김용범. 전게서. 2017. 271면. 안수현, 전게연재서, 10면, Pankaj K. Jain, Jang–Chul Kim & Zabihollah Rezaee, 「The Effect of The Sarbanes–Oxley Act of 2002」, 2006, 14th Annual Conference on Financial Economics and Accounting

303 김용범. 전게서. 2017. 271면. 안수현, 전게연재서, 10면, Gus De Franco et atl., 「The Weath Change and Redistribution Effects of Sarbanes–Oxley Internal Control Disclosures 6」, Apr. 2005

304 김용범. 전게서. 2017. 271면. 안수현, 전게연재서, 10면, Statement of Rep. Michael Oxley, 「Sarbanes–Oxley at Four : Protecting Investors and Strengthening Markets」, Hearing Befor the H. Comm. on Fin. Servs., 109th Cong. 2, 2006

305 김용범. 전게서. 2017. 272~277면 및 2012., 193~199면. 김학원, 전게서, 142~149면, 안수현, 전게연재서, 11~12면, 김순석, 「우리나라 감사제도의 운영 실태 조사와 비교. 평가」, 한국상장회사 협의회, 2009, 121~122면,, 권종호, 전게연재서, 3면.

306 김용범. 전게서. 2017. 272면. 권종호, 전게연재서, 3면.

307 김용범. 전게서. 2017. 272면. 안수현, 전게연재서, 11면.

308 김용범. 전게서. 2017. 272면. 김학원, 전게서, 144면, 江頭憲治郎, 「株式會社法」, 有斐閣, 2006, 513면

<u>이사회가 구체적으로 결의할 사항</u>

① 감사위원회의 직무를 보좌해야 할 사용인에 관한 사항.
② 그 사용인의 집행임원으로부터의 독립성 확보에 관한 사항.
③ 집행임원 및 사용인이 감사위원회에 보고해야 할 사항과 기타 감사위원회에 대한 보고에 관한 사항.
④ 손실의 위험관리에 관한 규정 기타 체제에 관한 사항.
⑤ 집행임원의 직무집행이 법령 및 정관에 적합하고 효율적으로 행하여질 것을 확보하기 위한 체제에 관한 기타의 사항 등.

법문에서는 명시적으로 내부통제라는 용어를 사용하고 있지는 않지만 입법당시부터 업무집행이 법령 및 정관에 적합하고 또한 효율적으로 행하여지고 있는 것을 감시하는 회사의 내부체제를 내부통제시스템으로 인식하고 있다.[309]

아울러 '위원회설치회사'의 이사는 그 사업의 규모, 특성 등에 따른 내부통제시스템을 구축·운용할 의무를 가지고 있으며, 이러한 의무는 이사로서의 선관주의의무의 일부분을 구성하는 것이라는 의견이 일반적인 견해이다.[310]

2) 「회사법」상의 내부통제시스템

2005년 제정된 「회사법」은 일정규모 이상의 회사에 대해 내부통제시스템을 의무화하였다. 종전경우 '위원회설치회사'에 대해서만 내부통제시스템을 요구했던 것에 비해 그 범위를 확대한 것이다. 일본에 있어 본래적 의미의 내부통제시스템으로 의미를 가지고 있는 것은 「회사법」상 내부통제시스템이라고 할 수 있다.

「회사법」은 대회사에 대해 이사의 직무집행이 법령 및 정관에 적합할 것을 확보하기 위한 체제와 업무의 적정성을 확보하기 위해 필요한 것으로서 법무성령에서 정하는 체제를 구축할 것을 의무화하였다.(「회사법」제348조제4항, 제362조제5항, 제416조제2항)

법무성령에서는 법규준수체제, 리스크 관리체제, 정보보전관리체제 등(「회사법시행규칙」 제100조) 내부통제에 해당하는 모든 요소에 관하여 규정하고 있다. 「회사법」상 내부통제체제의 구축에는 이사회의 결의가 요구되며, 주식회사의 규모, 사업의 특성에 따라 개별적으로 구축해야 한다. 이하 내부통제시스템의 구체적인 내용을 살펴보기로 한다.

가) 내부통제시스템의 기본구조

「회사법」은 "주식회사의 업무의 적정성을 확보하기 위하여 필요한 체제"의 정비에 관한 사항의 결정을 이사회의 전결사항으로 하고 있다.(「회사법」제362조 제2항 제6호) 따라서 자본금

309 김용범. 전게서. 2017. 273면. 김학원, 전게서, 144면, 山田隆夫, "企業の内部統制 システムの構　築とリスクマネシメント", 「最新倒産法. 會社法 をぬぐろ實務上の諸問題」, 민사법연구회, 2005, 782~783

310 김용범. 전게서. 2017. 273면. 김학원, 전게서, 144면, 江頭憲治郎,, 전게서, 405면

5억 엔 이상 또는 부채가 200억 엔 이상인 모든 대회사의 경우 이사회에서 내부통제시스템에 대한 결정을 하도록 하고 있다.

회사의 내부통제시스템에 대한 구체적인 내용은 회사의 기본구조에 따라 다르다. 구체적으로 「회사법」은 회사를 ① 이사회 비설치회사, ② 이사회 설치회사, ③ 위원회 설치회사로 구분해 각각의 경우 갖추어야 할 내부통제시스템에 차이를 두고 있다.[311]

나) 내부통제시스템의 구체적인 내용

일본의 경우 가장 일반적인 회사의 형태는 이사회와 감사회설치회사라고 하며, 이에 따라 일본에서 구체적인 내부통제시스템의 내용을 이야기할 때에는 이사회 및 감사회설치 회사를 기준으로 이야기하고 있다.

이사회는 이사의 직무집행이 법령·정관에 적합함을 확보하는 체제, 기타 주식회사의 업무적정성을 확보하기 위한 체제(내부통제시스템)를 구축·정비하여야 한다.(「회사법」제362조 제2항 제6호)

「회사법」의 경우도 내부통제시스템이라는 용어를 명확히 사용하고 있지는 않지만 위의 규정을 내부통제시스템으로 이해하는 것에 대해 이견은 없다.[312] 「회사법시행규칙」은 이사회 + 감사회설치회사의 내부통제시스템에 대해 총 10가지의 내용을 정하고 있으며, 구체적인 내용은 아래와 같다.[313]

(1) 정보보전 관리체제

"이사의 직무집행[314]에 관한 정보의 보존 및 관리에 관한 체제"를 갖추도록 하고 있는데, 이는 이사의 직무집행에 관한 이사회 회의록 등 업무집행에 관한 중요한 서류, 규정류, 중요한 기록 등 정보의 보존·보관에 관한 책임부서, 책임자를 정하는 것과 함께, 문서관리규정 등의 규정을 제정하는 것을 정하는 것이라 할 수 있다.

(2) 손실위험 관리체제

"손실위험의 관리에 관한 규정 등의 체제"란 리스크 관리체제를 말하며, 이는 리스크 관리부서의 설치를 비롯하여 리스크의 분석·사정·대응·모니터링의 방법 등을 정하는 리스크 관리규정을 마련하는 것, 리스크 관리 상황을 감시하는 모니터링 부서의 설치, 리스크가 현실화되는 경우에 대응방안 등을 결정하는 것을 의미한다.

(3) 직무집행 관리체제

"이사의 직무집행이 효율적으로 행해지도록 하기위한 체제"에는 중요사항에 대한 경영회의 설치 및 집행임원제도 도입에 의한 권한위임, 업적목표의 설정, 사업부문제. 컴퍼니제의

---

311 김용범. 전게서. 2017. 274면. 김학원, 전게서, 146면, 鈴木克昌,「會社法. 金商法下の内部統制 と 開示」, 상사법무, 2007, 32면

312 김용범. 전게서. 2017. 274면. 김학원, 전게서, 146면, 長谷川俊明,「新會社法が求ぬろ内部統制とそ開示」, 중앙경제사, 2005, 10면

313 김용범. 전게서. 2017. 274면. 김학원, 전게서, 147면~149면, 鈴木克昌, 전게서, 33~37면

314 "이사의 직무"에는 대표이사업무담당임원으로서의 직무에 더하여 감사기관으로서의 직무도 포함하며, 또한 이사가 사용인을 통해 업무집행을 행하는 경우는 사용인의 행위에 관한 정보의 보전 및 관리에 관한 사항도 포함하는 것으로 이해된다. 相澤哲 外「株主總會以外の機關」, 상사법무 제1761호, 14면, 김학원, 전게서, 147면. 김용범. 전게서. 2017. 274면.

도입 등에 대해 결정하는 것을 포함한다.

(4) 모자회사 관리체제

"해당 주식회사와 함께 그 모회사 및 자회사로 구성된 기업집단에 있어서 업무의 적정성을 확보하기 위한 체제"란 소위 '그룹 내 내부통제'를 의미하는 것으로, 모회사에 있어서는 자회사의 업무의 적정성을 확보하기 위한 의결권 행사의 방침, 자회사와의 협력체제, 자회사를 총괄하는 부서설치 등 자회사의 감시체제에 관한 사항 등이며, 자회사에 있어서는 거래 강요 등 모회사에 의한 부당한 압력 등의 예방·대처방법, 모회사의 결산서류 또는 연결결산서류 분식에 이용될 리스크에 대한 대응 등에 대해 결정해야 한다.

(5) 감사스텝에 관한 사항

"감사가 그 직무를 보조할 사용인을 두는 것을 요구하는 경우에 해당 사용인에 관한 사항"으로서 감사가 보조사용인을 둘 것인가,[315] 그 보조사용인은 전속으로 할 것인가 아니면 다른 부서와 겸무하도록 할 것인가 등에 대해서 결정하여야 한다.

(6) 감사스텝의 독립성에 관한 사항

"보조사용인의 이사로부터의 독립성에 관한 사항"에 대해서는, 감사스텝의 채용 및 인사이동에 대해서 감사회의의 동의의 여부, 이사의 감사스텝에 대한 지휘명령권 유무, 감사스텝의 인사평가에 대한 감사의 의견진술, 보조사용인의 징계에 대한 감사회의 관여 및 이의신청권의 인정여부에 대해 결정해야 한다.

그 외에 (7) 이사 및 사용인의 감사에게의 보고에 관한 사항, (8) 감사의 감사가 실효적으로 이루어지는 것을 확보하기 위한 사항, (9) 사업보고서의 공시에 관한 사항, (10) 감사 등에 의한 감사에 관한 사항 등이 있다.[316]

이와 같이 충분한 내부통제체제를 구축하였더라도 제대로 기능하지 않으면 이사는 선관주의의무에 위반될 우려가 있다. 따라서 변화하는 회사환경에 따라 내부통제체제를 지속적으로 개선해 나아가야 할 필요성이 제기된다.

3) 「금융상품거래법」상 내부통제시스템[317]

2006년 발효된 「금융상품거래법」에 따라 상장회사는 2008년 사업 연도부터 내부통제의 평가·감사제도가 적용되며, 사업보고서의 적정성 공시에 관한 경영자의 확인 의무 및 사업보고서의 허위기재에 대한 벌칙강화조항이 적용된다. 이에 의해 사업 보고서기재 내용에 관

---

315 "감사가 그 직무를 보조할 사용인을 두는 것을 요구하는 경우"라고 한정하는 것은 감사스텝을 설치할 것인가 설치하지 않을 것인가는 일차적으로 감사의 판단에 달려있기 때문이다. 감사가 감사스텝이 불필요하다고 판단하고 있음에도 이사가 감사스텝을 두어야 한다고 판단하는 경우에는 감사의 독립성의 관점에서 볼 때 부적절하므로, 감사가 감사스텝을 둘 것을 요구하지 않은 결과 충분한 감사가 이루어지지 않은 경우에 대한 책임은 원칙적으로 감사가 부담한다. 한편, 감사가 감사스텝을 요구하였음에도 이사가 감사스텝을 두지 않아 충분한 감사가 이루어지지 않은 경우에 대한 책임은 원칙적으로 이사가 부담한다. 김학원, 전게서, 149면. 김용범. 전게서. 2017. 275면

316 정순현 외 1인. 전게서. 2018. 392~393면.

317 김용범. 전게서. 2017. 276면. 안수현, 전게연재서, 11~12면.

한 확인서의 제출이 의무화되었다. 종래에도 사업보고서 등의 기재 내용의 적정성에 관한 확인서를 첨부서류로 요구했으나 임의제도로서 실효성이 문제되었다.

따라서 사업보고서제출회사 중 금융상품거래소에 상장된 유가증권의 발행자인 회사, 기타 성령에서 정한 회사는 사업보고서의 기재 내용이 「금융상품거래법」에 기초하여 적정하다는 것을 확인한 취지를 기재한 확인서를 사업보고서와 함께 내각총리대신에게 제출하여야 한다.

한편, 사업보고서의 기재내용의 적정성에 관한 확인서에는 내부통제시스템 기능 여부에 대한 확인도 요구되지만, 이와 별도로 내부통제시스템의 강화를 위해 특히, 재무 계산에 관한 서류 기타 정보의 적정성을 확보하기 위한 체제의 평가제도가 새로 도입되었다.

즉, 사업보고서 제출회사 중 금융상품거래소에 상장하고 있는 유가증권의 발행자인 회사 기타 성령에서 정하는 회사의 경우 사업연도별로 그 회사에 속하는 기업집단 및 회사에 관한 재무계산에 관한 서류 기타 정보의 적정성을 확보하기 위하여 필요한 체제의 유효성에 관해 평가한 보고서(이른바 '내부통제보고서')를 사업보고서와 함께 내각총리대신에게 제출하여야 한다.(「동법」 제24조의 4)

아울러 내부통제보고서는 공인회계사 내지 감사법인의 감사증명을 받아야 하며 이외에 외부회계사가 충분히 체크할 수 있도록 각각의 업무상의 절차 등을 문서로 남길 것이 의무화되었다. 이후 금융청은 동년 10월 2일 "재무계산에 관한 서류 기타 정보의 적정성 확보를 위한 체제에 관한 내각부령의 취급에 관한 유의사항에 관하여 (내각부령 「가이드 라인」)"을 공표하였다.

4) 「회사법」 과 「금융상품거래법」상의 내부통제제도의 차이점[318]

「회사법」 과 「금융상품거래법」상의 내부통제제도는 전혀 별개의 법제도이며, 내용면에서 상당한 차이가 있다.

양법간의 내부통제제도의 차이점

① 우선 「회사법」상 내부통제제도는 업무의 적정성 확보를 목적으로 하는 반면 「금융상품거래법」의 경우 재무정보의 적정성을 확보하기 위한 것이다.

② 내부통제의 대상이 되는 업무범위의 경우 「회사법」에서는 회사업무의 전반에 해당되지만, 「금융상품거래법」에서는 재무보고에 관한 업무에 한한다.

③ 작업 내용과 수준에 관하여 「회사법」에는 특별한 규정이 없지만, 「금융상품 거래법」에서는 실시기준에 의해 작업 내용과 수준이 정해지고 있다.

④ 내부통제제도의 구축의무에 대한 이사의 책임에 관해 「회사법」의 경우 이 의무를 이행하지 않더라도 사고가 발생하지 않는 한 책임을 부담하지 않지만, 「금융상품거래법」의 경우 이 의무를 태만하게 하거나 평가보고서를 제출하지 아니한 경우 벌칙이 부과된다.

---

318 김용범. 전게서. 2017. 277면. 김순석. 전게서. 122면.

5) 유관 기관 및 협회의 내부통제시스템[319]

내부통제보고제도의 본격적인 실시를 앞두고 기업회계심의회는 2007년 1월 15일부로 "재무보고에 관련된 내부통제의 평가 및 감사기준" 및 "재무보고에 관련된 내부통제의 평가 및 감사에 관한 실시기준"을 제정하여 2008년 4월 1일부터 개시되는 사업연도부터 적용하기로 하였다.

감사협회도 내부통제에 관한 감사의 구체적인 방법에 관해 2007년 4월 5일 "내부통제시스템에 관한 감사실시기준"을 공표하였다. 이 기준은 기존의 감사기준의 위임을 받아 제정된 형태를 취하고 있는데, 향후 내부통제시스템의 구축. 운영에 관해 감사를 실시하는 데 있어서 하나의 지침이 될 전망이다.

나. 도입 실태

일본 감사협회가 2007년 7월에 실시한 '감사 및 감사위원회제도의 운용실태조사 결과보고서'에 의하면 「회사법」시행 이후 최초 내부통제시스템 구축에 관한 이사회 결의를 한 회사가 약 31.4%이며, 개정 항목으로 가장 많이 차지한 것이 손실위험관리에 관한 규정 기타 체제(60.5%)로 나타났다.

이러한 결과는 내부통제시스템 구축과 위험관리가 일본회사에서는 이사회 결정사항 중 중요한 경영정책사항 중의 하나로 인식하기 시작하였음을 보여주고 있다.

Ⅶ. 우리나라의 내부통제제도[320]

COSO보고서에서는 "**내부통제**란 ① 업무운영의 효과성과 효율성, ② 재무정보의 신뢰성, 그리고 ③ 적용법률 및 규정의 준수라는 3가지 범주에서 목표를 달성하는 데 대해 합리적인 확신을 제공하기 위하여 기획되고, 이사회, 경영진, 기타 구성원에 의해 실행되는 일련의 과정"이라고 정의하고 있다.

우리나라는 내부통제에 관하여 「상법」상 구체적인 명문규정은 없다. 다만 내부통제 목표 중 ②번 항목인 "재무보고의 신뢰성" 부문에 대해서는 「신외감법」상 "내부회계 관리제도"를 도입하고 있으며, ③번 항목인 "적용법률 및 규정의 준수" 부문에 대해서는 「금융사지배구조법」상 "준법감시인제도"와 「상법」의 상장회사에 대한 특례규정에 의한 "준법지원인제도" 등을 도입해 개별적으로 운영되고 있는 실정이다. 한마디로 말해서 내부통제제도가 체계 없이 임시방편으로 그때그때 필요에 따라 도입되었다.

1. 「상법」 일반 규정 및 판례[321]

우리 「상법」상 내부통제에 관한 일반적인 명문규정은 없다. 다만, 대법원의 판례가 다음

---

319 김용범. 전게서. 2017. 277면. 김순석, 전게서, 122면, 권종호, 전게연재서, 3면, 정대, 전게연재서, 138면.

320 김용범. 전게서. 2017. 278~300면 및 2012., 199~212면, 김순석, 전게서, 123~129면. 이준섭, 전게서, 74면, 김용범, 「내부통제제도와 감사기법」, 금융연수원 감사업무 연수교재, 2014.

321 김용범. 전게서. 2017. 278~279면.

과 같이 대표이사나 각 이사들에게 내부통제제도의 구축과 그 운영의 적정 작동여부에 대한 감시·감독의무를 부과하고 있는 실정이다.[322]

대법원은 "고도로 분업화되고 전문화된 대규모의 회사에 공동대표 이사 및 업무담당 이사들이 내부적인 사무분장에 따라 각자의 전문분야를 전담하여 처리하는 것이 불가피한 경우라 할지라도 그러한 사정만으로 다른 이사들의 업무집행에 관한 감시 업무를 면할 수 없고, 그러한 경우 무엇보다 합리적인 정보 및 보고 시스템과 내부 통제시스템을 구축하고 그것이 제대로 작동하도록 배려할 의무가 이사회를 구성하는 개개의 이사들에게 주어진다."라고 판시하고 있다.

그리고 "이사가 내부통제시스템을 이용한 회사운영의 감시·감독을 의도적으로 외면한 경우에는 다른 이사의 위법하거나 부적절한 업무집행을 구체적으로 알지 못하였다는 이유만으로 책임을 면할 수 없다."라고 판시하고 있다. 따라서 대법원은 각 이사가 그러한 노력을 전혀 아니하거나, 위와 같은 시스템이 구축되었다 하더라도 이를 이용한 회사 운영의 감시·감독을 회피하거나 해태한 경우에는 주의의무를 위반한 것으로 보고 있다.

또한 내부통제제도가 단순한 준법행위 교육이나 감시시스템이 아닌「전사적 리스크 관리체제」로 정립되어 가고 있는데, 이는 경영진 간의 감시·감독활동과 불가분의 관계에 있게 된다. 따라서 회사는 상기 대법원 판례의 준수는 물론 전사적 리스관리 차원에서도 회사의 내부통제시스템의 구축·운영은 불가피한 사항이라 할 수 있다.

그러나, 현재와 같이「상법」상 명확한 근거 조문도 없이 대법원의 판례에 의한 추상적인 주의의무 개념만을 기초로 하여 내부통제제도의 구축을 촉진하고 경영자의 의식을 제고하며 법원의 적극적인 판결을 유도한다는 것은, 내부통제의 개념상 혼동이 정리되지 못하고 회사들의 자율적인 내부통제제도의 구축을 기대하기도 어렵다는 점을 감안할 때 현실성이 떨어진다.[323]

이처럼 내부통제제도의 구축·운영이 이사의 의무라는 해석에서 벗어나 이제는「신외감법」,「금융사 지배구조법」, 등 에서와 같이 내부통제제도를「상법」상 명문으로 적극 도입할 필요가 있다고 본다.[324]

2.「신외감법」상 내부회계관리제도[325]

우리나라는 내부통제 목적 중 재무정보의 신뢰성 부문과 관련하여 내부회계관리제도가 2001년「기업구조조정촉진법」에서 도입되었다가, 2003년 11월「외감법」의 개정을 통해 이전하였으며, 2017년 9월「신외감법」으로 변경하였다.

---

322 대법원 2008.9.11. 2006다68636 판결

323 김용범. 전게서. 2017. 279면. 김순석, 전게서, 123면, 박세화,「효과적인 내부통제체제 구축을 위한 입법적 과제」, 재산법연구 제23권제2호, 2006, 404~405면.

324 김용범. 전게서. 2017. 279면 및 2012., 200면. 김순석, 전게서, 123면, 정동윤. 도명국. 윤세리. 이정치. 최문희,「감사기능의 효율화를 위한 현안과 과제」, 상장 제412호, 2009, 35면.

325 김용범. 전게서. 2017. 279~292면. 내부회계관리제도운영위원회,「내부회계관리제도 설계 및 운영 개념체계」(이하 '개념체계'이라 함) 및「내부회계관리제도 평가 및 보고 모범규준」(이하 '모범규준'이라 함), 2018. 7. 27.

내부회계관리제도는 내부통제 중의 일부인 재무정보의 신뢰성을 확보하기 위하여 도입된 제도이다. 그러나 그 대상을 법으로 강제하면서 소규모의 주식회사에까지 대폭적으로 확대(2001년「기촉법」에서 여신 500억 원 이상 → 2003년「외감법」 및2017년「신외감법」에서 자산 1,000억 원 이상)하였다.(「신외감법」 제8조)

가. 내부회계관리제도의 정의

내부회계관리제도는 "회사의 재무제표가 일반적으로 인정되는 회계처리기준에 따라 작성 · 공시되었는지의 여부에 대한 합리적 확신을 제공하기 위해 설계 · 운영되는 내부 통제 제도의 일부분으로서 회사의 경영진과 이사회를 포함한 모든 구성원들에 의해 지속적으로 실행되는 과정을 의미한다."(「내부회계관리제도 개념체계」문단 11)

나. 내부회계관리제도의 범위

내부회계관리제도는 내부통제제도의 보고정보의 신뢰성 확보 목적 중 외부에 공시되는 **재무제표의 신뢰성 확보**를 목적으로 하며, 여기에는 **자산 보호**[326] 및 **부정방지**[327] **프로그램이 포함된다.** 또한, 운영목적이나 법규준수 목적 등 다른 목적과 관련된 경우 해당 내부통제제도는 내부회계관리제도의 범위에 포함된다.[「내부회계 관리제도 개념 체계」(이하 '개념체계'라 함)문단 12]

1) 자산의 보호

내부회계관리제도는 회사의 자산이 정당하고 합법적인 절차를 거쳐 취득, 사용 및 처분되도록 하기 위한 자산보호와 관련된 통제를 포함한다. **자산 보호와 관련된 통제**라 함은 재무제표에 중요한 영향을 미칠 수 있는 승인되지 않은 자산의 취득, 사용 또는 처분을 예방하고 적시에 적발할 수 있는 체계를 의미한다.(「개념체계」 문단13)

2) 부정방지 프로그램

부정방지 프로그램은 재무제표의 신뢰성을 훼손할 수 있는 부정을 예방하거나 적발 하는 한편, 확인된 부정위험을 감소시킬 수 있도록 고안된 체제 및 통제로서 이는 회사 내 효과적인 통제문화를 조성함에 있어 필수적인 요소이다.

따라서 내부회계관리제도는 재무제표에 중요한 영향을 미칠 수 있는 부정의 위험과 관련된 통제가 포함되어야 하며, 경영진의 권한 남용 및 통제 무시 위험 등에 대한 적절한 부정방지 프로그램이 존재하지 않는 경우 이는 내부회계관리제도상 중요한 취약점으로 분류할 수 있다.(「개념체계」 문단 14)

일반적으로 회사의 부정방지 프로그램은 다음과 같은 사항을 포함한다.

---

326 자산보호 관련된 통제라 함은 재무제표에 중요한 영향을 미칠 수 있는 승인되지 않은 자산의 취득 · 사용 · 처분을 예방하고 이러한 경우가 발생될 경우 이를 적시에 적발할 수 있는 체계를 의미한다.김용범. 전게서. 2017. 280면.

327 부정 방지 프로그램은 재무제표의 신뢰성을 훼손할 수 있는 부정을 예방 · 적발하는 한편, 확인된 특정 부정 위험을 감소시킬 수 있도록 고안된 체제 및 통제절차로서 이는 회사 내 효과적인 통제 문화 를 조성함에 있어서 필수적인 요소이다. 김용범. 전게서. 2017. 280면.

일반적인 회사의 부정방지프로그램

① 윤리강령.
② 내부고발제도 및 내부고발자 보호 프로그램.
③ 채용기준 및 인사규정.
④ 부정 적발 또는 혐의 발견 시 처리 절차.
⑤ 이사회 및 감사(위원회)의 감독.
⑥ 부정 위험평가 및 이를 관리하기 위한 통제활동 등.

다. 내부회계관리제도의 운영 주체[328]

1) 이사회

이사회는 경영진이 설계·운영하는 내부회계관리제도 전반에 대한 감독책임을 지며, 여기에는 다음과 같은 업무가 포함하여 경영진에 대한 관리·감독업무를 수행한다. 단, 「내부회계관리규정」과 제·개정의 결의 및 중요 정책의 승인을 제외한 항목은 감사(위원회)에 위임할 수 있다.(「설계·운영 적용기법」문단10).

이사회의 내부회계관리제도 관리·감독 업무

① 내부회계관리규정 제·개정 결의 및 중요 정책의 승인.
② 내부회계관리제도와 관련된 조직구조, 보고체계 및 성과평가 연계방식 검토.
③ 회사 내 재무보고 및 부정위험과 관련된 제반위험에 대한 이해.
④ 내부회계제도의 설계 및 운영에 대한 경영진의 중요한 조치사항 검토.
⑤ 내부회계관리제도의 중요한 변화 사항에 대한 경영진의 조치사항 검토.
⑥ 내부회계관리제도의 평가 결과 및 개선조치에 대한 확인 등.

2) 감사 또는 감사위원회

감사 또는 감사위원회(이하 '감사'라 한다)는 경영진과는 독립적으로 내부회계관리제도에 대한 평가기능을 수행함으로써 내부회계관리제도의 적정한 운영 및 개선을 지원하며, 또한 감사는 경영진과 독립적인 입장에서 내부회계관리제도의 운영실태를 평가하고 그 결과를 이사회에 보고하여 문제점을 시정하게 함으로써 내부회계관리 제도가 원활하게 운영되도록 하는 역할을 수행한다.

감사는 외부 재무보고 및 내부회계관리제도를 관리·감독[329]하기 위해 다음 사항을 포함하

328 김용범. 전게서. 2017. 281~282면.

329 내부회계관리제도에 대한 관리 · 감독 권한은 이사회의 직무임에도 이를 기관과 직무가 다른 감사위원회에 동일하게 적용하는 것은 잘못된 표기이며, 이는 감시 · 감사 권한으로 표시하는 것이 맞는 표현이며, 감사가 감독 및 검사를 포함하는 개념임을 고려하더라도 감시·감독 권한으로 표현하는 것이 옳다고 본다.

는 역할, 책임 및 위임규정을 수립한다. 다음 항목 중 내부회계관리제도와 관련된 항목은 내부회계관리규정에도 반영하여야 한다.(「설계·운영 적용기법」 문단11)

감사의 내부회계관리제도에 대한 감시·감독

① 내부회계관리제도의 설계 및 운영과 관련된 정책, 절차 및 역할과 책임
② 내부회계관리조직 및 성과평가의 적정성
③ 내부회계관리제도 중요한 변화사항 및 대응 방안
④ 내부회계관리제도의 상시적/독립적 평가절차 및 결과
⑤ 평가에 포함되는 위험평가 결과 및 미비점 평가 결과(외부감사인의 평가결과를 포함)
⑥ 발생한 재무보고 관련 이슈가 관련된 내부통제에 의해 적발되지 않은 원인과 해당 내부통제의 적정성에 대한 평가 결과
⑦ 기업의 재무 관련 주요 공시 사항과 관련된 재무보고 과정의 적정성 및 재무제표의 신뢰성 검토
⑧ 중요한 회계정책 및 회계기준의 적용
⑨ 추정이나 판단이 개입되는 주요 회계처리의 타당성 등
⑩ 기업의 재무활동의 건전선과 타당성 감사
⑪ 필요한 경우 내부회계관리제도를 포함한 회사 전체 내부통제
⑫ 내부회계관리규정 제·개정의 승인 등

감사의 내부감사부서의 관리·감독

① 내부감사부서 책임자의 임면을 포함한 조직
② 내부감사부서의 역할, 예산 및 보고의 적절성
③ 내부감사부서의 주요 업무 활동 및 결과 등

감사의 외부감사인에 대한 감시·감독

① 외부감사인 관리감독 정책, 절차 및 역할과 책임
② 외부감사인의 선임과 해임
③ 외부감사인의 위험평가 결과에 근거한 핵심감사사항 혹은 주요 감사항목
④ 외부감사인의 내부회계관리제도 평가 계획 및 평가 결과
⑤ 외부감사인의 재무제표 감사계획 및 주요 결과
⑥ 외부감사인의 유의적 발견사항
⑦ 자료 획득 및 감사 수행 과정 중의 애로 사항
⑧ 왜곡표시 및 미수정 왜곡표시의 전기 및 당기에 미치는 영향(내부회계 관리 제도 유효성에 미치는 영향 포함)
⑨ 외부감사인의 독립성과 비감사활동의 적절성 평가 등

감사의 부정방지 프로그램에 대한 감시·감독

① 부정위험 평가 등에 기반하여 수립된 부정방지 프로그램 정책, 절차 및 역할과 책임
② 대표이사 및 주요 경영진의 통제 무시(특히 내부회계관리규정을 위반한 지시사항)에 대응할 수 있는 제도
③ 내부고발제도 및 업무분장 등의 부정방지 프로그램
④ 회계부정에 대한 조사 및 보고 등

감사의 기타 감사 관련 정책, 절차 및 보고에 대한 감시·감독

① 감사규정과 관련 정책 및 절차
② 감사의 주요 업무 수행에 대한 문서화 포함
③ 내부 및 외부 감사결과에 따른 개선조치
④ 주주총회를 포함한 적절한 보고 체계
⑤ 내부감사 및 외부감사인과 주기적인 회의 등

3) 경영진

회사의 경영진은 효과적인 내부회계관리제도 설계, 운영 및 평가를 위한 내부 회계관리제도의 목적을 달성하기 위해 이사회의 감독을 포함한 조직구조, 보고 체계 및 적절한 책임과 권한을 정립한다. 이에 대한 적용 기법으로는 다음사항이 포함된다.(「설계·운영 적용기법」 문단27~33)

경영진의 내부회계관리제도 설계 및 운영 업무

① 역할과 보고체계의 정의 및 적정성 평가
- 효과적인 내부회계관리제도 설계, 운영 및 평가를 위한 권한과 책임의 명확한 정의 및 담당자 지정
- 감사의 충분한 관리감독을 지원할 수 있는 조직 및 보고체계 수립
- 연간 평가 계획, 주요 사항별 보고체계와 보고의 주요 항목 및 시기
- 독립적인 평가를 포함한 모니터링 활동의 결과 보고 양식
- 조직의 특성을 고려한 다양한 보고 방식의 정의
- 외부감사인 대응을 포함한, 내부회계관리제도와 관련된 역할 및 책임 간의 연관 관계

② 전결 권한 등의 정의
③ 직무기술서와 서비스 수준 합의서 관리
④ 내부회계관리제도 관련 부서의 역할 정의 등

경영진은 내부회계관리제도와 관련된 각 부서가 내부회계관리제도 설계, 운영, 평가 및

보고를 원활하게 수행할 수 있도록 각각의 역할과 책임을 정의한다. 대표 이사와 내부회계관리자는 내부회계제도의 설계와 운영에 궁극적으로 책임을 부담 한다. 이를 위해 경영진은 다음 업무를 수행한다.

경영진이 내부회계관리제도 관련 책임을 부담하는 업무

① 외부재무보고 과정에 연관된 각 부서가 수행할 역할과 책임을 명확히 부여한다.
② 내부회계관리규정 등을 통해 감사의 내부회계관리제도에 대한 감독 책임과 이를 지원할 부서의 지정과 책임도 명확히 한다.
③ 대표이사, 이사회 및 감사는 기업의 현재 외부 재무보고 목적달성을 지속적으로 지원하는 다양한 조직구조(사업부문, 지리적 위치, 법적 실체 또는기타) 내의 적정성과 보고체계를 평가한다.
④ 내/외부의 변화사항을 고려하여 주기적으로 내부회계관리제도 조직 구조의 목적 적합성 및 적정성을 재평가한다.

라. 내부회계관리제도의 구성 요소와 원칙

내부회계관리제도의 구성요소와 원칙은 모든 기업에 적용된다. 원칙은 각 내부회계관리제도 구성요소와 관련된 근본적인 개념으로 각 구성요소가 존재하고 기능하는 데 중대한 영향을 미친다. 따라서 관련된 원칙이 존재·기능하지 않는 경우 해당 내부회계관리제도 구성요소가 존재·기능할 수 없다.

그러나 관계 법령, 산업 및 운영환경 상의 특성에 따라 특정원칙이 적용 가능하지 않다고 경영진이 판단할 수 있는 극히 예외적인 경우가 있을 수 있다. 특정 원칙이 회사에 적용 가능성이 없다고 결론을 내리기 위해서는 해당 원칙이 부재함에도 불구하고 관련 구성요소가 어떻게 존재하고 기능할 수 있는지에 대한 합리적인 근거로 경영진의 판단을 뒷받침하여야 한다.(「설계 및 운영 개념체계」 문단 19)

1) 통제 환경

회사는 도덕성 및 윤리적 가치 감독 체계, 권한과 책임, 적격성에 대한 기대사항 및 이사회의 책임을 정립한다.

원칙 1. (도덕성과 윤리적 가치에 대한 책임) 회사는 도덕성과 윤리적 가치에 대한 책임을 강조한다.

원칙 달성을 위한 중점 고려사항

① 경영진과 이사회의 의지
② 윤리강령 수립
③ 윤리강령 준수 평가

④ 윤리강령 위반사항 적시 처리 등

원칙 2. (내부회계관리제도 감독 책임) 이사회는 경영진으로부터 독립성을 유지하며 내부회계관리제도의 설계 및 운영을 감독한다.

원칙 달성을 위한 중점 고려사항

① 이사회의 감독 책임 정립
② 이사회의 전문성 확보
③ 이사회의 독립적 운영
④ 내부회계관리제도 감독 수행 등

원칙 3. (조직구조, 권한 및 책임 정립) 경영진은 내부회계관리제도의 목적을 달성하기 위해 이사회의 감독을 포함한 조직구조, 보고체계 및 적절한 권한과 책임을 정립한다.

원칙 달성을 위한 중점 고려사항

① 조직구조 고려　　　　② 보고체계 수립
③ 권한과 책임의 정의, 부여 및 제한

- **이사회 :** 중요한 의사결정 권한 보유 및 경영진이 부여한 권한과 책임의 적정성 검토
- **고위 경영진 :** 임직원이 내부회계관리제도와 관련된 책임을 이해하고 이행할 수 있도록 방향 제시, 지침 및 통제 수립
- **경영진 :** 고위 경영진의 지침과 통제가 회사 및 하위 조직 내에서 실행될 수 있도록 실무지침을 제시하고 지원
- **직원 :** 윤리강령, 위험 요소, 조직 각 계층의 통제활동, 정보 및 의사소통 흐름, 모니터링 활동에 대한 이해
- **외부서비스 제공자 :** 모든 외부직원의 권한과 책임 범위에 대해 경영진이 정한 사항의 준수

원칙 4. (적격성 유지) 회사는 내부회계관리제도 목적에 부합하는 적격성 있는 인력을 선발, 육성하고 관리한다.

원칙 달성을 위한 중점 고려사항

① 정책 및 실무절차 수립
② 적격성 평가 및 보완
③ 인력 선발, 육성 및 유지
④ 승계계획 및 준비 등

원칙 5. (내부회계관리제도 책임 부여) 회사는 조직 구성원들에게 내부회계 관리제도의 목적을 달성하기 위해 필요한 책임을 부여한다.

원칙 달성을 위한 중점 고려사항

① 조직구조, 권한 및 책임을 통한 내부회계관리제도 책임 부여
② 성과평가 및 보상정책 수립
③ 성과평가 및 보상정책과의 연계
④ 과도한 압박 평가 및 조정
⑤ 개인의 성과평가, 보상 및 징계조치 등

2) 위험 평가

회사는 경영진이 평가한 내부회계관리제도의 목적 달성을 저해하는 위험 요소에 대하여 감독(중요한 변화, 부정 및 내부회계관리제도에 대한 경영진의 권한 남용으로부터 야기되는 잠재적 영향 포함)한다.

원칙 6. (구체적인 목적 수립) 회사는 관련된 위험을 식별하고 평가할 수 있도록 내부회계관리재도의 목적을 명확하게 설정한다.

원칙 달성을 위한 중점 고려사항

① 적합한 회계기준의 채택 및 준수
② 회사 활동의 실질 반영
③ 중요성 고려 등

원칙 7. (위험 식별 및 분석) 회사는 목적달성에 영향을 미치는 위험을 전사적으로 식별하고, 위험관리방안을 수립하기 위해 위험을 분석한다.

원칙 달성을 위한 중점 고려사항

① 회사 내 다양한 조직 수준 고려
② 외부 재무보고에 영향을 미치는 내부 및 외부 요인 분석
③ 위험평가체제 구축에 적절한 수준의 경영진 참여
④ 식별된 위험의 중요성 평가
⑤ 위험대응 방안 결정 등

원칙 8. (부정위험 평가) 내부회계관리제도 목적 달성에 대한 위험 평가 시 잠재적인 부정 가능성을 고려한다.

원칙 달성을 위한 중점 고려사항

① 다양한 부정의 유형 고려
② 부정 유인과 압력의 평가
③ 부정 유발할 기회의 평가
④ 태도와 합리화에 대한 평가 등

원칙 9. (중요한 변화의 식별과 분석) 회사는 내부회계관리제도에 중요한 영향을 미치는 변화를 식별·분석하여 내부회계관리제도를 유지·관리한다.

원칙 달성을 위한 중점 고려사항

① 외부 환경 변화의 평가
② 사업모델 변화의 평가
③ 리더십 변화의 평가 등

3) 통제활동

회사는 경영진의 통제활동 설계 및 운영에 대한 감독을 한다.

원칙 10. (통제활동의 선택과 구축) 회사는 내부회계관리제도의 목적달성을 저해하는 위험을 수용 가능한 수준으로 줄일 수 있는 통제활동을 선택하고 구축한다.

원칙 달성을 위한 중점 고려사항

① 위험평가와의 고려
② 회사의 고유한 요인 고려
③ 관련 있는 업무프로세스 결정
④ 다양한 통제 유형의 조합
⑤ 다양한 수준의 통제활동 적용 고려
⑥ 업무분장 고려 등

원칙 11. (정보기술 일반통제의 선정 및 구축) 회사는 내부회계관리제도 목적 달성을 지원하는 정보기술 일반통제를 선정하고 구축한다.

원칙 달성을 위한 중점 고려사항

① 업무프로세스에서 사용되는 정보기술과 일반통제 간 의존도 결정
② 정보기술 인프라 통제활동 수립

③ 보안관리 프로세스에 대한 통제활동 수립
④ 정보기술의 취득, 개발 및 유지보수 프로세스에 대한 통제 수립 등

원칙 12. (정책과 절차를 통한 실행) 회사는 기대사항을 정한 정책과 그 정책을 실행하기 위한 절차를 통하여 통제활동을 적용한다.

<u>원칙 달성을 위한 중점 고려사항</u>

① 경영진의 지침 전달을 지원하기 위한 정책 및 절차 수립
② 정책과 절차의 적용을 위한 책임 확립과 담당자의 지정
③ 통제활동의 적시 수행
④ 개선조치 이행
⑤ 적격성 있는 담당자의 이행
⑥ 정책, 절차 및 통제활동의 주기적인 재평가 등

4) 정보 및 의사소통

회사는 회사의 내부회계관리제도 목적 달성과 관련된 정보의 분석 및 논의를 한다.

원칙 13. (관련 있는 정보의 사용) 회사는 내부회계관리제도의 운영을 지원하기 위하여 관련 있는 양질의 정보를 취득 또는 생산하고 사용한다.

<u>원칙 달성을 위한 중점 고려사항</u>

① 정보 요구사항의 식별
② 내부 및 외부의 데이터 원천 포착
③ 관련 있는 데이터를 의미 있는 정보로 변환
④ 정보처리 과정에서 품질의 유지·관리
⑤ 비용과 효익 고려 등

원칙 14. (내부 의사소통) 회사는 내부회계관리제도의 운영을 지원하기 위해 필요한 내부회계관리제도에 대한 목적과 책임 등을 정보에 대해 내부적으로 의사소통한다.

<u>원칙 달성을 위한 중점 고려사항</u>

① 내부회계관리제도 정보에 대한 의사소통
② 경영진과 이사 간의 의사소통
③ 별도의 의사소통 라인 제공
④ 적절한 의사소통 방법 라인 제공
⑤ 적절한 의사소통 방법 선택 등

원칙 15. (외부 의사소통) 회사는 내부회계관리제도의 운영에 영향을 미치는 사항에 대해 외부 관계자와 의사소통한다.

원칙 달성을 위한 중점 고려사항

① 외부 관계자와의 의사소통
② 외부로부터의 의사소통
③ 이사회와의 의사소통
④ 별도의 의사소통 라인 제공
⑤ 적절한 의사소통 방법 선택 등

5) 모니터링 활동

회사는 모니터링 활동의 성격과 범위, 경영진의 통제 미비점 및 개선활동의 평가 및 감독을 한다.

원칙 16. (상시적인 모니터링과 독립적인 평가 수행) 회사는 상시적인 모니터링과 독립적인 평가방안을 수립해 내부회계관리제도 설계 및 운영의 적정성을 평가한다.

원칙 달성을 위한 중점 고려사항

① 상시적인 모니터링과 독립적인 평가의 균형을 고려
② 업무와 업무프로세스 변화의 정도 고려
③ 상시적인 모니터링과 독립적 평가 출발점의 설정
④ 충분한 지식을 갖춘 인력 활용
⑤ 업무프로세스와의 통합
⑥ 범위와 빈도 조정
⑦ 객관적인 평가 등

원칙 17. (미비점 평가와 개선활동) 회사는 내부회계관리제도의 미비점을 평가하고 필요한 개선활동을 적시에 수행한다.

원칙 달성을 위한 중점 고려사항

① 결과 평가
② 미비점 의사소통
③ 개선활동에 대한 모니터링 등

마. 내부회계관리제도의 평가

회사의 대표자는 매 사업연도마다 주주총회, 이사회 및 감사에게 당해 회사의 내부회계

관리제도 운영실태를 대면(對面)보고 하여야 하며, 감사는 매 사업연도마다 내부회계관리제도의 운영실태를 평가하여 이사회에 보고하고 그 평가보고서를 당해 회사의 본점에 5년간 비치하여야 한다. 이 경우 내부회계관리제도의 관리 운영에 대하여 시정 의견이 있으면 그 의견을 포함하여 보고하여야 한다.(「신외감법」 제8조 제4항 및 제5항)

내부회계관리제도는 회사의 재무제표가 회계기준에 따라 작성 및 공시되었는지에 대한 합리적 확신을 제공하는 것을 목적으로 한다. 내부회계관리제도의 평가 목적은 경영진이 회계연도 말 시점의 내부회계관리제도에 중요한 취약점의 존재 여부를 평가하는데 있어서 합리적인 근거를 제공하는 데 있다. 이를 달성하기 위해, 경영진은 재무보고의 신뢰성에 대한 위험을 식별하고, 이러한 위험을 처리하기 위한 통제가 존재하는지 평가하며, 위험평가에 근거한 통제운영에 대한 증거를 평가하여야 한다.

평가절차는 기업마다 다를 수 있다. 그러나 하향식 접근방법 또는 위험기반의 접근방법은 일반적으로 평가를 수행하는 가장 효과적인 방법일 것이다. 이 평가 절차는 두 개의 부문으로 되어있다. 첫째 부문은 외부 재무 보고의 위험을 식별하고 식별된 위험과 관련하여 경영진이 구축한 내부회계관리제도가 해당 위험을 적절히 처리할 수 있도록 설계되었는지를 평가(설계의 효과성 평가)하는 방법이다. 둘째 부문은 내부회계관리제도의 운영이 효과적인지를 평가(운영의 효과성 평가)하기 위한 방법, 절차 및 적용할 수 있는지를 판단하는 방법이다.

경영진의 내부회계제도의 효과성에 대한 사업연도별 평가는 반드시 회사가 선택한 내부통제체계에서 제시하는 효과적인 내부통제에 대한 정의에 부합하는지 여부를 평가하여야 한다. 또한, 내부회계관리제도의 효과성을 평가하는 데 있어서 경영진은 그 내부통제 구성내용이 효과적인 내부회계관리제도에 필요한 정책, 절차 및 활동을 포함하고 있는지 여부를 평가한다.

감사는 경영진이 실시한 평가절차와 운영실태 평가결과의 적정성을 감독자의 관점에서 독립적으로 평가한다. 감사는 내부회계관리제도 평가 시 경영진의 평가와 관련된 자료를 주로 활용하고, 경영진 평가절차가 적절하지 않거나 충분하지 않은 경우 추가적인 테스트를 할 수 있다. 감사는 전문가를 활용하여 독자적으로 평가하거나, 회사의 내부감사기능을 활용하여 추가적인 테스트를 수행할 수 있으며, 평가절차 및 그 결과를 문서화하여 충분한 근거자료를 마련한다.

감사는 이와 같이 경영진과 독립적인 입장에서 내부회계관리제도의 운영실태를 평가하고 그 결과를 이사회에 보고하여, 미비점이나 취약점을 시정하게 함으로써 내부회계관리제도가 원활하게 운영되도록 하는 역할을 수행한다. 내부회계관리제도의 평가에 대한 자세한 내용은 제3편 제7장 제1절 Ⅱ. '내부회계관리제도 평가 및 보고' 항목을 참고하시기 바랍니다.

바. 내부회계관리제도상의 문제점

내부회계관리제도가 기존의 외부감사인의 회계감사와 CFO의 인증제도 등과 업무가 중복된다는 비판이 제기되며, 대기업의 경우는 필요에 의해 내부회계관리제도보다도 더 포괄적인 내부통제제도를 구축하고 있기 때문에 불필요한 규정이라는 지적도 있다.

아울러 「신외감법」상 내부회계관리제도는 주권상장법인과 자산총액 1천억 원 이상 일반회사를 적용하여 광범위하고, 또한 법률에 의해 의무적이고, 일률적으로 도입됨에 따라 상장 중소기업의 경우 상당히 부담이 되고 있어 현실적으로 법을 엄격하게 적용하기가 매우 어려운 상황이라 동 제도를 유명무실하게 만들 우려가 있다.[330]

이에 따라 내부회계관리제도는 자산규모가 2조 이상인 대규모 회사는 별 문제가 없을 수 있으나, 그보다 작은 회사의 전면도입은 현실적으로 무리가 있으므로 시차를 두어 회사의 규모나 특성에 따라 다르게 적용할 수 있도록 규정하는 것이 바람직하다고 본다. 참고로 일본의 경우 동 제도 적용 대상을 자본금이 5억 엔 이상 이거나 부채가 200억 엔 이상으로 하고 있다.

3. 「금융지배구조법」상 준법감시인 제도[331]

가. 준법감시인의 의의

준법감시인은 미국의 「컴플라이언스 오피서(Compliance officer)」제도를 모델로 하여 은행, 금융투자업자 등 금융회사에서 그 선임이 의무화된 것으로, 내부통제기준을 임직원이 준수하고 있는지의 여부를 점검하고 기준을 위반할 겨우 이를 조사하여 그 결과를 감사위원회 또는 감사에게 보고하는 것을 주된 직무로 한다.[332]

준법감시인은 2000년 「은행법」 등 금융관련법의 개정을 통해 도입되었고, 2015년 「금융회사의 지배구조에 관한 법률」(이하 '금융지배구조법'이라 함)을 제정함으로써 은행 등 금융회사에서 그 선임이 강제되고 있는데, 동법에서는 내부통제기준을 규정하고 이를 준수하도록 강제하고자 준법감시인을 둘 것을 의무화하고 있다.

나. 준법감시인제도의 도입 대상

준법감시인제도는 금융회사의 내부통제기능 강화를 위해 2000년 「은행법」등 금융관련법의 개정을 통하여 도입해 오다가, 2015년 「금융지배구조법」제정으로 준법감시인 제도의 시행근거 규정을 「금융지배구조법」에 마련하였다.

「금융지배구조법」의 적용을 받는 금융회사는 다음 각 호와 같다.(「금융지배구조법」 제2조 제1항)

「금융지배구조법」의 적용을 받는 금융회사

① 「은행법」에 따른 인가를 받아 설립된 은행
② 「자본시장법」에 따른 금융투자업자 및 종합금융회사
③ 「보험업법」에 따른 보험회사
④ 「상호저축은행법」에 따른 상호저축은행
⑤ 「여신전문금융법」에 따른 여신전문금융회사

330 김용범. 전게서. 2017. 291면. 김순석, 「우리나라 감사제도의 운영실태 조사와 비교 · 평가」, 한국상장 회사협의회, 2009., 125면.

331 김용범. 전게서. 2017. 292~296면.

332 김용범. 전게서. 2017. 292면. 손성,「미국회사법제에서의 준법감시인제도에 관한 법리적 고찰」, 상장협 제43호,, 2001. 123면. 권종호. 전게서. 20면.

⑥ 「금융지주회사법」에 따른 금융지주회사
⑦ 그 밖에 법률에 따라 금융업무를 하는 회사로서 대통령령으로 정하는 금융회사

다. 내부통제기준

"**내부통제기준**이라 함은 **금융회사는 법령을 준수하고 경영을 건전하게하며 주주 및 이해관계자를 보호**하기 위하여 **그 금융회사의 임직원이 직무를 수행**함에 따라야 할 기본적인 **기준과 절차**"를 말한다.(「금융지배구조법」 제24조 제1항) 이 기준에는 아래의 사항이 포함되어야 한다.(「금융지배구조법시행령」제19조제1항)

내부통제기준 주요 내용

① 업무의 분장 및 조직구조에 관한 사항
② 임직원이 업무를 수행할 때 준수하여야 하는 절차에 관한 사항
③ 내부통제 관련 이사회, 임원 및 법 제25조에 따른 준법감시인 등의 역할의 구분에 관한 사항
④ 내부통제에 필요한 전문성을 갖춘 인력과 지원조직의 확보에 관한 사항
⑤ 내부고발제도의 운영에 관한 사항
⑥ 경영의사결정에 필요한 내부통제 관련 정보가 효율적으로 전달될 수 있는 체제의 구축에 관한 사항
⑦ 임직원의 내부통제기준 준수여부를 확인하는 정차·방법과 내부통제기준을 위반한 임직원의 처리에 관한 사항
⑧ 임직원의 금융관계법령 위법행위를 방지하기 위한 절차나 기준에 관한 사항
⑨ 내부통제기준의 제정이나 변경 절차에 관한 사항
⑩ 준법감시인의 임면절차에 관한 사항
⑪ 이해상충의 파악·평가와 관리에 관한 사항
⑫ 상품 및 서비스에 대한 광고의 제작 및 내용에 관하여 지켜야 할 사항
⑬ 법 제11조 제1항에 따른 임직원 겸직이 제11조 제3항 제4호 각 목의 요건을 충족하는지에 대한 평가·관리에 관한 사항 등

회사의 대표이사·대표집행임원·외국회사의 국내지점 대표자·준법감시인은 내부통제기준의 준수를 위하여 다음 각 호 업무를 하여야 한다.(「금융지배구조법(개정안)」 제24조 제4항)

내부통제기준 준수를 위해 해야 할 사항

① 내부통제기준 위반을 방지하기 위한 실효성 있는 예방대책의 마련
② 내부통제기준의 준수여부에 대한 충실한 점검
③ 내부통제기준을 위반한 경우 그 위반내용에 상응하는 내부징계 등 조치방안 및 기준 마련

라. 준법감시인의 임면

금융회사는 내부통제기준의 준수여부를 점검하고 내부통제기준을 위반하는 경우 이를 조사하는 등 내부통제 관련 업무를 통할하는 사람(이하 '준법감시인'이라 함)을 1명 이상 두어야 한다.(「금융지배구조법」제25조 제1항)

금융회사는 사내이사 또는 업무집행자[333]중에서 준법감시인을 선임하여야 한다. 다만, 자산 규모, 영위하는 금융업무 등을 고려하여 대통령령이 정하는 금융회사는 사내이사나 업무집행자가 아닌 직원 중에서 준법감시인을 선임할 수 있다.(「금융지배 구조법」 제25조 제2항)

금융회사가 준법감시인을 임면하려는 경우에는 이사회의 의결을 거쳐야 하며, 해임할 경우에는 이사 총수의 3분의 2 이상의 찬성으로 한다. 준법감시인의 임기는 2년 이상으로 한다.(「금융지배구조법」 제25조 제3항 및 제4항)

금융회사는 준법감시인을 임면하였을 때에는 대통령령이 정하는 바에 따라 그 사실을 금융위원회에 보고하여야 한다.(「금융지배구조법」 제30조 제2항)

마. 준법감시인의 자격

준법감시인은 다음 각 호의 요건을 모두 충족한 자이어야 하며, 준법감시인이 된 사람이 아래 1호의 요건을 충족하지 못하게 된 경우에는 그 직을 잃는다.(「금융지배 구조법」 제26조 제1항 및 제2항)

<u>준법감시인의 자격요건</u>

1) 최근 5년간 이 법 또는 금융관계법령을 위반하여 금융위원회 또는 금융감독원의 원장, 그 밖에 대통령령으로 정하는 기관으로부터 「금융지배구조법」 제35조 제1항 각 호 및 제2항 각 호에 규정된 조치 중 문책경고 또는 감봉요구 이상에 해당하는 조치를 받은 사실이 없을 것.
2) 다음 어느 하나에 해당하는 사람. 다만 다음 각 목(라 목 후단의 경우는 제외)의 어느 하나에 해당하는 사람으로서 라 목 전단에서 규정한 기관에서 퇴임하거나 퇴직한 후 5년이 지나지 아니한 직원은 제외한다.(「금융지배구조법」 제26조 제1항 제2호)

가) 「금융위원회의 설치 등에 관한 법률」 제38조에 따른 검사대상기관에서 10년 이상 근무한 사람

나) 금융 관련 분야의 석사이상의 학위소지자로서 연구기관이나 대학에서 연구원 또는 조교수 이상의 직에 5년 이상 종사한 사람

다) 변호사 또는 공인회계사의 자격을 가진 자로서 그 자격과 관련된 업무에 5년 이상 종사한 사람

라) 기획재정부, 금융위원회, 증권선물위원회, 감사원, 금융감독원, 한국은행, 예금보험

---

333 업무집행자란 이사가 아니면서 명예회장 · 부회장 · 사장 · 부사장 · 행장 · 부행장 · 부행장보 · 전무 · 상무 · 이사 등 업무집행할 권한이 있는 것으로 인정할 만한 명칭을 사용해 회사의 업무를 집행하는 사람을 말한다.

공사(부실금융기관, 부실우려금융기관, 정리금융기관 포함), 그 밖에 금융위원회가 정하여 고시하는 금융관련 기관에서 7년 이상 근무한 사람

마) 그 밖에 가목부터 라목까지의 규정에 준하는 자격이 있다고 인정되는 사람으로서 대통령령이 정하는 사람 등

바. 준법감시인의 직무

우리나라 현행 「금융지배구조법」상 준법감시인의 직무범위는 내부통제의 전반적인 내용을 포괄하고 있는 '내부통제기준'의 준수여부를 점검하는 것으로 규정하고 있다. 준법감시인은 내부통제기준의 준수여부를 점검하고 내부통제기준을 위반하는 경우 이를 조사하여 필요하다고 판단하는 경우 조사 결과를 감사위원회 또는 감사에게 보고할 수 있다.(「금융지배구조법」 제25조 제1항)

이에 따라 전반적인 내부통제시스템의 적정성을 평가하게 되어 있는 감사 또는 감사위원회의 업무와 상당부분 중복되므로 서로간의 적정한 역할 분담이 중요하게 되었다.

사. 준법감시인의 의무

준법감시인은 선량한 관리자의 주의로 그 직무를 수행하여야 하며, 다음 각 호의 업무를 수행하는 직무를 담당해서는 아니 된다.(「금융지배구조법」 제29조)

준법감시인의 금지업무

① 자산운용에 관한 업무　② 해당 금융회사의 본질적인 업무 및 그 부수업무
③ 해당 금융회사의 겸영업무　④ 금융지주회사의 경우에는 자회사 등의 업무
⑤ 그 밖에 이해가 상충할 우려가 있거나 내부통제 및 위험관리 업무에 전념하기 어려운 경우로서 대통령령으로 정하는 업무

아. 회사의 협력의무

금융회사는 준법감시인이 그 직무를 독립적으로 수행할 수 있도록 하여야 하며, 그리고 금융회사 및 그 임직원은 준법감시인이 그 직무를 수행할 때 필요한 자료나 정보의 제출을 요구하는 경우 이에 성실히 응해야 한다.

또한 금융회사는 준법감시인이었던 사람에 대해 그 직무수행과 관련한 사유로 부당한 인사상의 불이익을 주어서는 아니 된다.(「금융지배구조법」제30조 제1호~제4호)

자. 준법감시인제도상의 문제점

우리 금융관련법이 내부통제제도를 도입할 당시 입법과정에서 광의의 개념인 내부통제 개념과 준법감시의 개념이 명확하게 구분되어 다루어지지 아니한 상태에서 내부통제기준이 입법되어 준법감시인이 내부통제업무를 모두 관장하는 일종의 「내부통제인」인 것으로 규정

되는 입법상의 오류가 있다는 문제점이 지적되고 있다.[334]

그리고 2015년 「금융지배구조법」을 제정한 연후에도 위험관리 부문만 위험관리 책임자에게 부담시켰을 뿐 여전히 준법감시인은 내부통제부문의 전반적인 부분을 담당하고 있다. 만약 준법감시인제도가 준법감시체제의 도입만을 염두에 둔 것이라면 내부통제부문 전반적인 업무 담당이 아니라 법규준수 부문 만 담당하는 준법감시인 설치와 함께 준법감시 업무의 기준이 입법화되어 있어야 한다는 것이다.

이 같은 입법 오류는 내부통제 개념에 대한 인식부족에 기인하고 결과적으로는 준법감시인의 지나친 업무과중을 초래했을 뿐만 아니라 실효성 있는 준법감시체제를 구성하는데도 많은 혼란을 가져왔다. 또한 기능적 분담이 이루어지지 않아 내부통제체제를 효과적으로 구축하는 데 장애요인이 되고 있다.[335] 입법적인 재검토가 필요하다.

4. 「상법」상 준법지원인 제도[336]

2011년 4월 「상법」 개정을 통하여 자산총액이 5천억 원 이상인 상장회사에 대하여 금융기관의 준법감시인제도와 유사한 준법지원인제도를 도입하였다.

그 내용은 최근 사업연도 말 기준으로 자산총액이 5천억 원 이상인 상장회사는 준법통제기준을 마련하고, 동 기준의 준수여부를 점검하여 그 결과를 이사회에 보고하는 업무를 주된 직무로 하는 준법지원인을 두도록 하고 있다. 단, 다른 법률에 따라 내부 통제기준 및 준법감시인을 두어야하는 상장회사는 제외한다.(「상법시행령」 제39조)

이는 내부통제 목표 중 '적용 법률 및 규정의 준수' 부문의 통제를 위하여 도입·운영되고 있다. 본래 준법감시인으로 정하고자 하였으나, 「감시인」이라는 용어는 어감이 좋지 않아 바꾸었다. 용어순화차원에서 기교를 부린 것에 불과하다.[337]

가. 준법지원인의 의의

준법지원인이라 함은 일반적으로 회사업무의 계획 및 집행에 있어 법률의 준수 여부를 사전에 감시하는 사람을 말하나, 「상법」에서는 준법통제기준의 준수에 관한 업무를 담당하는 사람을 의미한다.(「상법」 제542조의13)

준법지원인은 금융업 관계 법률에서 규정하고 있는 준법감시인과 유사한 개념이므로, 이미 준법감시인을 둔 회사는 준법지원인을 따로 둘 필요는 없다.(「상법시행령」 제39조)

나. 준법통제기준

자산 규모 등을 고려하여 대통령령으로 정하는 상장회사(최근 사업연도 말 현재의 자산총액이

---

334 김용범. 전게서. 2017. 295면. 김순석, 전게서, 127면.

335 김용범. 전게서. 2017. 296면. 이재혁, 「주식회사 감사위원회제도의 개선방안에 관한 연구」, 성균관 대학교 대학원, 2007, 91면, 김순석, 전게서, 128면, 박세화, 전게서, 403~404면.

336 김용범. 전게서. 2017. 296~300면. 최준선, 전게서, 541~542면.

337 김용범. 전게서. 2017. 296면. 최준선, 「내부통제의 바람직한 개선방향」, 2011, 3면

5천억 원 이상인 회사)는 법령을 준수하고 회사경영을 적정하게 하기 위하여 임직원이 그 직무를 수행할 때 따라야할 준법통제에 관한 기준 및 절차(이하 '준법통제 기준'이라 한다)를 마련하여야 한다.(「상법」제542조의13 제1항)

준법통제기준이라 함은 **법령을 준수하고 회사경영을 적정하게 하기 위하여 임직원이 그 직무를 수행할 때 따라야 할 준법통제에 관한 기준 및 절차**를 말한다. 이 기준에는 아래사항이 포함되어야 한다.(「상법시행령」 제40조 제1항)

준법통제기준의 주요 내용

① 준법통제기준의 제정 및 변경의 절차에 관한 사항
② 준법지원인의 임면절차에 관한 사항
③ 준법지원인의 독립적 직무수행의 보장에 관한 사항
④ 임직원이 업무수행과정에서 준수해야 할 법규 및 법적 절차에 관한 사항
⑤ 임직원의 준법통제기준교육에 관한 사항
⑥ 임직원의 준법통제기준 준수여부를 확인할 수 있는 절차 및 방법에 관한사항
⑦ 준법통제기준을 위반하여 업무집행한 임직원의 처리에 관한 사항
⑧ 준법통제에 필요한 정보가 준법지원인에게 전달될 수 있는 방법에 관한 사항
⑨ 준법통제기준의 유효성 평가에 관한 사항 등

다. 준법지원인의 선임과 임기

회사는 준법통제기준의 준수에 관한 업무를 담당하는 사람(준법지원인)을 1인 이상 두어야 한다.(「상법」 제542조의13 제2항) 준법지원인은 이사회 결의로 임면한다.(「상법」 제542조의13 제4항)

준법지원인의 임기는 3년으로 하고, 상근하여야 한다.(「상법」제542조의13 제6항) 준법지원인에 관하여 다른 법률에 특별한 규정이 있는 경우를 제외하고는 「상법」에서 정하는 바에 따르되, 다른 법률의 규정이 준법지원인의 임기를 3년보다 단기로 정하고 있는 경우에는 「상법」을 다른 법률에 우선하여 적용한다.(「상법」 제542조의13 제11항)

라. 준법지원인의 자격

준법지원인이 될 수 있는 사람은 다음과 같다.(「상법」제542조의13 제5항, 「상법 시행령」 제41조)

준법지원인의 자격

① 변호사 자격을 가진 사람
② 「고등교육법」 제2조에 따른 학교에서 법률학을 가르치는 조교수 이상의 직에 5년 이상 근무한 사람
③ 상장회사에서 감사·감사위원·준법감시인 또는 이와 관련된 법무부서에서 근무한 경

력이 합산하여 10년 이상인 사람

④ 법률학 석사학위 이상의 학위를 취득한 사람으로서 상장회사에서 감사·감사위원·준법감시인 또는 이와 관련된 법무부서에서 근무한 경력을 합산, 5년 이상인 사람 등

마. 준법지원인의 직무

준법지원인은 준법통제기준의 준수여부를 점검하고 그 결과를 이사회에 보고하여야 한다.(「상법」제542조의13 제3항) 준법지원인제도 또한 금융기관의 준법감시인제도와 같이 기존의 내부감사조직인 감사 또는 감사위원회의 적법성 감사 등과 상당 부분 역할이 중복되고 있는 실정이다.[338]

바. 준법지원인의 의무

준법지원인은 선량한 관리자 주의로 그 직무를 수행하여야 하며, 또한 재임 중 뿐만 아니라 퇴임 후에도 직무상 알게 된 회사의 영업상 비밀을 누설하여서는 아니 된다.(「상법」제542조의13 제7항, 제8항) 그리고 준법지원인은 자신의 업무수행에 영향을 줄 수 있는 영업 관련 업무를 담당해서는 아니 된다.(「상법시행령」 제42조)

사. 회사의 협력의무

회사는 준법지원인이 그 직무를 독립적으로 수행할 수 있도록 하여야 하고, 회사의 임직원은 준법지원인이 그 직무를 수행할 때 자료나 정보의 제출을 요구하는 경우 이에 성실히 응하여야 한다.(「상법」제542조의13 제9항)

회사는 준법지원인 이었던 사람에 대하여 그 직무수행과 관련된 사유로 부당한 인사상의 불이익을 주어서는 아니 된다.(「상법」제542조의13 제10항)

아. 준법지원인 설치회사에 대한 혜택

회사가 「상법」제542조의13(준법통제기준 및 준법지원인)에 의한 준법통제제도를 성실히 이행하는 경우 등 회사가 그 위반행위를 방지하기 위하여 해당업무에 관하여 상당한 주의와 감독을 게을리하지 아니한 경우에는 「상법」 제624조의2(주요주주 등 이해관계자와의 거래 위반의 죄)의 양벌규정 중 벌금형을 면제한다.(「상법」 제634조의3)

이같이 준법통제제도를 설치한 경우 혜택은 있으나 미설치시의 형사적 벌칙조항은 없다. 이 점은 상근감사제도와 같다. 그러나 형사적 벌칙조항이 없지만 강행규정이다. 회사가 준법통제제도를 두지 않으면 법령위반이 되어 이사가 회사 또는 제3자에 대하여 책임을 지게 되거나 해임청구소송의 대상이 되는 등 법적책임이 따른다.[339]

자. 준법지원인 제도의 문제점

---

338 김용범. 전게서. 2017. 298면. 최준선, 전게서, 542면.

339 김용범. 전게서. 2017. 299면. 최준선, 전게서, 542면.

준법지원인제도는 기본적으로 기업 내부통제의 일부분이므로 감사 및 감사위원회 제도, 내부회계관리제도 등 다른 내부통제제도와의 역할과 기능이 상당 부분 중복되고 있다. 따라서 준법지원인제도와 다른 내부통제제도와의 역할 정립, 통합적 운영 등의 합리적인 조정 없이 여러 법률에서 제 각각 내부통제와 관련한 규제를 부과할 경우 이로 인한 제도적 폐해는 기업의 부담으로 귀결될 수밖에 없다.[340]

즉 외국에서 준법지원인제도를 내부통제제도에 포함하여 통합적으로 운영하도록 기업에게 자율성을 부여하고 있는 점을 고려하면 상대적으로 우리나라는 내부통제 제도와 관련한 비효율적 중복규제로 인하여 기업의 국제경쟁력을 저하시키는 결과를 초래할 우려가 매우 높은 것이 현실이다.[341]

또한 준법지원인이 임직원의 준법통제기준 위반행위를 조사하여 그 결과를 이사회에 보고한 경우에는 이사회의 시정조치가 있어야 하는데, 이 경우 이사회가 적시에 적절한 조치를 취했는지 여부는 감사기관의 업무감사권 범위에 포함되는 것이다. 즉, 이사의 직무집행의 적법성여부에 있어서는 준법지원인과 감사기관인 감사위원회나 감사와 상호 연계되어 있으므로 양자 간에 업무협조체제의 구축이 반드시 필요함에도 미비되어 있어 감사업무 수행에 큰 장애요인이 되고 있다.[342]

따라서 준법지원인은 금융회사의 준법감시인과 같이 준법통제기준의 준수여부에 대한 점검 결과를 필요할 경우 감사위원회 또는 감사에게 보고토록하고, 감사위원회 또는 감사가 준법지원인제도의 적정한 운영을 평가하도록 하는 것이 바람직하다.[343]

5. 「자본시장법」상 인증제도[344]

「자본시장법」은 대표이사와 그 '제출업무를 담당하는 이사'(이하 '재무최고책임자'라 함)에게 상장회사가 제출하는 정기보고서나 유가증권신고서 등에 대해 인증업무를 부과하고 있다. 사업보고서에도 유사규정이 있으며(「동법」 제159조제7항), 이는 반기·분기 보고서(「동법」제160조)와 주요사항보고서(「동법」제161조제1항)에 준용된다.

즉, 「자본시장법」 제119조제5항에 의하면 대표이사와 재무최고책임자는 증권신고서의 기재사항 중 중요사항에 관하여 거짓의 기재 또는 표시가 있거나 중요사항의 기재 또는 표시가 누락되어 있지 아니하다는 사실 등 「동법시행령」 제124조로 정하는 사항을 확인·검토하고 이에 각각 서명하여야 한다.

이러한 확인과 인증의무를 이행하지 않은 경우에는 금융위원회로부터 과징금이 부과되며(「동법」 제429조 제1항, 제3항), 인증을 한 경우에도 대표이사와 재무책임자는 본인이 검토·확인·인증

340 김용범. 전게서. 2017. 299면. 한국상장회사협의회 외 4개 기관. 「준법통제제도 관련 상법시행령에 대한 의견」, 상장회사감사회 회보. 2011, 19면.

341 김용범. 전게서. 2017. 299면. 한국상장회사협의회 외 4개 유관기관, 전게건의서, 19면.

342 김용범. 전게서. 2017. 299면. 최준선, 「내부통제의 바람직한 개선방향」, 상장감사회회보, 2011., 4면, 정준우 외, 「준법지원인제도와 준법경영의 활성화 방안」, 한국법정학회, 2014. 10. 233면.

343 김용범. 전게서. 2017. 299면. 최준선, 전게연재서, 4면, 정준우외, 전게보고서, 2014. 10. 252면.

344 김용범. 전게서. 2017. 300면. 김순석, 전게서, 129면.

한 공시서류에 허위의 기재가 있거나 중요한 사항이 누락된 때에 이로 인해 유가증권 취득자가 손해를 입은 경우에는 그 손해에 대해 배상하여야 한다. (「동법」 제125조 제1항, 제162조 제1항)

6. 「공기업·준정부기관 회계사무규칙」상 내부통제제도

공기업 및 중정부기관의 기관장은 회계처리의 적정 여부 및 재무제표의 신뢰성을 평가하기 위해 내부통제를 운영하도록 하고 있으며(「공기업 · 준정부기관 회계사무 규칙」 제21조 제1항), 기관장은 제1항의 내부통제를 하기 위하여 내부통제책임자를 임명하여야 하고 내부통제를 위하여 필요한 절차와 방법을 정하도록 하고 있다.(「공기업 · 준정부기관 회계사무규칙」 제21조 제2항)

Ⅷ. 효과적인 내부통제체제 구축 방안[345]

1. 「상법」상 내부통제제도의 도입 검토

미국에서 내부통제시스템에 대해 명시적으로 규정하고 있는 대표적인 법은 「SOX 법」이다. 2002년에 제정된 「SOX법」은 경영자들은 내부통제시스템을 구축하고 통제 활동을 하며, 평가과정 중에 발견한 중대한 결함 등에 대해 적절히 대응·보고하여야 하며, 이러한 모든 노력들을 문서로 기록하도록 명문으로 규정하였다.

그리고 2005년 개정 「모범회사법(Model Business Corporation Act : MBCA)」에서 공개회사의 이사회에 내부통제제도의 효과성에 대한 감독책임이 있음을 명문화하고 있다.(「모범회사법」 제8조 제1항 제c호 제6목)

일본은 2002년 「상법」개정에서 위원회등설치회사에 한정하여 내부통제제도를 도입하였으나, 2005년 「회사법」에서는 위원회설치회사는 물론이고 위원회설치회사가 아닌 모든 대회사[346]에게까지 내부통제제도를 구축하도록 명문으로 규정하고 있다.

또한 위원회설치회사의 경우 집행임원제도를 의무적으로 도입하고 이사회 내에는 지명위원회, 보수위원회, 감사위원회 등 3개의 위원회를 설치하도록 정하고 있다. 이처럼 내부통제제도가 회사지배구조 체제와 더불어 패키지로 도입되도록 하고 있다.

우리나라는 1999년 감사위원회제도를 도입한 이후 감사를 수행하는 데에 제기된 많은 문제점들이 업무의 감독과 집행이 분리되지 않는 지배구조에 기인하고 있다는 점이 인식되고 있다. 2011년 4. 14 「상법」개정에서 집행임원제도가 도입됨에 따라 이러한 지배구조상의 문제를 개선할 수 있는 계기가 마련되었다고 본다.

그러나 지배구조의 개선과 더불어 그 지배구조가 제대로 작동하기 위한 소프트웨어인 내부통제제도가 도입되지 않으면 감사기능이 제대로 발휘될 수 없을 것이다. 또한 내부통제제

---

345 김용범. 전게서. 2017. 300~304면. 김순석, 전게서, 133~138면. 최준선, 전게보고서, 189~196면, 이준섭, 전게서, 71~86면.

346 대회사라 함은 최종사업연도 대차대조표상 자본금 5억 엔 이상 또는 부채총액 200억 엔 이상의 회사를 말한다.(일본 「회사법」제2조 제6호)에까지 확대하여 내부통제제도를 구축하도록 명문으로 규정하고 있다.

도의 구축과 운영을 이사의 선관주의의무로 보는 것이 통설[347]과 판례[348]이지만, 이러한 해석을 통한 운영으로는 제도의 실효성을 도모하기가 어렵다고 본다.

이제 우리나라도 감사위원회제도를 채택하는 회사들에 대해서는 집행임원제도를 동시에 도입하도록 규정하고, 또한 이들 회사에 대해서는 「상법」상 내부통제제도를 도입하도록 명문화하는 것이 바람직할 것이다. 「상법」상 내부통제제도를 도입하는 경우 「상법」은 모든 주식회사에 적용되므로 「코소(COSO)」가 정의하는 내부통제 개념 중 어느 범위까지 도입할 것인지에 대한 검토가 필요하다 하겠다.[349]

현재 우리나라 내부통제의 '재무정보의 신뢰성 부문'에 대해서는 「신외감법」상 내부회계관리제도에서 자산 총액 1,000억 원 이상의 모든 주식회사와 「공기업·준정부 기관 회계사무규칙」상 공기업 및 준정부기관을 대상으로 하고 있다.(「동법」제8조 제1항, 「동회계사무규칙·제21조) 또한 「금융사지배구조법」에서 도입한 준법감시인제도의 경우 법·규범의 준수뿐만 아니라 위험관리까지 포함하고 있다.(「동법」제25조) 그리고 「상법」상 준법지원인제도에서는 '적용 법률 및 규정의 준수 부문'만을 대상으로 하고, 자산총액 5,000억 원 이상의 상장회사에 한정하고 있다.

이처럼 내부통제의 개념 요소별로 서로 다른 법률에서 적용대상 회사를 달리하여 정하고 있어 기업에서는 많은 어려움을 겪고 있는 실정이다. 이에 따라 「상법」에서 내부 통제제도를 도입하는 경우 보다 일반적이고 표준적인 제도의 도입이 필요하다고 본다. 또한 회사의 규모나 특성이 다양한 점을 고려하여 그 적용범위에 대해서도 신축성 있는 제도를 마련하는 것이 바람직하다고 본다.

우선 자산총액 2조 원 이상인 대규모상장회사에 대하여 내부통제제도를 도입하는 것은 이들 회사의 경우 스스로의 필요에 의하여 이미 자발적으로 내부통제제도를 운용하고 있는 회사가 많으므로 별 무리가 없을 것이다. 한편, 내부통제제도의 적용 대상을 더 확대하여 자산총액 1,000억 원 이상인 '상장회사'(내부회계관리제도 적용 대상 중 비상장회사를 제외)에까지 적용하자는 견해[350]도 제기된다.

그러나 종합적인 내부통제제도를 구축하여 운영하는 데에는 일정한 비용을 수반하기 때문에 자산총액 2조 원 미만이면서 1,000억 원 이상인 상장회사에 대해서는 자발적인 도입을 권유하면서 점차 의무화하는 방향으로 나아가는 것이 바람직하다고 본다.

또한 내부통제제도의 구축과 운영의 책임을 은행 등 금융회사와 같이 이사회에 부여[351]하고, 집행임원이 이사회로부터 위임을 받아 실질적으로 내부통제제도를 운영하도록 하며, 감사위원회 또는 감사는 이러한 내부통제제도 운영에 대한 평가 및 감사를 통하여 내부통제

347 김용범. 전게서. 2017. 301면 김순석, 전게서, 133면, 임종호, 「감사위원회 감사의 현상과 과제」, 2008, 160면, 박세화, 「내부통제 시스템의 설계와 지배구조에 관한 회사법적 고찰」, 상사법연구, 2007, 308면, 안수현, 「내부통제의 회사법제 정비를 위한 검토」, 상사판례연구, 2007, 71면. 등

348 대법원, 2008.9.11., 선고, 2006 다 68636 판결

349 김용범. 전게서. 2017. 301면. 김순석, 전게서, 134면, 최준선, 전게보고서, 192면

350 한국상장협의회, 「우리나라 감사제도의 운영실태 조사와 비교.평가」, 상장감사회보 , 2009.10, 24면

351 Melvin A. Eisenberg, 「The Board of Director and Internal Control」, 19 Cardozo L. Rev. 1997, 237 및 244~250p 와 「금융사지배구조법」 제15조 제1항 제5호. 김순석, 전게서, 135면

도가 제대로 구축·운영되도록 하여야 할 것이다.[352]

그러나 감사위원회제도를 채택하면서도 집행임원제도를 도입하지 않는 회사와 기존 감사제도를 채택한 회사에 있어서는 이사회가내부통제제도의 구축과 운영에 핵심적인 역할을 할 수밖에 없을 것이다.[353] 또한 구체적인 내부통제기준은 별도의 모범 규준을 작성하여 회사의 규모에 따라 적용범위를 달리하여 탄력적으로 적용하는 것이 바람직할 것이다.

2. 감사기능의 활성화를 위한 내부통제체제의 구축

「상법」은 감사위원회제도를 도입하면서 기존의 독임제 감사제도를 준용하고 있을 뿐, 감사위원회의 감사방법에 대하서 아무런 규정을 두지 않고 있다. 그 원인은 1999년 감사위원회를 도입할 때 IMF 등의 외압에 의하여 급하게 추진하면서 동 제도가 발달한 미국과 우리나라의 기업지배구조나 기업소유구조상의 차이점을 고려하지 않고 입법하였기 때문이다.

감사위원회를 도입한 지 상당한 기간이 지난 지금도 동 제도의 운영을 둘러싸고 논란이 많은 것도 그 근본적인 이유는 이러한 지배구조의 차이를 인식하면서 제도를 구축하지 않은데 기인한다고 본다. 따라서 우리나라의 감사위원회제도가 제대로 작동할 수 있도록 제도적 보완이 이루어져야 한다.

2009년 개정 「상법」에 따르면 감사위원회제도를 채택한 모든 회사는 3인 이상의 감사위원으로 감사위원회를 구성하여야 하며 그 중 3분의 2 이상은 사외이사여야 한다.(「상법」제415조의2 제2항) 따라서 우리나라도 궁극적으로는 상장회사의 감사위원 전원을 독립적인 사외이사로 구성하고 있는 미국식 감사위원회 모델을 추구하는 것으로 보인다.

미국이나 일본의 감사위원회 모델에서는 감사위원이 스스로 감사하는 것을 전제로 하지 않고 있다. 감사위원회는 내부통제제도가 구축되고 제대로 작동하는지를 감사하는 것이 주된 기능 중 하나이다. 감사위원회는 내부감사부서와 외부감사인 등과 연계해 회사의 내부통제제도가 효과적이고 효율적으로 작동하는지 여부를 평가하게 하는 것이다.

따라서 감사위원회는 스스로 감사하는 것이 아니라 내부통제제도를 통하여 감사하도록 하고, 그 감사기능이 제대로 작동하는지를 평가하는 역할을 담당한다. 미국이나 일본의 감사위원회제도처럼 감사위원회 제도가 제대로 기능을 발휘하기 위해서는 회사의 집행임원제도와 더불어 내부통제제도를 「Package」로 함께 도입하는 것이 필수적이다.[354]

내부통제제도를 도입할 때 감사위원회의 감사기능이 제대로 작동하도록 배려하여야 한다. 내부통제제도는 업무집행 일환이며 그 범위가 회사 전체의 업무집행에 관한 것이므로 직무집행의 효과성과 효율성, 적용법규의 준수여부, 회계 보고의 신뢰성 등은 감사위원회의 감사대상이다.

감사위원회의 감사기능이 제대로 작동하기 위해서는 이사회가 정하는 「감사위원회 규정」

---

352 김용범, 전게서, 2017., 302면. 김순석, 전게서, 135면, 안수현, 전게연재서, 67~69면

353 김용범. 전게서. 2017. 302면. 김순석, 전게서, 135면, 박세화, 전게서, 307면.

354 김용범. 전게서. 2017. 303면. 김순석, 전게서, 136면, 임중호, 전게서, 161면.

에 감사위원회의 직무집행을 위하여 필요한 사항을 정할 필요가 있다. 즉, 감사위원회를 보조하는 감사보조조직에 관한 사항, 정보의 수집에 관한 사항, 외부전문가의 조력요구에 관한 사항 등이다.[355] 감사보조조직의 확충은 미국 트레이드위원회의 권고 사항[356]이며, 미국의 대형상장회사는 대부분 내부감사부서를 두고 있다.[357]

3. 내부통제제도 관련 법·규정의 통일화

「금융사지배구조법」에서 준법감시인 제도를 도입할 때 입법과정에서 내부통제와 그 일부를 구성하는 준법감시의 개념을 명확하게 구분하지 않고 내부통제기준을 입법하였다. 이에 따라 준법감시인이 내부통제업무를 모두 관장하는 일종의 「내부통제인」으로 기능하도록 규정되는 입법상의 오류가 있어, 이로 인하여 감사 또는 감사위원회와 준법감시인의 역할 분담에 혼란이 초래되기도 하였다. 이처럼 「금융사지배구조법」의 준법감시인은 그 고유한 기능인 준법감시 이외에 내부통제업무도 관장한다.

한편 「신외감법」에서의 내부회계관리제도와 「공기업·준정부기관 회계사무규칙」에서의 내부통제제도는 내부통제의 요소 중 재무보고의 신뢰성 문제를 다루고 있는데 이 중 내부회계관리제도는 주권상장법인 모두와 직전 사업연도 자산총액 1,000억 원 이상인 모든 주식회사에 대하여 적용되고, 공기업·준정부기관 내부통제제도는 공기업 및 준정부기관 모두 적용된다. 또한 「상법」상 준법지원인제도는 내부통제요소 중 적용법률 및 규정의 준수문제만 다루고 자산총액 5,000억 원 이상인 상장회사에 적용된다.

이처럼 우리나라의 내부통제제도는 「상법」에서 체계적으로 도입되지 못하고, 내부통제의 일부가 「신외감법」, 「금융사지배구조법」 및 「공기업·준정부기관 회계사무 규칙」 등에서 각각 개별적으로 규정되었다. 이는 내부감사제도와의 업무 중복이나 업무연계성 부족에서 오는 내부통제제도의 실효성 부족으로 그 역할과 기능을 다하지 못하고 있다는 것이 현실적인 인식이다.

효율적인 내부통제제도를 정립하기 위해서는 지금처럼 여기 저기 산재되어 있는 내부통제 관련 제도를 하나로 통합하여 내부통제제도에 관한 법체계를 통일적으로 규율하는 방안을 고려할 필요가 있다. 즉, 내부통제에 대해 국제적으로 수용되고 있는 「코소(COSO)」의 정의를 도입하여 그 개념을 명확하게 하고, 관련 업무를 분장하는 것이 바람직하다. 전술한 것처럼 내부통제에 관한 규정을 「상법」에 도입하고, 구체적 규제가 필요한 경우에 한해 해당법 또는 개별법에서 규정하는 것이 타당할 것이다.[358]

---

355 김용범. 전게서. 2017. 303면 김순석, 전게서, 137면, 일본의 경우 감사위원회의 직무의 집행을 위한 필요한 사항으로서 ① 감사위원회 직무를 보좌하는 이사 및 사용인에 관한 사항, ② 이들의 집행임원으로부터 독립성에 관한 사항, ③ 집행임원 및 사용인이 감사위원회에 보고하기 위한 체제, 기타 감사위원회 보고에 관한 체제, ④ 그 밖에 감사위원회 감사가 실효적으로 이루어지기 위한 체제 등 이다.(일본 「회사법」제416조 제1항 제1호, 「회사법시행규칙」제112조 제1항)

356 김용범. 전게서. 2017. 303면. 미국 트레이드위원회, 「Report of National Commission on Fraudulent Reporting」, 1987, 37p, 김순석, 전게서, 137면

357 김용범. 전게서. 2017. 303면. Melvin A. Eisenberg, 전게서, 252~253p, 김순석, 전게서, 237면, 서진석, 「감사. 감사위원회의 기능과 위상 제고해야」, 상장회사감사회회보 제139호, 2011. 8면.

358 김용범, 「내부감사학 강의」, 2017. 304면. 김순석, 전게서, 138면, 최준선, 「회사법제의 개선과 감사의 역할」, 상장회사감사회회보 제133호, 7면, 김용범, 전게서, 2012. 216면.

4. 내부통제제도의 취약점에 대한 해소 방안[359]

내부통제의 취약점의 원인을 분석해 보면 전문인력 부재와 인력개발을 위한 교육 투자 부족, IT시스템을 포함한 관련 인프라 지원부족, 경영진의 내부통제의 중요성에 대한 인식 부족 및 건전한 내부통제 환경을 조성하기 위한 노력이 부족함에 따라 나타난 현상이 대부분이다. 이러한 내부통제 취약점을 해소하기 위한 방안은 다음과 같다.

첫째, **최고경영자의 내부통제제도에 대한 인식전환이 필요하다.**

대·내외 기업환경이 급속하게 변화하고 이에 따라 기업이 과거에 비해 다양하고 복잡한 리스크에 노출될 수밖에 없다. 이러한 리스크에 효과적으로 대응할 수 있는 내부통제제도를 구축하고 운영하는 궁극적인 책임자로서 기업의 최고경영자는 신뢰할 수 있는 내부통제제도를 통해 기업의 회계투명성이 증대되고 이것이 궁극적으로 시장의 신뢰를 얻어 기업 가치를 상승시킨다는 인식을 가져야 한다.

이러한 인식을 바탕으로 임직원들이 내부통제제도를 효과적으로 운영할 수 있도록 적극적인 참여를 요구하고 건전한 통제문화를 정착시켜 나가야 한다. 이를 위해 필요한 전문 인력의 양성과 충분한 예산확보, 취약한 내부통제제도를 개선하는 활동을 독려하여 최고경영자의 내부통제제도에 대한 확고한 의지를 대내외적으로 보여야 한다.

둘째, **기업은 내부통제 관련 인프라에 대한 투자가 필요하다.**

파생상품, 지분법, 이연법인세, 연결회계 등 복잡한 회계기준을 올바르게 처리할 수 있도록 회계전문 인력을 양성하고 IT시스템을 보완하여 회계처리 능력을 배양할 수 있어야 한다. 특히, 국제회계기준의 도입에 따라 회계언어가 변경되었고, 이로 인해 재무제표 작성 시 중요한 회계정책 결정 및 적용에 있어 전문가적인 판단이 상당히 요구되는 바 이에 대한 대응을 위해 시간과 비용의 적극적인 투자가 필요하다.

과거 관행적으로 재무제표의 일부를 작성하거나 중요하고 까다로운 회계처리에 대해 외부감사인의 지원을 받는 경우가 있었으나 외부감사인의 독립성이 강조되면서 더 이상 외부감사인의 도움을 기대할 수 없게 되었다. 이젠 기업이 결산업무를 자체적으로 수행할 수 있는 역량을 개발해야 하고, 단기적으로 회계 관련 지식을 습득하기에 한계가 있을 시 외부컨설턴트를 활용하여 결산업무에 대한 지원 받는 것을 고려해야 할 것이다.

셋째, **정부의 정책적인 지원이 필요하다.**

기업의 회계투명성을 높이기 위해 효과적인 내부통제제도를 구축/운영해 나가는 것이 궁극적으로 기업 가치를 상승시키나 단기적으로는 경제적 부담이 될 수밖에 없다. 이러한 부담을 해소시키고 관련 투자를 권장하기 위해 정책적 측면에서의 지원이 필요하다.

내부통제제도를 구축하고 향후 이를 운영 및 보완하기 위해 투자된 컨설팅 비용, 공인회계사 등 전문 컨설턴트를 확보하기 위해 소요된 인건비등의 비용에 대해 연구 및 인력 개발

---

359 김용범. 전게서. 2017. 304~306면., 유인상, 전게연재서, 3면.

비 세액공제제도의 도입을 통해 지원하는 것이 그 예가 될 수 있다.

넷째, **이사회 및 감사기능의 확충이 필요하다.**

이사회 및 감사(이하 '감사위원회'포함)는 기업의 위험 및 부정을 대응 또는 관리하기 위한 **「최후의 보루(Defense Line)」**이다. 이사회 및 감사의 주요한 기능은 대표이사와 업무담당이사에 대한 경영감독기능이다.

특히, 내부통제 상에 중요한 취약점 중 하나가 경영진 및 임원들이 저지르는 부정 및 내부통제의 무시인 만큼 이를 감독하고 예방할 수 있는 방안은 이사회 및 감사의 역할을 확대하고 이들에 대한 조직 외관상 및 실질적인 측면에서 독립성을 확보할 수 있도록 하는 것이 매우 중요하다.

제5절 부정 관리

Ⅰ. 부정 관리의 일반

1. 부정 관리의 개요[360]

기업의 경영환경이 더욱 복잡, 다변화되면서 기업이 직면한 위험요소는 매우 다양해지고 있다. 특히 기업 임직원의 부정, 절도, 보안침입, 산업스파이로 인한 기업 비밀 유출, 자금세탁 등은 이미 심각한 수준에 달하고 있다.

ACFE[361]의 '2014년도 부정사기와 남용에 관한보고서(2014 Report to the Nation on Occupational Fraud & Abuse)'에 따르면, 전 세계적으로 부정으로 인해 매년 매출액의 약 5%에 해당하는 금전적 손실이 발생하고 있다고 보고 있다. 이를 2013년 세계 총생산에 적용해 보면 연간 약 4,027조 달러 이상이 내부인의 부정으로 인해 발생되는 손실로 볼 수 있다.

이와 같은 부정위험에 대비하여 적절치 못한 대응 및 예방이 이루어진다면 직접적으로는 금전적 피해에서부터 임직원의 사기 저하, 기업 이미지 실추에 이르기까지 기업 경영 전반에 걸쳐 광범위한 손실을 야기시키게 된다.

오늘날 기업, 특히 대형 상장회사나 다국적 기업은 과거 어느 때보다도 기업이 직면 하고 있는 부정 위험을 파악하고 그 위험을 최소화하기 위한 방법을 적극 강구해야 할 시점에 왔다고 생각한다.

---

360 김용범, 전게서, 2017. 306면. 김용범, 「감사와 부정행위」, Auditor Journal. 2018. 1. 14면

361 ACFE(Association of Certified Fraud Examiner)란 1988년에 설립되었으며, 「공인부정행위 조사관협회」이다. CFE는 각종 Fraud 와 화이트칼라 관련 범죄를 예방, 적발, 조사하는 공인된 전문가로서, 현재 전 세계적으로 125여 개국에서 약 80,000명이 활동하고 있다. CFE는 주로 회계사, 감사인, 법조인, 공무원, 교수, 범죄관련 전문가들로서 정부기관, 대기업, 법률관련 전문기관(미국의 경우 SEC, CIA, FBI, INS, IRS 등) 및 회계법인 등에서 활동 중이다.

2. 부정의 정의[362]

부정을 사전에서 찾아보면 "행동이나 일이 올바르지 못하거나 정당하지 않은 것"으로 설명하고 있으며, **일반적으로 부정**은 **'개인적 이득을 얻고자 행하여지는 고의적이고, 올바르지 못하거나 정당하지 않은 행동'**이라고 정의한다.

감사측면에서 많이 사용하고 있는 미국의 「공인부정행위조사관협회(ACFE)」의 부정에 관한 정의는 **"부정이라 함은 고의적으로 조직의 자원 또는 자산을 유용 또는 오용하여 私的인 이익을 취하기 위하여 자신의 업무를 이용하는 것"**이라고 정의한다.

참고 1

김장래 교수의 부정 정의[363]

'**부정**이라 함은 사적으로 금전이나 기타 이익을 취할 목적으로, 또는 기업이나 조직의 경영성과를 과대·과소 공표하거나 채무의 은폐 및 축소를 목적으로 허위신고, 사실왜곡, 관련서류의 위·변조 및 데이터 조작 등의 부당한 행동이나 일'이라고 정의한다.

참고 2

국제회계기준(ISA)의 부정 정의[364]

'**부정**이라 함은 경영진, 종업원, 거래처의 한 사람 또는 그 이상의 사람이 불공정하거나 불법적인 이득을 얻기 위하여 타인을 기만하여 행하는 고의적인 행동'으로 정의한다.

참고 3

국제내부감사협회(IIA)의 부정 정의[365]

'**부정**이라 함은 속임, 감춤 또는 신뢰위반으로 특정되는 어떤 행위. 이런 행위는 폭력이나 물리적 힘에 의한 위협이 있었는지 여부와 관련이 없다. 부정은 금전, 재산 또는 서비스를 취하고자하는 경우, 지급이나 서비스의 손실을 피하기 위한 경우 또는 인적이나 사업상 이득을 얻기 위해 개인이나 조직에 의해 저질러진다.

참고 4

---

362 김용범, 전게서, 2017. 307면. 김용범, 「감사와 부정행위」, Auditor Journal. 2018. 1. 15면

363 김장래, 「부정위험관리」, 2002-6호, 2005., 1면

364 권우철, 「부정위험관리 및 진단사례」, 2010. 5. 20. 5면

365 김성수, 「부정위험관리체계」, 상장회사 감사회 Auditor Journal 2016 April., 6면

Fraud and Corruption 기준 (AS8001-2003)의 부정 정의[366]

'**부정**이란 내부 직원이나 조직의 외부인에 의해 다른 사람이나 조직에 실제 혹은 잠재적으로 돈이나 다른 자산의 절도를 포함한 재무적 손실을 초래할 수 있는 부도덕한 행위로 그 행위 당시나 혹은 그 이전 이후에 어떻게든 속임수가 사용되었던 것을 의미한다.

이것은 의도적인 위조, 은폐, 일상적인 업무 목적으로 사용되었거나 사용하고자 했던 위조된 문서의 사용과 파기, 정보와 지위의 부적절한 사용을 모두 포함한다.

II. 부정의 일반 유형과 발생 동기

1. 부정의 일반유형[367]

부정의 유형과 각 유형별로 발생되는 사고는 매우 다양하고 광범위하므로 여러 가지 형태로 분류할 수 있는데, **ACFE는 부정**을 크게 ① **부패(Corruption)**, ② **자산횡령(Misappropriation of assets)**, ③ **허위보고(Fraudulent Statements)의 3가지 유형으로 분류한다.**

부정은 기업이 영위하는 업종이나 규모에 관계없이, 기업 경영의 안정을 위협하는 실질적이고 현존하는 위협이며, 일반적으로 상기의 분류에 따라 발생 가능한 세부적인 부정 사례는 다음과 같다.

가. 부패

일반적으로 **부패**란 자신의 지위를 이용해 개인적인 이득을 얻기 위하여 자신이 속하는 조직에 반하는 행동을 행하는 행위를 의미한다.

1) 이해상충

① **특혜 납품 :** 특정업체(**특수관계자일 가능성 농후**)에 제품을 낮은/높은 가격으로 납품.

② **특혜 제공 :** A회사 임직원이 B회사의 지분을 소유함으로써 A회사로 하여금 B회사에 특혜를 제공하는 등의 행위.

2) 뇌물수수

① **뇌물상납 :** 회사의 구매담당자가 입찰가를 조작하여 특정거래처가 낙찰받도록 하고 금품을 수수.

② **리베이트 :** 지급한 상품이나 용역의 대가 일부를 다시 그 지급자에게 되돌려 주는 행위

---

366 김성수, 「부정위험관리체계」, 상장회사 감사회 Auditor Journal 2016 April., 6면

367 김용범, 전게서, 2017. 308~311면. 정금회, 「기업의 부정적발 유형과 예방」, 상장회사감사회회보 제173호, 2014. 5. 14면. 김남재, 「기업부정의 사례와 시사점」, 상장회사감사회회보 제148호, 2012. 4. 14면. 김성수, 「부정위험관리 체계」, 상장회사 감사회 Auditor Journal 2016 April., 7~8면. 김 용범, 「감사와 부정행위」, Auditor Journal. 2018. 1. 15~16면.

③ **입찰담합 :** 여러 업체가 입찰에 참여할 때, 업체 간 담합행위를 통해 입찰 건을 분배하는 방식으로 경쟁을 제한하여 담합에 추진한 회사들이 이득을 취하는 경우 담합 추진사(입찰을 받을 회사)와 담합 협조사(나머지 회사)를 미리 정해 입찰에 참여함으로써 담합 추진사가 낙찰받도록 하는 행위.

3) 거래선 弊害

① **금전대차 :** 직원이 거래관계가 있는 업체로부터 금전 대차 혹은 건물의 임대차 등의 재정적 편의를 제공하는 행위.

② **경비전가 :** 부서회식 또는 접대 시 비용을 협력회사에 부담시키는 행위, 협력회사에 접대를 암시하거나 요구하는 행위, 협력회사로부터 골프 접대 또는 향응을 받고 비용을 부담시키는 행위, 부서 단합대회 등 사내행사 시 협력사로부터 현금·물품 등의 협찬을 받는 행위.

③ **물품차용 :** 사적 사용할 물품을 거래처로부터 제공 받는 행위.

④ **물품강요 :** 프랜차이즈가 가맹사업자에게 자기상품이 아닌 일반 공산품까지 공급받도록 강제하는 행위.

4) 협력업체 特惠

① **입찰정보 및 편의제공 :** 구매담당자가 협력업체에게 입찰정보 제공 또는 단가 결정 시 편의 제공.

② **고가구매 및 자원지원 :** 시세보다 고가로 물품을 구입하거나 협력회사의 인력·장비를 무단 지원하는 행위.

나. 자산횡령

자산횡령이란 가장 많이 발생하고, 흔한 부정유형으로 회사 자산의 오용이나 유용[368]과 관련된 행위를 말한다.

1) 현금/예금 절도

① **공금 횡령 :** 회사 공금을 횡령하는 행위(은익과 차이 : on-book fund를 훔침).

② **예금돌려막기 :** 하루치 예금을 횡령하고 次日 입금되는 예금으로 돌려막기.

③ **송금불능처리 :** 송금 중인 예금을 가로챈 후 송금불능 처리.

2) 현금/예금 은익

① **공금 횡령 :** 회사공금을 횡령하는 행위(절도와 차이:off-book fund를 훔침).

---

368 辭典的 의미로 오용(誤用)이란 잘못 사용함을 의미하고, 유용(流用이란 남의 것이나 다른 곳에 쓰기 로 되어 있는 것을 다른 데로 돌려씀을 의미한다.

② **매출 은익 :** 매출이 발생하였으나, 해당 내역이 기록되기 전에 판매 대금을 챙기고 매출기록을 남기지 않음으로써 현금을 취득하는 행위.

③ **부실 상각 :** 고객사가 대금 지급을 완료하였으나, 해당 대금을 수취 후 매출 채권을 대손 처리하는 행위.

④ **돌려막기 :** 지급된 대금을 수취 후 다른 거래처에서 지급되는 대금으로 해당 매출 건을 입금 처리하는 행위.

3) 비현금성 자산유용

① **사적 이용 :** 재고자산 및 업무용비품 등을 사적으로 이용하는 행위.

② **자산 절도 :** 재고자산 및 업무용비품 등을 빼돌려 절취하는 행위.

③ **자산 폐기 :** 자산담당 직원이 회사 자산을 임으로 폐기하여 돈을 횡령하는 행위.

④ **허위 구매 :** 구매담당 직원이 회사자산을 구매하는데 별도의 구매승인 절차가 없는 것을 이용해 구매형식만을 갖추고 실제로 구매하지 않고 그 돈을 횡령.

4) 허위 송장

① **허위 대금지급 :** 실제거래가 없었던 vendor 지만 허위송장을 발급하여 대금을 지급.

② **납품단가 위조 :** 송장 위조를 통해 납품단가를 조작하여 차액을 취득.

5) 허위 급여

① **유령직원 급여 :** 존재하지 않는 허위 직원에게 임금지급.

② **작업시간 위조 :** 작업시간을 실제보다 과대 계상.

6) 허위 비용

① **사적 경비 :** 개인적으로 사용한 영수증으로 경비청구.

② **허위 증빙 :** 허위 증빙을 통한 업무 경비 과대계상 및 경비 남용.

③ **가공 경비 :** Client가 지급한 경비청구 및 복사된 영수증을 통한 거짓 경비청구.

7) 기타 자산횡령

① **유가증권 위조 :** 보관중인 유가증권의 유용(예 : 어음·수표 등을 보관금고에 되돌려 놓기 전 스캐닝하고 출력. 즉, 위조하여 현금화).

② **허위지급 기재 :** 허위 리베이트 부여, 거래 취소 또는 환불처리 한 후 대금을 착복.

다. 허위보고

허위보고란 이익을 과대 또는 과소 보고하는 회사 재무 정보의 위조행위를 말한다.

1) 재무적 허위보고

① 자산/수익의 과대 계상.　　　② 부채/비용의 과소 계상 등.

2) 비재무적 허위보고

• HR 문서(입사원서 등) • 영업보고서(실적보고서 등) 등의 허위 보고.

2. 부정의 발생동기[369]

부정은 취약한 내부통제 등으로 인하여 개인이 부정을 저지르고 적발되지 않을 수 있다는 기회가 있어야 하며, 부정을 저지를 수밖에 없는 상황이거나 부정을 통해 얻을 수 있는 이익이 동기로 작용하며, 자신이 저지른 부정에 대해 스스로 합리화하는 과정을 거쳐 발생한다.

가. 태도 및 기회

조직의 내부통제가 취약하거나, 부정 및 불법행위 또는 비윤리적 관행이 만연하거나 관대한 조직문화, 자산 보호가 불충분한 경우 등은 부정의 발생을 가능하게 하는 여건 이다.

나. 동기 및 압박

동기 및 압박이라 함은 조직 내에서 승진이나 경제적 상태 등 개인적인 목표달성을 위해서나, 경제적 어려움 속에서의 금전적 욕심 때문에, 또는 훔치는 것 자체를 목적으로 하는 습관적인 범죄 등 비윤리적 행위를 야기하게 하는 이유나 계기이다.

다. 자기합리화

자기합리화는 업무 관행이나 조직 문화 등 자신이 부정, 불법, 비윤리적 행위를 저지르는 이유를 스스로 정당화하고 합리화하는 것을 말한다.

참고

부정을 합리화하는 주요 10가지 생각

① 이건 다른 사람보다 나에게 더 필요한 거야.
② 지금 이걸 빌렸다가 나중에 돌려주겠어.
③ 다른 사람들이 다 이렇게 하고 있는 것 아니야.
④ 우리 회사가 너무 크기 때문에 이게 없어진다고 해도 알아채지 못할 거야.
⑤ 누가 피해를 받은 것도 아닌데.
⑥ 난 이걸 받을 자격이 있어.
⑦ 이렇게 하는 것이 결국 모두를 위한 거야.

---

369 김용범, 전게서, 2017. 311~312면. 김남재, 「기업 부정의 사례와 시사점」, 상장회사감사회회보 제148호, 2012. 4. 18면. 김장래, 「부정 위험관리」, 2002-6호, 2005., 2면, 김성수, 「부정 발생 경향 및 Trend」, 상장회사 감사회 Auditor Journal 2016 March., 14면 . 김용범, 「감사와 부정 행위, Auditor Journal. 2018. 1. 17면. 노준환. 「회계감사」. 2018. 탐진. 323~327면.

⑧ 난 충분히 보상을 받지 못했으니까 부정을 저질러도 괜찮아.

⑨ 이건 내 업무의 일부일 뿐이야.

⑩ 이건 내가 개인적인 이익을 얻은 것은 아니야 등.

그림

부정 발생 동기[370]

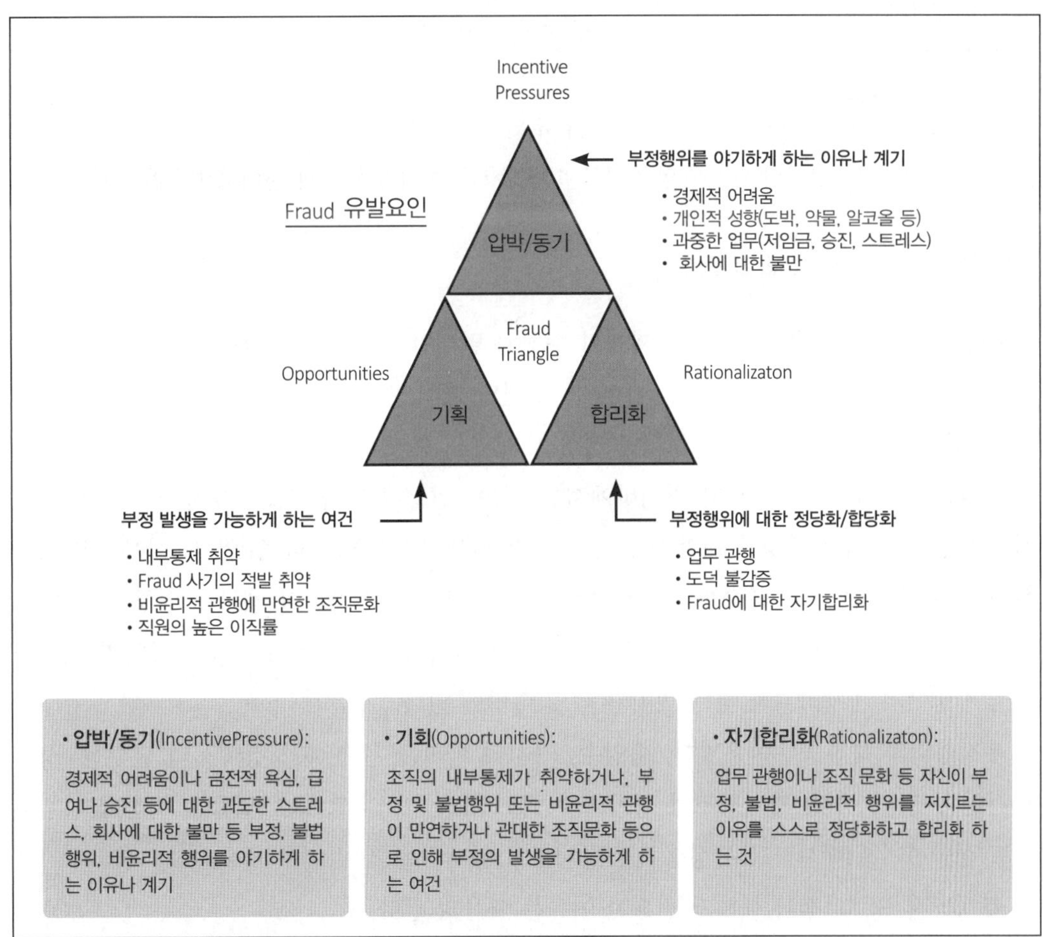

Ⅲ. 부정의 발생 조건 및 통제의 필요성

1. 부정의 발생조건[371]

370 김용범, 전게서, 2017. 312면. 김성수, 「부정 발생 경향 및 Trend」, 상장회사 감사회 Auditor Journal 2016 March., 14면. 김용범, 「감사와 부정행위」, Auditor Journal, 2018. 1. 17면.

371 김용범, 전게서, 2017. 313면. 김남재, 「기업 부정의 사례와 시사점」, 상장회사감사회회보 제148호, 2012. 4. 18면. 김용범, 「감사와 부정행위」, Auditor Journal, 2018. 1. 18면.

많은 기업들이 재무적 영향이 큰 부분에 내부감사 역량을 집중하는 경향이 있지만, 아래에서 보는 바와 같이 재무적 중요성이 부정위험 자체를 의미하는 것은 아니며, 오히려 부정은 관리가 부실한 영역, 관심이 적은 부분에서 발생한다.

일반적인 부정 발생 환경

① 고위층의 부정에 대한 관대한 태도
② 원격지의 업무 환경
③ 부적절한 업무 분담
④ 적절한 감독의 부재
⑤ 검증 없는 신뢰(복잡성이 높은 부분에 대한 간과)
⑥ 손실 발생에는 충분한 원인 규명 절차를 수행하지만, 이익 발생 시에는 의심하지 않는 관행 등.

2. 부정 방지 및 통제의 필요성[372]

부정행위는 세계적으로 매년 경제에서 수천억 달러가 유출되는 심각한 문제이다. 기업의 이익을 직접적으로 감소시킬 뿐만 아니라, 브랜드 파워, 기업의 명성, 시장 점유율, 경쟁우위, 혁신, 수익 및 주가 등에 부정적인 영향을 가져올 수 있다.

오늘날 고도로 글로벌화 된 경제하에서는, 위에 언급된 것들 중 한 가지라도 기업이 타격을 입는 경우에는 엄청난 재앙과 같은 결과가 연쇄적으로 일어날 수 있다. 설상가상으로, 부정행위는 경제발전의 중요한 동인의 하나인 경쟁의식에 심각하고 해로운 영향을 미친다. 부정행위는 불공정한 시장을 조성하고, 경쟁력이 떨어지는 행동에 보상을 제공하기 때문에 결국 시장에서 경쟁하고자 하는 의지가 꺾일 수밖에 없다.

부정행위의 특징들, 즉 은밀함, 속임수, 가치의 파괴 등은 현대 시장에서의 필수적 성공요건인 투명성, 정직, 가치창조와 정반대라 해도 과언이 아니므로, 기업들은 시장에서 생존하고 성공하기 위해서라도 부정행위를 방지하고 통제하는 것이 매우 필요하다. 따라서 기업의 부정방지 프로그램과 통제가 필요한 이유는 다음과 같다.

가. 기업의 效益

① 생존 가능성 증대
② 주주가치 보호
③ 손실 감소를 통한 수익성 제고
④ 기업 형사소송 위험 감소

---

372 김용범, 전게서, 2017. 313~314면. Toby J. F. Bishop., Frank E. Hydoski 공저/딜로이트 안진 회계법인 역, 「부정 및 부패 대응전략 –성공 기업 위험관리」, FKI 미디어, 2010, 34~35면. 김용범, 「감사와 부정행위」, Auditor Journal, 2018. 1. 18면.

⑤ 기업 명성 제고
⑥ 경영진이 본연의 임무에 집중 가능
⑦ 우수한 인력의 채용과 유지 등

나. 개인의 이익

① 개인 형사소송 위험 감소
② 개인의 명성 제고
③ 경력개발의 기회
④ 더욱 매력적인 직장
⑤ 실직위험 감소 등

다. 부정행위로 인한 손실

① 관련자들에 대한 잠재적 형사소송과 명성의 실추
② 직접적인 재무적 손실(예 : 부정행위로 인한 손실, 조사비용, 민사소송비용 등)
③ 간접적인 손실(예: 고객이탈, 경영진의 에너지 분산, 사업기회의 상실, 브랜드 가치 감소 등)
④ 부정적 여론 형성(예: 명성, 브랜드 이미지 등)
⑤ 주가 하락
⑥ 신용평가 등급 하락
⑦ 우수한 인재 채용과 유지 곤란 등

3. 부정위험과 내부통제의 관계[373]

기업의 경영목적을 달성함에 있어 저해요소가 될 수 있는 리스크를 식별하고 그 발생 가능성 및 기업에 미치는 영향력의 정도를 고려해서 대응하는 것이 경영자가 수행하는 중요한 업무 중에 하나이다. 기업은 식별된 리스크를 중요성 관점에서 사정하여 경영 목적 달성에 합리적인 확신을 얻을 수 있는 수준으로 대응/관리하기 위해 통제환경, 통제활동, 정보와 의사소통, 모니터링이라는 내부통제 구성요소를 기업의 상황에 맞게 설계하여 운영한다.

그러나 PWC의 'The Global Economic Crime Survey 2014'에 의하면 회사의 불충분한 내부통제가 사고의 원인을 제공했다고 대답한 응답자가 34%이고, 통제를 우회할 수 있는 권한을 부여한 것도 19%로 조사되었다. 이는 회사의 내부통제활동이 적절하게 설계되어 있지 않거나 적절하게 운영되고 있지 않음을 의미한다. 이러한 내부통제의 취약점이 존재하는 환경에서 개인의 재정적 문제 등이 동인이 되어 부정사고로 연계 되는 것이다.[374]

따라서 내부통제제도가 취약한 기업의 경우 회계오류 및 부정가능성이 높아지게 되고 결국 기업가치에도 부정적인 영향을 미칠 수밖에 없다. 국내외 학자 및 연구 기관 등의 연구결

---

373 김용범, 전게서, 2017. 314~316면. 김장래, 「부정위험관리」, 2002-6호, 2005., 2면. 유인상, 「내부통제의 취약점 해소 방안과 감사기능 의 확충 」, 상장회사감사회회보 제130호, 2010., 2~3면.

374 김용범, 전게서, 2017. 315면. 김성수, 전게기고문, 상장사감사회 Auditor Journal 2016 March. 5면

과와 회계법인이 실무적으로 수행한 용역을 통해 내부통제제도의 취약점이 발견된 기업의 특성을 분석한 결과를 보면 내부통제의 취약점을 아래와 같이 요약할 수 있다.

가. 통제 환경

① 부정에 대비한 내부고발제도 등의 부족
② 회계처리 역량확보를 위한 인력개발 등 회계인프라 구축에 대한 지원의 부족
③ 중요한 회계정책의 결정이나 회계기준 적용능력의 부족
④ 파생상품, 지분법, 이연법인세, 연결회계 등 복잡한 회계기준 적용에 있어서 회계 전문 인력의 부족으로 인해 회계처리 능력상의 한계 존재
⑤ 경영진 및 임직원의 내부통제의 중요성에 대한 인식 부족 또는 무관심 등

나. 위험 査定

① 위험을 식별하고 이를 평가하는 공식적인 리스크 관리 프로세스의 부재
② 리스크의 지속적인 관리체계 부재
③ 비정상적이거나 특별한 거래의 처리와 관련된 리스크 평가기능의 취약 등

다. 통제 활동

① 양립할 수 없는 업무에 대한 적절한 분장 미비
② 거래의 검토, 모니터링 및 감독절차의 부재 또는 취약
③ 경영자 및 특수관계자 와의 자금거래에 대한 통제절차의 미비
④ 자금 입출금 통제의 미비
⑤ 외부보관 재고자산에 대한 물리적 보호와 주기적 실사에 대한 통제활동 취약
⑥ 기업 내 내부통제 자가평가팀의 전문성 및 경험의 부족
⑦ 부정방지 프로그램의 미흡
⑧ 공시작성 프로세스 및 관련 통제의 미비
⑨ 장부 마감 절차 및 관련 통제에 대한 문서화 미비
⑩ 용역대행업체의 내부통제제도에 대한 검토절차 미비 등

라. 정보 및 의사소통

① 장부마감절차에 대한 공식적인 의사소통절차 미비
② IT시스템 통제의 중요성이 점점 커지는 데 비해 IT 관련 투자의 미흡
③ 중요 회계 기초자료작성 시스템 구축 미비
④ 엑셀스프레드시트 등의 ECU(End User Computing)에 대한 통제 취약 등

마. 모니터링

① 회계결산절차와 관련된 모니터링 통제의 취약
② 이사회와 감사위원회(감사)의 위험과 통제에 대한 이해 부족
③ 내부감사 및 이사회 기능의 미비 등

Ⅳ. 부정 징후의 특징과 유형 및 위험요소

1. 부정 징후의 특징[375]

부정을 저지르는 임직원의 경우 종종 동료나 상사와 같은 주변 사람들에게 일종의 경고 신호로서 특별한 행동이나 특징을 나타내는 경우가 많은데, 자신의 업무나 행동을 타인에게 가능한 숨기려 하거나 매사에 과도하게 민감한 반응을 보인다든지 또한 갑자기 사치스러운 생활을 하는 등의 경향을 보이게 된다.

2014년 ACFE에서 조사한 결과를 보면, 부정이 발견되기 전에 부정행위자가 일반적으로 나타내었던 행위 또는 징후에 관해 설문에 대해 응답자들은 당사자의 경제적 수준에 비해 호화롭고 사치스러운 생활을 하였거나 경제적 어려움에 처해 있었다는 점과 비정상적으로 거래처와의 친분관계 유지, 좋은 수완 등을 가장 많이 꼽았다.[376]

부정이 발생하는 징후를 개인차원과 조직차원에서 정의할 수 있다. 이러한 징후들은 회사 차원에서 부정위험관리체계를 수립 · 운영할 때 충분히 고려되어야 한다.

가. 개인차원의 부정 징후

① 분수에 맞지 않는 삶을 살고자 하는 욕구
② 개인의 성취에 대한 지나친 욕망
③ 높은 개인 부채
④ 고객과의 친밀한 관계
⑤ 정당한 보상을 받지 못한다는 인식
⑥ 권모술수에 능하다는 자만감 또는 사고방식
⑦ 현 시스템 또는 체제를 이겨보고 싶은 정복감
⑧ 도박 중독
⑨ 도덕적 해이(Moral Hazard)
⑩ 가족 또는 동료로부터 느끼는 사회적 압박감
⑪ 자신의 직무성과에 대한 무지 등

나. 조직 차원의 부정 징후

① 주요 직원에 대한 지나친 신뢰
② 거래에 대한 승인절차 미비
③ 적절한 직무분리 미흡
④ 정보의 접근권한 불명확
⑤ 자점감사 업무 불철저
⑥ 리스크 관리 시스템 부재
⑦ 독립적인 통제활동의 부재
⑧ 개인의 투자 및 소득 등에 대한 정보의 적절한 공개 부족
⑨ 자산의 보관 및 거래 권한의 미분리
⑩ 중요치 않은 세부사항에 대한 불필요한 주의 및 관심
⑪ 자산에 대한 기록과 보관 권한의 미분리

---

375 김용범, 전게서, 2017. 316~318면. 김남재, 전게기고문, 상장사감사회회보 제148호, 2012.4. 19면.

376 김용범, 전게서, 2017. 316면. 김성수, 전게기고. 상장사 감사회 Auditor Journal 2016 March. 15면

⑫ 회계부서 인원들 간의 불명확한 업무분장
⑬ 권한이나 책임에 대한 명확하지 않은 정의 또는 분류
⑭ 내부감사가 자주 수행되지 않은 부서 또는 조직 등

다. 부정자들의 위험 징후[377]

① 과도한 소비 생활
② 경제적인 곤란
③ 거래선과 비정상적인 친분유지
④ 수완이 좋은 성격
⑤ 업무분담 불원
⑥ 도박, 알코올, 약물의 중독
⑦ 성급하고 의심이 많으며 방어적인 태도
⑧ 이혼 및 가정불화 등

2. 부정의 업종별 유형[378]

일반적으로 산업별 전형적인 부정의 유형은 다음과 같다.

가. 제조업

① 사전, 사후 매출할인의 임의 변경 및 적용으로 판매가격 조작
② 자금횡령을 위한 가장된 전략적 제휴
③ 가공의 매출로 경영실적 왜곡 및 부외 자산, 채무 누락
④ 거래선 마스터 파일 정보의 허위 등록 및 부당한 변경
⑤ 외상매출금 유용 후, 부실 채권화 하여 대손처리
⑥ 금액의 과대계상 및 이중으로 지급 후 반환금 횡령
⑦ 자금 시재액의 조작으로 공금 유용
⑧ 주가조작을 위해 회사의 유휴자금 사용 ⑨ 회사 주요 자산의 사적 이용
⑩ 판관비 관련 증빙의 이중사용, 허위신고 및 위/변조
⑪ 위장된 전문용역(세무, 컨설팅, 법무 등)을 통한 공금횡령
⑫ 주요 사업 기밀사항 유출 및 지적재산권의 절도
⑬ 불량품, 반품, 폐기품에 대한 부당한 처리
⑭ 구매 및 검수 조작과 공모 구매 관련 리베이트 수수
⑮ 공급업체와 공모 경매정보의 사전 유출 및 형식적인 경매
⑯ 재고자산 및 집기 비품의 절도. ⑰ 전산 데이터의 조작으로 기존 부정 은폐 등

---

377 source : 2014 Report to the nation on Occupational Fraud &Abuse.

378 김용범, 전게서, 2017. 318~319면. 김장래, 「부정위험관리」, 2002-6호, 2005., 3면.

나. 금융업

① 무자원 전산 입금을 통해 거액의 부당 인출
② 고객의 장기 휴면계좌로부터 부당 인출
③ 허위서류를 이용하여 부당대출 후 횡령
④ 공과금 미 입금 처리로 유용
⑤ 고객정보관리시스템의 임의 접근, 관련 정보 변경
⑥ 고객 증권계좌를 통한 임의매매
⑦ 기업투자분석 정보의 사전 유출 ⑧ 허위 혹은 과대 투자정보 게재
⑨ 금융자산운영에 있어 외부와 공모(투자위험 분석의 왜곡)
⑩ 고객 보험료의 일시납을 월납으로 변경, 유용
⑪ 보험계약자 승인 없이 해약 환급금의 이체로 보험금 유용
⑫ 영수증, 청약서, 보험증서의 위/변조
⑬ 부당한 재보험 가입으로 리베이트 수수
⑭ 허위지급보증서 및 위조서류 등에 의한 부당대출
⑮ 신용정보 및 고객정보의 유출
⑯ 선물옵션 등 파생상품 손실에 대한 대위변제
⑰ 전산 해킹 및 전산 정지 등 전산 관련사고 등

다. 유통업

① 가공의 매출로 성과급 받고, 유통기간 경과 후 반품 처리
② 현금 매출을 외상매출로 처리 및 보고 후 유용
③ 현금 매출대금을 어음이나 수표로 변경 입금
④ 현금 매출을 취소하고 카드 할부 매출로 전환
⑤ 재고품을 반품처리하여 현금 수취(재고실사의 취약점을 이용)
⑥ 공급업체와 공모 제품 등급 임의변경하고 리베이트 수수
⑦ 반품, 파손품을 파기하지 않고 등급판매 등

3. 부정 관련 통계

2014년 PwC Global Economic Crime Survey의 조사결과에 의하면 부정 관련자의 연령별, 성별, 근속기간별 교육수준별 통계는 다음과 같다.

가. 연령별

부정 관련자의 연령별 통계는 31~40세가 39%, 41~50세가 27%, 30세 이하 17%, 50세 이상 8%, 기타가 8%로 나타나 31세~40세 이하가 부정 관련 위험성이 가장 높으며, 31세 이상 50세 이하가 66%로 전체의 3분의 2를 차지하였다.

나. 성별

성별로는 부정 관련자의 77%가 남성들이 차지하였으며, 여성들은 17%에 불과하였다. 기타가 6%를 차지하였다.

다. 근속기간별

근속기간을 살펴보면 2년 이하가 13%, 3~5년이 29%, 6~10년이 24%, 10년 이상이 24%, 기타가 10%인 바, 3년 이상 10년 이하가 53%로 전체의 과반수를 차지했다.

라. 교육수준별

사고자들의 교육수준은 대학원 19%, 대학교 졸업이 35%, 고등학교 졸업 또는 그 이하인 경우 26%, 기타가 20%로 그 중 대학교 졸업이 가장 높은 비중을 차지하였다.

4. 부정 관련 주요 판례

사례 1

배임 관련 주요 판례

- 업무상 배임죄는 업무상 타인의 사무를 처리하는 자가 임무에 위배하는 행위를 하고 그러한 임무위배 행위로 인하여 재산상의 이익을 취득하거나 제3자로 하여금 이를 취득하게 하여 본인에게 재산상의 손해를 가한 때 성립하는데, 여기서 재산상의 손해에는 현실적인 손해가 발생한 경우뿐만 아니라 재산상의 실해 발생의 위험을 초래한 경우도 포함되고, 재산상의 손해의 유무에 대한 판단은 법률적 판단에 의하지 않고 경제적 관점에서 파악해야 한다.(대법원. 1995.11.21. 선고. 94도1375. 판결 등)
- 회사의 임원 등이 그 임무에 위배되는 행위로 재산상 이득을 취하거나 제3자로 하여금 이를 취득하게 하여 회사에 손해를 가한 때에는 이로써 배임죄가 성립하고, 그 임무위배행위에 대하여 사실상 대주주의 양해를 얻었다거나, 이사회의 결의가 있었다고 하여 배임죄의 성립에 어떠한 영향이 있는 것은 아니다.(대법원. 2000.11.24. 선고. 99도822. 판결)
- 회사 직원이 경쟁업체에 유출하거나 스스로의 이익을 위하여 이용할 목적으로 회사 자료를 무단으로 반출한 경우에, 그 자료가 영업비밀에 해당되지 않더라도, 그 자료가 불특정 다수인에게 공개되어 있지 아니하여 보유자를 통하지 아니하고는 이를 통상 입수할 수 없고, 그 자료의 보유자가 그 자료의 사용을 통해 경쟁자에 대하여 경쟁상의 이익을 얻을 수 있는 정도의 영업상 주요한 자산에 해당한다면, 이는 업무상의 임무를 위배한 행위로서 업무상 배임죄가 성립한다.(대법원. 2016.07.07. 선고. 2015도17628. 판결)
- 회사의 이사 등이 타인에게 회사자금을 대여할 때 그 타인이 이미 채무변제능력을 상실하여 그에게 자금을 대여할 경우 회사에 손해가 발생하리라는 점을 충분히 알면서 이에 나아갔거나, 충분한 담보를 제공받는 등 상당하고도 합리적인 채권회수 조치를 취하지 않고 대여해 주었다면 경영상의 판단이라는 이유만으로 배임죄를 면할 수 없으며, 이러한 이치는 그 타인이 자금지원 회사의 계열사라 하여 달라지지 않는다.(대법원. 2009.07.23. 선고. 2007도 541. 판결)

사례 2

횡령 관련 주요 판례

- ㅁ 업무상 횡령죄가 성립하기 위해서는 업무로 타인의 재물을 보관하는 자가 불법영득의 의사를 가지고 업무상의 임무를 위배하여 그 재물을 횡령하가나 반환을 거부하여야 하며, 여기서 불법영득의 의사는 자기 또는 제3자의 이익을 꾀할 목적으로 업무상의 임무를 위배하여 보관하는 타인의 재물을 자기 소유인 것처럼 사실상 또는 법률상 처분하는 의사를 말한다.(대법원. 2017. 11. 09. 선고. 2015도12633. 판결 등)
- ㅁ 타인의 금전을 위탁받아 보관하는 자가 보관의 방법으로 금융기관에 자신의 명의로 예치한 경우, 「금융실명거래 및 비밀보장에 관한 긴급재정경제명령」이 시행된 이후라도 위탁자가 그 위탁한 금전의 반환을 구할 수 없는 것은 아니므로, 수탁자가 이를 함부로 인출하여 소비하거나 또는 위탁자로부터 반환요구를 받았음에도 이를 영득할 의사로 반환을 거부한 경우에는 횡령죄가 성립한다.(대법원. 2000.08.18. 선고. 2000도1856. 판결)
- ㅁ 주식회사는 주주와 독립된 별개의 권리주체로서 그 이해가 반드시 일치하는 것은 아니므로, 회사 소유 재산을 주주나 대표이사가 사적인 용도로 임의처분 하였다면 그 처분에 관하여 주주총회나 이사회의 결의가 있었는지 여부와 관계없이 횡령죄의 죄책을 면할 수 없다.(대법원. 2014.12.24. 선고. 2014도11263. 판결)
- ㅁ 타인을 위하여 금전을 보관·관리하는 자가 개인적 용도로 사용할 자금을 마련하기 위하여, 적정한 금액보다 과다하게 부풀린 금액으로 공사계약을 체결하기로 공사업자 등과 사전에 약정하고 그에 따라 과다 지급된 공사대금 중 일부를 되돌려 받는 행위는 그 타인에 대한 관계에서 과다하게 부풀려 지급된 공사대금 상당액은 횡령이 된다.(대법원. 2010. 05. 27. 선고. 2010도3399. 판결)

5. 부정 위험요소의 사례[379]

가. 부정한 재무보고로 인한 왜곡표시와 관련된 위험요소

1) 동기/압력

재무적 안정성 또는 수익성이 다음과 같은(또는 이들이 나타내고 있는) 경제적, 산업적 또는 개별기업의 운영 상황에 의해 위협을 받는다.

- 이익 감소를 수반하는 치열한 경쟁이나 시장의 포화
- 기술변화, 製品 陳腐化 또는 이자율 변동과 같은 급격한 변동에 대한 고도의 취약성
- 소비자 수요의 유의적 감소, 산업 또는 경제 전반에 걸친 사업실패의 증가
- 파산, 채무불이행에 따른 담보물 처분, 또는 적대적 인수의 위협을 압박하게 만드는 영업 손실
- 재무제표에는 이익 또는 이익의 증가로 보고됨에도 불구하고 반복적으로 음(−)의 영업활동 현금흐름을 갖거나 영업활동으로부터 현금을 조달할 능력 無
- 특히 동종 산업의 타 기업에 비했을 때 급격한 성장이나 비경상적인 수익성
- 새로운 회계나 법률, 또는 규제상의 요구사항

다음과 같은 경우에는 경영진이 제3자의 요구사항이나 기대를 충족시켜야 하는 지나친

---

379 노준화.「회계감사」. 도서출판 탐진. 2019. 333~337면. 이창우외 3인, 「회계감사」. 2019. 1-69~ 16-12.

압력이 존재한다.

- 예를 들어 지나치게 낙관적인 보도 자료나 사업보고서 상의 메시지와 같이, 경영진이 만들어 낸 기대를 포함하여 투자분석가, 기관투자자, 중요한 채권자 또는 다른 외부의 수익성이나 추세에 대한(특히 과도하게 공격적이거나 비현실적인) 기대 수준
- 주요 연구개발이나 자본적 지출을 위한 조달 등 경쟁력을 유지하기 위한 추가적인 부채나 자본조달을 해야 할 필요성
- 성장유지 요건이나 부채상환 또는 기타 채무약정 요구사항의 충족에 대한 능력의 한계
- 사업 결합이나 계약체결 등 진행 중인 유의적 거래에 있어 저조한 재무적 결과를 보고할 경우 예상되거나 실재하는 부정적 영향

이용 가능한 정보에 따르면 다음과 같은 이유로 경영진이나 지배기구 구성원들의 개인적 재무상황이 기업의 재무적 성과에 의하여 위협을 받고 있음을 보인다.

- 기업에 대한 재무상의 중요한 이해관계
- 예를 들어 상여금, 주식옵션, 수익에 따른 지급약정과 같이 그 보상 중 중요부분이 주가, 영업성과, 재무상태 또는 현금흐름에 대한 공격적인 목표의 달성여부에 의존
- 기업채무에 대한 개인 보증

매출이나 수익성에 따른 성과보상 목표 등 지배기구에 의해 수립된 재무적 목표를 달성하고자 하는 경영진이나 종업원에 대한 과도한 압력이 존재

2) 기회

부정한 재무보고를 하게 되는 계기는 산업의 성격이나 해당 기업의 영업성격에 따라 다음과 같은 상황에서 발생될 수 있다.

- 일반적인 영업활동이 아닌 특수 관계자와의 거래 또는 감사를 받지 않거나 타 감사인이 감사하는 관계기업과의 유의적 거래
- 공급처나 판매처에 대해 부적합하거나 불공정한 거래를 초래할 수도 있는 거래조건을 강제할 수 있는, 특정 산업영역을 지배하는 강력한 재무적 상황이나 능력
- 확인하기 어려운 주관적 판단이나 불확실성이 개입된 유의적 추정치에 근거한 자산, 부채, 수익 또는 비용
- 유의적이거나 비경상적인 또는 고도로 복잡한 거래. 특히 보고기간 말에 근접한 거래로서 "형식보다 실질의 우선"이라는 난해한 문제를 일으키는 것
- 경영환경과 문화가 상이한 서로 다른 국가 간에 국제적으로 위치하거나 수행되는 주요 사업
- 명백한 사업적 당위성이 없어 보이는 사업 중개자의 이용
- 명백한 사업적 당위성이 없어 보이는 조세피난처애서의 중요한 은행계좌, 종속기업 또는 지점 운영

경영진의 모니터링이 다음과 같은 이유로 효과적이지 아니하다.

• (소유경영기업이 아닌 경우에) 보완통제가 없이 1인 또는 소집단에 의해 경영이 지배
• 재무보고 절차 및 내부통제에 대한 지배기구의 감시가 비효과적

다음에서 나타나는 것처럼 복잡하거나 불안정한 조직구조가 존재한다.

• 기업에서 지배적 지분을 가지고 있는 조직이나 개인을 결정하기가 곤란
• 통상적이지 않는 법적 실체나 권한구조가 수반된 지나치게 복잡한 조직구조
• 상위 경영진, 법률고문 또는 지배기구의 빈번한 교체

내부통제의 각 부문이 다음과 같은 이유로 미비점이 있다.

• 자동화된 통제 및(외부복도가 요구되는 경우) 중간재무보고에 대한 통제 등 통제일반에 대한 부적절한 모니터링
• 높은 이직률, 또는 회계, 정보기술, 내부감사기능에서의 효과적이지 못한 인력의 고용
• 유의적 내부통제 미비점이 존재하는 상황 등 효과적이지 않은 회계 및 정보시스템

3) 태도/합리화

• 기업가치나 윤리기준에 대한 경영진의 커뮤니케이션, 실행, 지원 또는 집행 혹은 부적합한 가치나 윤리기준에 관한 커뮤니케이션이 비효과적
• 회계정책의 선택이나 유의적 회계추정치의 결정에 비재무담당 경영진의 과도한 참여나 집착
• 증권 관련 법규나 기타 법규의 위반 사실이 있거나, 부정혐의 또는 법규위반의 혐의로 기업이나 상위경영진 또는 지배기구에 대한 제소의 사실이 존재
• 기업의 주가나 이익추세의 유지 또는 상승에 대한 경영진의 과도한 관심
• 경영진이 재무분석가, 채권자 그리고 기타의 제3자에게 공격적이거나 비현실적인 예측치의 달성을 약속
• 경영진이 알려진 유의적 내부통제 미비점을 적시에 개선 미달
• 경영진이 세무상의 목적으로 보고이익을 최소화시키기 위해 부적합한 수단을 이용하는 데 관심
• 상위경영진의 낮은 사기
• 소유경영진이 개인적 거래와 사업적 거래를 미구분
• 소유집중기업에서의 주주 간 분쟁
• 한계선상에 있거나 부적합한 회계처리를 중요성 기준에 근거하여 정당화하려는 경영진의 반복적인 시도
• 경영진과 당기 또는 전기 감사인이 다음과 같은 이유로 긴장관계 존재

– 회계, 감사 또는 보고 사항과 관련하여 당기 또는 전임감사인과의 빈번한 논쟁
– 감사의 완료 또는 감사보고서 발행에 대한 비현실적인 시간제약 등 감사인에 대한 비합리적인 요구
– 관련 인원 또는 정보에 대하여 부적합하게 접근을 제한하거나 지배기구와 효과적으

로 커뮤니케이션할 수 없도록 감사인에게 가해지는 제약
- 특히 감사인의 업무수행 범위 또는 감사업무에 참여하거나 자문을 제공하는 인원의 선정이나 계속적인 참여에 대하여 영향을 미치려는 시도와 같이 감사인에 대한 경영진의 지배적인 행동

나. 자산의 횡령으로 인한 왜곡표시에서 나타나는 위험요소

자산의 횡령으로 인한 왜곡표시와 관련된 위험요소도 부정이 존재할 일반적으로 나타나는 세 가지 상황, 즉 동기나 압력, 기회, 태도 및 합리화의 기준으로 분류한다. 부정한 재무보고로 인한 왜곡표시와 관련된 위험요소의 일부는 자산의 횡령으로 인한 왜곡표시가 발생할 때에도 나타날 수 있다.

예를 들어 경영진의 효과적이지 못한 모니터링과 내부통제의 기타 미비점은 왜곡표시가 부정한 재무보고로 인한 경우 자산의 횡령으로 인한 경우 모두에 나타날 수 있다. 다음은 자산의 횡령으로 인한 왜곡표시와 관련된 위험요소의 예이다.

1) 동기/압력

현금이나 횡령이 용이한 기타의 자산을 취급하는 경영진이나 종업원의 개인적인 금융채무는 자산을 횡령하도록 하는 압력을 발생시킬 수도 있다. 기업과 현금이나 횡령이 용이한 기타 자산을 취급하는 종업원 간 대립적인 관계는 해당 종업원이 이러한 자산을 횡령할 동기를 유발할 수 있다. 대립적인 관계는 다음과 같은 이유로 생길 수 있다.

- 종업원에 대한 알려지거나 예상되는 해고
- 종업원의 급여나 복리후생 계획에 대한 최근 도는 향후의 예상되는 변경
- 기대에 맞지 않는 승진, 급여 기타 보상

2) 기회

자산횡령의 가능성은 어떤 특성이나 환경에 따라 증가할 수 있다. 예를 들어 다음과 같은 경우 자산횡령의 기회가 증가한다.

- 보유 중이거나 처리 중인 거액의 현금
- 고가 또는 수요가 많은 소형의 재고 자산
- 무기명채권, 다이아몬드 또는 컴퓨터 칩 등 환금이 용이한 자산
- 시장성이 높거나 소유권에 대한 관찰 가능한 식별이 어려운 소형의 유형자산

자산에 대한 부적절한 내부통제는 재산횡령의 가능성을 증가시킬 수 있을 것이다. 예를 들어, 다음과 같은 경우에는 자산이 횡령될 수 있을 것이다.

- 직무분장이나 독립적 견제가 부적절
- 여비나 기타 청구가능 경비와 같은 상위 경영진의 지출에 대한 부적절한 감시
- 원격 사업장에 대한 부적절한 감독이나 모니터링과 같이, 자산담당 종업원에 대한 경영진의 부적절한 감시
- 자산 취급 종업원에 대한 부적절한 채용 심사

- 자산에 대한 부적절한 기록 관리
- 거래의 권한 부여 및 승인에서의 부적절한 시스템(예, 구매업무의 경우)
- 현금, 투자자산, 재고자산 또는 유형자산에 대한 부적절한 물리적 보호 장치
- 자산에 대한 완전하고 적시적인 차이조정의 결여
- 거래에 대한 적시적이고 적합한 문서화의 결여(예; 반품에 대한 기록)
- 핵심 통제기능을 수행하는 종업원에 대한 강제휴가의 미실시
- 정보기술에 대한 경영진의 부적절한 이해에 따라 정보기술 담당 종업원에 의한 자산 횡령이 가능
- 정보시스템 접속가록에 대한 통제 및 검토 등 자동화된 기록에 대한 부적절한 접근 통제

3) 태도/합리화

- 자산횡령과 관련된 위험을 모니터링하거나 감소시킬 필요성에 대한 무시
- 현존하는 통제를 무력화하거나 내부통제의 알려진 미비점에 대한 적합한 개선조치를 취하지 않음으로써 자산횡령에 대한 내부통제를 무시
- 기업, 또는 종업원에 대한 기업의 처우에 불쾌함이나 불만을 나타내는 행동
- 자산이 횡령되었음을 나타내는 것일 수 있는 행동이나 생활방식의 변화
- 소액 절도에 대한 용인 등

6. 부정 가능성을 나타내는 상황의 사례[380]

다음은 재무제표가 부정으로 인한 중요한 왜곡표시를 포함하고 있을 가능성을 나타내는 상황의 예시이다.

가. 회계기록의 불일치

- 완전하게 또는 적시에 기록되지 않은 거래, 그리고 금액, 보고기간, 분류 또는 회계정책에 있어 부적절하게 기록된 거래
- 근거가 없거나 승인되지 않은 잔액이나 거래
- 재무적 결과에 중요한 영향을 미치는 최종 순간의 조정사항
- 종업원이 승인된 직무의 수행에 필요한 것과 상응하지 않는 시스템과 기록에 접근한 증거
- 부정 혐의에 관하여 감사인이 알게 된 정보나 불만 사항

나. 상호 모순되거나 찾을 수 없는 증거

- 문서의 분실
- 변조가 된 것으로 보이는 문서

---

380 노준화. 「회계감사」. 도서출판 탑진. 2019. 341~342면.

- 원본문서가 존재할 것으로 예상됨에도 불구하고 사진촬영본이나 전자전송 문서 외에는 확인할 수 없는 경우
- 차이조정에서 설명되지 않은 중요한 항목
- 예를 들어 수익보다 급속한 성장을 보이는 매출채권과 같이, 재무상태표 항목의 비경상적인 변화나 추세, 또는 주요 재무비율이나 상호관계의 비경상적인 변화
- 질문이나 분석적 절차에서, 경영진이나 종업원들의 일관성 없고 모호하거나 납득할 수 없는 답변
- 기업의 기록과 조회서 회신 내용 간에 비경상정인 차이
- 매출채권 기록에서 다수의 대변분개나 기타 조정사항들
- 매출채권 보조원장과 통제계정 간, 또는 거래처가 확인해 준 금액과 매출채권 보조 원장 간에 설명되지 않거나 불충분하게 설명된 차이
- 취소된 수표가 일반적으로 은행잔액증명서와 함께 기업에 반송되는 상황임에도 불구하고 분실되었거나 존재하지 않는 취소 수표
- 유의적 크기의 재고자산 또는 실물자산의 분실
- 해당 기업의 기록보관에 대한 실무나 정책과 일관성 없는, 입수할 수 없거나 분실한 전자적 증거
- 조회에 대하여 기대보다 더 적거나 더 많은 수의 회신
- 주요 시스템의 변경 및 프로그램 변경 테스트 그리고 당기 시스템의 변경 및 개발에 대한 실행활동의 증거를 생성할 능력의 미보유

다. 감사인과 경영진 간에 문제가 있거나 비경상적인 관계

- 감사증거가 발견될 것으로 보이는 기록, 설비, 특정 종업원, 고객, 거래처 또는 기타의 사람에 대한 접근 거부
- 복잡하거나 논란이 있는 이슈들의 해결에 대한 경영진의 부당한 시간적 압력
- 특히 감사증거에 대한 감사인의 비관적 평가와 관련하여, 또는 경영진과의 잠재적인 의견 불일치에 대한 해결과정에 있어 감사업무의 수행에 대한 경영진의 불평이나 업무팀원에 대한 경영진의 위협
- 요청한 정보제공에 대한 기업의 비경상적인 지연
- 감사인이 컴퓨터를 이용한 감사기법으로 테스트하기 위해 주요 전자파일에 접근하는 것을 꺼림
- 보안, 운영 그리고 시스템 개발 인원 등 주요 정보 기술 운영 인원과 설비에 대한 접근 거부
- 보다 완전하고 이해가능성이 높게 재무제표의 공시를 추가하거나 수정하는 것을 꺼림
- 식별된 내부통제의 미비점들에 대하여 적시에 대처하는 것을 꺼림

라. 기타

- 감사인이 개인적으로 지배기구와 만나는 것을 경영진이 허용하기 꺼림

- 산업표준과 일치되지 않은 것으로 보이는 회계정책
- 변화된 상황에 따른 것으로 보이지 않는 회계추정치의 빈번한 변경
- 기업 행동강령의 위반에 대한 용인 등

V. 부정위험의 평가제도[381]

1. 부정위험 평가의 의의

부정위험 평가는 COSO 프레임워크에 기초한 모든 부정방지 프로그램의 핵심이다. 부정위험 평가는 기업 내부 또는 외부에서 부정행위가 발생할 수 있는 방식들을 고려함으로써 광범위한 위험관리 프로세스의 중요한 부분을 구성하기도 한다.

궁극적으로 '**부정위험 평가**는 기업에서 일어날 수 있는 부정사건 들의 유형을 정의하고, 그 발생가능성과 영향의 크기를 결정하며, 이러한 위험을 관리하기 위한 통제와 연계하는 활동'으로 정의할 수 있다.

2. 부정위험 평가의 중요성[382]

효과적인 부정위험 평가는 부정 위험관리 프로그램의 기본 토대가 된다. 간단하게 말하자면, 부정위험을 명확하게 파악하지 못한 상태에서 부정위험을 효과적으로 관리하기란 매우 어렵다.

이상적인 위험평가는 관련된 핵심 분야를 다루는 것이며, 기업의 규모와 복잡성, 산업, 경영목표 등 개별 기업의 특성을 고려하여 조정된다. 일률적인 위험평가를 실시하거나 다른 회사의 사례를 그대로 평가한다면 많은 결과들을 신속하게 도출할 수 있겠지만, 해당 기업이 직면한 위험을 심도 있게 분석하기는 어려울 것이다.

진화하는 부정위험과 시간이 지남에 따라 기업이 발생할 수 있는 특정한 취약성을 파악하기 위해 위험평가 결과를 주기적으로 갱신하는 것이 바람직하다. 위험평가를 매년 갱신하는 것이 일반적이지만, 중요한 조직의 변경이나 경제사항의 변동성이 큰 시기에는 보다 짧은 주기로 갱신하는 것이 적절할 수도 있다.

부정위험 평가가 중요한 이유는 상세한 부정위험 평가를 통해 기업이 가장 취약한 부정행위가 어떤 것인지, 그리고 부정위험이 기업의 내부 또는 외부에서, 어떠한 방식으로 발생하는지를 파악할 수 있기 때문이다. 아울러 상세하고 적정한 부정위험 평가를 수행하면, 충실한 정보를 바탕으로 안정적이면서도 역동적인 위험관리를 수행할 수 있기 때문이다.

3. 부정위험 평가의 수행[383]

---

381 김용범, 전게서, 2017. 319~328면. Toby J. F. Bishop., Frank E. Hydoski 공저/딜로이트 안진회계 법인 역, 전게서, FKI 미디어, 2010, 97~120면.

382 김용범, 전게서, 2017. 320면. Toby J. F. Bishop., Frank E. Hydoski 공저/딜로이트 안진회계법인 역, 전게서, FKI 미디어, 2010, 98~103면.

383 김용범, 전게서, 2017. 320~323면. Toby J. F. Bishop., Frank E. Hydoski 공저/딜로이트 안진 회계법인 역, 전게서, FKI 미디어, 2010, 103~113면.

부정 위험평가는 기업 내 부정위험을 다루는 데 있어 중요한 단계이며, 그렇기 때문에 경영진에게도 중대한 관심 분야가 된다. 그러나 부정 위험평가 시에 하나의 표준화된 방법이 존재하는 것은 아니기 때문에 몇 가지 접근방법 중 하나를 소개하니, 실제 적용 가능한 부정 위험평가 계획을 수립하는 데 있어 활용하면 유용한 지침이 될 수 있을 것이다.

가. 제1단계 : 부정 위험요인의 식별 및 평가

부정 위험요인은 그 자체로 반드시 부정행위가 존재한다는 것을 의미하는 것은 아니지만 이러한 요인들은 부정행위가 존재하는 환경에서 나타나는 경우가 많다. 부정 위험요인을 '부정 위험지표'라고 부르기도 하며 이들은 일반적으로 동일한 의미로 쓰인다. 따라서 부정 위험요인은 아래의 사건이나 상황을 가리킨다.

부정 위험 요인

① 부정행위를 범하게 하는 유인/압력
② 부정행위를 범할 수 있는 기회
③ 그러한 행위를 정당화하는 태도/합리화 등

부정 위험요인은 인터뷰, 브레인스토밍, 내부 및 외부 조사, 경영진 또는 내부감사팀이 작성한 보고서의 분석 등 다양한 기법 등을 통하여 식별할 수 있다. 이러한 기법 중의 일부는 경영진이 내부통제의 목적으로 이미 활용하고 있을 수도 있다. 경영진이 설문조사를 통해 통제환경을 평가하였다면 그 결과를 부정 위험요인의 확인 목적으로도 활용할 수 있다.

위험요인을 식별하는 또 다른 기법으로는 회사의 과거 부정행위이나 제보, 동종 업계에서의 부정사건, 분석적 검토를 통해 파악된 비경상적인 재무적 흐름이나 상관관계, 부정 사건의 발생을 용이하게 하는 IT통제의 결함 등을 검토하는 것이 포함된다.

아울러 다수의 사업단위가 있는 기업에서는 중요한 사업단위나 부문의 측면뿐만 아니라 전사적 차원에서 부정 위험요인을 고려하는 것이 바람직하다. 또한 경영진, 내부감사, 현업부서, IT, 법무, 인사, 리스크/준법, 보안/안전 등 기업 내 다양한 직무와 직급의 임직원 모두가 부정행위와 부정위험평가 프로세스에 참여하는 것이 이상적이다.

나. 제2단계 : 발생 가능한 부정 유형과 시나리오 파악

다음은 파악된 부정 위험요인으로 인해 발생할 수 있는 부정의 유형과 시나리오에 대한 지식을 브레인스토밍 등을 통해 체계적으로 수집하는 단계이다. 이 단계에서 경영진, 내부감사, 관련 부서장, IT, 법무, 인사, 리스크 관리/준법감시, 보안/안전부서 등 다양한 기능과 직급의 임직원들이 참여하고, 감사가 이를 감독하는 것이 바람직하다.

해당 기업이나 동종 업계에서 과거에 발생했던 부정사건이나 혐의사실을 고려해 볼 수 있고, 이와 관련된 언론 보도 내용이 미래에 일어날 수 있는 부정위험을 파악하는 데 도움이 될 수도 있다. 그러나 투자에 대한 수익이 불확실한 것과 마찬가지로 과거의 경험을 통해 미래를 정확하게 예측할 수 있는 것은 아니라는 것을 고려해야 한다.

부정위험의 평가에서 통제위험의 감소효과를 고려하지 않는 것이 바람직하다. 가능한 경우 각각의 부정유형으로 영향을 받을 수 있는 재무제표 계정과목을 파악하는 것이 바람직하다. 왜냐하면 이를 통해 보다 정확하게 부정위험을 기술할 수 있고, 기업 운영상 일어날 수 있는 부정위험과 법규준수를 위한 부정위험을 통합해서 관리하는 데 도움이 될 수 있다.

1999년 COSO에서 발간된「1987년부터 1997년까지 재무제표 분석 사례」에 의하면 미국 증권거래위원회에 등록된 기업에서 약 200건의 재무제표 분식사건이 발생하였으며, 그 중 83%가 CEO 또는 CFO가 연루되었다고 한다. 따라서 발생 가능한 부정위험을 파악할 때 경영진의 의도적인 내부통제 위반위험을 반드시 고려해야 한다.

다. 제3단계 : 부정위험 분석 및 통제 설계 효과성 평가

세 번째는 제1단계 및 제2단계에서 식별되고 파악된 부정위험의 발생 가능성과 중요성을 분석한다. 그리고 발생 가능한 부정유형을 완화시키는 통제방법을 파악하고, 통제설계의 효과성을 평가한다.

식별되고 파악된 부정위험의 평가하는 다음의 사항을 고려해야 한다.

식별되고 파악된 부정위험 평가 시 고려할 사항

① **유형(Type)** : 부정위험의 유형(자산횡령, 허위 재무보고 등)

② **발생가능성** : 부정위험이 발생할 가능성. '높음(High)', '중간(Medium)', '낮음(Low)'과 같은 간단한 척도나 '매우 낮음(Remote)', '충분히 가능함(Reasonably Possible)', '매우 높음 (Probable)' 등 법상 재무보고, 내부통제 목적의 척도로 활용가능

③ **중요도** : 부정위험의 중요도. 예를 들어 기업에 중대한 손실이나 중요한 재무제표 왜곡표시를 야기할 수 있을 정도로 중요한 사안 인가? 발생 가능성과 마찬가지로, 중요도 또한 간단히 '높음', '중간', '낮음'/ '미미한', '유의한(More Than Inconsequential)', '중요한(Material)' 등 법 목적의 척도를 활용함

④ **파급성** :부정위험이 영향을 미치는 대상의 정도(잠재적인 위험이 재무제표 전반에 영향을 미치는 것인지, 아니면 특정경영자 주장, 계정과목, 또는 거래 유형에만 관련된 사안인지)

매우 다양한 부정위험이 식별되는 경우가 많기 때문에 회사에 가장 큰 위협이 되는 위험을 관리하는 데 집중하기 위해서는 우선순위를 결정하는 것이 매우 주요하다. 다양한 부정위험의 우선순위가 결정된 후에는 발생 가능성이 높고, 중요하며, 회사 전반에 영향을 미치는 위험에 집중할 수 있다.

라. 제4단계 : 부정 위험평가 결과 분석 및 잔여위험의 우선순위 결정

부정위험에 대한 충분한 통제를 갖추고 있으면 위험이 완전히 제거되고 걱정거리가 사라진다고 생각도 할 수 있겠지만 현실에서 위험은 없어지지 않고 항상 존재한다. 다만 이사회의 승인을 받아 경영진이 설정한 회사의 **'허용한도 위험 수준'**으로 감소될 뿐이다.

따라서 위험을 완화시키기 위한 통제를 평가할 때, 이러한 통제가 위험을 어느 수준까지 낮출 수 있는가가 핵심적인 사항이 된다. 위험평가를 통해 많은 위험을 평가하고 많은 위험을 식별하고, 관련된 통제활동을 정리한 후 통제가 위험을 관리하기에 충분하다고 생각되면 다음 단계로 각각의 위험이 감소되는 정도를 평가해야 한다.

그리고 부정위험을 식별하고, 통제가 각각의 부정위험을 완화하는 정도를 평가하고 나면 잔여위험을 평가할 수 있다. 그런 후에 잔여위험을, 이상적으로는 이사회가 설정한 회사의 **'허용한도 위험수준'**과 비교할 수 있다.

경영진은 설정된 기준에 따라 부정위험 분석 결과를 평가하여 잔여위험 평가등급(RRR, Residual Risk Rating)을 부여하고 관련 통제의 개선을 필요로 하는 부정위험을 파악한 후, 대응조치를 취하기 위해 부정위험 관리의 우선순위를 결정한다.

마. 제5단계 : 위험 대응조치

마지막으로 경영진은 부정위험 대응을 위한 실행계획을 수립하고, 이를 실행한다. 또한 경영진은 '허용한도 위험수준'을 초과하는 부정위험이 존재한다면 다음과 같은 몇 가지 선택 가능한 대안을 고려하여야 한다.

허용 한도 위험수준 초과 부정위험에 대한 대안

① 그 위험을 야기하는 사업이나 지역에서 철수한다. 때로는 철수가 최악의 위험에 대한 최선의 해결책이 될 수 있다.
② 위험이 발생할 가능성과 잠재적인 충격을 줄이기 위해 업무프로세스를 재설계한다. 대금회수를 집중하는 것이 하나의 예가 될 수 있다. 회사에 따라 가능할 수도 있고 그렇지 않을 수도 있지만 만약 위험이 있다면 이를 관리하기 위한 가능한 방안을 찾아야 한다.
③ 아웃소싱이나 공급업체, 고객 또는 보험회사와의 계약 변경을 통해 위험을 이전(transfer)할 수 있는 방안을 고안한다.
④ 부정위험에 특화된 통제를 추가하거나 강화한다.

4. 부정위험 평가의 보고서[384]

부정위험 평가 시에는 다양한 위험요인, 위험, 구체적 부정유형(수법), 잠재적인 부정유형을 고려해야 한다. 이러한 자료를 관리하기 위해 스프레드시트나 데이터 베이스 프로그램을 활용할 수 있다.

우수한 부정위험 평가표는 부정 위험평가의 품질과 조직 전반에 걸친 일관성을 높여 준

384 김용범, 전게서, 2017. 324면.

다. 위험평가를 통합하고 경영진, 이사회, 감사위원회, 감사를 위한 요약자료를 작성하기 위해서는 일관성이 매우 중요하다.

미국의 「공인부정감사인협회(ACFE)」의 「부정 위험관리를 위한 실무 가이드」에서 부정위험 평가 프레임워크를 예시하고 있는데, 이 예시는 조직이나 프로세스가 복잡한 기업에서는 추가적인 고려가 필요할 수도 있겠지만, 처음 시작하는 단계에서는 매우 유용하게 활용할 수 있다. 이 예시를 실제 적용할 때 도움이 될 수 있도록 부정위험의 유형을 구분하여 정의하였으며 부정위험요인을 파악하기 위한 부분을 추가하는 등 일부 내용을 수정하였다.

부정위험평가 프레임워크(예시)

① 부정위험요인	: 경쟁 심화, 고객수요 감소, 경영진의 높은 성과급 등
② 부정 위험	: 재무제표 분식 – 매출 과대 계상
③ 부정 유형	: 허위 고객에 대한 가공 매출
④ 관련 계정 과목	: 매출, 매출채권
⑤ 잠재적 당사자	: 영업담당자
⑥ 발생 가능성	: 충분히 있음
⑦ 중요성	: 높음
⑧ 고유 위험 등급	: 높음
⑨ 통제 활동	: 행동강령, 윤리교육, 내부고발 핫라인, 영업담당 임원의 비경상적 매출의적정성 검토
⑩ 통제의 효과성	: 효과적
⑪ 잔여 위험	: 중간
⑫ 대응 방안	: 분석적 검토를 위한 내부 감사, 잠재적 부정을 발견하기 위한 세부적인 데이터 정합성 분석 등

Ⅵ. 부정위험의 방지통제[385]

1. 내부통제 유관기구의 상호협조

가. 내부통제기능

내부통제기능은 효율적인 업무운영, 신뢰성 있는 재무보고 체계 유지, 관련 법규의 준수를 이루면서 회사가 건전하고 안정적으로 운영될 수 있도록 조직내부에서 고안되어 조직의 구성원이 지속적으로 실행하는 일련의 과정이다.

나. 내부감사기능

385 김용범, 전게서, 2017. 329~332면. 김용범, 「내부통제제도와 감사기법」, 한국금융연수원, 2014., 16~22면.

내부감사기능은 내부통제제도의 적절한 운영여부를 회사의 경영진과 독립적인 입장에서 평가하여 그 결과를 이사회 및 경영진에 통보하여 문제점을 시정하게 함으로써 내부 통제제도의 원활한 작동을 보장하는 역할을 수행한다.

다. 외부감사기능

재무보고에 관한 내부통제의 효과성, 거래기록의 정확성 및 신속성, 재무 및 감독당국 앞 보고서의 정확성 및 완전성에 관한 합리적인 확신을 제공함으로써, 이사회와 경영진에게 회사 운영과 관련한 유용한 정보를 제공하여야 한다.

라. 당국감사기능

내부통제 및 내·외부 감사기능 운영과 관련한 내부정책과 절차의 적정성, 내·외부 감사인에 의해 인식된 내부통제의 취약점에 대해 경영진의 적절한 조치여부를 평가함으로써 전반적인 회사의 안전성과 건전성에 대해 확신을 제공한다.

2. 부정위험 통제환경 조성

가. 내부감사제도의 적정화

① 내부감사자의 전문성

내부감사업무 수행에 필요한 지식, 기술, 경험 등을 보유하여야 한다.

② 내부감사자의 독립성

내부감사기능은 감사대상이 되는 영업활동 기능 및 일상적인 내부통제 과정상의 여러 기능과 독립적으로 운영되어야 한다.

③ 내부 감사의 충실화

내부감사는 사후적발 중심의 검증과 사전예방 중심의 진단을 병행하여야 한다.

④ 내부감사의 품질평가

내부감사 활동의 효율성과 효과성에 대한 점검 및 평가를 하여야 한다.

나. 내부통제체제의 효율화

① 내부통제조직의 전문성 및 독립성 강화

효율적인 내부통제를 위해서는 조직의 전문성과 독립성을 강화해야 한다.

② IT를 이용한 상시모니터링체제의 강화

부정의 즉시성과 대량성에 대하여 IT를 활용한 상시감시의 강화가 필요하다. 즉, 실시간 모니터링, 대량거래에 대한 추세분석, 추출감사 등이다.

③ 부정예방을 위한 업무처리의 재점검

최근 부정사례를 교훈 삼아 내부통제환경을 개선·보완해야 한다.

④ 리스크 관리시스템의 구축·통제 강화

각종 리스크를 인식 · 측정하여 사전에 리스크를 통제·회피한다.

다. 내부통제적용의 엄격화

① 내부통제 원칙과 절차의 엄격 준수

내부통제시스템을 제대로 받쳐주기 위해서는 운영이 충실하게 이루어져야 하므로 정한 원칙과 절차를 엄격히 준수하여야 한다.

② 부정에 대한 경영진의 단호한 제재

부정 및 경제 범죄행위에 대하여는 원칙적으로 징계 및 사법당국에 고발조치한다.

③ 영업점 사고예방 대책의 점검 철저

중요증서, 인감, 특이거래 등 자점 감사항목을 철저히 점검한다.

④ 문제소지 임·직원에 대한 감찰 강화

과다채무보유자, 과도한 주식투자자, 도박자 등에 대한 감찰을 강화한다.

라. 내부통제문화의 활성화

① 내부 고발제도의 내실화

내부고발자에 대한 철저한 신분보장과 위법을 인지한 임직원에게 적정한 신고의무와 보상 등 인센티브를 부여한다.

② 임직원의 윤리의식 제고

윤리강령 제정 및 교육 등을 통해 경영진과 직원들의 윤리의식을 강화한다.

③ 장기 실적주의 평가제도

회사는 계속기업의 원칙에 의거 단기실적주의가 아닌 장기실적주의 평가제도를 적극 도입한다.

④ 내부통제 실무교육 강화

모든 임직원과 실무와 토론 중심의 사고예방 교육을 강화한다.

3. 내부고발제도의 효과적 운영

가. 내부고발의 정의

내부고발이란 '조직 외부 또는 조직 내부 구성원이 불법, 비윤리적, 공공이익에 반하는 행위 등에 대한 정보를 조직 내부나 외부에 신고 또는 공개하는 행위'를 의미한다.

나. 내부고발 처리의 투명화

사내 행동강령 및 사규 등에 내부고발에 대한 정의 및 절차를 명시하고 이에 대한 지속적인 교육 및 홍보를 실시한다.

내부고발에 대한 정확한 정의 및 내부고발이 부정으로부터 회사의 이익을 보호하는 용기있는 행동임을 인식하고, 내부고발 절차를 정형화하여 내부고발 처리의 투명성을 제고토록 한다.

다. 내부고발자 보호 강화

내부고발제도가 활성화되기 위해서는 내부고발자의 보호조항을 회사 정책에 명시하고, 부당한 대우의 정의와 부당한 대우를 받았을 때 이를 해결해 주는 제도적 절차를 확립하고, 정기적인 교육을 통해 경영진이 이러한 보호조항을 강력하게 수행할 것을 적극 홍보한다.

라. 사내익명제보제도 마련

내부고발이 조직 또는 동료를 배신하는 행위라는 부정적인 시각이 존재하고, 내부 고발자의 대부분이 현직 직원들이므로 익명으로 내부고발을 할 수 있는 제도적 장치를 마련해야 한다.

마. 외부익명제보제도 마련

하청업체 직원과 같은 이해관계자는 사내익명제보제도를 이용하기 어려우므로 이러한 사람을 위하여 외부익명제보제도를 두어 외부고발을 공정하게 처리하는 제도적 장치를 마련해야 한다.

바. 내부고발보상제도 마련

효과적인 내부고발은 부정사례가 발생하고 최단 시간에 내에 제보되어 부정에 대한 영향을 최소화하는 것이나 위와 같은 제도 및 장치만으로는 실효성이 미흡하므로, 부정에 대한 고급정보를 제보한 고발자에게 적절한 보상(포상금, 인사우대 등)을 하여 내부고발의 효과를 제고하여야 한다.

Ⅶ. 부정위험의 적발통제[386]

1. 모니터링의 중요성

우리가 알고 있는 대부분의 부정사례는 제보나 부정행위를 저지른 사람의 평소와는 다른 행동을 통해서 대부분 발견되었다.

미국의 「공인부정감사인협회(ACFE)」의 2014년보고서 「업무상 부정과 권한 남용」에 따르면 연구대상 부정사례의 42.2%는 제보에 의해, 17.2%는 내부통제에 의해, 그리고 내부감사로 적발된 것은 27.5%이다. 그러나 외부감사에 의해 적발된 것은 3.0%에 불과하였다.[387]

이는 회사에서 부정관리 전략이 존재하면 외부감사기관에 의한 적발보다 회사 내부 또는 외부의 제보나 적합한 내부통제와 적정한 내부감사, 즉 광의의 내부감사를 통해 부정행위의 상당부분(전체의 86.9%)을 예방하고 적발이 가능함을 보여 주고 있으므로 회사 및 내부감사는 부정관리에 더욱더 철저를 기하여야 할 것이다.

2. 부정 적발의 핵심 포인트

---

386 김용범, 전게서, 2017. 332~338면. Toby J. F. Bishop., Frank E. Hydoski 공저/딜로이트 안진 회계법인 역, 전게서, FKI 미디어, 2010,179~201면.

387 김용범, 전게서, 2017. 332면. 김성수, 「부정 발생 경향 및 Trend」, 상장회사 감사회 Auditor Journal 2016 March., 12면, Source :2014 Report to the Nation on Occupational Fraud & Abuse.

앞에서 논의한 많은 부정방지 방법들에도 불구하고 부정행위는 아직도 발생하고 있다. 우리는 통제가 존재함에도 불구하고 발생하는 부정사건을 사전에 적발하는 핵심 포인트는 다음과 같다.

부정 적발의 핵심 포인트

① 부정행위와 부패를 모니터링하는 것은 기업 구성원 모두의 책임이라는 것을 인식하여야 한다.
② 모니터링과 적발은 내부감사의 수행에서부터 내부고발 핫라인, 특정거래의 정기적인 검토, 거래의 상시 모니터링 등에 이르기까지 다양한 형태가 있다.
③ 기업이 처리·분류·보호해야 하는 데이터가 방대하기 때문에 부정행위를 실시간으로 해결하기 위해서는 어느 때보다도 강력한 기법이 필요하다.
④ 모니터링과 적발기법은 강력한 부정 위험관리 전략의 중요한 요소가 되고 있다.
⑤ 부정행위의 모니터링과 적발을 위해 전산화된 기법의 역할이 커지고 있다.
⑥ 부정행위를 실시간에 가까울 정도로 적시에 적발하고 대응하기 위해 상시모니터링기술을 사용하는 기업이 늘어나고 있다.

3. 부정 적발의 전술 및 기법

부정을 적발하는 전술 및 기법에는 여러 가지가 있을 수 있으나, 여기서는 동 전술 및 기법에 대한 심층적인 논의나 로드맵을 제시하기보다는 필요한 주제들에 대해 대략적인 내용과 소개에 중점을 두겠다.

가. 신뢰받는 내부고발 핫라인 운영

경영진은 우선 제보된 사건을 적절히 해결하고 제보자가 보복을 당하지 않도록 보호할 것이라는 신뢰를 얻어야 한다. 핫라인이 성공적으로 널리 이용되기 위해서는 정기적인 커뮤니케이션과 교육프로그램을 통한 적극적인 홍보활동이 필요하다. 궁극적인 목표는 모든 직원이 핫라인의 존재와 그 이용방법을 알게 하는 데 있다.

제3의 전문기관을 활용함으로써 이용가능한 시간이 확대되고, 이용자들에게 익명성이 더 잘 보장될 것이라는 인식을 심어줄 수 있으며 비용 또한 절감할 수 있다.

나. 「Risk Based」의 내부감사 수행

「Risk-Based」의 내부감사란 모든 감사대상 영역에 부정위험에 대한 리스크 사정(risk assessment)을 실시하여 순위를 정한 후 상대적으로 부정위험 리스크가 높게 평가된 영역을 주된 감사영역으로 선정하여 내부 감사를 수행하는 방법론이다.

현업 부서 내에서 부정 사건들이 발견되는 경우가 증가하고 있기는 하지만, 부서의 관리자들이 부서 내의 부정 위험관리에 대해 많은 책임을 부담하기 때문에 여전히 내부 감사는 부정행위와 부패를 적발하는 핵심적인 방법이므로 부정행위 및 부패위험에 기반을 둔 내부감사의 실시가 매우 중요하다.

내부감사는 감사위원회와 이사회가 제시하는 방향에 따라 부정행위를 적극적으로 적발하는 데 중대한 역할을 수행한다. 이때, 경영진이 권한을 남용하여 내부 통제를 의도적으로 위반하는 등의 핵심위험을 관리하는 것에 집중하는 것에 많은 시간을 투자한다. 따라서 감사 업무는 이해 상충의 문제 때문에 경영진이 스스로 맡아서는 아니 된다.

감사위원회와 이사회는 경영진이 부정행위를 저지르기 위해 권한을 남용하는 경우가 없기를 바라겠지만, 이를 적발하기 위해 내부감사기능이 매우 중요하다. 내부감사기능은 경영진이 개입된 부당행위를 적발하여 필요한 개선 조치를 취할 수 있게 할 뿐만 아니라 경영진이 그러한 행동을 하지 않도록 억지하는 효과도 있다.

내부감사업무는 업무 프로세스와 프로세스에 대한 내부통제의 잠재적인 결함을 파악하는 데에도 중대한 역할을 한다. 정보기술을 활용한 감사기법과 상시모니터링은 방대한 양의 거래를 조사하고 비정상적인거래를 파악하는 데 매우 효과적이다. 내부감사는 이러한 거래들이 부정행위와 관련된 사안인지를 판단할 수 있다.

부정위험을 다루는 내부감사의 역할은 「국제내부감사인협회(IIA)」의 「직무수행 기준」을 통해 더욱 강화되었으며, 동 기준 2120. A2에서는 "개별 감사업무의 수행 목표를 설정할 때 중대한 오류, 부정, 법령이나 규정의 위반, 기타 위험의 발생 가능성을 고려해야 한다."라고 부정행위의 적발이 내부감사업무임을 명시적으로 규정하고 있다.

다. 수작업 「모니터링」 실시

모니터링이라 함은 어떤 행동이나 반응을 요하는 상황이나 사건을 식별하기 위해서 작업이나 공정에 주의를 기울이는 것이다. 모니터링을 하는 사람의 주 요건은 행동을 필요로 하는 모든 사건을 정확하게 식별하는 것이다. 이런 사건은 여러 가지 표시장치에 의해서 제시되거나, 또는 직접관찰 내지 탐지될 수 있다.

부정행위와 부패 적발에서 정보기술의 활용이 확산되고 있지만, 수작업 모니터링의 역할 또한 여전히 중요하다. 유사한 거래가 방대하게 존재한다면 자동화된 모니터링이 적합하겠지만 상이한 유형의 건수가 적은 거래들, 특히 금액이나 위험이 큰 거래는 수작업에 의한 모니터링을 통해 보다 쉽게 접근할 수 있다.

그 예로 재무제표 분식은 여러 방식으로 일어날 수 있으며, 다양한 유형의 거래들이 기업의 회계시스템을 통해 처리된다. 수익인식이나 전표처리와 같은 특정한 유형의 거래에서 잠재적인 분식의 적출은 컴퓨터소프트웨어가 더욱 유용하겠지만, 사업보고서나 재무제표의 오류나 분식을 적발하는 데는 수작업모니터링이 여전히 중요하다.

사례 1

구매 부정 적발을 위한 모니터링

구매 부정은 많은 기업에서 고민하는 위험 중의 하나로 회사 자금을 횡령하는 경우가 이에 해당한다. 단독 범행 또는 제3자와 공모하는 방식으로 이루어지는 구매 관련 부정은, 허위 납품업체를 매입채무시스템에 등록한 후 임직원이나 제3자가 관리하는 은행계좌로 허위의 청구대금을 송금하는 방식으로 이루어지기도 한다.

이러한 유형의 구매 부정은 납품업체의 주소나 은행계좌번호를 임직원의 주소 및 계좌번호와 비교함으로써 적발할 수 있다. 이러한 방법은 비교적 단순하고 주기적으로 수행될 수 있다. 전산을 통해 납품업체 관련 데이터를 제3자 데이터와 비교하는 방법을 통해서도 다른 유형의 부정 징후를 파악할 수 있다.

사례 2

회계 부정 적발을 위한 모니터링

재무제표 분식 유형으로는 수익인식기준 조작이 큰 부분을 차지한다고 한다. 재무제표의 분식은 결산일에 근접한 시점에 허위의 회계처리를 입력하는 방식으로 이루어질 수 있다. 이러한 허위회계 처리는 근무시간 이후에나 주말에 이루어지는 경우가 많으며 상위 직급의 직원이 개입되는 경우가 많다. 실적이 공표된 후 역 분개를 하는 경우도 있다.

그러한 회계처리를 적발하는 것은 찾아낼 데이터의 조건을 지정하고, 필요한 데이터를 추출하는 것에서 출발한다. 간단한 예로, 결산종료일을 전후해서 일어난 분개, 근무시간 이후나 주말에 입력된 분개, 상위 직급자가 입력한 분개, 차기 회계 기간 중에 역 분개, 처리된 분개 등의 다양한 데이터 검색 및 추출 조건을 설정할 수 있다.

라. IT 및 빅데이터를 활용한 내부감사 실시

IT기술을 이용한 데이터 분석은 고도의 정교화된 프로그램을 활용해 방대한 정보 속에서 부정의 징후가 있는 문제를 식별해 내는 것이다. 따라서 방대한 정보 즉 빅데이터 속에서 데이터 분석을 통해 시험모델을 설계함으로써 변칙적이거나 의심스러운 활동을 모니터링하고 적발하기 위한 시스템을 강화할 수 있다.

빅데이터 가운데 숨겨져 있는 유용한 상관관계를 발견하여, 미래에 실행 가능한 정보를 추출해 내고, 의사결정에 이용하는 과정이 **데이터마이닝**이라고 하며, 이것이 효과적이기 위해서는 데이터의 정합성을 먼저 확인하여야 한다. 즉 데이터가 完全한지, 正確한지, 保安問題는 없는지가 **데이터마이닝의 전제조건**이 된다. 데이터의 입력, 변환, 저장 또는 보고된 데이터는 최고 수준의 품질과 無缺性을 충족해야 한다.

내부감사업무에서 데이터 품질을 확신할 수 있는 역량이 부족하면 기업 전반에 걸친 부정방지 전략 수행 시 타격을 줄 수 있다. 왜냐하면 부정방지 전략은 데이터 마이닝, 데이터 분석, 통제 상시모니터링과 같은 고도로 정교한 정보기술과 진보된 소프트웨어 솔루션에 상당부분 의존하기 때문이다.

내부감사업무는 시스템 데이터가 정확하고, 적시에 제공되며, 안전할 경우에 데이터 감사와 분석, 통계적 표본추출, 회귀분석기법 등 고도로 정교화된 「정보기술을 이용한 내부감사기법(CAATs <Computer Assisted Audit Technologies> : GAS, ACL, IDEA, 디지털포렌식 기법 등)」을 활용한다면 내부임직원 들이나 외부 거래처들의 부정행위와 부패위험에 보다 효과적으로 대응할 수 있다.

또한 **기존 시스템감사**가 정형 데이터위주로 데이터를 분석해 활용하는 감사였다면 **빅데이터 활용감사**는 정형 또는 비정형 데이터를 종합적으로 분석하여 활용하는 감사라고 할 수 있다. 아직까지 국내에서 빅데이터의 활용수준이나 기반, 인프라와 제도 정비 등은 기대수준에 미치지 못하고 있으나, 부정행위와 부패위험을 보다 효과적으로 대응하기 위해서는 빅데이터를 활용한 감사기법의 개발이 중요하다.

4. 부정의 상시모니터링[388]

가. 부정 상시모니터링의 개요

부정 상시모니터링은 규칙에서 벗어난 거래나 통계 또는 수학적 테스트를 거친 예외 사항이나 범위 밖의 거래를 추출하는 데 중점을 두는 모니터링이며, 부정 상시모니터링의 목표는 부정을 위해 수행된 거래 행위와 연관된 거래를 파악하는 것이다.

부정 상시모니터링은 비정상적인 것을 파악하고, 부정 징후가 있는 거래가 집행되지 못하도록 하거나 전산 상으로 식별함과 동시에 적절한 관리자가 검토할 수 있도록 함으로써 거의 실시간으로 부정위험을 관리할 수 있는 시스템이다.

나. 부정 상시모니터링의 적용

부정 상시모니터링 시스템은 정해진 규칙이나 알고리즘에 따라 회계시스템의 예외적인 경우를 찾아내서 표시하고, 적절한 담당자에게 통보해서 이를 해결할 수 있도록 설계되었다.

부정 상시모니터링 시스템은 규칙에 기반할 수도 있고(일반적인 회계 또는 거래 규칙을 반영하여 프로그래밍), 인공지능 기술에 기반할 수도 있으며, 양자를 혼합한 방식으로 적용될 수도 있다.

부정 상시모니터링은 정보기술에 기반한 업무 프로세스이기 때문에 실시간으로 회계시스템과 거래를 모니터링하여 부정행위의 징후를 적발하고 적절한 대응조치를 취할 수 있다. 특정한 부정행위를 파악하기 위해 이를 사용하는 것이 이상적이다.

다. 부정 상시모니터링의 장점

부정 상시모니터링의 장점은 여러 가지가 있을 수 있으나 주요한 장점은 다음과 같다.

부정 상시모니터링의 장점

① 단편적이고 표본추출 기술이 부족한 기존의 모니터링 기술에서 놓칠 수 있는 부정행위를 발견할

388 김용범, 전게서, 2017. 337~338면.

수 있다.

② 특정한 형태의 역 분개처럼 부정행위의 흔적을 감추기 위한 거래정보를 발견할 수 있다.

③ 의도적으로 시간을 두고 거래를 여러 건으로 분할해서 처리한 것을 찾아낼 수 있다.

④ 부정이 발생한 후 이를 이겨낼 수 있는 검토절차 사이의 시간차를 단축할 수 있다.

⑤ 부적절한 행동을 감출 수 있는 시간 여지를 줄일 수 있다.

⑥ 전통적인 모니터링 프로세스에서 간과하거나 생략되었던 부정행위의 발생 가능성을 줄일 수 있다.

⑦ 부정행위를 신속하게 적발하여 부수적인 영향을 예방함으로써 부정행위의 충격을 줄 일 수 있다.

⑧ 일상 업무운영과 긴밀한 통합이 가능하다.

⑨ 데이터 추출, 데이터 전달 및 로딩과 관련된 비용을 줄일 수 있다 등.

Ⅷ. 부정방지를 위한 구성원의 역할[389]

성공적인 부정 위험관리는 이사회, 감사(감사위원회 포함), 경영진, 임직원, 내부 감사팀 등 조직 내 모든 구성원 간의 긴밀한 협업과 조정에 크게 좌우된다. 모든 구성원들이 누가, 어떠한 역할을 하는지를 이해하는 것이 필수적이다.

부정 위험관리를 누가 담당하여야 하는가에 관한 것 또한 중요한 문제이다. 거의 회사 전체가 어떤 식으로든 참여해야 한다는 것을 인식해야 할 뿐만 아니라, 각자의 역할과 책임을 공식화 또는 문서화하는 것이 필수적이다.

역할과 책임의 공식화 또는 문서화에는 부정 위험관리의 전략의 설계와 이행에 대한 경영진의 책임과, 조직 내 각각의 부문에서 부정 위험관리를 지원하기 위한 업무를 반영하여야 한다.

1. 이사회와 감사

이사회와 감사는 회사 내에서 부정 위험관리의 책임이 있는 다양한 직급과 영역들 간 핵심적인 연결고리의 역할을 담당한다. 특히 감사는 회사의 재무보고 프로세스와 내부 통제를 감독하는 것과 더불어, 회사와 외부 감사인을 연결하는 기능도 수행한다.

부정 위험관리와 관련된 이사회와 감사(감사위원회 포함)의 일반적인 역할과 책임은 다음과 같다.

이사 및 감사의 부정 위험관리에 대한 책임과 역할

① 부정 위험관리에 대한 확고한 의지를 천명해야 한다.

② 부정 위험의 구성 요소를 이해한다.

③ 경영진과 관리자들의 부정 위험관리와 감독업무에 적절히 참여시킨다.

④ 경영진이 권한을 남용하여 내부통제를 위반할 가능성에 대해 세부적으로 검토한다.

⑤ 경영진이 수행한 부정 위험평가를 검토하고 승인한다.

---

389 김용범, 전게서, 2017. 338~341면. Toby J. F. Bishop., Frank E. Hydoski 공저/딜로이트 안진회계법인 역 전게서, FKI 미디어, 2010, 223~240면.

⑥ 내부고발 프로그램과 경영진이 시행하는 윤리 및 행동강령을 감독한다.
⑦ 파악된 내부통제의 미비점 또는 취약점에 대해 경영진이 부정방지통제를 효과적으로 수립하고 있는지를 평가한다.
⑧ 부정행위를 포함한 법규 위반행위를 감독기관에 보고한다.
⑨「신외감법」 제22조 제2항에 따라 회사의 회계처리기준 위반사실을 통보받은 감사 또는 감사위원회는 회사의 비용으로 외부전문가를 선임하여 위반사실 등을 조사하도록 하고 그 결과에 따라 회사의 대표자에게 시정 등을 요구한다. (「신외감법」제22조 제3항)
⑩ 감사 또는 감사위원회는「신외감법」 제22조 제3항에 따른 조사결과 및 회사의 시정조치 결과 등을 즉시 증권선물위원회 및 감사인에게 제출하여야 한다.(「신외감법」 제22조 제4항)
⑪ 감사 또는 감사위원회는「신외감법」 제22조 제3항 및 제4항의 직무를 수행할 때 회사의 대표자에 대해 필요한 자료나 정보 및 비용의 제공을 요청할 수 있다. 이 경우 회사의 대표자는 특별한 사유가 없으면 이에 따라야 한다.(「신외감법」 제22조 제5항)
⑫ 감사 또는 감사위원회는 이사의 직무수행에 관해 부정행위 또는 법령이나 정관에 위반되는 중대한 사실을 발견하면 감사인에게 통보하여야 한다.(「신외감법」 제22조 제6항)

2. 경영진

경영진은 부정 위험을 감소시키고 기업의 자산을 보호하기 위한 정책과 절차를 실행하고 지원할 궁극적인 책임이 있다. 또한 경영진은 위험을 감소시키기 위한 내부통제와 프로세스가 지속적으로 업데이트되며 적절하게 기능하고 있는지를 확인할 책임도 있다.

물론 경영진은 회사의 재무제표에 대한 책임도 있다. 증권선물위원회에 등록된 기업의 최고경영진(CEO)와 재무최고책임자(CFO)는 공시되는 재무제표의 적정성을 확인하고 이에 대해 서명함으로써 경영을 담당하는 수탁자로서뿐만 아니라 개인적인 책임도 부담한다. 따라서 부정 위험관리와 관련된 경영진의 역할과 책임은 일반적으로 다음과 같다.

부정 위험관리와 관련된 경영진의 역할과 책임

① 정기적으로 부정 위험을 평가한다.
② 부정방지 통제를 수립하고 유지한다.
③ 부정방지 통제의 설계를 적절히 문서화한다.
④ 부정방지 통제의 설계와 운영의 효과성을 평가한다.
⑤ 부정방지 통제의 미비점과 취약점을 평가하고 개선한다.
⑥ 윤리와 부정행위에 대한 임직원 교육을 실시한다.
⑦ 윤리적인 기업문화를 조성하고 모범을 보인다.
⑧ 윤리 및 행동강령을 실행 한다 등.

3. 직원

오늘날의 기업 환경에서는 모든 구성원에게 더 많은 것을 기대하고 있다. 기업의 조직 구조가 단순화되면서 모든 직급에서의 개개인의 책임이 점점 더 중요해지고 있다. 마찬가지로, 조직 내 모든 직원이 부정 위험관리 전략의 중요한 주체가 된다. 따라서 부정 위험관리와 관련된 직원의 일반적인 역할과 책임은 다음과 같다.

부정 위험관리와 관련된 직원의 역할과 책임

① 부정 위험관리에 있어서 자신의 역할을 이해한다.
② 정책과 절차를 읽고 이해한다.
③ 강력한 통제환경을 조성하는 프로세스에 참여한다.
④ 부정 위험을 식별하는 브레인스토밍에 업무담당자가 참여한다.
⑤ 부정 위험징후(fraud red flags)를 인지한다.
⑥ 잠재적인 부정 사건을 보고 한다 등.

4. 내부감사부서

회사에서 일반적으로 내부감사부서는 주로 감사(감사위원회 포함)에게 직접 보고하는데, 이는 내부감사기능에 과거 어느 때보다 높은 독립성을 부여하기 위한 것이다. 그러나 독립성이 높아짐에 따라 책임도 강화되었다.

내부감사부서는, 특히 회사 정책이나 절차의 중대한 위반사항이나 내부통제에 주요한 문제가 생겼을 때, 감사 또는 감사위원회와 신속하게 연계하여 움직인다. 부정위험관리에 관련된 내부감사부서의 일반적인 역할과 책임은 다음과 같다.

부정 위험관리에 관련된 내부감사부서의 역할과 책임

① 경영진이 임직원에게 제공하는 윤리, 부정행위에 관련된 교육을 지원한다.
② 부정행위 위험요인과 유형을 평가하는 것을 지원한다.
③ 회사운영과 내부감사 결과에 대한 이해를 바탕으로 부정방지통제를 개발하는 것을 지원한다.
④ 데이터베이스와 응용프로그램에 대한 조사를 포함해서 법규준수 목적의 모니터링을 수행한다.
⑤ 경영진이 의도적으로 내부통제를 위반할 위험을 다루기 위한 부정감사의 수행 등을 통해 감사 또는 감사위원회를 지원한다.
⑥ 부정행위와 부패 위험관리 프로그램에 대한 적극적인 모니터링을 수행한다.

5. 외부감사인

「신외감법」제22조에 의하면 외부감사인은 직무를 수행할 때 부정행위 또는 법령이나 정관에 위반되는 중대한 사실을 발견되면 다음과 같은 조치를 취하여야 한다.

외부감사인의 중대사실 발견 시 조치사항

① 외부감사인은 직무를 수행할 때 이사의 직무수행에 관하여 부정행위 또는 법령이나 정관에 위반

되는 중대한 사실을 발견하면 감사/감사위원회에 통보하고 주주총회/사원총회에 보고하여야 한다.(「신외감법」제22조제1항)

② 외부감사인은 회사가 회계처리등에 관하여 회계처리기준을 위반한 사실을 발견하면 감사/감사위원회에 통보하여야 한다.(「신외감법」제22조제2항)

③ 감사인은 「신외감법」 제22조 제1항 또는 제6항에 따른 이사의 직무수행에 관하여 부정행위 또는 법령에 위반하는 중대한 사실을 발견하거나 감사 또는 감사위원회로부터 이러한 사실을 통보받은 경우에는 증권선물위원회에 보고하여야 한다.(「신외감법」 제22조 제7항)

따라서 내부감사인과 외부감사인은 서로 공조를 통하여 이사 또는 회사의 부정행위 또는 불법행위 등에 대한 사전 예방과 그들의 위반에 상응하는 필요한 조치를 취하도록 의무를 부과하고 있는 것이다.

6. 준법감시인/준법지원인

회사의 임직원들의 법규준수 여부를 감독 내지는 점검하는 기관으로는 **첫째**, 「금융지배구조법」과 금융관련법에서 그 선임이 의무화되고 내부통제기준을 임직원이 준수하고 있는지의 여부에 대한 점검과 동 기준을 위반한 경우 이를 조사하는 등 내부통제 관련 업무를 총괄하고, 필요하다고 판단되는 경우 그 결과를 감사 또는 감사위원회에 보고하는 것을 주된 직무로 하는 **준법감시인**이 있다.

내부통제기준은 금융기관의 업무 전반에 걸쳐 업무분장에서부터 직무수행의 절차 및 업무수행에 수반되는 리스크 관리, 준법절차 및 준법사항에 대한 감시와 감시결과에 대한 조사에 이르기까지 전체를 망라하여 규정하고 있다.

이는 임직원이 업무수행을 상시 체크함으로써 업무수행과정에서 있을 수 있는 위법·부정행위를 사전에 방지하여 업무의 건전성과 적정성을 확보하려는 것이며, 이러한 목적으로 회사내부에 마련된 일련의 체계를 **'내부통제체제'**라 한다.

둘째, 「상법」의 상장회사특례규정에서 일정 규모 이상인 상장회사는 준법통제기준을 마련하고, 동 기준의 준수여부를 점검하여 그 결과를 이사회에 보고하는 업무를 주된 직무로 하는 **준법지원인**이 있다.

준법통제기준이라 함은 법령을 준수하고 회사경영을 적정하게 하기 위하여 임직원이 그 직무를 수행할 때 따라야 할 준법통제에 관한 기준과 절차를 말하며, 준법지원인은 내부통제부문 중 '적용 법률 및 규정의 준수' 부문을 담당하는 조직이다.

준법지원인은 기업 내부의 의사결정이나 업무집행 과정에서 발생할 수 있는 법적 리스크(legal risk)로부터 기업을 보호하고 범죄를 예방하며, 기업의 투명성 및 법적 안정성을 확보함으로써 기업의 경쟁력과 사회적 책임을 높일 책임이 있다.

Ⅸ. 효과적인 부정관리체제 구축방안

부정은 공모와 서류 변조 등으로 인해 사후적으로 발견하기가 어렵다. 사전적으로 발생을 예방하거나 억제하는 데 초점을 맞추는 것이 경제적이다. 반부정 캠페인 및 통제프로그램의 도입, 내부제보자 보호정책 및 부정 처벌에 대한 경영진의 의지 표명, 부정 예방교육 및 훈련의 실시, 지배기구의 감시강화 등이 효과적인 예방 및 억제정책이 될 수 있다. 다음의 세 가지 요소가 부정 예방 및 억제에 주요한 역할을 한다.

1. 정직과 높은 수준의 윤리문화[390]

기업의 핵심가치를 근간으로 하는 반부정 프로그램이 부정예방에 가장 효과적이라는 연구결과가 많이 나와 있다. 정직과 높은 윤리라는 핵심가치는 임직원에게 자긍심을 부여하는 행위지침이 되며, 개별직무를 수행하는 기초 덕목으로써 기업문화 창조에 이바지 한다. 정직과 윤리문화가 정착되려면 다음의 요소가 뒷받침되어야 한다.

가. 최고경영진의 意志

최고경영진과 이사회는 윤리적 행위를 기업의 최고 덕목으로 섬기는 기품을 앞장서서 보여야 한다. 기업에 결과적으로 이득이 되더라도 비윤리적 행위는 용서될 수 없다는 것을 최고경영진은 의사소통과 실천으로 보여주어야 한다. 기업은 이러한 가치를 정립하고 공유하기 위해 윤리헌장을 제정하여 운영하기도 한다.

나. 긍정적인 환경조성

종업원은 무시당하거나 홀대를 받는다는 느낌보다는 긍정적인 사고를 가지고 있을 때 비리나 부정이 감소된다는 연구가 있다. 종업원의 윤리적 행동에는 사기를 높여 주고, 상담제도를 운영하며, 발생하거나 의심되는 부정을 제보한 내부자를 보호하고 장려하는 긍정적인 환경을 조성해야 한다.

다. 효과적인 인사정책

아무리 훌륭한 내부통제절차를 마련하였다 하더라도 종업원의 마음 및 정신상태가 매우 중요하다. 효과적인 내부통제가 마련되어도 이를 운용하는 종업원이 통제절차를 우회하면 효과적으로 작동될 수 없다. 따라서 성실한 종업원을 선발하기 위한 채용 절차, 정직한 종업원이 승진과 보상에서 우대받는 인사정책이 뒷받침되어야 한다.

라. 윤리교육 훈련강화

모든 임직원이 기업이 기대하는 윤리적 행동지침을 준수할 수 있도록 지속적으로 교육이 이루어져야 하고, 실제 또는 잠재적인 부정이 적발(제보)될 수 있는 방법이 논의되어야 한다. 특히 부정에 민감한 업무를 수행하는 구매, 영업 또는 자금 담당직원에 대해서는 특별교육을 실시하여야 한다.

마. 정기적인 서약확인

---

390 이효익 외 2인. 「New ISA 회계감사」. 2018. 129~131면.

모든 임직원은 업무수행 과정에서 부정이나 비윤리적인 행위가 없었으며, 기업의 행동강령을 위배하는 사례를 목격하지 않았다는 서약서를 정기적으로 작성하여 제출토록 함으로써 모든 임직원이 정기적으로 서약사항을 확인·인식하도록 한다.

바. 엄정한 제재조치

기업의 행동강령을 위배하거나 비윤리적인 행위가 발생하면 예외 없이 징계나 적절한 상응조치가 엄정하게 이루어져야 한다. 모든 임직원이 평소에 이러한 사실을 충분히 인지하여야 부정 예방이나 억제 효과가 달성될 수 있기 때문이다.

2. 부정위험에 대한 저감노력 강화[391]

부정을 행하고 숨길 수 있는 기회가 없으면 부정은 발생하지 않는다. 따라서 경영진은 기업 내에 존재하는 부정위험요소를 파악하고 緩和시키기 위한 조치를 취하고, 부정을 효과적으로 예방하고 적발할 수 있는 내부통제를 설계·운영할 책임이 있다.

부정위험요소란 경영진이나 종업원이 ① 부정을 행하게 하는 동기나 압력, ② 부정을 가능하게 하는 기회, 그리고 ③ 부정행위를 나름대로 합리화하려고 하거나 의식적이고 악의적으로 부정행위를 저지르려는 태도나 윤리적 가치관을 말한다.

가. 부정위험요소의 체계적인 파악

부정위험의 세 가지 요소는 부정한 재무보고이든 자산의 횡령이든 어느 경우에나 존재하지만, 내용은 상황에 따라 다를 것이다. 따라서 경영진은 기업 내에 발생 가능한 세 가지 부정위험요소를 체계적으로 파악해야 한다.

나. 부정위험요소의 완화·제거 노력

경영진은 부정을 예방하고 적발하기 위한 일환으로 부정위험요소를 완화하거나 제거하기 위하여 업무절차나 제도를 변경하고 보완해야 한다. 예를 들어 특정물품의 구매담당 직원은 정기적으로 보직을 순환한다.

다. 부정위험 예방목적의 내부통제 강화

부정과 오류의 예방이나 발견을 위하여 내부통제제도를 구축하고 이를 계속적으로 실행하는 책임은 경영진에게 있다. 따라서 경영진은 내부통제의 운영상태를 정기적으로 평가하고 미비점 및 취약점을 보완·개선하는 등 내부통제체제를 강화한다.

3. 부정위험에 대한 대응능력 강화[392]

---

391 이효익 외 2인, 「New ISA 회계감사」 2018, 131면.

392 김용범, 전게서, 2017, 324~328면. Toby J. F. Bishop., Frank E. Hydoski 공저/딜로이트 안진회계 법인 역, 전게서, FKI 미디어, 2010, 77~95면.

오늘날의 복잡한 비즈니스 환경에서 부정행위를 완벽하게 예방하는 것은 사실상 불가능하다. 부정행위가 완전히 없어질 수는 없다는 생각을 받아들인 다면, 부정행위에 대한 기업의 취약성을 최대한 줄이고 잠재적인 재앙으로부터 회복할 수 있는 능력, 즉 복원력(Resiliency)을 높이는 것이 현실적인 방안이다.

복원력(Resiliency)이란 공학분야에서 사용하는 용어로, 충격을 받은 후에 다시 원래의 상태로 돌아오는 성질을 말한다. 기업경영측면에서는 부정행위가 발생한 후 원래의 상태로 돌아온다는 중요한 경영원칙을 지속적으로 유지할 수 있는 대응능력으로 정의할 수 있다.

이는 결국 고객, 감독기관, 임직원과 이해관계자의 신뢰를 적시에, 효과적으로 회복함으로써 시장에서의 경쟁력과 수익창출 능력 등을 유지 또는 적절한 수준으로 회복할 수 있다는 것을 의미한다.

가. 부정위험 대응능력의 핵심 특성

부정위험 대응능력이 뛰어난 사람과 사회, 국가에서 알 수 있듯이, 부정위험 대응능력이 뛰어난 기업의 특징은 부정사건의 발생 건수 자체를 제한하고, 발생하더라도 취약성과 충격을 줄여서 문제를 피한다는 점이다. 보다 구체적으로 이들 기업들은 다음의 목표를 달성하는 데 효과적인 정책을 유지한다.

부정위험 대응능력의 세 가지 핵심 특성

① 적절한 계획과 정책 및 절차를 통해 부정사건의 발생 건수 감소. (예: 윤리적인 기업문화 정착, 위험이 높은 사업 분야로의 진출 지양 등)

② 조기경보시스템과 발견된 부정사건의 처리를 위한 정책을 수립하여 부정사건에 대한 취약성 감소. (예: 상시모니터링시스템, 익명성이 보장되는 내부고발제도의 구축 등)

③ 신속하게 정상적인 영업활동으로 복귀할 수 있는 정책과 절차를 수립하여 부정사건으로 인한 영향의 최소화. (예: 자체조사와 내부보고 절차를 통한 문제점의 식별과 재발 방지 조치의 수립 등)

나. 부정 위험관리의 프레임워크

부정을 예방하는 기법으로는 윤리적인 기업문화 조성, 직원 배경 조사, 내부고발자 관련 정책 등과 함께 적극적인 부정 모니터링과 적발기법을 들 수 있다. 부정행위가 의심되거나 발견되었을 때의 대처방법에 대해서는 경험을 살려 직접조사 할 수도 있고, 외부 전문가의 도움을 받아 조사할 수도 있다.

부정행위에 맞서기 위한 기법들은 수십 년 전으로 올라가고 참고할 수 있는 지식 기반의 저변도 크게 확대되고 있지만 부정위험에 대한 우려는 최근 들어 더욱 커지고 있다. 따라서 국제기구와 선진국 그리고 각 국의 정부가 부정위험의 영향에 점점 더 관심을 보이고 있고, 이러한 관심이 부정을 대처하기 위한 기법과 정책의 발전으로 이어지고 있다.

부정방지를 위한 정책을 시행하고, 부정대응능력을 배양하기 위해서는 지속적인 예방조치가 필요하다. 여기에는 부정 모니터링과 조사, 영향 축소를 위한 강력한 프로세스뿐만 아니라, 윤리적인 기업문화를 육성하고 기업지배구조, 위험관리, 법규준수 프로세스와 부정방지 프로그램을 실행하고 운영하는 것도 포함된다.

요약하면, 실무적인 부정위험 회피와 감축을 위한 프레임워크는 다음과 같다.

부정위험 회피와 감축을 위한 프레임워크

<table>
<tr><th colspan="2">부정방지를 위한 지배구조
Fraud & Corruption Risk Governance</th></tr>
<tr><td colspan="2">• 부정위험에 대한 경영진의 감독 책임과 프로세스를 수립
• 부정위험의 허용가능 수준, 위험관리 목표, 성과측정 및 평가 프로세스 수립</td></tr>
<tr><th colspan="2">부정과 부패 위험평가
Fraud & Corruption Risk Assessment</th></tr>
<tr><td colspan="2">• 잠재적인 부정과 부패위험의 식별과 평가를 위한 방법론 도입
• 업무담당자와 위험관리 책임자를 지원
• 신규 위험의 정의를 통해 부정사건의 발생을 억제하는 효과</td></tr>
<tr><th colspan="2">위험회피와 완화
Risk Avoidance and Mitigation</th></tr>
<tr><td>예방통제
Preventive Controls</td><td>적발통제
Detective Controls</td></tr>
<tr><td>• 개인이 부정행위를 범할 기회요인을 감소시키는 통제
• 경영진이 부정행위에 연루되었을 때에는 그 효과성이 제한적임
• 사전 통제의 시행으로 부정사건의 발생을 억제하는 효과</td><td>• 부정의 징후를 식별하기 위한 통제
• 다른 부정방지 통제의 효과성을 평가하는 모니터링 방법으로 활용 가능
• 부정행위의 적발 가능성이 높다는 인식을 심어줌으로써 부정사건의 발생을 억제하는 효과</td></tr>
<tr><th colspan="2">조사와 개선조치
Investigation and Remediation</th></tr>
<tr><td colspan="2">• 이슈를 해결하고 업무프로세스와 통제를 개선
• 조사기법을 사전에 준비하고 핵심조사자원을 정의하여 미래 부정 예방 및 적발의 효과성 제고
• 의심되는 부정행위는 철저히 조사할 것이라는 인식을 통해 부정사건의 발생을 억제하는 효과</td></tr>
</table>

강력한 부정 위험관리 프로그램을 시행하면 기업경영에 직접적인 도움이 된다. 여러 경험에 비춰보면 부정 위험관리프로세스를 실행하는 기업들은 다음과 같은 효과와 이익을 얻는 것으로 보고 있다.

부정과 부패 위험관리의 효익

① 부정행위로 인한 재무적인 손실 감소
② 부정에 대응하는 비용(조사, 법률 비용 등) 감소

③ 관련 법규의 준수를 지원 :
미국의「사베인스-옥슬리법(Sarbanes-Oxley Act)」과 이에 상응하는 일본, 캐나다, 한국 등의 제도,「해외부패방지법」(Foreign Corrupt Practices Act), 미국「애국자법」(USA Patriot Act),「미국 법원의 양형지침」(U. S. sentencing guidelines), OECD의 반부패 조치 등
④ 우수한 인재의 채용과 유지를 지원하는 윤리적인 기업문화 조성
⑤ 잠재적인 부정행위와 기타 윤리 관련 이슈에 대한 보고 증가
⑥ 기업지배구조의 효과성 제고, 지배구조에 대한 평가등급 상승 가능성 등

다. 부정 위험관리의 5가지 원칙

2008년 7월「국제내부감사인협회(IIA)」와 미국「공인회계사회(AICPA)」, 미국「공인부정감사인협회(ACFE)」는「부정위험관리를 위한 실무 가이드」라는 새로운 지침을 발표하였다. 실무 가이드는 기업의 경영진, 이사회, 감사위원회, 내부감사팀과 준법 감시 및 위험관리를 담당하는 임직원들이 부정위험 관리 프로세스를 평가하여 개선 기회를 포착하고, 성과를 개선하는 데 큰 도움이 될 것이다.

「부정 위험관리를 위한 실무 가이드」(이하 '실무 가이드'라 한다)는 임직원들이 부정위험을 관리하는 데 필요한 아래의 다섯 가지의 핵심원칙을 제시하고 있다.

제1원칙 : 부정 위험관리 프로그램은 조직 내 지배구조의 일부분으로 존재하여야 하며, 부정 위험관리에 대한 이사회와 경영진의 방침을 전달하기 위하여 명문화된 정책을 포함하여야 한다.

제2원칙 : 조직이 감소시켜야 할 잠재적인 부정수법과 사건을 식별하기 위하여 주기적으로 부정위험의 노출 정도를 평가한다.

제3원칙 : 잠재적인 중요 부정사건을 회피하고, 기업에 미치는 영향을 줄이기 위해 부정예방을 위한 기법을 수립한다.

제4원칙 : 부정예방을 위한 기법이 적절히 작동되지 않거나 부정위험이 현실화되었을 때 부정사건을 발견하기 위한 적발기법을 수립한다.

제5원칙 : 잠재적인 부정사건에 대한 정보를 적극적으로 수집하기 위한 보고프로세스를 수립하고, 잠재적인 부정사건을 적시에, 적절히 관리하기 위한 통합적인 조사와 개선조치 방법론을 적용한다.

라. 효과적인 부정관리의 전략적 요소[393]

기업의 부정 및 부패행위를 통제하기 위한 효과적인 부정관리 전략의 요소로 아래의 내용을 포함하고 있다.

---

393 김용범, 전게서, 2017, 327면, Toby J. F. Bishop., Frank E. Hydoski 공저/딜로이트 안진회계 법인 역, 전게서, FKI 미디어, 2010, 132면, 호주표준협회,「부정행위 및 부패통제」기준 8001-2008, 2008.

효과적인 부정관리 전략적 세부 요소

① 이사회와 기업의 적극적인 지원
② 부정행위 인식 제고를 위한 교육 ③ 각각의 기능과 직급의 부정위험 관리에 대한 역할과 책임
④ 이해관계 상충 공시 프로세스 ⑤ 주기적인 확인절차
⑥ 부정위험 평가와 통제계획 ⑦ 보고 절차
⑧ 내부조사, 징계 및 외부 수사에 관한 지침
⑨ 필요 시 통제와 업무 개선을 위한 조치
⑩ 부정 위험관리 프로세스의 모니터링, 평가 및 개선 등

마. 부정 위험관리 프로세스의 일반 개선사항

이 실무가이드에서는 기업의 이사회나 기타 지배구조를 구성하는 조직이 부정위험 관리에 대한 명확한 방향성을 제시할 것을 강조하고 있다. 경영진의 역할에는 윤리적인 행동을 장려하는 정책을 시행하는 것도 포함되며, 이를 통해 부정 위험관리 업무를 수행하는 기업 내 모든 임직원의 역할과 책임을 명확하게 정의할 수 있다.

부정 위험관리에 대한 경영진의 책임은 매우 중요한 수탁의무이며, 이를 수행하기 위해서는 적절한 시간과 자원이 필요하다. 부정관리 프로세스를 운영하고 있는 많은 기업에서 일반적으로 나타나는 개선사항으로는 다음과 같은 것이 있다.

부정위험 관리 프로세스의 일반 개선사항

① 부정 위험관리에 대한 이사회의 감독기능 강화
② 고위 임원을 부정 위험관리 책임자로 임명
③ 공식적인 부정방지 통제정책과 전략을 수립
④ 위험관리의 목표의 수립, 실적 평가 및 주기적인 프로세스 평가
⑤ 중복업무를 줄이고, 위험관리를 개선하기 위한 기업 내 다양한 기능(내부감사, 보안 및 안전, 법무, 인사, 회계, 재무 등) 간의 업무 조율과 협조
⑥ 부정 위험관리와 관련된 이사회, 감사위원회(감사포함), 경영진, 직원의 역할과 책임의 공식화 등

바. 부정위험을 줄이기 위한 최전선 방어

부정행위를 완전히 제거하는 것은 불가능하지만, 적절한 예방과 적발조치를 통해 부정행위는 크게 줄일 수 있다. '실무가이드'에서는 부정의 예방이 부정위험을 줄이기 위한 최전선의 방어임을 강조한다. 기업들은 지속적인 커뮤니케이션과 실행을 통해 부정예방의 노력과 효과를 제고할 수 있다.

'실무 가이드'는 또한 "부정사건의 발생을 억지할 수 있는 가장 강력한 방법 중의 하나는 효과적인 적발통제가 존재한다는 인식이다"는 것을 상기시키고 있다. 그간의 경험에 따르면 일반적으로 아래 내용들을 통해 기업에서 효과적으로 부정을 예방하고 적발을 할 수 있다

기업의 효과적인 부정 예방 및 적발 방법

① 부정행위에 대한 인식제고를 위한 임직원 교육
② 상담 혹은 핫라인의 효과성을 제고하기 위한 선진사례 벤치마킹
③ 부정위험의 우선순위 재점검을 통한 관리역량의 집중
④ 부정의 효과적인 적발과 저지를 위한 정보기술의 폭넓은 활용 등

사례

부정적발 개선사례

잠재적인 부정이나 회사자원의 낭비를 발견하기 위해 정보기술을 활용해서 임직원과 구매거래처 간의 동일한 은행계좌번호를 파악한 회사가 있었다.
이 회사는 파악된 은행계좌번호를 추가적으로 조사하였고, 그 결과 한 직원이 수백만 달러에 이르는 구매대금을 자신의 개인구좌로 전용한 것을 발견하였다.
부정사건의 적시 적발을 통해 이 회사는 횡령액을 회수하고 이러한 부정행위를 가능하게 한 접근통제의 취약점을 개선할 수 있었다.

기업이 변화하고 성장함에 따라 부정위험 또한 변화하고 성장하기 때문에 부정위험을 관리하기 위한 접근방법 또한 지속적으로 개선되어야 한다. 부정위험 관리의 성과를 개선하기 위한 단계별 내용은 다음과 같다.

부정위험 관리의 성과를 개선하기위한 단계별 내용

① **평　　가** : 부정방지 프로그램과 현 수준의 효과성을 분석
② **위험 식별** : 부정위험과 통제의 효과성 평가, 정의하고 문서화. 통제 대비 위험 분석을 통한 부정위험 프로파일 작성
③ **통제 개선** : 내부통제의 개선과 새로운 통제의 이행을 통해 위험평가 과정에서 파악 된 부정위험을 관리
④ **경　　감** : 예방통제와 적발통제의 강화, 이행 및 유지를 통해 위험평가 과정에서 파악된 부정위험을 감소
⑤ **모니터링** : 상시 모니터링 활동을 통해 부정발생 가능성을 감지, 발견된 부정사건을 연간 부정위험 평가과정에 반영.
⑥ **대　　응** : 잠재적인 부정발생에 대응

일부기업에서는 점수표나 위험(red), 경고(yellow), 양호(green) 등의 단순한 등급체계가 부정위험을 관리하는데 효율적이고 효과적으로 활용되기도 한다.

사례

다국적 기업의 부정위험 발견 사례

한 대형 다국적 기업은 지난 수년간 직원들의 출장과 비용청구 내역에 대해 감사를 실시하였으나 아무런 부정행위도 발견하지 못하였다. 그러나 부정에 대한 인식제고 교육을 해외사업장에 확대시키자 몇 건의 신고가 내부고발 핫라인을 통해 접수되었다.

규모가 작아 전면적인 내부감사 대상에서 제외되었던 해외사업장의 고위경영진이 권한을 남용했다는 내용이었다. 조사결과 해당 고위경영진이 부패에 연루되었고 행동강령을 심각하게 위반했음이 드러났다.

결과적으로 임직원들의 부정위험에 대한 인식이 높아지고 윤리경영에 대한 본사의 강력한 의지가 전파된 것이 이 사건 제보에 중요한 영향을 미침으로써 부패가 더 이상 확대되지 않고 조기에 적발된 사례라고 볼 수 있다.

사. 부정위험 대응능력 자가진단

지금까지 부정에 관한 기업의 대응능력을 논의하여 왔는데, 이제 회사가 어떤 위치에 있고 부정관리 프로그램의 성과를 개선하기 위해 얼마나 많은 개선 기회들이 존재하는지를 파악할 수 있는 방법으로 '자가진단 체크리스트'를 활용하고 있다. 이를 통해 회사는 부정위험 대응이 올바른 방향으로 가고 있는지, 개선할 점은 무엇인지 파악할 수 있다.

'자가진단 체크리스트'에 제시되어 있는 10가지 질문에 "아니다 혹은 약간 그렇다"나 "매우 그렇다"에 체크 한 뒤에 각각의 응답수를 세어보라. 점수결과에 다른 진단결과는 회사의 부정위험 대응능력 수준을 나타내므로 다음의 "부정위험 대응능력 판단기준"을 참고하시기 바란다.

부정위험 대응능력 자가진단 체크리스트

① 경영진과 이사회는 조직 운영상 충분한 정보에 근거하여 위험의 수용에 대한 책임을 받아들이기 위해 효과적인 위험관리가 핵심적인 요소라고 생각하는가?
② 부정위험 평가결과를 최소한 연단위로 갱신하는가?
③ 부정위험의 평가결과에 기초하여 이사회가 승인한 허용한도까지 위험을 감소시키기 위한 통제활동을 수립하는가?
④ 경영진과 관리자의 성과평가와 보상을 결정하는데 부정위험 관리가 명확하게 반영 되는가?
⑤ 임직원이 부정 위험관리와 청렴성에 대한 경영진의 확고한 지향과 의지(tone at the top)를 인식하고 있는 정도를 매년 측정하는가?
⑥ 내부고발 핫라인의 접수 실적과 내용, 익명성 등 내부고발자 시스템의 성과를 업계 자료와 매년 비교하는가?
⑦ 이해관계자에게 회사가 중요한 부정위험에 대응능력이 있다는 확신을 심어줄 수 있도록 임직원의 책임과 의사소통 계획 등을 포함한 위기관리계획을 수립하고 있는가?
⑧ 위기발생시 회사를 믿고 지원해 줄 수 있도록 감독기관과 협력관계를 유지하고 있는가?
⑨ 부정행위에 대한 조사방법을 명문화하고 있는가?

⑩ 긴급한 조사가 필요한 경우(특히 원격지에서) 부정조사에 활용할 수 있는 법률전문가, 컴퓨터 포렌직 전문가, 부정조사 전문가 등을 확보하고 있는가?

부정위험 대응능력 판단기준

① **"매우 그렇다"의 답변 개수가 10개** : 부정 대응능력 선도기업 수준. 더 많이 학습하고 향상시킬 영역이 있을 수 있으니 너무 자만하지는 말라.
② **"매우 그렇다"의 답변 개수가 7~9개** : 양호하지만 일부개선이 필요. 부정 위험관리역량을 지속적으로 개선하는 기회로 삼아라.
③ **"매우 그렇다"의 답변 개수가 4~6개** : 부정 대응능력을 키우기 위해 일부진전. 아직도 갈 길이 남았으니 부정행위 위험관리 역량 개선 속도를 높이는 방안을 검토하라.
④ **"매우 그렇다"의 답변 개수가 1~3개** : 이제 겨우 시작이다. 아직 할 일이 너무 많다. 부정 대응능력을 보다 빨리 키우기 위하여 구체적인 부정 위험관리 프로세스 개선 계획을 수립해서 접근하는 것을 고려해라.
⑤ **"매우 그렇다"의 답변 개수가 0개** : 백지상태이기 때문에 부정행위 위험관리의 선진 사례를 실행하고, 취약성을 줄이며 대응능력을 키울 기회가 무궁무진하다.

4. 「통합 GRC 체제」의 도입 추진[394]

가. 「통합 GRC 체제」의 개요

부정 위험관리와 관련하여 최근에 관심을 끌고 있는 또 하나의 기업전략으로는 「통합 GRC 체제」를 들 수 있다. GRC는 지배구조(Governance), 위험관리(Risk), 법규준수(Compliance)의 머리글자를 딴 영문약자로서, 논의를 위해 다음의 정의를 사용한다.

- **지배구조** : 기업을 지배하고 통제하는 문화, 정책, 조직구조, 프로세스로서 기업 목표를 수립하는 체계와 목표를 달성하고 성과를 모니터링하기 위한 수단을 제공.
- **위험관리** : 예측되는 불확실성이 기업 목표에 미칠 수 있는 영향을 의미하며, 위험 관리는 부정적인 영향을 미치는 사건이나 행동을 관리하는 동시에 기회를 포착하기 위한 체제.
- **법규준수** : 회사의 정책과 절차, 통제 뿐만 아니라 외부 법령과 규제를 준수하기 위한 활동.

기본적으로 「통합 GRC 체제」(이하 'GRC'라 한다)는 지배구조, 위험관리, 법규준수에 대한 통합적인 접근이 부정을 포함한 부정적인 위험을 회피하는데 중요한 도구가 될 수 있다는 믿음에 기반을 두고 있다. GRC는 포괄적이고 전체적인 관점에서 가장 효과적으로 접근할 수 있는, 관련된 기능의 통합된 체계라고 할 수 있다.

394 Toby J. F. Bishop., Frank E. Hydoski 공저/딜로이트 안진회계법인 역. 전게서, FKI 미디어, 2010. 151~156면.

나. 「통합 GRC 체제」의 목적

글로벌 시장에서의 수많은 위험과 복잡한 규제사항 하에서 모든 기업의 이사진과 경영진 그리고 관리자들은 경영전략을 실행하고 성과를 관리하는데 어느 때보다 많은 도전에 직면하고 있다. 게다가 많은 경영진들이 필요한 것, 알아야할 것이 무엇인지를 파악하지 못하고 있는 것이 현실이다. 이것이 큰 문제이다.

기업들은 대부분 경제의 글로벌화로 유발된 수많은 위험을 예상하고 준비하는데 큰 압박을 느낄 것이다. 개별적이고 고립된 영역의 위험도 많고, 이러한 복잡성 때문에 필요 이상으로 비용을 소모할 뿐만 아니라 위험도 더욱 커지게 됩니다. 따라서 GRC 환경을 관리하기 위한 통합된 접근법을 실행할 필요성과 가치가 그 어느 때보다 크다

통합 GRC의 필요성과 가치

① 통합된 위험관리.
② 견제와 균형을 통해 중요한 위험의 발생 가능성을 감소.
③ 목표 달성에 대한 확신 제고.
④ 비용 절감.
⑤ 중복 업무와 실수가 잦은 수작업 활동의 감소.
⑥ 정보의 신뢰성 검토에 소요되는 비용의 감소.
⑦ 경영성과 향상.
⑧ 의사결정의 기초가 되는 정보의 품질 제고.
⑨ 복잡한 요구사항을 충족하는 프로세스를 최적화하여 효율성 개선.
⑩ 전략적인 장기 목표에 투자할 수 있는 자원을 확보하여 수익성 제고.

다. 「통합 GRC 체제」의 특징

2007년 딜로이트와 SAP, 시스코 등 3사가 주관하여 250명의 GRC 전문가를 대상으로 실시한 설문조사에서 GRC 전략의 여섯 가지 공통적인 특징을 발견하였고, 이 조사결과 GRC 전문가들은 통합된 GRC 프로세스를 가지고 있는 기업의 성과가 그렇지 않은 기업보다 훨씬 뛰어나다고 믿는 것으로 나타났다.

GRC 전략의 여섯 가지 공통적인 특징

① 통합, 성숙도와 경영성과는 긴밀한 관계가 있다.
② 통합은 보다 효율적이고 선제적인 GRC 전략의 이행을 가능하게 한다.
③ 통합된 GRC를 통해 실질적인 기업의 가치를 창출한다.
④ GRC가 통합되지 않은 기업의 경영위험이 크다.
⑤ GRC가 통합되지 않은 기업은 변화를 원한다.
⑥ GRC 역량을 개선할 수 있는 기법에 더 많은 투자가 필요하다.

일반적으로 통합되지 않은 GRC 프로세스를 가지고 있는 기업들은 준법역량을 평가하는 모든 척도에서 미성숙 단계에 있는 것으로 조사되었으며, 이것은 GRC와 관련한 우선순위를 정할 때 경영진에게 명확한 메시지를 전달한다는 점에서 중요한 결과이다. 따라서 GRC 프로세스를 통합하기 위한 노력을 기울여야 한다.

라. 「통합 GRC 체제」의 주요 내용

선도기업들은 전략적인 관점에서 부정위험을 관리하고, GRC와 관련해서는 통합적으로 위험을 관리한다. 다음의 내용은 통합된 GRC 전략을 가지고 있는 선도기업들의 핵심적인 내용이다.

「통합 GRC 체제」의 주요 내용

① 독립성이 높은 이사회가 존재하며, 이러한 이사회는 객관적으로 운영되고 경영진의 조언자로 인식되면서 위험관리에 중요한 역할을 수행한다.

② 경영진이 모든 거래에서 기업의 사회적 책임을 인식하고 윤리적으로 행동하겠다는 의지를 명확하고 일관되게 천명하고 있으며, 그러한 의지가 기업전반에 걸쳐 강력하게 시행된다.

③ 경영진과 이사회가 효과적인 위험관리를 모든 분야에서 성과관리의 핵심원리로 생각하고 있다.

④ 일관성 있는 접근방법과 상위수준의 프레임워크를 통해 위험을 관리한다.

⑤ GRC 모니터링을 자동화하기 위해 핵심 성과지표(KPI)를 사용하고, 성과관리 등의 목적으로 정보기술을 적극적으로 활용한다.

⑥ 효과적인 위험관리와 GRC가 기업의 보상시스템과 통합되어 있다.

마. 「통합 GRC 체제」에서 감사의 역할

내부감사는 「통합 GRC 체제」와 관련된 업무에 대해서 설계, 구축 및 운영의 적정성과 유효성에 대하여 정기적으로 평가를 하여야 한다. 여타 부정방지 전략과 마찬가지로 내부감사는 「통합 GRC 체제」 정책과 절차에서도 경영진이 신뢰할 수 있는 조언자로서 또는 회사재산의 수호자로서 중요한 역할을 수행하여야 한다.

만약에 기업이 「통합 GRC 체제」를 도입하지 않고 있더라도 윤리와 부정, 준법 및 위험을 효과적으로 관리하기 위해서는 기업 내 다양한 부분에서의 인력과 활동 간에 유기적인 상호협조와 조율이 필요하다. 왜냐하면 부서 간의 역할과 책임이 명확하지 않은 부문에서 부정위험이 상대적으로 많이 발생할 수 있기 때문이다.

제5장

내부감사의 범위

제1절 내부감사의 일반적 범위

Ⅰ. 내부감사 범위의 개요

“**감사**는 **이사의 직무집행**을 **감사**한다.”라고 법에서 규정(「상법」제412조 제1항)하고 있어, **내부감사의 대상**은 **이사의 직무집행**이다.

이사의 직무는 회사의 경영 전반에 미치는 것이므로 **이사의 직무집행은 일상적인 업무집행뿐만 아니라 이사가 이사로서의 지위에 의거하여 행하는 모든 행위**를 의미한다.

따라서 **내부감사의 범위**는 **이사 개개인의 직무뿐만 아니라 이사들로 구성된 이사회의 직무까지도 모두 감사대상으로 포함하는 것이다.**

Ⅱ. 이사 직무집행의 범위

1. 이사 직무집행의 업무 범위[395]

감사의 대상은 **이사의 직무집행**이다(「상법」제412조제1항). 이를 좀 더 자세히 설명하면 **이사의 직무는 회사의 경영 전반에 미치는 것**이므로 **이사의 직무집행의 개념** 속에는 **일상적인 업무집행뿐만 아니라 신주 발행이나 자본 전입, 사채발행과 같은 조직에 관한 사항, 주주총회나 이사회의 운영, 결의의 집행과 같은 기관에 관한 사항도 포함**된다.

따라서 **이사의 일상적인 업무집행은 물론 이사회에 관한 사항 등 이사의 직무에 관련된 모든 사항이 감사의 대상**이다. 「상법」제412조에서 감사는 이사의 「업무집행」이 아니라 「직무집행」을 감사한다는 것(동조 제1항)도 이사의 일상적인 업무집행뿐만 아니라 이사가 그 직무로서 행하는 모든 행위가 감사의 대상임을 분명히 하기 위해서이다.

즉, **내부감사의 역할**은 **이사의 직무집행을 감사하는 것**이다. 즉, **감사의 대상이 이사의 직무집행인데 이는 이사가 이사로서의 지위에 의거하여 행하는 모든 행위**를 의미하며, 업무의 집행에 한정되지 않는다.

「상법」제393조는 이사가 구성원인 이사회의 권한을 규정하고 있는데 그 내용은 ① **업무 내지 업무집행의 결정**, ② **업무의 집행**, ③ **다른 이사 직무집행 감독**의 세 가지로 정리할 수

395 김용범, 전게서, 2017, 342~343면, 권종호, 전게서, 59~60면, 오수근, 「IFRS 시행에 따른 감사환경의 변화와 내부감사의 법적책임」, 한국상장회사협회, 2010, 9~10면, 김학원, 전게서, 32면.

있다. 따라서 **내부감사의 감사**는 **이들 전부를 대상**으로 한다. 아울러, **이사 개개인의 직무 집행**뿐만 아니라 **이사회의 권한 사항**도 **내부감사대상**이 된다.

2. 이사 직무집행의 인적 범위[396]

"감사는 이사의 직무집행을 감사한다." 라고 「상법」에서 규정하고 있다고 해서 단순히 이사의 직무집행만 감사할 수 있는 것은 아니다. **監事의 監査대상인 이사 직무 집행의 인적 범위는 이사회, 대표이사, 업무담당이사는 물론이고 이사회 그리고 대표이사 등으로부터 직무 권한을 위임받은 집행임원, 지배인, 사용인도 당연히 포함**된다.

따라서 **감사**는 **이사회, 대표이사, 업무담당이사뿐만 아니라 그들로부터 직무권한을 위임받은 집행임원, 지배인, 사용인에 대하여 사업의 보고를 요구하거나 업무 및 재산 상태를 조사**할 수 있다. 아울러, 이들이 수행하는 직무에 대해서 상시적으로 모니터링 및 감사하여야 함은 말할 필요가 없다.

Ⅲ. 회계감사와 업무감사[397]

현행 「상법」에 의하면 업무감사의 개념에는 당연히 회계감사도 포함되나, 기능상 감사를 분류할 때는 업무감사와 회계감사를 구별하여 설명하는 것이 일반적이다.

업무감사란 **이사의 직무집행 전반에 관해 법령 또는 정관에 위반하거나 현저하게 부당한지를 감사하는 것**을 말한다.(「상법」 제412조 제1항, 제447조의4 제2항 제10호) 업무감사는 아래와 같이 이사의 통상적인 업무집행은 물론 이사회의 직무와 관련된 모든 사항을 감사하는 것이다.

이사의 직무는 앞에서 언급한 바와 같이 회사의 경영전반에 미치는 것이므로 이사의 직무집행 개념 속에는 통상적인 업무집행뿐만 아니라 신주발행이나 사채발행과 같은 조직에 관한 사항, 주주총회 및 이사회의 운영·결의의 집행과 같은 기관에 관한 사항, 재무제표의 작성과 같은 회계와 관련된 사항도 포함된다.

회계감사는 **이사가 회계장부에 근거**하여 **매 결산기에 작성하여 정기총회에 제출하여야 하는 회계에 관한 자료**(재무제표와 그 부속명세서, 영업보고서의 경우에는 회계에 관한 부분)**가 법령이나 정관에 위반하거나 현저하게 부당한 사항이 있는지를 조사하고, 이러한 회계에 관한 자료가 일반적으로 공정·타당한 會計慣行에 준거하여 회사의 재산 및 손익상태를 진실하고 적정하게 표시하고 있는지를 확인하는 재무제표감사를 일반적으로 말한다**.

그러나 **회계감사**는 매 결산기 정기총회에 제출하는 회계에 관한 자료를 확인하는 **재무제표감사**뿐만 아니라 회계조직의 목표와 업무의 효율과 효과를 높이기 위하여 업무절차와 방법을 검토하고 그 개선방안을 제시하는 **회계운영감사**와 감사를 받는 대상이 회계 관련 법률 또는 규정을 준수하였는가를 감사하는 **회계준법감사**를 포함한다.

---

396 김용범. 전게서. 2017. 343면 권종호, 전게서, 60면, 이범찬. 오욱환, 「주식회사의 감사제도」, 한국 상장회사협의회, 1997, 68면, 이준섭, 전게서, 79~80면.

397 김용범. 전게서. 2017. 343~345면. 권종호, 전게서, 4~7면 및 58~59면, 남상구, 전게서, 28~31면. 이범찬. 오욱환, 전게서, 55면. 김기태 외 51인. 「학문명백과」, 형설출판사.

이사의 직무를 대별하면 (ⅰ)재무제표의 작성 등「**회계에 관한 직무**」와 (ⅱ)일상적인 업무 집행이나 주식·채권의 발행과 같은 조직에 관한 직무, 주주총회나 이사회 운영과 같은 기관에 관한 직무 등「**회계 이외에 관한 직무**」로 나눌 수 있다. 이사의 직무를 이처럼 회계에 관한 직무와 회계 이외에 관한 직무로 구별할 때 **전자**를 대상으로 하는 감사를 **'회계감사'**, **후자**를 대상으로 한 감사를 **'업무감사'**라 한다.

요컨대, 업무감사와 회계감사를 수행하는 시기적인 면에서 구별하면 **회계감사**는 주로 **사후적인 감사**를 내용으로 하게 되는 데 반해, **업무감사**는 주로 **사전적인 감독**을 내용으로 하게 된다. 그리고 이사의 직무집행에 대한 사전적 감독은 그 성격상 경영 행위적인 성격을 띠게 될 수밖에 없어 이사회의 이사감독기능과 중복된다. 바로 이 점 때문에 이사회의 업무감독기능과 감사의 업무감사기능 간에 권한의 분배가 문제된다.

그리고 이사의 직무에는 회계에 관한 직무도 포함되므로 엄밀히 말하면 업무감사의 개념 속에는 회계감사도 당연히 포함되지만, 이처럼 구별하는 이유는 연역적으로 감사의 권한을 업무감사와 회계감사로 구분하여 회계감사로 국한하였던 적이 있었기 때문이다. 1962년 「상법」이 제정되면서 감사제도의 큰 변화는 종전의「의용상법」[398]하에서 감사에게 부여하였던 업무감사와 회계감사 권한을 변경해 회계감사로 한정한 것이다.

이처럼 감사의 권한이 약화되면서 대표이사 등 경영진들의 자유방임적인 무모한 경영에 의하여 회사가 도산하거나 부실화하는 현상이 빈발하게 발생하였다. 이와 같은 이사회의 형해화(形骸化)는 아직까지도 우리나라의 많은 기업에서 볼 수 있는 현상이기 때문에 이에 대한 대처방법의 일환으로서 1984년 「상법」을 개정하여 다시 감사에게 업무감사 권한을 부여하게 되었다. 그 후로 감사는 「의용상법」시절과 마찬가지로 회계감사 권한과 함께 업무감사 권한도 가지게 되었다.[399]

Ⅳ. 적법성감사와 타당성감사

1. 감사 범위 개요[400]

회계감사는 기본적으로 문서화된 회계 관련 자료(재무제표 등)를 대상으로 일정한 회계기준에 준거하여 작성되었는지 그 여부를 조사(이른바 **'정보에 대한 감사'**)하는 것이므로 감사대상이나 범위는 비교적 명확하며 한정되어 있다.

이에 반해 **업무감사**는 이사의 직무집행 「행위」를 대상으로 감사(이른바 **'행위에 대한 감사'**)를 하는 것이므로 회계감사에 비해서는 감사의 대상이나 범위는 불분명하며 상대적으로 매우 넓다.

감사 범위는 어떠한 관점에서 감사를 실시하느냐를 기준으로 적법성감사와 타당성감사로

398 의용(依用)이란 다른 나라의 법령을 그대로 적용하는 것을 말하며, 우리나라는 1912년부터 1962년 「상법」이 제정되기 이전 까지 일본의 신 「상법」을 의용 하였음.

399 김용범. 전게서. 2017. 345면. 권종호, 전게서, 50면, 이준섭, 전게서, 13~14면, 김학원, 전게서, 16~17면,

400 김용범. 전게서. 2017. 345면. 권종호, 전게서, 60면.

구분할 수 있는데, 이사의 직무집행에 관해 ① 법령 또는 정관에 적합한지 그 여부를 감사하는 것이 「**적법성감사**」이며, ② 경제적 합목적성과 효율성 내지는 타당성을 갖는지를 감사하는 것이 「**타당성감사**」이다.

감사의 범위와 관련하여 감사의 권한은 적법성감사에 국한되는지 아니면 타당성감사에도 미치는지에 관해 학설은 대립하고 있다.

2. 감사 범위에 관한 학설[401]

감사범위에 관해 학설은 크게 다음의 4가지의 입장으로 나누어져 있다.

가. 적법성감사 국한설

감사(監事)의 감사(監査)는 이사회의 감독권과의 충돌방지를 위해 이사의 직무집행에 대한 적법성 감사에만 미친다고 보는 설[402]

나. 명시 규정에 의한 제한적 타당성감사설

원칙적으로 적법성감사에 국한되나 「상법」상 명시적으로 규정(「상법」 제413조, 제447조의4 제2항, 제5호, 제8호)된 현저하게 부당한 직무집행에 한해 제한적으로 타당성감사를 할 수 있다는 설[403]

다. 부당 업무에 의한 제한적 타당성감사설

원칙적으로 적법성감사에 국한되나 현저하게 부당한 직무집행에 관해서는 「상법」에 명시적인 규정이 없더라도 타당성감사를 할 수 있다는 설[404]

라. 적법성감사 및 타당성감사 모두 감사설

감사(監事)의 감사(監査)는 이사의 직무집행에 대한 적법성감사는 물론 타당성감사에도 미친다고 보는 설[405]

이 중 그간 다수설은 명시 규정에 의한 제한적 타당성감사설이나 이 견해에 의하면, 타당성감사가 가능한 경우란 「상법」에서 직무집행이 현저하게 부당한지 그 여부에 관해 명시적

---

401 김용범. 전게서. 2017. 345~350면. 권종호, 전게서, 61~62면.

402 김정호, 「상법강의(상)」,법문사, 2000, 712면, 박상조. 「신회사법」,형설출판사, 2000, 672면.

403 이철송. 전게서. 2021. 874면, 정찬형,「상법강의(상)」,박영사, 2010, 933면, 정동윤, 「상법(상)」, 법문사, 2009, 649면, 손주찬, 「상법(상)」, 박영사, 2002, 873면, 오수근, 전게서, 10~11면, 최준선, 「회사법 (제6판)」, 2011, 521면. 정준우. 「상법상 감사관련 법규해설」, 2018. 4. 1면.

404 서헌재, 「사례중심 회사법」, 법문사, 2000, 453면, 채이식, 「상법강의(상)」, 박영사, 1996, 583면, 정희철, 「상법학(상)」, 박영사, 1989, 506면

405 김용범, 전게서. 2017. 346면. 강위두. 임재호, 「상법강의(상)」,형설출판사, 2006, 590면, 권기범, 「현대 회사법론」, 삼영사, 2010, 808~809면, 최기원, 「신회사법론」,박영사, 2009, 727~728면, 권종호, 전게서, 61~63면, 홍복기, 「감사.감사위원회의 독립성과 직무범위 및 법적책임의 재인식」, 한국상장회사협의회, 2006, 72면, 김학원, 전게서, 166면 , 남상구, 전게서, 42면. 서완석, 「업무감사의 범위와 감사의 책임」, 상장회사감사회회보 제97호, 2008, 10면.

으로 조사하도록 하고 있는 때인데, 그 경우로는 「상법」에서 다음의 3가지를 정하고 있으므로 결국에는 다음의 3가지 경우로 타당성감사가 국한되게 된다.

즉, ① 「상법」제413조 상의 이사가 주주총회에 제출한 의안 및 서류에 관해 「현저하게 부당한 사항이 있는지 여부」에 관해 조사할 때와 ② 감사보고서의 기재사항에 관한 「상법」제447조의4 제2항 상의 회계방침의 변경이 「타당한지 여부」(제5호) 및 ③ 이익잉여금처분계산서 또는 결손금처리계산서가 회사재산의 상태 기타의 사정에 비추어 「현저하게 부당한지 여부」(제8호)를 조사할 때이다.

「현저하게 부당한」이란 일반적으로 위법이라고 말할 수 없지만 위법성이 강하거나 현저하게 타당성을 결한 경우를 말한다. 그렇다면 적어도 「상법」에서 명시하고 있는 사항에 관해서는 감사는 타당성감사를 하지 않을 수 없을 것이다. 그러나 다수설에 의하면 직무집행이 현저하게 부당하더라도 그것이 위의 세 가지의 경우, 즉 ① 주주 총회에 제출된 의안 및 서류, ② 회계방침의 변경, ③ 이익잉여금처분계산서 및 결손금처리계산서에 관한 것이 아닌 한 이사의 현저하게 부당한 직무집행에 대해 타당성감사를 할 수 없게 되는데, 이래서는 곤란하다.

그런 점에서 「상법」에서 규정하고 있는 위의 세 가지의 경우에는 예시적인 것으로 보아 직무집행이 현저하게 부당한 경우에는 그 대상을 불문하고 타당성감사를 할 수 있다고 보는 「부당한 업무에 의한 제한적 타당성 감사설」이 오히려 설득력이 있다. 그러나 「부당한 업무에 의한 제한적 타당성 감사설」을 취하게 되면 이사의 직무 집행 전반에 관해 타당성을 심사하지 않으면 그것이 현저하게 부당한지 여부를 판단할 수 없게 되므로 결국에는 「적법성감사 및 타당성감사 모두 감사설」과 차이가 없게 된다.

또한, 감사의 업무감사의 범위에 타당성 감사를 포함하는 여러 근거로는

① 「상법」이 명문의 규정(제413조, 제447조의4 제2항 제5호 및 제8호)으로 타당성 감사를 할 수 있는 경우를 인정하고 있고, 달리 타당성감사를 제한하거나 금지하는 규정을 두고 있지 않다는 점이다.

여기서 눈여겨보아야 할 점은 「상법」제413조의 법문이 "법령이나 정관의 위반이 있는지의 여부"와 달리 굳이 또 "현저하게 부당한 사항이 있는지의 여부"라는 법문을 두고 있느냐는 점이다. 이는 감사의 업무범위와 관련하여 사후감사인 적법성감사에 그치지 않고 사전감사인 타당성감사까지도 허용함으로써 사후감사의 필요성을 줄이는 예방적 기능을 하게 한 것으로 볼 수 있다는 점이다.[406]

② 더 나아가서 감사의 이사회 출석(「상법」 제391조의2 제1항)은 감사의 권한이자 동시에 의무이기 때문에 회사의 경영 상태를 충분히 파악할 위치에 있다고 보아야 하므로 반드시 현저하게 부당한 경우뿐만 아니라, 부당한 경우에도 소극적이고 예방적인 의무를 진다고 해석한다 하여 큰 무리가 따르는 것은 아니라고 본다.

과거와 같이 실수한 자와 그 내용을 찾아내는 정찰·적발·지적의 감사에서 시스템 감사를

---

406 서완석, 「업무감사의 범위와 감사의 책임」, 상장회사감사회회보 제97호, 2008, 10면

필요로 하는 현실을 보더라도, 감사의 이사회 출석·의견 진술은 적법성 문제뿐만 아니라 타당성 문제까지 구별하지 않고 부당하거나 위험할 경우에는 의견제시, 조언, 권고 등을 하는 것이 회사의 손실 및 위험을 사전예방하는 데 큰도움이 된다는 점이다.[407]

③ 미국의 Enron사 및 Worldcom사 등의 분식회계사건으로 세계적인 경영모델로 자임했던 미국식 경영방식에 의문이 제기되면서 찾아낸 원인 중의 하나가 바로 CEO들이 경영정보나 의사결정 및 집행권을 독점하는 데 따른 적절한 牽制裝置가 마련되지 않았다는 점이다.

투자규모가 확대되면서 CEO들의 모험적 경영은 자칫 회사의 파산은 물론 국가경제에 엄청난 혼란을 초래할 수도 있는 일이기 때문에 감사는 경영자에 대한 사후평가를 하는 자의 위치에 머물러서는 안 되고 감시자·조언자의 역할을 할 수 있어야 한다는 점에서 타당성감사의 필요성이 더욱 증가하게 되었다.[408]

④ 1995년 「상법」개정에서 이사는 **회사에 현저하게 손해를 미칠 염려가 있는 사실**을 발견한 때에는 그것이 이사의 위법행위에 기초한 것인가 여부를 묻지 않고 즉시 감사에게 보고(「상법」제412조의2) 토록 하였으며, 이사로부터 보고를 받은 감사는 당해 사실을 조사·확인하게 한 점이다.

감사는 조사·확인하여 진상을 파악하고 회사에 현저하게 손해를 끼칠 우려가 있을 경우에는 사안에 따라 회사의 손해를 사전에 방지하기 위한 예방책을 강구할 것[409]이 기대되고 있으므로 이와 같은 '이사의 보고의무제도의 도입'은 감사에게 타당성감사를 인정하는 것으로 보는 것이 타당하다고 생각한다.[410]

⑤ 종래 사후 부정적발감사, 준법감사와 사후평가 및 분석중심의 감사에서 최근에는 경영 감시자의 역할과 위험관리에 대한 합리적 보증인 역할 및 사전·예방적 컨설팅기능까지 감사업무가 확대·발전하여 회사의 내부감사기능이 진화하고 있다는 점이다.[411]

그리고 끊임없이 변화하는 경영환경에 대응하여 내부감사기능도 과거의 거래 행위에 대한 분석위주의 감사에서 업무프로세스 개선을 통하여 전반적인 사업 역량의 향상에 기여하는 미래지향적인 감사로 업무의 초점이 전환되고 있다. 따라서 타당성 감사는 선택의 문제가 아니라 불가피한 사항이라고 생각한다.[412]

⑥ 한국과 같은 이원주의를 택한 독일에서도 감사회의에 의한 감사는 그 적법성뿐만 아

---

407 서완석, 전게연재서, 10면, 김상규, 「감사위원회제도에 관한 연구」, 상사법연구 제20권 제4호, 2002, 98면, 권기범, 전게서, 761면

408 서완석, 전게연재서, 10면

409 만약 그 사실이 이사의 법령 또는 정관 위반행위에 기인한 경우에는 이사회에 이를 보고하여야 하며(「상법」제391조의2 제2항), 필요한 때에는 이사회 또는 주주총회의 소집을 청구할 수 있다. (「상법」제412조의3, 제412조의4). 또한 이사의 행위에 의하여 회사에 회복할 수 없는 손해가 발생할 염려가 있는 때에는 당해이사에 대하여 그 행위의 留止 를 청구할 수 있으며(「상법」제402조), 회사를 대표하여 이사에 대하여 소를 제기할 수 있다.(「상법」제415조, 제403조).

410 홍복기, 전게서, 72면.

411 최원락, 전게서, 6면, 금융감독원, 전게서, 18~23면, 안수현, 「내부통제제도를 통한 감사업무의 효율 화 방안」, 상장회사감사회회보 제112호, 2009, 11면, 박소영, 전게서, 99~101면, Price Waterhouse Coopers,는 향후 5년간 내부감사의 새 국면을 개척할 동력과 경향을 파악하기 위한 조사를 수행하고 그 결과를 「Internal Audit 2012」에 발표. 그 중 주요한 내용은 " 기업이 위험관리를 강화하는 방향으로 변화함에 따라 내부감사 역시 리스크 중심 내부감사 모델로 진화해야만 한다."

412 이경훈, 「미국 내부감사제도의 최근 동향과 시사점」, 상장회사감사회회보 제142호, 2011, 1면

니라 합목적성, 경제성 등에 미친다고 하는 것이 판례이며 통설이라는 점을 생각해 볼 때, 감사의 타당성감사 수행여부는 너무 형식론적인 입장에서만 볼 것이 아니라 실질적인 관점에서 파악해야 할 것으로 본다.[413]

또한 감사기관이 이사회와 분리·독립되어 있는 독일의 감사회보다 영미식의 감사위원회 제도가 사전감사의 효율적 측면에서 우월하다는 점을 인정한다면 감사 또는 감사위원회의 감사권이 타당성에 까지 미친다고 보는 것이 옳다고 생각한다.[414]

⑦ 1984년의 개정 「상법」이 감사의 업무감사권을 부활시킨 입법 취지도 그렇거니와, 많은 비판에도 불구하고 우리 「상법」이 감사위원회를 도입한 이유가 이사회의 본래적 기능상실에서 연유한 것으로 볼 때, 권한충돌의 문제를 우려하여 기관 분화와 권한의 분배에만 매달리는 형식논리만을 추구할 수는 없는 일이다.

직무감사권을 타당성 부문에 대하여 인정하지 않다가 사후에 문제가 발생하게 되면 감사 또는 감사위원회가 본래의 감시·감독기능을 제대로 하지 못했다는 책임 추궁의 문제로 귀결될 수밖에 없는 점을 고려하여 「상법」 제413조가 타당성감사를 전제로 감사가 이사회에 참석하여 의견을 진술하도록 한 것으로 볼 수 있기 때문 이다.[415]

⑧ 아울러 내부감사의 감사 범위에 대해 적법성감사 국한설이나 명시 규정에 의한 제한적 타당성감사설을 주장하는 학자들이 일반적으로 타당성감사설을 반대하는 가장 큰 이유는 내부감사의 책임 범위를 결정할 때 적법성감사 및 타당성감사 모두 감사설을 채택할 경우 법에 명시규정이 없음에도 불구하고 감사의 책임범위가 타당성 감사까지 확장으로 감사의 책임이 과중해지는 문제점에 대하여 우려하는 것이다.

그러나 타당성감사를 하기 위해서는 진단감사(Consulting Activity)가 필수적인데 진단감사에 대해 국제내부감사인협회(IIA)는 "내부감사인이 경영진처럼 책임을 부담 하지 않으면서 조직의 지배구조, 위험관리, 부정관리와 내부통제 프로세스의 가치를 증대시키고 개선할 의도를 갖고 하는 자문 및 관련 서비스 활동으로써 경영진에 대한 의견제시, 조언, 권고 등을 표명하는 것이다."라고 정의하고 있다.

따라서 상기에서 본 바와 같이 적법성감사설을 주장하는 학자들이 우려하는 적법성감사 및 타당성감사 모두 감사설을 채택할 경우 감사책임의 무한정 확대 문제는 크게 염려하지 않아도 될 것이며, 오히려 타당성감사를 통해 현저하게 부당한 사항이나 회사에 현저하게 손해를 끼칠 염려가 있는 사실을 사전에 발견하여 예방할 수 있을 것이다. 이는 IIA의 내부감사 정의 등 국제적인 정합성 측면에서도 옳다고 본다.

⑨ 각 상장회사에 적용되는 「상장회사 표준감사직무규정」 제10조 및 제11조 제1항 제1호, 「상장회사 표준 감사위원회직무규정」 제9조 제1항 및 제18조 제1호에서 감사 또는 감사위원은 이사에 대해 직무상 다음의 각 호에 해당하는 경우 의견제시, 조언, 권고의 의견표

---

413 권기범, 전게서, 761면, 서완석, 전게연재서, 10면

414 서완석 전게연재서, 10면

415 서완석, 전게연재서, 10면

명을 할 수 있게 한 점이다.

- 회사 업무의 적정한 운영 및 합리화 등에 대하여 의견이 있는 경우.
- 회사에 현저한 손해 또는 중대한 사고 등이 초래될 염려가 있는 사실을 발견한 경우 등.

그리고 각 금융회사에 적용되는 「감사위원회 규정 모범규준」 제3조 제1호 및 「상근감사위원 직무규정 모범규준」 제6조 제1항 제4호에 의하면 감사에게 리스크관리 및 내부통제 그리고 경영전략과 경영성과에 대해 적정성 및 유용성을 평가하는 타당성 감사를 인정하고 있다는 점이다.

또한 각 공공기관에 적용되는 「공공감사에 관한 법률」제22조제1항에 의하면 감사기구의 장에게 소속기관에서 주요 업무집행에 앞서 그 업무의 적법성이나 타당성에 대한 일상감사를 인정하고 있다는 점이다.

상기 내용을 종합해 보면, 감사의 감사범위는 적법성감사는 물론이고 타당성감사도 할 수 있는 것이 옳다고 본다.[416]

따라서 감사의 범위에 대해 보충적 설명을 하자면,

첫째, 감사 범위를 적법성 감사중심으로 제한하려는 학설이 그 주된 이유로 들고 있는 것이 이사회의 감독권과의 충돌방지, 즉 기관권한 분배의 원칙이다. 그러나 이러한 학설이 설득력을 갖기 위해서는 이사회가 감독기관으로서 제반 기능을 다하고 있음이 전제되어야 하는데, 현재 우리기업 현실은 그렇게 볼 수 있는 증거가 많지 않다는 점이다.

둘째, 현행 「상법」규정 중에는 감사의 권한이 타당성감사에 미치지 않는다고 보거나 기관권한 분배의 원칙에 입각하여 감사의 감사권과 이사회의 감독권은 엄격히 구별되어야 하는 것으로 보면 설명할 수 없는 규정이 적지 않다는 점이다. 위에서 세 가지의 경우는 물론이고 1995년 「상법」개정에서 도입된 「상법」제412조의2 와 제391조의 2 제1항이 그것이다.

「상법」 제412조의 2는 이사에게 회사에 현저하게 손해를 미칠 염려가 있는 사실을 발견한 때에는 즉시 감사에게 이를 보고할 것을 의무화하고 있다. 「회사에게 현저하게 손해를 미칠 염려가 있는 사실」은 직무집행이 위법한 경우뿐만 아니라 타당성이나 경제적 합목적성을 결한 경우에도 발생할 수 있기 때문이다.

그리고 「상법」 제391조의2 제1항은 감사에 대해 이사회에 출석하여 의견을 진술할 수 있는 권한을 부여하고 있는데, 이 규정에 의하면 감사의 의견 진술은 적법성 문제이든 타당성 문제이든 가능하므로 어떠한 형태로든 감사의 판단이 이사회의 경영판단에 영향을 미치게 되기 때문이다.[417]

3. 감사 범위에 관련한 문제 [418]

감사의 직무범위에 관한 논의, 즉 감사의 권한은 적법성감사에 국한되는가, 아니면 타당

416 김용범, 전게서. 2017. 350면.

417 김용범. 전게서. 2017. 350면. 권종호, 전게서, 62~63면.

418 김용범. 전게서. 2017. 350~351면. 권종호, 전게서, 64~65면 , 김용범,「내부감사 범위와 한계」, 감사저널 제16호, 2013.12. 36~44면.

성감사에까지 미치는가의 논의가 구체적으로 문제되는 국면은 다음의 경우이다.

① 감사는 조사권한(「상법」제412조 제2항, 제412조의4 제2항)을 이용하여 이사의 직무집행의 타당성에 관한 정보를 수집할 수 있는가?
② 감사는 이사회에서 타당성감사 영역에 속하는 발언을 하는 것이 가능한가?
③ 감사는 경영감사나 타당성감사 결과 적정성 또는 타당성이나 유용성이 결한 경우 이의 개선이나 지도 또는 권고가 가능한가?
④ 감사는 위법행위 유지청구권(「상법」제402조)을 이용하여 위법은 아니지만 타당하지 않은 이사의 행위에 대하여 유지를 청구할 수 있는가?

먼저 ①의 경우 감사의 조사권한을 적법성감사에 국한된다고 보면 감사는 타당성감사 영역에 속하는 정보 수집은 불가능하다. 그러나 이 입장을 취하더라도 회사업무 전반에 대한 조사가 있어야 비로소 감사대상을 정할 수 있으므로 적어도 감사의 조사활동의 경우에는 적법성감사의 영역이냐 타당성감사의 영역이냐에 의해 제한을 받는다고는 볼 수 없다. 따라서 감사는 이사의 직무집행 타당성에 관한 정보 수집은 가능하다고 보아야 할 것이다.

②의 경우도, 감사가 이사회에서 의견을 진술함에 있어 그 발언이 적법성감사 영역인지 타당성감사 영역인지를 의식할 필요는 없을 것이다. 이사회에 상정된 의제나 의안의 합목적성과 효율성 내지 타당성에 관해 감사도 그 토론에 참가하여 의견을 개진할 수 있는 쪽이 감사영역이 아니라고 침묵을 지키는 것보다 결국은 이사의 직무집행의 적정성을 제고하는 데 있어서 훨씬 더 유용하기 때문이다.

감사가 조사활동을 통해 확인할 수 있었던 회사의 경영조직상의 문제점 등에 관해 경영자에게 이사회나 그 밖의 비공식 모임을 통해 개선을 권고하고, 이를 통해 회사에 중대한 손실이 발생하는 것을 미연에 방지하는 것은 감사의 본연의 의무라는 점에서도 그렇게 보아야 할 것이다.

③의 경우도 감사가 경영감사나 타당성 감사 결과 적법성을 위배하지는 아니하나 적정성 또는 타당성이나 유용성이 결한 경우에는 감사는 회사의 현저한 손해 또는 중대한 사고 초래를 사전에 예방 또는 방지하기 위해 필요한 조치로서 대표이사 등 경영진에게 이의 개선, 시정이나 지도 또는 권고가 필요하다고 보아야 할 것이다.

그리고 경영진은 감사로부터 이와 같은 조치를 받은 경우에는 특별한 사유가 없는 한 이에 따라야 할 것이다. 왜냐하면 대표이사나 경영진이 감사의 이와 같은 조치를 무시하거나 해태한 경우에는 경영진은 법원으로부터 "경영 판단의 원칙"[419]에 의해 보호받을 수 없기 때문이다. (대법원 2007. 10. 11. 판결, 2006다33333)

다만 ④의 경우 위법행위유지청구권을 행사하기 위해서는 현행 「상법」은 이사가 법령 또는 정관에 위반하는 행위와 그로 인하여 회복할 수 없는 손해발생 염려가 있을 것을 요구

---

419 경영진의 행위에 대해 경영진이 의사결정 과정에서 ① 필요한 자료 · 정보를 충분히 수집하여 검토하고, ② 이를 근거로 회사의 최대 이익에 부합한다고 합리적으로 신뢰하고 신의 성실에 따라 경영상의 판단을 내렸으며, ③ 그 내용이 현저히 불합리하지 않은 것으로서 통상의 경영진을 기준으로 할 때 합리적으로 선택할 수 있는 범위 안에서 행하였을 때에만 보호를 받는다.

(「상법」제402조)하고 있으므로, 법령이나 정관에 위반되지 않는 한 이사의 행위는 유지청구의 원인이 될 수 없는 것과 같이 타당하지 않지만 위법하지 않은 이사의 행위에 대하여는 그 요건 상 유지청구권행사가 현실적으로 불가능하다.

따라서 감사의 직무범위가 적법성감사에 국한된다고 주장하는 학설에 따르더라도 타당성감사 영역에 해당하는 행위에 관해 적어도 ①, ② 및 ③ 의 범위 내에서는 감사는 타당성감사를 수행할 수 있으며, 상장회사의 경우나 금융회사 그리고 공공 기관의 경우는 법이나 규정에서 감사의 범위에 타당성감사를 인정하고 있으므로 감사의 직무 범위를 둘러싼 논의의 실질적 의미는 매우 제한적이라고 할 수 있다.[420]

제2절 내부감사의 자회사 범위

Ⅰ. 모회사와 자회사 감사 개요

감사는 그 직무수행을 위해 필요한 경우에는 자회사의 영업에 관해 보고를 요구하거나 업무 및 재산상황에 관해 조사할 수 있다.(「상법」제412조의4 제1항, 제2항) 자회사는 법적으로 독립된 회사이나 실질적으로는 모회사의 지배를 받는 것이 일반적이므로 이러한 관계를 이용해 자회사를 통한 분식결산 등이 이루어질 경우에는 모회사의 업무상황이나 재산상황을 제대로 파악할 수 없다.

Ⅱ. 모회사와 자회사 감사 구분

자회사는 법적으로 독립된 회사이나 업무에 관하여 모회사의 지배에 복종하는 것이 현실이다. 그리하여 자회사를 분식결산에 이용하거나 자산을 부당 유출하는 도관으로 이용하기도 한다. 1995년「상법」개정에서 모회사의 업무 및 재산상황을 자회사의 영업과 연결하여 파악하지 않으면 모회사의 적정한 감사가 불가능한 경우가 있으므로 감사업무의 실효성을 확보하기 위하여 자회사에 관한 제한된 조사를 허용한 것이다.

자회사에 대한 감사권은 2단계 구조로 되어 있다. 즉 제1단계로 감사는 먼저 자회사에 대해 영업보고를 요구하여야 하며(「상법」제412조의4 제1항), 이때 자회사가 지체 없이 보고를 하지 않거나 보고는 하였지만 그 내용의 진의에 의문이 있을 때에 비로소 제2단계로 조사를 할 수 있다.(동조 제2항) 이는 자회사는 비록 모회사의 지배하에 있더라도 어디까지나 독립의 법인이라는 점을 고려했기 때문이다.

Ⅲ. 모회사와 자회사 감사 한계[421]

420 김용범. 전게서. 2017. 351면. 김용범.「내부감사 범위와 한계」. 감사저널. 2013. 12. 36~44면.

421 김용범. 전게서. 2017. 352~353면. 권종호, 전게서, 101~102면. 오수근 전게서, 66~67면.

자회사에 대한 보고요구·조사는 자회사의 감사를 위한 것이 아니고 모회사의 감사를 위한 것이다. 따라서 자회사에 대한 보고요구·조사를 하기 위해서는 감사의 「**모회사에 대한 직무수행을 위한 필요성**」이 소명되어야 한다. 이는 **모회사에서의 내부감사의 직무수행을 위하여 필요한 최소한 범위로 한정**된다고 본다.

모회사의 감사가 자회사에 대해 보고요구 및 조사를 할 수 있는 경우란 「감사를 위해 필요한 때」가 아니라 「그 직무수행에 필요한 때」이므로 모회사의 업무감사나 회계감사를 위해서는 물론이고 감사의 직무의 하나인 예컨대 이사를 상대로 한 소의 제기나 이사의 위법행위에 대한 유지청구권(「상법」제402조)의 행사를 위한 경우에도 자회사에 대해 보고요구 및 조사를 할 수 있다.

이러한 해석은 연결재무제표가 주재무제표가 되는 경우에도 유지된다고 본다. 모회사의 내부감사는 자회사의 재무제표가 반영된 연결재무제표에 대한 감사보고서를 작성하여 제출하여야 하므로 연결재무제표에 반영되는 범위 내에서 자회사의 영업에 관한 보고를 요구하거나 자회사의 업무와 재산 상태를 조사할 수 있다.

한편 자회사에 대한 조사권은 자회사의 내부회계관리제도, 회계정책, 외부감사인의 선임에도 미친다고 보는데 그 이유는 이러한 사항들이 연결재무제표에 직접 영향을 미치기 때문이다.(「신외감법」제13조 제2항, 「동법시행령」제19조)

제3절 감사와 경영감시기관과의 관계

Ⅰ. 현황[422]

현행 주식회사제도에서 경영을 감시하는 기관과 조직을 다양하게 두고 있음에도 법정감사기관의 감사직무와 경영감시기관의 감시직무 간에 구체적으로 직무와 업무 분담이 어떻게 이루어지고 있으며, 권한과 역할이 어떻게 구별되고 있는지 불분명하다.

현행 「상법」에 의하면 **감사는 이사의 직무집행을 감사하는 필요적·상설적 기관**이다. 舊「상법」상 감사는 회계감사기관이었으나, 1984년의 개정 「상법」은 감사의 권한을 강화하여 업무감사권한까지 인정하였으며, 1995년의 이후 여러 번의 「상법」 개정을 통해 감사가 그 직무를 효과적으로 수행할 수 있도록 다양한 권한을 부여하고 있다.

「상법」은 감사기능을 전담할 필요적 상설기관으로 감사를 두어야 한다. 다만, 회사의 선택에 따라 「정관」으로 감사에 갈음하여 감사위원회를 설치할 수 있다.(「상법」 제415조의2 제1항 전단) 그러나 이때에는 감사를 따로 둘 수 없으므로(「상법」 제415조의2 제1항 후단) 감사위원회 설치회사의 경우에는 감사위원회가 이사회 내 위원회의 지위에서 감사기능을 수행하게

422 김용범, 「바람직한 경영감시기관」, 내부감사저널 제11권제4호, 2014. 9. 60면. 김용범. 전게서. 2017. 353~354면.

된다.

감사의 기능은 이처럼 「감사」 또는 「감사위원회」(이하 '감사'라 함)가 수행하지만, 감사의 궁극적인 목적이 회사경영의 적정성을 확보하고 회사 재산의 건전성을 유지하는 데 있는 점에 주목하면 넓은 의미에서 감사의 기능(이하 **'감시기능'**이라 함)을 수행하는 주체는 감사에만 국한되는 것은 아니다.

현행법상 회사에 대한 감시기능을 수행하는 기관 및 조직으로는 필요적·상설적 감사기관인 監事이외에도 경영의 적정성과 회계의 투명성을 보장하기 위하여 경영감시 장치를 겹겹으로 두고 있다. 이런 경영감시장치는 회사의 내부에서 감시하는 **내부감시기관 및 조직**과 회사의 외부에서 감시하는 **외부감시기관 및 조직**으로 구분할 수 있다.

내부감시기관 및 조직으로는 「감사」 및 「감사위원회」 이외에 ① 이사의 직무집행을 감독하는 「**이사회**」, ② 은행 등 금융회사에서 선임이 강제되고 내부통제부문을 감시하는 「**준법감시인**」, ③ 일정규모 이상의 상장회사에서 준법부문을 감시하는 「**준법지원인**」과 ④ 내부회계관리제도에 따라 회계의 적정성을 감시하는 「**내부회계 관리자**」가 있다.

그리고 **외부감시기관 및 조직**으로는 「상법」상의 주주로 구성되는 ① **주주총회**와 ② **단독주주 및 소액주주**, ③ 회계부문 감사를 위해 일정규모 이상의 주식회사 등에서 그 선임이 의무화되는 「**외부감사인**」과 ④ 일정한 법정사항을 조사하기 위해 선임되는 「**검사인**」이 있다.

II. 내부감시기관과 조직

1. 이사회

가. 이사회의 직무감독권 현황[423]

현행법은 회사의 경영에 대한 감시기능이 부여되는 기관과 조직을 다양하게 두고 있다. 그중에 이사의 직무집행을 감사하는 감사의 감사직무와 이사의 직무집행을 감독하는 이사회의 감독직무 간에 어떠한 직무와 업무분담이 구체적으로 이루어지고, 권한과 역할이 어떻게 구별되는지 불분명하다.

물론 법률이 세부적인 사항까지 명시하고 규율하여야 하는 것은 아니다. 그러나 새로운 제도 도입이 가져오는 변화나 실무의 관행이 쌓여감에 따라 이러한 불명확하게 남아있는 문제들이 업무를 수행하는 과정에서 더욱 파생되어 감사체계 전체를 위협하는 것은 바람직하지 않다.

이 중에서 특히 감사의 고유한 직무감사권과 이사회의 직무감독권 간에 업무 및 권한의 범위가 불분명하고 혼동되어 있어 중복 또는 충돌의 문제를 안고 있다. 따라서 이것은 장래에 회사 내부 감사체계의 정립과 관련하여 시급히 정리되어야 할 과제 중의 하나이다.

감사의 직무 감사권과 이사회의 직무 감독권 간의 업무와 권한의 명확한 구별은 비록 이론적인 논의에 불과한 것처럼 보이지만, 이를 분명히 함으로써 법정 감사기관인 감사의 직

---

423 김용범, 전게서, 2017. 354~355면. 이준섭, 전게서, 71~72면. 김용범, 「바람직한 경영감시기관」, 내부감사저널 제11권제4호, 2014. 9. 60면.

무 범위를 명확하게 할 수 있다는 점과 감사가 중복 또는 충돌 없이 독립적이고 당당하게 권한과 역할을 수행하는 조건이 될 수 있다는 점에서 실질적 의미가 있다.

참고

이사회의 감독권[424]

1) 의의

이사회는 이사의 직무의 집행을 감독한다.(「상법」제393조 제2항) 이사회는 업무집행에 관한 모든 결정권을 가지고, 그 집행을 대표이사 또는 업무담당이사에게 맡기므로 이사회는 자기시정의 기능으로서 당연히 이사의 직무집행을 감독할 권한을 갖는다고 할 것이며, 「상법」제393조 제2항은 이 점을 명문화한 것이다.

최근 경제발전에 따라 기업환경이 급변하고 기업이 다양한 기회와 위험에 직면하면서 기동성 있는 의사결정과 집행이 강하게 요구되고 있다. 이로 인해 실제 직무를 집행하는 이사의 재량의 폭이 커지고 아울러 독주의 위험도 커지고 있다. 이에 비례하여 이사에 대한 견제의 필요성이 커지고, 이사회의 감독권이 중요성을 더해가고 있다.

2) 성격

이사회와 그 감독대상인 이사는 동일한 사항에 관해 상·하급기관의 관계를 갖는다. 따라서 이사회의 감독권은 이사들이 상호 대등한 지위에서 갖는 감시권, 이사·이사회와 수평적·제3자적 지위에 있는 감사가 이사·이사회에 대해 갖는 감사권과는 달리 이사와의 사이에서 상명하복의 관계로 행사되는 것임을 주의해야 한다.

3) 감독의 대상

이사의 직무집행은 대표이사가 행하므로 결국 감독의 주된 대상은 대표이사의 행위가 될 것이다. 그러나 이사회의 결의에 의해 대내적인 직무집행을 이사들 간에 분담하는 경우에는 각 이사별로 담당하는 직무집행도 감독의 대상이 된다.

4) 감독의 범위

「감독」이란 이사에게 질문하고 보고를 청취하는 것은 물론이고, 이사의 직무집행의 방법·내용 등이 위법하거나 정관의 규정·이사회의 결의에 위배되거나 부당할 때에는 그 중단을 명하고 다른 방법·내용으로 할 것을 지시하는 것을 포함한다는 뜻이다. 필요하다면 대표이사를 해임하거나(이사회에서 선임한 경우에 한함) 이사간의 업무 분장을 달리 정할 수도 있다.

그리고 이사회의 감독은 일종의 자기시정을 위한 행위이므로 감독권은 위법·부당한 행위의 견제와 같은 소극적인 시정 목적에서 뿐만 아니라 합목적성·능률성을 이유로 한 경영정책 목적에서도 행사할 수 있다.[425] 예컨대 영업담당이사에게 영업부진을 지적하고 영업정책의 전환을 지시하는 것과 같다. 이 점이 이사의 다른 이사에 대한 감시권, 감사의 감사권과 두드러지게 다른 점이다.

이사의 의결권은 이사회의 의사를 형성하기 위해 행사되는 것이므로 성질상 이사회의 감독이 미칠 수 없고, 「상법」이 이사에게 독임제적으로 부여한 권한(예: 각종 訴提起權)도 감독 대상이 아니다.

---

424 이철송. 전게서. 2019. 697~699면.

425 이철송. 전게서. 2021. 701면. 손주찬. 전게서. 774면. 최준선. 전게서. 480면. 등 다수

5) 감독권의 행사방법

감독권의 행사는 이사회의 지위에서 할 수 있는 것이므로 실제 감독권을 행사하기 위해서는 이사회를 소집하여야 한다.[426]

그러나 이를 위해 별도의 이사회소집이 필요한 것은 아니고 다른 의안을 위해 소집된 이사회에서 감독권을 발동할 수도 있다.

이사의 보고를 청취하거나 이사에게 질문하는 것은 이사회에서 개별적인 이사의 자격으로 할 수 있으나, 일정한 행위의 中止·是正 등을 지시하는 능동적인 감독행위는 이사회의 결의를 요한다.

6) 감독위반행위의 효력

대표이사가 이사회의 감독에 어긋나게 직무를 집행하면, 임무해태를 구성하여 손해배상 책임을 지고(「상법」제399조), 대표이사의 해임사유가 된다. 이사회가 선임한 대표이사의 경우 이사회는 언제든지 「대표」에서 해임할 수 있으므로 감독에 불응하는 대표이사를 해임할 수 있다고 해도 특별한 의미를 갖지 못하나, 주주총회에서 손해배상 없이 이사의 지위마저 해임할 수 있는 정당한 이유를 구성한다.(「상법」 제385조 제1항)

한편 이사회가 대표이사에게 현재 진행 중인 특정의 행위를 중지할 것을 지시하였음에도 불구하고 관철하거나 사전에 부작위를 명한 사항을 감행하는 경우 이 대표 이사의 행위는 대표권의 내부적 제한을 위반한 행위이므로, 이런 권한의 제한은 선의의 제3자에게 대항하지 못한다는 법리를 적용하여야 한다.(「상법」제389조 제3항 → 제209조 제2항)[427]

나. 이사회의 직무감독권 문제점[428]

우리 「상법」은 이사회에게 각 이사들의 직무집행에 대한 감독권한을 부여하고 있다.(「상법」 제393조 제2항). 그러나 이와 같은 **이사회의 직무감독권**은 일반적으로 **'이사회를 통하여'** 이루어지는 것으로 해석한다.

「상법」도 "이사는 대표이사로 하여금 다른 이사 또는 피용자의 업무에 관하여 이사회에 보고할 것을 요구할 수 있다."(「상법」제393조 제3항)고 함으로써, 이사회를 통한 이사의 직무감독권의 근거를 제공한다.

이를 근거로 이사는 3개월에 1회 이상 직무의 집행사항을 이사회에 보고할 의무를 진다.(「상법」제393조 제4항) 이와 같이 현행법이 이사회에게 각 이사들의 직무집행의 감독권을 부여한 것은 다음 몇 가지의 이유에서 문제가 제기될 수 있다.

첫째, 입법사적으로 볼 때 우리가 「의용상법」상 감사의 권한으로써 업무감사권과 회계감사권을 부여하던 것을 제정 「상법」에서 업무감사권을 제외시키면서 이사회의 권한을 대폭 확대하였다. 그러나 1984년 개정 「상법」이래 지금까지 감사에게 다시 업무감사권을 부활시켰다.

이와 같이 감사에게 업무감사기능을 다시 부여하게 된 것은 그때까지 이사회에게 직무감

---

426 이철송. 전게서. 2021. 701면. 손주찬. 전게서. 774면.

427 이철송. 전게서. 2021. 702면.

428 김용범, 전게서, 2017. 355~356면. 이준섭, 전게서, 72~73면, 권종호, 전게서, 49면 이하, 김용범, 「바람직한 경영감시기관」, 내부감사저널제11권제4호, 2014. 9. 60 ~ 61면.

독기관으로서의 기능을 부여해 본 경험의 결과 이사회에 의한 감독기능이 전혀 발휘되지 못하였다는 반성으로부터 비롯된 것이어서 1984년 개정 「상법」에서 형해화(形骸化)된 이사회의 감독기능을 회수하는 것이 바람직하였음에도 불구하고 여전히 남겨둠으로써 기존감사의 감사기능과 중복, 충돌문제의 소지만 키웠다고 할 수 있다.

둘째, 더구나 1999년 개정 「상법」에서 이사회 내 위원회로서 감사에 갈음하는 감사위원회를 도입함으로써 감사위원회가 감사기관으로서의 지위를 갖게 되었고, 감사위원회의 권한과 직무를 감사의 권한과 직무에 관한 규정을 준용(「상법」제415조의2 제6항)토록 함으로써 명백하게 이사들에 대한 직무감사권을 갖도록 설계되었다. 그러기 때문에 더 이상 이사회에 의한 직무감독권은 현실적으로 그 의미를 잃었다.

셋째, 또한 2009년도 개정 「상법」에서 감사위원회는 회사 지배구조상으로 이사회 내 위원회이지만 일반위원회와는 달리 ① 감사위원회위원의 선임 및 해임은 주주총회의 권한(「상법」제542조의12 제1항)이며, ② 감사위원회는 이사회에서 만든 하부위원회 조직이 아니고 「상법」의 규정에 의하여 설치된 특별한 성격의 위원회(「상법」제415조의2 제1항, 제542조의11 제1항)이다.[429]

넷째, 이사회는 이사회 소속 하부 위원회가 결의한 사항에 대하여 다시 결의할 수 있지만 감사위원회가 결의한 사항에 대해 다시 결의할 수 없도록 해 감사위원회를 감사 관련 업무에 대한 최고 의사결정기구로 한 점(「상법」제415조의2제6항)을 고려할 때, 이사의 직무감독권을 감사/감사위원회의 직무감사권과 동일시하는 것은 무리이다.

다섯째, 현실적으로 이사회에 의한 이사들의 직무집행감독은 이사회라는 회의체의 회의 또는 의사결정과정에서 이루어지는 것이므로 그 감독의 실효성이 의문시될 뿐만 아니라, 특히 회의체 내에서의 **'자기감사'**가 실질적인 의미가 있을 것인가에 관하여 꾸준한 문제제기가 있어왔다. 물론 이러한 문제점은 이미 1984년의 「상법」개정에서 반영되어 감사/감사위원회에게 업무감사권을 다시 부여한 원인이 되기도 하였다.

따라서 이사회의 이사 직무집행감독권에 대한 상기 문제점을 종합적으로 고려해 보면 기존의 감사의 직무감사권과 이사회의 직무감독권을 구별하는 기준으로 학계에서 논의되어 왔던 적법성감사와 타당성감사의 구별기준은 더 이상 타당하지 않다.

다. 양 기관 간 효율적 업무분담 방안[430]

감독과 감사의 사전적(辭典的)의미를 살펴보면 **감독**이란 일이나 사람 따위가 잘못 되지 아니하도록 단속하거나 일의 전체를 지휘함"을 의미하며, **"監査**는 監督하고 檢査함"을 의미한다. 그리고 **"檢査**는 사실이나 일의 상태 또는 물질의 구성 성분 따위를 조사하여 옳고 그름

429 김용범, 전게서, 2017. 356면. 홍복기, 전게연재서, 한국상장회사협의회, 2006., 71면, 김용범, 전게서, 2012. 229면, 김용범, 「바람직한 경영감시기관」, 내부감사저널. 2014. 9. 61면.

430 김용범, 전게서, 2017. 356~357면 및 2012., 230~231면, 이준섭, 전게서, 71~81면, 김순석, 전게서, 115~118면, 및 133~141면, 최준선, 전게보고서, 190~192면, 김용범, 「바람직한 경영감시기관」, 내부감사저널 제11권제4호, 2014. 9. 61~62면.

과 낫고 못함을 판단하는 일"을 의미한다.[431]

「상법」상 "이사회에 의한 이사직무집행의 감독"의 의미는 감사체계의 정합성 측면에서 고유한 법적감사기관에 의한 감사기능과의 충돌을 피하기 위해 기존의 해석과는 달리 본질적인 辭典的 의미로 축소하여 이해할 필요가 있다. 말하자면 **제도보장으로서의 감사권이 아니라, 회의체 내에서 수행되는 상호견제와 감시·감독 그리고 지휘수단 정도로 해석될 필요가 있는 것**이다.[432]

즉, **이사회의 이사의 직무집행에 대한 감독권한**은 일종의 **자기시정(自己是正)을 위한 기능**으로서 이사의 직무집행에 대해 적법성이나 타당성을 감사한다기보다는 **이사회가 결정하거나 위임한 업무를 각각의 이사들이나 집행임원, 사용인 등이 잘못 되지 아니하고 충실히 적정하게 수행하고 있는지에 대한 감시, 감독 및 지휘 활동을 의미하는 것으로 해석**함이 바람직한 것으로 생각한다.

결국 이사회의 이사 직무집행감독은 이사회 내에서 의결권 행사와 이사회 또는 대표이사 등 최고경영진의 지휘를 받아 회사 내에서 자체통제 또는 모니터링을 수행하는 내부통제기능을 통하여 수행하는 것으로 해석하는 것이 현실적으로 수행되는 이사회의 이사 직무활동 감독기능에 좀 더 상응하는 것이다.

내부통제제도는 회사의 감독시스템의 일환이다. **"내부통제란 회사운영의 효과성과 효율성, 재무정보의 신뢰성, 그리고 적용 법률 및 규정의 준수라는 세 가지 범주에서 목표를 달성하는 데 대해 「합리적 확신(reasonable assurance)」을 제공하기 위하여 계획된 이사회, 경영진, 기타 구성원에 의해 실행되는 일련의 과정"**을 말한다.

한마디로 말하면 내부통제시스템은 임직원의 직무수행에 대해 감독책임이 있는 이사회 및 최고경영진이 그 휘하에 있는 임직원의 직무수행을 효과적으로 감독하기 위한 수단이므로, 이사회의 이사직무집행에 대한 감독은 회의체인 이사회 내에서 의결 및 보고 활동과 내부통제체제의 지휘·감독을 통하여 동 감독업무를 수행하는 것이 타당하고, 효과적이다.

따라서, **이사회**는 이러한 내부통제시스템이 적절하고 효율적으로 구축·유지될 수 있도록 할 최종적인 책임을 짐과 동시에 동 시스템의 운영에 관한 전반적인 사항을 지휘 및 통제하며, **감사**는 이사회 및 최고경영진이 내부통제시스템을 적절하게 운영하는지를 평가하고 미비점에 대하여는 개선방안을 제시하여 시정토록 하는 등 내부감사활동을 수행한다.[433]

아울러, 이사회의 지휘를 받는 내부통제부서에 의한 자체적인 감시·감독기능으로부터 법적 감사기관에 의한 법적 감사기능을 구별하는 것은 감사책임 및 감사체계 확립이라는 측면에서 중요한 의미가 있으므로 두 기관 간의 직무 및 업무 분담에 관해서 반드시 재검토가 필요한 것으로 생각된다.

431 국립국어연구원.

432 김용범, 전게서, 2017. 356~357면. 및 2012., 230면, 이준섭, 전게서, 73면, 김용범, 「바람직한 경영감시기관」, 내부감사 저널 제11권제4호, 2014. 9. 61면.

433 김용범, 전게서, 2017. 357면 및 2012., 231면, 김용범, 「바람직한 경영감시 기관」, 내부감사저널 제11권제4호, 2014. 9. 61면.

2. 준법감시인

가. 준법감시인제도

미국의 Compliance Officer제도를 모델로 하여 2000년 「은행법」 등 금융관련법의 개정으로 도입되었고, 2015년 「금융회사의 지배구조에 관한 법률」(이하 '금융사지배구조법'이라 함)의 제정을 통해 은행 등 금융회사에서 그 선임이 의무화되는 자로서, 내부통제기준을 임직원이 준수하고 있는지의 여부에 대한 점검과 동 기준을 위반하는 경우 이를 조사하는 등 내부통제 관련 업무를 총괄하고, 필요한 경우 그 결과를 감사위원회/감사에 보고하는 것을 직무로 한다.(「금융사지배구조법」 제25조 제1항)

나. 내부통제체제에 대한 감시·감독[434]

내부통제기준은 '법령을 준수하고, 경영을 건전하게 하며, 주주 및 이해 관계자 등을 보호하기 위하여 금융회사의 임직원이 직무를 수행할 때 준수하여야 할 기준 및 절차'를 말한다.(「금융사지배구조법」제24조 제1항)

내부통제기준은 이처럼 금융회사의 업무전반에 걸쳐 업무분장에서부터 직무수행의 절차 및 업무수행에 수반되는 준법절차 및 준법상황에 대한 감시와 감시결과에 대한 조치에 이르기까지 전체를 망라하여 규정하고 있다.

이는 임직원의 업무수행을 상시 체크함으로써 업무수행 과정에서 있을 수 있는 위법·부정행위를 사전에 방지하여 업무의 건전성과 적정성을 확보하려는 것이며, 이러한 목적으로 회사 내부에 마련된 일련의 체계를 **'내부통제체제'** 혹은 **'내부통제시스템'**이라고 부르기도 한다.

현행 「금융사지배구조법」에서는 은행 등 금융회사에 한해 내부통제체제의 구축을 의무화[435] 하고 있고, 「신외감법」에서는 주권상장법인 및 직전 사업연도 말의 자산총액이 1천억 원 이상인 회사와 「공기업 · 준정부기관 회계사무규칙」에서는 공기업 및 준정부 기관에 한해 회계사무를 처리함에 있어 내부통제체제의 구축을 의무화하고 있으나, 「상법」에서는 일반회사에 대해 별다른 규정을 두고 있지 않고 있다. 그러나 일반회사의 경우에도 대법원의 판례(대법원 2006다68636 판결)에 의하여 내부통제시스템의 구축·운영을 요구하고 있으므로 내부통제체제의 구축·운영은 매우 중요한 과제이다.

회사의 업무집행은 법률상 대표이사가 행하지만, 실제는 임직원에 의해 이루어지는 것이 일반적이기 때문이다. 대표이사는 임직원의 직무수행에 대해 감독책임이 있으나 현실적으로 각 사업부서나 영업소에서 이루어지는 임직원의 구체적인 직무수행에 대해 일일이 감독하는 것은 불가능하다. 바로 이 점에서 내부통제체제의 구축 여부는 이사회의 감시의무 이행여부를 판단함에 있어서 중요한 기준이 된다.

---

434 김용범, 전게서, 2017, 358~359면.

435 그 이유는 1997년 IMF금융위기 이후 금융기관에 대한 효율적인 감독체제의 중요성이 부각되었다는 점, 금융기관의 경우에는 고객의 자산을 관리하는 자로서 엄격한 도덕성과 신뢰성이 요구될 뿐만 아니라 영업이나 임직원의 직무에 관련된 법규가 복잡 다양하며 특히 위법, 부정행위나 경영상의 문제가 있을 경우 그 피해의 범위나 정도가 엄청날 수 있다는 점 등을 고려한 것이다.

아울러 이사회는 회사의 경영전반에 관한 의사결정기관이며 업무집행에 관한 결정 사항을 토대로 실제의 업무집행은 각 이사를 통하여 이루어지게 된다. 또한 이사의 업무집행에 대한 감독은 회의체인 이사회를 통하여 이루어진다. 이를 위하여 이사회는 업무집행을 하는 각 이사로부터 회의체인 이사회에서 업무집행의 상황과 결과를 보고받고 그 직무집행을 감독하게 된다. 또한 회사의 내부통제체계의 지휘·감시를 통하여 감독 업무를 수행한다.

그렇다면 이사회는 이러한 내부통제기능에 있어서 구체적으로 어떠한 역할과 직무를 수행하는 것인가? 우선 이사회는 관련법규에 따라 내부통제 시스템의 관리 즉 위험관리와 내부통제에 관한사항을 결정하여야 한다.(「금융사지배구조법」제15조제1항 제5호) 그리고 이러한 내부통제에 관한 의사결정을 기초로 집행이사가 구축·운영하는 내부통제에 관하여 그 유효성, 효율성, 타당성 등을 스스로 점검하고 관리함으로써 이사의 직무집행을 감독하게 된다.

다. 내부통제체제에 대한 평가·감사[436]

그런데, 이 내부통제시스템의 도입과 관련하여 논란이 되고 있는 것이 준법감시인과 감사와의 관계이다. **내부통제시스템**은 한마디로 임직원의 직무수행에 대해 감독책임이 있는 이사회 및 경영진이 그 지휘하에 있는 임직원의 직무수행을 효과적으로 감독하기 위한 수단이며, **준법감시인**은 이러한 내부통제시스템의 구축에 관해 그 책임이 있는 이사회 및 대표이사를 지원·보좌하여 내부통제시스템을 운영·관리하는 자이다.

바로 이 점에서 준법감시인은 경영진과 독립하여 제3자적 입장에서 업무집행에 대해 조사·감독하는 감사와 구별된다. 다만, **준법감시인의 역할과 기능**은 **이사회 및 대표이사** (이하 '최고경영진'이라 함)**가 업무집행기능의 일환으로서 상시 수행하여야 할 임직원에 대한 업무감독기능을 지원·보좌하는 것**이므로 **광의적으로는 준법감시인 역시 업무집행기능을 수행하는 자**이다.

따라서 준법감시인이 최고경영진을 보좌하여 행하는 직무, 즉 내부통제 시스템의 운영과 관리는 감사의 감사대상이다. 다시 말씀드리면 내부통제시스템의 운영 · 관리는 최고 경영진을 보좌하여 준법감시인이 그 직무로서 수행하지만, 이러한 내부통제시스템이 업무수행의 적정성을 확보하는 데 효율적으로 구축 · 운영되고 있는지에 대한 評價 및 監査는 監事의 權限事項인 것이다.[437]

라. 감사와 준법감시인과의 관계[438]

현행 금융관련법에서는 준법감시인에 대해 임직원이 내부통제기준을 위반하는 경우 이를 조사하여 필요한 경우 감사/감사위원회에게 보고하도록 하고 있는데(「금융지배구조법」제25조

---

436 김용범, 전게서, 2017. 359~360면. 권종호, 전게서, 22~23면, 이준섭, 전게서, 75~81면, 최준선, 전게보고서, 190~192면, 김순석, 전게서, 126~128면, 김용범, 전게서, 2012., 237면, 김용범, 「바람직한 경영감시 기관」, 내부 감사저널 제11권제4호, 2014. 9. 61면.

437 김용범, 전게서, 2017. 360면 및 2012., 237면, 권종호, 전게보고서, 22면, 김건식 · 안수현, 「준법 감시인 조기정착을 위한 시론」, 증권법연구 제3권 제1호, 2002., 86면, 김용범, 「바람직한 경영감시 기관」, 내부감사 저널 제11권제4호, 2014. 9. 61면.

438 김용범, 전게기고문. 내부감사저널 제11권제4호, 2014. 9. 62~63면. 김용범, 전게서, 2017. 360면.

제1항), 이는 바로 내부통제시스템이 효율적으로 구축 · 운영되고 있는지에 대한 적정성 평가는 감사의 권한사항이라는 점을 고려하여 監事가 監査業務를 효과적으로 수행할 수 있도록 준법감시인은 협력하라는 의미로 새겨야 할 것이다.

이는 이사에 대해 감사에게 보고할 의무를 부과하고 있는 것과 같은 이치이다. 요컨대, 준법감시인은 내부통제시스템의 구축 · 운영에 대한 책임자로서 최고경영진을 지원·보좌하는 것을 주된 직무로 하는 자이지만, 감사와의 관계에 있어서도 적극적으로 협력할 의무를 지고 있는 자라고 할 수 있다. 다만, 필요한 경우에 한해 보고할 의무를 부과하고 있으나 이는 이사의 보고의무에 준하여 해석하여야 할 것이다.

3. 준법지원인[439]

가. 준법지원인제도

2011년 4월「상법」개정을 통해 금융기관의 준법감시인제도와 유사한 준법지원인제도를 도입하였다. 그 내용은 최근 사업연도 말 기준으로 자산총액이 5천억 원 이상인 상장회사는 준법통제기준을 마련하고, 동 기준의 준수여부를 점검하여 그 결과를 이사회에 보고하는 준법지원인을 두도록 하고 있다. 단, 다른 법률에 의하여 준법감시인을 두어야 하는 상장회사는 제외한다.

준법지원인이라 하면 일반적으로 회사업무의 계획 및 집행에 있어서 법률의 준수여부를 사전에 감시하는 사람을 말하나,「상법」에서는 **준법통제기준의 준수에 관한 업무를 담당하는 사람**을 말한다. "**준법통제기준**이라 함은 **법령을 준수하고 회사경영을 적정하게 하기 위하여 임직원이 그 직무를 수행할 때 따라야할 준법통제에 관한 기준과 절차**를 말한다."(「상법」제542조의 13 제1항 및 제2항)

준법통제기준 정의에「회사경영을 적정하게」라는 어귀는 어의적으로는 업무집행의 합목적성과 효율성을 높이는 것을 의미하나, 이는 이사회나 대표이사의 권한과 충돌되는 바이므로「**회사 경영의 적정**」이란 회사의 경영이 법령에 부합하여 적정하게 이루어지도록 한다는 의미로 받아들여야 할 것이다.

준법지원인은 준법감시인과 같이 내부통제제도 전체를 담당하는 사람이 아니기 때문에 준법통제기준의 범위를 설정함에 있어, 법령준수사항 이외에 회사 경영의 적정성을 위해 업무의 효율성 제고나 리스크 관리 등에 관한 사항까지는 포함되지 않는다고 본다. **즉 내부통제제도의 '적용 법률 및 규정의 준수' 부문을 담당하는 조직으로 봄이 타당**하다.

나. 준법감시체제에 대한 감시 · 감독[440]

준법통제란 회사의 임직원이 담당업무를 수행하는 과정에서 필연적으로 접하게 되는 각

---

439 김용범 전게서, 2017. 360~363면 및 2012., 238~240면 . 성범규,「준법지원인 도입으로 본 내부 통제 체계」, 상장회사감사회회보 제148호, 2012., 14~16면, 김용범,「바람직한 경영감시 기관」, 내부감사 저널 제11권 제4호, 2014. 9. 63~64면.

440 김용범, 전게서, 2017. 361면. 정준우 외, 전게연구보고서, 2014. 58~59면., 김건식/안수현, 전게 논문, 11면.

종의 규범[441]을 준수하게 함으로써 건전하고 적절한 업무수행이 이루어질 수 있도록 지원하기 위하여 고안된 시스템이다. 즉, 준법통제는 기업 경영상 다양한 위험 중 특히 법률적 위험만을 관리하기 위하여 고안된 것이다.

준법통제는 기업경영상 법률위험을 합리적으로 관리 · 감독하여 기업의 손실을 사전에 예방하고 운영의 효율성을 극대화하는 것이 무엇보다도 중요하다. 따라서 준법통제는 일차적으로 회사의 임직원들이 준법경영에 충실하도록 감시·감독하고, 조사하여 그 결과를 이사회에 보고함으로써 위법사항을 보완 · 시정하도록 하는 것이다.

그러나 준법통제제도는 임·직원의 직무수행상의 법규준수 부문에 관한 것이지만, 소극적으로 임직원의 법규 준수 여부만을 감시 · 감독 하고 조사하는 것만이 아니라, 교육·연수·상담·지도 등의 각종 과정을 통하여 임직원의 자율적인 법규준수를 보다 적극적으로 유도하는 사전적인 조치에도 그 중점을 두고 있는 제도이다.

준법통제체계의 설계방법과 작동방식 및 운영수준은 회사의 규모·유형·영업 · 종류 등에 따라 매우 다양하지만, 임직원에 대한 지속적인 준법교육과 점검 그리고 재발방지를 위한 조치 등은 반드시 준법통제체제에 포함되어야 한다. 그리고 각종 위법 행위를 방지하기 위하여 정책을 수립하고 필요조치를 취하는 외부당국에 대하여 준법경영의 확신을 줄 수 있는 장치도 포함되어야 한다.

다. 준법지원인과 경영진과의 관계[442]

임직원의 준법경영을 관리하는 준법지원인이 독립적으로 업무를 수행할 수 있는 환경의 보장은 유효한 준법지원제도를 확립하는 데 매우 중요한 전제 조건이다. 따라서 준법지원인은 이사회의 결의에 의해 임명되지만, 이사회는 물론 대표이사나 다른 이사들로부터 어떠한 지시나 감독도 받지 않고 그 직무를 독립적으로 수행하여야 한다.

즉, 준법지원인은 회사내부에서 그 누구로부터도 구속을 받지 않고 독립적인 상태에서 임직원의 준법경영을 점검하고 권고하며 위반행위를 감시할 수 있어야 한다.(상법」제542조의 13제9항) 즉, 준법통제기준과 준법지원인체제가 이사회의 경영의 틀 속에 움직이는 것은 맞지만, 회사의 업무수행과는 독립적으로 구축되어야 한다.[443]

이를 위해 「상법」은 준법지원인의 임기를 3년으로 보장하고 상근성을 명문화하여 준법지원인의 독립적인 업무수행이 가능하도록 지원하고 있고, 이와 연계하여 준법지원인이 자신의 업무수행에 직 · 간접적으로 영향을 받을 수 있는 회사의 영업에 관련된 업무를 겸할 수 없도록 제한하고 있다.(「상법시행령」제42조)

준법지원인은 법적으로 독임제 지위가 보장되어 있지만, 이사회의 결의에 의하여 임명되어 임직원의 준법경영 준수여부를 관리하고 그 위반행위를 감시하면서 그 결과를 이사회에

---

441 각종 규범에는 관련된 법령과 내부규범(사내규범, 업무메뉴얼 등) 및 사회규범(기업윤리, 사회기업문화 등)이 포함됨.

442 김용범, 전게서, 2017. 361~362면.

443 김용범, 전게서, 2017. 362면. 정준우 외, 전게연구보고서, 2014. 211면, 최승재, 「회사 내 내부통제기관의 재구성과 대안적 설계」(상사판례연구) 제22집 제3권(한국상사판례학회), 2009. 52면.

보고해야 한다.(「상법」제542조의 13 제3항) 그리고 준법지원제도의 본질은 경영진의 감시가 아니라 경영진을 지원하는 것이다.[444]

「상법」은 준법지원인으로 하여금 임직원의 준법통제기준의 준수여부를 조사하여 그 결과를 이사회에 보고하도록 규제하고 있는 것도 결국은 이사회의 경영의사결정과 감독권의 실행에 필요한 일종의 보증자료를 제공하기 위함이다. 따라서 준법지원인은 회사의 경영 조직 내에 있어야 하고, 이사회와 밀접한 업무적 연관관계를 구축하고 있어야 하지만, 준법지원인의 독립성은 언제나 확보·유지되어야 한다.[445]

라. 준법지원인과 감사와의 관계[446]

감사와 준법지원인은 모두 적절한 내부통제를 통해 회사업무의 적법성과 효율성 및 신뢰성을 확보한다는 목표에는 큰 차이가 없으나, 우선 양 조직은 그 목적이 회사경영진이 일정 목표를 가지고 운영함에 있어 잠재적 리스크를 찾아내고 이를 방지·감시하며 사고발생 시 효율적으로 대응하는 것에 목표를 두고 있다. 이에 따라 두 조직은 공히 경영진으로 부터의 독립성, 객관성 및 순결성이 요구된다.

물론 준법지원인은 경영진의 일부로서 작동하게 되지만, 회사의 비위를 탐지하고 방지하며 대응하는 책임에 비추어 높은 수준의 권위와 독립성이 요구된다고 할 수 있다. 그러나 이러한 공통점에도 불구하고 감사와 준법지원인의 기능은 상호 보완적일 수 있을지언정, 어느 한 부서가 다른 한 부서를 겸직하기는 적절치 않다는 것이다.

회사의 준법지원인은 회사가 추구하는 경영목표를 달성하는 데 필요한 적법성, 유효성 및 신뢰성을 달성하기 위해 경영진과 협의하에 각 영업부서별 '적용 법률 및 규정의 준수' 부문의 리스크 분석, 모니터링, 통제 및 적절한 감시기능을 수행하여야 하고, 감사는 이러한 시스템이 제대로 작동되어 회사의 업무가 유효하고 적절하게 운영되고 있는지를 감사·평가·진단하며 필요시 시정방안을 제시하여야 한다.

그러나 「상법」은 준법지원인으로 하여금 직무수행 결과를 이사회에 보고하도록 규정하고 있고, 감사기관과의 관계에 대해서는 아무런 내용도 규정하고 있지 아니하다. 그런데, 감사기관의 업무감사권은 이사의 직무집행행위가 법령이나 정관에 위반되는지 여부를 감사하는 것으로서 임직원 준법경영을 지원하고 그 위반행위를 감시하는 준법지원인의 임무와 유사하며 상호 중첩되고 있다.[447]

현행 준법지원인 제도 하에서는 임직원의 준법통제기준 위반행위를 조사하여 그 결과를 이사회에 보고한 경우에는 이사회의 시정조치가 있어야 하는데, 이 경우 이사회가 적시에 적절한 조치를 취했는지 여부는 감사기관의 업무감사권의 범위에 포함된다. 즉 이사의 직무집행의 적법성여부에 있어서는 준법지원인과 감사기관이 상호 연계되어 있으므로 양자 간의 업무

---

444 김용범, 전게서, 2017. 362면. 정준우 외, 전게연구보고서, 2014. 213면.

445 김용범, 전게서, 2017. 362면. 정준우 외, 전게연구보고서, 2014. 228면.

446 김용범, 전게서, 2017. 362~363면.

447 김용범, 전게서, 2017. 363면. 정준우 외, 전게연구보고서, 2014. 232~233면.

협조체제의 구축이 필요하다.[448]

따라서 「상법」상 준법지원인제도의 모태가 된 「금융지배구조법」상의 준법감시인제도를 살펴보면 준법감시인은 내부통제기준의 준수여부를 점검하고 내부통제 기준을 위반하는 경우 이를 조사해 감사기관에 보고할 수 있도록 하고 있는바, 준법지원인 역시 임직원의 준법통제기준의 준수여부를 점검하고 그 결과를 이사회에 보고할 때에 중요한 사항은 감사기관에도 아울러 보고하도록 하는 향후 입법적인 보완이 필요하다.[449]

또한 미국의 경우에는 우리와 같은 상근감사제도가 없으므로 준법지원인을 둘 필요가 있으나, 우리나라의 경우에는 감사기관(감사 또는 감사위원회)의 기능 속에 준법지원인의 기능이 포함된 것으로 보아야 하므로 감사의 기능을 강화하게 되면 별도로 준법지원인을 둘 필요가 없다는 주장도 있다.

4. 내부회계관리자[450]

가. 내부회계관리제도

내부회계관리제도는 국내·외 잇따른 회계부정사건으로 인하여 기업이 발표하는 재무정보에 대한 자본시장의 신뢰도가 하락하였으며 이에 대한 해결방안으로 재무정보의 신뢰성과 투명성을 제고하기 위하여 2004년도 회계제도 선진화 관련 법률의 일환으로 「외감법」의 개정을 통하여 도입된 제도이다.

그 이후 2017. 9. 「주식회사의 외부감사에 관한 법률」을 「주식회사 등의 외부 감사에 관한 법률」로 전부 개정하였다. 회사 대표자는 내부회계관리제도의 관리·운영을 책임지며, 이를 담당하는 상근이사(담당하는 이사가 없는 경우에는 해당 이사의 업무를 집행하는 자를 말한다) 1명을 '내부 회계관리자'로 지정하여야 한다.(「신외감법」 제8조 제3항)

나. 내부회계관리제도에 대한 관리·운영

회사(상장회사가 아닌 회사로서 직전 사업연도 말의 자산총액이 1천억 원 미만인 회사는 제외한다)는 신뢰할 수 있는 회계정보의 작성과 공시를 위하여 내부회계관리규정과 이를 관리·운영하는 조직(이하 "내부회계관리제도"라 함)을 갖추어야 한다.(「신외감법」제8조 제1항)

회사는 내부회계관리제도에 의하지 않고 회계정보를 작성하거나 내부 회계관리제도에 따라 작성된 회계정보를 위조·변조·훼손 및 파기하여서는 아니 된다.(「신외감법」제8조 제2항) 이사회는 경영진이 설계·운영하는 내부회계관리제도 전반에 대한 감독 책임을 지며, 경영진에 대한 지도·감독업무를 수행한다.

그리고 회사의 대표자는 내부회계관리제도의 관리·운영을 책임지며, 이를 담당하는 상

448 김용범, 전게서, 2017. 363면. 정준우 외, 전게연구보고서, 2014. 233면.

449 김용범, 전게서, 2017. 363면. 정준우 외, 전게연구보고서, 2014. 233면.

450 김용범, 전게서, 2017. 364~366 면. 최승환, 「내부통제제도(내부회계관리제도 포함)의 평가 절차와 방법」, 상장회사 감사회회보 제114호, 2009., 17면, 김용범, 전게서, 2012., 240~243면, 김용범, 「바람직한 경영감시 기관」, 내부감사저널 제11권제4호, 2014. 9. 64~65면.

근이사(담당하는 이사가 없는 경우에는 해당이사의 업무를 집행하는 자) 1명을 내부회계관리자로 지정하여야 하며(「동법」제8조제3항), 효과적인 내부회계관리제도의 설계 및 운영책임과 동 제도가 원활히 작동하는 데 필요한 제반조치를 강구해야 한다.

회사가 내부회계관리규정을 제정하거나 변경하고자 하는 경우에는 감사/감사위원회의 승인 및 이사회의 결의를 거쳐야 하며, 회사의 대표자는 이사회 또는 감사/감사위원회가 직무를 수행하기 위해 자료제출을 요구하는 경우에는 이에 성실히 응하여야 한다. 그리고 사업보고서 제출대상법인은 내부회계관리제도 운영실태 보고서 및 평가보고서 등을 공시하여야 한다.(「신외감법시행령」 제9조 제6항, 제7항 및 제13항)

다. 내부회계관리제도에 대한 평가·감사

1) 내부회계관리자의 내부회계관리제도 운영실태 보고

회사의 대표자는 사업연도마다 주주총회, 이사회 및 감사(감사위원회가 설치되어 있는 경우에는 감사위원회를 말한다. 이하 같다)에게 해당 회사의 내부회계관리제도의 운영실태를 보고하여야 한다.(「신외감법」제8조제4항)

회사의 대표자는 「신외감법」제8조 제4항 본문에 따라 내부회계관리제도 운영실태보고서를 작성해 이사회 및 감사에 對面報告하여야 한다.(「신외감법시행령」 제9조제4항) 다만, 회사의 대표자가 필요하다고 판단하는 경우 이사회 및 감사에 대한 보고는 내부회계관리자가 하도록 할 수 있다.(「동법」제8조 제4항 단서)

2) 감사의 내부회계관리제도 운영에 대한 평가 및 감사

감사는 **경영진의 자체평가 수행절차와 운영실태 평가결과의 적정성을 감독자의 관점에서 독립적으로 평가**한다. 따라서 감사는 내부회계관리제도를 독자적으로 평가하거나 회사의 내부감사기능을 활용하여 평가할 수 있으며, 평가절차 및 그 결과를 문서화해 충분한 근거자료를 마련한다. 또한 감사는 광의의 내부통제제도에 대한 정기적인 평가에 포함하여 실시할 수 있으며, 내부회계관리제도 평가 시 필요에 따라 경영진의 자체평가 자료를 근거로 평가절차를 수행할 수 있다.

아울러 감사는 사업연도마다 이사회에게 「평가·보고 모범규준」문단 97에 명시된 내용이 포함된 해당 회사의 내부회계관리제도 운영평가 보고서를 작성하여 보고하여야 하고, 그 평가보고서를 해당회사의 본점에 5년간 비치하여야 한다. 그리고 이 경우 내부회계관리제도의 관리·운영에 대하여 시정의견이 있으면 이를 포함하여 보고하여야 한다.(「신외감법」제8조 제5항)

내부회계관리자는 이러한 내부회계관리제도의 전반에 대해 감독책임을 가지고 있는 이사회와 내부회계관리제도의 설계와 운영에 책임을 지고 있는 대표이사의 내부회계관리제도의 관리·운영업무를 실무적으로 담당 및 집행하는 자이므로 내부회계관리자가 이사회 및 대표이사를 보좌하여 행하는 직무, 즉 내부회계관리 제도의 운영과 관리업무는 당연히 감사의 감사대상이다.

내부회계관리제도의 도입과 함께 재무보고의 신뢰성 확보를 위해 내부감사에게 요구하는 기대수준도 증대되었다. 따라서 내부회계관리제도의 운영효과성을 독립적으로 검증하는 역할뿐만 아니라, 회계투명성에 영향을 미칠 수 있는 추가적 위험요소를 식별하고 해당 위험발생을 방지하도록 내부통제를 개선·지도하는 역할까지 내부감사에게 요구하고 있는 추세이다.

라. 경영진과 내부회계관리자 및 감사와의 관계

경영진은 내부회계관리자의 자체평가 또는 감사의 평가결과에 따른 통제상의 미비점 그리고 감사의 권고사항 및 평가결과에 따른 필요한 조치를 결정하며, 시정 또는 개선을 요하는 사항에 대해 계획된 기간 내에 필요한 조치가 완료될 수 있도록 하고 사후에 이행여부에 대해 확인을 한다.(「평가·보고 모범규준」문단 89) 즉 경영진은 내부회계 관리자의 자체평가 또는 감사의 평가결과 나타난 통제상의 미비점이 적시에 시정될 수 있도록 하는 내부회계관리체계를 마련하여야 한다.

Ⅲ. 외부감시기관과 조직

1. 주주총회[451]

가. 주주총회 의의

주주총회는 주주로서 구성되는 필요적 상설기관으로서 법률 또는 정관에 정해진 사항을 결의하는 주식회사의 최고 의사결정기구이다.

나. 주주로서 구성

주주총회는 의결권의 유무에 불구하고 주주 전원으로 구성된다. 주주만이 구성원이 될 수 있으므로 이사나 감사가 주주총회에 출석하더라도 이는 주주총회 구성원이 아니며, 또 주주가 아닌 자가 의장으로서 사회를 할 수는 있겠으나 역시 주주총회의 구성원이 되는 것은 아니다. 이는 정관으로도 달리 정할 수 없다.

다. 최고의사결정기관

주주총회는 우선 이념적으로 「회사의 소유자」 들로 구성되는 기관*이라는 점에서 최고성을 부여할 수 있다. 한편 주주총회는 타기관의 구성원을 선임·해임하고, 주주총회의 결의는 타 기관 전부를 구속한다는 점에서 법적으로 회사 내에서 최고성을 인정할 수 있다.

* 회사는 독립적 사회적 실재로서 이론적으로는 그 자체의 의사와 행위를 가지나, 실제의 자연적 의사를 결정하고 자연적 행위를 할 능력이 없으므로 그 의사와 행위는 회사 조직상의 일정한 지위에 있는 자에 의해 결정되고 실천된다. 이와 같이 회사의 의사를 결정하고 행위를 실천하는 회사 조직상의 기구를 기관이라 한다.

주주총회는 주주의 의사를 수렴하여 회사의 의사를 결정한다. 그 의사 결정은 대내적인 것이고 직접 대외적인 법률관계를 형성하는 일은 없다. 의사결정방법은 「결의」라는 형식을

451 김용범, 전게서, 2017, 366~367면. 김용범, 「바람직한 경영감시 기관」, 내부감사저널 제11권제5호, 2014. 11. 54~55면. 이철송. 전게서. 박영사. 2021. 503~508면.

통하여 이루어진다. 따라서 현실적으로 의사를 결정하기 위해서는 주주들의 집회인 주주총회를 요한다.

주식회사는 인적회사와는 달리 업무집행에 관해 타인기관(이사)을 갖는 관계로 주주총회는 주주가 회사의 경영에 관여하는 유일한 통로이다. 물론 주주가 대표소송을 제기하든지, 유지청구권을 행사하든지 하여 소극적인 면에서는 단독으로 관여할 수 있지만 적극적으로 회사경영에 참여하는 것은 주주총회에서 결의권을 행사하는 것뿐이다.

라. 경영감시 관련 주주총회의 권한

최고의사결정기관으로 주주총회의 권한은 「상법」상의 권한, 특별법상의 권한, 정관에 의한 권한 등 다양한 권한이 존재한다. 「상법」은 주주의 이해에 특히 중요한 영향을 미칠 사항들을 추려 주주총회의 권한으로 하고 있다.

따라서 주주총회의 권한은 넓게 보면 모든 것이 경영감시와 직간접적으로 관련 없는 것이 없겠지만, 직접적으로 관련이 있는 권한은 ① 이사·감사의 선임권 및 해임권, ② 재무제표의 승인권, ③ 이사 및 감사의 보수 결정권 등이다.

마. 주주총회와 감사와의 관계

주식회사는 기관이 분화되어 있으나 기관간의 권한배분에 있어 자연법적인 원칙이 있는 것은 아니다. 현대 회사법의 입법례를 보면 점차 주주총회의 기능을 약화시키고 이사회(또는 이사)의 기능을 강화시키는 추세다.

「상법」도 "주주총회는 본법 또는 정관에 정하는 사항에 한하여 결의할 수 있다"라고 정함으로써 실질적인 「소유와 경영의 분리」를 지향하여 주주총회의 권한을 대폭 축소 하고 이사회의 권한을 강화하였다.

그러나 성질상 출자자의 지위에서 당연히 행사할 수 있는 권한인 ① 이사·감사의 선임권 및 해임권, ② 재무제표의 승인권과 ③ 이사 등 경영진의 자의적이고 부실한 경영을 막기 위한 감시적 기능인 이사 및 감사의 보수 결정권 등은 오히려 강화되어야 된다고 본다.

2. 단독주주 및 소수주주[452]

가. 주주 권리의 의의

주주가 회사에 대하여 갖는 지위, 그것은 하나의 사원권으로서 주주가 회사에 대해 갖는 개개의 권리 원천을 이루고 있는데, 이를 **'주주권'**이라 한다.

주주는 주주권을 원천으로 회사에 대해 여러 가지 권리를 갖는다. 「상법」이 인정하는 개개의 구체적 권리를 주주의 사원권적 지위를 포괄적으로 나타내는 주주권과 구별하여 「**주주의 권리**」라고 표현한다.

---

452 김용범, 전게서, 2017. 368~369면. 김용범, 「바람직한 경영감시 기관」, 내부감사저널 제11권제5호, 2014. 11. 55~56면. 이철송. 전게서. 박영사. 2021. 313~316면

나. 공익권 및 자익권

주주의 권리는 흔히 다음과 같이 분류한다. 회사의 운영에 참가하는 것을 목적으로 하거나 이와 관련하여 행사하는 권리를 **'공익권'**이라 하고, 주주가 회사로부터 경제적 이익이나 기타 편익을 받는 것을 목적으로 하는 권리를 **'자익권'**이라 한다. 바꿔 말해 **공익권의 행사 효과는 회사와 주주 전체에 귀속**되나, **자익권의 행사 효과**는 **그 권리를 행사한 주주에만 귀속**된다.

이를 세부적으로 설명하면, **자익권**은 **출자금에 대한 수익을 위한 권리**와 **출자금 회수를 위한 권리**로 나눌 수 있다. **출자금에 대한 수익을 위한 권리**로는 이익배당청구권, 중간배당청구권 및 신주인수권 등이 있다. 또한 **출자금 회수를 위한 권리**로는 주권교부청구권, 명의개서청구권, 잔여재산분배청구권 및 주식매수청구권 등이 있다.

공익권은 **경영참여를 위한 권리**와 **경영감독을 위한 권리**로 분류된다. **경영참여를 위한 권리**로는 주주총회에서의 의결권(단독주주권)과 주주제안권이 있다. 그리고 경**영감독을 위한 권리**로는 아래와 같이 단독주주권과 소수주주권으로 분류된다.

다. 단독주주권 및 소수주주권

주주의 권리는 단 1주만을 가진 주주에게도 인정됨이 원칙이다. 이 원칙이 적용되는 권리를 **'단독주주권'**이라 한다. 자익권은 모두 단독주주권이다. **단독주주권**으로는 설립무효의 소권, 주식교환무효의 소권, 주식이전무효소권, 총회결의취소의 소권, 총회결의무효·부존재확인의 소권, 신주발행유지 청구권, 합병무효소권, 분할무효소권 등이 있다.

공익권도 원칙적으로는 단독주주권이지만, 개중에는 발행주식 총수의 일정 비율에 해당하는 주식을 갖는 주주에 한하여 행사하는 권리도 있다. 이를 **'소수주주권'**이라 한다. **소수주주권**으로는 주주제안권, 주주총회소집청구건, 집중투표청구권, 이사·감사 해임청구권, 회계장부열람권, 업무·재산상태 검사청구권, 유지청구권, 대표소송제기권, 해산 판결청구권 등이 있다.

상장회사에서는 주식이 널리 분산되어 있으므로 일반적인 소수주주권의 요건을 그대로 적용한다면 소수주주권의 행사는 매우 어려워 유용한 경영통제수단이 되지 못한다. 그러므로 상장회사에 대하여는 특례를 두어 소수주주권의 행사요건을 크게 완화하였다.(「상법」 제542조의6 및 제542조의7 제2항).

나아가 소수주주권제도의 실효성을 높이기 위해서 상장회사 중 자본금이 1,000억원 이상인 상장회사의 경우 다시 일반상장회사 소수주주권 지주요건의 2분의 1로 완화하였다.(「상법」 제542조6. 「상법시행령」 제32조). 그리고 「금융지배구조법」 상의 금융회사에 대하여는 또 다시 소수주주권 지주요건을 낮추고 있다.

참고

소수주주권의 요건에 관한 일반규정과 특례규정의 대비표[453]

제 목	일반 규정	특례 규정
▫ 주주제안권	100분의 3(363조의2)	1,000분의 10(542조의6 제2항)
▫ 대표소송	100분의 1(403조, 408조의9, 415조)	1만분의 1(542조의6 제6항)
• 이익공여 관련	100분의 1(467조의2)	1만분의 1(상동)
• 불공정인수관련	100분의 1(424조의2)	1만분의 1(상동)
• 발기인책임추궁	100분의 1(324조)	1만분의 1(상동)
• 청산인책임추궁	100분의 1(542조)	1만분의 1(상동)
▫ 집중투표청구	100분의 3(382조의2)	100분의 1(542조의7 2항)
▫ 이사·감사해임청구	100분의 3(385조 제2항,415조)	1만분의 50(542조의6 제3항)
▫ 청산인해임청구	100분의 3(539조 제2항)	1만분의 50(상동)
▫ 유지청구	100분의 1(402조,408조의9, 542조)	10만분의 50(542조의6 제5항)
▫ 회계장부열람권	100분의 3(466조)	1만분의 10(542조의 6 제4항)
▫ 주주총회소집	100분의 3(366조)	1,000분의 15(542조의6 제1항)
▫ 총회검사인선임청구	100분의 1(367조 제2항)	–
▫ 업무검사권	100분의 3(467조)	1,000분의 15(542조의 6 제1항)
▫ 해상판결청구권	100분의 10(520조)	–

라. 소수주주권과 감사와의 관계

소수주주권의 내용을 보면 대부분 「소유와 경영의 분리」의 원칙에 반하여 주주에게 경영간섭을 허용하는 것이다. 이같이 법상 소수주주권이라는 형태로 주주의 경영간섭을 허용한 것은, 한편으로는 다수결의 원칙 하에서의 다수파 주주의 전횡을 막고, 다른 한편으로는 단독주주권으로 했을 경우 예상되는 개별 주주에 의한 주주권의 남용을 막자는 뜻이 있다.

따라서 **소수주주권**은 다수파 주주들에 의해 지배되는 이사회 및 경영진의 전횡과 부실경영을 막고, 사실상 다수파 주주들에 의하여 선임되는 감사의 직무유기를 방지하기 위한 **소수파 주주들의 유용한 경영통제수단**이다. 그러나 남용의 우려도 있으므로 어느 정도 수량의 주식을 소유한 주주에게만 제한적으로 인정하고 있는 것이다.

즉, 소소주주권의 행사는 이사회와 경영진의 업무집행을 침해하는 이례적인 행위이므로 단순한 임무해태만으로는 청구사유가 될 수 없으며, 청구사유는 구체적으로 소명하여야 한다.(대법원 1985. 7. 31. 판결. 85마214) 그러나 이러한 판례에도 불구하고 소수 주주권은 이사회 및 경영진의 전횡과 부실 경영 그리고 감사의 직무유기의 경우에 주주들의 보완적인 경영통제기능으로 매우 유용한 수단이라 할 수 있다.

---

453 이철송. 전게서. 박영사. 2021. 315면.

3. 외부감사인[454]

가. 외부감사인제도의 개황

이사의 직무집행에 대한 감사기관으로 외부감사인도 있다. 감사 또는 감사위원회는 업무감사와 회계감사를 직무로 하고, 외부감사인은 회계감사만을 직무로 한다. 그러므로 감사 또는 감사위원회의 회계감사권과 외부감사인의 회계감사권은 서로의 권한이 충돌될 소지가 많이 있다.

그러나 외부감사인에 의한 회계감사는 감사를 통해 회사의 경영자가 제시하는 회계정보에 대해 공정성을 부여하고 자본시장에서 투자자들로 하여금 대차대조표 등 재무제표에 대해 신뢰성을 갖고 투자의사 결정에 이를 이용토록 함으로써 자본시장의 신뢰성과 효율성을 향상시키는 데 있다.

주권상장법인과 해당 사업연도 또는 다음 사업연도 중에 주권상장법인이 되려는 회사, 그 밖에 직전 사업연도 말 자산, 부채, 종업원 수 또는 매출액 등 대통령령으로 정하는 기준에 해당하는 회사는 재무제표를 작성하여 회사로부터 독립된 외부의 감사인에 의한 회계감사를 받도록 의무화되어 있다.(「신외감법」제4조 제1항)

「신외감법」이 이처럼 일정 규모이상의 회사 및 주권 상장법인 등에 대해서 외부감사인에 의한 회계감사를 강제하는 것은 회사로부터 독립된 외부감사인을 통해 회사의 건전한 발전을 도모하고 이해관계인을 보호하고자 하는 데 그 목적이 있다.

또한 「자본시장법」에 의해서도 주권상장법인 등 사업보고서 제출대상법인은 금융위원회 및 거래소에 그 사업보고서 등 재무에 관한 서류를 제출하여야 하는 회사는 외부감사인에 의한 회계감사를 받도록 되어있다.(「자본시장법」 제159조 제1항, 제2항 및 「동 법시행령」제168조 제6항)

나. 외부감사인의 감사대상

외부의 감사인에 의한 회계감사를 받아야 하는 회사는 다음 각 호의 어느 하나에 해당하는 회사(주식회사 및 유한회사)이다.(「신외감법」제4조, 「동법시행령」 제5조)

외부감사 대상 회사

1) 주권상장법인
2) 해당사업연도 또는 다음사업연도 중에 주권상장법인이 되려는 회사
3) 그 밖에 대통령령이 정하는 기준의 회사(주식회사 및 유한회사)
가) 직전 사업연도 말의 자산총액이 500억 원 이상인 회사
나) 직전 사업연도의 매출액이 500억 원 이상인 회사
다) 다음 각목의 사항 중 3개 이상에 해당하지 아니하는 회사

---

454 김용범, 전게서, 2017. 369~374면 및 2012., 231~235면. 김용범, 「바람직한 경영감시 기관」, 내부감사저널 제11권제5호, 2014. 11. 56~58면.

① 직전 사업연도 말의 자산총액이 120억 원 미만
② 직전 사업연도 말의 부채총액이 70억 원 미만
③ 직전 사업연도의 매출액이 100억 원 미만
④ 직전 사업연도 말의 종업원이 100명 미만
⑤ 직전 사업연도 말의 사원이 50명 미만(유한회사) 등

다. 외부감사인과의 관계

일정규모 이상의 회사의 경우에는 이처럼 회사내부의 감사에 의한 회계감사와 회사 외부의 외부감사인에 의한 회계감사가 중첩적으로 이루어지게 되는데, 이와 관련하여 양자의 관계를 어떻게 볼 것인지가 문제되고 있다.

1) 외국의 경우 외부감사인과의 관계

외국의 경우 일정규모 이상의 회사에 대해서는 회사내부의 감사와는 별도로 회계 전문가에 의한 회계감사를 의무화하고 있는 것이 일반적인 현상인데, 예컨대 미국의 「외부감사인(External Auditor)」, 일본의 「회계감사인」, 독일의 「결산감사인 (Abschlussp -rüfer)」이 그 경우이다.[455]

이들은 공인회계사 등 회계전문가로서 일정의 자격요건을 요하며, 기본적으로 회사와의 관계에서는 회사의 기관은 아니며 단지 회사와의 계약에 근거하여 회계감사에 관한 사무를 위탁받아 수행하는 자이다.[456]

회계감사의 경우 외국에서는 외부의 회계전문가가 일차적으로 감사를 행하고, 그 결과를 감사보고서에 담아 회사에 제출하면, 이때 회사 내부의 감사기관은 외부감사인의 감사방법이나 감사결과의 상당성에 관해 심사를 하고, 이를 자신이 작성하는 감사보고서에 기재하여 회사에 제출하는 것이 일반적이다.[457]

이런 측면에서 보면 외부감사인과 내부감사기관과의 관계는 외부감사인이 회계감사에 관해 일차적인 책임을 지고 수행하지만, 내부감사기관은 그 결과를 평가·심사하는 입장에 있으며, 따라서 외부감사인은 내부감사기관의 감독을 받는 관계라고 할 수 있다.

2) 우리나라의 경우 외부감사인과의 관계[458]

우리나라의 경우에는 현행법상 외부감사인이 내부감사인의 감독을 받는 관계라고 말할 수 없는데, 그 결정적인 이유로 다음의 2가지를 지적할 수 있다.

---

455 영국의 경우는 회사법에 의해 회사내부기관으로서 회계감사를 전담하는 「감사(Auditor)」를 선임하는 것이 의무화되어 있으나 감사의 자격에 관해서는 회계전문가일 것을 요하는 등 엄격히 제한.

456 외부감사인은 위임사무, 즉 회계감사에 관해 수임인으로서 「민법」의 위임에 관한 일반원칙에 따라 회사를 위해 선량한 관리자의 주의로서 위임사무(회계감사)를 해야 할 의무, 즉 선관주의의무를 진다.

457 김용범, 전게서, 2017. 371면과 2012, 232면. 권종호, 「감사제도의 개선과 감사위원회제도의 과제」, 상사법연구 제19권제3호, 2001, 103면, 권종호, 「감사제도에 관한 소고」, 일감법학 제3권, 1998. 231면, 권종호, 「감사와 감사위원회제도」,2004., 16면, 김용범, 「바람직한 경영감시기관」, 내부 감사저널 제11권 제5호, 2014. 11. 56면.

458 김용범, 전게서, 2017. 371면 및 2012., 232~234면. 권종호, 전게서, 16~18면, 김용범, 「바람직한 경영감시기관」, 내부감사저널 제11권제5호, 2014. 11. 57면.

첫째, 감사와 외부감사인이 회사에 대해 각각 감사보고서를 제출하는 시기에 있어서 관련성이 없다는 점이다. 즉 (ⅰ)「신외감법」에 의하면 외부 감사인은 회사로부터 주주총회일 6주 전에 재무제표를 받은 후*(「신외감법」제6조, 「동법시행령」제8조) 주주총회일「1주일 전」까지 감사보고서를 이사와 감사에게 제출하여야 한다.(「신외감법」 제23조 ,「동법시행령」 제27조 제1항)

* 연결재무제표작성의무회사가 외부감사인에게 제출하여야 하는 연결재무제표의 경우에는 국제회계 기준적용회사 : 정기총회 4주일 전, 국제회계기준미적용회사 : 사업연도 종료 후 90일 이내에 제출한다. 단 사업보고서 제출대상법인 중 직전 사업연도말의 자산총액이 2조 원 이상인 법인은 사업 연도 종료 후 70일 이내에 외부감사인에게 제출한다.(「신외감법시행령」제8조 제1항)

이에 대해 (ⅱ)「상법」에 의하면 감사는 회사로부터 주주총회일「6주 전」에 재무제표와 그 부속명세서 및 영업보고서를 받은 후「4주 내 즉 주주총회일 2주일 전」까지 감사보고서를 이사에 제출하여야 하며(「상법」제447조의3, 447조의 4), 다만 (ⅲ) 상장 회사의 경우 감사는 주주총회일「1주일 전」까지 감사보고서를 이사에 제출하면 된다. (「상법」 제542조의12 제6항)

이처럼 현행법은 외부감사인에 대해 감사보고서를 이사와 감사에게 제출하도록 의무화하고 있는데, 이는 외부감사인의 감사보고서에 대해 외국의 경우처럼 감사가 외부감사인의 감사방법이나 감사결과의 상당성에 관해 심사할 수 있도록 하기 위해서이다. 그러나 현행법상으로는 유감스럽게도 이를 기대할 수 없다.

왜냐하면 ①「외감법」이 적용되는 상장회사의 경우가 아닌 일반회사의 경우에는 감사가 외부감사인으로부터 감사 보고서를 받는 시점(주주총회일 1주 전)이 자신의 감사보고서를 이사에게 제출하여야 할 시점(주주총회일 2주 전)보다 늦기 때문이다.

즉 감사가 외부감사인의 감사보고서를 받는 시기는 자신의 감사보고서를 이미 이사에게 제출하고 난 후이므로 감사로서는 외부감사인의 감사보고서에 관해 감사의 방법이나 결과가 상당하지 않음을 발견하더라도 이를 자신의 감사보고서에 반영할 방법이 없다.

그리고 ② 상장회사의 경우에는 감사가 이사에게 자신의 감사보고서를 제출하여야 하는 시점(주주총회일 1주일 전)과 외부감사인으로부터 감사보고서를 받는 시점(주주총회일 1주일 전)이 같기 때문에 이때에도 또한 감사가 외부감사인의 감사보고서에 관해 검토할 시간적 여유가 없다.

그런 점에서 현행법은 외부감사인과 감사의 관계에 관해 각각 독립된 별개의 회계감사 주체로 인식하고 있다고 볼 수밖에 없다.(대법원. 2019. 11. 28. 선고. 2017다244115. 판결) 만일 그렇다면 의문인 것은 '왜? 외부감사인에 대해 감사보고서를 감사에게 제출하도록 의무화하고 있는가'일 것이다. 이는 입법상의 오류가 분명하다.

둘째는 2003년「외감법」의 개정 및 2017년「신외감법」의 제정에 의해 새로이 도입된 내부회계관리제도와 관련한 법률상의 모순 때문이다.

(ⅰ)「신외감법」 제8조에서는 회사의 대표자는 사업연도마다 주주총회, 이사회 및 감사에게 해당회사의 내부회계관리제도의 운영실태를 보고하도록 하고(동조 제4항), 감사는 내부회계관리제도의 운영실태를 평가하여 이사회에 사업 연도마다 보고하도록 하고 있다.(동조 제5항)

그런데 (ii)「신외감법」제8조 제6항에서는 외부감사인은 회사가 이 조에서 정한 사항의 준수여부 및 제4항에 따른 내부회계관리제도의 운영실태에 관한 보고내용을 검토하여야 하고, 주권상장법인의 경우 동 사항을 감사해야 한다. 그리고 제7항에서는 제6항에 따라 검토 또는 감사한 감사인은 그 검토결과 또는 감사결과에 대한 종합의견을 감사보고서에 표명하여야 한다. 그러면서도「신외감법」제23조에 제1항 의해 외부감사인은 감사보고서를 감사에게 제출하여야 한다.

즉 (iii) 내부회계관리제도에 관한 한 현행법은 ① 회사 대표자의「내부회계관리 제도의 운영실태 보고」→ ② 감사의「내부회계관리제도의 운영실태 보고」에 대한 평가 와 ③ 외부감사인의「내부회계관리제도의 운영실태 보고」에 대한 검토 또는 감사로 규정되어있다. 다시 말씀드리면 내부회계관리제도에 있어서는 감사와 외부감사인이 상호 중첩감사하는 위치에 있는 것이다.

라. 외부감사인의 감사보고서에 관한 감사의 검증[459]

외부감사제도는 일정규모 이상 회사의 경우 기업회계에 관해 다양한 이해관계자가 관련되어 있을 뿐만 아니라 회계기법이 고도로 복잡화·전문화됨으로써 내부감사기관 감사만으로는 회계감사의 적정성과 진실성을 담보할 수 없기 때문에 도입된 것이다.

즉 회계감사의 한계를 회사 외부의 회계전문가를 통해 극복하기 위한 것이고, 그런 점에서 외부감사인은 물론 독자적으로 감사를 행하지만, 감사와의 관계에서는 감사를 보완·지원하는 것으로 보는 것이 옳다. 이렇게 보는 것이「신회계법」상 감사의 외부감사인의 감사운영에 대한 관리·감시권과도 일치하는 것이다.

특히 외부감사인의 감사결과에 대해 회사내부에서 감사가 재차 검증할 수 있도록 하는 것은 회계감사의 적정성 확보라는 측면에서 매우 중요한 의미가 있으므로 일본의 회계감사인의 감사보고서 제출시기 등을 참고하는 등 감사에 대한 외부감사인의 감사보고서의 제출시점에 관해서는 반드시 재검토가 필요하다고 본다.

참고

일본의 회계감사인의 감사보고서 제출시기

이사는 정기총회일 8주 전에 재무제표 등을 감사회와 회계감사인에게 제출하여야 하며(「상법특례법」 제12조 제1항), 회계감사인은 그 서류를 수령한 날로부터 4주간 이내에 감사보고서를 감사회와 이사에게 제출하여야 한다.(「동법」제13조 제1항)

그리고 감사회는 회계감사인으로부터 감사보고서를 수령한 날로부터 1주 이내에 감사보고서를 이사에 제출하도록 되어 있다.(「동법」제14조 제2항)

459 김용범, 전게서, 2017. 373~374면 및 2012., 234~235면. 권종호, 전게서, 18~20면, 오수근, 전게서, 12~18면, 정준우, 전게연구서, 229면, 권종호, 전게서, 16~18면.

또한 「신외감법」의 내부회계관리제도의 운영실태 평가와 관련하여 감사가 외부감사인을 감시·감독할 위치에 있음에도 불구하고, 외부감사인이 監事를 감독하는 지위에 있는 것으로 보일 수 있다는 점에서 외부감사인의 동 평가보고서의 제출시점에 대하여도 재검토가 필요한 것으로 생각된다.

그리고 2003년 증권관련 집단소송제도가 도입되었고 회계부정의 경우 대표이사를 포함한 관계자뿐만 아니라 감사에 대해서도 책임을 물을 수 있도록 하고 있으며, 특히 최근 회계부정과 관련한 소송에서 외부감사인이 회계부정에 대한 책임자로 주된 표적이 되고 있다는 점을 고려하면 외부감사인의 회계감사결과에 대해 회사 내부의 감사에 의한 재검증을 통해 회계 감사의 적정성을 제고하는 것은 매우 중요하다고 본다.

이는 2003년 「증권거래법」 개정에서 도입된 이후 2009년도 「상법」 개정에서 반영된 감사위원 중 회계 또는 재무전문가를 1인 이상 선임하도록 한 것(「상법」 제542조의11 제2항 제1호)과 2017년 「신회계법」상 감사의 외부감사인의 감사운영에 대한 관리·감시권을 도입한 입법취지와도 부합하는 것으로 생각된다.

4. 검사인[460]

가. 검사인의 의의

검사인은 일정한 법정사항을 조사하기 위하여 선임되는 회사의 임시기관이다. 그 임무는 선임 목적에 따라 다르지만, 대체로 발기인·이사·청산인의 직무수행의 적부, 계산의 정확여부를 조사하는 것이다.

나. 검사인의 자격과 지위

주주총회에서 선임하는 검사인과 회사와의 관계는 위임이며, 따라서 검사인은 회사에 대해 선량한 관리자의 주의의무를 진다.

법원이 선임하는 경우에는 이와 같은 계약관계가 없고, 그 권한도 법률의 규정에 의해 정해진다. 그러나 법원이 선임하는 검사인도 그 기능은 주주총회에서 선임하는 검사인과 유사하므로 역시 선량한 관리자 주의의무를 진다고 해야 할 것이다.

검사인의 자격에는 제한이 없으나, 당해 회사의 이사·감사·사용인은 검사인이 될 수 없으며, 직무의 성질상 자연인이어야 한다는 것이 통설이다. 그러나 근래 검사인의 업무로 적합한 회계, 법무, 세무 등의 전문직 사무의 시장을 다수의 관련 전문법인이 점유하고 있음을 볼 때 굳이 자연인으로 제한할 필요는 없다고 본다.

다. 검사인의 선임과 직무

1) 법원이 선임하는 경우

---

460 김용범, 전게서, 2017. 374~376면. 이철송. 전게서. 박영사. 2021. 893~895면, 김용범, 「바람직한 경영감시 기관」, 내부감사저널 제11권제5호, 2014. 11. 58~59면.

가) 회사설립의 경우

• 변태설립사항이 있을 때 이를 조사하게 하기 위하여 이사의 청구에 의해 선임된다. 이 검사인은 변태설립사항 및 현물출자의 이행 여부를 조사한다.(「상법」 제298조)

나) 액면미달의 신주발행을 할 때

• 법원이 최저발행가액을 변경 인가할 경우 회사의 재산상태, 기타 필요한 사항을 조사하게 하기 위해 선임할 수 있다.(「상법」 제417조 제3항)

다) 신주발행 시 현물출자를 하는 경우

• 현물출자의 내용을 조사하기 위해 이사의 청구로 선임한다.(「상법」제422조제1항)

라) 회사의 업무집행에 관하여 부정행위 또는 법령·정관에 위반한 중대한 사실이 있음을 의심할 만한 사유가 있을 때

• 소수주주의 청구에 의해 회사의 업무와 재산 상태를 조사하게하기 위해 선임 할 수 있다.(「상법」 제467조 제1항)

2) 주주총회가 선임하는 경우

• 소수주주의 청구에 의해 소집된 주주총회에서 회사의 업무와 재산상태를 조사하게 하기 위하여 선임할 수 있다.(「상법」 제366조 제3항)
• 주주총회에서 이사가 제출한 서류와 감사의 보고서를 조사하게 하기 위하여 선임할 수 있다.(「상법」 제367조)
• 청산 중인 회사의 주주총회에서 이사가 제출한 서류와 감사의 보고서를 조사하게 하기 위하여 선임할 수 있다.(「상법」 제542조 제2항 →제367조)

라. 검사인의 감사와의 관계

검사인과 감사와의 관계는 소수주주권에 의해 선임되는 경우를 제외하고는 일정한 법정사항을 조사하기 위하여 일시적으로 선임되므로 법에서 정한 사항에 대하여 선량한 관리자의 주의의무를 다하면 될 것이다.

다만 회사의 업무집행에 관하여 부정행위 또는 법령이나 정관을 위반한 중대한 사실이 있음을 의심할 사유가 있을 때에 발행주식 총수의 100분의 3 이상을 가진 주주(상장법인은 발행주식의 1,000분의 15)가 회사의 업무 및 재산 상태를 조사하기 위하여 법원에 검사인의 선임을 청구할 수 있다.

이 경우는 앞에서 기술한 소수주주권의 일종이므로 검사인과 감사와의 관계는 소수주주권과 감사와의 관계를 참고하면 될 것이다.

Ⅳ. 맺는말

전형적인 물적 회사인 주식회사는 출자자인 주주의 이익보호와 채권자등 이해관계자의 이익보호를 위하여 회사가 건전하고 적정하게 운영되고 있는지의 여부를 감독할 경영감시제도가 매우 중요하다.

「상법」은 주요 경영감시기관으로서 필요·상설적 감시기관인 감사제도와 임시적 감시기

관인 검사인제도가 있다. 그러나 실제에 있어서는 여러 개의 기관이 중첩적으로 경영감시기능을 수행한다.

감시의 종류는 대체로 업무감사와 회계감사로 대별하는데, 감사·주주총회·검사인은 업무감사와 회계감사 양자를, 이사회는 업무감사를, 그리고 외부감사인은 회계감사를 할 수 있다. 또한 소수주주권자도 임시총회의 소집청구·회계장부의 열람 등을 통하여 회계감사에 참여할 수 있다.

이 밖에 「금융지배구조법」에 의하여 증권회사, 은행, 보험회사 등 금융회사는 법령을 준수하고 자산을 건전하게 운용하며 투자자 등을 보호하기 위하여 당해회사의 임직원이 준수할 절차 및 기준을 마련하고 이를 점검하여 감사 및 감사위원회에 보고하는 준법감시인제도가 있다.

그리고 「신회계법」에 의하여 기업의 내부통제 목적 중 재무정보의 신뢰성을 확보하기 위해 내부회계관리제도의 적정운영 여부를 감시하는 내부회계관리자제도와 「상법」에 의하여 법률 및 규정 준수를 확보하기 위해 준법통제기준의 준수 여부를 감시하는 준법지원인제도가 있다.

이와 같이 현행법상 기업 경영의 적정성과 회계의 투명성을 보장하기 위하여 경영감시장치를 이중 삼중으로 두고 있고, 동 기관 및 조직들의 운영에 따른 과중한 비용을 기업들이 부담하고 있음에도 불구하고, 경영 감시 장치의 중첩에 따른 책임부담의 불명확성으로 기업 현실은 어느 하나 제대로 법에서 부여하고 있는 경영감시기능을 발휘하지 못하고 있는 것이 현실이다.

따라서 앞에서 설명한 바와 같이 현행 중첩적으로 운영되고 있는 회사의 경영감시 기관 및 조직들 간의 중첩기능에 대하여는 기업의 동 기관 및 조직들의 운영에 따른 과중한 비용부담의 경감차원에서 뿐만 아니라 경영감시의 효율성과 책임성을 강화하고 相互牽制와 相互補完하는 기관 및 조직이 될 수 있도록 향후 경영감시 기관 및 조직의 역할과 기능에 관해서 재검토가 필요하다.

제6장

내부감사조직 및 보조 조직

제1절 내부감사조직의 개요

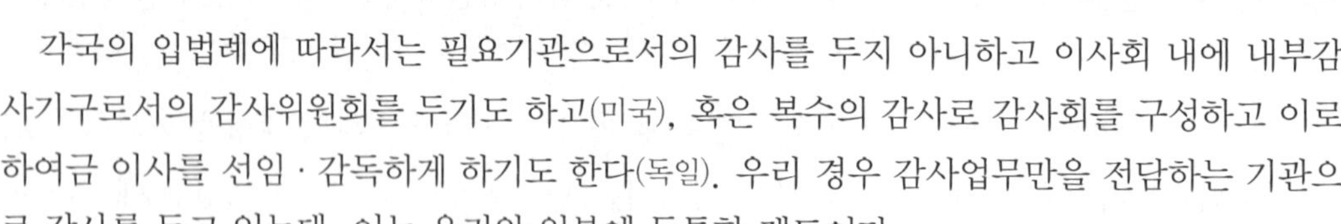

각국의 입법례에 따라서는 필요기관으로서의 감사를 두지 아니하고 이사회 내에 내부감사기구로서의 감사위원회를 두기도 하고(미국), 혹은 복수의 감사로 감사회를 구성하고 이로 하여금 이사를 선임 · 감독하게 하기도 한다(독일). 우리 경우 감사업무만을 전담하는 기관으로 감사를 두고 있는데, 이는 우리와 일본에 독특한 제도이다.

2009년 개정 「상법」에서는 감사를 대신하여 미국식의 감사위원회를 둘 수 있는 근거를 마련하였고, 자본금 총액이 10억 원 미만인 소규모 회사인 경우 감사를 두지 않을 수 있도록 하였다. 주식회사의 감사기관으로서 필요적상설기관인 감사 또는 감사위원회 외에도 임시기관인 검사인과 「신외감법」에 의한 외부감사인을 두고 있다.[461]

「상법」은 회사 규모에 관계없이 일률적으로 감사제도를 두도록 하는 경우 소규모 회사에게 불필요한 부담을 주게 된다는 점에서 일정 규모이하의 회사에 대해서 감사 제도를 임의 규정화한 것이다. 이에 따라 현행법상 주식회사에 있어서 감사제도는 크게 네 가지 유형으로 나누게 된다.[462]

감사제도의 유형

① A형 : 자본금 총액이 10억 원 미만인 회사로 감사나 감사위원회를 선택하거나 감사 제도를 두지 않을 수 있는 회사

② B형 : 감사 또는 감사위원회 중 하나를 반드시 선택해야 하는 회사

③ C형 : 최근 사업연도 말 현재 자산총액이 1,000억 원 이상 2조 원 미만 상장 회사로서 상근감사 또는 감사위원회를 선택해야 하는 회사

④ D형 : 최근 사업연도 말 현재 자산총액이 2조원 이상인 상장회사로서 감사위원회를 의무적으로 설치해야 하는 회사

---

461 김용범, 전게서, 2017. 377면 및 2012., 245면. 정찬형, 전게서, 915면, 김학원, 전게서, 35면.

462 김용범, 전게서, 2017. 377면 및 2012. 245면. 김학원, 전게서, 35면.

제2절 내부감사조직의 형태

Ⅰ. 현황

현행법의 문제점은 감사위원회를 도입하는 과정에서 감사제도 본래의 핵심기능에 대한 이해가 왜곡되었다는 점이다. 현행법상 내부감독체계는 회사로 하여금 대륙법적 전통으로부터 출발하여 이사회에서 독립된 기관인 독임제 감사제도를 통하여 견제 및 감독기능을 부여하는 체계와 더불어 이사회 내부의 위원회를 통한 견제 및 감독 시스템인 미국식의 감사위원회제도를 통한 감독체계를 선택하도록 하고 있다.[463]

즉 「상법」상으로 회사는 「정관」이 정하는 바에 따라 감사에 갈음하여 감사위원회를 설치할 수 있는데 그에 따라 감사위원회를 설치한 경우에는 따로 감사를 둘 수 없도록 하여 양자를 회사 「정관」으로 선택하도록 하고 있다. 한편 '상장회사에 대한 특례 규정'은 사업연도 말 현재 자산총액이 2조 원 이상인 상장회사에 대해서는 반드시 감사위원회의 설치를 의무화하고 있다.

감사위원회는 감사에 갈음하여 설치되는 것이나 기본적으로는 이사회 내 위원회이다. 따라서 감사위원회의 운영에 관해서는 이 위원회에 관한 규정이 대부분 적용되고 있다. 그런 점에서 이사회 내 위원회제도는 감사위원회제도와 밀접한 관련이 있다. 다만 사업년도 말 현재 자산총액이 2조원 이상인 상장회사에 대하여는 '상장 회사에 대한 특례 규정'에 의하여 별도 규정하고 있다.

그리고 감사의 근무형태에 관해 「상법」 및 「금융지배구조법」은 상임 · 비상임으로 구분하고 있지 않으나 '상장회사에 대한 특례규정' 및 「금융지배구조법」으로 일정 규모 이상의 회사 중 감사위원회의 설치가 강제되지 않는 회사에 대해서는 상근감사를 두도록 의무화하고 있다.

참고로 2018년 6월말 기준 한국상장회사협의회 기업법제팀이 조사(이하 '상장협 조사'라 한다.)한 바에 의하면, 대상 상장회사 743개 회사 중 상임감사를 설치한 회사가 396개사로 53.3%를 차지했으며, 감사위원회 의무 설치법인인 대형상장사 152개사를 제외할 경우 67.0%를 차지하여 아직도 과반수 이상의 상장회사가 감사위원회보다 상임감사제도를 선호하는 것으로 나타났다.

Ⅱ. 내부감사기관 종류

1. 독임제감사제도[464]

---

463 김용범, 전게서, 2017. 378면 및 2012, 246면. 이준섭, 전게서, 37면, 김용범, 「바람직한 내부감사기 관형태」, 감사저널 2014 3~5월호, 2014., 6면.

464 독임제란 하나의 관청이나 기관에 그 권한을 일임하는 조직형태를 말한다.

가. 기존일반감사제도[465]

1) 기존일반감사제도의 개요

감사는 이사의 업무집행과 회계를 감사할 권한을 가진 주식회사의 필요적 상설기관이다. 주주는 주주총회에서 결산의 승인을 통해 또는 소수주주권[466]의 행사에 의하여 이사의 행위를 감독할 수 있으나, 이것만으로 충분한 감독이 이루어지지 않으므로 회계 및 업무감사를 위한 상설기관으로서 감사제도(이하 다른 감사제도와 혼란을 방지하기 위하여 '**기존일반감사제도**'라 한다)를 두고 있다.[467]

「상법」은 이사와 감사를 모두 주주총회에서 선임함으로서 양 기관을 병렬적 지위에 두고 있다. 또한 감사가 주식회사의 기관으로서 주주총회에서 선임되고 이사회, 대표이사 등 업무집행기구와는 동등한 위상을 가지므로 동 기구와의 관계에서 대등하고 독립적 지위를 가지고 있다.(「상법」 제409조 제1항)

2) 기존일반감사의 선임 및 해임

기존일반감사는 주주총회의 보통결의로 선임한다(「상법」제409조제1항). 즉 출석한 주주의 의결권의 과반수와 발행주식 총수의 4분의 1이상의 수로 한다.(「상법」제368조 제1항)." 이사와 달리 감사는 집중투표 대상이 아니다.(「상법」 제382조의2) 감사의 선임을 위해서는 감사의 동의를 요하지만, 대표이사의 청약을 요하지는 않는다.

기존의 일반감사를 선임할 때에는 대주주의 지배구조 독점방지와 소수주주의 권익을 보호함으로써 감사의 독립성을 강화하기 위하여 의결권 없는 주식을 제외한 발행주식 총수의 100분의 3을 초과하는 수의 주식을 가진 주주는 그 초과하는 주식에 관하여 의결권을 행사하지 못하게 하였다.(「상법」 제409조 제2항)

다만, 새도우보팅제도 폐지 및 3% 의결권 제한 등으로 인해 의결정족수 충족이 곤란한 경우의 방지를 위해 회사가 「상법」제368조의4(전자적 방법에 의한 의결권 행사) 제1항에 의해 전자적 방법으로 의결권을 행사하도록 한 경우에는 출석한 주주의결권의 과반수로서 감사 선임을 결의할 수 있다.(「상법」제409조제3항)[468]

기존일반감사는 주주총회에서 해임결의가 있을 때 종임한다. 기존일반감사의 해임은 이사와 마찬가지로 특별한 사유가 없더라도 주주총회의 특별결의[469]로 언제든지 해임할 수 있다. 그러나 정당한 이유 없이 임기만료 전에 해임한 때에는 기존일반감사는 회사에 대해 해임으로 인한 손해배상을 청구할 수 있다.(「상법」제385조제1항, 제415조)

3) 기존일반감사의 직무

---

465 김용범, 전게서, 2017. 379~380면 및 2012., 247~250면, 김용범, 「바람직한 내부감사기관」, 감사저널 2014 3~5호, 2014., 7~8면.

466 소수주주권이란 발행주식 총수의 일정한 비율에 해당하는 주식을 가진 주주만이 행사할 수 있는 주주권을 말한다.

467 김용범, 전게서, 2017. 379면 및 2012., 247면, 김용범, 전게연재서, 2014., 7면.

468 「상법 일부 개정 법률」, 2020. 12. 09.

469 특별결의의 요건은 출석한 주주의 의결권의 3분의2 이상의 수와 발행주식총수의 3분의 1 이상의 수로 한다.(「상법」제434조)

「상법」은 "감사는 이사의 직무집행을 감사한다.(「상법」제412조 제1항)"로 표현함으로써 감사의 감사범위가 일상적 업무집행에 국한하지 않고 신주발행이나 자본전입, 사채발행과 같은 조직에 관한사항, 주주총회나 이사회 운영·결의의 집행과 같은 기관에 관한사항, 재무제표의 작성과 같은 회계에 관한사항 등과 같이 이사의 직무로서 행하는 모든 행위가 감사의 감사대상임을 명백히 하고 있다.

이사의 직무를 대별하면 ① 재무제표의 작성 등 **「회계에 관한 직무」**와 ② 일상적인 업무집행이나 주식·채권 발행과 같은 조직에 관한 직무 등 **「회계 이외에 관한 직무」**로 나눌 수 있다. **전자**를 대상으로 하는 감사를 **'회계감사'**, **후자**를 대상으로 하는 감사를 **'업무감사'**라 한다.

따라서 감사는 이사회, 대표이사 등 업무집행기관과의 관계에서 주식회사의 기관 구성 및 권한분배의 논리상 업무집행기관의 업무수행을 객관적인 입장에서 감시 · 감독할 수 있으며, 감사는 **업무감사권**과 **회계감사권**을 모두 가지는 독립적이고 객관적인 강력한 권한을 가진 주식회사의 **필요적 상설기관**이다.[470]

4) 기존일반감사제도 채택 대상

기존일반감사제도는 자본금의 총액이 10억 원 이상 회사 중에서 상근감사제도나 감사위원회제도를 채택하지 아니한 회사가 선택한 감사제도이다.(「상법」 제409조, 제415조의 2, 제542조의10, 제542조의 11)

나. 기존공공감사제도

1) 기존공공감사제도의 개요

「공공기관운영법」제24조 제1항은 공기업·준정부기관에 임원으로 감사를 둔다.(이하 다른 감사제도와 혼란을 방지하기 위하여 '**기존공공감사제도**'라 한다) 다만, 「공공기관운영법」 제20조 제2항 및 제3항의 규정에 따라 감사위원회를 두는 경우에는 감사를 두지 아니한다. 그리고 감사는 다른 법령이나 정관으로 정하는 바에 따라 상임 또는 비상임으로 한다.

참고

공공기관 구분(「공공기관운영법」제5조)

기획재정부장관은 공공기관을 다음 각 호의 구분에 따라 지정한다.

가) 공기업·준정부기관 : 직원, 수입액 및 자산규모가 대통령령으로 정하는 기준에 해당하는 공공기관
(1) 공기업 : 총수입액 중 자체수입액이 차지하는 비중이 대통령령으로 정하는 기준 이상인 기관
① **시장형 공기업** : 자산규모가 총수입액 중 자체수입액이 대통령령이 정하는 기준 이상인 공기업[471]
② **준시장형공기업 :** 시장형 공기업이 아닌 공기업

470 김용범, 전게서, 2017. 380면. 김학원, 전게서, 35~36면, 정순현, 전게서, 68면.

471 대통령령이 정하는 기준이란 100분의 85를 말한다.(「공공기관운영법시행령」제7조)

(2) 준정부기관 : 공기업이 아닌 공공기관

① **기금관리형 준정부기관 :** 「국가재정법」에 따라 기금을 관리하거나 기금 관리를 위탁받은 준정부기관

② **위탁집행형 준정부기관 :** 기금관리형 준정부기관이 아닌 준정부기관

나) 기타 공공기관 : 제1호에 해당하는 기관 이외의 기관

2) 기존공공감사의 선임 및 해임

공기업의 감사(감사위원포함)은 임원추천회의가 복수로 추천해 운영위원회의 심의·의결을 거친 사람 중에서 기획재정부장관의 제청으로 대통령이 임명한다. 다만, 기관의 규모가 대통령령이 정하는 기준 이하인 공기업의 감사는 임원추천 회의가 복수로 추천하여 운영위원회의 심의·의결을 거친 사람 중에서 기획재정부장관이 임명한다.(「동법」제25조제4항)

준정부기관의 감사(감사위원 포함)는 임원추천회의가 복수로 추천하여 운영위원회의 심의·의결을 거친 사람 중에서 기획재정부장관이 임명한다. 다만, 기관규모가 대통령령이 정하는 기준 이상이거나 업무내용의 특수성을 감안하여 대통령령이 정하는 준정부기관의 감사는 임원추천위원회가 복수로 추천하여 운영위원회의 심의·의결을 거친 사람 중에서 기획재정부장관의 제청으로 대통령이 임명한다.(「동법」제26조제4항)

공기업 및 준정부기관의 감사의 경우 「공공기관운영법」제25조 및 제26조에 의한 대통령 또는 기획재정부장관의 임명방법 외에 주주총회나 출자 총회 등 사원총회가 있는 공기업·준정부기관의 경우는 감사의 선임과 관련하여 追加的으로 「상법」의 일반규정에 의한 선임절차를 거쳐야 한다.(「동법」제27조)

기획재정부장관은 감사가 「공공기관운영법」 제35조(이사 및 감사의 책임 등) 제1항에 따른 의무와 책임과 제32조(임원의 직무 등)에 따른 직무를 이행하지 아니하거나 게을리한 경우 운영위원회의 심의·의결을 거쳐 감사를 해임하거나 그 임명권자에게 해임을 건의·요구할 수 있다.

또한 기획재정부장관은 「공공기관운영법」 제36조(비상임이사와 감사에 대한 직무 수행실적 평가) 제1항의 규정에 의한 직무수행실적 평가 결과 그 실적이 저조한 감사에 대하여 운영위원회의 심의·의결을 거쳐 해임하거나 그 임명권자에게 해임을 건의할 수 있다. 그리고 주주총회나 출자총회 등 사원총회가 있는 공기업·준정부기관의 경우는 감사의 해임과 관련하여 追加的으로 「상법」의 일반규정에 의한 해임 절차를 거쳐야 한다.

3) 기존공공감사의 직무

기존공공감사는 기획재정부장관이 정하는 기준에 따라 공기업·준정부기관의 업무와 회계를 감사하고, 그 의견을 이사회에 제출하여야 한다.(「공공기관운영법」제32조 제5항)

기존공공감사의 권한과 의무에 대하여는 「공공기관운영법」에서 규정한 것을 제외하고는 「상법」의 기존일반감사제도의 관련 규정에 따라 기존공공감사의 권한과 의무를 이행하면 된다.

4) 기존공공감사제도 채택 대상

기존공공감사제도는 공기업·준정부기관이 자본금의 총액이 10억 원 이상 회사 중에서

상근감사제도나 감사위원회제도를 채택하지 아니한 회사가 선택한 감사 제도이다.(「상법」 제409조, 제415조의 2, 제542조의10, 제542조의 11,「공공기관운영법」 제24조 제1항 과 제20조 제2항 및 제3항)

다. 특례상근감사제도[472]

1) 특례상근감사제도 개요

특례상근감사제도란 「상법」제542조의10에 의거 설치된 상근감사제도를 말한다. 기존일반감사제도에서 매일 출근여부에 따라 상근감사 또는 비상근감사로 구분할 때 쓰는 상근감사(특례규정상의 '상근감사'와 구별하기 위하여 **'상임감사'**라는 용어를 사용하는 것이 혼란을 방지)와 「상법」 제542조의10에 의한 상근감사(이하 **'특례상근감사'**라 한다)와는 엄격히 구별된다.

특례상근감사제도에 관해서는 「상법」에서 일반규정과는 달리 '상장회사에 대한 특례규정'(이하 **'특례규정'**이라 한다)으로 구분하여 규정하고 있는데, 동 특례규정에서는 일정규모 이상의 상장회사에 대하여 특례상근감사제도의 설치를 의무화하고 있으며, 특례상근감사의 자격 및 선·해임 절차 등에 관해서도 일반규정에 비해 상당히 엄격한 내용으로 규정되어 있다.

2) 특례상근감사제도의 상근성

상근감사란 어떠한 자를 말하는가에 관하여 법률에 아무런 정의가 없어서 해석상 논란이 있다. **상근의 의미를 형식적으로 파악하는 견해**에 의하면 **상근감사**란 회사의 영업시간 중에는 상시 감사의 직무에 전념할 의무를 부담하는 자를 말한다. 이에 의하면 상근 감사는 그 직무 수행에 지장이 없는 한 다른 회사의 비상근 감사를 겸임하는 것은 허용되지만 다른 회사의 상근감사를 겸임하는 것은 허용되지 아니한다.[473]

그러나 **상근의 의미를 실질적으로 파악하는 견해**는 **상근감사**란 계속적이고 일관된 감사업무를 수행함에 있어서 요구되는 정도의 시간을 피감사회사의 감사업무를 위하여 할애할 수 있는 자를 말한다. 이 견해에 의하면 상근감사는 반드시 매일 회사에 출근하여 감사의 직무수행에 전념할 필요는 없으므로 격일 출근도 가능하고 또 다른 회사의 상근감사도 겸임할 수 있다.

「상법」은 감사를 필요적 상설기간으로 규정하면서도 감사의 상근여부에 대하여는 특별한 제한을 두고 있지 않고 있다. 일반적으로 감사의 근무형태를 기준으로 ①회사에 상주하여 감사업무를 수행하는 **「상근감사」**와 ②회사의 요청이나 필요한 경우에 한해 회사에 출근하여 감사업무를 수행하는 **「비상근감사」**로 구분하고 있다.

그런데 회사에 상주하지 않는 비상근감사의 경우에는 회사 내부정보에 대한 접근이 매우 제한되어 있어 감사로서의 기능을 제대로 수행할 수 없다. 한편 회계감사가 아닌 업무감사에 있어서는 사실상 비상근감사는 논리적으로도 있을 수 없다고 주장하는 견해도 있다.

---

472 김용범, 전게서, 2017. 380~382면 및 2012., 250~253면, 김용범, 「바람직한 내부감사기관」, 감사저널. 2014. 3~5호, 2014., 8~9면.

473 김용범, 전게서, 2017. 381면. 임중호 ,전게서, 124면, 정순현, 전게서, 51면, 최준선, 전게서, 95면.

그 이유로는 「상법」상 감사는 언제든지 이사에 대하여 영업에 관한 보고를 요구하거나, 회사의 업무와 재산 상태를 조사할 수 있다고 규정(「상법」 제412조 제2항)하고 있는 것은 감사의 상근성을 전제로 한 것이고, 따라서 감사는 원칙적으로 상근으로 하되, 비용 문제 등을 고려하여 회사의 규모에 따른 일정한 예외를 두는 것이 바람직하다고 한다.[474]

「상법」에서는 감사 근무형태에 관해 아무런 규정을 두고 있지 아니하나 '특례 규정'에서 이처럼 근무형태를 기준으로 한 규정을 둔 이유는 상장회사의 경우에 경영의 적정성여부가 사회적으로 미치는 영향이 클 뿐만 아니라 감사대상 내용도 복잡하므로 회사에 상주하지 않는 비상근감사의 경우에는 회사 내부정보에 대한 접근이 매우 제한되어 충실한 감사를 할 수 없다는 점을 고려한 것이다.[475]

아울러 「상법」의 특례규정에서 상근감사를 요구하는 취지는 회사의 업무전반에 대한 감사업무의 실효성을 제고하기 위한 것이므로, 동 제도의 취지에 비추어 보면 상근감사의 개념을 형식적기준에 의해 해석하는 것이 타당할 것이다. 따라서 상근 감사의 경우 그 직무수행에 지장이 없는 한 다른 회사의 비상근 감사는 허용되지만, 다른 회사의 상근감사의 겸직은 당연히 금지되는 것으로 봐야 할 것이다.[476]

3) 특례상근감사의 선임 및 해임

대통령으로 정하는 상장회사(최근 사업 연도 말 자산총액이 1천억 원 이상 상장 회사)는 주주총회 결의에 의하여 회사에 상근하면서 감사업무를 수행하는 감사(이하 "특례상근감사"라 함)를 1명 이상 두어야 한다.(「상법」제542조10 제1항) 특례상근감사는 기본적으로 감사이므로 주주총회에서 선임 및 해임한다.(「상법」 제542조의10 제1항, 제409조 제1항, 제385조, 제415조)

그러나 특례 상근감사를 선·해임할 때에 최대주주는 최대주주의 특수관계인, 그 밖에 대통령령으로 정하는 자가 소유하는 상장회사 의결권 있는 주식을 합산하여, 일반주주는 일반주주가 개별 소유하는 주식만으로 그 회사의 의결권 없는 주식을 제외한 발행주식 총수의 100분의 3을 초과하는 경우 그 주주는 그 초과하는 주식에 관하여 의결권을 행사하지 못한다. 다만 정관에서 이보다 낮은 주식 보유비율을 정할 수 있다.(「상법」 제542조의12 제4항 및 제7항)

새도우보팅제도 폐지 및 3% 의결권 제한 등으로 인해 의결정족수 충족이 곤란한 경우의 방지를 위해 회사가 「상법」제368조의4(전자적 방법에 의한 의결권 행사) 제1항에 의해 전자적 방법으로 의결권을 행사하도록 한 경우에는 출석한 주주의결권의 과반수로서 감사선임을 결의할 수 있다.(「상법」제409조제3항)

특례상근감사도 기본적으로 감사이므로 기존일반감사와 같이 주주총회에서 해임 결의가 있을 때 종임한다. 특례상근감사의 해임도 기존일반감사의 해임과 마찬가지로 특별한 사유

---

474 김용범, 전게서, 2017. 381면. 정준우, 전게연구서, 15면, 김순석, 「상장회사에 있어 지배구조 관련 제도의 입법적 과제」, 상사법연구 제26권 제2호, 111면, 정순현, 전게서, 31면.

475 김용범, 전게서, 2017. 381면 및 2012., 251면. 권종호, 전게서, 171면, 김용범, 전게연재서, 2014., 8면.

476 김용범, 전게서, 2017. 382면 및 2012., 252면. 임중호, 전게서, 124면, 서울고등법원, 2007. 3. 8. 선고, 2006 나 66885 판결, 최준선, 전게서, 95면.

가 없더라도 주주총회의 특별결의로 언제든지 해임할 수 있다. 그러나 정당한 이유 없이 임기만료 전에 해임한 때에는 특례상근감사는 회사에 대해 해임으로 인한 손해배상을 청구할 수 있다.(「상법」제385조 제1항, 제415조)

4) 특례상근감사의 직무

특례상근감사의 권한 및 직무 등에 관해서는 일부 강화된 규정을 제외하고는 「상법」의 기존일반감사에 관한 규정이 대부분 특례상근감사에 그대로 적용된다.[477]

5) 특례상근감사제도 채택 대상

특례상근감사제도는 최근 사업연도 말 자산총액이 1,000억 원 이상 2조 원 미만의 상장회사 중 감사위원회를 두지 않은 회사에 적용되는 제도로서 이런 회사에서는 반드시 1인 이상의 특례상근감사를 두도록 하고 있다.(「상법」 제542조의10 제1항, 「동법시행령」 제15조 제1항)

라. 금융상근감사제도

1) 금융상근감사제도 개요

금융상근감사제도란 「금융지배구조법」 제19조 제8항 및 「동법시행령」 제16조 제3항 의거 금융회사에 설치된 상근감사제도(이하 '금융상근감사'라 한다)를 말한다.

최근사업연도 말 현재 자산총액이 1천억 원 이상(신용카드업을 영위하지 아니하는 여신전문금융회사로서 주권상장법인이 아닌 경우에는 최근 사업연도 말 자산총액이 2조 원 이상)의 금융회사는 회사에 상근하면서 감사업무를 수행하는 감사를 1명 이상 두어야 한다.(「금융지배구조법」제19조 제8항 전단,「동법시행령」제16조 제3항)

다만, 이 법에 따른 감사위원회를 설치한 경우(감사위원회 설치의무가 없는 금융회사가 이 조의 요건을 갖춘 감사위원회를 설치한 경우 포함)에는 금융상근 감사를 둘 수 없다.(「금융지배구조법」 제19조 제8항 후단)

2) 금융상근감사의 상근성

금융상근감사의 상근성에 대하여는 제1편 제6장 제2절 Ⅱ-1 다-(2) '특례 상근감사제도의 상근성' 항목을 참조하시기 바랍니다.

3) 금융상근감사의 선임 및 해임

금융상근감사도 기본적으로 감사이므로 금융상근감사의 선임 및 해임도 주주 총회에서 선임 및 해임되며, 금융상근감사의 선임 및 해임에 대해서는 「금융지배구조법」 제19조 제7항 및 제9항과 「상법」 제409조 제2항 및 제3항 그리고 「상법」제542조의12 제4항 및 제7항의 선임 및 해임 절차에 따르면 된다.

금융상근감사의 선임 및 해임에 대한 자세한 내용은 제1편 제6장 제2절-Ⅱ-1-다-3. '특례상근감사의 선임 및 해임' 항목을 참조하시기 바랍니다.

---

477 김용범, 전게서, 2017. 382면 및 2012. 251면. 권종호 ,전게서, 173면, 김용범, 전게연재서, 2014., 8면.

4) 금융상근감사의 직무

금융상근감사의 권한 및 직무 등에 관해서는 일부 강화된 규정을 제외하고는 「상법」의 기존일반감사에 관한 규정이 대부분 금융상근감사에 그대로 적용된다.

5) 금융상근감사제도의 채택 대상

금융상근감사제도는 최근 사업연도 말 자산총액이 1,000억 원 이상으로서 개별금융감사위원회 도입기준 미만의 금융회사 중 감사위원회를 두지 않은 회사에 적용되는 제도로서 이런 회사에서는 반드시 1인 이상의 금융상근감사를 두도록 하고 있다.(「금융사지배구조법」제19조 제8항)

2. 감사위원회제도

가. 감사위원회제도 개요[478]

우리나라는 IMF 구제금융 이후 기업경영 감시체제를 강화하기 위하여 미국 회사법상의 감사위원회제도를 도입하게 되었다. 자산 총액 2조 원 이상의 대형 상장법인이나 은행 및 대형 금융회사에 있어서는 감사위원회가 법정필요상 상설기관이며, 기타 회사에 있어서는 감사 또는 상근감사에 갈음하여 회사가 정관에 의하여 설치할 수 있다.

감사위원회에 관하여 「상법」은 ① 회사의 정관이 정하는 바에 따라 감사에 갈음하여 「상법」 제393조의2의 규정에 따라 이사회 내 위원회로서 설치하는 감사위원회(「상법」 415조의2. 이하 **'일반감사위원회'**라 한다)가 있다.

그리고 ② 사업연도 말 현재 자산총액이 2조 원 이상의 상장회사(이하 '대규모 상장회사'라 함)가 의무적으로 설치해야 하는 감사위원회(「상법」제542조의11 및 제542조의12. 이하 **'특례감사위원회'**라 한다)가 있다.

또한 ③ 「금융지배구조법」 제16조에 의하여 은행 및 일정 규모 이상의 금융회사에 대하여 설치가 의무화되어 있는 감사위원회(이하 **'금융감사위원회'**라 함)가 있고, ④ 「공공기관운영법」 제20조에 의해 시장형공기업과 자산규모 2조 원 이상의 준시장형 공기업 등에 설치가 의무화되어 있는 감사위원회(이하 **'공공감사위원회'**라 함)가 있다.

나. 일반감사위원회제도[479]

1) 일반감사위원회제도 개요

일반감사위원회란 「상법」 제415조의2에 의거 설치되는 감사위원회를 말한다. 「상법」제415조의2는 모든 주식회사에 적용되는 일반규정이다. 그래서 이 규정에 의거 설치되는 감사위원회를 **'일반감사위원회'**라 부르기로 한다.

일반감사위원회는 다음과 같이 설명할 수 있다. 즉 회사는 정관이 정한 바에 따라 감사에

---

478 김용범, 전게서, 2017. 382~383면.

479 김용범, 전게서, 2017. 383~385면. 김용범, 전게서, 도서출판 어울림, 2012., 254~256면. 김용범, 「바람직한 내부감사기관」, 감사저널 2014 3~5호, 2014., 9면.

갈음하여 「상법」 제393조의2의 규정에 의한 위원회로서 감사위원회를 설치할 수 있다. 감사위원회를 설치한 경우에는 감사를 둘 수 없다.(「상법」제415조의2 제1항)

2) 일반감사위원회의 기능

일반감사위원회는 감사에 갈음하여 설치되는 것으로서 기능면에서는 기존의 감사와 동일한 기능을 수행하지만, 회사조직의 면에서는 감사는 주식회사의 기관인데 반해 감사위원회는 이사회 내 위원회의 하나에 불과하다. 따라서 「상법」은 감사위원회에 고유한 사항에 관해서는 따로 규정을 두고 있지만, 감사위원회의 운영에 관해서는 이사회 내 위원회에 관한 규정을 대부분 그대로 적용하고 있다.[480]

위원회제도는 본래 기업의 규모가 크고 이사의 수가 많은 회사에 있어서 이사회가 다수의 이사로 구성됨으로써 회의체로서 제 기능을 발휘하지 못하는 것을 개선하기 위하여 소수의 이사로 구성되는 위원회에 이사회의 권한을 위임할 수 있도록 한 것 즉, 이사회의 「**회의체로서의 기능의 효율화**」를 도모하기 위하여 도입한 것이다.[481]

3) 일반감사위원회의 설치

일반감사위원회를 설치하기 위해서는 정관에 정함이 있어야 한다.(「상법」 415조의2 제1항), 따라서 정관에 위원회의 설치에 관한 근거 규정이 없으면 이사회의 결의가 있더라도 위원회를 둘 수 없다.

정관의 규정이 어느 정도 구체적이어야 하는지에 관해서는 명문의 규정이 없으나, 학설은 위원회 기능의 중요성에 비추어 정관의 규정은 단지 위원회를 둘 수 있다는 형식적인 근거 설정에 그쳐서는 아니 되고 위원회의 권한과 구성 방법 및 운영 방법을 명기해야 한다고 한다.[482]

4) 일반감사위원회의 직무

일반감사위원회도 기본적으로 이사의 직무집행을 감독하는 감사기관이므로 일반감사위원회의 권한과 의무 등 대부분의 기능에 대해서는 「상법」의 기존 일반감사제도에 관한 규정을 대부분 준용하고 있다.(「상법」 제415조의2 제7항) 따라서 일반감사위원회의 권한이나 의무 역시 기존일반감사의 권한이나 의무와 큰 차이가 없다.

5) 일반감사위원의 선임 및 해임

최근 사업연도 말 현재 자산총액이 1천억 원 미만인 상장회사나 비상장회사가 채택한 감사위원회제도(일반감사위원회제도)의 경우는 이사회가 감사위원을 선임 및 해임 한다.(「상법」제393조의 2 제2항) 따라서 일반감사위원들은 주주총회에서 다른 이사들과 마찬가지로 이사로 선임된다. 이사로 선임될 시에 사내이사, 사외이사, 그 밖에 상무에 종사하지 아니하는 이

---

480 김용범, 전게서, 2017. 383면. 권종호, 전게서, 173면, 김용범, 전게연재서, 2014., 9면.

481 김용범, 전게서, 2017. 383면 및 2012., 254면. 김용범, 전게연재서, 2014., 9면.

482 김용범, 전게서, 2012., 255면 및 2017. 384면. 권종호, 전게서, 174면 등.

사로 구분하여 선임된다.

그리고 이사로 선임된 후 이사회에서 감사위원으로 선임된다. 따라서 주주총회가 이들을 이사로 선임할 때에 다른 이사들을 선임할 때와 마찬가지로 어떠한 주주도 의결권의 행사에 제한을 받지 아니한다.[483] 아울러 일반감사위원들의 해임 권한도 이사회가 가지고 있다. 다만 해임에 관한 이사회의 결의는 이사회 총수의 3분의 2이상의 결의로 하여야 한다.(「상법」제415조의 2 제3항)

일반감사위원의 선임 및 해임에 대한 자세한 내용에 대하여는 제2편 제6장 제5절-Ⅳ-1. '일반감사위원'의 항목을 참조하시기 바랍니다.

6) 일반감사위원회제도 채택 대상

기존일반감사제도 채택 대상 회사 중에서 특례상근감사제도 또는 특례감사위원회제도를 채택하지 아니한 회사로서 정관이 정하는 바에 따라 기존감사제도에 갈음하여 일반감사위원회를 설치할 수 있으며, 이때에는 감사를 따로 둘 수 없다.(「상법」 제415조의 제1항)

다. 특례감사위원회제도[484]

1) 특례감사위원회제도 개요

특례감사위원회란 「상법」 제542조의11, 제542조의 12에 의거 설치된 감사위원회를 말한다. 상장회사에 대해서만 적용되는 특례규정이다. 그래서 이 규정에 의해서 설치되는 감사위원회를 **'특례감사위원회'**라 부르기로 한다.

감사위원회제도에 관해서는 「상법」에서 일반규정과 특례규정으로 각각 구분하여 규정하고 있는데, 그 내용면에서 상당한 차이가 있다. 즉 감사위원회 설치에 관해 일반규정에서는 회사의 자율에 맡기고 있는데 반해, 특례규정에서는 일정 규모 이상의 회사에 대하여 그 설치를 의무화하고 있으며, 감사위원의 자격 및 선·해임 절차에 관해서도 일반규정에 비해 상당히 엄격한 내용으로 되어 있다.[485]

2) 특례감사위원회의 설치

「상법」에 의하면, 회사는 정관이 정하는 바에 따라 감사에 갈음하여 일반감사위원회를 설치할 수 있으며, 이때에는 감사를 따로 둘 수 없다.(「상법」제415조의2 제1항) 즉 일반감사위원회는 정관이 정함이 있을 때에 한해 설치할 수 있으며, 정관에 정함이 없으면 기존일반감사를 두어야 한다.

그런 의미에서 「상법」은 기존일반감사를 원칙으로 하되, 정관에 정함이 있을 경우에 한해 일반감사위원회를 둘 수 있도록 한 것이고, 이때에는 감사기구가 중복되므로 감사를 따로

---

483 김용범, 전게서, 2012. 255면과 2017. 384면. 김재호, 전게서, 81면, 이철송, 전게서, 2019, 878면. 임재연, 「회사법 II 개정2판」, 2014, 557~558면.

484 김용범, 전게서, 2017. 385~387면. 김용범, 전게서, 도서출판 어울림, 2012., 256~259면, 김용범, 전게연재서, 감사저널 2014 3~5호, 2014.9~10면.

485 김용범, 전게서, 2017. 385면 및 2012. 256면. 권종호, 전게서, 177면.

둘 수 없도록 한 것이다. 「상법」의 일반규정에서는 이처럼 일반감사위원회의 설치는 정관자치에 의한 회사의 재량사항이나 특례규정에서는 그러하지 않다.

즉 최근 사업연도 말 현재 자산총액이 2조 원 이상인 상장회사의 경우에는 특례감사위원회를 반드시 설치하도록 의무화하고 있다.(「상법」 제542조의11 제1항, 「동법시행령」제37조 제1항) 따라서 이러한 회사의 경우에는 법률에 의해 그 설치가 강제되므로 정관으로 그 설치를 배제하는 것은 허용되지 않는다.

물론 이 경우에도 감사를 특례감사위원회와 별도로 유지할 수 없다. 다만 상장회사 중 특례감사위원회의 설치가 의무화되지 않는 회사라도 정관으로 특례감사위원회를 둘 수 있음은 말할 필요가 없다.[486]

3) 특례감사위원회의 직무

특례감사위원회는 기본적으로 이사의 직무집행을 감독하는 감사기관이고, **특례규정제도란** 특례규정에 명시되지 아니한 사항은 일반규정을 적용하는 제도이므로 특례규정으로 별도 명시하지 아니한 특례감사위원회의 권한과 의무 등의 대부분의 기능에 대해서는 일반감사위원회제도의 규정을 적용하고 있다. 따라서 특례감사위원회의 권한과 의무는 일반감사위원회의 권한과 의무와 큰 차이가 없다.

4) 특례감사위원의 선임 및 해임[487]

특례감사위원의 선임 및 해임권자는 최근 사업연도 말 현재 자산총액이 2조원 이상인 상장회사의 경우 감사위원을 선임하거나 해임하는 권한은 주주총회에 있다.(「상법」 제542조의12 제1항) 특례감사위원의 선임 및 해임에 대한 자세한 내용에 대하여는 제2편 제6장 제5절-Ⅳ-2. '특례감사위원'의 항목을 참조하시기 바랍니다.

5) 특례감사위원회 채택 대상

우리나라「상법」은 최근 사업연도 말 현재 자산총액이 2조 원 이상인 상장회사는 특례감사위원회제도를 채택하도록 하고 있다.(「상법」 제542조의11 제1항 및 「동법시행령」제37조 제1항) 또한 자산규모 1,000억 원 이상 2조 원 미만의 상장회사가 특례상근감사 대신에 감사위원회를 둘 경우에는 자산규모 2조 원 이상의 상장회사에 설치가 의무화되어 있는 특례감사위원회제도를 설치하도록 규정하고 있다. (「상법」 제542조의19 제10항)

라. 금융감사위원회제도[488]

2000년 1월 「은행법」및 「증권거래법」(지금은 「자본시장법」에 흡수되었음) 등 금융 관련 법률을 개정하여 도입되었고, 「금융지배구조법」에 의하여 은행 및 일정 규모 이상 금융회사에 대하여 감사위원회의 설치를 의무화하였다. 그래서 「금융지배구조법」에 의해 설치되는 감사위원

---

486 김용범, 전게서, 도서출판 어울림, 2012. 257면 및 2017. 386면. 권종호, 전게서, 178면.

487 김용범, 전게서, 2017. 386~387면. 임재연, 「회사법 II 개정2판」, 박영사, 2014. 557~560면.

488 김용범, 전게서, 2017. 387~389면, 김용범, 전게연재서, 감사저널 2014 3~5호, 2014,10~11면.

다. 실증절차만으로는 충분하고 적합한 감사증거를 제공하지 못하는 위험

일부 위험의 경우 내부감사인은 실증절차만으로는 충분하고 적합한 감사증거를 입수할 수 없거나 실행가능하지 않다고 판단할 수 있을 것이다. 이러한 위험은 일상적인 유의적 거래유형이나 계정잔액의 부정확하거나 또는 불완전한 기록과 관련될 수 있는데, 이들은 그 특성상 종종 수작업이 거의 또는 전혀 개입되지 않는 고도로 자동화된 방식으로 처리가 이루어진다. 이 경우 이러한 위험에 대한 기업의 통제는 감사와 관련성이 있으며, 따라서 내부감사인은 이러한 통제를 이해하여야 한다.(ISA 315-30)

라. 위험평가의 수정

내부감사인은 특정 통제가 효과적으로 운용되고 있다는 기대에 근거하여 위험평가를 수행할 수 있다. 그러나 이러한 기대와는 달리 내부감사인의 통제테스트를 수행할 때, 통제가 적시에 효과적으로 운용되고 있지 않다는 감사증거를 입수할 수 있을 것이다. 마찬가지로 실증절차를 수행할 때 내부감사인은 내부감사인이 평가한 위험보다 그 금액이나 빈도가 더 큰 왜곡표시를 발견할 수도 있다.

이와 같이 추가감사절차를 수행하면서 경영진 주장 수준의 중요왜곡표시에 대한 내부감사인의 평가는 최종 평가의 근거가 된 감사증거와 일관성 없는 감사증거나 새로운 정보를 입수한 경우, 내부감사인은 기존의 평가를 수정하고 동시에 계획된 추가감사절차도 변경하여야 한다.(ISA 315-31)

마. 문서화 : 중요왜곡표시위험의 식별과 평가

내부감사인은 중요왜곡표시위험의 식별과 평가 후 다음 사항을 감사문서로 남겨야 한다. (ISA 315-32) 계속감사에 있어 어떤 문서는 다음 보고기간으로 이월하고, 기업의 사업이나 절차의 변화를 반영하는 데 필요한 갱신을 할 수 있을 것이다.

위험의 문서화할 사항

① 업무팀원 간의 토론 내용 및 도달된 유의적 결정사항
② 기업과 기업환경의 각 측면 및 각각의 내부통제 구성요소와 관련하여 얻은 이해의 핵심요소, 그러한 이해를 얻은 정보의 원천 및 수행된 위험평가 절차
③ 재무제표 수준과 경영진 주장 수준에서 식별되고 평가된 중요왜곡표시 위험
④ 식별된 위험 및 감사인이 이해한 관련 통제 등

4. 평가위험의 대응[266]

266 노준화, 전게서, 2019, 235~243면.

가. 재무제표 수준의 위험에 대응한 감사절차

1) 일반적 대응

재무제표 수준의 평가된 중요왜곡표시위험에 대처하기 위한 전반적인 대응에는 다음 사항이 포함될 것이다.(ISA 330-A1)

재무제표 수준의 위험에 대응한 일반적인 감사절차

① 업무팀이 전문가적 의구심을 유지할 필요성을 강조
② 보다 경험이 풍부하거나 특수한 기술을 보유한 인력을 배정 또는 전문가를 활용
③ 감독활동을 강화
④ 수행될 추가 감사절차를 선택할 때 예측불가능성 요소를 추가로 반영
⑤ 감사절차의 성격, 시기 또는 범위를 전반적으로 변경
예, 실증절차는 기중보다는 보고기간 말에 수행하거나, 보다 설득력 있는 감사증거를 입수하기 위하여 감사절차의 성격을 변경

재무제표 수준의 중요왜곡표시위험에 대한 평가 그리고 이에 따른 내부감사인의 전반적인 대응은 통제환경에 대한 내부감사인의 이해에 의해 영향을 받는다.

2) 통제환경이 효과적인 경우의 대응

통제환경이 효과적이면 내부감사인은 기업의 내부통제와 기업 내부에서 생성된 감사증거를 보다 신뢰할 수 있고, 이에 따라 내부감사인이 일부감사절차를 보고기간 말이 아닌 기중에 수행할 수 있을 것이다.(ISA 330-A2)

3) 통제환경이 효과적이지 않은 경우의 대응

통제환경의 미비점은 반대의 영향을 미친다. 이에 따라 내부감사인은 비효과적인 통제환경에 대하여 다음과 같이 대응할 것이다.(ISA 330-A2)

비효과적인 통제환경에 대한 대응

① 기중보다 보고기간 말에 더 많은 감사절차 수행
② 실증절차를 통해 보다 확대된 감사증거를 입수
③ 감사범위에 포함되는 사업장의 수를 확대

나. 경영진 주장 수준의 위험에 대응한 감사절차

내부감사인은 경영진 주장 수준의 평가된 중요왜곡표시위험을 기초로 하여 이에 대응하는 추가감사절차의 성격, 시기 및 범위를 설계하고 수행하여야 한다.(ISA 330-6) 내부감사

한다.(「공공기관운영법」제20조 제1항)

시장형 공기업과 자산규모가 2조 원 이상인 준시장형 공기업에는 「공공기관운영법」 제24조(임원) 제1항에 따른 감사에 갈음하여 이사회 내 위원회로서 감사위원회(이하 **'특례공공감사위원회'**라 함)를 설치해야 한다.(「공공기관운영법」 제20조 제2항)

단, 자산규모가 2조 원 미만인 준시장형공기업과 준정부기관은 다른 법률의 규정에 따라 감사위원회(이하 **'일반공공감사위원회'**라 함)를 설치할 수 있다.(「공공기관운영법」 제20조 제3항)

2) 공공감사위원회의 구성

특례공공감사위원회의 구성에 대하여는 「공공기관운영법」에서 규정한 것을 제외하고는 「상법」 제542조의 11(감사위원회) 및 제542조의 12(감사위원회의 구성 등) 제3항 부터 제6항까지 상장회사 특례규정을 준용한다.(「공공기관운영법」 제20조 제4항)

설치 의무가 없는 공공기관이 자율적으로 일반공공감사위원회를 설치하고자 하는 경우에는 「정관」에 일반공공감사위원회 설치에 관한 근거 규정을 마련하여야 하며 (「상법」 제415조의2 제1항), 공공기관이 자율적으로 일반공공감사위원회를 설치한 경우 「상법」제415조의2의 일반규정에 따라 감사위원회를 운영하여야 한다. 일반규정에 의한 일반공공감사위원회는 「상법」의 일반규정을 적용받게 되어 앞의 일반감사위원회와 동일한 내용의 설명이 되므로 추가 설명은 생략한다.

3) 공공감사위원의 선임 및 해임

공공감사위원의 선임 및 해임에 대한 자세한 내용에 대하여는 제2편 제6장 제5절-Ⅳ-4. '공공감사위원'의 항목을 참조하시기 바랍니다.

4) 공공감사위원회의 직무

공공감사위원회는 기획재정부장관이 정하는 기준에 따라 공기업·준정부기관의 업무와 회계를 감사하고, 그 결과를 이사회에 보고하여야 한다.(「공공기관운영법」 제20조 제5항 및 제32조 제5항)

특례공공감사위원회의 권한 및 의무에 대하여는 「공공기관운영법」에서 규정한 것을 제외하고는 「상법」제542조의11(감사위원회) 및 제542조의12(감사위원회의 구성 등) 제3항부터 제6항까지 상장회사 특례규정을 준용한다.(「공공기관운영법」제20조 제4항)

일반공공감사위원회의 권한과 의무에 대하여는 「공공기관운영법」에서 규정한 것을 제외하고는 「상법」의 일반감사위원회의 관련 규정에 따라 일반공공감사 위원회의 권한과 의무를 이행하면 된다.

5) 공공감사위원회의 채택 대상

앞의 '공공감사위원회의 설치' 항목에서 공공기관별 공공감사위원회 도입 기준과 법률적 근거를 자세히 설명하였으므로 공공감사위원회 채택대상에 대하여 이곳에서는 추가적인 설명을 생략한다.

3. 임의선택 감사제도

주식회사의 경우 「상법」이나 해당 법률에서 상근감사나 감사위원회의 설치가 강제 되는 경우를 제외하고는 「상법」상으로 회사는 「정관」이 정하는 바에 따라 감사에 갈음하여 감사위원회를 설치할 수 있는데, 그에 따라 감사위원회를 설치한 경우에는 감사를 둘 수 없도록 하여 양자를 회사의 「정관」으로 선택하도록 하였다.

「상법」의 상장회사 특례규정을 보면 사업연도 말 현재 자산총액이 2조 원 이상인 상장회사는 반드시 특례규정에 의한 감사위원회의 설치를 의무화하였으며, 또는 일정 규모 이상 (사업연도 말 자산총액이 1천억 원 이상)의 상장회사 중 감사위원회의 설치가 강제되지 않은 회사에 대하여는 상근감사를 두도록 의무화하고 있다.

그러나, 2009년 개정 「상법」에서는 자본금 총액이 10억 원 미만인 소규모 회사의 경우 감사를 두지 않을 수 있도록 하였다.(「상법」제409조 제4항) 회사의 규모에 관계 없이 일률적으로 감사제도를 두도록 한 경우 소규모회사에게 불필요한 부담을 주게 된다는 점에서 일정규모 이하의 회사에 대해서 감사제도를 임의선택제도로 규정화한 것 이다. 따라서 자본금총액이 10억 원 미만의 소규모회사는 임의로 감사나 감사위원회를 선택하거나 아예 감사를 두지 않을 수 있다.

Ⅲ. 각 내부감사제도의 장·단점[490]

1. 독임제감사제도/이원적 구조 감사제도의 장 · 단점

독임제감사제도의 최대 장점은 이사회로부터 제도적으로 분리되고 독립적인 제3의 기관이 경영진의 업무감사 권한과 회계감사 권한을 가진다는 점이다. 이는 마치 국회가 행정부를 견제 및 감시하듯이 권력분립이 제도적으로 보장된 체제인 것이다.

또한 업무집행기관과 감사기구가 제도적으로 분리되어 있기 때문에 각각의 권한과 책임의 소재가 분명하고, 감사기구는 외부로부터 또는 업무집행기관으로부터 영향을 받지 않고 적절하고 객관적인 감독의 수행이 용이하다.

그러나 이렇게 이상적으로 설계된 기관구조에도 불구하고 각국의 법률상 감사의 선임 이나 운영에 있어 그 독립성이나 전문성이 발휘될 수 있는 제도적 조건을 갖추지 못하여 왔다는 문제점이 지적되어 왔다.

특히 대주주나 회사대표에 의하여 추천되어 선임된 감사가 제대로 기능을 발휘하도록 기대하는 것이 어려울 뿐만 아니라, 이사회의 의사 결정에 참여하지도 못하고 회사의 경영정보의 접근에 대한 확실한 지휘체제와 권한을 갖고 있지도 못하면서 실효적인 통제와 감독기능을 발휘할 수는 없는 것이다.

또한 독임제감사제도의 단점은 감사의 기능이 사후적인 감독에 치우침으로서 전략상의 오류를 사전에 방지하는 것이 어렵다는 점이다. 물론 이는 운영상 이사회의 중요한 의사결

---

490 김용범, 전게서, 2017. 390~391면 및 2012., 265~266면. 이준섭, 전게서, 39~41면, 김순석, 전게서, 79~84면.

① 재무제표가 회계기록과 일치하는지 대조하는 절차
② 재무제표의 작성 과정에서 발생된 조정사항을 검토하는 절차
③ 보고기간 말에 기업이 부적절한 판매계약을 체결하거나 거래가 완결되지 않을 위험에 대응하는 절차 등

다) 감사절차의 시기를 결정할 때 감사위험을 추가하여 고려할 사항

내부감사인이 언제 감사절차를 수행할지를 고려하는 데 영향을 미치는 추가적 관련 요인들 에는 다음과 같은 것들이 있다.

감사절차의 시기를 결정할 때 감사위험에 추가하여 고려할 사항

① 통제환경
② 관련된 정보의 이용가능 시기 : 예, 전자파일은 추후에 덮어 쓰여 질 수 있으며, 관찰대상이 되는 기업의 어떤 절차는 특정시기에만 발생될 수 있다.
③ 위험의 성격 : 예, 이익기대치를 달성하기 위해 허위의 판매계약을 만들어 이익을 과대계상 할 위험이 존재하는 경우, 내부감사인은 보고기간 말에 입수 가능한 약정을 검토하려 할 것이다.
④ 감사증거가 관련되는 해당 기간이나 일자

3) 추가감사절차의 범위

내부감사인이 필요하다고 판단되는 감사절차의 범위는 중요성, 위험평가 그리고 내부감사인이 얻고자 하는 확신의 수준을 고려하여 결정된다. 단일의 목적이 여러 절차들의 조합에 의해 달성되는 경우, 개별적인 절차의 범위는 분리하여 고려한다.

일반적으로 중요왜곡표시위험이 증가할수록 감사절차 범위도 증가한다. 예를 들어 부정으로 인한 중요왜곡표시위험의 평가내용에 대응할 때는, 표본규모를 늘리거나 보다 상세 수준의 실증적 분석절차를 수행하는 것이 적합할 수 있다. 그러나 감사절차의 범위를 확대하는 것은 해당 감사절차 자체가 특정위험과 관련성이 있는 경우에만 효과적이다.

컴퓨터를 이용한 감사기법의 적용은 전자형태의 거래파일과 계정파일에 대한 보다 광범위한 테스트를 가능하게 하는데, 이 기법은 내부감사인이 부정에 의한 중요왜곡표시위험에 대응하여 테스트의 범위를 변경하기로 한 때에도 유효하다. 이러한 기법은 주요 전자 파일로부터 표본거래를 추출하거나, 특정의 성격을 지닌 거래를 가려내거나 표본 대신 전체 모집단을 테스트하기 위해 사용될 수 있다.(ISA 380-A15~A17)

다. 소규모기업에 대한 고려

소규모 기업의 경우, 내부감사인이 식별할 수 있는 통제활동이 많지 않을 수도 있다. 또한 통제활동의 존재나 통제운영에 관한 기업의 문서화 범위가 제한되기도 한다. 이때는 내부감사인은 실증절차 위주의 추가감사절차를 수행하는 것이 보다 효율적이다. 드문 경우지

만, 통제활동이나 통제의 다른 구성요소가 결여되어 충분하고 적합한 감사증거를 입수하는 것이 불가능할 수도 있다.(ISA 330-A18)

라. 문서화 : 평가된 위험에 대한 감사인의 대응

내부감사인은 평가된 위험에 대한 감사인의 대응에 대하여 다음 사항을 감사문서에 포함하여야 한다.(ISA 330-28)

평가된 위험에 대한 내부감사인의 대응

① 재무제표 수준의 평가된 중요왜곡표시위험에 대처하기 위한 전반적인 대응, 수행된 추가 감사절차의 성격과 시기 및 범위
② 이러한 감사절차와 경영진 주장 수준의 평가된 위험과의 연결 관계
③ 감사절차의 결과(명확하지 않은 경우에는 그 결론을 포함)

5. 재무회계의 이해[267]

가. 회계의 기본개념

1) 회계의 정의

회계란 회계정보이용자가 합리적인 판단이나 경제적 의사결정을 할 수 있도록 기업실제에 관한 경제적 정보를 식별하고, 측정하여 전달하는 과정을 말한다.

2) 회계정보 이용자

기업의 회계시스템은 기업의 이해관계자가 기업과 관련된 의사결정을 하려고 할 때 유용한 정보를 제공하게 된다. 최근의 기업은 소유와 경영이 분리되면서 다양한 이해 관계자 즉, 회계정보 이용자가 있는데 대표적인 이해관계자로는 경영자, 종업원, 채권자, 주주, 투자자, 거래처, 정부기관 등이 있다.

나. 재무제표의 이해

1) 재무제표의 정의

재무제표는 기업의 외부정보이용자에게 의사결정에 유용한 정보를 제공할 목적으로 재무상태나 경영성과 등의 재무정보를 제공하는 보고서이다.

회사의 경영활동	→	재무제표	→	**이해관계자**
(경제적 사건)	집약		정보제공	(정보이용자)

2) 재무제표의 기본가정

267 김성수, 「경영진단」-재무제표분석·취약부문발견기법, 한국상장회사협의회, 2018. 1~23면.

기 때문에 양 기관 간의 협력관계의 긴밀성이라는 측면에서 문제의 소지가 있다.

그러나 이 문제에 대해서도 감사는 이사회에 출석하여 의견을 진술할 수 있도록 하였다.(「상법」 제391조의2 제1항) 이는 감사가 그 직무를 효과적으로 수행하기 위해서는 이사회의 결의사항을 알 필요가 있고, 또한 감사의견을 이사회에 표시할 필요가 있기 때문에 1984년 「상법」 개정에서 도입한 것이다.

이사회의 출석과 의견진술을 감사 권한으로 인정함으로써 감사는 이사회에 출석하여 감사에 필요한 정보를 용이하게 얻을 수 있으며, 또한 이사회에서 업무집행을 결정하는 단계에서 법령 또는 정관에 위반하거나 현저하게 부당한 결의가 성립되는 것을 사전에 예방할 수 있다.

그리고 「상장회사 표준 감사직무규정」 제24조에 의하면 감사는 경영방침의 결정 과정, 경영 및 업무상황을 파악하기 위하여 이사회, 임원회 및 기타 중요한 회의에 출석하여 의견을 진술할 수 있도록 함으로써, 경영전략 및 장기계획의 책정에 대한 사전 예방적 감독소홀의 문제점을 해결하고 있다.

특히 독일식 감사회의 경우는 감사회가 기업의 이해관계자(특히 채권자), 동반자 및 동맹자(노동조합)들을 규합하여 감독기능을 수행함으로써 회계감사, 주요 자본투자 및 전략적 기업 인수나 자산매각의 승인, 경영이사의 선임 및 배당 등에 대한 승인권을 행사함으로써 실효적 감독기능을 수행하고 있다.

V. 내부감사제도의 선택적 운영 문제[493]

우리나라 「상법」은 1962년 제정된 이래 계속적으로 기존 감사 제도를 운영하여 왔으며, 「상법」을 개정할 때마다 감사의 지위와 권한을 강화해 왔다.

그러나 監事에 의한 監査가 실효성을 거두지 못하였음은 여러 사례를 통하여 드러났고, 결정적으로는 1997년 말 외환 위기에서 더욱 명확해졌다. 이와 같이 기존의 독임제인 감사가 경영감독기관으로서의 그 기능을 다하지 못했다는 판단하에 대체적인 경영 감독기구로서 감사위원회제도가 도입되었다.[494] 이와 같이 감사위원회의 도입은 불가피한 측면이 있다.

그러나 감사위원회제도는 그 도입 당시부터 많은 비판을 받았다.[495] 소유구조의 왜곡으로 인해 소유와 경영이 제대로 분리되지 못한 우리의 기업현실에서는 그 정착이 쉽지 않으며, 구조적으로 우리의 기업 문화와 맞지 않기 때문이다.[496] 우리 기업의 소유구조는 특정한 대주주에게 집중되어 있음에 비해 미국의 경우에는 기업지배구조 자체가 소유와 경영의 분리를 전제로 하고 있다는 것이 가장 큰 이유이다.[497]

---

493 김용범, 전게서, 2017. 394~396면 및 2012., 266~268면.

494 김용범, 전게서, 2017. 394면. 최준선, 전게보고서, 72면, 이철송. 전게서. 박영사. 2021. 884면

495 김용범, 전게서, 2017. 394면. 최준선, 전게보고서, 72면

496 김용범, 전게서, 2017. 394면. 김순석, 「미국 기업개혁법의 주요내용과 우리나라에 대한 시사점」, 상장협 제47호, 2003, 136면, 최준선, 전게보고서, 72면

497 김용범, 전게서, 2017. 395면. 김순석, 「미국 감사위원회제도의 최근 동향과 시사점」, 상법학의 전망. 2003, 239면, 최준선, 전게 보고서, 72면

그럼에도 불구하고 감사위원회제도를 도입한 주요이유는 ① 기업지배구조 개선작업의 실효성을 확보하고, ② 기업경영의 투명성을 높이며,[498] ③ 감사업무의 효율성과 전문성을 제고하기 위한 것[499]이다. 이와 같이 「상법」은 회사의 감사기구로서 감사를 두는 것을 원칙으로 하면서, 그를 대체할 수 있는 기구로 이사회 내 위원회 중의 하나인 미국식의 감사위원회를 둘 수 있도록 하였다.(「상법」 제415조의 2 제1항)

현재 우리나라에서는 「상법」상 감사제도는 감사와 감사위원회 중에서 자율적으로 선택하도록 하였다. 즉, 「상법」상 회사는 회사의 업무를 감사하기 위해 감사를 두거나 혹은 정관이 정하는 바에 따라 「상법」제393조의2의 규정에 의한 위원회로서 감사위원회를 설치할 수 있다. 따라서 정관에 감사위원회를 설치한다는 규정이 없으면, 독임제감사제도를 채택하는 것으로 된다.(「상법」 제415조의 2 제1항)

이같이 독임제감사제도와 감사위원회제도를 회사의 자율에 맡긴 것은 특정시스템을 입법적으로 확정하는 것은 바람직하지 아니하고 나아가서 선택적 운영을 통하여 제도 간의 경쟁을 유도해 감사제도의 운용이 개선될 것을 기대하는 것이다.[500]

그러나 상장회사에 대한 특례에서는 회사규모에 따라서 제도의 선택을 강제하고 있다. 독임제감사제도는 이사회와 감사가 양립하는 **이원적체제**하에 취할 수 있는 제도이고, 감사위원회는 이사회 중심의 **일원적체제**하에 구성된다. 그런데 상장회사에 대한 특례에서 회사의 업종이나 외국 자본시장에서의 자금 조달 여부 등을 고려하지 아니하고 회사의 자산규모라는 획일적 기준으로 감사위원회제도를 강제하고 있다.

이에 대하여 기본적으로 어느 특정의 제도를 강제하는 것은 합리적이라고 보지 않는다는 견해가 있다. 아무리 기업지배구조상 우월하다고 해도, 그것은 기업가의 판단에 맡길 문제이며, 회사의 지배구조는 기업의 업종이나 규모 그리고 기업활동의 범위, 비용부담에 대한 고려, 감사업무수행의 실효성여부 등 여러 가지의 고려요소를 참작하여 기업이 여러 가지 선택지 중에서 선택하도록 하는 것이 합리적일 것이다.

이 견해는 현행 감사제도가 정착되지 못한 원인의 하나는 기업규모를 불문하고 획일적인 감사제도를 강제하는 것도 원인이 된다고 본다. 영세규모의 폐쇄적인 회사와 상장회사 간에는 감사제도의 의미도 다르다는 것이다. 이런 맥락에서 기업규모와 공개여부 등을 기준으로 하여 감사제도에 대한 규제를 달리할 필요가 있다고 본다.[501]

특히 상장회사에 대한 특례에서 자산총액 2조 원 이상인 상장회사에게 감사위원회 설치를 의무화하고 있다.(「상법」제542조의 2 제1항, 「동법 시행령」제16조 제1항) 그러나 자산은 수시로 변동할 수 있기 때문에 자산을 기준으로 한 지배구조의 강제는 실무상에는 큰 문제가 없을

---

498 김용범, 전게서, 2017. 395면. 권종호, 「감사제도의 개선과 감사위원회제도의 과제」, 상사법연구 제19권3호, 2001, 100면, 최준선, 전게 보고서, 73면

499 김용범, 전게서, 2017. 395면. 박길준. 홍복기, 「이사 및 이사회제도」, 상장회사협의회, 2000, 178면, 최준선, 전게보고서, 73면

500 김용범, 전게서, 2017. 395면. 임중호, 「감사. 감사위원회제도의 효율적 운영과 기능 제고방안」, 한국상장회사협의회, 2007, 32면 , 최준선, 전게보고서, 73면

501 김용범, 전게서, 2017. 396면. 임중호, 전게서, 106~197면, 최준선, 전게보고서, 74면

⑩ 계속사업손익 ⑪ 중단사업손익(법인세효과 차감 후) ⑫ 당기순손익

수익과 비용은 각각 총액으로 보고하는 것을 원칙으로 한다. 다만, 다른 계약에 의해 수익과 비용을 상계하도록 요구하는 경우에는 상계하여 표시하고, 허용하는 경우에도 상계하여 표시할 수 있다. 또한, 동일 유사한 거래나 회계사건에서 발생한 차익, 차손 등은 총액으로 표시하지만, 중요하지 않은 경우에는 관련 차익과 차손 등을 상계하여 표시할 수 있다.

마) 당기순손익

당기순손익은 계속사업손익에 중단사업손익을 가감하여 산출하며, 당기순손익에 기타포괄손익을 가감하여 산출한 포괄손익의 내용을 주석으로 기재한다. 이 경우 기타 포괄손익의 각 항목은 관련된 법인세 효과가 있다면, 그 금액은 차감한 후의 금액으로 표시하고 법인세 효과에 대한 내용을 별도로 기재한다.

3) 자본변동표

일정시점 현재 기업의 자본의 크기와 일정기간 동안 기업실체의 자본의 변동에 관한 정보를 제공하는 재무제표

가) 자본변동표의 의의

- 자본변동표는 자본의 크기와 그 변동에 관한 정보를 제공하는 재무보고서로서, 자본을 구성하고 있는 자본금, 자본잉여금, 자본조정, 기타포괄손익누계액, 이익 잉여금(또는 결손금)의 변동에 대한 포괄적 정보를 제공
- 자본변동표에는 자본의 각 구성요소별로 기초잔액, 변동사항 및 기말잔액을 표시. 따라서 자본변동표는 이익잉여금처분계산서 및 결손금처리계산서를 포함하는 보다 포괄적인 재무보고서

나) 자본변동표의 중요성

- 자본변동표는 재무제표 간의 연계성을 제고시켜 이용자들이 재무제표간의 관계를 보다 명확하게 이해할 수 있게 지원. 이러한 자본변동표에는 재무상태표에 표시되어 있는 자본의 기초잔액과 기말잔액이 모두 제시됨으로써 재무상태표와 연계되고, 자본의 변동 내용은 손익계산서와 현금흐름표에 나타난 정보와 연계
- 자본변동표는 손익계산서를 거치지 않고 재무상태표의 자본에 직접 가감되는 항목에 대한 정보를 제공. 이러한 항목에는 매도가능증권평가손익과 같은 미실현손익이 포함되는데, 이러한 미실현손익의 변동내역을 나타냄으로써 자본변동표는 손익계산서에서 나타낼 수 없는 포괄적인 경영성과에 대한 정보를 직·간접으로 제공

다) 자본변동표의 형태

■ 자본변동표는 자본금, 자본잉여금, 자본조정, 기타포괄손익누계액, 이익잉여금(또는 결손금)의 각 항목별로 기초잔액, 변동사항, 기말잔액을 표시

(1) 자본금의 변동 : 유상증자(감자), 무상증자(감자)와 주식배당 등에 의하여 발생하며,

자본금은 보통주 자본금과 우선주자본금으로 구분하여 표시
(2) 자본잉여금의 변동 : 유상증자(감자), 무상증자(감자), 결손금의 처리 등에 의하여 발생하며, 주식 발행초과금과 기타자본잉여금으로 구분하여 표시
(3) 자본조정의 변동 : 자기주식은 구분해 표시하고, 기타자본조정은 통합하여 표시가능
(4) 기타포괄손익누계액의 변동 : 매도가능증권평가손익, 해외사업환산손익 및 현금흐름위험회피 파생상품평가손익은 구분하여 표시하고, 그 밖의 항목은 그 금액이 중요할 경우에는 적절히 구분하여 표시 가능
(5) 이익잉여금의 변동 : 다음과 같은 항목으로 구분하여 표시
① 회계정책의 변경으로 인한 누적 효과 ② 중대한 전기오류수정이익
③ 연차배당(당기 중에 주주총회에서 승인된 배당금액으로 하되 현금배당과 주식배당으로 구분하여 기재)과 기타 전기말 미처분이익잉여금의 처분
④ 중간배당(당기 중에 이사회에서 승인된 배당금액) ⑤ 당기순손익
⑥ 기타 : ① 내지 ⑤ 외의 원인으로 당기에 발생한 이익잉여금의 변동으로 하되, 그 금액이 중요한 경우에는 적절히 구분하여 표시

■ 자본변동표에서 전기에 이미 보고된 이익잉여금(또는 결손금)의 금액이 당기에 발생한 회계정책 변경이나 중대한 전기오류수정으로 인하여 변동된 경우에는 전기에 이미 보고된 금액을 별도로 표시하고 회계정책 변경이나 오류수정이 매 회계연도에 미치는 영향을 가감한 수정 후 기초이익잉여금을 표시

4) 현금흐름표

일정기간 동안 기업의 현금유입과 현금유출에 대한 정보를 제공하는 재무제표

가) 현금흐름표의 의의

■ 현금흐름표는 기업의 현금흐름을 나타내는 표로서 현금의 변동 내역을 명확하게 보고하기 위해 해당 회계기간에 속하는 현금의 유입과 유출내용을 적정하게 표시
■ 현금주의 기준에 의하여 회계기간 동안 발생한 현금흐름을 영업활동, 투자활동 및 재무활동으로 분류하여 보고

나) 현금흐름표의 유용성

■ 기업의 미래 현금 및 현금성자산의 창출능력에 관한 정보를 제공
■ 기업의 부채상환능력, 배당금지급능력, 외부자금조달의 필요성에 관한 정보를 제공
■ 이익의 질을 평가할 수 있도록 영업활동과 관련된 자금흐름의 정보를 제공
■ 기업의 일정기간 중 현금예금 및 비현금예금의 투자 및 재무거래가 기업의 재무상태에 미치는 영향 탐지 가능

다) 현금흐름표의 작성방법

■ 현금흐름표는 영업활동으로 인한 현금흐름, 투자활동으로 인한 현금흐름, 재무활동으로 인한 현금흐름으로 구분표시하고, 이에 기초의 현금을 가산하여 기말의 현금을

우리의 현실을 보면 감사보조조직의 상황이 열악하기 그지없다. 삼정KPMG ACI가 2017년 12월 결산법인 전체 상장사 1,941개사를 대상으로 실시한 조사내용(이하 '삼정ACI'라 함)을 살펴보면 감사보조조직을 설치하고 있는 회사는 1,117개사(57.55%) 정도이고, 824개사(42.45%) 가까운 회사들은 감사보조조직 자체를 두고 있지 않은 상황이다.

감사보조조직을 설치했다 하더라도 감사보조조직이 감사보고서 등의 감사결과를 감사 또는 감사위원회(이하 '감사'라 한다)에 보고한다고 조사된 것은 전체 유가증권 시장 상장사 1,941개사 중 113개사인 5.82%에 불과 하는 등 매우 낮은 편이였다.

이에 반해 이사회 및 경영진에게 보고한다는 회사는 각각 154개사 7.93% 및 785개사 40.44%이며, 미공시한 889개사 45.80%도 상당수 보고라인은 감사(위원회)나 이사회가 아닌 경영진으로 추정된다. 감사의 역할이 이사의 업무집행을 감독하는 것이라는 점을 고려할 때 이런 상황에서 감사보조조직의 이사 및 경영진에 대한 독립적인 감사가 가능할지 의문이다.

더욱이 감사보조조직의 구성원의 임면에 대하여 감사 또는 감사위원회의 동의 및 협의가 이루어지는 회사는 내부감사조직을 보유한다고 밝힌 1,117개사 중에서 651개사 58.28%에 불과하며, 동 조직의 구성원에 대한 임면권을 감사가 아닌 대표이사, 대주주 등이 가지고 있는 경우가 전체의 466개사 41.72%에 이르고 있는 상황이다.

이러한 점들을 종합해 볼 때 감사보조기구의 임직원은 감사의 지휘 · 통제하에 감사만을 전문으로 하는 인력이 아니라, 일반직원들이 하나의 경력 관리하는 부서로서 거쳐 가는 자리로서 운영되는 경향이 있기 때문에 경영진과 독립적으로 감사업무를 수행하기는 현실적으로 매우 어려운 구조라고 판단된다.[508]

특히 본 설문조사가 상장회사를 대상으로 한 것인데, 상장회사에서조차 이와 같이 감사보조조직의 독립성의 확보가 어려운 실정이라면 비상장회사의 경우에는 여건이 어떠할지 충분히 짐작이 가는바, 향후 감사보조조직의 독립성을 위해 감사기관인 감사/감사위원회는 물론 정책 당국자, 경영진들도 더욱더 노력과 관심을 가져야 하겠다.

Ⅱ. 감사보조조직의 필요성

그간 우리나라는 외형적으로는 감사의 조직, 자격, 운영 및 권한 등 다방면으로 감사의 독립성 및 전문성을 위해서 제도개선이 있어 왔다. 그러나 이들 제도가 그저 법전 속의 그것으로 그치지 않고 실효적으로 기능하기 위해서는 감사자체의 제도개선과 더불어 감사업무의 원활한 수행에 필요 불가결한 제도 및 실무 정비가 필요하였다.

그 대표적인 것이 감사의 보조조직 및 인력의 활용이다. 그 이유는 오늘날 회사는 그 규모가 점차 팽창하고 있고, 도처에 지점, 영업소, 사업장을 두고 여러 개의 자회사를 거느리고 있다. 이러한 회사들에서 소수의 監事만으로 監査를 하는 것은 현실적으로 불가능하다. 우리나라의 監事는 업무감사와 회계감사 업무를 모두 맡고 있는데, 이들 업무를 제대로 수

508 김용범, 전게서, 2017. 398면 및 2012, 270면. 김학원, 전게서, 93면, 김용범, 「감사보조조직 설치의 필요성」, 감사저널 2014 신년호, 2014., 13면.

행하지 못한 경우에는 엄격한 법적책임을 부담하도록 되어있다.[509]

업무감사에 관한 감사활동을 위해서는 감사를 위한 정보수집이 불가결하다. 「상법」에서는 이사에 대한 영업보고 요구나 회사의 재산상태에 대한 조사권 등 정보 수집을 위한 필요한 권한을 규정하고 있지만, 효과적인 정보수집을 위해서는 회사의 임직원과 수시로 교섭하거나 감사 보좌하는 조직의 도움이 필요하다. 다만, 회계감사는 정기적인 결산감사를 위해 이사로부터 재무제표와 영업보고서를 제출받아 감사를 수행한다.

오늘날 감사의 업무는 수행해야 할 업무가 방대할 뿐만 아니라 이들 업무를 수행하는 데에는 상당한 전문지식과 회사정보에 대한 접근이 필요하다. 아울러 감사가 모든 업무를 일일이 현장에서 수행하는 데에는 한계가 있으므로, 감사 관련된 모든 업무를 직접 담당하는 것은 비현실적이다. 더구나 감사보조조직의 도움 없이 감사 스스로 회사의 업무 및 재산상황을 조사하는 등의 감사활동을 수행하는 것은 사실상 불가능하다.[510]

따라서 회사 감사업무의 질적 향상과 정보의 수집 및 감사업무의 효율성을 제고하기 위해서는 이들 업무를 지원하고 도와주는 인적 · 물적 시설을 갖춘 감사보조조직이 절대적으로 필요하다.[511] 감사는 모든 감사업무를 본인 스스로 수행할 것이 아니라, 이러한 보조 조직에 실무를 맡기고 이들에 대한 지시·감독·평가를 통해 감사업무를 수행하여야 한다.[512]

Ⅲ. 감사보조조직에 관한 법적 문제점

「상법」은 감사의 경우 회사의 비용으로 전문가의 조력을 받을 수 있도록 하였다.(「상법」제412조 및 제415조의 2 제5항) 그러나 회사 내부의 감사인력에 대한 내용은 법으로 정하고 있지 않다. 감사가 필요한 경우 전문가의 조력을 받을 수 있다고 하나, 이는 회사 외부의 전문가, 예를 들어 법률전문가나 회계전문가의 자문을 얻을 수 있다는 것을 의미한다.

따라서 감사의 스텝으로서 감사업무를 수행하는 자들에 대해서는 「상법」에는 아무런 근거 규정을 두고 있지 않다. 다만 「금융지배구조법」 제20조 제2항, 「공공감사에 관한 법률」 제5조 제1항, 「공공기관운영법」 제32조 제5항 및 「공기업·준정부기관 감사기준」 제13조와 「상장회사 감사/감사위원회의 표준직무규정」 제14조/제21조에서 감사의 업무를 보조하고 감사의 지휘·명령을 받아 직무를 수행하는 감사보조조직을 설치하거나 또는 둘 수 있도록 규정하고 있을 뿐이다.[513]

그러나 「금융지배구조법」이나 「공공감사에 관한 법률」, 「공공기관운영법」은 일반회사 모두 적용되는 것이 아니고 대규모 금융회사나 공공기관에만 제한적으로 적용되고, 상기 「상장회사표준규정」은 감사보조조직을 설치하지 않을 수 있는 명확한 근거도 제시하지 않고 단

509 김용범, 전게서, 2017. 399면. 김용범, 전게연재서, 감사저널 2014 신년호, 2014., 13면.

510 김용범, 전게서, 2017. 399면. 김건식,「법적 시각에서 본 감사위원회」, BFL 제13호, 서울대학교, 2005.47면, 최준선, 전게보고서, 78면, 김용범, 전게연재서, 감사저널 2014 신년호, 13면.

511 김용범, 전게서, 2017. 399면. 임중호, 전게서, 132면, 최준선, 전게보고서, 78면, 김용범, 전게서, 어울림, 2012., 270면. 김용범, 전게연재서, 감사저널 2014 신년호, 2014.,13면.

512 김용범, 전게서, 2017. 400면 및 2012., 270면. 최준선, 전게보고서, 78면, 김용범, 전게연재서, 감사저널 2014 신년호. 13면.

513 김용범, 전게서, 2017. 400면. 김용범, 전게연재서, 감사저널 2014 신년호, 2014.,14면.

(1) 재무제표작성기준 및 유의적인 거래와 회계사건의 회계처리에 적용한 회계정책
(2) 일반기업회계기준에서 주석공시를 요구하는 사항
(3) 재무상태표, 손익계산서, 현금흐름표 및 자본변동표의 본문에 표시되지 않는 사항으로서 재무제표를 이해하는 데 필요한 추가 정보

① 기업의 개황, 주요 영업 내용 및 최근의 경영환경 변화
② 사용이 제한된 예금
③ 자기 또는 타인을 위하여 제공하고 있거나 타인으로부터 제공받고 있는 담보 및 보증의 내용
④ 차입약정의 유의적인 위반사항
⑤ 천재지변, 파업, 화재, 유의적인 사고 등에 관하여는 그 내용과 결과
⑥ 기업이 가입하고 있는 보험의 종류, 보험금액 및 보험에 가입된 자산의 내용
⑦ 물가 및 환율변동과 같이 기업에 유의적인 영향을 미치는 불확실성 및 위험요소
⑧ 해당 회계연도 개시일전 2년 내에 결손보전을 한 경우에는 결손보전에 충당된 자본잉여금이나 이익잉여금의 명칭과 금액 및 결손보전을 승인한 주주총회일
⑨ 제조원가 또는 판매비와 관리비에 포함된 급여, 퇴직급여, 복리후생비, 임차료, 감가상각비, 세금 공과 등 부가가치 계산에 필요한 계정과목과 그 금액

■ 주석은 재무상태표, 손익계산서, 현금흐름표와 자본변동표에 인식되어 본문에 표시되는 항목에 관한 설명이나 금액의 세부내역 뿐만 아니라 우발상황 또는 약정사항과 같이 재무제표에 인식되지 않는 항목에 대한 추가정보 포함. 그리고 일반기업 회계기준 등의 최초적용으로 인한 회계기준의 중요한 변동이 요구되는 경우, 기업의 준비상황 및 재무제표에 미칠 수 있는 영향 등을 추가정보로 공시할 것을 권장
■ 주석은 일반적으로 재무제표 이용자가 재무제표를 이해하고 다른 기업의 재무제표와 비교하는 데 도움이 될 수 있도록 다음의 순서로 작성

① 일반기업회계기준에 준거하여 재무제표를 작성하였다는 사실의 명기
② 재무제표 작성에 적용된 유의적인 회계처리의 요약
③ 재무제표 본문에 표시된 항목에 대한 보충 정보(재무제표의 배열 및 각 재무제표 본문에 표시된 순서에 따라 공시)
④ 기타 우발상황, 약정사항 등의 계량정보와 비계량정보 등

라. 재무제표 간의 연관성

재무제표는 재무보고의 중심적인 수단으로서 이를 통하여 기업에 관한 재무정보를 외부의 이해관계자에게 전달하게 된다. 가장 일반적으로 이용되고 있는 재무제표는 재무상태표, 손익계산서, 현금흐름표, 자본변동표이며, 이에 대한 적절한 주석 및 부속명세서도 재무제표의 구성요소로 본다.

이러한 재무제표는 각각 역할이 다르면서도 상호간에 일정한 연관관계를 가지고 있다. 즉, 전기 말과 당기 말에 작성된 재무상태표 간의 차이인 두시점간 재무상태의 변화는 해당

연도의 경영성과에서 비롯된 것이기 때문에 이 차이는 경영성과를 표시하는 손익계산서를 통하여 얼마의 금액이 증가하였는지를 알 수 있는 것이다.

이러한 각 재무제표는 동일한 거래 또는 사건의 다른 측면을 반영하고 있으므로, 서로 연관되어 있으며 상호보완적인 관계가 있는데, 이러한 관계는 다음과 같다.

재무제표 간에 상호보완적인 관계

① 재무상태표는 기업실체의 유동성과 재무건전성을 평가하는데 유용한 정보를 제공하는데, 재무상태표 정보가 현금흐름표 정보와 함께 이용되면 유동성 또는 재무탄력성을 평가하는 데 더 유용할 수 있다.

② 손익계산서는 기업실체의 수익성을 평가하는 데 유용한 정보를 제공하는데, 손익 계산서 정보가 재무상태표 정보와 함께 사용되면 더욱 의미 있는 해석이 가능하게 된다. 예를 들어, 자기자본이익률 또는 재고자산회전율 등은 수익성의 기간비교 또는 기업 간의 비교에 보다 유용한 정보를 제공한다.

그러나 이는 발생주의 회계에 의거하여 작성되는 보고서이기 때문에 손익에 영향을 미치지 않으면서 재무상태에 영향을 미치는 항목들에 대한 정보를 제공하지 못한다. 따라서 영업활동뿐만 아니라 투자활동 및 재무활동에 기인한 재무상태의 변동을 파악하기 위해서는 자본변동표와 현금흐름표를 참조해야 한다.

③ 현금흐름표는 일정 기간 동안의 현금유입과 현금유출에 대해 많은 정보를 제공한다. 그러나 현금유입과 현금유출은 동일한 회계기간 내에서 수익과 비용과 같이 서로 대응되어 표시되지 않으므로 현금흐름표는 기업실체의 미래 현금흐름을 전망하는 데 충분한 정보를 제공하지 못한다.

예를 들어 영업활동에서의 현금유입은 많은 부분이 과거의 영업활동에 의해 나타나게 되고, 또한 현재의 현금지출은 미래의 현금유입을 위해 이루어진다. 그러므로 미래의 현금흐름을 예측하기 위해 현금흐름표 정보는 손익계산서와 재무상태표 정보가 함께 사용될 필요가 있다.

④ 자산변동표는 자산, 부채, 자본 변동의 주요 원천에 대한 정보를 제공한다. 그러나 이러한 정보는 다른 재무제표 정보와 함께 사용되어야 그 유용성이 증대된다. 예를 들어 주주에 대한 배당은 손익계산서 상의 이익과 비교될 필요가 있으며, 유상증자 및 자기주식 취득과 배당은 신규차입 및 기존 채무의 상환 등과 비교될 때 정보의 유용성이 증대될 수 있다.

소유주의 투자와 소유주에 대한 분배를 제외한다면, 회계기간 말 현재의 자본은 회계기간 초와 비교할 때 회계기간 중 인식된 포괄이익 만큼 증가하게 되며, 자본변동의 모든 원천은 포괄이익에 의해 최종적으로 측정된다. 이러한 관점에서 재무상태표와 손익계산서는 상호연계되는 관계에 있다. 또한, 손익계산서는 재무상태표를 통해 현금흐름표와도 연계되는 관계에 있다.

Ⅲ 회계감사 절차

내부회계감사는 ① 사업의 이해 및 감사계획, ② 회계제도와 내부통제제도 평가단계,

제를 정비할 권한을 갖는 것으로 규정하고 있고, 그 구체적인 내용은 「회사법 시행령」(법무성령)으로 정하도록 하였다. 이에 따라 「회사법 시행령」에서는 감사가 그 직무를 보조하는 사용인, 즉 감사요원을 설치하여 줄 것을 이사회에 요구하는 경우 이사회는 이에 관하여 결정을 하여야 한다고 규정하고 있다.

만약 이사회가 그 설치를 거부한 경우 감사가 그 이사회의 결정이 상당하지 아니한 것으로 판단하면 감사보고서에 그 뜻과 이유를 기재하거나 사업보고에 그 결의내용의 개요를 기재해 최종적으로 주주들의 확인을 받도록 하고 있다. 이런 방법을 통해 이사회로 하여금 감사보조조직 설치에 대한 감사의 요구를 사실상 수용하도록 강제하고 있다.

2. 감사보조조직에 관한 미국의 입법례

본래 미국의 감사제도는 우리나라 법제와는 달리 우리나라와 같은 감사제도가 「회사법」의 규정으로 별도로 없고, 통상 회사운영의 실무에서 감사위원회가 사내이사 중에서 「내부감사(Internal Auditor)」를 지정하여 회계 및 경영감시 관련 업무를 총괄하며, 내부통제시스템을 운영하는 경우에는 이를 지휘·감독한다.

그리고 재무제표 및 기타 감사관련 보고서를 작성하는 것은 외부감사 즉 회사외부의 회계전문가에 의뢰하도록 하고 있다. 그러나 이러한 감사제도로는 효율적인 감시가 어렵다고 보고 이사회 내에 감사위원회를 두어 동 위원회가 경영진과 독립적으로 내부감사 및 외부감사를 통제하도록 하여 감사의 투명성을 제고하고자 감사위원회제도를 발전시켜 왔다.

이러한 제도는 「회사법」에서 발전된 것이 아니라 「증권거래법(SEA법)」에서 발전된 것이다. 「SEA법」 Rule 제10-3의 규정에 따라 상장사는 모두 감사위원회를 설치하여야 하며, 「SOX법」*의 제정에 따라 이제는 「동법」의 적용을 받는 회사도 모두 감사위원회를 설치하여야 한다.

* 「SOX법」이란 2000년대 들어 엔론, 월드컴 등 미국의 자존심인 유력 주식회사들이 분식결산으로 연쇄 파산을 함에 따라 추락한 미국기업의 신뢰성 회복을 위한 제도 정비차원에서 2002년 제정한 Sarbanes Oxley Act을 말한다.

따라서 상기 법들의 적용을 받는 뉴욕증권거래소(NYSE)의 「상장회사운영 규칙」에 의하면 상장회사는 「증권거래법 시행규칙」 Rule10A-3에서 요구하는 감사위원회를 구성하여야 하고, 감사위원회는 독자의 「감사위원회운영규칙」을 제정하여 실행하여야 한다. 그리고 감사위원회 산하에 내부감사에 직접 참여할 수 있는 인원 및 제도적 장치를 마련, 운영하도록 하고 있다.

Ⅵ. 감사보조조직에 관한 「상법」 外 입법례

1. 「금융지배구조법」상 감사보조조직

「금융지배구조법」 제20조 제2항은 금융회사는 감사위원회 및 감사의 업무를 지원 하는 담당부서를 설치하도록 강제하고 있으며, 그가 직무를 독립적으로 운영할 수 있도록 다음과 같은 사항을 지원한다.(「동법(개정안)」 제20조 제2항, 제3항, 제4항, 제7항)

「금융지배구조법(개정안)」상 감사보조조직에 대한 지원사항

① 감사위원회에 사내이사가 없는 금융회사는 업무집행책임자[517] 중에서 감사담당부서 업무를 총괄하는 책임자(이하 "내부감사책임자"라 함)를 선임하여야 한다.

② 금융회사는 내부감사책임자를 임면하려는 경우에는 감사위원회의 의결을 거쳐야 하며, 해임할 경우에는 감사위원회위원 총수의 3분의 2이상의 찬성으로 의결한다.

③ 내부감사책임자의 임기 및 보수지급기준 등에 관하여는 「금융지배구조법」 제25조 제4항[518] 및 제6항[519]을 준용한다.

2. 「공공기관운영법」상 감사보조조직

「공공기관운영법」 제32조(임직원의 임무) 제6항은 기관장으로 하여금 감사 또는 감사위원회의 임무수행에 필요한 직원의 채용과 배치 등에 관하여 필요한 지원을 하도록 강제하고 있다.

또한 「공기업·준정부기관 감사기준」 제13조(감사부서 등)는 기관장은 감사 또는 감사위원회의 효율적이고 원활한 업무수행을 위하여 감사 지원부서를 감사 또는 감사위원회 소속하에 둔다.

그리고 감사부서는 당해 기관의 감사를 효과적으로 수행할 수 있는 적정규모의 조직, 인원, 예산을 확보하여야 하며, 감사 또는 감사위원회는 기관장에게 필요한 지원을 요구할 수 있도록 하였다.

3. 「공공감사법」상 감사보조조직

「공공감사법」 제5조(자체감사기구의 설치) 제1항은 공공기관 등은 자체감사기구를 두어야 하며, 다만 공공기관 등의 규모, 관장 사무 또는 자체감사대상기관의 수 등을 고려하여 관계법령이 정하는 경우에는 자체감사업무를 전담 수행하는 자체감사기구를 두도록 강제하고 있다.

4. 「상장회사 감사위원회/감사의 직무규정」상 감사보조조직

「상장회사 감사위원회의 직무규정」 제21조(감사부설기구) 제1항과 「상장회사 감사의 직무규정」 제14조(감사부설기구) 제1항은 위원회/감사는 효율적이고 원활한 업무수행을 위해 위원회/감사에 전속되는 감사부설기구를 두도록 되어 있다. 다만, 감사 부설기구를 설치하기 어려운 경우에는 내부통제부서 등의 인력을 활용해 감사활동을 할 수 있도록 하였다.

---

517 **업무집행책임자**란 이사가 아니면서 명예회장·회장·부회장·사장·부사장·행장·부행장·부행장보·전무·상무·이사 등 업무를 집행할 권한이 있는 것으로 인정할 만한 명칭을 사용하여 금융회사의 업무를 집행하는 사람을 말한다.

518 준법감시인의 임기는 2년 이상으로 한다.

519 금융회사는 준법감시인에 대하여 회사의 재무적 경영성과와 연동하지 아니하는 별도의 보수지급 및 평가기준을 운영하여야 한다.

Ⅶ. 감사보조조직과 관련된 문제점[520]

감사보조조직과 관련된 문제점은 앞서 「감사보조조직의 필요성」에서 언급한 바와 같이 감사의 감사업무를 지원하고 도와주는 인적·물적 시설을 갖춘 감사보조조직의 설치 의무화가 절대적으로 필요하다.

감사보조조직의 설치 의무화와 관련하여 감사의 업무수행을 위한 보조조직은 ① 감사직속의 독자적인 보조조직을 두는 방안, ② 경영진소속의 내부통제부서를 활용하는 방안, ③ 회사 외부의 감사전문가를 활용하는 방안이 제시되기도 하였다.[521]

감사보조조직에 대한 내부설치의 의무화 문제에 앞서 어떤 형태의 감사보조조직을 채택할 것인가가 우선 검토되어야 한다. 앞에서 설명한 바와 같이 '경영진 소속의 내부통제부서 활용하는 방안'은 감사보조조직이 경영진 소속이기 때문에 경영진으로부터 독립성이나 객관성을 확보하기가 매우 어렵다.

그리고 '회사 외부의 감사전문가를 활용하는 방안'은 회사에 대한 정보의 접근성이 취약하여 감사업무의 효율성을 확보하기가 매우 어려운 점이 있으며, '감사직속의 독자적인 보조조직을 두는 방안'은 별도의 감사보조조직을 두기 때문에 보조조직 유지에 많은 비용이 소요되는 단점이 있다.

감사보조조직에 대한 설치의 의무화 문제는 그 설치를 「금융사지배구조법」, 「공공 기관운영법」등 과 같이 「상법」 등의 법률을 통하여 입법적으로 해결하는 것이 가장 확실한 방법이다. 다만 「상법」상의 모든 주식회사의 경우에 감사보조조직의 설치를 강제하는 것은 무리가 있다. 감사도 법정최저인 1인만을 두고 있는 회사가 많은 실정에 비추어 보면 이를 모든 회사 즉 소형 회사까지 강제하는 것에 대하여는 검토가 필요하다.[522]

감사 및 감사보조조직의 역할에 대한 충분한 이해가 있는 경영진의 경우에는 감사보조조직의 설치를 자발적으로 할 것이다. 그러나 이에 대한 이해가 부족하거나 경계하는 경영진, 특히 회사의 투명성이 결여된 회사의 경영진의 경우는 그 설치를 강제하더라도 경영진으로부터 독립성이 있는 감사보조조직의 설치를 회피하거나 실효성 없는 조직으로 만들 것이다.

Ⅷ. 감사보조조직과 관련된 문제점 해결 방안[523]

감사와 감사위원회의 역할이 회계감사뿐만 아니라 업무감사에도 미치므로 이러한 감사업무를 보좌하기 위하여 일정규모 이상 회사에는 내부감사기구 산하에 경영진으로부터 독립적인 내부감사 지원조직 즉 내부감사부서의 설치가 필수적이다. 내부감사부서는 사외이사 중심의 감사위원회에 더 필요한 조직이겠으나 감사를 두고 있는 회사의 경우에도 일상감

520 김용범, 전게서, 2017., 403~404면. 김용범, 전게연재서, 감사저널 2014 신년호, 2014., 16~18면.

521 김용범, 전게서, 2017., 404면. 김건식 외 좌담회 BFL 제13호, 서울대학교, 2005., 29면, 정순현, 전게서, 62면, 김용범, 전게연재서, 감사저널. 2014.,16면.

522 김용범, 전게서, 2017., 404면. 정순현, 전게서, 63면, 김용범, 전게연재서, 감사저널, 2014.,17면.

523 김용범, 전게서, 2017., 404~405면 및 2012., 273면. 김용범, 감사저널 신년호, 2014., 18~20면.

사부터 외부감사인의 회계감사 전반을 관리 · 감독하기 위하여 내부감사부서의 지원은 필수적이다.

감사의 효과적인 권한 행사는 기업의 건전한 발전에 꼭 필요한 만큼 이를 **실질적으로 지원할 수 있는 인적조직과 그에 관련된 제도가 「금융지배구조법」, 「공공기관운영법」등과 같이 법적으로 뒷받침되어야 한다.** 그러나 이런 인적조직을 지속적으로 유지하기 위해서는 많은 비용이 들어가는 만큼 모든 회사에 대해서 요구할 수는 없다.

모든 상장회사에 대하여 감사보조조직의 설치를 의무화할 것인지 여부에 대하여는 좀 더 구체적이고 면밀한 검토를 필요로 하며, 이에 대한 여러 방안이 있을 수 있으나, 감사위원회 설치나 다른 지배구조의 규제요소들과 마찬가지로 규모를 기준으로 감사보조조직의 의무적인 설치를 조정하는 방안도 하나의 방안이 될 수 있을 것이다.

따라서 **상장회사 및 일정 규모 이상의 법인**(예: 1,000억 원 이상)에 대해서는 **감사의 업무를 보조할 수 있는 감사직속의 독자적인 보조조직의 설치를 「금융사지배구조법」, 「공공기관운영법」등과 같이 「상법」으로 의무화**하고, **그 이외의 회사에 대하여는 정관으로 선택할 수 있도록 하는 것이 바람직할 것**이다.[524] 소규모 회사에 대하여는 감사보조조직을 회사외부에서 감사전문가를 아웃소싱하는 방법도 적극 검토해 볼 만하다.

물론 감사의 업무를 보조하는 조직이나 부서를 설치할 때에는 그 구성원에 대한 실질적인 지휘 · 통제 권한도 아울러 감사에게 부여해야 할 것이다. 감사보조조직은 이사회나 경영진 등으로부터 독립적이어야 할 뿐만 아니라, 반드시 감사의 지휘 · 통제체계 내에 두는 것이 바람직하다.[525]

현행 「금융지배구조법」 제20조제2항, 「공공감사법」 제5조제1항, 「공공기관운영법」 제32조 제6항 및 「공기업·준정부기관 감사기준」 제13조와 「상장회사표준감사직무규정」제14조 및 「상장회사 표준감사위원회직무규정」 제21조에서 감사보조조직의 전속에 관한 규정을 두고 있다.

일반회사들은 우선적으로 「금융사지배구조법」, 「공공기관운영법」, 「공공감사법」 및 「공기업 · 준정부기관 감사기준」 또는 「상장회사 표준감사직무규정」 및 「상장회사 표준감사위원회직무규정」 등과 같이 감사보조조직에 관한 법률이나 법규적 성격의 규정을 모델로 해서 회사가 자율적으로 이를 수정·이용할 수 있을 것이다.[526]

감사/감사위원회 보조조직의 전속 및 지휘 통제체계(예시)

524 김용범, 전게서, 2017., 405면. 회사법 개정의견, 월간 상장, 2005. 7.,38면, 정순현, 전게서, 63면, 김용범, 전게서, 2012., 273면. 김용범, 전게연재서, 감사저널 2014 신년호, 2014.,18면.

525 김용범, 전게서, 2017. 405면 및 2012. 273면. 정준우, 전게서, 89면, 정순현, 전게서, 63면, 이준섭, 전게서, 67~68면, 김용범, 전게연재서, 감사저널 2014 신년호, 2014.,18면.

526 김용범, 전게서, 2017., 405면 및 2012. 273면. 정순현, 전게서, 64면.

① 감사의 효율적이고 원활한 업무수행을 위해 감사/감사위원회에 전속되는 감사 /감사위원회의 보조 조직을 둔다.

② 비상근감사/감사위원회에 사내이사가 없는 회사는 업무집행책임자 중에서 감사담당부서 업무를 총괄하는 '내부감사책임자"를 감사의 승인/감사위원회의 의결을 거쳐 선임해야 한다.*

**업무집행책임자란 이사가 아니면서 명예회장, 회장, 부회장, 사장, 부사장, 행장, 부행장, 부행장보, 전무, 상무, 이사 등 업무를 집행할 권한이 있는 것으로 인정할 만한 명칭을 사용 하여 회사의 업무를 집행하는 사람을 말한다.*

③ 감사/감사위원회의 보조조직의 책임자(이하 '내부감사책임자'라 함)와 직원(이하 '감사요원'이라 함)은 감사/감사위원회의 업무를 보조하며, 감사/ 감사위원회의 지휘·명령을 받아 직무를 수행한다.

④ 경영진은 감사/감사위원회 보조조직을 설치 및 운영하는 데 필요한 인원 및 물적 설비 등에 대하여 지원과 협조를 하여야 한다.

따라서 이에 대한 여러 방안이 있을 수 있으나, 감사위원회 설치나 다른 지배구조의 규제요소들과 마찬가지로 규모를 기준으로 감사보조 조직의 의무적인 설치를 조정하는 방안도 하나의 방안이 될 수 있을 것이다.[527]

527 김용범, 전게서, 2017., 405면. 임중호, 전게서, 139면, 이준선, 전게서, 68면, 정순현, 전게서, 64면.

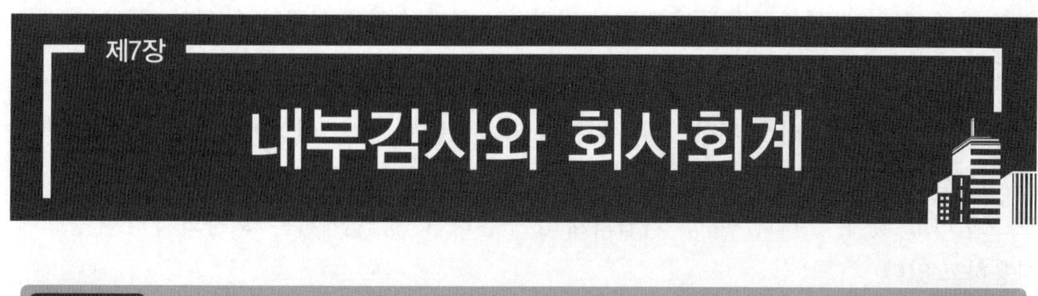

제7장 내부감사와 회사회계

제1절 총 설

Ⅰ. 「회사회계」의 의의[528]

"**회사회계**라 함은 **회사가 주체가 되어 일정한 기간**(결산기)**을 단위로 하여 회사의 재산상태와 손익을 인식·평가하고, 이익 또는 손실을 처리하기 위해 의사결정을 하는 일련의 행위**"를 말한다.

① 회사는 대차대조표와 손익계산서를 작성하는데, 전자는 현시점에서의 회사의 재산상태를 인식·평가하기 위한 것이고, 후자는 일정기간(특정 영업연도)의 손익을 인식·평가하기 위한 것이다. 재산상태와 손익의 인식·평가는 그 자체가 중요한 회계정보로써 독자적인 의의를 갖지만, 동시에 손익의 처리를 위한 의사결정의 기초자료가 된다.

② 대차대조표와 손익계산서는 회사의 재산상태와 손익에 관한 객관적인 기술에 지나지 않고, 이에 의해 인식되는 이익이나 손실을 어떻게 처리할 것이냐는 것은 별도의 의사결정을 요한다. 예컨대 준비금을 적립할 것이냐, 주주에게 배당할 것이냐, 결손을 전보할 것이냐, 이월할 것이냐 등을 결정하는 것이다. 이 의사결정은 대표이사에 의한 재무제표의 작성, 이사회의 승인, 監事의 監査를 거쳐 최종적으로 주주총회의 승인이라는 형식으로 행해진다.

③ 어느 회사의 재산상태와 손익은 그 주주, 회사채권자 또는 증권투자자 등도 각자의 목적에 따라 독자적으로 평가·인식할 수 있다. 따라서 대차대조표나 손익계산서와 같은 내용의 회계를 제3자도 할 수 있다. 그러나 대차대조표나 손익계산서에는 여러 가지 법적 구속과 효과가 따르므로 회사 스스로가 작성한 것만을 대차대조표·손익계산서라고하며, 또 손익의 처리에 관한 의사결정은 회사만이 할 수 있으므로 「**회사회계**」라 함은 당해 회사만이 한 것만을 말한다.

④ 회사회계는 결산기라는 균등한 기간을 단위로 하여 정기적으로 행한다. 이같이 정기적으로 회계하는 이유는 주기적으로 회계정보를 제공함으로써 회사 자신과 이해관계인들이 회계정보를 지속적으로 이용할 수 있고, 자산의 변동 상태를 효율적인 방법으로 비교·판

---

528 김용범, 전게서, 2017, 406~407면. 이철송. 전게서. 박영사. 2021. 973~974면, 임재연, 「회사법 Ⅰ 개정2판」, 박영사, 2014., 705면.

단할 수 있으며, 특히 주주들이 적절한 간격으로 투자 수익을 실현할 수 있기 때문이다.

회사회계는 「상법」 제3편 제4장 제7절에서 일반적 의미의 회계를 규율대상의 일부로 삼고 있지만, 이보다 결산을 위한 절차, 감사보고의 내용과 형식, 이익이나 손실의 처리를 위한 의사결정 방법과 이익배당을 주로 다루고, 주주와 채권자를 보호하기 위한 공시규정 등도 포함하고 있어, 「신외감법」상 **'기업회계'**와 구분하여 「상법」에서는 **'회사회계'**라는 용어를 사용하고 있다.

Ⅱ. 「회사회계」의 기능[529]

회사회계는 회사와 이해관계인들에게 다각적인 의의를 갖는다.

1. 경영진 측면에서 기능

회사의 **경영진은 회계를 통해 과거의 경영성과를 분석·평가함으로써 이를 토대로 하여 계속기업(going concern)으로서 목표와 방향을 효과적으로 설정**할 수 있다.

"**계속기업**이란 **기업은 계속적으로 존재한다는 가정 아래서 사업을 영위하는 기업**"을 말한다. 즉, 기업이 원칙적으로 기업의 구성원이나 소유자인 기업가와는 별도로 일시적으로 존재하는 것이 아니라 계속적으로 존재하는 생명을 가진 조직체라고 보는 개념으로, 기업이 갖는 영속적 내지 자주적인 전체로서의 특성을 가리키는 말이다.

2. 투자자 측면에서 기능

회사의 **투자자(주주)에게 있어 회사회계는 이익배당을 받을 수 있는 법적절차를 의미**한다. 투자자(주주)가 회사에 투자하는 궁극적인 목적은 이익배당을 받는 데 있다.

그러나 회사 채권자 등 다른 이해관계인을 보호하기 위해서는 투자자(주주)의 이기심을 통제해야 하므로 「상법」에서는 배당가능 이익의 산출, 배당시기와 기준, 배당의 의사결정 방법 등을 엄격히 규율하고 있다.

이 규율은 회사회계라는 절차를 통해 행하여지므로 투자자(주주)에게 있어 회사회계는 투자수익을 현실화하는 절차라는 의미를 갖는다. 아울러 투자자(주주)는 회사회계를 통해 자신의 투자성과를 분석 · 평가하고, 그 결과에 따라 투자의 지속 여부를 결정할 수 있는 계기를 갖는다.

한편 투자자 즉, 주주는 이사를 임면할 수 있는 법적 권능을 가진 자로서, 회사의 회계를 통해 이사들의 능력을 평가하고 그의 인사에 관한 정책적 판단을 할 수 있는 계기를 갖는다.

3. 채권자 측면에서 기능

회사의 재산은 회사 채권자들을 위한 책임재산을 구성하므로 채권자들은 회사의 재산·손익에 대해 비상한 관심을 가질 수밖에 없다. 회사회계는 채권자들의 이러한 관심을 충족

529 김용범, 전게서, 2017, 407면. 이철송. 전게서. 박영사. 2021. 975~976면.

시켜 주고, 채권자들은 회계를 통해 밝혀진 회사의 재산상태를 기초로 하여 채권의 회수여부, 보존조치의 여부 등을 결정하게 된다.

Ⅲ. 「회사회계」의 法源 [530]

회사회계에 관한 각종 법규로 구성된 법 분야를 「회사회계법」이라고 부를 수 있다. 우리 「회사회계법」의 법원으로 가장 중요한 것은 「상법」과 「신외감법」에 따라 제정된 「회사회계규정」과 「기업회계기준」이다. 그 밖에 「법인세법」과 같은 세법상의 회계규정도 회사회계실무에 큰 영향을 미치고 있다.

1. 「상법」과 「회사회계규정」

「상법」 총칙편 제5장은 상업 장부에 관해서 규정한다.(「상법」제29조~제33조) 이 규정은 회사 상인을 포함한 모든 상인에게 적용된다. 또한 「상법」은 제3편 제4장 제7절(회사의 회계)에서 주식회사의 회계에 대해서 따로 규정을 두고 있다.

주식회사의 회계에 대해서는 회사편의 회계규정이 우선 적용되므로 총칙편의 상업장부 규정은 보충적으로 적용될 뿐 큰 의미를 갖지 않는다.

2. 「신외감법」과 「기업회계기준」[531]

1980년 제정 이후 2017년 전면 수정된 「신외감법」은 일정 규모 이상의 회사에 대해서 외부감사를 강제하는 한편(「신외감법」제4조) 금융위원회에 대상회사의 「회계처리기준」을 마련할 것을 위임하고 있다.(「신외감법」제5조 제1항)

현재 「신외감법」에 따른 외부감사가 강제되는 회사는 ① 주권상장법인 및 ② 해당 사업연도 또는 다음 사업연도 중에 주권상장법인이 되려는 회사, ③ 그 밖에 직전 사업연도 말의 자산, 부채, 종업원 수 또는 매출액 등 대통령이 정하는 기준에 해당하는 아래의 회사(주식회사 및 유한회사) 등이다.(「신외감법시행령」 제5조)

외부감사 대상 회사

1) 주권상장법인
2) 해당사업연도 또는 다음사업연도 중에 주권상장법인이 되려는 회사
3) 그 밖에 대통령령이 정하는 기준의 회사(주식회사 및 유한회사)
가) 직전 사업연도 말의 자산총액이 500억 원 이상인 회사
나) 직전 사업연도의 매출액이 500억 원 이상인 회사
다) 다음 각 목의 사항 중 3개 이상에 해당하지 아니하는 회사
① 직전 사업연도 말의 자산총액이 120억원 미만

530 김용범, 전게서, 2017, 408~410면. 김건식외2, 「회사법」, 박영사, 2021, 555~557면.

531 「상법」상 「회계규정」과 「신외감법」상 「회계처리기준」의 혼란을 피하기 위하여 「상법」상의 회계규정을 「회사회계규정」으로, 「신외감법」상 회계처리기준을 「기업회계기준」으로 구분해 사용키로 한다.

② 직전 사업연도 말의 부채총액이 70억원 미만
③ 직전 사업연도의 매출액이 100억원 미만
④ 직전 사업연도 말의 종업원이 100명 미만
⑤ 직전 사업연도 말의 사원이 50명 미만(유한회사) 등

금융위원회는 「회계처리기준」에 관한 업무를 전문성을 갖춘 민간법인이나 단체에 위탁할 수 있다.(「신외감법」 제7조제1항) 그리하여 그 업무를 금융위원회의 인가를 받아 설립된 사단법인 '한국회계기준원'에 위탁하였다.(「신외감법시행령」 제7조제1항)

3. 「상법」과 「신외감법」의 관계

「상법」 상 「회사회계규정」과 「신외감법」상 「기업회계기준」은 기능상 차이가 있다. **「신외감법」상 회계처리기준의 목적은 투자자에게 회계정보를 제공하는 것**이다(「한국채택 국제 회계 기준」 재무보고를 위한 개념체계 제1장 일반목적재무보고의 목적 OB2).

그것에 비해 **「상법」상 회계규정은 ① 정보제공 기능과 아울러 ② 채권자 보호를 위해 회사재산의 과도한 유출 방지 기능을 수행**한다. ②의 핵심은 바로 배당가능이익을 한정하는 제462조에서 찾아볼 수 있다. 과거 「상법」상 회계규정은 ②의 관점에서 특히 자산평가와 관련하여 일부 「신외감법」상 회계처리기준과는 다른 규정을 포함하고 있었다.

그러나 같은 회사가 정보제공 목적인지 배당억제 목적인지에 따라 각각 다른 회계 원칙을 적용하는 것은 불편한 일이다. 과거 「상법」은 「회계규정」을 「신외감법」상 「회계 처리기준」의 변화에 맞춰 개정해 왔으나 시시각각으로 변하는 회사회계실무에 따라 「상법」을 개정하는 것은 현실적으로 어려움이 있었다.

마침내 **「상법」은 2011년 개정 시에 회계처리에 관한 구체적인 규정을 없애고 '일반적으로 공정·타당한 회계관행'**을 따르도록 함으로써 **「상법」상 「회사회계규정」과 「신외감법」상 「기업회계기준」의 통일**을 기하고 있다.

4. 「상법」과 「법인세법」의 관계

「상법」상 「회계규정」과 「법인세법」상 「회계규정」과는 목적이 다르다. 「법인세법」상 「회계규정」은 조세부담의 공평이라는 관점에서 조세회피 억제를 목적으로 하므로 「상법」상 「회계규정」과는 내용에 차이가 있다. 그러나 경영자는 당장 현금유출을 가져오는 조세부담을 줄이는 것을 중시하기 마련이므로 실무상으로는 회사의 회계처리도 「법인세법」의 영향을 강하게 받고 있다.

「법인세법」은 소득금액을 계산할 때 '일반적으로 공정·타당하다고 인정되는 「기업회계기준」을 적용하는 것'을 원칙으로 삼고 있다(「법인세법」 제43조). 내국법인은 「기업회계기준」을 준용하여 작성한 재무제표를 기초로 세무조정을 거친 후 과세소득을 산정하도록 하고 있다(「법인세법」 제60조 제2항). 그리하여 「법인세법」에는 회계에 관한 규정이 적지 않게 포함되어 있다.

Ⅳ. 「상법」상 회계규정 체계[532]

1. 일반적인 관점에서 회계규정의 체계

회계의 내용이 재산·손익을 파악하고 손익을 처리하는 것이므로 자본금의 설정에 관한 「상법」 제451조(자본금)는 회사의 재산상태와 손익을 인식하는 데 가장 기초가 되는 규정이다.

회계의 실행을 위해서는 회계방법에 관한 규율도 필요하지만, 「상법」은 기술적인 이유에서 회계방법에 관해서는 「상법」적 규율보다는 일반회계의 원리에 의한 규율을 수용 하는 것이 바람직하다고 보고 아래의 관점에서 체계화하였다.

가. 회사 재산 보존에 초점

「상법」에서는 주로 회계에 필요한 조직법적 절차와 자본충실을 위한 회사재산의 보전에 초점을 두고 있다. 그리하여 회사의 재산·손익의 인식의 기초가 될 서류(재무제표)의 종류를 법정하고 그 작성에서 확정에 이르기까지 여러 기관들을 관여시켜 진실성을 추구하고 있다.(「상법」제447조~제449조의 2)

나. 회사 재산 유출의 억제

「상법」에서 준비금의 적립을 강제하고(제458조. 제459조), 그 사용을 제한하며(제460조), 배당의 요건을 규정한 것(제462조 ~제462조의4)은 자본충실의 이념에 입각하여 회사재산의 社外流出을 억제함으로써 계속기업으로서의 재산적 기초를 유지하고 채권자를 위한 책임재산을 건실하게 지키기 위함이다.

다. 부수적 목적 달성 추구

회사의 회계규정은 이상 두 가지 관점을 큰 줄거리로 하지만, 실제 회사의 회계에 관한 절에서는 회계를 계기로 여러 가지 부수적인 목적을 추구하고 있다.

회계규정의 부수적 목적

① 재무제표의 비치 · 공시제도를 두어 이해관계인에게 적시에 회계정보를 제공
② 재무제표의 승인을 계기로 임원의 책임문제 확정
③ 배당에 있어 주주들의 이기적 대립 예방 및 공평배당을 기하기 위해 배당기준 제시
④ 주주 배당채권의 적시 실현을 위해 배당금 지급 시기 명문화
⑤ 이사들의 자의적인 재산운영을 견제하기 위하여 주주들의 회계장부 열람권과 업무·재산상태 검사권을 인정하는 동시에 남용을 방지하기 위해 요건 법정 등

주식회사는 영리단체이면서 자본단체이므로 회사의 손익계산 관계나 재산처리 방법을 정확하게 할 필요가 있다. 「상법」은 회사채권자, 주주 및 회사를 보호하기 위한 특칙을 두고

532 김용범, 전게서, 2017, 410~412면. 이철송. 전게서. 박영사. 2021. 976~977면.

있다. 주식회사의 회계에 관한 규정은 강행규정이다.[533]

2. 법규적인 관점에서 회계규정의 체계

「상법」의 제3편 제4장 제7절(회사의 회계)은 26개의 조문으로 구성되어 있다. 이들은 ① 결산과정, ② 기업 내용의 공시, ③ 재무구조의 변동, ④ 기타 네 가지로 나눌 수 있다. 이들 중 ① 과 ②는 회계에 관한 규정이다. 그러나 ③은 대차대조표의 기재에 영향을 준다는 점에서만 회계와 관련을 갖고 ④는 회계와는 관련이 없다.

가. 결산 과정의 규정

결산과정에 관한 규정도 다음 세 가지로 나누어 볼 수 있다. ① 회계의 원칙과 매 결산기에 작성할 재무제표와 영업보고서, 그것의 감사와 승인 등에 관한 규정(「상법」 제446조의2~제450조), ② 대차대조표 중 자본에 관한 규정(「상법」제451조~459조), ③ 이익 배당에 관한 규정(「상법」제462조~464조의2)이다.

나. 기업 내용의 공시

기업의 재무상태와 경영성적을 주주와 채권자에 공시하는 것과 관련된 규정도 포함되어 있다. 재무제표 등의 비치·공시(「상법」 제448조), 대차대조표의 공고(「상법」제449조 제3항), 주주의 회계장부열람권(「상법」 제466조) 등이 그러한 규정이다.

주주의 검사인선임청구권(「상법」 제467조)은 반드시 재산상태에 국한된 것은 아니지만, 기업 내용에 관한 정보를 얻는 수단으로 활용할 수 있다는 견지에서 이 부류에 포함시킬 수 있다.

다. 재무 구조의 변동

「상법」에는 회사회계와는 직접 관계가 없는 재무구조의 변동에 관한 규정도 상당수 존재한다. 준비금의 결손전보(「상법」제460조), 준비금의 자본전입(「상법」제461조), 준비금의 감소(「상법」제461조의2) 등이 이 부류에 속한다. 재무구조가 변동되면 대차 대조표의 기재가 변경된다.

라. 기타

「상법」에는 회사회계와는 전혀 관계가 없는 규정도 존재한다. 대표적인 예로 ① 주주의 권리행사에 관한 이익공여의 금지규정(「상법」제467조의2)과 ② 사용인의 우선 변제권(「상법」제468조)이 있다.

①은 특히 일본에서 총회꾼 근절을 위하여 마련된 규정으로 우리나라에서는 그다지 적용례가 많지 않다. ②는 근로자 보호를 위한 노동법적 색채가 강한 조항으로 「상법」에 이런 규정을 두는 것은 체계상 바람직하다고 보기는 어렵다.

---

533 김용범, 전게서, 2017, 411면. 임재연, 「회사법 Ⅰ 개정2판」, 박영사, 2014., 705면.

V. 「회사회계」의 계산구조[534]

1. 계산구조의 종류

회사회계를 어떠한 시각에서 처리할 것이냐는 원칙론의 설정을 놓고 주로 재산의 현황을 파악하는 데 역점을 두는 재산계산주의(재산법)와 주로 수익력의 측정에 비중을 두는 손익계산주의(손익법)가 있다.

가. 재산계산주의

재산계산주의는 회계기초의 자기자본과 회계 기말의 자기자본과를 비교하여 그 차액을 순 손익으로 하는 손익의 계산방법으로 주로 대차대조표의 수치를 근거로 하여 이루어진다.

※ 순 손익 = 기말 자기자본 – 기초 자기자본

주식회사가 소규모라서 변제불능 · 재산은익 등의 폐해가 염려되고 회사 채권자가 주로 소액 · 단기의 채권을 가질 때에는 재산계산주의가 유리하다.

나. 손익계산주의

손익계산주의는 일정기간 내의 수익과 비용을 파악하고 양자를 비교 대응(비용수익 대응의 원칙) 시킴으로써 순 손익을 계산하는 방법으로 주로 손익계산서의 수치를 근거로 하여 이루어진다.

※ 순 손익 = 수익 – 비용

주식회사의 규모가 거대해진 현대 사회에서는 무수한 재산을 주기적으로 일정 시기에 평가한다는 것은 실제로 불가능하며, 자본의 조달도 널리 사회자본에 의존하기에 이르러 일반투자자의 이익보호가 특히 강조되는 시점에서는 재산계산주의를 고수하기가 어렵다.

2. 계산구조의 채택

일반적으로 투자자의 관심은 회사재산의 담보가치보다는 회사의 손익거래의 성과를 나타내는 수익성과 이를 객관적으로 측정할 수 있는 회계정보에 있다. 또한 회사 규모의 대형화, 고정자산비율의 증대는 필연적으로 장기신용의 이용을 요하는 바, 장기채권자는 회사재산의 담보가치 못지않게 수익력의 유지·향상을 채권자의 안정성의 기준으로 삼는다.

따라서 주식회사의 회계원칙은 이미 재산계산주의(재산법)로부터 회사의 경영성적을 명확히 하고, 그 수익력의 산정을 목적으로 하는 손익계산주의(손익법)으로 옮겨졌다.[535] 「상법」은 이를 반영하여 회계장부에 의해 유도되는 대차대조표와 손익계산서, 그리고 이를 토대로 결정되는 이익잉여금처분계산서(결손 시에는 결손금처리 계산서)를 계산의 도구(재무제표)로 삼는다.(「상법」제447조,「동법시행령」제16조)

---

534 김용범, 전게서, 2017, 412~413면. 이철송. 전게서. 박영사. 2021. 977면.

535 김용범, 전게서, 2017, 413면. 84년 개정 전 「상법」은 자산 · 부채의 실제 조사 · 평가에 의하여 작성되는 재산목록을 계산의 기초로 삼는 재산계산주의(재산법)였다. 이철송. 전게서. 박영사. 2021. 977면.

Ⅵ. 회계의 원칙[536]

「상법」제446조의2는 「회계의 원칙」이라는 제하에 **"회사의 회계는 이 법과 대통령[537]으로 규정한 것을 제외하고는 일반적으로 공정하고 타당한 회계 관행에 따른다"**라고 규정 하고 있다. 본조는 일반적으로 공정·타당한 회계 관행을 회사법상의 규범으로 수용하는 것을 명문으로 규정한 것이다.

'일반적으로 공정·타당한 회계 관행'에서 **'일반성'**은 **일반 국민이 아니라 회계전문가를 기준으로 판단**한다. **'공정성'**은 **기업의 이해관계자 이익을 공정하게 반영하는 것을 말하고, '타당성'은 거래 현실에 비추어 적합함을 의미**한다. 또한 **'회계 관행'**은 **회계업계에서 반복적·계속적으로 행해지는 회계처리를 의미**한다.[538]

그러나 **'회계 관행'**은 일반관습과는 달리 반복성과 계속성이 강하게 요구되는 것은 아니다. **회계전문가 사이에서 공정·타당하다고 인정되는 회계처리로서 장차 반복·계속될 가능성이 높다 한다면 바로 회계 관행으로 인정받을 수 있을 것**이다. 또한 **법령상 근거에 따라 공적기관이 정한 회계기준은 최초 적용시점부터 회계 관행으로 인정할 수 있을 것**이다.[539]

1. 회사회계의 기본원칙[540]

흔히 기업회계의 기본원칙으로서 「진실성의 원칙」, 「명료성의 원칙」, 「계속성의 원칙」을 든다. 회사의 회계에서도 이 원칙은 지켜져야 한다.

이 원칙은 기업회계의 기본원칙이고, 「상법」이 일반적으로 공정·타당한 회계 관행을 「상법」상의 회계방법으로 수용하고 있는 바이므로 이 원칙을 회사의 회계에 적용함에 있어 별다른 근거를 요하지 아니하나, 「상법」은 감사의 감사보고서를 작성함에 있어 이 원칙에 입각할 것을 명문으로 규정하고 있다.

가. 진실성의 원칙

진실성의 원칙은 회사의 회계에 의해 작성되는 재무제표는 재산과 손익의 상태를 진실하고 정확하게 반영해야 한다는 원칙이다. 회사회계는 다수의 이해관계인에게 회계정보를 제공하고 그들은 이에 기해 중요한 판단과 의사결정을 하게 된다. 이와 같이 회계의 진실은 회계정보의 정확성, 나아가서는 판단과 의사결정의 적정성으로 연결되어지므로 진실성의 원칙은 회사회계에서 가장 중요한 원칙이라 할 수 있다.

진실성의 원칙이라 해서 자연과학적인 의미의 절대적 진실을 요구하는 것은 아니다. 이

---

536 김용범, 전게서, 2017, 413면. 이철송. 전게서. 박영사. 2021. 977~979면. 임재연, 「회사법 Ⅰ 개정2판」, 박영사, 2014., 706~709면, 회계기준위원회, 「기업회계기준」(기업회계기준서 제21호 대체), 제3조.

537 이에는 「외감법」제13조 제1항에 따른 '회계처리기준'과 「공공기관운영에 관한 법률」제2조에 따른 '공기업 · 준정부기관의 회계원칙' 및 그 이외의 회사에게 적용되는 법무부 고시의 '회계기준'이 있다.

538 김용범, 전게서, 2017, 413면. 김건식외 2인. 전게서. 박영사. 2021. 560면.

539 김용범, 전게서, 2017, 413면. 김건식외 2인. 전게서. 박영사. 2021. 560면. 임재연, 「회사법 개정 2판」 박영사, 2014., 706면, 권재열, 「개정 상법 제44조의 2의 의의」, 상사법연구 제30권 제3호, 한국상사법학회, 2011., 327면.

540 김용범, 전게서, 2017, 416~417면. 이철송. 전게서. 박영사. 2021. 977~979면.

것은 현실적으로 불가능하기도 하다. 회계의 목적에 비추어 합리적으로 선택한 회계 방법에 의해 논리적·수치적 정당성을 갖는 다는 의미에서의 **상대적·합리적 진실**을 뜻하는 것이다.

「상법」제447조의 4 제2항에서는 감사보고서에 기재할 사항으로 다음 사항을 열거하고 있다.

① 회계장부에 누락 또는 부실 기재된 사실, 그리고 회계장부와 재무제표의 기재가 상위한 사실(동 제2호)

② 대차대조표와 손익계산서가 법령 및 정관에 의해 회사의 재무상태와 경영성과를 적정하게 표시하고 있는지 여부(동 제3호. 제4호)

③ 영업보고서가 법령 및 정관에 따라 회사의 상황을 적정하게 표시하고 있는지 여부(동 제6호)

④ 부속명세서에 누락·부실기재가 있거나 재무제표와 상위한 사실(동 제9호)

이는 회계의 진실성을 감사대상으로 함으로써 결국 이사가 진실성에 입각하여 재무제표를 작성할 것을 요구한 것이다.

나. 명료성의 원칙

명료성의 원칙이란 이해관계인들이 회사의 재산과 손익의 상황을 올바르게 이해할 수 있도록 재무제표의 양식 및 과목과 회계용어는 이해하기 쉽도록 간단·명료하게 표시되어야 한다는 원칙이다.

구체적으로는 재무제표 등의 회계서류가 일반적인 회계방법의 양식에 따라 기재 사항을 합리적으로 구분하고, 각 항목별로 적절한 명칭을 부여하고, 체계적으로 배열한 것과 각 항목의 기재 내용과 수치가 어떠한 회계원리에 의해 기재되었는지를 표시할 것을 요구하는 것이다.

「상법」에 명료성의 원칙을 따로 요구하는 명문 규정은 없으나, 위 진실성의 원칙은 명료성의 원칙을 포함하는 것으로 이해할 수 있다.

다. 계속성의 원칙

계속성의 원칙이란 매 결산기마다 동일한 원리 · 원칙에 의해 회계처리를 해야 함을 의미한다. 앞서의 진실성의 원칙이란 상대적 진실성을 의미하는데, 계속기업에서는 상대적 진실이란 회계처리의 계속성이 지켜질 때에 진실성의 의미를 가질 수 있다.

예컨대, 회사가 소유하는 토지를 2013년에는 시가에 의해 10억 원으로 기재했다가 2014년에는 취득가에 의해 3억 원으로 기재한다면, 근거 없이 7억 원의 손실이 발생한다. 그러므로 재무제표의 기간비교가 가능하기 위해서는 계속성의 원칙이 지켜져야 하며, 또 경영자의 자의적인 회계처리를 막기 위해서도 계속성의 원칙이 필요하다.

「상법」 제447조의4 제2항에서 감사보고서의 기재사항의 하나로 「대차대조표 또는 손익계산서의 작성에 관한 '회계방침의 변경'이 타당한지의 여부와 그 이유」(동 제5호)를 기재하게 한 것은 회계방침을 바꾸어야 할 타당한 이유가 없는 한 계속성의 원칙이 지켜져야 함을 밝힌 것이다.

2. 회사회계의 일반원칙

우리나라 「상법」은 회사의 회계원칙으로 '회사의 회계는 「상법」과 「대통령령」으로 규정한 것을 제외하고는 일반적으로 공정하고 타당한 회계 관행에 따른다.'라고 규정하고 있다.(「상법」 제446조의 2)

여기에서 '대통령령(「상법시행령」 제15조)으로 규정한 것'이란 다음과 같다.

① 「신외감법」제4조에 따른 외부감사대상 회사 : 같은 법 제5조 제1항에 따른 회계처리기준(제1호, 「한국채택국제회계기준」, 「일반기업회계기준」)

② 「공공기관운영에 관한 법률」 제2조에 따른 공공기관 : 같은 법에 따른 공기업·준정부기관의 회계 원칙(제2호, 「공기업·준정부기관 회계규칙」)

③ 위 ① 또는 ②에 해당하는 회사 외의 회사 등 : 회사의 종류 및 규모 등을 고려하여 법무부장관이 중소벤처기업부장관 및 금융위원회와 협의하여 고시한 회계기준(제3호,「중소기업회계기준」)

주식회사의 회계원칙에 관한 규정의 입법취지는, 「기업회계기준」은 국제적인 회계규범의 변화에 대응하여 꾸준히 발전되어 왔으나, 「상법」의 「회사회계규정」은 법규범의 특성상 이를 제대로 반영하지 못하였기 때문에 「기업회계기준」과 「상법」의 「회사회계규정」 사이에 상당한 차이가 발생하였고, 결국에는 사문화되어 그간 기업의 부담을 가중시켜 왔었다.

이에 2011년 개정 「상법」에서는 주식회사의 회계에 대하여 **'일반적으로 공정하고 타당한 회계 관행'**에 따르도록 제446조의2를 신설하는 한편, 구체적인 회계처리에 관한 규정들을 「상법」에서 삭제하고, 대차대조표와 손익계산서 이외의 재무제표 종류는 대통령령으로 규정하도록 함으로써 국내·외 기업회계기준의 변화에 신속하게 대응할 수 있도록 한 것이다.

이와 같이 주식회사의 회계원칙에 관한 입법례로 미국의 2002년 「개정 모법회사법(RMBCA 2002)」 16.20조(주주를 위한 재무제표) (a) 및 (b)는 '재무제표는 일반적으로 공정·타당하다고 인정되는 회계원칙에 따라서 작성되어야 한다.'고 규정하고 있다.[541] 또한 일본 「회사법」 제431조도 '주식회사의 회계는 일반적으로 공정·타당하다고 인정되는 기업회계 관행에 따르는 것으로 한다.'라고 규정하고 있다.

가. 한국채택국제회계기준의 일반원칙[542]

한국채택국제회계기준에 따라 작성된 재무제표는 **공정하게 표시**된 재무제표로 간주된다.(K-IFRS 제1001호 문단 15) 한국채택국제회계기준을 준수하여 재무제표를 작성한 기업은 **'국제회계기준(IFRS)을 준수하여 작성된 재무제표'**라고 **주석으로 공시**해야 한다.(K-IFRS 제1001호 문단 16)

---

541 김용범, 전게서, 2017, 414면. 정동윤, 「주석 상법 (총칙 · 상행위 Ⅰ)」, 한국사법행정학회, 2013., 229~230면

542 김용범, 전게서, 2017, 415면. 이진효, 「상법상 회사의 회계처리기군에 관한 연구」, 고려대학교 대학원, 2014. 12. 107면.

재무제표를 작성할 때에는 **계속기업**을 전제로 하며(K-IFRS 제1001호 문단 25), **발생주의**에 의하여야 하고(K-IFRS 제1001호 문단 27), 과목의 **중요성**에 따라 구분 또는 통합하여 표시한다.(K-IFRS 제1001호 문단 29)

원칙적으로 자산과 부채, 수익과 비용은 **상계를 금지**하며(K-IFRS 제1001호 문단 32), 재무제표에는 전기의 **비교 정보를 표시**해야 하고(K-IFRS 제1001호 문단 38), 재무제표항목의 표시와 분류는 원칙적으로 **매기 동일**하여야 한다.(K-IFRS 제1001호 문단 45)

나. 일반기업회계기준의 일반원칙[543]

일반기업회계기준에 따라 재무제표를 작성할 때에는 **계속기업**을 전제로 한다.(일반 기업회계기준 제2장 문단 2.5) 원칙적으로 자산과 부채, 수익과 비용은 상계하여 표시하지 않는다.(일반기업회계기준 제2장 문단 2.41 및 2.57)

재무제표는 **발생주의** 기준에 따라 작성한다. 발생주의 회계는 재무회계의 기본적 특징으로서 재무제표의 기본요소의 정의 및 인식, 측정과 관련이 있다. 다만, 현금흐름표는 발생기준에 따라 작성되지 않는다.(일반기업회계기준. '재무회계 개념체계' 문단 66)

재무제표는 **공정하게 표시**되어야 하는데 일반회계기준에 따라 작성된 재무제표는 공정하게 작성된 것으로 간주되며(일반기업회계기준 제2장 문단 2.7), 재무제표가 일반기업회계기준에 따라 작성되었다는 사실을 **주석으로 기재**하여야 한다.(일반기업 회계기준 제2장 문단 2.8)

재무제표의 항목은 **중요도**에 따라 구분 또는 통합하여 표시할 수 있고(일반기업 회계기준 제2장 문단 2.9), 전기의 **재무정보와 비교**하여 작성해야 하며(일반기업 회계기준 제2장 문단 2.12), 재무제표항목의 표시와 분류는 원칙적으로 **매기 동일**하여야 한다.(일반기업회계기준 제2장 문단 2.13)

따라서 한국채택국제회계기준과 일반기업회계기준의 회사회계의 일반원칙은 ① 공정표시의 원칙, ② 계속기업의 원칙, ③ 발생주의의 원칙, ④ 상계금지의 원칙 ⑤ 중요성의 원칙, ⑥ 주석기재의 원칙, ⑦ 비교정보의 원칙, ⑧ 매기 동일의 원칙 등이라 할 수 있다.

Ⅶ. 회계 원칙의 적용 범위[544]

1. 일반적으로 공정·타당한 회계 관행

가. 「상법」상 일반적으로 공정·타당한 회계 관행의 범위

2011년 개정「상법」에서 신설된 제287조의32(회계원칙), 제446조의2(회계의 원칙) 및 1984년부터 「상법」에 규정되어 있는 제29조 제2항(상업장부의 작성원칙)에서는 「상법」의 **회계규정을 보충하는 회계기준**으로 **'일반적으로 공정하고 타당한 회계 관행'**을 규정하고 있다.

---

543 김용범, 전게서, 2017, 415면. 이진효, 전게연구서, 고려대학교 대학원, 2014. 12. 122면.

544 김용범, 전게서, 2017, 417~423면. 임재연, 「회사법 I 개정2판」박영사, 2014., 706~710면.

「상법」제446조의2에 의하면 **주식회사의 회계**는 ①「**상법」의 규정, ② 대통령령으로 규정한 것, ③ 일반적으로 공정하고 타당한 회계 관행**에 따른다. 또한 위 ②의 내용으로「상법시행령」은 주식회사의 회계와 관련하여 재무제표의 작성기준으로서 한국채택국제회계기준, 일반기업회계기준, 공기업·준정부기관회계규칙 그리고 중소기업회계기준을 규정하고 있다.

따라서 **주식회사의 경우 일반적으로 공정하고 타당한 회계 관행**은 이러한 **기업회계기준 등이 적용되지 않는 회계처리에 적용되는 것으로 해석**할 수 있다고 본다.[545]

나. 일반적으로 공정하고 타당한 회계 관행의 요건[546]

우리 「상법」상 **'일반적으로 공정하고 타당한 회계 관행'**과 유사한 외국의 예로는 미국의 **'일반적으로 받아들여지는 회계원칙**(Generally Accepted Accounting Principle : GAAP)', **영국**의 **'진실하고 공정한 표시(true and fair view)의 원칙'**, **독일**의 **'정규부기의 원칙'(GoB)** 등을 들 수 있다.[547] **일본**의 경우에도 「회사법」에 **'회사의 회계는 일반적으로 공정타당하다고 인정되는 기업회계의 관행**에 따른다.'고 규정하고 있다.(일본의「회사법」제431조 및 제614조)

따라서 우리 「상법」에서 **회계처리기준('일반적으로 공정하고 타당한 회계 관행')**의 요건으로 제시하고 있는 **일반성·공정성·타당성·관행성** 등은 외국의 경우와 비교하여 큰 차이가 없다고 할 수 있으며, 대체로 다음과 같은 뜻을 지닌다.[548]

1) 일반성

회계의 일반성을 충족하기 위해서는 회계 이용주체에게 보편적으로 수용되어야 한다. 즉, 일반성은 일반대중을 대상으로 하는 것이 아니라 공인회계사 등과 같이 회계에 관한 전문지식을 갖춘 집단을 대상으로 한다.

2) 공정성과 타당성

공정성과 타당성에 대하여는 공식적으로 정의된 바는 없지만, **공정성**은 **기업의 재정상태 내지는 경영성적을 명확하게 나타내고자 하는 회계의 목적을 달성할 수 있을 정도로 합리적인 것**을 뜻한다고 이해되고 있다.

타당성은 **업종·업태·사업 규모 등 기업의 현황과 거래의 성격에 적합하다는 의미로 이해하는 것**이 무난하다고 한다. 그러나 이에 대하여는 회계처리의 객관성의 원칙을 표현하는 용어로서 **'편향되지 않고 객관적'**이라는 견해도 있다.[549]

3) 관행성

회계원칙이 이론적으로 수용되는 데 그치지 않고, 상당기간 널리 적용되어 이용자들 간

---

545 김용범, 전게서, 2017, 418면. 이진효, 전게연구서, 고려대학교 대학원, 2014., 27면.

546 김용범, 전게서, 2017, 418~419면. 이진효, 전게논문, 고려대학교 대학원, 2014., 28~29면.

547 김용범, 전게서, 2017, 418면. 이철송,「상법총칙 · 상행위(제12판)」, 박영사, 2013., 232면.

548 김용범, 전게서, 2017, 418면. 권재열,「개정상법 제446조의2의 의의」, 상사법연구 제30권 제3호, 2011., 321~325면.

549 김용범, 전게서, 2017, 418면. 이태로 · 한민수,「조세법강의(신정9판)」, 박영사, 2013., 60면. 이진효, 전게연구서, 고려대학교 대학원, 2014., 27면.

에 규범의식이 형성되었을 때 비로소 회계 관행이 성립한다고 한다.

다. 일반적으로 공정하고 타당한 회계 관행의 의미[550]

2011년 개정「상법」에서 제287조의32와 제446조의2가 신설되기 이전부터 1984년 개정「상법」의 제29조 제2항에서 규정하고 있는 '일반적으로 공정·타당한 회계 관행'이 무엇을 의미하는지에 대하여는, 기업회계기준과의 관계를 중심으로 견해의 대립이 있었다.

예컨대, 제29조 제2항이 신설될 당시에 **'일반적으로 공정·타당한 회계 관행'은 기업회계기준에 그 중요한 부분이 구체적으로 나타나 있다고 보는 견해가 있었으며**[551], 이후 기업회계기준은 '일반적으로 공정 · 타당한 회계 관행'을 판단하는 추정자료에 불과하다는 견해가 있었다.[552]

그러나 전자의 견해와 같이 **기업회계기준**을 **'일반적으로 공정·타당한 회계 관행'에 해당되는 것으로 보고, 상업장부(대차대조표)를 작성할 때에는 기업회계기준에 따라야 한다는 것이 현재까지 통설적 견해**이다.[553]

일반적으로 회계기준을 만드는 경우에는 ① **실제 회계실무 가운데 일반적으로 공정하고 타당하다고 평가되는 절차나 방법을 선별하여 이것으로써 회계기준을 정하는 방식과, ② 회계학 연구 결과 중에서 회계기준을 정하는 방식** 등 두 가지 방식 중에서 하나를 취한다.

우리나라의 기업회계기준은 전자의 방식으로 제정되었다고 한다.[554] 이와 같이 우리나라의 기업회계기준은 '일반적으로 공정·타당한 회계 관행'을 요약한 것이므로,[555] 통설적 견해가 타당하다고 생각된다.

라. 일반적으로 공정하고 타당한 회계 관행의 법적성격[556]

'일반적으로 공정·타당한 회계관행'의 주요 내용은 **성문화된 기업회계기준의 형태**로 존재한다. 이러한 기업회계기준의 제정기구는「신외감법」과「상법시행령」의 규정에 의하여 금융위원회와 법무부로 지정되어 있으며, 기업회계기준은 한국채택국제회계기준, 일반기업회계기준 및 중소기업회계기준으로 성문화되어 있다. 따라서 **실질적으로는 관행이나 관습법이라기보다는 성문법**(규칙)**에 가까운 것**으로 볼 수 있다.

그러나 기업회계기준에 기업회계에 관한 모든 것을 담을 수는 없기 때문에 거래·기타 사건 또는 상황에 대하여 구체적으로 적용할 수 있는 기업회계기준이 없는 경우, 경영진의 판단에 따라 회계정책을 개발 및 적용하여 회계정보를 작성하여야 한다.(K-FIRS 제1008호 문단

550 김용범, 전게서, 2017, 419면. 이진효, 전게논문, 고려대학교 대학원, 2014., 29면.

551 손주찬,「개정상법 축조해설」, 한국사법행정학회, 1984, 299~300면.

552 왕순모,「기업회계법의 구축과 전망」, 경성대출판부, 2004., 77면

553 김용범, 전게서, 2017, 419면. 소륜 · 안동섭,「개정상법해설」, 홍문관, 2010., 95면, 정찬형,「상법강의(상) 제17판」, 2014.,139면, 최준선,「상법총칙 · 상행위법(제7판)」, 삼영사, 2011., 176면. 등

554 김용범, 전게서, 2017, 419면. 이해동 · 이병언,「재무제표 구축과 해설」, 일조각, 1959., 24면.

555 김용범, 전게서, 2017, 419면. 정동윤, 전게서, 한국사법행정학회, 2013., 228면, 이해동 · 이병언, 전게서, 일조각, 1959., 24면.

556 김용범, 전게서, 2017, 419~420면. 이진효, 전게논문, 고려대학교 대학원, 2014., 30면.

10, 일반기업회계기준 제5장 문단 5.4) 이와 같이 회계정책을 개발하여 적용하는 경우에 대하여 '일반적으로 공정·타당한 회계 관행'이 적용된 것으로 볼 수도 있을 것이다.

2. 일반적으로 공정 · 타당한 회계 관행의 적용 대상

일반적으로 공정하고 타당한 회계 관행은 다음과 같은 회계기준에 해당하지 않은 경우에 적용된다.

회계 관행에 앞서 적용대상 회계기준

① **외부감사 대상회사**(「신외감법」제4조) : 「신외감법」제5조 제1항에 따른 회계처리기준(**한국채택국제회계기준과 일반기업회계기준)**

② **공공기관**(「공공기관운영에 관한 법률」제39조) : 동법에 따른 공기업 · 준정부기관의 회계원칙(**기획재정부령의「공기업 · 준정부기관 회계사무규칙」)**

③ 제1호 및 제2호의 회사 **이외의 회사** : 회사의 종류 및 규모 등을 고려하여 법무부장관이 금융위원회 및 중소벤처기업부장관과 협의하여 고시한 회계기준(**「중소기업 회계기준」)**

「상법」은 주식회사 등을 유형화하여 각 유형에 적용될 회계원칙을 규정하는데, 제①호와 제②호는 실정법에 근거하여 지정된 법규이므로 성문(成文)의 회계규범으로서,「신외감법 시행령」 제6조의 규정과 관계없이 불문적(不文的)으로 존재하는 '일반적으로 공정하고 타당한 회계 관행'에 우선 적용된다. **제③호는「신외감법」상 외부감사의 대상이 아닌 중소기업 등에 관한 규정**이다.

3. K-IFRS와 K-GAPP

「신외감법」은 금융위원회가 증권선물위원회의 심의를 거쳐, **"국제회계기준위원회의 국제회계기준을 채택하여 정한 회계처리기준"**(한국채택국제회계기준 : K-IFRS)과 **"그 밖에 이법에 따라 정한 회계처리기준"**(일반기업회계기준 : K-GAPP)으로 **구분**하여 회계처리기준을 정한다.(「신외감법」 제5조 제1항)

가. K-IFRS[557]

1) K-IFRS의 의의

한국채택국제회계기준은 **'한국기업이 준수하여야하는 회계처리기준으로서 국내법 체계상 효력을 갖추기 위해 법적 권위 있는 기관이 공식절차를 거쳐 한국에서 적용되는 회계기준으로 채택된 국제회계기준'**을 의미한다.

IFRS의 전면 도입의 취지를 살릴 수 있도록 그 명칭을 **"한국채택국제회계기준"**으로하고, 영문표시 명칭을 **'K-IFRS**(Korean International Financial Reporting Standards)'로 결정하였다.

---

557 김용범, 전게서, 2017, 421면. 금융감독원,「알기쉬운 국제회계기준」, 회계제도실, 2010., 49~50면.

따라서 각 기준서에서 당해 K-IFRS를 준수하면 대응하는 IFRS를 준수하는 것이라고 명시하고 있으며, 기준서 제1001호(재무제표 표시) 문단 16.1에서는 "K-IFRS를 준수하여 작성한 재무제표는 IFRS를 준수하여 작성된 재무제표임을 주석으로 공시할 수 있다"고 명시하고 있다.

2) K-IFRS의 구성

2010년 12월 현재 공표된 한국채택국제회계기준(K-IFRS)은 '기업회계기준서'와 '기업회계기준해석서'로 구성된다. 기업회계기준서는 원칙적으로 목적, 적용범위, 회계처리방법, 공시, 부록 등으로 구성된다.

부록은 용어의 정의, 적용보충기준 등으로 구성되며 기준서의 일부를 구성하지는 않지만 기준서를 적용함에 있어 편의를 제공하기 위한 실무지침으로서 결론 도출근거, 적용사례, 실무적용지침 등을 제공한다.

기업회계기준해석서는 기업회계기준서에서 명시적으로 언급되지 않은 새롭게 인식된 재무보고 문제에 대하여 지침을 제공한다. 또한 구체적 지침이 없는 경우, 잘못 적용될 수 있는 내용에 대한 권위 있는 지침을 제공한다.

나. K-GAPP[558]

1) K-GAPP의 의의

일반기업회계기준은 "「신외감법」의 적용대상기업 중 「한국채택국제회계기준(K-IFRS)」에 따라 회계처리하지 아니하는 기업의 회계와 감사인의 감사에 통일성과 객관성을 부여하기 위하여 종전의 기업회계기준을 수정 · 보완하여 제정한 편람식 회계기준"이다.

일반기업회계기준은 금융위원회가 증권선물위원회의 심의를 거쳐 정하도록 되어 있으나, 「외감법시행령」제7조의2에 의거 한국회계기준원이 회계기준제정 기관으로 지정되어 회계처리기준에 관한 업무를 위탁 받아 수행하고 있다.

2) K-GAPP의 구성

일반기업회계기준은 주제별로 별도의 장으로 구성되며, 각 장은 본문(적용보충기준 포함)과 부록(결론도출근거, 실무지침 및 적용 사례)으로 구성되어 있다.

일반기업회계기준은 K-GAPP(Korean Generally Accepted Accounting Principles)이라고 하며, 2011년 1월 1일 이후 최초로 개시하는 회계연도부터 적용한다.

다. IFRS의 특징[559]

기존의 기업회계기준(K-IFRS 도입 이전의 회계기준)과 새로운 한국채택국제회계기준은 세부적인 내용에서 다른 여러 가지 차이가 있다. 전체적으로 볼 때 큰 차이는 다음과 같이 요

---

558 김용범, 전게서, 2017, 421~422면. 금융감독원, 「알기쉬운 국제회계기준」, 회계제도실, 2010., 96면

559 김용범, 전게서, 2017, 422~423면. 금융감독원, 「알기쉬운 국제회계기준」, 2010., 24~25면.

약할 수 있다.

첫째, 회계처리원칙은 기업에 적합한 회계처리 선택이 가능하도록 종래는 구체적인 회계처리방법을 제공하던 「**규정중심(rule-based)의 회계기준**」에서, 기업의 회계처리 선택권을 폭넓게 허용하는 「**원칙중심(principle-based)의 회계기준**」으로 변경되었다.

따라서 한국채택국제회계기준은 회계담당자가 기업의 경제적 실질에 기초하여 회계 처리할 수 있도록 회계처리의 기본원칙과 방법론을 제시하는 데 주력한다.

둘째, 공시체계는 기존에는 **개별재무제표**만 공시하면 되었는데, 한국채택국제회계기준에서는 **연결재무제표**의 공시가 의무화되어 주 재무제표가 되었다.

따라서 지배회사와 종속회사를 하나의 실체로 간주하여 내부거래가 제거된 연결재무정보가 공시되므로 회계의 투명성과 재무정보의 질이 높아진다.

셋째, 자산·부채의 평가방법은 기존에는 투자부동산, 유형자산, 금융부채 등 객관적인 평가가 어려운 항목에 대하여는 **취득원가 평가방식**이었으나, 한국채택국제회계기준에서는 **공정가치 평가방식**으로 변경되었다.

자본시장의 투자자에게 기업의 재무상태 및 내재가치에 대하여 의미 있는 투자정보를 제공하는 데 중점을 두고 있다. **공정가치**란 합리적인 판단과 거래 의사가 있는 독립된 당사자 간의 거래에서 자산이 교환되거나 부채가 결제될 수 있는 금액을 말한다.

넷째, 금융회사의 **대손충당금, 상환우선주의 자본처리** 등과 같이 일부항목에 대하여 **특정회계처리로 규제**하였으나, 한국채택국제회계기준에서는 **거래의 실질에 맞는 회계 처리 방법**을 규정하도록 변경되었다.

다섯째, 한국채택국제회계기준에서는 **대차대조표는 재무상태표**로, 손익계산서는 **기존 손익계산서**에서 대차대조표의 기타 포괄손익을 포함하는 **포괄손익계산서**로 변경되고, **대손충당금은 예상되는 손실이 아닌 실제 발생 손실에 근거해 충당금을 적립**하도록 하였다.

4. 적용 대상의 분류[560]

현행 「신외감법」상 외부감사가 강제되는 회사는 첫째, 주권상장법인, 둘째, 해당 사업연도 또는 다음 사업연도 중에 주권 상장법인이 되려는 회사, 셋째, 그 밖에 직전 사업연도 말의 자산, 부채, 종업원 수 또는 매출액 등 대통령령이 정하는 기준에 해당하는 아래의 회사(주식회사 및 유한회사)이다.(「신외감법」제4조, 「동법시행령」제5조)

외부감사 대상 회사

1) 주권상장법인
2) 해당사업연도 또는 다음사업연도 중에 주권상장법인이 되려는 회사
3) 그 밖에 대통령령이 정하는 기준의 회사(주식회사 및 유한회사)

560 김용범, 전게서, 2017, 423면. 임재연, 「회사법 I 개정2판」, 박영사, 2014., 709~710면.

가) 직전 사업연도 말의 자산총액이 500억 원 이상인 회사
나) 직전 사업연도의 매출액이 500억 원 이상인 회사
다) 다음 각목의 사항 중 3개 이상에 해당하지 아니하는 회사
① 직전 사업연도 말의 자산총액이 120억 원 미만
② 직전 사업연도 말의 부채총액이 70억 원 미만
③ 직전 사업연도의 매출액이 100억 원 미만
④ 직전 사업연도 말의 종업원이 100명 미만
⑤ 직전 사업연도 말의 사원이 50명 미만(유한회사) 등

외부감사의 대상인 주식회사 중 주권상장법인(상장회사)과 금융회사[561]는 「신외감법」 제5조 제1항 제1호 및 「동법시행령」 제6조 제1항에 의하여 K-IFRS의 의무적용 대상이고, 그 밖의 회사는 일반기업회계기준의 적용대상이다.

K-IFRS의 의무적용대상이 아닌 주식회사가 자발적으로 K-IFRS를 적용하여 회계처리하는 것은 가능하고, 실제로 의무적용대상이 아닌 많은 주식회사가 자발적으로 K-IFRS를 적용하고 있다. 나아가 「신외감법」적용대상이 아닌 주식회사가 K-IFRS를 적용하여 회계처리하는 것도 가능하다.

한편, 「일반기업회계기준」은 제1장 1,3 제3문에서 「신외감법」적용대상이 아닌 기업의 회계처리에 준용할 수 있다고 규정하므로, 사실상 모든 기업의 회계기준이 된다. 실제로 금융기관은 여신심사를 위하여 「일반기업회계기준」에 의하여 작성된 재무제표를 요구하고, 조세법도 회계처리에 관한 기준을 「상법」이 아닌 「일반기업회계기준」을 따르도록 하고 있다.(「국세기본법」 제20조, 「법인세법」 제40조)

아울러 외부감사대상이 아닌 주식회사는 「상법시행령」 제15조 제3호의 「중소기업회계기준」이 적용된다.

참고

회사유형에 따른 회계처리 기준[562]

- 외감대상 상장 회사 및 금융회사 : 한국채택국제회계기준
- 외감대상 기타 회사 : 일반기업회계기준 또는 한국채택국제회계기준
- 공기업·준정부기관 : 공기업·준정부기관 회계사무규칙
- 외감대상 아닌 회사 : 중소기업회계기준
- 회사 아닌 일반상인 : 일반적으로 공정 · 타당한 회계 관행

561 금융지주회사, 은행, 투자매매업자, 투자중개업자, 집합투자업자, 신탁업자, 종합금융회사, 보험회사, 신용카드업자이다.

562 김용범, 전게서, 2017, 423면. 김건식외 2인. 전게서. 박영사. 2021. 561면.

제2절 재무제표와 영업보고서

I. 재무제표[563]

「상법」상 **재무제표란 '대표이사가 주식회사의 결산을 위해 작성하고 주주총회의 승인을 받아 확정하는 회계서류'**를 말한다.

즉, 이사가 매 결산기에 주주총회의 승인에 앞서 이사회의 승인을 받기 위하여 작성하는 다음과 같은 서류가 재무제표이다. **재무제표는 대차대조표, 손익계산서, 그 밖의 회사의 재무상태와 경영성과를 표시하는 것으로서 대통령으로 정하는 서류[564]와 그 부속 명세서로 구성**된다.(「상법」제447조 제1항)

「상법」의 **대통령령으로 정하는 서류에는 ① 자본변동표 또는 ② 이익잉여금처분 계산서**나 **결손금처리계산서**가 있다.(「상법시행령」 제16조 제1항) 다만 **「신외감법」 제4조에 따른 외부감사 대상 회사의 경우에는 위 ①과 ② 외에, 현금흐름표 및 주석을 포함**한다.

그리고 **대통령령으로 정하는 일정 규모 이상인 회사**는 매 결산기에 주주총회의 승인에 앞서 이사회의 승인을 받기 위하여 **연결재무제표**를 작성하여야 한다.(「상법」 제447조 제2항) **대통령령으로 정하는 회사**는 「신외감법」제4조에 따른 외부감사대상이 되는 회사 중 「신외감법」 제2조 제3호에 규정된 지배회사를 말한다.(「상법시행령」 제16조 제2항)

아울러 영업보고서도 작성하여 이사회의 승인을 얻어야 하지만(「상법」 제447조의2 제1항), 이는 재무제표가 아니고 주주총회에 보고할 서류이다.(「상법」제449조 제2항)

1. 대차대조표(재무상태표 ; balance sheet : B/S)

대차대조표란 '일정시점에서 기업의 자산과 부채 및 자본을 일정한 구분·배열·분류에 따라서 기재하여 기업의 재무상태를 명시하는 재무제표'이다.[565]

대차대조표는 **회사의 재산을 표시**할 뿐만 아니라 손익계산서와 유기적으로 관련해서 작성되어 **기간 손익의 계산을 위한 수단**도 되므로, **경영자에게는 과거의 업적을 반성**하고 **장래의 방침을 결정하는 자료**가 되며, **주주에게는 경영평가**의 자료가 된다.

또 **주식이나 사채의 투자자**에게는 **투자 선택의 판단기준**이 되며, **채권자에게는 회사 신용의 조사 및 판단 자료**가 되는 것이다. 이와 같은 중요성 때문에 다른 재무제표와는 달리 대차대조표 만은 공고하도록 하고 있다.(「상법」 제449조 제3항).

---

563 김용범, 전게서, 2017, 424면. 이철송, 전게서. 박영사. 2021. 979~982면, 임재연, 「회사법 I 개정2판」, 박영사, 2014. 711~713면, 최준선, 「회사법제6판」, 삼영사, 2011., 637~638면.

564 기업회계기준에는 대차대조표와 손익계산서 외에 재무제표로서, 이익잉여금처분계산서(또는 결손금 처리 계산서), 현금흐름표, 자본변동표, 주석을 제시하고 있다.(「기업회계기준서」 제21호 "재무제표의 작성과표시 1")

565 기업회계기준에는 2009년 2월 3일 이후 「대차대조표」라는 용어에 갈음하여 「재무상태표」라 부르는데(「신외감법」제2조 제2호 가목), 「상법」규정도 재무상태표로 변경할 필요가 있다.

2. 손익계산서(profit and/or loss statement : P/L)

손익계산서란 **기업의 1영업연도에 있어서의 경영성적과 그 원인을 명백하게 하기위하여 당해 사업연도에 발생한 수입과 이에 대응하는 비용을 기재하고 그 기간의 순 손익을 표시하는 재무제표**이다.

대차대조표가 주로 기말 현재의 경영상태를 표시하는 **정태적 자료**이고, **손익계산서**는 사업연도라는 일정기간의 기업성과를 보여주는 **동태적 자료**라 할 수 있다.

3. 기타 재무제표

「상법」제447조 제1항 제3호는 대차대조표와 손익계산서 외에 회사의 재무상태와 경영성과를 표시하는 것으로서 「상법 시행령」으로 정하는 서류를 재무제표의 하나로 열거하고 있다.

「상법시행령」에서는 **자본변동표 또는 이익잉여금처분계산서**(또는 결손금처리계산서)를 제시하고 있다. **그리고 「신외감법」의 적용 대상인 회사의 경우는 현금흐름표 및 주석도 포함**한다.

즉 **기업의 선택에 따라 자본변동표를 재무제표의 하나로 작성하든지, 이익잉여금처분계산서**(또는 결손금처리계산서)**를 재무제표의 하나로 작성**할 수 있는 것이다.

4. 연결재무제표

연결재무제표란 지배회사와 종속회사로 이루어지는 경제적 실체(연결실체)의 재무상태, 경영성과, 자본변동 및 현금흐름에 관한 정보를 제공하기 위하여 지배회사가 작성하는 재무제표를 말한다.(「신외감법」제2조제3호, 「기업회계기준서」제25호 5)

「신외감법」과 「기업회계기준」에서 지배·종속 관계에 있는 회사들에게 연결재무제표의 작성을 요구하는데, 2011년 개정 「상법」에서도 이를 수용하였다.(「상법」 제447조 제2항)

지배·종속의 관계는 어느 주식회사가 경제활동에서 효용과 이익을 얻기 위하여 다른 회사(비법인 기업도 포함)의 재무정책과 영업정책을 결정할 수 있는 능력을 가진 경우에 인정된다.(「상법시행령」제16조 제2항, 「신외감법시행령」1조의3 제1항)

「상법」상으로는 「신외감법」의 적용대상 회사로서 지배회사가 연결재무제표를 작성해야 한다.(「상법」제16조 제2항, 「신외감법」제2조 제3호) 「신외감법」상의 연결재무 제표는 연결재무상태표, 연결손익계산서(또는 연결포괄손익계산서) 등으로 구성된다.(「신외감법」제2조 제3호)

5. 재무제표 부속 명세서

대표이사는 재무제표의 부속명세서도 작성하여 이사회의 승인을 얻고(「상법」제447조), 본·지점에 비치하여야 한다.

부속명세서는 재무제표의 중요항목에 관한 세부사항을 기재한 것으로서 기업회계의 명료성의 원칙에 따라 계산 내용을 충분히 공시하는 한편, 재무제표의 비교가능성을 증진시키기 위한 것이다.

II. 영업보고서[566]

영업보고서는 **당해 영업연도 내에 있어서의 영업상태 등 회사의 현황을 나타내는 보고서**이다. 손익계산서와 대차대조표는 숫자로 회사의 현황을 표시함에 비해 영업 보고서는 그 숫자의 의미 또는 숫자로 표현되지 않는 현황을 설명하는 보고서라 할 수 있다. 그 기재사항은 대통령령으로 정한다.(「상법」제447조의2 제2항)

영업보고서는 **대표이사가 작성하여 이사회의 승인을 얻어**(「상법」제447조의2 제1항), **주주총회에 보고**하여야 한다.(「상법」제449조 제2항) 따라서 영업보고서는 주주총회의 승인을 요하지 않는다. 영업보고서에 기재할 사항으로서 「대통령령」제17조는 다음 11 가지를 열거하고 있다.

영업보고서의 기재사항

① 회사의 목적 및 중요한 사업 내용, 영업소 · 공장 및 종업원의 상황과 주식 · 사채의 상황
② 해당 영업연도의 영업의 경과 및 성과(자금 조달 및 설비투자의 상황을 포함)
③ 모회사와의 관계, 자회사의 상황, 그 밖에 중요한 기업결합의 상황
④ 과거 3년간의 영업성적 및 재산상태의 변동 상황
⑤ 회사가 대처할 과제
⑥ 해당 영업연도의 이사 · 감사의 성명, 회사에서의 지위 및 담당업무 또는 주된 직업과 회사와의 거래 관계
⑦ 상위 5인 이상의 대주주(주주가 회사인 경우에는 그 회사의 자회사가 보유하는 주식을 합산), 그 보유 주식 수 및 회사와의 거래관계와 해당 주주에 대한 회사의 출자상황
⑧ 회사, 회사와 그 자회사 또는 회사의 자회사가 다른 회사의 발행주식 총수의 10분의 1을 초과하는 주식을 가지고 있는 경우에는 그 주식 수, 그 다른 회사의 명칭과 그 다른 회사가 가지고 있는 회사의 주식 수
⑨ 중요한 채권자 및 채권액, 해당 채권자가 가지고 있는 회사의 주식 수
⑩ 결산기 이후에 생긴 중요한 사실
⑪ 그 밖에 영업에 관한 사항으로서 중요하다고 인정되는 상황 등

III. 재무제표의 승인 절차

1. 재무제표 등의 작성

가. 재무제표 등의 작성·제출

이사는 매 결산기에 재무제표와 그 부속명세서 및 영업보고서를 작성하여 이사회의 승인을 얻어야 한다.(「상법」제447조, 제447조의2제1항) 법문에는 이사가 작성·제출한다고 하였으나, 이는 대표이사의 업무집행사항이므로 대표이사가 해야 한다.(이설 없음)

566 이철송. 전게서. 2021. 982~983면, 임재연,「회사법 I 개정2판」, 박영사, 2014., 713~714면. 김용범. 전게서. 2017. 436~427면.

나. 재무제표 등의 이사회 승인

이사회의 승인은 감사(監事) 및 외부감사인과 주주총회에 재무제표를 제출하기 위한 경우나 이사회 결의로 재무제표를 최종 확정하기 위한 경우 등에 있어서 재무제표 및 영업보고서의 안의 내용을 확정하는 절차이다.

재무제표에 대한 이사회 승인의 종류

① **재무제표의 감사 제출을 위한 이사회 승인**(「상법」제447조~제447조의3)
재무제표의 작성과 이사회의 승인의 시한에 관하여는 명문의 규정이 없으나, 최소한 정기총회 6주간 전에는 감사에게 제출하여야 하므로 그 이전에 작성 및 승인 절차종결
② **재무제표의 주총 제출을 위한 이사회 승인**(「상법」제449조 제1항)
③ **재무제표의 최종 확정을 위한 이사회 승인**(「상법」제449조의2 제1항)

참고

재무제표에 대한 이사회 승인의 구분

① 「상법」제447조, 제447조의2, 제447조의3 및 「신외감법」제6조에 의한 재무제표 등에 대한 이사회의 승인은 내부감사, 외부감사인, 감독기관 등에 제출하기 위한 재무제표, 영업보고서의 안의 내용을 확정하는 절차이다. 따라서 이를 **'재무제표의 내용확정을 위한 이사회 승인'** 또는 **'재무제표의 감사 제출을 위한 이사회 승인'**이라 한다.
② 「상법」제449조 제1항에 의한 재무제표에 대한 이사회 승인은 재무제표의 주주총회의 승인을 얻기 위해 주주총회에 제출하기 위한 재무제표의 안의 내용을 확정하는 절차이다. 따라서 이를 **'재무제표의 주총 제출을 위한 이사회 승인'**이라 한다.
③ 「상법」제449조의2 제1항에 의한 재무제표 등에 대한 이사회의 승인은 당해 결산기에 관한 회사의 회계가 대내외적으로 확정되고, 이에 기해 준비금적립 및 배당승인을 할 수 있는 절차이다. 따라서 이를 **'재무제표의 최종 확정을 위한 이사회 승인'**이라 한다.
→ 위의 내용을 종합해 보면, 재무제표 관련 세 종류의 이사회 승인의 혼란을 불식시키기 위해 **'재무제표 등에 대한 이사회 승인'**을 각각 구분하여 사용하는 것이 좋다고 본다.

2. 內·外部人의 監査[567]

가. 内部 監事의 監査

이사는 재무제표와 그 부속명세서 및 영업보고서를 정기총회 6주간 전에 감사(또는 감사위원회, 이하 같음)에게 제출하여야 한다.(「상법」제447조의3) 그리고 **감사는 재무제표 등의 서류를**

567 김용범. 전게서. 2017. 427~432면. 이철송. 전게서. 2021. 984~986면, 임재연, 「회사법 Ⅰ 개정2판」, 박영사, 2014., 714~716면.

받은 날로부터 4주 내에 감사를 실시한 후, 감사보고서를 작성하여 이사에게 제출하여야 한다.(「상법」제447조의4 제1항)

단, **상장회사**의 감사는 「상법」제447조의4 제1항에도 불구하고 **이사에게 감사보고서를 주주총회일의 1주 전까지 제출**할 수 있다.(「상법」제542조의12 제6항) 감사보고서는 다음과 같은 사항을 기재하여야 하는데(「상법」 제447조의 4 제2항 제1호~제10호 및 동조 제3항), 이는 동시에 각 해당 사항을 감사해야 함을 의미한다.

감사보고서의 기재사항

1) **감사방법의 개요(동 제1호)**

감사란 시비의 판단을 수반하는 작업이므로 그와 같은 판단을 위해 설정한 기준의 대강을 밝히라는 뜻으로 이해된다.

감사보고서에 기재된 감사방법의 개요에 의해 나머지 감사보고 사항들의 설득력과 신뢰성이 뒷받침된다고 할 수 있다.

2) **회계장부에 기재할 사항이 기재되지 않거나 부실기재된 경우 또는 대차대조표나 손익계산서의 기재 내용과 맞지 아니하는 경우 그 뜻.(동 제2호)**

재무제표는 이른바 유도법[568]에 의해 회계장부에 기초하여 만들어지므로 회계 장부의 진실성과 그 내용의 정확한 반영은 재무제표의 진실성을 담보한다. 따라서 우선 회계장부의 진실성 여부, 재무제표로 유도하는 과정의 정확성 여부를 감사대상으로 한 것이다.

3) **대차대조표 및 손익계산서가 법령과 정관에 따라 회사의 재무상태와 경영성과를 정확하게 표시하고 있는 경우 그 뜻.(동 제3호)**

대차대조표와 손익계산서가 회계장부를 정확히 반영하고 있더라도 그 내용이 회사의 재산 · 손익을 정확히 반영하고 있느냐는 별개 문제이다.

대차대조표와 손익계산서가 「상법」 기타 법령과 일반적으로 공정·타당한 회계 원칙에 따라 자산을 조사 · 평가하고 계산하였는지 여부를 감사하며 정확하게 표시한 경우에는 본 호에 따라 적법하다는 의견을, 그렇지 않은 경우에는 다음 호에 의해 부적법하다는 의견을 표시해야 한다.

4) **대차대조표 또는 손익계산서가 법령 또는 정관에 위반하여 회사의 재무상태와 경영성과를 정확하게 표시하지 아니하는 경우의 그 뜻과 이유.(동 제4호)** 전호 참조.

5) **대차대조표 또는 손익계산서의 작성에 관한 회계방침의 변경이 타당한지의 여부와 그 이유(동 제5호)**

재무제표의 상대적 진실성을 확보하고 매 결산기의 타당한 비교를 위해서는 회계의 계속성이 지켜져야 한다. 그러나 특별한 사정이 있고 합리적인 이유가 있을 때에는 회계방침의 변경 또한 불가피할 수 있다.

---

568 유도법이란 재무제표의 작성방법 중 하나로 기간 중 거래금액에서 유도된 모든 계정의 기말 잔고 금액을 대조 · 표시한 것이며, 장기적 시야에서 기업 활동의 효율을 정밀하게 측정하기 위하여 이연 자산 · 충당금 등 유도법 특유의 계정과목이 표시되어 있다. 다만 유도법 대차대조표에 기재되어 있는 자산가액은 취득원가로 계상되어 있으므로 당해 자산의 현재 시장가치를 나타내고 있는 것은 아니다.

그러므로 재무제표가 종전과 다른 회계방침에 의해 작성된 경우(예컨대 재고자산평가를 선입선출법에서, 후입선출법으로 바꾸었다든지, 감가상각법을 정액법에서 정율법으로 바꾸는 것과 같다), 감사는 그 타당성을 조사·판단해야 한다.

6) 영업보고서가 법령과 정관에 따라 회사의 상황을 적정하게 표시하고 있는지의 여부(동 제6호)

영업보고서는 주주총회의 보고사항에 불과하지만, 재무제표를 가지고 알 수 없는 정보를 다루고 있어 주주 · 채권자들에게는 매우 중요한 기업 정보를 제공한다. 그 정보의 정확성을 보장하기 위해 기술한 법정기재 사항의 충족 여부 및 그 기재의 정확성을 감사하는 것이다.

7) 이익잉여금의 처분 또는 결손금의 처리가 법령과 정관에 맞는지의 여부(동 제7호)

준비금의 적립, 이익배당, 결손의 전보 또는 이월 같은 손익처리가 법령 · 정관의 기준에 따랐는지 여부를 감사하는 것이다.

8) 이익잉여금의 처분 또는 결손금의 처리가 회사의 재무상태나 그 밖의 사정에 비추어 현저하게 부당한 경우는 그 뜻.(동 제8호)

위 제7호에 의해 손익처리의 적법성은 판단될 것이나, 그 내용이 적법하다 하더라도 회사의 제반 사정에 비추어 합리적이냐는 것은 별개의 문제이다. 예컨대 회사가 보유하는 현금 등의 유동자산이 극히 적은 상태에서 장부상 배당가능 이익이 있다 하여 금전을 차입하면서까지 고율의 배당을 하는 것은 불합리하다.

적법성이 보장되는 한 손익처리를 어떻게 하느냐는 것은 이사의 경영판단의 문제이나, 그 재량이지나칠 때에는 자칫 회사 경영의 궁핍을 초래할 수 있으므로 현저히 부당할 경우에는 예외적으로 감사/감사위원회의 감사권을 인정한 것이다.

9) 제447조의 부속명세서에 기재할 사항이 기재되지 않거나 부실 기재된 경우 또는 회계장부 · 대차대조표 · 손익계산서나 영업보고서의 기재내용과 맞지 아니하게 기재 된 경우에는 그 뜻.(동 제9호)

부속명세서에 대하여도 진실성을 요구하여 감사대상으로 한 것이다.

10) 이사의 직무수행에 관하여 부정행위 또는 법령이나 정관의 규정에 위반하는 중대한 사실이 있는 경우 그 사실.(동 제10호)

재무제표에 반영된 것에 국한하지 아니하고 감사의 일반적인 업무감사권을 발동하여 이사의 직무수행의 적법성 여부를 감사하고 부적법한 사실을 보고하게 한 것이다.

이상의 사항에 더하여 감사를 하기 위하여 필요한 조사를 할 수 없었을 경우에는 감사보고서에 그 뜻과 이유를 적어야 한다.(「상법」제447조의4 제3항).

감사의 유효한 감사는 이사의 협력이 없이 불가능하다. 따라서 이사의 비협조 · 수감불응 등의 사유가 있어 실효적인 감사가 불가능한 경우 그 사유를 밝히라는 것이 주된 취지이나, 필요한 조사를 할 수 없었던 이유는 이에 국한하지 아니하고, 사고, 재난, 감사의 질병 등 조사가 불가능했던 모든 사유를 포함한다.

나. 外部 監査人의 監査

1) 회사가 외부감사인에게 재무제표 제출

회사는 해당 사업연도의 재무제표를 작성하여 대통령령이 정하는 기간 내에 감사인에게 제출하여야 한다.(「신외감법」제6조제2항, 「신외감법시행령」제8조제1항)

회사가 외부감사인에게 재무제표를 제출하는 기한

가) 재무제표 : 정기총회 개최 6주 전
나) 연결재무제표 :
① 한국채택국제회계기준을 적용하는 회사 : 정기총회 4주일 전
② 한국채택국제회계기준을 채택하지 아니하는 회사 : 사업연도 종료 후 90일 이내(「자본시장법」 제159조 제1항에 따른 사업보고서 제출대상법인 중 직전 사업연도 말 현재 자산총액이 2조 원 이상인 법인의 경우는 사업연도 종료 후 70일 이내)

2) 외부감사인이 회사 등에게 감사보고서 제출

외부감사인은 감사를 실시한 후 대통령령이 정하는 기간 내에 회사(감사 또는 감사위원회를 포함)·증권선물위원회 및 한국공인회계사회 등에 감사보고서를 작성하여 제출하여야 한다.(「신외감법」 제23조 제1항, 「신외감법시행령」제27조)

외부감사인이 회사에게 감사보고서를 제출하는 기한

가) 한국채택국제회계기준을 적용하는 회사 : 정기총회개최 1주 전
나) 한국채택국제회계기준을 적용하지 않는 회사 :
① 재무제표 : 제 1)호와 동일
② 연결재무제표 : 사업연도 종료 후 120일 이내(사업보고서 제출대상 법인 중 직전 사업연도 말 현재 자산 총액이 2조 원 이상인 법인의 경우에는 사업연도 종료 후 90일 이내)

감사인이 증권선물위원회/한국공인회계사회에게 감사보고서를 제출하는 기한

가) 재무제표 : 정기총회 종료 후 2주 이내
나) 연결재무제표 :
① 한국채택국제회계기준을 적용하는 회사 : 제 1)호와 동일.
② 한국채택국제회계기준을 적용하지 않는 회사 : 사업연도 종료 후 120일 이내(사업보고서 제출대상 법인 중 직전 사업연도 말 자산 총액이 2조 원 이상인 법인의 경우에는 사업연도 종료 후 90일 이내)

감사보고서에서 감사의견은 적정의견·한정의견·부적정의견 및 의견거절 등으로 표시 된다. (금융감독원 「회계감사기준」 감사기준서 705 문단 A1)

다. 내부감사와 외부감사의 관계[569]

외감대상회사의 경우에는 「상법」상 감사에 의한 감사(이하 '내부감사'라 한다)와 「신외감법」

569 김용범. 전게서. 2017. 431면. 김건식외 2인. 전게서. 박영사. 2021. 571~572면.

상 외부감사인에 의한 감사(이하 '외부감사'라 한다)가 중복적으로 요구된다. 그러나 외감대상 회사에서 실질적으로 회계정보의 신뢰도를 담보하는 임무는 아무래도 내부의 감사보다는 회계전문가인 외부감사인이 담당하는 것이 합리적이다.

그 필요는 특히 監事 대신 주로 사외이사로 구성된 감사위원회가 감사업무를 맡는 회사에서 더 크다. 현재 기업실무상 외부감사인의 감사보고서는 주주총회에서 주주에게 자료로 제공되기는 하지만, 실제로 총회장에서 낭독되는 것은 감사 또는 감사위원회가 작성한 감사보고서다.

주주총회에 참석하는 주주의 관점에서 볼 때 자신의 이익을 보다 직접적으로 대표하는 기관은 외부감사인이 아니라 감사 또는 감사위원회이므로 현재 실무가 일리 없는 것은 아니다. 문제는 감사보고서의 내용이다. 현재 실무상으로는 한국상장회사 협의회가 마련한 '상장회사 감사보고서 표준예시'라는 서식(이하 '표준서식"이라 한다)이 널리 이용되고 있다.

표준서식은 외부감사인에 대한 언급이 전혀 없이 마치 감사 또는 감사위원회가 직접 감사활동을 수행한 것 같은 내용으로 작성되어 있다. 그러나 상근감사위원이 있는 경우라 하더라도 적은 감사인력을 가지고 일정 규모가 있는 회사의 회계감사를 자기 책임하에 직접 담당하는 것은 현실적으로 곤란하다. 결국 감사 또는 감사위원회는 외부감사인의 도움을 받는 것이 불가피하다.

따라서 외부감사인의 감사결과에 대해 회사내부에서 감사가 재차 검증할 수 있도록 하는 것은 회계감사의 적정성 확보라는 측면에서 매우 중요한 의미가 있으므로, 감사보고서는 감사/감사위원회가 내부감사부서와 외부감사인의 감사에 주로 의존하였다는 점을 분명히 할 필요가 있다.

3. 재무제표의 비치 · 공시

이사는 정기총회회일의 1주간 전부터 재무제표·영업보고서·감사보고서를 본점에 5년간, 그 등본을 지점에 3년간 비치 · 공시하여야 한다.(「상법」 제448조 제1항, 「신외감법」제24조 제5항, 「신외감법시행령」 제27조 제7항)

그러나 연결재무제표와 그에 대한 감사보고서는 「신외감법시행령」제27조 제1항에 따른 제출기간이 지난 날부터 본점은 5년과 지점은 3년간 비치·공시하여야 한다.(「신외감법 시행령」 제27조 제7항)

주주와 회사 채권자는 영업시간 내에 언제든지 위 비치서류를 열람할 수 있으며, 회사가 정한 비용을 지급하고 그 서류의 등본이나 초본의 교부를 청구할 수 있다.(「상법」제448조 제2항)

4. 재무제표의 최종승인[570]

가. 승인 기관

570 김용범. 전게서. 2017. 432~435면. 이철송. 전게서. 박영사. 2021. 986~987면. 임재연, 「회사법Ⅰ 개정 2판」, 박영사, 2014., 717~721면.

재무제표의 최종승인은 주주총회가 하는 것이 원칙이나, 소정의 요건을 갖출 경우 이사회가 할 수 있다.

1) 주주총회의 승인

이사는 **재무제표 및 영업보고서를 작성**하여 **監事의 監査**(「상법」 제447조의3 및 제447조의4) **와 이사회의 승인**(「상법」제447조 및 제447조의2)을 받아야 한다.

이사는 위의 절차를 거친 **재무제표를 정기총회에 제출하여 최종승인**을 받아야 하고(「상법」 제449조 제1항), **영업보고서를 정기총회에 제출하여 그 내용을 보고**하여야 한다.(「상법」 제449조 제2항)

연결재무제표 작성회사의 경우는 **별도재무제표와 연결재무제표 모두 위와 같은 절차를 거쳐 정기총회에서 최종승인**을 받아야 한다.(「상법」 제447조제2항 및 제449조 제1항)

재무제표의 승인은 정기총회에서 다룰 사항이다. 그러나 정기총회의 소집이 지연되어 임시총회의 성격을 띠더라도 그 총회에서 결의한 승인의 효력에 영향이 있는 것은 아니다. 결의의 요건은 보통결의다.

이사는 재무제표의 각 서류에 대한 주주총회의 최종승인을 얻은 때에는 지체 없이 **대차대조표를 공고**하여야 한다.(「상법」 제449조 제3항)

2) 이사회의 승인

회사는 다음과 같은 요건을 갖춘 경우에는 **정관에서 정하는 바에 따라 주주총회에 갈음하여 이사회의 결의로 재무제표를 최종 승인**할 수 있다.(「상법」제449조의2 제1항) 즉, 이를 **재무제표의 최종 확정을 위한 이사회 승인**이라 한다. 이 경우 수정 결의도 가능하다.

이사회의 승인 요건

① 재무제표의 각 서류가 법령 및 정관에 따라 회사의 재무상태 및 경영성과를 적정하게 표시하고 있다는 외부감사인의 의견이 있을 것
② 감사(감사위원회 설치회사의 경우에는 감사위원) 전원의 동의가 있을 것

이사회가 승인한 경우에는 이사는 재무제표의 각 서류의 내용을 주주총회에 보고 하여야 한다.(「상법」 제449조의2 제2항) 이사회가 재무제표를 승인할 수 있다는 것은 이익배당을 이사회가 결정하기 위한 전제가 된다는 점에서 큰 의의를 갖는다.(「상법」제462조 제2항 단서)

따라서 「상법」제449조의2 제1항에 따라 재무제표를 이사회가 승인하는 경우에는 이익배당도 이사회 결의로 정한다.(「상법」 제462조 제2항) 그러나 주식배당의 경우는 이사회결의로 정할 수 없으므로, 별도로 주식배당에 관한 주주총회의 결의가 있어야 한다.(「상법」 제462조의2 제1항)

참고

이사회의 조건부 재무제표의 승인 등의 가능 여부[571]

현실적으로 회사에서는 외부감사인 및 내부감사에게 재무제표를 제출하기 위하여 이사회 승인을 한 후, 4주 내지 5주 후에나 회사에 감사보고서가 제출되기 때문에 상당한 시간이 필요한 바, 따라서 외부감사인의 적정의견 감사보고서가 제출되기 전에 외부감사인의 적정의견을 조건부로 이사회의 재무제표 승인 결의가 가능한지에 대하여 의문을 가지게 된다.

이사회가 「상법」제442조의2에 따라 재무제표를 승인하기 위해서는 「상법」제449조의2 제1항 각호의 요건을 충족한 이후 이사회의 승인 결의가 별도로 있어야 할 것이며, 「상법」제449조의2 제1항 제1호에 의한 외부감사인의 적정의견이 있기 전에는 이사회에서 재무제표를 승인할 수 있는 요건이 충족되지 않았으므로 이사회 승인(조건부 승인 포함)을 하는 것은 허용되지 않는다고 해석하는 것이 합리적이다.

「상법」상 이사회가 재무제표를 승인하기 위한 요건으로 '재무제표의 각 서류가 적정하게 표시하고 있다는 외부감사인의 의견이 있을 것'이라는 점을 명시적으로 규정해 외부 감사인의 의견제출 이전에 재무제표 승인이 이루어질 우려가 없도록 규정한 취지에 비추어 볼 때도 이와 같이 해석하는 것이 합리적이다.

참고로, 외부감사인의 의견이 도착하지 않은 시점에서 주주총회 소집통지 시에는 이사회 승인요건을 갖추지 못하였으므로 재무제표 승인 안건을 주주총회의 승인사항으로 표시하여야 할 것이나, 다만 회의의 목적사항으로 하되 '외부감사인의 적정의견이 있는 경우 이사회 승인에 따라 보고사항으로 변경될 수 있다'는 기재는 가능하다고 본다.

이 경우 소집통지 이후 외부감사인의 의견을 받아 「상법」제449조의2에서 정하는 이사회에서의 재무제표 승인요건을 충족하는 경우 그 후 정기주주총회 전 재무제표 승인이사회를 거쳐 재무제표를 승인하고 정기주주총회에서는 이를 보고안건으로 진행하는 것은 허용된다고 본다.

나. 승인 방법

「**승인**」이라고 하여 **주주총회 또는 이사회가 단순히 이사가 제출한 재무제표를 승인 또는 부인하는 권한만을 가진 것이 아니고 수정하여 결의**할 수 있다(통설). 예컨대 취득가로 평가한 재산을 시가로 수정하여 대차대조표를 승인한 것과 같다.

대차대조표·손익계산서 등의 재무제표는 각자 독립성이 있으므로 각별로 승인할 수 있으며, 그중 일부만 승인할 수도 있다. 그러나 배당 등 잉여금의 처분은 대차대조표와 손익계산서의 확정을 전제로 하므로 대차대조표와 손익계산서를 승인하지 않은 상태에서 이익배당의안 만을 결의할 수는 없다. 이는 이사회가 재무제표를 승인하는 경우에도 같다.

다. 승인 효력

1) 재무제표의 확정

재무제표의 승인에 따라 당해 결산기에 관한 회사의 회계가 대내외적으로 확정되고, 이

571 상장협, 「상장회사 실무자료집」, 2017. 및 「주주총회 실무상 쟁점사항 해설」, 2013. 3. 75면. 김준영, 「재무제표 이사회 승인 효력」, 2018. 2. 27.

에 따라 이익 또는 손실의 처분이 결정된다. 따라서 이사는 이에 기하여 준비금을 적립하는 등 승인내용을 실행하게 된다.

그러나 재무제표에 대한 주주총회 또는 이사회의 승인결의는 회사의 대내적 업무 처리 과정일 뿐, 채권자 등에 대한 대외적 의사표시라고 볼 수 없으므로, 소멸시효 중단 사유는 될 수 없다.[572] 주주총회 또는 이사회가 재무제표를 승인하지 않을 경우 그대로 실행할 수 없음은 물론이다.

2) 배당금청구권의 발생

주주총회 또는 이사회에서 재무제표가 승인되고 이익배당의안이 결의되면 주주는 회사에 대하여 구체적 이익배당 청구권을 갖는다.

3) 이사 및 감사의 책임 해제

정기총회에서 재무제표에 대한 승인을 한 후 2년 내에 다른 결의가 없으면 회사는 이사와 감사의 책임을 해제한 것으로 본다.(「상법」 제450조) 다만, 부정행위에 관하여는 그러하지 아니하다.(「상법」제450조 단)

이러한 책임해제는 승인결의의 효과라기보다는 이사와 감사의 책임에 관한 법적 불안을 조기에 종식시키기 위한 입법적인 고려에 따른 것이다. 이사 및 감사의 책임 해제에 관하여는 뒤에서 자세히 설명하기로 한다.

라. 대차대조표 공고[573]

회사는 재무제표에 대해서 주주총회의 승인이 있으면 지체 없이 대차대조표를 공고 하여야 한다.(「상법」 제449조 제3항) 「상법」에서는 주주총회의 승인한 경우와 개별 대차대조표의 경우만을 규정하고 있으나 이사회가 「상법」 제442조의2에 의거 최종 승인한 경우와 연결재무제표를 작성한 경우에도 동일하게 공고하여야 할 것이다.

대차대조표가 회사의 재산상태는 물론이고 당기순이익도 표시하고 있어 주주 등 이해관계인의 이익보호에 적합하기 때문이다. 즉, 다른 재무제표와 달리 대차대조표만 공고의 대상으로 하는 것은 주식·사채의 투자자에게 투자 판단의 기준이 되고 채권자에게는 회사 신용의 판단자료가 되기 때문이다.

마. 지배주주 권한 남용 관련[574]

지배주주가 배당가능이익이 있음에도 개인적 이익을 위하여 주주총회 결의를 통하여 사내 유보한 경우 그 결의의 효력에 대하여 ① 지배주주를 특별 이해관계가 있는 주주로 보아 결의 취소 사유가 된다는 설, ② 결의 내용이 불공정하므로 결의 무효 사유로 보는 설, ③ 결의 하자가 아니라고 보는 설이 있다.

---

572 김용범. 전게서. 2017. 433면. 임재연, 「회사법 I 개정2판」, 박영사, 2014., 718면. 대법원 2013.9.26. 선고. 2013 다 42922 판결.

573 김용범. 전게서. 2017. 434면. 임재연, 「회사법 I 개정2판」, 박영사, 2014., 720면. 김건식외 2인. 전게서. 2021. 574면.

574 김용범. 전게서. 2017. 434면. 임재연, 「회사법 I 개정2판」, 박영사, 2014., 720~721면.

배당가능 이익이 외부에 임의적으로 유출되지 않고 사내에 유보되어 있다면, **배당가능이익에 대한 형식상 주주의 비례이익은 계속 유지**되고 있고, **우리나라 법제상 지배주주의 소수주주에 대한 영미법상의 신인의무*가 인정되지 아니하므로 주주총회의 결의가 하자가 아니라고 보는 것이 타당**하다고 할 것이다.

참고

영미법상의 신인의무(fiduciary duties)[575]

영미법상의 신인의무는 원래 판례법에 의해 생겨난 의무로서 현재는 그 일부 내용이 各 州의 회사법 또는 증권법과 같은 연방법에 수용되어 규율되고 있다. 영미에서 이사는 주주 및 회사의 수탁자와 유사한 지위를 갖는다고 이해하며, 이사의 신인의무는 신탁에 있어서의 수탁자의 의무인 주의의무, 충실의무 등으로부터 유추되기도 한다.

신인의무는 일방(the principal)이 타인(the agent)에게 자기를 대신하여 행위할 권한을 수여함으로써 발생하는 대리인관계(agency relationship)의 핵심이다. 대리인관계란 주인(the principal)이 대리인(the agent)으로 하여금 자신의 이익과 관련된 행위를 재량으로 해결해 줄 것을 부탁하는 주인-대리인관계를 말하며, 궁극적으로 신인의무는 대리인과 주인 간에 특수한 신뢰관계 즉, 信認關係에 의거 부담하는 의무를 말한다.

회사라는 상황에서, **the principal은 회사의 주주**이며, **the agent는 경영진**이다. **신인의무는 크게 두 가지**로 나누어지는데, **주의의무(duty of care)의 영역과 충실의무(duty of loyalty)의 영역**이다. 최근에 여기에 **신의성실의무(duty of good faith)가 셋째 요소로 추가**되었다.

그리고 최근 미국의 델라웨어주 법원은 회사의 이사뿐만 아니라 임원도 회사 와 주주에 대하여 신인의무를 부담한다고 판결하였다. 즉, 미국의 판례법상 이사와 고위임원은 회사 및 주주에 대하여 신인의무를 부담하는데, 다음의 3가지 의무를 포괄하고 있다.

이사 및 고위임원의 회사 및 주주에 대한 신인의무

① **주의의무(duty of care)** : requires deliberative decision-making processes based on full and credible information.

② **충실의무(duty of loyalty)** : prohibits self dealing, misappropriation of corporate assets, conflicts of interest, lack of independence or disloyal conduct.

- 회사와의 경쟁금지
- 회사기회 유용의 금지
- 임원의 보수, 주식거래에 따르는 의무
- 소수자 주주에 대한 공정의무
- 지배주식의 매각에 따르는 의무 등

③ **성실의무(duty of good faith)** : forbids conduct motivated by an actual intent to impede, interfere with or harm the corporation, or violate the law.

575 김용범. 전게서. 2017. 435면. 최준선,「회사법제6판」, 삼영사, 2011., 454~456면, 이철송. 전게서. 2021. 760~762면.

Ⅳ. 재무제표 관련 책임의 해제

1. 일반책임의 개요

일반적으로 재무제표 관련 책임으로는 ① 재무제표 작성과 관련된 책임과 ② 감사보고서에 관한 감사의 책임으로 구분한다.

가. 재무제표의 작성과 관련된 책임

이사가 재무제표를 작성함에 있어 고의 또는 과실로 법령 또는 정관에 위반한 행위를 하거나 그 임무를 해태하여 회사에 손해가 발생한 경우에는 그 이사는 회사에 대해 연대하여 손해를 배상할 책임을 부담한다.(「상법」 제399조 제1항)

실제로 많이 문제가 될 수 있는 것은 이사가 재무제표에 허위 또는 부실의 기재를 한 경우이다. 허위 또는 부실기재로 인하여 회사에 손해가 생긴 경우 이사가 손해배상책임을 지는 것은 물론이고 재무제표의 승인이 이사회 결의에 의한 것인 때에는 그 결의에 찬성한 이사도 책임을 진다. (「상법」제399조 제2항, 제3항)

또한 **이사가 고의 또는 중대한 과실로 그 임무를 해태해 제3자에게 손해가 발생한 경우 그 이사는 제3자에 대해 연대하여 손해를 배상할 책임이** 있다.(「상법」 제401조 제1항) 그리고 이사가 재무제표의 기재할 사항을 기재하지 아니하거나 부실한 기재를 한 때에는 500만 원 이하의 과태료에 처한다.(「상법」 제635조 제1항 제9호)

나. 감사보고서에 관한 감사의 책임

감사가 감사보고서의 작성과 관련하여 법정기재사항을 허위 게재하거나 누락하는 등 그 임무를 해태하여 회사에 손해가 발생한 경우에는 그 감사(감사위원 포함)는 회사에 대해 연대하여 회사에 손해를 배상할 책임이 있다.(「상법」 제414조 제1항 및 제415조의2 제7항)

또한 **감사가 악의 또는 중대한 과실로 인하여 그 임무를 해태하여 제3자에게 손해가 발생한 경우 그 감사는 제3자에 대해 연대하여 손해를 배상할 책임**이 있다.(「상법」 제414조 제2항 및 제415조의2 제7항) 아울러 감사가 감사보고서의 기재할 사항을 기재하지 아니하거나 부실한 기재를 한 때에는 500만 원 이하의 과태료에 처한다.(「상법」 제635조 제1항 제9호)

그리고 감사가 회사 또는 제3자에 대하여 손해를 배상할 책임이 있는 경우에 이사도 그 책임이 있는 경우에는 그 감사와 이사는 연대하여 제3자에 대해 배상할 책임이 있다.(「상법」 제414조 제3항 및 제415조의2 제7항)

2. 책임해제의 일반

가. 의의

주주총회에서 재무제표를 승인한 후 2년 내에 다른 결의가 없으면 회사는 이사와 감사의 책임을 해제한 것으로 본다.(「상법」 제450조) 원칙적으로 회사에 대한 이사나 감사의 책임은 주주전원의 동의가 있어야 면제할 수 있으므로(「상법」 제400조 제1항, 제415조) 현실적으로 일단 발생한 책임을 면제시키는 것은 거의 불가능하다.

「상법」은 책임의 엄격성을 완화시킨다는 취지에서 책임이 신속하게 소멸하도록 한 것이다. 책임해제는 재무제표와 관련된 모든 책임을 포괄적으로 해제시킨다는 점에서 개별사항에 대한 책임별로 행해지는 책임면제(「상법」 제400조 제1항 및 제415조)와는 차이가 있다.

책임해제는 이사나 감사의 책임의 엄격성을 완화시키기 위한 제도이지만 뒤에 보는 바와 같이 그 범위는 명확하지 않다. 또한 2011년 개정 「상법」에서 이사와 감사책임의 감면이 허용되고 있으므로(「상법」 제400조 제2항, 제415조), 이제 이 제도를 유지할 실익은 크게 감소하였다.[576]

나. 책임해제의 법적 성격[577]

책임해제의 법적 성질은 그것이 재무제표 승인결의의 효과가 아니라 결의시를 기산점으로 하여 2년의 제척기간의 경과에 따른 효과라고 본다.(제척기간설, 통설) 보통결의에 불과한 재무제표 승인결의의 효과로 책임해제를 인정하는 것은 이사 · 감사의 책임면제에 주주 전원의 동의를 요하는 것과 모순되기 때문이다.[578]

회사가 직접 또는 대표소송에 의하여 이사에 대한 손해배상청구의 소가 2년 내에 제기된 경우에는, 소송계속 중 2년이 경과하더라도 「상법」 제450조의 책임해제는 적용되지 않는다. **제척기간*은 재판상 또는 재판 외의 권리행사 기간이며 재판상 청구를 위한 출소기간**은 아니다.**

* **제척기간**이란 **어떤 권리에 대하여 법률이 예정하는 존속기간**이다. 법정기간의 경과로써 당연히 권리의 소멸을 가져오는 것이다. 즉, 제척기간이 만료하게 되면 그 권리는 당연히 소멸하는 것이다. 제척기간은 당사자의 권리유무에 기한을 정함으로써 법질서를 조속히 안정시키는 데 목적이 있다.

소멸시효와 비슷하지만 다음의 점이 다르다. ① 제척기간에는 시효와 같은 포기·중단·정지라는 문제가 있을 수 없다. ② 시효의 이익은 당사자가 원용함으로써 재판에서 고려되는 것이지만, 제척기간은 당연히 효력을 발생하는 것이기 때문에 법원은 이를 기초로 재판하지 않으면 안 된다.[579]

** **출소기간**이란 **소송을 제기하는 법정기간**이다. 어떠한 권리를 일정한 기간 행사하지 않으면, 그 권리 자체는 소멸하지 않지만 이에 대하여 제소할 수 없게 하는 기간을 두고 있다.

불변기간으로 되어 있으므로 법원은 직권으로 신장·축소할 수 없는 것이 원칙이나, 예외적으로 원격지에 주소·거소를 둔 자를 위하여 부가기간을 정하거나(「민소법」제172조), 당사자에게 책임 없는 사유로 인해 기간을 준수할 수 없는 경우에 소송행위의 추후보완이 인정되고 있다.(「민소법」 제173조)

출소기간 경과 여부는 법원의 직권조사사항이며, 출소기간 경과 후에 제기한 소는 각하된다. 재

---

576 김용범. 전게서. 2017. 437면. 김건식외 2인. 전게서. 2021. 576면.

577 김용범. 전게서. 2017. 437~438면. 임재연, 「회사법 Ⅰ 개정2판」, 박영사, 2014., 719~720면. 이철송. 전게서. 2021. 987면, 김건식, 전게서, 박영사, 2014., 540면.

578 김용범. 전게서. 2017. 437면. 김건식외 2인. 전게서. 2021. 576면. 정동윤, 「상법(상) 제6판」, 법문사, 2012., 766면, 최기원, 「신회사법론 제14개정판」, 박영사, 2012., 693면.

579 이병태, 「법률용어사전」, 법문북스, 2011.

심의 출소기간은 재심사유를 안 날로부터 30일 내, 판결확정 후 5년 내이며 (「민사소송법」제456조), 「상법」상 주주총회결의 취소·변경의 소는 그 출소 기간이 결의일로부터 2월 내이다.(「상법」 제 381조)[580].

다. 책임해제의 대상인 주체와 상대방[581]

책임해제의 대상인 책임의 주체는 이사와 감사이다. 이사뿐만 아니라 감사도 책임해제 대상이므로 업무집행에 관한 책임(「상법」제399조)뿐만 아니라 업무감독에 관한 책임(「상법」제412조 제1항)도 해제된다. **책임해제의 혜택은 이사와 감사 전원**이 누릴 수 있다. 책임해제는 회사에 대한 책임에 대해서만 적용되고 제3자에 대한 책임에 대해서는 적용되지 않는다.(대법원 2009.11.12. 2007다53785 판결)

3. 책임해제의 요건[582]

가. 재무제표의 승인 결의

법문에는 **'정기총회'의 승인이란 표현이 사용되고 있으나**(「상법」제450조), **승인결의는 반드시 정기총회에서만 이루어져야 하는 것은 아니다. 임시총회에서 재무제표를 승인한 경우에도 책임해제의 요건은 충족**된다고 본다.

임시총회에서는 재무제표를 승인할 수 없다는 견해도 있지만, 정기총회와 임시총회의 소집절차와 결의방법의 다른 점이 없고, 정기총회의 소집이 지연되어 임시총회의 성격을 띠더라도 재무제표 승인의 효력에는 영향이 없으므로 반드시 정기총회의 승인을 요건으로 하는 것은 아니라고 보아야 한다.[583]

「상법」제449조의2에 의하여 **이사회가 재무제표를 승인한 경우에 이사·감사의 책임이 해제되는지에 대하여는 다음과 같이 두 가지 설**로 나누어진다.

① 긍정설

책임해제는 이사회의 승인결의 효과가 아닐 뿐만 아니라(제척기간설) 이사 자신의 승인행위가 이사자신의 책임해제를 초래하는 불합리한 문제점에 대하여는 부정행위는 책임해제 적용에서 제외하고 있어 이를 크게 완화시킬 수 있다. 그리고 이사회 결의는 주주총회의 승인을 갈음하여 행하는 것이고 그 내용과 서류를 주주총회에 보고하도록 되어있기 때문에 책임해제를 긍정하는 것이 타당하다고 주장한다.[584]

② 부정설

580 두산백과

581 김용범. 전게서. 2017. 438면. 김건식외 2인. 전게서. 2021. 577면.

582 김용범. 전게서. 2017. 438면. 김건식외 2인. 전게서. 2021. 577~579면.

583 김용범. 전게서. 2017. 438면. 김건식외 2인. 전게서. 2021. 577면. 임재연,「회사법 Ⅰ」, 2014. 719면.

584 김건식외 2인. 전게서. 2021. 577면.

그러나 이를 긍정하면 이사회가 스스로 자기책임에 대한 책임해제의 결의를 한다는 모순에 빠지게 되고, 또한 「상법」제450조의 "정기총회에서"라는 법문에도 반할 뿐만 아니라 유추적용할 합리적인 근거도 없다고 한다. 따라서 이사회가 「상법」 제449조의2에 의거 재무제표를 승인한 경우에는 이사 · 감사의 책임이 해제되지 않는다고 보는 부정설이 오히려 더 설득력이 있다고 주장한다.[585]

「상법」제449조의 2 제1항에 의하면 주주총회에 갈음[586]하여 이사회 결의로 재무제표를 승인할 수 있도록 하고 있고, 책임해제의 법적 성질은 재무제표의 승인결의의 효과가 아니라 결의 시점을 기산점으로 하여 2년의 제척기간의경과에 따른 효과로 보는 제척 기간설이 통설인 점, 또한 부정행위에 대하여는 해제적용에서 제외된다는 점, 그리고 이사회가 재무제표를 승인한 경우는 그 내용을 주주총회에 보고하도록 되어 있어 "정기총회에서"라는 법문에 얽매여 이를 부정할 필요성은 없다고 본다.[587]

나. 2년의 제척기간 경과

재무제표 승인 결의 후 다른 결의 없이 2년이 경과하면 책임해제의 효과가 발생한다. 따라서 2년은 제척기간일 뿐만 아니라 강행규정이므로 정관이나 주주총회의 결의로 이를 단축하거나 연장할 수 없다.[588]

다. 다른 결의의 부존재

「상법」은 책임해제의 소극적 요건으로서 재무제표 승인결의 후 2년 내에 '다른 결의'가 없을 것을 요구하고 있다.(「상법」제450조) **'다른 결의'란 책임해제를 부정하는 결의, 재무제표의 승인을 철회하는 결의, 책임추궁의 소를 제기하라는 결의 등 널리 이사·감사의 책임이 존속함을 전제로 하는 결의를 뜻한다.**[589] 실제로 주주총회에서 이사와 감사의 책임을 추궁하는 결의가 이루어진 예도 있었다.[590]

보다 현실적인 것은 2년 사이에 회사나 주주가 이사나 감사의 책임을 묻는 소를 제기한 경우인데, 이 경우에도 책임해제의 취지가 이사나 감사의 책임에 관한 불안을 조기에 소멸시키는 것이라는 점을 고려하면 이미 제소와 같이 책임추궁이 가시화된 경우에는 당연히 제척기간의 진행이 沮止되는 것으로 보아야 할 것이다.[591]

라. 부정행위의 부존재

585 임재연, 「회사법 Ⅰ 개정2판」, 박영사, 2014., 719면. 이철송. 전게서. 2021. 990면.

586 갈음이란 사전적 의미로는 다른 것으로 바꾸어 대신함.(국립국어연구원 표준 국어 대사전)

587 김용범. 전게서. 2017. 439면. 김건식외 2인. 전게서. 2021. 577면.

588 김용범. 전게서. 2017. 439면. 김건식외 2인. 전게서. 2021. 577면.

589 이철송. 전게서. 2021. 989면.

590 대법원 2007.9.6. 선고. 2007다40000 판결.

591 김건식외 2인. 전게서. 2021. 578면, 대구지방법원, 2000.5.30. 선고 99가합13533 판결

이사나 감사의 책임이 해제되려면 이사나 감사의 부정행위가 없어야 한다.(「상법」 제450조 단서) 부정행위가 무엇을 의미하는지는 명확치 않다. **부정행위에는 횡령, 배임, 문서위조와 같은 범죄행위는 물론이고 이해관계인들의 신뢰를 깨는 고의적인 비규범적 행위 까지 포함한다**고 볼 것이다.[592]

부정행위에 고의에 의한 불법행위가 당연히 포함될 것이지만, **중대한 과실로 인한 가해행위**도 포함하는가에 대하여는 포함된다는 포함설[593]과 포함되지 않는다는 불포함설[594]로 나누어지고 있으나, 최소한 부정행위란 고의에 의한 직무위반행위를 가리키는 것으로 이해해야 하고, 중과실은 포함시키는 것은 옳지 않다고 본다.[595]

참고로 일본회사법 제854조 제1항이 이사의 해임청구 사유로서 규정하는 이사의 「부정행위」를 일본은 「이사가 그 의무에 위반하여 회사에 손해를 발생시키는 고의의 행위로서 예컨대 회사재산의 私用같은 행위」라고 풀이하고 있다.[596] 우리도 부정행위란 「의무에 위반해 회사에 손해를 끼친 고의행위」라고 정의한 판례가 있다.[597]

한편 재무제표 작성 과정에서 부정행위뿐만 아니라 재무제표 승인결의를 얻기 위한 부정행위(예컨대 외부감사인을 매수하여 적정의견을 받아 내는 것)도 「상법」 제450조 단서의 적용대상이라고 본다. 왜냐하면 이사·감사가 부정한 수단으로 승인을 얻었다면 그 승인결의에 책임해제의 의사가 있다고 볼 수 없기 때문이다.[598]

다만 부**정행위를 직접 행한 것이 아니라 부정행위에 해당함을 알지 못하고 이사회 결의에서 찬성하였거나 부정행위를 막지 못한 경우는 부정행위의 예외가 적용되지 않는다고 본다.**[599]

마. 재무제표에 기재되었거나 그 기재로부터 알 수 있는 책임 사유

「상법」제450조에 따른 책임해제에 의하여 이사·감사의 책임이 소멸되는 책임사유에 관하여는 견해가 대립되고 있다. 책임해제의 성격을 재무제표의 승인효과로 보지 아니하고 2년의 제척기간의 효과로 보는 제척기간설에 따르면 책임해제의 범위도 재무제표에 기재되어 있거나 재무제표로 알 수 있는 사유로 한정할 필요는 없다고 주장한다. 그들은 통설 및 판례의 책임 해제의 악용문제는 부정행위의 부존재 문제로 해결이 가능하다고 주장한다.

그러나 **통설과 판례**는 주주총회의 실제기능이 형식화되고 있는 실정이고 재무제표의 기재여부와 관계없이 책임해제를 인정하면 현실적으로 이사나 감사의 책임을 물을 수 있는 경우가 크게 제한될 것이므로 **「상법」제450조에 따른 이사·감사의 책임해제는 재무제표 등**

---

592 김용범. 전게서. 2017. 440면. 김건식외 2인. 전게서. 2021. 578면, 이철송. 전게서. 2021. 990면.

593 정동윤, 전게서, 법문사, 2012. 766면. 서울고법. 2003. 11. 20. 선고. 2002나6595. 판결.

594 이철송. 전게서. 2021. 990면.

595 김용범. 전게서. 2017. 440면. 이철송. 전게서. 2021. 990면.

596 日註釋(6). 74면.

597 부산지법. 2004.4.14. 선고 2002가합16791. 2003가합10660. 2003카합2719. 판결.

598 김용범. 전게서. 2017. 440면. 김건식외 2인. 전게서. 2021. 578면, 이철송. 전게서. 2021. 989면, 정동윤, 전게서, 법문사, 2012. 766면.

599 김용범. 전게서. 2017. 440면. 김건식외 2인. 전게서. 2021. 578면.

에 기재되어 있다거나 재무제표 등을 통하여 알 수 있는 사항에 대하여 정기 총회에서 승인 경우에 한해서만 인정한다.(통설, 대법원 1969.1.28. 선고 68다305 판결, 대법원 2002.2.26. 선고 2001다76854 판결, 2007.12.13. 선고 2007다60080 판결)

통설 및 판례에 따르면 재무제표에 기재되어 있거나 재무제표를 통하여 알 수 있는 사항에 관해서만 책임해제의 효과가 발생할 수 있으므로 **책임해제를 주장하는 이사·감사는 재무제표의 승인이 있었다는 사실 외에 그 책임 사유가 재무제표에 기재되어 있다거나 재무제표를 통하여 알 수 있었다는 사실도 증명**하여야 한다.

따라서 재무제표의 수입·지출금액이 명시되어 있다 하더라도 그 원인된 행위에 관한 책임까지 해제되는 것은 아니다. 즉 주주총회에서 이사 또는 감사의 유책을 알거나 알 수 있었던 재무제표를 승인한 사항에 한해 「상법」제450조의 특칙이 적용될 수 있는 것이다.[600]

참고

이사 및 감사의 책임해제를 부정한 판례

① 상호신용금고의 대표이사가 충분한 담보를 확보하지 아니하고 동일인 대출한도를 초과하여 대출한 경우(대법원 2002.2.26. 선고 2001다76854 판결).

② 건설회사의 대표이사 및 담당이사가 거액의 당기순손실이 발생하였음에도 거액의 당기순이익이 발생한 것처럼 허위의 재무제표를 작성한 경우 즉, 분식결산을 한 경우(대법원 2007.12.13. 선고 2007다60080).

4. 입증책임[601]

책임해제 요건을 갖춘 사실에 대한 증명책임은 책임해제를 주장하는 이사나 감사가 진다. 즉, **통설 및 판례의 입장에서는 이사나 감사는 문제된 책임사유가 재무제표에 기재되었거나 재무제표로부터 알 수 있었으며, 주주총회의 승인결의로부터 2년이 경과하였음을 입증**하여야 한다.

그러나 다른 결의나 부정행위의 존재에 관한 **입증책임은 일반원칙에 따라 회사, 주주, 이해관계자 등 이사나 감사의 책임을 주장하는 쪽에서 입증**하여야 한다.

600 이철송. 전게서. 2021. 988면.

601 김건식외 2인. 전게서. 2021. 579면. 김용범. 전게서. 2017. 441면.

Ⅰ. 개설

「상법」의 회계규정의 양대 목적 중 하나는 주주에게 지급하는 배당의 한도, 즉 배당 가능이익을 제한하는 것이다. 「상법」상 **배당가능이익은 대차대조표상의 순자산액에서 자본금과 법정준비금 등을 공제하는 방식으로 산정**한다.(「상법」 제462조 제1항)

순자산액은 대차대조표의 구성요소인 자산, 부채, 자본 중 자산에서 부채를 공제한 금액, 즉 자본에 상응하는 것이다. 순자산액은 자산과 부채를 어떻게 평가하는가에 따라 변동한다. 과거 「상법」은 자산의 평가에 관해서 다수의 규정을 두었으나, 2011년 개정 「상법」에서는 모두 삭제되었다.

따라서 자산과 부채의 처리는 모두 기업회계에 맡겨져 있는 셈이다. 「상법」에서는 대차대조표의 자본의 부에 속하면서 배당가능이익을 산정할 때 공제항목으로 기능하는 자본금과 준비금에 대해서만 규정을 두고 있다.

자본금은 우리 「회사법」의 기초를 이루는 제도이나 이곳에서는 자본금을 회계와 관련된 범위 내에서 간단히 살펴보기로 한다.

Ⅱ. 자본과 자본금[602]

1. 기업회계상 자본

기업회계상 자본은 자산에서 부채를 공제한 금액을 가리킨다[「한국채택국제회계 기준」개념체계 문단 49(3)].[603] **「일반기업회계기준」상 자본은 자본금, 자본잉여금, 자본조정, 기타포괄손익 누계액, 이익잉여금(결손금)으로 구분**되고 있다(문단 2.30).

과거 「상법」에서 사용되던 자본이란 용어는 2011년 「상법」개정 시 기업회계와의 조화를 위하여 자본금이란 용어로 변경되었다.

2. 「상법」상 자본금

「상법」상 자본금은 원칙적으로 발행주식의 액면총액으로 한다.(「상법」제451조 제1항) 주식의 액면총액으로 되어있기 때문에 실제로 납입한 금액과는 관련이 없다. **무액면주식을 발행하는 경우에는 발행가액의 1/2 이상의 금액으로서 이사회가 자본금으로 계상하기로 정한 금액의 총액을 자본금**으로 한다.(「상법」제451조 제2항)[604]

자본금은 수권자본금과 구별된다. 「상법」은 **'회사가 발행할 주식의 총수'를 정관에 기재**하도록 하고 있다.(「상법」제289조 제항 제3호) 일반적으로 이러한 주식을 '수권주식'이라 하고 수권주식의 액면총액을 **'수권자본금'**이라 한다. 이사회는 '수권자본금'의 범위 내에서는 주주총회 동의 없이 주식을 발행할 수 있다.

자본금은 배당가능이익 산정시에 공제할 계산상 수치로 회사재산을 유보시킴으로써 회사

---

602 김용범. 전게서. 2017. 442~443면. 김건식외 2인. 전게서. 2021. 580~581면.

603 일반적으로 자본 대신 자기자본이란 용어가 더 널리 사용되고 있음.

604 자본금으로 계상하지 않은 금액은 자본준비금으로 계상한다.

채권자를 보호하는 기능을 수행한다. 자본금은 상업등기와 대차대조표에 의하여 공시될 뿐이고(「상법」 제317조 제2항 제2호, 제449조 제3항), 수권자본금과 달리 정관에는 기재하지 않는다. 정관기재사항이 아니기 때문에 신주발행은 수권자본금 범위 내에서는 정관 변경을 거칠 필요가 없다.

3. 자본금 산정의 예외

「상법」의 자본금 산정 원칙은 '이 법에서 달리 규정한 경우'에는 적용하지 않는다. 그러나 「상법」은 자본금이 달리 산정되는 예외를 명시적으로 규정하고 있지 않다. 해석상 다음 두 가지의 경우에는 **자본금이 '발행주식의 액면 총액'과 일치하지 않는 예외**가 발생한다.

1) 자기주식을 소각하는 경우이다. 2011년 개정 전 「상법」상 주식소각은 ① 현행의 기본형소각과 같이 자본금감소의 규정에 따라 소각하는 것(제343조 제1항 본문)을 원칙으로 하고, ② 상환주식을 소각하는 것(제345조제1항), ③ 정관 규정에 따라 주주에게 배당할 이익으로 소각하는 것(제343조 제1항 단서), ④ 주주총회의 특별결의에 의해 주주에게 배당할 이익으로 소각하는 것(제343조의2)이라는 4가지 유형으로 나눌 수 있었다. 이 중 ①과 ②는 개정법에 그대로 이어졌으나, ③과 ④는 폐지되고 이에 갈음하여 자기주식의 소각이 신설되었다.(제343조 제1항 단서)

「상법」상 주식의 소각은 자본금 감소에 관한 규정에 의하는 것이 원칙이지만 예외적으로 자기주식을 소각하는 경우에는 그러하지 아니하다고 규정되어 있어(「상법」 제343조 제1항 단서), 종래에는 이익소각의 경우 발행주식수가 감소하지만 배당가능 이익으로 소각하므로 자본금에는 영향이 없고 따라서 이는 발행 주식의 액면총액이 자본금이라는 제451조 제1항의 예외현상이라고 해석하는 것이 통설이었다[605]

그러나 개정 「상법」의 해석과 관련하여 제343조 제1항 단서는 자본금감소 절차에 따르지 않고 이사회결의만으로 주식을 소각할 수 있는 예외를 설정할 목적에서 둔 규정이지만, 이는 무액면주식에 관해서만 타당하고 액면주식에 관해서는 적용할 수 없다. 우선 무액면주식에 관해 이 규정이 타당성을 갖는 이유는 무액면주식을 발행할 경우 주식의 발행가격의 일부 또는 전부를 자본금에 계상한 후에는 자본금은 주식의 수와는 연관을 갖지 아니하므로 자기주식을 소각하더라도 자본금에는 영향이 없다.

반면에, 액면주식을 발행한 경우에는 발행주식의 액면총액이 자본금을 구성하므로 주식의 소각은 바로 자본금의 감소를 뜻한다. 자본금의 감소는 주주와 채권자의 이해에 직결되는 문제인데, 이를 이사회의 결의만으로 실행할 수는 없다. 그러므로 「상법」제343조 제1항 단서는 자본금의 감소를 수반하지 않는 자기주식의 소각, 즉 무액면 주식의 소각에만 적용되고 액면주식의 소각은 동조항의 본문의 적용을 받아 자본금 감소의 절차에 따라야 한다.[606]

또한 자기주식을 소각하는 경우 액면주식과 무액면주식을 구분하는 견해 중 「상법」제343

605 임재연. 회사법 Ⅰ. 2014. 550면.

606 이철송. 전게서. 2021. 456면.

조 제1항 단서의 소각대상은 이익소각의 경우 발행주식수가 감소하지만 배당가능이익으로 소각은 자본금에 영향이 없다는 종전의 견해에 근거하여 ① 배당가능이익으로 취득한 자기주식의 소각과 ② 무액면주식의 소각으로 보는 견해도 있다.[607]

그러나 비록 배당가능이익에 의해 취득했다고 하더라도 2011년 개정 전의 이익소각과는 달리, 취득한 자기주식은 특정목적으로 취득한 자기주식과 마찬가지로 발행주식의 일부로서 존재하는 것이고, 이를 소각할 경우 자본금 감소의 효과는 다른 주식의 소각과 다름이 없다.[608]

2) 상환주식이 상환되는 경우이다. 회사는 「정관」으로 정하는 바에 따라 회사의 이익으로써 소각할 수 있는 종류주식을 발행할 수 있다. 이 경우 회사는 「정관」에 상환 가액, 상환기간, 상환의 방법과 상환할 주식의 수를 정하여야 한다.(「상법」제345조 제1항)

따라서 회사의 상환주식이 상환되면 발행주식 총수도 감소하고 상환가액만큼 순자산도 감소한다. 회사가 무액면주식을 발행한 경우에는 주식의 감소는 자본금과 무관하고, 액면주식의 경우에도 상환은 회사의 이익으로서만 가능하므로 자본금에는 영향이 없다.[609]

Ⅲ. 준비금[610]

1. 준비금의 의의

'준비금(reserve)이란 영업연도 말에 회사가 보유하는 순자산액 중 자본금을 초과하는 금액으로서 회사가 주주에게 배당하지 않고 社內에 적립하는 금액'을 의미한다.

준비금은 「자본금」과 같이 대차대조표의 「부채 및 자본의 부」(대변)에 표시되어 배당가능이익의 산출에 있어 공제항목이 되므로 재산의 사외유출을 억제하는 작용을 한다. 즉, 준비금을 정한 때에는 회사의 순자산이 자본금과 준비금의 합계액을 초과하지 않는 한 배당가능이익은 생겨나지 않으므로(「상법」 제462조 제1항 제2호, 제3호), 준비금이 증가하면 그만큼 회사에 유보되는 순자산이 증가한다.

이로써 **장래 경기의 침체, 영업실적의 부진 또는 불시의 재난 등에 대비**하고 **또한 사업의 장기적인 계획**을 꾀할 수 있는데, 이는 **기업의 계속을 위한 물적 기초를 마련**하고 유한책임 제하에서 **채권자의 보호를 위해 요청되는 자본유지의 원칙을 실천하기 위한 것**이라고 할 수 있다.

2. 준비금의 성질

위에서 본 바와 같이 **준비금은 배당가능이익의 산출을 위한 공제항목이 된다는 점에서 실질적으로 자본금과 흡사한 기능**을 가지고 있으며, **필요에 따라서는 자본금으로 전입**하기

---

607 임재연. 회사법 Ⅰ. 2014. 551면. 최준선. 294면.

608 이철송. 전게서. 2021. 457면.

609 이철송. 전게서. 2021. 903면. 최준선. 전게서. 2011. 96면.

610 김용범. 전게서. 2017. 444~446면. 김건식외 2인. 전게서. 2021. 582~595면, 이철송. 전게서. 2021. 991~1001면, 임재연, 「회사법 Ⅰ 개정2판」, 박영사, 2014., 721~722면.

도 하므로(「상법」제461조) **'보충자본' 또는 '부가자본'**이라고도 부르며, **기업회계에서는 자본금과 준비금을 합해 '자기자본'**이라 부른다.

자본금과 마찬가지로 계산상의 수액에 지나지 않으므로 ① 준비금에 의하여 회사에 유보되는 자산이 특정되는 것이 아니고, ② 따라서 별도로 예치·보관되는 것이 아니며, ③ 준비금을 폐지하거나 사용할 때(예: 「상법」 제460조)에도 그때까지의 공제항목으로서의 준비금의 금액을 감소시키는 계산상의 처리에 그치고 금전의 현실적 사용을 뜻하는 것은 아니다.

3. 준비금의 기능

준비금 적립은 현실적으로 금전을 회사에 보관하는 것이 아니라 대차대조표 자본의 부에 일정 금액을 계상하는 것에 불과하다. **법정준비금은 법에 정한 목적으로만 사용할 수 있고 배당가능이익을 산출할 때 순자산액에서 공제하는 항목**이다.

그리하여 **준비금은 회사 자산이 회사 밖으로 유출되는 것을 억제하는 기능**을 한다. **준비금을 감소시키는 경우에도 금전이 현실적으로 지출되는 것이 아니라 감소된 금액만큼 배당가능이익을 증가시키는 것에 불과**하다.

준비금은 장래의 사업부진에 대비하고 장기계획을 도모할 수 있고, 회사채권자 보호의 효과도 있다. 다만, 준비금의 채권자보호기능이 점차 약화되고 있으며 적립 한도나 사용방법을 완화할 필요가 있다는 지적에 따라 2011년 개정「상법」은 이익 준비금과 자본준비금 간의 결손 보전의 제한규정을 삭제하고, 준비금 감소 절차를 규정하고, 주식배당의 경우 이익준비금 적립의무의 예외를 규정한다.

4. 준비금의 종류

준비금은 「상법」기타 법률의 규정에 따라 적립이 강제되는 「법정준비금」과 정관규정이나 주주총회 결의에 따라 적립되는 「임의준비금」으로 구분된다.

「상법」상의 법정준비금으로서는 이익준비금(「상법」 제458조)**과 자본준비금**(「상법」 제459조)이 있으며, **특별법상의 법정준비금으로서는 재산재평가법상 재평가적립금**이 있다.(「자산재평가법」 제28조)

「상법」상 법정준비금은 독자적으로 발전된 제도로서 후술하는 바와 같이 「일반기업회계기준」상의 개념과 반드시 일치되지는 않는다.

5. 구별할 개념

준비금(또는 적립금)**이라는 명칭으로 불리기는 하지만 준비금이 아닌 것으로는 부진정준비금과 비밀준비금**이 있다.

가. 부진정준비금[611]

611 김용범. 전게서. 2017. 445면. 김건식외 2인. 전게서. 2021. 582면, 이병태, 「법률용어사전」, 2011.

부진정준비금이란 외형적으로는 적립금 또는 준비금의 명목으로서 대차대조표상 부채의 부에 기재하는 준비금이나, 실질적으로는 준비금으로서의 성질을 갖지 않는 자산의 가액수정항목에 불과하다. 이는 **의사준비금(擬似準備金)**이라고도 한다.

이에는 **첫째, 평가의 적정을 이루기 위해서 공제항목으로서 감가상각적립금, 체대적립금(滯貨積立金)** 등이 있으며, **둘째, 장래 발생할 미확정채무의 담보를 위한 채무항목으로서 책임준비금, 수선충당금, 납세충담금** 등이 있다.[612]

나. 비밀준비금

비밀준비금은 형식적으로는 대차대조표상의 준비금으로 계상되는 것은 아니지만 실질적으로는 준비금의 성질을 가지는 것을 말한다. 즉 대차대조표에 나타나는 순자산보다 큰 금액의 순자산이 회사에 유보되어 있을 때, 이 초과액을 가리켜 **비밀준비금**이라 한다. 예컨대 **적극재산을 실가보다 과소평가하거나 소극재산을 실가보다 과대평가함으로써 발생하는 실가와 평가액의 차액**이 이에 해당한다.

비밀준비금은 회사의 유보자산을 알차게 하므로, 자본적 기초를 강화하는 기능을 하지만 대차대조표의 진실의 원칙을 깨뜨려 손익계산을 불명확하게 하는 문제점을 안고 있어 위법하다는 견해[613]가 있으나, 기업회계원칙은 진실성·공개성과 아울러 안전성의 원칙(보수주의) 또한 인정하는 터이므로, 일반관행에 비추어 합리적이라고 인정되는 제한된 범위 내에서는 비밀준비금도 적법하다고 본다.[614]

이러한 **비밀준비금은** 회사의 재산상태를 탄탄히 하는 장점이 있으나, **주주나 투자자가 회사의 진정한 재산상태를 파악할 수 없게 만들며, 탈세수단으로 악용**될 소지가 있으므로 준비금의 적립요건을 엄격히 하거나 일반관행에 비추어 합리적이라고 인정되는 제한된 범위 내에서 비밀준비금의 적법성을 인정해야 한다고 본다.[615]

Ⅳ. 법정준비금[616]

1. 법정준비금의 개요[617]

법정준비금은 일반적으로 적립의 금액, 비율, 목적, 용도 등을 법령 또는 정관의 규정이나 주주총회의 결의에 의하여 자유로 변경할 수 없도록 법이 적립을 강요하는 준비금을 말한다.

---

612 그러나 이처럼 적립금이나 충당금으로 표시하면 이익 유보와 같이 보일 우려가 있기 때문에 「기업 회계 기준」에서는 이를 자산에서 직접 공제하여 가액을 수정하는 방식으로 표시할 수 있도록 하고있다(「일반 기업회계기준」 문단 2.43. 10. 27).

613 정찬형, 「상법강의(상) 제17판」, 박영사, 2014., 1,127면. 손주찬. 924면. 채이식. 711면.

614 강위두 · 임재호. 2009. 976면. 서돈각 · 정완용. 1999. 528면 이기수 · 최병규. 2015. 575면. 정동윤. 2012., 772면, 최기원. 2012., 889면. 이철송. 전게서. 2021. 992면.

615 정동윤. 「상법(상)」. 2012. 772면. 최기원. 「신회사법론」. 2012. 920면

616 김용범. 전게서. 2017. 446~462면. 김건식외 2인. 전게서. 2021. 583~595면, 이철송. 전게서. 2021. 992~1001면, 임재연. 「회사법 Ⅰ 개정2판」, 박영사, 2014., 722~733면.

617 영화조세총람. 참조 및 인용

이러한 **법정준비금을 적립하도록 한 것은 주식회사 존립의 절대적 요건인 자본금이 불의의 사고 및 손실로 말미암아 그 유지가 불가능하게 되는 경우에 대비**하고자 하는 데 목적이 있다.

따라서 **원칙적으로 자본의 결손보전에 충당하는 경우 이외에는 이를 함부로 처분하지 못하며 이익준비금으로 자본의 결손보전에 충당하고서도 부족한 경우가 아니면 자본준비금으로 이에 충당하지 못하도록 그 사용을 엄격하게 제한**하고 있다.

「상법」에서는 **법정준비금을 손익거래(영업거래)로부터 발생하는 이익을 재원으로 하여 적립하는 이익준비금과 자본거래(대자본주거래)에서 발생한 이익을 재원으로 하여 적립하는 자본준비금으로 구분**된다.[618]

이익준비금은 주로 자본금의 결손을 전보할 목적으로 「상법」이 적립을 요구하는 준비금이다. 회사는 자본금의 2분의 1이 될 때까지 매 결산기에 이익배당액의 10분의1 이상의 금액을 이익준비금으로 적립하여야 한다.(「상법」 제458조 본문) **이익배당액이란 금전배당액 및 현물배당액을 포함한다.(「상법」 제462조의4) 준비금이란 잉여금의 사외유출을 억제하는 뜻을 가진 것**이므로 잉여금 처분의 주를 이루는 배당과 연계하여 적립할 금액을 정한다.[619]

자본준비금은 매 결산기 영업이익 이외의 이익을 재원으로 하여 적립하는 법정준비금이다. 그 재원으로 되는 이익이 자본거래에서 생기므로 자본금에 준하는 성질을 갖는다.[620] 자본거래로부터 발생한 이익은 손익거래상의 이익과는 달리 본질적으로 납입자본의 일부로서 주주에게 배당할 수 있는 이익이 아니므로 당연히 그리고 무제한 적립해야 한다.[621]

회사가 적립하여야 할 **자본준비금**으로는 **주식발행초과금, 자기주식처분익, 감자차익 등**이 있다.(「상법」제459조제1항, 「일반기업회계기준」2.30.)

2. 법정준비금의 적립

가. 이익준비금

1) 의의

이익준비금은 주로 자본금의 결손을 전보할 목적으로 「상법」에 따라 매 결산기 이익배당액의 1/10 이상을 적립하여 축적한 준비금을 말한다.(「상법」제458조) 원래 이익잉여금은 모두 주주에게 배당하더라도 채권자의 이익을 해치는 것은 아니다. 「상법」이 **이익준비금의 적립을 강제하는 취지는 자본금 이외에 추가적인 안전판을 두도록 강제함으로써 채권자를 보호하기 위한 것**이다.

2) 적립액

「상법」상 적립이 강제되는 금액은 '이익배당액'의 10% 이상이다. 이익준비금의 적립기준

---

618 김용범. 전게서. 2017. 446면. 이철송. 전게서. 2021. 992면.

619 김용범. 전게서. 2017. 447면. 이철송. 전게서. 2021. 993면.

620 김용범. 전게서. 2017. 447면. 이철송. 전게서. 2021. 993면.

621 김용범. 전게서. 2017. 447면. 이철송. 전게서. 2021. 993면.

은 매 결산기의 당기순이익이나 이익잉여금이 아니라 매 결산기의 이익배당액이다. 법문의 해석상 이익배당을 하는 경우에는 이익준비금을 적립해야 하고, 이익배당을 하지 않는 경우에는 이익준비금을 적립할 필요가 없다.

그러나 「**이익배당액의 10분의 1 이상**」**을 적립하라는 것은 이익배당을 할 경우 준비금의 최저한도를 정한 뜻이고, 배당을 하지 않을 경우 이익준비금을 적립할 수 없다는 뜻은 아니다.** 배당여부에 불구하고 자본금의 2분의 1에 달할 때까지는 이익준비금을 적립할 수 있으며, 배당을 하지 않는다고 하여 이것이 임의준비금이 되는 것은 아니다.[622]

또한 「**이익배당액**」**이란 금전배당액 및 현물배당액을 포함한다.**(「상법」제462조 의4) **준비금이란 잉여금의 사외유출을 억제하는 뜻을 가진 것이므로 잉여금처분의 주를 이루는 배당과 연계하여 적립할 금액을 정하는 것**이다. 따라서 주식배당은 주식을 추가 발행하는 데 그치고 회사재산을 사외에 유출하는 것이 아니므로 주식배당액과 관련해서는 준비금을 적립할 필요가 없다.(「상법」 제458조 단서)

이익준비금의 적립률을 이익배당액의 10% 이상으로 한 것은 적립의 최저율을 법정한 것이므로, 정관으로 그 비율을 높인 것은 무방하나 낮추는 것은 무효이다.

3) 적립한도

이익준비금의 적립한도는 자본금의 2분의 1 이다.(「상법」 제458조) **여기서 자본금은 발행주식의 액면총액**을 말한다. 따라서 신주발행, 법정준비금의 자본금 전입 등의 사유로 자본금이 증가하거나 감자절차에 따라 자본금이 감소하는 경우에는 적립할 이익준비금의 한도도 변동된다.

준비금을 자본금의 2분의 1이라는 이익준비금의 법정한도를 초과하여 적립할 때 그 초과액은 이익준비금이 아니라 임의준비금의 성격을 갖는다.[623] 반면에 이미 적립된 이익준비금이 자본금 감소로 인하여 법정적립한도를 초과하게 된 경우에는 그 초과액도 이익 준비금으로서의 성격을 유지한다고 볼 것이다.[624]

왜냐하면 법정적립한도가 주주의 이익배당에 관한 권리를 보호하기 위한 제한이라는 점을 고려하면 자본금의 2분의1이라는 이익준비금의 법정한도는 준비금 적립 시에만 적용된다고 보아야 할 것이기 때문이다.[625]

나. 자본준비금

1) 의의

「상법」상 **자본준비금은 '자본거래에서 발생한 잉여금'을 「상법시행령」이 정하는 바에 따라 적립한 준비금**을 말한다.(「상법」 제459조 제1항) 여기서 **자본거래란 증자나 감자 등 주주와의**

---

622 김용범. 전게서. 2017. 448면. 이철송. 전게서. 2021. 993면. 재정경제부 유권해석, 증권 22325-57, 1986.2.4.

623 김용범. 전게서 .2017. 448면. 이철송. 전게서. 2021. 993면. 김건식외 2인. 전게서. 2021. 587면.

624 김용범. 전게서. 2017. 448면. 김건식외 2인. 전게서. 2021. 587면.

625 김용범. 전게서. 2017. 448면. 김건식외 2인. 전게서. 2021. 587면.

거래로서 이익잉여금을 제외한 자본항목에 변동을 일으키는 거래를 말한다.[626]

「상법시행령」은 「동 시행령」 제15조상의 회계기준에 따른 자본잉여금을 자본준비금으로 적립하도록 하고 있다.(「상법시행령」 제18조) 과거에는 자본준비금에 포함될 항목을 구체적으로 열거하였으나, 2011년 개정 「상법」에서는 기업회계 상의 자본잉여금을 그대로 수용한 것이다.

참고

자본준비금의 주요 항목[627]

① **주식발행초과금**

주식발행초과금이란 주식의 발행가액이 액면가액을 초과한 금액을 말하며, 그 금액도 주주가 출자한 것이므로 배당재원으로 사용하지 못하도록 자본잉여금으로 적립토록 한 것이다.

② **감자차익**

감자차익이란 자본금 감소의 경우 그 감소액이 주식의 소각, 주금의 반환에 소요된 금액과 결손보전에 충당된 금액을 초과하는 금액을 말한다. 「일반기업회계기준」상 감차차익은 자본잉여금에 포함된다.(문단 2.30) 감자차익은 실질상의 자본금 감소나 명목상 자본금 감소 경우 모두 발생할 수 있다.

③ **합병차익**

합병차익이란 회사의 합병 시에 소멸한 회사로부터 승계한 재산의 가액이 그 회사로부터 승계한 채무액과 그 회사의 주주에게 지급한 금액, 그리고 합병 후 존속하는 회사의 자본금 증가액(또는 합병으로 인하여 설립된 회사의 자본금액)을 초과하는 금액을 말한다.

④ **분할차익**

분할차익은 분할 또는 분할합병으로 인하여 설립된 회사 또는 존속하는 회사에 출자된 재산의 가액이 출자한 회사로부터 승계한 채무액, 출자한 회사의 주주에게 지급한 금액과 설립된 회사의 자본금액 또는 존속하는 회사의 자본금증가액을 초과하는 금액을 말한다.

⑤ **주식교환차익**

주식교환차익은 주식의 포괄적 이전으로 완전모회사가 되는 회사의 자본금 증가의 한도액(「상법」 제360조의7 제1항)이 완전모회사의 실제 자본금 증가액을 초과한 경우 그 초과액을 말한다.

⑥ **주식이전차익**

주식이전차익은 주식의 포괄적 이전으로 완전모회사가 되는 회사의 자본금 한도액(「상법」 제360조의18)이 설립된 완전모회사의 실제 자본금액을 초과한 경우 그 초과액을 말한다.

⑦ **자기주식 처분이익**

자기주식 처분이익은 자기주식의 처분금액이 장부금액보다 큰 경우에는 그 차액을 말하며, 자본잉여금에 계상한다.(「일반기업회계기준」문단 15.9.)

2) 기업회계 상의 자본잉여금

앞서 설명한 바와 같이 「상법시행령」 제15조의 회계기준에는 '한국채택국제회계기준', '일

626 자본거래와 대치되는 손익거래는 이익잉여금의 증감변화를 일으키는 거래이다.

627 김용범. 전게서. 2017. 450면. 김건식외 2인. 전게서. 2021. 584~585면.

반기업회계기준', 그리고 2013년에 제정된 '중소기업회계기준'의 3가지가 있다.

「일반기업회계기준」은 자본을 자본금, 자본잉여금, 자본조정, 기타 포괄손익 누계액, 이익잉여금(또는 결손금)**으로 구분**하고(문단2.29~2.33), 자본잉여금의 정의도 담고있다.(문단2.30) 그에 의하면 **자본잉여금은 증자나 감자 등 주주와의 거래에서 발생하여 자본을 증가시키는 잉여금으로 주식발행초과금, 자기주식 처분이익, 감자차익 등을 포함**한다.(문단 2.30)[628]

반면에 **「한국채택국제회계기준」은 자본을 납입자본, 이익잉여금, 기타자본구성요소의 세 가지로 구분**할 뿐 개별항목에 대해서는 구체적으로 규정하지 않고 있다. 해석상 「한국채택국제회계기준」상의 기타자본구성요소에는 「일반기업회계기준」상의 **자본잉여금, 자본조정, 기타포괄손익누계액이 모두 포함된 것으로 보아야 할 것**이다.[629]

따라서 「한국채택국제회계기준」을 적용하는 회사에서는 특별한 이유가 없는 한 「일반기업회계기준」상 자본잉여금에 해당하는 항목을 자본준비금으로 적립하는 것이 타당할 것이다.

3) 적립한도

자본준비금은 매 결산기의 영업이익 이외의 이익을 재원으로 적립하는 법정준비금이다. 자본준비금은 적립한도에는 제한이 없고, 전액 적립이 강제된다.

4) 승계

「상법」은 합병 또는 분할·분할합병의 경우 소멸 또는 분할회사의 이익준비금이나 그 밖의 법정준비금은 합병·분할·분할합병 후 존속회사 또는 신설회사가 승계할 수 있다고 규정하고 있다.(「상법」 제459조제2항)

「상법」은 법정준비금에 한하여 승계할 수 있는 것같이 규정하고 있으나, 실은 기업의 입장에서는 임의준비금을 승계할 실익도 크다. 굳이 법정준비금에 제한할 이유는 없다.

따라서 본 조항에서 말하는 **「기타 법정준비금」**이란 특별법에 의해 널리 적립이 강제되는 준비금만을 뜻한다고 볼 것이 아니라, 특별법에 의해 널리 적립이 허용되는 준비금(예: 세법상의 각종 충당금)을 뜻한다고 보는 것이 입법취지에 부합된다고 본다.[630]

승계란 다른 사람이나 법인의 권리나 의무를 이어받는 일이다. 따라서 소멸 회사의 준비금을 존속회사가 승계할 경우에는 같은 명목으로 승계하여야 하므로 자본준비금은 자본준비금으로, 이익준비금은 이익준비금으로 승계하여야 하며, 다른 법률에 의한 법정준비금(예: 재평가적립금)도 역시 같은 성격의 준비금으로 승계해야 한다.[631]

3. 법정준비금의 사용

법정준비금 즉, 이익준비금과 자본준비금은 **자본금의 결손을 보전**하는 것에 충당 하거나

---

628 자본잉여금은 주식발행초과금과 기타 자본잉여금으로 구분한다.

629 김용범. 전게서. 2017. 449면. 김건식외 2인. 전게서. 2021. 584면, 권재열 · 노혁준 · 양기진 · 이재호, 「국제회계기준에 부합하는 상법, 회계제도 정비를 위한 개선연구」, 법무부 용역보고서, 2011., 94면.

630 김용범. 전게서. 2017. 451면. 이철송. 전게서. 2021. 994면.

631 김용범. 전게서. 2017. 451면. 이철송. 전게서. 2021. 994면. 임재연, 「회사법 Ⅰ 개정2판」, 박영사, 2014., 723면.

(「상법」 제460조), **자본금으로 전입**하는 것(「상법」 제461조) 외에는 이를 처분할 수 없다.

가. 결손 보전

1) 의의

자본금의 **"결손"이란 "결산기 말의 회사의 순자산액이 자본금과 법정준비금(자본 준비금+이익준비금)의 합계에 미달하는 상태"**를 말한다. 결산기 말을 기준으로 하기 때문에 영업연도 중에 일시적으로 이와 같은 상태가 생기더라도 기말 손익이 미정이므로 결손으로 볼 수 없으며, 또 임의준비금으로 보전이 가능할 경우에는 결손이 아니다.[632]

2) 처분 순서

이익준비금과 자본준비금은 자본금의 결손보전에 충당하는 경우 외에는 처분하지 못한다.(「상법」제460조) 이익준비금과 자본준비금의 처분순서에는 제한 없다.

종래의 「상법」 제460조제2항은 자본금의 결손전보에 이익준비금을 자본준비금보다 먼저 사용하도록 규정되어 있었으나, 2011년 개정 「상법」은 이 규정을 삭제함으로써 이익준비금과 자본준비금의 충당순서를 폐지하여 회사의 사정에 따라 임의로 충당할 수 있도록 하였다.

이는 이익준비금과 자본준비금은 적립재원만 다를 뿐 회사채권자를 보호한다는 기능에는 아무런 차이가 없다는 점을 고려한 것이다.

3) 보전 방법

법정준비금에 의한 결손보전은 구체적으로 **대차대조표상 결손금의 부에 기재된 결손금을 감소시키고 그 감소액과 대등한 금액을 대차대조표상의 자본의 부에 기재된 법정준비금의 액에서 감소시키는 방법으로 행한다. 법정준비금 전액으로도 결손금을 전부 보전할 수 없는 상태를 '자본잠식'**이라 한다.[633]

자본금의 결손이 존재하는 경우 반드시 법정준비금으로 그 결손을 보전해야 하는가? 우리 「상법」상 결손보전을 강제하는 규정은 없으므로 그 절차를 밟지 않아도 무방하다. 다만 결손을 보전하기 전에는 이익배당을 할 수 없다. 결손을 보전하기까지는 이월손실과 법정준비금이 병존한다.[634]

나. 자본금 전입

1) 자본금전입의 의의

준비금의 **자본금전입**은 **"회사의 계산상 법정준비금계정 금액의 전부 또는 일부를 자본금 계정으로 이체하는 것"**[635]이라고 정의하기도 하고, **"준비금계정의 금액에서 일정액을 차감**

---

632 김용범. 전게서. 2017. 451면. 이철송. 전게서. 2021. 995면. 임재연, 「회사법 Ⅰ 개정2판」, 박영사, 2014., 723면.

633 김용범. 전게서. 2017. 452면. 김건식외 2인. 전게서. 2021. 587면.

634 김용범. 전게서. 2017. 452면. 김건식외 2인. 전게서. 2021. 588면.

635 김용범. 전게서. 2017. 452면. 임재연, 「회사법 Ⅰ 개정2판」, 박영사, 2014., 724면, 정찬형, 「상법 강의(상) 제17판」, 박영사, 2014., 1,076면.

하고 같은 금액을 자본금계정에 가산하는 것"[636]이라고 정의하기도 한다.

법정준비금 중 이익준비금에는 적립한도가 법률로 정해져 있지만(「상법」제458조), 자본준비금에는 적립한도가 없다.(「상법」제459조) 그리하여 자본금에 비해 준비금이 과다하게 적립되는 경우가 있을 수 있다. 그 경우 1주의 주가가 너무 높아져 거래가 위축될 우려가 있으므로 회사는 준비금을 자본금에 전입하여 주식 수를 늘리고 주가를 적정수준으로 낮춤으로써 주식의 유동성을 높일 수 있다.

그리고 법정준비금을 자본에 전입하면 그 결과 자본금이 증가한다. 따라서 계수의 조작에 불과하지만, 자본금의 증가로 사내유보의 규범적 기준이 상향되므로 순자산의 사외유출을 억제하는 효과가 있어 장차 회사의 규모성장과 자본충실에 도움이 된다.[637] 자본금의 증가는 주식 수나 주식액면가액의 두 가지 중 하나를 증가시킴으로써 달성할 수 있다.

법정준비금은 주로 **채권자 이익을 염두에 둔 제도**이다. 그것이 자본금에 전입되는 경우에는 채권자 이익은 더욱 증진된다. 법정준비금은 자본금의 결손보전에 사용될 수 있고 용이하게 감소할 수 있지만 일단 자본금으로 전입되면 결손이 생긴 경우에도 감자절차를 밟지 않고서는 감소가 불가능하기 때문이다.

2) 자본금전입의 본질

자본금전입은 경제적 효과 면에서 순자산의 변동 없이 발행주식 수만 증가하므로 주식분할과 유사하다. 그러나 주식분할의 경우에는 순자산뿐만 아니라 자본금도 변동하지 않지만, 액면주식 발행회사에서 준비금을 자본금으로 전입하는 경우에는 자본금이 증가한다는 점에서 다르다. 또한 준비금의 자본금전입은 주식배당과 여러 면에서 유사하나, 배당가능이익을 재원으로 하는 주식배당과 달리 법정준비금이 신주발행의 재원이 된다는 점에서 다르다.

3) 자본금을 전입할 수 있는 준비금

가) 확정준비금

직전 결산기의 대차대조표에 의하여 확정된 준비금에 한하여 자본금으로 전입할 수 있다. 자본금전입은 언제든지 할 수 있지만, 영업연도 중간에 발생한 준비금은 자본금전입의 대상이 아니다.

나) 법정준비금

자본금에 전입할 수 있는 준비금은 법정준비금, 즉 자본준비금과 이익준비금이다. 「자산재평가법」에 의한 재평가적립금은 자본준비금과 마찬가지로 자본금 전입이 허용되고 있다.(「자산재평가법」 제30조)

다) 임의준비금

임의준비금도 자본금을 전입할 수 있다는 소수설도 있지만, 정관이나 주주총회 결의에

---

636 김용범. 전게서. 2017. 452면. 이철송. 전게서. 2021. 995면.

637 김용범. 전게서. 2017. 453면. 이철송. 전게서. 2021. 996면.

의하여 특정목적을 위해 적립한 임의준비금을 이사회결의로 자본 전입하는 것은 부당하므로 법정준비금에 한해 자본을 전입할 수 있다는 것이 통설이다.[638]

원래 임의준비금은 주주에게 배당할 이익인데, 이를 자본금에 전입하여 배당할 수 없는 자본금으로 고정화한다면 주주의 이익배당청구권을 해하기 때문이다. 다만, 임의 준비금도 주식배당의 재원으로 사용하거나 이익준비금으로 전환한 후 자본금으로 전입하는 방법은 가능하다.[639]

4) 자본금전입의 결정

회사는 이사회 결의에 의하여 준비금의 전부 또는 일부를 자본금에 전입할 수 있다. 그러나 준비금의 자본전입은 주주의 배당가능이익을 감소시키는 요인이 되므로 주주들이 스스로 전입여부의 결정권을 갖고자 할 경우에는 정관으로 주주총회의 결의사항으로 할 수 있다.(「상법」제461조 제1항 단서)

이사회 결의로 자본금전입을 결정하는 경우 전입할 준비금의 종류와 금액, 신주 배정일을 포함한 주식발행사항 등을 결정하여야 한다. 따라서 이사회가 자본금 전입 자체만 결정하고 구체적인 사항을 대표이사에게 위임하는 것은 위법한 것으로서 이사회결의 무효사유에 해당한다.[640]

5) 자본금전입의 효과

가) 액면주식 발행회사

(1) 자본전입의 효력발생시기

이사회결의에 의하는 경우에는 이사회가 정하는 신주배정일에, 주주총회 결의에 의하는 경우에는 주주총회 결의일에 자본금전입의 효력이 발생(신주발행의 효력) 한다.

(가) 이사회에서 결의하는 경우

자본금전입에 대한 이사회결의가 있은 때에는 회사는 일정한 날을 정하여 그날에 주주명부에 기재된 주주가 신주의 주주가 된다는 뜻을 그날의 2주 전에 공고하여야 한다.[641]

그러나 그날이 주주명부폐쇄기간 중인 때에는 그 기간의 초일의 2주 전에 이를 공고하여야 한다.(「상법」제461조 제3항)

이사회결의에 의하는 경우에는 주식양수인에게 자본금전입을 예고함으로써 명의개서를 청구할 기회를 주기 위하여 별도로 신주배정일을 정한다. 그렇지 않으면 명의개서를 지체한 주식양수인은 무상주를 배정 받지 못하여 불측의 손해를 입게 된다.

이러한 공고 없이 신주를 발행하는 경우 신주배정일 전에는 신주발행유지청구의 원인이

---

638 김용범. 전게서. 2017. 454면. 김건식외 2인. 전게서. 2021. 589면, 임재연,「회사법 Ⅰ개정 2판」, 박영사, 2014., 725면.

639 김용범. 전게서. 2017. 454면. 임재연,「회사법Ⅰ」, 2014.,725면.

640 김용범. 전게서. 2017. 454면. 임재연,「회사법Ⅰ개정 2판」, 박영사, 2014., 725면.

641 김용범. 전게서. 2017. 454면. 임재연,「회사법 Ⅰ 개정 2판」, 박영사, 2014., 725면., 대법원 1988.6.14. 선고 87다카2599, 2600. 판결

되고, 신주 배정일 후에는 신주발행무효의 소의 원인이 된다.

(나) 주주총회에서 결의하는 경우

정관으로 주주총회에서 결정하기로 정한 경우에 주주는 주주총회 결의가 있은 때로부터 신주의 주주가 된다.(「상법」제461조 제4항) 주주총회 결의에 의하는 경우에는 주주총회 소집통지에 의하여 자본금전입이 예고되어 이미 이런 기회가 주어졌으므로 "주주총회 결의 시"를 신주발행의 효력발생시기로 규정한 것이다.[642]

다만, 주주총회에서 의결권을 행사할 수 있는 주주를 확정하기 위한 주주명부 폐쇄나 기준일제도와 관련하여 무상주를 배정받을 주주의 확정이 문제된다. 따라서 실무상으로는 주주총회 결의일 전 또는 후의 날로 무상주배정일을 정한다.

무상주배정일을 주주총회 결의일 후로 정한 경우에는 기한부결의가 되고, 주주 총회 결의일 전으로 정한 경우에는 주주명부 폐쇄직전의 날을 배정일로 정한다. 이 경우 배정일 현재 주주명부상의 주주가 무상주의 주주가 되고, 다만 그 효력은 「상법」 제461조 제4항에 따라 주주총회 결의일에 발생한다.[643]

(2) 신주 발행

(가) 의의

액면주식 발행회사의 자본금전입 결과 회사의 순자산에는 변동이 없지만, 자본금이 증가하고 전입액을 액면금액으로 나눈 수의 신주(발행예정주식총수의 범위 내에서)가 발행된다. 이러한 신주발행을 발행된 신주를 **'무상주'**라고 부른다.[644]

「상법」은 "주주에 대하여 그가 가진 주식의 수에 따라 주식을 발행하여야 한다"고 규정하는데(「상법」제461조 제2항), 이는 준비금의 자본금전입에 의하여 증가하는 자본금에 상응하는 신주(무상주)를 발행하여 발행주식의 액면총액과 자본금을 일치시키기 위한 규정이다.

(나) 발행주식 수와 발행 가액[645]

자본금전입에 의한 신주는 정관의 발행예정주식총수(수권주식총수)의 범위 내에서 발행해야 한다. 만일 미발행수권주식수 이상으로 신주를 발행하려면 먼저 **정관 변경**해 발행예정주식총수를 충분히 늘려야 한다.

액면주식의 경우에는 자본금 증가액을 액면금액으로 나눈 수의 주식을 발행하고, 액면금액이 **'발행가액'**이다. 액면미달가액으로 발행하는 것은 허용되지 않는다. 액면금액을 초과하여 발행가액을 정하더라도 그 초과액은 다시 자본준비금으로 적립되므로 무의미하다. 따라서 액면주식의 경우에는 이사회가 발행가액을 정할 필요가 없다.

---

642 김용범. 전게서. 2017. 455면. 임재연, 전게서 I , 2014., 726면. 이철송. 전게서. 2021. 997면.

643 김용범. 전게서. 2017. 455면. 임재연, 전게서 I , 2014., 726면, 정찬형, 전게서, 2014., 1,081면.

644 김용범. 전게서. 2017. 455면. 임재연, 전게서 I , 2014., 726면,

645 김용범. 전게서. 2017. 456면. 임재연, 전게서 I , 박영사, 2014., 727면.

(다) 주식발행 절차

자본금전입에 의한 신주는 각 주주에 대하여 그가 가진 주식 수에 비례하여 발행되고(「상법」 제461조 제2항), 주주는 별도의 신주인수 절차 없이 신주의 주주가 되므로 제3자가 신주인수권을 가질 여지가 없다. 단주가 생길 경우에는 이를 매각한 금액을 단주의 주주에게 분배하여야 한다.(「상법」 제461조 제2항)

법문에서는 "주식을 발행하여야 한다"라고 표현하지만(「상법」제461조 제2항), 준비금을 자본 전입하는 의사결정과 동시에 또는 기준일에 각 주주에게 신주가 발행되는 효과가 생기고 별도의 주식발행절차가 있는 것은 아니다.[646] 자본전입에 의한 신주는 액면가로 발행하며, 보통주주에게나 우선주주에게나 모두 보통주식으로 발행한다.

원래 **우선주**란 특정시기에 자본 조달을 위해 별도의 발행가와 우선 배당률 등 특정의 조건에 따라 발행하는 것인데, 준비금의 자본전입은 내부의 유보자금을 액면가로 환산하여 신주를 무상으로 발행하는 것인 만큼 우선주로 발행할 동기가 없기 때문이다.[647]

(라) 단주의 처리

자본금전입의 경우에는 주주에 대하여 그가 가진 주식의 수에 따라 주식을 발행하여야 한다. 이 경우 1주에 미달하는 단주가 생긴 경우 단주를 매각한 금액을 단주의 주주에게 그 주식 수에 따라 분배하여야 한다. 그러나 거래소의 시세 있는 주식은 거래소를 통하여 매각하고, 거래소의 시세 없는 주식은 법원의 허가를 받아 경매 이외의 방법으로 매각할 수 있다.(「상법」 제461조 제2항, 제443조 제1항)

「상법」은 "주식을 발행하여야 한다"고 규정하지만, 준비금을 자본전입하는 의사결정과 동시에 또는 기준일에 각 주주에게 신주가 발행되는 효과가 생기고, 별도의 주식발행 절차는 없다. 자본금전입의 경우에는 우선주의 주주에게도 보통주로 발행하여야 한다.[648]

(마) 주권의 발행

회사는 성립 후 또는 신주의 납입기일 후 지체 없이 주권을 발행해야 하는데(「상법」제355조 제1항), 여기서 "지체 없이"는 6개월 이내로 해석된다.[649] 위 규정은 통상의 신주발행 뿐만 아니라 준비금의 자본금 전입 등 모든 원인으로 발행하는 신주 발행의 경우에도 적용된다.

(3) 통지·공고

자본금전입에 의하여 신주의 주주가 된 때에는 이사·집행임원은 지체 없이 신주를 받은 주주와 신주효력발생일의 주주명부에 기재된 질권자에 대하여 그 주주가 받은 주식의 종류와 수를 통지하여야 한다.(「상법」 제461조 제5항)

(4) 물상대위

---

646 김용범. 전게서. 2017. 456면. 이철송. 전게서. 2021. 996면.

647 김용범. 전게서. 2017. 456면. 이철송. 전게서. 2021. 997면.

648 김용범. 전게서. 2017. 457면. 임재연. 전게서 I . 2014., 728면.

649 김용범. 전게서. 2017. 457면. 임재연. 전게서 I . 박영사. 2014., 728면.

주식의 소각, 병합, 분할 또는 전환이 있는 때에는 이로 인하여 종전의 주주가 받은 금전이나 주식에 대하여도 종전의 주식을 목적으로 한 질권을 행사할 수 있다.(「상법」 제399조)

따라서 자본금전입의 본질은 주식의 분할이고, 발행된 신주는 종전주식의 분할에 의하여 생긴 것이므로, 종전의 주식을 목적으로 한 등록질과 약식질은 물상대위에 의하여 무상신주 및 단주처분대금에 대하여도 효력이 미친다.(「상법」제461조 제6항, 제339조)

(5) 등기

준비금의 자본전입으로 인하여, 자본금이 증가하고 무상주의 발행으로 발행 주식 수도 증가하므로, 이에 따른 변경등기를 하여야 한다.(「상법」제317조 제2항 제2호, 제3호, 제183조) 변경등기 신청서에는 준비금의 존재를 증명하는 서면을 첨부하여야 한다.(「상등법」 제86조)

나) 무액면주식 발행회사

무액면주식은 일단 발행되어 그 발행가의 전부 또는 일부가 자본을 구성한 후에는 주식의 수는 자본과 무관하다. 그러므로 무액면주식을 발행한 회사에서 준비금을 자본전입하는 것은 신주 발행을 수반하지 않고 행해지는 것이 원칙이다.

즉 준비금을 자본에 전입한다는 이사회 또는 주주총회의 의사결정만으로 족한 것이다. 그러므로 준비금의 자본전입에 관한 「상법」제461조의 조문 중에서 무액면 주식에 적용될 수 있는 조문은 제1항뿐이다.

그러나 무액면주식을 발행한 회사에서도 준비금의 자본전입을 계기로 신주를 발행할 수 있다. 이 경우에는 「상법」제461조 전부가 적용된다고 봐야 할 것이다. 다만 이사회가 발행가액과 발행주식수를 결정한다.[650]

요컨대 회사의 선택에 따라 신주발행을 수반하면 「상법」제461조 제1항 내지 제5항의 절차에 따라 준비금의 자본전입이 이루어지고, 신주발행 없이 준비금을 자본전입하면 동조 제1항에 따라 이사회 및 주주총회의 결의만으로 실행할 수 있는 것이다.[651]

다) 「자본시장법」상 공공적 법인의 자본금전입

공공적 법인은 준비금의 전부 또는 일부를 자본에 전입할 때에는 정부에 대하여 발행할 주식의 전부 또는 일부를 대통령령으로 정하는 기준 및 방법에 따라 공공적 법인의 발행주식을 일정 기간 소유하는 주주에게 발행할 수 있다.(「자본시장법」 제165조의 14 제2항)

6) 자본금전입의 違法

법정준비금의 자본전입이란 회사의 재산상 준비금계정에 속하는 금액을 자본금계정으로 이체하는 것으로서, 즉 '준비금의 자본화'를 의미한다. **이 경우 준비금의 자본전입이 위법하게 행해지는 경우**[652]란 다음과 같은 경우이다.

650 김용범. 전게서. 2017. 458면. 임재연, 전게서 I 2014., 729면.

651 김용범. 전게서. 2017. 458면. 이철송. 전게서. 2021. 998면.

652 이철송. 전게서. 2021. 998면.

위법한 자본금 전입

① 이사회 결의(또는 주주총회의 결의)가 없이 자본전입이 이루어지는 경우
② 결의가 있더라도 하자 있는 결의에 의한 경우
③ 준비금이 존재하지 아니하는데 자본전입의 결의를 한 경우
④ 발행예정주식총수를 초과하여 자본전입 한 경우 등

준비금을 자본 전입하는 의사결정(이사회 또는 주주총회의 결의)이 없이 자본 전입이 이루어졌다면, 단지 회계의 조작에 불과하므로 당연 **무효**이고 이에 의해 발행된 신주도 **무효**라고 보아야 한다. 그러나 자본전입에 흠이 있더라도 자본전입의 결의가 있고 이어 신주의 효력이 발생 하면 그 후에는 신주발행무효의 소에 관한 「상법」제429조를 유추 적용하여 訴에 의해서만 자본전입의 무효를 주장할 수 있다고 보아야 한다.[653]

따라서 **신주발행의 무효는 주주·이사 또는 감사에 한하여 신주를 발행한 날로부터 6월 내에 訴만으로 주장**할 수 있다.[654]

4. 법정준비금의 감소

가. 의의

회사는 적립된 자본준비금 및 이익준비금의 총액이 자본금의 1.5배를 초과하는 경우에 주주총회의 결의에 따라 그 초과한 금액의 범위에서 자본준비금과 이익준비금을 감액할 수 있다.(「상법」제461조의 2)

준비금은 이른바 자기자본을 구성하는 고정된 금액이므로 자본충실에는 기여하지만, 과다하게 적립될 경우 배당가능 이익의 산출을 어렵게 하는 불편이 따른다. 따라서 준비금이 자본과 적절한 비례관계에서 유지되도록 하고 이익처분에 탄력성을 부여하고자 2011년 개정 시에 신설한 제도이다.

앞에서 기술한 바와 같이 준비금을 결손전보를 위해 사용하거나 자본금에 전입할 경우에도 준비금은 감소하므로 **준비금의 감소**란 넓은 의미로는 결손의 보전을 위한 준비금의 사용과 준비금의 자본전입도 포함한다고 할 수 있다.

그러나 이 두 가지는 준비금을 적립하는 본래의 목적에 사용하는 것임에 대해, 「상법」제461조의2에서 규정하는 **「준비금의 감소」란 준비금으로서의 용도를 포기하고 미처분상태의 잉여금으로 환원하는 것**을 말한다. 이에 의해 배당가능이익이 증액되고 향후 배당가능익의 산출을 위한 공제항목이 감소하는 효과가 생긴다.[655]

나. 요건

---

653 김용범. 전게서. 2017. 459면. 이철송. 전게서. 2021. 998면, 임재연, 전게서 I, 2014., 729면.

654 김용범. 전게서. 2017. 459면. 임재연, 전게서 I, 박영사, 2014., 729면.

655 김용범. 전게서. 2017. 459면. 이철송. 전게서. 2021. 999면.

1) 감소대상 준비금

자본준비금 및 이익준비금의 총액이 자본금의 150%를 초과하는 경우의 자본준비금 및 이익준비금이 감소대상 준비금이다.

「상법」은 "자본준비금 및 이익준비금을 감액할 수 있다"고만 규정되어 있고 감소의 순서에 제한이 없으므로, 자본준비금과 이익준비금 중 어느 것을 먼저 감액하여도 된다.

2) 결손차감 잔액[656]

준비금으로 반드시 결손을 보전하지 않아도 되지만, 자본준비금 및 이익준비금의 총액이 자본금의 150%를 초과하는지 여부를 판단함에 있어서는, 준비금의 단순총액이 아니라 준비금에서 결손을 차감한 잔액을 기준으로 하여야 한다. 왜냐하면 감소된 준비금은 배당재원으로 사용될 수 있으므로 결손을 방치한 채 배당이 이루어지는 것을 방지하기 위한 것이다.

이와 관련하여 영업연도 중간에는 결손의 규모를 알 수 없으므로 반드시 직전 결산기의 재무상태표(대차대조표)에 의하여 확정된 준비금을 기준으로 하여야 한다. 그리고 준비금 감소분의 일부는 결손을 보전하고 나머지만 미처분잉여금으로 전환하는 것도 가능하다.

3) 시기적 제한[657]

감소할 수 있는 준비금은 직전결산기의 대차대조표에 의해 확정된 준비금에 한한다. 영업연도 중간에 발생한 준비금은 자본전입의 대상이 아니다. 왜냐하면 영업연도 중간에는 결손이 얼마인지 인식할 수 없으므로 자본준비금이 발생하더라도 감소 가능한 금액을 계산할 수 없기 때문이다.

다. 절차

1) 주주총회 결의[658]

준비금의 감소는 주주총회의 보통결의에 의한다.(「상법」 제461조의2) 반드시 정기 총회가 아니라도 무방하다. 자본금의 감소에는 특별결의를 요하면서 준비금의 감소는 보통결의로 족하게 한 것은 자본충실에 주는 영향이란 면에서 자본금의 감소보다 준비금의 감소가 덜하다고 본 것이다.

그 이유는 준비금의 감소에 의하여 회사재산에 실질적인 변동이 있는 것은 아니지만 준비금은 배당가능이익 산정 시 공제항목이므로 준비금 감소에 의하여 배당가능이익이 늘어나는 결과가 되기 때문이다.

주주총회에서는 감소되는 준비금의 종류와 금액을 정하는 외에, 명문의 규정은 없으나, 감소의 효력발생시기를 정해야 한다.[659] 일본「회사법」에서는 주주총회의 감소결의에서 효력

---

656 김용범. 전게서. 2017. 460면. 임재연, 전게서Ⅰ, 2014. 730~731면, 이철송. 전게서. 2021. 999면.

657 김용범. 전게서. 2017. 460면. 임재연, 전게서Ⅰ, 2014., 730면, 이철송. 전게서. 2021. 999면.

658 김용범. 전게서. 2017. 460면. 임재연, 전게서Ⅰ, 2014. 730~731면, 이철송. 전게서. 2021. 1000면.

659 김용범. 전게서. 2017. 460면.

발생일을 정하라고 규정하고 있다(일본「회사법」 제448조 제2항). 우리나라「상법」이 이 점을 간과한 것은 입법착오이다.

준비금감소결의에 소급효를 부여할 수 없으므로 효력발생일은 결의일 이후로 정해야 한다. 효력발생시기를 정하지 아니한 경우 에는 결의 시로부터 감소하는 효과가 생긴다고 보아야 할 것이다.

이익배당을 결의하는 주주총회에서 동시에 준비금감소결의를 하여 감소된 준비금을 배당재원으로 사용할 수 있는가? 이같이 하면 준비금의 감소결의에 소급효를 부여하는 것과 같으므로 불가하다.[660]

2) 채권자 보호 절차[661]

준비금은 이익배당에 있어 공제항목이 되어 채권자를 위한 책임재산의 확보에 기여하므로 준비금의 감소는 채권자에게는 불리한 자본거래다.

하지만 준비금이 감소하더라도 여전히 자본금의 1.5배에 달하는 준비금이 존재하므로 채권자에게 실질적인 불이익은 거의 없다고 볼 수 있어 「상법」은 채권자 보호절차를 요구하지 않는다.[662]

그 이유는 「상법」은 준비금의 유지한도를 150%로 정하고 있으므로 결국 자본금을 합산하면 자본금의 250%가 확보되는 결과가 되기 때문이다.

라. 결손보전의 병행

준비금을 감소하는 결의에서 결손의 보전을 병행할 수 있다.[663] 예컨대 700만 원의 결손이 있는 회사에서 1,000만 원의 준비금을 감소하면서 700만 원은 결손금 전액을 보전하고, 300만 원은 미처분잉여금으로 환원시키는 것과 같다.

마. 준비금 감소의 무효

「상법」은 준비금 감소의 무효를 다투는 소송을 별도로 마련하고 있지 않다. **준비금의 감소가 무효일 경우(예컨대 한도를 넘어 감소하는 것)에는 종전의 준비금이 회복되어야 하며, 준비금 감소 후의 이익배당도 환원되어야 할 것이므로 준비금 감소의 무효는 형성의 訴에 의해 다투어야 할 사안**이다. **입법으로 보완될 때까지는 감자무효의 訴에 관한 규정 (「상법」 제445조)을 유추 적용하도록 하여야 할 것**이다.[664]

그러나 자본금 감소 무효의 소는 「민사소송법」(이하 '민소법'이라 한다)상 일반 무효 확인의 소에 해당된다고 주장하는 학자도 있다. 그 이유는 감자무효의 訴는 제소권자와 제소기간에

---

660 이철송. 전게서. 2021. 1000면.

661 김용범. 전게서. 2017. 461면. 임재연, 전게서 I, 2014., 731면, 이철송. 전게서. 2021. 1000면.

662 김용범. 전게서. 2017. 461면. 일본 「회사법」에서는 준비금의 감소에도 채권자보호절차를 요한다.(일본 「회사법」 제449조 제1항)

663 이철송. 전게서. 2021. 1000면.

664 김용범. 전게서. 2017. 461면. 이철송. 전게서. 2021. 1001면.

엄격한 제한이 있고, 판결의 대세적 효력이 인정되고 있기 때문이다. 「민소법」상 일반 확인의 소를 제기할 수 있음에도 굳이 이러한 제한과 효력이 있는 규정을 유추 적용하여야 한다는 해석은 타당성이 의문시된다고 한다.[665]

바. 준비금의 감소액과 배당재원[666]

준비금의 감소는 법정준비금으로서의 용도를 포기하고 미처분 상태의 잉여금으로 환원하는 것을 말하고, 이에 따라 배당가능이익의 산정을 위한 공제항목이 감소되어 결과적으로 배당가능이익이 증가하는 효과를 발생한다.

그런데 **배당가능이익**은 정기주주총회에서 재무제표가 확정되어야지만 산출되는 것이므로, 재무제표의 확정 없이 기중에 감소한 자본준비금을 이익배당 또는 중간배당의 재원으로 사용할 수 있는지가 문제이다.

이에 대하여 **기중에 감소한 자본준비금을 이익배당 또는 중간배당의 재원으로는 아래와 같은 이유에서 사용할 수는 없을 것으로 해석**된다.

기중 감소한 자본준비금의 배당재원 사용 제한 이유

① 현행「상법」은 이익배당과 중간배당 모두 직전 결산기의 대차대조표상 수치를 기준 으로 배당가능이익을 산정하도록 규정하고 있는 점
② 중간배당의 배당가능이익도 직전 결산기의 자본금 및 준비금을 차감하고 있을 뿐, 기중에 변동한 자본금 또는 준비금을 반영하도록 하고 있지 않은 점
③ 중간배당 시 이사의 차액배상책임은 이사가 배당가능이익 한도(「상법」제462조의3 제3항)를 준수하여 배당하는 경우를 전제로 하고 있는바, 이를 위반하여 중간배당을 하는 경우에는 이사의 차액배상책임규정[667] (「상법」제341조)이 적용될 여지가 없고, 위법한 중간배당으로 무효가 되는 점
④ 명문의 규정이 없는 한 기중에 준비금이 감소되었다고 해서 재무제표의 확정도 없이 「상법」상 배당가능이익이 증가하는 것은 아니라는 점 등

Ⅴ. 임의준비금[668]

1. 임의준비금의 의의

「상법」은 법정준비금과는 달리 임의준비금에 관해서는 아무런 규정을 두고 있지 않다. **임**

665 김용범. 전게서. 2017. 461면. 임재연, 전게서, 박영사, 2014., 731~732면.

666 김용범. 전게서. 2017. 461면. 임재연, 전게서, 박영사, 2014., 732~733면.

667 해당 영업연도의 결산기에 대차대조표상의 순자산액이 ① 자본금의 액, ② 그 결산기까지 적립된 자본준비금과 이익준비금의 합계액, ③ 그 결산기에 적립하여야 할 이익준비금의 액, ④ 대통령령으로 정하는 미실현 이익의 합계액에 미치지 못함에도 불구하고 회사가 자기주식을 취득한 경우 이사는 회사에 대하여 연대하여 그 미치지 못한 금액을 배상하여야 하는 책임을 말한다.

668 김용범. 전게서. 2017. 462면. 김건식, 전게서, 2014., 558면. 이철송. 전게서. 2019. 991~992면.

의준비금이란 회사가 법·규정에 따른 것이 아니라 자체적인 판단에 따라 이익을 유보하여 적립한 준비금을 말한다. 적립방법은 정관의 규정이나 주주총회 결의로 정한다.

이익의 원천이라는 점에서는 이익준비금과 동일하지만 법률의 강제에 의하지 않고 자발적으로 적립되는 것이라는 점에서 이익준비금과 구별된다. 사채계약에 따라 회사가 적립하는 사채상환준비금은 법률이 적립을 강제하는 것이 아니므로 임의준비금에 불과 하다.

따라서 사채상환준비금을 적립하지 않은 경우 채무불이행에 해당할 수 있지만 위법은 아니다.

2. 임의준비금의 종류

임의준비금은 ① 특정목적이 정해진 것과 ② 특정목적이 정해지지 않아 어느 목적에나 사용할 수 있는 것으로 나누어진다.

특정목적에 따른 임의준비금의 종류

① **특정목적이 정해진 임의준비금 :** 사업확장을 위한 사업확장적립금, 이익배당 평균화를 목적으로 한 배당평균준비금, 사채상환준비금(감채기금) 등
② **특정목적을 정하지 않은 임의준비금 :** 별도적립금, 전기이월이익금 등

3. 임의준비금의 적립

임의준비금의 적립방법이나 적립액은 **정관규정**이나 **주주총회 결의**에 의하여 결정된다. 임의준비금의 적립방법을 정관으로 정한 경우 회사는 이익이 있는 한 적립할 의무가 있다. 따라서 이익이 충분하지 않은 경우에는 정관을 변경하지 않는 한 이익 배당을 하지 못할 수도 있다.

이익배당의 최종 결정권을 가진 주주총회도 정관규정을 준수해야 하기 때문이다. 정관에 임의준비금에 관한 규정이 없는 경우에는 주주총회 결의로 적립목적, 적립액 등을 정할 수 있다.

임의준비금은 배당가능이익 산출 시에 공제항목이 아니므로(「상법」 제462조 제1항) 회사가 임의준비금을 적립하지 아니하고 이익배당을 하더라도 배당가능이익을 초과한 위법배당이 되는 것은 아니다.

4. 임의준비금의 사용

임의준비금은 그 적립목적으로 정해진 목적에 따라 사용할 수 있다. 특정목적으로 적립된 임의준비금은 일반적으로 영업연도 중 이사회 결의로 사용할 수 있다.

그러나 배당평균적립금과 같이 성질상 연도말 결산을 전제로 하는 것은 결산기말에 이익처분안에 기재되어 주주총회 결의를 거쳐야만 사용할 수 있다. 또한 목적이 정해지지 않은 별도적립금의 경우에도 이사회 결의만으로는 사용할 수 없다고 본다.

Ⅰ. 개설

1. 이익배당의 의의[669]

주주의 이익 극대화를 위해서는 부족한 자금을 조달하거나 잉여재산을 주주에게 반환할 필요가 있다. **회사가 존속 중에 회사재산을 주주에게 반환하는 방법으로는 이익배당, 자기주식취득, 유상감자**를 들 수 있다. **주주에 대한 회사재산의 반환은 선순위 권리자인 회사채권자의 이익을 위협할 수 있으므로 채권자 보호를 위해서 엄격한 규제**가 있다.

그러나 이익배당의 경우에는 채권자이익 못지않게 주주이익도 고려할 필요가 있다. **이익배당**이란 **"주식회사가 그 영업활동의 결과로서 발생한 이익을 주주에게 분배하는 것"**을 의미한다. 주식회사는 인적회사와 달리 사원의 퇴사제도가 없고 해산하기 전에는 잔여재산 분배도 할 수 없으므로 이익배당은 주식회사의 본질적 요소라 할 수 있다.

주주의 이익배당청구권은 가장 중요한 자익권이고, 주주권 중 가장 본질적인 고유권 으로서 주주의 동의 없이 이를 박탈하거나 제한할 수 없다. 이익의 분배는 영리법인의 존재목적이기도 하다. 따라서 이익배당에 관한 종류주식이라 하더라도 이익배당청구권이 완전히 배제된 종류주식의 발행은 허용되지 않는다.

이익배당의 재원인 배당가능이익은 재무제표의 확정으로 산출되므로 재무제표 확정을 위한 정기주주총회(또는 이사회)에서 이익배당도 결정한다. 이를 **정기배당**이라 한다. 그 밖에 회사는 정기총회에서 산출된 배당가능이익을 재원으로 영업연도 중간에 중간배당을 할 수 있다.(「상법」 제462조의3 제1항)

상장회사의 경우는 「자본시장법」에 의하여 사업연도 개시일부터 3월, 6월 및 9월말일 당시의 주주를 대상으로 연3회의 분기배당도 할 수 있다.(「자본시장법」제165조의 12 제1항) **이익배당은 금전배당이 원칙이나 현물배당과 주식배당도 가능**하다.

2. 이익배당의 요건[670]

이익배당은 주주의 본질적인 권리이나, 주주의 이기심에 의해 무리한 배당이 강행되면 회사의 자본충실을 해한다. **특히 주주가 유한책임을 누리는 이상 회사채권자의 권리에 우선해서는 안 되므로 이익배당은 채권자를 위한 책임재산이 확보된 상태에서만 허용해야 할 것**이다. 그리하여 「**상법」은 자본충실과 채권자 보호를 위해 이익배당의 요건을 엄격히 정**하고 있다.

우선 **이익배당은 이익이 있어야 하며, 「이익이 없으면 배당 없다」는 명제는 철칙**이다. 우

669 김용범. 전게서. 2017. 464면. 임재연, 전게서 Ⅰ, 2014, 733면, 이철송. 전게서. 2021. 1001면.

670 김용범. 전게서. 2017. 464면. 이철송. 전게서. 2021. 1002~1003면.

선주라 하더라도 예외가 될 수 없다. 여기서 **이익이란 「배당가능이익」**을 말한다. **배당가능이익이란 대차대조표상의 순자산액으로부터 다음의 금액을 공제한 것**을 말한다.(「상법」 제462조 제1항)

① 자본금의 액
② 그 결산기까지 적립된 법정준비금(자본준비금과 이익준비금)의 합계액
③ 그 결산기에 적립하여야 할 이익준비금의 액
④ 대통령령으로 정하는 미실현이익

순자산액이란 자산에서 부채를 공제한 금액을 말한다. 따라서 순자산액은 자산과 부채의 평가방법에 크게 좌우되는바, 자산평가가 원가 대신 공정가치에 의하는 경우가 증가함에 따라 평가상으로는 이익이지만 현금화되지 않은 미실현이익이 늘게 되었다.

미실현이익을 근거로 배당을 지급하면 후일 자산가치가 하락하는 경우 채권자의 이익이 침해될 위험이 있다. 이러한 위험을 피하기 위하여 **2011년 개정 「상법」은 특별히 배당가능이익을 산정할 때 미실현이익을 배제하는 규정**을 두었다.[671]

그리고 **순자산액은 총자산에서 부채를 공제한 잔액을 뜻하는바, 이 순자산액을 배당 가능이익의 기초로 삼는 것은 채권자를 위한 책임재산이 확보된 후에야 배당이 가능함을 뜻**한다.

또한 「상법」에는 규정한바 없으나 **당기의 이익에 대해서 법인세가 과세되므로 이 역시 공제해야 한다. 그리고 자본금과 준비금을 공제하는 것은 회사가 계속기업으로서 요구되는 재산적기초를 확보한 후 그 잉여재산으로 배당해야 함을 밝힌 것**이다.

그러므로 **위의 요건은 회사채권자 보호와 회사의 존속을 위해 반드시 지켜져야 할 기준으로서 이를 위반하여 이익배당을 결의하면 그 결의는 무효**이다.[672]

3. 배당가능이익의 산정[673]

이러한 배당가능이익의 산정공식은 다음과 같이 표시할 수 있다. 편의상 순자산을 NA, 자본금을 C, 자본준비금과 이익준비금의 합계액, 즉 법정준비금을 S, 그 결산기에 적립해야 할 이익준비금의 액을 ES, 대통령령으로 정하는 미실현이익을 U, 법인세를 T, 임의준비금을 V, 배당가능이익을 P로 표시한다.

$$P = NA - (C + S + ES + U + T + V)$$

여기서 ES는 이익배당액의 10분의 1 이상이 되어야 한다(「상법」제458조). 배당가능이익이 전부 배당되는 일은 실제로는 거의 없다. 그러나 배당가능이익이 전부 배당되는 경우 가장 커지므로 P의 한도를 정할 때는 ES를 0.1P로 대체해야 할 것이다.

671 김용범. 전게서. 2017. 465면. 이철송. 전게서. 2021. 1002~1003면.

672 김용범. 전게서. 2017. 465면. 이철송. 전게서. 2021. 1003면.

673 김용범. 전게서. 2017. 465면. 김건식, 전게서, 2014., 562면, 이철송, 전게서, 2019., 997면.

$$P = NA - (C + S + 0.1P + U + T + V)$$

이 산식을 P를 중심으로 다시 정리하면 다음과 같다.

$$P = 10/11\ (NA - C - S - U - T - V)$$

위 산식을 말로 풀어보면 다음과 같다. 즉 **배당가능이익은 순자산액에서 자본금과 법정준비금(자본준비금+이이준비금), 미실현이익, 법인세, 그리고 임의준비금을 공제한 금액의 11분의 10이다.**

그러나 위의 산식은 일반적인 이익배당의 경우에만 적용되며, 주식배당의 경우에는 변경할 필요가 있다. 주식배당 시에는 이익준비금을 적립할 필요가 없기 때문에(「상법」 제458조), 위 산식에서 ES를 제거해야 한다. 그리하여 주식배당시의 배당가능이익의 산식은 다음과 같이 정리할 수 있다.

$$P = NA - (C + S + U + T + V)$$

참고 1

배당가능이익의 산정과 자본잉여금 이외의 자본항목[674]

「상법」상 배당가능이익은 순자산에서 출발하여 자본금과 준비금 등을 공제하는 방식으로 산정하고 있다. 반면에 기업실무에서 배당가능이익을 산정할 때에는 주로 이익잉여금을 기초로 삼고 있다. 대차대조표 자본의 부가자본금, 자본잉여금, 이익잉여금으로만 구성되어 있다면 두 가지 방법에는 큰 차이가 없을 것이다.

그러나 현재 기업회계기준상 자본항목은 그렇게 단순하지 않다. 먼저 「한국채택국제회계기준」에서는 자본항목이 납입자본, 이익잉여금, 기타자본구성요소의 세 가지로 구성되고 있어 「상법」의 산정공식을 그대로 적용하기 어렵다.

다행히 「일반기업회계기준」은 「상법」의 산정공식에 보다 가깝다. **「일반기업회계기준」에서 자본은 다음 다섯 가지로 분류된다. 그것은 ① 자본금, ② 자본잉여금, ③ 자본조정, ④ 기타포괄손익누계액, ⑤ 이익잉여금** 등이다.

따라서 순자산액에서 ① 과 ②를 공제하면, ③~⑤가 남지만 ④는 성질상 미실현이익에 해당하여[675] 공제할 수 있으므로 결국 문제가 되는 것은 ③ 자본조정이다. 자본조정은 양의 자본조정과 음의 자본조정의 두 가지 유형으로 나눌 수 있다.[676] 전자는 성격상 자본거래에 해당하나 자본금이나 자본잉여금의 어느 하나에 속하는 것으로 확정되지 않은 임시적인 자본항목으로 자본을 증가시킨다는 점에서 **'양의 자본조정'**이라고 한다.

후자는 자본잉여금으로 분류된 항목과 대칭되는 계정으로서 자본을 감소시킨다는 점에서 **'음의 자**

674 김용범. 전게서. 2017. 466면. 김건식외 2인. 전게서. 2021. 599면.

675 김용범. 전게서. 2017. 466면. 정운오, 「IFRS 중급회계」, 793면.

676 김용범. 전게서. 2017. 466면. 권재열 외 , 전게보고서, 113면. 김건식외 2인. 전게서. 2021. 599면.

본조정'이라고 한다. 「일반기업회계기준」상 전자에는 출자전환채무, 주식선택권, 미교부주식배당금, 신주청약증거금 등이 있고, 후자에는 주식할인발행차금, 자기주식, 감자차손, 자기주식처분 손실 등이 있다.

위에서 음의 자본조정은 이미 순자산액에 반영되어 있으므로 배당가능이익산정과 관련하여 다시 공제할 필요는 없다. 문제가 되는 것은 양의 자본조정이다. 현행법의 해석론 상으로 이를 공제할 근거가 없다. 따라서 결국 그만큼 배당가능이익이 증가하게 된다. 입법론상 영업활동에서 비롯되지 않은 양의 자본조정을 배당가능이익에 포함시키는 것은 타당하지 않다는 이유로 그것을 공제항목에 포함시키자는 견해[677]가 있다.

참고 2

배당가능이익과 임원상여[678]

결산 주주총회에서 임원상여의 지급을 결의하는 경우가 있다. 이때 임원상여의 지급방법에 따라서 과세가 달라진다. 이익처분의 형태를 취하는 경우에는 회사의 손금에 산입될 수 없고(「법인세법」제20조 제1호,「법인세법시행령」제43조 제1항), 배당가능이익의 테두리를 넘을 수 없다. 손금처리가 가능하기 위해서는 정관, 주주총회 결의 또는 이사회 결의로 정한 급여지급기준에 의하여 지급하여야 한다.(「법인세법시행령」제43조 제2항)

실제로 임원상여는 대부분 이처럼 손금처리가 가능한 방식으로 지급되고 있다. 이 경우 임원상여를 지급하는 것은 회사의 의무라고 볼 수 있으므로 임원상여는 보수로서 회사의 비용으로 보아야 할 것이다. 따라서 배당가능이익의 산정 시에는 이러한 임원상여지급은 미리 공제하여야 할 것이다.

4. 주주의 이익배당청구권[679]

가. 의의 및 종류

영리법인 주식회사에서 이익배당에 대한 주주의 권리, 즉 이익배당청구권은 주주권의 핵심을 이룬다. 주주의 이익배당청구권은 통상 추상적 이익배당청구권과 구체적 이익배당청구권으로 구분한다.

추상적 이익배당청구권은 정기총회에서 이익배당을 승인하는 결의가 확정되기 전에 주주가 이익배당에 대해서 갖는 추상적인 권리로서 보통 이익배당청구권이라 하며, 구체적 이익배당청구권은 주주 총회나 이사회에 의하여 배당이 결정된 경우(「상법」 제462조제2항)에 갖게 되는 구체적인 권리로서 보통 배당금지급청구권이라고 불린다.

배당금지급청구권은 회사에 대한 금전채권으로 다른 일반채권과 아무런 차이가 없다. 흔히 주주의 고유권이라고 불리는 주주의 이익배당청구권은 주로 추상적 이익 배당 청구권을 가리킨다.

677 김용범. 전게서. 2017. 466면. 권재열 외 , 전게보고서, 114면.

678 김용범. 전게서. 2017. 467면. 김건식외 2인. 전게서. 2021. 600면.

679 김용범. 전게서. 2017. 467면. 김건식외 2인. 전게서. 2021. 605~606면.

나. 이익배당청구권의 권리성[680]

주주는 주주권의 일부로서 이익배당청구권을 갖지만, 주주총회/이사회의 배당결의가 있기 전에는 주주에게 확정적인 이익배당청구권이 없다. 따라서 결산기마다 확정적 금전채권으로서의 이익배당청구권을 갖는 것은 아니고, 주주총회 또는 이사회에서 배당결의를 함으로써 그 결의 내용에 따라 이익배당청구권이 현실화된다.

그리고 배당을 할 것인지, 얼마를 할 것인지는 주주총회 또는 이사회에서 다수결에 의해 결정되는 경영정책에 속한 문제로서 어떠한 법적 구속도 받지 아니한다. 그러므로 이익이 있다고 하여 반드시 배당을 결의하여야 하는 것도 아니고, 주주가 배당결의를 청구할 수 있는 것도 아니다.(서울고법. 1976.6.11. 선고 75나1555 판결)

주주의 이익배당청구권은 흔히 **주주의 고유권**이라고 불리지만 그 **권리성은 그다지 확고하지 않다. 회사가 거액의 배당가능이익이 있는 경우에도 주주가 회사에 배당을 강제할 수 있는 권리는 없다.** 이익배당을 유보하는 결정도 경영상 합리적인 이유가 있다면 적법한 것으로 평가한다.

「상법」상 이익배당은 원칙적으로 주주총회에서 결정하지만(「상법」제462조 제2항), 의안을 마련하는 것은 통상 이사회이다. 따라서 이사회가 합리적인 이유를 댈 수 있다면, 연속적으로 무배당 결의를 하는 것도 불가능한 것은 아니다.

회사 경영상 합리적인 이유 없이 지배주주가 무배당결의를 장기간 계속하는 경우에는 심히 불공정하여 다수결 남용이라 할 수 있을 것이다. 그러나 그렇다고 해서 주주가 회사로 하여금 적정한 이익배당을 하도록 법원에 청구할 수 있는가? **현행법에는 무배당의 불공정을 직접 해결할 수 있는 제도가 없다.**

이상 살펴본 바에 의하면 **이익배당청구권은 주주가 장차 이익배당을 받을 것을 기대하는 기대권에 불과**하다. 그러나 이익배당청구권을 잔여재산분배청구권과 함께 완전히 박탈하는 것은 주식회사의 영리성에 반하여 허용되지 않는다. 존속기간의 정함이 없는 주식회사에서 이익배당청구권 만을 영구히 배제하는 것도 허용할 수 없다.

따라서 입법론으로는 이익이 충분함에도 불구하고 장기간 배당하지 아니할 경우 주주가 사법적 구제를 통해 배당을 청구할 수 있는 길을 열어 주거나, 해산을 청구하여 잔여 재산분배를 통해 투자이익을 회수할 수 있게 해주어야 할 것이다.[681]

다. 이익배당청구권의 양도 등[682]

이익배당청구권은 구체적인 배당금지급청구권과는 달리 주주 지위와 불가분 관계에 있으므로 그것만을 분리하여 양도하는 것은 원칙적으로 인정되지 아니한다. 또한 추상적 이익배당청구권은 압류나 전부명령의 대상이 될 수 없다. 다만 특정연도의 이익배당 청구권을 그

680 김용범. 전게서. 2017. 467면. 김건식외 2인. 전게서. 2021. 605~606면, 이철송. 전게서. 2021. 1012~1013면.

681 김용범. 전게서. 2017. 468면. 김건식외 2인. 전게서. 2021. 606면, 이철송. 전게서. 2021. 1013면.

682 김용범. 전게서. 2017. 468면. 김건식외 2인. 전게서. 2021. 606면.

확정 전에 양도하는 계약은 유효라고 할 것이다.[683]

한편 **배당금지급청구권**은 회사에 대한 금전채권으로 다른 일반채권과 아무런 차이가 없다. 따라서 주주권으로부터 독립하여 양도·입질할 수 있음은 물론 압류와 전부명령*의 대상이 되고 소멸시효의 적용대상이 될 수 있다. 배당금지급청구권이 일단 발생한 후에는 주식이 양도되는 경우에도 양수인에게 자동적으로 이전하지 않는다.

* **전부명령**이란 채무자가 제3채무자에 대하여 가지는 압류한 금전채권을 집행채권과 집행비용청구권의 변제에 갈음하여 압류채권자에게 이전시키는 집행법원의 결정이다.

이러한 전부명령으로 압류채권자는 만족을 얻게 되므로, 그 뒤의 위험부담은 채권자에게 이전된다.

II. 정기배당

1. 정기배당의 의의

이익의 분배는 영리법인의 존재 목적이다. 그리고 자본이윤의 향유는 출자자의 궁극적인 목적이므로 주주의 이익배당청구권은 주주의 권리 중에서도 가장 본질적인 고유권이라 할 수 있다. 따라서 전혀 이익을 분배하지 않음은 물론, 부당히 장기간 이익배당을 중지하는 것도 위법이다.

동일회사에 존재하는 모든 주주는 평등하게 이윤배분에 참가해야 할 것인데, 자본단체인 주식회사에서는 이들의 자본기여도, 즉 소유주식 수에 따라 배당함으로써 비례적평등을 실현한다.

이익배당의 재원 즉 배당가능이익은 재무제표가 확정되어야 산출되므로 재무제표의 확정을 위한 정기 주주총회 또는 이사회에서 이익배당을 결정한다. 이를 **'정기배당'**이라 부른다. 정기배당이 이익배당의 원칙적인 모습이다.

2. 정기배당의 요건

가. 실질적 요건[684]

이익배당은 배당가능이익이 있는 경우에만 할 수 있다. 즉, **회사는 대차대조표상의 순자산액으로부터 ① 자본금의 액, ② 그 결산기(직전 결산기)까지 적립된 자본준비금과 이익준비금의 합계액, ③ 그 결산기에 적립해야할 이익준비금의 액, ④ 대통령령이 정하는 미실현이익을 공제한 액을 한도로 하여 이익배당**을 할 수 있다.(「상법」제462조 제1항) 정확히는 **직전 결산기에 관한 주주총회에서 승인한 이익잉여금을 처분하고 남은 잔액이 이익배당 재원이다.**

"대통령령이 정하는 미실현이익"이라 함은 「**상법**」**제446조의2의 회계원칙에 따른 자산 및 부채에 대한 평가로 인하여 증가한 대차대조표상의 순자산액으로서, 미실현 손실과 상계하**

683 이익배당청구권을 일정기간 동안 제3자에게 이전하는 내용의 파생상품거래를 흔히 볼 수 있다.

684 김용범. 전게서. 2017. 469면. 임재연, 전게서 I, 2014., 739~740면. 이철송. 전게서. 2021. 1002면.

지 아니한 금액을 말하는데(「상법시행령 제19조 제1항)」, 이는 자산의 평가액에 불과하여 회사의 지급능력을 이루는 것이 아니므로 배당가능이익에서 차감토록 한 것이다. 단. 「자본시장법」상의 파생결합증권(「자본시장법」제4조), 파생상품(「자본시장법」제5조)의 경우에는 각각 미실현이익과 미실현손실을 상계할 수 있다.(「상법시행령」제19조 제2항)

2011년 개정 「상법」은 회사의 회계장부에 기재될 자산의 평가방법을 규정하였던 제452조를 삭제하여 이를 「기업회계기준」에 위임하고 있다. 이에 따라 K-IFRS에 의한 포괄손익계산서 작성 시 미실현이익을 순자산액에서 제거하지 않으면 배당가능 이익에 포함되므로 배당가능액 산정 시 미실현이익을 공제항목으로 규정하는 것이다.

상장회사의 경우 연결재무제표가 주재무제표이지만, 배당가능이익의 계산은 개별재무제표 또는 별도재무제표상의 수치를 기준으로 한다.

나. 절차적 요건

1) 별도 의안

종래에는 재무제표 승인결의에 관한 규정(「상법」제449조 제1항) 외에 이익배당을 위한 주주총회 또는 이사회의 승인결의에 관한 규정(「상법」제449조 제2항)이 별도로 없었고, 이익잉여금처분계산서가 재무제표의 하나였으므로 주주총회가 재무제표를 승인함으로써 이익배당까지 동시에 결정하였다.

개정 「상법」은 이익잉여금처분계산서를 재무제표에서 제외하고 재무제표 승인결의와 이익배당 승인결의를 구분하므로 양자는 別途 議案으로 상정해 결의해야 하며, 이익배당은 재무제표에 근거한 배당가능이익을 기초로 결정해야 하므로 이익배당결의를 하기 위해서는 반드시 사전 재무제표의 승인이 있어야 한다.[685]

다만 이익잉여금처분계산서를 재무제표의 하나로 선택한 회사의 경우(「상법 시행령」제16조 제1항 제2호)에는 재무제표의 승인만으로 이익배당이 가능하므로 이익배당을 별도의 의안으로 다룰 필요가 없다고 본다.[686]

이익잉여금처분계산서를 재무제표로 선택하지 않은 회사라 하더라도 이익배당의 결정은 재무제표에 근거하여 산출되는 배당가능이익을 기초로 이루어지는 의사결정이므로 재무제표의 승인 없이 이익배당만 결의할 수는 없다.[687]

2) 주주총회 결의 : 원칙

이익배당은 주주총회 결의(보통결의)로 정한다.(「상법」제462조 제2항) 배당의 여부, 배당의 크기에 관한 의사결정은 회사의 전반적인 재산 및 영업상태를 파악한 후에 내리는 정책적 결정이므로 원칙적으로 재무제표의 승인권을 가진 주주 총회로 하여금 이익배당도 결정하도록 한 것이다.

---

685 김용범. 전게서. 2017. 470면. 임재연, 전게서 I , 박영사, 2014., 740면.

686 김용범. 전게서. 2017. 470면. 이철송. 전게서. 2021. 1004면.

687 이철송. 전게서. 2021. 1004면.

3) 이사회 결의 : 소정의 요건 구비

2011년 개정 「상법」은 소정의 요건을 구비할 경우 정관이 정하는 바에 따라 이사회로 하여금 주주총회에 갈음해 재무제표를 승인할 수 있도록 하였는데(「상법」제449조 의2 제1항), **재무제표와 이익배당의 연계성으로 인해 재무제표를 이사회가 승인한 경우에는 이사회가 이익배당을 결정**하도록 하였다.(「상법」 제462조 제2항)

이사회의 승인 요건

① 재무제표의 각 서류가 법령 및 정관에 따라 회사의 재무상태 및 경영성과를 적정하게 표시하고 있다는 외부감사인의 의견이 있을 것
② 감사(감사위원회 설치회사의 경우에는 감사위원) 전원의 동의가 있을 것

참고

이사회가 이익배당을 결정할 수 있는 입법 배경[688]

이사회가 이익배당을 결정할 수 있도록 한 것은 다음과 같은 배려에 기인한다. 통상 결산이 마무리되는 영업연도 말일부터 재무제표 승인과 배당결정을 위한 정기주주총회가 열리는 시점까지는 3개월 가까운 시일이 소요되는데, 그 기간에는 이익배당의 규모가 확정되지 않아 투자자들을 혼란시키므로 이를 개선하기 위해 2011년 「상법」을 개정하였다.

다만, 재무제표를 이사회가 승인할 경우 이익배당도 이사회의 승인으로 정한다는 규정(「상법」 제462조제2항)은 가능하나, 주식배당까지는 적용되지 않으므로 이사회가 결정한 이익배당을 주식배당으로 하고자 할 경우에는 다시 주주 총회의 결의를 요한다.(「상법」 제462조의2 제1항)

3. 정기배당의 기준

가. 주식평등/주주평등의 원칙[689]

주주는 유한책임제하에서 출자액(즉, 소유주식 수)에 비례하여 위험을 부담하므로 그에 대한 보상이라 할 수 있는 이익배당 역시 비례적으로 행하여져야 한다. 따라서 **이익의 배당은 각 주주의 소유주식 수에 따라 평등하게 하여야 한다.(「상법」제464조) 이를 주식평등의 원칙/주주평등의 원칙(이하 '주식평등의 원칙'**이라 함)이라 한다.

이는 주식회사의 기본논리에 속하는 강행규정으로서 정관이나 주주총회의 결의에 의해서도 달리 정할 수 없다. 다만 예외적으로 우선주 · 열후주를 발행했을 경우에는 (「상법」제344조 제1항) 정관의 규정에 따라 차등배당을 할 수 있다.(「상법」제464조 단서) 이 경우에도 **같은 종류**

688 이철송. 전게서. 2021. 1004면.

689 김용범. 전게서. 2017. 471면. 이철송. 전게서. 2021. 1004면, 김건식외 2인. 전게서. 2021. 602면.

의 주식 간에는 주식평등의 원칙이 지켜져야 한다.

주식평등의 원칙은 단순히 이익의 배당금 규모를 결정하는 경우만이 아니라 주주와 회사 사이의 관계 전반에 적용되므로 이익배당금액의 결정은 물론이고 지급방법, 지급 기일을 정할 때에도 마찬가지로 적용된다.

나. 균등배당의 원칙[690]

균등배당이란 결산기에 이익을 배당할 때 구주(舊株)에 대하여 영업연도 전체기간의 이익을 각 주주가 가진 주식 수에 따라 균등하게 이익을 배당하는 것을 의미하며, 이익배당의 일반적인 원칙이다.

회사의 영업연도 중간에 신주를 발행한 경우 결산기에 이익배당을 할 때 균등배당할 것인지, 일할배당할 것인지에 관하여는, 전환주식을 전환한 경우 신(新)주식에 대한 이익배당에 관하여 정관이 정하는 바에 따라 그 청구를 한 때, 또는 제346조 제3항 제2호의 기간이 끝난 때가 속하는 영업연도의 직전 영업연도 말에 전환된 것을 기준 삼아서 결정할 수 있다고 규정하고 있다.(「상법」 제350조 제3항 후단)

「상법」은 회사의 신주발행(「상법」 제461조 제6항), 준비금의 자본전입(「상법」 제461조 제6항), 주식배당(「상법」 제462조의2 제4항), 중간배당(「상법」 제464조 제5항), 전환사채의 전환(「상법」 제516조 제2항), 신주인수권사채에 기한 신주인수권행사(「상법」 제516조의10) 등으로 발행되는 신주에 대해 「상법」제350조제3항의 규정을 준용하고 있다.

다만 정관에 이러한 규정을 두지 않을 경우 영업연도 중간에 발행된 신주에 대해서는 ① 舊株와 균등하게 배당하여야 한다는 설 : **균등배당설.** ② 신주발행일로부터 영업연도 말까지의 일수를 세어 영업연도 전체의 일수에 대한 비율로 배당하여야 한다는 설 : **일할배당설,** ③ 어느 쪽이든 회사가 임의로 선택할 수 있다는 설 : **임의배당설**이 대립 하고 있었다.

원래 이익배당은 배당기준일 현재의 주식을 대상으로 하여 균등하게 실시하는 것이 원칙이므로 2020년 개정 「상법」에서는 그간 일할배당의 사고를 불식하기 위하여, 「상법」 제350조 제3항 및 이를 준용하는 규정을 삭제하였다. 이에 의해 언제 신주가 발행되든 신구주간에 균등하게 배당할 수 있게 되었다. 다만, 회사가 원할 경우 「정관」에 규정을 두어 과거와 같이 차등배당을 할 수 있다고 본다.

현장에서도 대부분의 회사가 「상장회사의 표준정관」 제10조의4에 따라 회사의 「정관」에 배당기준일 현재 발행된 동종주식에 대하여 발행일에 관계없이 모두 균등배당을 한다고 규정하고 있으며, 이에 따라 신주(新株)에 대해서도 구주(舊株)와 동등하게 이익배당을 하고 있다. 따라서 실무적으로는 별 실익이 없는 논쟁이다.

다. 대소주주의 차등배당[691]

---

690 김용범. 전게서. 2017. 472면. 이철송. 전게서. 2021. 1,014면, 김건식외. 전게서. 2021. 605면, 임재연, 전게서 I, 박영사, 2014., 741면.

691 이철송. 전게서. 2021. 1,014~1,015면, 김용범. 전게서. 2017. 472면.

상장회사에서는 대주주들이 양보를 얻어 대주주의 배당률을 소액주주의 배당률보다 낮게 하거나, 소액주주에게만 배당하고 대주주에게는 무배당하기로 결의하는 수가 있다. 특히 정부가 대주주인 경우 그런 차등배당이 간혹 행해진다.

다만, **주주총회의 결의요건을 갖추었다 하더라도 주주평등의 원칙은 주식회사의 본질적 요소이므로 주주 간의 차등배당은 결의에 의하여 결정할 성질의 것이 아니고, 주주가 스스로 그 배당받을 권리를 포기한 것으로 볼 수 있는 경우에만 허용**된다.[692]

따라서 주주총회에서 차등배당결의를 승인한 경우에도 총회에 불참하거나, 참석하여 차등배당의안에 반대한 대주주에게는 다수결로써 차등배당을 강요할 수 없다. 그에게는 소액주주와 같은 배당률로 배당하여야 한다. 대주주가 배당결의 후에 자신의 배당금 중 전부 또는 일부를 포기할 수 있음은 물론이다.

대주주가 자연인인 경우는 별문제가 없으나, 회사인 경우에는 대표이사가 배당포기의 의사표시를 할 것인데, 이는 회사의 권리를 부당하게 포기하는 행위이므로 회사/주주들에 대해 임무해태로 인한 손해배상 책임을 져야 한다.(「상법」제399조, 제401조) 설령 이사회의 결의로 포기했다 하더라도 다를 바 없이, 찬성한 이사들은 같은 책임을 진다.

4. 정기배당의 수단

가. 금전배당

이익배당은 금전으로 하는 것이 원칙이다.

나. 현물배당

1) 현물배당의 의의[693]

2011년 「상법」개정 전에는 명문으로 정해진 주식배당을 제외하고는 「상법」에 명문의 규정은 없었으나, 금전배당만이 가능하고 기타의 재산으로 하는 현물배당은 불가능하다고 보는 데에 별 이견이 없었다.[694]

그러나 **개정 「상법」은 이익배당을 현물배당으로 할 수 있다는 규정을 신설하고(「상법」제462조의4), 상환주식의 상환, 합병교부금의 지급도 현물로 할 수 있다는 규정**을 두었다.(「상법」 제345조 제3항, 제523조 제4호)

현물배당은 회사의 결정에 의하여 당초 배당의 목적이 현물로 정해진 것을 말하고, 금전에 의한 배당으로 확정된 후 주주와 회사 간의 합의에 의하여 회사가 주주에게 금전에 갈음하는 현물로 교부하는 것은 「상법」상 현물배당이 아니고 「민법」상 대물변제 (「민법」제466조)라 할 수 있다.

---

692 이철송. 전게서. 2021. 1,014면. 김용범. 전게서. 2017. 472면. 임재연, 전게서Ⅰ, 2014., 741면, 대법원 1980. 8. 26. 선고 80다1263 판결.

693 김용범.전게서. 2017. 473면. 이철송. 전게서. 2021. 1005면, 임재연, 전게서Ⅰ,2014. 742~743면.

694 김용범.전게서. 2017. 473면. 이철송. 전게서. 2021. 1005면.

2) 현물의 의의와 범위[695]

배당의 대상인 현물에는 제한이 없다. 그러나 현물배당의 경우에도 주주평등의 원칙상 **등가(等價)**의 현물을 배당하여야 하므로, **특정물이나 모든 주주에 배당하기에 충분하게 확보된 현물이 아니면 배당재산이 되기 곤란**하다.

주주별로 배당액이 다른 만큼 배당으로 사용되는 현물은 가분적(可分的)으로 존재하는 것이어야 하고, 평가가 용이해야 할 것이므로 타 회사(예 : 모회사, 자회사, 계열회사)의 주식, 사채 등이 배당 가능한 현물이다. 그러나 **회사 스스로가 발행하는 주식은 신주발행 제도나 주식분할제도와 중첩되므로 허용되지 않는다고 해석**된다.[696]

그리고 자기주식은 현물배당의 대상에서 제외되어야 한다는 견해도 일부 있지만, ① 현물이란 금전이 아닌 경제적 가치 있는 재산을 의미하고, ② 배당하는 현물의 가치가 주주에게 불만스러운 것이 아니라면 회사로서는 현물재산의 배당을 통해 재산의 매각비용을 줄일 수 있는 등 자기주식의 배당을 인정할 실익이 있고, ③ 재산유형에 아무런 제한이 없는 형태로 「상법」 제462조의4를 신설하였다는 점에 비추어, 그전부터 보유하던 자기주식도 현물배당의 대상이 된다고 해석하는 것이 타당하고, 학계에서도 통설에 가까운 견해다.[697]

3) 현물배당의 요건[698]

가) 정관의 규정

「정관」에 금전 이외의 재산으로 이익배당을 할 수 있음을 정해야 한다.(「상법」 제462조의4 제1항)

나) 의사결정기관

「정관」에 근거가 있다 하더라도 특정배당을 현물로 하는 의사결정이 필요하다. 개정 「상법」은 이 점에 관해서는 규정을 두고 있지 않으므로 이익배당을 결정하는 결의에서 현물배당을 정할 수 있다고 해석할 수밖에 없다.

즉, **주주총회가 배당을 결의할 경우에는 주주총회의 결의로(「상법」 제462조의2 제2항본문), 이사회가 배당을 결의할 때에는 이사회 결의로(「상법」제462조의2 제2항 단서) 현물배당도 아울러 정할 수 있다고 보는 것**이다.

4) 예외적 처리

현물배당을 결정한 회사는 다음 사항을 정할 수 있다.(「상법」제462조의4 제2항) 그런데 이 결정을 누가 할 것이냐가 문제인데, 개정 「상법」은 이 점에 관해 언급하고 있지 않다. 그러나 이 역시 배당을 결정하는 결의에 의해 정해야 한다고 해석해야 한다.

---

695 김용범.전게서. 2017. 473면. 임재연, 전게서Ⅰ, 2014., 743면.

696 김용범. 전게서. 2017. 474면. 이철송. 전게서. 2021. 1005면.

697 김용범. 전게서. 2017. 474면. 임재연, 전게서Ⅰ, 2014., 743면.

698 김용범. 전게서. 2017. 474~475면. 이철송. 전게서. 2021. 1005~1006면. 임재연, 전게서Ⅰ,2014., 744~745면.

① 주주가 배당되는 재산 대신 금전의 교부를 청구할 수 있도록 한 경우에는 그 금액 및 청구할 수 있는 기간
② 일정 수 미만의 주식을 보유한 주주에게 재산 대신 금전을 교부하기로 한 경우에는 그 일정 수 및 금액

「상법」제462조의4 제2항 제2호는 회사가 배당을 정하는 결의에서 "일정 수 미만의 주식을 보유한 주주에게 금전 외의 재산 대신 금전을 지급하기로 한 경우에는 그 일정 수 및 금액"을 정할 수 있도록 규정함으로써, 대주주와 소액주주 간의 차별적인 현물배당도 예외적으로 가능한 경우를 규정한다.

"일정 수 미만의 주식을 보유한 주주"의 의미에 대하여는 다의적인 해석이 가능한데, "1주" 또는 "단주"가 아닌 "일정 수 미만의 주식"이라는 규정상, 현물 배당할 자기주식 수를 산정한 결과가 1주 미만인 경우만을 의미한다고 볼 수는 없다.

회사의 자본금과 잉여금 규모, 이익배당의 규모, 이익배당 중 현물배당이 차지하는 율, 주식의 분산 정도, 현물배당 후 주주 간 지분비율의 변경 정도 등을 종합적으로 고려하여 합리적이고 상당한 범위 내라면 1주를 초과하여 정하는 경우도 허용된다.

5. 정기배당의 방법

가. 정기배당 시기(時期) 및 횟수(回數)[699]

종래에는 매 결산기에 재무제표를 작성하여 정기주주총회에서 이를 승인하면, 재무제표에 포함된 이익잉여금처분계산서도 동시에 승인되므로 그 결과 **이익배당은 매 결산기에 1회 하는 것이 원칙이고, 그에 대한 예외가 중간배당**이었다.

그러나 2011년 개정 「상법」은 이익배당을 위한 이익잉여금처분계산서가 재무제표에서 제외되고 주주총회에서 재무제표의 승인과 별도의 의안으로 결의하여야 하는 점에 비추어, 이익배당의 결의와 재무제표의 승인을 반드시 연계할 필요가 없게 되었다.

이에 따라 이익배당은 반드시 매 결산기에 1회 하여야 하는지, 아니면 영업연도 중에도 언제든지 이익배당을 할 수 있는지에 관하여 논란의 여지가 있다. 이익잉여금 처분 계산서가 재무제표에서 제외된 점과 준비금 감소제도가 생김으로 인해 영업연도 중에도 언제든지 배당가능 이익을 산정할 수 있다는 점을 고려하면 배당시기와 횟수에 대한 제한이 없는 것으로 해석할 수도 있다.

그러나 한 가지 이러한 해석과 충돌하는 점이 있다. 중간배당제도가 남아 있다는 점이다. 중간배당은 연간 1회의 결산과 배당을 전제로 하고 있기 때문이다.(「상법」 제462조의3) 이 규정이 사문화되었다고 보지 않는 한, **「상법」상 아직 정기배당은 매 결산기에 1회 원칙이 존재**한다고 보아야 한다. 향후 입법적인 보완이 필요하다.

---

699 김용범. 전게서. 2017. 475면. 이철송. 전게서. 2019. 1,006면, 임재연, 전게서 I , 2014., 742면.

나. 이익배당금의 지급시기 및 소멸시효[700]

1984년 「상법」개정 전에는 주주의 배당금지급청구권의 이행기에 대해서는 아무런 규정이 없었다. 그리하여 실제로 배당금 지급이 지연되는 예가 적지 않았고, 정관에 배당금 지급기간이 제척기간으로 규정되는 경우도 없지 않았다. 그러나 1984년 「상법」개정 시에 주주들의 이익을 보호하기 위하여 배당금청구권의 이행기와 그 소멸시효 기간을 분명히 하였다.

회사는 이익배당금을 주주총회 또는 이사회 결의를 한 날로부터 1개월 이내에 지급하여야 한다.(「상법」제464조의2 제1항) 다만, 주주총회 및 이사회에서 이익배당의 지급시기를 따로 정한 경우에는 그러하지 아니하다.(「상법」제464조의2 제1항 단서) 그 주주총회에서는 배당금지급시기를 단축하는 것은 물론이고 연장하는 것도 가능하다.

회사가 배당금지급기간 내에 배당금을 지급하지 않은 경우 「민법」제397조에 의한 채무불이행 책임인 지연손해금을 지급하여야 한다. 또한 이사의 고의나 중과실의 임무 해태가 인정되는 경우에는 「상법」제401조에 의한 이사에게 제3자에 대한 손해 배상 책임도 물을 수 있다.

배당금지급청구권은 5년간 행사하지 아니하면 소멸시효가 완성한다.(「상법」제464조의2 제2항) 그 기산점은 배당결의 시가 아니라 그로부터 1개월 경과한때 또는 배당결의 시에 따로 정한 기간이 경과한 때이다.

Ⅲ. 중간배당

1. 중간배당의 의의[701]

중간배당이란 **사업연도 중간에 직전결산기의 미처분이익을 재원으로 하여 실시하는 이익분배를 말한다. 중간배당은 이익배당의 재원마련을 위한 회사의 부담을 평준화하고 증권시장에의 자본유입을 활성화시킨다는 목적을 가진 제도**이다.

그러나 **중간배당은 당해 사업연도의 손익이 확정되기 전에 회사재산을 사외유출시키는 것인 데다, 이사회 결의만으로 중간배당이 가능하므로 자본충실을 해할 위험이 높다.** 그러므로 중간배당은 다음과 같은 엄격한 요건하에 가능하며, 중간배당에 관하여는 이사에게 무거운 책임을 지우고 있다.

2. 중간배당의 성질[702]

중간배당의 본질에 관하여 ① 직전 영업연도에서 이월된 잉여금만 중간배당의 재원이 될 수 있다는 (「상법」제462조의3 제2항) **前期利益後給說(다수설)**, ② 직전 영업 연도에서 이월된 잉

---

700 김용범. 전게서. 2017. 476면. 김건식외 2인. 전게서. 2021. 606~607면, 이철송. 전게서. 2021. 1,015면, 임재연, 전게서Ⅰ, 박영사, 2014., 742면.

701 김용범. 전게서. 2017. 476면. 김건식외 2인. 전게서. 2021. 610면, 이철송. 전게서. 2021. 1,007면, 임재연, 전게서Ⅰ, 박영사, 2014., 753면.

702 김용범. 전게서. 2017. 477면. 김건식외 2인. 전게서. 2021. 610면, 이철송. 전게서. 2019. 1,000면. 임재연, 전게서, 박영사, 2014., 753면.

여금 외에 배당기준일까지 발생한 당기의 이익도 중간배당의 재원이라는 **當期利益先給說(손주찬)**이 있다.

또한 ③ 이익배당은 영업연도 말의 이익을 주주총회 결의를 받아 주주에게 분배하는 것인데, 중간배당은 영업연도 도중에 이사회 결의로 이익을 분배하는 것이므로 중간배당의 법적성질은 이익배당이 아니고 **營業年度中 金錢分配說(정찬형)**이라는 주장도 있다.

그러나 영업연도 중 금전분배설은 이익배당의 개념을 지나치게 엄격하게 해석하는 것이고 또한 중간배당을 이익배당의 한 방법으로 규정한 「상법」의 취지에도 어긋난다. 그리고 당기이익선급설은 「상법」제462조의3 제2항의 明文規定에 반하는 해석이다.

따라서 **중간배당의 성질은 직전결산기의 이익을 중간배당의 재원으로 규정한 「상법」 제462조의3 제2항의 明文規定에 비추어 보면 전기이익후급설이 타당**하다.

그러나 당기에 배당가능이익이 발생하지 않을 우려가 있는 때에는 배당할 수 없는 「상법」 제462조의2 제3항의 규정을 고려해 볼 때 당기이익선급설도 배제할 수 없다. 종합하면 전기이익후급의 성격과 당기이익선급의 성격의 양면성을 가지고 있다.

3. 중간배당의 요건

가. 실질적 요건

1) 중간배당가능이익의 존재[703]

중간배당을 전기이익의 후급이라는 관점에서 볼 때 **직전 결산기에 관한 정기 총회에서 이익잉여금을 처분하고 남은 잔액을 한도로 중간배당을 할 수 있다.** 직전 영업연도에서 이월된 잉여금(미처분이익)이 없으면 당해 영업연도 전반기에 이익이 발생하였더라도 중간배당을 할 수 없다. 즉, **직전 결산기의 대차대조표상 이익이 현존**해야 한다.

「상법」제462조의3 제2항은 중간배당이 가능한 금액의 범위를 정하고 있다. **중간배당은 직전 결산기의 대차대조표상의 순자산액에서 다음 금액을 공제한 액을 한도**로 한다.

① 직전 결산기의 자본금의 액

② 직전 결산기까지 적립된 자본준비금과 이익준비금의 합계액

③ 직전 결산기의 정기총회에서 이익으로 배당 또는 지급하기로 정한 금액

④ 중간배당에 따라 당해 결산기에 적립하여야 할 이익준비금

2011년 개정 「상법」 제462조 제1항 제4호에는 배당가능이익의 산출을 위해 순자산에서 공제할 항목에 「대통령령으로 정하는 미실현이익」이 추가되었는데, 중간배당에는 이점이 반영되지 않았다. **미실현이익의 공제필요성은 중간배당이라고 하여 달라질 수는 없으므로 입법적으로 중간배당에서도 공제항목으로 추가** 할 필요가 있다.[704]

---

703 김용범. 전게서. 2017. 477면. 김건식외 2인. 전게서. 2021. 612면, 이철송. 전게서. 2021. 1,008면, 임재연, 전게서, 박영사, 2014., 753~754면.

704 김용범. 전게서. 2017. 478면. 김건식외 2인. 전게서. 2021. 612면, 이철송. 전게서. 2021. 1,009면, 「상장 회사 표준정관」 제45조의 2 제3항 제3호에서는 「상법시행령」에서 정하는 미실현이익은 중간배당에서 공제항목으로 규정하고 있다.

2) 당기배당가능이익의 예상[705]

위에서 설명한 바와 같이 중간배당은 직전결산기의 대차대조표를 기준으로 하여 정기총회에서 미처분한 이익을 재원으로 하여 실시하는 것이므로 당해 영업연도의 상황을 반영하지 못한다. 그러다 보니 장차 당해 결산기의 손익계산 결과 결손이 발생하면, 배당 요건을 위반하여 이익 없이 배당을 한 결과가 된다.

그러므로 **「상법」은 중간배당으로 인한 자본충실의 침해를 염려하여, 회사가 당해 결산기의 대차대조표상 순자산액이 「상법」제462조 제1항 각 호의 금액(배당가능이익 산정 시 공제금액)의 합계액에 미치지 못할 우려가 있는 때(즉, 당기 결산기에 손실이 발생할 우려가 있을 때)에는 중간배당을 할 수 없도록 규정**하였다.(「상법」 제462조의3 제3항)

이와 같이 당기 결산기의 손실이 발생할 "우려"만으로 중간배당이 금지되므로, 당기 결산기의 대차대조표상의 순자산액이 「상법」제462조 제1항 각호의 금액의 합계액에 미치지 못할 가능성이 "확실히" 없어야만 회사는 중간배당이 가능하다.

나. 형식적 요건

1) 연 1회 결산기를 정한 회사

연 1회 이상 결산기를 정한 회사에 한하여 중간배당을 할 수 있다.(「상법」 제462조의3 제1항) 따라서 연2회의 결산기를 정한 회사는 중간배당을 할 수 없다. 즉, 6개월을 주기로 한 배당을 가능하게 하는 것이 입법의도이다. 다만 **상장회사에 대하여는 3월 말, 6월 말, 9월 말을 기준일로 하여 배당금을 지급할 수 있는 특례규정이 마련**되어 있다.(「자본시장법」 제165조의12 제1항) 분기배당금을 지급할 경우에는 기준일로부터 45일 내에 배당의 결의를 하도록 규정하고 있다. (동조 제2항)

2) 중간배당을 정한 정관 규정

중간배당은 정관에 정함이 있을 때에 한하여 할 수 있다.(「상법」제462조의3 제1항)

3) 중간배당의 기준일 확정

영업연도 중 '일정한 날'을 기준일(중간배당 기준일)로 정하여야 한다.(「상법」제462조의3 제1항) 원래 기준일은 회사 선택사항이지만(「상법」제354조제1항), 중간배당 경우는 강제되고 있다. 기준일은 년 1회에 한하므로 중간배당을 2회 이상 실시할 수는 없다.

「상법」은 '이사회 결의로 일정한 날을 정하여 그날의 주주에 대해 배당할 수 있음을 정관으로 정할 수 있다'고 규정하고 있는바, 「정관」에서 정하는 것은 중간배당의 가능여부이고, 중간배당 기준일을 반드시 정관에 특정하도록 요구하는 것은 아니라고 본다. 따라서 기준일은 이사회 결의로 정할 수 있다고 보는 것이 자연스러운 해석이다.[706]

그러나 **이에 대해서는 사안의 중요성에 비추어 기준일은 「정관」으로 특정해야 한다는 견**

---

705 김용범. 전게서. 2017. 478면. 김건식외 2인. 전게서. 2021. 612면, 이철송. 전게서. 2021. 1,009면, 임재연, 전게서 I ,박영사, 2014., 754면.

706 김건식외 2인. 전게서. 2021. 611면. 이종훈. 「회사법」. 2016. 423면. 최준선. 전게서. 2011. 668면. 정찬형. 전게서. 804면.

해도 있다.[707] 왜냐하면 이사회가 임으로 배당시기를 정할 수 있음으로써 얻어지는 이익에 비하여 배당시기가 고정되지 못함으로써 생기는 혼란이나 남용 가능성이 더 크다고 판단되기 때문이다.

따라서 **실무상으로는 기준일 결정을 이사회에 맡기지 않고 정관에 기준일을 명시하는 것이 바람직하다.**[708] **기준일을 미리 정관에 정해두지 않은 경우에는 이사회가 결정하여 그 기준일의 2주간 전에 공고**하여야 한다.(「상법」제462조의3 제5항, 354조의1 제4항)

4) 중간배당의 이사회 결의[709]

중간배당은 이사회 결의를 요한다. 중간배당 여부는 다른 요건이 충족되는 한 이사회 재량으로 정한다.(「상법」제462조의 3 제1항) 이사회 결의로 확정되고, 추후 주주총회의 추인을 요하지 않는다.

단, 2인 이하의 이사를 둔 소규모회사는 각 이사(정관에서 대표이사를 정한 경우는 대표이사)가 결정한다.(「상법」제383조 제6항, 제462조의 3 제1항)

4. 중간배당의 방법[710]

가. 중간배당청구권자의 확정

중간배당청구권 있는 주주는 중간배당기준일 주주명부에 주주로 기재된 자이다. 중간배당기준일은 이사회 결의로 정한다. 다만 「자본시장법」상 분기배당을 받는 주주는 「정관」으로 정하는 바에 따라 사업연도 중 그 사업연도 개시일 부터 3월, 6월 및 9월 말일 당시의 주주이다.(「자본시장법」 제165조의12 제1항)

나. 중간배당의 시기

중간배당은 연 1회 결산기를 정한 회사만이 할 수 있다. 연 2회 이상의 결산기를 정한 회사는 중간배당을 할 필요조차 없을 것이다.

다. 중간배당의 수단

중간배당에 관한 종래의 「상법」 제462조의3 제1항은 "…금전으로 이익을" 배당할 수 있다고 규정하므로 현물에 의한 중간배당은 허용하지 않았으나, 2011년 개정 「상법」은 "금전으로"를 삭제함으로써 **중간배당의 경우에도 「정관」의 규정에 의한 금전 또는 현물배당이 가능**하게 되었다.

따라서 법문상으로는 주식배당도 가능하다고 해석할 소지가 있으나, 주식배당은 주주총

---

707 이철송. 전게서. 2021. 1,009면, 권기범, 「현대회사법론」. 2017., 1190면.

708 김용범. 전게서. 2017. 479면. 「상장회사 표준정관」 제45조의 2에서는 중간배당의 기준일을 특정.

709 김용범. 전게서. 2017. 479면. 이철송. 전게서. 2021. 1,008면, 김건식외 2인. 전게서. 2021. 611면, 임재연, 전게서Ⅰ, 박영사, 2014., 754면.

710 김용범. 전게서. 2017. 480면. 이철송. 전게서. 2021. 1,008면, 임재연, 전게서Ⅰ, 2014., 754~755면.

회의 결의를 요하는 점(「상법」 제462조의2 제1항)에 비추어 이사회 결의에 의하여 결정되는 **중간배당에서는 주식배당은 할 수 없다.**

라. 중간배당금 지급시기와 소멸시효

중간배당의 지급시기와 소멸시효는 정기배당의 지급시기와 소멸시효와 같다. 따라서 회사는 중간배당을 정기총회의 재무제표 승인 또는 이사회의 중간배당 결의일로부터 1월 이내에 지급하여야 한다.

다만, 정기총회 또는 이사회에서 배당금의 지급시기를 따로 정하는 경우에는 그에 따른다.(「상법」 제462조의2 제1항) **중간배당지급청구권은 5년간 이를 행사하지 아니하면 소멸시효가 완성**한다.(「상법」 제464조의2 제2항)

Ⅳ. 주식배당

1. 주식배당의 의의[711]

주식배당은 배당가능이익의 일부를 자본금에 전입하여 금전 대신 새로이 발행하는 주식으로 하는 이익배당이다.

① **「금전 대신 주식으로」하는 이익배당이다. 따라서 먼저 배당하여야 할 이익이 금전으로 확정되고, 이를 주식으로 환산하여 배당**하게 된다. 즉, 기존의 주식 1주당 ○원 이라는 배당금이 결정되고, 그 배당을 주식의 가액으로 환산하여 신주를 발행하게 된다.

② **금전 대신 「새로이」 주식을 발행** 하여 **그 주식으로 이익배당**을 한다. 따라서 회사가 이미 보유하는 자기주식으로 배당하는 것은 현물배당에 해당하고 주식배당은 아니다.

③ **주식배당은 「이익배당」이다. 따라서 주식평등의 원칙에 따라 주주에게 주주 비율에 따라 무상으로 신주를 분배**한다. 그러나 배당할 이익이 자본금으로 전입되고 그로인해 신주가 발행되어 분배되는 것이니, 엄밀히 말하면 「무상」이라고 말하기는 어렵다. 다만 주주가 새로운 대가를 지급하지 아니하고 주식을 취득한 다는 뜻에서 「무상」이라고 표현할 수 있다.

주식배당은 주주에게 금전 등 회사 재산을 이전하는 대신 신주를 발행하기 때문에 회사재산이 감소하지 않는 다는 점에서 이익배당과 구별된다. 주식배당은 회사재산에는 변동 없이 발행 주식 수가 증가한다는 점에서는 주식분할과 같지만 아울러 자본금도 증가한다는 점에서 주식 수만 증가하는 주식분할과는 차이가 있다.

주식배당은 준비금의 자본금 전입에 의해 신주발행, 즉 무상증자와 유사하다. 무상증자도 회사재산의 변동 없이 자본금이 증가하며 주주가 보유 주식 수에 비례하여 신주를 무상으로 취득한다는 점에서 주식배당과 동일하다.

그러나 무상증자의 경우에는 전입되는 재원이 법정준비금인 데 비해 주식배당의 경우에

711 김용범. 전게서. 2017. 481면. 이철송. 전게서. 2021. 1,015~1,016면, 김건식외 2인. 전게서. 2021. 615~616면.

는 배당가능이익이라는 점에서 차이가 있다.

2. 주식배당의 성질[712]

주식배당제도가 생긴 이래 주식배당의 성질을 이익배당의 일종으로 보는 견해와 주식분할로 보는 견해가 대립해 왔다.

① **이익배당설 : 주식배당은 배당가능이익의 존재를 전제로 하고 그 이익이 줄어든다는 점에서 이익배당과 같다고 본다**(다수설 : 이철송, 정찬형, 최기원, 손주찬, 최준선, 임재연 등). 회사로서는 주식배당에 의해 배당금지급으로 감소될 재산이 주식의 발행가로 환수되므로 이익배당의 실질이 발견되고, 절차면에서도 주주는 이익배당결의에 의해 배당금지급 청구권을 취득하고, 이것이 주식발행으로 치환되므로 역시 이익배당의 실질을 갖는다는 것이 주된 논거이다.

② **주식분할설 : 주식배당은 그 전후를 통하여 회사의 순자산에 변동 없이 단순히 이익 또는 임의준비금 항목에서 자본금 항목으로 변경되는 것이고, 주식 수만 증가한다는 점에서 주식분할과 같다고 본다**(소수설 ; 정동윤, 임홍근, 김건식 등). 이 견해는 주식배당은 주식의 권면액으로 하며, 회사가 종류주식을 발행한 때에는 각각 그와 같은 종류의 주식으로 할 수 있다는 「상법」 제462조의2 제2항의 규정은 주식분할로 볼 때만 설명이 가능하다고 한다.

제도의 목적으로 생각해 볼 때 주식분할은 단순히 주식단위의 세분화를 통해 발행주식수를 늘리는 데 있으므로, 주식분할설에 의하면 주식 배당에 의하여 회사 자본금이 증가하는 것과 배당가능이익이 감소하는 것을 설명하기가 어렵다는 약점이 있다.

따라서 **주식배당은 ① 배당가능이익의 존재를 전제로 하며, ② 주식배당의 결의는 주주총회에서 한다는 점, ③ 주식배당의 결과 자본금이 증가한다는 점, ④ 주식배당의 결과로 생기는 단주에 대하여는 금전으로 배당하는 점 등에서 이익배당설이 타당**하다고 본다. 따라서 회사가 보유하고 있는 자기주식은 주식배당청구권이 없다.

3. 주식배당의 요건[713]

가. 주식배당의 제한

주식배당은 이익배당총액의 2분의 1에 상당하는 금액을 초과하지 못한다.(「상법」 제462조의2 제1항 단서) 환금성이 없는 주식이 과도하게 배당되지 않도록 하기 위함이다. 이 한도가 지켜지는 한 매 결산기마다 계속적으로 주식배당을 해도 무방하다.

그러나 **주권상장법인은 주식의 시가가 액면가 이상인 한 이익배당총액에 상당하는 금액,**

---

712 김용범. 전게서. 2017. 481~482면. 이철송. 전게서. 2021. 1,017~1,018면, 김건식외 2인. 전게서. 2021. 617~618면, 임재연, 전게서 I , 2014., 764면, 최준선, 「회사법 제6판」, 2011., 659면.

713 김용범. 전게서. 2017. 482~483면. 이철송. 전게서. 2021. 1,018~1,019면, 김건식외 2인. 전게서. 2021. 618~619면, 임재연, 전게서 I , 2014., 764~765면.

즉 전액까지 새로 발행하는 주식으로 이익배당을 할 수 있다. 다만 해당 주식의 시가가 액면액에 미치지 못하면 「상법」 제462조의2 제1항 단서에 따라 이익배당총액의 50%에 상당하는 금액을 초과하지 못한다.(「자본시장법」 제165조의13 제1항)

주권상장법인(이하 '상장회사'라 함)**에 한하여 주식시가가 액면가 이상인 한 이익 배당 전액을 주식배당으로 할 수 있는 특례규정을 둔 것은 상장주식은 환가가 용이하기 때문이다. 「상법」이 주식배당 총액을 제한하는 취지는 주주를 보호**하기 위함이므로 비상장 주식에서도 총주주가 동의한다면 전액 주식배당을 할 수 있다.

나. 배당가능이익의 존재

주식배당은 이익배당을 주식으로 하는 것이므로 금전배당과 마찬가지로 배당가능 이익이 있어야 한다. 다만 주식배당을 하는 부분에 대해서는 이익준비금을 적립할 필요가 없다.(「상법」제458조 단서) **주식배당에 대해서 이익준비금의 적립을 요구하지 않는 이유는 주식배당은 회사재산이 사외로 유출되는 것이 아니므로 따로 회사채권자를 위한 배려를 할 필요가 없기 때문이다.**

그러나 주식배당액은 이익배당 총액의 2분의 1을 초과할 수 없고, 그것은 금전배당 및 현물배당의 합계액을 넘을 수 없음을 뜻하므로 **이익준비금의 적립은 주식배당가능 이익을 제한**하는 뜻을 가진다.

다. 미발행수권주식의 존재

주식배당을 하면 그만큼 발행주식 총수가 증가한다.(「상법」제462조의2 제1항) **이 증가분이 발행예정주식총수**(「상법」제289조 제1항 제3호)**의 범위 내**이어야 한다.

발행예정주식총수 중 미발행부분이 배당주식수에 부족할 때에는 먼저 정관 변경을 하여 발행예정주식총수를 늘려 놓아야 한다.

4. 주식배당의 방법

가. 배당의안의 작성

주식배당도 이익배당이므로 금전배당 또는 현물배당·이익준비금과 함께 배당의안에 그 내용을 기재하여 이사회의 승인을 받아야 한다.

나. 주주총회의 결의[714]

주식배당은 **주주총회의 결의**에 의하여 한다.(「상법」제462조의2 제1항) 결의 요건에 아무런 정함이 없으므로 **보통결의**로 족하다. 법문을 보면 먼저 재무제표를 승인하고(「상법」제449조 제1항), 이어서 별도로 주식배당을 결의(「상법」제462조의2 제1항)하는 것이 정도일 것이다. 실

714 김용범. 전게서. 2017. 483~484면. 이철송. 전게서. 2021. 1,019~1,020면, 김건식외 2인. 전게서. 2021. 620면, 임재연, 전게서 Ⅰ, 박영사, 2014., 766~767.

제 편의상 두 가지 결의를 한 번에 하는 것을 막을 필요는 없다. 그 어느 쪽이라도 불만이 있는 주주는 수정동의를 제출할 수 있기 때문이다.

그러나 재무제표를 이사회 결의로 승인할 수 있도록 「정관」이 정하는 경우(「상법」 제449조의2 제1항)에는 이익배당도 이사회결의로 정한다.(「상법」제462조제2항 단서) 단, **주식배당은 이사회 결의로 정할 수 없으므로, 이사회가 결정한 이익배당을 주식 배당으로 하고자 하는 경우에는 다시 주식배당에 관한 주주총회 결의**가 있어야 한다.

다. 주식평등/주주평등의 원칙

주식배당을 함에 있어서는 주식평등의 원칙/주주평등의 원칙에 유념하여야 한다. 예컨대 주주 간에 차등을 두어 어떤 주주에게는 금전배당을, 어떤 주주에게는 주식배당을 함은 주식평등의 원칙/주주평등의 원칙에 반하므로 위법이다.[715]

주식의 종류에 따라 이와 같은 차별을 하는 것도 위법이다.[716] 그러나 종류주식을 발행하는 경우에는 「정관」의 정함에 따라 보통주에는 주식배당을 하더라도 우선주에는 금전배당을 행한다는 식으로 규정하는 것을 막을 필요는 없다는 주장도 있다.[717]

라. 발행가와 단주의 처리[718]

주식배당으로 인해 발행하는 신주의 발행가액에 대해서는 「주식의 券面額으로 한다」고 규정(「상법」제462조의2 제2항)하고 있어, 주주총회에서 발행가를 정할 여지는 없다. 이는 자본충실 이유에서 액면가 이하도, 이상도 발행을 허용하지 않겠다는 뜻으로 본다.

주식배당을 한 결과 거래단위에 미달하는 수의 주 즉, 端株가 생길수가 있다. **단주는 경매하여 그 대금을 주주에게 지급하되, 거래소 시세가 있는 주식은 거래소를 통하여 매각하고 그 대금을 지급**하여야 한다.(「상법」 제462조의2 제3항→제443조 제1항)

마. 종류주식에 대한 주식배당

종류주식을 발행한 회사가 주식배당을 하는 경우 종류가 다른 주식 간에 배당주식의 종류를 달리하여야 하는가? 이익배당설을 취한다면 당연히 종류가 다른 주식 간에도 같은 종류의 주식(즉,보통주)으로 배당하여야 할 것이나, 「상법」은 각기 같은 종류의 주식으로 할 수 있다고 규정하고 있다.(「상법」 제462조의2 제2항)

「상법」 제462조의2 제2항의 해석과 관련하여, **회사가 종류주식을 발행한 때에는 반드시 각각 그와 같은 종류의 주식으로 배당하여야 한다는 견해[719]도 있고, 각각 그와 같은 종류의**

---

715 김용범. 전게서. 2017. 484면. 이철송. 전게서. 2021. 1,020면, 김건식외 2인. 전게서. 2021. 619면.

716 김용범. 전게서. 2017. 484면. 이철송. 전게서. 2021. 1,020면.

717 김건식외 2인. 전게서. 2021. 619면.

718 김용범. 전게서. 2017. 484면. 이철송. 전게서. 2021. 1,020면, 김건식외 2인. 전게서. 2021. 619면.

719 정동윤, 「상법(상) 제6판」, 법문사. 2012. ,788면, 정경영, 「(개정판) 상법강의」, 박영사, 2009., 628면, 정무동, 「(제2전정판) 상법강의(상)」, 박영사, 1996., 586면.

주식으로 배당해도 되고 주주총회의 결의에 의하여 동일한 종류의 주식으로 배당할 수 있다고 해석하는 견해[720]도 있다.

주식배당은 기본적으로 각 주식에 대해 정해진 배당금을 주식으로 환산하여 신주를 발행한다는 思考로 보면 주식으로 환산하는 단계에서 종류별로 차별함은 주식평등의 원칙/주주평등의 원칙에 반한다. 그러므로 **모든 주식에 대해 보통주로 배당하는 것이 원칙이나, 법상 종류별 차별을 허용하는 바이므로 후자의 견해가 타당**하다고 본다.

따라서 **보통주의 주주에게는 보통주로, 우선주의 주주에게는 우선주로 주식배당을 해도 되고, 모든 주주에게 보통주로 주식배당**을 해도 된다.

바. 자기주식에 대한 주식배당

주식배당의 본질을 이익배당으로 본다면, 회사는 자기주식에 대해 이익배당 청구권이 없으므로 자기주식에 대하여는 주식배당을 받을 수 없다.

그러나 **주식배당의 본질을 주식분할로 보는 견해에서는 당연히 자기주식에 대하여도 주식배당을 인정**하고 있다.

사. 무액면주식에 대한 주식배당

주식배당은 주식의 권면액(券面額)으로 한다는 「상법」제462조의2 제2항은 배당할 이익을 액면금액으로 나눈 수의 주식을 발행함을 의미한다. 따라서 **액면 가액이 없는 무액면주식의 경우에는 주식배당이 불가능하다. 만약 주식 수를 늘릴 필요가 있다면 주식분할을 실시하면 될 것**이다.[721]

이 견해에 의하면, 신주발행 가액이 액면가액을 초과하거나 미달하는 것은 허용되지 않으므로 주식배당의 총액은 자본금의 증가액과 정확히 일치하게 된다. 다만 주식의 시가가 액면가액을 상회하는 때에는 주식배당이 금전배당보다 주주에게 유리할 수 있다.

그러나 「상법」 제462조의2 제2항의 규정은 액면주식의 경우 주식배당총액을 액면으로 나눈 수의 주식을 발행할 수 있다는 기준을 규정한 것이며, 이 규정을 무액면주식의 주식배당을 불허하는 근거로 볼 수 없으며, 주식배당 자체의 근거는 「상법」 제462조의2 제1항이므로 무액면주식도 주식배당의 대상이 될 수 있다고 주장하는 일부 견해도 있다.[722]

아. 배당통지 및 공고, 등기, 주권의 발행[723]

이사는 주식배당의 결의가 있을 때에는 지체 없이 배당을 받을 주주와 주주명부에 기재된 질권자에게 그 주주가 받을 주식의 종류와 수를 통지하고, 무기명식의 주권을 발행한 경

---

720 이철송, 전게서, 2021, 1,020면, 정찬형, 「(제15판)상법강의(상)」, 2012, 1,125면, 임재연, 전게서 Ⅰ, 박영사, 2014., 765.

721 김용범, 전게서, 2017, 485면, 이철송, 전게서, 2021, 1,016면, 김건식외 2인, 전게서, 2021, 619면.

722 임재연, 전게서Ⅰ, 박영사, 2014., 766.

723 김용범, 전게서, 2017, 486면, 이철송, 전게서, 2021, 1,021면, 김건식외 2인, 전게서, 2021, 620면, 임재연, 전게서Ⅰ, 박영사, 2014., 768~769면.

우에는 결의 내용을 공고하여야 한다.(「상법」제462조의2 제5항)

주식배당에 의해 발행주식수와 자본금이 증가하게 되므로 주주총회의 결의가 있는 날로부터 본점소재지에는 2주간 내, 지점소재지에서는 3주간 내에 변경등기를 하여야 한다.(「상법」제317조 제4항, 제183조, 제317조 제2항 제2호 및 제3호)

주식배당에 의하여 주주가 취득한 新株에 관해서는 株券을 발행하여야 한다. 그 시기에 대해서는 明文의 규정이 없으나 「상법」 제355조 제1항을 유추 적용하여 지체 없이 발행하여야 한다고 보아야 한다.

5. 주식배당의 효과[724]

가. 주식수와 자본금의 증가

주식배당을 하게 되면 배당가능이익이 자본화되어 자본금이 증가하게 되고, 신주의 발행으로 인하여 이를 액면 가액으로 나눈 수만큼 발행 주식 수가 증가하게 된다. 그러나 순자산은 불변이다.

주식배당에 의하여 각 주주의 지분은 원칙적으로 변동하지 않지만, 端株는 환가하여 배당을 하고, 또 종류주식을 발행한 경우에는 종류에 따라 배당이 달라지는 것과 같이 배당되는 주식수도 달라지게 되므로 모든 주주의 지분이 같은 비율로 늘어나는 것은 아니다. 따라서 주식배당 전후의 지분구조가 달라 질 수도 있게 된다.

나. 신주의 효력발생시기

주식을 배당하는 주주는 당해 결의가 있은 '주주총회가 종결한 때'부터 新株의 주주가 된다.(「상법」제462조의2 제4항) 원래 주식배당의 경우에는 인수·납입의 절차가 필요하지 않으므로 주주총회 결의 시에 바로 효력이 발생하게 할 수도 있었을 것이다.

그러나 주주총회 도중에 신주발행의 효력이 발생한다면 주주의 보유주식 수의 변동이 생겨 주주총회의 진행 상 불편을 초래할 수도 있다. 따라서 그러한 불편을 피하기 위하여 신주의 효력발생시기를 '주주총회가 종결한 때'로 명시한 것이다.

다. 질권 및 양도담보권의 효력

등록질권자의 권리는 주식배당에 의하여 주주가 받을 주식에 대하여 미친다.(「상법」 제462조의 2 제6항 전단) 그리고 이 경우 등록질권자는 회사에 대하여 株券의 교부를 청구할 수 있다.(「상법」제462조의2 제6항 후단, 제360조 제3항)

약식질에 관하여는 위와 같은 明文의 규정이 없는데, 이익배당설을 취하는 견해에 의하면 주식배당의 본질은 이익배당이며, 약식질은 이익배당에 효력이 미치지 않는다고 보는 까닭에, 주식배당에는 약식질의 효력이 미치지 아니한다고 본다.

---

724 김용범. 전게서. 2017. 486면. 이철송. 전게서. 2021. 1,021~1,022면, 김건식외 2인. 전게서. 2021. 621~622면, 임재연, 전게서 Ⅰ, 박영사, 2014., 767~768면.

양도담보의 경우에도 질권과 거의 마찬가지의 설명이 타당하다. 담보주식의 명의가 그대로 설정자의 명의로 되어 있는 경우에는 약식질과 같다. 주주명부의 명의가 담보권자인 경우에는 주식배당에 의한 신주도 담보권자에게 교부된다는 점에서 등록질과는 차이가 있다.

V. 위법배당의 효과

1. 총설

법령·정관에 위반하여 행하여진 이익배당을 **위법배당**이라 한다. 배당가능이익이 없음에도 불구하고 배당하거나 이를 초과하여 배당한 것은 전형적인 위법배당이나, 그 밖에도 배당절차·기준·시기·방법 등에 하자가 있거나 주식평등의 원칙/주주평등의 원칙에 위반하는 등 위법의 사유는 다양하다.

가. 위법배당의 분류[725]

1) 실질적 위법배당과 절차적 위법배당

배당의 실질적요건(배당가능이익, 미발행수권주식, 주식평등의 원칙/주주평등의 원칙 등)**에 위반하여, ① 배당가능이익이 없거나 이를 초과하여 행하여진 이익배당, ② 정관상 미발행수권주식수를 초과한 주식배당, ③ 주식평등의 원칙/주주평등의 원칙에 위반한 배당 등을 실질적 위법배당**이라 하고, **배당 관련절차를 위반한 배당을 절차적 위법배당**이라 한다.

2) 협의의 위법배당과 광의의 위법배당

배당가능이익이 없거나, 있어도 그 액을 초과하여 이익배당을 함으로써 주식회사의 자본충실을 해하여 회사채권자의 지위를 불안정하게 하는 것을 '협의의 위법배당'이라 하고, 이에 한하지 않고 널리 법령·정관에 위반하는 이익배당을 하는 것을 '광의의 위법배당'이라 한다.

협의의 위법배당은 자본금충실을 침해하는 것으로써 회사의 이익뿐만 아니고 회사 채권자의 이익도 침해하는 것이다. 따라서 양자는 회사채권자가 직접 주주를 상대로 회사에 대한 반환청구의 가능성 여부에 있어서 차이가 있다. 즉, 회사 채권자의 반환청구권이 협의의 위법배당에서는 인정되나, 광의의 위법배당에서는 인정되지 않는 다는 점이다.

나. 위법배당의 효과

「상법」은 위법배당의 경우 해당 자체의 사법상 효력과 반환청구에 대하여 규정하고, 그 밖에 위법배당에 대하여는 이사 · 감사의 손해배상책임이 발생하고 형사벌칙이 적용된다. **「상법」상 위법배당에 대한 반환청구권은 배당받은 주주의 선의·악의를 불문하고 행사할 수 있다는 것**이 통설이다.

2. 위법 이익배당

가. 의의

---

725 김용범. 전게서. 2017. 487~488면. 임재연, 전게서 I, 박영사, 2014., 769면.

위법한 이익배당(금전배당 · 현물배당)은 ① 배당가능이익이 없는 배당(협의의 위법배당)과, ② 기타 위법한 배당으로 분류할 수 있고, 이러한 분류에 따라 구체적인 구제방법 또는 해결법리가 다르다.

나. 배당가능이익 없는 배당

「상법」제462조가 정하는 배당가능이익이 없는 상태에서 배당을 하거나, 제462조의3 제2항이 정하는 이익이 없는 상태에서 중간배당을 하는 것은 배당 시 지켜야 할 중요한 강행법적 원칙/강행 규정을 위반한 것이므로 무효이다. 따라서 회사는 물론 회사채권자도 주주를 상대로 위법배당금을 회사에 반환할 것을 청구할 수 있다.

대차대조표상으로 배당가능이익이 없는데 배당결의를 하는 수도 있겠지만, 자산의 과대평가, 부채의 과소 계상 등을 통해 가공이익을 만들어(분식계산) **배당**하는 경우가 많다(소위 **'낙지배당' '제꼬리 배당'**이라 함).[726]**어느 것이나 배당가능이익이 없이 한 위법한 배당**에 해당한다.

1) 회사의 반환청구

배당가능이익이 없이 한 이익배당은 배당결의의 효력에 의해 비로소 적법여부가 가려질 수 있는 것이 아니라, 그 자체가 이미 위법한 요소를 안고 있다. 다시 말해 **이익이 없이 이익배당금을 지급하는 행위 자체가 자본충실에 어긋나고 強行規定**(「상법」 제462조 제1항)**에 위반되므로 무효**이며, 그 위법성은 배당결의와 관계없이 독자적으로 판단되는 것이다. 그러므로 결의무효 확인의 訴의 性質論과 무관하게 위법배당은 **不當利得返還의 法理**(「민법」제741조)에 의해 회사가 직접 반환을 청구할 수 있다고 본다.[727]

대법원 판례의 입장을 보더라도 주주총회결의의 효력이 그 회사가 아닌 제3자간의 소송에 있어 선결문제로 된 경우에는 당사자는 언제든지 당해 소송에서 주주총회 결의가 처음부터 무효 또는 부존재한다고 다투어 주장할 수 있는 것이고, 반드시 먼저 회사를 상대로 제소하여야만 하는 것은 아니라는 입장이므로(**확인소송설**)[728] 회사는 주주에게 위법배당반환청구를 하기 위하여 반드시 결의 무효 확인판결을 선결적으로 받을 필요는 없다.

위법배당금의 반환의무의 부담에 관하여는 다수설은 주주는 선의·악의를 불문하고 반환의무가 있다고 한다.[729] 이에 반하여 소수설은 주식거래의 안전과 주주의 보호를 근거로 선의 주주의 반환의무를 부정한다.[730] 그러나 주주의 선의와 악의를 구별하기가 어렵고 무상의 수혜행위인 이익배당에 관해서는 회사의 내부자인 주주의 거래 안전을 보호 할 필요보다는 외부자인 채권자를 위한 자본유지가 더 중요하므로 다수설이 타당하다고 본다.[731]

---

726 소위 낙지와 문어는 배가 고프면 자기의 발을 끊어먹는 버릇이 있다. 회사가 이익 없이 배당하는 것은 마치 낙지나 문어의 생태와 같다 하여 흔히 「낙지배당」, 「문어배당」, 또는 「제꼬리배당」이라 부른다.

727 김용범. 전게서. 2017. 489면. 이철송. 전게서. 2021. 1,023면. 최준선. 740면. 정찬형. 1202면.

728 대법원 2011. 6. 24. 선고 2009다35033 판결.

729 이철송. 전게서. 2021. 1,023면, 정동윤, 「상법(상)」, 2012., 784면, 정찬형, 전게서, 2014., 1135면.

730 上柳克郎 · 龍田節외. 「新版 註釋會社法(1)~(14)」. 1985~90. 17면. 정동윤. 784면. 서헌제. 1060면.

731 김용범. 전게서. 2017. 489면. 이철송. 전게서. 2021. 1,023면. 김건식외 2인. 전게서. 2021. 609면.

「민법」은 법률상 원인 없이 타인의 손실에 의하여 받은 이익을 반환하여야 한다고 규정하고 있고(「민법」제741조), 그러므로 원칙적으로 부당이득한 수익자는 받은 이익전부를 반환하여야 한다.(**전부반환의 원칙**) 이 원칙을 그대로 관철하면 선의수익자에게 너무 가혹한 결과를 가져오기 때문에 선의일 경우에는 「민법」 제748조의 부당이득의 반환법리에 따라 이익이 현존하는 범위에서 반환하면 된다는 설[732]과 부당 이득이 금전인 경우에만 이익이 현존하는 범위에서 반환하면 된다는 설[733]이 있다.

그러나 「민법」제748조는 개인법적 거래당사자들 간에 부당이득에 관한 유책성에 따라 相當性있는 이해조정을 위해 둔 특칙이나, 위법배당으로 인한 회사의 손실은 다른 주주 및 채권자의 손해로 파장이 미치는 조직법적인 거래이므로 이 규정의 적용대상이 아니라고 보며, 또한 배당은 출자자와 회사 간의 자본거래로서 선의자의 보호법리가 적용될 법률관계가 아니다. 따라서 위법배당으로 인한 부당이득은 전액 반환해야 한다고 본다.[734]

2) 회사채권자의 반환청구[735]

배당가능이익이 없는 위법배당은 채권자를 위한 責任財産[736]을 감소시키므로 회사 채권자도 직접 주주를 상대로 반환금의 반환을 청구할 수 있다.(「상법」제462조 제3항, 제462조의3 제6항) 다만 채권자는 자기에게 반환하라고 청구하는 것이 아니라 회사에 반환하라고 청구하는 것이다. 배당 당시의 채권자뿐만 아니라 그 이후의 채권자도 반환 청구가 가능하다.

채권자의 반환청구권은 회사의 권리를 代位[737]하는 것이 아니라 채권자 보호를 위하여 「상법」이 특히 인정한 權能[738] 이다. 그러므로 채권자대위의 요건[739] (「민법」 제404조)의 구비에 관계없이 반환을 청구할 수 있다. 예컨대 변제기에 이르지 않은 채권의 채권자라도 법원의 허가 없이 반환을 청구할 수 있다.(「민법」제404조 제2항)

채권자는 회사의 청구유무에 관계없이 반환을 청구할 수 있다. 위법배당이 회사의 辨濟自力에 어떤 영향을 미치느냐에 관계없이 청구할 수 있다. 즉 辨濟 自力이 부족해지는 것은 청구 요건이 아니다. 그리고 위법한 배당 전액의 반환을 청구할 수 있으며, 자기의 채권액에 국한하여 청구할 수 있는 것이 아니다.[740]

채권자의 반환청구권도 배당결의의 무효확인의 소를 제기함이 없이 행사할 수 있다. 그

---

732 이철송. 전게서. 2021. 1,023면.

733 대법원 1996. 12. 10. 96다32881 판결

734 김용범. 전게서. 2017. 490면. 이철송. 전게서. 2021. 1,023면.

735 김용범. 전게서. 2017. 490면. 이철송. 전게서. 2021. 1,023~1,024면.

736 특정한 청구에 대한 강제집행에 의하여 채권자에게 만족을 줄 수 있는 재산을 말한다.

737 代位란 권리의 주체 또는 객체인 지위에 대신한다는 의미의 용어로 「민법」상 여러 가지의 경우에 사용한다. 예를 들면 채권자 대위권, 대위변제, 배상대위, 보험자대위, 물상대위 등이다.

738 權能이란 권리의 내용을 이루는 개개의 법률상의 힘을 말한다. 예를 들면 소유권은 권리이지만 사용권, 수익권, 처분권은 권능이다.

739 채권자대위권이란 「민법」상의 채권자가 자기의 채권을 보전하기 위하여 자기의 이름으로 채무자의 권리를 행사할 수 있는 권리를 말한다. 행사요건으로는 ① 피보전채권이 존재할 것, ② 피보전 적격이 있을 것, ③ 채권보전의 필요성이 있을 것, ④ 채무자가 권리 행사를 하지 않을 것, ⑤ 채권자의 채권이 이행기에 있을 것 등이다. - 참조 : 위키대백과, 지원림의 민법강의

740 김용범. 전게서. 2017. 490면. 上柳克郎외, 전게서, 1985~90. 18면. 이철송. 전게서. 2021. 1,024면.

러므로 어떠한 방법으로든지 청구할 수 있으나, 訴에 의할 때에는 회사의 본점 소재지를 관할지방법원에 제기하여야 한다.(「상법」 제462조 제4항, 제186조) 회사가 청구할 때와 같이 위법배당을 받은 주주의 선의·악의를 가리지 않는다.[741]

다. 절차적/실질적 위법 배당[742]

1) 위법 사유

배당가능이익의 범위 내에서 배당이 이루어졌더라도 **이익배당결의 자체에 하자가 있거나**(절차적 위법), **주주평등/주식평등의 원칙에 위반한 내용의 배당결의를 한 경우**(실질적 위법)**에는 위법한 배당으로 무효**가 된다.

2) 반환청구권자

배당가능이익 범위 내의 배당인 한 기타의 위법의 경우에는 회사의 책임재산 감소로 인한 손해가 없으므로 회사채권자는 위법배당액의 반환을 청구할 수 없다. 다만, 이 경우에도 회사는 위법배당액의 반환을 청구할 수 있다.

3) 선결 문제

주주총회 결의취소의 訴는 결의무효 확인의 訴와 달리 형성의 訴[743]이므로 주주총회의 이익배당결의에 결의취소사유[744]가 있는 경우에 회사가 반환청구를 하려면 반드시 먼저 결의취소판결을 받아야 한다.

결의취소의 訴는 주주·이사·감사가 제소할 수 있는데, 결의취소판결은 대세적 효력[745]이 있으므로 결의취소의 訴의 제소원고가 누구인지를 불문하고 위법배당을 받은 주주는 회사의 반환청구에 대하여 배당결의의 하자를 부인할 수 없다.

4) 재량기각의 경우

결의 취소의 訴가 제기된 경우에 취소사유가 존재하더라도 결의의 내용, 회사의 현황과 제반 사정을 참작하여 그 취소가 부적당하다고 인정한 때에는 법원은 그 청구를 기각할 수 있다.(「상법」 제379조)

그러나 결의취소의 訴가 재량기각 된 경우에는 원고 패소판결에 불구하고 취소사유는 존재하는 것이므로 이 판결에 기해 회사는 배당결의의 하자를 이유로 반환청구를 할 수 있다. 다만, 결의취소의 訴에 대한 재량기각 판결에는 대세적 효력이 없으므로, 위법배당을 받은

741 김용범. 전게서. 2017. 490면. 이철송. 전게서. 2021. 1,024면.

742 김용범. 전게서. 2017. 491~495면. 임재연, 전게서 I, 박영사, 2014., 771~772면.

743 형성의 訴란 법률관계의 변동을 목적으로 하는 소송으로서, 형성판결에 따라서 형성요건의 존재를 확정함과 동시에 새로운 법률관계를 발생케 하거나 기존 법률관계를 변경시키거나 소멸시키는 창설적 효과가 있는 소송을 말한다. 참고 : 이병태, 법률용어사전, 2011. 1. 15. 법문북스.

744 결의취소의 사유는 "주주총회의 소집절차 또는 결의방법이 법령 또는 정관에 위반하거나 현저하게 불공정한 때 또는 그 결의의 내용이 정관에 위반한 때"이다.(「상법」제376조 제1항)

745 기판력의 주관적 범위에 관한 민사소송의 일반원칙과는 달리, 결의취소판결은 소송당사자 외의 모든 제3자에게 그 효력이 미친다. 즉 이를 대세적 효력이라 한다.(「상법」제376조 제2항, 제190조) 따라서 소송당사자를 포함한 어느 누구도 결의의 유효를 주장할 수 없다.

주주는 회사의 반환청구에 대하여 배당결의의 하자를 다툴 수 있다.

3. 위법 중간배당

가. 의의

위법중간배당이란 ① **직전 결산기에 배당가능이익이 현존하니 않거나, ② 당해 결산기의 대차대조표상의 순자산액이 「상법」 제462조 제1항 각 호의 금액**(배당가능 이익 산정 시 공제금액)**의 합계액에 미치지 못할 우려가 있음에도 불구하고 중간배당을 하는 것**을 말한다.

중간배당의 형식적 요건으로는 연 1회의 결산기를 정한 회사는 영업연도 중 1회에 한하여 이사회 결의로 일정한 날을 정하여 그날의 주주에 대하여 이익배당(중간배당)할 수 있음을 정관으로 정할 수 있다.(「상법」 제462조의3 제1항) 따라서 중간 배당의 경우에는 주주총회의 배당결의와는 달리 절차적 위법문제가 발생할 가능성이 별로 없을 것이다.

나. 회사/채권자의 반환청구권[746]

위법한 중간배당에 대하여도 회사의 반환청구권(「민법」제741조) 및 회사채권자의 반환청구권(「상법」제462조의3 제6항, 제462조 제3항)이 인정된다.

다.「상법」준용 규정의 문제[747]

회사는 당해 결산기의 대차대조표상의 순자산액이 「상법」 제462조 제1항 각 호의 금액(배당가능이익 산정 시 공제금액)의 합계액에 미치지 못할 우려가 있는 때에는 중간 배당을 할 수 없다.(「상법」 제462조의3 제3항)

그런데 「상법」 제462조의3 제6항은 이러한 제3항의 규정을 위반하여 중간배당을 한 경우에 대하여 회사채권자의 반환청구권 규정(「상법」 제462조 제3항)과 전속 관할 규정(「상법」 제462조 제4항)을 준용한다고 규정한다.

반면에 직전 결산기의 대차대조표상 배당가능이익에 관한 제2항의 규정에 위반하여 중간배당한 경우에는 위법중간배당으로서 회사채권자의 반환청구권이 인정되어야 하는데, 위 준용규정에서는 누락되어 있다.

이는 입법의 불비이고, 제2항의 규정에 위반한 경우에는 회사채권자의 반환청구권은 당연히 인정되는 것으로 해석해야 한다. 다시 말해 배당가능이익 없이 중간배당한 경우(「상법」 제462조의3 제2항)에 채권자의 반환청구가 가능하도록 입법적 보완이 필요하다.

라. 초과배당에 대한 차액배상책임[748]

당해 결산기 대차대조표상의 순자산액이 「상법」제462조 제1항 각 호의 금액(배당가능이익

---

746 김용범. 전게서. 2017. 492면. 임재연, 전게서 Ⅰ, 박영사, 2014., 773면.

747 김용범. 전게서. 2017. 492면. 임재연, 전게서 Ⅰ, 2014., 773면, 이철송. 전게서. 2021. 1,011면.

748 김용범. 전게서. 2017.493면. 임재연, 전게서 Ⅰ, 2014. 773~774면, 이철송. 전게서. 2021. 1,009면.

산정 시 공제금액)의 합계액에 미치지 못함에도 불구하고 중간배당을 한 경우 이사는 회사에 대하여 연대하여 그 차액(배당액이 그 차액보다 적을 경우에는 배당액)을 배상할 책임이 있다.(「상법」 제462조의3 제4항 본문)

그러므로 중간배당은 이사가 당해 결산기에 이익이 발생하거나 최소한 손실이 발생하지 않는다는 확신하에 실시할 수 있는 것이다. 그러나 이사에게 이 같은 무과실 책임을 지우는 것은 가혹하므로 과실책임으로 하되, 우리 「상법」은 이사에게 무과실에 대한 증명책임을 부과시키고 있다.

즉 이사가 당기 결산기에 손실이 발생할 우려가 없다고 판단함에 있어 주의를 게을리 하지 아니하였음을 증명한 때에는 배상책임을 면한다.(「상법」 제462조의3 제4항 단서) 중간배당에 대해서는 이사에게 무과실의 증명을 요하므로 이사의 책임에 관한 일반원칙인 추궁하는 자의 증명책임에 대한 예외를 이룬다.

이사회의 중간배당 결의에 찬성한 이사도 연대하여 책임을 지며(「상법」 제462조의3 제6항, 제399조 제2항), 이사의 책임을 면제하려면 주주 전원의 동의가 필요하지만(「상법」 제462조의3 제6항, 제400조 제1항), 「정관」이 정하는 바에 의해 이사의 책임을 소정의 액으로 경감[749]할 수 있다.(「상법」 제462조의3 제6항, 제400조 제2항)

4. 위법 주식배당[750]

가. 신주발행의 위법

주식배당이 위법한 경우에는 이로 인해 발행된 신주의 효력이 아울러 판단되어야 할 것이므로 신주발행무효의 訴 에 관한 「상법」제429조를 유추 적용하여 訴에 의해서만 주식배당의 무효를 주장할 수 있다고 보아야 한다.(통설) 그러나 주주가 주금을 납입한 바가 없으므로 주금을 환급(「상법」 제432조)해 주는 문제는 생기지 아니한다.

대신 이익배당 자체는 유효한데 이를 주식으로 환산 · 발행하는 절차가 무효인 경우(예: 발행예정총수를 초과하는 발행)에는 주식이 무효로 되는 대신 배당금을 지급해야 할 것이다. 어떠한 경우든 신주의 무효는 소급효가 없는 까닭에(「상법」제431조 제1항) 판결 시까지 배당된 신주가 유효함을 전제로 한 모든 행위는 유효하다.

주식배당에 의해서는 회사재산이 현실로 주주에게 이전된 바가 없고, 신주발행무효 판결에 의해 주주의 배당신주는 소멸되므로 배당가능이익 없이 주식배당을 했다 하더라도 채권자의 반환청구(「상법」 제462조 제3항)는 인정되지 않는다. 따라서 회사 채권자는 신주발행무효의 訴의 제소권자가 아니다.

그러나 위법한 주식배당은 자본금충실의 원칙에 반하는 것이므로 신주발행무효의 訴의 원인이 된다고 보아야 한다. 따라서 주주·이사·감사는 신주발행일로부터 6월 이내에 신주발행무효의 訴를 제기할 수 있고(「상법」 제429조), 주식배당이 있기 전에는 신주 발행의 유지

749 최근 1년간의 보수액의 이사는 6배, 사외이사는 3배를 초과는 금액에 대하여 면제할 수 있다.

750 김용범. 전게서. 2017. 493면. 임재연, 전게서 I , 2014, 774~775면, 이철송. 전게서. 2021. 1,025면.

를 청구할 수 있다.(「상법」 제424조)

나. 신주발행무효판결 확정시

주주·이사·감사가 신주발행무효의 소를 제기하여 신주발행무효판결이 확정되면 신주는 장래에 대하여 그 효력을 상실한다. 이와 같이 소급효과 제한되므로 그 간의 신주에 대한 이익배당, 의결권 행사, 신주의 양도 등은 유효하다.

통상의 신주발행무효판결확정시 회사는 신주의 주주에 대하여 그 납입한 금액을 반환하여야 하지만(「상법」 제432조 제1항), 주식배당의 경우에는 주주가 주금을 납입한 바가 없으므로 주금반환 의무는 없다.

다. 제소기간 경과시

신주발행무효의 訴의 제소기간이 경과하면 신주발행무효사유에도 불구하고 신주발행은 확정적으로 유효하다. 이러한 경우 주식배당에 의하여 신주를 취득한 주주는 그 신주의 대가를 회사에 반환하여야 하고, 주주가 임의로 납입하지 않은 경우 「상법」제462조 제2항을 유추 적용하여 회사채권자가 반환청구권을 행사할 수 있다.

5. 이사·감사 등의 책임

가. 손해배상 책임

1) 의의[751]

위법한 내용의 配當議案을 작성·집행한 이사·집행임원, 이사회에서 위법한 배당의안을 승인한 이사들, 그리고 그 위법한 내용의 배당의안의 監査를 게을리 한 監事/監査委員은 회사에 대하여 연대하여 손해배상 책임을 부담하고, 이들에게 고의 또는 중과실이 있는 경우에는 회사·채권자 및 주주 등 제3자에게도 손해 배상책임을 부담한다.(「상법」 제399조, 제401조, 제408조의8, 제415조의2 제7항)

2) 손해배상책임의 범위

손해배상 책임범위에 관하여 대법원 2007. 11. 30. 선고 2006다19603 판결은

① **회사의 손해**에 대해 "기업회계기준에 의할 경우 회사의 당해사업연도에 당기순손실이 발생하고 배당가능이익이 없는데도, 당기순이익의 발생과 배당 가능한 이익이 있는 것처럼 재무제표가 분식되어 이를 기초로 주주에 대한 이익배당금의 지급과 법인세의 납부가 이루어진 경우, 특별한 사정이 없는 한 회사는 그 분식 회계로 말미암아 지출하지 않아도 될 주주에 대한 이익배당금과 법인세납부액 상당을 지출하게 되는 손해를 입게 되었다."

② **인과관계**에 대해 "「상법」상 재무제표를 승인받기 위해서 이사회 결의 및 주주총회

751 김용범. 전게서. 2017. 494면. 임재연, 전게서 I, 2014..775면, 이철송. 전게서. 2021. 1,017면.

결의 등의 절차를 거쳐야 한다는 사정만으로는 재무제표의 분식회계 행위와 회사가 입은 손해 사이에 인과관계가 단절된다고 할 수 없다."

③ **손익상계**에 대해 "손해배상액의 산정에 있어 손익상계가 허용되기 위해서는 손해배상책임의 원인이 되는 행위로 인해 피해자가 새로운 이득을 얻었고, 그 이득과 손해배상책임의 원인인 행위사이에 **상당인과관계**가 있어야 한다."

따라서 "분식회계로 발생한 가공이익이 차후 사업연도에 특별손실로 계상됨 으로써 이월결손금이 발생하고, 그 후 우연히 발생한 채무면제익이 위 결손금의 보전에 충당함으로써 법인세가 절감된 경우 위 분식회계로 인하여 회사가 상당 인과관계 있는 새로운 이득을 얻었다고 할 수 없다." 라고 판시하고 있다.

3) 위법한 주식배당의 경우[752]

배당가능이익이 없음에도 주식배당을 한 경우 이사·감사의 손해배상책임 인정 여부에 대하여, 회사에 현실적인 손해가 발생하지 않는다는 점을 이유로 손해배상책임을 부정하는 견해도 있다.

그러나 **위법한 주식배당**은 이사의 법령위반에 해당하고 신주발행무효의 訴에 따른 소송비용 등 회사의 손해가 발생할 수도 있으므로 회사에 손해가 없다고 단정할 수도 없다. 따라서 **이사·감사의 손해배상책임을 인정하는 것이 통설**이다.

나. 자본금충실 책임

배당가능이익이 없음에도 주식배당을 한 경우 신주배당이 무효로 되고 자본금 전입도 무효로 된 경우에는 당연히 이사·감사의 자본금충실책임이 발생하지 않는다. 다만 신주발행등기 이후에는 이사가 자본금 충실책임(상법 제428조)도 부담한다는 견해가 있다.[753]

그러나 주식배당 경우에는 주식의 인수가 없으므로 자본금충실의 책임까지 인정하는 것은 무리이며, 신주발행 시에 이사의 인수담보책임은 등기 후에 아직 인수되지 아니한 주식이 있거나 주식인수의 청약이 취소된 때에 발생하는데, 주식배당의 경우에는 이런 경우가 생긴다고 보기가 어렵기 때문에 자본금충실책임을 부정하는 것이 타당하다.[754]

다. 해임 사유

위법배당에 관여한 이사와 감사(감사위원 포함)는 그 직무에 관하여 법령에 위반한 중대한 사실이 있는 것이므로, 「상법」제385조, 제415조에 의한 발행주식 총수의 100분의 3이상에 해당하는 주식을 가진 주주의 해임의 訴 의 대상이 된다.[755]

---

752 김용범. 전게서. 2017. 495면. 임재연 I , 전게서, 박영사, 2014., 776면.

753 上柳克郎 외,「新版 註釋會社法(1)~(14)」, 有斐閣, 1985~1990. 102면.

754 김용범. 전게서. 2017. 496면. 정동윤,「상법(상) 제6판」, 법문사, 2012., 790면, 정찬형, 전게서, 박영사, 2014., 1149면, 최기원,「신회사법론 제14대정판」, 박영사, 2012., 949면, 임재연, 전게서 I , 박영사, 2014.,776면, 김건식외 2인. 전게서. 2021. 623면.

755 김용범. 전게서. 2017. 496면. 임재연, 전게서 I , 박영사, 2014.,776면.

라. 형사 책임[756]

이사·집행임원·감사·감사위원 등이 법령 또는 정관에 위반하여 이익배당(중간배당포함)을 한 때에는 회사재산을 위태롭게 하는 죄에 해당하여 5년 이하의 징역 또는 1천 500만 원 이하의 벌금에 처한다.(「상법」제625조 제3호)

이는 회사의 손해발생을 불문하고 적용되며, 만일 이들이 제3자로 하여금 이를 취득하게 하여 회사에 손해를 가한 때에는 특별배임죄에 해당하여 10년 이하의 징역 또는 3천만 원 이하의 벌금에 처한다.(「상법」 제622조) 특별배임죄의 미수범도 처벌한다.(「상법」 제624조)

제5절 공시제도와 주주·채권자의 권리

Ⅰ. 서설

기업 내용의 공시는 회사를 중심으로 한 이해관계인 모두에게 중대한 뜻을 가진다. **주주로서는 투자의 수익성과 투자회수의 여부를 판단하고 이사의 교체여부를 결정하는 데에 필요한 정보를 얻는 계기**가 된다.

회사채권자로서는 변제가능성을 판단하고 채권회수여부를 위한 의사결정에 있어 결정적인 자료가 된다. 공시를 통해 비로소 주주·채권자의 감시가 가능해지므로 **이사의 합리적인 직무수행을 유도하는 수단**이 되기도 한다.

특히 상장회사가 발행한 유가증권의 공정한 거래질서를 유지하기 위해서도 기업공시는 필수적이다. 요컨대 **공시**란 결국 **회사경영의 외부에 존재하는 이해관계자들의 자기방어가 가능하도록, 업무와 재산에 관한 제반 정보를 전달하는 것**이라 할 수 있다.

2011년 개정 「상법」은 경영자의 자율성과 편의성의 영역을 크게 넓혔는데, 이는 주주와 채권자들의 이해에 영향을 미치는 정보의 양이 크게 늘었음을 의미하므로 개정 「상법」하에서 공시의 중요성은 더욱 커졌다고 할 수 있다.

주주와 채권자의 자기방어의 보장이라는 측면만 생각한다면, 회사의 정보는 전부 공시되어야 마땅하나, **완전공시**란 기업비밀의 유지를 불가능하게 하고 나아가서는 경쟁의 포기를 뜻하므로 요구하기 어려운 일이다.

그러므로 자연 기업의 공시에는 한계가 있을 수밖에 없으며, 「상법」이 공시 범위에 있어 소수주주·일반주주·회사채권자에 따라 차등을 두는 것은 이런 이유에서이다.

Ⅱ. 공시제도

기업의 공시는 이해관계자들의 대리 비용을 줄인다. 즉 기업의 경영현황이 투명하게 공

---

756 김용범. 전게서. 2017. 496면. 임재연, 전게서 I , 박영사, 2014.,776~777면.

시될 경우 주주들은 이사들의 업무집행이 적법하고 효율적인지 판단할 수 있고, 소액주주들은 대주주와 경영자의 집단이 자신의 이익에 부합하는 방향으로 회사를 운영하는지 판단할 수 있다.

한편 채권자들은 채권의 회수가능성을 쉽게 판단할 수 있고 이로 인해 회사와 거래할 때에 거래비용을 줄일 수 있어 채권의 이율을 낮출 수 있는 계기가 되므로 회사에도 이익이 된다. 공시는 주식이나 사채의 발행단계에서도 요구되나 여기서는 계속 기업으로서의 회사가 통상적으로 공시하여야 할 사항에 대해서만 설명키로 한다.[757]

1. 정관 등 서류의 열람청구[758]

이사는 회사의 정관, 주주총회의 의사록을 본점과 지점에, 주주명부, 사채원부를 본점에 비치하여야 한다. 이 경우 명의개서대리인을 둔 때에는 사채원부 또는 그 복본을 명의개서대리인의 영업소에 비치할 수 있다.(「상법」 제396조 제1항)

주주와 회사채권자는 영업시간 내에 언제든지 정관·주주총회의사록·사채원부의 열람·등사를 청구할 수 있다.(「상법」제396조제1항,제2항) 실질주주 역시 실질주주 명부의 열람·등사를 청구할 수 있다.(「자본시장법」제315조 제2항 단서)

이는 회사의 조직법적 법률관계의 기초적인 사항에 관하여 주주가 주주권을 효과적으로 행사할 수 있게 하고, 주주와 회사채권자의 정보 접근권을 보장하기 위해 인정하는 제도이다.

따라서 주주·채권자라는 신분으로 족하고 열람 또는 등사의 목적이 정당하다는 증명을 요하지 않는다. 다만 그 청구의 목적이 정당하지 아니할 경우에는 회사가 이를 거부할 수 있으나, 목적이 정당하지 아니함은 회사가 주장· 증명하여야 한다.[759]

가. 목적의 정당성

본래 열람청구권은 주주나 채권자의 이익을 직·간접적으로 보호하거나 회사의 기관을 감시하기 위해 인정되는 제도이다. 따라서 주주나 채권자가 이와 무관하게 회사의 영업을 방해하기 위해서나, 혹은 정치적 · 사회적 목적이나 동기에서 열람청구를 하는 것은 목적이 정당하지 못한 예이다.

주주 또는 회사채권자가 「상법」 제399조 제2항에 의하여 주주명부 등의 열람·등사 청구를 한 경우 회사가 그 청구의 목적이 정당하지 아니함을 주장·증명하는 경우에는 이를 거부할 수 있다는 것이 일관된 판례의 입장이다.(대법원 1997.3.19. 선고. 97그7 결정. 대법원. 2017. 11. 9. 선고. 2015다235841. 판결 등 다수)

일본에서는 「신회사법」의 제정을 계기로 주주명부의 열람청구의 허부에 관한 기준을 명문화하였다. 즉 주주·채권자가 주주명부의 열람을 청구함에는 그 이유를 밝혀야 한다. 그

---

757 이철송. 전게서. 2021. 1,026면.

758 김용범. 전게서.2017. 497면. 임재연, 전게서 I 2014. 789면, 이철송. 전게서. 2021. 1,026~1,028면.

759 이철송. 전게서. 2021. 1,027면. 대법원. 2017. 11. 9. 선고. 2015다235841. 판결 등.

사유는 후술하는 회계장부열람의 사유와 같다.(「일회사법」제125조 제2항, 제3항) 이 기준은 우리법의 해석론으로서도 원용할 수 있을 것이다.

나. 실질주주명부의 열람청구

아울러 예탁원이 보관하는 주식에 관한 주주의 현황은 실질주주명부를 통해서만 알 수 있다. 「자본시장법」은 실질주주가 주주명부를 열람·등사를 청구할 수 있다고 규정하고 있지만(「자본시장법」제315조 제2항 단서), 주주 또는 실질주주가 실질 주주명부를 열람·등사할 수 있는지에 관해서는 규정을 두고 있지 않다.

판례는 실질주주명부는 「상법」상 주주명부와 동일한 효력이 있으므로(「자본시장법」 제316조 제2항), 열람·등사청구권의 인정 여부와 필요성 판단에서 달리 취급해서는 안 된다는 이유에서 「상법」제396조 제2항을 유추 적용하여 주주 또는 실질주주에게 실질주주명부의 열람 또는 등사의 청구를 허용하고 있다.[760]

열람 또는 등사청구가 허용되는 범위도 동 판례는 「상법」제396조를 유추 적용해야 하므로 실질주주명부상의 기재사항 전부가 아니라 주주명부의 기재사항에 해당하는 실질주주의 성명 및 주소, 실질주주별 주식의 종류 및 수만으로 한정된다고 한다.

다. 주주명부의 열람과 개인정보보호

「상법」제396조에 열거된 서류의 열람은 주주·채권자의 권리이므로 동 서류에 기재된 주주·사채권자 등이 열람되는 것을 원치 않는다 해도, 그 열람의 목적이 부당하지 않는 한, 회사는 열람청구에 응해야 한다.[761]

주주의 성명, 주소 등 주주명부에 기재된 사항은 「개인정보보호법」의 적용대상이지만,「동법」은 다른 법률규정에 의한 예외를 허용하고 있다.(동법 제6조) 따라서 「동법」에 의한 주주명부의 열람청구를 거부할 수 없다.

다만, 실질주주명부의 경우 주주명부에는 기재하지 않는 실질주주의 전자우편주소 같은 것은 「개인정보보호법」의 적용대상이다.(대법원. 2017. 11. 9. 선고. 2015다23841. 판결. 및 2017. 12. 5. 선고. 2015다123584. 판결)

2. 이사회 의사록의 열람청구[762]

주주는 영업시간 내에 이사회 의사록의 열람·등사를 청구할 수 있다.(「상법」제391조의3 제3항) 회사가 열람·등사청구를 거부하는 경우 주주는 법원의 허가를 얻어 이사회 의사록을 열람·등사할 수 있다.(「상법」 제391조의3 제4항)

760 대법원. 2017. 11. 9. 선고. 2015다235841. 판결. 및 2017. 11. 14. 선고. 2015다246780. 판결.

761 청주지법. 2015. 3. 19. 선고. 2015카합50045. 판결.

762 김용범. 전게서. 2017. 498면. 임재연, 전게서 I , 박영사, 2014.,789면.

3. 재무제표 등의 공시 및 열람청구[763]

이사는 재무제표 및 그 부속명세서, 영업보고서 그리고 감사보고서를 정기총회일 1주간 전부터 본점에 5년간, 그 등본을 지점에 3년간 비치하여야 하며(「상법」제448조 제1항), 상장회사 등 외부감사인의 감사를 받는 회사는 외부감사인의 감사보고서도 비치·공시하여야 한다.(「신외감법」제23조 제5항, 「신외감법시행령」제27조 제7항)

주주와 회사채권자는 영업시간 내에 언제든지 재무제표 및 그 부속명세서·영업보고서를 열람할 수 있으며, 회사가 정한 비용을 지급하고 서류의 등본이나 초본의 교부를 청구할 수 있다.(「상법」 제448조 제2항)

4. 대차대조표의 공고

이사는 재무제표에 대한 주주총회의 승인을 얻은 때에는 지체 없이 대차대조표를 공고하여야 한다.(「상법」 제449조 제3항) 이때 외부감사를 받는 회사는 감사인의 명칭과 감사의견을 병기하여야 한다.(「신외감법」 제23조 제6항)

5. 「자본시장법」상 公示

위에서 설명한 「상법」상 공시제도는 정기적이고 확정적인 것이므로 수시로 일어 나는 회사의 상황 변동을 신속·정확하게 공시하기에는 턱없이 부족하다. 특히 주식이나 사채의 유통시장에서 증권의 매매를 거듭하는 투자자 들은 항상 최신의 기업 정보를 필요로 한다.

그러므로 「자본시장법」은 상장회사에 한하여 주가 등 증권가격 형성에 영향을 미치는 기업 내용을 증권 발행인으로 하여금 신속·정확하게 공시하도록 함으로써, 투자자가 증권이나 발행회사의 실태를 정확하게 파악하고 자신의 자유로운 판단과 책임 하에 투자 결정을 하도록 하였다.

가. 공시제도의 개요

공시제도 개요의 자세한 내용은 제2편 제9장 제5절-Ⅰ. 공시제도의 개요의 항목 을 참조하시기 바랍니다.

나. 정기공시

정기공시의 자세한 내용은 제2편 제9장 제5절- Ⅱ. 정기공시의 항목을 참조하시 기 바랍니다.

다. 주요사항보고서

주요사항보고서의 자세한 내용은 제2편 제9장 제5절- Ⅲ. 주요사항보고서의 항목을 참조하시기 바랍니다.

---

763 김용범. 전게서. 2017. 498면. 이철송. 전게서. 2021. 1,028~1,029면.

라. 수시공시

수시공시의 자세한 내용은 제2편 제9장 제5절- Ⅳ. 수시공시의 항목을 참조하시기 바랍니다.

마. 공시서류의 확인·검토

공시서류의 확인·검토의 자세한 내용은 제2편 제9장 제5절- Ⅴ. 공시서류의 확인·검토의 항목을 참조하시기 바랍니다.

6. 공시에 관한 책임[764]

이사·감사(감사위원 포함)가 고의나 중대한 과실로 인하여 그 임무를 해태한 때 즉, 공시의무를 해태한 경우나 거짓기재 등 부실하게 공시한 경우 이로 인해 손해를 입은 주주·채권자 등 이해관계인에 대하여 연대하여 손해를 배상할 책임과 과태료 등 제재가 따른다.(「상법」 제401조, 제414조, 제635조 제1항 제9호)

이 밖에 외부감사를 받는 회사와 상장회사에 대하여는 불실공시로 인한 손해배상의 특칙과 공시의무 불이행 등에 대하여는 각종의 형사상, 민사상 및 행정상 제재가 따른다.(「신외감법」 제31조, 「자본시장법」 제164조 제2항, 제429조 제3항, 제444조 제13호, 제446조 제28호 등). 「자본시장법」상 공시위반에 대한 제재의 자세한 내용은 제2편 제9장 제5절-Ⅵ. 공시위반에 대한 제재의 항목을 참조하시기 바랍니다.

Ⅲ. 재무관련 소수주주권

1. 회계장부의 열람권

1) 서설[765]

발행주식총수의 3%(상장회사는 1만분의 10) 이상을 보유하는 주주는 회계의 장부와 서류의 열람이나 등사를 청구할 수 있다.(「상법」제466조, 제542조의6) 등사할 수 있는 권리도 포함되지만 이 권리는 흔히 **회계장부열람권**이라 불린다.

「상법」상 주주는 이사해임청구권(「상법」제385조제2항), 이사의 위법행위 유지청구권(「상법」 제402조), 대표소송 제기권(「상법」 제403조~제406조)과 같은 이사에 대한 견제권을 갖는다.

그러나 주주의 이러한 견제권은 적절한 정보 없이는 실효를 거두기 어렵다. 회사의 회계정보는 회사에 비치된 재무제표를 열람하는 방법(「상법」 제448조)으로도 얻을 수 있지만 재무제표에 포함된 정보는 극히 제한된다.

따라서 「상법」은 재무제표의 기초를 이루는 회계장부와 서류까지 열람할 수 있는 권한을 인정한 것이다. 다만 회계장부열람권의 남용을 막기 위해서 회사에 상당한 이해관계를 가진 소수주주에게만 이를 허용한 것이다.

---

764 김용범. 전게서. 2017. 500면. 이철송. 전게서. 2021. 1,029면.

765 김용범. 전게서. 2017. 501~502면. 김건식외 2인. 전게서. 2021. 276면.

2) 열람의 대상

가) 회계장부와 서류

소수주주의 열람·등사청구의 대상이 되는 회계의 장부 및 서류는 소수주주가 열람·등사를 구하는 이유와 실질적으로 관련이 있는 회계의 장부와 그 근거자료가 되는 회계의 서류를 가리킨다.

상인은 영업상의 재산 및 손익의 상황을 명백히 하기 위하여 회계 장부 및 대차대조표를 작성하여야 하는데(「상법」 제29조 제1항), 이와 같이 상인이 의무적으로 작성하는 회계장부와 대차대조표를 **상업장부**라 한다.

회계장부란 재무제표와 그 부속명세서의 작성의 기초가 되는 장부로서 회계학상의 일기장·분개장(分介帳)·원장 등을 가리킨다. **회계장부에는 거래와 기타 영업상의 재산에 영향이 있는 사항을 기재**하여야 한다.(「상법」 제30조 제1항)

'회계의 장부와 서류'의 범위에 대해서는 아래와 같이 학설이 대립하고 있다.

① **협의의 해석설 :** 「상법」제29조 제1항의 회계장부 및 이를 작성하는 데 기록자료로 사용된 회계서류, 즉 전표, 영수증, 계약서, 납품서 등만이 열람대상이라는 견해[766]이며, 판례도 같은 입장이다.[767]

② **광의의 해석설 :** '회계장부'는 반드시 「상법」상의 회계장부뿐만 아니라 임의로 작성하는 모든 경리관련 장부를 포함하고 '회계서류'에는 회사의 경리 상황을 나타내는 일체의 서류가 포함된다는 견해이다.[768]

회계장부열람권은 주주의 실효성 있는 경영감독을 위해서 인정되는 권리이므로 **주주의 실질적인 경영감독권을 보장하기 위하여 열람 대상이 될 수 있는 회계 장부와 서류는 가급적 폭넓게 해석하는 것이 타당**하다고 본다.[769]

나) 자회사의 회계장부

열람의 대상이 되는 회계장부 및 서류는 그 작성명의인이 반드시 열람·등사제공의무를 부담하는 회사로 국한되어야 하는 것은 아니다.

열람·등사제공의무를 부담하는 회사의 출자/투자로 성립한 자회사의 회계장부라 할지라도 그것이 모자관계에 있는 모회사에 보관되어 있고, 또한 모회사의 회계 상황을 파악하기 위한 근거자료로서 실질적으로 필요한 경우에는 모회사의 회계서류로서 모회사 소수주주의 열람·등사청구의 대상이 될 수 있다.[770]

다) 과거의 회계장부

---

766 권기범, 「현대회사법론 제5판」, 삼영사, 2014., 1056면.

767 대법원. 2001. 10. 26. 선고 99다58051 판결.

768 김건식외 2인. 전게서. 2021. 277면, 임재연, 전게서 I, 박영사, 2014.,779면.

769 김용범. 전게서. 2017. 502면. 김건식외 2인. 전게서. 2021. 277면, 임재연, 전게서 I, 2014.,779면.

770 김용범. 전게서. 2017. 503면. 대법원 2001. 10. 26. 선고 99다58051 판결, 임재연, 전게서 I, 2014.,780면.

회계장부 열람·등사청구권은 주주가 경영감독권을 발동하여 회사 내의 부정을 조사하기 위한 것이므로 대부분의경우에는 과거의 회계장부가 열람·등사의 대상일 것이다. 과거의 회계장부에 대한 열람·등사를 청구는 그 연도만을 특정하면 될 것이다.

다만, 「상법」 제33조 제1항은 보존기간에 대하여 상업장부와 영업에 관한 중요서류는 10년간으로, 전표 또는 이와 유사서류는 5년간으로 규정하므로 그 **보존 기간이 경과한 회계장부는 열람·등사청구권의 대상이 아니라고 보아야 한다.**[771]

라) 타 회사 작성 회계장부

열람청구의 대상이 되는 회계장부나 서류는 반드시 청구대상에 되는 회사가 작성한 것에 국한되는 것은 아니다. 회사가 보관하고 있고 회사의 회계 상황을 파악하기 위한 근거자료로 필요한 경우에는 타 회사(예컨대 자회사)가 작성한 서류도 열람청구의 대상이 될 수 있다.[772]

마) 열람·등사 대상의 특정

열람·등사의 대상인 회계장부의 명칭, 종류 등을 주주가 특정하여 청구하여야 하는 것인지, 아니면 주주는 모든 회계장부를 대상으로 열람·등사를 청구할 수 있고, 회사가 부당성, 불필요성을 증명하여 제외할 수 있는지에 대해 견해가 대립하고 있다.

위에서 설명한 바와 같이 열람·등사의 대상을 상업 장부에 한정하지 않는 광의의 해석설을 그대로 따르면 그 대상이 지나치게 넓어져서 회사나 이사에게 상당히 부담이 될 수 있으므로 **주주가 열람·등사의 대상인 회계장부의 명칭과 종류를 특정해야한다고 해석하는 것이 타당하고 쌍방 간에 균형이 이루어질 것**으로 보인다.[773]

3) 열람의 요건

가) 열람청구권자와 상대방[774]

열람청구권은 남용의 방지를 위하여 발행주식총수의 3% 이상에 해당하는 주식을 가진 소수주주에게만 회계장부의 열람·등사청구권을 인정하고 있다.(「상법」 제466조 제1항) 이외에도 감사의 회계장부 열람·등사청구권을 인정한 판례[775]도 있다.

상장회사는 6개월 전부터 계속하여 발행주식 총수의 1만분의 10(최근사업연도 말 자본금이 1천억 원 이상인 상장회사의 경우에는 1만분의 5) 이상에 해당하는 주식을 보유한 자만 회계장부의 열람·등사청구권을 인정하고 있다.(「상법」제542조의6 제4항)

열람청구권이 그간 일반규정의 요건과 특례규정의 요건이 양립 가능한 요건으로서 양자 택일적 경합의 관계에 있었으나, 2020. 12. 「상법」 개정으로 상장회사 주주는 일반규정이 요구하는 요건과 특례규정이 요구하는 요건 중 어느 쪽이든 자신이 충족할 수 있는 것에 근

---

771 김용범. 전게서. 2017. 503면. 임재연, 전게서 I , 박영사, 2014., 780면.

772 이철송. 전게서. 2021. 1,031면. 대법원. 2001. 10. 26. 선고. 99다58051. 판결.

773 김용범. 전게서. 2017. 503면. 서울중앙지법, 2011. 11. 24.자 2011카합540 결정.

774 김용범. 전게서. 2017. 504면. 임재연, 전게서 I , 박영사, 2014.,781~782면. 이철송. 「회사법강의」. 박영사. 2021. 13면.

775 서울중앙지법, 2007. 11. 21.자 2007카합2727 결정.

거하여 소수주주권을 행사할 수 있다.(제542조의6 제10항).

따라서 회사에 상당한 이해관계를 가진 주주에게만 열람을 허용하는 것이다. 회계 장부 열람·등사를 청구하는 상대방(가처분 시 피신청인)은 그 회계장부를 작성·비치하고 있는 해당 회사이다.

나) 이유를 붙인 서면에 의한 청구[776]

주주의 청구는 '이유를 붙인 서면으로' 하여야 한다. 따라서 구두에 의한 청구나 서면에 의하더라도 이유가 붙어 있지 않은 청구는 효력이 없다. **이유는 구체적으로 기재하여야 한다.**[777]

구체적 기재를 요구하는 이유는 남용을 막고 열람에 제공할 장부와 서류의 범위를 쉽게 판단할 수 있도록 하기 위한 것이다.

따라서 '주주의 권리의 확보나 행사에 관한 조사', '주주의 이익보호', '회계부정의 조사'와 같은 막연한 기재로는 충분치 않다. 대법원은 주주가 7~8년간 주주총회를 개최하지 않고, 이익배당을 실시하지 않으며 회사의 중요자산을 임의 처분하는 등 구체적 사유를 제시한 경우에는 구체성요건을 충족한 것으로 보고 있다.[778]

다) 청구이유와 실질적 관련성[779]

주주가 열람할 수 있는 장부나 서류는 주주가 서면청구 시 기재한 '이유'와 관련 있는 것에 한정된다. 사소한 문제를 이유로 언제나 회사의 모든 서류를 열람할 수 있다고 해석할 수 없기 때문이다.

판례는 **구체적인 열람청구의 대상이 되는 자료는 '소수주주가 열람·등사를 구하는 이유와 실질적으로 관련이 있는 회계장부와 그 근거자료가 되는 회계서류'**를 의미한다고 보고 있다.[780]

따라서 열람청구권을 행사하는 주주는 이유와 실질적으로 관련성이 있는 서류를 어느 정도 구체적으로 적시할 필요가 있다.

라) 열람·등사 청구의 정당성[781]

다른 권리와 마찬가지로 **소수주주의 열람청구권도 남용할 수 없으므로(「민법」제2조 제2항) 정당한 목적으로만 행사**할 수 있다. 다만 **그 목적의 정당성은 주주가 증명할 필요는 없고 거꾸로 회사가 청구의 부당성을 증명하여 소수주주의 열람청구를 거부**할 수 있다.(「상법」 제466조 제2항)

어떠한 경우에 부당성이 인정되는지에 관하여 「상법」은 구체적으로 규정하고 있지 않다.

---

776 김용범. 전게서. 2017. 504면. 김건식외 2인. 전게서. 2021. 277면.

777 김용범. 전게서. 2017. 504면. 대법원 1999. 12. 21. 99다137 판결.

778 김용범. 전게서. 2017. 504면. 대법원 1999. 12. 21. 99다137 판결.

779 김용범. 전게서. 2017. 504~505면. 김건식외 2인. 전게서. 2021. 277~278면.

780 김용범. 전게서. 2017. 505면. 대법원 2001. 10. 26. 99다58051 판결.

781 김용범. 전게서. 2017. 505면. 김건식외 2인. 전게서. 2021. 278~279면, 이철송. 전게서. 2021. 1,030면, 임재연. 전게서 I, 박영사, 2014.,783~784면.

판례는「권리행사의 부당여부는 행사에 이르게 된 경위, 행사의 목적, 惡意性 有無등 제반사정을 종합적으로 고려하여 판단해야 한다」고 일반적기준을 제시하고 구체적인 내용으로 회사 업무 운영 또는 주주 공동의 이익을 해치거나 주주가 회사의 경쟁자로서 열람청구권 행사를 통해서 얻은 정보를 경업에 이용할 우려가 있거나, 회사에 지나치게 불리한 시기를 택하여 행사하는 경우는 정당한 목적이 缺하여 부당한 것으로 보고 있다.(대법원 2004.12.24. 2003마1575 결정, 대법원. 2014. 7. 21. 선고. 2013마657. 결정)

그리고 **열람청구의 정당성여부는 회사의 경영상태에 대한 주주의 알권리와 열람을 허용하는 경우에 우려되는 회사의 불이익(기업비밀의 누출 등) 또는 전체 주주의 주주가치 손상 등을 比較較量하여 판단**해야 한다.[782] 따라서 단순히「경영감시의 필요성」과 같이 추상적인 이유만으로는 열람을 허용할 사유가 못되지만, 이사의 부정을 의심할 만한 사유가 있는 경우에는 열람을 청구할 정당한 사유가 된다.(대법원 1999.12.21. 99다137. 판결 등)

또한 **열람청구권은 주주의 이익보호를 위하여 인정되는 것이므로 주주의 권리행사가 회사 내지 주주전체의 이익에 반하거나 주주지위와 관계없이 개인적 이익을 위한 것이라면 부당한 청구에 해당될 것**이다.[783]

그 예로 주주의 사해행위취소소송은 회사에 대한 금전채권자의 지위에서 제기한 것이지 주주의 지위에서 제기한 것으로 보기 어려우므로 주주가 사해행위취소소송을 제기한 것을 내세워 회계장부 열람·등사청구를 하는 것은 부당하다고 판시하고 있다.[784]

참고

일본「회사법」상의 열람청구 거부 사유

일본「회사법」은 주주의 열람청구를 회사가 거부할 수 있는 사유를 구체적으로 열거하고 있다.(일본「회사법」제433조제2항) 우리도 참고할 만한 입법사항이다.

① 당해 청구를 행한 주주(이하 '청구자'라 함)가 그 권리를 확보 또는 행사에 관한 조사 이외의 목적으로 청구한 때
② 청구자가 당해 주식회사의 업무수행의 방해나 주주의 공동이익을 해할 목적으로 청구한 때
③ 청구자가 당해 주식회사의 업무와 실적으로 경쟁관계에 있는 사업을 영위하거나 그에 종사하는 자일 때
④ 청구자가 회계장부 또는 그에 관한 자료의 열람 또는 등사에 의하여 알아낸 사실로 이익을 얻으면서 제3자에게 알리기 위하여 청구한 때
⑤ 청구자가 과거 2년 이내에 회계장부 또는 그에 관한 자료의 열람 또는 등사에 의하여 알아낸 사실을 이익을 얻으면서 제3자에게 알린 일이 있는 자인 때

4) 열람의 실행

782 김용범. 전게서. 2017. 505면.
783 김용범. 전게서. 2017. 505면.
784 대법원. 2018. 2. 28. 선고. 2017다270916. 판결.

가) 열람거부와 구제수단[785]

회사가 정당한 사유 없이 주주의 열람청구에 응하지 않은 경우 회사의 이사는 5백만 원 이하의 과태료에 처한다.(「상법」 제635조 제1항 제iv호) 그러나 이러한 과태료만으로는 부당한 열람거부를 막을 수 없으므로 주주는 회사를 피고로 하여 장부나 서류의 열람·등사를 청구하는 訴를 제기할 수 있다.

나아가 열람청구의 訴를 본안으로 하여 장부나 서류의 열람·등사를 구하는 가처분을 신청할 수 있고 실제로 그러한 사례가 없지 않다. 가처분에 의하여 열람·등사를 인정하면 본안소송의 목적이 달성되고(이른바 만족적 가처분) 본안에서 원고패소 시 현상회복이 어려운 것이 사실이다.

그러나 **판례는 사실상의 현상회복은 불가능하지만 손해배상청구를 인정함으로써 법률적인 현상회복은 가능하다는 이유로 가처분을 허용한다.**(대법원 1999.12.21. 99다137판결) 가처분에 의한 열람·등사는 열람청구자의 보전의 필요와 가처분이 인정됨으로써 회사가 입을 불이익을 比較較量하여 전자가 큰 경우에만 인정된다.

판례는 일단 가처분 결정이 내려진 경우 단순히 그것이 상급심에서 취소될 가능성이 있다는 이유로 집행을 정지할 수는 없지만 '그 집행에 의하여 채무자에게 회복할 수 없는 손해를 생기게 할 우려가 있는 때'에는 예외적으로 집행을 정지할 수 있다고 보고 있다.(대법원 1997. 3. 19. 97그7 결정)

나) 열람의 기간과 시간[786]

「상법」상 주주의 회계장부 열람·등사의 허용기간을 제한할 수 있다는 명문의 규정이 없어서, 그 허용기간을 제한할 수 있는지에 대하여 논란의 여지가 있다.

판례는 「상법」 제396조, 제448조, 제466조 제1항이 정한 회계장부 열람·등사 청구의 요건이 충족되면 법원은 특별한 사정이 없는 한 원고가 구하는 범위 내에서 허용기간의 제한 없이 피고에게 회계장부등의 열람·등사를 명해야 한다는 입장을 유지하고 있다.[787]

한편 「상법」상 주주명부는 '영업시간 내'에서만 허용되는데(「상법」제396조제2항), 회계장부에 관하여는 이러한 제한이 없다. 그러나 회계장부에 관하여도 열람·등사 시간에 대하여는 '영업시간 내' 라는 제한을 두어야 하고, **판결·결정 주문에 이러한 시간적 제한이 기재되지 않았더라도 영업시간 내의 열람만 허용**되는 것으로 해석하여야 한다.

다) 열람 또는 등사의 실행[788]

열람 및 등사는 주주권 행사에 필요한 범위 내에서 허용될 것으로 열람·등사의 횟수가 1회에 국한되는 등으로 사전에 제한할 것은 아니다.(대법원 1999.12.21. 선고 99다137 판결) 등사는 사진촬영이나 USB와 같은 전자적 장치에 복사하는 방법으로도 할 수 있다.

---

785 김용범. 전게서. 2017. 506면. 김건식외 2인. 전게서. 2021. 279~280면.

786 김용범. 전게서. 2017. 507면. 임재연, 전게서Ⅰ, 박영사, 2014.,784면.

787 대법원 2013.11.28. 선고 2013다50367 판결

788 김용범. 전게서. 2017. 507면. 김건식외 2인. 전게서. 2021. 280면.

또한 열람이나 등사는 반드시 주주가 직접해야하는 것은 아니고 변호사, 회계사 등의 전문가를 대리인이나 보조자로 사용할 수도 있다. 또한 수인의 주주가 주식보유 요건을 충족한 경우에는 각 주주가 개별적으로 권리를 행사할 수 있다고 본다. 열람 또는 등사에 필요한 비용은 권리를 행사하는 주주가 부담하여야 한다.

라) 간접 강제[789]

법원의 판결에도 불구하고 회사가 주주의 회계장부 열람·등사청구를 허용하지 않은 경우 간접강제 절차에 의하여 그 이행을 강제할 수 있다.

간접강제란 주로 부대체적 작위의무[790]**와 부작위의무 등에 대한 집행방법으로서, 채무의 성질이 간접강제를 할 수 있는 경우에 집행법원이 채무불이행에 대한 금전적 제재**(손해 배상)**를 고지함으로써 채무자로 하여금 그 제재를 면하기 위하여 채무를 스스로 이행하도록 하는 집행방법**이다.(「민집법」 제261조 제1항)

5) 열람 · 등사의 가처분

가) 가처분 허용 근거[791]

열람·등사 가처분은 그 내용이 권리보전의 범위에 그치지 않고 소송물인 권리 또는 법률관계의 내용이 이행된 것과 같은 종국적 만족을 얻게 하는 것이다.

이에 대해 법원은 "주주의 회계장부 열람·등사청구권을 피보전권리로 하여 당해 장부 등의 열람·등사를 명하는 가처분이 실질적으로 본안소송의 목적을 달성하여 버리는 면이 있다 할지라도 나중에 본안소송에서 패소가 확정되면 손해배상 청구권이 인정되는 등으로 법률적으로는 여전히 잠정적인 면을 가지고 있기 때문에 임시적인 조치로서 이러한 회계장부 열람·등사청구권을 피보전권리[792]로 하는 가처분은 허용 된다"는 입장이다.[793]

주주명부 열람·등사 가처분의 경우와 같이, 회계장부 열람·등사 가처분은 회사와 신청인 간의 대인적 분쟁(對人的 紛爭)이고 제3자에게 영향을 미치지 않기 때문에 대세적 효력(對世的效力)이 인정되지 않는다.

나) 열람 · 등사청구권의 내용

(1) 허용 방법[794]

법원이 회계장부 열람 · 등사 가처분을 허용함에 있어서는 피신청인인 회사에 대하여 직접 열람·등사를 허용하라는 명령을 내리는 방법 외에, **열람·등사의 대상 장부 등에 관하여**

789 김용범. 전게서. 2017. 507면. 임재연, 전게서Ⅰ, 박영사, 2014., 785면.

790 부대체적 작위의무란 다른 사람이 할 수 없고 채무자만이 행위를 하여 급부 내용을 실현시킬 수 있는 의무.

791 김용범. 전게서. 2017. 508면. 임재연, 전게서Ⅰ, 박영사, 2014., 785~786면.

792 피보전권리란 보전처분을 통해 보전해야 할 채권자가 채무자에 대하여 가지는 채권을 말한다.

793 대법원 1999.12.21. 선고 99다137 판결.

794 김용범. 전게서. 2017. 508면. 임재연, 전게서Ⅰ, 박영사, 2014., 786면.

훼손, 폐기, 은익, 개찬[795]이 행하여질 위험이 있는 때에는 이를 방지하기 위해 그 장부 등을 집행관에게 이전 보관시키는 가처분을 허용할 수도 있다.[796]

현실적으로 효율적인 회계장부 열람을 위하여 회계사 등을 동반할 필요가 있고, 이러한 취지를 가처분 결정주문에 다음과 같이 명기한 판례도 있다. 판례는 "신청인 또는 그 대리인은 열람 및 등사를 함에 있어서 변호사, 공인회계사, 기타 보조원을 동반할 수 있다"라는 주문을 부가한 경우도 있다.[797]

(2) 허용 범위[798]

주주의 회계장부 및 서류의 등사·등사청구권이 인정되는 이상 그 **열람·등사 청구권은 가처분 집행의 신속성, 회사의 피해의 최소화 등을 고려하여, 그 권리행사에 필요한 범위 내에서 허용**되어야 할 것이다.[799]

그리고 주주명부의 경우에는 그 개념상 열람·등사대상이 명확하지만, 회계장부 및 서류는 사항별, 시기별로 방대한 분량이 될 수 있으므로 열람·등사 청구의 정당성이 인정되는 한도에서 그 열람·등사의 범위를 정하여야 한다.

따라서 가처분 신청 및 결정 시 예컨대 "중국투자 관련" 또는 "중국 현지 법인관련" 등과 같은 기재는 부적절하고 **해당투자 또는 현지법인의 구체적인 명칭을 특정하여 기재해야 열람·등사의 대상인 회계장부 및 서류도 구체적으로 특정**된다.[800]

(3) 사본교부 청구[801]

회계장부 열람·등사 가처분은 임시의 지위를 정하기 위한 가처분으로서 「민집법」(이하 '민집법'이라 한다) 제305조 제1항은 "법원은 신청 목적을 이루는 데 필요한 처분을 직권으로 정한다."라고 규정한다.

따라서 주주명부 열람 · 등사 가처분의 경우와 같이, 회계장부 열람·등사 청구권을 규정한 「상법」 제466조의 "등사를 청구할 수 있다"라는 규정은 **신청인이 원하는 경우에는 피신청인에게 회계장부 및 서류를 등사해 신청인에게 그 사본을 교부하도록 청구하는 것도 포함하는 것**으로 보아야 한다.

특히 주주명부와 달리 회계장부 및 서류는 대부분 열람대상이 되는 장부 및 서류가 복잡하고 양도 방대한 경우가 많다. 그리고 신청인은 복사기기를 피신청인이 제공하지 않는 경우에는 복사기도 회사 내로 운반해가서 회계장부 및 서류를 등사하여야 한다. 이때 등사비

---

795 개찬(改竄)이란 글의 뜻을 달리하기 위하여 글의 일부 구절이나 글자를 일부러 고침.

796 김용범. 전게서. 2017. 508면. 대법원 1999.12.21. 선고 99다137 판결.

797 김용범. 전게서. 2017. 509면. 서울중앙지법 2011.5.30. 선고 2011카합1275 결정.

798 김용범. 전게서. 2017. 509면. 임재연, 전게서 I, 박영사, 2014., 786~787면.

799 대법원 1999.12.21. 선고 99다137 판결.

800 대법원 2001.10.26. 선고 99다58051 판결.

801 김용범. 전게서. 2017. 509면. 임재연, 전게서 I, 박영사, 2014., 787면.

용은 신청인이 부담하여야 할 것이다.

참고로 재무제표 등의 열람청구권에 관한 「상법」제448조 제1항은 주주와 회사 채권자는 회사가 정한 비용을 지급하고 그 서류의 등본이나 초본의 교부를 청구할 수 있다고 규정하고 있다.

(4) 등사의 방법

주주명부의 경우와 같이 회계장부의 경우에도 컴퓨터파일을 복사하는 방법을 허용할 수 있는지에 대해 아직 확립된 기준은 없지만, 컴퓨터파일을 복사하는 방법이 신청목적을 이루는 데 필요하다면 역시 「민집법」제305조 제1항을 근거로 주주명부 열람·등사 가처분에서와같이 이를 허용하고 있다.[802]

(5) 사본의 용도에 대한 제한

회계장부 열람·등사청구의 대상인 회계장부 및 서류는 일반적으로 회사 내부의 자료로서 외부 유출 시 회사에 대하여 중대한 피해가 발생할 수도 있다. 따라서 주주명부에 비하여 사본의 용도를 제한할 필요성이 크다고 할 수 있다.[803]

(6) 열람 · 등사의 횟수 및 기간

회계장부 열람·등사의 청구권은 그 권리행사에 필요한 범위 내에서 허용되어야 할 것이지, **열람 및 등사의 횟수가 1회에 국한되는 등으로 사전에 제한할 것은 아니라**고 본다.(대법원 1999. 12. 21. 선고 99다137 판결, 원심에서 30일간 열람 및 등사기간을 허용하였다)

다) 간접 강제

A 가 B를 상대로 회계장부 열람 · 등사 가처분을 신청하여 인용되었음에도 불구하고 B가 열람·등사를 거부하자 A가 간접강제를 신청하였고, 이에 법원은 1일 2억 원의 이행 강제금의 부과를 결정하였다.[804]이와 같이 법원의 가처분 결정에 불구하고 회사가 주주의 회계장부 열람·등사청구를 허용하지 않는 경우 주주는 간접강제절차에 의하여 그 이행을 강제할 수 있다.[805]

2. 검사인의 선임청구권

가. 입법 취지

주주는 회계장부 및 서류의 열람에 의하여 이사 등의 부정행위를 파악할 수 있지만, 회계장부에 한정되고 그 확인방법도 이사 등의 업무를 직접 조사할 수 있는 것이 아니라 장부열람이라는 소극적이고 사후적인 방법에 그친다.

---

802 서울중앙지법. 2008.3.27. 선고 2008카합429 결정.

803 김용범. 전게서. 2017. 510면. 임재연, 전게서 I , 박영사, 2014., 788면.

804 서울중앙지법, 2004.2.23. 선고 2004카합123 결정.

805 김용범. 전게서. 2017. 510면. 임재연, 전게서 I , 박영사, 2014., 788면.

따라서 「상법」은 주주가 법원이 선임한 검사인을 통하여 회사 업무와 재산상태를 조사할 수 있도록 하였다.

나. 검사인의 선임

1) 선임청구의 의의[806]

소수주주가 업무집행에 대한 감독권을 효과적으로 수행할 수 있으려면 회계 장부열람권(「상법」 제466조)만이 아니라 회사의 업무와 재산상태에 대해서도 조사할 필요가 있다.

그러나 이런 조사는 회사에 주는 영향이 크기 때문에 「상법」은 회계장부열람권의 경우와는 달리 주주가 직접 할 수 있도록 하지 않고 법원에 검사인 선임을 청구하여 간접적으로 하도록 하고 있다.(「상법」 제467조)

검사인 선임청구는 소수주주가 회계장부와 서류를 열람한 후 회사의 업무집행에 관해 부정행위 또는 법령·정관에 위반한 중대한 사실이 있음을 의심할 만한 사유가 있을 때, 이를 조사하기 위하여 행하는 것이 일반적일 것이다.

2) 선임청구의 요건

가) 소수주주권

검사인의 선임청구권은 소수주주권이다. 회사의 업무집행에 관하여 부정행위 또는 법령·정관에 위반한 중대한 사실이 있음을 의심할 사유가 있는 때는 **발행 주식 총수의 3% 이상에 해당하는 주식을 가진 주주**는 회사의 업무와 재산상태를 조사하기 위하여 법원에 검사인의 선임을 청구할 수 있다.(「상법」제467조제1항)

단 **상장회사는 6개월 전부터 계속하여 상장회사의 발행주식총수의 1000분의 15 이상에 해당하는 주식을 보유한 주주**는 「상법」 제467조 제1항에 따른 주주의 권리행사인 검사인 선임청구권을 행사할 수 있다.(「상법」제542조의6제1항)

열람청구권이 그간 일반규정의 요건과 특례규정의 요건이 양립 가능한 요건으로서 양자 택일적 경합의 관계에 있었으나, 2020. 12. 「상법」 개정으로 상장회사 주주는 일반규정이 요구하는 요건과 특례규정이 요구하는 요건 중 어느 쪽이든 자신이 충족할 수 있는 것에 근거하여 소수주주권을 행사할 수 있다.(제542조의6 제10항).

나) 부정행위 또는 법령·정관 위반사실의 존재[807]

검사인 청구를 법원에 청구할 수 있는 것은 **"회사의 업무집행에 관하여 부정행위 또는 법령이나 정관에 위반한 중대한 사실이 있음을 의심할 사유가 있는 때"**에 한한다.(「상법」제467조 제1항) 그러한 사유의 증명책임은 주주에게 있다.

부정행위는 이사가 자기 또는 제3자 이익을 위하여 회사 이익을 해치는 행위를 의미한다.[808]

---

806 김용범. 전게서. 2017. 511면. 김건식외 2인. 전게서. 2021. 543면.

807 김용범. 전게서. 2017. 511면. 김건식외 2인. 전게서. 2021. 544면.

808 대법원 1985.7.31. 선고 85마214 결정.

부정행위를 법령·정관 위반행위와 별도로 규정한 것은 그것이 법령·정관 위반행위보다 비난 가능성이 더 높기 때문이다.

따라서 법령·정관 위반행위는 「중대성」을 갖추어야 하지만 부정행위는 따로 중대성을 증명할 필요가 없다. 일반적으로 이사·감사 등의 임무해태는 법령·정관 위반행위에 속하는 것으로 본다.

다) 의심할 사유의 증명[809]

「상법」 제467조 제1항에 의하면 **주주가 증명할 것은 부정행위 등의 존재 자체가 아니라 그 존재를 「의심할 사유」의 존재**이다.

이러한 의심을 뒷받침하기 위해서는 **부정행위 등의 사실은 구체적으로 제시해야 하며, '단순히 결산보고서의 내용이 실지 재산 상태와 일치하는지 여부의 의심이 간다는 정도의' 막연한 내용만으로는 청구할 수 없다.**(대법원 1985.7.31. 선고 85마214 결정)

3) 검사인의 선임

위 요건을 갖춘 경우 법원은 검사인을 선임한다.(「상법」제467조 제1항) 법원이 검사인의 선임에 관한 재판을 할 경우에는 이사와 감사의 의견을 듣게 되어있다.(「비송사건 절차법」(이하 '비송법'이라 함) 제76조) 검사인 선임에 관한 상세한 절차는 「비송사건절차법」 제72조 이하에 자세히 규정하고 있다.

그리고 검사인으로 선임될 수 있는 자에 대하여는 특별히 제한은 없지만, **그 직무의 성격상 당해 회사의 이사·감사·집행임원·지배인·상업지배인 등은 검사인이 될 수 없으며, 직무의 성질상 자연인이어야 한다는 것이 통설[810]및 판례[811]**의 입장이다.

다. 검사인의 업무

검사인은 회사의 업무와 재산상태를 조사하여야 한다. 검사인의 권한에 대하여 명문 규정은 없지만 그 직무의 효과적인 수행에 필요한 일체의 권한을 보유한다고 볼 것이다.

검사인은 회사업무와 재산상태를 조사하여 그 조사의 결과를 법원에 서면으로 보고 하여야 한다.(「상법」 제467조 제2항, 「비송」 제74조 제1항) 법원은 보고에 의하여 필요하다고 인정한 때에는 대표이사에게 주주총회의 소집을 명할 수 있다.

검사인은 조사보고서를 주주총회에도 제출하여야 한다.(「상법」 제467조 제3항 후단, 제310조 제2항) 이 경우 **이사와 감사는 지체 없이 검사인의 조사보고서의 정확여부를 조사하여 이를 주주총회에 보고**하여야 한다.(「상법」 제467조 제4항)

---

809 김용범. 전게서. 2017. 512면. 김건식외 2인. 전게서. 2021. 544면.

810 김용범. 전게서. 2017. 512면. 임재연, 전게서 I , 박영사, 2014., 777면, 김건식외 2인. 전게서. 2021. 544면.

811 대법원 1960.8.18. 선고 4293민재항167 결정).

제8장

내부감사와 아웃소싱[812]

제1절 내부감사 아웃소싱의 개요

Ⅰ. 내부감사 아웃소싱의 의의

본래 아웃소싱(outsourcing)이란 기업업무의 일부 프로세스를 경영 효과 및 효율의 극대화를 위한 방안으로 제3자에게 위탁해 처리하는 것을 의미한다. 즉, 기업 내부의 프로젝트 활동을 기업외부 제3자에게 위탁 처리하는 시스템으로 인소싱(insourcing)[813]과 반대되는 개념이다.

따라서 **내부감사업무의 아웃소싱**이란 **내부감사조직이 수행해야 할 내부감사업무의 일부 또는 전부를 비용 절감 또는 경영 효과 및 효율의 극대화를 위한 방안으로 제3자에게 위탁하여 처리하는 것**을 말한다.[814]

Ⅱ. 일반적인 아웃소싱의 역사[815]

1980년대 후반에 미국 기업이 제조업 분야에서 활용하기 시작한 이후 전 세계 기업들로 급속히 확산되고 있는데, 이는 기술진보가 가속화되고 경쟁이 심화되면서 기업의 내부 조직(인소싱)을 통한 경제활동 비용보다 아웃소싱을 통한 거래비용이 훨씬 적게 든다는 점에 따른 것이다.

즉, 국내외의 경제 상황의 악화와 이에 따른 경쟁의 격화로 인해 한정된 자원을 가진 기업이 모든 분야에서 최고의 위치를 유지하기 어렵게 되면서 해당 기업이 가장 유력한 분야나 핵심역량에 자원을 집중시키고, 나머지 활동은 외부의 전문기업에 위탁 처리함으로써 경제효과를 극대화하는 전략을 말한다.

보통 상호 복합적이고 의존적이며, 장기적인 파트너 관계를 형성해 하나의 통합 시스템으로 운영될 뿐만 아니라, 비용절감보다는 기업의 성장과 경쟁력·핵심역량 강화를 위한 대안으로 운영된다는 점에서 임시적·단기적·반복적인 컨설팅·외주·하청 등과는 많은 차이가 있다.

---

812 김용범. 전게서. 2017. 513면. 금융감독원, 전게서, 126~130면.

813 인소싱이란 기업이나 조직의 서비스와 기능을 조직 안에서 총괄적으로 제공, 조달하는 방식이다.

814 김용범. 전게서. 2017. 513면. 김용범, 전게서, , 2012. 309면.

815 김용범. 전게서. 2017. 513~514면. 두산백과, NAVER 지식백과.

결국 세계시장의 급격한 변화와 경쟁력 심화에 따라 기존의 인소싱에 주력하던 기업들도 경영자원을 집중시키고 핵심역량을 강화하기 위한 수단으로 아웃소싱을 채택하고 있고, 이 추세는 갈수록 늘어날 것으로 보인다.

그러나 아웃소싱은 가격증가에 따른 저효율과 발주사 직원의 전직, 직원의 직무감소로 인한 직원 수 초과, 공급업체와 발주사 간의 마찰, 공급업체의 미숙한 관리와 구성원의 직무 혼동 등의 위험 요소도 가지고 있다.

Ⅲ. 내부감사 아웃소싱의 필요성[816]

내부감사 최고책임자(CAE)는 감사직원들이 감사의 전부 또는 일부를 수행함에 있어 필요한 지식·기술 그리고 여타 능력을 갖고 있도록 전문직원을 채용하거나 필요한 지식을 교육하여야 한다. 그러나 이것이 여의치 않을 경우 마땅한 외부 전문가의 조언이나 지원을 구해야 한다.

다시 말씀드리면 내부감사 최고책임자는 회계, 감사, 경제학, 재무학, 통계학, 정보기술, 공학, 세무, 법률, 환경 문제 그리고 기타 내부감사 책임을 완수하는 데 필요한 기타 영역에 대해 훈련되어 자격을 갖춘 감사직원을 채용하거나 그 분야에 전문적인 외부서비스 제공자를 이용해야 한다.

그렇다고 내부감사부서의 개별 감사인이 모든 분야에 자격을 갖출 것을 요하지 않는다. 왜냐하면 개별 감사인이 가장 경쟁력을 가진 분야에 핵심역량을 집중하고 나머지 활동은 외부 전문 기업에 위탁 처리하는 것. 즉, 그 분야를 아웃소싱 하는 것이 경제효과를 극대화하는 것이기 때문이다.

일반적으로 기업에서 아웃소싱을 도입하는 이유는 다음과 같은바, 내부감사 부문에서도 이를 참고하면 많은 도움이 될 것으로 생각된다.

① 기업비용의 절감성

- 기업이 주문이 많을 때 인력을 더 선발해야 하고 반면에 주문이 줄어들 땐 인력을 줄여야 기업의 경쟁력이 있기에 아웃소싱을 할 경우 인력을 탄력적으로 운영하여 비용을 절감할 수 있는 장점이 있다.

② 핵심사업에 집중성

- 기업주가 영업·기획·회계·관리 등 모든 부서를 맡을 수 없으므로 비핵심적인 부서는 외부 전문가에 맡겨서 기업을 운영하는 것이 더 효율적이다. 따라서 기업은 비핵심부문은 외부전문가에 맡기고 핵심사업에만 집중할 수 있다.

③ 인력활용의 용이성

- 전국에서 인력을 채용하려하면 일일이 출장 가서 면접을 봐야 하지만 아웃소싱을 이용한다면 아웃소싱회사가 인력채용부터 모든 것을 관리해 주기 때문에 기업이 직접 나서

---

816 김용범. 전게서. 2017. 514~515면 및 2012. 309면. 내부감사인협회, 전게번역서, 108면.

지 않아도 인력활용이 용이하다.

④ 비용부담의 최소화

• 신입사원을 채용할 때 광고비와 기타 노무비용이 들게 되는데 아웃소싱을 이용하면 최소비용으로 전문 인력을 손쉽게 활용할 수 있는 장점을 가지고 있다.

⑤ 인력운영의 검증성

• 인사의 2차 오류를 최소화시키는 것인데, 일을 잘할 것 같아 채용했으나 잘 못하는 경우 퇴사조치가 쉽지 않지만, 아웃소싱을 활용하면 언제든지 인력교체가 가능하기 때문에 인력운영에 오류를 범할 일이 적다.

제2절 내부감사 아웃소싱의 대상 및 종류

Ⅰ. 내부감사 아웃소싱의 대상[817]

외부 서비스 제공자란 **어떤 특정한 분야에 특별한 지식과 기술과 경험을 소유한, 그 조직으로부터 독립된 개인이나 회사**를 말한다. **외부서비스 제공자로는 보험계리인, 회계사, 감정평가사, 환경전문가, 변호사, 엔지니어, 지질학자, 보안전문가, 통계전문가, 정보기술전문가, 공인감사사, 기타 감사조직 등**이 있다.

외부 서비스 제공자는 감사위원회, 감사, 또는 「최고 감사 책임자(CAE)」등에 의해 임무를 맡게 된다. 외부서비스제공자는 다음과 같은 사항 등에 있어서 내부감사부서 또는 내부감사기관에 의해 이용될 수 있다. 즉, 동 사항은 내부감사 부문의 아웃소싱의 대상이 될 수 있는 부문이다.

참고

주요 아웃소싱 대상 내용

① 정보기술, 통계, 회계, 세무, 환경, 보안, 번역 등과 같은 특화된 기술이나 지식이 요구되는 분야에 대한 감사 활동 또는 감사 작업 일정상의 목표를 달성하기 위한 경우
② 토지나 건물, 예술품, 값나가는 보석, 투자물 그리고 복잡한 금융상품 등과 같은 자산의 평가
③ 광물 자원, 비축 석유 등 어떤 자산의 수량적 또는 실물상태에 대한 판단
④ 진행 중인 계약에 따라 완성된 또는 완성되어질 공정에 대한 측정
⑤ 부정 또는 보안 조사
⑥ 직원의 복지규칙에 따른 종신보험의 보험계리적인 결정 등과 같이 특별한 방법에 의한 금액 산정

817 김용범. 전게서. 2017. 515~516면 및 2012. 310면. 한국감사인협회, 전게번역서, 108~109면.

⑦ 법적, 기술적 그리고 제도적 요구에 대한 해석
⑧ 「내부감사직무수행기준」에 따른 내부감사부서의 품질개선 프로그램의 평가
⑨ 인수 및 합병(M&A)
⑩ 리스크 관리 및 기타 사안에 대한 컨설팅 등

Ⅱ. 내부감사 아웃소싱의 종류[818]

1. 감사업무 일부 아웃소싱

내부감사인력이 특정분야에 대한 감사업무 수행을 위해 필요한 지식이 부족한 경우 이를 보조하기 위해 일부 감사업무에 대해 아웃소싱계약을 체결하고 전문가의 도움을 얻을 수 있다. 이때 외부서비스 제공자는 회사의 내부감사책임자의 통제에 따라 내부 감사직원의 업무를 도와주는 역할을 담당한다.

2. 감사업무 전부 아웃소싱

소규모회사의 경우 감사 전담직원을 두지 않고 회사의 모든 내부감사업무를 아웃소싱 등의 방법을 활용할 수 있다. 내부감사업무를 전부 아웃소싱하는 경우 외부 서비스제공자는 회사의 내부감사 관리자와 협의하여 회사의 내부통제체제의 운영실태를 점검하는 등 업무 전반에 대한 내부감사 업무를 실제로 수행하고, 내부감사 업무 수행결과를 감사 또는 감사위원에게 보고한다.

제3절 내부감사 아웃소싱의 장·단점[819]

내부감사는 이러한 아웃소싱을 통하여 아래와 같은 여러 가지 장점을 활용할 수 있다.

아웃소싱의 주요 장점

① 주력 업무에 경영 자원을 집중하고 핵심역량을 강화할 수 있다.
② 주변 환경변화의 기업에 미치는 리스크를 분산/전가할 수 있다.
- 아웃소싱을 활용하여 유연한 조직을 구축함으로써 시장, 경쟁 환경, 기술 등의 변화가 기업에 미치는 영향을 최소화할 수 있다.

③ 조직을 슬림화·유연화할 수 있다.
④ 시너지효과에 의한 새로운 부가가치를 창출할 수 있다.

---

818 김용범. 전게서. 2017. 516면. 금융감독원, 전게서, 128면.

819 김용범. 전게서. 2017. 517~518면 및 2012. 311~312면. 대일노무법인, 「아웃소싱이란 무엇인가?」에 관한 'Daum 지식' 이용자 문의 답변자료.

- 단순한 외부자원의 활용에 그치지 않고 공급 측과 활용 측의 파트너십이 가져 오는 시너지 효과에 의해 새로운 부가가치의 창출과 협력이 가능해진다.

⑤ 내부감사의 비용 절감이 가능하다.

⑥ 비용 외부화에 의한 경기변동 대응능력을 강화할 수 있다.

- 사내에서 부담하고 있는 생산, 판매, 관리 등의 경비를 외부화 함으로써 결과적으로 고정적인 인건비의 변동비화와 리스크 분산이 가능해져 경기변동에 강한 기업 체질이 구축된다.

⑦ 혁신과 변신을 가속화할 수 있다.

- 아웃소싱은 비효율적인 부문의 재구축 등 구조조정과 기존의 비즈니스 프로세스를 수정하는 리엔지니어링의 수단이기 때문에 이를 통해 기업 혁신과 변신을 가속화시킬 수 있다.

⑧ 업무의 전문성을 확보할 수 있다.

- 특히 정보시스템, 법무, 디자인 등 고도의 전문성을 요구하는 업무는 독자적 수행이 어렵기 때문에 아웃소싱이 더욱 활성화되고 있다.

⑨ 다양한 정보네트워크와 기업 간 네트워크를 확대할 수 있다.

- 외부의 보다 광범위한 기술 및 고객정보를 입수하기 위해서는 기업 혼자의 자원만으로는 한계가 있다. 따라서 아웃소싱을 활용하여 외부전문 기관이 보유하고 있는 다양한 정보네트워크와 기업 간 네트워크를 형성할 수 있다.

그러나 내부감사가 아웃소싱을 이용하였을 경우 다음과 같은 단점도 내포하고 있다.

아웃소싱의 주요 단점[820]

① 기술혁신 곤란 및 기술력 상실로 연결될 위험성을 내포하고 있다.

- 기업의 저원가성을 추구하는 아웃소싱은 기술력 상실로 연결될 위험성을 내포하고 있으며, 또한 핵심 부문을 아웃소싱할 경우 기술혁신을 선도하는 것이 어려워질 수 있다.

② 핵심부문 아웃소싱은 회사운명을 他業體에게 맡기는 위험성이 있다.

- 특정 거래업체와 장기거래에 의존할 경우 회사 운명을 다른 업체에게 내맡기는 위험성이 도사리고 있으며, 발주업체가 아웃소싱 전략을 바꾸거나 매출이 저조할 경우 공급업체는 어려운 상황에 직면하게 된다.

③ 아웃소싱 업체 직원들의 고객사에 대한 충성도가 일반적으로 낮다.

- 아웃소싱업체의 직원들은 파견/도급 소속이기 때문에 고객사에 대한 충성도가 일반적으로 낮은 편이므로 핵심적인 업무를 맡길 수 없으며, 충성도를 요구할 정도의 업무라면 정규직을 채용·활용하는 것이 맞다.
- 아웃소싱의 목적은 기업의 비핵심적인 업무는 아웃소싱이 담당하고 기업은 핵심적인 본업에만 치중하여 기업경쟁력을 강화시키는 것이므로 핵심적인 업무는 일반적으로 아웃소싱을 이용하는 것이 어렵다. 다만 핵심업무가 단순한 숙달과 고도의 기술이 요구된다면 아웃소싱을 활용할 수 있다.

④ 고용조건 등의 불안으로 업무능률 저하 및 조직 안정화가 어렵다.

- 조직이 안정화가 되어 있어야 업무의 능률이 상승함에도 불구하고 아웃소싱업체의 직원들은 대부

---

820 김용범. 전게서. 2017. 518면. 김득갑, 「세계는 지금 아웃소싱 중」, 삼성경제연구소, 2006. 6.

분 임시직원이기 때문에 고용 불안, 복지혜택 감소, 직장 분위기 등에 편승하여 장기 근속자는 줄고 이직사례가 상승하여 조직의 안정화가 어렵다.

제4절 내부감사 아웃소싱 계약 시 고려사항

외부인이 내부감사서비스를 제공하더라도 감사업무의 전부를 아웃소싱한 경우에는 이사회가 내부통제시스템 및 내부감사기능의 효과적인 작동에 대한 책임을 져야 한다. 그리고 감사업무의 일부를 아웃소싱한 경우에는 감사위원회 또는 감사가 내부감사 기능의 효과적인 작동에 대하여 책임을 져야 한다.[821]

외부 서비스 제공자에게 감사업무를 맡길 생각이 있을 경우, 최고 감사책임자는 해당 감사업무 수행과 관련하여 외부 서비스제공자의 능력과 독립성, 객관성을 평가해 보아야 한다. 이러한 평가는 외부서비스 제공자를 이사회 또는 감사위원회 등이 선정하고 외부 서비스 제공자의 감사내용을 최고 감사책임자가 의존하고자 하는 경우에도 이루어져야 한다.

아웃소싱계약 체결 시 현재 및 앞으로 예상되는 업무상 리스크를 세심하고 주의 깊게 고려해야 하며 내부통제 및 내부감사 기능의 장애가 발생할 경우 예상하지 못하였던 리스크가 증가되어서는 아니 된다. 따라서 일반적으로 회사의 내부감사의 아웃소싱계약 시 고려해야 할 사항은 다음과 같다.

1. 서비스 제공자의 능력[822].

아웃소싱계약을 체결하기 전에 「내부감사 최고 책임자(CAE)」는 서비스 제공자가 필요한 지식, 기술 그리고 여타 감사업무 수행 능력을 갖췄는지 확인해야 한다. 그리고 아웃소싱계약업체가 회사에 대한 감사 경험을 가진 능력 있는 직원을 충분히 보유하여 계약을 이행할 수 있는지 여부를 확인하여야 한다. 서비스 수행 능력을 판단함에 있어서 「내부감사최고책임자(CAE)」는 다음 사항을 고려해야 한다.

서비스 수행능력 판단 시 고려사항

① 전문 자격, 면허 또는 해당 분야에서 외부서비스 제공자의 능력
② 관련 전문가 조직의 회원 여부 그리고 해당 조직의 윤리강령 준수
③ 외부서비스제공자의 명성
④ 맡게 될 감사임무에 대한 외부서비스 제공자의 경험

---

821 김용범. 전게서. 2017. 518면 및 2012. 312면.

822 김용범. 전게서. 2017. 519~520면 및 2012. 312~313면. 내부감사인협회, 전게번역서, 110면. 금융 감독원, 「IT 및 전자금융 부문의 아웃소싱에 대한 감독강화 방안」

⑤ 감사업무 관련 분야에 있어 외부서비스 제공자가 받은 교육과 훈련정도
⑥ 조직이 속하는 산업 분야에 대한 외부서비스 제공자의 지식과 경험
⑦ 아웃소싱업체 선정 시 기술적·전문적 지식 부문 평가 강화
- 아웃소싱업체가 계약기간 동안 필요한 서비스와 기술을 제공할 수 있는 능력과 경험이 있는지에 대한 평가
- 예상되는 운영환경에 있어서 아웃소싱 업체의 경험 평가
- 아웃소싱업무를 제3자에게 재 위탁/공동수행의 경우 이에 대한 평가
- 서비스 중단 시에 대응할 수 있는 능력 평가
- 중요 아웃소싱 인원에 대한 기술·지식 평가 등

아웃소싱계약은 사람이 제공하는 서비스계약이기 때문에 서비스제공자의 능력에 확신이 있어야 하며, 핵심 직원이 교체되는 경우에는 즉시 사전에 통보하도록 해야 한다.

2. 서비스 제공자의 독립성과 객관성[823]

「내부감사 최고책임자(CAE)」는 외부서비스 제공자의 독립성과 객관성이 그들의 감사임무 수행 중 지속적으로 유지되도록 외부서비스 제공자와 전체 조직 사이, 그리고 내부감사부서와의 관계를 평가해야 한다.

그런 평가함에 있어 「내부감사 최고책임자(CAE)」는 외부서비스 제공자가 감사 임무를 수행하고 보고할 때 공정하고 편향되지 않는 그들의 판단과 의견을 가로막을 어떤 재무적, 조직적 또는 개인적 관계가 없는지 확인해야 한다.

즉, 외부서비스 제공자의 독립성과 객관성을 평가함에 있어 내부감사 최고책임자는(CAE)는 다음 사항을 고려해야 한다.

외부서비스 제공자의 독립성과 객관성 평가 시 고려사항

① 서비스제공자가 조직과 갖게 될 재무(금전)적 이해관계
② 서비스제공자가 조직 내의 이사회, 최고 경영진, 다른 사람과의 개인적 또는 직무상의 제휴
③ 서비스제공자가 조직/검토 대상 활동과 과거에 있었을 수도 있는 관계
④ 서비스제공자가 조직을 위해 현재 진행 중인 여타 서비스의 정도
⑤ 서비스제공자가 받게 되는 보상이나 여타 인센티브 등

또한 외부서비스 제공자가 그 조직의 외부감사인이며 업무의 성격이 확장된 감사서비스일 경우 CAE는 수행된 업무가 외부감사인의 독립성을 저해하지 않는지 확인해야 한다. **확장된 감사서비스**란 외부감사인에게 일반적으로 받아들여지는 감사기준의 요구 수준을 넘어서는 그런 서비스를 말한다.

823 김용범. 전게서. 2017. 520면 및 2012. 313면. 한국감사인협회, 전게번역서, 110~111면.

만약 조직의 외부감사인이 그 조직의 최고 경영진, 관리자 또는 종업원으로 활동하거나 활동하는 것으로 비쳐질 때 그들의 독립성은 저해된다. 부가적으로 외부감사인은 세무나 컨설팅 등 다른 서비스를 조직에 제공할 수 있다. 그렇지만 독립성은 조직에 제공된 전체 서비스와 관련하여 평가되어야 한다.

3. 서비스 제공자의 관리·감독[824]

이사와 경영진 또는 감사와 감사위원은 아웃소싱된 내부감사기능이 적절히 관리되고 있는지 확인하여야 한다. 규모가 큰 회사의 경우 「내부감사 최고책임자(CAE)」는 서비스 제공자를 적절하게 감독할 수 있는 직원을 내부감사부서에 충분히 배치하여야 한다.

「내부감사 최고책임자(CAE)」가 없는 소규모 회사의 경우 서비스 제공자의 성과를 독립적으로 감독하는 전담직원을 임명하되, 그 직원은 감사대상이 되는 영업에 책임이 없는 자이어야 한다.

「내부감사 최고책임자(CAE)」는 아웃소싱업체로부터 양질의 내부감사 서비스와 중단 없는 내부감사 서비스를 제공받기 위해 아웃소싱업체에 대한 주기적이고 상시적으로 관리·감독을 강화하여야 한다. 주요 관리·감독 사항은 다음과 같다.

아웃소싱업체에 대한 주요 관리·감독 사항

① 내부감사인의 아웃소싱업체에 대한 주기적인 점검 실시의 의무화
- 아웃소싱업체의 업무운영상태 및 보안상태에 대한 회사의 주기적인 점검 실시
- 업무운영상태 및 보안상태 점검결과 제기된 문제점에 대하여는 즉시 시정 및 개선과 철저한 책임 추궁

② 아웃소싱업체의 재무상황 및 운영상태에 대한 상시모니터링 실시
- 아웃소싱업체의 시스템 개발 및 유지정책이 최소 가이드라인 및 제약상 필요조건 등에 부합하는지 여부를 상시감시 실시
- 회사는 아웃소싱업체의 재무상태 변동 상황 및 위탁업무 운영상태에 대해 시장을 통하여 상시모니터링 실시

③ 아웃소싱계약서 체결 등을 통해 아웃소싱업체에 대한 통제 강화
- 아웃소싱업체의 회사 앞 관리·감독 관련 보고서 제출 의무화
- 아웃소싱업체가 제3자 외부감사를 수감하였을 경우 회사 앞 감사결과 보고서 제출 의무화
- 아웃소싱업체가 회사의 사전 동의 없이 제3자에게 재위탁하거나 재위탁 업체를 변경하는 행위 금지

④ 아웃소싱업체의 적격성 기준을 자체적으로 수립하여 철저 운영
- 아웃소싱업무의 적정 수행에 필요한 자본금, 기술력, 시설과 인력규모 및 보안 대책 등에 대한 자격요건 철저 심사
- 정기적인 적격성 심사를 통하여 자격요건을 충족하지 못한 아웃소싱 업체에 대하여는 재아웃소싱 계약 금지.

⑤ 아웃소싱업체의 정보보호를 위한 보안대책의 철저점검

---

824 김용범. 전게서. 2017. 521~523면 및 2012. 314면. 금융감독원, 전게서, 129면.

- 컴퓨터 기록 또는 통신상 자료의 유출방지와 유출되더라도 그 내용을 확인할 수 없도록 자료의 암호화 실시
- 컴퓨터에 기록되어 있거나 또는 통신상에 있는 자료가 변형되지 않도록 「공개키 기반구조(PKI)」 사용
- 자료의 생성, 전송, 처리, 유지 및 저장되는 동안에 비인가된 접근, 수정, 파괴정보의 공개 등을 방지하도록 물리적·논리적 보안 강화
- 아웃소싱업체와 그 보조자가 계약서상에 사용하도록 인정된 사항 이외의 회사정보를 임의로 사용하거나 공개 금지

⑥ 아웃소싱업체의 내부통제기준 및 내용의 적정성 평가

- 정보의 변조, 유출 또는 시스템 장애 유발 등이 독립적으로 불가능하도록 인력운영상 가능한 범위 내에서 최대한 직무분리 운영
- 장애 또는 오류 등에 의한 원장 변경 시 변경대상 및 방법, 변경 권한자 지정, 변경 전후 내용 자동기록 및 보존, 변경 내용의 정당여부에 대한 제3자 확인 등 변경 절차 수립·운영
- 사고 위험도가 높거나 이상거래에 대하여는 책임자 승인 거래로 처리토록 하는 등 전산시스템에 의한 이중 확인이 가능토록 조치
- 프로그램 등록, 변경, 폐기 방법, 변경 전후 내용의 기록 및 관리·등록·변경·폐기 내용의 정당성에 대한 제3자 검증
- 업무 담당자가 일괄작업을 수행할 경우 담당 책임자의 승인절차를 거치도록 하고 작업내용을 거치도록 작업 내용을 기록·관리
- 암호프로그램에 대하여는 담당자 지정, 이중통제, 원시프로그램의 별도 보관 등 프로그램의 유포 및 부당 이용이 방지될 수 있도록 엄정 관리
- 정보시스템 및 전선자료에 보관하고 있는 비밀번호를 암호화하여 보관하며 비밀번호의 조회가 불가능하도록 조치 등

⑦ 아웃소싱업체에 대한 보안 대책 및 보안성 심사 강화

- 아웃소싱업체의 자체 보안대책의 적합성 여부
- 인터넷 등 외부전산망과 연결 필요성 및 보안대책 적정성 여부
- 내부전산망과 물리적 차단 및 연결방법의 적정성 여부
- 「침입차단시스템(FireWall)」등 정보보호시스템 설치 · 운영방법의 적정성 여부
- 인가 또는 인증된 전산 보안 시스템 운영 여부
- 해킹 등 외부침입 방지 대책의 적정성 여부 등

⑧ 아웃소싱업체의 재위탁 허용과 관리·감독 기준 강화

- 회사가 아웃소싱업체의 재 위탁을 허용할 경우 재수탁자의 적격성기준을 자체적으로 수립·철저 운영
- 회사와 아웃소싱업체, 재수탁자간의 업무위탁계약서 체결 등을 통하여 회사의 재수탁자에 대한 관리·감독 강화
- 회사는 재수탁자에 대하여 아웃소싱업체 관리기준을 준용하되 재수탁 업무종류, 업무범위, 업무량 등을 고려하여 탄력적으로 운영 등

4. 의사소통과 서비스의 문서화[825]

감사위원 또는 감사와 경영진 또는 이사 간 의사소통은 아웃소싱으로 서비스 제공자를 고용했다고 하여 축소되어서는 안 된다. 그리고 「내부감사최고책임자(CAE)」는 외부서비스 제공자와의 긴밀한 의사소통으로 업무범위에 관한 충분한 정보를 가지고 있어야 한다. 이는 그들의 업무범위가 내부감사부서의 목표와 잘 어울리는지 확인하기 위해 필요하다.

아울러 「내부감사최고책임자(CAE)」는 아웃소싱 서비스 제공자가 감사서비스를 충분 하고 적정하게 제공하지 못할 경우 그 책임을 명확히 하기 위하여 감사업무 서비스에 대한 아웃소싱계약은 다음 사항을 포함해 감사업무 서비스제공자와 문서화하는 것이 필요하다.

아웃소싱 서비스의 문서화 주요 항목

① 서비스 제공자의 책임, 수행업무의 범위 및 횟수, 용역비
② 감사 등에 대한 업무보고의 형태, 횟수 등 정보의 제공 및 수령에 대한 책임
③ 내부감사보고서 및 관련서류의 소유권, 보관 장소 및 보관 기간
④ 업무 과실 및 소홀 등으로 인한 손실 발생 시 그 처리 방법
⑤ 서비스 제공자의 경영관련 업무수행 금지
⑥ 서비스 제공자의 비밀유지 의무
⑦ 업무량, 회사의 특별요구 및 기본적인 서비스를 위한 비용 및 계산에 관한 사항
⑧ 하드웨어와 소프트웨어 구입 및 유지에 따른 비용 및 책임에 관한 사항
⑨ 비용 증가의 상한선 및 비용구조가 변화하는 상황에 대한 자세한 설명 사항 등

5. 서비스 수행결과의 평가[826]

외부서비스 제공자가 내부감사업무를 제공한 경우 「내부감사 최고책임자(CAE)」는 그 작업이 「내부감사직무수행 기준(Standards)」을 준수하여 진행되는지 명확히 확인하여야 한다. 외부서비스 제공자의 작업을 검토할 때 「내부감사 최고책임자」는 내부감사업무 서비스에 대한 외부서비스 제공자가 수행한 서비스 작업의 적절성을 평가하여야 한다.

이런 평가는 도달된 결론 또는 중대한 예외사항이나 다른 특이한 문제 해결의 합리적인 기초를 제공하기 위해 취득한 정보의 충분성도 포함한다. 또한 서비스 제공자에 의한 모든 작업은 서류화되어야하고 내부감사업무 수행결과 취약점 등 모든 문제점 적출사항은 즉시 「내부감사 최고책임자(CAE)」 및 감사 등에게 보고되어야 한다.

「내부감사 최고책임자(CAE)」는 외부서비스 제공자의 업무수행의 질적 수준의 향상을 위하여 아웃소싱업체의 서비스 및 자원에 대한 품질평가를 강화하여야 한다. 따라서 「내부감

---

825 김용범. 전게서. 2017. 523면 및 2012. 314~315면. 금융감독원, 전게서, 128~130면, 한국감사협회, 전게번역서, 111면. 금융감독원, 「IT 및 전자금융 부문의 아웃소싱에 대한 감독강화 방안」.

826 김용범. 전게서. 2017. 524면. 한국감사협회, 전게서, 112면, 금융감독원, 전게서, 30면.

사최고책임자(CAE)」의 아웃소싱업체의 서비스 및 자원에 대한 품질 평가의 주요 항목은 다음과 같다.

아웃소싱업체의 서비스 및 자원에 대한 품질평가의 주요항목[827]

① 아웃소싱업체의 업무수행을 상세히 기록한 보고서의 정기적인 검토
② 서비스의 문제점에 대한 적절한 방식의 개선, 책임 추궁 및 서비스 수준 향상을 위한 아웃소싱업체의 계획에 대한 평가
③ 효과적인 변경제어를 위한 시스템 업데이트 절차 및 중요시스템 변경을 위한 인증절차 구축에 대한 평가
④ 지향하는 사업발전 목표, 기술적 독창성 등을 포함하는 회사의 전략목표를 지원하고, 강화하기 위한 아웃소싱업체의 능력 평가
⑤ 아웃소싱업체의 상품 및 서비스에 대한 고객 불만 사항 검토
⑥ 아웃소싱 서비스의 수준관리를 강화하기 위하여 「SLA제도」[828] 도입 등

6. 비상시의 대책[829]

내부감사조직이 외부서비스 제공자의 아웃소싱된 내부감사활동을 효과적으로 통제하지 못할 경우 이로 인한 리스크가 발생하여 건전한 경영을 크게 저해할 수 있고 회사 업무의 본질을 침해할 수 있다.

또한, 아웃소싱업체의 업무 중단, 계약의 파기 등으로 내부감사기능이 공백에 빠질 우려가 있기 때문에 리스크가 높은 분야 등 중요부분에 대해서는 내부감사기능 중단에 대비하여 아래의 「**비상대비계획**(Contingency Plan)」[830]을 강구하여야 한다.

회사 및 아웃소싱업체의 비상대비계획

① 회사 및 아웃소싱업체의 「비상대비계획(Contingency Plan)」 수립
- 화재·홍수·해킹 등 재난으로 인한 서비스 중단과 도산·계약파기 등으로 인한 서비스 중단으로 구분하여 형태별 비상대비계획 수립
- 아웃소싱업체의 업무중단에 대비해서는 회사와 아웃소싱업체로 구분해 회사별 비상 대비계획 수립
- 수립된 비상대비계획에 대하여는 주기적으로 모의훈련을 실시 및 문제점 도출 시에는 즉시 비상대

827 김용범. 전게서. 2017. 524면. 금감원, 「IT 및 전자금융 부문의 아웃소싱에 대한 감독강화 방안」

828 SLA(Service Level Agreement) 란 고객사에게 제공하는 아웃소싱서비스의 수준을 정량적으로 측정하여, 서비스의 성과를 평가하고 미흡한 부문을 개선하는 서비스수준의 성과관리방식에 관한 합의서, 즉 품질보증에 대한 협약서를 말한다.

829 김용범. 전게서. 2017. 525면 및 2012. 315면. 금융감독원, 전게서, 130면, 금융감독원, 「IT 및 전자 금융 부문의 아웃소싱에 대한 감독강화 방안」

830 비상사태나 재난이 발생하였을 경우 기관·사람·자원에 미치는 피해를 최소화 하거나 원천적으로 방지하기 위하여 기관차원에서 준비하는 정책이나 절차를 말한다.

비계획 수정·보완

② 비상시 최소한 업무기능 유지를 위한 백업 및 재해복구 대책 강구

- 회사는 재난상황에서도 업무기능을 계속 유지하기 위하여 아웃소싱업체의 백업자료 소산 및 백업설비 확보
- 회사는 자료 보호대책 외에 전산장비, 데이터, 시스템 및 응용소프트웨어, 다큐멘테이션 등의 백업계획도 수립
- 비상시에 대비하여 재해 유형별로 미치는 영향, 백업방법 및 절차, 복구방법 및 절차, 복구시간 등 세부대책 강구

③ 아웃소싱업체의 재무상태 및 비재무적 요소에 대한 상시적인 점검

- 회사는 아웃소싱업체의 재무건전성을 정기적으로 평가하여 도산에 대비하고 주요 경영 활동을 상시 모니터링 실시
- 회사는 아웃소싱업체의 최신 감사보고서, 재무보고서 및 연간 보고서 등에 대한 적기 분석 및 대응
- 회사는 아웃소싱업체의 경영진 평판, 시장 점유율 및 그 변화 등과 같은 비재무적 요소에 대하여도 상시모니터링 실시 등

제9장

내부감사 관련 주요 이슈

제1절 내부감사조직의 독립성

Ⅰ. 현황

우리나라의 경우 기업지배구조 개선의 관점에서 그간 감사제도를 지속적으로 개선시켜 왔다. 그러나 그러한 노력에도 불구하고 현행 감사제도가 제 기능을 다 하고 있다고 보기는 어려운 것이 현실이다. 감사제도가 본래적 기능을 하지 못하는 이유는 크게 법제도적 측면과 현실의 운용측면으로 구분하여 생각해 볼 수 있다.

일반적으로 법적측면에서 볼 때 감사의 선·해임과 관련한 문제, 상장회사 특례 규정상의 문제, 외부감사인의 선임 및 해임과 관련한 문제 등이 있다. 그러나 감사제도가 본래적 기능을 못 하는 보다 큰 이유는 제도적 측면보다는 오히려 운용측면에서의 문제점을 지적할 수 있다.

「상법」에서 기대하는 **監事의 모습은 경영진으로부터 독립된 존재로서 경영진에 대한 효율적 감독자로서의 모습**이다. 그러나 本來의 감사의 모습은 찾아보기가 매우 힘들다. 현실의 감사의 모습은 대다수가 다음의 3가지 유형으로 구분될 수 있다.[831]

첫 번째는 실망형이다. 현실에서 감사는 승진단계에 있는 하나의 직책인 경우가 많으며, 이에 따라 감사로 선임된 자들은 경영진으로서 역할을 하지 못하게 된다는 점에서 좌절감과 의욕상실을 느끼게 된다. **두 번째는 유유자적형**이 있다. 성공적으로 임원이나 공직생활을 마치고 은퇴를 앞둔 상황에서 감사로 선임되어 적당히 일처리를 하는 유형이라고 할 수 있다.

세 번째는 의기양양형이다. 젊은 나이에 감사로 발탁되어 처음으로 임원대우를 받게 되어 의욕도 많지만, 장래를 생각하여 CEO등 상급임원의 눈치를 보는 유형을 말한다. 물론 모든 감사가 이 세 가지 유형에 포함된다고 할 수는 없지만, 현실에서 보여 지는 감사의 특성을 잘 표현하고 있다고 생각한다.

이러한 상황에서 감사제도에 대한 법적 개선만으로 감사가 본래적 기능을 하도록 하기에는 많은 어려움이 있다. **현실적으로 감사가 제 기능을 할 수 있는 기업 환경을 마련하는 것**

831 김용범. 전게서. 2017. 526~527면. 권종호, 「법제의 변화와 감사의 대응」, 상장회사감사회 회보 제111호 2009. 9면, 김학원, 전게서, 53면.

이 중요하다.[832]

Ⅱ. 내부감사조직의 독립성[833]

辭典的 意味로서 독립성이라 함은 **'남에게 의지하거나 속박되지 아니하고 홀로 서려는 성질이나 성향'**이라고 설명하고 있다. 따라서 **내부감사조직은 감사범위의 결정, 감사업무의 실행, 감사결과의 보고 등을 수행함에 있어 어느 누구로부터 어떠한 간섭도 받지 않고 그리고 그들의 임무를 자유롭고 객관적으로 수행할 수 있을 때 독립적**이라 한다.

그간 우리 법은 ① 감사선임 시 대주주 영향력을 차단하기 위한 의결권 제한, ② 감사해임 시 당해 감사의 주주총회에서 의견진술권 부여, ③ 감사임기의 확대(2년에서 3년), ④ 감사의 겸직금지 의무의 확대, ⑤ 주요주주 및 그의 배우자와 직계 존비속 그리고 최근 회사의 상무에 종사했던 임직원의 감사 선임금지 등 **감사의 독립성 확보를 위해 많은 노력**을 해왔다.

물론 **내부감사조직의 독립성 확보**는 단지 제도적 장치에 의해 완벽하게 강제된다고 하여 해결될 수 있는 문제는 아니다. 아무리 제도적으로 이상을 추구하더라도 현실이 제도의 취지를 따라주지 않는다면 의미가 없게 된다. 따라서 우리는 **제도와 현실의 괴리 폭을 최소화**하고 더 나아가서 **제도상의 미비점을 개선해 나가는 데 최선**을 다해야 한다.

그리고 **내부감사조직의 독립성**에 대해 더 자세히 설명하면, 내부감사기능은 감사대상이 되는 영업활동 기능 및 일상적인 내부통제 과정상의 여러 기능과 독립적으로 운영되어야 한다. 이는 **내부감사조직이 회사조직 내에서 독립적인 지위를 보장받아 객관적이고 공정하게 임무를 수행**하여야 한다는 의미이다.

내부감사조직은 모든 부서, 설비 및 기능에 대해 독자적인 판단 아래 감사활동을 수행할 수 있어야 하고, 발견사항 및 평가결과를 회사 내에서 자유롭게 보고하고 공개할 수 있어야 한다. 이러한 독립성 보장을 위하여 **내부감사조직은 감사의 직접적인 지휘·통제 하에서 감사활동을 수행**하여야 한다.

내부감사조직의 장은 자신이 원할 경우 내부감사규정에서 정하는 바에 따라 언제든지 **직접 이사회 및 이사회의장, 감사위원회 및 감사위원 또는 외부감사인과 협의 또는 보고**할 수 있어야 한다. 동 협의나 보고 내용에는 경영진의 관련 법규에 위배되는 의사 결정 등도 포함해야 한다.

내부감사인은 독립성을 유지하기 위해 **회사와 이해충돌 관계를 가져서는 아니 되며, 내부감사인에 대한 보상계획은 내부감사의 목적과 일치**하여야 한다. 한편, 회사는 내부감사기능이 적절하게 운영되고 있는지를 독립적으로 검토하는 시스템을 구축해야 하며, 외부감사인과 같은 독립적인 제3자 또는 감사위원회가 이러한 업무를 수행할 수도 있다.

Ⅲ. 내부감사조직의 독립성 관련 문제점

832 김용범. 전게서. 2017. 527면. 김학원, 전게서, 54면. 김용범, 「내부감사조직의 독립성」, 감사저널, 2013. 5~7, 35면.

833 김용범. 전게서. 2017. 527면. 김용범, 전게기고문, 감사저널, 2013. 5~7, 35면.

1. 감사후보 추천과 관련된 문제점

「상법」은 감사 및 감사위원회위원(이하 일괄하여 '감사'라 한다)의 선임 절차와 후보로 추천받은 자 중에서 감사를 선임하도록 규정을 하고 있을 뿐, 감사후보의 추천절차에 대해서는 별다른 규정을 두고 있지 않다. 따라서 일단 후보로 추천받은 자 중에서 감사가 선임되기 때문에 어떤 사람이 감사를 추천하는가는 중요한 문제일 수밖에 없다.

감사의 선임과정에서 의결권을 제한하는 등 감사의 독립성 확보를 위한 조치를 취한다고 하여도 감사 후보의 추천에는 어떠한 제한도 없기 때문에 추천된 감사후보들이 모두 독립적이지 못한다고 한다면 아무런 의미가 없기 때문이다.[834]

「KPMG ACI 2019 Audit Committee Outlook」(이하 'KPMG보고서'라 함)를 살펴보면 감사위원/감사후보의 추천자는 이사회가 74.7%/89.4%를 차지하고 있으며, 반면 임원후보추천위원회 등을 통해 추천되는 경우는 전체의 23.6%/4.3%에 불과하였다. 즉, 조사대상회사의 74.7%/89.4%가 監事의 監査대상이 되는 이사회에 의해 추천되고 있는 것이다.

감사위원/감사 후보 추천자

구분	이사회	감사위원/감사후보추천위원회	사외이사/임원후보추천위원회	기타	합계
비율(%)	74.7/89.4	1.4/0.0	22.2/4.3	1.7/6.3	100.0

감사는 이사의 업무집행을 감독하는 자이며, 따라서 이사 및 이사를 통해 사실상 지배력을 행사하는 지배주주로부터 최대한 독립된 자이어야 한다. 감사 선임 시 100분의 3을 초과하는 수의 주식을 가진 주주로 하여금 그 초과하는 주식에 대해 의결권을 행사하지 못하도록 한 것도 이러한 이유 때문이라고 할 수 있다.(「상법」 제409조제2항)[835] 그러나 현실은 조사대상 3분의 2 이상(74.7%/89.4%) 회사가 監事의 監査 대상이 되는 이사 및 지배주주가 사실상 지배하는 이사회에 의해 추천되고 있는 실정이다.

2. 감사 선임·해임과 관련된 문제점

가. 감사 해임과 관련된 문제점

감사 또는 감사위원의 해임결의 경우에는 선임결의와는 달리 발행주식 총수의 100분의 3을 초과하는 주식에 대한 의결권 제한이 없다는 점(특례 상근감사 및 특례감사위원은 제외)과 주주총회의 특별결의만 있으면 그 정당성 유무에 관계없이 언제라도 감사 또는 감사위원을 해

834 김용범. 전게서. 2017. 528면 및 2012, 276면. 김학원, 전게서, 93면. 김용범, 전게기고문, 감사저널, 2013. 5~7, 36면.

835 김용범. 전게서. 2017. 529면. 김학원, 전게서, 94면. 김용범, 전게서, 2012., 276면. 김용범, 전게 기고문, 감사저널, 2013. 5~7, 36면.

임할 수 있다.

그런데 이는 주주총회에서의 다수결이란 자본다수결이어서 실질적으로 대주주와 우호세력에 의해 그 의사가 결정된다는 점과 감사의 해임에 관한 의안 제출권을 실질적으로 행사하는 이사회의 구성원들이 사실상 대주주의 영향력 하에 있는 현실을 감안할 때 감사 또는 감사위원의 독립성과 중립성을 훼손할 위험성이 매우 크다.

나. 감사위원 선임과 관련된 문제점

대주주 및 경영진으로부터 감사위원의 독립성을 확보하기 위하여 도입된 대주주에 대한 의결권 제한 규정을 회피하기 위해 회사들이 '주주총회에서 먼저 의결권 제한을 받지 않는 이사를 선임하고 동일한 주주총회에서 다시 새로운 결의로 이들 이사 중에서 감사위원이 되는 자를 선임하는 방식'을 채택하고 있어 사실상 대주주의 영향력 하에 있는 감사위원을 선임하게 되어 대주주에 대한 의결권 제한 규정을 무력화하고 있다.

또한 이번 2020. 12. 「상법」 개정은 주주총회에서 감사위원이 되는 이사를 1명(정관으로 2명이상 가능) 다른 이사와 분리하여 선임토록 함으로써 선임단계에서부터 최대주주의 의결권을 제한되도록 하여 감사위원의 독립성을 일부 확보하였다고 하나, 커다란 맹점은 사외이사를 감사위원으로 분리해 선출하거나 해임할 경우에는 특례규정상의 최대주주의 의결권 제한 규정을 적용받지 아니하여 당초 입법취지를 크게 손상시켰다.

다. 감사위원 임기와 관련된 문제점

「상법」은 감사위원의 임기에 관한 명문 규정을 두고 있지 않을 뿐만 아니라 그 준용 규정도 두고 있지 않다. 그리하여 감사위원을 운영함에 있어서는 감사위원의 임기에 관련된 법적인 분쟁이 발생할 우려가 있다. 왜냐하면 감사위원은 기본적으로 이사의 지위도 가지고 있어서 그 지위의 변동여부가 감사위원의 임기를 좌우하게 될 뿐만 아니라 그간 여러 차례 감사의 임기를 연장한 취지에도 맞지 않기 때문이다.

이사의 직무집행을 감독해야 할 위치에 있는 감사위원의 선임뿐만 아니라 그 임기까지도 이사회가 정할 수 있다는 것은 감사위원의 독립성을 크게 침해할 가능성이 있기 때문에 결코 타당하지 않다. 그리고 감사위원의 임기가 정하여지지 않으면 감사위원 임기 자체가 자연스럽게 이사의 임기에 의존할 수밖에 없는데, 이 역시 감사위원의 독립성 확보·유지라는 측면에서 결코 바람직하지 않다.

또한 이번 2020.1「상법시행령」 개정에서 사외이사의 독립성 제고를 위해 특정회사 계열사에서 퇴직한지 3년이 되지 아니한 자는 해당 회사의 사외이사가 될 수 없도록 하고, 한 회사에서 6년, 계열사 포함 9년을 초과하여 사외이사로 근무하는 것을 금지하고 있는 바, 이는 감사위원의 독립성 측면에서는 효과가 있을 수 있을지는 모르나 우수한 감사위원의 출현을 막을 우려가 있다.(「상법시행령」 제34조 제5항)

3. 감사 보수 결정과 관련된 문제점

감사의 보수라 함은 봉급·각종 수당·상여금·퇴직금·스톡옵션 등 명칭 여하를 불문하고 감사의 직무수행에 대한 보상으로 지급되는 일체의 대가를 뜻하며, 정기적이든 부정기적이든 불문한다. 그리고 성과급 등 경영성과에 연동하거나 성과달성의 동기부여를 위해 지급하는 금원도 같다.(대법원. 2020. 4. 9. 선고. 2018다290436. 판결). 또한 금전의 급부에 한정지 않고, 현물 급여 기타 타인에 대한 이익의 제공이라도 궁극적으로 감사의 이익으로 귀속되는 것이라면 감사의 보수이다.

그런데 감사의 보수가 주주총회에서 총액을 결정한다 해도 상여금이나 스톡옵션을 주기 위해서는 감사에 대한 평가 및 그 결과에 따라 지급하게 되는데, 이를 평가하는 사람들이 다름 아닌 이사회나 그 하부위원회인 보수위원회에서 결정하게 됨에 따라 감사의 독립성과 그 업무집행의 객관성·중립성을 심각하게 훼손할 우려가 있다.

또한 감사위원 보수에 대하여는 「상법」에 아무런 규정을 두고 있지 않다. 따라서 현재로서는 감사위원이 이사의 지위를 겸하고 있는 점과 연계하여 그 보수도 정관에 정해지거나 아니면 이사로 선임될 때 주주총회에서 총액으로 결정되고 개별 보수액은 이사회에 위임하여 처리하고 있는 것이 일반적인 현실이다.

그런데 이런 논리구성은 또한 감사위원의 독립성과 객관성·중립성을 심각하게 훼손할 우려가 있다. 만약 감사위원의 선임뿐만 아니라 그 보수에 대한 결정권까지 모두 이사회에 집중된다면 감사위원회의 구성원인 감사위원이 이사 및 이사회의 업무집행사항을 효과적으로 견제 및 감사한다는 것은 현실적으로 거의 불가능하다.

4. 감사부문 예산과 관련된 문제점

감사업무를 수행하기 위해서는 인력과 함께 충분한 예산이 확보되어야 한다. **예산의 확보는 감사의 독립성 확보를 위한 전제로서 중요한 의미**를 가지고 있다. 감사 관련 예산이 전적으로 이사회 및 경영진에 의해 결정된다면 감사가 독립적인 위치에서 경영진을 감시·감독하는 데 한계를 가질 수밖에 없기 때문이다.

그런데 상기 상장협보고서에 따르면 우리나라의 현실은 **감사관련 예산에 대한 편성 및 배분권은 전적으로 회사의 경영진 및 이사회에게 부여**(56.9%)되어 있다. 절반 이상 회사에서 감사가 감사관련 예산에 대해 아무런 권한을 가지고 있지 않다는 것이다. 예산에 대한 권한이 확보되지 않은 상황에서 감사의 독립성을 확보하기는 매우 어려운 상태이다.[836]

감사관련 예산 편성 및 배분권한

구분	이사회결정	대표이사	감사관련 업무규정	기타	합계
비율(%)	45.5	11.4	32.6	10.5	100.0

836 김용범. 전게서. 2017. 529면. 김학원, 전게서, 95면, 김용범, 전게기고문, 2013. 5~7, 36면.

5. 감사관련 규정개폐와 관련된 문제점

감사도 회사의 구성원이며 따라서 회사 내의 규정에 따라 움직여야 한다. 즉, 회사 내의 감사와 관련한 규정들은 감사의 권한과 업무범위를 결정짓는 중요한 요소가 되는 것이다. **감사의 독립성을 확보**하기 위해서는 **감사관련 규정을 제·개정** 하는 데 있어 **경영진의 관여를 최소화**하는 것이 필요할 것이다. 경영진이 감사관련 규정의 제정 등의 권한을 가지고 있는 경우에 이를 통해 감사 역할을 축소시킬 수 있는 개연성이 있기 때문이다.

그런데 우리나라의 현실은 **감사나 감사위원회(이하 '감사'라 칭함)가 감사업무 관련규정의 제·개정에 최종적인 승인권한**을 가지고 있는 경우가 상기 상장협보고서에 따르면 조사대상 기업 중 **17.4%에 불과**하다. 대부분의 기업은 CEO가 최종 결재권을 가지고 있는 상황에서 감사 등이 사전 또는 사후적인 심의권만을 가지고 있을 뿐이다.

사전 또는 사후적 심의권은 어느 정도 견제역할을 할 수는 있겠지만 감사가 충분한 독립성을 확보하고 있지 못하는 현실에서 실제로 기능할 수 있을지 의문이다. 더욱이 동 보고서에 의하면 **감사가 아무런 권한을 가지고 있지 않은 회사도 10.6%**에 이르고 있는 점을 고려할 때 감사가 독립적으로 감사업무를 수행하기 매우 어려운 환경을 가지고 있다고 판단된다.[837]

감사관련 규정 개폐 권한

구분	CEO 최종결제전 사전심의권	CEO 결제 후 사후심의권	감사 (감사위원회) 최종승인권	감사의 규정 관련 권한 전무	기타	합계
비율(%)	52.3	13.6	17.4	10.6	6.1	100.0

6. 감사보조조직과 관련된 문제점

현행 「상법」에는 감사/감사위원회의 지휘를 받는 감사보조조직에 대한 명문화된 규정이 없다. 따라서 기업들의 감사보조조직 설치·운영 현황은 매우 열악하기 그지없다. 위 KPMG 보고서에 의하면 전담 감사보조조직을 설치한 회사는 35.1% 정도이며 **3분의2에 가까운 회사들은 전담 감사보조조직 자체를 마련하고 있지 않은 상황**이다.

더군다나 회사들이 감사/감사위원회의 지휘를 받아 감사업무를 수행하는 전담직원을 두지 않고 회계, 재무, 자금, 윤리, 준법, 경영, 내부통제 등 다른 부서의 직원으로 하여금 겸직토록 하고 있으며, 그리고 상장협보고서에 의하면 **전담직원을 두고 있다하여도 5명 이하의 소수 인원으로 운영하는 회사가 과반수 이상**(56.8%) 이다.

837 김용범. 전게서. 2017. 530면. 김학원, 전게서, 95면, 김용범, 전게기고문, 감사저널, 2013. 5~7, 36~37면.

감사보조조직 전담 임직원 수

구분	20명이상	6명~19명	5명이하	0명	무응답	합계
비율(%)	11.1	25.9	56.8	7.4	6.2	100.0

또한 상장협보고서에 의하면 **감사보조조직의 최고책임자**에 대해서도 **67.9%가 부장이하의 직급을 부여**하고 있다. 감사/감사위원회의 역할이 이사의 업무집행을 감독하는 것이라는 점을 고려할 때 경영진에 비해 격차가 너무 낮은 하위직급을 가지고는 감사 보조조직이 이사에 대한 직접적인 감사를 하는 것은 현실적으로 곤란하다.

더욱이 KPMG 보고서에 의하면 감사/감사위원회가 감사보조조직 구성원에 대한 임명동의권/임명승인권을 명확한 규정 등에 근거하여 행사하는 회사가 41.3% 불과하며, 상장협보고서에 의하면 **감사보조조직에 대한 지휘통제권을 감사가 아닌 대표이사를 포함한 경영진 등이 가지고 있는 경우도 전체의 32.1%**에 이르고 있는 상황이다.

감사보조조직 지휘통제권

구분	감 사	대표이사를 포함한 경영진	기 타	합계
비율(%)	67.9	22.2	9.9	100.0

이런 상황을 고려할 때 감사보조조직의 임직원은 감사만을 전문으로 하는 인력이 아니라, 하나의 부서로서 거쳐 가는 자리로서 운영되는 경향이 있기 때문에 독립적으로 감사업무를 수행하기 매우 어려운 상황이다.[838]

7. 감사부서의 감사보고 라인과 관련된 문제점

상장회사의 「감사위원회 운영 모범규준」에 따르면 감사 또는 감사위원회는 내부감사부서가 그 목표를 효과적으로 달성할 수 있는지 그 역할, 조직, 예산의 적절성을 평가 하고 내부감사 활동을 지속해서 감독하여야 한다고 언급하고 있다.

따라서 내부감사부서는 감사 또는 감사위원회가 감사행위를 적절히 감독할 수 있게 하는 취지에서 감사행위로 드러난 문제점 및 취약사항 등은 감사 또는 감사위원회에 직접 보고하여 감사 또는 감사위원회의 지휘·감독을 받는 것이 타당하다.

838 김용범, 전게서, 2017, 532면, 김학원, 전게서, 93면, 김용범, 전게기고문, 2013. 5~7, 37~38면.

그러나 상장회사의 2017년 말 기준 내부감사부서의 감사보고서 등 보고라인 현황[839]을 살펴보면, 전체 상장사 1,941개사 중 미공시 889개사(45.8%)를 제외하고 경영진에게 보고가 785개사(40.44%)로 제일 많고, 그다음이 이사회에 보고가 154 개사(7.93%)이며, 감사 또는 감사위원회에 보고는 113개사(5.82%)에 불과하여 감사활동에 대한 적절한 감독은 물론 이사 등 경영진에 대한 견제가 곤란한 상황이다.

내부감사부서의 보고라인 현황 (단위 : 개사, %)

구분	감 사 (감사위원회)	이사회	대표이사를 포함한 경영진	미공시	합계
비율(%)	11.1	25.9	56.8	7.4	100.0
유가증권시장	81(10.89)	67(9.01)	355(47.72)	241(32.39)	744(100)
코스탁시장	32(2.67)	87(7.27)	430(35.92)	648(54.14)	1,197(100)
전체상장사	113(5.82)	154(7.93)	785(40.44)	889(45.80)	1,941(100)

Ⅳ. 문제점 해결 방안.

1. 감사후보 추천절차의 개선

미국의 경우는 이사후보를 추천하는 지명위원회를 설치하고 동 위원회를 통해 장래 감사위원이 될 이사후보를 선출하도록 하고 있다. 이처럼 지명위원회를 통해 이사를 선임 하도록 하는 것은 경영진의 영향력을 최대한 배제하기 위한 것이며, 이러한 의미에서 지명위원회는 가능한 한 사외이사로 구성하도록 하고 있다.

일본의 경우는 이사가 주주총회에 감사 선임에 관한 건을 제출하기 전에 현재 존재하는 감사나 감사회에 이에 대한 동의를 받도록 하고 있다. 즉, 감사나 감사회가 이사의 감사선임의안에 대해 사실상 거부권을 행사할 수 있도록 하고 있는 것이다.

이 경우 감사후보의 추천은 이사 등이 하게 되지만 그 과정에서 감사나 감사회가 후보의 적절성을 판단하고 적절하지 않은 후보에 대해서는 의안제출 자체를 막을 수 있는 권한이 부여되었다는 점에서 감사후보 추천부터 독립성 확보를 위한 조치가 이루어지고 있다고 판단된다.

이에 비해 우리나라의 경우 감사선출에 대해서는 엄격하게 제한하면서 감사후보추천에 대해서는 아무런 규정을 두고 있지 않아 문제이다. 실제 대부분의 감사후보는 대주주나 경영진에 의해 추천되고 있다. 이렇게 추천된 감사후보는 자신을 추천해 준 경영진 등의 이익

839 감사위원지원센타.「2017년 상장법인 내부감사부서 편제현황」. 2018. 5. 34면.

을 고려할 수밖에 없으며, 결국 제대로 된 감사업무 수행이 불가능 하게 된다.

이러한 상황에서 감사선임 시 의결권을 제한하는 것은 아무런 의미가 없다. 따라서 **감사후보 추천**과 관련해서 **사외이사로 구성된 감사후보추천위원회 같은 조직의 설치를 의무화 하거나 아니면 일본처럼 감사후보 추천에 있어서 현 감사의 동의를 받도록 하여 경영진의 전횡을 막을 수 있는 방안을 법상 도입하는 것이 필요**하다고 본다.[840]

2. 감사 선임 및 해임 관련 방법의 적정화

가. 감사 해임 관련 사항의 개선

감사의 독립성과 중립성의 훼손을 방지하기 위하여 감사의 해임에 있어서도 이사의 해임과는 다른 별도의 보호조치 즉, ① 감사의 해임결의에 있어서 감사의 선임결의와 같이 대주주의 의결권 행사를 제한하는 방법(개별 3%룰)[841]과 ② 감사/감사위원의 경우에는 정당한 사유가 있는 경우에 한해 해임할 수 있는 방법[842]의 도입이 필요하다.[843]

나. 감사위원 선임 관련 사항의 개선

감사위원을 선출할 때 대주주 등의 영향력을 제한하여 독립적인 감사위원을 선출할 수 있도록 2020.12. 개정 「상법」의 감사위원 선출방식인 **'주주총회에서 감사위원이 되는 이사를 1인 이상 다른 이사들과 분리하여 선임하는 방법'**[844] 을 **'주주총회에서 감사위원이 되는 이사를 감사위원 총수의 2/3 이상 다른 이사들과 분리하여 선임하고, 분리하여 선임하는 감사위원에 대하여는 최대주주의 의결권 제한 규정**(합산 3% rule)**을 적용토록 하는 방법'**으로 개선이 필요하다. 그 이유는 감사위원의 2/3 이상이 독립적이어야 하기 때문이다.

다. 감사위원 임기 관련 사항의 개선

감사위원의 독립성과 안정성의 확보 및 유지를 위해 감사위원의 임기에 관한 명문규정을 「상법」에 두는 것이 바람직하다.[845] 따라서 ***「금융지배구조법」 개정(안)에서 '감사위원 임기를 2년 이상'***[846]***으로 한 것과***는 달리 「상법」상 **'감사위원의 임기를 3년 이상'으로 개선하는 것**이 필요하다. 왜냐하면 그간 「상법」개정을 통해 감사의 임기를 연장(1년→3년)한 이유가 감사/감사위원의 독립성과 지위의 안정성을 확보하기 위함이었기 때문이다.

3. 감사 보수 결정 관련 방법의 적정화

840 김용범. 전게서. 2017. 532면. 김학원, 전게서, 161면, 김용범, 전게기고문, 2013. 5~7, 38면.

841 정준우. 전게서. 32면.

842 권종호. 전게서. 90면.

843 김용범. 전게서. 2017. 661면.

844 2020. 12. 09.「상법 일부개정법률」. 제542조의12 제2항.

845 정준우. 전게서. 127면. 김용범. 전게서. 2017. 78면.

846 금융위원회. 「금융사지배구조법 일부개정법률(안)」입법예고. 2020. 6. 29.

감사 및 감사위원의 독립성과 객관성·중립성을 확보하기 위해서 그들의 보수결정 방법에 관한 명문 규정을 「상법」에 두는 것이 바람직하다. 따라서 ***「금융지배구조법」의 개정(안)에서와 같이 회사는 사외이사, 감사 및 감사위원에 대해 회사의 재무적 경영성과와 연동하지 아니하는 별도의 보수지급 및 평가기준을 마련하여 운영하는 방법[847]의 도입***이 필요하다.(「금융지배구조법」제22조 제7항)

아울러서 감사 및 감사위원의 평가에 대해서도 감사 및 감사위원의 독립성과 객관성·중립성을 확보하기 위해서 **사외이사가 2/3 이상을 차지하는 감사위원회나 보수위원회가 평가하는 방법의 도입이 필요**하다. 왜냐하면 그들의 평가를 이사회나 사외이사가 2/3 미만인 보수위원회가 평가할 경우 감사 및 감사위원의 보수가 경영진에 의해 결정되게 되어 제대로 된 감사업무의 수행이 불가능하게 되기 때문이다.

4. 감사 규정 및 예산에 관한 권한의 명확화

「상법」은 감사의 독립성 및 실효성을 확보하기 위해 많은 권한을 부여하고 있다. 그러나 이러한 권한을 사용하기 위한 과정에서의 세부적인 사항은 여전히 회사내부의 문제로 남아 있다. 대표적인 것이 감사와 관련한 제규정의 제정권한과 예산에 대한 결정권한이다.

우리기업의 경우 대부분 경영진들이 이에 대해 결정을 하고 있으며, 감사 등이 관여할 여지가 거의 없는 상황이다. 이러한 상황에서 감사가 자신의 권한을 적절하게 사용할 수 있을지 의문이다. 예를 들어 경영진이 의도적으로 감사의 권한을 무력화시키기 위해 규정을 개정하고 예산을 삭감하는 등의 조치를 취하는 경우도 예상할 수 있다.

따라서 **감사의 독립성을 확보하기 위해서 무엇보다도 감사의 업무수행 및 예산에 있어 독립성이 확보**되어야 한다. 이를 위해서는 **감사와 관련한 제 규정의 제·개정 등 감사업무에 관한 결정권을 전적으로 감사에게 부여**함으로써 감사가 자기책임하에 자신의 권한을 적절하게 사용할 수 있도록 하여야 한다.

아울러 **감사관련 예산에 관한 결정권도 전적으로 감사/감사위원회에게 부여**하거나, 그것이 여의치 아니하면 **예산의 결정시에 감사/감사위원회의 사전 동의**를 반드시 얻도록 하는 등의 제도적 정비가 필요하다. 그렇게 함으로서 경영진 등에 의한 독단적인 예산 편성이 이루어지는 것을 예방할 수가 있다.[848]

5. 감사보조조직의 설치 및 운영의 적정화

가. 감사보조조직의 설치의 적정화

현행 「상법」에는 감사/감사위원회의 지휘를 받는 감사보조조직에 대한 명문 규정이 없다. 법정감사기관의 실효성 있는 감사기능수행을 위한 절대적인 조건은 전문성·독립성을 갖춘

847 금융위원회, 「금융사지배구조법 일부개정법률(안)」입법예고, 2020. 6. 29.

848 김용범, 전게서, 2017, 533면, 김학원, 전게서, 163면, 김용범, 전게기고문, 2013. 5~7, 39면.

감사보조조직의 존재이다. 따라서 「금융지배구조법」[849]***개정(안)에서와 같이 다음 사항이 포함된 감사보보조직의 설치에 대한 「상법」의 명문화가 필요하다.***

<u>감사보조조직의 설치에 대한 주요 사항(법 제20조)</u>

① 회사는 감사 또는 감사위원회의 업무를 지원하는 담당부서를 설치하여야 한다.
② 비상근감사/감사위원회에 사내이사가 없는 회사는 업무집행자책임자 중에서 감사담당부서 업무를 총괄하는 책임자(이하'내부감사책임자'라 함)를 선임하여야 한다.
③ 회사는 내부감사책임자를 임면하려는 경우에는 감사의 승인/감사위원회의 의결을 거쳐야하며, 해임할 경우에는 감사위원 총수의 2/3 이상의 찬성으로 의결한다..
④ 내부감사책임자의 임기 및 보수지급기준 등에 관하여는 「금융지배구조법」 제25조 (준법감시인 임면 등) 제4항 및 제6항을 준용한다.
⑤ 회사는 감사위원회/감사가 그 직무를 독립적으로 수행할 수 있도록 하여야 한다.

나. 감사보조조직의 운영의 적정화

감사보조조직은 **법정감사기관의 사무국으로서 실질적으로 감사업무의 실행주체로서 역할을 수행**한다. 즉 감사든 감사위원이든 회사의 모든 집행과정을 일일이 확인하거나 검증하는 것이 불가능할 뿐만 아니라, 감사위원회가 대다수 사외이사로 구성되어 있기 때문에 정확한 정보에의 접근과 유효한 감독업무의 수행은 그만큼 제한적이다.

결국 이들 **법정감사기관의 실효성 있는 감사기능 수행**을 위한 절대적인 조건은 바로 **전문성·독립성을 갖춘 감사보조 조직원의 존재**이다. 그러나 상장협조사에 의하면 감사보조조직의 인력 수가 상장회사이었음에도 불구하고 5명 이하가 전체의 56.8%를 차지하였고, 그 중에서 감사보조조직 인력이 한 명도 없는 회사가 7.4%나 되었다.

우선 **감사보조조직의 인력을 감사업무 수행에 필요한 적정인원으로 구성**토록 하여 감사업무를 효율적이고 원활하게 수행하기 위한 여건을 마련하고, **감사보조조직의 인력은 회사의 자산, 조직의 규모, 사업의 영역과 복잡성, 리스크의 특성 등을 고려하여 적정인력**을 정하도록 한다.

참고로 우리나라 금융회사 중 보험회사의 경우 감독당국에서는 전체 임직원 수 대비 감사보조인력 수를 대형은 0.7%, 중·소형은 1.0%가 되도록 지도하고 있으며, 외국 선진국 금융회사의 경우 총임직원 수 대비 내부 감사인력이 국내 금융회사보다 평균 5~6배 이상 월등하게 높은 수준이다.[850]

또한 **감사보조조직은 경영자나 이사회 등으로부터 독립적이어야 할 뿐만 아니라, 반드시 법정감사기관의 지휘체계 내**에 있어야 한다. 현행 「상장회사 표준 감사직무 규정」 제13조

849 금융위원회, 「금융사지배구조법 일부개정법률(안)」, 2020. 6. 29.

850 김용범, 전게서, 2017. 534면. 금융감독원, 전게서, 120~121면, 외국 선진금융회사의 경우 내부 감사인력이 총 임직원 수 대비 국내 금융회사보다 평균 5배 이상 높은 수준이다. 김용범, 전게 기고문, 감사저널, 2013. 5~7, 40면.

제1항 및 「상장회사 표준 감사위원회직무규정」 제20조 제1항에서도 그 전속에 관한 규정을 두고 있으며, 이를 실제 관철하는 체제가 필요하다.

감사보조조직의 지휘체계 원칙

① 감사보조조직은 감사/감사위원회(이하 '감사'라 함)의 전속으로 한다.
② 감사보조조직의 임 · 직원은 감사의 업무를 보조하며, 감사의 명을 받아 직무를 수행한다.
③ 감사보조조직의 인사 및 예산에 관한 사항은 감사가 통할한다.

우리나라의 경우도 외국과 같이 기업경영이 조금 더 선진화되면 **사원을 선발할 때부터 감사의 책임하에 직군을 달리해 감사직군으로 선발**하고, **감사의 지휘와 통제**를 받도록 하는 것이 필요하다. 만약 기존사원 중에 선발하더라도 그 **인사권을 감사에게 부여**하고 **임기를 보장해 경영진으로부터 독립성을 확보**하는 방안을 모색하는 것이 바람직하다.[851]

6. 감사부서의 감사결과 보고라인의 합리화

내부감사인은 그들의 임무를 자유롭고 객관적으로 수행할 수 있을 때 독립적이라 한다. **독립성**이란 편향되지 않게 내부감사 책임을 수행할 수 있는 내부감사 활동을 위협하는 환경으로부터의 자유를 말한다. 독립성은 내부감사인이 본연의 감사업무수행에 있어 필수적인 공정하고 편향되지 않은 판단을 내리게 해 준다. 따라서 독립성은 조직 내에서의 위상과 객관성에 의해 성취된다.

객관성이란 내부감사인의 감사결과에 믿음을 갖고 있으며 어떠한 감사내용의 타협도 없는 그런 식의 감사업무를 수행하기 위하여 요구되는 **편향되지 않은 정신적 태도**이다. 객관성은 내부감사인이 감사문제에 있어서 다른 사람의 판단에 종속되지 않기를 요구한다. 내부감사인은 공정하고, 편향되지 않은 태도를 가져야 하며 어떠한 이해상충도 피해야 한다. 또한 전문가로서 객관적인 판단을 내릴 수 없는 상황에 놓이지 않아야 한다.

따라서 내부감사부서의 적절한 보고라인은 내부감사기능이 효과적으로 완수하기 위해 필요한 독립성, 객관성 그리고 조직 내의 위상을 확보하는 것이 매우 중요하다. 따라서 내부감사부서는 감사행위를 적절히 감독할 수 있게 감사행위로 드러난 문제점 등에 대해 감사 또는 감사위원회에게 직접 보고하여 그들의 지휘·감독을 받도록 하여야 한다. 다만 필요할 경우에 한해서 대표이사나 경영진에게 보고하여야 한다.

제2절 내부감사 조직의 전문성

851 김용범. 전게서. 2017. 535면. 김학원, 전게서, 165면, 김용범, 전게기고문, 감사저널, 2013. 5~7, 40~41면.

Ⅰ. 현황

기업경영은 다양한 전문지식과 경험을 필요로 하고 있다. 더욱이 기업의 규모가 커지면서 사업내용이 더욱 복잡하고 다양화되어 가는 상황에서 경영환경은 시시각각으로 변화하고 있어 이를 감시·감독하기 위해서는 경영전반에 대한 충분한 이해와 식견, 전문가로서의 자질과 능력이 요구되고 있는 것은 당연한 일이라 할 것이다.

내부감사기관이 경영진을 제대로 견제하지 못하는 것은 경영진과의 유착 등에도 원인이 있지만 전문성이 부족한 데에도 일부 기인하고 있다. 내부감사기관이 전문성이 결여되어 있어 경영에 대한 이해가 부족할 경우 이사회 안건, 경영진의 의사결정 등에 대해 내부감사기관이 자기만의 판단을 하지 못하고 경영진 등의 의사에 따라가는 경향이 많기 때문이다.[852]

따라서 내부감사기관의 전문성 확보는 정확한 의사결정은 물론 독립적인 의사결정을 위해서 더욱더 필요하다. 또한 회사 및 기관의 업무가 갈수록 복잡해지고 각종 산업이 발전함에 따라 **내부감사업무를 적절히 그리고 효율적으로 수행하기 위해서는 내부감사인 또는 내부감사조직이 회사가 수행하는 모든 업무분야를 감사할 수 있는 충분한 자질과 지식 및 경험**을 가지고 있어야 한다.[853]

그러나 현행「상법」등에는 감사 또는 감사위원회 위원(이하 '감사위원'이라 한다) 에 대한 소극적 자격요건(결격사유)에 대하여는 너무 복잡하고 상세하게 규정하고 있으나, 감사 또는 감사위원의 적극적 자격요건에 대해서는 최소한의 규정도 없다. 다만 대형 상장회사에 한해 특례규정에 의해 감사위원 중 1명은 회계 또는 재무전문가를 선임하도록 규정하고 있을 뿐이다.

Ⅱ. 내부감사조직의 전문성 문제

1. 내부감사조직 事前的 전문성 문제[854]

감사제도가 제대로 기능하기 위해서는 앞에서 설명하였던 바와 같이 감사와 감사위원에게 고도의 전문성이 요구된다. 즉, 감사업무의 적절한 수행을 위해서 감사 또는 감사위원은 사전적으로 전문성을 확보해야 한다.

그러나「상법」등을 보면 감사 또는 감사위원에 대해 소극적 요건만 규정하고 있고 적극적 자격요건에 대해서는 대형 상장회사에 대해서만 감사위원 중 1명을 회계 또는 재무전문가(이하'재무전문가'라 한다)로 구성하도록 요구하고 있을 뿐 다른 감사 또는 감사위원에 대하여는 아무런 규정이 없다. 더욱이 해당회사가 수행하는 업무를 효과적으로 감사할 수 있는 충분한 자질, 지식 및 경험에 대해서도 전혀 언급된바가 없다.

---

852 김용범. 전게서. 2017. 536면. 이병윤. 이시연,「은행권사외이사제도 개선방안」, 한국금융연구원, 2009, 14~15면, 김용범, 전게서, 2012. 283면, 김용범,「내부감사조직의 전문성」, 감사저널, 2013 신년호, 2013., 13면.

853 김용범. 전게서. 2017. 536면. 김용범, 전게기고문, 감사저널, 2013.신년호, 13면.

854 김용범. 전게서. 2017. 536~537면. 사전적전문성이란 감사가 되기 전 회사업무와 관련된 지식을 얼마나 가지고 있느냐에 관련된 것으로 관련 분야 경력 및 학력 등을 의미함. 김용범, 전게서, 도서 출판 어울림. 2012. 284~285면. 김용범, 전게기고문, 감사저널, 2013.신년호, 13면.

우리나라 상장회사의 감사 또는 감사위원의 전문성을 '상장회사감사회 2015년도 회원명부 분석'(이하 '상장회사감사회 분석'이라 한다)을 통해 살펴보면 분석대상 113개 회사 중 재무 비전문가를 선임한 회사가 73개 회사로 64.6%를 차지하였고, 해당회사 업무와 무관한 자를 선임한 회사가 94개 회사로 83.2%를 차지하였다.

특히 업무와 관련 있는 사람도 아니고 재무전문가도 아닌 전문성이 완전히 결여된 사람을 감사로 선임한 회사가 49개 회사로 43.4%나 되었으며, 반면에 재무전문가이며 업무와 관련이 있는 사람으로 전문성을 완전히 구비한 사람을 감사로 선임한 회사는 19개 회사로 16.8%에 불과하여 내부감사기관의 전문성이 매우 취약하였다.

따라서 현행 우리나라의 내부감사기관은 과반수이상이 전문성 결여로 인하여 대표이사 등 경영진을 제대로 견제하지 못하고 경영진의 의사를 추종할 뿐만 아니라 감사관련 문제에 대해 독립적인 의사결정도 적기에 정확하게 하지 못함으로써 감사 업무의 효과적이고 적절한 수행에 많은 장애요인으로 작용하고 있다.

또한 대형 상장회사의 감사위원(특례감사위원)을 제외하고도 일반감사위원, 상근감사, 기존감사도 ① 회계감사(「상법」제412조), ② 감사보고서 작성·제출(「상법」제447조의4), ③ 내부회계 관리제도의 운영실태 평가(「신외감법」 제8조 제4항)등의 업무를 수행하기 위해서는 대형 상장회사의 감사위원과 똑같이 전문성이 필요함에도 법규불비에 따라 회계전문가의 미확보로 동 업무수행에 많은 어려움을 겪고 있다.

아울러 현대의 監査는 리스크와 내부통제 중심의 監査인 점, 감사대상의 업무의 80~90%는 IT를 통하여 이루어지고 있다는 점과 준법경영 및 경제예측 등이 필수 불가결한 점, 그리고 감사의 수행방법으로 검증감사 외에 진단감사가 매우 중요시되는 점과 효과적인 감사를 위해서는 해당 회사업무와 관련된 분야에 대한 경험이나 지식을 가지고 있어야 한다.

2. 내부감사조직 事後的 전문성 문제[855]

가. 내부감사기관 정보수집 문제

監事가 경영진을 제대로 견제하기 위해서는 기본적으로 회사의 경영정보를 충분히 확보하고 있어야 하고, 또한 적기에 회사로부터 정보를 제공받거나 필요시 회사의 정보를 감시할 수 있거나 또는 내부감사기관이 자유롭게 접근할 수 있어야만 監事의 본연의 기능을 실질적으로 수행할 수 있다.

그러나 '상장협조사'에 의하면 이사회 또는 감사위원회 자료는 개최 1주일 전에 제공하여야 하나 조사대상 132개 회사 중 86개 회사(65.1%)가 이를 지키지 못하고 있었다. 특히 개최 1~2일 전에 제공하는 회사가 32개 회사로 24.2%를 차지하였으며, 회의개최 당일에 제공하는 회사도 9개회사로 6.8%를 차지하고 있어 감사가 회의 안건을 미리 숙지하는 데 큰 어려움을 겪고 있다고 한다.

---

855 김용범. 전게서. 2017. 537면 및 2012. 285~286면. 사후적 전문성이란 감사가 된 후 회사경영 등에 대한 정보제공 및 교육을 통해 얻어지는 전문성을 의미함. 김용범. 전게기고문. 감사저널. 2013 신년호. 13~14면.

그리고 감사의 경영정보에 대한 접근 가능성을 살펴보면 조사대상 132개 회사 중 60개 회사 (45.5%)만이 자유롭게 접근할 수 있다고 하였으며, 나머지 절반 이상 회사는 다소 제한이 있는 것으로 나타나고 있다. 아울러 접근할 수 있는 시스템을 가지고 있지 않은 회사의 경우도 40개 회사(30.3%)에 이르고 있으며, 이 중 3개 회사(2.3%)는 정보 접근 자체가 불가능한 것으로 나타나고 있다.

또한 2009년 7월 한국금융연구원이 시중은행 및 은행지주회사 사외이사를 대상으로 한 조사(이하 '금융연구원조사'라 한다)에 의하면 독자적인 의사결정을 위한 선결과제로 사외이사(감사위원회위원 포함)에 대한 회사 경영정보 제공 강화를 응답한 사외이사가 조사대상 65명 중 22명으로서 33.8%를 차지하였다.

아울러 회의에서 논의될 안건을 숙지하는 데 가장 큰 어려움은 무엇인가에 대한 답변에서는 관련 정보가 적기에 충분히 제공되지 않고 있음이 45.2%를 차지하였고, 해당회사의 경영 관련사항 등에 대한 정보제공이 충분하고 적절한지에 대한 답변은 그러하지 못하다는 답변이 52.8% 차지하여 사외이사들이 회사 경영정보를 적시에 충분히 받을 수 있는 시스템의 도입이 절실히 요구되고 있다.[856]

그리고 이사회의 위임을 받아 처리하는 집행임원의 업무 중에는 ① 회사업무의 적정한 운영 및 합리화 등에 의견이 있을 수 있거나, ② 회사에 현저한 손해 또는 중대한 사고 등이 초래될 수 있는 업무임에도, 이사회 안건이 아니라 하여 감사의 사전감사 대상에서 제외되어 있어 감사의 경영진에 대한 견제기능 및 대형사고의 사전예방에 큰 애로 요인으로 작용하고 있다.

나. 내부감사기관 교육프로그램 문제

監事는 각종 법규의 제·개정과 회계기준의 변화 등 급변하는 경영환경을 올바르고 신속하게 숙지할 수 있는 전문성이 요구되며, 이들 변화에 효율적으로 대처할 수 있는 지속적인 교육이 필요하다. 또한 감사의 전문성 확보를 위한 보수교육 또는 재교육은 감사제도의 효율성 및 독립성 확보를 위해 필수 불가결한 요소이다.

이에 관련하여 대부분의 기업들이 감사 등을 상대로 교육을 실시하고 있으나 그 횟수는 많지 않다. '상장협조사'에 의하면 132개 회사 중 61개 회사(49.2%)가 연간 1~2회 정도의 교육을 실시하고 있으며 전혀 교육을 하지 않은 회사도 38개 회사(28.8%)에 이르고 있다. 대부분의 기업에서 감사에 대한 교육이 단순히 형식적인 차원에서 이루어지거나 이루어지지 않는 것을 알 수 있다.

'금융연구원조사'에 의하면 사외이사들에게 해당회사와 관련된 전문지식의 교육이 필요한지 여부에 대한 답변에서 83.3%가 필요하다고 답변하고 있으나 금융회사들조차도 이에 대한 체계적인 교육프로그램이 구비되어 있지 않다. 따라서 사외이사(감사위원포함)들에 대한

856 김용범. 전게서. 2017. 538면 및 2012. 285면. 이병윤. 이시연, 전게서, 18면.

사후적인 전문성 강화가 현실적으로 매우 어려운 실정이다.[857]

3. 내부감사보조조직 관련 전문성 문제[858]

감사보조조직은 법적감사기관의 사무국으로서 실질적으로 감사업무의 실행주체로서의 역할을 수행한다. 감사든 감사위원회위원이든 회사의 모든 업무집행 과정을 일일이 확인하거나 검증하는 것이 불가능할 뿐만 아니라, 특히 감사위원회가 대다수 사외이사로 구성되어 있기 때문에 정확한 정보에의 접근과 유효한 감독업무의 수행은 제한적일 수밖에 없다.

결국 이들 법적감사기관의 실효성 있는 감사기능 수행을 위한 절대적인 조건은 바로 전문성·독립성을 갖춘 감사보조조직의 존재이다. 특히 최근 '상장협회조사'에 의하면 감사관련 실무가들이 뽑은 가장 심각하고도 필수적으로 개선될 문제점으로 "감사보조 조직의 지원이 취약하다"는 것을 꼽은바 있다.

이를 자세히 설명하자면 우리나라의 현행 감사제도의 문제점으로는 "감사보조조직의 지원취약"이 14.6%를 차지하여 높은 비율을 차지하였다. 그리고 감사업무 수행 여건이 나쁜 이유에 대해서는 감사조직의 미비 40.0%, 감사인력 부족 36.0%, 감사 인력 전문성 부족 12.0%로 나타나 감사 조직과 감사인력의 확보가 시급한 문제점으로 제시되었다.

아울러 감사보조조직이 감사기능을 수행함에 있어 전문성을 요하는 사안에 대해서는 그 직무를 수행할 수 있는 전문 인력이 부족하여 감사가 직무를 수행하는 데 한계가있었다. 또한 감사보조조직의 순환보직이 일반화되어 있었고 감사보조조직에 대한 감사의 인사권 행사가 힘들기 때문에 능력 있는 전문 감사인력을 육성하는 데 매우 어려움이 많았다.[859]

4. 감사제도에 맞는 국가공인 전문자격증제도 부재[860]

현재 우리나라에 전문적으로 기업의 내부감사업무를 담당하는 내부감사 전문가 자격제도는 민간기관인 한국감사협회가 주관하는 **「공인내부감사사(CIA) 제도」**와 한국상장회사 협의회가 주관하는 **「기업내부감사사제도」**가 있다.

우선 한국감사협회가 주관하는 「공인내부감사사제도」는 미국에 본부를 두고 있는 국제내부감사인협회(IIA)에서 1974년부터 기업내부감사 전문가를 육성하기 위하여 국제공인 자격시험에 합격한 사람에게 자격증을 주고 있으며, 시험과목으로는 ① 내부감사이론, ② 내부감사실무, ③ 경영지식요소(경영일반, 정보보안, 정보기술, 재무관리)의 3개 과목으로 구성되어 있다.

한국상장회사협의회가 주관하는 「기업내부감사사제도」는 기업의 내부감사업무를 효율적으로 수행할 수 있는 내부감사 전문인력을 양성하기 위해 상장회사협의회에서 실시하는 연수를 이수하고 기업내부감사사 자격시험에 합격한 자에 한하여 자격증을 주고 있으며, 연수

857 김용범. 전게서. 2017. 538면. 및 2012. 286면.

858 김용범. 전게서. 2017. 539면. 및 2012. 286~287면.

859 김용범. 전게서. 2017. 539면. 금감원, 전게서, 119면, 김용범, 전게서, 2012. 287면.

860 김용범. 전게서. 2017. 539~540면.

과목으로는 감사이론과 법규로 ① 감사법규Ⅰ(「상법」, 「자본시장법」,「증권관련 집단소송법」), ② 감사법규Ⅱ(「신외감법」, 「외부감사 및 회계 등에 관한 규정」), ③ 내부통제시스템, ④ 경영진단(재무제표분석, 취약부문 발견기법)으로 구성되었다.

감사실무로 ① 감사실무Ⅰ(감사계획수립, 감사조서작성방법 및 감사체크리스트 작성 및 이용방법), ② 감사실무Ⅱ(관리지원 부문 감사실무), ③ 감사실무Ⅲ(재무/회계/세무 부문 감사실무), ④ 감사실무Ⅳ(생산/구매/자재부문 감사실무), ⑤ 감사실무Ⅴ(매출 채권/계약관리 부문 감사실무), ⑥ 감사실무Ⅵ(정보시스템부문 감사실무)로 구성되어 있으며, 시험과목으로는 ① 감사이론과 법규, ② 감사실무의 2과목으로 구성되어 있다.

우리나라의 내부감사 관련 자격증제도는 위에서 기술한바와 같이 국제내부감사인협회의 공인내부감사사(CIA)는 미국과 우리나라의 감사체제가 상이하고, 내부감사 관련 법규 및 제도부문이 부족하며, 상장회사협의회의 기업내부감사사는 내부감사이론과 경영지식요소 부문(경영일반, 감사이론 등)이 부족한 것으로 파악되고 있다.

더욱이 위의 국제내부감사협회의 「공인내부감사사제도」나 상장회사협회의 「기업내부감사사제도」 등 두 제도는 위에서 설명한 봐와 같이 내부감사 全 部門을 포괄하지도 못할 뿐만 아니라 동 제도에 대한 국가의 법적 뒷받침도 없어 자격증에 대한 신뢰성 및 강제성을 부여받지 못하고 있는 것이 현실이다.

Ⅲ. 문제점 해결 방안

1. 내부감사조직의 적극적 자격요건 강화 및 확대[861]

가. 내부감사기관의 적극적 자격요건 강화

대표이사 등 경영진을 제대로 견제하고 감사 관련 문제에 대하여 독립적인 의사 결정을 적기에 정확하게 하기 위해서는 내부감사기관의 전문성 확보가 필수적이다. 따라서 내부감사기관은 해당 회사업무와 관련된 분야에 대한 경험 또는 지식을 보유한자와 회계 및 재무전문가 그리고 내부감사전문가를 각각 1명 이상 최소한 보유하여야 한다.

내부감사는 업무감사뿐만 아니라 회계감사도 수행하여야 하며, 아울러 현대의 監査는 리스크와 내부통제 중심의 監査인 점, 감사대상의 업무의 80~90%는 IT를 통해 이루어지고 있다는 점과 준법경영 및 경제예측 등이 필수 불가결한 점, 그리고 감사의 수행방법으로 검증감사 외에 진단감사가 매우 중요시되는 점과 효과적인 감사를 위해서는 해당 회사업무와 관련된 분야에 대한 경험이나 지식이 필수·불가결한 점 등을 고려할 때 내부감사는 ① 회계·재정학 외에 ② 전산·정보학, ③ 경제·법률학, ④ 위험·통제학, ⑤ 경영·감사학, ⑥ 진단·산업학에 대하여 경험이나 기초지식을 가지고 있어야 한다.

이의 방안으로 「상법」에 내부감사기관의 적극적 자격요건으로 현행 규정에는 해당 회사업무와 관련된 분야에 대한 자격기준에 대해 아무런 제한이 없으나 「공공기관 운영법」 제30

861 김용범. 전게서. 2017. 540~541면 및 2012. 287~288면.

조에서와 같이 "감사로서 업무수행에 필요한 학식과 경험이 풍부하고, 능력을 갖춘 사람" 즉, 다음의 공공기관 감사추천기준과 같이 감사추천기준을 추가하는 「상법」 등 관련법의 개정이 필요하다. 다만 법령화하는 데 한계가 있을 경우 「정관」 / 「지배구조내부규범」등에 반영·운용하는 방법도 대안이 될 수 있다.

참고

공공기관 감사의 추천 기준

① 공인회계사 또는 변호사의 자격을 가진 사람으로서 그 자격과 관련된 업무에 3년 이상 종사한 경력이 있는 사람
② 「고등교육법」 제2조 제1호부터 제5호까지의 규정에 따른 학교에서 감사·수사·법무, 예산·회계, 조사·기획·평가 등의 업무(이하 "감사 관련 업무"라 한다)와 직접 관련이 있는 분야에서 조교수이상으로 3년 이상 재직한 경력이 있는 사람
③ 공공기관, 「자본시장법」 제9조제15항제3호에 따른 주권상장법인 또는 연구기관에서 감사 관련 업무를 3년 이상 담당한 사람으로서 대통령으로 정하는 경력이 있는 사람
④ 국가 또는 지방자치단체에서 감사 관련 업무를 3년 이상 담당한 사람으로서 대통령령이 정하는 직급의 공무원으로 근무한 경력이 있는 사람
⑤ 그 밖에 해당 기관의 관장사무에 따라 전문성을 갖춘 사람으로서 대통령이 정하는 자격을 가진 사람 등

아울러 ① 회계·재정학 이외에 ② 전산·정보학, ③ 경제·법률학, ④ 위험·통제학, ⑤ 경영·감사학, ⑥ 진단·산업학에 대한 경험이나 지식 보유에 대하여는 해당자가 있을 경우는 바랄 나위 없지만, 현실적으로 시행하기 어려운 점이 많이 있으므로 반드시 사후 교육 등을 통하여 기초지식을 함양토록 할 필요가 있다.

나. 내부감사기관의 적극적 자격요건 확대

내부감사기관이 본연의 업무를 충실히 수행하기 위해서는 대형회사는 물론 중·소형회사에서도 정도의 차이는 있지만 내부감사기관의 전문성 확보는 필수적이다. 전문적인 감사인력 없이 소수 감사인력으로 운영되는 중·소형회사에서 오히려 더욱더 필요하다.

또한 ① 업무감사 및 회계감사, ② 감사보고서 작성·제출, ③ 내부회계관리제도의 운영실태평가 등의 업무를 대형 상장회사 감사위원뿐만 아니라 기존감사, 특례상근감사, 일반감사위원도 똑같이 수행하고 법적 책임을 져야 하므로 현행 대형상장회사 에만 적용되는 "위원 중 1명 이상을 회계 또는 재무전문가"로 하는 내부감사기관의 적극적 자격요건을 일정 규모 이상 모든 내부감사기관으로 확대토록 할 필요가 있다.

아울러 감사위원회는 최소한 회계 또는 재무전문가 외에 내부감사전문가 그리고 해당회사 업무전문가를 보유하도록 하는 「상법」 등의 개정이 필요하다. 다만 회사의 규모, 업무의 특성, 환경여건 등을 고려하여 위 전문가 기준을 완화하거나, 시행하기 어려운 일정 규모

이하의 회사에 대하여는 의무규정이 아닌 임의규정으로 운영하되 선임 후 반드시 단기간 내에 연수 등 사후교육 등을 통하여 관련 지식을 습득토록 해야 한다.

2. 내부감사조직의 사후적 전문성 강화[862]

가. 내부감사기관의 정보수집 강화

내부감사기관이 경영진을 제대로 견제하기 위해서는 기본적으로 CEO만큼 회사의 경영정보를 확보하고 있어야 하며 이를 위해서는 경영정보가 적기에 제공되어야 한다.

내부감사기관이 회사의 전반적인 경영상황을 잘 모르는 상태에서 이사회 또는 감사위원회 안건만 검토해서는 올바른 판단을 하기 어려우므로 금융회사와 같이 회사가 경영상태에 대해 정기적으로 사외이사 겸 감사위원에게 보고하는 시스템을 의무화할 필요가 있다.[863](「금융지배구조법」 제20조 제4항)

사외감사위원의 정보 수집 시스템(예시)

① 월 1회 또는 분기 1회 등 정기적으로 사외이사 겸 감사위원들에게 업무보고를 하거나 회사 경영정보 제공을 의무화
② 이사회 또는 감사위원회 안건 관련 회의 자료를 최소한 회의 개최 1주일 전에 사외 이사 겸 감사위원에게 제공

또한 상근하는 내부감사기관에 대해서는 경영방침의 결정 경과, 경영 및 업무상황을 내부감사기관이 적기에 정확하게 파악하기 위해 아래 사항에 대해 시스템적으로 체계화할 필요가 있다.[864]

감사 또는 상근감사위원의 정보 수집 시스템(예시)

① 내부감사기관은 이사회, 임원회의 및 기타 중요한 회의에 출석 및 의견을 진술할 수 있다.
② 내부감사기관은 임원 이상 전결 업무에 대해서는 사전/사후감사를 실시한다. 단 이사회, 이사회 내 위원회, 임원회의 부의안건은 사전 감사를 실시한다.
③ 내부감사기관은 실행 문건이 아닌 검토 또는 공람 문서라도 CEO 결재 문건은 사후 공람토록 한다.

나. 내부감사기관의 교육프로그램 강화

---

862 김용범. 전게서. 2017. 542면. 김용범, 전게서, 도서출판 어울림. 2012. 288~289면.

863 김용범. 전게서. 2017. 542면. 이병윤. 이시연, 전게서, 63면. 김용범, 전게서, 어울림. 2012. 288면.

864 김용범. 전게서. 2017. 542면. 「상장회사 표준 감사위원회 직무규정」제31조, 「상장회사 표준 감사직무규정」제24조, oo은행의 「상근감사위원 직무규정」 제6조 및 제9조와 「일상감사지침」 제3조.

감사가 대표이사 등 경영진을 제대로 견제하고 감사관련 문제에 대하여 독립적인 의사결정을 적기에 정확하게 하기 위해서는 감사 등 내부감사기관의 회사업무와 관련된 업무 및 감사업무 등에 대한 전문성 확보가 필수적이다.

그러나 회사의 불가피한 사정으로 이를 충족하지 못하였을 경우 ① 회계·재정학 외에 ② 전산·정보학, ③ 경제·법률학, ④ 위험·통제학, ⑤ 경영·감사학, ⑥ 진단·산업학 등에 대해 사후 교육프로그램을 통해 기초지식을 함양토록 한다.

또한 각종 법규의 제·개정과 회계기준의 변화 등 급변하는 경영환경을 올바르고 신속하게 숙지할 수 있는 체계가 요구되고, 이들 변화에 효율적으로 대처할 수 있도록 전문성 확보를 위한 사후보수 또는 재교육을 하는 교육시스템을 제공하여야 한다.[865]

3. 내부감사보조조직의 전문성 강화

내부감사기관이 개별사안에 대하여 직접 감사업무를 수행하기가 곤란하므로, 감사직무수행의 효율성과 적시성, 실효성을 제고하기 위하여 내부감사기관 산하에 직속 기구로서 내부감사기관 보조조직을 두고 그 직무를 수행하고 있다.

내부감사기능 수행의 효율성과 실효성의 제고를 위해 먼저 내부감사기관 보조조직에 대해 일정기간 순환보직금지를 통해 전문성을 축척해 나감과 동시에 평가와 대우, 신분보장에 대한 별도의 우대기준을 마련하여 운영해 나가는 것이 필요하다.[866]

내부감사기관 보조조직 인력에 대한 인사 및 대우(예시)[867]

① 내부감사기관 보조조직 인력 중 2명 이상 또는 10% 이상은 전문인력[868]으로 구성되어야 한다.
② 내부감사기관 보조조직인력의 보직과 전보는 감사의 서면요청에 의한다.
③ 내부감사기관 보조조직 인력은 3년/5년 이내 이동을 제한함을 원칙으로 한다.
④ 내부감사기관 보조조직 인력에 대하여는 별도의 인사평가 우대기준을 마련하여 운영할 수 있다.
⑤ 내부감사기관 보조조직 인력에 대하여는 별도의 예산을 배정하여 감사 수당을 지급할 수 있다.

또한 내부감사기능 수행의 효율성과 실효성을 제고하기 위하여 내부감사보조조직 인력에 대한 전문 과정 연수 및 자격증 취득 지원, 변호사. 회계사 등 외부 전문가 영입 등의 제도적 장치가 필요하다.[869]

865 김용범. 전게서. 2017. 542면 및 2012. 289면. 이병윤. 이시연, 전게서, 67~68면.
866 김용범. 전게서. 2017. 543면 및 2012. 289면. 금융감독원, 전게서, 119면.
867 김용범. 전게서. 2017. 543면 및 2012. 290면. 「상장회사 표준 감사직무규정」제15조, 「상장회사 표준 감사위원회 직무규정」 제22조.
868 전문인력이라 함은 공인회계사, 기업내부감사사, 공인내부감사사, IT관련 기술사 및 기타 전문 자격증 소지자 등을 말한다.
869 김용범. 전게서. 2017. 543면 및 2012. 290면. 금융감독원, 전게서, 119~120면.

내부감사기관 보조조직 인력의 전문화 강화 지원제도(예시)[870]

① 내부감사기관은 필요할 경우 외부 전문 인력을 감사요원으로 채용할 것을 요청할 수 있다.
② 전문 감사인력의 확보를 위해 감사인에 대한 전문기관 연수 및 자격증 취득을 지원해야 한다.
③ 감사 관련 협회 등 연수기관은 감사교육프로그램 개발을 통해 전문 감사인력이 많이 육성될 수 있도록 환경을 조성해 나갈 필요가 있다.

4. 국가공인 내부감사사제도의 도입[871]

미국의 AICPA가 법규와 제도상의 차이로 한국의 KICPA로 대체할 수 없듯이 국제내부감사인협회의 「공인내부감사사(CIA)」를 한국의 「한국공인내부감사사(KICIA)」로 대체할 수는 없을 것이다.

따라서 기업경영에 관한 부정과 비능률 등의 요인을 미리 제거하고, 내부감사기관의 전문성을 강화하기 위해서는 우리의 법규나 제도에 맞는 한국의 「한국공인내부감사사(KICIA)」 제도를 적극 도입하는 방안을 검토할 필요가 있다.

동 제도의 도입은 「상법」을 통하여 전 회사에 도입하는 것이 바람직하나 우선 내부 감사의 중요성이 강조되는 상장회사에 「자본시장법」 등을 통하여 먼저 도입·운영한 후에 점차 전 회사로 확대하는 것이 바람직할 것으로 생각된다.

동 제도의 시험과목은 ① 내부감사이론, ② 내부감사법규, ③ 경영지식요소 I (회계·재정학, 전산·정보학, 경제·법률학), ④ 경영지식요소 II (위험·통제학, 경영·감사학, 진단·산업학), ⑤내부감사실무 I (감사계획 수립, 감사조서작성방법, 관리자원 부문 감사실무, 정보시스템 부문 감사실무), ⑥ 내부감사실무 II (재무/회계/세무 부문 감사실무, 생산/구매/자재 부문 감사실무, 매출채권/계약관리 부문 감사실무)로 구성하는 것이 바람직할 것이다.

동 제도에 따른 한국공인내부감사사는 공인회계사가 기업의 재무회계만을 감사하는 데 반해 기업 전반에 걸쳐 경영의 투명성과 효율성을 확보하는 일을 한다는 점에서 공인회계사와 차별화가 가능할 것이며, 주로 기업·상장법인 및 공기업의 경영기획실·재무처리 부서·경리부서·감사실 등에서 활동할 수 있을 것이고, 특히 금융기관·컨설팅 회사·상장법인의 내부감사 부서에서 많이 활용될 수 있을 것이다.

또한 한국공인내부감사사(KICIA)는 내부감사뿐만 아니라 경제, 경영, 회계, 정보기술, 경영 컨설팅 등과 관련된 기본지식을 갖추게 될 것이며, 기업윤리를 준수하는 내부감사인을 양성하는 국가공인 자격제도로서 이는 향후 한국공인내부감사사(KICIA)가 기업의 감사, 감사위원 또는 내부감사최고책임자(CAE) 그리고 내부감사요원의 전문성을 강화하는데 초석이 될 것이다.

870 김용범. 전게서. 2017. 543면. 「상장회사 표준 감사직무규정」제15조, 「상장회사 표준 감사위원회 직무규정」제22조.

871 김용범. 전게서. 2017. 544면.

제3절 내부감사 상근의 필요성

Ⅰ. 현황

현재 우리나라는 상근감사를 두지 않고 있는 회사가 많다. 감사위원회를 두고 있는 회사에서도 사외이사들로만 감사위원회를 구성한 회사도 상당수가 있다. 2018 상장협조사'를 살펴보면 감사설치회사 396개 회사 중에 44개 회사(11.1%)가 상근감사를 두지 않고 있다. 이는 우리의 감사환경이 얼마나 열악한가를 잘 보여주는 것이라 생각한다.

감사위원회를 둔 회사의 경우에는 먼저 감사위원회위원의 수가 문제된다. 가장 바람직한 모습은 상근 1명, 사외이사 2명 이상 정도일 것이다. 그러나 사외이사만 둔 회사가 감사위원회설치 347개 회사 중 330개 회사, 95.1%에 이른다. 즉, 감사위원회를 설치하고 있는 회사의 거의 전부가 사외이사로만 구성된 감사위원회를 운영하고 있다.

통상 사외이사는 보수가 매우 적고, 분기에 한 번 정도 회의 소집을 함으로서 그들에게 강도 높은 감사직무 수행을 기대할 수 없다. 따라서 사외이사로만 감사위원회를 구성한 것은 저렴한 비용으로 거의 유명무실한 감사기구를 운영하는 것이 아닌지 매우 의심스러운 것이다.[872]

Ⅱ. 상근감사의 의의

상근감사란 어떠한 자를 말하는가에 관하여 법률에 아무런 정의가 없어서 해석상 논란이 있다. **상근의 의미를 형식적으로 파악하는 견해**에 의하면 **"상근감사란 회사의 영업시간 중에는 상시 감사의 직무에 전념할 의무를 부담하는 자**를 말한다." 이에 의하면 **상근감사는 그 직무수행에 지장이 없는 한 다른 회사의 비상근감사를 겸임하는 것은 허용되지만 다른 회사의 상근감사를 겸임하는 것은 허용되지 아니한다.**[873]

그러나 **상근의 의미를 실질적으로 파악하는 견해는 "상근감사란 계속적이고 일관된 감사업무를 수행함에 있어서 요구되는 정도의 시간을 피감사회사의 감사업무를 위해 할애할 수 있는 자"**를 말한다. 이 견해에 의하면 **상근감사는 반드시 매일 회사에 출근 하여 감사의 직무수행에 전념할 필요는 없으므로 격일 출근도 가능하고 또 다른 회사의 상근감사도 겸임**할 수 있다.

「상법」의 특례규정 및 「금융사지배구조법」에서 일정규모 상장회사(자산총액이 1천억 원 이상 2조 원 미만)에 대하여 **상근감사를 요구하는 취지는 회사의 업무전반에 대한 감사업무의 실효성을 제고하기 위한 것**이다. 이러한 **특례상근감사제도 및 금융상근감사제도의 취지에 비**

---

872 김용범, 전게서, 2017, 545면 및 2012, 291면. 최준선, 전게보고서, 95면, 김용범, 「내부감사 상근의 필요성」, 감사저널, 2013.09. 34면.

873 김용범, 전게서, 2017, 543면 및 2012, 291면. 임중호, 전게서, 51면, 정순현, 전게서, 51면, 최준선, 전게보고서, 95면, 김용범, 「내부감사 상근의 필요성」, 감사저널, 2013.09. 35면.

추어 보면 상근감사의 개념을 형식적 기준에 의하여 해석하는 것이 타당할 것이다. 즉, **"상근이란 감사의 근무 형태를 기준으로 판단하여, 정기적으로 회사에 출근하여 업무에 종사하는 경우를 말한다"**고 하겠다.[874]

따라서 **상근감사는 회사에 상주하며 일상적으로 감사업무를 처리하거나 정기적으로 회사에 출근하여 감사업무를 수행**하여야 한다. 이에 비해 **비상근감사는 회사에 상주하지 않고 필요한 경우에만 회사에 출근하여 감사업무를 수행**할 수 있다.

Ⅲ. 외국의 입법 및 운용 사례

1. 미국[875]

미국의 경우는 「회사법」상 회사의 **의사결정기관**으로는 **주주총회와 이사회**가 있으며 **업무집행기관으로는 집행임원제도**가 있다. **업무집행기관이 이사회와 분리된 것이 우리와 다른 점**이다. 우리나라 「상법」은 이사회 구성원인 이사 중에서 업무집행자 즉 업무집행이사(예: 대표이사 등)를 선임토록 하고 있다. 이에 반하여 미국법제는 이사와 전혀 별개의 기관인 집행임원제도를 두어 동 임원이 회사의 경영업무를 집행하도록 한 것이다.

그리고 감사기관과 관련해서는 **미국의 「회사법」은 우리나라와 달리 이사회와 구분되는 독립된 감사기관이 별도로 제도화되어 있지 않다.** 따라서 우리나라의 경우는 이사회와 구분되는 감사제도가 있지만, **별도의 감사제도가 없는 미국은 이사회가 의사결정기관이면서 동시에 실질적인 감사수행 기관 역할을 한다.**

그러나 **실제 감사업무 수행**은 **회사의 회계감시업무를 총괄하거나 회사가 내부통제 시스템**(업무감사와 회계감사)**을 운영할 경우에 그 총괄책임은 사내이사 중 감사위원회가 선임하는 「내부감사(Internal Auditor)」**(우리나라의 '상근감사위원' 또는 *「금융사지배구조법」 개정(안) 상의 '내부감사 책임자'*와 유사)**가 담당하며, 회계 관련 장부에 대한 감사에 대해서는 회사 외부에서 회계 전문가를 외부감사**(우리나라의 '외부감사인'에 해당)**로 선임하여 감사**토록 하고 있다.

다만, **이사회 이외에 독립된 감사기관의 설치와 관련**해서는 1982년 제정된 「ALI (American Law Institute)」의 **「회사지배구조에 관한 ALI의 원칙」**에서 각 주에 공개회사의 경우 회사의 규모를 구분해 **대규모의 공개회사의 경우는 감사위원회의 설치를 강제하고 있고, 소규모의 공개회사의 경우는 이의 설치를 권고**하고 있을 뿐이다. **감사위원회란 이사회 내부에 한 위원회로서 설치되는 기관이지만 주목적이 감사에 있고, 의사결정기관으로서 이사회와 구분된다는 점에서 독립된 감사기관**이라 할 수 있다.

ALI 원칙상의 **감사위원회의 권한**으로는 ① 외부감사의 추천권 및 해임 검토권, ② 외부감사의 보수 및 독립성 등의 조사권, ③ 내부감사의 임면권, ④ 외부감사와 이사회 간의 연

---

874 김용범. 전게서. 2017. 546면. 임중호, 전게서, 124면, 최준선, 전게보고서, 95면. 우리법원은 상근감사란 통상 회사의 업무시간 중에 상시적으로 감사업무에 전념할 수 있는 감사를 의미하는 것으로 보고 있어 상근의 의미를 형식적 입장에서 해석한다.(서울고등법원 2007. 3. 8. 선고, 2006나 66885 판결). 김용범, 「내부감사 상근의 필요성」, 감사저널, 2013.09. 35면.

875 김용범. 전게서. 2017. 546면. 한국상장회사협의회, 「우리나라와 주요국의 감사제도」, 상장협실무전집 32, 2007. 38~41면. 김용범, 「내부감사 상근의 필요성」, 감사저널, 2013.09. 35~36면. 김용범, 전게서, 도서출판 어울림. 2012. 292~294면.

결 및 내부감사와 이사회 간의 연결고리 역할, ⑤ 외부감사의 감사 업무에 대한 조사권, ⑥ 회사의 재무제표 등의 조사권, ⑦ 회사의 내부통제시스템에 대하여 외부감사 및 내부감사의 검토권, ⑧ 각종 회계기준의 선택 및 이의 적정성의 검토권 등이다.(미국 회사 지배구조에 관한 ALI의 원칙 제3A. 03)[876]

회사에 대한 **미국의 감사제도를 정리**해 보면

첫째, 회사법상 제도는 아니나 회사 내부에서 회계업무와 경영에 관한 감시를 총괄 하는 자 또는 내부통제시스템을 운영하는 경우에는 이를 총괄하는 책임자를「내부감사(Internal Auditor)」(감사위원회가 사내이사 중 선임)라 한다.

둘째, 재무제표 등 회계부문 감사는 외부감사인인 회계전문가에 의해 수행된다.

우리 나라의 경우도「(신)외감법」에 의해 일정 규모 이상의 회사에 대해서는「상법」상의 감사 이외에 회계전문가인 외부감사인(예컨대 공인회계사)에 의한 회계감사를 받도록 하고 있다.

셋째, 감사위원회는 상장회사 및「증권거래법」적용회사는 반드시 설치하여 운영하여야 하며 동 위원회는 내부감사와 외부감사 양측 모두를 감시한다.

미국 감사제도의 기본구조를 자세히 살펴보면 **이사회와 그 하부기구인 감사위원회에 의하여 운영**되고 있다. 이사회는 중장기적인 사업계획, 투자계획, 자금조달계획 등과 같은 기본적인 경영정책과 중요한 업무집행사항 등에 대한 의사결정기관으로서 역할을 하고 있으며, 일상적인 업무집행은 집행임원이 담당하는 구조를 가지고 있다.

이사회 내 위원회인 감사위원회는 재무제표 등 관련서류의 작성과정, 외부감사인의 독립성 그리고 내부통제시스템의 정기적 감사를 통해 이사회의 기능을 보충 및 지원하는 역할을 하고 있다.[877] 이사회에는 감사위원회 이외에도 운영위원회, 지명위원회와 보수위원회를 두고 있으며 이들 위원회는 이사회의 감독기능을 보충하고 지원하는 역할을 한다.

상기 언급한바와 같이 미국의 경우 감사위원회의 설치를 법률로 강제하고 있지않으나, **자율규제기관인 증권거래소에서 감사위원회의 설치를 상장요건화 하면서 감사위원회제도가 확립되기 시작하였다.[878] 또한 미국의「증권거래위원회(SEC)」는 감사위원회의 이용을 강력히 권유**하고 있다.

「뉴욕증권거래소(NYSE)」는 **상장규정상 상장회사가 독립한 1인 이상의 사외이사 중심으로 구성된 감사위원회를 둘 것을 요구**하고 있다. 감사위원회의 인원수에 대해서「뉴욕증권거래소(NYSE)」는 **최소한 3명 이상을 요구**하고 있으며, **전원이 회사로부터 독립성이 확보된 독립감사위원일 것을 요구**되고 있다.[879]

2. 일본

876 김용범. 전게서. 2017. 547면 및 2012. 293면. 한국상장회사협의회, 전게서, 37면, American Law Institute, Principles of Corporate Governance : Analysis and Recommendations , 1994, ALI. 1, P115. 김용범,「내부감사 상근의 필요성」, 감사 저널, 2013.09. 36면.

877 이준섭, 전게서, 40면, 김학원, 전게서, 123면. 김용범, 전게서. 2017. 548면.

878 김화진 전게서, 85면, 김학원, 전게서, 123면. 김용범, 전게서. 2017. 548면.

879 김화진 전게서, 85면, 김학원, 전게서, 123면. 김용범, 전게서. 2017. 548면.

일본「**회사법」의 지배구조 특징은 일본「회사법」 제326조**에 잘 나타나 있다. 일본「회사법」 제4장 "기관", 제1절 "주주총회 및 종류주주총회"에 이은 제2절에서는 "주주총회 이외의 기관의 설치"를 규정하고 그 첫 조문으로서 **제326조 제1항은 "주식회사는 1인 또는 2인 이상의 이사를 두지 않으면 안 된다."라고 규정**하고 있다.

이어 **제2항에서는 "주식회사는 정관의 정함에 따라 이사회, 회계참여, 감사역, 회계감사인 또는 위원회를 둘 수 있다."**고 규정하고 있다. **이를 종합하면 일본「회사법」은 필요기관으로 주주총회를 반드시 두도록 하고, 나머지는 모두 회사가 정관에서 채택하도록 개방**하고 있다. 그리고 주식회사에서 이사는 반드시 임명하여야 한다. 물론 이사 그 자체로서는 주식회사의 기관이 아니다. 그러나 기관인 이사회는 없어도 좋다.

일본「회사법」상 회사는 다양한 지배구조를 선택할 수 있게 개방되어 있다. 이상과 같은 **개방성이 일본「회사법」상 지배구조의 대원칙**이다. 이를 정리해 보면[880] 다음과 같다.

일본의「회사법」상 지배구조의 대원칙

① 모든 주식회사는 주주총회가 필요기관이고 1인 이상의 이사를 반드시 둬야 한다.
② 공개회사(전부주식양도제한회사 이외의 회사)는 이사회가 필요하다.(법 제327조 제1항 제1호)
③ 이사회를 둔 경우(임의로 설치한 경우 포함)에는 감사(감사회 포함) 또는 지명위원회, 보수위원회, 감사위원회 등 3개위원회와 집행임원이 필요하다.(법 제327조 제2항 본문 및 제328조 제1항) 다만 예외적으로 대회사 이외의 전부양도제한회사에서 회계참여를 둔 경우에는 그러하지 아니하고 또한 위원회 설치회사 이외의 대회사인 공개회사는 감사회와 회계감사인을 두어야 한다.(법 제328조 제1항)
④ 이사회를 두지 않은 경우에는 감사회 및 위 3개위원회, 집행임원을 두지 않아도 된다.(법 제327조제1항 제2호 및 제3호)
⑤ 대회사는 회계감사인을 두어야 한다. (법 제327조 제5항 및 제328조 제1항, 제2항)
⑥ 회계감사인을 두기 위해서는 감사(감사회 포함) 또는 3개위원회, 집행임원(대회사인 공개회사에서는 감사회 또는 3개위원회, 집행임원)이 필요하다.

감사제도와 관련하여 본다면, **일본「회사법」상 감사의 설치는 회사의 임의임이 원칙 이나, 이사회설치회사[881]와 대회사[882]인 공개회사[883] 경우에는 감사(감사위원회 또는 감사회 포함)**

880 이재혁,「주식회사 감사위원회제도의 개선방안에 관한 연구」, 성균관대학교, 2007, 37면, 최준선, 전게보고서, 48~49면, 김용범, 전게서, 2017, 548면

881 위원회설치회사를 제외한 이사회 설치회사는 원칙적으로 감사를 두어야 한다(일본「회사법」제2조 제 5호, 제327조 제2항). 김용범, 「내부감사 상근의 필요성」, 감사저널, 2013.09, 37면, 김용범, 전게서, 도서출판 어울림, 2012, 295면.

882 일본「회사법」에서 대회사라 함은 다음의 어느 한 요건에 해당하는 주식회사를 말한다. ① 최종 사업 연도 에 관계된 대차대조표에 자본금으로서 계상한 액이 5억 엔 이상일 것 , ② 최종 사업연도에 관계된 대차 대조표에 부채의 부에 계상한 액의 합계액이 200억 엔 이상일 것(일본「회사법」제2조 제6호).

883 위원회설치회사를 제외한 대회사인 공개회사는 감사회를 두어야 한다.(일본「회사법」제2조 제6호, 제 328조 제1항), 김용범, 전게서, 도서출판 어울림, 2012, 295면.

의 설치가 강제된다.[884]

일본의 **감사제도의 구성과 운영에 대해 자세히 살펴보면, 감사나 감사위원회는 필요 기관이 아닌 임의기관이며, 회사는 선택에 따라 감사, 감사회, 감사위원회 및 회계참여*를 설치**할 수 있다. 이하에서 각각의 경우를 구분하여 그 구성과 운영에 대하여 자세히 살펴보기로 한다.

* 회계참여란 ① 주주총회에서 선임되며, ② 회계에 관하여 전문적 식견을 가진 자(공인 회계사, 세무사)로서, ③ 이사와 공동으로 재무제표의 작성과 동시에, ④ 당해 재무제표를 이사회와 별도로 보존하고, ⑤ 이를 주주 및 회사 채권자에게 공시하는 것을 주된 직무로 하는 주식회사의 임의기관 이다. 일본 에서는 2005년「회사법」의 제정과 함께 세계 유례가 없는 회계참여제도를 도입하였다.

가. 감사 · 감사회의 설치와 운영

주식회사는 정관이 정하는 바에 따라 감사 또는 감사회를 설치하는 것이 가능하다.[885]

다만, 위원회 설치회사가 아닌 이사회설치회사에서는 반드시 감사를 두어야 한다.(일본「회사법」제327조 제2항 본문) 이사회설치회사의 경우 업무집행에 대한 결정을 이사회가 행하고 주주총회 권한이 제한된다. 따라서 주주를 대신하여 이사에 대한 감사기관으로서 감사가 필요하게 되는 것이다.

그러나 이사회설치회사에 있어서도 전주식양도제한회사(우리의 경우 '비공개회사'를 의미)의 경우는 주주가 직접 이사의 업무집행을 밀접하고 계속적으로 감시하는 것이 가능한 경우도 있으므로 감사의 권한을 회계감사에 한정하는 것이나 또는 회계참여를 두는 대신에 감사를 두지 않는 것이 인정되고 있다.[886]

또한 이사회를 두고 있지 않아도 회계감사인설치회사의 경우에는 감사를 반드시 두어야 한다.(일본「회사법」제327조 제3항) 이는 회계감사인에 의한 회계감사제도를 유효하게 기능하도록 하기 위해서는 감사대상인 이사로부터 회계감사인의 독립성 보장이 중요한 점을 고려한 것이다. 따라서 회계감사인설치회사의 경우 전주식양도제한회사라 할지라도 감사의 권한을 회계감사에 한정하는 것은 가능하지 않다.[887]

따라서 일본의 경우 감사를 두지 않아도 되는 것은 공개회사가 아닌 중소규모의 회사 중에서 주주총회 이외의 기관으로서 이사만 두는 회사나 정관의 정함에 의해 이사회와 회계참여를 두는 회사에 한정된다.[888]

주식회사는 정관의 정함에 따라 감사 또는 감사회를 설치할 수 있다.(「동법」제326조 제2항)

---

884 김용범, 전게서. 2017. 549면. 최준선, 전게보고서, 49면, 江頭憲治郎, 「株式會社法」, 2006, 463면, 김용범, 전게서, 2012. 295면.

885 김용범, 전게서. 2017. 549면 및 2012. 296면. 김학원, 전게서, 133면, 江頭憲治郎, 전게서, 468면, 김용범, 「내부감사 상근의 필요성」, 감사저널, 2013.09. 37~38면.

886 김용범, 전게서. 2017. 550면 및 2012. 296면. 김학원, 전게서, 134면, 江頭憲治郎, 전게서, 469면, 김용범, 전게기고문, 감사저널, 2013. 09. 37~38면.

887 김용범, 전게서. 2017. 550면 및 2012. 296면. 김학원, 전게서, 134면, 江頭憲治郎, 전게서, 469면, 김용범, 전게기고문, 감사저널, 2013.09. 38면.

888 김용범, 전게서. 2017. 550면 및 2012. 296면. 권종호 외, 「주요국 회사법」, 전국경제인연합회, 2008, 297면, 김학원, 전게서, 134면, 김용범, 전게기고문, 감사저널, 2013.09. 38면.

그러나 대회사인 공개회사는 감사회를 반드시 설치해야 한다.(「동법」 제328조 제1항) 감사회설치회사의 경우 감사는 3인 이상이어야 하며 그 반수는 「사외감사」이어야 한다.(「동법」 제355조 제3항)

사외감사는 과거 그 회사 또는 자회사의 이사, 회계참여 및 회계참여가 법인인 경우 그 직무를 행한 사원, 집행임원, 사용인이 아니었던 자를 말한다.(「동법」제2조제16호) 사외감사제도는 업무집행 담당자의 영향을 받지 않고 객관적인 의견을 표명할 수 있는 자가 감사 중에 필요하다는 취지에서 1993년 개정 시 도입된 제도이다.[889]

감사회는 감사전원으로 구성되며 감사보고서의 작성, 상근감사의 선임과 해임, 감사의 방침, 회사의 업무·재산상황에 대한 조사방법 기타 감사의 직무집행에 관한 사항의 결정 등에 관한 권한을 갖는다.

한편, 감사는 독임제기관으로서 복수의 감사가 있는 경우에도 각자가 단독으로 권한을 행사하게 된다. 감사회를 두고 있는 경우에도 감사의 독임제는 그대로 유지되며, 따라서 감사회는 의결기관이 아니라 감사 간의 역할 분담을 용이하게 하고 정보의 공유를 가능하게 하는 것에 의해 조직적, 효율적인 감사를 가능하도록 하는 기능을 담당한다.[890]

나. 감사위원회의 설치와 운영

일본 「회사법」은 회사의 규모와 관계없이 모든 주식회사로 하여금 위원회설치회사가 되는 것을 허용하고 있다.(「동법」 제326조 제2항) 위원회설치회사는 지명위원회, 감사위원회 및 보수위원회를 두고 있는 주식회사를 말한다.(「동법」제2조제12호)

위원회설치회사가 되는 경우 3개위원회를 두기 위해서는 필연적으로 이사회를 설치하여야 하며(「동법」 제327조 제1항 제3호) 회계감사인의 설치가 강제된다.(「동법」 제420조 제1항)」 아울러 위원회설치회사의 경우 반드시 감사위원회를 두어야 하며 감사를 두는 것은 허용되지 않는다.(「동법」제327조 제4항)

상술한 바와 같이 감사위원회는 위원회설치회사의 필수기관 중의 하나이다. 위원회 설치회사가 감사를 두는 것은 허용되지 않는다.(「동법」제327조제4항) 각 위원회는 이사회 의결로 선정된 3인 이상의 위원으로 구성되며(「동법」 제400조 제1항, 제2항), 그 과반수는 사외이사이어야 한다. 또한 위원회 중 감사위원회의 위원은 회사, 자회사의 집행이사, 집행임원, 지배인 기타 사용인 및 회계 참여 등의 겸임이 금지된다.(「동법」제400조제4항)

감사위원회에 의한 감사방법은 감사의 경우와 상당한 차이를 가지고 있다. 감사의 경우 대부분 자신이 회사의 업무나 재산의 조사 등을 행하는 것이 통상이다. 이에 대해 감사위원은 이사회에서 설계한 내부통제부문을 통해 감사를 행한다. 즉, 내부통제시스템이 적절하게 구성되고 운용되는지를 감사하고 필요한 경우 내부통제부문에 대해 구체적인 지시를 행하

---

889 김용범, 전게서. 2017. 550면 및 2012. 297면. 김학원, 전게서, 134~135면, 山本一範, 「사외감사역의 성찰」, 중앙 경제사, 2009, 523면, 김용범, 전게기고문, 감사저널, 2013.09. 38면.

890 김용범, 전게서. 2017. 551면 및 2012. 297면. 김학원, 전게서, 135면, 江頭憲治郎, 전게서, 470면, 김용범, 「내부감사 상근의 필요성」, 감사저널, 2013. 09. 38면.

는 것이 감사위원회의 임무이다.[891]

Ⅳ. 사외이사의 유용성 논란[892]

사외이사란 미국의 outside director 의 번역어인데, 이는 법제도상의 개념이 아니다. 단지 미국회사에는 이사들의 상당수를 지역유지나 변호사, 금융전문가, 회계전문가 등의 전문직으로 충원하면서 이들을 보통 비상근으로 하고 있으므로 상근이사(inside director)와 대칭되는 개념으로 사외이사라 부르고 있을 뿐이다.

우리나라에서는 미국의 사외이사가 효율적인 경영감시기능을 수행하고 있는 것으로 알고 이를 법상의 제도로 수용한 것이나, 미국에서조차도 오래전부터 사외이사의 유용성에 관해 계속 논쟁이 있어 왔다.

주로 조직관리론 전공자들이 주장하는 「경영자실권론(managerial hegemony theory)」은 사외이사의 무용론을 주장하는 데 반해, 주로 재무관리전공자들이 주장하는 「효용적감시론(effective monitor theory)」은 사외이사의 감시기능을 옹호한다.[893]

사외이사의 유용성 여부에 관한 이들의 주장을 간단히 소개한다.[894]

경영자실권론자들이 사외이사 감사기능 무용론의 근거로 제시하는 것은

① 사외이사들을 선출하는 것은 실질적으로 현 경영자(**사장/대표이사 등**)이므로 사외이사들이 자신의 선임권을 가진 경영자를 상대로 감사한다는 것은 비현실적이다.

② 사외이사는 보통 회사의 업무에 관해 전문성이 없는데다가 이사회에서 사장이 제시하는 안건과 그가 예정하는 결론에 부합하는 설명 외에는 정보를 갖지 못하므로 사장이 유도하는 결론에 추종하기 마련이다.

③ 사외이사들은 대개 다른 직업에 종사하고 있고 회사에서는 거마비 정도의 소액의 보수를 받을 뿐이므로 적극적으로 경영자를 감시할 동기가 박약하다는 것이다.

이에 대해 **효용적감시론자들의 사외이사 감시기능 옹호론의 논거**는

① 사외이사들은 이사라는 직업시장에서의 자기의 상품가치를 높이기 위해 현재 회사에서의 감시기능을 충실히 수행할 동기가 있다.(이를 "reputation capital theory"[895]라 한다)

② 사외이사들에 대한 보상으로서 회사의 주식을 교부한다면, 이들은 자기의 자신의 가치를 증식시키려는 개인적인 동기에서 감시기능을 충실히 수행할 것이다.

③ 사외이사는 보통 회사와 이해관계가 있는 은행이나 다른 기업의 임원들이 겸하고

---

891 김용범, 전게서. 2017. 551면 및 2012. 298면. 김학원, 전게서, 140면. 江頭憲治郎, 전게서, 513면, 김용범, 「내부감사 상근의 필요성」, 감사 저널, 2013. 09. 38~39면.

892 김용범, 전게서. 2017. 552면 및 2012. 299~301면. 이철송. 전게서. 2021. 662~663면, 김용범, 「내부감사 상근의 필요성」, 감사저널, 2013.09. 39~40면.

893 Laura Lin, 「The Effectiveness of Outside Directors as a Corporate Governance Mechanism : Theory and Evidence」, Northwestern Univ. Law Review Vol. 90 No. 3, 1996, 902p

894 김용범, 전게서. 2017. 552면 및 2012. 298면. Laura Lin, 전게서, 912~921p, 이철송, 전게서, 2019. 660면, 김용범, 「내부감사 상근의 필요성」, 감사 저널, 2013.09. 39면.

895 E. Fama & M. Jensen,「Separation of Ownership and Control」, 26 Journal of Law and Economics, 1983, 315p

있으므로 이들은 자기가 속한 기업의 이익을 위해서라도 경영자에 대한 감시기능을 충실히 수행한다는 것이다.

이 같은 논쟁이 있을 뿐 미국에서 뚜렷이 사외이사의 기능을 긍정적으로 증명한 것은 없었다. 그간 우리나라에서의 사외이사의 역할을 보아도 매우 부정적이다.[896]

기업 경영에 대한 판단은 허다한 변수 가운데서 현 상황에 가장 최적의 결론을 찾는 작업인 만큼 항상 충분한 정보와 현장의식을 지닌 가운데에서 이루어지지 않으면 안된다. 가끔 이사회에 출석하는 정도로 경영에 원격적인 입지에 있는 사외이사에게 이러한 능력을 기대하기는 어렵다.

또한 경영판단의 질은 바로 그에 소요 되는 비용에 비례한다고 할 수 있는데, 소액의 거마비를 수령하는 사외이사에게 양질의 판단을 기대할 수는 없다. 그러므로 사외이사를 제도화한 근래의 입법은 국내·외적으로 검증되지 않은 몇 가지 가설을 시험해 보는 의미를 가질 뿐이다.[897]

V. 감사 또는 감사위원의 상근 필요성

감사 또는 감사위원(이하 "감사"로 총칭한다)은 상근과 비상근을 구분하지 않고 이사 업무집행의 전반에 대하여 감사로서의 직무권한을 행사하여야 하며 감사로서의 책임 또한 동일하다.[898] 그런데 감사가 제대로 감사를 수행하지 못하는 이유가 회사 경영정보에의 접근이 보장되지 않고, 감사의 비상근인 점에 기인하는바 크다.[899]

감사가 비상근일 경우 감사는 회사의 정보에 대한 접근가능성이 떨어지게 된다. 그렇게 되면 회사에 대한 정보의 부족으로 인해 전문성 있는 감사를 수행할 수 없다. 이로 인해 감사는 이사회 등에서 제출하는 자료를 기초로 수행할 수밖에 없게 되는데, 잘 갖추어진 자료에서 부정을 발견하기는 매우 어렵다. 그러므로 회사에 상주하면서 일상의 감사에 임할 때 제대로 된 감사를 기대할 수 있을 것이다.

특히 **우리나라는 아직 감사위원회제도가 제대로 기능할 수 있는 제도적 기반이 미흡한 실정이며, 감사위원회에게 감사권한까지 부여**하고 있다. 또한 **감사위원회의 경우 사외 이사 위주로 구성되어 정보의 부족으로 인해 전문성 있는 감사의 수행이 어렵다. 그런 의미에서 일상적으로 감시기능을 수행할 수 있는 상근감사위원 제도를 도입할 필요가 매우 크며 이는 상시적 감시활동을 통한 예방감사 차원에서도 바람직하다고 본다.**[900]

---

896 김용범, 전게서. 2017. 553면 및 2012. 299면. 이철송. 전게서. 2021. 662면, 김용범, 전게기고문, 감사저널, 2013.09. 39면.

897 김용범, 전게서. 2017. 553면 및 2012. 299면. 이철송. 전게서. 2021. 663면, 김용범, 전게기고문, 감사저널, 2013.09. 40면.

898 김용범, 전게서. 2017. 553면 및 2012. 299면. 임중호, 전게서, 124면, 유영일, 「상근감사와 사외 감사제도의 도입 의의와 경영 효율화 방안」, 상장협 제37호, 45면, 정순현, 전게서, 34면, 최준선, 전게보고서, 96면, 김용범, 전게기고문, 감사 저널, 2013.09. 40면.

899 김용범, 전게서. 2017. 553면 및 2012. 299면. 이준섭, 「상법상 감사 및 감사위원회와 내부감사 기능의 효율적 정립 방안」, 2006,48~49면, 최준선, 전게보고서, 96면, 정준우,「감사와 외부감사의 법적 책임」, 2005, 15면.

900 김용범, 전게서. 2017. 554면 및 2012. 300면. 임중호, 전게서, 126~127면, 이재혁, 전게서, 107면, 최준선, 전게 보고서, 97면, 최완진, 「감사위원회 위원의 자격 적정성 과 업무수행의 효율성 에 관한 고찰」, 상장 회사감사회회보, 제199호, 2008. 4면, 김용범, 전게기고문, 감사저널, 2013.09. 40~41면.

다만 상근감사위원은 회사에 상시적으로 출근하게 되어 회사의 일상 업무상황에 대하여 접할 기회가 많고, 경영진과의 접근기회가 많아 독립성과 판단의 객관성이 저하될 수 있다는 우려가 있다. 또한 주요국의 입법례나 지배구조모범규준 등에서는 감사위원회의 구성을 전원 사외이사로 구성하도록 권장하고 있다는 점에서 우리나라에서 상근감사위원 제도를 도입한다는 것은 국제적 추세와는 맞지 않는다는 비판이 제기될 수 있다.[901]

그러나 외국의 사례를 살펴보면 미국의 경우 우리나라의 상근감사위원에 해당하는 「내부감사(Internal Auditor)」를 사내이사 중에서 감사위원회가 선임하며, 선임된 내부감사는 회사 내부에서 회계업무와 경영에 관한 감시를 총괄할 뿐만 아니라 내부통제시스템을 운영하는 경우에는 이를 총괄한다. 또한 회계감사는 외부감사인인 회계전문가에 의해 수행 된다. 그리고 **감사위원회는 내부감사와 외부감사인 양측 모두를 감시**한다.

따라서 우리나라도 감사위원회제도를 기존 감사제도를 대체하는 제도에서 이사회를 보조·지원하는 **미국형 감사위원회제도로 확실하게 방향전환**을 하려고 하면, **전제조건으로 집행임원제도와 내부감사(Internal Auditior)제도 그리고 내부통제제도가 우선 도입되고 아울러 이사회가 집행 및 감독기관에서 감독기관으로 확립되었을 때 미국형 사외 이사 중심의 감사위원회제도 운영이 바람직할 것**이다.[902]

그러나 현재 우리나라의 경우는 감사위원회가 기존감사를 대체하는 제도로 「상법」에서 규정(「상법」제425조의2 제1항)하고 있고, 집행임원제도가 임의기관으로 규정되어 있을 뿐만 아니라 집행임원을 도입하였다 하더라도 사내이사가 대부분 겸임하고 있는 실정이고, **상근감사위원제도와 유사한 「내부감사(Internal Auditor)제도」와 자체통제 기능인 「내부통제(Internal Control)제도」가 우리는 아직 도입되지도 아니한 상태이므로 감사제도의 효율성을 확보키 위해서는 감사기관의 상근화가 반드시 필요**하다.

아울러 감사의 독립성을 제고한다는 측면에서는 전원 사외이사로 구성된 감사위원회가 바람직하다고 보지만, 감사의 효율성 측면에서는 전원 비상근감사만 두는 경우와 전원 사외이사로 구성된 감사위원회가 최선의 방식은 아니라고 생각된다. 현실적으로 **감사의 효율적 수행을 위해서는 감사 또는 감사위원은 경영진으로부터의 독립성 못지않게 회사의 정보에 대한 접근강화를 통해 감사의 존립기반인 정보 비대칭의 해결과 양질의 감사가 이루어지도록 하는 내부감사의 효율성이 더욱 중요하다.**[903]

특히 **감사위원회의 독립성 문제는 이미 「상법」에서 회의체기관의 의사결정에 결정적 역할을 하는 감사위원은 절대다수(3분의 2 이상)가가 사외이사로 구성할 것을 규정(「상법」 제415조의2 제2항 및 제542조의11 제2항)하고 있고, 또한 사외이사 자격에 관한 별도의 규정(「상법」제382조제3항 및 제542조의8제2항)을 두고 있다는 점을 고려할 때 회사와의 관계상 요구되는 독**

---

901 기업지배구조개선위원회, 「기업지배구조 모범규준」, 2003, 26~27면.

902 김용범, 전게서. 2017. 554면 및 2012. 300 ~301면.. 김용범,「내부감사 상근의 필요성」, 감사저널, 2013.09. 41면.

903 김용범, 전게서. 2017. 555면 및 2012. 301면. 최준선, 전게보고서, 97면, 김용범, 전게기고문, 감사저널, 2013.09. 41면.

립성 문제는 현행 법·규정으로도 충분하다고 본다.[904]

덧붙인다면 **감사위원회가 다수결 원칙을 통해 결의를 하는 회의체기관인 점에서 상근감사위원을 두었다고 하더라도 사외이사 겸 비상근 감사위원이 3분의2 이상을 차지하여 상근감사위원이 감사위원회의 의사결정에 아무런 제약요인으로 작용할 수 없기 때문에 상근감사위원제도의 도입이 감사위원회의 독립성 및 객관성 유지에는 아무런 문제가 없는 것**으로 본다.[905]

아울러 「상법」은 감사를 주식회사의 필요적 상설기관으로 규정한다. 또한 「상법」은 감사는 언제든지 이사에 대하여 영업에 관한 보고를 요구하거나 회사의 업무와 재산상태를 조사할 수 있다고 규정하고 있다.(「상법」제412조제2항) 이들 규정은 감사의 상근성을 전제로 한 것이라고 할 수 있다.[906] 따라서 감사제도를 갈음토록 되어있는 감사위위원회 제도에서도 감사위원의 상근성이 필요하다고 본다.

Ⅵ. 소결[907]

감사의 독립적인 기능수행은 감사 또는 감사위원의 법률상 강화된 책임규정에 상응하는 것이어야 함에도 회사 경영정보에의 접근권이나 전문성 부족으로 인하여 미진하였던 것이고 또한 그 원인은 감사 또는 감사위원의 비상근과 불가분의 관련을 맺고 있다. 그리고 상시적인 감사가 곤란한 사외이사들로 구성된 감사위원회가 회사에 상근하면서 감사업무를 수행하는 상근감사제도나 감사회제도 보다 감사업무를 충실히 수행한다고 보기는 어렵다.

따라서 회사에 대한 감사기관의 상시정보접근으로 부정과 위험을 사전에 감지 및 예방하고 감사기관이 효율적이고 독립적인 감사업무를 수행하기 위해서는 일정규모 이상 (예시: 최근 사업연도 말 자산총액 1,000억 원 이상) 회사에 대하여는 다음과 같은 감사제도 또는 감사위원회제도의 개선이 필요하다.

1) **독임제감사제도를 채택한 회사의 경우**

   자산총액 1,000억 원 이상 2조 원 미만의 상장회사에 대해서만 요구되는 상근감사의 설치의무를 확대하여 ① 일정 규모 이상의 모든 주식회사에 대하여 상근감사를 채택토록 하거나, ② 또는 상근감사를 포함한 복수의 감사로 이루어지는 감사회를 채택하도록 한다.

2) **감사위원회제도를 채택한 회사의 경우**

   감사위원회에 반드시 ① 상근감사위원(1인 이상)**의 설치를 의무화하거나 ② 감사위원회가 전원 사외이사로 구성되는 경우 미국의 '내부감사제도'와 같이 감사위원회가 사**

904 김용범, 전게기고문, 감사저널, 2013.09. 41면, 김용범, 전게서. 2017. 555면 및 2012. 301면.

905 김용범, 전게서. 2017. 555면 및 2012. 301면. 최준선, 전게보고서, 97~98면. 김용범, 전게기고문, 감사저널, 2013.09. 41면.

906 김용범, 전게서. 2017. 555면. 정준우, 「감사와 외부감사인의 법적 책임」, 15면, 김순석, 「상장회사에 있어 지배구조 관련 제도의 입법적 과제」, 2008, 111면, 최준선, 전게보고서, 135면,

907 김용범, 전게서. 2017. 556면 및 2012. 302면. 이준섭, 전게서, 49면, 최준선, 전게보고서, 98~99면, 김용범, 전게기고문, 감사저널, 2013.09. 42면.

내이사 중에서 내부감사'를 선임토록 하거나, ③ 또는 「금융지배구조법」 *개정 (안) 상의 '내부감사책임자제도'와 같이 집행임원 중에서 '내부감사책임자'를 선임토록 한다.*

다만 회사의 수용능력 등을 고려하여 일정규모 이하 회사(예 : 최근 사업연도 말 자산 총액 1,000억 원 미만)에 대하여는 상근감사 또는 상근감사위원 1인 이상을 두는 제도를 강제하지 않고 자율적으로 구성할 수 있도록 하되, 상근감사제도 또는 상근감사위원제도의 채택 여부를 공시사항의 하나로 규정토록 하는 방안을 도입 하는 것이 바람직하다고 본다.[908]

제4절 내부감사 환경의 열악성

Ⅰ. 현황

미국의 엔론, 월드컴 등 대기업의 잇단 회계부정 사건과 우리나라의 대우계열, (구)○○자동차, ○○글로벌 및 최근 ○○조선 해양 등의 회계분식 사건 그리고 최근 문제가 되고 있는 저축은행의 부정대출 문제 등을 통해 우리가 절실히 깨달은 사실은 전문경영인, 지배주주 등 기업가들의 「도덕적 해이(Moral Hazard)」와 이에 대한 부적절한 통제 및 견제의 부재가 자본주의 시장경제의 붕괴는 물론 해당기업의 몰락과 이해관계자의 막대한 손실을 초래하였다는 것이다.[909]

그간의 대형 회계부정사건과 최근에 발생된 금융사건은 기업 내부에서의 감사의 중요성을 더욱 부각시키고 있으며, 급변하는 국내·외적인 경제여건에 보다 능동적이고 진취적이며 다양화된 감사 활동이 요구되고 있다. 이러한 사회적·경제적인 요구에 부응하기 위해서는 먼저 감사의 역할에 대한 경영진 및 대주주들은 물론이고 국민 경제적 차원에서의 인식전환이 필요하고, 미비한 각종제도가 합리적으로 보완되어야 한다. 그러나 현장에서는 감사의 역할 및 존재가치에 대한 이해가 매우 부족하다.

Ⅱ. 내부감사 환경의 열악성 문제

1. 내부감사가 비생산적 조직이라는 인식 문제

기업 현장에서 **지배주주나 경영진들의 상당수가 감사 또는 감사위원에 의한 내부감사를 하나의 형식적 통관절차로 인식하고, 그 운영비용을 아끼고 있으며, 감사나 감사위원은 귀찮은 존재이며, 내부감사조직은 비생산적인 조직이라고 인식**하고 있다. 또한 감사나 감사위원의 법적지위도 경영진인 이사에 비해 상대적으로 열악하다.[910]

---

908 김용범, 전게서. 2017. 556면 및 2012. 302면. 최준선, 전게보고서, 107면, 김용범, 전게기고문, 감사저널, 2013.9. 42면.

909 김용범, 전게서, 도서출판 어울림. 2012. 303면 및 2017. 557면.

910 김용범, 전게서. 2017. 557면 및 2012. 303면. 정준우, 「감사·감사위원의 역할 및 위상 제고방안」, 상장회사 감사회회보 제145호,

지금까지 기업의 환경적 요인과 더불어 감사의 중요성에 대한 지배주주나 경영진들의 인식 부족과 내부감사조직에 대한 지원 불충분 등으로 인하여 감사 또는 감사위원이 본연의 역할을 다해오지 못한 것이 엄연한 현실이고, 이와 관련하여 감사제도의 형해화(形骸化) 내지 무기능화(無技能化)가 최대 문제점으로 계속 지적되어 왔다.

2. 낙하산 또는 임직원 순환 배치식 감사의 선임 문제

감사나 감사위원은 업무수행에 적합한 경험을 충분히 쌓은 전문성을 갖춘 인사로 구성하는 것이 요구된다. 즉 감사나 감사위원은 해당 업무 및 리스크 평가에 대한 충분한 이해와 내부통제, 재무보고 등에 대한 전문적인 지식을 보유할 필요가 있다.

그러나 감사/감사위원의 선임 실태를 보면 **기업 오너나 지배주주들의 영향력에 의한 충견기용인사 및 징검다리인사 그리고 정치권, 감독당국 등의 영향력에 의한 낙하산인사가 감사나 감사위원으로 선임되는 경우가 상당부분을 차지**하고 있다.[911]

이렇게 선임될 경우 직무에 대한 능력이나 자질·전문성을 갖추지 못한 인사가 선임되는 경우가 많으며, 그리고 실질적인 선임권자의 요구대로 감사를 수행하게 될 가능성이 매우 크므로 위와 같은 인사는 감사기구의 전문성 및 독립성과 효율성을 기대하기는 매우 어렵다고 본다.[912]

3. 감사 수행 결과 평가 및 인센티브 제공 부재 문제

현행법은 감사/감사위원에 대해 의무와 책임을 부여하고 있다. 그러나 이런 책임의 경우 특별한 문제가 발생하여 사법적 판단이 이루어지는 경우에만 제기되는 것이며, 일상적인 업무수행 시 해당업무수행에 대한 평가와 판단은 이루어지지 않고 있다.[913]

그리고 감사 또는 감사위원이 임기동안 감사수행 결과가 매우 우수하고 기업에 기여한바가 아무리 크다 하더라도 경영진처럼 재선임 등의 인센티브가 마련되어 있지 아니하여 기업현장에서는 감사나 감사위원이 재선임 되는 사례는 매우 드물다.[914]

이런 상황에서 **감사 또는 감사위원에게 엄격한 책임을 부과**하는 것은 오히려 **감사 또는 감사위원의 복지부동을 야기**하는 원인이 될 수도 있다. **문제를 일으키지 않기 위해 소극적인 감사**를 할 수 있기 때문이다. 한 걸음 더 나아가서 일**부 감사/감사위원은 임기 후 다음 자리를 보장받기 위해 지배주주나 최고 경영진에 대한 감시자 또는 견제자의 위치를 버리고 동조자 또는 협력자로 전락하는 현상**이 나타나기도 한다.[915]

2012. 4면.

911 김용범, 전게서. 2017. 558면 및 2012. 304면.

912 김용범, 전게서. 2017. 558면 및 2012. 304면. 최완진, 전게논문, 3~4면.

913 김용범, 전게서. 2017. 558면 및 2012. 304면. 김학원, 전게서, 166~167면.

914 김용범, 전게서. 2017. 558면 및 2012. 304면.

915 김용범, 전게서. 2017. 558면 및 2012. 304 ~305면.

Ⅲ. 문제점 해결 방안

1. 지배주주 및 경영진의 내부감사에 대한 인식 전환

한국상장회사협의회의 '상장회사 내부감사 운영실태 조사'에 따르면 최고경영자가 감사의 독립적인 기능과 역할, 그 효용에 대한 충분한 인식 또는 이해 부족(응답자의 16.9%)과 감사보조기구에 대한 지원의 취약(응답자의 14.6%)이 성공적인 감사업무 수행에 가장 큰 장애요인으로 지적되고 있다.

우리나라에서는 아직도 감사제도에 대한 인식이 지배주주나 경영진에게는 귀찮은 존재이며, 조직에는 큰 도움이 되지 않고, 비용만 들어가는 비생산적인 조직이라고 인식하는 경향이 많다. 이와 같이 잘못된 인식을 불식시키기 위해 **내부감사인은 이사 및 경영진의 전횡 과 독단에 대하여 견제자 또는 감시자 역할도 하지만 경영자의 부족하고 간과하기 쉬운 부분을 보완하고 사업역량을 향상시키는 경영협력자 역할도 수행하여야 한다.**[916]

또한 지배주주 및 최고경영자는 감사제도의 필요성·효용성에 대해 충분히 이해하고, 감사의 독립적 위상을 인정하고 존중하며 그리고 기업의 투명한 경영 실천을 위한 진정한 동반자로 인식하고, 내부감사 수행에 대한 적극적인 지원을 하며, 양자 간에 최대한 상호 협조와 활용을 통한 시너지효과를 가져 오도록 더욱더 큰 이해와 노력을 경주해야 한다.

그래야만 감사 또는 감사위원도 형식적이고 책임회피적인 업무수행이 아니라 회사의 건전한 발전에 도움이 될 수 있는 적극적·능동적인 감사활동을 수행할 수 있고, 그에 따라 기업의 가치는 안정적으로 상승하며 보다 강력한 국내·외적인 경쟁력을 갖추고 지속적으로 발전할 수 있게 될 것이다.[917]

2. 감사 또는 감사위원 선임의 객관성 및 독립성 확보

기업 현장에서 감사 또는 감사위원(이하 '감사'라 한다)의 객관성과 독립성을 확보하기 위해서 가장 중요한 것은 감사 또는 감사위원을 어떠한 방법으로 어떠한 사람을 선임하느냐에 달려있다.

가. 사외이사 중심의 감사후보추천위원회 설치 의무화

감사의 독립성 확보를 위한 첫걸음은 독립적인 감사후보를 추천하는 것이다. 회사와 법적 측면의 관계를 가지고 있지 않다고 하더라도 경영진이나 대주주가 추천한 감사후보가 독립적이기를 기대하기는 어렵다. 독립적이지 못한 후보자를 대상으로 의결권을 제한하는 등의 조치를 아무리 취해도 별다른 의미를 가지기 어렵다.

따라서 감사의 독립성을 확보하기 위한 감사후보 추천절차의 개선내용은 제1편-제9장-제1절-Ⅳ-1. "감사후보 추천절차의 개선" 항목에서 설명하였으므로 여기서는 생략한다.

---

916 김용범, 전게서, 2017, 559면 및 2012, 305면.

917 김용범, 전게서, 2017, 559면, 정준우, 전게논문, 4면, 김용범, 전게서, 2012, 305면.

나. 감사 또는 감사위원 선임의 적극적 자격요건 강화

기업경영은 다양한 전문적 지식과 경영을 필요로 하고 있다. 더욱이 기업의 규모가 커지면서 사업내용이 더욱 복잡하고 다양화되어 가는 상황에서 경영환경은 시시각각으로 변화하고 있어 이를 감시·감독하기 위해서는 경영전반에 대한 충분한 이해와 식견, 전문가로서의 자질과 능력이 요구되고 있는 것은 당연한 일이라 할 것이다.

우리나라 상장회사의 경우 비재무전문가를 선임한 회사가 64.6%를 차지하였으며, 해당회사의 업무와 무관한자를 감사로 선임한 회사가 83.2%를 차지하고 있어 전문성 결여로 대표이사 등 경영진을 제대로 견제하지 못하고 경영진의 의사에 추종할 뿐만 아니라 감사 관련 문제에 대하여 독립적인 의사결정도 적기에 정확하게 하지 못함으로써 감사업무의 효과적이고 적절한 수행에 많은 장애요인으로 작용하고 있다.[918]

따라서 감사의 전문성을 확보하기 위한 내부감사기관의 적극적 자격요건 강화 및 확대 내용은 제1편-제9장-제2절-Ⅲ-1. "내부감사기관의 적극적 자격요건 강화 및 확대" 항목에서 설명하였으므로 여기서는 생략한다.

3. 감사의 낙하산 방지를 위한 「기업의 지배구조에 관한 법률」의 제정[919]

'낙하산 인사'라는 것은 다 아는바와 같이 **"해당기관 또는 기업의 직무에 대한 능력, 자질, 전문성이 떨어짐에도 불구하고 권한을 행사할 수 있는 자가 논공행상**(論功行賞 : 공을 평가하여 상을 주거나 표창)**을 할 때라든가 권한을 이용하여 자기가 좋아하는 사람을 해당기관 또는 기업의 장이나 임원 등으로 임명하거나 선임하는 것"**을 말한다.

'낙하산인사'가 문제시 되는것은 무한경쟁 시대에 기업이 무자격자, 비전문가 인사들의 낙하산 창구로 전락하는 것은 기업의 경쟁력을 저하시키는 원인이 되기 때문이다. 또한 낙하산인사는 사전에 충분한 교육과 업무수행 능력을 갖추지 않고 갑자기 낙하산을 타고 내려옴으로써 **평소에 해당 기업의 발전을 위해 묵묵히 일해 온 조직원들의 기대감을 상실시켜 조직의 경쟁력을 향상시키기보다는 오히려 저하시키는 원인**이 되기 때문이다.[920]

따라서 감사의 독립성과 전문성을 확보하고 조직의 경쟁력을 향상시키기 위해 위의 '사외이사 중심의 감사후보추천위원회 설치 의무화' 및 「공공기관운영법」과 같이 '감사 또는 감사위원 선임의 적극적 자격요건인 추천기준' 내용과 기업의 낙하산인사를 방지하는 내용이 포함된 「금융회사의 지배구조에 관한 법률」과 유사한 가칭 **「기업의 지배구조에 관한 법률」[921]의 제정을 적극 검토해 봄이 타당**하다고 본다.

---

918 김용범, 전게서. 2017. 560면. 김용범, 전게서, 도서출판 어울림. 2012. 306면.

919 김용범, 전게서. 2017. 560~561면.

920 김용범, 전게서. 2017. 561면 및 , 2012. 307면. PD수첩, 「사상최대 낙하산 인사 분석, 놀라운 이유」, 2011. 1. 12., 경남일보, 「낙하산 인사의 문제점 및 해소 방안」, 2003. 6. 10.

921 김용범, 전게서. 2017. 561면 및 2013. 307면. 금융회사에 대해 「금융회사의 지배구조에 관한 법률」을 제정, 문성진, 「'낙하산 방지법' 제정하라」, 서울경제, 2012. 6. 26., 38면.

4. 감사수행에 대한 평가시스템 구축 및 인센티브 제공

감사의 업무수행에 대한 평가시스템의 구축은 크게 2가지 측면에서 장점을 가질 수 있다.

첫 번째는 감사에 대한 평가를 통해 감사의 실효성을 제고할 수 있다는 점이다. 감사의 감사 절차 및 방법 등에 대한 평가가 이루어지는 경우 감사의 효율성 제고는 물론 감사의 문제점을 발견하고 이를 수정할 수 있는 기회가 될 수 있기 때문이다.

두 번째는 경영진으로부터의 독립성을 확보할 수 있는 수단이 될 수 있다. 현행의 감사제도가 제대로 기능하지 못하는 이유는 앞서 살펴본바와 같이 대주주나 경영진의 추천에 의해 선임된 감사 들이 자신을 선임해준 경영진에 대해 엄격하게 감사하는 것을 기대 하기 어렵기 때문이다.

따라서 평가제도도입의 경우 감사는 자신이 평가받고 그에 따라 불이익을 받는다는 점 때문에 경영진의 입장만을 고려한 감사를 하기는 어렵고, 경영진도 제3자가 감사과정을 주시하고 있다고 생각하면 마음 놓고 영향력을 행사하지는 못할 것이다. 감사가 경영진에 대해 진정한 감시자가 되는 것은 감사 개인의 의지만 가지고 될 수 있는 것은 아니며, 감사의 의사와 관계없이 제도적으로 독립성의 확보가 필요한 것이다.

그 구체적인 방법이 될 수 있는 것이 감사에 대한 평가가 이루어질 수 있는 시스템을 갖추는 것이다. 감사에 대한 평가시스템을 구축하는 데 있어 가장 먼저 고려해야 할 것은 누가 어떠한 방법으로 평가를 하는가의 문제이다. 평가주체는 감사업무와 감사 현실에 대해 가장 잘 알고 있는 자율규제기관을 적극적으로 활용하는 방법을 생각해 볼 수 있다. 즉, 감사들로 구성되어 있는 감사협회를 자율규제기관화 하여 협회로 하여금 감사들에 대한 평가를 행하도록 하는 것이다.[922]

구체적으로 감사협회 등에서 한국공인회계사회와 같이 「내부감사기준」을 제정하고, 해당 감사가 이 기준에서 정하고 있는 절차에 따라 이루어졌는가를 평가하는 것이다. 이러한 평가 결과는 해당 감사 및 회사에 전달되어 감사제도를 개선하는 자료로 적극 활용될 수 있도록 하고, 주주 등 투자자 및 신용평가기관 등에 공시하여 해당 기업의 신용등급평가시 지배구조수준을 가늠하는 기준으로 삼을 수 있도록 하며, 또한 감사의 재선임 자료로 활용토록 제도화하는 것을 적극 검토할 필요가 있다.[923]

5. 지배주주 및 경영진의 인재활용에 대한 리더십 제고[924]

중국은 예로부터 '인재학' 분야에 대한 연구가 활발하였다. 학문의 한 분야로 자리 잡았을 뿐만 아니라, 대학에는 관련학과들이 개설되어 있다. **인재학은 궁극적으로 인재를 모셔와 쓰는 용인(用人)의 단계를 위한 것인데, 용인의 첫째 원칙으로 '의심스러우면 쓰지 말고, 썼으면 의심하지 말라'는 것이 있다. 인재라고 인정하여 모셔와 기용했으면 간섭하거나 의심**

922 김용범, 전게서. 2017. 562면 및 2012. 308면. 김학원, 전게서, 167면.

923 김용범, 전게서. 2017. 562면 및 2012. 308면.

924 김용범, 전게서. 2017. 562면.

하지 말고 맡겨두라는 뜻이다.

이 이야기에는 전국시대 환공이 자신을 활로 쏘아 죽이려 했던 관중을 재상으로 기용하면서 **천하를 호령하는 패주가 되기 위한 방법**을 묻자, 관중은 **'사람을 알고, 알았으면 모셔와 쓰되, 소중하게 활용하고, 모든 일을 맡기고 위임'**하라고 말한다. 환공은 관중의 말대로 나라의 큰일을 관중과 포수 등에게 믿고 맡겼고, 제나라는 이들의 사심 없는 노력에 힘입어 춘추시대 최초의 패자가 될 수 있었다.

최근 **중국의 인재학** 연구에서는 **'인재는 그저 데려다 쓰는 존재가 아니라, 모셔와 따라야 하는 존재다'**라는 말까지 나오고 있다. 정작 우리의 현실은 당장 눈앞의 이익을 위해, 한순간의 쓴 소리가 듣기 싫어 인재를 함부로 쓰거나 입을 막는 일이 茶飯事로 벌어지고 있다. 이러면 직원은 기운이 빠지고 회사는 강해질 수 없다. 따라서 우리에게는 **지배주주 및 경영진의 인재활용에 대한 리더십이 절실히 요구**되고 있다.

제5절 분식회계 근절의 필요성

Ⅰ. 서설

「회계기준」에서 적시하고 있는 일반적인 **재무보고의 목적**은 **"현재 또는 잠재적 투자자, 대여자 및 기타 채권자가 기업에 대한 자원을 제공하는 것에 대한 의사결정을 할 때 유용한 보고기업 재무정보를 제공하는 것**이다."고 정의함으로써 **정보이용자에게 유용한 정보를 제공하는 것을 목적**으로 하고 있다.

경제활동에 관한 정보를 화폐로 측정하여 보고하는 수단이 재무보고이며, 재무보고의 중심적인 수단이 재무제표이고, 이를 통하여 기업에 관한 재무정보를 외부의 정보이용자인 이해관계자들에게 전달하게 된다.

기업의 경영실적과 재무상태를 표시하는 재무제표는 기업의 경영활동을 화폐가치로 환산·요약하고 회계연도 말에 결산과정을 거쳐 공정하고 사실대로 공시되어, 이것을 필요로 하는 의사결정자들에게 목적적합하고 신뢰성 있는 유용한 정보로 제공되어야 한다.

그러나 기업에 따라서는 이러한 재무제표를 실제보다 건실하게 보이도록 사실과 다르게 작성하여 기업의 경영성과를 양호하게 그리고 재무상태를 건전하게 보이도록 이익을 조정하는 행위를 한다. 이는 회계처리를 자의적으로 행함으로서 이해관계자를 誤導하여 경제적 의사결정을 합리적으로 수행할 수 없게 하는 회계 관련 범죄행위이다.

분식회계는 기업의 경제적 실체에 관한 정보를 올바르게 제공하지 않음으로써, 분식회계에 의한 재무적 정보를 믿고 의사결정을 한 투자자나 채권자들에게 커다란 금전적 피해를 주어 국가 경제에 크나 큰 장해요인으로 작용하고 있다.

분식회계는 단순한 詐欺에 그치지 않고, 시장의 효율적 분배를 歪曲시켜 국민경제에 막대한 부담을 지우는 중대한 반사회적 범죄이다. 분식회계를 방지하기 위해서는 사회적 인식의 변화뿐만 아니라, 경영성과나 재무상태를 마음대로 조작할 수 있다고 생각하는 경영자들의 의식도 변화해야 한다.

분식회계는 그동안 정도의 차이는 있었지만 대부분의 기업이 관행처럼 저지르는 공공연한 비밀로 행해져 왔으며 그 유형도 다양하다. 그러나 분식회계 사실이 드러난 ㅇㅇ그룹, ㅇㅇ자동차, ㅇㅇ글로벌, ㅇㅇ조선해양 등의 사례에서 나타나듯이 분식회계가 적발되면 기업은 최악의 상황으로 치닫게 된다.

그 파장은 국가와 국민의 부담으로 넘어오게 된다는 점이 더 큰 문제라 할 것이며 해외투자자들이 한국기업을 신용하지 못하게 하는 가장 큰 원인 중 하나로 작용하고 있음을 알아야 한다.[925] 다시 말해 분식회계는 투명경영을 가로막는 출발점이며, 부정부패와 직결되어 기업과 사회를 병들게 만드는 독소라는 것을 분명히 알아야 한다.

II. 분식회계의 일반

1. 분식회계의 본질

가. 분식회계의 정의

사전적 의미로는 분식(粉飾)이란 **"실제보다 좋게 보이려고 사실을 숨기고 거짓으로 꾸미는 것"**이고, **분식결산은 "영업상 수지를 계산할 때에 이익을 실제 이상으로 계상 하는 일 또는 사실과 달리 이익을 적게 표시하는 일"**[926]을 말한다.

일반적으로 **회계학사전**에서는 **분식회계란 '한 회계연도의 영업실적과 연도 말의 재산상태 등의 재무정보를 손익계산서와 대차대조표 등의 재무제표로 전달하면서 재무정보를 왜곡하여 사실과 다르게 표시하는 것'**[927] 이라고 정의하고 있다.

그 이외에도 **분식회계**란 **'기업의 실적을 위장하기 위해 적극적으로 숫자를 만들어 내는 행위'**이다.[928] 또, '기업 내부자가 일반 회계기준의 범위 안에서 특정기준을 선택·적용·해석하는 것이 가능하기 때문에 **기업의 효용이나 기업의 시장가치를 높이기 위해 자의적으로 회계정책을 선택·적용하는 경우** 이것이 **분식회계**'라고 정의하기도 한다.[929]

기업이 일반적으로 인정된 회계기준이 허용하는 융통성을 충분히 활용하는 것은 정상적인 것이고 일반적인 행위라고 할 수 있다. 이때 측정조항을 선택하고 해석하는 과정에서 판단에 따라 재무제표의 내용도 어느 정도 차이가 있을 수 있다.

그러나, 회계처리방법의 선택과 해석이 일반적으로 인정된 회계기준이 정한 범위를 벗어나면 기업이 공표한 재무제표는 기업의 실상을 공정히 나타내었다고 할 수 없으며, 곧 분식

---

925 김용범, 전게서. 2017. 563면. 박광덕, 「분식회계 사례와 대책에 관한 연구」, 2011., 2면.

926 자료 제공 : 국립국어연구원

927 김경수 편저, 「회계학 영한 · 한영사전」, 한국사전연구사, 1995. 박광덕, 「분식회계 사례와 대책에 관한 연구」, 2011., 5면.

928 C. W. Wulford, E. E. Comiskey, 「Financial Warnings」, John Wiley & Sons, Inc., New York,1996., 박광덕, 「분식회계 사례와 대책에 관한 연구」, 2011., 5면.

929 W. Scott, 「Financial Accounting Theory」, Englewood Cliffs, N. J, Prentice-Hall, 1997.,박광덕, 「분식회계 사례와 대책에 관한 연구」, 2011., 5면.

회계인 것이다. **즉, 회계처리방법의 선택을 통하여 기업의 재무적 어려움을 감추고, 이해관계자를 속이며, 실패기업의 실상을 숨기는 재무보고가 분식회계**인 것이다. [930]

따라서 **분식회계(Window Dressing in Accounting)란** 일반적인 용례에 따르면「**決算 時에 會計的 技法을 이용하여 고의로 재무제표상의 경영성적 및 재정상태를 실제보다 부풀려서 또는 줄여서 표시하는 것**」이라고 말할 수 있다.[931]

논자에 따라서는 **실제보다 부풀려서 나타내는 것을「분식(粉飾)**」이라 하는 한편, **줄여서 나타내는 것을「역분식(逆粉飾)**」이라고 하여 양자를 구분하기도 하지만 **재무제표를 고의로 왜곡한 것**이라는 점에서 역분식도 분식임에는 틀림없다.[932] 그러나 경영자의 무의식적 오류, 즉 과실에 의해서 재무제표의 기재가 왜곡된 경우까지를 분식회계의 범주에 넣는 것은 타당하지 않다고 본다.[933]

나. 분식회계의 목적

1) 경영자금 조달의 필요성[934]

우리나라 기업의 대부분이 거액의 부채를 안고 경영활동을 하고 있다. 이러한 기업들은 자본구성을 개선하기 위하여 차입금을 변제해야 하는 한편, 기업 간의 경쟁에서 계속 살아남기 위해서는 설비투자 및 연구개발을 늘려나가야 하기 때문에, 끊임없이 증자를 통해 자기자금을 조달해야 할 필요가 있다.

따라서 자본시장에서 안정적인 자금조달을 위해서 기업은 일정 수준이상의 주가를 유지하여야 하며, 나아가서 일정율의 안정적인 배당을 하여야 한다. 이와 같은 안정적인 배당을 유지해야 한다는 강박 관념이 결국 경영자로 하여금 분식결산의 구렁텅이에 빠지게 하는 것이다.

또한 대부분의 기업들은 일상 영업활동에 필요한 운전자금이나 차입금 변제 또는 이자지급을 위한 자금 등으로 자금압박을 받는 경우가 많다. 때문에 비교적 단기적 성격의 자금조달을 위해서는 은행 등 금융기관에 의존하는 것이 보통이나, 이와 같은 경우에도 기업이 결손상태에 있다거나, 업적이 부진하다는 것이 외부에 알려지게 되면 자금조달이 거의 불가능하게 된다.

현대 기업사회에서 풍부한 자금을 조달하는 것은 증자이든 사채발행이든 또는 은행 차입에 의하든 기업의 생사가 걸린 중대한 문제인 만큼, 경영자는 자금조달을 위해 분식결산도 필요악으로 부득이 하다고 생각하는 경우가 종종 있다. 따라서 분식결산은 위와 같이 자금조달의 필요성에 의해서 이루어지는 경우가 가장 많다고 할 수 있다.

---

930 김광윤 · 김영태,「분식회계에 대응한 기업윤리와 감사인의 책임」, 세무학연구 제2권 제1호, 한국세무학회, 2003., 박광덕, 전게연구서, 2011., 6면.

931 김용범, 전게서. 2017. 565면. 왕순모,「분식결산의 법적 의의 및 책임문제」, 慶星大學校 법학연구소 경성법학 제10호, 2001., 39면.

932 김용범, 전게서. 2017. 565면. 왕순모, 전게연구논문, 慶星大學校 법학연구소 경성법학 제10호, 2001., 39면.

933 김용범, 전게서. 2017. 565면. 왕순모, 전게연구논문, 慶星大學校 법학연구소 경성법학 제10호, 2001., 39면.

934 김용범, 전게서. 2017. 565면. 왕순모, 전게연구논문, 慶星大學校 법학연구소 경성법학 제10호, 2001., 41면.

2) 사회적인 신용도의 유지[935]

기업은 일정수준의 경영성과를 올리게 되면 사회적 신용도가 유지될 수 있지만, 단 한번이라도 업적이 부진하여 결손상태에 빠지게 되면 사회적 신용도는 실추되고 기업 활동은 치명적인 제약을 받게 된다.

업적부진이 판매활동 등 사업활동에 영향을 미치게 되고, 이에 따라 업적이 더욱 부진해지는 악순환을 반복할 우려가 있다. 특히 수주산업에 속하는 기업은 관공서로 부터 수주를 확보하기 위하여 업적을 부풀려서 나타내는 경향이 있다.

3) 기업가치 및 성과의 증대[936]

투자자는 본래 기업의 수익력을 보고 투자한다. 또 순이익이 꾸준한 흐름을 보이거나 빠르게 증가한다는 것은 현금흐름이 양호하다는 것을 의미한다. 투자자는 현재의 현금흐름이 뛰어나거나 개선될 가능성이 높은 기업을 선호하는 경향이 있다. 따라서 경영진 및 직원은 아래와 같은 효과를 기대하면서 분식회계의 유혹에 빠지기 쉽다.

첫째, 어떤 기업이 높은 수익력을 보고 할 경우에 주가가 상승될 것을 기대한다.
둘째, 주가 상승은 기업 가치를 증대시키고 자본비용을 줄이는 효과가 있다.
셋째, 경영진이 지분을 보유하고 있거나 스톡옵션을 받은 경우, 주가상승은 개인적인 부의 증가를 이룰 수 있다.

기업이 경영진과 핵심직원의 기여를 보상하는 방법에는 주로 스톡옵션과 주가상승 보상제가 사용된다. 이제도는 경영진과 핵심직원은 주식이나 현금으로 기여한 몫에 따라 보상을 받는 것이다.

즉, 기업은 때때로 세전이익을 기준으로 현금이나 주식으로 특별보너스를 지급한다. 이때 보통 장부상 이익을 기준으로 특별보너스를 지급하기 때문에 경영진과 직원들은 더 많은 특별 보너스를 받기 위해 분식회계의 유혹에 빠지기 쉽다.

4) 경영자의 경영실패 은폐[937]

경영자의 경영능력이 아무리 탁월하다 하더라도 기업을 둘러싼 제반환경은 복잡하게 얽혀있으며, 국내뿐만 아니라 국외로부터 각종 영향을 받기 때문에 기업경영은 항상 중대한 위협에 노출되어 있으며 이로부터 완전히 탈피한다는 것은 불가능한 것이다.

경영자가 경영과정에서 직면하게 되는 리스크는 다양하지만 그중에서도 가장 중요한 것은 설비투자일 것이다. 일반적으로 경영자는 설비투자를 함에 있어 면밀한 계획하에서 신중하게 결정하겠지만, 그럼에도 불구하고 실패로 끝나는 경우도 적지 않다. 또한 신제품의 개발 또는 신기술의 도입 등도 설비투자와 마찬가지로 중대한 위험을 안고 있는 경영 문제이

---

935 김용범, 전게서. 2017. 566면. 왕순모, 전게연구논문, 경성법학 제10호, 2001., 41~42면.

936 김용범, 전게서. 2017. 566면. 박광덕, 「분식회계 사례와 대책에 관한 연구」, 2011., 7~8면.

937 김용범, 전게서. 2017. 566면. 왕순모, 전게연구논문, 경성법학 제10호, 2001., 42면.

기 때문에 경영자들은 이를 실시함에 있어 매우 신중히 한다.

이러한 신제품 개발 또는 신기술의 도입 그리고 설비투자 등의 중요한 경영문제가 경영자의 기대에 어긋나 실패로 끝나게 되면 이로 인해 거액의 결손이 발생하는 것은 피할 수 없다. 가령 거액 결손이 발생하지 않는다 해도 적어도 그 실패가 당기의 업적에 커다란 영향은 미치게 된다.

분식결산은 이러한 경영자의 실패에서 발생하는 결손을 은폐하기 위해서 이루어지는 경우가 있다. 분식결산이 발각되면 「경영판단의 원칙」상 허용되는 범위 내에서 이루어졌다는 등 경영자는 여러 가지 변명을 들지만 실제로는 경영상의 실패에 따른 책임을 회피하기 위한 경우가 대부분이다.

5) 세금회피 및 불법자금 조달[938]

경영진들은 세금의 탈루 또는 세금의 납부지연(차기이연)을 위하여 수입금액의 누락, 허위계약서의 작성, 실제거래가 없는데도 불구하고 비용을 지출한 것으로 처리하게 되는 가공경비, 공문서 위장 등의 방법으로 분식회계를 하게 된다.

즉 경영진 및 대주주의 사리사욕, 기업경영상 불가피하게 소요되는 자금조달, 불법적인 로비자금 등을 조성하기 위해 상품권을 현금으로 환치, 해외반출자금을 투자손실로 처리, 예술작품을 과다계상매입 등의 방법으로 분식회계를 하게 된다.

다. 분식회계의 규제 이유[939]

오늘날 복잡·다양한 경제사회에 있어서는 회사를 둘러싸고 주주, 채권자, 경영자, 종업원, 지역사회, 국가 등의 현재의 이해관계자 이외에도 장래의 주주, 채권자 등과 같은 잠재적 이해관계자도 존재하며, 이들의 이해관계가 서로 첨예한 대립양상을 보이고 있다.

이들 중에서도 회사의 외부자, 최근에 특히 그 보호의 필요성이 강조되고 있는 일반 대중투자자들의 입장에서는 회사의 재산 상태나 수익상황 등 회사의 실체를 단적으로 이해할 수 있는 정보는 회사가 제공하는 재무제표 이외에는 아무것도 없으며, 이들은 이 재무제표를 신뢰하여 회사와 거래하는 것이 상례이다.

따라서 이들이 거래한 회사가 어떤 이유에서든 분식결산을 계속 감행해 나간다면 급기야 도산에 이르게 되고 이들 대중투자자들이 겪어야 할 경제적 폐해는 이루 말로 표현할 수 없을 정도로 광범위하게 확산될 수밖에 없는 것이므로, **분식회계를 법적으로 규제하는 이유는 그 폐해가 워낙 광범위하고 크다는 데에 있다.**

또한 **분식회계**는 위와 같이 **투자자에 대한 사기행위에 그치지 않고, 시장기능을 왜곡시킬 뿐만 아니라, 국민경제에 막대한 부담을 지우는 반사회적 범죄라 할 수 있으므로, 회계정보의 투명성 제고를 통해 시장기능이 정상화될 수 있도록 분식회계를 근절하는 방안을 강구할 필요가 있는 것**이다.

---

938 김영선, 「분식회계는 왜 일어나며 그 결과는 어떻게 되는가?」, 사업경영 Q&A, 2015.

939 김용범, 전게서. 2017. 567~568면. 왕순모, 전게연구논문, 경성법학 제10호, 2001., 40면.

2. 분식회계의 유형[940]

감독당국에서는 분식결산이나 부실감사를 예방하기 위해 시행되고 있는 사후적인 제도로 감사보고서에 대한 「감리제도」를 시행하고 있다. 감사보고서에 대한 「감리제도」는 증권선물위원회가 정한 기준에 따라 감리대상기업을 선정한 후 해당 기업에 대한 회계 법인의 감사조서를 검토하고 그 과정에서 재무제표 분식결산 행위나 부실감사 행위가 적발되면 관련 당사자들에게 징계조치를 취하는 제도이다.[941]

이러한 감리절차에 따라 금융감독원에서 발표한 2014년부터 2020.11.까지 감사보고서 감리 결과 지적사항의 내용을 정리해 보면 다음과 같다. 감리결과 나타난 유형별 지적사항은 총 1103건으로 그중 가장 많은 것은 당기순이익, 잉여금, 자기자본 등에 영향을 미치는 사항으로 614건(55.7%)이다.

감사보고서 감리결과 지적사항(금융감독원)[942]

(단위 : 건, %)

유형별 구분	14	15	16	17	18	19	20.11	합계	비율
A. 당기손익, 잉여금, 자기자본 등에 영향을 미치는 사항	67	135	85	55	66	114	92	614	55.7
① 매출채권, 매출 과대(소) 계상	1	4	16	11	8	14	5	59	5.4
② 재고자산, 매출원가 과대(소) 계상	3	3	7	7	3	9	2	34	3.1
③ 유가증권 및 투자 유가증권 관련	14	24	6	7	11	13	17	92	8.3
④ 고정자산 과대 계상	5	5	7	2	5	8	6	38	3.4
⑤ 개발비 과대 계상	1	–	3	2	11	11	7	35	3.2
⑥ 기타의 자산 과대 계상	11	3	5	9	6	17	12	63	5.7
⑦ 미지급비용, 차입금, 충당부채등 부채과소계상	8	23	11	8	6	9	17	82	7.4
⑧ 대손충당금 과소계상	14	35	15	4	5	13	11	97	8.8
⑨ 자산평가손실 및 감액손실 과소계상	4	22	6	3	3	2	8	48	4.4
⑩ 기타 손이 과대(소) 계상	6	16	9	2	8	18	7	66	6.0
B. 자산·부채 과대 계상 등	10	8	16	10	15	17	16	92	8.4
① 자산·부채 과대(소) 계상	6	4	6	7	7	9	6	45	4.1
② 매출·매입 과대(소) 계상	4	4	10	3	8	8	10	47	4.3

940 김용범. 전게서. 2017. 568~572면. 박광덕. 전게논문. 2011., 11~21면.

941 김용범. 전게서. 2017. 568면. 박광덕. 「분식회계 사례와 대책에 관한 연구」. 2011., 11면.

942 2020년 금융감독원 회계현안설명회 발표자료(2020. 12. 23.)

C. 주석 미기재	41	26	41	30	27	32	27	224	20.3
① 특수관계자 등과의 거래내역 등	21	9	28	11	15	24	13	121	11.0
② 지급보증 및 담보제공	18	14	12	12	9	8	3	76	6.9
③ 기타지적사항	2	3	1	7	3	–	11	27	2.4
D. 계정과목 분류 오류 등	15	4	8	14	18	26	8	93	8.4
E. 회계기준 외의 관련 법규 위반사항	9	4	30	15	4	2	16	80	7.2
합 계 (F = A+B+C+D+E)	142	177	180	124	130	191	159	1103	100.0

또한 일반적인 관점에서 **분식회계의 유형은 ① 계정과목을 통한 분식회계 유형**과 ② **회계변경을 통한 분식회계의 유형**으로 나누어 볼 수 있다.

가. 계정과목을 통한 분식회계

1) 자산의 과대계상

자산의 과대계상이란 **매출채권이나 재고자산, 투자자산 등을 과대계상함으로써 자산을 부풀려 이익을 증대시키는 것**을 말한다. 이익이 늘어나면서 대부분 주주의 몫이 과대 포장되어 회사의 재무구조가 건전한 것으로 비추어진다.

그 예로는 매출채권의 회수가능성을 고평가하여 충당금 설정을 최소화, 저원가 매출부터 장부기록, 투자자산 및 투자주식을 과대계상, 재고자산을 실제보다 과대계상, 자산 가치를 실제보다 과대평가하는 등의 방법으로 **자산을 조작**한다.

2) 부채의 과소계상

부채의 과소계상이란 **이익을 확대할 목적으로 기업이 갖고 있는 지급의무를 현재가치 보다 낮은 가격으로 나타내는 것**을 말한다. 부채가 본래가치로 평가되었을 때 반드시 손실이나 비용이 뒤따르게 된다.

기업이 영업활동 과정에서 발생하는 매입채무, 미지급비용, 지급어음 등은 기업의 수익에 직접적인 영향을 줄 수 있기 때문에 기업들은 이들 항목을 매입채무의 과소계상, 미지급비용의 과소계상, 지급어음의 과소계상 하는 방법 등으로 부채를 조작한다.

3) 수익의 과대계상

수익의 과대계상이란 이익을 확대할 목적으로 **수익을 부풀리는 것**을 의미한다. 손익계산서에서 매출과 매출성장률은 기업의 경영성과를 평가하는 데 매우 중요한 요소라 할 수 있다.

매출은 기업의 영업활동이 성공적이었는지를 말해주는 지표이고, 이익의 증감에 영향을 미치며 수익력을 평가하는 기준이 된다. 매출이 부풀려지면 이익이 늘어나고 기업의 수익력이 높아진다. 따라서 기업들은 매출을 조기인식, 가공매출을 허위계상, 반품을 매출로 계상, 업체들 간 제품과 서비스를 맞교환 방식으로 매출 과대계상, 수익을 조기인식, 매출액 전액을 수익으로 인식, 선수금을 매출로 계상, 외상매출금 회수를 현금매출로 계상, 차입금을 매출입금으로 계상하는 방법 등으로 **수익을 조작**한다.

4) 비용의 과소계상

비용의 과소계상이란 **비용을 축소하는 것**을 의미한다. 비용을 줄이거나 차기 이월로 넘기는 수법이 분식회계에서 자주 악용된다. 회수 불가능한 채권에 대해서 대손충당금을 설정하도록 되어 있는데 이를 과소하게 설정한다든지 감가상각 방법을 변경하거나 감가상각 관련 사항 중 추정사항을 변경하는 방법이 주로 이용된다.

주요 사례로는 대출채권에 대한 대손충당금을 과소 계상, 회수가능성이 불확실한 매출채권이나 대여금에 대해서 대손충당금을 과소 계상, 감가상각 방법을 변경하거나 내용연수 및 잔존가액을 변경, 무형자산 상각 방법을 변경하는 방법 등으로 **비용을 조작**한다.

5) 특수관계자 거래이용

특수관계자 간 거래(대주주 및 관계회사와의 거래, 출자회사의 거래)을 악용하는 경우가 종종 있다. 관계회사의 담보제공 및 금전거래와 같은 모든 거래를 주석사항으로 기재하도록 되어 있지만 이를 누락하여 회계감리에 지적되는 사례가 많다.

미국의 엔론사의 경우 'LJM1', 'LJM2', '츄코(Chewco)' 등 회사목적이 불투명한 특수목적회사와의 거래를 통해 손실을 누락하는 방법으로 10억 달러 상당의 이익을 조작하고, 연구활동비의 비용화를 막기 위해 협력사에 투자해 연구개발하는 방법 등으로 수익이나 비용 등을 조작하였다.

6) 합병/기업분할 이용

합병이나 기업분할로 인한 경제실체의 잦은 변경은 분식회계의 가능성이 높다. 영업권의 과대계상 및 부외 영업권의 일시 상환 방법으로 이익의 과대계상, M&A를 통한 자회사 인수와 이들 회사를 통한 이익의 과대 계상, 부채의 축소 계상 그리고 계열사와 허위 매출 조작을 통하여 매출액을 늘리고 비용을 줄여 이익을 늘리는 방법으로 회계를 조작한다.

7) 派生商品 이용

기업의 재무위험을 회피하기 위하여 개발된 파생상품은 거래 위험과 수익이 동시에 큰 전형적인 고수익-고위험 상품의 특징을 가지고 있어 노출된 위험을 회피할 목적으로 보유하기도 하지만 투기목적으로 보유할 수도 있다.

파생상품 및 역외펀드에 투자한 회사들이 시장상황이 예상과 달라 거액의 손실이 발생하자, 파생상품 및 역외펀드거래에 관한 평가손익을 누락하거나 주석사항에 공시하지 않는 방법으로 회계를 조작하거나 감리에 지적되는 사례가 많다.

8) 역분식(逆粉飾)

역분식은 **당기의 이익을 미래로 이연시키는 경우와 미래의 비용을 당기에 처리하는 방법**이다. 기업은 원활한 자금차입과 주가 상승 등을 이유로 경영성과를 좋게 보이기 위해 재무제표를 작성한다.

예를 들어 매출수익을 미래로 이연시키기 위해 매출의 일부를 기록하지 않고 남겨두는 경우가 있고, 자유 재량적 비용을 당기에 발생시키는 경우나 미래에 나누어서 상각하여야 할 것을 당기에 일시 상각하는 경우이다.

그러나 이와는 반대로 기업이 세금을 적게 내기 위해서나, 임금인상을 억제하기 위하여 기업의 실적을 적게 내거나 기업의 실적을 적게 계상하는 것이 **역분식**(**逆粉飾**)이다. 逆扮飾은 조세포탈과 관련하여 중대한 범죄행위로 인식되고 있다.

9) 계정과목 분류에 의한 분식(粉飾)

계정과목의 분류에 의한 분식은 **계정과목의 분류를 부당하게 분류함으로써 금액의 분식보다 손쉽게 분식의 효과를 높이는 경우**를 말한다.

계정과목의 분류에 의한 분식은 동일과목(자산·부채·자본·수익) 내에서의 분류에 의한 분식이지만, 계정과목 분류의 방법에는 수익적 지출을 자본적 지출로 처리하는 것과 같이 비용을 자산 처리한다거나 부채를 수익처리하기도 한다.

그러나 당기손익에는 영향이 없다 하더라도 차기 이후에는 손익에 영향을 미치는 경우가 있다. 계정과목의 분류분식의 형태를 보면 아래와 같다.

계정과목 분류분식의 일반적 유형

자산과목의 분류 – 유동성이 높은 계정으로
부채과목의 분류 – 고정성이 높은 계정으로
수익 계정 – 영업이익 계정으로
비용 계정 – 제조원가 계정으로
자본 계정 – 이익잉여금 계정으로

나. 회계변경을 통한 분식회계

1) 회계변경의 개념

회계변경은 **새로운 회계기준의 제정, 경제 환경의 변화 또는 기술 및 기업 환경의 변화 등으로 인하여 기업이 현재 채택하고 있는 회계정책이 적절하지 못하여 다른 회계정책으로 변경하는 것**이다.

회계정책은 기업이 재무보고서의 목적으로 선택한 기업회계기준과 그 적용방법을 말한다. 회계정책의 변경에는 재고자산 평가방법의 변경, 고정자산의 평가방법의 변경 및 유가증권의 취득단가 산정방법의 변경 등이 있다. 일반적으로 인정되는 회계변경의 주요 사유를 다음과 같다.

회계 변경의 주요 사유

① 재무적 기초를 견고히 하는 관점에 따라 회계처리 한다고 인정되는 경우
② 기업 환경의 중대한 변화가 있는 경우
③ 내용연수 등에 관하여 업종의 대부분의 기업이 채택한 회계추정의 방법으로 변경하거나 새로운 추정방법이 종전의 방법 보다 더 합리적이라고 인정되는 경우

④ 기업회계기준이나 관련 법령의 제정, 개정, 새로운 해석 등에 의하여 변경이 불가피한 경우 등

그러나 회계변경이 이루어진 경우 당기순이익이 감소하는 경우보다 증가하는 경우가 많은 것을 알 수 있다. 따라서 일반적으로 회계변경의 목적이 상기의 사유에 해당되지 아니하는 경우 분식회계의 추론이 가능하게 된다. **회계변경의 유형**으로는 **회계 추정의 변경, 회계 원칙의 변경, 그리고 보고실체의 변경**이 있다.

2) 회계 변경과 회계 분식

기업회계의 기준에서는 하나의 거래를 처리함에 있어 대체적 회계처리 방법을 인정하고 있다. **재고자산의 평가방법에는 선입선출법, 후입선출법, 평균법** 등이 있다.

만약 기업이 재고자산의 평가방법을 회계기간마다 동일한 방법으로 하지 않고 매기 변경한다면 그 기업의 이익조작이 가능하고 비교가능성의 저하에 따라 재무제표에 대한 유용성이 감소한다.

따라서 **상대적 진실성을 보장하기 위해 계속성 원칙을 규정**하고 있다. 이와 같이 분식결산을 하게 되면 선의의 투자자들에게 피해를 주게 된다.

3. 분식회계의 특징[943]

분식회계의 특징은 여러 가지가 있을 수 있으나 분기결산의 사례분석을 통해 공통적으로 나타나는 특징은 일반적으로 다음과 같은 점들을 지적하고 있다.

첫째, 그 대부분이 실질적인 회사지배자 1인의 지시 하에서 실시된다.

둘째, 당초에는 그 금액이 소액이며 신용유지 등 단순한 목적에 의해서 극히 자연스럽게 또한 당연한 것처럼 시작된다.

셋째, 발안자 이외의 경영자나 외부감사인도 초기단계에서는 이를 발견하지 못하는 것이 일반적이며, 우연히 발견하였더라도 이를 저지하기 위하여 강력한 조치를 취하려 하지 않는다.

넷째, 발견될 때까지 장기간에 걸쳐 실시되며 그 금액도 점점 거액에 이르게 된다. 이런 단계에서는 이미 외부감사인으로서도 이를 중단시키는 것이 거의 불가능하게 된다.

다섯째, 분식사건은 외부감사인의 지적에 의해서가 아니고 회사의 도산 등 파국 상태에 이르러서야 비로소 외부에 드러나게 된다.

여섯째, 분식결산은 재무제표의 허위표시뿐만 아니라 위법배당, 배임행위 등 매우 엄중한 형사책임을 수반하는 것이 일반적이다.

4. 분식회계의 弊害[944]

기업의 분식회계로 인한 폐해는 일단 장부를 조작하면 그 흔적이 계속 남아 있기 때문에 되풀이되는 속성을 가지고 있다는 것이다. 부실이 커지는 사실을 알면서 장부조작 관행을

943 김용범. 전게서. 2017. 573면. 왕순모. 전게연구논문. 경성법학 제10호. 2001., 44면.

944 김용범. 전게서. 2017. 573~575면. 박광덕. 전게논문. 2011., 21~23면.

뿌리치지 못하는 이유는 분식회계의 일시적인 이익이 비용보다 크기 때문이며, 분식회계를 통해 주가하락을 방지하고 자금조달을 용이하게 하기 위함이다.

분식회계의 방법은 특수 관계자와의 거래를 註釋에 기재하지 않은 경우, 재고자산 과대계상, 유형자산 과대계상, 자산과 부채의 조작 등 다양하게 행하여지고 있으며 채권 금융회사의 기관투자가, 소액주주들은 분식된 재무제표에 의해 투자하게 됨으로써 막대한 피해를 보게 된다.

이러한 **분식회계의 弊害**를 구체적으로 살펴보면 다음과 같다.

첫째, 분식회계는 선의의 주식투자자에게 피해를 준다.

분식회계를 통해 생산된 그릇된 정보는 선의의 투자자에게 피해를 주게 된다. 분식회계는 소문만 나더라도 기업의 실적 및 재무상태에 대한 불신을 야기시켜 곧바로 주가하락으로 이어진다.

미국의 경우 타이코 인터내셔널이 분식회계 파문 후 주가가 42% 하락하였으며, 국내 코스닥 기업 중 분식회계 적발 기업들의 주가가 평균 17% 하락한 것으로 나타나 주식 투자자들에게 심각한 피해를 준 것으로 알려져 있다.

둘째, 분식회계는 투자자의 경영감시를 곤란하게 한다.

법인기업의 경우 소유와 경영의 분리체계로서 소유는 주식투자자들이 하지만 경영은 주주로부터 권한을 위임받은 경영인에 의하여 이루어진다. 이때 주식투자자들은 전문경영인의 경영을 감시할 필요가 발생하게 된다. 이리하여 기업에서 작성한 재무제표를 통하여 그들은 기업경영전반에 대한 보고를 접하게 된다.

그러나 이러한 재무제표에 분식이 발생한 경우 투자시장에 대한 불투명 문제가 발생하여 여러 가지 문제가 발생한다. 결국 분식회계를 통해 생산된 그릇된 정보는 투자자들의 적기 경영감시를 곤란하게 만든다.

셋째, 분식회계는 기업 및 이해관계자들에게 폐해를 준다.

채무의 상환능력이나 회사의 수익성, 성장성에 기반하여 자금을 공급하는 금융기관이나 물품 또는 서비스를 제공하는 거래처들은 재무제표에 근거하여 회사의 신용도를 판단하기 마련이다.

그런데 분식회계를 하게 되면 금융기관이나 채권자들이 회사의 신용도를 잘못 판단하게 되고, 그 결과 부실채권을 양산하게 된다. 또한 부진한 경영실적과 약화된 재무상태를 분식회계로 은폐하는 것은 문제를 곪게 만들어 결국 기업을 회생불능의 늪에 빠트리게 되며 그 피해는 기업 및 이해관계자들에게 고스란히 돌아가게 된다.

넷째, 자원배분의 왜곡으로 경제 전체의 신뢰도를 떨어뜨린다.

한정된 자원, 자본을 적정하게 효율적으로 분배하여야만 경제발전에 기여할 수 있다. 이러한 관점에서 기술력이나 경영능력이 없는 기업이 단지 분식회계를 하여 기술력이나 경영능력이 있는 것처럼 가장하여 자원이나 자본을 배정받는 경우에는 필연적으로 자원 배분의 왜곡을 초래하게 된다.

신용평가기관은 재무제표를 믿지 못한다면 신용평가 결과도 믿기 어렵고, 결국에는 국가 경제 전체가 신뢰성을 상실하게 된다.

다섯째, 불공평한 과세로 인해 폐해를 발생한다.

조세의 과세대상은 소비행위, 소득 등 여러 가지가 있으나 우리나라에서 중요한 부분을 차지하는 것이 기업의 소득을 과세대상으로 하는 법인세와 소득세이다. 이러한 법인세와 소득세는 물론 모든 세금은 명확한 근거에 의하여 자진하여 신고·납부하는 신고 납세 제도를 채택하고 있다.

이때 동일한 소득을 창출한 기업이 한쪽은 분식회계를 하여 이익을 줄인 기업과 다른 한쪽은 분식회계를 하지 아니하여 이익을 그대로 보고한 기업에는 결정과 경정을 하지 아니한 납세금액에서 차이가 나게 된다.

이는 조세의 기본원칙인 공평과세를 저해하고 이러한 공평과세의 저해는 납세자의 납세의식에 영향을 미쳐 조세저항을 불러오게 된다. 즉, 분식회계를 하지 아니한 기업들도 세금 납부를 적게 하기 위하여 분식회계를 유도하고 이를 적발하지 못하는 국가기관에 대하여 신뢰하지 못하게 되는 폐해를 낳게 된다.

따라서 분식회계를 방지하는 것은 위에서 설명한 사회적·경제적 해악을 제거하는 근본대책이 되는바, 기업이 정확하고 투명한 회계정보를 제공하게 하기 위해서는 회계정보를 제공하는 기업의 책임을 강화하고 내부 감사인과 외부 감사인의 독립성과 감사책임을 강화하도록 해야 한다.

또한 회계정보의 정확성과 적시성을 제고하는 제도적 장치를 마련해야 한다. 특히 감독당국은 분식회계의 적발 시 엄정한 법집행과 분식회계에 대한 제재의 강화가 요구된다. 아울러 금융회사는 기업과의 금융거래 시 분식회계가 발견될 경우 거래의 중지 또는 대출금의 회수 등 분식회계 기업에 대하여 강력하게 대응하도록 하여야 한다.

Ⅲ. 분식회계의 위법

1. 분식회계의 위법성 개요

분식회계에는 회계상의 부정 및 오류가 있으며, 회계 상의 부정 및 오류에는 크게 종업원에 의한 부정 및 오류와 대표이사 등 경영자에 의한 부정 및 오류로 나눌 수 있다. 우리나라 회계감사기준 적용지침 중 '부정과 오류에 대한 감사인의 책임(문단 240)'에서는 이 둘을 명확히 구분하고 있다.

오류(error)는 재무제표에 포함된 금액이나 공시사항이 잘못되었다는 것을 경영자와 종업원 또는 제3자가 인지하지 못하여 발생된 비의도적인 왜곡표시를 의미한다. 즉 재무제표의 작성기초가 되는 자료수집과 처리의 오류, 사실에 대한 간과 또는 해석의 착오에 의한 회계추정의 오류, 표시 또는 공시와 관련된 회계기준적용의 오류이다.

이에 반해 **부정(fraud)은 경영자, 내부감시기구, 종업원, 또는 제3자가 불법적이거나 부당이득을 얻기 위해 의도적으로 재무제표를 사실과 다르게 표시하는 것**을 일컫는다.(문단1.2)[945] 그

945 김용범. 전게서. 2017. 575면. 윤민원 · 주기종,「기업회계기준 위반(분식회계)에 대한 법적 고찰」, 법학연구 2005, 715면, 신지원,

러나 현실적으로 회사회계 상의 부정과 오류를 구분하기는 쉽지 않다.

일반적으로 감사인들이 피감회사의 재무제표를 보고 그것이 오류인지 부정인지를 판단하기 위해서는 몇 가지 요인들을 점검해야 한다. 회사 경영자에 따른 부정요인으로는 다음에서 열거한 내용과 같은바, 이를 진단하여 회계 부정을 예상할 수 있을 것이다.[946]

경영자에 따른 분식회계 진단 항목

① 임원이 자주 바뀌는 기업인가?
② 지나친 인센티브나 성과급제가 있는가?
③ 경영진이 주가와 이익에 대해 지나친 관심을 가지고 있는가?
④ 애널리스트들이 특정 기업에 대해 비현실적인 이익 전망을 내고 있진 않은가?
⑤ 세금면탈을 위해 이익을 줄이려는 경향이 있는가?
⑥ 내부통제시스템이 허술하지 않은가?
⑦ 비현실적인 영업목표치를 세우고 있진 않은가?
⑧ 내부감사 인력이 비효율적이진 않은가? 등이다.

2. 회계상의 부정과 오류 및 분식 여부[947]

가. 종업원에 의한 부정과 오류

여기에는 종업원이 개인적 목적으로 회사재산을 소비하고 이를 은폐하기 위해 행하는 부정과 단순한 기장 사무의 오류 또는 절차상의 오류가 있다. 이들은 대체로 내부통제에 의해서 예방·적발이 가능한 것이며, 거기서 발생하는 금액이 상대적으로 소액이라는 점이 그 특색이다.

종업원에 의한 회계상의 부정에 관해서 살펴보면, 종업원이 회계기록상 부정한 기입을 하거나, 그 밖에 부당한 행위를 하는 것은 대체로 자신이 범한 금전이나 물품의 개인적 소비를 은폐하기 위한 것이기 때문에, 자산 특히 현금 및 그 등가물인 유가증권, 그 밖의 환금이 용이한 상품 등의 관리가 내부통제에 의해서 철저하게 이루어진다면 회계 기록적인 면에서 종업원의 부정행위가 발생할 가능성은 거의 없다.

종업원에 의한 회계상의 오류란 종업원이 회계기록을 하는 과정에서 무의식적으로 범한 것이기 때문에 회계 상의 부정과는 달리 금전이나 금품이 부당하게 사외로 유출될 우려도 회계기록상의 부당한 은폐공작이 이루어질 가능성도 거의 없다.

따라서 이러한 회계상의 오류는 위에서 설명한 바와 같이 구태여 내부통제에 의하지 않더라도 담당종업원들에게 주의를 환기시키는 한편 책임자가 적정한 지시나 감독을 함으로

「회계부정에 대한 법적 분석」, 이화여자대학교, 2015. 33면.

946 김용범. 전게서. 2017. 576면. 최명수, 「뒤집어 보는 경제 회계부정 이야기」, 굿인포메이션, 2003., 146면, 신지원, 전게논문, 이화여자대학교, 2015. 34면.

947 김용범. 전게서. 2017. 576~577면. 왕순모, 전게연구논문, 경성법학 제10호, 2001., 43-44면.

써 용이하게 그 발생을 예방할 수 있으며, 또한 오류가 발생하더라도 사후에 이를 발견하여 적절한 조치를 꾀할 수 있을 것이다.

이와 같은 종업원에 의한 회계 상의 부정 및 오류에 의해 재무제표의 기재가 왜곡될 가능성 여부는 오르지 내부통제의 정비 및 운용 상황에 달려있다고 해도 과언이 아닐 것이다. 외부 감사인이 감사에 임하여 기업의 내부통제조직을 조사하는 것은 바로 이와 같은 회계 상의 부정 및 오류가 존재할 가능성과 그것이 재무제표에 미칠 영향의 정도를 확인하기 위한 것이다.

따라서 **종업원에 의한 회계상의 부정과 오류**는 그 성질상 법적 규제 대상이 되는 **분식결산과는 직접적인 관련이 없는 것**으로 보아야 할 것이다.

나. 경영자에 의한 부정과 오류

종업원에 의한 회계 상의 부정 및 오류에 비해 **대표이사, 경리담당이사 등의 경영자에 의한 회계상의 부정 및 오류는** 각 기업의 회계정책 내지는 결산정책에 따라「상법」상의 회사회계 규정을 포함한 이른바「공정·타당한 회계 관행」(「상법」 제29조 제2항 및 제446조의 2)을 위반한 것이며, 대체로 내부통제가 미치지 않는 영역에서 발생한다.

즉 **경영자에 의한 회계상의 부정**은 예를 들면 충당금의 불계상 또는 과다(과소) 계상, 이연자산의 과소(과다) 상각, 비용의 과소 계상 또는 자산화, 매상고의 가공 계상 또는 과대(과소) 계상 등과 같이「공정·타당한 회계 관행」을 위반한 것이다.

이와 같은 부정은 대체로 경영자의 결산 정책상 필요한 당기순이익을 부풀리기 위해서 이루어지는 것이기 때문에 재무제표의 기재를 현저히 왜곡하게 된다. 이것이 바로 법적 규제의 주된 대상이 되는 재무제표의 분식이며 결산정책에 따른 분식결산이다.

그러나 **경영자에 의한 회계 상의 오류**란 발생할 가능성이 거의 없는 것이며, 가령 발생한다 손치더라도 그것은 부정에 가까운 것일 것이다.

3. 결산정책과 분식회계의 합법성의 한계[948]

앞에서 살펴본 바와 같이 분식회계는 경영자의 부정·부당한 결산정책에 의해서 이루어지는 것이며, 결코 회계사무상의 절차적인 오류라든지, 종업원에 의한 회계상의 부정으로 인해 발생하는 것은 아니다.

회계이론상 재무제표의 본질에 대해서는「기록된 사실(recorded facts)」,「회계 관습(accounting conventions)」, 그리고「개인적 판단(personal judgements)」의「종합적 표현(combination)」의 산물이라고들 한다.[949]

따라서 결산정책이라는 관점에서 보면 분식이란 이들 세 요소 중에 적어도 하나 또는 둘 이상에 관해 부정·부당한 조치가 이루어진 것이라 볼 수 있다. 이 점에 대해서 구체적으로

948 김용범. 전게서. 2017. 577~580면. 왕순모, 전게연구논문, 경성법학 제10호, 2001., 44-46면.

949 김용범. 전게서. 2017. 578면. 왕순모, 전게연구논문, 慶星大學校 법학연구소 경성법학 제10호, 2001., 45면. 飯野利夫,「財務會計論 (3訂版)」, 1993년, 同文館 , 2-13貢.

살펴보기로 한다.

첫째, 「기록된 사실(recorded facts)」이란 이른바 일반적으로 공정·타당하다고 인정되는 복식부기의 제 원칙에 따라 기록된 회계상의 사실을 말하는 것이다. 즉 회계 거래라는 객관적 사실이 있는 그대로 총망라하여 반영되어야 한다는 것이다. 따라서 여기에 하등의 정책적인 고려가 개입될 여지가 없는 것이다.

그러나 분식결산이 기업의 결산정책에 따라 이루어지는 경우에는 존재하지도 않은 가공의 거래를 계상한다든지 실제로 존재하는 회계거래를 계상하지 않는 수도 있다. 가공외상매출금과 가공매입금 등의 계상, 부채와 자산의 불계상과 상계 등이 그 대표적인 예이지만 그 밖에 비용의 자산화 또는 불계상 등도 이루어진다.

둘째, 「회계 관습(accounting conventions)」이란 일반적으로 회계 관습 또는 회계 관행이라 번역되고 있으나 이들의 법적의미에서는 반드시 동일한 것이라고는 볼 수 없다. 대체로 이들은 **기업이 회계처리 및 표시를 함에 있어서 준수해야 할 기준을 말하는 것이며, 이들을 총망라한 것을 회계원칙 내지는 회계기준이라 표현**하기도 한다.

이들이 일반적으로 공정·타당해야 한다는 것은 두말할 여지도 없다. 우리 「상법」 제29조 제2항 및 제446조의2 에서도 회사의 회계는 「상법」과 「상법시행령」으로 규정한 것을 제외하고는 '일반적으로 공정·타당한 회계 관행'에 따르도록 규정하고 있다.

'일반적으로 공정·타당한 회계 관행'이 무엇을 의미하는지 명확한 것은 아니다. 「상법」은 회사회계를 회계관행에만 맡기지 않고 「상법」과 「상법시행령」에 규정할 수 있는 길을 열어두고 있다. 그리하여 「시행령」은 회계관행의 해석에 관한 다툼을 피하기 위해 다음과 같이 회사유형에 따라 적용할 별도의 회계처리기준을 명시하고 있다.

다만 이와 같은 회계 기준 및 관행 등에는 선택의 여지를 인정하는 대체가능한 것이 많으며, 그 구체적인 선택은 기업의 회계정책 내지는 결산정책에 따른 자유로운 판단에 맡겨져 있다. 그러나 여기에는 가업이 일단 선택 적용한 회계처리기준은 정당한 사유가 없는 한 계속 적용해야 하는 이른바 「**계속성의 원칙**」을 준수해야 하는 명제가 전제된다.

회사유형에 따른 회계처리기준[950]

회사 유형	회계처리기준
외감대상 상장회사 및 금융회사	한국채택국제회계처리기준
외감대상 기타 회사	일반기업회계기준/한국채택국제회계처리기준
공기업·준정부기관	공기업·준정부기관 회계사무규칙
외감대상 아닌 회사	중소기업회계기준
회사 아닌 상인	일반적으로 공정·타당한 회계 관행

일반적으로 결산정책에 따라 손익조작을 꾀하는 경우에는 특별한 사유가 없음에도 불구하고 회계처리기준을 변경하는 일이 많다. 예를 들면 감가상각비의 계산방법을 정율법에서 정액법으로 변경하거나, 퇴직급여충당금이나 수선충당금의 계상기준, 재고자산의 평가기준, 매상고 계상기준 등의 변경이 이에 해당된다.

이들 변경이 항상 부당하다고 할 수는 없으나 변경하는 데에는 그에 타당한 합리적인 사유가 있어야 하며 그것은 내부감사 내지는 외부감사인 입장에서도 충분히 납득할 수 있어야 한다. 「상법」에서는 공정·타당한 회계 관행의 준수를 전제로 하면서 「회계방침의 변경이 타당한지 여부와 그 이유」를 감사보고서에 기재사항(「상법」제447조의 4 제2항)으로 규정함으로써 간접적으로 계속성의 원칙을 지켜야 함을 밝힌 것이다.

셋째, 「개인적 판단」이란 추정의 개입이 허용되는 영역 내에서 경영자의 자의적인 판단을 말한다. 결산정책에 따른 주요결정은 이 개인적 판단에 의해 이루어진다. 예를 들어 대손추산액의 결정이 이에 해당한다. 대손추산액의 결정은 경영자의 고유의 권한 즉 「경영판단의 원칙」에 관한 문제로서 그 금액의 당부를 외부감사인등 제3자가 판단하는 것은 곤란하다.

단지 「세법」상의 규정이나 종래 각 기업에 있어 실제로 발생하였던 금액 등 그 당부를 어림잡을 수 있는 척도가 전혀 없는 것은 아니므로 이 들을 종합적으로 파악하면 그 당부의 판단이 전혀 불가능한 것은 아닐 것이다. 이러한 현상은 이연자산, 충당금 및 「세법」상의 준비금 등의 당기 계상액을 결정하는 데 있어서도 마찬가지로 나타난다.

또한 재고자산이나 유형고정자산에 관한 평가액의 추정도 역시 경영자 고유의 회계적 판단을 전제로 하는 문제이다. 이들 추정액의 당부에 관한 판단도 역시 곤란한 문제이다. 대체로 분식결산에 있어서는 이러한 개인적 판단의 영역을 넘어서 회계조작이 이루어지는 것이라 보아야 할 것이다. 위와 같이 여러 가지 복잡한 수단이 동원되는 분식 결산에 있어서는 위에서 든 세 요소가 교묘하게 결합된 방법에 의해 이루어지기 때문에 그것은 또한 교묘한 결산정책의 결과를 반영하는 것이기도 한다.

따라서 이러한 결산정책에는 법령내지 공정·타당한 회계 관행으로 규제할 수 없는 영역,

950 김용범. 전게서. 2017. 578면. 김건식외 2인. 전게서. 2021. 562면. 「상법」제446조의2, 「상법 시행령」 제15조..

즉 경영자의 자의적 판단 내지는 추정의 개입이 허용되는 영역이 있으며, 또한 법령 내지는 회계 관행이 허용하는 범위 내에서 이익조작이 가능한 영역이 있다. 이러한 영역이 이른바 합법성이 인정되는 결산정책의 영역이라고 할 수 있으며, 결국 그 영역의 한계는 **「공정·타당한 회계 관행」의 법적 지위 및 경영자의 「경영판단의 원칙」에 관한 해석 문제에 귀착**된다고 볼 수 있다.

4. 분식회계의 위법성과 「공정·타당한 회계 관행」

가. 분식회계의 위법성 판단 개요[951]

위에서 살펴본 바와 같이 **분식결산의 법적 의의를 기업의 경영자가 부정·부당한 결산정책에 따라 회계적 기법을 이용하여 고의로 재무제표상의 경영성적 및 재정상태를 실제보다 확대 또는 축소해서 나타내는 것**」이라고 파악하는 경우, 그 위법성을 인정할 수 있는 실정법상의 근거규정에 관해서 살펴보기로 한다.

우선 **분식결산은 적어도 회사의 회계의 기본목적을 밝히고 있는 「상법」 제29조 및 제446조의2를 위반한 경우를 말하는 것임**을 알 수 있다. **「상법」 제29조 제1항**에 의하면 회계장부 및 대차대조표는 「영업상 재산 및 손익의 상황을 명백히 하기 위하여」 이를 작성한다고 하고, 이어서 동조 제2항에서는 상업 장부의 작성원칙에 대하여 **「이 법에 규정한 것을 제외하고는 일반적으로 공정·타당한 회계 관행에 의한다.**」고 정하고 있다.

그리고 **「상법」 제446조의2**에 의하면 회사의 회계는 **「이 법과 대통령령으로 규정한 것을 제외하고는 일반적으로 공정하고 타당한 회계 관행에 따른다**」고 규정하고 있다. 따라서 이 규정을 문리적으로 해석해 보면, **특정 분식결산이 「상법」 및 「상법시행령」에서 규정하고 있는 회사의 회계 관련 규정 및 기준을 위반하여 이루어진 경우는 바로 위법성이 인정되며, 그에 따른 법률효과가 발생**한다고 볼 수 있다.

그러나 **「상법」상 명문의 규정이 없는 부분에 대해서는 「일반적으로 공정·타당한 회계 관행」에 의하여 작성되었는가의 여부가 위법성 여부의 판단기준**이 된다고 볼 수 있다. 다시 말해서 분식결산의 위법성여부를 밝히기 위해서는 그 전제로 「일반적으로 공정·타당한 회계 관행」이 구체적으로 무엇을 가리키는가를 검토해 보아야 한다.

나. 분식회계의 위법성 판단 기준[952]

분식회계가 적발되면 행정처분 및 민·형사상 책임은 불가피하다. 분식회계가 법적인 제재를 받기 위해서는 법원 및 감독당국이 어떻게 그리고 무엇을 기준으로 판단하고 있는지가 중요한 문제이다. 그래야만 분식회계로 피해를 입은 피해자는 그 기준에 따라서 분식회계행위자를 상대로 소를 제기할 수 있기 때문이다.

통상 **분식회계에 대한 법적인 책임**을 물리기 위해서는 **'분식회계 행위자가 과실, 중과**

951 김용범. 전게서. 2017. 580면. 왕순모, 전게연구논문, 경성법학 제10호, 2001., 46~47면.

952 김용범. 전게서. 2017. 580~589면. 신지원, 전게논문, 이화여자대학교, 2015. 53~65면. 일부참조.

실 또는 고의적으로 회계처리기준을 위반해 고의적으로 중요한 사항에 대해 허위표시하거나 누락하여 재무제표를 작성·공시하거나 또는 그러한 허위표시 및 누락이 있는 것을 알면서도 회계감사기준을 위반하여 감사보고서를 작성·공시하는 것이라고 하며, **피해자가 위와 같은 회계정보(재무제표 및 감사보고서)를 신뢰하여 손해를 입었을 것'**을 요한다.

이것을 정리해 보면 분식회계에 대한 **위법성 판단기준**은 다음과 같다.

첫째, 「회계처리기준」 및 「회계감사기준」을 위반했어야 한다.

둘째, 위반행위가 과실, 중과실 또는 고의적이어야 한다.

셋째, 중요한 사항에 대한 것이어야 한다.

넷째, 회계정보에 대한 허위표시 또는 누락이 존재하여야 한다.

다섯째, 허위표시 또는 누락된 회계정보를 피해자가 신뢰했어야 한다.

여섯째, 그 신뢰로 손해액이 발생하였어야 한다.

1) 「기업회계기준」 및 「회계감사기준」 위반

분식회계는 기본적으로 '기업회계작성의 목적과 종류 그리고 작성원칙을 규정하고 있는 「상법」 제29조 및 제446조의 2를 위반한 것'이다. 즉 모든 상인은 영업상의 재산 및 손익을 명백히 하기 위하여 회계장부 및 대차대조표를 작성하여야 하며, 이러한 작성을 하는 때에는 「상법」상 명문 규정이 있는 경우를 제외하고는 일반적으로 공정·타당한 회계 관행에 의하여 작성되어야 한다는 의미이다. 이 규정을 위반하였을 경우 분식회계로 본다.

그렇다면 **'일반적으로 공정·타당한 회계 관행'이 구체적으로 무엇인가가 문제된다. 대다수의 학자들은 '기업회계기준'이라고 파악**하고 있다.[953] 한편 **'기업회계기준'의 법적 지위**에 대하여 **여러 논란이 있지만 「(신)외감법」은 한국회계기준원에게 그 제정권한을 위임하였기 때문에 법적 구속력**을 가진다.[954]그러므로 **위 기준은 법규에 해당하는 것으로 보는 것이 합리적이며 타당**하다.[955]

위 논란에 대한 우리의 **대법원 또한 같은 입장이다. 판례는 「기업회계기준」과 유사한 「회계감사기준」 및 「회계감사준칙」의 법적 효력에 관하여 '「회계감사기준」 및 「회계감사준칙」은 일반적으로 공정·타당하다고 인정되는 것으로서 감사인의 주의의무 위반여부를 판단하는 데 중요한 기준**이 된다.'고 판시한 바 있다.[956]

「상법」 제446조의2에 의하면 주식회사의 회계는 ① 「상법」의 규정, ② 대통령령으로 규정한 것, ③ 일반적으로 공정하고 타당한 회계 관행에 따른다. 또한 위 ②의 내용으로 「상법시행령」은 「한국채택국제회계기준」, 「일반기업회계기준」, 「중소기업회계기준」 및 「공기업·준정부기관의 회계사무규칙」을 규정하고 있다.

953 정동윤,「회사법 제6판」, 법문사, 2000., 585면, 정찬형, 「상법강의(상) 제5판」, 박영사, 2002., 941면.

954 김용범, 전게서, 2017, 581면, 오수근, 「회계감사의 법적의미」, 상사판례 연구 제13권, 2002, 61면.

955 김용범, 전게서, 2017, 581면, 황남석, 「기업회계기준의 법규성 재고」, 상사법연구 제31권, 2012., 270면, 이진효, 「상법상 회사의 회계처리기준에 관한 연구」, 고려대학교 대학원, 2014., 30면.

956 대법원, 2011. 1. 13. 선고 2008다 36930 판결

따라서 **주식회사의 경우 일반적으로 공정하고 타당한 회계 관행은 이러한 대통령령으로 정하는 위「한국채택국제회계기준」,「일반기업회계기준」,「중소기업회계기준」 및「공기업·준정부기관의 회계사무규칙」 등이 적용되지 않는 회계처리에 적용되는 것으로 해석하는 것이 합리적인 해석**이라고 본다.[957]

2) 과실, 중과실 또는 고의적 회계부정행위

분식회계에까지 이르게 된 **분식회계자의 위반행위가 고의에 의하여 발생하거나 또는 중과실 및 과실에 의하여 발생한 것**이어야 한다. **과실, 중과실, 또는 고의는 분식회계행위자의 위법사실 인지 여부, 정상의 주의의무 준수여부 등을 감안하여 구분**하고 있다. 분식회계 행위자의 위반행위를 구분하는 이유는 그 각각에 따라 행정적 제재와 민·형사적 책임이 달라지기 때문이다.[958]

대법원은 **'외부감사인이 감사보고서에 허위기재를 한 때'**라는 의미는 **"외부감사인이 감사보고서의 내용에 자신이 감사한 사실에 관한 인식이나 판단의 결과를 표현함에 있어서 자신의 인식 판단이 감사보고서에 기재된 내용과 不一致하는 것임을 알고서도 일부러 내용이 진실 아닌 기재를 한 때"**라고 판시하였다.[959]

또한 **공인회계사가 '고의로 허위보고를 한다'**는 의미는 **"행위자인 공인회계사가 회계에 관한 감사·감정·증명·계산 등의 직무를 수행할 때 사실에 관한 인식이나 판단의 결과를 표현함에 있어 자신의 인식판단이 보고서에 기재된 내용과 不一致하다는 것을 알면서 허위의 내용을 기재하는 것"**이라고 판시하고 있다.[960]

일반적으로 어떠한 경우가 과실, 중과실 또는 고의 인지의 구별은 대단히 어렵다. 분식회계를 판별할 경우 그 근거는「외부감사 및 회계 등에 관한 규정 시행세칙」 별표1의「**심리·감리결과 조치양정기준**」에서 찾을 수 있다.

「동 기준」에서는 **'Ⅲ. 위법행위의 동기 판단'**이라는 제목하에 **고의, 중과실 또는 과실에 해당하는 회사 및 임직원 그리고 외부감사인 및 공인회계사를 구별하여 각각의 위법행위 해당 사유를 다음과 같이 열거**하고 있다.

가) '고의'에 해당되는 사유

위법사실 또는 그 가능성을 인식하고 법령 등을 위반한 행위를 말하며, 다음의 구분에 따른 경우에 해당하는 위법행위에는 고의가 있다고 본다. 다만, 피조사자가 고의가 없음을 합리적으로 소명하는 경우에는 그러하지 아니하다.

■ 회사 및 임직원의 해당 사유

(1) 가공의 자산을 계상하거나 부채를 누락하는 등 회계정보를 의도적으로 은폐·조작

957 김용범. 전게서. 2017. 582면. 이진효. 전게논문. 고려대학교 대학원, 2014., 27면.

958 김용범. 전게서. 2017. 582면. 이진효. 전게논문. 고려대학교 대학원, 2014., 58면.

959 대법원 2007. 8. 23. 선고 2005도4471 판결

960 대법원 2012. 5. 24. 선고 2010도2797 판결

또는 누락시켜 재무제표를 작성한 경우

(2) 회계장부, 전표(傳票) 등 회계장부 작성의 기초가 되는 서류, 관련 전산 자료 및 증빙 자료 등을 위·변조하여 재무제표를 작성한 경우

(3) 감사인이 요구한 자료를 위·변조하는 등 외부감사를 방해한 경우

(4) 다음의 어느 하나에 해당하는 상황으로서 위법행위가 회사, 주주 또는 임직원(「상법」 제401조의2에 따른 사실상의 이사를 포함한다. 이하 같다)의 이익에 직접적이고 상당한 영향을 미치는 경우

① 재무제표에 나타나지 않은 자금의 조성, 임직원의 횡령·배임 및 「특정 금융거래정보의 보고 및 이용 등에 관한 법률」제2조 제4호에 따른 자금 세탁행위 등과 관련되는 행위

② 특수관계자와의 비정상적 거래 관련되는 경우

③ 금융기관의 여신제공, 채무감면 등과 관련되는 경우

④ 회계처리기준 위반사항을 수정하면 「자본시장법」 제390조에 따른 상장규정에 따라 거래소에 상장할 수 없거나, 상장을 유지할 수 없는 경우

⑤ 「자본시장법」에 따른 불공정거래행위와 관련되는 경우

(5) 그 밖에 위법사실 또는 그 가능성을 인식하고 법을 위반하는 경우

■ **감사인 및 공인회계사의 해당 사유**

(1) 회사의 「회계처리기준」 위반을 묵인하거나 회사와 共謀하여 회사가 「회계처리기준」을 위반하여 재무제표를 작성하게 한 경우

(2) 위법행위가 감사인 또는 공인회계사의 이익에 직접적이고 상당한 영향을 미치는 경우

(3) 그 밖에 위법사실 또는 그 가능성을 인식하고 법을 위반한 경우

나) '중과실'에 해당되는 사유

고의적인 위법행위가 아닌 경우에는 過失에 따른 위법행위로 본다. 다만, 위법행위가 다음 요건을 모두 충족하는 경우에는 重過失에 의한 위법행위로 판단할 수 있으나, 피조사자가 합리적으로 소명하는 경우에는 그러하지 아니하다.

(1) 직무상 주의의무를 현저히 결(缺)하였다고 판단할 수 있는 상황으로서 다음의 어느 하나에 해당하는 경우

① 「회계처리기준」 또는 「회계감사기준」을 적용하는 과정에서의 판단 내용이 합리성을 현저히 결한 경우

② 「회계처리기준」 위반과 관련하여 「내부회계관리규정」 또는 「회계감사기준」에서 요구하는 통상적인 절차를 명백하게 거치지 않거나, 형식적으로 실시한 경우

③ 그 밖에 사회의 통념에 비추어 직무상 주의의무를 현저히 결하였다고 인정할 수 있는 경우

(2) 회계정보이용자의 판단에 미치는 영향력이 큰 회계정보로서 다음의 어느 하나에 해당하는 경우

① 「회계처리기준」 위반 관련 금액이 중요성 금액을 4배 이상 초과한 경우

② 감사인이 회사의 재무제표 또는 경영전반에 대하여 핵심적으로 감사해야 할 항목으로 선정하여 감사보고서에 별도로 작성한 내용인 경우

③ 그 밖에 사회 통념에 비추어 위법행위가 회계정보이용자의 판단에 미치는 영향력이 크다고 볼 수 있거나 경제·사회에 미치는 영향이 클 것이라고 판단되는 경우

위의 위법사항을 종합해 보면 **'고의'**는 **위법사실이나 그 가능성을 인지한 상태에서 위법을 저지른 경우**이고, **'중과실'은 행위자가 지켜야할 주의의무를 현저히 결여한 상태에서 위법행위를 저지른 경우**이고, **'과실'**은 **전문가로서 지켜야 할 정상의 주의를 태만하였거나 선량한 관리자의 주의의무를 해태한 경우**를 말한다.

현재 대부분의 분식회계 사례는 과실 및 중과실에 의한 것이고 그 비율은 해마다 증가(2011년 71.2%→2016년 75.7%→2020년 80.4%)하고 있다.[961] 단순 과실 및 중과실이 아닌 고의적 분식회계는 그에 대한 형사책임이 불가피할 것이다.[962]

3) 중요한 사항

중요성이란 **재무제표상 정보의 누락 또는 왜곡표시가 재무제표를 기초로 이루어지는 재무제표 이용자의 경제적 의사결정에 영향을 미치는 정도를 의미한다. 그리고 그 정보에 의하여 재무제표 이용자의 의사결정에 영향을 주어 의사결정이 달라졌다면 그 정보는 중요하다고 판단**한다.[963]

현재 「자본시장법」은 "중요사항에 관하여 거짓의 기재 또는 표시가 있거나 중요사항이 기재 또는 표시되지 아니함"이라고 하여 (구)증권거래법상 '중요성'을 명시하지 않아 중요한 사항이 아니라도 허위기재가 될 수 있는지 여부에 대한 논란을 명시적으로 해결하였다.[964]

미국의 대법원은 중요성을 "합리적인 주주가 주주의 권리를 행사하는 방법을 결정하는데 특정사항의 누락을 중요하게 생각할 가능성이 상당히 높으면 그러한 누락은 중요하다. 즉, 합리적인 투자가 누락이 공시되었더라면 이용 가능한 정보의 총 배합이 중대하게 변경되었으리라고 판단할 가능성이 높으면 당해 누락은 중요하다"고 판시 하였다.[965]

위와 같은 중요성의 의미를 보면 **회계정보의 중요성에 대한 판단은 건전한 상식을 보유한 합리적인 회계정보 이용자의 시각에서 해당 정보가 얼마나 그의 의사결정에 영향을 미쳤는가를 근거로 결정**해야 한다.[966] 즉, **회계정보 이용자가 허위로 기재되었거나 누락된 재무제표에 기초하여 경제적 의사결정에 영향을 받았다면 이는 중요한 정보**인 것이다.

중요성은 **일반적으로 해당항목의 성격과 금액의 크기에 의해 결정되기도 하지만 어떠한 경우에는 금액의 크기에는 상관없이 정보의 성격만으로도 중요한 정보**가 될 수 있다. 위 미

961 금융감독원, 「고의적인 분식회계, 회사와 임직원 모두에게 치명적이다」, 보도자료, 2013. 5. 7.

962 전삼현, 「국내 분식회계 관련 사례 및 시사점」, 증권집단소송 ISSUE 시리즈, 2005., 11면.

963 이효익외 2인. 「회계감사」. 신영사. 2018. 214면.

964 김용범. 전게서. 2017. 585면. 김건식/정순섭, 「자본시장법 제3판」, 두성사, 2013. 231면.

965 김용범. 전게서. 2017. 585면. 김성기, 「중요성 결정기준에 대한 고찰」, 서울대학교 경영대학연구소 경영논집 제25권 제4호, 2001., 4면.

966 김용범. 전게서. 2017. 585면. 황이석, 「회계수정과 집단소송」, 전국경제인연합회 증권집단소송 ISSUE 시리즈 5, 2005., 4면.

국의 대법원 판례에서도 **중요성의 개념을 "당기순이익이나 자기자본에 미치는 영향 등과 같은 정량적 기준으로만 판단할 것이 아니라 기업지배구조의 건전성, 경영자의 주주중시 경영철학 등과 같은 정성적인 기준을 함께 들어 비록 당기순이익이나 자본에 영향을 미치지 않는다 할지라도 중대한 영향을 미칠 수 있다"고 판시**하고 있다.[967]

정량적 판단기준의 예로 **미국의 경우 'the 5% Rule'이라고 하여 주가, 총자산, 총매출액 등의 지표를 두고 10% 이상이 관련된 사항에 관한 정보라면 중요성을 추정**하고 5% 미만이 관련되는 사항에 관한 정보는 중요하지 않은 것으로 추정해 왔다. **5%에서 10% 사이는 상황에 따라 판단**해야 하는 문제로 다뤄왔다.[968]

우리나라의 경우 통상적으로 회사의 자산총액, 매출액, 분식회계금액 등을 감안하여 그 중요성을 결정하게 되는데, **그에 대한 표준화된 계산법이 「외감규정시행세칙」 별표 제1호의 「심사·감리결과 조치양정기준」에 나와 있다. 여기에는 '위법행위 및 중요성 판단기준의 구분 등'이라는 제목 하에 위법행위를 네 가지 유형(A~D)으로 구분한 뒤 「동 세칙」에서 두고 있는 중요성 판단계산법을 이용하여 산정한 후 중요도를 구분**하도록 하고 있다.

그리고 중요성 판단 기준비율을 위법행위 유형별로 1% ~ 15% 로 구분하였고, 위법 정도에 따른 중요도의 구분은 Ⅰ에서부터 Ⅴ까지 구분하였다.

가) 위법행위의 구분

(1) A 유형 : 위법행위가 당기 손익 또는 자기자본에 영향을 미치는 경우

(2) B 유형 : 위법행위가 당기손익이나 자기자본에는 영향이 없으나 자산·부채의 과대·과소계상, 수익·비용의 과대·과소계상, 영업활동으로 인한 현금흐름의 과대·과소계상, 영업·비영업 손익 간 계정재분류, 유동·비유동 항목 간 계정 재분류에 영향을 미치는 경우

(3) C 유형 : 위법행위가 다음 ①부터 ③까지의 각 항목과 관련한 주석사항인 경우

① 특수관계자 거래

② 타인을 위한 담보제공, 질권설정, 지급보증 등으로 인하여 발생 가능한 자산의 사용이나 처분의 제한 또는 우발부채(다만, 관련 채무잔액의 130% 이내 금액에 한하고, 관련 채무잔액의 130% 초과금액 또는 자신을 위하여 담보제공, 질권 설정, 지급보증 등과 관련한 금액은 D 유형)

③ 진행 중인 소송사건 등으로 발생 가능한 우발부채

(4) D 유형 : 위법행위가 기타 주석사항 및 계정과목 분류 등과 관련된 사항으로서 상기 A 유형부터 C 유형까지의 사항 이외에 해당하는 경우

나) 중요성 기준금액

위법행위의 중요도를 결정하기 위해 중요성 기준금액을 결정하여야 하며, 중요성 기준금액은 감사인이 「회계감사기준」에 따라 합리적으로 판단하여 「외부감사기준」 제19조에 따라

---

967 김용범. 전게서. 2017. 585면. 황이석, 전게논문, 증권집단소송 ISSUE 시리즈 5, 2005., 4면.

968 김용범. 전게서. 2017. 586면. 김화진, 「분식회계 범위설정 관련 법령의 정비」, 전경련 증권집단소송 ISSUE 시리즈 5, 2005., 4면.

감사보고서 첨부한 문서에 기재하거나 감사보고서에 기재하는 방법으로 금융감독원장에게 제출한 중요성 금액을 적용한다.

즉, 원칙적으로 위의 금융감독원장에게 제출한 재무제표 전체 중요성금액을 적용 한다. 다만, 감사인이 중요성금액을 정하는 과정에서의 판단 내용이 합리성을 현저히 결한 경우 또는 감사인이 중요성금액을 정하지 않은 경우에는 '(2) 표준 중요성 기준 적용'에 따라 판단한다.

감사인이 중요성 금액을 정하는 과정에서의 판단 내용이 합리성을 현저히 결한 경우는 ① 회계법인이 회사별 규모, 상장여부, 감사위험 등을 고려한 구체적이고 체계적인 중요성 금액 결정기준을 마련하지 않은 경우, ② 회사별 중요성 금액을 정함에 있어 담당이사의 재량에 크게 의존하는 경우, ③ 합리적 근거 없이 표준 중요성 기준방식의 중요성 금액과 현저하게 차이가 나는 경우 등을 말한다.

이 경우 당해 위법행위의 수정으로 인한 법인세 효과는 고려하지 아니한다. 한편, 위법행위의 중요도를「회계처리기준」위반금액으로 판단하기 어려운 경우에는 해당 위법행위가 회계정보 이용자의 판단에 미치는 영향력을 판단할 수 있는 기준을 별도로 정하여 판단할 수 있다.

(1) 감사인의 중요성 기준 적용

(가) 감사인의 재무제표 전체 중요성 금액을 감사인의 중요성 기준금액으로 본다.

(나) 위법행위 유형별 중요성 기준금액

① A 유형 : 감사인의 중요성 기준금액의 1배
② B 유형 : 감사인의 중요성 기준금액의 4배
③ C 유형 : 감사인의 중요성 기준금액의 5배
④ D 유형 : 감사인의 중요성 기준금액의 15배

(2) 표준 중요성 기준 적용

(가) 회사의 자산 및 매출 규모 등을 고려하여 표준 중요성 기준금액을 산정한다.

(나) 위법행위 유형별 중요성 기준금액

① A 유형 : 규모금액 1%
② B 유형 : 규모금액 4%
③ C 유형 : 규모금액 5%
④ D 유형 : 규모금액 15%

* 규모금액 :「외부감사 및 회계 등에 관한 규정 시행세칙」상 "표1"의 '규모금액 산출표'에 따라 계산한 금액

규모금액의 산출표

① 대상 회계연도 말의 자산총계	:	억 원
② 대상 회계연도의 매출액(1*)	:	억 원
③ 회사의 규모조정계수 적용 전 규모금액(2*)	:	억 원

④ "④" 금액에 상응하는 규모조정계수 :

⑤ 규모금액[③ (① 또는 ②) ÷ ④] : 원

1* 금융기관, 서비스업종 등의 경우에는 영업수익을 매출로 보며, 대상기간이 분·반기인 경우 원칙적으로 분·반기 매출액을 연간으로 환산하여 사용할 수 있다.

2* 규모금액"은 위법행위 유형별로 아래 ①부터 ④까지의 구분에 따라 산정한다. 완전자본잠식회사의 경우 아래에서 자산총계를 부채총계로 보며, ①에 해당되면서 ② 또는 ③에도 해당하는 D유형의 경우, ①을 ②, ③보다 우선하여 적용한다.

① 아래 항목에 대해서는 심사 · 감리대상이 되는 회계기간의 기말 자산총계 와 매출액을 평균한 금액을 규모금액으로 한다.

㉮A, C유형 전체

㉯B유형 중 영업활동으로 인한 현금흐름의 과대·과소계상

㉰ D유형 중 다음의 주석기재사항

-타인을 위한 담보제공, 질권 설정, 지급 보증 등으로 인하여 발생가능한 자산의 사용이나 처분의 제한 또는 우발부채로서 관련 채무잔액의 130% 초과금액

-자신을 위한 담보제공, 질권설정, 지급보증 등과 관련한 금액

㉱ ②~③에 해당되지 아니하는 기타 D유형 사항

② 아래의 항목에 대해서는 심사·감리대상이 되는 회계기간의 기말 자산총계를 규모금액으로 한다.

㉮ B유형 중 자산·부채의 과대·과소계상, 유동·비유동항목간 계정과목 분류 사항

㉯ D유형 중 자산·부채와 관련한 계정과목 분류 및 주석기재사항

③ 아래 항목에 대해서는 심사·감리대상이 되는 회계기간의 매출액을 규모 금액으로 한다.

㉮ B유형 중 수익·비용의 과대·과소계상, 영업·비영업손익간 계정과목 분류 사항

㉯ D유형 중 수익·비용과 관련한 계정과목 분류 및 주석기재사항

④ 직전 사업연도말 자산총계가 1,000억원 미만인 비상장법인으로서 (*3). 각 호 중 어느 하나에도 해당하지 아니하는 회사는 매출액이 자산총계의 30% 미만이더라도 자산총계의 30%를 매출액으로 간주하여 규모금액을 산출할 수 있다.

3* 비상장법인으로서 다음 어느 하나에 해당하지 아니한 경우에는 〈표1〉「규모금액 산출표」상에 「외부감사 및 회계 등에 관한 규정 시행세칙」 표1 의 "2.「규모조정계수」"의 100분의 50에 해당하는 조정된 규모조정계수를 사용할 수 있다. 다만,「동세칙」[별표1]「심사·감리결과 조치양정기준」상의 Ⅵ. 3. 가. 1) 또는 Ⅵ. 3. 나. 1) 에 따른 감경 적용 시 이를 적용하지 아니한다.

① 사업보고서 또는 분·반기보고서를 제출한 법인

② 거래소로부터 법 제4조제1항제2호(해당 사업연도 또는 다음 사업연도 중에 주권상장법인이 되려는 회사)에 해당하는 사실을 확인받은 법인

③ 직전 사업연도말 자산 총계가 1,000억원 이상이면서 차입금 의존도가 50% 이상인 법인. 이 경우 차입금 의존도는 '차입금÷총자산×100'로 계산하며 차입금에는 장·단기차입금, 금융리스부채, 기타 차입금, 사채 등 이자지급의무가 있는 제반 부채를 포함한다.

④ 자산총액이 5천억원 이상인 법인

⑤ 금융회사

(다) 규모배수의 계산 및 적용 방법

다음 순서에 따라 위법행위 관련금액의 중요성 기준금액 대비 배수를 산정한다.

① 위법행위의 유형이 2가지 이상인 경우에는 위법동기별로 구분한다.

② 위법동기별로 분류된 위법행위의 유형 중 같은 유형의 위법행위 관련금액은 합산하여 위법행위 유형별 중요성 기준금액 대비 배수(유형별 규모배수)를 계산한다.

③ 위법동기가 2가지 이상인 경우〈표2〉에 따라 각각의 위법동기별 규모배수를 위법동기별로 환산하여 환산 후 규모배수를 계산한다.

④ D유형은 유형별 규모배수를 6배로 제한한다. 동 한도 적용은 위법동기별로 환산하기 전의 위법동기별로 규모배수의 합계를 기준으로 판단한다.

기타 중요한 사항에 대한 자세한 내용은「외부 감사 및 회계 등에 관한 규정 시행세칙」별표1의「심리·감리결과 조치양정 기준」을 참조하시기 바랍니다.

4) 회계정보에 대한 허위표시 및 누락

회계정보에 대한 누락은 처음부터 재무제표 및 감사보고서에 표시하지 않는 것이다. 그러나 허위표시는 무엇을 의미하는지, 즉 어느 정도까지를 허위기재로 보는지 우리 법상에 언급되어 있지 않아 경미한 착오나 오류도 소송의 대상이 되기도 한다.[969] 이런 경우 감독당국(심사·감리) 및 사법당국(판결)의 판단에의존할 수밖에 없다. 우리의 대법원은 **허위표시의 의미**에 대하여 다음과 같이 판시하였다.[970]

"재무제표는「기업회계기준」에 따라 작성되어야 한다.「기업회계기준」은 회계 처리 및 재무제표를 작성할 때 경제적 사실과 거래의 실질을 반영하여 회사의 재무상태 및 경영성과 등을 공정하게 표시하도록 규정하고 있다.

다만「**기업회계기준」에서 허용하는 합리적이고 객관적인 범위 내에서 그 융통성을 활용하는 것은「기업회계기준」을 위반한다고 할 수는 없다. 그러나 그 범위를 넘어 자산을 과대평가하여 재무제표에 기재하는 것은 가공의 자산을 계산하는 것이므로 경제적 사실과 다른 허위의 기재에 해당**된다."

다. 일반적으로 공정·타당한 회계 관행

1) 도입 취지[971]

과거「상법」은 회계원칙에 대한 구체적인 규정을 다수 포함하였다. 이들 회계규정은 회계실무의 변화에 따라 수시 개정되었으나 기업회계와의 괴리를 완전히 없앨 수는 없었다. 그리하여 기업회계 실무상「상법」회계규정이 거의 규범적인 효력을 발휘하지 못하는 현실이 계속되었다.

2011년 개정「상법」이 회계규정과 기업회계 사이의 괴리를 원천적으로 해결하기 위한 발

969 김용범. 전게서. 2017. 588면. 전경연,「증권집단소송법안과 분식회계」, CEO MEMBER, 2013.

970 대법원. 2012. 10.11. 선고. 2010다86709. 판결.

971 김용범. 전게서. 2017. 589면. 김건식외 2인. 전게서. 2021. 559~560면.

판으로 새로 도입한 것이 바로 「상법」 제446조의2이다. 그에 의하면 **주식회사의 회계기준으로서 「상법」과 「상법시행령」에 정하는 것을 제외하고는 '일반적으로 공정·타당한 회계 관행'을 따라야 한다.**

아울러 2011년 개정 「상법」은 기업회계기준과 불일치가 발생할 우려가 있는 자산의 평가방법, 창업비의 계상, 개업비의 계상, 신주발행비의 계상, 액면미달 발행의 계상, 사채 차액의 계상, 건설배당이자의 계상, 연구개발비의 계상 등에 관한 회계 규정(「상법」 제452조 ~ 제457조의 2)은 모두 삭제하였다.

「상법」 제29조에 의하면 상인은 회계장부와 대차대조표를 작성해야 하고 이러한 상업장부의 작성은 「상법」이 정한 것을 제외하고는 '일반적으로 공정·타당한 회계 관행'에 따른다고 규정하고, 이 규정은 「상법」상 모든 회계준칙을 가리키는 포괄적인 규정이다. 따라서 2011년 새로 신설된 「상법」제446조의2는 「상법」 총칙편 제29조 제2항이 같은 취지의 규정이므로 본조는 불필요한 규정이다.[972]

주식회사도 상인이고 대차대조표는 재무제표의 핵심서류이므로 '일반적으로 공정·타당한 회계 관행'에 의하여 작성하여야 한다. 따라서 '일반적으로 공정·타당한 회계 관행'은 「상법」 총칙편 제29조 제2항에서 이미 규정하고 있으므로, 제446조의2를 신설하기 전에도 모든 주식회사에 적용된 것으로 볼 수 있다.

그럼에도 제446조의2를 신설한 이유는 '일반적으로 공정·타당한 회계 관행'의 규범적인 효력을 확인하는 동시에 시행령으로 그것을 수정하거나 보완할 수 있는 길을 열어주기 위한 것이다. 규정 형식상으로는 시행령에서 '일반적으로 공정·타당한 회계 관행'에 대한 예외를 보완적으로 규정한 것으로 보인다.

그러나 시행령은 회사성격에 따라 그러한 회계 관행을 대체하는 포괄적인 회계기준을 제시하고 있다. 따라서 실무상 '일반적으로 공정·타당한 회계 관행'에 해당하는지 여부가 문제되는 경우는 그렇게 많지 않을 것으로 보인다.

2) 주요 내용

'일반적으로 공정·타당한 회계관행'에서 **'일반성'은 일반 국민이 아니라 회계전문가를 기준으로 판단한다.**[973] **'공정성'은 기업의 이해관계자 이익을 공정하게 반영하는 것**을 말하고, **'타당성'은 거래 현실에 비춰 적합함을 의미한다.**[974] 또한 **'회계 관행'**은 **회계업계에서 반복적, 계속적으로 행해지는 회계처리**를 의미한다.

그러나 **회계 관행은 일반관습과는 달리 반복성과 계속성이 강하게 요구되는 것은 아니며, 회계전문가 사이에서 공정·타당하다고 인정되는 회계처리로서 장차 반복·계속될 가능**

972 김용범. 전게서. 2017. 589면. 임재연, 전게서(1), 2014. 707면. 이철송. 전게서. 2021. 974~975면.

973 김용범. 전게서. 2017. 590면. 권재열, 노혁준, 양기진, 이재호,「국제회계기준에 부합하는 상법 · 회계제도 정비를 위한 개선 연구」, 연구용역보고서, 2011., 23면, 김건식외 2인. 전게서. 박영사. 2021. 560면.

974 김용범. 전게서. 2017. 590면. 김건식외 2인. 전게서. 박영사. 2021. 560면.

성이 높으면 바로 회계 관행으로 인정받을 수 있을 것이다.[975]

또한 「은행감독규정」상 금융감독원장이 정하도록 되어있는 외국환계정의 계리규정(「은행감독규정」제32조 제2항)과 같이 **법령상 근거에 따라 공적기관이 정한 회계기준은 최초 적용시점부터 회계 관행으로 인정**할 수 있을 것이다.[976]

3) 적용 범위

위의 설명에도 불구하고 '일반적으로 공정·타당한 회계 관행'이 무엇을 의미하는지 반드시 명확한 것은 아니다. 「상법」은 이런 불확실성을 피하기 위하여 회사의 회계를 회계 관행에만 맡기지 않고 「상법」과 「상법시행령」에 규정할 수 있는 길을 열어두고 있다.(「상법」제442조의 2)

그리하여 **「상법시행령」 제15조는 회계 관행의 해석에 관한 다툼을 피하기 위해 '일반적으로 공정·타당한 회계 관행'이 적용되기 이전에 우선적으로 적용할 별도의 회계처리기준을 다음과 같이 회사의 유형에 따라 규정**하고 있다.

적용대상 회사별 회계처리기준

1. **외부감사대상회사(「신외감법」제4조) :** 「신외감법」제5조 제1항에 따른 회계처리기준(「한국채택국제회계기준」과 「일반기업회계기준」)
2. **공공기관(「공공기관 운영에 관한 법률」제2조) :** 동법에 따른 공기업·준정부기관의 회계원칙(「공기업·준정부기관 회계사무규칙」)
3. **제1호 및 제2호에 해당하는 회사 외의 회사 등 :** 회사의 종류 및 규모 등을 고려하여 법무부장관이 금융위원회 및 중소벤처기업부장관과 협의하여 고시한 회계 기준(「중소기업회계기준」)

위 제1호의 외부감사대상회사에 적용되는 회계처리기준은 한국회계기준원이 제정한 「한국채택국제회계기준」과 「일반기업회계기준」의 두 가지가 있다.(「신외감법」 제5조 제1항, 「신외감법시행령」제6조 제1항) **외부감사대상인 주식회사 중 주권상장 법인과 비상장금융회사는 「신외감법」제5조 제1항 제1호 및 「신외감법시행령」 제6조 제1항에 의하여 「한국채택국제회계기준」의 의무적용대상이고, 그 밖의 회사는 「일반기업회계 기준」의 적용대상**이다.

또한 「한국채택국제회계기준」의 의무적용대상이 아닌 주식회사가 자발적으로 「한국채택국제회계기준」을 적용하여 회계처리 하는 것은 가능하고, 실제로 의무 적용 대상이 아닌 많은 주식회사가 자발적으로 「한국채택국제회계기준」을 적용하고 있다. 나아가 「신외감법」적용대상이 아닌 주식회사가 「한국채택국제회계기준」을 적용하는 것도 가능하다.[977]

한편 「일반기업회계기준」은 제1장 1.3 제3문에서 「신외감법」적용대상이 아닌 기업의 회계처리에 준용할 수 있다고 규정하므로, 사실상 모든 기업의 회계기준(회계처리기준)이 된다.

---

975 김용범. 전게서. 2017. 590면. 권재열외3, 전게보고서, 2011. 26면, 김건식외 2인. 전게서. 박영사. 2021. 560면.

976 김용범. 전게서. 2017. 590면. 김건식외 2인. 전게서. 박영사. 2021. 560면.

977 김용범. 전게서. 2017. 591면. 임재연, 전게서(1), 박영사, 2014., 709 ~710면.

실제로 금융기관은 여신심사를 위해 「일반기업회계기준」에 의하여 작성된 재무제표를 요구하고, 조세법도 회계처리에 관한 기준을 「상법」이 아닌 「일반기업 회계기준」을 적용하고 있다.(「국세기본법」제20조,「법인세법」제43조)

그리고 **외부감사대상이 아닌 회사는 「상법시행령」 제15조 제3호에 의거 법무부 장관이 금융위원회 및 중소기업청장과 협의하여 고시한 「중소기업 회계기준」이 적용된다. 또한 제2호의 공공기관은 기획재정부령의 「공기업·준정부기관 회계사무규칙」에서 정한 「공기업·준정부기관의 회계원칙」이 적용**된다.

「상법」 및 「상법시행령」은 위에서 설명한 바와 같이 주식회사를 유형화하여 각 유형에 적용될 회계기준을 규정하였는데, 이는 실정법에 근거해 제정작업을 거친 법규범 즉, 성문의 회계규범으로서 「상법시행령」 제15조의 규정과 관계없이 **불문적으로 존재하는 '일반적으로 공정·타당한 회계 관행'에 우선해 적용**된다.[978]

이처럼 기업회계에 관해서 통일된 기준은 없지만 회사 유형별로 상세한 회계기준을 제정(이하 '각종 회계기준'이라함)하였기 때문에 실무상 '일반적으로 공정·타당한 회계 관행'을 따로 파악하여 회계처리해야 할 경우는 그리 많지 않을 것이다.

라. 각종 회계기준에 대한 위반효과

위에서 설명한 바와 같이 「상법시행령」제15조상의 각종 회계기준은 실정법 즉, 「상법」 및 「상법시행령」에 근거하여 제정작업을 거친 법규범 즉, 성문의 회계규범이며, 또한 「일반적으로 공정·타당한 회계 관행」을 요약 내지 집대성한 것이라고 일반적으로 상법학자들은 인식하고 있다.

따라서 **각종 회계기준을 「상법」에 근거한 성문의 법규범적 지위에 있다고 하거나, 「상법」에 대한 특별법**[979]**또는 상관습법의 일종**[980]으로 보고 있다. 이 입장에 따르는 한 **각종 회계기준의 규정을 위반한 모든 회계처리는 위법행위에 해당하며 원칙적으로 무효가 된다는 결론**에 이르게 된다.[981]

이에 따르면 각종 회계기준상의 일반회계처리기준에 반하는 회계처리를 한 경우, 이를 승인하여 재무제표를 확정한 주주총회의 결의는 무효가 되며, 이에 입각한 이익처분도 위법배당 결의가 된다고 풀이한다.[982] 이와 같은 논리를 관철해 나가면 분식결산이 어떠한 목적 내지 정책에 입각하여 이루어졌던 각종 회계기준에 위반한 이상 그 회계처리는 당연히 무효가 된다고 볼 수밖에 없을 것이다.

또한 각종 회계기준의 작성근거를 규정하고 있는 「신외감법」제5조 제3항에서는 위와 같은 점을 더욱 명백히 밝히고 있다. 즉, "회사는 제1항 제1호 또는 제2호의 회계처리기준에

---

978 김용범. 전게서. 2017. 591면. 임재연, 전게서(1), 2014. 708면. 이철송. 전게서. 2021. 975면.

979 정동윤, 「회사법」, 2000. 585면,, 오수근, 「회계에 대한 법적 규율 체계」, 2000., 16면.

980 정찬형, 「상법강의(상) 제5판」, 2001., 박영사, 941면.

981 김용범. 전게서. 2017. 592면. 왕순모, 전게연구논문, 경성법학 제10호, 2001., 47면.

982 김용범. 전게서. 2017. 592면. 왕순모, 전게논문, 2001., 48면, 정동윤, 전게서, 2000. 597면.

따라 재무제표 또는 연결재무제표를 작성하여야 한다."고 하여, 적어도 「신외감법」 적용대상회사에 대해서는 각종 회계기준이 준수되어야 한다는 것과 각종 회계기준을 위반한 분식결산은 무효라는 것을 선언한 것이라고 볼 수 있다.

이를 뒷받침하는 「신외감법」상의 규정으로는 회사가 「신외감법」 제5조의 회계처리 기준을 위반하여 재무제표 또는 연결재무제표를 작성한 경우 증권선물위원회는 금융위원회가 정하는 바에 따라 그 위반사실이 확정된 날로부터 3년 이내의 기간 동안 해당 위반사실을 공시할 수 있다.(「신외감법」제30조 제1항)

아울러 「상법」 제401조의2 및 제635조 제1항에 규정된 자(업무집행사원, 업무집행자, 업무집행지시자, 이사, 집행임원, 감사, 감사위원, 검사인 등)나 그 밖에 회사의 회계업무를 담당하는 자가 「신외감법」 제5조에 따른 각종 회계기준을 위반하여 거짓으로 재무제표 또는 연결재무제표를 작성·공시한 경우 10년 이하의 징역 또는 그 위반행위로 얻은 이익 또는 회피한 손실액의 2배 이상 5배 이하의 벌금에 처한다는 규정을 두고있다.(「신외감법」제39조 제1항)

그러나 「신외감법」제5조제3항을 근거로 하여 각종 회계기준의 형식적 위반을 이유로 바로 위법 또는 무효라는 극단적 판단을 해서는 아니 될 것이며, 오히려 그 결과 회사의 재산상태 내지는 손익상태가 적정하게 표시하지 않았을 때(「신외감법」제1조, 「상법」제29조 제1항, 제446조의2), 비로소 무효가 되므로, 이를 「상법」상의 부실기재, 「자본시장법」 또는 「신외감법」상의 허위표시에 해당된다고 보는 학자도 일부 있다.[983]

Ⅳ. 분식회계의 사례

1. ㅇㅇ그룹의 분식회계 사례[984]

■ 총 분식회계 금액 : 22.9조 원(검찰조사결과 : 41.1조 원)

■ 계열사별 분식회계 금액

- (주)ㅇㅇ : 14.6조 원(검찰조서결과 : 27.0조 원)
- ㅇㅇ자동차 : 3.2조 원 (" : 4.6조 원)
- ㅇㅇ중공업 : 2.1조 원 (" : 5.0조 원)
- ㅇㅇ전자 : 2.0조 원 (" : 3.7조 원)
- ㅇㅇ통신 : 0.6조 원 (" : 0.8조 원)
- 기타 7개사 : 0.4조 원 (" : –)

  합 계 : 22.9조 원(" : 41.1조 원)

■ 분식회계 내용

- 마이너스 전표를 전산 입력하는 방법으로 매출원가, 외환차손, 지급이자 등의 계정을 과대, 과소 계상
- 차입금의 고의 누락, 가공채권 계상, 가공 및 보유 재고자산 계상, 연구개발비 등의 과대계상
- 미회수나 거래처 부도 등으로 회수가 불확실한 매출채권에 대해 대손충당금 미계상 및 재무제

983 김건식외 2인. 전게서. 2021. 562면, 왕순모, 전게연구논문, 경성법학 제10호, 2001., 53~54면.

984 금융감독원 보도 자료 : 2000년 9월 15일

표 주석 란 미기재
• 공사대금채권에 대한 대금감액 합의 후에도 대손상각비 미계상
• 투자자산처분이익을 영업외수익으로 계정분류 조작 등

2. ○○글로벌의 분식회계 사례[985]

■ 총 분식회계 금액 : 5조 1,178억 원
■ 유형별 분식회계 금액 (단위 : 억원)

내 역	1999년	2000년	2001년
• 가공의 매출채권 계상	1,812	1,932	1,498
• 대손충당금 과소계상	483	380	408
• 예금 등 과대계상	2,910	3,951	4,440
• 재고자산 과소계상	–	120	670
• 매입채무 등 누락	5,644	9,586	11,811
• 투자유가증권 과대계상	2,331	2,293	2,489
합 계	13,180	18,022	19,976

3. ○○조선해양의 분식회계 사례

가. 검찰청 기소자료[986]

■ 총 분식회계 금액 : 5조 7,059억 원
■ 분식 회계의 유형 : 2012 ~2014 회계연도의 해양플랜트 선박산업 등에서 예정원가를 임의로 줄여 매출액을 과대 계상

나. 금융위·금감원 조치자료[987]

■ 총 분식회계 금액 : 9조 9,651억 원(2008. ~ 2016. 3. 기간 중)
■ 분식 회계의 유형
- 매출액·매출원가 및 관련 자산·부채 과대·과소 계산 : 7조 7,271억 원
- 장기성 매출채권에 대한 대손충당금 과소계상 : 1조 1,817억 원
- 종속기업투자주식 과대계상 등 : 6,190억 원
- 이연법인세자산 등 관련 당기순손실 과대계상 등 : 4,373억 원

합 계 : 9조 9,651억 원

985 금융감독원 보도자료 : 2003. 8. 20.

986 2016. 12. 12. 검찰청 기소자료.

987 2017. 2. 24. 금융위 · 금감원 보도자료.

4. ○○저축은행의 분식회계 사례[988]

■ 총 분식회계 금액 : 2조 4,533억 원

■ 분식 회계의 유형 : 이자수익의 과대계상, 채권의 허위기재, BIS자기자본비율의 조작 등 재무제표를 허위로 작성 공시

5. 최근 분식회계 사례

■ 매출액 과대계상

- 회사는 투자유치 목적으로 영업실적을 부풀리기 위해 허위 세금계산서를 발행하는 방법 등으로 매출액을 과대계상
- 매출에 필수적인 관계기관의 인·허가 또는 거래처의 동의가 이루어지지 않아 계약 이행이 사실상 불가능하여 수익인식요건을 충족하지 못함에도 불구하고 매출로 인식하는 등 매출액을 과대계상
- 회사는 기 판매제품 중 일부를 교환해 주는 과정에서 제품을 반환받았으나 대체 제품은 결산일 현재 미출고 상태로서 미인도청구 판매의 요건을 충족하지 못했음에도 관련 매출을 취소하지 않아 매출을 과대계상

■ 선급금등 허위계상

- 전 등기이사 겸 실질사주 등의 횡령사실을 은폐하기 위해 거래처와 허위계약서·세금 계산서를 작성하는 방법으로 선급금 등 자산(선급금, 현금성자산, 대여금, 매출채권, 지분법적용투자주식)을 허위계상

■ 재고자산 과대계상

- 회사는 보유중인 재고자산의 품목이 상당히 다양하고 수량 확인이 어렵다는 점을 이용하여 감사인이 재고실사에 입회할 때 감사인에게 수량이 조작된 목록을 제시한 후 재고실사를 실시하였고, 감사인 입회하에 실시한 재고실사 이후 재고목록의 수량을 조정해 재무제표에 반영하는 등의 방법으로 재고자산을 과대계상
- 회사는 재고자산이 장부수량과 실제수량이 일치하지 않자, 최대주주 및 그 종속회사에 이동하여 보관하고 있는 것으로 허위증빙을 작성하는 방식으로 실제 존재하고 있지 않은 가공의 원재료를 재무제표에 계상해 기말 재고자산 및 당기순이익을 과대계상

■ 공사수익 과대계상

- 회사는 해외 프로젝트(물류 자동화설비)의 진행율 산정 시 계약 진행상황 및 추가 발생원가에 대한 확인 없이, 조립과정의 추가 발생비용 등을 총계약원가에 적절히 반영하지 못하여 계약수익을 과대계상

■ 매출원가 과대계상

- 일부 거래처에 대해서는 대체제품을 먼저 출고했으나 반환받을 제품은 결산일 현재

---

988 신현국, 「회계부정기업의 재무구조와 지배구조 특성에 관한 연구」, 신라대학교, 2015. 2. 23면.

미입고 상태로서 대체제품 출고분에 대해 매출원가로 인식했으나 반환받을 제품을 재고자산으로 인식하지 않아 매출원가를 과대계상

- 회사는 구매자의 구체적인 인수시점을 알 수 없는 상황에서, 물량을 구분 보관하지 않는 등 '미인도청구 판매' 인식조건을 충족하지 못하여 인도시점에 수익을 인식하여야 함에도 물품대금을 받은 시점에 미인도청구판매로 보아 수익을 미리 인식함에 따라 매출 및 매출원가를 과대계상

■ 대손충당금 과소계상

- 회사는 아파트 공사미수금과 관련하여 시행사가 재개발조합으로 대규모 미분양이 발생하였거나 폐업하였음에도 시행사의 채무상환능력을 양호하게 평가하여 대손충당금을 과소계상

■ 자기자본 과대계상

- 회사는 경비 및 노무비를 제외한 재료비만을 반영한 공사진행률로 공사수익을 산정함으로서 자기자본을 과대계상

■ 지급보증사실 주석 미기재

- 회사는 타사의 차입금과 관련하여 차주사를 위하여 금융기관에 지급보증을 제공하였음에도, 이를 주석에 미기재하거나 과소기재

■ 특수관계자와의 거래내역 주석 미기재

- 회사는 특수관계자로부터 온라인게임 판권을 구입하면서 관련 매입액 및 채무잔액을 주석으로 미기재

Ⅴ. 분식회계의 대책[989]

분식회계 방지대책 일환으로 당국은 상장주식회사 중심의 회계 투명성 제고 과정에서 나타난 유한회사의 주식회사 기피 등 부작용을 방지하기 위해 유한회사를 외부감사 규율 대상으로 포함하였고, 감사인의 독립성과 책임성을 강화하고 감사업무의 품질을 높이기 위하여 회사의 외부감사인 선임절차 등을 개선하였다.

회계법인의 품질관리에 관한 제도적 장치를 마련하는 한편 회계감사기준 위반 등에 대한 행정조치 등을 정비하고, 회사의 회계 관련 내부통제를 강화하는 가운데 감사의 독립성과 전문성을 확보할 수 있는 감사인의 주기적 지정제를 도입하는 등 그간 제도의 운영과정에서 드러난 미비점을 대폭 개선·보완하였다.

1. 분식회계 관련자[990]에 대한 제재 강화

가. 회사의 임원에 대한 제재조치 강화

증권선물위원회는 회사가 다음 각 호의 어느 하나에 해당하면 해당 회사에 임원의 해임

---

989 국회, 「주식회사의 외부감사에 관한 법률 전부 개정 법률안」, 2017. 9. 3~8면.

990 분식회계 관련자 함은 분식회계 해당 회사의 관련 임직원, 외부감사인 등.

또는 면직 권고, 6개월 이내의 직무정지, 일정기간 증권발행의 제한, 회계처리 위반사항에 대한 시정 요구 및 그 밖에 필요한 조치를 할 수 있다.(「신외감법」 제29조 제1항)

1) 재무제표를 작성하지 아니하거나 「신외감법」제5조에 따른 회계처리기준을 위반하여 재무제표를 작성한 경우
2) 「신외감법」제6조(재무제표의 작성 책임 및 제출), 제10조(감사인의 선임) 제4항부터 제6항까지, 제12조(감사인 선임 등의 보고) 제2항, 제22조(부정행위 등의 보고) 제6항, 또는 제23조(감사보고서의 제출 등) 제3항부터 제6항까지 위반한 경우
3) 정당한 이유 없이 제11조(증권선물위원회에 의한 감사인 지정 등) 제1항 및 제2항에 따른 증권선물위원회의 요구에 따르지 아니한 경우
4) 정당한 이유 없이 제27조(자료제출 요구 등) 제1항에 따른 자료 제출 등의 요구·열람 또는 조사를 거부·방해·기피하거나 거짓 자료를 제출한 경우
5) 그 밖에 이 법 또는 이 법에 따른 명령을 위반한 경우

나. 외부감사인의 손해배상 책임 강화

감사인의 손해배상책임은 그 청구권자가 해당 사실을 안 날로부터 1년 이내 또는 감사보고서를 제출한 날부터 8년 이내에 청구권을 행사하지 아니하면 소멸한다. 다만 「신외감법」 제10조(감사인의 선임)에 따라 선임할 때 계약으로 그 기간을 연장할 수 있다.(「신외감법」제31조 제9항)

다. 회계부정 관련 징역 및 벌금의 상향

「상법」 제401조의2 제1항 및 제635조 제1항에 규정된 자나 그 밖에 회사의 회계 업무를 담당하는 자가 「신외감법」 제5조에 따른 회계처리기준을 위반하여 거짓으로 재무제표를 작성·공시하거나 감사인 또는 그에 소속된 공인회계사가 감사보고서에 기재하여야 할 사항을 기재하지 아니하거나 거짓으로 기재한 경우에는 10년 이하의 징역 또는 그 위반행위로 얻은 이익 또는 회피한 손실액의 2배 이상 5배 이하의 벌금에 처한다.(「신외감법」 제39조 제1항)

「신외감법」 제39조 제1항에도 불구하고 제5조에 따른 회계처리기준을 위반하여 회사의 재무제표상 손익 또는 자기자본 금액이 자산총액의 일정비중에 해당하는 금액만큼 변경되는 경우에는 다음 각 호에 따라 각각 가중할 수 있다. 다만 자산총액의 100분의 5에 해당하는 금액이 500억 원 이상인 경우에만 적용한다.(「신외감법」 제39조 제2항)

1) 재무제표상 변경된 금액이 자산총액의 100분의 10 이상인 경우에는 무기 또는 5년 이상의 징역에 처한다.
2) 재무제표상 변경된 금액이 자산총액의 100분의 5이상으로서 제1호에 해당하지 아니하는 경우에는 3년 이상의 유기징역에 처한다.

감사인, 감사인에 소속된 공인회계사, 감사, 감사위원회의 위원 또는 감사인 선임위원회의 위원이 직무에 관하여 부정한 청탁을 받고 금품이나 이익을 수수·요구 또는 약속한 경우에는 5년 이하의 징역 또는 5천만원이하의 벌금에 처한다.

다만, 벌금형에 처하는 경우 그 직무와 관련하여 얻은 경제적 이익의 5배에 해당하는 금액이 5천만 원을 초과하면 그 직무와 관련하여 얻은 경제적 이익의 5배에 해당하는 금액이하의 벌금에 처한다. 또한 금품이나 이익을 약속·공여하거나 공여의 의사를 표시한자도 같다.(「신외감법」 제40조 제1항, 제2항)

라. 몰수 및 징역과 벌금의 병과제도 도입

「신외감법」 제39조(벌칙) 제1항을 위반하여 얻은 이익 또는 제40조(벌칙)에 따른 금품이나 이익은 몰수한다. 이 경우 그 전부 또는 일부를 몰수할 수 없으면 그 가액을 추징한다.(「신외감법」 제45조) 「신외감법」 제39조(벌칙) 제1항에 따라 징역에 처하는 경우에는 같은 항에 따른 벌금을 병과한다.(「신외감법」 제48조)

2. 분식회계 관련 회사 및 감사인에 대한 과징금 제도 도입

금융위원회는 회사가 고의 또는 중대한 과실로 「신외감법」 제5조에 따른 회계처리 기준을 위반하여 재무제표를 작성한 경우에는 그 회사에 대하여 회계처리기준과 달리 작성된 금액의 100분의 20을 초과하지 아니하는 범위에서 과징금을 부과할 수 있다.

이 경우 회사의 위법행위를 알거나 현저한 주의의무 위반으로 방지하지 못한 「상법」 제401조의2 및 제635조 제1항에 규정된 자나 그 밖에 회사의 회계업무를 담당하는 자에 대해서도 회사에 부과하는 과징금의 100분의 10을 초과하지 아니하는 범위에서 과징금을 부과할 수 있다.(「신외감법」 제35조 제1항)

금융위원회는 감사인이 고의 또는 중대한 과실로 「신외감법」 제16조에 따른 회계 감사기준을 위반하여 감사보고서를 작성한 경우에는 그 감사인에 대하여 해당 감사로 받은 보수의 5배를 초과하지 아니하는 범위에서 과징금을 부과할 수 있다.(「신외감법」 제35조 제2항).

3. 부실감사 회계법인 대표이사 등에 대한 제재 근거 신설

증권선물위원회는 감사인에 소속된 공인회계사(「공인회계사법」 제26조 제4항에 따른 대표이사를 포함한다)가 별표2 감사인 소속된 공인회계사에 대한 조치사유의 어느 하나에 해당하는 경우에는 다음 각 호의 조치를 할 수 있다.(「신외감법」제29조 제4항)

1) 공인회계사 등록을 취소할 것을 금융위원회에 건의
2) 일정한 기간을 정하여 직무의 전부 또는 일부 정지를 명할 것을 금융위원회에 건의
3) 일정한 기간을 정하여 다음 각 목의 어느 하나에 해당하는 회사는 감리업무 제한
   ① 주권상장법인　　② 대형비상장주식회사
   ③ 제11조에 따라 증권선물위원회가 감사인을 지정하는 회사
   ④ 그 밖에 증권선물위원회가 정하는 특정회사
4) 경고.
5) 주의.
6) 그 밖에 위법행위를 시정하거나 방지하기 위하여 필요한 조치

4. 회계감사기준 위반 등에 대한 조치 정비

공정·타당하다고 인정되는 회계감사기준에 따르지 않고 감사를 실시하는 등의 행위를 한 감사인에 대하여 손해배상 공동기금 추가 적립 명령, 감사업무의 제한, 경고 및 주의 등의 조치를 할 수 있도록 정비하였다.(「신외감법」 제29조 제3항)

5. 회계법인에 대한 보고의무 강화

회계법인의 사업보고서 제출 시 연차별 감사투입 인력 및 시간, 이사 보수, 이사의 징계 내역 등을 추가 기재하도록 하며, 상장법인의 감사인인 회계법인은 그 법인의 경영, 재산, 감사업무의 품질관리 등에 중대한 영향을 미치는 사항이 발생한 경우 이를 증권선물위원회에 수시 보고하도록 하였다.(「신외감법」제25조제2항 및 제5항)

6. 회계처리기준 위반에 대한 감사/감사위원회의 처리절차 강화

내부감사는 회계부정 발견 시 외부전문가를 선임하여 조사·시정조치하고 그 결과를 증권선물위원회와 감사인에게 제출하도록 하였다. 이 경우 필요한 자료나 정보, 자금 등을 회사 대표에게 요청할 수 있으며, 요청에 불응하는 회사 대표에 대해서는 과태료를 부과하도록 하였다.(「신외감법」 제22조 제3항부터 제5항까지, 제47조 제2항)

7. 상장법인 등에 대한 주기적 감사인 지정제 도입

감사인의 독립성을 확보하고 감사품질을 개선하기 위하여, 상장법인 및 소유·경영 미분리 회사에 대해 연속하는 6개 사업연도의 감사인을 회사가 선임한 이후에는 증권선물위원회가 지정하는 감사인을 선임하도록 하는 주기적 감사인지정제를 도입하였다.(「신외감법」제11조 제2항) 다만, 최근 6년 이내에 감리를 받은 결과 회계부정이 발견되지 않은 경우, 그 밖에 대통령령으로 정하는 바에 따라 회계처리의 신뢰성이 양호한 경우는 주기적 감사인 지정대상에서 제외할 수 있다.(「신외감법」제11조 제3항)

8. 외부감사인 지정 사유의 확대

회사의 재무제표 작성의무 위반, 최근 3년간 최대주주 또는 대표이사 교체가 빈번한 이사, 주채권은행 또는 대통령령으로 주주의 요청, 「신외감법」 제16조의2 제1항에서 정한 표준감사시간에 현저히 미달한 경우 등을 감사인 지정사유로 추가하며, 기존의 감사인 지정사유인 상장법인 재무기준 요건을 강화했다.(「신외감법」제11조제1항)

9. 외부감사인 선임 절차의 독립성 강화

외부감사인 선임 절차의 독립성 강화 및 투명성 확보를 위하여 회사 경영진이 감사 또는 감사인 선임위원회의 승인을 받아 외부감사인을 선임하던 것을 감사/감사위원회가 선정한 자를 외부감사인으로 선임하도록 변경하였다.(「신외감법」 제10조 제4항)

10. 회사의 재무제표 대리 작성 요구 등 금지

외부감사인의 독립성을 강화하기 위하여 현재 외부감사인에게만 회사의 재무제표 대리 작성, 회계처리 자문행위 금지 의무를 부과하던 것을, 회사에 대하여도 적용하여 이런 행위를 외부감사인에게 요구하지 못하도록 했다.(「신외감법」제6조제6항)

11. 유한회사에 대한 외부감사 도입

회계감독 관련 규제의 형평을 도모하고 회계정보 이용자의 올바른 판단을 유도하기 위하여 주식회사와 경제적 실질이 유사한 유한회사도 외부감사인에 의한 외부감사를 받도록 하였다.(「신외감법」제2조 제1호 및 제4조)

12. 기타 법규 및 제도 개선 사항

가. 법률의 제명 변경 및 체제 정비

법률의 규율대상 확대 등을 반영하여 법률 제명을 「주식회사의 외부감사에 관한 법률」에서 「주식회사 등의 외부감사에 관한 법률」(이하 '신외감법'이라 함)로 변경하고 법률체계를 전반적으로 정비하다.

나. 외부감사 대상 선정기준에 매출액 기준 도입

외부감사 대상이 되는 회사의 범위를 정함에 있어 자산·부채·종업원 수 외에 회사의 규모, 이해관계자, 재무상황 등과 관련성이 높은 매출액을 선정기준에 추가하다.(「신외감법」 제4조 제1항 제3호)

다. 회사의 감사 전 재무제표 제출 의무 강화

회사가 외부감사인 및 증권선물위원회에 재무제표를 사전 제출하지 않은 경우 그 사유를 공시하도록 하고, 증권선물위원회는 해당 위반사실을 공시할 수 있도록 하였다.(「신외감법」 제6조 제2항부터 제5항까지, 제30조 제1항)

라. 회사의 내부통제 실효성 강화

내부회계관리제도 운영실태 등을 회사의 대표자가 직접 주주총회 등에 보고하도록 하고, 상장법인에 한해 내부회계관리제도에 대한 인증 수준을 현행 '검토'에서 '감사'로 상향하였다.(「신외감법」제8조 제4항 및 제6항)

마. 상장법인 감사인 등록제도 도입

상장법인의 외부감사는 감사품질 관리를 위하여 일정요건을 갖추어 금융위원회에 등록한 회계법인만 할 수 있도록 하였다.(「신외감법」 제9조의2)

바. 외부감사인 선임 기한 변경

회사는 매 사업연도 개시일부터 45일 이내에 외부감사인을 선임하도록 하되, 감사위원회를 의무적으로 설치하여야 하는 회사는 매 사업연도 개시일 이전까지 외부 감사인을 선임하

도록 하였다.(「신외감법」 제10조 제1항)

사. 표준 감사시간 도입

한국공인회계사회에서 표준 감사시간을 정할 수 있도록 하되, 대통령령으로 정하는 바에 따라 금융감독원, 대통령령으로 정하는 이해관계자의 의견을 청취·반영하도록 하고, 3년마다 타당성을 재검토하도록 하였다.(「신외감법」 제16조의2)

아. 감사업무의 품질관리기준 근거 마련 및 회계법인의 감사품질 관리 강화

감사업무의 품질관리기준에 대한 법적 근거를 마련하고, 품질관리기준에 대한 외부 감사인 대표자의 책임을 명시하되, 증권선물위원회가 품질관리 감리결과에 따른 개선권고, 그 이행여부 점검 및 미이행 사실의 외부 공개를 할 수 있도록 하였다.(「신외감법」 제17조, 제29조 제5항부터 제7항까지)

자. 내부신고자 보호 강화

내부신고자의 신분 등에 관한 비밀을 누설하거나 내부신고자에게 불이익한 대우를 한 자에게 벌금 또는 징역 및 과태료를 부과하도록 하였다.(「신외감법」 제41조 제5호 및 제43조, 제47조 제1항)

Ⅵ. 회계감사인의 의무[991]

1. 내부감사인의 의무

가. 「상법」상 의무

감사 또는 감사위원회(이하 '감사'라 한다)는 회사에 대해서 「민법」상의 회사와의 위임계약에 입각하여 선량한 관리자로서 성실히 업무감사 이외에 회계감사를 실시할 의무가 있다.(「상법」 제412조, 제415조, 제382조 제2항)

감사는 상당한 주의의무를 가지고 회계장부 등을 조사해야 하며, 회계장부 등에 부실한 기재가 있는 경우 감사보고서에 기재하여야 하고(「상법」 제447조의 4 제2항), 경우에 따라서는 부실기재 사실 등을 주주총회에 보고할 의무가 있다.(「상법」제413조)

나. 「(신)외감법」상 의무

감사는 내부회계관리제도의 운영실태를 평가하여 이사회에 사업연도마다 보고하고 그 평가보고서를 본점에 5년간 비치해야 한다. 이 경우 내부회계관리제도의 관리·운영에 대해 시정의견이 있으면 그 의견을 포함해 보고해야 한다.(「신외감법」제8조 제5항)

감사는 외부감사인의 감사보수와 감사시간, 감사에 필요한 인력에 관한 사항을 문서로 정해야 한다. 이 경우 감사위원회가 설치되지 아니한 주권상장법인, 대형비상장주식회사 또

991 김용범. 「감사와 분식회계」. 한국상장회사협의회. 감사저널. 2018. 6. 6~7면.

는 금융회사의 감사는 감사인선임위원회의 승인을 받아야 한다.(「신외감법」 제10조 제5항)

감사는 「신외감법」 제23조 제1항에 따라 감사보고서를 제출받은 경우 이 조 제5항에서 정한 사항이 준수되었는지를 확인하여야 한다. 이 경우 감사위원회가 설치되지 아니한 주권상장법인, 대형비상장주식회사 또는 금융회사의 감사는 이 조 제5항에서 정한 사항이 준수되었는지를 확인한 문서를 감사인선임위원회에 제출하여야 한다.(「신외감법」 제10조 제6항)

외부감사인으로부터 회사의 회계처리기준 위반사실을 통보받은 감사는 회사의 비용으로 외부전문가를 선임하여 위반사실 등을 조사하도록 하고 그 결과에 따라 회사의 대표자에게 시정 등을 요구하여야 하며, 조사 결과 및 회사의 시정조치 결과 등을 즉시 증권선물위원회와 외부감사인에게 제출하여야 한다.(「신외감법」제22조제3항 및 제4항)

감사는 이사의 직무수행에 관하여 부정행위 또는 법령이나 정관에 위반되는 중대한 사실을 발견하면 외부감사인에게 통보하여야 한다.(「신외감법」 제22조 제6항) 아울러 부정행위 또는 법령 등 위반 사실을 알게 된 자가 감사에게 고지한 경우에는 감사는 그 신고자 또는 고지자 등의 신분 등에 관한 비밀을 유지하여야 한다.(「신외감법」 제28조 제2항)

2. 외부감사인의 의무

가. 「민법」상 의무

외부감사인은 회사와의 위임계약에 따라 맺어진 관계이다. 따라서 외부감사인은 회사에 대하여 선량한 주의로써 그의 직무를 수행하여야 한다.(「민법」제681조)

외부감사인은 회사의 청구가 있는 때에는 위임사무의 처리상황을 보고하고 위임이 종료한 때는 지체 없이 그 전말을 보고하여야 한다.(「민법」제683조)

나. 「(신)외감법」상 의무

회사의 외부감사인 및 그 소속된 공인회계사는 해당회사의 재무제표를 대표이사와 회계담당 임원을 대신하여 작성하거나 재무제표 작성과 관련된 회계처리에 대한 자문에 응하는 등 대통령령이 정하는 행위를 해서는 아니 된다.(「(신)외감법」 제6조 제6항)

외부감사인은 회계감사를 실시할 때 해당회사가 「신외감법」 제8조(내부회계관리제도의 운영 등)에서 정한 사항을 준수했는지 여부 및 이 조 제4항에 따른 내부회계관리제도의 운영실태에 관한 보고내용을 **檢討**하여야 하며, 아울러 주권상장법인의 외부감사인은 동 조에서 정한 사항의 준수여부 및 동 보고서의 보고 내용을 **監査**하여야 한다.(「신외감법」 제8조 제6항)

외부감사인은 일반적으로 공정·타당하다고 인정되는 회계감사기준에 따라 감사를 실시하여야 한다. 이 조 제1항의 회계감사기준은 한국공인 회계사회가 외부감사인의 독립성 유지에 필요한 사항 등을 포함해 대통령령으로 정하는 바에 따라 금융위원회의 사전승인을 받아 정한다.(「신외감법」 제16조 제1항, 제2항)

외부감사인은 감사결과를 기술한 감사보고서를 작성하여야 한다.(「신외감법」 제18조 제1항) 외부감사인은 감사를 실시하여 감사의견을 표명한 경우에는 회사의 회계기록으로부터 감사보고서를 작성하기 위하여 적용하였던 감사절차의 내용과 그 과정에서 입수한 정보 및 정보

의 분석결과 등을 문서화한 서류를 작성하여야 한다.(「신외감법」 제19조 제1항)

외부감사인, 외부감사인에 소속된 공인회계사, 증권선물위원회 위원, 감사 및 감리업무에 관련하여 앞의 자를 보조하거나 지원하는 자 등은 그 직무상 알게 된 비밀을 누설하거나 부당한 목적을 위하여 이용하여서는 아니 된다.(「신외감법」 제20조)

외부감사인은 직무를 수행할 때 이사의 직무수행에 관하여 부정행위 또는 법령이나 정관에 위반되는 중대한 사실을 발견하면 감사/감사위원회에게 통보하고 주주총회 또는 사원총회에 보고하여야 한다. 또한 외부감사인은 회사가 회계처리 등에 관하여 회계처리기준을 위반한 사실을 발견하면 감사에게 통보하여야 한다.(「신외감법」 제22조 제1항, 제2항)

외부감사인은 이사의 직무수행에 관하여 부정행위 또는 법령에 위반되는 중대한 사실을 발견하거나 감사로부터 이러한 사실을 통보받은 경우에는 증권선물위원회에 보고하여야 한다.(「신외감법」 제22조 제7항)

외부감사인은 감사보고서를 대통령령으로 정하는 기간 내에 회사(감사·감사위원회 포함)·증권선물위원회 및 공인회계사회에 제출하여야 한다.(「동법」 제23조 제1항). 외부감사인 또는 그에 소속된 공인회계사는 주주총회 등이 요구하면 주주총회 등에 출석하여 의견을 진술하거나 주주 등의 질문에 답변하여야 한다.(「동법」 제24조)

회사의 회계정보와 관련하여 「신외감법」 제28조제1항 각호의 부정행위 또는 법령 등 위반 사실을 알게 된 자가 외부감사인에게 고지한 경우에는 외부감사인은 그 신고자 또는 고지자의 신분 등에 관한 비밀을 유지하여야 한다.(「신외감법」 제28조 제2항)

Ⅶ. 분식회계의 책임[992]

1. 민사책임

분식결산에 의한 민사책임은 그로 인해 손해를 입은 자에 대한 손해배상책임이 그 중심이 되어 있다. 일반법인 「민법」의 손해배상책임에 관한 규정은 분식결산의 경우에도 당연히 적용되나, 그 특별법인 「상법」, 「자본시장법」,「신외감법」의 손해배상에 관한 규정이 우선 적용된다. 대체로 보아 이들 특별법에서는 「민법」에 비해 고의 · 과실의 주관적 요건에 관한 입증책임이 청구자에게 경감되어 있는 경우가 많기 때문에 손해 회복이 더욱 용이하다고 할 수 있다.

가. 회사의 책임

분식결산은 원래 회사 자신이 행하는 것이 아니고 대표이사 등이 행하는 것이지만, 회사는 대표이사가 그 업무집행으로 인해 타인에게 가한 손해에 대해서 대표이사와 연대하여 배상책임을 져야 한다.(「상법」제389조제3항, 제210조 「민법」제35조 제1항)

따라서 분식결산에 의해서 손해를 입은 자는 누구라 하더라도 회사에 대해서 손해배상을 청구할 수 있다. 단 청구자는 대표이사 등의 고의·과실과 분식결산과 손해 간의 상당인과관

992 김용범. 전게서. 2017. 596~605면. 왕순모, 전게연구논문, 경성법학 제10호, 2001., 54~59면.

계를 입증해야 한다.

나. 이사의 책임

이사는 결산기가 도래하면 대차대조표, 손익계산서 등 결산서류를 작성하여 이사회의 승인을 얻은 후 이것을 감사 또는 감사위원회에 제출하여 감사를 받은 후 정기 총회에 제출하여 승인을 받아야 한다. 일반적으로 결산서류 작성에 관한 의무를 부담하는 것은 대표 이사 및 회계 또는 재무 담당이사(이하 '회계담당이사'라 한다)이다.

1) 회사에 대한 책임

이사는 회사에 대하여 회사와의 위임계약에 입각하여 법령과 정관의 규정에 따라 회사를 위하여 그 직무를 충실하게 수행하여야 한다.(「상법」 제382조 제2항, 제382조의3). 따라서 이사가 「상법」상의 회사회계 관련 규정을 위반하여 분식결산을 함으로써 회사가 손해를 입은 경우에는 이사는 회사에 대한 손해배상책임을 진다.(「상법」 제399조 제1항)

또한 이사가 분식결산에 의해 가공이익 등을 계상함으로써 당초 해서는 안 될 이익배당, 임원상여 등이 지급된 경우, 이사는 연대해 회사에 대해 위법배당금액 및 임원상여금액을 변제해야 한다. 회사에 대하여 책임을 지게 될 이사의 범위는 대표 이사, 회계담당이사뿐만 아니라 이사회에서 분식결산을 승인하거나, 의사록에 이의를 제출 하지 않았던 이사도 포함된다.(「상법」 제399조 제2항 및 제3항)

한편, 업무를 담당하지 않은 이사(비상근이사 등) 역시 다른 업무담당이사(대표이사 포함)들과 같이 감시의무를 부담하여야 하는지에 대해서는 이사의 감시의무에 대한 실정법이 존재하지 않기 때문에 판례를 통하여 구체화하고 있다.[993]

이사의 감시의무를 최초로 인정한 판례인 대명모방사건[994]과 이사의 내부통제시스템구축 및 실행의무를 이사의 감시의무로 보고 손해배상책임을 인정한 대우의 분식회계사건[995]이 이사의 감시의무에 대해 법원이 긍정적인 입장을 취한 것을 보여준다.[996] 단 '이사회에 출석하지 않았던 이사에 대해서 책임을 물을 수 있는가'라는 문제가 있다. 정당한 이유 없이 출석하지 않은 이사는 대표이사의 업무집행을 감시할 의무를 해태한 것으로 회사에 대하여 손해배상책임을 진다고 보아야 한다.

2) 제3자에 대한 책임

가) 「상법」상 책임

"이사가 악의 또는 중대한 과실로 인하여 그 임무를 해태한 때에는 그 이사는 제3자에 대하여 연대하여 손해를 배상할 책임이 있다."(「상법」 제401조) 즉 이사가 분식결산을 시행할 의

---

993 김태진, 「이사의 감시의무에 대한 판례의 고찰」, 한국상사법학회 상사법연구 제29권 제1호, 2010., 110~111면. 김용범. 전게서. 2017. 597면.

994 대법원 1985.6.15. 선고 84 다카1954판결

995 대법원 2008.9.11. 선고 2006다689636판결

996 김용범. 전게서. 2017. 597면. 김태진, 전게논문, 2010., 121~125면.

도를 가지고 재무제표 등에 허위기재를 함으로써 이로 인해 채권자, 주주 등 제3자가 손해를 입은 때에는 이사는 연대하여 배상책임을 지게 된다.

나) 「신외감법」상 책임

「신외감법」 제31조 제4항에 따라 감사인 뿐만 아니라 해당 회사의 이사도 그 책임이 있으면, 감사인과 연대하여 손해배상 책임이 있다. 다만, 손해를 배상할 책임이 있는 자가 고의가 없는 경우에 그 자는 법원이 귀책사유에 따라 정하는 비율에 따라 손해를 배상할 책임이 있다.

다) 「자본시장법」상 책임

「자본시장법」에서 증권신고서와 투자설명서(제125조) 또는 사업보고서 등(제162조)에 중요사항에 관하여 거짓 기재 또는 누락으로 인해 증권취득자 등이 손해를 입은 경우에는 해당 이사(제1호) 또는 증권신고서, 투자설명서, 사업보고서 등의 작성을 지시하거나 집행한 자(제2호)는 그 손해에 관해 배상할 책임이 있다.

다만, 배상을 책임을 질자가 상당한 주의를 하였음에도 불구하고 이를 알 수 없었음을 증명하거나 그 증권의 취득자나 처분 자가 그 취득 또는 처분을 할 때에 그 사실을 안 경우에는 배상책임을 지지 아니한다.

다. 감사 또는 감사위원의 책임

감사 또는 감사위원은 회사에 대해서, 회사와의 위임계약에 입각하여 선량한 관리자로서 성실히 회계감사를 실시할 의무가 있다.(「상법」 제412조, 제415조, 382조 제2항) 그리고 감사 또는 감사위원은 상당한 주의의무를 가지고 회계장부 등을 조사해야 하며, 회계장부 등에 부실한 기재가 있는 경우 감사보고서에 기재하여야 하고(「상법」 제447조의 4 제2항 제2호, 제4호, 제9호, 제10호), 경우에 따라서는 부실 기재 사실 등을 주주 총회에 보고할 의무가 있다.(「상법」 제413조)

이를 해태한 경우에는 「상법」 제635조 제1항 제9호에 의한 과태료 처분 외에 회사 또는 제3자에 대해서 손해배상 책임을 져야 한다.(「상법」 제414조 제1항 및 제2항)

1) 회사에 대한 책임

감사 또는 감사위원(이하 '감사'라 한다)은 그 임무를 해태하여 분식결산을 알고 있으면서 이를 방치하거나, 또는 상당한 주의로써 조사를 하였더라면 발견할 수 있었을 것임에도 불구하고 이를 발견하지 못하고 이것을 정당한 것으로 주주총회에 보고함으로써 회사에 손해를 입힌 경우에는 감사는 이사와 연대하여 회사에 대하여 손해 배상책임을 진다.(「상법」 제414조 제1항)

수인의 감사가 있는 경우에는 연대하여 책임을 지게 되나 고의·과실이 있는 감사만이 그 책임을 지고 당연히 모든 감사가 책임을 지는 것은 아니다. 이사에 대한 대표소송의 규정은 감사의 경우에도 준용된다.(「상법」 제415조, 제407조)

2) 제3자에 대한 책임

가) 「상법」상 책임

감사는 악의 또는 중대한 과실로 인하여 그 임무를 해태한 때에는 제3자에 대해서도 연대하여 손해를 배상할 책임이 있다.(「상법」제414조 제2항)

여기서 악의·중과실이라는 것은 감사가 자신의 임무를 해태하고 있다는 사실을 알고 있었다든지 또는 조금만 주의를 하였더라면 알 수 있었음에도 불구하고 이를 게을리 한 경우를 의미하는 것이며, 제3자가 손해를 입을 것이라는 것을 예견하였다든지 또는 예견할 수 있었다는 것까지 필요로 하지 않는다.

따라서 제3자는 감사가 분식결산을 발견할 수 있었다든지, 부주의로 이를 발견할 수 없었다는 것을 입증하면 된다.

나) 「신외감법」상 책임

「신외감법」 제31조 제4항에 따라 감사인 뿐만 아니라 해당 회사의 이사 또는 감사/감사위원도 그 책임이 있으면, 감사인과 연대하여 손해배상 책임이 있다. 다만, 손해를 배상할 책임이 있는 자가 고의가 없는 경우에 그 자는 법원이 귀책사유에 따라 정하는 비율에 따라 손해를 배상할 책임이 있다.

라. 외부감사인의 책임

감사인에게 민사상책임을 묻기 위해서는「민법」,「신외감법」,「자본시장법」 등을 그 근거로 들어야 한다. 기본적으로 감사인은 회사와 위임계약을 체결하여 이루어진 관계이므로 일반적으로 회사에 대해서는 선관주의의무를 부담하며, 만약 그 의무를 해태 한 경우에는「민법」상 채무불이행 또는 불법 행위로 인한 손해 배상책임을 지게 된다.

또한 외부감사에 대하여 가장 총괄적으로 규정하고 있는「신외감법」에 의해서도 그의 책임을 물을 수 있으며, 유가증권신고서와 사업설명서에 대한 부실감사의 경우「자본시장법」의 규정을 들어 책임을 물을 수 있다.

1) 회사에 대한 책임

가) 「민법」상 책임

앞서 설명하였듯이 감사인은 회사와의 위임계약에 따라 맺어진 관계이다. 따라서 원칙적으로「민법」 제390조 채무불이행에 기한 손해배상책임을 진다. 단 채무자인 감사인이 고의나 과실 없이 이행할 수 없게 된 때에는 손해배상을 청구하지 못한다.

「민법」 제681조의 규정에 따라 감사인은 회사에 대하여 선량한 주의로써 그의 직무를 수행하여야 한다. 만약 이 의무를 게을리 하여 회사에 손해가 발생하게 되면 그는 그 손해에 대하여 계약상 책임으로써 손해배상 책임을 지게 된다. 마지막으로「민법」 제750조 불법행위책임에 따라 손해배상책임을 추궁할 수 있다.

나) 「신외감법」상 책임

외부감사인의 회사에 대한 책임에 관해서는「신외감법」에서 규정하고 있다. 즉 외부감사인이 그 임무를 게을리하여 회사에 대해 손해를 발생하게 한 때에는 그 외부감사인은 회사에 대하여 손해를 배상할 책임이 있다. 이 경우 외부감사인이 감사반인 경우에는 당해 회사에 대한 감사에 참여한 공인회계사가 연대하여 손해를 배상할 책임을 진다.(「신외감법」제31조 제1항, 제3항)

감사인 또는 감사에 참여한 공인회계사가 그 임무를 게을리하여 손해를 발생하게 한 경우 손해배상책임을 면하기 위해서는 그 임무를 게을리하지 아니하였음을 증명하여야 한다.(「신외감법」제31조 제7항)

2) 제3자에 대한 책임

가) 「민법」상 책임

먼저 「민법」상으로 감사인의 회사에 대한 책임과 다르게 감사인과 제3자 사이에는 아무런 계약관계가 존재하지 않는다. 따라서 「민법」제750조에 따른 불법행위책임만 문제될 뿐이다.

따라서 불법행위로 인한 손해배상책임을 지우기 위해서는 ① 회계감사기준 위반, ② 감사인의 귀책사유(과실, 중과실 또는 고의), ③ 중요사항에 대한 위반, ④ 부실 기재, ⑤ 거래인과 관계, ⑥ 신뢰인과 관계가 요구된다.

나) 「신외감법」상 책임

외부감사인의 제3자에 대한 책임에 관해서는 「자본시장법」과는 별도로 「신외감법」에도 규정이 있다. 즉 외부감사인이 중요한 사항에 관하여 감사보고서에 적지 아니하거나 거짓으로 적음으로써 이를 믿고 이용한 제3자에게 손해를 발생하게 한 경우에는 그 감사인은 제3자에 대해 손해를 배상할 책임이 있다.(「신외감법」 제31조 제2항)

다만, 연결재무제표에 대한 감사보고서에 중요한 사항을 적지 아니하거나 거짓으로 적은 책임이 종속회사 또는 관계회사의 감사인에게 있는 경우에는 해당 감사인은 이를 믿고 이용한 제3자에게 손해를 배상할 책임이 있다.(「신외감법」 제31조 제2항 후단) 이 경우에도 외부감사인은 그 임무를 게을리 하지 않았음을 입증하지 않으면 책임을 면하지 못 한다.(「신외감법」 제31조 제7항)

그리고 외부감사인이 회사 또는 제3자에 대하여 손해를 배상할 책임이 있는 경우에 해당 회사의 이사 또는 감사도 그 책임이 있는 때에는 그 감사인과 해당 회사의 이사 및 감사는 연대하여 손해를 배상할 책임이 있다. 다만, 손해를 배상할 책임이 있는 자가 고의가 없는 경우에 그 자는 법원이 귀책사유에 따라 정하는 책임비율에 따라 손해를 배상할 책임이 있다.(「신외감법」 제31조제4항)

그리고 「신외감법」에 의한 외부감사인의 책임은 그 청구권자가 해당 사실을 안 날로 부터 1년 이내 또는 감사보고서를 제출한 날로부터 8년 이내에 청구권을 행사하지 아니한 때에는 소멸한다.(「신외감법」제31조 제9항)

또한 회계법인은 위와 같은 「신외감법」 규정에 의한 회사 또는 제3자에 대한 손해를 배상하기 위하여 한국공인회계사회에 손해배상공동기금을 적립하여야 한다.(「신외감 법」 제32조의 제1항)

다) 「자본시장법」상 책임

「자본시장법」상 상장회사 등이 작성·제출해야 하는 유가증권신고서 내지는 사업보고서에 포함되는 재무제표가 허위기재 등에 의하여 분식결산이 이루어졌음에도 불구하고 이를 적정한 것으로 감사 증명한 공인회계사 또는 회계법인은 그 회사의 유가증권을 취득한 자에 대하여 분식결산으로 입은 손해를 배상할 책임을 지게 된다.(「자본시장법」 제125조 제1항 제3호, 제162조 제1항 제3호 및 제170조 제1항)

이 책임은 과실책임이지만 입증책임이 전환되어 외부감사인 또는 회계법인이 그 책임을 면하기 위해서는 상당한 주의를 하여 감사를 실시하였음에도 불구하고 분식 결산이라는 것을 발견할 수 없었다는 것, 즉 허위증명을 한 것에 대하여 고의 또는 과실이 없었다는 것을 입증하거나 유가증권의 취득자가 취득 청약 시에 그 사실을 알고 있었음을 입증하지 않으면 안 된다.(「자본시장법」 제125조 제1항, 제162조 제1항 및 제170조 제1항)

라) 「증권관련 집단소송법」상 책임

「증권관련 집단소송법」은 회계정보 이용자가 기업의 회계부정으로 인한 막대한 경제적 피해를 해소하기 위하여 2005년 1월부터 시행중인 법제도이다. 이 제도는 분식회계 및 허위공시, 부실감사, 불공정행위 등으로 인해 다수에게 피해가 발생한 경우 1인 또는 수인이 대표당사자가 되어 손해배상을 청구할 수 있도록 한 법제도 이다.[997]

「증권관련 집단소송법」 제3조 제1항에서는 손해배상청구에 대한 그 적용범위를 「자본시장법」 상의 네 가지의 경우로 제한하고 있다.

① 증권신고서나 투자설명서의 거짓의 기재 등에 대한 손해배상청구(「자본시장법」 제125조)
② 사업보고서·반기보고서·분기보고서·주요사항 보고서의 거짓의 기재 등에 대한 손해배상청구(「자본시장법」 제162조)
③ 미공개 중요정보 이용행위나 시세조종, 부정거래행위에 대한 손해배상청구(「자본시장법」 제175조, 제177조, 제179조)
④ 회계감사인의 부실감사에 대한 손해배상청구(「자본시장법」 제170조) 등

분식회계에 대한 손해배상청구는 제1호와 제2호(간혹 제3호)가 있다. 이 규정 내용을 근거로 증권신고서 및 투자설명서 또는 사업보고서 등 중요 사항에 대하여 거짓의 기재 또는 표시가 있거나 중요 사항이 기재 또는 표시되지 않음으로 인하여 증권 취득자가 손해를 입은 경우에 한하여 손해배상청구를 할 수 있도록 하고 있다.

부실감사와 관련해서는 제4호(간혹 제3호)가 있다. 이 경우 회계감사인에 대하여 손해배상청구를 할 수 있는 경우에 해당되어, 「신외감법」 제31조 제2항에서 제9항까지의 규정에 대하여 선의의 증권취득자가 사업보고서 등에 첨부된 회계 감사인의 감사 보고서를 신뢰하여 손해를 입은 경우 그 회계감사인의 손해배상책임을 준용하고 있다.

997 김용범. 전게서. 2017. 601면. 박정우/정래용, 「증권집단소송제에 따른 감리제도 개선방안에 관한 연구」, 한국상사법학회 상사법연구 제25권 제3호, 2006., 222면.

다만 배상책임 있는 자는 자신이 상당한 주의를 하였음에도 불구하고 그러한 거짓기재 또는 표시가 있음을 알지 못한 경우에는 이 사실을 증명하여야 하며, 증권취득자가 그 사실을 알았던 경우에는 배상책임이 없다.

2. 형사책임

분식결산에 의한 범죄는 회계조작으로 인해 일반투자가나 회사 채권자를 기만하고, 위법배당이나 임원 상여 등에 의해서 회사 재산을 감소시키어, 급기야 회사 도산이란 막다른 사태에 이르게 한다.

이것은 다수의 일반 투자자나 채권자에게 막대한 피해를 끼칠 뿐만 아니라 종업원의 대량 실업, 관련 회사의 연쇄도산을 불러오는 그야말로 공공적 범죄라 아니 할 수 없다. 따라서 「상법」, 「자본시장법」, 「신외감법」에서는 분식결산에 관여한 자에 대해서 엄격한 형사상 처벌을 가하고 있다.

가. 이사 및 감사의 형사책임

1) 「상법」상 책임

가) 특별배임죄

회사의 임원이 가공이익을 계상하여 본래 해서는 안 될 이익배당이나 임원상여 등을 지급함으로써 회사의 재산을 감소시킨 경우, 그 임원이 자신의 이익 또는 제3자(주주포함)의 이익을 취득하게 한 것으로 인정되면, 특별배임죄로써 10년 이하 징역 또는 3천만 원 이하의 벌금에 처한다.(「상법」 제622조)

이 특별배임죄에 해당하기 위해서는 「그 임무에 위배한 행위로써 재산상의 이익을 취득하거나 제3자로 하여금 이득을 취득하게 하여 회사에 손해의 발생」에 대한 범의가 있어야 한다. 여기서 이익이란 재산상의 이익에 한정되는 것이 아니기 때문에 임원이 자신의 체면이나 사회적 지위를 유지하기 위해서 위법배당 등 회사 재산을 출연한 경우에는 자신의 이익을 꾀할 목적이 있었다고 인정된다.

그러나 배임죄의 본질은 이사의 임무위배에 있는 것이기 때문에 위법배당 등이 회사의 신용유지를 위해서 부득이 한 지출이라고 인정되는 경우에는 특별배임죄는 성립하지 않는다고 보아야 한다.[998]

자세한 내용은 제2편 제8장 제3절 Ⅱ-1. "특별배임죄" 항목을 참조하기 바랍니다.

나) 회사재산을 위태롭게 하는 죄(또는 위법배당죄)

분식결산에 의해서 가공의 이익을 계상하여 「상법」제462조의 규정에 의한 배당 가능이익의 한도를 넘어서 위법배당을 한 때에는, 위법배당이라는 것을 알고 배당이익을 승인한 이사나 이것을 정당한 것으로 감사보고를 한 감사는 5년 이하의 징역 또는 1천 5백만 원 이하

998 김용범. 전게서. 2017. 603면. 왕순모, 전게연구논문, 경성법학 제10호, 2001., 57면.

의 벌금에 처한다.(「상법」 제625조 제3호)

이 회사재산을 위태롭게 하는 죄 중 위법배당죄는 특별배임죄와는 달리 그 목적 여부를 묻지 않기 때문에, 단지 위법한 이익배당을 했다는 사실을 알고 있는 것만으로 형사책임을 지게 된다.[999] 자세한 내용은 제2편 제8장 제3절 Ⅱ-3. "회사재산을 위태롭게 하는 죄" 항목을 참조하기 바랍니다.

다) 부실보고죄

회사의 이사, 감사, 집행임원 등이 「상법」 제604조 및 제607조와 같은 조직변경이 있는 경우 회사에 현존하는 순 재산액보다 많은 금액을 자본금의 총액으로 하여 법원 또는 총회에 부실한 보고를 하거나 그 사실을 은폐한 경우에는 같은 법 제626조의 규정에 의하여 부실보고죄로 5년 이하의 징역 또는 1천 500만 원 이하의 벌금에 처한다. 자세한 내용은 제2편 제7장 제3절 Ⅰ-5. "부실보고죄" 항목을 참조하기 바랍니다.

라) 부실문서행사죄

이사, 감사 또는 주식·사채의 모집을 위탁받은 자가 주식·사채를 모집함에 있어서 주식청약서, 사채청약서, 사업계획서, 주식 또는 사채의 모집 등에 관련된 중요한 사실에 관해서 부실한 기재를 하거나 부실한 기재가 있는 것을 알면서도 동 문서를 행사한 때에는 5년 이하의 징역 또는 1천 5백만 원 이하의 벌금에 처한다.(「상법」 제627조 제1항)

증자 등에 의한 자금조달의 원활화를 꾀하기 위해 분식결산에 의해서 경영성적을 양호하게 조작한 문서를 배포·행사한 때에는 엄격한 형사책임이 가해지게 된다. 여기서 행사란 것은 공중에 대해 열람될 수 있는 상태를 말한다.[1000] 자세한 내용은 제2편 제8장 제3절 Ⅱ-6. "부실문서행사죄" 항목을 참조하기 바랍니다.

마) 허위문서 작성죄

「상법」상 이사, 감사 또는 감사위원 등이 회계장부, 재무제표, 감사보고서 등에 기재할 사항을 기재하지 않거나 부실한 기재를 한 때에는 500만 원 이하의 과태료 처분의 대상이 될 뿐이다.(「상법」 제635조 제1항 제9호)

2) 「자본시장법」상 책임 – 허위서명·증명죄

자세한 내용은 제2편 제8장 제3절 Ⅲ-5. "허위서명·증명죄" 항목을 참조하시기바랍니다.

3) 「신외감법」상 책임

가) 회계분식죄

이사, 집행임원, 감사, 감사위원 등 「상법」 제401조의2 제1항 및 제635조 제1항에 규정된 자나 그 밖에 회사의 회계업무를 담당하는 자가 「신외감법」 제5조에 따른 회계처리기준

---

999 김용범. 전게서. 2017. 603면. 왕순모, 전게연구논문, 경성법학 제10호, 2001., 57~58면.

1000 김용범. 전게서. 2017. 604면. 왕순모, 전게연구논문, 경성법학 제10호, 2001., 58면.

을 위반하여 거짓으로 재무제표를 작성·공시하거나 감사인 또는 그에 소속된 공인회계사가 감사보고서에 기재할 사항을 기재하지 아니하거나 거짓으로 기재한 경우에는 10년 이하의 징역 또는 그 위반으로 얻은 이익 또는 손실액의 2배 이상 5배 이하의 벌금에 처한다.(「신외감법」 제39조 제1항)

「신외감법」 제39조제1항에도 불구하고 「동법」 제5조에 따른 회계처리기준을 위반하여 회사의 재무제표상 손익 또는 자기자본 금액이 자산총액의 일정비중에 해당하는 금액만큼 변경되는 경우에는 다음 각 호에 따라 각각 가중할 수 있다. 다만, 자산총액의 100분의 5에 해당하는 금액이 500억 원 이상인 경우만 적용된다.(「신외감법」 제39조 제2항).

① 재무제표상 변경된 금액이 자산총액의 100분의 10 이상인 경우에는 무기 또는 5년 이상의 징역에 처한다.

② 재무제표상 변경된 금액이 자산총액의 100분의 5 이상으로서 제①호에 해당하지 아니하는 경우에는 3년 이상의 유기 징역에 처한다.

나) 회계감사 등 독직죄

감사인, 감사인에 소속된 공인회계사, 감사, 감사위원회의 위원 또는 감사인선임 위원회의 위원이 그 직무에 관하여 부정한 청탁을 받고 금품이나 이익을 수수. 요구 또는 약속한 경우에는 5년 이하의 징역 또는 5천만 원 이하의 벌금에 처한다.

다만 벌금형에 처하는 경우 그 직무에 관하여 얻은 경제적 이익의 5배에 해당하는 금액이 5천만 원을 초과하는 경우 그 직무와 관련하여 얻은 경제적 이익의 5배에 해당하는 금액 이하의 벌금에 처한다.(「(신)외감법」제40조 제1항, 제2항)

다) 「신외감법」제41조 위반죄

「상법」 제401조의2 제1항 및 제635조 제1항에 규정된 자나 그 밖에 회사의 회계업무를 담당하는 자, 감사인 또는 그에 소속된 공인회계사나 제20조 제4호에 따른 감사업무와 관련된 자가 다음 각 호의 어느 하나에 해당하는 행위를 하면 5년 이하의 징역 또는 5천만 원 이하의 벌금에 처한다.

「신외감법」 제41조 위반죄 내용

① 내부회계관리제도에 따라 작성된 회계정보를 위조·변조·훼손 또는 파기한 경우
② 감사조서를 위조·변조·훼손 또는 파기한 경우
③ 이사의 부정행위 등을 보고하지 아니한 경우
④ 주주총회에 출석하여 거짓으로 진술을 하거나 사실을 감춘 경우 등

라) 「신외감법」 제42조 위반죄

「상법」 제401조의2 제1항 및 제635조 제1항에 규정된 자나 그 밖에 회사의 회계업무를 담당하는 자, 감사인 또는 그에 소속 된 공인회계사나 제20조 제4호에 따른 감사업무와 관련된 자가 다음 각 호의 어느 하나에 해당하는 행위를 하면 3년 이하의 징역 또는 3천만 원

이하의 벌금에 처한다.

「신외감법」 제42조 위반죄 내용

① 재무제표를 제출하지 아니한 경우 ② 생략
③ 정당한 이유 없이 제7조 및 제21조에 따른 지배회사 또는 외부감사인의 열람, 복사, 자료제출 요구 또는 조사를 거부·방해·기피하거나 거짓자료를 제출한 경우
④ 정단한 이유 없이 기간 내에 외부감사인을 선임하지 아니한 경우 ⑤ 생략
⑥ 정당한 이유 없이 제27조 제1항에 따른 자료 제출 등의 요구·열람 또는 조사를 거부·방해·기피하거나 거짓 자료를 제출한 경우 ⑦ 생략
⑧ 외부감사인 등에게 거짓자료를 제시하거나 거짓이나 그 밖의 부정한 방법으로 외부 감사인의 정상적인 회계감사를 방해한 경우

4) 「형법」상 책임 –사기죄

자세한 내용은 제2편 제8장 제3절 Ⅳ-1. "사기죄" 항목을 참조하시기 바랍니다.

나. 감사인 및 공인회계사의 형사책임

1) 「자본시장법」상 책임 – 허위 서명·증명죄

자세한 내용은 제2편 제8장 제3절 Ⅲ-5. "허위 서명·증명죄" 항목을 참조하시기 바랍니다.

2) 「공인회계사법」상 책임 – 진실의무위반죄

공인회계사는 직무를 수행할 때에는 같은 「공인회계사법」 제15조 제3항이 규정하고 있는 것과 같이 고의로 진실을 감추거나 허위 보고를 하지 못한다. 만약 그가 이러한 의무를 위반하여 고의로 진실을 감추거나 거짓을 보고하면 3년 이하 징역 또는 3천만 원 이하의 벌금에 처하게 된다.(「공인회계사법」제53조제2항 제1호)

3. 분식회계의 주요 판례

사례1

감사의 분식회계 책임을 부정한 판례

이사가 감사의 독촉에도 불구하고 「상법」 제447조의3에서 정한 법정기한을 지키지 않고 주주총회 직전에야 감사에게 재무제표 등을 제출함에 따라 그 재무제표 등의 부당성을 지적하기에 시간이 부족하여 부득이 외부감사인의 감사보고서를 참고하여 감사보고서를 작성·제출할 수밖에 없었던 경우, 결산과 관련해 감사로서의 직무를 전혀 수행하지 아니한 경우와는 달리 감사로서 결산 관련 업무를 수행하기는 하였으나 분식결산이 회사의 다른 임직원들에 의해 조직적으로 교묘하게 이루어진 것이고 재무제표 등을 법정기한 내에 제출하지 못하여 위와 같이 조직적으로 분식된 재무제표 등에 허위로 기재가 있다는 사실을 밝혀낼 수 없었던 때에는 감사가 분식결산을 발견하지 못하였다는 사정만으로 과실이 있다고 할 수는 없다.(대법원. 2011. 4. 14. 선고 2008다14633 판결)

사례2

감사의 분식회계 책임을 긍정한 판례

① 주식회사의 감사가 만약 실질적으로 감사로서의 직무를 수행할 의사가 전혀 없으면서도 자신의 도장을 이사에게 맡기는 등의 방식으로 그 명의만을 빌려줌으로써 회사의 이사로 하여금 어떠한 간섭이나 감독도 받지 않고 재무제표 등의 허위의 사실을 기재한 다음 그와 같이 분식된 재무제표 등을 이용하여 거래 상당방인 제3자에게 손해를 입히도록 묵인하거나 방치한 경우 감사는 악의 또는 중대한 과실로 인하여 임무를 해태한 때에 해당하여 그로 말미암아 제3자가 입은 손해를 배상할 책임이 있다고 할 것이다.(대법원. 2008. 2. 14. 선고. 2006다82601 판결)

② 우리 「상법」이 감사를 감사와 비상임감사를 구별하여 비상임감사는 상임감사에 비하여 그 직무와 책임이 감경되는 것으로 규정하고 있지도 않을 뿐 아니라, 우리나라 회사들이 비상임감사를 두어 비상임감사는 상임감사의 유고시에만 감사의 직무를 수행하도록 하고 있다는 상관습의 존재도 인정할 수 없으므로, 비상임감사는 감사로서의 선관주의의무 위반에 따른 책임을 지지 않는다는 주장은 허용할 수 없다.(대법원. 2007. 12. 13. 선고. 2007다60080 판결)

③ 기업체 임직원 등이 대규모 분식회계에 가담하거나 기업체의 감사가 대규모로 분식 된 재무제표의 감사와 관련하여 중요한 감사절차를 수행하지 아니하거나 소홀히 한 잘못이 있는 경우에는..생략..충분한 담보를 제공하였다는 사정만으로 도산이 불가피한 상황에 있는 기업체의 분식회계와 금융기관의 지급보증 또는 대출사이에 인과관계가 없다고 볼 수 없다.(대법원. 2007. 6. 28. 선고. 2006다52259 판결 외)

④ 회계분식이 다른 임직원들에 의하여 조직적으로 은밀하게 이루어졌고, 일부 임직원 들의 전횡이 용인되어 있던 과거 실무관행과 감사에 의한 사전결재시스템이나 사후 보고시스템 등과 같은 감사를 위한 인적·물적 지원조직이 마련되지 않은 상태에서 중요한 정보에 대한 접근이 제한되는 경우, 감사가 회사의 필요적 상설기관으로서 회계감사를 비롯해 이사의 업무집행의 전반을 감사할 「상법」상의 권한 또는 의무 등을 가지고 있는 점을 비추어 볼 때 감사로서 재직하였던 ○○중공업과 같은 대규모 상장기업에서 일부 임직원들의 전횡이 방치되고 있었다거나 중요한 재무 정보에 대한 감사의 접근이 조직적·지속적으로 차단되고 있는 상황이라면, 감사의 주의 의무는 경감되는 것이 아니라, 오히려 현격히 가중된다고 보아야 한다.(대법원. 2008. 9. 1. 선고. 2007다31518 판결)

Ⅷ. 분식회계의 근절방안

최근 최대 규모인 ○○조선해양의 분식회계(9조 9,651억 원) 및 사기대출(20조 8,185억 원) 범죄에서 알 수 있듯이 이러한 분식회계 및 그에 근거 한 사기대출을 막기 위해서는 분식회계 관련 기업 및 임직원 그리고 외부감사인과 공인회계사 및 회계법인 대표이사에 대한 감독당국의 강력한 단속의지가 매우 중요하다.

따라서 감독당국의 강력한 단속의지를 반영하여 2017년 9월 제정한 「신외감법」은 분식회계를 한 임원에 대한 직무정지 조치 신설, 회계부정 관련자에 대한 징역 및 벌금의 상향 및 해당법인에 대한 병과, 필요적 몰수 추징규정, 외부감사인의 손해배상책임 시효연장 등 회계부정 관련 제재를 강화하였다.

위에서 본 바와 같이 분식결산 그 자체의 위법성은 현행법제하에서도 용이하게 인정되며, 이에 따른 법률효과라는 측면에서도 나름대로 제재조치가 강구되어 있다고 볼 수 있다. 특히 이사, 감사 및 외부감사인 등 분식결산에 관여한 자의 민·형사 책임에 관해서는 비교법적으로 보아도 이례 없는 엄격한 규정을 두고 이에 대처하고 있다.

분식회계는 기업과 외부감사인의 합작품이라는 말이 공공연히 나돌기도 한다. 분식 회계를 방지하기 위한 제도적 장치는 어느 정도 완비되었다고 봐도 손색이 없다. 다만 분식회계는 경영진이나 대주주 등이 필요에 따라 행하여지고, 감사인이 방조하는 것이 일반적이므로 이러한 분식회계를 근절하기 위해서는 이들의 변화가 절실히 필요하다.

1. 의식구조의 변화

분식회계를 근절하기 위해서는 무엇보다도 여기에 대한 온 국민의 관심이 필요하다. 겉으로 보기에 분식회계의 주체는 기업체, 정부, 회계사 등으로 평범한 우리들과 관계없는 사람들이기에 관심을 가질 수 없었을지도 모른다.

그러나 분식회계를 근절하기 위해서는 사회 전반적으로 법규를 잘 지키는 기업, 정직한 기업, 투명한 기업이 대우를 받을 수 있는 풍토의 조성이 시급하다. 그러나 실제로 많은 경제 주체들은 투명성을 지키려고 하지 않고 있다. 왜 그런 것인가?

법대로 정직하게 살면 망한다고 흔히들 말한다. 우리는 이 말에서 경제주체들이 불투명성의 오명을 벗지 못하는 까닭을 어느 정도 유추할 수 있다. 우리사회는 어느새 자신의 굳은 신념을 가지고 정직하게 원칙대로 사는 사람들이 손해를 보는 사회가 되어버린 것이다.

그렇기에 많은 사람들이 투명해지기를 거부하게 된다. 결국 투명성에 대한 신뢰성 상실이 불투명성을 낳은 셈이 된다. 즉, **악화가 양화를 구축(驅逐)한 셈이다.** 그리고 그러한 불투명성의 피해는 바로 그 주변인들에 국한되지 않고, 국제적인 신용도의 하락으로 인하여 국민 전체에게로 돌아가게 되는 것이다.

최근 문제가 되고 있는 여러 기업들의 분식회계로 인하여 여기에 관계된 사람들이 큰 피해를 입고 있고, 이로 인하여 한국의 기업 전체에 대한 불신도가 점점 커지고 있다. 따라서 우리 경제가 좀 더 효율적으로 돌아가고, 또한 구성원들이 서로가 서로를 믿으면서 살아가기 위해서는 사람들의 행동에 대한 비판적인 시각이 필요하다.

그들이 행한 행위에 대하여 정당한 대우를 하고 또한 책임을 묻는 사회분위기를 만들어야 한다. 이러한 사회 분위기를 만들기 위해서는 금융당국 혼자만의 노력으로 달성할 수 없으며, 정부는 물론 불법에 대하여 책임을 부과할 수 있는 사법당국이나 금융 당국의 엄정한 조치 의지와 국민의 노력이 무엇보다도 가장 중요하게 작용한다.

요즘 심각한 문제로 다가오고 있는 분식회계를 해결할 수 있는 가장 큰 방안은 국민들이 지속적으로 관심을 가지고 투명한 사회를 만들기 위해 노력하는 것이다. 즉, 국민전체가 관심을 가지고 지켜보고 있다면, 기업, 회계사 모두 지금처럼 계속 분식회계를 할 수 없을 것이고 감독당국도 방관할 수는 없을 것이다.

2. 운영측면의 개선

가. 회사의 노력

1) 회사 경영자의 기업 윤리의식 강화

분식결산이 현행법상 위법행위에 해당한다는 경영자의 의식이 결여되어 있다는 문제가 있다. 실제 결산정책상 회계장부 조작을 일삼는 많은 경영자들이나 대주주들은(이하 '경영자들'이라 한다) 기업을 私有物로 착각하고 있으며, 이러한 행위에 대한 범죄의식을 망각하고 있는 사례를 흔히 볼 수 있다.

분식결산은 회사의 결산정책에 입각하여 경영자의 지시에 따라 이루어지는 것이므로 그 1차적 책임은 당연히 이들 경영자들에게 있다. 따라서 이것은 경영자의 의식구조에 관한 문제로서 부실 기재 내지는 허위 기재 그 자체가 위법행위에 해당 된다는 점과 그 법률효과로서 민·형사상의 무거운 책임을 지게 된다는 점을 재인식시킬 필요가 있을 것이다.

아무리 훌륭한 법 체제를 갖추고 또한 그들에 대한 책임과 벌칙을 강화한다 하더라도 경영자들 스스로가 분식결산이 사회에 미치는 악영향과 기업의 사회적 역할을 자각하여 강력한 의지로써 이를 배제하려 하지 않는다면 결코 이를 근절할 수 없는 것이다. 경영자들의 倫理觀과 意識轉換이 그 어느 때보다도 절실히 요구된다.[1001]

2) 내부회계관리제도 구축·운영의 강화

분식결산이 경영진에 의해 기업의 결산정책에 입각하여 계열사 또는 관계회사 등과 공모하거나, 또한 회사의 內部統制組織 내지는 內部管理體制를 이용하여 교묘한 수법으로 이루어지기 때문에 이를 예방하고 적발하는 데에는 機能的 限界가 있다는 점을 지적하지 않을 수 없다.

따라서 분식회계를 근절하기 위해서는 회사가 거래발생 단계부터 장부에 기록하고 경영진도 함부로 수정하지 못하게 하는 내부회계 통제제도의 구축 및 유지가 필수적이다. 많은 기업들은 월말 또는 연말에 장부를 보완하거나 수정하고 있어 분식회계를 통한 재무정보의 歪曲危險이 항상 常存하고 있다고 볼 수 있다.

이를 근본적으로 방지하기 위해서는 내부회계관리제도를 회사는 내부통제의 통제환경·위험사정·통제활동·정보 및 의사소통·모니터링의 5가지 구성요소를 모두 포함하여 설계하고, 이사회·경영진 및 중간 관리자와 일반직원에 이르기까지 조직 내 모든 구성원들에 의해 설계된 대로 체계적으로 운영되어야 한다.

감사/감사위원회는 경영진과는 독립적인 입장에서 엄정(嚴正)하게 내부회계관리 제도의 구축·운영 실태를 평가하고 그 결과를 이사회에 보고하여 문제점을 시정토록 하며, 외부감사인은 내부회계관리제도의 운영실태에 대해 제3자적 입장에서 검토/감사하고, 문제점을 감사보고서에 표명하여 동제도의 적정운영을 확보토록 지원해야 한다.

나. 감사인의 노력

1001 김용범. 전게서. 2017. 607면. 왕순모. 전게연구논문. 경성법학 제10호. 2001., 59~60면.

1) 공인회계사의 기업 윤리의식 강화

한 기업의 재무제표가 기업회계기준에 따라 제대로 기록되었는지를 판단하기 위해서는 감사인의 역할이 매우 중요하다. 특히 회계법인과 감사받는 회사 간에 유착이 있어서는 안 된다. 그런데 많은 기업들은 회사 경영인과 감사인 간의 개인적인 친분 관계를 토대로 하여 감사인을 선임하고 있다.

감사인과 기업 간의 개인적인 친분이 있을 때 감사인 선임을 제한하는 규제의 규정이 있기는 하지만, 규제보다 더 중요한 것이 공인회계사들의 직업 윤리의식이라고 생각된다. 공인회계사 자신이 외부감사업무에 대한 윤리에 대한 의식이 없을 경우에는 어떠한 엄격한 제도라도 결국 소용이 없을 것이기 때문이다.

외부감사인은 결코 회사 경영자의 하수인이 아니며, 외부감사 또한 경영자 개인의 이익을 옹호하기 위하여 실시하는 것이 아니다. 외부감사인은 재무제표의 적부에 관한 의견을 표시하며 이해관계인으로 하여금 적확한 의사결정을 용이하게 하고 나아가서는 社會的 公器로서의 지도적·비판적 역할을 다하여야 한다.

즉, 외부감사인은 무엇보다도 피감사회사의 결산정책, 회계부문 내부통제조직에 관해 철저한 조사를 실시하여야 하며, 구체적인 회계처리에 관해 부당·위법한 사항이 발견되었을 때는 이를 시정토록 권고·지도하고, 항상 비판적인 자세로 조사에 임함으로써 분식결산에 대한 抑止的 機能을 최대한 발휘하여야 한다.[1002]

2) 분기 검토제도의 활성화

현재 우리의 감사 현실은 12월인 결산기에 집중된 감사업무로 인해서 외부감사인이 충분한 인력과 시간을 갖고 충분히 검토를 못하고 있는 실정이다. 우리나라 외부감사 대상법인의 12월 결산 집중률이 90%를 상회(96.7%)[1003]하고 있다. 감사인은 법인세 납부기한인 3월 말까지 검사를 끝내야 한다.

그러나 자료가 나오는 1월 중순경부터 감사를 시작하기 때문에 불과 2개월 만에 감사업무를 종결해야 한다. 자연히 감사인들은 회계정보의 적정성에 대하여 제대로 판단하지 못하여 부실 감사로 이어지고, 이는 곧 분식회계에 대한 감시가 소홀해짐을 의미하게 되어 기업이 계속 부실을 은폐하려는 악순환에 빠지게 된다.

외부감사인은 상시 감사체제로의 전환을 촉진하기 위해서, 분기 검토 제도를 활성화하여 기업들의 중요한 재무관련 사항을 평소에 숙지하고, 기업의 중요 변화에 대하여는 관심을 가지고 모니터링하여 회기 말 결산 감사 시에는 이를 검토 및 감사업무에 적극 활용함으로써 감사업무의 효율성을 강구하여야 한다.

다. 이해관계자의 노력

1) 채권자 및 투자자의 노력

1002 김용범. 전게서. 2017. 608면. 왕순모, 전게연구논문, 경성법학 제10호, 2001., 60면.

1003 한국경제, 국회 : 기획재정위원회, 2015. 9. 26.

채권자 및 투자자들은 해당 기업이 제대로 돌아가는지를 감시 및 감독해야 하는 임무를 맡고 있다. 이들이 자금을 투입한 기업이 분식회계로 인하여 도산했을 경우에, 정작 큰 피해를 입게 되는 것은 바로 이들이다. 자신이 투자한 기업의 경영상태에 대하여 관심을 가지고 감시하는 것은 자기 자신을 위해서도 필요한 일이다.

특히 금융회사 등의 경우 기업이 부실하게 되었을 때 공적자금의 투입 등의 사회적인 문제가 야기될 수도 있다. 따라서 개인투자자의 경우 전문적인 기업 분석가의 도움을 적극 활용하며, 법인의 경우는 스스로 정교한 기업 분석시스템을 개발하거나 직원들의 업무역량을 개발하여 적기 채권회수 및 투자손실에 대비하여야 할 것이다.

2) 내부고발제도의 활성화

내부고발제도의 활성화에 관한 자세한 내용은 제1편 제4장 제5절 Ⅵ-3. "내부고발의 효과적 운영" 항목을 참조하기 바랍니다.

3) 감사인지정 요청제도의 활성화

「신외감법」 제11조 제1항 제1호에 의하여 회사의 경영진 또는 감사 및 감사위원회가 회계부정 의혹 발생 시 감독당국에 새로운 감사인을 지정해 줄 것을 요청할 경우에는 감독당국은 일정기간 감리대상을 유예 또는 면제 하는 등의 감리인센티브를 부여하여 감사인지정 요청제도를 활성화한다.

3. 감독측면의 개선

1) 분식회계 관련 制裁者에 대한 취업 제한

○○그룹의 분식결산에 대한 중징계가 있기는 하였지만, 분식회계로 검찰에 고발까지 당한 기업이 퇴출되지 않거나 분식회계 등 관련 임직원이 해임·면직 조치를 받은 경우에도 타회사에 버젓이 근무하고 있는 바, 분식회계 관련 임직원에 대한 제재의 실효성을 확보하기 위해서는「은행법」등 에서와 같이 분식회계 관련하여 사법 및 행정제재를 받은 자에 대하여는 일정기간 취업을 제한 하는 것에 대한 적극적인 검토가 필요하다.

2) 감사보고서에 대한 감리업무의 정교화[1004]

현행「외부 감사 및 회계 등에 관한 규정」제48조에 제1항에 의하면 증선위는 다음 각 호1에 해당하는 경우 관련 감사보고서(연결감사보고서 및 결합감사 보고서를 포함)에 대한 감리 (이하 "감사보고서 감리")를 실시하도록 되어 있다.

감사보고서의 감리대상회사

① 금융위의 요청이 있는 요청이 있는 경우
② 금융위·증선위의 업무수행과정에서 회계처리기준 또는 법 제5조제1항의 규정에 의한 회계감사

1004 김용범. 전게서. 2017. 614~615면.

기준을 위반한 혐의가 있는 경우

③ 검찰 등 국가기관이 회계처리기준 또는 회계감사기준 위반혐의를 적시하여 조사를 의뢰한 경우

④ 회사관계자·감사관계자·기타 이해관계인 등이 회계처리기준 또는 회계 감사기준 위반혐의를 구체적으로 적시하여 관련 증빙자료와 함께 실명으로 제보한 경우

또한「외부감사 및 회계등에 관한 규정」제48조 제3항에 의하면 증선위는 감사인의 공정한 감사를 유도하기 위해 제1항에 해당되지 않는 경우에도 전산재무분석시스템을 활용한 계량적 분석방법이나 무작위 표본추출 등의 방법에 의하여 선정한 회사, 기타 필요하다고 인정하는 회사의 감사보고서를 대상으로 감리를 실시할 수 있다.

현행 증선위의 감사보고서의 감리대상회사 선정기준은 감사인의 공정한 회계감사를 유도하는 데 초점을 맞추고 있으나 분식회계는 경영진이나 대주주에 의해 주도적으로 이루어지고 있다는 점을 고려할 때 '을'의 위치에 있는 감사인 만을 초점을 맞추는 선정기준은 실효성 측면에서 적정하지 못하다.

「회계부정기업의 재무구조와 지배구조특성에 관한 연구」[1005]에 의하면 **첫째,** 지배구조 특성 변수에 의한 차이분석 결과 경영자보상과 최대주주지분율, 감사인 교체여부 및 부채비율에서 회계부정기업과 통제기업 사이에 유의적인 차이가 나타나고 있다.

둘째, 재무구조에 대한 차이분석 결과 안정성지표에서는 회계부정과 통제기업 사이에서 차입금 의존도와 영업이익대비 이자보상배율의 변수가 유의한 차이를 나타냈고, 수익성지표에서는 매출액 영업이익률, 매출액 순이익률, 총자산 순이익률 그리고 총자산 대비 영업현금흐름비율의 변수에서 유의적인 차이가 나타나고 있다.

마지막으로 활동성지표에 대한 분석결과 유형자산회전율과 총자산회전율에서 회계부정기업과 통제기업의 유의적인 차이가 나타났다.

따라서 감사보고서에 대한 감리의 효율성과 기업 분식회계를 근본적으로 방지하기 위해서는 감독당국의 감사보고서에 대한 감리대상회사 선정기준을 기업의 지배구조 특성 그리고 재무구조인 안정성지표, 수익성지표 및 활동성 지표의 분석결과 등을 고려한 보다 정교한 선정기준을 개발하여 운영하는 것이 바람직하다고 본다.

그리고 증권선물위원회는 감리업무를 수행함에 있어서 외부감사인의 감사업무에 대해 품질관리기준의 준수여부에 대한 감리 및 품질관리수준에 대한 평가를 함으로써 감사보고서의 품질관리 수준을 높여 부실감사를 사전에 예방하고, 품질관리기준의 준수여부를 점검함으로써 품질관리제도의 실효성을 확보토록 하여야 한다.

3) 손해배상청구제도의 활성화

우리나라의 대부분의 대기업은, 소유와 경영이 분리되지 않은 채, 말하자면 재벌 주주 내지는 그 혈족에 의한 지배구조를 취하고 있기 때문에「상법」제399조 및 제414조제1항에 의해 회사 스스로가 직접 이사나 감사에 대한 책임을 묻는 소송이 제기될 가능성은 거의 없

1005 신현국,「회계부정기업의 재무구조와 지배구조 특성에 관한 연구」, 신라대학교 대학원, 2015. 82~84면.

다고 본다.

이러한 상황에서는 「상법」 제401조나 제414조 제2항을 근거로 하여 주주나 회사 채권자가 소송을 제기해 승소한 사례는 거의 전무하다. 그것은 무엇보다도 회계장부, 재무제표 등에 부실한 기재 내지는 허위기재가 있다 하더라도 주주나 회사채권자가 경영자 등의 고의·과실 등을 입증하는 것이 용이하지 않기 때문이라 생각된다.

이러한 문제에 해결하기 위해서는 재무제표 등에 허위기재를 한 이사 등의 회사 및 제3자에 대한 손해배상책임을 추궁함에 있어서는 주주나 채권자 등이 책임을 입증하도록 하지 않고 분식회계에 관련 있는 이사 등 경영진이 고의나 과실이 없었음을 입증하지 못하면 책임을 면할 수 없도록 하는 입법적인 조치가 필요하다고 본다.[1006]

4) 징벌적 벌금 및 과징금제도의 엄격 적용

회계분식에 대한 벌금은 이사, 집행임원, 감사, 감사위원 등 「상법」제401조의2 제1항 및 제635조 제1항에 규정 된 자나 그 밖에 회사의 회계업무를 담당하는 자가 회계분식을 한 경우에는 10년 이하 징역 또는 그 위반으로 얻은 이익 또는 손실액의 2배 이상 5배 이하의 벌금을 부과 할 수 있도록 되어있다.(「신외감법」제39조제1항)

회계분식에 대한 과징금은 분식회계 회사에 대하여는 분식금액의 20%, 회사의 회계업무를 담당하는 자 등에 대하여는 회사에 대한 과징금의 10%, 부실감사를 한 감사인에 대하여는 감사보수의 5배를 각 초과하지 않는 범위에서 과징금을 부과할 수 있다.(「신외감법」 제35조 제1항)

또한 법인의 대표자나 법인 또는 개인의 대리인, 사용인, 그 밖의 종업원이 그 법인 또는 개인의 업무에 관하여 「신외감법」 제39조부터 제44조까지의 위반행위를 하면 그 행위자를 벌하는 외에 그 법인 또는 개인에게도 해당조문의 벌과금을 부과할 수 있다.(「신외감법」 제46조)

이상과 같이 징벌적 벌금제도나 과징금제도가 이미 도입되었는바, 이를 실제적으로 운영하고 있는 사법당국이나 감독당국의 회계분식 척결의지가 절실히 요구된다. 회계 분식 관련자나 회사가 그 위반으로 얻은 이익의 2배에서 5배 이하의 벌금이나 일정 비율의 과징금을 징수당한다면 회계분식을 생각조차도 하지 않을 것이기 때문이다.

제6절 4차 산업혁명의 위험성

Ⅰ. 4차 산업혁명의 개요[1007]

제4차 산업혁명이란 인공지능, 사물인터넷, 빅데이터, 모바일 등 첨단 정보통신기술이 경제·사회 전반에 융합되어 혁신적인 변화가 나타나는 차세대 산업혁명을 말한다. 인공지

1006 김용범. 전게서. 2017. 619면. 일본 「상법」 제266조의3 제2항 및 「자본시장법」 제125조 제1항.

1007 한국정보통신기술협회, 「IT 용어사전」·

능(AI), 사물 인터넷(IoT), 클라우드 컴퓨팅, 빅데이터, 모바일 등 지능정보기술이 기존산업과 서비스에 융합되거나 3D 프린팅, 로봇공학, 생명공학, 나노기술 등 여러 분야의 신기술과 결합되어 실세계 모든 제품·서비스를 네트워크로 연결하고 사물을 지능화한다.

제4차 산업혁명은 초연결(hyperconnectivity)과 초지능(superintelligence)을 특징으로 하기 때문에 기존 산업혁명에 비해 더 넓은 범위(scope)에 더 빠른 속도(velocity)로 크게 영향을 끼친다. '제4차 산업혁명' 용어는 2016년 세계경제포럼(WEF : World Economic Forum)에서 클라우스 슈밥 WEF 회장에 의해 언급되었으며, 정보통신기술(ICT) 기반의 새로운 산업시대를 대표하는 용어가 되었다. 컴퓨터, 인터넷으로 대표하는 제3차 산업혁명(정보혁명)에서 한 단계 더 진화한 혁명으로 일컬어진다.

산업혁명의 변화[1008]

산업혁명의 구분	산업혁명의 시기	산업혁명의 내용
1차 산업혁명(동력 혁명)	1784년	증기, 기계생산
2차 산업혁명(자동화 혁명)	1870년	전기, 노동 분업, 대량생산
3차 산업혁명(디지털 혁명)	1969년	전자, 정보기술, 자동 생산
4차 산업혁명(초연결 혁명)	2015년 ~	사물인터넷, 빅데이터, 인공지능

오늘날 디지털기술은 비즈니스 환경을 변화시키고 있다. 전 산업에 걸쳐서 디지털은 각 개인들이 어떻게 상호작용을 하고, 고객이 무엇을 기대하며, 업무프로세스가 어떻게 수행되는지를 근본적으로 변화시키고 있다. 유례없는 변화의 속도로 인해 글로벌 기업들은 전에 없는 새로운 리스크에 직면하고 있으며, 과거의 전통적인 리스크 관리 방법은 한계에 봉착하고 있다.

II. 4차 산업혁명의 일반적 특징[1009]

1. 4차 산업혁명의 특성

① 물리적 기술, 디지털 기술, 생물학적 기술의 융합 기술에 기반
② 규모(Scale), 범위(Scope), 복잡성(Complexity)에서 사상 유례가 없는 대변혁
③ 역사상 가장 빠르고, 가장 폭넓게, 특히 시스템적으로 광범위한 영향
④ 살고, 일하고, 노는 방식에 근본적인 변화 초래 등

2. 4차 산업혁명의 영향

가. 4차 산업혁명의 일반적 영향

1008 조윤정, 「한국형 4차 산업혁명 대응전략」, 산은 조사월보, 2017. 3. 67면, 김민식 · 최주환, 「제4차 산업혁명과 Industrial IoT · Industrial Internet의 이해」, 2016. 7. 22면.

1009 김명자,「대전환의 파도 4차산업혁명: 초연결, 초지능 시대의 모습은?」, 2017. 11.

① 모든 국가, 모든 산업의 파괴적 재구성
② 기존의 생상방식, 관리, 거버넌스 들 총체적 변환
③ 지식/기술/소득에서의 격차 심화로 사회적 갈등 증폭
④ 불확실성의 증대, 다양한 이해관계자가 관여하는 사회로 변동 등

나. 4차 산업혁명의 구체적 영향[1010]

1) 효율성 향상(Efficient)

① **로보틱 프로세스 자동화**(RPA, Robotic Process Automation)**를 통해 계정 및 접근제어관리 강화 :** 액세스 요청 관리 및 역할 프로비저닝과 같은 프로세스를 자동화하여 사람의 인위적 또는 수동 개입의 필요성을 줄여 응답시간을 단축
② **자연어 생성**(Matural Language Generation)**에 의해 자동화된 규제 보고**(Regulatory Reporting) **기능 지원 :** 계정 트랜잭션 기록을 검토한 후 의심스러운 활동 보고서 생성을 자동화하여 이상 징후 파악
③ **대화 인터페이스**(Conversational Interfaces)**를 통한 컴플라이언스 정보에 접근 용이 :** 준수 유지에 필요한 관련 정책 및 규정을 쉽게 식별할 수 있도록 챗봇(Chatbot)과 통신
④ **클라우드 기반 워크플로우 도구**(Cloud-Based Workflow Tools)**를 통해 재무마감 프로세스 가속화 :** 클라우드 기반 회계 및 재무보고 툴을 사용하여 한때 수작업으로 분산되었던 재무 마감 프로세스를 통합, 가속화

2) 지능성 향상(Intelligent)

① **컴퓨터 비전**(Computer Vision)**을 통한 향상된 탐지 기능 :** 제품 및 환경검사를 자동화하여 작은 균열 및 누출과 같은 사람의 눈에 보이지 않는 이상징후를 포착
② **디지털 현실**(Digital Reality)**에서의 위기관리 상황 시뮬레이션 :** 관련 임직원이 최적으로 반응할 수 있도록 대비하기 위해 몰입형 환경에서 실제 위기 상황에 대한 모의훈련/시뮬레이션이 가능
③ **기계 학습**(Machine Learning)**을 통해 내부자 거래 리스크 감소 :** 과거 거래 당사자들과 의사소통을 통해 규제 위반과 관련된 비정상적인 행동을 결정하는 모델을 구축하여 규제 위반을 예방 및 방지 가능
④ **제3자 실사**(Due Diligence for Third Parties) **향상 및 강화 :** 오픈 소스, 딥웹소스(Deep Web Sources)를 자동적으로 검색, 모니터링이 가능하고 제재 목록 및 규제 사이트를 자동 검색하여 제3자에 대한 지속적인 실사수행 가능

3) 변환성 강화(Transformative)

① **블록체인 지원 검증 기능**(Blockchain-Enabled Proof-of-Provenance)**을 사용하여 공급망 리**

1010 류종기, 「파괴적 혁신 리스크가 경영 최우선 과제가 되다」, Auditor Journal, 2019. 12. 15면.

스크 감소 : 공급망 전반에서 제품의 원산지, 안전성 및 신뢰성을 확인하는 신뢰할 수 있고 가속화된 프로세스 제공

② **공유 유틸리티 모델(Shared Utility Model)을 통해 제3자 리스크 관리 전환 :** 평가 웹 사이트가 소비자 비즈니스 에 대한 데이터와 통찰력을 제공하는 방식과 유사하게 제3자(협력업체/공급업체) 리스크 평가 데이터와 통찰력을 공유할 수 있는 클라우드 기반 플랫폼 활용 가능

③ **평판 및 조직문화 리스크(Reputation and Culture risk)에 대한 사전 관리 :** 온라인 행동의 예측 분석을 통해 내부자 위협 및 평판 위험을 지속적으로 모니터링하고, 나쁜 행위가 발생하기 전에 사전에 개입 가능

④ **디지털 트윈(Digital Twins) 기술 활용으로 제품 안전 및 품질 향상[문리적 개체의 가상 복제(Virtual Replicas of Physical Objects)] :** 센서 데이터를 대규모로 실시간으로 분석하여 고장, 장애가 발생하기 전에 예측하고 유지정비, 예약 및 대응이 가능

3. 4차 산업혁명의 전망

가. 신중론*

① 정보통신기술(ICT)의 실생활 개선은 제한적
② 디지털혁명(3차산업혁명)에도 생산성 증가율은 하락
③ ICT는 기대와 달리 부의 불평등 문제해소에도 악영향
④ 과거 전기나 비행기 발명 때처럼 강한 혁신이 필요
* 자료 :「미국 경제 성장의 흥망」

나. 낙관론**

① 기술 간 경계 허무는 융합·조화로 한 차원 다른 혁신
② 신기술 플랫폼은 부의 창출, 실생활 개선에 기여
③ 경제적 지표 분석은 무형의 자산 과소평가 가능성
④ 혁신의 가속도는 누구도 예측 불가(=무한한 가능성)
** 자료 :「클라우스 슈밥의 제4차 산업혁명」

Ⅲ. 4차 산업혁명의 주요 기술

제4차 산업혁명은 단순한 기기와 시스템을 연결하고 스마트화하는 데 그치지 않고 훨씬 넓은 범주를 아우른다. 유전자 염기서열 분석에서 나노기술, 신재생가능 에너지에서 퀀텀 컴퓨팅까지 다양한 분야에서 거대한 약진이 동시 다발적으로 일어나고 있다. 이 모든 기술이 융합하여 물리학, 디지털, 화학, 생물학 분야가 상호 교류하는 제4차 산업혁명은 이전의 산업혁명과는 궤를 달리한다.

새로운 기술혁명이 기존의 산업혁명에 비해 훨씬 더 큰 격동을 불러일으키는 이유는 모든 것이 과거에 비해 훨씬 빠른 속도로 일어나고 있으며, 그 범위와 깊이는 모든 분야에서

근본적인 변화가 동시다발적으로 발생하고 있다는 점에 있다. 4차 산업혁명이란 정보통신 기술(ICT)이란 다양한 산업들과 결합하여 지금까지 볼 수 없던 아래와 같은 새로운 형태의 제품과 서비스, 비즈니스를 만들어내는 것이다.

1. 스마트 팩토리(Smart Factory)[1011]

스마트 팩토리란 설계·개발·제조 및 유통·물류 등 생산 과정에 디지털 자동화 솔루션이 결합된 정보통신기술(ICT)을 적용하여 생산성, 품질, 고객만족도를 향상시키는 지능형 생산 공장을 말한다. 공장 내 설비와 기계에 사물인터넷이 설치되어 공정데이터가 실시간으로 수집되고 데이터에 기반한 의사결정이 이루어짐으로써 생산성을 극대화 한다.

제조업체는 4차 산업혁명 시기에 스마트 팩토리라는 변화에 직면하고 있다. 스마트 팩토리 환경에서는 공장의 모든 설비와 기기가 인터넷에 연결되어 디지털과 온라인 기술을 활용하여 대량생산하는 것이 특징이며, 주요 변화 동인은 다음과 같다.

① **디지털 기반 기술 :** 생산 현장에서 데이터 전송(IoT, 네트웍 기술), 수집, 모니터링, 제어솔루션 등의 기반 기술의 발전
② **지능형 자동화, 공정 모니터링 :** 디지털 기반 기술에 의해 수집되는 대용량 데이터를 실시간으로 분석해서 제품제조의 의사결정을 지원하는 기술과 품질, 안전, 사전 예방적인 유지 보수 등이 가능한 공정 모니터링 기술의 발전
③ **진화된 기술 :** 로보틱스, 3D프린팅을 포함해서 제조 관련 기술의 발전
④ **모바일 센서기술 :** 개인의 위치와 위험의 노출도를 모니터링하는 안전 솔루션, 에너지 소비현황에 대한 모니터링 및 제어 솔루션, 작업자로부터 각종 정보를 취합하고 분석하여 통신하는 모바일 솔루션 등

이러한 변화 동인하에서 제조 산업에서는 다양한 디지털 기술을 활용해서 제조의 가치사슬 전반에 걸쳐서 새로운 기회를 만들어 낼 수 있다. 로보틱스, IoT, 빅데이터, 3D프린팅, 모바일 등의 기술이 공장에 적용이 가능하다.

R&D단계에서 3D 프린팅 같은 디지털 기술을 활용해서 새로운 제품을 개발하거나 프로토타입을 신속하게 만들어 볼 수 있다. 조달 단계에서는 IoT의 센서에서 수집된 빅데이터를 분석하여 최적화된 구매가 가능하고, 생산단계에서는 AR 등의 기술을 이용하여 전혀 새로운 방식으로 생산하거나 3D프린팅을 통해 새로운 형태나 기능을 갖는 제품을 만들어 낼 수 있다.

유통/판매 단계에서 제품의 흐름은 실시간으로 추적해서 자율 배송을 수행할 수 있고, 고객의 빅데이터 분석을 통해 세분화된 마케팅이 가능해진다. 다양한 모바일 기능을 활용해서 고객의 선호도에 대한 다양한 정보를 수집할 수 있다. 판매 이후 서비스 단계에도 디지털 기술을 활용한다면 새로운 비즈니스 모델을 만들어 내거나 필요한 부품을 그때그때마다 생산

1011 안종식, 「4차 산업혁명과 내부감사 역할의 변화」, 감사저널, 2017년 여름호, 80~81면, 기획재정부, 「시사 경제용어사전」, 2010. 11.

하여 제공이 가능하다.

2. 사물인터넷(Internet of Things)[1012]

사물인터넷이란 인터넷을 기반으로 모든 사물을 연결하여 사람과 사물, 사물과 사물 간의 정보를 상호 소통하는 지능형 기술 및 서비스를 말한다. 사물인터넷은 기본적으로 모든 사물을 인터넷으로 연결하는 것을 의미한다. 사물인터넷의 궁극적인 목표는 우리 주변의 모든 사물의 인터넷 연결을 통해 사물이 가진 특성을 더욱 지능화하고, 인간의 최소한의 개입을 통해 자동화하며, 다양한 연결을 통한 정보 융합으로 인간에게 지식과 더 좋은 서비스를 제공하는 데 있다.

이를 구현하기 위한 기술요소로는 유형의 사물과 주위 환경으로부터 정보를 얻는 '센서 기술', 사물인터넷에 연결되도록 지원하는 '유무선 통신 및 네트워크 인프라 기술', 각종 서비스 분야와 형태에 적합하게 정보를 가공하고 처리하거나 각종 기술을 융합하는 '서비스 인터페이스 기술'이 핵심이며, 대량의 데이터 등 사물인터넷 구성 요소에 대한 해킹이나 정보 유출을 방지하기 위한 '보안 기술'도 필수적이다.

IoT의 핵심기술은 센서이다. 터치스크린, 자이로스코프, 가속도계 등 다양한 센서가 있으며, 다른 기기와 통신하고 인터넷에 연결하기 위해서도 센서가 필요하다. 센서는 사람의 감각기관과 유사하며, 센서의 기능은 다양한 신호를 전자신호로 변환하는 것이다. 센서의 판매개수와 판매액은 지속적으로 증가하는 추세이나 평균판매 단가는 지속적으로 하락추세여서, IoT가 다양한 분야에 침투할 전망이며 자동차, 기계, 대형 설비 등이 서로 연결되고 새로운 솔루션이 지속적으로 출현할 것이다.

3. 3D 프린팅(3D Printing)[1013]

3D프린팅(3D Printing)은 프린터로 물체를 뽑아내는 기술을 말한다. 종이에 글자를 인쇄하는 기존 프린터와 비슷한 방식으로, 다만 입체모형을 만드는 기술이라고 하여 3D프린팅이라고 부른다. 보통 프린터는 잉크를 사용하지만 3D프린터는 플라스틱을 비롯한 경화성 소재를 쓴다. 기존 프린터가 문서나 그림파일 등 2차원 자료를 인쇄하지만, 3D 프린터는 3차원 모델링 파일을 출력 소스로 활용한다는 점도 차이점이다. 적게는 한두 시간에서 길게는 십여 시간이면 3D프린터에 입력한 모형을 완성할 수 있다.

3D프린팅 기술은 시제품, 금형, 장신구, 장난감을 제작하는 단계를 넘어서서 본격적인 메인스트림 진입의 직전단계에 있으며, 실제 고객에게 판매할 안전하고 내구성 있는 제품이 '적층가공'으로 대량생산되고 있다. 전통적인 사출성형방식은 시간당 수천 개의 부품을 찍을 수 있으나, 적층가공방식은 현재까지는 적층식으로 첨가해 나가는 느린 제작과정이다.

그러나 적층가공은 전통적인 방식의 단점인 유연성을 보완한다는 장점이 있다. 즉, 장비

1012 안종식,「4차 산업혁명과 내부감사 역할의 변화」, 감사저널, 2017년여름호, 82면, Doopedia, 두산백과」.

1013 안종식, 전게논문, 감사저널, 2017년 여름호, 83면,「커뮤니케이션북스」

교체시간이 거의 없고, 요구사항에 따라 제품의 수정이 용이하다. 또한, 부품을 별도로 제작해서 조립하던 제품을 단일 공정을 통해 일체형으로 제작할 수 있는 것이 적층가공의 장점이다. 3D프린팅은 적층가공 기술의 장점으로 앞으로의 비즈니스에 많은 영향을 미칠 것이다.

먼저 적측가공 기술로 인해 설비를 교체할 필요 없이 실시간으로 제품의 사양을 변경하거나 추가할 수 있어서 제품전략이 실시간으로 수정하는 것이 가능해지는 시대가 온다. 적층가공하는 기술을 도입하는 기업은 운영 효율화 또는 비용 절감을 고려해야 한다. 또한 적층가공방식으로 전환할 대상제품이나 부품의 전환 순서도 고려해야 한다.

4. 자율주행차(Self-Driving Car)[1014]

자율주행차는 운전자가 브레이크, 핸들, 가속 페달 등을 조작하지 않아도 정밀한 지도, 위성항법 시스템 등 차량의 각종 센서로 도로 상황을 파악해 스스로 목적지까지 찾아가는 자동차를 말한다. 엄밀한 의미에서 사람이 타지 않은 상태에서 움직이는 무인 자동차(Driverless car)와 다르지만 실제론 혼용되고 있다. 우리나라에서는 2016년 2월「자동차관리법」개정안이 시행되면서 자율주행차의 실제 도로 주행이 가능해졌다.

자율주행 자동차가 실현되기 위해서는 고속도로 주행지원 시스템(HDA : 자동차가 거리를 자동으로 유지해 주는 기술), 후측방 경보시스템(BSD : 후진 중 주변차량을 감지, 경보를 울리는 기술), 자동긴급제동시스템(AEB : 앞차를 인식하지 못할 시 제동 장치를 가동하는 기술), 차선이탈 경보시스템(LDWS), 차선유지 지원시스템(LKAS : 방향지시등 없이 차선이탈을 보완하는 기술), 어드밴스드 스마트 크루즈 컨트롤(ASCC : 설정된 고속도로 차간거리를 유지하며 정속 주행하는 기술), 혼잡구간 주행지원시스템(TJA) 등이 구현되어야 한다.

스스로 움직이면서도 안전한 운전을 가능하게 하는 '똑똑한 자동차'는 첨단 과학기술의 발전과 이른바 '빅데이터'를 처리하는 컴퓨터 사이언스의 진보로 이미 우리 눈앞에 현실이 됐다. 구글은 최근 핸들 없는 무인차를 선보이며 "아이러니하게도 사람이 운전할 수 없는 새로운 개념의 무인자동차가 될 것이며, 사람이 볼 수 없는 사각지대까지 살필 수 있는 센서까지 탑재해 도심에서도 유용하게 만들 것"이라고 밝혔다. 교통체증에서 벗어나 자동차에 탑승한 채로 책을 보거나 업무를 볼 수 있는 시대가 오고 있다.

미국자동차기술학회(SAE)는 자율주행차의 발달수준을 레벨 '0'부터 레벨 '5'까지 5단계로 나눴다.

레벨 '0' : 자율주행 기능이 없는 일반차량
레벨 '1' : 자동브레이크, 자동속도조절 등 운전 보조기능
레벨 '2' : 부분 자율운행, 운전자의 상시감독 필요
레벨 '3' : 조건부 자율주행, 자동차 안전기능 제어, 탑승자 제어가 필요한 경우 신호
레벨 '4' : 고도 자율주행, 주변 환경 관계없이 운전자 제어 불필요

1014 안종식, 전게게시문, 감사저널, 2017년 여름호, 84면, 「시사상식사전」, 박문각, 2017.

레벨 '5' : 완전 자율주행, 사람이 타지 않고도 움직이는 무인 주행차

5. 빅데이터(Big Data)[1015]

빅데이터란 디지털 환경에서 생성되는 데이터로 그 규모가 방대하고, 생성 주기도 짧고, 형태도 수치 데이터뿐 아니라 문자와 영상 데이터를 포함하는 대규모 데이터를 말한다. 빅데이터 환경은 과거에 비해 데이터 양이 폭증했다는 점과 함께 데이터의 종류도 다양해져 사람들의 행동은 물론 위치 정보와 SNS를 통해 생각과 의견까지 분석하고 예측할 수 있다.

빅데이터의 특징은 3V로 요약하는 것이 일반적이다. 즉 데이터의 양(Volume), 데이터의 생성속도(Velocity), 형태의 다양성(Variety)을 의미한다. 최근에는 가치(Value)나 복잡성(Complexity)을 덧붙이기도 한다. 이처럼 다양하고 방대한 규모의 데이터는 미래의 경쟁력의 우위를 좌우하는 중요한 자원으로 활용할 수 있다는 점에서 주목하고 있다.

대규모 데이터를 분석해서 의미 있는 정보를 찾아내는 시도는 예전에도 존재했다. 그러나 현재의 빅데이터 환경은 과거와 비교해서 데이터의 양은 물론 질과 다양성 측면에서 패러다임의 전환을 의미한다. 이런 관점에서 빅데이터는 산업혁명시기의 석탄처럼 IT와 스마트 혁명시기에 혁신과 경쟁력 강화, 생산성 향상을 위한 중요한 원천으로 간주되고 있다.

기업의 고객관계관리(CRM)는 기업이 보유하고 있는 데이터를 통합하는 데이터 웨어하우스, 고객 데이터 분석을 통한 고객유지와 이탈방지 등과 같은 다양한 마케팅 활동을 진행하는 것을 뜻한다. 기업의 CRM 활동은 자사 고객의 데이터뿐만 아니라 제휴사의 데이터를 활용한 마케팅도 포함한다. 최근에는 구매이력정보와 웹로그분석(web-log), 위치기반서비스(GPS) 결합을 통해 소비자가 원하는 서비스를 적기에 적절한 장소에서 제안하는 기술 기반을 갖추었다.

이러한 빅데이터 시대를 맞이하여 전환점을 맞고 있다. 분산처리 방식과 같은 빅데이터 기술을 활용해서 과거와 비교가 안 될 정도의 대규모 고객정보를 빠른 시간 안에 분석하는 것이 가능하다. 트위터와 인터넷에 생성되는 기업 관련 검색어와 댓글을 분석하여 자사의 제품과 서비스에 대한 고객 반응을 실시간으로 파악해 즉각적인 대처가 가능해 졌다. 기업의 빅데이터 활용은 고객의 행동을 미리 예측하고 대처방안을 마련해 기업 경쟁력을 강화시키고, 생산성 향상과 비즈니스 혁신을 가능하게 한다.

6. 인공지능(AI, artificial intelligence)

인공지능이란 사전적 의미로 인간의 지능이 가지는 학습, 추리, 적응, 논증 따위의 기능을 갖춘 컴퓨터 시스템을 말한다. 이는 전문가 시스템, 자연 언어의 이해, 음성번역, 로봇공학, 인공 시각, 문제 해결, 학습과 지식 습득, 인지 과학 따위에 응용된다. 인공지능(AI)은 그간 오랜 침체기를 거쳐 클라우드 컴퓨팅(Cloud Computing)* 환경의 급속한 발전과 빅데이터가 뒷받침되어 디프러닝(Deep learning)**이 구현되는 극적 돌파구가 열리면서 전환기를

1015 정용찬, 「빅데이터」, 커뮤니케이션북스, 2013.

맞아, 이제 4차 산업혁명의 핵심요소가 되었다.

* **클라우드 컴퓨팅**이란 인터넷 기반(Cloud)의 컴퓨팅기술(Computing)을 의미하는 것으로, 여기서 구름(Cloud)은 컴퓨터 네트워크상에 숨겨진 복잡한 인프라 구조, 인터넷을 뜻한다. 클라우드 컴퓨팅은 사용자가 필요한 소프트웨어를 자신의 컴퓨터에 설치하지 않고도 인터넷 접속을 통해 언제든지 사용할 수 있고 동시에 각종 정보 통신기기로 데이터를 손쉽게 공유할 수 있는 사용 환경이다.

** **디프러닝**이란 컴퓨터가 여러 데이터를 이용해 마치 사람처럼 스스로 학습할 수 있게 하기 위해 인공신경망(ANN : artificial neural network)을 기반으로 구축한 기계 학습 기술이다.

이렇게 극적인 돌파구가 열리자 인공지능은 대전환기를 맞게 되었다. 기계에게 이미지와 소리를 인식하는 방법을 가르치는 심화학습 기법이 영상인식, 음성인식, 번역 등 다양한 분야에 적용되면서 구체적인 결과를 만들어 내고 있다. 지금 주요 글로벌 기업들은 인공지능을 모두 미래의 최대 성장 동력으로 보고 있다. 구글, IBM, 마이크로소프트, 애플, 페이스북, 바이두, 알리바바, 삼성 등이 대거 참여하면서 인공지능 적용분야가 의료기술 향상, 유전자 분석, 신약 개발, 금융거래 등으로 빠르게 확대되고 있다.

이런 환경에 따라 많은 스타트업 기업들도 인공지능 분야에 나서고 있다. 이에 따라 콘텐츠와 쇼핑 등 서비스 이용자들의 취향을 읽어서 상품을 추천해 주는 것부터 글이나 자료 작성, 자율 주행에 이르기까지 인공지능이 널리 활용되기 시작했다. 디프마인드는 인간의 창의성이 작동해 수많은 경우의 수를 다루어야 하는 바둑 게임을 통해 인공지능의 수준을 한 단계 높였다. 금융업무에서도 방대한 양의 금융거래 정보, 경제지표 등과 같은 전문 정보를 알아서 학습하고 학습된 지식을 스스로 강화해 사람을 대신한 투자 자문 인공지능으로 구현되는 것이다.

특히 인공지능이 사물인터넷과 결합해 지금과는 전혀 다른 서비스를 만들어 내는 데 무궁무진한 잠재력이 있다. 예컨대 다양한 헬스케어 기기들이 왓슨과 같은 지능형 의료 플랫폼에 연결되면 단순한 건강정보의 수집이나 모니터링을 넘어서 질병의 진단과 처방에 이르는 의료 서비스를 구현할 수 있다. 물론 아직 상용화된 인공지능(AI)는 대부분 서비스 영역에 그치고 있다. 인공지능(AI)을 활용한 대규모 사업이 실현되려면 아직은 갈 길이 멀다. 인공지능의 활용에 대한 높은 수준의 신뢰도가 뒷받침되지 않으면 인공지능(AI)이 산업계 전반으로 확산되는 데 한계가 있다.

이제 마치 인터넷이 그랬던 것처럼 인공지능은 경제, 사회, 문화를 변화시킬 것으로 예상된다. 우리의 소통방식을 변화시키는 것은 물론 문화자체가 바뀐다. 모든 산업부문에도 인공지능이 연결되어 산업의 지형을 바꿀 것이다. 크게 성장하는 산업이 있는 반면에 크게 쇠퇴하는 산업이 생김에 따라 인공지능은 인간의 일자리를 빼앗아 고용에 커다란 충격을 줄 것이다. 인공지능은 우리에게 인터넷이나 스마트폰을 뛰어넘는 큰 충격을 줄 수 있다.

Ⅳ. 4차 산업혁명의 파급 효과[1016]

1016 김명자,「대전환의 파도 4차 산업혁명 : 초연결, 초지능 시대의 모습은?」, KCFST, 2017. 11. 이재훈, 「제4차 산업혁명의 미래와 투

1. 경제적 측면

가. Growth

① 기존 생산성/GDP 산출 파괴 ② 구조적 변화(채무 급증, 고령사회)
③ 시스템적 변화(플랫폼기반, on-demand/sharing경제, zero marginal cost시대)
④ 경제성장 고취 및 저성장 완화. ⑤ 소득의 불균형 초래 등

나. Employment

① 고용 감소/대체/소멸(AI, robots)
- 4차 산업혁명 자동화로 최대 위협직종 : 텔레마케터, 회계사, 스포츠심판, 법무사, 접대원, 공인중개사, 법/의료/CEO 비서를 제외한 비서/사무원, 배달원 등
- 4차 산업혁명 자동화로 위협을 덜 받을 직종 : 정신 관련 의사/자문역, 내과/외과 의사, HR전문가, 컴퓨터시스템 분석가, 고고/인류학자, 해양 엔지니어 등

② 노동시장의 양극화
- 창의성이 요구되는 직군과 자동화될 확률이 낮은 직군 : 고용 증가 전망
- 단순 반복적인 업무 직군 : 고용 감소 전망

③ 자질과 능력의 변화(low-skill/low-pay vs high-skill/high-pay)
④ 동시에 다수 직업 가능(Uber driver, Instacart[1017] shopper, Airbnb[1018] host, Taskrabbit[1019])
⑤ 모티베이션 변화 등

2. 사업적 측면

가. Disruption

① 유비쿼터스 디지털 ② 분산 에너지 시스템(Grid/Storage)
③ 분산 제조(3D/4D 프린팅) ④ 수요자 측 변화로 투명성 증대, 소비자 참여 증가

나. Customer Expectations

① Apple(제품+포장+브랜드+쇼핑+고객서비스/플랫폼)
② 디지털 기반 행위로 전환 : 미국 87% 젊은 층은 스마트폰과 24시간
③ Peer-to-Peer sharing : 알리바바 2015.11.11. 68%가 모바일 주문.

다. Data-enhanced products

자」, 2017. 12. 30. 15~28면.

1017 미국의 장보기 서비스업체

1018 전 세계 여행 및 숙박 관련 공간을 공유할 수 있는 온라인 커뮤니티 플랫폼 서비스

1019 단기 일자리 중개 서비스 및 심부름 서비스업체

① 데이터 기반 제품 성능 향상/유지 보수
② More sensors, better monitoring, better service
③ 테슬라-“over-the-air” software

라. Collaborative Innovation

① Siemens+Ayasdi on big data. ② 시민과 정보/투명성 공유.

마. New Operating Models

① 글로벌 플랫폼 산업 중심, 고객 중심 ② 사이버/데이터 보완
③ 유연한 조직/체계 ④ 구성원 소통과 모티베이션 중요

바. Combining D-P-B Worlds

① O2O[1020] ② 수송/에너지/헬스케어/의약/환경/...
③ Uber, Google, Apple, Airbnb... ④ IoT 시장 : 2015년 1.5경원 전망

3. 국가적 및 세계적 측면

가. Government

① 열린 투명한 정보(WikiLeaks) ② 직업(모두 contract 기반.) → 계속 교육 중요
③ 세금(on demand economy) ④ 안보/개인정보 보호
⑤ 균형 발전(no divide) ⑥ 국가세력의 약화

나. Cities and Countries

① 지속적인 혁신이 살길
② 도시 혁신 사례(Digitally reprogrammable space, sustainable waternet, mobility on Demand, intelligent street poles)

다. World

① 국제 안보(사이버 전쟁과 테러, 자동공격 무기, 생화학 무기)
② 경제성장 모델 재정립 ③ 국제 규범 구축
④ 평화로운 세계 지향 등

4. 사회적 및 개인적 측면

가. Society

1020 O2O란 온라인(online)과 오프라인(offline)이 결합하는 현상을 의미하는 말이며, 최근에는 주로 전자상 거래 혹은 마케팅 분야에서 온라인과 오프라인이 연결되는 현상을 말하는데 사용된다.

① 시민의 적극 참여(bigger voice) : 시민사회의 권력화 부상

② 불평등("상위 1%가 전 세계 부의 반을 차지하고, 하위 절반 인구가 전 세계 부의 1% 미만을 보유")[1021]

③ 중산층 붕괴 우려(divide 가속화)

나. Individual

① "세상은 /기업은 당신이 무엇을 원하는지 알고 있다" : Netflix 등

② 정보의 홍수 시대에서 정보의 고문시대로 ③ 인간관계 점점 더 미숙

④ 건강/수명 조정으로 윤리문제 제기

⑤ 지식/정보 가공으로 윤리적, 사회적 문제제기

⑥ 기대수명 연장으로 지속적인 자기계발 중요

⑦ 모든 조직의 지속적 혁신이 살길 ⑧ AI 유발도전 극복

V. 4차 산업혁명의 위험과 대응[1022]

4차 산업혁명은 새로운 시대를 열며 모든 산업에서 혁신적 변화를 주도하고 있다. 조직과 기업이 이러한 기술을 채택해 가치를 창출, 제공 및 포착하는 방법을 재정의하기 때문이다. 4차 산업혁명과 관련된 새로운 리스크를 식별하고, 이해하고, 해결하는 것은 기업의 미래에 그들의 노력에서 더 많은 가치를 도출하는 데 도움이 될 것이다.

창조적 파괴가 넘쳐나는 비즈니스 환경하에서 진부화된 제품과 사업에 대해 변화하지 않고 스스로 정체하게 되는 위험은 가장 크지만 잘 인식하지 못하는 위험이다. 따라서 4차 산업혁명 시대에 예상되는 9가지 리스크가 현실화되는 경우 우리기업에게 어떤 영향이 예상되고 이를 대비하기 위해 기업은 무엇을 준비해야 하는지를 살펴보자.

1. 인공지능 블랙박스 관리

가. 리스크 내용

일단 기업에서 직면할 수 있는 여러 영향들을 예상해 보면, 먼저 편향된 데이터에 대해 훈련된 알고리즘에 의해 이루어진 잘못된 결정(Erroneous decisions)은 제품 성능 저하를 초래하고 심지어 소비자의 건강과 안전에 부정적인 영향을 끼칠 수 있다. 그리고 IT(정보시스템기술) 일반 제어 및 내부 감사와 같은 일반적이면서 기존의 리스크 관리 프로세스가 알고리즘 리스크를 고려하지 않을 경우, 취약성은 간과(Over-looked vulnerabilities)될 가능성이 커진다.

또한 알고리즘 기반의 제품, 서비스에 대한 소비자의 더욱 높아진 기대치와 철저한 검토가 강화될 것이다. 한편 알고리즘을 통해 사회적, 윤리적, 문화적 또는 법적 규범에 부합하지 않는 의사결정이 내려지는 경우 그 결과에 대한 해당기업의 평판, 법적 및 규제적 책임은 매우 커질 것이다. 뿐만 아니라 알고리즘 시스템의 오작동을 관리하기 위한 기업 내 명

1021 Credit Suisse 2015 report.

1022 류종기,「AI(인공지능)경영, 디지털 트랜스포메이션 시대와 기업 리스크 관리」, Auditor Journal. 2020. 2. 8~13면.

확한 책임성 지침이 없는 경우 비즈니스 이슈 발생 시 적절한 보상과 대응이 지연(Delays in proper redress) 될 수 있다.

마지막으로 상용 알고리즘 기반 솔루션 활용 시 알고리즘 설계 및 트레이닝 데이터에 대한 가시성이 제한되어 이로 인한 제3자 리스크(Third-party induced risks)가 발생할 수 있다는 것을 간과하면 안 된다.

나. 리스크 대응

① AI 애플리케이션 인벤토리(AI Applications Inventory)를 분석하고 정책, 교육, 역할, 책임 등의 분야를 망라하는 AI 리스크 관리 전략 및 거버넌스 체계를 마련한다.
② 블랙박스 알고리즘(Review Black Box Algorithms)을 검토하고 데이터 수집, 준비, 모형 선택, 교육, 평가, 유효성 확인 및 배치를 포함한 알고리즘 수명주기 전반에 걸친 통제활동을 설정한다.
③ 기업의 의사결정이 알고리즘에 의해 수행되는 경우 관계자에게 프로세스 및 결과를 공개하는 표준화된 절차를 마련한다.

2. 자동화를 위한 거버넌스 및 제어 진화

가. 리스크 내용

기업에서 직면할 수 있는 여러 영향들을 예상해 보면, 먼저 상이한 형태의 자동화에는 이에 맞는 통제와 관리가 필요하기 때문에 복잡성이 더 증가할 수 있다. 예를 들어 백그라운드 체크 시 수동조작에 대한 통제활동은 예외처리나 특이치에 대한 소프트웨어봇의 전문 통제활동으로 대체될 수 있다.

그리고 소스 시스템에 대한 사소한 변경에도 운영 일관성을 유지하기 위해 시스템 전체를 아우르는 변경관리가 요구되는 등 취약성이 커질 수 있다. 또한 과도한 접근 권한, 특권을 가진 봇을 통해 해커들이 대량의 기밀 데이터를 획득하거나 자동 시스템이 해킹되어 사이버 사고로 인한 피해가 커질 수 있다.

뿐만 아니라 자동화된 시스템과의 작업하는 것에 대한 직원들의 우려와 불안, 기존 인프라와의 비호환성 등으로 인한 운영 중단 같은 자동화 구현 문제가 발생할 수 있다. 한편 복잡한 생산 운영 환경에 대한 복제가 어려워 자동화 시스템을 테스트하는 데 있어서 복잡성에 직면할 수 있다.

마지막으로 현실적으로 비용 절감에 지나치게 집중하여 자동화의 잠재력을 최대한 실현하기 어려우며 일관성, 품질 및 정확성과 같은 다른 이점이 간과되는 경우가 많다.

나. 리스크 대응

① 자동화 적용 가능 또는 불가능 부문에 대한 한도를 명확히 설정하고 자동화 관련 프로세스 설계, 개발, 테스트 및 유지관리에 관한 정책을 설정하기 위한 중앙 집중화된 거버넌스를 수립하여 자동화 관련 리스크 관리를 수행한다.

② 분석 및 기타 기술을 통해 기존 제어장치를 디지털화하고, 내장된 오류 처리능력, 프로세스 고장에 대한 경보 메커니즘, 예기치 않은 상황에 대한 수동 예외 처리 등 각 기술에 특정한 새로운 제어장치를 설계한다.

③ 디지털 숙련도를 구축하고 직원에게 자동화의 이점에 대해 교육하여 두려움을 해소하고 채택을 가속화하며 개발을 위한 가능성 있는 적용 사례를 찾는 것을 장려한다.

3. 변화하는 사이버 보안위험으로부터 보호

가. 리스크 내용

일단 기업에서 직면할 수 있는 여러 영향들을 예상해 보면, 먼저 사이버 리스크 관리는 통상 실무레벨의 IT 전문가와 기술 서비스 제공업체가 주로 다루기 때문에 디지털 최고책임자나 경영진의 주요 관심사에서 벗어나 있기 쉽다. 그리고 IoT와 클라우드와 같은 디지털 기술 도입으로 사이버 공격 대상이 더 증가됨에 따라 새로운 사이버 리스크 문제를 해결하는 데 있어 복잡성은 오히려 증가할 수 있다.

또한 악성코드가 점점 지능화되면서 정상적인 사용자 행동을 모방, 학습하여 악성코드의 탐지, 식별에 더 큰 어려움의 발생이 예상된다. 뿐만 아니라 자동화된 사이버 공격이 홈오토메이션뿐 아니라 산업 인프라와 같은 물리적 시스템을 손상, 전복시킴에 따라 물리적, 사회적 안전에 영향을 미치는 사례가 증가하며, 한편 AI와 클라우드를 통해 제공되는 자동화 기술을 사용하여 대규모 지능형 공격빈도가 증가할 수 있다.

나. 리스크 대응

① 디지털 트랜스포메이션 대상 사업부서와 기술조직에 대해 보안 관련 역할과 책임성을 명확히 정의하여 리스크 및 보안을 중요시하는 조직문화를 마련한다.

② 보안을 개발 라이프사이클의 필수적인 부분으로 통합하고 가능한 한 자동화부분을 DevSecOps(개발/보안/운영 결합)를 지원하는 프로세스로 재구성한다.

③ 새롭게 도입, 구축되는 기술 리스크뿐만 아니라, 최근 생겨난 기술관련 진화되는 사이버 공격에 대응하기 위해 기존의 사이버 리스크 관리체계를 강화한다.

4. 무기화되는 잘못된 정보에 대처

가. 리스크 내용

일단 기업에서 직면할 수 있는 여러 영향들을 예상해 보면, 먼저 디지털 편집과 모방 기술이 악용되어 만들어진 허위 정보는 많은 청중에게 빠르게 확산되어 이는 왜곡된 반응을 불러일으키고 리더와 인플루언서들의 영향력을 훼손하는 등 브랜드와 평판 손실을 야기할 수 있다.

그리고 허위 온라인 리뷰, 편향된 검색엔진 결과, 스팸메일,(정치, 사회적 목적을 위한)행동주의 등을 통해 가짜 트렌드를 만들기 위해 조작된 정보확산으로 대상조직에 대한 대중의 신뢰 상실이 커지게 된다.

또한 오보의 급속한 확산에 따른 주요 이해관계자와 대중의 신뢰 상실은 바로 시가 총액 감소, 상품 판매 감소 등 재무적 손실로 이어진다. 뿐만 아니라 허위 뉴스의 출처에 책임이 있는 개인이나 집단을 정확히 식별하고, 개인 소셜 미디어 네트워크로 빠르게 확산될 때 허위 정보를 막는 것이 거의 불가능해지고 있다.

나. 리스크 대응

① 가짜 정보가 대규모로 확산되는 리스크를 완화할 수 있는 대응 계획을 수립하고 잠재적 취약성을 사전에 파악하여 브랜드 보호 및 복원 전략을 수립한다.

② 디지털 미디어 플랫폼과 데이터 소스(예: 다양한 언어로 되어 있는 특허 정보나 컨텐츠)를 실시간으로 모니터링할 수 있는 정교한 소셜 미디어 리스크 감지틀을 마련하여 통제 불능 상태가 되기 전에 이슈를 최대한 사전에 예측하고 탐지해야 한다.

③ 잘못 이해하고 있는 내용과 실제 현실의 차이를 이해관계자에게 효과적으로 커뮤니케이션하여 기존 및 신규 고객을 사실로부터 소외되게 할 수 있는 리스크를 완화시키는 위기 대응 계획을 마련한다.

5. 가치창출을 위한 데이터 리스크 관리

가. 리스크 내용

일단 기업에서 직면할 수 있는 여러 영향들을 예상해 보면, 먼저 소비자, 사용자들이 이제는 데이터 접근, 사용 제한, 및 데이터 삭제 권리를 포함하여 데이터 관리에 대한 해당 기업의 높은 투명성과 통제 수준을 기대하고 있어 데이터 사용에 대한 대중의 감시와 조사요구가 증가하고 있다.

그리고, 주요 고객 및 이해관계자의 신뢰에 혹시라도 악영향을 미칠 수 있기에 관련 데이터의 활용을 통한 수익화 기회를 적극적으로 모색하지 못하는 고민과 같은 풀기 어려운 전략적 의사결정을 경험할 수 있을 것이다. 또한 개인 정보를 존중하고 고객 데이터를 보호하는 리스크 인식을 강화하는 기업 문화와 더불어 인프라 및 정책 마련을 요구하는 감독 기관, 관련 산업규제가 강화되고 있다.

뿐만 아니라 협력업체 등 제3자를 통한 데이터 유출, 브로커로부터 구입한 의심스러운 데이터의 사용 등 데이터 공유로 야기될 수 있는 평판 및 법적 리스크가 크게 증가하고 있다. 마지막으로 시스템 중복, 다중 데이터 표준, 데이터 수익화 불가능, 다양한 유형의 데이터에 대한 각기 다른 보호 전략 마련 등 데이터 처리를 위해 발생되는 큰 비용을 관리하기 위한 표준화 노력이 큰 부담으로 작용할 수 있다.

나. 리스크 대응

① 데이터를 귀중한 자산으로 인식, 데이터 관련 리스크와 기회를 면밀히 식별한다.

② 데이터 자산의 책임성 및 소유권을 명확히 정하여 적절한 이유와 근거를 기반으로 데이터를 수집, 저장 및 사용할 수 있도록 한다.

③ 데이터 수집 및 분류 속도를 높이기 위해 적절한 기술과 솔루션을 활용하여 데이터 정의를 지속적 유지가 가능할 수 있도록 관리한다.

④ 데이터 리스크의 식별과 완화 방안을 마련하기 위한 AI 기반 통제 및 고도화된 감시, 모니터링 기법을 적용하여 중요 데이터를 보호한다.

⑤ 중요 데이터 가치를 보존하기 위한 노력을 집중하여 시장에서 브랜드와 신인도를 제고한다(Manage Brand and Credibility).

⑥ 데이터 리스크 기반의 비즈니스 전략, 정책 및 프로세스를 마련하는 데 투자하여 데이터 관련 규제에 효과적으로 준수하도록 노력한다.

6. 초연결시대의 조직 회복탄력성 강화

가. 리스크 내용

일단 기업에서 직면할 수 있는 여러 영향들을 예상해 보면, 먼저 복잡하게 연결된 시스템의 비즈니스 연속성을 모니터링하고 실시간 대시보드 기능의 한계로 경영진이 리질리언스(회복탄력성) 관점으로 통찰력을 제시하기 어려운 면이 있다.

그리고 다수의 공급업체에서 제공하는 서비스, 레거시 기술을 다시 적용하거나, 오픈 소스 구성요소를 통합하거나, 자주 변경되는 변화대응을 위해 개발·운영(DevOps) 모델을 채택하는 등 시스템 환경의 복잡성으로 인해 발생하는 취약성이 더 증가할 수 있다.

또한 네트워크 복잡성으로 인한 잠재적 장애, 중단 발생 지점을 식별하기 어려워 리스크 모델링 수립이 더욱 힘들어지고 있다. 뿐만 아니라 빠르게 발전하는 기술 및 기술전문 업체로 인해 지속적으로 바뀌는 상호의존성의 결과로 기술복구 계획 및 대응 조정방안을 마련하기가 어려워진다.

그리고 광범위하게 조직의 주요 프로세스를 제3자(외부업체)에 맡기는 경우, 큰 장애나 중단 발생 시 운영 재개 역시 제3자에 크게 의존하게 된다. 마지막으로 조직 경계를 넘는 全社차원 수준의 대응 계획 부재 상황에서 위기와 브랜드, 평판 이슈로 확대되는 상황으로 커질 수 있다.

나. 리스크 대응

① 경영진이 회복탄력성 효과를 모니터링하고 대응 및 복구 역량 확보를 할 수 있도록 일련의 활동 및 성과 메트릭스를(Devise a Set of Metrics) 개발한다.

② 최대한 사전에 문제를 감지할 수 있도록 디지털 평가 툴을 활용하여 상호 연결된 시스템의 리스크를 지속적으로 모니터링한다.

③ 비즈니스 연속성을 계획하기 위해 핵심 비즈니스 서비스, 지원시스템, 업무시스템 및 제3자 공급업체 등을 파악, 분석하여 이를 바탕으로 조직복원력(Organization Resilience) 설계한다.

7. 이머징 기술에 대한 규제 변화 탐색

가. 리스크 내용

일단 기업에서 직면할 수 있는 여러 영향들을 예상해 보면, 먼저 규제 명확성의 결여로 인해 블록체인 및 자율 자동차와 같은 이머징 기술의 채택, 활용 속도가 줄어들고 있다. 그리고 새로운 규제로 인해 잠재적으로 기존 비즈니스 모델을 비효율적이거나 실현 불가능하게 만들어 투자나 미래 수익 손실로 영향을 줄 수 있다.

또한 제품 또는 서비스 출시 후 수명 주기 기간 내에 규제 변경으로 인하여 비즈니스 모델 또는 운영상 자주 변경이 일어날 수 있다. 뿐만 아니라 복잡 다양하며 때로는 상충되는 규정으로 인해 기업의 규제 준수 비용이 증가할 수 있다. 마지막으로 신규 시장 진입자가 기존 규제에 종속되어 있는 회사에서는 할 수 없는 방식으로 비즈니스를 하는 자유를 얻으면서 전체 시장 경쟁 압력이 증가할 수 있다.

나. 리스크 대응

① 정부 등 규제기관을 이해시키고 새로운 기술로 인한 영향을 함께 연구하여 혁신을 저해하지 않으면서 공공의 이익을 보호하는 규제 개발에 공동으로 기여한다.

② 산업 주도형 협업 표준을 수립하고 자체 규제 기구(협회 등) 등을 통해 신규기술 사용에 관한 정책 및 표준을 마련한다.

③ 제품 및 기술 전문가에게는 이머징 기술을 통해 혁신하면서도 한편으로는 새로운 규정을 잘 준수할 준비를 하도록 리스크 컨셉에 대한 훈련과 교육을 수행한다.

8. 조직문화 리스크 관리를 통한 디지털 변환 실행

가. 리스크 내용

일단 기업에서 직면할 수 있는 여러 영향들을 예상해 보면, 먼저 디지털 기술에 대한 조직 문화적 저항이나 느린 채택, 적용으로 인해 디지털 변환 이니셔티브로부터 예상되는 수익, 효과를 얻지 못할 수 있다. 또한 리스크 관리라는 것이 다른 사람의 책임이나 단순 체크리스트 응답 수준의 규정준수 정도로 계속 간주되는 경우 조직내부에 무책임한 행동으로 발생될 가능성이 증가한다.

그리고 머신의 한계와 편견에 대한 사안을 어떻게 조직 내에서 다루어야 하는지를 이해하는 기술과 인간이 서로 보완하며 업무를 해나가는 조직 문화를 만들기 위해 근로자의 기술 향상 필요성이 갈수록 증대된다. 뿐만 아니라 소셜 미디어 웹사이트와 공개포럼 등을 통해 기업의 의사결정과 조직문화에 대해 전례 없는 수준의 큰 투명성이 요구되고 있고 이에 따른 평판 리스크가 커지고 있다.

그리고 새로운 시도에 대한 마인드셋(태도)와 리스크 회피 문화 간의 균형을 맞추어야 하는 조직의 도전과 시행착오로 인해 시장 경쟁력이 감소될 수 있다. 마지막으로 조직의 전략과 문화에 대한 이해가 부족한 단기직, 임시직 직원에 의해 수행되는 서비스의 정렬 오류나 어긋남 등의 문제가 생길 수 있다.

나. 리스크 대응

① 현재 지배적인 조직 문화를 이해하고, 문제 징후(예: 직원행동 모니터링, 소셜미디어 감지)를 파악하고, 성공적인 디지털 트랜스포메이션에 필요한 행동 변화를 이끌어내는 全社 차원의 조직문화 리스크 관리 프로그램을 마련한다.
② 스마트한 리스크 감수, 협업, 디지털 문화 변환에 도움이 되는 지속적인 교육과 학습, 디지털 문화 달성 목표를 위한 성과 지표 및 인센티브 구조 마련을 통해 조직의 핵심가치를 새롭게 한다.
③ 임직원 대상 설문 조사, 타운홀 미팅 및 온라인 플랫폼을 통해 직원 참여와 디지털문화 변환 이니셔티브가 연계되고 있는지를 정기적인 펄스체크를 통해(Periodic Pulse Checks) 수행해야 한다.

9. 디지털 책임 및 윤리성 확보

가. 리스크 내용

일단 기업에서 직면할 수 있는 여러 영향들을 예상해 보면, 먼저 기업 브랜드 가치와 시장 차별화 요소로 디지털 신뢰를 중요하게 고려하면서 전략적 선택이 변화하고 있다. 특히 다른 시장 참여자들이 책임 있는 방식으로 행동하지 않을 때 브랜드 신뢰에 반하는 수익 기회 앞에서도 균형을 유지하는 결정을 내리기가 쉽지 않다.

또한 스마트 스피커 같은 디지털 어시스턴트가 우리의 대화를 조용히 엿듣고 있는 상황이나 기분 나쁠 정도로 인간과 똑같은 목소리를 내는 AI 음성과 같이 의도치 않은 혁신의 결과로 인해 발생할 수 있는 평판 이슈가 발생할 수 있다.

그리고 윤리적으로 애매한 중간 영역에서 사회적, 경제적 편견이나 기능을 기계가 증폭시켜 부적절한 의사결정에 기여하는 경우 법적 및 규제 리스크에 노출될 수 있다. 뿐만 아니라 기술에 대한 사려 깊고 사회적으로도 유익한 사용을 촉진하는 좋은 기업인임과 동시에 규제 요건을 충족시키는 것을 넘어서서 비즈니스를 하고 있다는 것을 이해관계자에 보여줘야 하는 압력이 점점 커지고 있다.

나. 리스크 대응

① 현재 윤리위원회를 설치하거나 사업부와 긴밀하게 협력하고 기술 활용을 유도하기 위한 혁신노력을 감독하는 최고윤리책임자를 임명하여 조직전략에 윤리를 통합한다.
② 제품, 서비스 라이프사이클 전 과정을 통해 공정성, 윤리성, 안전성의 원칙을 통합하고, 경영진의 강력한 지원 및 성과관리 시스템을 통한 바람직한 행동을 장려하는 등 업계 선도적 모범실천 관행을 직원들에게 교육함으로써 책임의 문화를 구축한다.

Ⅵ. 4차 산업혁명과 내부감사의 역할

내부감사인으로서 미래의 감사업무는 어떻게 이루어질 것인가? 과거의 지난 모습보다는 향후 발달될 기술력을 바탕으로 감사업무의 혁신이 필요하다고 생각한다. 미래에 예상되는 변화에 대비하기 위하여 내부적으로는 기업의 불안정성·노동문제, 외부적으로는 제4차 산업혁명, 기후 변화 등에 관심을 갖고 경향을 파악하여야 한다.

내무감사인으로서 리스크를 최소화하는 것이 아니라, 통제할 수 있도록 기술적인 접근을 통해서 시스템을 구축해야 하는 것이 내부감사인의 역할이며, 심각한 리스크를 사전 예방하기 위하여 감사툴, 감사기법 활용 및 데이터 분석 등을 통해 내부감사를 추진하여야 한다. 향후 발전되는 기술력에 맞추어 IT 지배구조를 파악하고 리스크 기반의 감사를 할 수 있도록 기술을 관리하는 마인드가 필요하다.

1. 3차 방어선으로서의 내부감사[1023]

McAfee[1024]에 따르면, 사이버 범죄가 세계경제에 미치는 피해가 연간 4,450억 달러(한화 약 540조 원)에 육박하는 것으로 나타났다. 4차 산업혁명 시대에는 디지털 기술로 인해 사이버 리스크가 가장 중요한 영역으로 부상한다.

조직 관점에서 전통적인 3차 방어선 모델을 사이버 리스크 관리에 적합하게 조정하는 것이 필요하다. 1.5차 방어선을 추가하여 CISO(Chief Information Security Officer)가 사이버 리스크의 전반을 관장하고, 3차 방어선에서 사이버 리스크 관리의 적절성과 효과성을 파악하도록 하는 것이 중요하다.

사이버 리스크 관리를 위한 3차 방어선

- 주기적으로 사업부문의 업무와 관련된 사이버 리스크를 평가
- 사이버 리스크 전보가 적시에 CEO를 포함한 경영진에 공유하는 체계를 마련

- 사이버 리스크를 식별, 측정, 모니터링하고, CEO, 이사회, CRO에게 보고
- 이사회에 직접 보고할 수 있는 충분한 독립성, 권한과 지위를 부여

- 전사 차원의 전략적 리스크 관리 기능과 안전하게 통합

- 사이버 리스크 관리체계가 이머징 리스크에 적절하게 설계되어 있고, 법률규제를 준수하는지 평가
- 사이버 리스크의 평가를 연간 감사계획에 포함
- 모의해킹, 취약성 분석을 통해 보안성 평가 등

1023 안종식, 「4차 산업혁명과 내부감사 역할의 변화」, 감사저널, 2017년 여름호, 85면.

1024 미국 캘리포니아 주 샌타클래라에 본사가 있는 컴퓨터 보안 관련 소프트웨어와 하드웨어를 제작 및 판매하는 회사이다. 2014년부터 2017년까지 인텔 시큐리티(Intel Security)라는 이름을 사용하였다.

4차 산업혁명으로 인한 Emerging Risk에 대해 지속적으로 학습하고, 해당 리스크가 회사의 공급망, 파트너, 유무형 자산, 고객, 시장을 위협하는지 지속적으로 감지하도록 노력을 기울여야 한다. 이를 위해 내부감사는 다음을 고려해야 한다.

① 조직 장벽(Silo) 너머에 있는 무형의, 복잡하고, 서로 연결된 리스크를 평가하기 위한 기법을 개발한다.
② 기술, 재무, 비즈니스 통찰력에 대한 기술을 향상시킨다.
③ 내부감사의 기술과 경험 격차를 이해하고, 격차를 좁히기 위한 역량 개발 계획을 수립한다.
④ 경영진과의 강력한 유대관계를 통해 전사적인 리스크 관리 문화를 견인한다.
⑤ 자사의 비즈니스 전반에 걸쳐서 좀 더 긴밀하고 협력적인 파트너십 관계를 형성한다.

결국 **4차 산업혁명 시대에 내부감사의 역할은 과거의 Known Risk에 대한 감사에서 벗어나 Emerging Risk에 대해 내부조직이 제대로 대응하고 준비하고 있는지 검토하고 평가하는 역할을 담당**해야 한다. 이를 위해 내부감사조직은 지속적인 학습을 통해, 회사의 리스크 문화에 새로운 기술혁신이 미치는 영향에 대해 폭 넓게 검토해야 한다.

2. 리스크 스피드에 맞춘 내부감사[1025]

21세기 디지털 시대를 맞이하여 기술이 급속도록 발전하고 있다. 그 예로 석유가스 분야 기술이 급속도로 발전하여 오일 산업계에 놀라운 변화를 주고 있으며, 그 결과 배럴당 가격을 100달러에서 50달러로 낮추는 효과가 있었다. 사물 인터넷 등 각종 디지털화는 운영비 절감을 이끌고 있으며, 로봇 활용을 통한 노동력 활용을 극대화할 수 있다.(예: DHL, 무인 드론 등)

과거에는 전형적인 디지털이 있었지만 현재는 RPA로봇시스템을 갖추고 있으며, 향후에는 AI를 통한 인공지능 등을 통한 계속적인 발전이 예상된다. 주기적인 로그인 비밀번호 변경, 동일한 형태의 서버구성, 방화벽 구축 등 네트워크 보안, 무선랜 사전 차단, 데이터 암호화 등 허용된 기기만 접속할 수 있도록 시스템을 구축할 필요가 있다.

따라서 디지털 시대에서 리스크 스피드에 맞춘 감사를 하기 위해서는 감사 또는 감사위원회는 ① 디지털 사고방식을 가져야 하고, ② 그리고 디지털 시스템 내에 단계적인 감사 프로그램을 구축해야 하며, ③ 아울러서 디지털 개념을 바탕으로 개인의 능력을 강화하여야 한다.

3. 빅데이터를 활용한 내부감사[1026]

빅데이터는 디지털 환경에서 생성되는 데이터로 그 규모가 방대하고, 생성 주기도 짧고,

1025 Steven Eng, 「디지털 시대에서 리스크 스피드에 맞춘 감사」, 2017년 가을호, 38면.

1026 Tina Kim, 「빅데이터 감사」, 2017년 가을호, 41면. 이광엄. 「빅데이터를 활용한 감사 효율화 방안」, 2018. 6. 고려대학교 정책대학원. 67~68면.

형태도 수치 데이터뿐만 아니라 문자와 영상 데이터를 포함하는 대규모 데이터를 말한다. 빅데이터에 영향을 주는 요소로는 ① 데이터의 양과 종류, ② 계산과 저장을 위한 경제성, ③ 툴과 서비스에 대한 신규 투자가 있다.

빅데이터를 활용하여 경쟁력 확보, 수익 증가, 수익성 증대, 시장 예측, 의사 결정, 효율적인 운영이 가능하며 교통량 분석 등 정부 주요 정책 결정 시 유용하게 활용된다. 그리고 내부감사 프로그램 정책, 기술 유효성, 보안 및 사적인 정보, 데이터의 질, 데이터 적정 관리 등 빅데이터의 주요 리스크를 고려하여야 한다.

급변하는 기술 기반 사회에서 감사분야에서도 감사의 효율성을 향상시킬 수 있는 선진기술을 도입·활용하는 방식과 속도는 이해관계자의 선택에 달려있으며, 감사인 스스로도 기술의 발전방향과 흐름에 많은 관심을 가져야 한다. 빅데이터와 같이 사회 다른 분야에서 성공을 거둔 선진기술 들은 앞으로 감사분야에서도 그 활용이 확대될 것이다.

따라서 감사 분야에서도 전통적인 감사 방법에서 정체되지 않고 새로운 기술을 적극적으로 도입 및 활용하여 기술 기반사회에 동참하며, 갈수록 복잡해지고 다양해지는 사회 환경의 변화 속에서 기대되는 감사 품질을 제공할 수 있도록 감사효율을 향상시키는 노력이 지속적으로 이루어져야 할 것이다. 다음은 빅데이터를 활용하여 어떻게 감사효율을 향상시킬 것인가에 대하여 검토해 보기로 한다.

첫째, 객관적이고 과학적인 데이터 분석 방법에 기반하여 감사의 독립성 확보

빅데이터 인프라가 갖추어지고 정해진 지침에 따른 절차별 감사업무 진행은 객관적이고 과학적인 데이터와 분석방법에 기반하기 때문에 감사의 독립성을 확보할 수 있어서 신뢰할 수 있는 감사품질을 제공한다.

둘째, 위험기반 감사기법으로 감사 자원의 효율적 활용

빅데이터 분석을 활용한 위험분석과 분석결과를 기반으로 도출한 우선순위를 이용하여 위험기반 감사기법에 입각한 감사계획을 수립할 수가 있으며, 이를 통해 감사자원의 적절한 배분으로 감사의 효율성을 향상시킬 수 있을 것이다.

셋째, 빅데이터 인프라를 이용한 상시모니터링 시스템구축과 효과적인 상시감사 지원

빅데이터 인프라는 다양한 데이터 소스로부터 대용량의 데이터 수집이 가능하고 빠른 속도로 이를 처리하고 분석할 수 있으며, 분석결과를 효과적으로 표시할 수 있는 시각화 기술을 포함하기 때문에, 이런 빅데이터 인프라를 활용하면 효과적인 상시모니터링 시스템을 구축할 수 있게 되고, 이를 통해 위험을 사전에 예방하고 즉각적인 대응이 가능한 상시감사를 수행할 수 있다.

넷째, 다양한 형태의 데이터 분석과 자동화를 통한 감사품질 향상 및 감사자원 효율화

감사분야에서 빅데이터의 활용은 데이터 수집에서 정형·비정형 데이터를 대용량으로 처리·분석할 수 있는 여건을 제공하고, 이를 기반하여 기존 불필요한 수작업의 상당부분이 자동화되었으며, 효과적인 시각화 기술을 제공함으로써 감사 업무 전반에서 감사자원의 효율화와 감사품질을 제공할 것으로 기대된다.

4. 사물인터넷과 내부감사[1027]

사물인터넷이란 인터넷을 기반으로 모든 사물을 연결하여 사람과 사물, 사물과 사물 간의 정보를 상호 소통하는 지능형 기술 및 서비스를 말하며, 영어 머리글자를 따서 '아이오티(IoT)'라 약칭하기도 한다.

이 용어는 1999년 매사추세츠공과대학교의 Auto-ID Center 소장 케빈 애시턴(Kevin Ashton)이 향후 RFID(전파식별)와 기타센서를 일상생활에 사용하는 사물에 탑재한 사물인터넷이 구축될 것이라고 전망하면서 처음 사용한 것으로 알려져 있으며, 이후 시장분석자료 등에 사용되면서 대중화되다. 최근에 방대한 양의 정보가 온라인에서 실시간으로 전송되며, 인터넷 없이 생활하기 힘든 시대가 되었다.

사물인터넷을 구현하기 위한 기술요소로는 유형의 사물과 주위환경으로부터 정보를 얻는 '센싱기술', 사물인터넷에 연결되도록 지원하는 '유무선 통신 및 네트워크인프라 기술', 각종 서비스 분야와 형태에 적합하게 정보를 가공·처리하거나 각종기술을 융합하는 '서비스 인터페이스 기술'이 핵심이며, 대량의 데이터 등 사물인터넷 구성요소에 대한 해킹이나 정보유출을 방지하기 위한 '보안기술'도 필수적이다.

사물인터넷의 확대 환경 속에서 Privacy, Security, Legal이 중요 리스크이며, Recruiting, Training 등을 통해 이에 대한 대비가 필요하다. 또한 내부감사 효율을 극대화하기 위해 ① Device connection(데이터 환경에 대한 이해), ② Data sensing(데이터에 대한 이해, 어떻게 조작하고 보호할지에 대한 방안 마련), ③ Communication(데이터가 어떻게 접근되는지에 대한 이해), ④ Data analytics(데이터가 어떻게 처리되는지 이해), ⑤ Data value(데이터가 어떻게 사용되는지에 대한 검토)가 필요하다.

5. 사이버 리스크와 내부감사[1028]

한국 EMC의 「사이버 리스크 성향」보고서에 의하면, 최근 기업들은 클라우드의 도입과 글로벌 사업 확장, 그리고 아웃소싱의 확대로 새로운 사이버리스크에 노출돼 있다. 사이버 리스크를 이해하고 체계화, 수치화하는 것이 기업 경쟁력을 좌우한다고 강조한 이 보고서는 리스크 성향을 주요하게 다뤘으며, 리스크 성향은 조직이 감수할 수 있는 사이버 리스크 수준이 어디까지인지와 조직이 리스크를 관리하기 위해 얼마나 투자 및 소비할 수 있는지를 확인하는 척도라고 설명했다.

한국 EMC는 사이버 리스크는 사이버 공격이나 취약한 보안으로 생기는 직접적인 비즈니스 손실은 물론, 기업 내 인프라나 기술사용과 연관된 다양한 잠재적 피해를 포함해야 하고, 또한 사이버 리스크는 민감한 정보들을 빼내기 위한 고의적이고 악의적 공격으로부터 발생될 수 있다. 또 일시적인 시스템 사용 불가를 가져오는 사용자 실수와 같은 비고의적인 사고로도 발생된다. 더불어 사이버범죄나 공급망 파트너 등의 조직 외부요인과 직원 등의

1027 Dawn Liburd, 「사물인터넷과 내부감사에 미치는 영향」, 2017년 가을호, 42~43면.

1028 한국EMC와 딜로이트,「사이버 리스크성향: 모던기업들의 리스크에 대한 정의와 이해」, 2016.05.

조직 내부 요인으로 구분할 수 있다.

조직들이 사이버 리스크 성향을 효과적으로 측정하기 위해서, 사이버 리스크의 종합적인 목록을 만들고 잠재적 영향을 수치화해, 우선순위를 매겨야 한다. 어떠한 손실이 더 큰 영향을 줄지, 절대 누출되면 안 되는 정보는 어떤 것인지 등을 사전에 정의해야 한다는 것이다. 또 우선순위 작업을 위해 감안해야 하는 다양한 요인으로 핵심 인프라와 확장된 생태계(공급망 관리나 파트너 포털 등), 비즈니스 크리티컬 시스템 등이 있으며, 처음에 마련된 우선순위를 지속적으로 평가해서 보완해 나가야 한다.

조직의 판단력을 높이기 위해 벌금이나 수수료, 생산성 손실 등의 비용은 쉽게 수치화할 수 있지만, 브랜드 자산 감소나 고객 선호도 및 지적재산권 손실은 파악이 어려우므로 투자와 리스크의 상관관계를 바탕으로 수치화하려는 조직의 노력이 필요하다. 누구나 사이버 리스크를 일으킬 수 있다는 점에서, 조직 내 사이버 리스크 관련 이해관계자의 확장이 필요하므로, 사이버 리스크 관리와 관련 정책을 결정하는 이해관계자들의 직원 정보를 다루는 인사담당자, IT 인프라 관리 책임자, 공급망 관리자 등 다양한 직책을 포함함으로써 기업의 사이버 리스크를 최소화할 수 있다.

따라서 제4차 산업혁명 시대에 기업의 핵심 의사결정 기관인 이사, 경영진 및 감사는 기업 경쟁력에 치명적인 영향을 끼칠 수 있는 사이버 리스크에 대하여 기업이 존재하는 한 어디서든 발생할 수 있다는 것을 인정해야 함은 물론 사이버 리스크 성향을 이해하고 사전에 사이버 리스크 대응 보안시스템을 체계화함으로써 실제로 사이버 리스크가 발생할 시 충분히 검토된 판단을 내릴 수 있을 때 기업은 그 피해를 최소화할 수 있을 것이다.

제7절 기업의 사회적 책임성

Ⅰ. 기업 사회적 책임의 개요

1. 기업 사회적 책임의 정의[1029]

기업은 그 합리적인 경영구조로 인해 오늘날 엄청난 경제력을 축적해 일개 상인의 지위를 벗어나 중요한 사회적 실체가 되었으므로 다소의 공공적인 성격의 책임을 지울만하며, 또한 기업의 극단적인 이윤추구는 부의 편재를 낳는 등 여러 가지 병리적 현상의 원인이 되어 왔으므로 축적한 부의 일부를 사회에 환원하게 하는 등 기업 스스로가 사회에 대해 공익적 기여를 하게 해야 한다는 것이 그 동안 사회적 책임론의 주된 취지였다.

그러나 최근 들어 **사회적 책임경영**은 기업의 장기적인 관점에서 기업의 가치와 지속가

1029 이철송. 전게서. 2021. 64면. 최진봉.「기업의 사회적 책임」. 커뮤니케이스 북스. 2014. Werther, W. b. & Chandler, D.「Strategic corporate social responsibility : Stakeholders in a global environment」. Thousand Oaks, CA : Sage. NEVER 지식백과.「기업의 사회적 책임이란」.

능성에 영향을 줄 수 있어 기업의 이해당사자들이 기업에 기대하고 요구하는 사회적 의무들을 충족시키기 위해 수행하는 활동으로, 기업이 자발적으로 사업영역에서 이해관계자들의 사회적 그리고 환경적 관심사들을 분석하고 수용하여 기업의 경영활동에 적극적으로 적용하는 과정을 통해 이해당사자 들과 지속적인 상호작용을 이루는 것이라고 정의한다.

또한 기업의 사회적 책임은 기업 조직의 임무와 일치하거나 적어도 위배되지 않는 가운데 기업 이해당사들의 욕구를 충족시키는 활동을 제공하기 위해 수행하는 기업의 활동을 말한다. 기업은 이해 당사자들에 대한 사회적 의무를 지고 있으며, 이 사회적 의무는 이해당사자 들의 기대를 이해하고 그것에 대응하는 것을 의미한다. 따라서 **기업의 사회적 책임**은 이해당사자들이 기업에 요구하는 사회적 의무를 기업이 수행하기 위해 이해당사자들이 가지고 있는 사회적 기대를 정확히 이해하고, 그 기대에 적극적으로 부응하는 활동이라고 정의할 수 있다.

종합하면 **기업의 사회적 책임**이란 기업이 기업의 전통적인 경영목표인 이윤추구를 위한 생산 및 영업활동을 하면서, 동시에 환경 경영, 윤리 경영, 사회 공헌과 같이 지역사회와 사회전체에 이익을 줄 수 있는 활동을 병행하는 것으로, 기업이 주주와 노동자, 소비자 등 기업과 이해관계가 있는 당사자들의 의견과 기업에 대한 평가를 기업경영의 의사결정 과정에서 적극 반영하여, 기업에 대한 긍정적인 이미지와 평판을 만들어 내고 확산시키는 활동을 말한다.

2. 기업 사회적 책임의 필요성[1030]

기업의 사회적 책임이란 기업이 장기적인 시각과 비전을 가지고 사회적·경제적 문제를 기업 활동에 적극 반영하여 이해관계자 만족을 이끌어 냄으로써 궁극적으로 지속 가능한 기업 경쟁력을 확보하고 기업 조직 내·외부에서 다양한 시너지를 창출하기 위해 아래와 같은 효과를 기대하면서 기업이 자발적, 적극적으로 추진하는 일종의 투자이며 기업 경영의 핵심 전략이다.

첫째, 기업이 사회적 책임활동을 적극추진하게 되면 지역공동체나 소비자들은 해당기업에 대해 긍정적인 이미지를 가지게 되며, 지역사회와 소비자들 사이에 긍정적인 이미지는 기업이 생산하는 제품이나 기업이 제공하는 서비스에 轉移되어 제품과 서비스에 대한 긍정적 이미지 창출에 기여하게 된다. 나아가 이렇게 창출된 제품과 서비스에 대한 긍정적 이미지는 기업의 매출을 향상시켜 기업의 궁극적인 경영목표인 이윤 창출을 증가시키게 된다.

둘째, 기업의 존재이유는 재품과 서비스의 생산에 있다. 그러므로 기업의 존재 목적에 기여한 당사자들은 기여분 만큼의 분배를 받을 권리가 있다. 기업 생산에는 주주의 단독의 힘만으로는 가능하지 않다. 주주, 노동자, 경영자, 중소납품업자, 소비자 등이 모두 제품에 대한 일정한 기여분을 가지고 있다. 그러므로 그러한 기업 목적에 기여한 당사자들에 대하

1030 안택식. 「기업의 사회적 책임론과 회사법의 변화」. 재산법연구 제28권 제3호. 2011. 11. 394~399면 Werther, W. b. & Chandler, D. 전게서. Thousand Oaks, CA : Sage. 최진봉. 「기업의 사회적 책임」. 커뮤니케이스 북스. 2014. NEVER 지식백과. 「기업의 사회적 책임활동의 필요성」.

여 어떤 형태든지 정당한 분배를 해 주어야 할 의무가 있는 것이다.

셋째, 기업이 경쟁력을 갖는 것은 비용의 절감 보다 경쟁력 있는 제품을 생산하는가의 여부에 달려있다. 경쟁력 있는 제품을 생산하기 위해서는 기업 구성원의 화합이 가장 중요하다. 주주, 근로자, 경영자, 납품업자 등 이해관계자가 제품의 생산을 위해서 합심할 때에 경쟁력 있는 제품의 지속적 생산이 가능하다. 기업의 사회적 책임활동의 적극적 실행으로 경영생산성이 높아지면 투자자들로 하여금 더 많은 자금의 투자를 유도할 수 있게 된다.

넷째, 기업 내에 인적자원이 경쟁력의 원천이며 인적자원의 중요성을 깊이 체득한 기업만이 극심한 경쟁이 예고되는 기업 환경에서 살아남을 수 있을 것이다. 기업 내에서 분배의 정의가 실현되지 않을 때 화해보다는 갈등이 확대 재생산되고 갈등처리 비용이 수학적으로 산술할 수 없을 만큼 거대하게 되어 기업의 경쟁력을 갖기 어려울 것이다. 기업 내 평화를 이루고 기업의 발전을 제고하기 위해서는 당사자 간의 기여분에 대한 공평한 분배를 이루어야 한다.

다섯째, 코로나19 팬데믹 상황에서도 기후위기가 현재 인류가 당면한 가장 큰 위협이라는 것이다.[1031] 예를 들면 자원 고갈이나 기후 변화로 인해 기업들이 직면한 위험은 점점 더 커지고 있다. 유럽연합(EU)나 미국에서는 기후목표의 달성을 위하여 탄소국경세 등의 도입을 추진하고 있다. 따라서 환경보호는 인류가 당면한 가장 큰 위협을 대비하기 위해서 뿐만 아니라 현실적으로 탄소국경세 등을 대비하기 위해서도 꼭 필요하다.

따라서 효과적인 기업의 사회적 책임 활동은 기업의 이해 관계자와 해당 기업 모두에게 이익이 되는 것이다. 이처럼 기업과 이해관계자 모두에게 이익이 되는 효과적인 기업의 사회적 책임 활동을 위해 기업 종사자 들이 즐거운 마음으로 사회적 책임 활동에 참여할 수 있는 환경을 만들 필요가 있다. 왜냐하면 기업의 사회적 책임활동은 기업의 기본적인 업무수행과 과정, 그리고 가치를 반영하기 때문이다.

Ⅱ. 기업 사회적 책임의 종류

1. CSR(Corporate Social Responsibility)[1032]

CSR이란 기업의 이해 당사자들이 기업에 기대하고 요구하는 사회적 의무들을 충족시키기 위해 수행하는 활동으로, 기업이 자발적으로 사업영역에서 이해관계자들의 사회적 그리고 환경적 관심사 들을 분석하고 수용하여 기업의 경영활동에 적극적으로 적용하는 과정을 통해 이해 당사자들과 지속적인 상호작용을 이루는 것이라고 정의한다. 즉, 기업의 사회적 책임은 기업의 목적이나 비전과 경쟁관계에 있는 것이 아니라, 기업의 임무수행을 위한 상호 보완적 관계라는 것이다.

CSR이란 기업 활동에 영향을 받거나 영향을 주는 직·간접적 이해관계자에 대해 법률

1031 그린피스가 한국갤럽에 의뢰하여 2021. 4. 미국과 영국, 독일, 프랑스, 한국 등 5개국의 경재전문가 100인에게 질문한 결과.

1032 최진봉. 「기업의 사회적 책임」. 커뮤니케이스 북스. 2014. Werther, W. b. & Chandler, D. 「Strategic corporate social responsibility : Stakeholders in a global environment」. Thousand Oaks, CA : Sage. NEVER 지식백과. 「기업의 사회적 책임이란」.

적, 경제적, 윤리적 책임을 감당하는 경영기법을 말한다. CSR은 주로 자선, 기부, 환경보호 등 사회공헌 활동으로 나타난다. 이는 기업의 수익추구와는 무관하며 주로 기업의 평판 관리에 활용된다고 보는 시각도 있지만, 기업의 수익 추구와 밀접한 관련을 맺고 있다고 보는 시각이 일반적인 해석이다. 따라서 기업의 CSR 활동을 '노불레스 오블리주'를 실현하는 행위가 아니라 기업의 지속가능성을 위한 투자행위로 봐야 한다.

2. CSV(Creating Shared Value)[1033]

CSV란 기업이 수익 창출 이후에 사회 공헌 활동을 하는 것이 아니라 기업 활동 자체가 사회적 가치를 창출하면서 동시에 경제적 수익을 추구할 수 있는 방향으로 이루어지는 행위를 말한다. 기업의 경쟁력과 주변 공동체의 번영이 상호 의존적이라는 인식에 기반을 두고 있다. 따라서 앞으로는 소비자의 가치, 기업의 가치, 사회적으로 필요한 가치가 상호 조화를 이루는 기업가 정신이 요구된다는 것이다.

CSV와 CSR과 비슷하지만 가치창출이라는 점에서 차이가 있다. 연세대경영학과 박흥교수는 "CSR과 CSV의 극명한 차이는 가치창출에 있으며, CSR은 선행을 통해 사회에 기업의 이윤을 환원하기 때문에 기업의 수익추구와는 무관하지만, CSV는 기업의 비즈니스 기회와 지역사회의 니즈가 만나는 곳에 사업적 가치를 창출해 경제적·사회적 이익을 모두 추구하는 것이다. 즉, CSV는 CSR 보다 진화한 개념이며 기업과 지역사회가 상생하는 개념이다"라고 말한다.

3. ESG(Environmental, Social, Governance)[1034]

ESG란 주로 기관투자자들에게 투자대상기업의 비재무적 성과를 판단하는 기준으로 활용되는 것으로서 환경(Environmental), 사회(Social), 지배구조(Governance)의 약칭이다. ESG는 투자자들이 투자의사 결정시 기업의 재무적 상황 이외에 환경적, 사회적, 윤리적 가치 등과 같이 기업의 장기 존속 가능성과 관련된 비재무적 요소를 동시에 고려해서 투자하는 사회적 책임투자(Socially Responsible Investment : SRI)의 한 방법이다.

ESG란 기업의 재무적 성과 즉 경제적 가치만을 판단하던 전통적 방식과는 달리, 장기적인 관점에서 기업 가치와 지속 가능성에 영향을 주는 ESG(환경적, 사회적, 윤리적 가치) 등의 비재무적 요소를 충분히 반영하여 평가한다. 기업의 ESG 성과평가를 활용한 투자 방식은 투자자들의 장기적 수익을 추구하는 한편, 기업 행동이 사회에 이익 되도록 영향을 줄 수 있기 때문이다.

따라서 기업의 사회적 책임을 나타내는 지표 중에서 최근 가장 주목받는 것은 기업의 ESG이다. **ESG경영**이란 기업이 **환경보호**(Environmental)에 앞장서고, 사회적 약자에

1033 마이클 유진 포터.「하버드 비즈니스 리뷰」. 2011. 두산백과.「공유가치창출」. 김환표.「트렌드지식 사전」[CSV(Creating Shared Value]. 인물과 사상사. 2013. NAVER. 지식백과.「CSV」.

1034 김종희.「기업의 규모별 특성이 사회적 책임과 기업 가치 간의 비선형관계를 유발하는 임계점에 미치는 영향에 대한 연구」. 아태비즈니스연구. 2020. 6. 208면. 두산백과.「ESG」.

대한 지원 등 **사회공헌 활동**(Social)을 하며, 법과 윤리를 철저히 준수하는 **윤리경영 활동**(Governance)을 말한다. ESG은 기업의 지속적 성장을 평가하는 비재무적 성과를 측정하는 방법으로 유럽연합이나 미국 등에서는 이미 기업을 평가하는데 중요한 기준으로 자리 잡고 있다.

Ⅲ. 기업 사회적 책임의 찬반[1035]

1. 기업 사회적 책임에 대한 찬성론

회사는 순수한 이익 단체로서 영리활동의 한 수단에 불과한 것이다. 회사의 설립에 관여한 구성원(社員/주주)들의 목적이나 동기도 이를 벗어나지 않는다. 그럼에도 불구하고 회사에 대해 개인에게는 없는 특수한 사회적 책임을 부여하는 근거는 무엇인가? 대체로 다음과 같은 현대 회사의 특성에 근거를 두고 있다.

가. 기업재산의 공공성

회사제도가 생긴 이래 기업 활동에의 적합성이란 장점 때문에 그 부가 날로 축적되어 오늘날 법인기업의 소유재산은 國富에서 커다란 비중을 차지하게 되었다. 그래서 회사는 국민재산의 관리자라는 말까지 한다. 따라서 이것이 기업 공공성의 한 원인이 되며 이로 인해 사회적 책임론이 제기되는 것이다.

나. 기업소유의 공공성

사회적 책임론은 특히 대규모 기업에 초점을 두는데 오늘날 대기업들은 상당수 상장회사이다. 상장회사는 자금조달의 근원을 대중투자자들의 영세자금에서 찾는다. 그 결과로 종래의 지배주주의 持分率은 20~30%로 낮아지고, 나머지 기관투자자나 대중주주가 차지하게 되었다.

상장주식의 보유주주는 2020년말 919만명에 달한다. 그렇다면 기업의 소유라는 측면에서 볼 때 개별적으로 경영에 참여할 힘은 없으나 대다수의 지분을 갖는 일반 공중의 존재가 무시될 수는 없을 것이며, 이러한 의미에서 (공개)기업의 공공성 내지 사회성이 거론되는 것이다.

다. 이해관계의 사회성

오늘날 대기업들은 일반 공중을 소비자 또는 고객으로 하여 의식주에 있어 불가결한 일상 용품을 생산하거나 교통·통신 등의 서비스를 제공한다. 상당수는 독과점상태에 있다. 그리고 이들 대기업은 통상 수천·수만 명의 근로자를 고용한다. 그러므로 대기업의 의사결정이나 기업 활동은 사회의 일반 공중 전체의 생활에 영향을 미친다.

그들의 생산결정과 판매활동은 곧 대중의 생활 형태를 형성하고, 투자 결정이 경제성장

1035 이철송. 전게서. 2021. 65~71면. 안택식. 「기업의 사회적 책임론과 회사법의 변화」. 재산법연구 제28권 제3호. 2011. 394~399면.

을 좌우하며 임금과 배당정책이 개인소득에 직접적으로 연결되며, 그들의 가격결정이 곧 물가를 결정하게 된다. 즉 대기업의 존재와 활동은 집단적인 이해관계를 창조해 내는 것이다.

이와 같이 대기업의 시장지배가 확립되어 있는 현대 자본주의 체제에서 대기업이 가지는 고객관계와 고용관계는 이미 이해관계의 동질성, 입장의 상호교환 가능성을 상실하였으므로 公共的·社會的 성격의 法理가 개입하게 된 것이다.

라. 기업이윤의 사회성

어느 나라에서나 마찬가지로 대기업은 국가경제에 미치는 영향 때문에 정부의 보호를 받으며, 또한 기업 재산이 갖는 영향력 때문에 정치권력과 유착하거나 정치권력에 대한 압력집단이 되어 기업 스스로가 과밀한 보호를 획득한다. 간단한 예로 개인이나 중소기업이 누릴 수 없는 과다한 세제상의 혜택과 금융지원을 받을 수 있는 것이다. 뿐만 아니라 상품가격의 결정과 이윤결정 같은 문제에 있어서도 정책적인 보호를 받는다.

이와 같은 보호와 육성, 그리고 이로 인한 이윤의 획득은 일반 공중의 인내와 양보를 전제로 한다. 그러므로 대기업이 얻은 이윤은 기업 자체의 商才로 인한 소득이라는 면보다는 사회 전체의 생산성의 총합이라는 면이 두드러지게 나타나며, 여기에 사회적 책임을 물을 수 있는 또 하나의 근거가 마련되는 것이다.

2. 기업 사회적 책임에 대한 부정론

회사의 사회적 책임에 관한 논의가 점차 활발해지고 있다는 사실은 회사가 더 이상 이기적인 이윤추구에만 몰두할 수 없고, 어떤 형태로든 공익적 자세를 보일 수밖에 없음을 말해준다. 그러나 기업의 사회적 책임을 법적 개념으로 보고, 나아가서 그것을 회사법에서 수용하는 것에 대해서는 다음과 같은 이유에서 회의적이다.

가. 기업의 본질에 위반

사회적 책임에 대해 부정론 학자들이 주장하듯이 동 이론은 기업의 본질에 反한다. 기업이 순수한 이익단체라는 것은 기업의 전통적이고도 고유한 본질이다. 그리고 기업이 이 본질을 계속 간직할 때만이 자본주의적 산업사회에서 기업수단으로서의 구실을 할 수 있다.

기업의 사회적 책임을 회사법이 수용하였을 때 자칫하면 회사법 구조를 점차 공익적 성격으로 변색시켜 갈 것이며, 결과적으로는 기업들의 富의 축적에 대한 일반대중의 반감에 정치권력이 영합할 때 회사의 영리성을 제어하는 구실이 될 수 있다.

프리드만(M. Friedman)에 따르면 "기업의 유일한 사회적 책임은 기업이 법률을 준수하는 범위 내에서 그 이익을 증진하기 위하여 노력을 다하는 것"이라고 한다. 즉 이런 의미에서 기업의 사회적 책임은 기업의 목적인 관점에서 긍정하기 어렵다.

또한 기업을 주주의 소유물로 보는 입장에서는 기업의 소유자는 주주이고 이사는 주주에 의하여 선임되므로 그 책무는 주주의 이익을 달성하기 위하여 행사되어야 하며, 그 목적을 변경하거나 이익을 감소시키거나 그 이익을 다른 목적을 위하여 사용해서는 아니 된다.

나. 사회적 책임은 정부의 임무

기업의 사회적 책임을 부정하는 대표 학자는 M. Friedman 이다. 그의 견해에 따르면 회사의 자선활동은 비민주적일 뿐만 아니라 당선된 정치가가 해야 할 일이라고 주장한다. 즉 기업의 사회적 책임은 정치가가 담당해야 할 주요한 임무라는 것이 그의 주장이다. 이러한 견해는 극단적으로 주주의 이익을 위해서라면 어떠한 것도 할 수 있다는 견해다.

기업의 사회적 책임을 주장하는 찬성론자들이 주장하는 회사의 노동자, 소수주주, 중소납품업자, 소비자, 지역주민 등에 대한 책임은 회사와 일반국민으로부터 세금을 징수하는 정부가 정부의 재정으로 감당해야 한다는 주장이다. 회사는 오르지 주주의 이익을 위해서 활동하며, 정부에 대하여는 영업이익에 대한 세금만을 납부하면 된다는 견해이다.

다. 사회적 책임은 경쟁력 약화

기업의 사회적 책임을 부정하는 입장에서는 회사가 주주 이외에 노동자, 소수주주, 중소납품업자, 소비자, 지역주민 등에 대해 책임을 부담한다면 이에 따른 과도한 비용으로 인하여 기업의 경쟁력이 약화 된다고 주장한다.

기업이 오르지 이윤추구에만 전념해야 만이 경쟁력을 가질 수 있는 것이며, 기업이 노동자, 소비자 및 중소납품업자 등에 대한 책임부담은 곧바로 비용 증가로 이어져 다른 기업과의 경쟁력을 가질 수 없게 된다는 논리이다.

날이 갈수록 치열하게 전개되는 기업의 국제적 경영 환경에서 과도한 기업의 사회적 책임 요구는 기업의 과도한 비용으로 기업의 경쟁력 약화는 물론 심지어는 기업의 생존 경쟁력조차 불가능하게 만든다고 주장한다.

라. 의무 내용 및 대상의 불명확성

사회적 책임은 그 의무의 내용이 무엇인지 구체적으로 제시하지 못한다. 어떤 작위의무도 명확히 부여하는 바가 없기 때문에 행위규범으로서의 기능을 할 길이 없다. 따라서 사회적 책임을 입법에 반영한다면 입법에서 극력 피해야 할 백지규정이 될 수밖에 없다.

사회적 책임은 누구에 대해서 지는가? 누가 권리자로서 그 이행을 청구할 수 있는가? 현재까지의 사회적 책임론에 의하면 막연히 소비자, 일반대중, 회사가 속하는 사회 전체라는 식으로 표현한다. 그러나 이와 같은 막연한 집단이 권리자로서 존재할 수는 없다.

私法上 權利濫用禁止, 信義誠實義務 등의 규범은 구체적인 법률관계에서 특정된 상대방에 대하여 지는 의무이다. 과연 私法에서 권리자 없는 의무가 존재할 수 있는가? 사회적 책임을 회사법상 실정 규정으로 수용하는데 있어 가장 큰 난점이 아닐 수 없다는 것이다.

3. 검토 의견[1036]

1036 안택식, 「기업의 사회적 책임론과 회사법의 변화」, 재산법연구 제28권 제3호, 2011. 11. 394~399면. 서의경, 「기업의 사회적 책임 확산을 위한 입법적 검토」, 상사판례연구 제27집, 2014. 12. 13~22면.

가. 사회적 책임은 본질의 위반

회사는 궁극적으로 재화와 용역의 생산을 목적으로 하는 생산단체이다. 회사의 주된 활동인 생산에는 주주만이 참여하는 것이 아니다. 생산에 직접적으로 참여하는 당사자는 주주, 근로자 및 경영자이다. 이를 경영학에서는 경영의 3요소라고 한다. 그 밖에도 기업의 외곽에서 기업의 주된 활동인 생산에 기여하는 요소로는 소비자, 납품업자, 정부 및 지역주민 등 다수의 이해관계자가 존재한다.

그러므로 기업의 입장에서는 기업의 주된 업무인 생산의 과실을 생산에 기여한 당사자에게 공평하게 분배하는 것이 正義의 觀念에 합당할 것이다. 사안이 이러함에도 불구하고 주주중심주의에서는 기업 활동의 과실은 주주에게만 분배하는 것을 원칙으로 하고 그 밖의 당사자에 대하여는 법률이 허용하는 범위에서 계약으로 처리하되 이윤추구의 입장에서 비용개념으로 보아 최대한 그 분배액을 축소하고자 하는 것이다.

기업을 둘러싸고 과도한 대립과 갈등이 발생하는 것은 회사법에서 회사기업에 기여한 당사자에 대한 공평한 대우를 하지 않고 주주에게만 과도한 분배를 함에 기인한다고 하겠다. 회사의 경우에도 모든 목표를 주주의 이익추구에만 둔다면 정치에 있어서 독재자의 출현과 동일하게 주주의 독재가 이루어질 가능성이 높다. 이는 분명 사회 정의에 반하는 것이고 재앙이며, 이를 용인하는 것은 사회적 부조리의 발생 원인을 제공하고 있다고 할 수 있다.

나. 사회적 책임은 정부의 임무

기업의 존재이유는 제품과 서비스의 생산에 있다. 그러므로 기업의 존재 목적에 기여한 당사자들은 기여분 만큼의 분배를 받을 권리가 있다. 기업생산에는 주주의 단독의 힘만으로는 가능하지 않다. 주주, 노동자, 경영자, 중소납품업자, 소비자 등이 모두 제품에 대한 일정한 기여분을 가지고 있다.

그러므로 기업은 그러한 기업의 목적에 기여한 이해당사자들에 대하여 어떤 형태로든지 정당한 분배를 해 주어야 할 의무가 있는 것이다. 정부는 이와 같이 기업이 공평하게 기업의 목적에 기여한 이해당사자들 간의 공정한 분배가 이루어 질 수 있도록 기업 환경을 조성하는 것이 主 任務일 것이다.

기업을 둘러싼 당사자들이 당연히 이루어야 할 공정한 분배를 외면하고 있는 상태에서 정부가 처음부터 끝까지 개입하여 이해당사자 간의 공정한 분배를 이루려고 한다면 그것은 가능 하지 않다. 그럼에도 불구하고 주주중심주의는 이러한 당연한 사리를 외면하고 주주에 대한 과도한 배려에 치우치고 있다.

기업 내에 평화를 이루고 발전적인 분위기를 조성하기 위해서는 기업 스스로 이해당사자 간의 기여분에 대한 公正한 分配를 이루는 시스템을 만들어야 한다. 그런 노력은 외면하면서 발생되는 많은 주주와 주주를 제외한 이해당사자 간의 분규, 즉 문제를 전부 정부에서 해결 하라고 하는 것은 가능하지도 않을 뿐만 아니라 무책임한 처사이다.

다. 사회적 책임은 경쟁력 약화

기업이 경쟁력을 갖는 것은 비용의 절감 보다 경쟁력 있는 제품을 생산하는가의 여부에 달려있다. 경쟁력이 있는 제품을 생산하기 위해서는 기업 구성원의 화합이 가장 중요하다. 주주, 근로자, 경영자, 납품업자 등 이해관계자가 제품의 생산을 위하여 합심할 때에 경쟁력 있는 제품의 지속적 생산이 가능하다는 것이다.

기업 내에서 인적자원이 경쟁력의 원천이며 인적 자원의 중요성을 깊이 체득한 기업만이 극심한 경쟁이 예고되는 기업 환경에서 살아남을 수 있을 것이다. 기업 내에서 분배의 정의가 실현되지 않을 때 화해보다는 갈등이 확대 재생산되고 갈등처리 비용이 수학적으로 산술할 수 없을 만큼 거대하게 되어 기업 경쟁력을 갖기 어려울 것이다.

기업이 경쟁력을 갖기 위해서는 기업구성원에 대한 분배를 절약하려고 노력하기 보다는 단합해 소비자에게 행복을 가져다주는 경쟁력 있는 제품생산에 매진해야 할 것이다. 사회적 책임수행에 앞장서고 있는 마이크로소프트사/애플사가 경쟁력을 갖는 것은 두말할 것도 없이 기업의 구성원에 대한 존중과 정당한 대우가 기업의 경쟁력을 향상시킨다는 명백한 증거다.

라. 의무 내용 및 대상의 불명확성

기업의 사회적 책임은 근로자·협력업체·지역사회·환경 등 다양한 이해관계자와의 관계를 고려한 개념이기 때문에 관련 분야가 다양하고, 따라서 기업의 책임에 대한 입법은 일반적으로 각 해당 분야에서 개별 입법을 통하여 법제화되고 있다. 우리나라 법제에도「근로기준법」,「소비자기본법」,「공정거래법」,「하도급거래 공정화에 관한 법률」,「지속가능발전법」,「탄소 중립·녹색성장기본법」 등에 기업의 사회적 책임과 관련된 요소 들이 이미 도입되어 있다.

기업의 사회적 책임의 개념과 내용이 다소 불명확하지만「헌법」,「민법」등에서「공공복리의 원칙」,「신의성실의 원칙」,「권리남용금지의 원칙」등 그 개념을 분명히 확정할 수 없는 추상적 개념들이 많이 규정되어 있는 것과 비교할 때에 문제될 것이 없다. 또한 앞서 제시한 각종 특별법에서 기업은 '노동자보호의무', '소비자보호의무', '공정거래의무', '환경보호의무' 등 기업을 둘러싼 이해당사자의 이익을 기업은 적절히 배려해야 할 의무를 부과하고 있다.

Ⅳ. 기업 사회적 책임의 동향

1. CSR(Corporate Social Responsibility)의 동향[1037]

1960년대 미국을 중심으로 대두된 개념으로, 기업이 사회 구성원으로서 지역사회 및 이해관계자들과 공생할 수 있는 의사결정을 내려야 한다는 윤리적 책임의식을 말하며, 줄여서 'CSR' 이라 한다.

세계대전 이후 기업들이 이익 극대화를 목표로 급속히 성장하는 과정에서 노동 착취와 폐유 방출 등 지역사회 문제를 일으키자, 기업들에 대한 비난 여론이 거세졌고 지역사회에

1037 두산백과.「기업의 사회적 책임(Corporate Social Responsibility, CSR」.

기반한 그들이 사회문제 해결에 적극 나서야 한다는 목소리가 나오기 시작하였다.

1950대에는 기업의 사회참여가 최고경영자를 중심으로 이익 환원 등의 단순한 자선사업에 머물렀으나, 2000년대에 들어서며 기업 활동의 투명성과 윤리성을 강조하고, 지속가능경영을 위한 사회문제 해결 등 보다 적극적이고 광범위한 형태의 사회적 책임이 강조되었다.

사회적 책임(CSR)의 시기별 발전 형태

1) 1950~1960년대 : 최고 경영자의 자선사업이 주를 이루며 사회적 책임을 개인적 영역에서 이행.
2) 1960~1970년대 : 기업이 야기한 환경문제와 갈등으로 인해 사회적 각성과 책임을 요구받기 시작.
3) 1980~1990년대 : 기업의 내부 조직문화에 따른 기업윤리 및 윤리현장이 등장하여 기업 전체가 사회적 책임 경영을 실천.
4) 1990~2000이후 : 지난시기의 사회적 책임을 모두 포함하여 기업의 시민의식이 강조되고 그 대상이 전 세계로 확장.

기업의 사회적 책임을 측정하기 위해 2010년 국제표준화기구에서 'ISO 26000'을 제정하고 국제적인 가이드라인을 제시하고 있다. 조직의 지배구조, 인권, 노동관행, 환경, 공정운영, 소비자 쟁점 및 지역사회 참여와 발전 등의 핵심주제를 다루고 있다. 국내에서는 2009년부터 한국표준협회에서 ISO 26000을 바탕으로 자체평가기준을 만들어 매년 국내의 지속가능성지수기업(KSI)을 선정 및 발표하고 있다.

2. CSV(Creating Shared Value)의 동향[1038]

CSV는 기업이 수익 창출 이후에 사회공헌 활동을 하는 것이 아니라 기업 활동 자체가 사회적 가치를 창출하면서 동시에 경제적 수익을 추구하는 일련의 기업 정책 및 경영활동을 의미한다. 이는 기업의 지속 가능한 성장을 위해서는 기업의 경쟁력과 그들이 속한 공동체의 번영이 상호 의존적이라는 인식에 기반을 두고 있다.

하버드대학교 비즈니스 스쿨의 마이클 포터(Michael E. Porter) 교수가 2011년 1월 하버드 비즈니스 리뷰(HBR)에 기고한 〈자본주의를 어떻게 치유할 것인가?〉란 논문에서 소개하면서 알려졌다. 2008년 글로벌 금융위기를 계기로 기존 자본주의의 문제를 극복할 수 있는 새로운 경영 패러다임의 필요성이 대두되면서 등장하였다.

CSV는 기업의 수익창출과 사회공헌활동이 별도의 활동으로 이루어지는 것이 아니라, 기업의 영업활동 자체가 사회적 가치를 창출하는 동시에 경제적 수익을 추구한다는 점에서 기업의 사회적 책임(CSR)과 비교된다. 즉, CSV는 처음부터 경제적 가치와 사회적 가치를 동시에 창출하여 기업의 이윤으로 연결시키는 방법을 고민하는 반면, CSR은 기업이 이미

1038 두산 백과. 트랜드 지식사전. 위키 백과.

만들어 낸 이익을 사회에 환원하는 방식이기 때문에 기업의 수익추구와는 무관하다.

세계적으로 CSV를 바탕으로 지역경제에 관심을 갖고 지역 사회단체와 연계, 진출하는 사례가 증가하고 있다. 세계적 통신 기업인 보다폰이 통신 인프라가 부족한 아프리카 케냐에서 휴대폰의 통화기능을 넘어선 모바일 송금서비스라는 사회적 상품을 개발한 것이나, 네슬러가 아시아지역 저소득층을 영양상태를 고려해 영양가 높은 제품을 저가격, 소포장의 '보급형상품'으로 출시한 것 등이 CSV의 사례이다. 국내에서도 CSV는 점차 활성화되고 있는 상태이다.

3. ESG(Environmental, Social, Governance)의 동향[1039]

기업의 사회적 책임과 투자활동과의 연계가 본격화 된 것은 그리 오래된 일은 아니다. 그간 투자는 전통적으로 환경이나 사회 이슈에 대한 관심이 많지 않았고, 다만 사회적 책임투자 가 주변에서 일부 벌어지고 있다. 주로 윤리적 이유로 특정 산업이나 특정 제품을 생산하는 기업에 투자하지 않는 정도였다, 기업의 사회적 책임과 지속가능성을 충분히 고려하지 않은 그간 투자의 관행은 지속가능성에 대한 기업들의 노력을 저해하는 장해물로 작용했다.

그러던 2004년 당시 유엔사무총장이었던 코피 아난이 전 세계 주요자산 소유자들인 대규모 연기금들과 함께 전 지구적인 지속가능성을 위한 자산 소유자들의 역할을 촉구하는 "Who Cares Wins'라는 문서를 작성하면서 양상이 달라지기 시작하였다. ESG라는 신조어를 등장 시킨 "Who Cares Wins'은 이듬해인 2005년「유엔책임투자원칙(UN PRI, UN Principle of Responsible)」으로 이어지게 된다.

이후 2008년 금융위기도 있었지만, UN PRI는 지속적으로 확대되었고, 거래소 등 투자사슬의 주요 구성원 들이 자신들의 투자활동에 ESG를 통합하고자 하는 시도 들이 움트기 시작하였다. 2015년 이후 기업의 ESG 성과와 재무성과의 상관관계를 증명하는 논문들이 지속적으로 나왔고 투자자들의 인식도 바뀌기 시작하였다. ESG 요소들이 재무적으로 유의미하다는 증거들은 결국 투자활동의 주요 원칙인 '수탁자책임'이라는 개념에도 변화를 가져왔다.

ESG 논의 초창기에 많은 연기금 수탁자들이 "우리의 의무는 수익률을 극대화하는 것이기 때문에 ESG 요소들을 고려한 투자를 할 수 없다"고 주장하였지만, 수익률을 극대화하기 위해서는 결국 ESG를 고려해야 한다는 것이 현재는 정설이 되었다. 2019년 12월 발간된 UN PRI의「21세기의 수탁자 의무(Fiduciary in the 21st Century)」등 주요보고서들에도 이런 내용이 명시됐다. 지속가능성장을 위한 투자자들의 역할에 대한 논의도 더욱 힘을 받고 있다.

지속가능한 발전을 위한 기업과 투자자의 사회적 책임이 중요해지면서 세계적으로 많은 금융기관이 ESG 평가정보를 활용하고 있다. 영국(2000년)을 시작으로 독일, 캐나다, 벨

1039 김종희.「기업의 규모별 특성이 사회적 책임과 기업 가치 간의 비선형관계를 유발하는 임계점에 미치는 영향에 대한 연구」. 아태비즈니스연구. 2020. 6. 208면. 두산 백과.

기에, 프랑스 등 유럽연합이나 미국, 일본 등 여러 나라에서는 연기금을 중심으로 ESG 정보공시 의무제도[1040]를 도입하거나 기업을 평가하는데 중요한 기준으로 자리 잡고 있으며, 현재 전세계적으로 확산해 나가고 있는 추세이다.

UN은 2006년 출범한 유엔책임투자원칙(UNPRI)을 통해 ESG이슈를 고려한 책임투자를 장려하고 있으며. 우리나라도 2016. 12. 한국형 스튜어드십 코드인「기관투자자의 수탁자 책임에 관한 원칙」이 제정·시행되고 있고, 2021. 1. 14. 금융위원회 발표에 의하면 오는 2025년부터 자산 총액 2조원 이상의 유가증권시장 상장사의 ESG 공시 의무화가 도입되며, 2030년부터는 모든 코스피 상장사로 확대할 예정이다.

Ⅴ. 기업 사회적 책임의 주요내용

1. CSR(Corporate Social Responsibility)의 주요 내용[1041]

가. 개요

기업의 사회적 책임은 기업과 사회가 공생관계에 있기 때문에 서로 필요할 수밖에 없다. 기업이 잘 되면 경제 활성화도 이루어지지만 사회가 잘 돌아가야 기업의 이익 또한 더욱 증가하기 때문이다. 즉, 기업은 소비자를 기반으로 획득한 이익을 사회에 환원하고, 소득분배론에 입각한 富의 재분배에 책임을 다할 때 긍정적인 기업 이미지 확립과 더불어 다양한 사회적 가치를 만들 수 있게 된다.

나. 4단계 책임론

사회적 책임을 설명할 때 일반적으로 통용되는 것은 미국 조지아 대학교의 캐롤(Archic B. Carroll) 교수의 4단계 책임론이다. 캐롤 교수는 기업의 사회적 책임을 경제적(Economic) 책임, 법률적(Legal) 책임, 윤리적(Ethical) 책임, 자선적(Philanthropic) 책임으로 분류하고, 이러한 책임들은 단계별이 아닌 동시에 이행되어야 한다는 4단계 책임론을 제시하였다.

1단계 경제적 책임은 기업의 사회적 책임 중 가장 본질적이고 우선하는 책임으로서, 사회가 원하는 양질의 상품과 서비스를 생산하고 이를 판매하여 이윤을 획득하는 것을 의미한다. 좋은 제품을 사용하는 것만으로도 소비자들의 만족도와 삶의 질을 올릴 수 있기 때문이다.

2단계 법률적 책임은 공정한 규칙 속에서 법을 준수하며 기업을 경영해야 하는 책임 이다. 정정 당당하게 기업을 운영하는 것만으로도 사회는 성숙해지고 기업에 대한 신뢰의 시발점이 된다. 그는 이를 기업과 사회의 사회적 계약(Social contract)으로 보았다.

3단계 윤리적 책임은 기업 또한 사회적 일원으로서 소비자와 종업원, 지역 주민, 정부 등 모든 이해관계자의 기대와 기준, 가치에 부합해야 하는 책임이다. 기업이 사회와 잘 어우러져야 모두에게 좋은 기업이 될 수 있기 때문이다.

1040 EU. [비재무보고 의무화지침,「NFRD(Non-Financial Reporting Directive)」]. 2017.

1041 서의경.「기업의 사회적 책임 확산을 위한 입법적 검토」. 상사판례연구 제27집 제4권. 2014. 12. 8면. 두산 백과. NAVER 지식백과.

4단계 자선적 책임은 경영활동과는 관계없이 기부나 사회 공헌 등을 통해 사회로부터 얻은 이익을 나누는 책임이다. 기업이 나눔을 실천하는 것만으로도 성숙한 사회의 밑거름이 되기 때문이다.

다. 7가지 실천영역

ISO 26000은 CSR의 행동규범이며 7가지 실천영역으로 ① 지배구조, ② 인권, ③ 노동, ④ 공정관행실천, ⑤ 소비자 이슈, ⑥ 환경, ⑦ 지역사회 참여 및 발전을 명시하고 있다.

CSR의 구체적인 7가지 실천영역

1) 지배구조

2) 인권

① 상당한 주의의무. ② 인권 위험 상황. ③ 연루 회피,
④ 불만 해결. ⑤ 차별과 취약그룹. ⑥ 시민권과 정치권.
⑦ 경제권, 사회권 및 문화권. ⑧ 근로에서의 근본적 원칙과 권리 등.

3) 노동

① 고용과 고용관계. ② 근로조건 및 사회보호. ③ 사회적 대화.
④ 근로 보건과 안전. ⑤ 근무지 인간개발과 훈련 등.

4) 공정관행실천

① 반부패. ② 책임 있는 정치참여. ③ 공정경쟁.
④ 가치사슬에서의 사회적 책임 촉진. ⑤ 재산권 존중 등.

5) 소비자 이슈

① 공정 마케팅. ② 소비자 보건과 안전보호. ③ 지속 가능한 소비.
④ 소비자 서비스, 지원과 불만 및 분쟁 해결. ⑤ 소비자 데이터 보호 및 프라이버시
⑥ 핵심 서비스에 대한 접근. ⑦ 교육 및 인식 등.

6) 환경

① 오염예방. ② 지속 가능한 자원 이용.
③ 기후변화 완화와 적응. ④ 환경보호, 자연 서식지 복구 등.

7) 지역사회 참여 및 발전

① 지역사회 참여. ② 교육 및 문화. ③ 고용창출 및 기술개발.
④ 기술개발 및 접근. ⑤ 부와 수입창출. ⑥ 건강. ⑦ 사회적 투자 등.

라. 활동의 고려 사항

기업이 사회적 책임에 대한 활동계획을 수립하고 실행하는 데 가장 중점적으로 고려해야 할 사항은 무엇일까? 기업들이 사회적 책임을 인식하고 수행하기 위해 고려해야 하는 중요한 3가지 요소는 바로 '사람에 대한 관심', '환경에 대한 관심', 그리고 '이윤에 대한 관심'이다.

기업이 사회적 책임을 인식하는데 **가장 먼저** 고려해야 할 사항은 바로 **'사람에 대한 관심'**이다. 이것은 기업과 관련된 이해당사자들이 기업에 어떤 사회적 책임을 요구하고 있는

지에 대한 분석과 이해가 필요하다는 것이다.

둘째로 기업이 사회적 책임을 인식하는 데 고려해야 할 사항은 **'환경에 대한 관심'**으로 기업이 처해있는 사회 환경 속에서 기업이 사회 전체 이익에 기여할 수 있는 방안을 찾아 실행하는 것을 말한다.

마지막으로 **'이윤에 대한 관심'**이다. 기업은 이윤추구를 목표로 하는 조직이다. 따라서 기업이 어떠한 기업의 사회적 책임 활동을 계획하고 수행할 것인가를 고민할 때 반드시 기업의 이윤 추구와 연관성을 고려해야 한다.

2. CSV(Creating Shared Value)의 주요내용[1042]

가. 이상적인 CSV의 조건

기업이 이상적인 공유가치를 창출하기 위해서는 다음의 세 가지 조건을 충족하여야 한다.

이상적인 CSV의 조건

① **제품과 시장에 대한 재구상**
기업은 시장에 더 나은 서비스를 제공하거나 새로운 시장을 창출하거나 혁신을 통해 비용을 낮춤으로써 사회적 욕구를 충족시킬 수 있다.

② **가치 사슬의 생산성 재정의**
기업은 필수 천연자원에 대한 감시인으로서 활동하고, 경제와 사회 발전을 촉진시키면서 투입과 분배의 양과 질, 비용 및 신뢰 등을 개선할 수 있다.

③ **거점지역의 클러스터 구축**
기업은 사회와 동떨어진 혼자 영업활동을 하지 않는다. 기업이 경쟁력을 확보하고 사회와 함께 성장하기 위해서 기업은 믿을 만한 지역 공급업체, 도로와 통신과 같은 인프라, 재능있는 인력, 효과적이고 예측 가능한 제도 등과 함께 클러스터를 구축해야 한다.

나. CSV 실행 프레임워크

FSG(Free Standards Group)[1043]는 2011년 9월에 발표한 CSV 가이드라인인 "Creating Shared Value : A How-to Guide for the New Corporate(R) evolution"에서 기업이 실행하기 위한 10단계 프레임워크를 제시하였다. **10단계는 성격에 따라 비전(Vision), 전략(Strategy), 실행(Delivery), 성과(Performance)의 상위 카테고리**로 다시 묶을 수 있다.

10단계 중 **비전**에 해당하는 단계는 '① **명확한 비전제시** '이다. 기업이 CSV를 추진하기 위해서는 핵심가치를 나타내는 명확한 비전을 제시하여야 한다. 최고 경영자, 이사회 및 임직원 등 상위 관리자의 적극적인 의지와 통합적인 리더십이 중요한다. 그리고 장기적인 비

1042 신창균, 「CSR과 CSV(Creating Shared Value)」, 토픽분석 II, 59~61면, 두산 백과, 위키 백과.

1043 표준을 통해 오픈 소스 기술의 사용률과 보급률을 높이기 위하여 주요 글로벌 SW, HW 벤더에 의해 설립된 비영리 단체.

전은 해당 산업과의 연결성이 필요하다.

전략에 해당하는 단계는 '② **주요 이슈의 선정**', '③ **명확한 목표 설정**'이다. 기업이 해결하고자 하는 주요 사회 이슈를 선정하기 위해서는 기업의 포지셔닝, 환경, 역량, 비용 편익 및 성장가능성 등 다양한 측면을 고려해야 한다. 그리고 모호한 구호가 아닌 구체적 수치와 방향을 제시하는 목표가 필요하다. 명확한 목표가 부과되어야 세부적인 사업계획을 수립할 수 있고, 내외부의 책임감을 강화시킬 수 있다.

실행에 해당하는 단계는 '④ **자산 효율적 활용**', '⑤ **전사적 통합 추진**', '⑥ **외부 파트너 협력**'이다. 기업은 기업 내 현금, 상품 및 서비스, 인력, 사회적 영향력 등의 자산을 CSV 계획 수립을 위해 적극적으로 활용해야 한다. 또한 CSV는 사내 다양한 부서 및 임직원이 함께 기획하고 실행할 수 있는 기업의 문화와 관리시스템이 필요하다. 그리고 기업 외부의 다양한 파트너 그룹과 효율적으로 협력할 수 있는 구조를 만들어야 한다.

성과에 해당하는 단계는 '⑦ **사회적 가치의 측정**', '⑧ **피드백을 통한 학습**', '⑨ **성공적 요소의 확장**', '⑩ **이해관계자와 소통**' 이다. 사업 전반에 대한 정보뿐만 아니라 사업결과의 사회적 가치를 측정하고 사회적 변화를 체계적으로 관리하여야 한다. 그리고 이러한 결과를 통해서 교훈을 습득하고, 습득한 교훈을 다시 시스템에 반영하며 프로젝트를 확대하여 기업의 공유가치(Creating Shared Value)의 창출을 극대화해야 한다.

마지막으로 전 과정을 통해 축적한 데이터와 결과를 지속가능보고서 이외의 다양한 수단과 매체를 통해 내부와 외부의 이해관계자들과 공유해야 한다.

다. CSV의 장점과 한계

마이클 포터교수가 주창한 CSV는 CSR 보다 확실히 시장 친화적이다. 책임 보다는 공유 가치라는 용어가 경영자의 부담을 덜어 줄뿐만 아니라 사회적 가치창출을 기업의 경제적 가치사슬 안에 이루어 낼 수 있다는 논리를 제공하고, 수익 극대화와 사회적 가치창출 사이에서 고민하던 경영자들의 시름을 덜어 준 셈이다.

코스트란 기업에 있어서 항상 최소화를 요구받는 존재이다. CSV는 기업의 경제적 가치와 사회·환경적 가치가 공존할 수 있는 구조이다. CSR을 기업의 재무적 성과와 연계하여 설명하는 CSV는 새로운 질적 성장의 시대에 산업계가 선택할 수 있는 전략적 CSR의 접근 방법 이다. 특히 자원의 효율적 사용 측면에서는 바람직한 CSR 활동 방향이라고 본다.

그러나 CSV는 기업의 사회·환경적 가치보다는 지나치게 경제적 가치인 수익극대화에 집중하고 있는 한계가 있다. CSV는 CSR의 주요 이슈이기는 하지만 경제적 가치 사슬에 직접 영향을 끼치지 않는 지배구조나 노동, 인권 등의 이슈는 거의 다루지 않는다. 이러한 이슈들은 기업의 생산성과 상관관계가 없거나 적다고 판단하기 때문이다.

CSV에 대한 또 다른 비판은 CSV가 CSR의 주체를 이해관계자가 아닌 기업으로 규정한다는 점을 지적한다. CSR의 본질은 이해관계자 이슈를 기업들이 관리하고 대처하는 데서 비롯되는데, CSV는 이해관계자 이슈의 관리보다는 여전히 기업의 주주중심의 사고에 매몰되어 있어 이해관계자와의 의사소통에 적합하지 않다는 것이다.

독일의 CSR 전문가인 레네 슈미트페터 박사에 의하면 "기업들은 시장 밖에서도 책임을 져야한다고 하며. 타인에 대한 공감이 바탕이 되지 않는 CSV는 성공하기 어렵다"면서 부정적인 견해를 드러냈다. 따라서 CSR을 대체하는 개념으로 CSV를 주창하였지만 CSV의 장점과 한계를 비추어 볼 때 CSV가 CSR을 대체하는 관계가 아니라 상호 보완관계로 봄이 타당하다.[1044]

3. ESG(Environmental, Social, Governance)의 주요내용[1045]

가. 개요

ESG는 투자자가 기업 가치를 평가할 때, 기업이 얼마의 수익을 내는지 뿐만 아니라 수익을 내는 과정이 올바른지 확인하는 지표이다. 경제적 가치뿐만 아니라 사회적 가치 창출을 강조한다는 점에서 CSR과 ESG는 유사하다.

하지만 CSR은 기업의 윤리적 관점과 자선적 책임(사회공헌)을 바탕으로 사회적 기여에 대한 부분을 강조는 반면, ESG는 기업의 주요 활동 중 환경(E), 사회(S), 지배구조(G)의 요소들을 투자자의 관점에 맞춰 균형 있게 강조해, 사회에 긍정정인 역할을 하면서 기업 가치를 올리는 '경영 활동'이라는 점에서 차이가 있다.

또한 CSR은 기업이 사회 구성원으로서 지역사회 및 이해관계자들과 공생하기 위한 선택 사항이라고 한다면, ESG는 하나의 기업에 대한 투자자의 평가지표가 되기 때문에 기업의 필수사항이라고 할 수 있다. 왜냐하면 평가결과가 나쁘면 기업가치가 떨어지거나 투자자들이 빠져 나가는 등 기업에 직접적인 타격이 올수 있기 때문이다.

나. ESG의 관리절차

1) 의사결정 구조의 구축

ESG로 대표되는 비재무성과 관리를 조직 전반에 걸쳐 통합시키기 위한 중요하고도 효과적인 수단은 ESG 요소를 조직의 의사결정 구조와 연계하는 것이다. 따라서 조직이 비재무성과 제고라는 목표와 의사결정을 조직 전반적인 목표와 전략과 일치시키고 통합시켜서 기업의 의사결정에 ESG를 고려하는 것이 필수적이다.

조직에서 ESG 관리를 위한 의사결정 구조를 구성하는 단일 방법은 없다. 중요한 것은 ESG 관리를 위한 전략과 자원 배분, 그리고 프로세스 개발 및 운영에 이르기까지 최고 의사결정 기구 인 이사회 및 경영진 등의 동의가 있어야 한다. 이는 조직의 ESG 실현 의지와 ESG의 효율적 수행을 위해서 반드시 필요하기 때문이다.

2) 추진전략의 수립

기업들의 ESG 관리를 돕는 기준들이 있다. UN에서 운영하고 있는 책임투자원칙(PRI,

1044 신창균. 전게논문. 토픽분석 II. 64면.

1045 정영일. 「ESG 경영의 실제」. Auditor Journal Vol.258. 2021. 6. 11～16면.

Principle for Responsible Investment), 책임은행원칙(PRB, Principle for Responsible Bank), 지속가능보험원칙(PSI, Principle for Sustainable Insurance)이 그것이다. 이중에서 PSI 내용을 소개하고자 한다.

제1원칙은 기업 내 의사결정 과정에 해당사업과 연계된 ESG 이슈들을 통합(embed)한다.
제2원칙은 비즈니스 파트너와 고객들과 협력하여 ESG 이슈에 대한 인식을 제고하고 위험을 관리하며, 그리고 해결 방안을 考案한다.
제3원칙은 정부와 규제당국, 그리고 다른 주요 이해관계자들과 ESG 이슈에 대해 사회 전반에 걸쳐 광범위하게 활동들이 벌어질 수 있도록 한다.
제4원칙은 이 원칙들의 적용에 대한 진행사항을 정기적으로 공개적 공시를 통해 설명책임과 투명성을 입증한다.

위 PSI의 4가지 원칙은 비단 보험업계의 ESG 관리뿐만 아니라 업종을 불문하고 공통적으로 ESG 전략에 고려되어야 하는 핵심적인 내용이 담겨져 있다고 봐도 과언이 아니다. 이를 참고로 하여 개별 기업의 특성, 규모 등을 고려하여 추진전략을 수립하여야 한다.

3) 추진전략의 실행

실행에 있어서 제일 중요한 부분은 인적/물적 자원을 ESG 관리에 배치하는 것이다. 많은 외부 ESG 평가에서 관리를 위한 전담 조직의 구축이나, 전담 임원의 유무를 점검한다. 조직 내 ESG 관리에 대한 상대적인 중요성에 비례해서 인적/물적 자원이 배분되는 것은 다양하고, 이해관계자들의 관심과 기대사항에 따라 대응 수준도 달라질 수 있다. 조직 전반에 ESG 관리 중요성에 대한 공감대를 형성시키는 노력을 병행하는 것이 ESG 관리 수준을 제고하는데 가장 중요한 요소이다.

ESG 관리를 조직 문화화 하는 것은 다양한 방법이 있다. 특히 임직원의 교육과 ESG와 관련된 다양한 시상제도 등을 운영할 수 있다. 하지만 가장 중요하고도 효과적인 방법은 임직원의 성과평가와 ESG 관리성과를 연계하는 방법이다. 정량적이면 제일 좋겠지만, 정성적인 방법을 통해서라도 ESG 관리성과를 측정하여 그 결과를 팀이나 임직원 개인의 성과평가와 연계시키는 기업들이 많아지고 있다. 국내 공공기관의 경우 매년 경영평과를 통해서 그 평가 결과가 임직원의 성과보상과 연계되어 있다.

4) 추진성과의 공개

ESG 논의는 투자사슬에서 투자자들이 피투자자들에게 요구하기 시작함으로써 시작 되었다.해외 유수의 기업 들이 그 들의 홈페이지에서 'ESG(Performance) Presentation' 자료를 별도로 공개하고 있다. 그만큼 기관투자자들을 중심으로 많은 투자자들이 별도의 ESG 관련 정보를 요구하고 있어, 이에 대한 대응으로서 기존의 재무와 성장성 위주의 정보와 함께 IR 자료의 일환으로 ESG 자료를 별도로 준비하고 있다.

이러한 ESG(Performance) Presentation의 상세 자료들이 별도의 지속가능성보고서나 ESG 보고서, 또는 CSR 보고서 등의 이름으로 발간돼 오고 있다. 물론 최근에는 기존의 Annual Report에 ESG 요소까지 같이 통합하여 보고서를 발간하는 기업이 늘고 있다. The KPMG Survey of Sustainability Reporting 2020 보고서에 의하면 현재 전세계 52개국의 대규모기업 100대 기업들, 전체 평균 80%의 기업들이 지속가능성보고서를 발간하고 있다.

다. ESG의 구성내용

최근 몇 년 동안 기업의 사회적 책임에 대한 중요성이 대두되면서 이해관계자들은 ESG [Environment(환경), Social(사회), Governance(지배구조)]로 통칭되는 비재무적 요소를 기준으로 투자여부를 결정하고 기업의 지속가능성을 평가하는 것이 트랜드이다.

재무적 성과만 바라보던 과거의 경영방식에서 벗어나 탄소저감, 순환경제, 사회공헌, 투명한 기업지배구조 등을 추구하는 ESG는 기업의 지속가능성을 평가하는 핵심지표로 전세계적으로 기업 경영의 뜨거운 화두로 부상하고 기업경영의 새로운 표준으로 자리 잡았다.

참고1

UN의 ESG 요소

1) 환경(Environment)

① 기후변화 ② 자원고갈 ③ 물

④ 공해 ⑤ 삼림파괴

2) 사회(Social)

① 인권 ② 현대노예 ③ 아동근로

④ 근로조건 ⑤ 근로자 관계

3). 지배구조(Governance)

① 뇌물 및 부패 ② 경영진 보상 ③ 이사회 다양성 및 구조

④ 정치적 로비 및 기부 ⑤ 조세 전략

* 출처 : UN Principles for Responsible Investment.

참고2

IMF의 ESG 요소

1) 환경(Environment)

① 기후변화. ② 천연자원.

③ 환경오염·쓰레기. ④ 기회와 정책(재생, 청정, 녹색)

2) 사회(Social)

① 인적자본(근무환경, 근로자 참여, 노동관행) ② 생산책임(제품안전, 고객보호)

③ 관계(지역사회, 정부)

3). 지배구조(Governance)

① 기업지배구조(이사회 구조 및 책무, 경영진 보상, 회계 및 공시, 주주권리)
② 기업형태(부패, 경쟁행위, 세금, 법률 및 규제)

* 출처 : IMF

실제로 우리나라의 투자자를 대표하는 ○○연금은 ESG 관련 52개 평가지표를 선정하고 약 000개 기업을 대상으로 연 2회 평가를 실시하고 있으며, ESG와 관련하여 투자기업에 대한 적극적인 주주권 행사를 천명하였다.

사례

○○연금의 ESG 평가 지표

1) 환경(Environment)
① 기후변화 : 탄소배출 관리 수준.
② 청정생산 : 환경유해물질 배출 관리 수준.
③ 친환경 제품개발 : 환경 친화적 제품 개발 노력 수준 등.

2) 사회(Social)
① 인적자원 관리 : 근로 환경과 인권 및 다양성 관리 수준.
② 산업안전 : 작업장 내 안전성 관리 수준.
③ 하도급 거래 : 공정하고 합리적인 협력업체 관리 수준.
④ 제품 안전 : 제품 안전성 관리 수준.
⑤ 공정 경쟁 : 공정 경쟁 및 사회발전 노력 수준 등.

3) 지배구조(Governance)
① 주주의 권리 : 주주 권리 보호와 소통 노력 수준.
② 이사회 구성과 활동 : 이사회의 독립성 및 충실성 수준.
③ 감사제도 : 감사의 독립성 수준.
④ 관계사 위험 : 관계사 부실로 인한 위험성 수준.
⑤ 배당 :배당 등 주주가치 환원 노력 수준 등.

* 출처 : ○○연금관리공단

Ⅵ. 기업 사회적 책임의 상호관계

1. CSR과 CSV의 상호관계[1046]

CSV는 CSR과 비슷하지만 가치창출이라는 점에서 차이가 있다. CSR은 선행을 통해 사회에 기업의 이윤을 환원하기 때문에 기업의 수익추구와는 무관하다. 그러나 CSV는 기업의 비즈니스 기회와 지역사회의 니즈가 만나는 곳에 사업적 가치를 창출해 경제적·사회적 이

1046 신창균. 전게논문. 토픽분석Ⅱ. 60면.

익을 모두 추구하는 것이다. CSR과 CSV의 주요 차이점은 다음과 같다.

CSR 과 CSV의 차이점

① **이념**
- ■CSR : 사회적으로 선한 행동.
- ■CSV : 경제적 가치와 사회적 가치의 조화.

② **핵심 개념**
- ■CSR : 선량한 시민으로서의 기업, 지속 가능성, 사회 공헌.
- ■CSV : 기업과 지역 공동체의 상생 가치 창출.

③ **사회공헌에 대한 인식**
- ■CSR : 이익창출과는 무관한 시혜적 활동(비용으로 인식).
- ■CSV : 이익 극대화를 위한 투자로 인식.

④ **사회공헌 활동 선정과정**
- ■CSR : 환경 규제 등 외부압력에 의해 수동적으로 설정.
- ■CSV : 기업 상황에 맞게 주체적으로 설정.

CSV는 CSR 보다 진화된 개념이며 기업과 지역사회가 상생하는 개념이라고 하며, CSR을 대체하는 개념으로 CSV를 주창하였지만, 앞에서 언급함 바와 같이 CSV의 장점과 한계를 비추어 볼 때 CSV가 CSR을 대체하는 관계가 아니라 상호 보완관계로 봄이 타당하다.

2. CSR과 ESG의 상호관계[1047]

CSR 이란 기업 경영에 있어서 사회, 환경 문제를 고려하여야 하는 기업의 책임을 말하며, 학문적 의미로 CSR의 이론적 기초는 경영자는 주주를 위하여 경제적 책임은 물론 사회적 책임도 다해야 한다는 것에 기인한다.

ESG는 기업의 재무적 지표 이외에 환경, 사회, 지배구조 등과 같은 비재무적인 요인을 의미하는 것으로서 이를 고려해서 투자하는 책임투자의 한 방법이다. 이 기업은 사회적 책임과 지배구조 관계로 인해 발생하는 갈등의 사전 차단 및 영업위험을 감소시킬 수 있다.

그러나 전문가들은 대체로 CSR과 ESG를 완전히 다른 개념이 아니고 교집합으로 이해하고 있다. 기업의 CSR은 이해관계자 식별과 참여를 중심으로, ESG는 투자유치에 필요한 비재무적 요소의 분별과 관리, 평가를 바탕으로 각각 발전해온 개념이란 평가가 지배적이다.

일반적으로 기업의 경영활동을 통해 발생하는 부정적인 환경적·사회적 영향을 기업 스스로가 줄일 것을 기대하는 이해관계자들에게 부응하는 기업의 다양한 활동들을 CSR로 이해하고, ESG는 기업이 이러한 사회의 기대에 대응해서 관리해야 하는 영역들을 대표한다. 즉 투자자들은 ESG를 중심으로 기업의 CSR 성과를 평가한다.

1047 김종희.「기업의 규모별 특성이 사회적 책임과 기업가치 간의 비선형 관계를 유발하는 임계점에 미치는 영향」. 아태비즈니스연구. 2020. 208면. 정영일.「ESG 정의 및 의미」. 2021. 4. 12면.

3. ESG 성과와 재무적 성과의 관계[1048]

그 동안의 국내외 많은 연구 결과는 기업의 ESG 성과와 재무적 성과 간에 양(+)의 상관 관계가 있으며, 지속가능성 요소를 기업의 전략에 통합하는 것이 장기적으로 기업의 성과 개선에 기여한다는 것을 보여주고 있다. 조사 연구의 88%는 지속 가능성과 영업 이익 간에 긍정적 관계가 있다는 것을 보여주고 있으며, 조사연구의 80%는 지속 가능성이 주가 수익률에 긍정적 영향을 준다는 것을 보여준다.

지속가능성과 재무성과의 상관관계

① 조사연구의 90%는 좋은 지속가능성 기준이 자본조달 비용을 낮춘다.
② 조사연구의 88%는 ESG 실행이 회사의 영업성과(operational performance)를 높인다.
③ 조사연구의 80%는 좋은 지속가능성 실행이 회사의 주가수익률에 긍정적 영향을 준다.
* 출처 : Clark, Feiner, and Viehs, 「From the Stockholder to the Stakeholder」, 2015.

한 연구에 의하면 기업의 사회·환경 책임은 단기적 재무성과에 기여할 뿐만 아니라 예상하지 못한 상황에 긍정적으로 대처하는 능력인 조직의 회복력에 영향을 주고, 사회·환경 책임을 실천하는 기업은 재무적 변동성이 낮고 매출이 높으며 장기 생존 가능성이 높은 것으로 나타났다.[1049] 또 다른 연구는 ESG 등급이 높은 기업이 등급이 낮은 기업에 비해 주가 수익률이 대체로 우수하고, 영업성과도 좋은 것으로 나타났다.[1050]

이러한 결과는 ESG 등급이 좋은 기업이 재무적 성과도 우수하다는 것을 보여주는 것으로, 기업이 ESG 요소를 전략적으로 관리할 필요가 있다는 것을 시사한다. ESG 요소를 기업의 전략과 통합함으로써 기업이 기후변화, 근로환경 등 글로벌이슈들을 어떻게 바라보고 이에 대응하는지 알릴 수 있고, 이를 통해 튼튼한 경제체계를 만들어 가는데 기여할 수 있다.

Ⅶ. 기업 사회적 책임의 내부통제[1051]

1. 개요

내부통제는 기업의 사회적 책임을 기대하는 중요한 인프라로 작용한다. 다른 한편 사회적 책임투자(SRI)의 급성장으로 기관투자자들이 투자선택의 하나로 기업의 사회적 책임을 기대할 수 있는 기업 내부의 조직과 체제를 평가하기 시작하였기 때문에 기업의 입장에서는 기업의 사회적 책임을 추진·실현하기 위한 체제를 어떻게 구축할 것인가에 큰 관심이 있다.

더구나 내부통제는 기업이 정한 목표를 달성하는데 장애가 될 수 있는 일체의 위험과

1048 한국거래소, 「ESG 정보공개가이던스」, 2021. 1 . 18. 11면.

1049 Natalia Ortiz-de-Mandojana & Pratima Bansal, The Long-term Benefits of Organizational Resilience Through Sustainable Business Practices, Strategic Management Journal, Vol. 37, 2016

1050 장승욱 · 김용현, "기업의 ESG와 재무성과", 「재무관리연구」, 제30권제1호, 한국재무관리학회, 2013.

1051 안수현, 「기업의 현대적 사회적 책임론-내부통제 측면에서의 법적 검토」, 외법논집 제28집, 2007. 11. 23~28면.

불확실성을 종합적으로 관리하는 수단을 의미한다. 내부통제 측면에서 기업들은 사업에 영향을 미치는 위험과 불확실성에 대비하여야 하는데, 기업의 사회적 책임의 등장은 이러한 사업에 잠재적으로 영향을 미칠 수 있는 위험과 불확실성에 해당된다.

따라서 이러한 위험 관리 측면에서 기업의 사회적 책임에 대한 국·내외의 활발한 논의와 전개과정에 대해 기업의 경영자들은 예의주시하고 이러한 움직임이 기업에 미치는 영향력을 파악하여 회사의 내부통제시스템에 적시에 반영할 필요가 있다. 그리고 감사기관은 내부통제시스템의 적정성 여부와 준수여부를 주기적으로 확인하여야 한다.

2. 기업 사회적 책임 측면에서 내부통제

우리나라의 경우 현재 법과 감독기관의 규정, 자율규제기관의 규정 등에 의해 내부통제제도가 산발적으로 마련되어 있다. 더욱이 이들 대부분의 내부통제제도는 기업의 회계 즉 재무 정보의 신뢰성 구축에 초점이 맞춰져 있다. 이러한 목적에서 마련된 내부통제제도의 대표적인 예로 「자본시장법」상 재무회계 및 공시통제와 「신외감법」상의 내부회계관리제도를 들수 있다.

그러나 이는 재무회계에 대한 통제에 한정된 것이기 때문에 내부통제 전반적으로 제도가 일반화되어 마련되어 있다고 하기에는 충분하지 않다. 일반주식회사의 경우 특히 경영상 다양한 위험에 직면할 수 있으며, 이러한 위험에는 재무정보의 분식 내지 허위 제공 등의 문제에 국한하지 않고, 기업의 사회적 책임 등에 대한 대처 소홀 등의 위험도 포함될 수 있다.

따라서 회사의 경우 경영에 영향을 미칠 수 있는 다양한 위험에 대처할 수 있는 내부통제 시스템의 구축이 필요하다는 점에는 이의가 없을 것이다. 최근 어느 때보다 기업의 환경변화와 경쟁심화로 기업경영 시 다양한 위험에 직면하고 있다. 더구나 다양한 이해관계자에 대한 사회적 책임까지 요구되는 경향을 감안할 때 기업이 처한 위험을 합리적인 수준으로 억제하여 사전에 통제하는 경영관리내지 위기관리의 하나로서 그 중요성이 갈수록 높아졌다.

그러나 「상법」의 경우 명문으로 이런 위험을 관리하는 내부통제시스템을 구축 하도록 요구하는 규정을 두고 있지는 않다. 물론 오래 전부터 학문적으로나 판례 등을 통해 내부통제제도는 존재하였으나 경영자의 입장에서 경영 인프라로서 또는 리스크관리체제로서 인식되지는 못한 감이 있다. 국내·외적으로나 사회·경제적으로 그 수나 영향력이 큰 상장회사의 경우 내부통제제도가 「상법」등 기본 법제를 통해 뒷받침되지 못하고 있는 것은 문제가 있다.

따라서 향후 「상법」의 회사편(이하 '회사법'이라 한다)에서 내부통제시스템 구축에 대한 기본사항을 결정하는 것을 이사회 전속 권한으로 규정하고 이사회로 하여금 내부통제시스템에 관한 사항을 결정하도록 하는 규정을 입법할 필요가 있다. 그리고 이사회는 내부통제시스템 구축에 관한 의사를 결정하고, 경영진이 이사회가 결정한 내부통제에 관한 정책에 기초하여 업무를 운용하는지를 감사기관은 정기적으로 모니터링 및 사후체크 할 필요가 있다.

국내·외적으로 사회적 책임투자의 급성장으로 기관투자자들이 투자선택의 하나로 기업의 사회적 책임을 기대할 수 있는 기업 내부의 조직과 체제를 평가하기 시작한 점을 감안 한다면 시장에서 자금조달을 하는 수요가 큰 기업일수록 이들이 기업의 사회적 책임을 추진·

실현하기 위한 체제를 어떻게 구축하는지에 큰 관심을 기울이고 있음을 무시해서는 아니 된다. 오히려 이에 대한 무시는 내부통제 차원에서 선관주의의무를 다하지 못한 것이 된다.

또한 기업은 이러한 사회적 책임에 대한 이해관계자의 요구를 늘 주시할 필요가 있다. 이들 이해관계자들은 투자자로, 소비자로 그리고 규제 감독자의 위치에 서게 될 것이기 때문에 이들 수요를 간파하지 못하는 것도 위험관리의 도구인 내부통제 차원에서는 경영자로서 주의를 다하지 못한 것이 된다. 더구나 이러한 고려가 주주의 이익 극대화에 기여하는 한 이해관계자의 수요 내지 사회적으로 요구되는 수요를 고려하는 것은 필요하며 당연하다.

3. 기업 사회적 책임 측면에서 결론

앞서 살펴본 바와 같이 국내·외에서 빠르게 진행되고 있는 기업의 사회적 책임론의 전개는 무엇보다 기업의 위험관리측면에서 장래 사업의 향방에 상당한 영향을 미치는 중대한 변화에 해당된다. 따라서 기업들은 이러한 움직임을 조기에 파악해 이러한 변화가 회사 경영에 미칠 잠재적 영향을 파악·분석하고 내부통제에 반영하는 등 적극 대응하지 않으면 안 될 것이다.

그러나 현재 이러한 변화를 위험으로 인식하고 대응하려는 기업의 수는 그리 많지 않은 것으로 보인다. 더구나 앞서 살펴본 바와 같이 우리 회사법제상 일반 주식회사의 경우 일반적으로 내부통제시스템을 구축하도록 하는 규정이 없기 때문에 실제 이러한 변화를 위험으로 인식하고 내부통제시스템에 반영하는 기업들을 찾아보기는 쉽지 않다.

그러한 이유 중 하나는 기업의 사회적 책임을 종래의 회사법제에서 어느 정도로 수용이 가능한가에 대한 논의가 정리되지 않은 점도 있겠지만, 기본적으로 이러한 변화를 위험관리 차원에서 내부통제에 반영하여야 한다는 이사회 및 최고 경영진의 實踐 認識의 未備와 법상 내부통제시스템 구축에 대한 明文 規程의 未備에서 찾아 볼 수 있다.

향후 기업의 사회적 책임에 대한 국내·외의 움직임을 주시하면서도 한편으로 시급히 이러한 움직임이 우리의 회사법제에 미치는 영향 분석을 통하여 이에 필요한 제도적 정비를 완비하는 것이 요구된다 하겠다. 회사의 내부통제제도에 대한 자세한 내용은 제1편 제4장 제4절 내부통제 항목을 참조하시기 바랍니다.

Ⅷ. 기업 사회적 책임에 대한 경영진 및 감사의 역할

1. 이사회 및 경영진의 역할[1052]

기업의 장기가치창출 면에서 ESG를 중요한 요소로 평가하는 기관투자자들이 늘어나고 고객 및 임직원, 그리고 규제기관에 이르기 까지 다양한 이해관계자들이 기업이 제공하는 ESG 정보에 본격적인 관심을 갖기 시작했다. ESG는 기업 선택사항이 아니라 필수사항이 되었다.

이사회의 역할은 단기적인 성과와 지속가능한 장기전략에 균형을 맞추고 다양한 이해

1052 한국거래소,「ESG 정보공개가이던스」, 2021. 1. 18. 12면.

관계자들 간의 이해관계를 조율하는 것인바, 그는 ESG를 주목하고 경영진이 기업전략에 ESG 전략을 반영하는 한편 이로 인한 위험을 확인하고 대응하도록 감독하는 역할을 담당해야 한다.

최근 ESG 이슈로 인한 기업이 직면하는 위험이 명백해지고 이에 관한 투자자의 관심이 커짐에 따라 이러한 이슈 들이 회사의 경영 전략과 경영 성과에 어떤 영향을 미치는지 이해하는 이사회와 경영진의 역할과 노력이 점점 더 중요해지게 되었다.

이사와 경영진 들은 그 영향이 중대한 경우 이러한 이슈들을 잘 관리하는 것이 자신들의 선량한 관리자로서의 주의의무를 다하는 것이라는 것을 인식해야 한다. 이러한 책임을 다하기 위해 이사와 경영진 들은 ESG 요소에 대한 위험의 이해와 평가 및 통제가 요구된다.

ESG 이슈 관리를 위한 이사회 및 경영진의 역할

1) ESG 위험 파악

① ESG 위험의 영향을 식별.

② 기존 위험 식별 프로세스의 ESG 위험 식별 가능 여부를 평가.

③ ESG 위험 식별을 위한 다양한 정보원을 고려.

④ 위험 식별 절차의 가정을 확인.

⑤ 전사적 위험관리체계에 ESG 요소를 통합 등.

2) ESG 위험 평가

① 위험의 우선순위 평가.

② 중대성 기준 적용.

③ 이사회의 ESG 평가 역량 향상.

④ 중요 ESG 위험 논의 등.

3) ESG 위험 관련 의사 결정

① 전략 수립 시 중요 ESG 위험 고려.

② ESG 위험 완화/적용 전략 이해.

③ ESG 위험에 대한 경영진 책무 설정 등.

4) ESG 위험 감독

① 이사회 수준의 ESG 위험 감독 공식화.

② 위원회 간 ESG 심의 협조.

5) ESG 위험 공시

① 이사회 역할 공개.

② 주요 ESG 위험 공개 등.

*출처 : Ceres, 「Running the Risk」. 2019.

이해관계자들은 이사회와 경영진 차원에서 이러한 이슈들이 어떻게 관리되고 있는지 확인 하고 싶어 한다. 따라서 이사회와 경영진은 기업의 ESG 목표를 설정하고, ESG 요소를 기업 전략에 통합하며, 전사적 차원에서 ESG 요소를 다룰 수 있는 지배구조를 확립하고, 이의 관리에 대한 의지와 관리 과정 및 관리 결과를 명확히 밝히는 것이 필요하다.

2. 감사위원회 및 감사의 역할

가. 감독측면에서 감사의 역할[1053]

기업은 최근 어느 때보다도 환경변화와 경쟁심화에 노출되어 있으며, 기업경영 시 다양한 위험에 직면하고 있다. 더구나 기업의 다양한 이해관계자에 대한 사회적 책임까지 요구되는 경향을 감안할 때 기업이 처한 위험을 합리적인 수준으로 억제하여 사전에 통제하는 경영관리 내지 위험관리의 하나로서 내부통제의 중요성이 갈수록 높아지고 있다.

따라서 기업의 경영자들은 위험관리 측면에서 이러한 움직임이 기업에 미치는 영향력을 파악하여 회사의 내부통제시스템에 적시에 반영할 필요가 있다. 이런 기업 환경의 변화를 고려할 때 이사에 대한 직무감사의 권한을 부여 받은 감사/감사위원회의 역할에서 ESG 관리에 대한 위험관리, 대외보고 등의 감독이 매우 필요한 시점이라고 할 수 있다.

1) ESG 위험관리에 대한 감독

감사/감사위원회는 일반적으로 재무위험과 회사의 전반적인 위험관리 노력을 감독할 책임이 있다. 조직이 갖고 있는 ESG 관련 위험이 정의되고 이에 대한 관리가 잘되고 있는지 감독할 필요가 있다. 하지만 조직 내 특정 위험 영역은 다른 위원회에 할당할 수 있다.

디트로이트는 이사회 ESG 감독에 대해서도 동일할 수 있다고 제안한다. ESG 감독과 관련하여 중요한 고려사항은 기존의 기업 위험관리에 대한 감독책임에 ESG 범주에 속할 수 있는 주요 위험관리가 포함될 수 있도록 기존 위험관리 지배구조를 조정하는 것이다.

2) ESG 성과보고에 대한 감독

조직의 대외적인 보고에 대한 감독은 감사/감사위원회의 책임이며, ESG 공개가 더욱 중요해짐에 따라 감사/감사위원회는 ESG 공개에 대한 관리에 집중해야 한다. 예를 들어 미국 SEC는 최근 규정 S-K를 개정했고, 재무보고 자료 제출 시 인적자본 공개를 의무화 했다.

EU의 경우도 ESG 성과보고가 의무화되어 있으며, 최근 2020년 Carrots & Sticks 보고서에서는 전 세계적으로 80개 이상 국가에서 2020년 말 현재 614개의 비재무보고 규정이 운영되고 있다고 분석했다.

우리나라에서는 현재 5대 재벌 포함 많은 기업들이 자발적으로 지속가능성 보고서를 발간하고 있으며, 지금도 발간기업이 계속 증가하고 있다. 따라서 감사는 ESG를 비롯한 다양한 비재무성과에 대한 보고의 내용 및 방법에 대해 한층 더 세심한 감독을 수행할 필요가 있다.

3) ESG 외부인증에 대한 감독

재무정보의 외부감사와 유사한 수준으로 ESG 정보 인증을 받고 있는 선진기업들이 많

1053 정영일. 「ESG 경영과 감사위원회(감사)의 역할」. Auditor Journal. 2021. 7. 14~16면.

이 늘고 있다. 그만큼 이해관계자가 신뢰성 있는 ESG 정보를 바라고 있으며, 많은 규제당국에서 이와 관련된 다양한 제도를 마련하고 있다. EU는 ESG 보고서 외부인증을 의무화할 방침이다.

감사/감사위원회는 기업 내에서 ESG 정보에 대한 외부인증의 중요성과 필요성을 조성하는데 큰 역할을 해야 한다. 따라서 감사/감사위원회의 주요 역할 중의 하나인 외부감사 감독 부문도 ESG 보고 외부인증에 대한 감독을 포함하도록 확장할 필요가 있다.

나. 검증측면에서 감사의 역할

기업 내에서 ESG 활동에 대한 내부감사기구로서의 역할은 기업 회계와 업무에 대한 감사/감사위원회(이하 '감사'라 함)의 역할과 유사한 역할을 기대하고 있다. 따라서 감사는 기업의 위험평가 과정에서 ESG 관련 위험 및 기회의 파악과 그 대응 전략에 관심을 가져야 한다.

그리고 감사는 이사회 내 ESG 관련 위원회에 적극 참여하고 의견 개진을 활성화 하여야 한다. 아울러 감사는 ESG 관련 위험관리 및 내부통제의 적정성 여부와 준수여부를 주기적으로 확인 및 점검하여 적출된 취약점 및 문제점에 대하여는 이를 개선·시정토록 하여야 한다.

ESG 이슈 관리를 위한 감사(위원회)의 역할

1) 공통 부문

① 기업 경영진의 ESG관련 직무수행의 적정성 확인
② ESG 위험관리 체제 및 대응 전략의 적정성 확인
③ ESG 내부통제 체제 및 대응 전략의 적정성 확인
④ ESG 성과평가 체제 및 대응 전략의 적정성 확인
⑤ ESG 관련법규 준수 및 대응 전략의 적정성 확인
⑥ ESG 정보보고 체제 및 대응 전략의 적정성 확인
⑦ ESG 관련공시 체제 및 대응 전략의 적정성 확인
⑧ ESG 공시서류 인증 및 대응 전략의 적정성 확인
⑨ ESG 활동관련 감사인과 의사소통의 적정성 확인
⑩ 기업과 이해당사자 간의 의사소통의 적정성 확인 등.

2) 환경 부문

① 기후변화 대응 전략의 적정성 확인.
- 온실가스관리시스템, 탄소배출량, 에너지 소비량 등.

② 천연자원 대응 전략의 적정성 확인
- 자원고갈, 에너지 효율, 원자재 소싱, 물 효율, 토지 사용, 삼림 파괴 등.

③ 환경오염 대응 전략의 적정성 확인
- 공해, 독성 물질, 폐수, 유해 물질, 대기, 전자 폐기물 등.

④ 청정생산 대응 전략의 적정성 확인
- 청정생산관리시스템, 재생에너지, 청정에너지, 녹색건물 등.

⑤ 친환경제품 대응 전략의 적정성 확인

- 친환경 제품 개발활동, 친환경 특허, 친환경 제품 인증, 제품 환경성 개선 등.

3) 사회 부문

① 인적자원 관리 대응 전략의 적정성 확인

- 고용, 조직문화, 근로여건(임금, 복리후생비), 인권, 아동근로, 노동관행 등.

② 산업안전 대응 전략의 적정성 확인

- 보건안전시스템 구축 및 외부 인증, 종업원 재해수준, 산재다발사업장 지정 등.

③ 공정관행 대응 전략의 적정성 확인

- 거래대상 선정과정, 공정거래 자율준수, 협력업체 지원활동, 하도급법 위반사례, 공정경쟁 저해행위 등.

④ 고객보호 대응 전략의 적정성 확인

- 소비자 권익보호, 고객신분보호/데이터 보안, 제품 안전/품질, 상품 접근성/표기 등.

⑤ 사회참여 대응 전략의 적정성 확인

- 지역사회 참여, 사회적 투자, 교육 및 문화 개선, 고용 창출, 기부문화 등.

4) 지배구조 부문

① 주주의 권리 대응전략의 적정성 확인

- 주주의 권리 보호와 소통 노력, 기업 공시의 적정성, 배당 등 주주가치 환언 노력 등.

② 이사회 구성과 활동 대응전략의 적정성 확인

- 대표이사와 이사회 의장의 분리, 이사회 구조의 독립성, 이사회의 사외이사 구성 현황, 이사회 활동, 보상위원회 설치 및 구성, 이사 보수정책 등.

③ 감사 독립성 대응 전략의 적정성 확인

- 감사위원회 사외이사 비율, 감사용역 비용 대비 비감사용역 비용, 감사위원/감사의 독립성·전문성·활동성, 감사 계획·수행 및 보고, 감사보조기구, 감사요원 관리 등.

④ 관계사 위험 대응 전략의 적정성 확인

- 순자산/관계사 우발채무 비중, 관계사 매출·매입거래 비중, 관계사 부실위험 수준 등.

⑤ 부정·부패 대응 전략의 적정성 확인

- 부정·부패 방지, 불법적 로비·뇌물 방지, 특수관계자 거래 투명성, 세무 투명성 등.

내부감사학 I(이론편)

초판 1쇄 발행 2022년 3월 1일

지 은 이 김용범
발 행 인 권선복
편 집 오동희
디 자 인 오지영
발 행 처 도서출판 행복에너지
출판등록 제315-2011-000035호
주 소 (07679) 서울특별시 강서구 화곡로 232
전 화 0505-613-6133
팩 스 0303-0799-1560
홈페이지 www.happybook.or.kr
이 메 일 ksbdata@daum.net

값 35,000원
ISBN 979-11-5602-967-0(13320)

Copyright © 김용범, 2022

* 이 책은 저작권법에 따라 보호받는 저작물이므로 무단전재와 무단복제를 금지하며, 이 책의 내용을 전재 또는 복제하시려면 반드시 저작권자와 〈도서출판 행복에너지〉의 서면 동의를 받아야 합니다.

도서출판 행복에너지는 독자 여러분의 아이디어와 원고 투고를 기다립니다. 책으로 만들기를 원하는 콘텐츠가 있으신 분은 이메일이나 홈페이지를 통해 간단한 기획서와 기획의도, 연락처 등을 보내주십시오. 행복에너지의 문은 언제나 활짝 열려 있습니다.